U0803270

毕节年鉴

2022

毕 节 市 人 民 政 府 主办
中共毕节市委党史研究室
毕节市地方志编纂委员会办公室 编

方志出版社
Publishing House of Local Records

毕节市地方志编纂委员会

顾　　问：吴胜华

主　　任：吴东来

常务副主任：万　艳

副 主 任：黄海刚　张青杰　张　猛　赵建雪　吴南剑　薄成霞

主　　编：张　猛

副 主 编：吴南剑　薄成霞　刘　宇

执行主编：徐延娇　田　平

执行副主编：马玉珍　孙云红

责任编辑：周　芬　姚　媛　吕晓梅　韩立勋　陶　兵

毕节年鉴 2022

毕节市人民政府 主办
中共毕节市委党史研究室
毕节市地方志编纂委员会办公室 编

方志出版社
Publishing House of Local Records

毕节市地方志编纂委员会

顾　　问：吴胜华

主　　任：吴东来

常务副主任：万　艳

副 主 任：黄海刚　张青杰　张　猛　赵建雪　吴南剑　薄成霞

主　　编：张　猛

副 主 编：吴南剑　薄成霞　刘　宇

执行主编：徐延娇　田　平

执行副主编：马玉珍　孙云红

责任编辑：周　芬　姚　媛　吕晓梅　韩立勋　陶　兵

◎ 12 月 14 日，中国共产党毕节市第三次代表大会在七星关区开幕 （陈泽劲 摄）

◎ 7 月 6 日，中国石化 50 万吨 / 年聚乙醇酸（PGA）项目一期工程开工仪式举行 （王纯亮 摄）

编辑说明

一、《毕节年鉴》首次出版于2002年，每年一卷。《毕节年鉴（2022）》坚持以马克思列宁主义、毛泽东思想、邓小平理论、“三个代表”重要思想、科学发展观、习近平新时代中国特色社会主义思想为指导，坚持辩证唯物主义和历史唯物主义的立场、观点和方法，全面、系统、翔实地记载2021年度毕节市政治、经济、文化、社会等方面的成就、经验，为社会各界了解、研究毕节提供地情资料。

二、《毕节年鉴》系中共毕节市委领导、毕节市人民政府主办，毕节市史志办征编的公开出版发行的地方综合性大型权威资料工具书。

三、《毕节年鉴（2022）》设特载、专记、大事记、毕节概貌、领导名录、中国共产党毕节市委员会、毕节市人大及其常委会、毕节市人民政府、中国人民政治协商会议毕节市委员会、中国共产党毕节市纪律检查委员会　毕节市监察委员会、民主党派、群众团体、法治、军事、经济管理与监督、财政·税务、统计·审计、金融、农业、工业、招商引资、经济开发区·产业园区、城建·环保、旅游、交通·邮电、贸易、教育、科技、文旅·体育、史志·档案、广播电视·新闻、卫生、社会生活、企业概况、县区概况、统计资料、附录等内容。

四、《毕节年鉴（2022）》所用稿件均由市直各工作部门、各县区、军分区、省属驻毕节单位、各民主党派和群众团体提供，《毕节市2021年国民经济和社会发展统计公报》系市统计局提供。各部门提供的数据经过认真核对，但因统计口径与资料来源不同，有的数据可能不尽一致，使用时请以统计部门的数据为准。“数字用法、标点符号用法分别采用国家标准《出版物上数字用法》（GB/T 15835-2011）、《标点符号用法》（GB/T 15834-2011），计量单位采用国家技术监督局1993年12月发布的《量和单位》系列国家标准。”农业用地为保持传统习惯，仍以亩（1公顷＝15亩）表示。

◎ 毕节市 2021 年粤黔合作农民工返岗复工欢送仪式在黔西站举行　　（陈曦　摄）

◎ 2021 年中国国际大数据产业博览会毕节分论坛　　（陈曦　摄）

◎ 大方火电厂　　（王纯亮　提供）

◎ 国家电投集团贵州金元黔西中水发电有限公司　　（黔西县史志办　提供）

◎ 黔希煤化工一角　　（史开心　摄）

◎ 威宁百草坪风电场　　（苗麒麟　摄）

◎ 毕节酒厂有限公司包装生产线　　（王纯亮　摄）

◎ 星美服饰有限公司生产线　　（王纯亮　摄）

◎ 4月16日至18日，贵州省第十届手工制茶技能大赛暨第十三届茶产业博览会毕节茶旅融合活动在百里杜鹃管理区举行（陈再雄 摄）

◎ 村民在七星关区柏杨林街道办事处一高标准冬暖大棚内进行管护（王纯亮 摄）

◎ 村民在七星关区燕子口镇一心村大南山苗寨察看布匹晾晒状况（陈曦 摄）

◎ 村民在七星关区碧海街道办事处丁家寨社区的果园里除草（王纯亮 摄）

◎ 村民在威宁彝族回族苗族自治县石门乡新民村仰天窝现代化种薯扩繁农场收获马铃薯（陈曦 摄）

◎ 村民在威宁彝族回族苗族自治县迤那镇万亩精品苹果基地采摘苹果 （陈曦 摄）

◎ 村民在七星关区清水铺镇后山村的荷塘里捕捞小龙虾 （陈曦 摄）

◎ 村民在织金县南瓜加工厂加工南瓜 （陈曦 摄）

◎ 大方县经济开发区一家食用菌种植基地内，工人在采收白参菇 （王纯亮 摄）

◎ 大方县星宿乡竹笋加工厂工人在整理加工的竹笋 （李灵 摄）

◎ 纳雍县张家湾镇补作村的护林员走在管护珙桐的路上 （王纯亮 摄）

◎ 在大方县高光彝风漆器开发有限公司，高光友在彩绘漆器制品 （王纯亮 摄）

◎ 织金县平远古镇“深山集市”内，绣娘在刺绣 （王纯亮 摄）

◎ 大方县天麻产品 （吴贵荣 摄）

◎ 赫章安乐溪天麻 （陈曦 摄）

◎ 广州市增城区工商联捐赠57.5万元建设的百里杜鹃管理区沙厂乡沙厂社区食用菌菌棒生产基地 （百里杜鹃管理区沙厂乡 提供）

◎ 赫章县白果街道石板河村“挂壁公路” （陈泽劲 摄）

◎ 金沙县西洛街道民居 （詹相才 摄）

◎ 金沙县西洛街道千亩荷塘　　（吴艳禹　摄）

◎ 金沙县乡村振兴高效现代农业示范园　　（吴艳禹　摄）

◎ 金沙县岩孔街道农业现代化种植基地　　（陈再雄　摄/毕节试验区杂志社）

◎ 金沙县源村镇弘丹成茶叶种植基地　　（金沙县茶产业办　供稿）

◎ 2月1日，七星关区城区南部新区深圳路延伸段道路建设工程 PPP 项目（阳山隧道）建成通车仪式　（陈再雄　摄）

◎ 毕威高速天桥特大桥　（刘勇　摄）

◎ 动车组列车经过七星关区德溪新区　（王纯亮　摄）

◎ 都香高速、毕威高速公路威宁互通　（聂宗荣　摄）

◎ 建设中的叙毕铁路七星关区观音河大桥　（聂宗荣　摄）

◎ 5 月 19 日，毕节市 2021 年新型城镇化“三改”项目集中开工仪式在七星关区中心城区城市棚户区改造双井寺安置房（1、2 号保障房）建设项目点举行。图为开工仪式现场 （丁娇艳　摄）

◎ 大方新城区 （聂宗荣　摄）

◎ 建设中的金沙县新城区　　（金沙县史志办　提供）

◎ 平远古镇全景　　（织金县史志办　提供）

◎ 金沙桂花温泉 （金沙县史志办 提供）

◎ 金沙后山古镇 （黄超 摄）

◎ 黔西市锦绣花都　　（王纯亮　摄）

◎ 织金县凤凰生态公园　　（织金县史志办　提供）

◎ 11月1日，全市"一中心一张网十联户"基层社会治理机制建设推进会暨政法专项工作表彰会议召开。图为会议现场

（徐湛　摄）

◎ 贵州省消防救援队伍"使命召唤·会战乌蒙"跨区域地震救援实战拉动演练　（陈曦　摄）

◎《磅礴乌蒙》剧照

（王纯亮　提供）

◎ 七星关区消防救援大队消防员为毕节市幼儿园的孩子们讲解灭火器的使用方法　（王纯亮　摄）

◎ 4 月 21 日，2021 年全国文化科技卫生“三下乡”贵州分会场集中示范活动暨启动仪式在织金县举行　（陈泽劲　摄）

◎ 七星关区第二试验学校　　　　（聂宗荣　摄）

◎ 小朋友在毕节市科技馆了解地球自转和公转原理　　　　（王纯亮　摄）

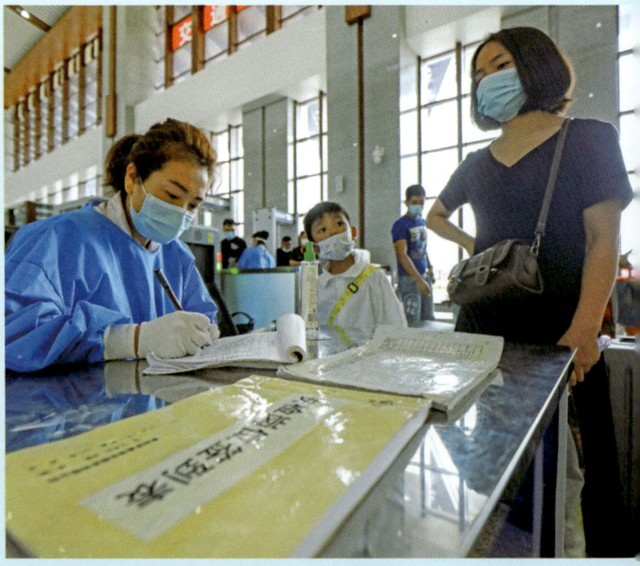

◎ 穿着防护服等防护装备的成贵高铁毕节站上岗工作人员在进行旅客信息登记　　　　（陈曦　摄）

◎ 毕节市妇幼保健院 （聂宗荣　摄）

◎ 中国工程院院士邓建军率项目调研组到毕节市第一人民医院调研 （毕节市第一人民医院　提供）

◎ 毕节市第二人民医院　　（聂宗荣　摄）

◎ 织金大峡谷一角　　（织金县史志办　提供）

◎ 雄奇险峻的牛栏江大峡谷 （陈再雄 摄）

◎ 黔西市新仁乡化屋村乌江源百里画廊东风湖景区 （史开心 摄）

◎ 金海湖新区——奢香大峡谷 （聂宗荣 摄）

◎ 百里杜鹃管理区普底景区（一） （李华　摄）

◎ 百里杜鹃普底景区（二） （肖玉洁　摄）

◎ 百里杜鹃彝山花谷景区（三）　　（百里杜鹃管理区旅游局　提供）

◎ 赫章财神杜鹃花盛开　　（刘勇　摄）

◎ 赫章二台坡波浪路 （杨元德　摄）

◎ 赫章天上石林 （杨元德　摄）

◎ 赫章县松林乡千年杜鹃 （杨元德　摄）

◎ 云上花开——贵州屋脊大韭菜坪 （杨元德　摄）

金沙自然风光

◎ 冷水河风光 （黄超　摄）

◎ 石仓林场石林风光 （黄超　摄）

◎ 绿峰梁子风光 （黄超　摄）

◎ 乌江画廊 （吴艳禹　摄）

◎ 乌江画廊姊妹峰 （黄超 摄）

◎ 西洛湖风光　　（黄超　摄）

◎ 玉簪花海　　（陈科国　摄）

金沙人文景观

◎ 川南地下党茶园支部活动遗址 （詹相才　摄）

◎ 红九军团菜子坳战斗胜利纪念碑 （黄超　摄）

◎ 后山镇红旗渠 （黄超　摄）

◎ 钱壮飞烈士陵园 （黄超　摄）

◎ 李旭华烈士纪念碑 （魏运生　摄）

◎ 新场地下党活动遗址白云寺　　（魏运生　摄）

◎ 钱壮飞烈士事迹陈列室　　（黄超　摄）

◎ 吴正卿烈士纪念碑　　（黄超　摄）

◎ 敖家坟墓群 （黄超　摄）

◎ 罗祁氏梅氏节孝坊 （黄超　摄）

◎ 敖家坟石刻 （黄超　摄）

◎ 敖家坟石刻 （黄超　摄）

◎ 茶马古道（金沙段）鱼塘河义渡石刻

◎ 清池万寿宫 （黄超　摄）

金沙民族风情

◎ 马路乡母哼乐器 （黄超 摄）

◎ 姊妹萧是金沙青服饰苗族的传统乐器，是用两棵筷子大小的竹管并排制作而成，其音色圆润而，共鸣效果极佳

◎ 安洛乡木杉苗族“二月初五”桃红节活动

◎ 高坪镇苗族米花节

◎ 石场乡苗族踩山节

◎ 石场乡七月初三苗族节日场

◎ 化觉镇布依民族村寨前顺村水乡布依服饰

◎ 金沙川服饰苗族

◎ 苗族刺绣

◎ 苗族服饰

◎ 苗族传统女装

◎ 苗族服装

◎ 剪纸作品　（作者 / 陆文　提供）

◎ 剪纸作品《蝴蝶妈妈的故事》
（作者 / 陆文　提供）

◎ 剪纸作品《苗族少女头饰》
（作者 / 熊珊　提供）

金沙工艺美术

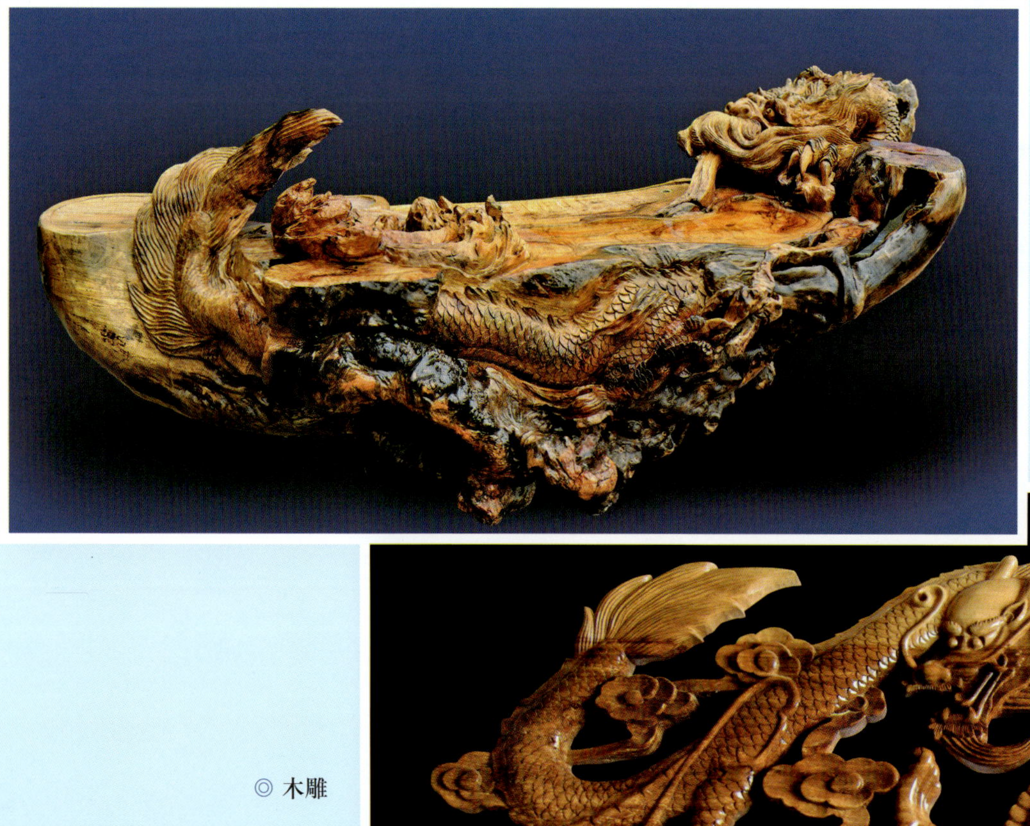

◎ 根雕

◎ 木雕

◎ 手工叠绣，数纱绣，十字绣，麻布组合盛装

◎ 王贵珍在用苗族传统手法刺绣

◎ 王贵珍制作的具有苗族传统元素的手提包

◎ 传统手工裙

◎ 手工刺绣腰带外披

金沙特产

◎ 金沙古酒

◎ 金沙回沙酒　（李洪亮　摄）

◎ 金沙酱香酒类产品　（陈科国　摄）

◎ 天灵毛峰

◎ 贵州十大名茶“清池翠片”

◎ 金沙茶产品　　（黄超　摄）

◎ 清池贡茶

◎ 金沙县冠香坊调味食品有限公司产品

◎ 禹谟醋

◎ 禹谟镇泡木湾醋业酱醋晒场
（刘有飞　摄）

◎ 马路核桃

◎ 马瑙石柑　　（刘有飞　摄）

金沙美食

◎ 安底老阿姨凉粉

◎ 毕节市十大名菜——苗岭䶄子酸汤鱼

◎ 金沙牛肉干巴

◎ 金沙羊肉粉 （黄超 摄）

◎ 苗岭䶄子酸汤鱼秘制酸汤

◎ 柳塘镇万亩牡丹基地，特色的牡丹全宴，不仅具备牡丹花的清香味道，还具备养生保健功能，天然环保，味道清香，养身补体

◎ 秦纪煌白糖黄粑

特 载

专 记

大事记

毕节概貌

领导名录

中国共产党毕节市委员会

毕节市人大及其常委会

毕节市人民政府

中国人民政治协商会议毕节市委员会

中国共产党毕节市纪律检查委员会 毕节市监察委员会

民主党派

群众团体

法　治

军 事

经济管理与监督

财政·税务

统计·审计

金 融

农 业

工　业

招商引资

经济开发区·产业园区

城建·环保

旅　游

交通·邮电

贸 易

教　育

科　技

文旅·体育

史志·档案

广播电视·新闻

卫 生

社会生活

企业概况

县区概况

统计资料

附　录

索引·注释

牢记嘱托担使命 感恩奋进再出发
为把毕节建设成为贯彻新发展理念示范区而不懈奋斗

——在中国共产党毕节市第三次代表大会上的报告

(2021 年 12 月 14 日)

省委常委、市委书记 吴 强

中国共产党毕节市第三次代表大会，是在“两个一百年”交汇、“两个征程”开启的重要时刻，召开的一次十分重要的会议。大会主题是：高举中国特色社会主义伟大旗帜，以习近平新时代中国特色社会主义思想为指导，深入贯彻党的十九大和十九届历次全会精神，全面贯彻落实习近平总书记视察贵州重要讲话和对贵州对毕节工作的重要指示批示精神，牢记嘱托担使命，感恩奋进再出发，为把毕节建设成为贯彻新发展理念示范区而不懈奋斗！

一、过去五年的工作

市第二次党代会以来的五年，是毕节发展进

程中极具挑战、极不平凡、极富成效的五年。在党中央和省委的坚强领导下，二届市委团结带领广大干部群众，不忘初心、牢记使命，苦干实干、奋力拼搏，全市经济建设、政治建设、文化建设、社会建设、生态文明建设和党的建设取得了重大成就，圆满完成市第二次党代会确定的主要任务，胜利实现了同步全面建成小康社会的奋斗目标。

五年来，我们始终讲政治、铸忠诚，迈出了感恩奋进的铿锵步伐。习近平总书记心系试验区发展、情牵毕节人民，多次对毕节工作作出重要指示批示。今年春节前夕，总书记深入贵州视察，首站就来到黔西市化屋村，让全市各族干部群众热血沸腾、备受鼓舞。我们始终把讲政治作为第一要求，坚持把学习贯彻习近平总书记重要指示批示精神作为重大政治任务和长期战略任务，及时研究贯彻落实意见，通过理论学习中心组集中学习研讨、开展大讨论活动、举办专题读书班、组织各类宣传宣讲等多种形式，推动学习贯彻步步深入、全面覆盖，凝聚起“打赢攻坚战、建设示范区”的磅礴力量。广大党员干部深切体悟了思想伟力、夯实了忠诚根基，奏响了“牢记嘱托、感恩奋进”的时代“最强音”！

五年来，我们全力战贫困、攻堡垒，交出了同步小康的精彩答卷。坚持把脱贫攻坚作为头等大事和第一民生工程，构建坚强有力的组织体系、指挥体系、责任体系、考核体系和监督体系，举全市之力、集八方支援解决绝对贫困问题。14.7万户农村危房得到改造，149.77万人喝上安全水、放心水，32.48万人搬出“一方水土养不起一方人”的大山，通村通组路连接千家万户，教育医疗保障水平持续提升，全市7个贫困县全部脱贫摘帽，1981个贫困村全部脱贫出列，五年累计减少贫困人口130.16万人，兑现了“确保按时打赢脱贫攻坚战”的庄严承诺，交出了中国减贫奇迹贵州篇章的毕节精彩答卷。农村群众缺吃少穿、缺医少学的现象已一去不复返，乡村振兴的曙光洒满黔西北大地！

五年来，我们积极促转型、提质效，驶进了后发赶超的快速车道。坚持稳中求进工作总基调，以供给侧结构性改革为主线，推动经济转型升级、协调发展，预计2021年实现地区生产总值2160亿元，年均增长7.5%。新型工业化有序推进，一大批重大项目相继建成投产、开工建设，传统产业提质增效，新兴产业加快发展，开发区实力不断增强。新型城镇化稳步提升，七星关—大方同城化发展加快推进，毕节市中心城区建成区面积提高到104.05平方千米。全市实施棚户区改造15.26万户、老旧小区改造2.06万户，新增公共停车位2.42万个，建成城市公园广场53个，人均公园绿地面积达13.07平方米。成功创建“全国双拥模范城”“国家卫生城市”“省级园林城市”，连续两届入围“全国文明城市提名城市”。黔西成功撤县设市。农业现代化蓬勃发展，12个农业特色产业持续壮大，食用菌、肉牛、生态家禽等产业规模列全省第一，农产品加工转化率达52.6%，“乌蒙山宝·毕节珍好”公共品牌享誉省内外，七星关生态鸡蛋、大方天麻、织金皂角、金沙贡茶、威宁高山冷凉蔬菜、纳雍滚山鸡等一大批农特产品走俏全国。旅游产业化加速提质，高质量承办第十四届贵州旅游产业发展大会，百里杜鹃成功创建国家全域旅游示范区，织金平远古镇成为全省旅游新地标，织金洞、九洞天、韭菜坪景区美誉度日益提升，全市旅游接待人数和旅游综合收入快速增长。经济发展方式从“快”字当头向“好”“快”并重转变，全市上下后发赶超的信心更强、底气更足！

五年来，我们聚力补短板、强保障，谱写了民生福祉的暖心乐章。坚持以人民为中心的发展思想，不断满足人民群众对美好生活的向往，城乡常住居民人均可支配收入年均分别增长8.3%、10.1%。以交通、水利为重点的基础设施建设取得新突破。成贵快铁毕节段通车、铁路运营里程达538千米，高速公路通车里程达1016千米、在西部率先实现“县县通”，乡镇100%通油路，建成通村沥青（水泥）路1.12万千米、“组组通”硬化路1.46万千米，飞雄机场直飞21个城市、通达134个城市；夹岩水利枢纽工程下闸蓄水，基本实现“县县有中型水库”“乡乡有稳定水源”，全市居民安全饮水、工程性缺水等难题得到缓解；电网、通信等设施加速完善，建制村实现光纤和4G网络全覆盖，5G基站建成规模位居全省前列。以教育、医疗为重点的民生领域短板加快补齐。义务教育实现基本均衡发展，学前教育、高中阶段教育、职业教育、高等教育水平持续提升；市一医、二医、妇幼保健院等建成投入使用，人均预期寿命持续提升。在全省率先实现农民体育健身工程全覆盖。五年城镇新增就业累计实现38.87万人，城乡居民医保参保率持续稳定在95%以上，重点特殊人群社会保障服务体系基本健全。全市人民的获得感、幸福感显著增强，都在为家乡的发展变化点赞喝彩！

五年来，我们全域严保护、优环境，织就了山清水秀的生态壮锦。深学笃用习近平生态文明思想，认真践行“绿水青山就是金山银山”的理念，大力推进山水林田湖草综合治理，完成石漠化治理842平方千米、水土流失治理2645平方千米、矿山环境治理等生态保护修复183.25平方千米、营造林828.37万亩，国储林项目加快推进，森林覆盖率达60%。中央和省委生态环保督察及“回头看”反馈问题整改有序扎实推进，一批生态环境突出问题得到有效解决。污染防治攻坚“五场标志性战役”取得阶段性胜利，生态环境质量明显改善，全市环境空气质量平均优良天数比率达98%，出境河流断面水质优良比例和县级以上集中式饮用水源地水质达标率均为100%，受污染地块安全利用率100%。天蓝地洁、山清水秀正在成为毕节高质量发展的靓丽底色！

五年来，我们着力闯新路、促开放，激活了创新发展的强劲动能。用好改革开放关键一招，以开放倒逼改革、以改革促进开放。创新“开门搞改革”机制，精心谋划推出122个方面353项改革举措，顺利完成党政机构改革，一批制约发展的难点堵点和群众关心的热点痛点问题得到有效解决，100余项典型改革案例获省肯定推广。创办新时代农民讲习所，把支部建在自然村寨、生产小组和产业链上等改革经验得到习近平总书记的肯定；商事制度改革获国务院表扬；党支部领办集体合作社经验得到中央改革办肯定推广并在全国引起反响。各类市场主体快速增长、总量达57.47万户，民营经济发展更具活力。对外开放全方位扩大，毕节海关正式设立，引进500强企业39家，一批东部优强企业落地毕节，与“长三角”“粤港澳大湾区”“成渝”“黔中”等经济圈的合作更加紧密。创新、开放的毕节已经启航，乘风破浪驶向希望的明天！

五年来，我们切实防风险、守底线，营造了和谐稳定的社会环境。坚决扛起新冠疫情防控重大政治责任，以“外防输入、内防反弹”为重点，积极构建群防群治、联防联控的防控体系，千方百计保障正常生产生活秩序。以法治毕节创建为抓手，全面推进依法治市，深入推进扫黑除恶专项斗争，加强社会治安综合治理，人民群众安全感、满意度明显提升。全面落实“党政同责、一岗双责、齐抓共管、失职追责”的安全生产责任制，扎实推进各领域重大风险防范化解，安全生产事故起数和死亡人数持续实现“双降”。安定、安全、安宁的良好社会局面，为全市改革发展创造了条件、提供了保障！

五年来，我们注重树正气、展形象，彰显了崇德向善的精神风貌。坚持党管宣传、党管意识形态，全面压实意识形态工作责任制，健全完善网络舆论引导机制，意识形态阵地更加安全稳固。注重传播毕节好声音、讲述毕节好故事，在中央电视台、《人民日报》等主流媒体持续推出试验区系列报道，凝聚推动发展的正能量。深入践行社会主义核心价值观，大力弘扬毕节试验区精神，“中国好人”“贵州好人”上榜人数连续三年居全省前列，涌现出一批能量饱满、温暖人心的先进典型。全面推进文化事业和文化产业发展，成功创建“国家公共文化服务体系示范区”，稳步推进长征国家文化公园建设。在全国脱贫攻坚总结表彰中，我市成为全国受表彰先进集体和个人数量最多的地级市。全市各族干部群众干事创业的热情充分释放，对未来发展充满了自信、充满了斗志、充满了激情！

五年来，我们多方争支持、塑品牌，深化了多党合作的特色实践。深入贯彻落实统一战线参与毕节试验区建设座谈会精神，全国政协、中央统战部和各民主党派中央、全国工商联长期支持，广泛参与，推动实施多党合作“六项行动”帮扶项目1507个，助力试验区脱贫攻坚和经济社会发展。各民主党派、工商联结合界别特色，发挥自身优势，用好用足中央定点帮扶单位、东西部扶贫协作、“千企帮千村”等力量，深化“同心”品牌创建，探索形成了统一战线参与贫困治理、多党合作服务改革发展的“毕节经验”。中国特色社会主义制度的优越性，在乌蒙大地得到充分展示、焕发勃勃生机！

五年来，我们坚持扬民主、重团结，凝聚了改革发展的强大合力。坚持和加强党的全面领导，召开市委人大工作会议、市委政协工作会议，市委常委会定期听取市人大常委会、市政府、市政协、市法院、市检察院党组工作汇报，党总揽全局、协调各方的领导核心作用充分发挥。支持人大、政协依法依章程履职，制定出台《毕节市饮用水水源保护条例》《毕节市文明行为促进条例》等一批地方性法规，成功申报成为贵州首个全国人大常委会法工委基层立法联系点。深入开展民族团结进步示范创建，密切防范化解宗教领域风险隐患，依法打击各类非法宗教活动，不断铸牢中华民族共同体意识。充分发挥工会、共青团、妇联等群团组织和社会组织的职能作用，高度重视侨务、港澳、对台、党管武装等工作。每一位毕节人都在用实际行动昭示“人心齐、泰山移”的强大力量！

五年来，我们从严抓党建、带队伍，巩固了风清气正的政治生态。聚焦抓好党建这一最大政绩，全面贯彻新时代党的建设总要求，围绕中心抓党建、抓好党建促发展。扎实开展“两学一做”学习教育、“不忘初心、牢记使命”主题教育、党史学习教育和省“牢记殷切嘱托、忠诚干净担当、喜迎建党百年”专题教育，举办庆祝中国共产党成立100周年系列活动，各级领导班子政治意识明显增强，党员、干部党性修养显著提高。坚持好干部标准，选人用人的精准性不断提升，各级干部队伍结构持续优化，县乡换届工作圆满完成。实施基层党建“七大工程”，各领域党的建设取得全面进步，党员先锋模范作用不断凸显。持之以恒正风肃纪，精准落实政治巡察要求，强化干部监督管理，开展干部作风教育大整顿，以“零容忍”态度保持反腐败斗争高压态势，人民群众对党风廉政建设的满意度大幅提高。全市各级党组织和党员干部把使命当作生命、把工作当作事业、把成效当作荣誉，充分彰显了党的先进性和纯洁性！

回首过去五年，既有跋涉的艰辛，更有成功的喜悦。最让我们感动的是，习近平总书记一直牵挂毕节、关怀毕节，党的十八大以来，习近平总书记对毕节的具体指示批示就多达十次，“东风送暖千山绿，旭日生辉万户春”，我们永远感恩总书记，永远感恩党中央！最让我们振奋的是，全市上下万众一心，彻底撕掉了延续千百年来贴在毕节人脸上的绝对贫困标签。所有建档立卡贫困人口，如今衣食住行不用愁、看病上学不担忧，钱包鼓起来了，笑声响起来了！在“四个留下”机制的推动下，迈向乡村振兴的路子也越来越宽了！最让我们自豪的是，毕节迈进了方便快捷的“大交通时代”，公路如织、航班穿梭、高铁飞驰，曾“养在深闺人未识”的毕节，正以前所未有的开放姿态，携手走世界、笑迎八方客，努力描绘百姓富、生态美、产业兴的时代新画卷！最让我们欣喜的是，城乡面貌发生了翻天覆地的变化，山川添锦绣，田野播新绿，城市让生活更美好，农村让城市更向往，老百姓的日子一天比一天更舒心、一天比一天更红火！

一路砥砺奋进，五载春华秋实。取得这样的成绩，最根本的是得益于习近平新时代中国特色社会主义思想的科学指引，得益于党中央的坚强领导和习近平总书记的亲切关怀。取得这样的成绩，我们忘不了全国政协、中央统战部和各民主党派中央、全国工商联、国家部委、毕节试验区专家顾问组30多年的倾情帮扶，忘不了广州、深圳等对口帮扶城市，东部十省市统一战线等社会各界的无私援助。取得这样的成绩，离不开省委、省政府对毕节的高度重视和特殊关爱，离不开省直各部门的倾情相助和鼎力支持。取得这样的成绩，是历届党委接续奋斗、开拓进取的结果，是全市各级党组织和广大党员干部群众同心同德、苦干实干的结果！在这里，我代表中国共产党毕节市第二届委员会，向全市广大党员干部群众、离退休老同志，向中央和省在毕单位，驻毕部队、武警官兵和消防救援队伍指战员，向所有关心、支持和参与毕节改革发展稳定工作的社会各界人士，表示最衷心的感谢，致以最崇高的敬意！

惟其艰难、才更显勇毅，惟其笃行、才弥足珍贵。回首五年的奋斗历程，我们深深体会到：

必须以思想为先导，坚持高举旗帜、党建引领。五年来，我们坚持把习近平新时代中国特色社会主义思想作为根本遵循，以伟大思想定向领航、向伟大思想寻策问道，有力战胜了一切风险挑战；加强党对各方面工作的领导，不断加强党的建设，为推动经济社会发展提供了坚强组织保证。实践证明，只有旗帜鲜明讲政治，坚决拥戴核心、维护核心，真抓党建、善抓党建，才能保证各项事业沿着正确方向前进。

必须以人民为中心，坚持执政为民、共建共享。五年来，我们始终把人民放在心中最高位置，集中办成了一批惠及广大群众的民生实事，解决了一批群众最关心、最直接、最现实的难点问题。实践证明，只有时刻保持党同人民群众的血肉联系，尽心竭力增进民生福祉，才能凝聚起创造美好生活、实现共同富裕的磅礴力量。

必须以改革为动力，坚持锐意创新、敢为人先。五年来，我们坚持问题导向、系统集成、精准施策，围绕高质量发展、治理体系和治理能力现代化推进一系列改革，有效破除了一批制约发展的体制机制障碍。实践证明，只有坚持改革创新，打破利益藩篱、优化营商环境，才能激活高质量发展的“一池春水”，加快推动毕节后发赶超、跨越发展。

必须以实干为导向，坚持务实担当、忘我奉献。五年来，无论是在脱贫攻坚、疫情防控第一线，还是在改革发展、维护稳定的最前沿，全市广大党员干部大力弘扬艰苦奋斗的精神，练就了实干担当的硬脊梁、铁肩膀、真本事，以青春、汗水甚至鲜血和生命换来了人民群众的真情点赞。实践证明，只有实干苦干、爱岗敬业，才能办成一件件难事，攻克一道道难关，成就脱贫摘帽、同步小康的非凡业绩。

必须以同心为法宝，坚持凝心聚力、同频共振。五年来，我们调动各种积极因素，广泛汇聚统一战线、对口帮扶城市和社会各界的智慧和力量，助推经济社会发展特别是脱贫攻坚取得前所未有的骄人业绩；在市委的坚强领导下，全市上下谋事“一盘棋”、干事“一股劲”、成事“一条心”，夺取了一个又一个的胜利。实践证明，只有上下同心、内外合力，我们的事业才能无坚而不摧、无往而不胜。

回顾总结过去五年的工作，是为了更好地开启新征程、再创新辉煌。我们要在五年的发展成就中更加坚定奋进新征程的信心和决心，在五年的宝贵经验中充分汲取再创新业绩的智慧和力量，以坚如磐石的意志和舍我其谁的担当，迎接更大挑战，书写壮美华章！

二、新阶段面临的新形势

毕节因试验区而立、因试验区而兴，这是毕节广大干部群众已经形成的共识。30多年来，我们始终坚定不移围绕试验区“开发扶贫、生态建设、人口控制”三大主题，一届接着一届干，一张蓝图绘到底，书写了一部众志成城、绝地突围、战天斗地、攻城拔寨的脱贫攻坚壮丽史诗，实现了人民生活从普遍贫困到全面小康、生态环境从不断恶化到明显改善、人口从控制数量为主到更加重视人力资源开发的“三个重大跨越”，与全国一道全面建成了小康社会，向党中央、向全市人民交上了一份合格的答卷。试验区“三大主题”实践取得的巨大成就，已载入了毕节发展史册。

2018年7月18日，习近平总书记对毕节试验区工作作出重要指示。总书记的重要指示，蕴含着三个方面的深刻内涵：一是定位的战略性。2020年实现同步小康后，毕节试验区向何方发展？总书记以高瞻远瞩的战略思维，对毕节提出“建设贯彻新发展理念示范区”的新的更高要求，为试验区未来发展标注了时代方位、擘画了美好蓝图。二是任务的连续性。总书记当时对试验区提出了两个阶段的任务，2020年以前要尽锐出战、务求精准，确保按时打赢脱贫攻坚战；同时做好同2020年后乡村振兴战略的衔接，努力把毕节试验区建设成为贯彻新发展理念的示范区。近期任务与远期目标有机统一，顺势而为、一脉相承，体现了辩证唯物主义联系、发展的观点。三是路径的指引性。指示强调“着力推动绿色发展、人力资源开发、体制机制创新”，是针对解决毕节现阶段产业结构单一、生态相对脆弱、人口素质不高、体制机制不活等问题提出的新任务新要求，是推进贯彻新发展理念示范区建设的关键环节和重要突破口。指示全文276字，既有认识论、又有方法论，既有战略安排、又有具体部署，既有目标任务、又有路径方向，具有十分重要的政治意义、历史意义和现实意义。

在习近平总书记重要指示精神的指引下，我们又踏上了新的征程。毕节发展的定位从“试验”升级到“示范”、主题从“开发扶贫、生态建设、人口控制”升级到“绿色发展、人力资源开发、体制机制创新”。新征程号角已经吹响，示范区建设已经启航。从现在开始，我们就要接过历史的“接力棒”，豪情满怀踏上新的赶考路。

——踏上新的赶考路，我们肩负时代新使命。一代人有一代人的使命，一代人有一代人的担当。未来五年，是毕节全面推进乡村振兴、迈向现代化建设新征程的重要时期，也是毕节贯彻落实习近平总书记重要指示批示精神、奋力建设贯彻新发展理念示范区的关键时期。省委对毕节全面深入贯彻落实习近平总书记重要指示批示精神高度重视、大力支持，赋予了毕节与贵阳、遵义共同打造贵州发展“金三角”的历史重任。重任在肩、时不我待，何其有幸、何其荣光！我们必须牢记嘱托、感恩奋进，坚决扛起建设贯彻新发展理念示范区的历史使命，坚决扛起后发赶超、共建贵州“金三角”的历史重任，不负使命、不负时代、不负韶华，为乌蒙山增光，为示范区添彩！

——踏上新的赶考路，我们面临发展新挑战。察势者智，驭势者赢。世界百年未有之大变局正加速演变，我国正处于改革发展的转型期，各种矛盾和纠纷潜在交织。我市虽与全国同步实现了全面小康，但脱贫不稳定人口和边缘易致贫人口多，防止规模性返贫致贫任务繁重；经济总量小、结构不优、竞争力不强，高质量发展后劲不足；生态功能仍较脆弱，深度石漠化地区面积广，岩溶山区水生态水环境保护治理难度大；人力资源开发水平较低，劳动年龄人口平均受教育年限远低于全国水平，基本公共服务短板仍然突出；基础设施尚需完善，要素配置、营商环境等重点领域体制机制障碍亟待破除，开放水平急需提升。这些短板问题是发展中不可避免的，我们既要深刻把握世界格局之变、发展阶段之变，于危机中育先机，于变局中开新局，打好化危为机战略主动仗；更要时刻保持头脑清醒，紧盯短板差距，迎难而上，奋力赶超，推动高质量发展迈上新台阶。

——踏上新的赶考路，我们喜迎战略新机遇。党中央、国务院全面推动长江经济带发展，推进新时代西部大开发形成新格局，加快西部陆海新通道、成渝地区双城经济圈和粤港澳大湾区建设，为我们用好政策红利、融入新发展格局带来了重大机遇；国家即将批复实施《毕节建设贯彻新发展理念示范区规划》，一大批利好政策、优质项目将在毕节落地实施，为我们汇聚资源、加快发展、后发赶超带来了巨大红利；全国统一战线的持续倾力帮助，广州、深圳等发达地区的持续倾心帮扶，省委、省政府的持续倾斜支持，为我们推动改革发展注入了强大动力。更为重要的是，近几年我市的交通、水利、能源、通信等基础设施建设取得重大突破，干部队伍的能力水平得到持续提升、干事创业的热情空前高涨，为我们推动经济社会跨越发展奠定了坚实基础。我们要保持定力、坚定信心，抢抓机遇、乘势而上，在新的征程上开辟新天地、创造新奇迹。

今日之毕节，使命之重大前所未有，舞台之广阔前所未有，机遇之难得前所未有，基础之坚实前所未有。我们要站在接续“两个一百年”、统筹“两个大局”的战略高度，牢牢把握毕节发展的时代方位、肩负的历史使命、面临的机遇挑战，保持处变不惊的平常心，增强只争朝夕的紧迫感，强化务实重干的真担当，在新的赶考路上创造无愧于时代、无愧于人民、无愧于历史的新业绩！

三、今后五年的指导思想和奋斗目标

今后五年毕节发展的指导思想是：坚持以习近平新时代中国特色社会主义思想为指导，深入贯彻党的十九大和十九届历次全会精神，全面落实习近平总书记视察贵州重要讲话和对贵州对毕节工作的重要指示批示精神，全面贯彻党的基本理论、基本路线、基本方略，统筹推进“五位一体”总体布局，协调推进“四个全面”战略布局，立足新发展阶段、贯彻新发展理念、构建新发展格局，以高质量发展为统揽，守好发展和生态两条底线，更好统筹发展和安全，聚焦建设贯彻新发展理念示范区这一战略目标，做好巩固拓展脱贫攻坚成果同乡村振兴有效衔接，围绕打造绿色发展、人力资源开发、体制机制创新“三大高地”，努力建设实力强劲、生活富裕、美丽宜居、活力迸发、文明和谐“五个新毕节”，全力把毕节建设成为川滇黔结合部区域性中心城市，与贵阳、遵义共同打造贵州发展“金三角”，奋力谱写百姓富、生态美多彩贵州新未来的毕节辉煌篇章，朝着实现第二个百年奋斗目标奋勇前进。

今后五年，我们将立足“一区三高地、五个新毕节”战略定位，开启毕节现代化建设新征程。

——“一区”，就是贯彻新发展理念示范区。这是习近平总书记赋予试验区的新使命，是毕节今后五年乃至更长一段时期改革发展的总目标。践行新使命、实现总目标，必须完整、准确、全面贯彻新发展理念，坚持以创新为第一动力、以协调为内生特点、以绿色为普遍形态、以开放为必由之路、以共享为根本目的，持之以恒用以指导实践、推动工作，促进发展的规模、速度、质量、结构、效益、安全相统一，确保全市经济社会发展是更好体现新发展理念的发展，是更好满足人民群众高品质生活的发展。

——“三高地”，就是绿色发展高地、人力资源开发高地、体制机制创新高地。这是习近平总书记指引我们建设示范区的着力点、突破口，是今后推动改革发展的战略举措。打造绿色发展高地，就是要坚持“绿水青山就是金山银山”的理念，把绿色发展理念贯穿到空间格局、产业结构、生产方式、生活方式之中，大力发展生态友好型产业，逐步摆脱资源依赖，促进经济活动绿色化生态化，推动经济社会发展全面绿色转型，让绿色成为毕节最鲜明的底色。打造人力资源开发高地，就是要充分发挥我市劳动力人口规模优势，面向经济发展一线创新人力资源开发模式，大力发展职业教育，补齐教育、医疗、科技、文化等公共服务短板，全面提高人口素质，培养高素质劳动者，建成西部重要的人力资源开发培育基地。打造体制机制创新高地，就是要坚持解放思想、敢为人先，大胆探索、大胆实践，充分发挥“试验田”作用，推进各类改革创新举措系统集成、协同高效，全面提升贯彻新发展理念的制度环境，以优质的制度供给、服务供给、要素供给，切实提升发展环境的吸引力和竞争力。

——“五个新毕节”，就是实力强劲新毕节、生活富裕新毕节、美丽宜居新毕节、活力迸发新毕节、文明和谐新毕节。建设贯彻新发展理念示范区，最终要体现在经济社会高质量发展上，“五个新毕节”既是战略支撑，也是最好展现。建设实力强劲新毕节，必须始终抓牢发展第一要务，以“四化”为主抓手，按下发展“快进键”、跑出发展“加速度”，地区生产总值保持年均增长9%以上，到2026年突破3000亿元，加快后发赶超步伐。建设生活富裕新毕节，必须始终坚持人民至上，全面巩固拓展脱贫攻坚成果，城乡居民人均可支配收入年均增长9%、10%以上，优质均衡的公共服务体系、多层次广覆盖的社会保障体系全面构建，教育、医疗等民生领域短板加快补齐，共同富裕迈出新步伐。建设美丽宜居新毕节，必须牢牢守好发展和生态两条底线，呵护好“一城清水”，守护好“一方净土”，保护好“一片蓝天”，建设美丽宜居幸福家园，在生态文明建设上出新绩。建设活力迸发新毕节，必须坚持解放思想、深化改革、扩大开放，全力推动体制机制创新，高质量发展、高效能治理、高品质生活的体制机制更加完善，市场化法治化营商环境全面优化，经济社会发展活力显著增强。建设文明和谐新毕节，必须始终坚持依法执政、依法行政，社会主义民主法治更加健全，系统完备、运行规范、智能高效、富有特色的现代化市域治理体系更加完善，发展安全保障更加有力，法治毕节示范创建扎实推进，社会文明程度大幅提升。

四、今后五年的重点工作任务

再美好的蓝图，归根到底要落实到行动上。我们要全力实施“五项行动”，奋力建设“五个新毕节”，坚定不移把“愿景图”变为“实景图”。

（一）实施“四化”突破行动，全力以赴建设实力强劲新毕节。产业是发展的根基。我们要始终把协调发展作为内在特点，坚持围绕“四新”主攻“四化”，突出大抓招商、大上项目、大聚产业，加快数字经济与实体经济深度融合，优化经济结构，扩大经济总量，推动综合实力大跃升。

推动新型工业化实现新突破。坚持把新型工业化作为高质量发展的首要任务，突出高端化、绿色化、集约化，存量增量一起抓，大力推进工业倍增行动，全市工业总产值达2400亿元。要突出优势带动。全力推进煤炭产业提质升级，加快煤矿建设和资源整合，到2026年煤炭年产量突破1亿吨；着力优化电力结构，全力推进火电“上大压小”，大力实施风电、光伏、储能等新能源项目建设，构建风光水火储多元化发展格局；现代能源产业达到千亿级规模。要突出链条传动。大力推动煤矸石、粉煤灰、脱硫石膏等固废资源综合利用，加快形成煤电建（材）循环经济产业链，新型建材产业达三百亿级规模。推进煤炭、磷矿资源深加工，围绕煤制乙二醇、聚乙醇酸（PGA）和精细磷化工等延链补链强链，努力建成全国重要的新型能源化工基地，现代化工产业达百亿级规模。要突出特色联动。注重集中集聚集约布局，大力发展食品加工、轻纺服装、五金机电等产业，构建“特色鲜明、布局合理、差异竞争、就业充分”的轻工产业体系。调整优化传统两烟产业结构，抢抓我省建设赤水河流域世界级酱酒核心产区重大机遇拓展白酒产业空间，优质烟酒产业达三百亿级规模。要突出招商推动。坚持把工业作为招商引资的重中之重，实行专业招商、精准招商、团队招商、以商招商和平台招商，千方百计引进大企业、大集团、大项目带动工业经济发展，确保每年工业项目到位资金占比达50%以上。要突出创新驱动。加大科技创新力度，深度推进产学研用一体化，培育发展一批有较强竞争力的创新型企业，建设西南复杂煤炭区煤炭清洁利用研发中心，创建国家级高新技术产业开发区。着力在实施数字经济战略上抢新机，建设“毕节数字经济产业园”，推动大数据产业集聚发展。

推动新型城镇化实现新突破。坚持把新型城镇化作为高质量发展的重要引擎，统筹划定“三条控制线”，优化城镇“三生”空间布局，加快推进以人为核心的新型城镇化，建设川滇黔结合部区域性中心城市，打造让毕节人自豪、外地人向往的魅力之城，力争城镇化率达58%左右。要扩大城市规模能级。围绕“双300”远景规划，加快七星关—大方同城化步伐，力争到2026年中心城区建成区面积达130平方千米、人口达130万人。推进南环高速、同心大道、碧阳三道等骨干路网建设，搭建中心城区未来发展的“四梁八柱”。加快建设毕节动车存车场、综合性公铁联运货运物流园区，加强高铁站、机场等交通枢纽互联互通，提高中心城区融入全国、畅达周边的能力。坚持“老城区做减法、新城区做加法”，合理引导各类要素向新区集聚，推动新老城区靠拢衔接、同步发展，推动中心城区和县城提质扩容。支持有条件的地方发展县城副中心。要提升城镇品质内涵。坚持“微改造”，不搞大拆大建，以城市“三改”为抓手，实施棚户区改造3.06万户、城镇老旧小区改造3.55万户。大力实施城市更新、城市生态修复行动，推进污水处理及供气、供热、地下综合管网等市政基础设施和教育、医疗、体育等公共服务设施建设，加快创建国家园林城市。推进智慧城市建设，大力提升城市管理精细化程度，强力整治各类城市顽疾，让城市更规范、更顺畅、更便捷。要推动产城融合发展。坚持以产兴城、以城促产，加快推进产业园区与城市互联互通，积极发展城镇工业经济、服务经济、消费经济、创新经济，切实增强城镇人口承载力、内需带动力、发展竞争力。推进保障性住房建设，支持商品房市场更好满足购房者的合理住房需求，妥善解决城市房地产开发遗留问题，促进房地产市场平稳健康发展。加快建设夜间文化、体育、旅游、消费等新型商业消费集聚区，建成一批特色美食、购物、娱乐消费主题街，推进城市一刻钟便民生活圈建设。要加强基础设施建设。抢抓我省交通强国试点机遇，加快织密高速路网，加强普通国省干线建设管护，大力推进“四好农村路”高质量发展，打通“断头路”、拓宽“瓶颈路”；深入推进六威昭高铁、纳赫高速、威宁机场等重大项目建设，推动形成西部陆海新通道西线重要节点。因地制宜修建一批大型水利枢纽工程、中小型水库、经济实用型小山塘，加快引提水工程建设，加密输水管网，加强农田水利基础设施和农村饮水安全保障设施建设和管护，实现生产、生活和生态用水更有保障、更加便利。加快能源基础设施建设，推进5G基站、电动汽车充电桩等新型基础设施建设，不断满足人民群众高品质生活需要。

推动农业现代化实现新突破。坚持把农业现代化作为高质量发展的基础支撑，突出规模化、标准化、品牌化、市场化发展方向，注重农工贸一体化、产加销一条龙，全力打造现代山地特色高效农业强市。要建强产业体系。在确保粮食安全、稳定烤烟种植面积的基础上，加快发展山地特色高效生态农业，做大做强特色优势产业，力争2026年蔬菜、茶叶、中药材、精品水果、刺梨、皂角等规模化标准化种植基地分别达100万亩，着力打造全国重要的高山冷凉蔬菜生产基地、南方马铃薯种薯基地、绿色优质农产品供应基地，创建国家现代农业示范区。大力实施“农业+”，积极培育分享农业、定制农业、创意农业等新业态，推动农村一、二、三产业融合发展。要建强生产体系。强化耕地及永久基本农田保护，加快推进高标准农田、节水灌溉、田间道路等基础设施建设，大力推广小型农业机械，强化农业科研和实用技术推广，进一步提升农业生产社会化服务水平，全面建强农产品储存保鲜、冷链物流体系，提高农业生产现代化、智慧化水平。大力推进农产品精深加工，提高商品转化率，提升农产品附加值。要建强经营体系。大力引进培育壮大农业龙头企业，推动农村新型集体经济实体化运营、规范化管理、特色化发展，培育壮大新型职业农民队伍，构建“龙头企业+新型集体经济组织+职业农民”的农业经营体系。加快完善科学高效的农产品销售、流通体系，积极实施线上消费市场工程，全面提升“黔货出山”的广度、深度和精度。

推动旅游产业化实现新突破。坚持把旅游产业化作为高质量发展的重要支柱，全力推动旅游大提质，创建国家全域旅游示范区。全市旅游及相关产业增加值占地区生产总值比重达10%以上。要推动旅游规划大提质。毕节拥有世界级、重量级、震撼级的旅游资源，要坚持以“世界唯一、国内一流、全域视野”的定位，高标准规划建设旅游景区景点，加快调整与旅游资源不相匹配的景区建设规划，构建全域旅游产业发展规划体系，不负一方好山水。要推动旅游业态大提质。着力完善织金洞、九洞天、化屋等景区服务设施，推进百里杜鹃、油杉河、阿西里西等景区提质扩容，不断丰富旅游业态。做好“旅游+”文章，大力推动康旅、交旅、农旅、商旅、文旅、体旅融合发展，构建多点支撑、多业共生、多元融合的大旅游产业体系，打造避暑、休闲、度假、康养胜地。要推动旅游产品大提质。大力引进投资经营主体盘活提升一批闲置低效项目、落地建设一批重大项目、开发生产一批旅游特色商品，建设高标准旅游景区景点、度假区、消费集聚区。优化精品线路开发，加强与贵阳、安顺、遵义、六盘水及川南、滇东等周边联动，共同打造一批主题多元的精品旅游线路，协作培育世界知名、国内一流的精品旅游带。加大旅游市场主体培育，推出一批具有较强核心竞争力的本土旅游企业，力争培育1家涉旅上市企业。要推动旅游服务大提质。加强旅游目的地和集散中心建设，全面提升旅游设施标准化、服务标准化、监管标准化水平，从严整治旅游市场秩序，维护良好旅游消费环境。提升旅游宣传专业化水平，全面展示毕节“好山好水好地方、养身养心养健康”，让“洞天福地 · 花海毕节”享誉全国、走向世界。

（二）实施富民惠民行动，全力以赴建设生活富裕新毕节。实现共同富裕，是社会主义的本质要求，是人民群众的共同期盼。我们要始终把共享发展作为根本目的，全力保障和改善民生，努力让全市人民过上更高品质的生活，推动共同富裕取得更为明显的实质性进展。

全力巩固拓展脱贫攻坚成果。严格落实“四个不摘”要求，坚决守住不发生规模性返贫的底线。要做到责任不松，坚持“四级书记”抓脱贫成果巩固不动摇，坚决扛牢政治责任，强化党政主要负责人“第一责任人”责任，压实第一书记和驻村工作队“最后一公里”责任，推动责任落实、工作落实。要做到政策不变，保持财政投入总量规模不减少，持续落实“3+1”保障政策，强化兜底保障政策落实，推动巩固拓展脱贫成果政策与乡村振兴政策有效衔接、深度融合。要做到力度不减，持续加大驻村干部选派力度，全力抓好就业和产业帮扶，确保脱贫群众收入只增不减。持续推进易地扶贫搬迁后续扶持“五个体系”建设，确保搬迁群众稳得住、有就业、逐步能致富。深化东西部协作和定点帮扶，推动帮扶资源和力量向脱贫成果巩固和乡村振兴聚焦。要做到监管不脱，健全防止返贫监测和帮扶机制，做到定期核查、及时发现、跟踪帮扶、动态清零，确保不返贫和新增致贫。加强农用设施和扶贫项目资产监督管理，确保农村各类资产管得住、用得好，长久发挥效益。

全力推进乡村建设行动。深入实施乡村振兴战略，以实施乡村建设行动为抓手，打造脱贫地区乡村振兴新典范。要坚持规划为纲，加强“多规合一”实用性村庄规划，明确村庄分类布局、保护乡村特色风貌。坚持分类施策，强化精品意识，围绕“四园四美”目标，突出全要素聚合、全景式打造，集中力量规划建设一批乡村振兴示范点，培育“珍珠”，串成“项链”。要坚持建设为重，按照“不搞大拆大建、不违背农民意愿”的原则要求，实施农村基础设施提档升级工程，优化提升农村公路、水利等基础设施水平。“农村房子是用来住的，不是用来撑面子的”，要健全农村宅基地管理和住房建设管理机制，推动农村建房标准化、规范化、特色化。深化农村“厕所革命”，加快人居环境综合整治。要坚持服务为本，建立城乡公共资源均衡配置机制，大力推进农村教育医疗、文化体育、社会保障、托幼养老等公共服务体系建设，努力实现城乡基本公共服务均等化。积极适应农村居民消费升级需求，加强以小城镇为中心的农民生活圈和服务圈便利化、精细化、品质化建设，繁荣农村消费市场。要坚持治理为要，深入推进党组织领导的自治、法治、德治相结合的城乡基层治理体系建设，构建人人有责、人人尽责、人人享有的治理共同体。重拳整治早婚早育、天价彩礼等陈规陋习，推动形成良好家风、淳朴民风、文明乡风。

全力推进人力资源开发。立足人口规模和结构，以职业教育为重点，全面提高人口素质，建设人力资源强市。要下大力气提升教育供给水平。深入推进教育薄弱环节改善提升，大力发展普惠性学前教育，均衡发展义务教育，特色发展高中教育，提质发展高等教育，全面提升教育教学质量。深化体教融合，全面促进青少年健康发展。统筹抓好老年教育、特殊教育工作。要下大力气发展现代职业教育。加大职业教育投入力度，优化职业教育布局，提升职业教育基础能力。实施职业教育创新发展行动计划，瞄准技术变革和产业优化升级方向，合理调整职业教育专业设置，促进教育链、人才链与产业链、创新链有效衔接，拓宽中职和专科本科衔接渠道，增强职业教育适应性。实施职业技能提升行动和高素质农民培育计划，培养造就高素质劳动者，努力让每个人都有人生出彩的机会。要下大力气汇聚各路英才。坚持人才是第一资源，坚定不移实施人才强市战略，大力实施引才、育才、用才、留才“四大工程”，让重视人才、尊崇人才、吸引人才、用好人才蔚然成风，切实把各方各类人才集聚到建设示范区的伟大事业中来。

全力提升公共服务水平。加快基本公共服务均等化，让广大人民群众更好分享改革发展成果。要提高卫生健康水平。以保障人民健康为中心，持续推进健康毕节建设，强化优生优育服务，大力发展普惠托育服务，建设“农村儿童发展综合示范区”。推动市级公立医院高质量发展，健全以县级医院为龙头、乡镇卫生院为枢纽、村卫生室为基础的医疗服务网络，大力实施办名院、建名科、增名医“三名工程”，深入实施“三医”联动改革，打造黔滇川省际区域医疗服务高地。完善公共卫生服务体系，加强突发公共卫生事件监测预警和应急处置能力建设，大力促进中医药传承创新发展，全面深化爱国卫生运动，不断提升疾病预防控制能力。要提高社会保障水平。健全覆盖全民、统筹城乡、公平统一、可持续的多层次社会保障体系，完善困难群众急难救助制度，加快推进未成年人保护工作体系建设，切实织密社会保障安全网。有效应对人口老龄化，健全养老服务体系，大力发展普惠型养老服务，让老年人共享改革发展成果、安享幸福晚年。要提高就业创业水平。实施好就业优先政策，抓好高校毕业生、退役军人、农民工等重点群体就业，建设毕节人力资源服务产业园，不断健全就业服务体系；建立完善创新创业支持政策，构建一批低成本、便利化、全要素、开放式众创空间，推进大众创业、万众创新，让广大人民群众都有用武之地。要提高文化惠民水平。持续推进图书馆、文化馆等公共文化阵地建设，不断创新拓展城乡公共文化空间。着力丰富公共文艺作品供给，积极推进公共文化服务标准化建设，切实促进公共文化服务提质增效。依托长征国家文化公园建设及文化遗产保护传承，释放乡村治理、乡风文明、乡村振兴文化功能。办好各类文体活动和特色体育赛事，更好满足群众多样化、多层次的精神文化需求。

（三）*实施绿色引领行动，全力以赴建设美丽宜居新毕节*。我们要始终把绿色发展作为普遍形态，切实转变经济发展方式，加快新旧动能转换，加大生态建设和环境保护力度，倡导绿色低碳生活方式，奋力在生态文明建设上出新绩。

持续推动绿色低碳发展。以推进碳达峰碳中和为契机，建立完善绿色生态经济发展制度支撑体系，以绿色低碳引领产业转型发展。深入实施绿色经济倍增计划，严把产业导向、项目准入、节能减排关口，全力优化能源结构、推广节能措施，大力发展绿色农业、绿色制造业、绿色服务业，实现产业生态化、能源绿色化。大力推动固废资源综合利用，促进企业循环式生产、产业循环式组合，加快构建煤电建（材）循环经济产业链。大力发展林下经济，推动皂角、刺梨等重点产业发展与石漠化治理、煤矿废弃地改造相结合，打造产业发展与生态环境改善良性互动的示范样板。加快新能源车辆推广应用，优先发展公共交通，全力打造绿色低碳的综合交通运输体系。积极探索“两山”理论转化路径，重点推进碳汇交易等生态产品价值实现机制改革，完善生态补偿机制，努力把毕节凉爽的天气、清新的空气转换为高质量发展的人气和财气。

持续筑牢“两江”上游生态屏障。大力实施“两江”上游生态保护修复、国家储备林基地建设、石漠化和水土流失综合治理等重大工程，深入开展国土绿化行动，着力建设乌蒙山生态屏障。加快推进水生态修复，加大乌江、赤水河、牛栏江等流域综合治理力度，有序推进草海治理，加强水库河堤、城市绿地等重点区域生态建设，探索推进岩溶山区生态治理与资源利用。统筹推进城市绿化美化，让森林走进城市，让城市融入森林，努力实现“绿满乌蒙、锦绣毕节”。

持续深化环境污染综合治理。统筹推进山水林田湖草综合治理，严格落实河（湖）长、林长制，健全源头预防、过程控制、损害赔偿、责任追究的污染防治机制，加快构建现代环境治理体系，建设长江经济带环境综合治理示范城市。要让空气常新，深入打好蓝天保卫战，开展大气污染联防联治，实施建筑施工和道路扬尘整治行动，严格控制挥发性有机物和氮氧化物排放总量，确保全市环境空气质量平均优良天数比率达98%以上。要让绿水长流，深入打好碧水保卫战，统筹推进城市建成区黑臭水体整治、工业污染防治、生活污水治理、饮用水水源地保护，全面提升水生态质量，确保全市地表水河流水质优良比例和所有集中式饮用水源地水质达标率100%。要让沃土常净，深入打好净土保卫战，严格控制土壤污染源头，实施土壤环境分级分类管控，积极开展污染土壤治理与修复试点，统筹抓好固废治理、农村面源污染等工作，护好良田好土、造福子孙后代。

（四）*实施改革创新行动，全力以赴建设活力迸发新毕节*。我们要始终把创新发展作为第一动力、把开放发展作为必由之路，坚定不移深入推进改革开放，加快融入新发展格局，为毕节发展提供更优机制、打开更广空间。

更深层次全面深化改革。事业发展无止境，深化改革无穷期。要保持改革定力，坚持“四个有利于”改革方向，精心布局一批标志性、引领性改革任务，稳步推进收入分配制度改革，持续深化要素市场化配置改革、生态文明建设制度改革和农村改革，统筹推进能源、金融、财税、旅游、科技、教育、卫生健康、文化、民政、经开区等重点领域改革，以改革破除深层次体制机制障碍，释放经济社会中蕴藏的巨大潜力，解决好群众最关心最直接最现实的利益问题。

更高标准优化营商环境。深化“贵人服务·毕须办”政务服务品牌建设，紧盯“三减一降一便利”，着力在简政放权、放管结合、优化服务上下功夫，加大流程再造力度，做到办事流程减无可减、成本降无可降。大力鼓励支持发展民营经济，不断发展壮大市场经营主体。加大破坏营商环境典型问题查处力度，坚决曝光问责典型案例，打造服务质量和效率高于周边、成本和负担低于周边的营商环境。

更高水平扩大对外开放。加快毕节国际内陆港建设，争取设立毕节飞雄机场航空口岸、毕节东站铁路口岸，打造毕节跨境电子商务综合试验区、国家物流枢纽承载城市、川滇黔区域性商贸物流中心，推动毕节融入国内大循环。建立与长江经济带中下游地区协同联动和利益共享机制，加强与粤港澳大湾区合作，加快融入成渝双城经济圈，积极参与西部陆海新通道建设。大力发展外向型经济，创新东西部协作“飞地经济”模式，提升开放的层次和水平。

（五）*实施治理增效行动，全力以赴建设文明和谐新毕节*。推进治理体系和治理能力现代化，是加强民主法治、促进社会和谐、提升文明程度的根本之策。我们要深入贯彻习近平法治思想，着力深化治理体系和治理能力建设，全面提升市域社会治理现代化水平。

全面加强民主政治建设。全力支持人大、政府、政协、监察机关、审判机关、检察机关依法履职、开展工作。铸牢中华民族共同体意识，巩固和发展最广泛的爱国统一战线，促进政党关系、民族关系、宗教关系、阶层关系、海内外同胞关系和谐，凝聚最大公约数、画出最大同心圆。加强党管武装、双拥、人民防空和退役军人工作，推动军民融合发展和国防后备力量建设。一体推进党的建设与群团等组织建设，增强工会、共青团、妇联、工商联等组织政治性、先进性、群众性，认真做好新时代离退休干部工作，充分释放各行各业、各条战线、各个方面干事创业激情，最大限度汇聚热爱毕节、建设毕节、奉献毕节的强大力量。

全面加强法治毕节示范创建。以法治毕节示范创建为载体，大力推进法治政府、法治生态、法治队伍、法治惠民、法治监督建设，全面提升依法行政、执法司法能力水平，让人民群众时时处处感受到公平正义，把毕节打造成为学习贯彻习近平法治思想的基层示范样本。坚持科学立法，着力加强经济发展、城乡建设管理、环境保护等重点领域立法，以良法保障善治。全面实施“八五”普法，加强民法典宣传教育，切实增强全民法治观念，在全社会形成办事依法、遇事找法、解决问题用法、化解矛盾靠法的良好法治环境。

全面加强基层社会治理。建立完善党组织领导下的基层社会治理体系，坚持和发展新时代“枫桥经验”，深入推进“一中心一张网十联户”规范化、实体化、信息化建设。加强诉源治理，推动矛盾纠纷源头化解。全面落实信访工作责任制，提升初信初访办理质效，切实维护群众合法权益。落细落实总体国家安全观，加强反恐防暴工作，依法管理民族宗教事务，积极防范化解重大风险，持续开展安全生产专项整治行动，牢牢守住不发生系统性风险的底线。弘扬伟大抗疫精神，一刻不松抓好常态化疫情防控，持续做好“外防输入、内防反弹”“人物同防”工作，坚决捍卫来之不易的疫情防控成果。

全面加强精神文明建设。聚焦群众需求，突出效果导向，巩固新时代农民（市民）讲习所教育成果，深入推进新时代文明实践中心建设，畅通宣传群众、教育群众、关心群众、服务群众的“最后一公里”。深化群众性精神文明创建活动，加快创建全国文明城市，广泛开展文明城市、文明村镇、文明单位、文明家庭、文明校园创建工作，持续推进移风易俗，大力培育社会文明新风，凝聚社会发展正能量。加强群众感恩教育，激发群众自力更生、艰苦创业的精神动力。

我们所要建设的“五个新毕节”，是贯彻新发展理念、体现高质量要求的新毕节，是满足群众新期待、创造高品质生活的新毕节，是紧跟现代化步伐、实现高效能治理的新毕节。我们要锚定目标、砥砺奋进，苦干实干、锐意创新，把新毕节建设得更加美好，把示范区宏伟蓝图变为现实。

五、加强新时代党的建设

聚焦“一区三高地”，建设“五个新毕节”，关键在党，关键在干部。我们要深入贯彻新时代党的建设总要求，大力弘扬伟大建党精神，用好党的百年奋斗历史经验，全力实施毕节高质量党建“五大工程”，为开创示范区美好未来提供坚强保证、凝聚磅礴力量。

（一）实施思想领航工程，筑牢坚如磐石的理想信念。心中有信仰，脚下有力量。要建立“不忘初心、牢记使命”长效机制，坚持以政治建设为统领，以坚定的理想信念砥砺对党的赤诚忠心，引领各级党员干部在新的征程上书写初心、遂行使命。要坚持以新思想定向领航。坚持第一议题制度，深学笃用习近平新时代中国特色社会主义思想，深化党委（党组）理论学习中心组学习，学深悟透习近平总书记对贵州对毕节工作的重要指示批示精神，深刻领会“两个确立”的决定性意义，学出坚定信念、学出绝对忠诚、学出使命担当，不断提高政治判断力、政治领悟力、政治执行力，真正让“四个意识”深入灵魂，让“四个自信”发自肺腑，让“两个维护”表里如一。要坚持以新精神培根铸魂。大力弘扬“坚持真理、坚守理想，践行初心、担当使命，不怕牺牲、英勇斗争，对党忠诚、不负人民”的伟大建党精神，不断加深领悟、自觉躬身实践，将其作为“传家宝”代代相传，让伟大建党精神成为全市党员干部的安身之魂、立命之本、成事之基。要坚持以新风尚引领潮流。积极培育和践行社会主义核心价值观，深入推进公民道德、诚信社会、未成年人思想道德建设，在全社会形成崇德向善、见贤思齐的新风尚。全面落实意识形态工作责任制，加强意识形态阵地建设，强化网络、教育、文化、宗教等领域管控，牢牢把握意识形态工作主动权。

（二）实施固本强基工程，锻造坚强有力的战斗堡垒。基础不牢，地动山摇。要树牢大抓基层的鲜明导向，把管党治党责任落实到基层，锻造攻无不克、战无不胜、无坚不摧的战斗堡垒。要构建坚强有力的组织体系。以提升组织力为重点，深化拓展党支部标准化规范化建设成果，常态整顿软弱涣散基层党组织，完善上下贯通、执行有力的组织体系，持续推进党组织领办新型集体经济实体，统筹抓好农村、城市社区、国有企业、机关、高校、非公经济组织、社会组织等领域党建工作，实现基层党组织有形、有效“双覆盖”。要建设坚强有力的头雁队伍。扎实推进基层党组织带头人队伍建设，选优配强村（社区）“两委”班子成员特别是党组织书记，积极探索社区工作者职业化体系建设，强化教育培训、能力提升和监督管理，建设一支政治上靠得住、发展上有本事、作风上过得硬的基层干部队伍。要打造坚强有力的党员先锋。严格党员发展和教育管理，严把发展党员质量关，不断优化党员队伍结构，完善党内激励、关怀和帮扶制度，激发广大党员立足本职岗位、发挥先锋作用，以模范行动担当时代重任。

（三）实施先锋示范工程，打造堪当重任的干部队伍。为政之要，唯在得人。要落实新时期好干部标准，着力打造忠诚干净担当的干部队伍。要注重德能相配。坚持德才兼备、以德为先、任人唯贤，深入考察干部政治素质，大力选拔推动现代化建设能力强的干部，严格把好政治关、品行关、能力关、作风关和廉洁关，使选出来的干部德配其位、才配其位。要注重人岗相适。坚持事业为上、以事择人，完善人事相宜的用人机制，全方位精准考核识别干部，把合适的人放到合适岗位上，充分激发干部队伍活力。要大力实施干部能力提升行动，充分发挥市县党校培训的主渠道主阵地作用，切实抓好换届后各级干部教育培训。统筹抓好优秀年轻干部、女干部、少数民族干部、党外干部培养选拔工作。要注重严爱相济。坚持严管与厚爱结合、激励与约束并重，从严加强干部管理监督，推动干部守土有责、守土担责、守土尽责。完善和落实有为有位、能上能下的用人机制，建立健全正向激励和容错纠错机制，让敢担当善作为的干部有舞台、受褒奖，让慢作为不作为的干部摘帽子、没市场，以正确用人导向引领干事创业导向。

（四）实施清风涵养工程，营造海晏河清的政治生态。政治生态同自然生态一样，稍不注意就容易受到污染，一旦出现问题再想恢复就要付出很大代价。要提升监督效能。深化政治巡察，强化政治监督，推进各类监督统筹衔接、贯通协同，加强对重点领域、关键少数的监督，规范权力运行。坚持纪严于法、纪在法前，精准运用“四种形态”，认真落实“三个区分开来”，让党员干部心有所畏、言有所戒、行有所止，不让歪风沾身、不使邪气近身、不致污垢染身，让清正廉洁成为毕节干部鲜明的政治底色。要深化作风建设。从严落实中央八项规定及其实施细则精神，持之以恒纠治“四风”，深入推进干部作风教育大整顿，全面查改对党不忠、三观不正、初心不牢、为政不廉、为官不为、工作不实、能力不足等问题，大力弘扬求真务实、真抓实干之风，营造一门心思抓工作、齐心协力促发展的浓厚氛围。要重拳惩治腐败。坚持无禁区、全覆盖、零容忍，坚持重遏制、强高压、长震慑，坚持受贿行贿一起查，一体推进不敢腐、不能腐、不想腐。强化“清廉毕节”建设，推进廉政教育常态化、制度化，引导党员干部严守纪律底线、追求道德高线，清清白白做人，干干净净做事。

（五）实施同心筑梦工程，凝聚携手奋斗的强大合力。同心同德，才能共创未来。我们要充分发挥中国共产党领导的多党合作和政治协商制度优势，广泛凝聚各方智慧和力量参与和支持示范区建设，把毕节打造成为统一战线助力改革发展实践的展示窗口。要拓宽合作渠道。坚持毕节所需、统战所能，建立常态化汇报对接机制，完善“统一战线脱贫不脱钩”长效帮扶机制，争取各民主党派中央拓宽帮扶范围、扩展帮扶路径，促进帮扶区域由定点帮扶向辐射全域转变、帮扶重点由脱贫攻坚向巩固拓展脱贫攻坚成果和推进乡村振兴转变、帮扶方式由联络协调向全面参与经济、社会、文化和生态建设转变，构建新时代多党合作服务改革发展新模式。要创新参与方式。完善定期听取各民主党派、工商联和无党派人士意见机制，健全邀请党外人士参与经济发展、民生改善、生态治理等重大决策论证活动机制。充分发挥统战资源优势助力招商引资、招才引智，全方位争取支持、促进合作、实现共赢。要加强平台建设。积极搭建平台，完善与统一战线互派干部挂职制度，扎实做好全国统一战线干部培训承接工作，把毕节打造成为全国统一战线社会服务基地、党外干部实践基地、培训示范基地，续写多党合作服务改革发展新经验。

毕节市人大常委会工作报告

（2022年1月8日在毕节市第三届人民代表大会第一次会议上）

毕节市人大常委会主任　张翊皓

过去五年工作

过去的五年，是毕节发展进程中牢记嘱托感恩奋进、应对挑战砥砺前行、极不平凡成效显著的五年。常委会始终以习近平新时代中国特色社会主义思想为指导，深入贯彻习近平总书记关于坚持和完善人民代表大会制度的重要思想，认真落实党的十九大及十九届历次全会和中央人大工作会议精神、习近平总书记对贵州对毕节工作的重要指示批示精神，坚持党的领导、人民当家作主、依法治国有机统一，在市委的坚强领导下，在省人大常委会的精心指导下，牢记初心使命、围绕中心大局、依法履职担当，各项工作迈出新步伐、跃上新台阶，为助推全市高质量发展、建设贯彻新发展理念示范区积极贡献人大力量。

一、坚持讲政治守规矩，全力把牢正确政治方向

常委会始终旗帜鲜明讲政治，坚决贯彻习近平总书记“时刻绷紧政治之弦、校准政治之标，把讲政治摆在首位”的重要指示，增强“四个意识”、坚定“四个自信”、做到“两个维护”，不断强化坚持党的领导的政治自觉、思想自觉、行动自觉。

（一）坚决强化党的创新理论武装。深入学习领会中央重要文件、重要会议精神，习近平总书记关于坚持和完善人民代表大会制度的重要思想、在中央人大工作会议上的重要讲话和对贵州对毕节工作的重要指示批示精神，认真开展“不忘初心、牢记使命”主题教育、党史学习教育。通过常委会会议、党组会议、主任会议、中心组集中学习等多种形式开展学习166次，推动学习领会习近平新时代中国特色社会主义思想往深里走、往实里走、往心里走，切实用党的创新理论武装头脑、指导实践、推动工作，让忠诚核心成为毕节人大干部最鲜明的政治品格，成为毕节人大常委会最鲜明的政治本色。

（二）坚决贯彻落实市委决策部署。认真贯彻习近平总书记关于人大工作“四个善于”的政治要求，始终把智慧和力量凝聚到贯彻落实市委决策部署上来，做到市委工作重心在哪里，人大工作就跟进到哪里、力量就汇聚到哪里、作用就发挥到哪里。按照党委决策与人大决定有机统一、党管干部和人大依法任免有机统一的要求，对国民经济发展、脱贫攻坚、疫情防控、毕节中心城区规划、黔西撤县设市等53项重大事项，依法科学民主作出决定决议；任免地方国家机关工作人员405人次，补选代表、终止代表资格157人次，积极推动中央、省委和市委重大决策部署落地落实。

（三）坚决自觉执行请示报告制度。严格遵守党的政治纪律和政治规矩，重大事项、重要情况、重要工作一律报请市委把关定向，积极主动向市委报请审查立法规划、立法计划、工作要点等重大事项46项；重点检查视察调研报告及时报送市委审阅，监督调研成果获省领导、市委主要领导签批肯定56次，确保人大各项工作在市委坚强领导下依法有序开展。

二、坚持立良法保善治，全力推进社会治理体系建设

常委会深入贯彻落实习近平法治思想，充分发挥立法引领作用，依法行使职权，保证宪法法律在全市得到遵守和执行，全力推进全市社会治理体系和治理能力现代化。

（一）围绕“法治毕节”创建依法履职。全面贯彻实施宪法法律，维护宪法权威和尊严。围绕“七五”普法，以“法律六进”为抓手，深入开展国家宪法日、宪法宣传周等法治宣传教育活动，印制法规条例单行本、宣传画册等资料17万册，开展宪法宣誓263人次，全市累计开展普法宣传活动13.5万场次、受教育群众达3228万人次，有力推动宪法、民法典等法律深入人心，形成了全社会尊法学法守法用法的良好氛围（比如：通过民法典的宣传施行，2021年全市申请离婚的18150次中，冷静期后未离婚的达7551次，占总数的41.6%，减少了很多冲动型离婚，增添了社会和谐）。首次听取市监委廉政教育工作专项报告。听取和审议“两院”关于民事审判、公益诉讼等专项报告10个，开展诉源治理、行政争议实质性化解专题调研，有效推动“一中心一张网十联户”机制建设，全面加强基层社会治理。认真开展“法律巡视”，开展就业法、民族区域自治“一法两规定”、安全生产“一法一条例”等法律法规贯彻实施情况执法检查36次。听取市人民政府贯彻实施我市地方性法规情况专项报告，推动地方性法规落地见效。持续加强规范性文件备案审查，完善审查机制，建设审查平台，备案审查规范性文件383件，向省人大常委会报备38件，坚决维护法治统一。

（二）围绕重点领域加强立法。全面落实党对立法工作的领导，坚持问题导向，按照“小切口、大视角、高质量、接地气、真管用”的立法思路，深入推进科学立法、民主立法、依法立法。2021年7月成功申报为全国人大常委会法工委在贵州设立的唯一国家级基层立法联系点，向全国人大上报中华人民共和国湿地保护法、畜牧法、农产品质量安全法、种子法等修订草案修改建议38条，搭建了表达地方社情民意、反映立法需求的“直通车”。围绕紧扣大局、着眼急需、着力解决实际问题的要求，通过“小切口”解决“大问题”，制定出台毕节市饮用水水源保护条例、城乡规划条例、文明行为促进条例等7部具有针对性、适用性和有特色、可操作的地方性法规。扎实有序推进毕节市乡村环境卫生管理条例、居家养老服务条例、物业管理条例立法工作，首次开展毕节市饮用水水源保护条例立法后评估。常委会立法质量和数量走在全省设区的市前列，《毕节市把好“四道关”高质量推进地方立法》获《贵州改革》刊载并在全省交流学习。

（三）围绕高质量立法创新工作机制。深入贯彻市委《关于依法推进我市地方立法工作的意见》，积极推进立法协商、立法听证、立法评估等机制创新。建立了“三抓三促”立法工作模式，聘任立法咨询专家67名，设立基层立法联系点19个，公众参与立法征求意见2895人次，吸收采纳专家和群众意见建议441条，广泛凝聚立法共识，充分发扬全过程人民民主，确保立法符合法治精神、体现时代特点、反映人民意愿。

三、坚持勇担当善作为，全力助推高质量发展

常委会深入贯彻落实习近平总书记“要用好宪法赋予人大的监督权，实行正确监督、有效监督、依法监督”的重要指示精神，围绕全市中心大局，紧扣“六稳”“六保”要求，聚焦“三大攻坚战”、示范区建设、“四化”建设等重点领域，依法开展监督，有效推动市委决策部署落地落实。

（一）聚焦“三大攻坚战”彰显责任担当。认真贯彻落实党中央关于坚决打好防范化解重大风险、精准脱贫、污染防治攻坚战的决策部署，坚持依法监督与有效支持并重，助力高质量发展。一是助推打好防范化解重大风险攻坚战。聚力防范化解发展风险，听取和审议国民经济发展、财政预决算、国有资产管理、审计等工作报告22个，审查批准财政预算调整和决算11次。推进预算联网监督系统建设，开展预算法贯彻执行情况执法检查，跟踪监督审计查出突出问题整改，以法治方式加强政府债务监督，推动财政资金更好服务全市经济社会发展。聚力防范化解社会风险，听取和审议民生事业方面专项报告18个，围绕食品安全、医疗卫生事业、民用“一气三表”等工作开展执法检查、专题询问、工作评议，开展教育发展、未成年人保护、就业扶贫等12个领域专题调研，形成意见建议交市政府及有关部门办理落实，切实增进民生福祉。聚力防范化解疫情风险，制定出台《关于依法全力打赢新型冠状病毒感染疫情防控阻击战的决定》，确保全市疫情防控依法有序开展。开展全市贯彻落实野生动物保护法和疫情防控的有关决定执法检查，全面清理相关政府规章和规范性文件6件，废止4件、保留2件。深入开展“抗击疫情，代表在行动”主题活动，充分发挥代表在疫情防控中的作用。二是助推打赢精准脱贫攻坚战。常委会连续三年开展《贵州省大扶贫条例》贯彻实施情况执法检查，听取和审议就业扶贫、易地扶贫搬迁、产业结构调整等专项报告18个，专题询问、工作评议脱贫攻坚工作。围绕落实“六个精准”“两不愁三保障”“四个不摘”，深入开展联县帮乡驻村入户工作，协调帮扶资金4383万元、银行贷款8000万元，解决民生实事110件，帮助10个贫困乡镇按时打赢脱贫攻坚战。深入开展“脱贫攻坚，代表在行动”主题活动，组织全市1.58万名各级人大代表投身脱贫攻坚战场，带头宣传党的惠民政策、带头发展产业、带领群众增收致富。我市57名各级人大代表分别荣获全国、全省劳动模范和先进工作者表彰，充分展现了毕节人大代表的政治担当、时代风采。三是助推打好污染防治攻坚战。紧扣党中央关于坚决打赢蓝天、碧水、净土保卫战的决策部署，连续五年听取和审议全市环境保护工作报告，深入开展环保督察及“回头看”反馈问题整改监督，扎实推动问题整改落实；制定实施生态环保领域地方性法规3部，开展生态建设、污染防治等方面专题调研12次，开展饮用水水源保护、大气污染防治、土壤污染防治等法律法规贯彻实施情况执法检查，助推中心城市环境空气质量优良天数比率达97.8%，县级以上集中式饮用水水源水质达标率为100%，受污染地块安全利用率达100%；开展人大系统“守护母亲河　奋力出新绩”“贵州环保行走进毕节”主题活动，不断强化《贵州省赤水河流域保护条例》的贯彻执行，与昭通、泸州、遵义开展跨区域联合执法检查，让赤水河流域、乌江流域毕节段水清岸绿，筑牢长江上游的生态屏障。

（二）聚焦示范区建设奋力践行使命。围绕绿色发展、人力资源开发、体制机制创新，听取和审议绿色毕节行动三年计划、国家储备林项目建设报告；开展环境保护和污染防治、创建国家园林城市工作专题询问；全面落实“河（湖）长制”“林长制”责任，认真开展巡河、巡林工作，推动生态环境持续改善。组织开展人力资源工作评议，推动出台人才培育、职业教育、技能培训等方面的制度，常态化实施“人才强市”引才计划，有力促进全市人力资源开发。听取和审议科技工作报告，推动出台毕节市赋予科研机构和人员更大自主权的实施办法。探索实施立法听证、提升常委会会议质效、代表审议发言建议办理等改革工作，其中代表议案建议办理暨设立代表建议办理专项资金改革得到《贵州日报》《人大论坛》刊载宣传，成为不断丰富和完善人民代表大会制度基层实践的好经验、好做法。

（三）聚焦“四化”建设精准发力。审查批准“十四五”规划、国民经济和社会发展计划，开展推进新型工业化调研，做好园区企业联系帮扶，推动各类惠企纾困政策落地，有力促进企业持续健康发展。制定实施《毕节市城乡规划条例》《毕节市文明行为促进条例》，开展创建国家园林城市专题询问、全国文明城市专题调研，有力助推毕节荣获国家卫生城市称号、全国文明城市提名。听取和审议农业产业结构调整工作报告，开展农村土地流转管理、农村集体资产管理立法调研，深入开展“乡村振兴，代表在行动”主题活动，组织代表集中视察脱贫攻坚、乡村振兴工作情况，助推农业现代化稳步发展。制定实施《毕节市百里杜鹃风景名胜区条例》，助推百里杜鹃成功创建国家全域旅游示范区；制定实施《毕节市织金古城保护条例》，助推织金古城成为全省十大旅游新地标之一；组织代表开展旅游文化产业发展、红色文化基地建设集中视察、专题调研，助力打造“洞天福地·花海毕节”旅游形象品牌。

四、坚持抓保障增动力，全力支持代表履职尽责

常委会深入贯彻落实习近平总书记关于“各级人大常委会要加强代表工作能力建设，支持和保障代表更好依法履职”的重要指示，始终坚持和发展全过程人民民主，深化代表议案建议办理机制创新，充分调动代表履职积极性，进一步发挥代表桥梁纽带作用，展示新时代代表风采，讲好“毕节故事”。

（一）深化代表议案建议办理。始终坚持以人民为中心的发展思想，将人大代表议案建议办理工作作为职责所系、群众所盼、工作所需，创新机制、高位推进、联动实施、依法办理，推动办理工作落地落实。创新建立代表审议发言建议办理“1+2”工作机制、代表议案建议办理“1+3”工作机制，通过“三位一体”督办方式，形成交办规范、督办有力、考评有效的新格局，有效推动办理落实代表议案建议 1297 件。特别是 2021 年，常委会创新设立每年 1000 万元的代表建议办理专项资金，实施了代表提出的乡村最急需、群众最急盼、受益最直接的 31 件民生实事，惠及 9.4 万余名群众，以“小资金”撬动了“大民生”，“微实事”展现了“大作为”，得到省人大常委会的充分肯定，并把毕节作为第一批改革试点，在全省全面推广作示范。

（二）深化代表履职平台建设。不断丰富代表联系人民群众的内容和形式，确保代表充分践行“人民选我当代表、我当代表为人民”的庄严承诺，更好接地气、察民情、聚民智、惠民生。按照“六有”要求，精心搭建代表履职平台，指导县乡人大规范建设代表联络站（室）2231 个、网上代表联络站 280 个，以“实体+网络”方式积极开展“脱贫攻坚，代表在行动”等主题活动，收集群众建议 18205 条，办结 15125 条，办结率达 83.08%，进一步密切了党群干群关系。

（三）深化代表履职能力提升。坚持把服务代表履职放在重要位置，落实市人大代表活动经费 333 万元，通过“走出去+请进来”“线上+线下”“专题学习+以会代训”等形式，培训代表 1279 人次，组织代表集中视察、专题调研重点项目建设、骨干水源建设、持续巩固拓展脱贫攻坚成果、深入实施乡村振兴战略行动等 18 次，邀请代表列席常委会会议和参与执法检查、专题询问、工作评议等 567 人次，代表活动有新内容、代表素质有新提升、代表作用有新发挥、代表履职有新实效。

五、坚持铸忠诚求实效，全力加强人大自身建设

常委会紧扣新时代人大工作新使命新任务，全面强化政治建设、能力建设和作风建设，不断提升依法履职的能力和水平。

（一）强化政治建设铸忠诚。严格落实党组集中学习制度，始终把习近平总书记重要讲话、重要论述、重要指示批示列为“第一议题”深学笃用，不断提高政治判断力、政治领悟力、政治执行力。坚持常委会党组、机关党组领导班子带头，组织党员干部通过参加党组会议、中心组集中学习等方式加强政治理论学习，切实坚定政治立场、把牢政治方向，做到对党绝对忠诚。

（二）强化能力建设增效能。坚持以制度管人管事、提能增效，修订完善常委会及机关工作制度23项，推进人大工作制度化、规范化、程序化，全面提升工作效能。新设立代表服务、立法辅助、备案审查等机构，不断加强组织机构建设、优化干部队伍结构。通过邀请专家开展专题讲座、组织专题培训等方式，培训机关干部673人次，切实提升干部理论水平和业务能力。建成备案审查平台、代表履职平台、预算联网监督系统等信息化平台，不断提升“智慧人大”水平。加强对县乡人大工作特别是换届选举工作的指导，推动全市各级人大上下联动，提升全市人大工作整体水平。

（三）强化作风建设树形象。始终加强党内法规学习，严格落实党风廉政建设“一岗双责”和意识形态工作责任制，召开党建工作暨党风廉政建设专题会议19次，开展警示教育23次。深入开展干部作风教育大整顿，向全市各级人大代表发出倡议，号召全市各级人大代表争做作风建设的表率者、力行者、监督者，推动人大干部和人大代表持续破“四风”转作风、树形象讲担当。加强人大理论研究和新闻宣传，参与省、市重大理论课题研究20项，在各级主流媒体刊播新闻稿件583件次，毕节人大全力抓脱贫全心促攻坚、打好疫情防控阻击战、监督国储林项目建设化解矛盾纠纷等典型经验入选《中国人大年鉴》，荣获贵州人大新闻奖一等奖，切实讲好人大故事、展示代表风采。建设“毕节人大陈列室”，集中展示人民代表大会制度的光辉历程，生动展现毕节人大38年来的履职成效。加强机关内部建设管理，常委会机关获国家四部委评为“节约型机关”。

回首五年的履职历程，我们深深体会到：必须坚持党的领导，旗帜鲜明讲政治，衷心拥护“两个确立”，忠诚践行“两个维护”，始终把党的领导贯穿于人大各项工作全过程各方面，才能充分彰显人民代表大会制度政治优势。必须坚持人民至上，始终把人民对美好生活的向往作为工作的出发点和落脚点，全面践行全过程人民民主，推动代表为民代言、为民尽责、为民谋利，切实做到民有所呼、我有所应，才能不忘初心、牢记使命，赢得人民群众的拥护和支持。必须坚持服务大局，始终把习近平总书记系列重要讲话精神和重要指示精神作为根本遵循，围绕全市中心大局，依法行使人大各项职权，才能在推动高质量发展、建设贯彻新发展理念示范区中发挥新时代人大重要作用。必须坚持立法引领，始终把改革发展决策同立法决策结合起来，科学立法、民主立法、依法立法，才能以良法促进发展、保障善治，扎实有效推进全市治理体系和治理能力现代化。

各位代表，回顾过去五年的工作，我们清醒认识到，面对新时代新使命新任务，立法针对性还需进一步增强，监督质效还需进一步提高，代表工作还需进一步拓展，自身建设还需进一步加强。这些问题，我们将在今后的工作中不断加强和改进。

今后工作建议

各位代表，实干成就梦想，奋斗铸就辉煌。常委会要始终以习近平新时代中国特色社会主义思想为指导，深入学习贯彻中央人大工作会议精神和《中共中央关于新时代坚持和完善人民代表大会制度 加强和改进人大工作的意见》，认真落实省委十二届十次全会、市第三次党代会精神，坚决落实省委常委、市委书记吴强同志对市人大及其常委会提出的“五个毫不动摇”要求，在市委的坚强领导下，紧扣“一区三高地、五个新毕节”战略定位，加强和改进新时代人大工作，为建设贯彻新发展理念示范区汇聚起人民群众的磅礴力量。

一、突出政治性，全面建设忠诚担当的政治机关。旗帜鲜明讲政治，毫不动摇坚持党的全面领导，筑牢思想政治根基，始终确保人大工作正确政治方向。强化党的创新理论武装，坚持学思践悟习近平新时代中国特色社会主义思想，系统学习习近平总书记关于坚持和完善人民代表大会制度的重要思想，跟进学习习近平总书记重要讲话精神特别是对贵州对毕节工作的重要指示批示，衷心拥护"两个确立"，忠诚践行"两个维护"，在思想上政治上行动上同以习近平同志为核心的党中央保持高度一致。切实发挥常委会党组把方向、管大局、保落实的领导作用，全面落实党的路线方针政策，自觉遵守并严格执行党纪党规，认真落实常委会党组管党治党的主体责任和班子成员党风廉政建设"一岗双责"。加强干部队伍建设，认真履行常委会党组抓班子、带队伍的职责，着力打造政治坚定、服务人民、尊崇法治、发扬民主、勤勉尽责的人大工作队伍。

二、突出民主性，全面建设坚强有力的权力机关。坚持国家一切权力属于人民，全力支持和保障人民当家作主，全面发展全过程人民民主。加强市县乡人大民主政治建设，建立完善民主选举、民主决策、民主管理和民主监督机制，扩大人民有序政治参与，切实保证人民的知情权、参与权、表达权、监督权充分落实到人大工作各方面全过程。坚持民主集中制，依法按程序行使职权，集体讨论决定问题，保证人大代表的民主权利，在充分发扬民主的基础上实行正确集中，确保人大各项工作完全体现党的主张、符合宪法精神、反映人民意志。深化改革创新，积极探索建立民生实事票决制，充分体现人民意志、保障人民权益、激发人民创造活力，用制度体系保障人民当家做主，切实解决民生问题、增进民生福祉。

三、突出法治性，全面建设依法履职的工作机关。全面担起宪法法律赋予的各项职责，聚焦"一区三高地、五个新毕节"战略定位认真履职尽责，为全市高质量发展贡献人大力量。紧扣推动高质量发展，综合运用听取审议工作报告、集中视察、专题询问、工作评议等方式，围绕"四化"突破、富民惠民、绿色引领、改革创新、治理增效"五项行动"打好人大监督"组合拳"，加大决定决议、审议意见落实情况跟踪问效，不断提升监督质效。紧扣推动高效能治理，牢牢把握新时代科学立法、民主立法、依法立法的基本要求，围绕建设"五个新毕节"，扎实做好毕节市乡村环境卫生管理、居家养老服务、物业管理、供热管理、韭菜坪景区保护条例等立法工作，更加注重提高立法质量，以良法促进发展、保障善治；全面加强宪法法律宣传，维护宪法权威，认真开展执法检查、基层立法联系点建设、立法后评估、规范性文件备案审查工作，不断助推法治毕节示范创建。紧扣推动高品质生活，聚焦生态环保、乡村振兴、公共服务等民生事业，寓支持于监督之中，不断提高人民生活品质。

四、突出人民性，全面建设人民满意的代表机关。牢固树立宗旨意识，始终同人民群众保持密切联系，为人民用权、为人民履职、为人民服务。强化代表政治学习，增强政治意识、履行政治责任，自觉践行党的群众路线、密切联系群众。完善人大常委会组成人员联系代表、代表联系群众、代表列席人大常委会会议的工作机制，建立人大专门委员会、常委会工作机构对口联系代表等工作机制，支持和保障代表依法履职，积极开展"建设'一区三高地、五个新毕节'·代表在行动"主题活动，在履职中锤炼能力、服务大局。持续加强代表履职平台建设，丰富代表履职内容和形式，激发代表服务群众的积极性、主动性和创造性，传递"毕节好声音"、讲好"毕节故事"。

政府工作报告

（2022年1月7日在毕节市第三届人民代表大会第一次会议上）

毕节市人民政府代市长　吴东来

一、过去五年的工作回顾

习近平总书记一直牵挂毕节、关怀毕节，对毕节恩重如山。2018年7月18日，总书记对毕节试验区工作作出重要指示，赋予毕节建设贯彻新发展理念示范区的历史使命。2021年春节前夕，总书记视察贵州，首站就到了黔西化屋村，给予全市各族干部群众巨大鼓舞、巨大激励。总书记的殷切嘱托，为我们指明了前进方向、提供了根本遵循、注入了强大动力，我们永远感恩总书记、永远感恩党中央！

五年来，我们始终坚持以习近平新时代中国特色社会主义思想为指导，在省委、省政府和市委的坚强领导下，在市人大、市政协的监督和支持下，坚持稳中求进工作总基调，深入贯彻新发展理念，守好发展和生态两条底线，“十三五”规划顺利完成，“十四五”规划开局良好，较好地完成了市二届人大历次会议确定的主要任务。预计地区生产总值年均增长7.5%，经济总量居全省第三。我们彻底撕下了绝对贫困标签，7个国家级贫困县全部摘帽，1981个贫困村全部出列，累计减少贫困人口130.16万人，城镇和农村居民人均可支配收入从25041元、7668元增加到37016元、12373元，年均增长8.3%、10.1%。我们迈出了转型升级坚实步伐，农林牧渔业总产值从564.3亿元增加到881.7亿元，十大工业产业总产值达870亿元，规模以上工业增加值年均增长8.1%，接待旅游人次、旅游综合收入年均增长20%以上，社会消费品零售总额年均增长9.1%。我们初步构建了现代基础设施体系，成贵高铁建成通车，夹岩水利枢纽工程下闸蓄水，续建新建大中小型水库51座、新增库容5294万立方米，完成新一轮农网改造升级，建置村光纤全覆盖，30户以上自然村寨4G网络全覆盖。我们绘就了城乡融合美丽画卷，七星关—大方同城化步伐加快，建成南山体育公园、天河广场等53个城市公园广场，120个特色小城镇、16个省列示范小城镇建设稳步推进，常住人口城镇化率达44.7%。我们激发了改革发展强劲动力，“法治政府”示范创建进入全国50强，行政执法“三项制度”改革获国家层面肯定，商事制度改革获国务院表扬，引进重点产业项目3800个、优强企业1167家，毕节经济开发区获批省级高新技术产业开发区。我们厚植了绿色发展生态底蕴，完成营造林828万亩、石漠化治理842平方千米、水土流失治理2645平方千米，森林覆盖率从52.22%提高到60%，建成4个垃圾焚烧发电项目，城乡垃圾收运系统建置村全覆盖，县级以上城市集中式饮用水源地水质达标率达100%。我们交出了民生福祉合格答卷，城镇新增就业38.87万人，实施教育工程项目学校2746所，义务教育基本均衡发展通过国家评估认定，市第二人民医院和市妇幼保健院建成投入使用，众志成城打赢了新冠肺炎疫情阻击战，成功创建“国家公共文化服务体系示范区”。我们凝聚了干事创业磅礴力量，大力弘扬伟大建党精神、新时代贵州精神、毕节试验区精神，上下一条心、拧成一股绳，知难而进、负重前行，攻克了一个又一个堡垒，夺取了一个又一个胜利！

各位代表，刚刚过去的2021年，是毕节发展史上具有里程碑意义的一年。我们按照省委、省政府和市委的决策部署，奋力推动从以脱贫攻坚统揽经济社会发展全局向以高质量发展统揽全局转变，从投资拉动为主向需求协同拉动转变，从政府主导为主向有效市场与有为政府共同作用转变。经济社会发展稳中加固、稳中提质、稳中趋优，预计实现地区生产总值2160亿元、增长7%左右。一年来，我们重点抓了以下工作。

一是巩固脱贫成果，乡村振兴有序推进。用好五年过渡期政策，投入财政衔接资金26.2亿元、东西部协作帮扶资金4.2亿元、易地扶贫搬迁后续扶持资金3.26亿元，用于巩固拓展脱贫攻坚成果。常态化开展“3+1”保障问题排查整改，消除9.39万人返贫致贫风险，牢牢守住不发生规模性返贫底线。有力有序推进乡村振兴，4个县列入国家乡村振兴重点帮扶县，6个省级特色田园乡村·乡村振兴集成示范试点、30个市级示范试点全部启动。脱贫成果巩固拓展，乡村振兴扬帆起航，人民群众朝着共同富裕的目标稳步前行！

二是全力主攻“四化”，质量效益稳步提高。工业转型升级。生产煤炭4880万吨、发电500亿千瓦时，供应电煤2530万吨、居全省第一。新能源和可再生资源发电装机容量占比提升至30%。新型建材、大数据电子信息、现代化工等新兴产业占比达20%、提升2个百分点。预计规模以上工业增加值增长11%左右。城镇扩容提质。中心城区建成区面积提高到104平方千米、常住人口达101万人。大力实施城市更新行动，开工棚户区改造3139户，完成存量棚户区改造2.68万户、老旧小区改造1.9万户、背街小巷改造95条。黔西撤县设市。农业提速增效。粮食播种面积和产量稳定在1140万亩、240万吨左右。蔬菜、水果、食用菌、马铃薯、肉牛、家禽等产业规模全省第一。建成高标准农田35万亩，培育市级以上农业龙头企业452家，农产品加工转化率达55%，农业总产值增长8.5%。旅游加快复苏。旅游市场主体达3.2万家，百里杜鹃旅游集团年营业额突破亿元。百里杜鹃锶锂温泉、阿西里西波浪路等一批新产品成为网红打卡地。接待游客突破8000万人次、旅游综合收入近800亿元。转型升级步伐加快，经济发展后劲增强，推动高质量发展其时已至、其势已成、其兴可待！

三是狠抓投资消费，内需动能明显增强。着力优化投资结构。织金聚乙醇酸、黔西碳酸二甲酯等75个工业项目开工建设。建成工业项目62个。新建农产品产地冷藏保鲜设施项目83个。黔西市新仁至化屋旅游公路建成通车。“四化”项目完成投资721.3亿元。威围高速建成通车，镇赫、赫六高速即将建成。38座中小型水库开工建设。新建充电桩600个。建成天然气干线管道316.75千米、5G基站3270个。“六网会战”完成投资243.9亿元。产业投资、民间投资占比分别达44%、51.4%，提升3.5个、12.2个百分点。大力释放消费潜力。安排6000万元开展促消费专项活动。净增限上企业56家。预计社会消费品零售总额增长15%。投资增动力、消费添活力，我们发展的基础更牢、动能更强、潜力更足！

四是坚持生态优先，绿色经济加快发展。完成营造林152.46万亩，治理石漠化127.39平方千米，完成国家储备林项目建设114.73万亩、投资61.08亿元。治理河道175千米。完成乌蒙山区山水林田湖草生态保护修复重大工程40个。实施历史遗留废弃矿山生态修复项目18个。建成国家级绿色矿山4个、省级绿色矿山184个。获批国家级绿色工厂2家、省级绿色工厂4家。林下经济利用森林面积378.85万亩。我们的“绿色家底”更加厚实，绿水青山正成为毕节的亮丽名片！

五是优化营商环境，市场主体不断壮大。“放管服”改革扎实推进，全力打造“贵人服务·毕须办”政务服务品牌。市级政务大厅被列为全省“一窗通办2+2模式”改革第一批试点单位，实现“便民服务5+2周末办事不打烊”。推行“四减一降”集成套餐，在全省率先实现企业开办“一日办结”。建成全省首家5G智慧办税大厅。引进重点产业项目741个、优强企业238家，工业项目到位资金占比达55.89%。引进优强企业、到位资金、工业项目到位资金占比等指标居全省前列。市场主体总量达57.93万户、居全省第三。改革动力不断增强，发展活力持续释放，生机迸发的毕节，正成为创业兴业的热土！

六是保障改善民生，社会事业全面进步。“十个方面的民生实事”全面完成。城镇新增就业6.8万人，农村劳动力转移就业14.5万人。新（改、扩）建公办幼儿园204所、义务教育学校502所、高中学校36所；学前教育三年毛入园率、九年义务教育巩固率、高中阶段教育毛入学率分别达91.89%、95.31%、91.96%。完成6个县级医疗机构提质扩能，建成贵州省山地紧急医学救援基地，市第一人民医院金海湖院区即将投入使用；市中医院改扩建项目、市第三人民医院和市公共卫生中心建设项目加快推进；乡镇卫生院中医馆全覆盖。每千常住人口床位数达6.71张、执业（助理）医师数达2.31人、注册护士数达3.05人。城乡居民养老保险参保人数达385.3万、基本实现政策全覆盖。城乡居民医保人数达759.92万、参保率稳定在95%以上。获评“全国老干部工作先进集体”。农村敬老院床位利用率达60%、居全省前列。纳入低保、特困人员、困境未成年人等各类保障76万余人，发放救助保障资金30亿元。黔西化屋村入选“中国民间文化艺术之乡”，百里杜鹃迎丰村获批“中国华侨国际文化交流基地”。在全省率先实现农体工程全覆盖。深入开展民族团结进步示范创建。民生福祉大幅增进，极大提升了人民群众获得感、幸福感！

七是坚持底线思维，风险挑战有效防范。坚持“外防输入、内防反弹”，抓好常态化疫情防控，3周岁以上人群接种新冠病毒疫苗572.59万人，完成加强免疫接种43.71万人，全人群免疫屏障加快构建。实施更加严格的政府债务管理措施，有效防范化解债务风险。深入实施安全生产专项整治三年行动，扎实抓好各行业领域安全生产工作。学习推广“枫桥经验”，严格落实“三到位一处理”。扎实推进平安毕节建设，依法严厉打击违法犯罪活动，刑事发案、“八类案件”、命案、新增吸毒人员持续下降。社会大局和谐稳定，人民群众安全感明显增强！

八是勇于担当作为，政府效能持续提升。深入开展党史学习教育。坚决贯彻落实中央、省和市委的决策部署，重要情况主动向市委请示汇报，重大问题及时提请市委研究。扎实抓好国务院大督查和省委巡视反馈问题整改。主动向市人大及其常委会报告工作、接受监督，自觉接受市政协民主监督，认真办理人大代表建议、政协委员提案。获批第一批“全省法治政府建设示范市”。政府系统党风廉政建设和反腐败斗争纵深推进。持续纠治“四风”，深入开展干部作风教育大整顿。严格预算执行管理，市级压减非刚性、一般性财政支出5180万元用于巩固脱贫成果、疫情防控等工作。全市干部埋头苦干、锐意进取，努力用自己的辛苦指数换来群众的幸福指数，用政府的“紧日子”换来百姓的“好日子”！

各位代表，艰难方显勇毅，磨砺始得玉成。五年的发展历程启示我们：必须坚持党的全面领导不动摇。把“两个确立”作为最根本的政治标尺，把“两个维护”作为最重要的政治纪律和政治规矩，把习近平总书记视察贵州重要讲话和对贵州对毕节重要指示批示精神作为一切工作的总遵循、总纲领、总指针，把党的领导落实到政府工作各领域各方面各环节，推动中央、省和市委的决策部署落地生根、开花结果。必须坚持人民至上。始终把人民群众放在心中最高位置，把为民造福作为最大政绩，坚持发展为了人民、发展依靠人民、发展成果由人民共享，尽力而为、量力而行，主动解决地区差距、城乡差距、收入差距等问题，坚定不移走共同富裕道路，不断满足人民群众对高品质生活的新期待。必须坚持以高质量发展统揽全局。完整准确全面贯彻新发展理念，无论是上项目、搞建设，还是抓招商、兴产业，都要算好经济效益账、社会效益账、投入产出账，努力实现投资有回报、产品有市场、企业有利润、员工有收入、政府有税收。必须坚持稳中求进工作总基调。先立后破，稳扎稳打。既要扎实做好“六稳”“六保”工作，全力稳住经济基本盘；又要开拓创新，大力培育新的增长点，实现质的稳步提升、量的合理增长。必须坚持统筹发展和安全。增强底线思维和风险意识，下好先手棋，打好主动仗，坚决守住粮食安全、经济安全、金融安全、债务安全、能源安全、生产安全、生物安全等各条底线，统筹好发展和安全两件大事。必须坚持有效市场和有为政府相结合。用好市场这只“看不见的手”和政府这只“看得见的手”，充分发挥市场在资源配置中的决定性作用，加快建设高标准市场体系，激发各类市场主体活力和内生动力；更好发挥政府作用，不断完善经济治理，形成市场作用和政府作用相辅相成、相互促进、互为补充的良好格局。

各位代表，五年的成就，成之维艰、来之不易，必须倍加珍惜。这是以习近平同志为核心的党中央领航掌舵、关心厚爱的结果，是省委、省政府和市委坚强领导的结果，是全国统一战线、广州市、深圳市和各级各界倾力帮扶的结果，是市人大、市政协监督支持的结果，是全市各族干部群众团结奋斗、苦干实干的结果。我代表市人民政府，向全市各族人民表示崇高的敬意，向人大代表、政协委员，向各民主党派、工商联、无党派人士、各人民团体，向驻地人民解放军、武警官兵、消防救援指战员和人民警察，向中央和省相关单位，向老领导、老同志以及所有关心支持毕节发展的各界人士表示衷心的感谢！

同时，我们也清醒认识到，在推进高质量发展、建设贯彻新发展理念示范区的进程中，还有不少困难和问题：经济总量小、人均水平低，产业结构不优，工业化、城镇化水平还不高，数字经济才刚刚起步，经济高质量发展基础薄弱；脱贫人口基数较大，城乡居民收入水平不高，巩固拓展脱贫攻坚成果任务重；人力资源开发水平不高，教育、医疗、养老等民生领域短板较多；政府债务负担较重，安全生产等领域还存在薄弱环节，风险防范压力较大；创新创业创造氛围不浓，一些干部运用市场化法治化手段解决问题的本领还不够强，形式主义、官僚主义还不同程度存在。对这些困难和问题，我们将以更加积极的态度、更加有力的措施，逐步加以解决。

二、今后五年的目标任务

今后五年，政府工作的总体要求是：坚持以习近平新时代中国特色社会主义思想为指导，深入贯彻党的十九大和十九届历次全会精神，全面落实习近平总书记视察贵州重要讲话和对贵州对毕节工作的重要指示批示精神，全面贯彻党的基本理论、基本路线、基本方略，统筹推进“五位一体”总体布局，协调推进“四个全面”战略布局，立足新发展阶段、贯彻新发展理念、构建新发展格局，按照省委、省政府和市委的决策部署，以高质量发展为统揽，守好发展和生态两条底线，更好统筹发展和安全，聚焦建设贯彻新发展理念示范区这一战略目标，做好巩固拓展脱贫攻坚成果同乡村振兴有效衔接，围绕打造绿色发展、人力资源开发、体制机制创新“三大高地”，努力建设实力强劲、生活富裕、美丽宜居、活力迸发、文明和谐“五个新毕节”，全力把毕节建设成为川滇黔结合部区域性中心城市，与贵阳、遵义共同打造贵州发展“金三角”，奋力谱写百姓富、生态美多彩贵州新未来的毕节辉煌篇章，朝着实现第二个百年奋斗目标奋勇前进！

今后五年，我们的奋斗目标是：确保到2026年，地区生产总值突破3000亿元，年均增长9%以上；城镇和农村常住居民人均可支配收入年均分别增长9%、10%以上；一般公共预算收入年均增长3%；社会消费品零售总额年均增长10%。

根据上述总体要求和奋斗目标，我们要立足“一区三高地、五个新毕节”战略定位，坚定战略部署不动摇、坚定目标任务不懈怠、坚定思路政策不折腾，扎实抓好以下重点工作任务，奋力把市第三次党代会描绘的“愿景图”变成“实景图”。

（一）聚焦建设实力强劲新毕节，在主攻“四化”建设上实现新突破。突出大抓招商、大上项目、大聚产业，扩大经济总量，提升综合实力。奋力实现工业大突破。实施工业倍增行动，振兴十大工业产业，工业总产值达2400亿元。持续扩大煤电产能，煤炭年产量突破1亿吨，电力装机容量突破3500万千瓦。探索地方国有企业参与资源开发机制，打造风光水储一体化新能源综合开发基地。现代能源产业达千亿级规模。优化“两烟”结构，建成金沙酱香型白酒核心产区，打造百亿级白酒产业集群，优质烟酒产业达三百亿级规模。积极推动煤电建循环经济产业链建设，新型建材产业达三百亿级规模。初步形成煤制乙二醇产业链条，加快推进织金聚乙醇酸项目建成投产，有序推进织金磷化工产业发展，建成全国重要的新型能源化工基地，现代化工产业达百亿级规模。积极培育锂电池产业园，加快发展生态特色食品、轻纺工业、基础材料、装备制造、健康医药产业，不断提升新兴产业占比。加快数字毕节建设，促进大数据与实体经济融合发展。奋力实现城镇大提升。加快推进以人为核心的新型城镇化，力争城镇化率提升到58%左右。围绕“双300”远景规划，加快七星关—大方同城化步伐，推进南环高速、同心大道、碧阳三道等骨干路网建设，加快构建“一环多放射”城市交通体系，中心城区建成区面积达130平方千米、人口达130万。推进县城提质扩容，新增人口20万以上。实施以“四改”为重点的城市更新行动。持续推进主城区和县城雨污管网、处理设施升级改造，确保中心城区污水应收尽收、达标排放，污泥科学处置，全面提升县城污水污泥处置能力。争创全国文明城市。大力推进“六网会战”，完善城乡基础设施。推进六威昭高铁和纳赫、纳六晴、贵金古高速等项目建设。高速公路通车里程达1300千米，普通国道二级及以上比例达95%，乡镇通三级及以上公路比例达60%。完成飞雄机场改扩建，建成草海机场。推动黔中、黔西北水网项目建设，开工建设玉龙、箐口等24座大中小型水库，建成夹岩水利枢纽工程和洛泽河、河口水库等骨干水源工程。建成500千伏奢鸭双回输电线路工程，实现天然气“县县通”、5G网络深度覆盖。奋力实现农业大发展。着力打造现代山地特色高效农业强市，农业增加值年均增速6%以上。稳定粮食种植面积1140万亩、产量240万吨以上。做大做强12个农业特色产业，打造全国重要的高山冷凉蔬菜生产基地、南方马铃薯种薯基地、绿色优质农产品供应基地，争创国家现代农业示范区。加快山地生态畜牧业发展，不断提高畜牧业增加值比重。累计培育市级以上龙头企业550家，农产品加工转化率达70%。奋力实现旅游大提质。旅游及相关产业增加值占地区生产总值比重达10%。力争培育1家涉旅上市企业。新增国家4A级以上旅游景区5家，争创百里杜鹃彝山花谷国家级旅游度假区。新增全国乡村旅游重点镇（村）5个以上。做好“旅游+”文章，打造避暑、休闲、度假、康养胜地。

（二）聚焦建设生活富裕新毕节，在推动共建共享上取得新成果。把共同富裕作为矢志不渝的奋斗目标，全力保障和改善民生。巩固拓展脱贫攻坚成果。严格落实“四个不摘”，健全防止返贫监测和帮扶机制，抓好产业和就业帮扶，落实"3+1"保障和兜底保障政策，防止发生规模性返贫。持续推进易地扶贫搬迁后续扶持。深化东西部协作。加强扶贫项目资产监督管理。分类分级推进乡村振兴。深入实施乡村振兴五年行动，统筹抓好引领示范县、重点推进县、夯实基础县建设，加快建设特色田园乡村·乡村振兴集成示范试点。持续推进农村人居环境整治，农村户用卫生厕所普及率稳步提升，30户以上自然村寨农村生活垃圾收运处置体系覆盖率达90%。建制村生活污水治理设施覆盖率达28%。着力推进人力资源开发。大力发展教育事业。建设公办幼儿园800所，普惠性幼儿园覆盖率达85%。新（改、扩）建城镇义务教育学校130所以上，义务教育巩固率达96%。新（改、扩）建3000人规模的普通高中30所，新增学位8万个。深化中小学集团化办学改革。支持贵州工程应用技术学院建设特色鲜明区域一流的应用型大学，推动毕节职业技术学院、毕节医学高等专科学校创建本科层次学校，毕节市财贸学校创建为金融高等专科学校。15周岁以上人口平均受教育年限提高到8.5年。加快建设人力资源强市。推进"招才引智"体制机制改革，以超常规举措培养、引进、用好、留住人才。实施职业技能提升行动，加快打造"毕节工匠"等人力资源服务品牌，完善人力资源服务产业园功能。探索数字化赋能人力资源开发模式。技能培训50万人次以上。力争人才资源总量达135万人。着力促进更加充分更高质量就业。大力实施就业优先战略，坚持创新创业引领，提升城乡公共就业服务供给能力，城镇新增就业33万人以上，城镇调查失业率控制在5.5%以内。全力提升公共服务水平。推进健康毕节建设。大力发展普惠托育服务，积极推进"农村儿童发展综合示范区"建设。加快推动省级区域医疗中心建设，创建三级医院11所，新（改、扩）建二级综合医院9所、老年病医院（院区）10所、精神病医院（院区）10所。推进乡镇卫生院标准化建设。实施"三名工程""黔医人才计划"，加快"三医"联动改革，加强突发公共卫生事件应急处置体系建设。每千常住人口床位数达8.2张、执业（助理）医师数达3.1人、注册护士数达3.9人。健全社会保障体系。完善分层分类社会救助制度，加强特殊困难群体关爱服务。深入推进厅市共建养老服务综合改革试点，鼓励和引导社会力量参与养老服务业。积极稳妥推进殡葬改革。发展文化体育事业。全面完成长征国家文化公园毕节区域建设。推进市县乡村公共文化服务阵地建设，市县级文化馆、图书馆和市级博物馆争创国家一级馆，建成市级美术馆。市县乡村四级应急广播体系实现全覆盖。力争建成市级体育"一场两馆一中心"、县级体育"一场一馆一中心"。

（三）聚焦建设美丽宜居新毕节，在加快绿色发展上展现新风貌。坚持生态优先、绿色发展，奋力在生态文明建设上出新绩。发展绿色经济。紧盯"双碳"目标，深入实施绿色经济倍增计划，大力发展林下种植养殖，建设一批林特产业示范基地，林业总产值达300亿元。加快发展循环经济，建成绿色园区5个。单位生产总值能源消耗控制在省下达的指标范围内。筑牢生态屏障。大力实施两江上游生态保护修复、国家储备林基地建设、重点区域生态保护和修复等重大工程，森林覆盖率稳定在60%以上。加快创建国家园林城市。有序推进草海治理，继续实施赫章国家独立工矿区改造搬迁和矿区生态复绿，争取国家支持织纳煤田区域生态修复。深化污染防治。狠抓环保督察问题整改。争取扩大乌蒙山区国家山水林田湖草生态保护修复试点范围。全面实施长江流域十年禁渔。严格落实河（湖）长制、林长制。加强赤水河流域整治。建设长江经济带环境综合治理示范城市。深入打好污染防治"五场战役"。基本实现生活垃圾"全焚烧、零填埋"。

（四）聚焦建设活力迸发新毕节，在推进开拓创新上增添新动能。全面拓展改革的深度、开放的广度，加快融入新发展格局。深化重点领域改革。持续深化要素市场化配置、投融资体制、城乡融合、生态文明建设、国资国企和农村改革，统筹推进能源、金融、财税、旅游、教育、卫生健康、医疗保障、科技、文化、体育、民政等领域改革。推动党支部领办集体合作社实体化运营、规范化管理、特色化发展，持续推进党组织领办新型集体经济实体。全面优化营商环境。深化“放管服”改革，坚持管行业就要管营商，全力打造“贵人服务·毕须办”政务服务品牌，实现“四级九同”“7×24小时政务服务站”全覆盖，全国高频政务服务“跨省通办”事项一次办，网上一站式办结率达100%，营商环境达到全省一流水平。提高对外开放水平。积极参与“一带一路”建设。加快毕节国际陆港项目建设，打造内陆地区开放型经济平台。培育飞雄机场航空口岸、毕节东站铁路口岸，打造毕节跨境电子商务产业园。把毕节建设成为国家物流枢纽承载城市，打造川滇黔区域商贸物流中心。深入推进产业招商。坚持管产业就要管招商，推进央企招商、民企招商、平台招商、以商招商，力争引进优强企业1000家以上，到位资金年均增速9%左右。突出创新驱动。加大科技创新力度，推进产学研用一体化，培育壮大一批竞争力较强的创新型企业，建设西南复杂煤炭区煤炭清洁利用研发中心，申创国家级高新技术产业开发区。

（五）聚焦建设文明和谐新毕节，在完善社会治理上实现新提升。深入贯彻习近平法治思想，推进治理体系和治理能力现代化。深化法治毕节示范创建。推动地方性法规落地落实，力争建成全国法治政府建设示范市。全面实行政府权责清单制度，深化行政执法和行政复议体制改革，全面推行行政执法“三项制度”，加强和规范行政应诉工作。深化文明毕节示范创建。提升退役军人服务保障水平，持续巩固全国双拥模范城创建成果。全面提升防空警报覆盖率。推动社会治理重心向基层下移。持续开展民族团结进步示范创建。全面推进政务、商务、社会管理等领域信用体系建设，建设信用毕节。深化平安毕节示范创建。抓好常态化疫情防控。深入排查化解安全生产隐患，亿元生产总值生产安全事故死亡率控制在0.027人以内，争创国家安全发展示范城市。常态化推进扫黑除恶专项斗争，依法打击各类违法犯罪活动。全力推进“一中心一张网十联户”建设，加强矛盾纠纷源头预防、前端化解、综合处置，依法解决群众合理诉求。依法维护劳动者合法权益，坚决查处拖欠农民工工资行为。防范化解债务和金融风险，牢牢守住不发生系统性金融风险底线。

各位代表，今天的毕节大地欣欣向荣、百业兴旺，今天的毕节人民信心满满、士气高昂，我们有底气、有信心、有能力战胜艰难险阻，完成目标任务，再谱辉煌篇章！

三、2022年工作安排

今年是实施“十四五”规划的重要之年，是实现巩固拓展脱贫攻坚成果同乡村振兴有效衔接的关键之年，是新一届市政府履职的开局之年，做好全年工作意义十分重大。我们将坚持稳字当头、稳中求进，全力推进经济社会高质量发展，以优异成绩迎接党的二十大胜利召开，为建设贯彻新发展理念示范区奠定坚实基础。经济社会发展的预期目标是：地区生产总值增长9%左右，在实际工作中尽可能争取更好结果；一产、二产、三产增加值分别增长6.8%、11%、10%；规模以上工业增加值增长11.5%左右；固定资产投资增长3.5%左右；社会消费品零售总额增长12%左右；一般公共预算收入增长3%以上；城镇新增就业6.8万人；城镇和农村常住居民人均可支配收入分别增长10%、12%；居民消费价格指数涨幅3%左右。高质量发展的目标是：制造业增加值占地区生产总值比重11%左右；常住人口城镇化率达47%；农产品加工转化率57%以上；省外入毕游客增长10%以上，旅游人均花费增长10%以上；森林覆盖率稳定在60%以上；劳动年龄人口平均受教育年限达10年；人均预期寿命75.5岁。

围绕上述目标，重点抓好十项工作。

（一）做大做强新型工业。深入实施工业倍增行动，奋力实现工业大突破。围绕主导产业提质增效。深入推进十大工业产业振兴行动，县区立足资源禀赋，发挥自身优势，主攻1至2个主导产业。建成投产煤矿15处、新增产能525万吨/年，生产煤炭5200万吨，力争突破5500万吨，谋划推动煤炭交易中心建设。确保完成省下达的电煤供应任务。扩大威宁、赫章等光伏电站装机规模，加快火电项目存量改造提升，推动煤炭和新能源优化组合，完成发电520亿度以上。现代能源产业实现产值500亿元。挖掘卷烟潜力，调优产品结构。以打造赤水河流域酱香型白酒产业园核心区为契机，推动金沙白酒产业园建设。充分释放黔希煤制乙二醇产能。加大先进装备制造、大数据电子信息产业培育力度。围绕生态特色食品、轻纺服装、基础材料引进培育一批龙头企业。非能源工业实现规模工业产值415亿元。战略性新兴产业占比提升到12%。围绕龙头企业提质增效。实施龙头企业培育计划，每个产业重点培育1至2家龙头企业。培育"专精特新"中小企业10户。完成"千企改造"项目100个以上。推进5个投资10亿元以上、20个5亿元以上、50个亿元以上项目建设。新增规模以上工业企业80户。围绕产业链条提质增效。打造煤电一体化产业链，持续推进能源工业运行新机制，加快威赫电厂、织金"上大压小"异地技改等重大项目建设，发展煤矿瓦斯发电，用好电厂余热资源。打造煤电化产业链，推进煤制乙二醇延伸产业项目建设，加快织金聚乙醇酸项目一期工程建设进度，推进肥田二期、戴家田等配套煤矿建设。打造煤电建产业链，围绕火电厂、水泥厂，大力发展石膏建材、轻型墙体材料、节能环保水泥，加快发展光伏新材料，支持陶瓷建材多元化发展。打造锂电池产业链，重点依托毕节高新区锂电池骨干项目，加快构建电池材料和配件、单体电池、电池模组、电池回收的完整体系。打造轻纺服饰产业链，完善产业布局规划，围绕纺织服装、鞋帽、箱包等劳动密集型产业，引进一批优强企业，逐步构建全生命周期低碳轻纺工业产业链条。围绕园区建设提质增效。进一步推动开发区体制机制改革，全面清理闲置厂房和"僵尸企业"，提升开发区内生动力，不断壮大开发区规模总量，开发区完成规模工业产值700亿元。围绕要素保障提质增效。积极争取、用好各级各类专项资金。落实好支持新型工业化19条财政政策措施、18项用地保障政策措施，积极帮助企业纾困解难，推进工业用地应保尽保。围绕生态环保提质增效。认真落实"碳达峰""碳中和"战略决策，稳步推进产业绿色低碳转型，推动工业企业节能降耗，切实加强大宗工业固体废物综合利用，有效提升资源综合利用率，推进绿色产品、绿色工厂、绿色园区发展，加快构建绿色制造体系，坚定不移走好绿色发展之路！

（二）统筹推进城镇发展。深入推进以人为核心的新型城镇化。大力提升中心城区和县城支撑能力。全覆盖做好中心城区控制性详细规划，高水平做好重要街区城市设计。把南环高速作为"一号推进工程"、同心大道和碧阳三道作为"一号建设工程"，力争年内开工建设。加快建设毕节动车存车场、综合性公铁联运货运物流园区。加快鸭池片区与梨树片区衔接开发。新增中心城区人口3万人。加快推进10个县城新区建设。不断完善城市服务功能。以全国文明城市创建为统领，加快构建"15分钟生活圈"，大力实施智慧交通建设、交通秩序整治、农贸市场提质、不文明行为治理行动。推进以"四改"为重点的城市更新行动。新（改、扩）建城市道路40千米。完善主城区雨污管网规划设计，扎实抓好主城区雨污分流治理工程。全面排查县城雨污管网，有序推进改造升级。基本实现燃气管网全覆盖，解决好人民群众和企业的用气需求。加快住房保障体系建设，发放住房租赁补贴3882户。推进海绵城市建设。力争城市建成区绿地率、绿化覆盖率分别达33%、36%，人均公园绿地面积达13.5平方米。争创国家园林城市。深入挖掘城镇经济潜力。加快发展城镇工业经济、城镇服务经济、城镇消费经济、城镇创新经济。积极发展建筑业，新增资质等级建筑企业20户。开工建设商品房1000万平方米以上、销售800万平方米以上，持续开展房地产乱象整治工作，加大问题楼盘化解处置力度，促进房地产业健康发展和良性循环。有序推进特色城镇建设。着力推动16个省列示范小城镇提档升级，培育创建省级特色小镇5个、特色小城镇10个，推动其他200个小城镇高质量发展。完成小城镇建设投资110亿元以上。

（三）做优做强农业产业。推进农业产业纵深发展，农业增加值增长6.5%。优化生产组织方式。大力推进“龙头企业+合作社+农户”等合作模式，完善市场主体与农民的利益联结机制，新增市级以上农业龙头企业20家。夯实农业发展基础。新建高标准农田30万亩。加快节水型灌溉设施建设。大力推广小型农业机械，主要农作物耕种收综合机械化率达45%。落实国家保险政策等支持措施。大力发展特色种业，加强种质资源保护利用。发展壮大特色产业。在确保粮食播种面积和产量的基础上，大力发展茶叶、刺梨、皂角等12个农业特色产业，巩固提升农业产业结构调整成果，种植蔬菜350万亩、辣椒90万亩、食用菌13亿棒、中药材100万亩、水果180万亩，巩固茶园100万亩。生猪、肉牛、羊、家禽分别出栏400万头、45万头、65万只、3850万羽，禽蛋产量7.33万吨、水产品产量1.12万吨。种植烤烟55万亩，收购烟叶120万担。农产品加工转化率达57%。新认证“两品一标”农产品10个以上、粤港澳大湾区“菜篮子”基地30个以上。

（四）培育壮大旅游产业。深入推进旅游产业化提质增效，旅游及相关产业增加值增长10%以上。健全规划体系。编制实施《乌江源百里画廊文旅产业发展总体规划》，高标准推动新景区景点规划建设，加快构建全域旅游产业发展规划体系。壮大市场主体。深入实施旅游经营主体培育壮大专项行动、旅游企业“四转一上”工程。培育1家企业进入上市后备库名单。引进涉旅百强企业1家以上，新增年营业收入超亿元旅游企业1家、规模以上旅游市场主体15家、旅游市场主体200家以上。旅游配套客房床位达14万张。盘活闲置低效项目4个。推动业态升级。加快化屋景区、彝山花谷康养旅游度假区等项目建设，确保织金洞成功创建国家AAAAA级旅游景区，新增国家AAAA级旅游景区1家。推进以七星关、大方、黔西、百里杜鹃等为核心的避暑旅游聚集区建设。实现文化旅游商品购物示范街区、夜间文化旅游消费一条街县级全覆盖，打造一批“流光溢彩夜贵州”毕节品牌。加快打造旅游商品，提升人均旅游消费水平。提高服务质量。推进智慧旅游建设，打造省级示范性智慧旅游项目2个以上。加强旅游市场综合监管，严厉打击侵犯游客合法权益行为，营造安全和谐有序的旅游环境。创新宣传营销，打造一批“网红”产品，唱响“洞天福地·花海毕节”品牌！

（五）衔接推进乡村振兴。坚持“三个转变”，按照“三类”标准，努力在乡村振兴上开新局。坚决防止规模性返贫。严格落实“四个不摘”，做好脱贫不稳定户、边缘易致贫户等重点群体动态监测和帮扶，常态化开展“3+1”保障“回头看”，强化易地扶贫搬迁后续扶持，守牢不发生规模性返贫底线。用好各类扶贫资产和农用设施，确保充分发挥效益。实施乡村建设行动。推进“多规合一”实用性村庄规划。用好国家乡村振兴重点帮扶县支持政策，分类分级推进乡村振兴。加快建设6个省级特色田园乡村·乡村振兴集成示范试点村、30个市级试点村。坚决遏制耕地“非农化”、防止“非粮化”。加强农村人居环境整治。全力落实农村供水保障“八个机制”。稳步推进农村户用卫生厕所改造。梯次推进农村生活污水治理，建制村生活污水治理率达16%以上。实施农村生活垃圾治理专项行动，健全完善“村收集、镇转运、县处理”工作机制，统筹解决垃圾处理能力区域不平衡问题，城乡垃圾无害化处理率达85%，农村垃圾收运覆盖率保持90%以上。开展宜居乡村和美丽庭院示范创建。

（六）加快释放内需潜力。充分发挥有效投资关键作用和消费基础作用，加快形成需求牵引供给、供给创造需求的动态平衡。提高投资效益。深入实施扩大有效投资三年攻坚行动，以高质量投资促进高质量发展。加强项目谋划。坚持“项目为王”，紧盯交通、能源、水利、城市管网、新基建等重点领域，谋划储备一批优质项目，滚动做好项目储备。强化项目管理。严格落实《贵州省政府投资项目实施管理办法》，坚持投资必问效、无效必问责。完成民生领域投资109亿元。扩大“四化”投资。项目化推进新型工业化、新型城镇化、农业现代化和旅游产业化，分别完成投资380亿元、225亿元、120亿元和60亿元，确保产业投资稳步提升。加快“六网会战”。推进叙毕、渝昆铁路和草海机场建设，开工建设镇七高速，建成通车镇赫、赫六高速。建成夹岩水利枢纽工程，启动实施黔中、黔西北水网项目。力争开工建设洛泽河提水工程和7座水库，推进在建骨干水源工程建设，建成6座水库。启动县域第二座220千伏变电站建设，加快推进500千伏奢鸭双回输电线路工程。实施天然气“县县通”行动。新建5G基站3500个、电动汽车充电桩650个。“六网会战”完成投资245亿元。强化资金保障。紧盯地方政府专项债券、中央预算内投资和“四化”基金等，全力争取项目建设资金。通过政府基金投资、资本金注入等方式，撬动社会和金融资本投入，完成民间投资610亿元。繁荣消费市场。继续开展促消费专项行动。培育发展“夜间经济”“步行街经济”。分类推进“快递进村”。谋划实施汽车产业园项目。加快重点冷链项目建设。培育龙头物流企业30家。建设1个跨境电商产业园、2个电商创业园，引进和培育优强电商企业20家，加快培育在线教育、远程医疗、直播带货等新业态新模式。充分用好“优选毕货”等平台，不断提升“网红带货”和“网络营销”水平，网络零售额突破12亿元。新增限额以上批零住餐企业100户、规模以上服务业企业10户。优化金融服务。创建普惠金融改革试验区，逐步破解实体经济特别是小微企业、“三农”融资难题。持续实施引金入毕工程。积极开展融资对接，促进项目融资落地。推进威宁金元能源公司北交所上市。

（七）大力推动绿色发展。坚持绿水青山就是金山银山，以高水平生态环境保护促进经济高质量发展。狠抓问题整改。统筹抓好中央和省生态环保督察、长江经济带警示片等反馈问题整改，做好交办信访件办理。迅速整改、科学整改、全面整改生态环境部通报的生活污水直排问题。依法查处生态环境违法行为。加强污染治理。实施“六大攻坚行动”，县级以上城市环境空气质量达到国家二级标准、优良率持续保持97%以上。国、省控断面水质优良比例达到国家和省级要求，县城以上集中式饮用水源地水质达标率100%。强化农业农村面源污染治理。推进国土绿化。实施国储林项目35.95万亩。完成营造林75.63万亩、水土流失治理65平方千米。恢复治理历史遗留矿山680亩。统筹推进山水林田湖草综合治理。促进绿色转型。全面落实“三线一单”分区管控，严格项目环境准入和空间管控。大力发展林禽、林畜、林菌、林药、林蜂、林旅等复合经营，林下经济实现产值40亿元以上。持续推进能源体系清洁低碳发展。争取国家和省有关部门支持毕节开展林业碳汇项目开发、碳票发行等工作。

（八）防范化解风险隐患。有效应对各类风

险挑战，营造高质量发展良好环境。抓实常态化疫情防控。坚持“外防输入、内防反弹”，科学精准做好疫情防控工作，有序推进新冠病毒疫苗接种，巩固疫情防控成果。防范化解政府债务和金融风险。实施更加严格的政府债务管理措施，坚决遏制新增地方隐性债务，多渠道化解政府债务，稳步降低债务率。涵养培植税源，强化税收征管。重拳打击非法集资和逃废债行为。维护社会和谐稳定。深入开展安全生产专项整治三年行动，实现“双降”目标。落实“四个最严”要求，守护好人民群众“舌尖上的安全”。强化自然灾害综合防治。深入开展禁毒“大扫除”三年专项行动，坚决打击治理新型电信网络违法犯罪，严厉打击“黄赌毒”“黑拐骗”等各类违法犯罪活动。坚决打击非法传教行为。抓好根治欠薪工作。依法依规解决群众合理诉求。

（九）持续深化改革开放。用好改革开放关键一招，不断提升对外开放水平。推进重点领域改革。深入实施国企改革三年行动，推动国有企业市场化实体化转型。按照“合股经营、收益保底、按股分红”思路，探索市县国有企业与行业龙头企业合作开发资源模式。创新财政涉农产业资金投入机制，带动社会资本、撬动金融资金投入。深化供销社改革。落实峰谷分时电价政策，扩大电力市场化交易。统筹推进各行业领域重点改革事项。全面提升开放水平。充分发挥川滇黔区域性中心城市和西部陆海新通道节点优势，开工建设毕节国际陆港项目。加强与粤港澳大湾区合作，深化“东部企业+毕节资源、东部市场+毕节产品、东部总部+毕节基地、东部研发+毕节制造”，创新东西部协作“飞地经济”模式，推进“毕节·广州产业园”、粤黔协作现代农业产业园建设。加快融入成渝双城经济圈和泛珠三角地区。实现外贸进出口5亿元，实际利用外资1000万美元。深入开展产业大招商。围绕14个产业、31条产业链，引进优强企业200家，重点产业到位资金600亿元，工业到位资金占比达50%。完善市县项目落地推进联动机制，坚持“一个项目、一名领导、一套班子、一个实施主体、一个推进方案”，提高签约项目入园率、开工率、投产达产率。大力优化营商环境。深入推进“放管服”改革，深化“五个通办”。对破坏营商环境典型问题，加大查处曝光力度，营造良好政务服务环境；全面落实减税降费政策，强化用地、用工、用电、用水、用气和信贷等要素保障，切实降低企业成本，营造良好商务环境；开展领导干部入企走访活动，构建亲清政商关系，营造良好社会环境。努力让营商环境成为毕节融入新发展格局的核心竞争力！

（十）全力以赴改善民生。践行以人民为中心的发展思想，不断实现好、维护好、发展好最广大人民根本利益。推动就业扩容提质。坚持经济发展就业导向，积极拓宽灵活就业渠道，支持发展新就业形态。整合优化乡村公益性岗位队伍。深入实施“技能毕节”行动，优化职业技能培训资源供给，创新职业技能等级评价方式，大力培养高技能人才。持续推进“头雁领飞”行动。加快就业服务信息化建设，提升劳务组织化程度。坚持教育优先发展。推进常住人口3万人以上的乡（镇）办好2所以上公办幼儿园，加强城镇小区配套幼儿园建设和治理。统筹规划和调整基础教育资源配置，实施公办强校计划，总结推广中小学集团化办学经验做法。探索在城区义务教育阶段学校推行午餐计划。落实“双减”任务。实施县域普通高中教育发展提升计划。九年义务教育巩固率、高中阶段毛入学率分别达95%、92%以上。推进职教城二期建设，深化校企合作。引进培育优质教育资源，充分发挥引领作用。实施“强师工程”，依法保障教师待遇，加强师德师风建设。提高卫生健康水平。启动省级区域医疗中心建设。市第一人民医院金海湖院区投入运营。整合全市儿科优质医疗资源，推动市儿童医院投入使用。加快市第二人民医院提质发展，争创三级综合医院。推进市第三人民医院和公共卫生中心、市中医院改扩建等重点项目建设。推动中医药传承发展，争取建设国家中医药综合改革试验区。深入实施农村儿童发展综合示范区0-3岁儿童早期养育项目。健全完善落实三孩生育政策保障体系。深入推进县域医共体建设，高质量建设县域医疗次中心。引进优质医疗资源，加大医疗卫生高层次人才培养引进力度，建设一批省市级重点学科（专科）。深入开展爱国卫生运动。繁荣发展文体事业。加快长征国家文化公园建设。力争市县级图书馆全部达到国家二级馆以上标准。办好乌蒙文化旅游周·文化艺术系列大赛。支持广播电视融合发展，推进应急广播体系市县乡村四级全覆盖。积极申创一批体育旅游示范县、示范小镇，推进全民健身活动。千方百计加快老年大学建设。加大社会保障力度。大力开展敬老院提质改造，改善农村敬老院居住环境。稳步提高城乡居民最低生活保障标准。持续推进全民参保计划。加强留守（困境）未成年人、残疾人等困难群体关爱服务。做好因公殉职人员抚恤。城乡居民医保参保率稳定在95%以上。严厉打击欺诈骗保行为，守好人民群众的“救命钱”“养老钱”！

加强国家安全、国防动员、双拥共建、民族宗教、外事侨务、史志档案、气象地震等工作，支持工会、共青团、妇联、文联、社科联、科协、残联、红十字会、慈善、老龄、关心下一代等事业发展。

我们坚持尽力而为、量力而行，努力办好十个方面的民生实事：（1）转移农村劳动力就业10万人以上，开展职业技能培训6万人次，城镇公益性岗位安置就业困难人员7000人；（2）新（改、扩）建普通高中阶段学校10所、幼儿园20所、义务教育学校30所；（3）完成普通公路安全防护工程400千米；（4）建设地下管网260千米，实施老旧小区改造1.5万户、棚户区改造1.5万户、背街小巷改造110条；（5）向社会提供停车位2000个，建设城市（县区）公共停车位3000个；（6）建设全市医疗保险+商业保险“一站式”即时结算平台，实现20家（每个县区至少1家）定点医疗机构提供包括门诊费用在内的跨省直接结算服务；（7）建设6个儿童重症监护病房、8个县域医疗次中心，建设托位数100个以上的市级普惠幼儿托育机构示范点；（8）创建省级示范合作社450家、示范家庭农场100家，助农增收；（9）建设（改造）农村户用卫生厕所4万户以上，创建60个农村环境整治村；（10）补充（维护、更新）农体工程30个，建设60个乡镇（社区、村）健身路径或3人制篮球场，开展送文化下乡演出120场以上。

四、全面推进政府治理能力现代化

新征程标注新方位，新使命当有新作为。面对新形势新任务，我们要始终坚持党对政府工作的全面领导，把抓落实作为主旋律，努力建设人民满意的服务型政府。

（一）以“高度的政治自觉”拥护“两个确立”。忠诚践行“两个维护”，把习近平新时代中国特色社会主义思想和习近平总书记对贵州对毕节工作的重要指示批示精神，作为全市政府系统最为根本、最为持久、最为强大的动力源泉，坚持第一议题制度，把提高政治判断力、政治领悟力、政治执行力，体现到贯彻落实党的路线方针政策的实际行动上，体现到推动高质量发展的实际行动上，体现到为党分忧、为国尽责、为民奉献的实际行动上。

（二）以“强烈的担当意识”提升质量效益。自觉把工作重心转移到以高质量发展统揽全局上来，坚持质量第一、效益优先，牢固树立质量效益意识、市场意识、环保意识、安全意识、宗旨意识，坚持问题导向、目标导向、结果导向，更加注重开拓创新，破除惯性思维、跳出路径依赖，确保发展思路、发展方式、发展举措实现根本性转变，走好更有效率、更加公平、更可持续、更加安全的高质量发展之路！

（三）以“务实的工作作风”增强行政效

能。坚持依靠学习走向未来，加强经济学知识、科技知识学习，提高抓好经济工作的专业能力。坚持正确政绩观，敬畏历史、敬畏文化、敬畏生态，慎重决策、慎重用权。坚持“三严三实”，持续深化干部作风教育大整顿，加强调查研究，坚决防止简单化、乱作为，坚决反对不担当、不作为。坚持“三个区分开来”，努力让广大干部担当作为，想干事、肯干事、能干成事！

（四）以“公正的法治理念”坚持依法行政。坚定不移把习近平法治思想贯彻落实到政府工作全过程，坚持依法行政，做到法定职责必须为、法无授权不可为，全面建设法治政府。严格执行重大行政决策程序规定。自觉接受人大监督，自觉接受政协民主监督，自觉接受舆论监督。高质量办理人大代表建议和政协委员提案。认真听取民主党派、工商联和无党派人士意见建议，努力让权力在阳光下运行！

（五）以“向内的锋利刀刃”加强廉政建设。永葆自我革命精神，坚定不移推动政府系统党风廉政建设，加强重点领域、关键环节、关键岗位监督管理，压缩设租寻租空间，防止权力滥用，加强对群众反映强烈问题的集中整治，持续营造风清气正的政治生态。坚持政府过紧日子，严格预算管理，严肃财经纪律。自觉接受纪检监察监督，始终做到奉公守节、廉洁为民，让清正廉洁成为干部的自觉追求，让干净干事在政府系统蔚然成风。

中国人民政治协商会议
第二届毕节市委员会常务委员会工作报告

——在政协第三届毕节市委员会第一次会议上

(2022年1月6日)

市政协主席 杨宏远

过去五年工作回顾

过去五年，是毕节发展进程中极具挑战、极不平凡、极富成效的五年，也是全市政协事业肩负使命、砥砺前行、不断进步的五年。五年来，中共毕节市委高度重视和大力支持政协工作，召开了市委政协工作会议，为全市政协事业发展注入了强大动力。在市委的坚强领导和上级政协的有力指导下，我们以习近平新时代中国特色社会主义思想为指导，深入学习贯彻中共十九大及十九届历次全会精神，坚持团结和民主两大主题，聚焦市委中心工作，牢记嘱托、感恩奋进、开拓创新，为助推按时打赢脱贫攻坚战、同步实现全面小康、努力建设贯彻新发展理念示范区，贡献了政协的智慧和力量。

五年来，我们把握新形势、落实新要求、助推新发展。主要做了以下工作：

一、突出政治建设，铸牢“同心政协”

把政治建设摆在更加突出的位置，以理论上的清醒确保政治上的坚定，以政治上的坚定确保履职方向的正确，突出人民政协作为政治组织的忠诚底色和统一战线组织的统战功能，坚守人民政协初心，坚持大团结大联合，始终同中国共产党想在一起、站在一起、干在一起，党对政协工作的领导得到了新加强。

强化党的全面领导，坚定同心同行。全面贯彻落实习近平总书记关于加强党对政协工作全面领导的重要论述，恪守坚持中国共产党对政协工作的全面领导这一根本政治原则，深入贯彻落实中央政协工作会议精神和习近平总书记视察贵州重要讲话及对贵州对毕节工作的重要指示批示精神，把中共中央、省委、市委的重要决策部署和对政协工作的要求落到实处。始终在市委领导下开展工作，全力发挥好市政协党组把方向、管大局、保落实的重要作用，每年向市委报告民主监督工作、党组工作情况，有关重大事项、重要问题、重大活动及时向市委请示报告，切实做到市委有号召、政协有响应，市委有安排、政协有行动，市委工作指向哪里、政协履职就跟进到哪里。

强化创新理论武装，筑牢思想根基。全面贯彻落实习近平总书记关于加强思想教育和理论武装的重要指示精神，始终把学习党的创新理论作为首要任务，发挥政协党组理论学习中心组学习的引领作用，建立常委会学习专题辅导制度，把学习贯彻习近平总书记重要讲话、重要指示批示精神作为“第一议题”，深入学习贯彻习近平新时代中国特色社会主义思想和习近平总书记关于加强和改进人民政协工作的重要思想。开展党组理论学习中心组集中学习研讨25次，党组学习100余次，常委会专题辅导学习10次，专委会集中学习120余次，界别学习活动200余次；同时通过“书香政协”读书活动、网络学习平台开展线上线下常态化学习。扎实开展“两学一做”学习教育、“不忘初心、牢记使命”主题教育、党史学习教育以及省“牢记殷切嘱托、忠诚干净担当、喜迎建党百年”专题教育、纪念中国共产党建党百年活动等，用马克思主义中国化最新成果统一思想、统一意志、统一行动，“四个认同”融入血脉，“两个确立”深入人心。

强化思想政治引领，把牢政治方向。全面贯彻落实习近平总书记关于强化思想政治引领、推动各党派团体和各族各界人士实现思想上共同进步的重要指示精神，始终把思想政治引领作为政协工作的重要政治任务，发挥政协作为政治组织的政治功能，建立主席会议成员联系专门委员会、专门委员会联系界别、中共党员委员联系非中共委员等制度，通过专题辅导、履职传导，引导委员深刻认识人民政协是具有中国特色的制度安排，坚定不移走中国特色社会主义道路；引导委员及时学习和掌握中国共产党的路线方针政策，坚决贯彻落实中共中央、省委和市委的重大决策部署；引导全体政协委员和社会各族各界人士加深对中国共产党历史的理解和把握，深化对党的创新理论认识，弄清楚中国共产党为什么能、马克思主义为什么行、中国特色社会主义为什么好等基本道理，不断提高政治判断力、政治领悟力、政治执行力，切实增强“四个意识”，坚定“四个自信”，做到“两个维护”，自觉做习近平新时代中国特色社会主义思想的坚定信仰者和忠实践行者。

强化政治担当作为，广泛凝聚共识。全面贯彻落实习近平总书记关于把加强思想政治引领、广泛凝聚共识作为中心环节的重要指示精神，发挥政协作为统一战线组织的优势，坚持大团结大联合，扛牢凝聚共识的政治责任。通过加强政协党建，发挥中共党员委员的带头示范作用，引导委员、参加政协的各党派团体和各族各界人士，不断增进对中国共产党和中国特色社会主义的政治认同、思想认同、理论认同和情感认同；通过加强多党合作，开展联合调研、共同协商，凝聚服务建设贯彻新发展理念示范区的思想共识；通过开展专题调研、对口协商、界别活动深入基层、走近群众，宣传党的路线方针政策、释疑解惑、理顺情绪、化解矛盾，最终把党的主张转化为社会各族各界人士的共识，努力寻求最大公约数、画出最大同心圆，为建设贯彻新发展理念示范区汇聚强大合力。

强化全面从严治党，提供坚强保障。全面贯彻落实习近平总书记关于全面从严治党的重要论述、新时代党的建设总要求和中共中央《关于加强新时代人民政协党的建设工作的若干意见》精神，细化党组履行全面从严治党主体责任清单，切实履行全面从严治党主体责任和“一岗双责”，持续开展警示教育，及时抓好“一案一整改”。2019年来，坚持每年第一次常委会邀请市纪委市监委通报全市党风廉政建设和反腐败工作情况，加强党风廉政教育，严守政治纪律和政治规矩，做到知敬畏、存戒惧、守底线。坚持“三会一课”，落实党员领导干部双重组织生活制度，出台《关于加强中共党员委员与党外委员联系的意见》，积极探索推进“两个全覆盖”，为全面落实中共中央、省委和市委的重要决策部署及对政协工作的要求提供坚强保障。坚决扛牢意识形态工作责任，充分发挥好党组把方向、管导向、守阵地的作用，加强社会主义核心价值观教育，弘扬主旋律，传递正能量，多发政协好声音。

二、突出协商民主，展现“协商政协”

协商民主是实现党的领导的重要方式，是我国社会主义民主政治的独有形式和独特优势。人民政协是社会主义协商民主的重要渠道和专门协商机构，人民政协协商民主是社会主义协商民主的重要组成部分。我们坚持把协商贯穿履行职能全过程，聚焦党委政府中心任务，不断拓展协商内容、丰富协商形式、规范协商程序、增加协商密度、提高协商成效，大力推动协商民主广泛、多层、制度化发展，真正做到“真协商、会协商、善协商”，努力当好党委政府“智囊团”，政协协商民主跃上了新台阶。

注重在协商中议政、在议政中协商。聚焦贯彻落实习近平总书记重要指示批示精神，提高政治协商高度。我们始终铭记习近平总书记对毕节的殷殷重托，围绕全市易地扶贫搬迁后续工作、农业产业结构调整、全市脱贫攻坚“一达标、两不愁、三保障”工作、赤水河流域生态环境保护、人力资源开发、工业园区高质量发展等50多个专题，开展全会协商、常委会会议和主席会议专题协商、市长（副市长）与委员座谈协商、专委会对口协商等80多次，取得了一系列重要协商成果。五年来，我们开展的全市500亩以上坝区农业产业结构调整、“挖掘消费潜力、促进经济发展”、“全市工业园区高质量发展”、“全市人力资源开发情况”、“诉前调解”等专题协商成果得到省政协有关领导，市委、市政府主要领导的签批，有关协商建议得以转化落实；组织开展赤水河流域毕节段生态环境治理保护情况主席会议监督性视察，视察协商报告获市委主要领导充分肯定；成功承办2018年中国赤水河流域生态文明建设协作推进会，形成的《毕节共识》引起广泛反响。

注重在协商中监督、在监督中协商。聚焦各级党政重大决策部署落实情况，加大民主监督力度。我们紧盯各级党委政府对脱贫攻坚3+1保障、疫情防控下做好“六稳”“六保”等一系列重要决策部署，开展全市教育扶贫工作情况、农村安全饮水巩固提升工程、全市六大重点区域农业产业结构调整、生态环境保护修复重大工程项目实施、法治毕节建设等专题常委会会议视察、主席会议视察、委员视察，并把协商贯穿其中，提出建议100余条。反映社情民意信息线索600余条，整理报送152期，获有关领导签批38期次，有力推动了相关工作。如2017年《关于全市教育扶贫工作情况的视察报告》获市委主要领导批示并得到转化落实；2019年《关于落实残疾人有关补助的建议》和《办理机动车交通违法处罚咋就这么难?》等社情民意信息获市政府及有关部门高度重视，并及时解决所反映的困难和问题，得到广大群众的认可；特别在助推“法治毕节”创建中，市政协围绕法治毕节创建六项工程实施情况，坚持“一年一工程”协商监督推进，多次获得省政协，市委、市政府有关领导好评和肯定。此外，还认真落实河长制、林长制，开展巡河巡林60余次，协助政府对安全生产、中央环保督察反馈问题整改进行督查，组织委员对机关事业单位招考等进行监督463人次，充分发挥政协民主监督作用。

注重在协商中参政、在参政中协商。聚焦事关全市经济社会改革发展大局和重要民生问题，拓展参政议政广度。我们坚持有事多商量、遇事多商量、做事多商量，不断增加协商频次，组织专题调研、视察、协商120余次，参加各方面征求意见座谈会、庭审旁听等60余次，涉及全市经济社会发展各方面。不断提高协商质量，市政协委员及参加单位提交大会发言材料200余篇，调研报告100余篇，多篇调研报告获省政协，市委、市政府主要领导签批，相关问题得到及时解决。如2019年、2020年市政协全会上委员所提意见建议800余条，经梳理后形成脱贫攻坚、改革发展、生态建设等9个方面300余条报送市政府参考，市政府逐条研究并明确落实部门；2018年《关于高度重视和加强全市茶产业发展的调研报告》分别获市委、市政府主要领导签批，所提建议被市政府出台的相关文件采纳。不断提升提案协商成效，提交提案2203件、立案1807件、列为重点督办提案110件，涉及群众办理不动产权证困难、加强易地扶贫搬迁群众社会融入工作、老旧小区加装电梯、通村（组）公路养护管理、农村饮水安全建后管护、少数民族早婚早育治理、毕节长征国家文化公园建设等，促成了全市经济社会发展中一些热点难点问题的有效解决。如《关于建立健全农村饮水安全工程建后管护的提案》建议被吸纳到《毕节市农村饮水安全工程运行管护办法（试行）》中。

三、突出担当作为，彰显“为民政协”

把“国之大者”铭记于心，深刻理解“人民就是江山，江山就是人民”的丰富内涵，认真践行习近平总书记关于人民政协为人民的重要指示精神，坚持以人民为中心的发展思想，坚持为国履职、为民尽责的情怀，在需要时站得出来，关键时刻豁得出去，全力以赴战贫困，齐心协力抗疫情，一心一意为民生，在时代大潮中展现政协为民新风采。

尽锐出战，助力脱贫攻坚战。始终牢记习近平总书记的殷切嘱托，积极投身全市决战决胜脱贫攻坚战。我们抓牢议题推动，市政协协商议政、民主监督议题中，脱贫攻坚占50%以上，涉及脱贫攻坚提案459件，占24.25%。如多次开展易地扶贫搬迁及后续工作专题协商监督。我们抓实专项行动，持续开展政协系统脱贫攻坚“百千万行动”，市县区政协65名主席（副主席）挂帮65个乡镇，191个委员企业帮扶274个贫困村、结对贫困户198户，2010名市县政协委员结对贫困户6019户，协调、投入帮扶资金（项目）6.3亿多元。我们抓好示范带动，主席会议成员真情投入、真心帮扶，坚持深入定点联系乡镇作指导、出良策、解难题，机关7名驻点干部真驻实扶、真督实查，与当地干部群众同甘苦、共发力、齐攻坚；机关全体干部按“4321”结对帮扶，捐款捐物，献计出力，尽力帮助联系农户如期脱贫。参与脱贫攻坚经验作为贵州省市级政协代表参加2019年全国地方政协经验交流会交流，市政协办获“脱贫攻坚先进集体”省级表彰，机关4名同志分别获省、市“脱贫攻坚优秀共产党员”表彰。脱贫攻坚任务完成后，我们及时转向新的联系点，大力助推巩固拓展脱贫攻坚成果同乡村振兴有效衔接。

主动出击，投入防疫阻击战。面对2020年初突如其来的新冠肺炎疫情，我们及时响应，第一时间发出倡议，号召全体政协委员和机关干部投入抗击新冠肺炎疫情阻击战、总体战。全体委员和机关干部各展所长、各尽其能，捐款捐物、献计出力，同舟共济、共克时艰，谱写了感人至深的防疫抗疫政协篇章。我们身先士卒，带头深入社区、基层一线检查指导防疫抗疫工作，积极帮助企业复工复产，大力推动定点扶贫乡镇稳就业、稳增收，有效助推“六稳”“六保”，确保脱贫攻坚和抗击疫情“双战双赢”。我们积极协调，争取上级政协及有关部门支持，向市一医捐赠负压救护车一辆，及时解决救护所急。全市政协参与抗疫阻击战、总体战的生动事迹，《中国政协报》以《众志成城投身疫情防控　毕节政协在行动》为题进行了报道。

心中有爱，奉献真情送温暖。始终把人民对美好生活的向往作为奋斗目标，时刻把人民群众放在心上。关心困难群体，累计捐款捐物120余万元帮助纳雍县左鸠戛乡兴文村脱贫，扎实开展党史学习教育“我为群众办实事”实践活动，帮助群众解决困难、办理实事80余件；关爱未成年人，开展慰问、帮扶活动300余人次，协调捐赠150余万元建村校、资助200余名贫困生；关注基层群众健康，持续开展“送医送药送健康”活动20余次，受益群众2万余人；关照老年人、残疾人，组织进网格、进社区、进敬老院开展志愿者活动1000余人次，积极呼吁提高残疾人补助标准并得以落实。

四、突出改革创新，推进“活力政协”

把改革创新作为推动政协工作高质量发展的根本动力，认真贯彻落实习近平总书记关于要适应全面深化改革的要求，以改革创新精神推动政协工作创新、方法创新、机制创新，突出增强新时代政协活力，用活用好机构和编制，创新机制体制，着力破解市县政协“两个薄弱”、机关“人少事多”难题，建立政协联系基层、服务群众平台，推进政协跨区域协作，提高机关工作质效，在激发政协活力上实现了新突破。

优化机构设置，强化职能职责。通过加挂牌子、拆分组合等方式，在市智力支边办加挂“市政协农业与农村委员会”牌子，实行“一套班子两块牌子”，联系服务农业农村工作职能职责进一步强化；将“市政协提案与法制委员会”与“市政协民族与宗教委员会”职能职责重新整合，组建“市政协提案委员会”“市政协民族宗教与社会法制委员会”，专门委员会职能职责进一步优化；从市政协机关服务中心、委员联络服务中心调编增设“社情民意信息服务中心”，反映社情民意信息工作进一步加强。

拓展工作平台，强化服务基层。大力推进“一室一站”建设。建立24个“界别工作室”，界别联系群众桥梁纽带作用得以充分发挥，界别活动有声有色；在毕节职业技术学院、麻园社区、柏杨林街道办事处阳光社区建立首批“政协委员工作站”，拓展政协基层触角，更好倾听基层声音，打通联系、服务基层群众“最后一公里”。依托一室一站，让“连心桥”更连心、更贴心，更加体现了政协工作特色。

整合各方资源，强化聚智聚力。建立市政协“智库”，首聘农业方面专家82人，每次视察、调研、协商活动，充分吸纳相关专家参与，专业引领作用在履职中得到充分重视；建立市县政协“四联四力”联动模式，按照市县政协每年联动议题和自定议题分别占70%、30%左右比例，调研联动、分级协商、成果共享，有效破解了市县政协“两个薄弱”难题；建立党派、工商联共同参与调研视察或单独领衔调研合作模式，党派资源参与政协履职、优势互补，共同调研、共同协商、共享成果得到了充分保障。

创新协作机制，强化平台功能。率先出台《毕节市政协支持民主党派市级组织、市工商联、无党派人士在市政协发挥作用规则》，为民主党派、工商联、无党派人士在政协平台团结协作、更好发挥作用作出机制安排，受到有关省市政协的关注。构建市长（副市长）、市法检两长与委员“面对面”协商机制，积极探索协商前沟通衔接，协商中平等、真诚和有效协商，协商后成果采纳、落实和反馈机制，大力培育“有事好商量”的协商文化。积极推进云贵川三省四市政协跨区域赤水河流域生态保护治理专题联合视察，并形成机制，先后开展3次专题联合视察，为筑牢长江上游生态安全屏障发挥了政协作用。

五、突出强基固本，创建“效能政协”

把讲政治、精业务、提能力、转作风作为政协履职最基本的要求，全面落实习近平总书记关于提升人民政协履职能力的重要指示精神，突出人民政协“四种能力”基础支撑，不断增强履职能力，改进工作作风，提高服务效能，以过硬的本领和作风推动政协工作高质量发展，全市政协工作和政协机关呈现出新气象。

从“专”着手推进专委会建设。突出专门委员会“专”的特点，制定《政协毕节市委员会专门委员会联系界别、委员工作制度（试行）》，完善主席会议成员分管联系专门委员会制度，落实重要协商课题由分管副主席领衔调研机制。开展专题调研、专门协商、对口协商100余次，形成一批重要调研协商成果，供党委政府及相关部门参考。完成《毕节政协工作2012—2016》《毕节史前文化》《同心筑梦三十年》等征编汇编出版工作，专委会工作更加精准、基础性作用更加明显。

从“特”突破推进界别工作。强化界别意识，出台《政协毕节市委员会关于加强界别工作的实施意见》，调整优化界别委员结构，更加体现界别特色；按照“七个好”标准和“六个一”要求，组建“界别工作室”，明确界别召集人；大力支持界别开展活动，各界别积极开展宣讲培训、送医送教、扶贫济困等活动100余次，界别工作更加活跃、桥梁纽带作用更加彰显。

从“优”要求推进队伍提质。认真贯彻习近

平总书记“懂政协、会协商、善议政，守纪律、讲规矩、重品行”的谆谆教诲，大力推进政协委员和干部能力素质提升，抓好两支队伍建设。组织政协委员和干部参加国家、省、市各级培训，实现政协委员、干部培训多轮次、全覆盖，不断增强“四种能力”。建立委员参与政协活动机制，分期分批邀请委员参加政协有关活动，为委员实践锻炼创造机会。加强机关干部政治历练、实践锻炼、基层磨练，持续开展整治“手、腿、嘴”突出问题，扎实推进机关作风积弊大扫除和干部作风教育大整顿，锻造忠诚干净担当的干部队伍。大力倡导机关工作“三零一高”“三致一优”，创建模范机关。广大政协委员和干部活跃在各条战线、各自岗位上，奋战在全市脱贫攻坚、抗击疫情、建设贯彻新发展理念示范区伟大实践中，新时代政协委员风采更加亮丽、政协干部形象更加光彩。

从“长”计议推进制度完善。不断推进市政协履职制度化、规范化、程序化，制定和修订完善市政协《视察考察工作条例》《委员履职工作规则》《关于提高提案质量的意见》《提案工作条例（修订）》《界别活动办法》《反映社情民意信息工作条例》等50多个制度，为政协有效履职提供了制度保证。如制定的《毕节市政协民主协商规程》，构建了权责清晰、程序规范、关系顺畅、运行有效的协商民主制度体系，完善了协商于决策之前和决策实施之中的落实机制。同时，我们及时修订机关学习、办文、办会、办事等规章制度，完成了市政协及机关工作制度汇编，政协调研、视察、考察、协商、会议、提案工作、反映社情民意、对外联络联系、内部管理等各方面工作进一步规范有序，机关作风进一步改进，服务质量和水平进一步提升，政协工作运行机制更加完善，政协工作更加有据可依、有章可循。

各位委员！回望过去五年，一路风雨一路情。我们最感动、最难忘的是，习近平总书记对统一战线工作的高度关切，对毕节的特殊关爱，尤其在2018年7月18日对毕节工作作出的重要指示中明确指出，“统一战线要在党的领导下继续支持毕节试验区改革发展，在坚持和发展中国特色社会主义实践中不断发挥好中国共产党领导的多党合作的制度优势”，政协作为统一战线阵地，深感荣幸、使命在肩，我们永远感恩总书记，永远感恩党中央！我们最自豪、最自信的是，全市政协与市委、市政府同心同行、同频共振，一起奋战脱贫攻坚，一起投入疫情防控，一起共谋发展新篇！我们最欣喜、最欣慰的是，全体政协委员和干部坚持“为国履职、为民尽责”的情怀，在攻贫困、战疫情、促发展、保民生实践中铸忠诚、展风采、做贡献，许多市政协参加单位、政协委员和干部受到各级各方面表彰，获得广大群众的点赞！

回望过去五年，吹尽黄沙始到金。每一次活动的成功，都是忠诚与担当的检验；每一个成果的成熟，都是智慧与力量的彰显。我们深深体会到，要推动政协工作高质量发展：

必须坚持以党的领导为根本，把旗定向、永不偏离。五年来，我们始终坚持中国共产党的全面领导，坚持习近平新时代中国特色社会主义思想的科学指引，一切重要工作都围绕中共中央、省委和市委决策部署来进行，一切重要活动都在中国共产党的领导下、按宪法法律和政协章程来展开，一切重要安排都在发扬民主的基础上坚持向市委请示汇报。实践证明，只有衷心拥护“两个确立”，忠诚践行“两个维护”，不断增进“四个认同”，才能保证政协事业沿着正确方向前进。

必须坚持以人民至上为宗旨，协商于民、协商为民。五年来，我们始终坚持以人民为中心的发展思想，坚持人民政协为人民，深入基层，贴近群众，倾听群众呼声，努力做雪中送炭、扶贫济困、春风化雨、解疑释惑的工作，密切了政协与人民群众的感情和关系。实践证明，只有坚持协商于民、协商为民、协商惠民，才能更好体现人民政协的价值取向和价值所在。

必须坚持以协商民主为主责，强化引领、增进共识。五年来，我们始终坚持有事多商量、遇事多商量、做事多商量，把协商民主贯穿政治协商、民主监督、参政议政全过程，不断提高制度化、规范化、程序化水平。实践证明，只有坚持平等协商而不强加于人，真诚协商而不敷衍了事，民主协商而不强求一致，务实协商而不流于形式，才能充分发挥政协制度优势，切实担当起加强思想政治引领、广泛凝聚共识的政治责任。

必须坚持以服务大局为中心，建言献策、凝心聚力。五年来，我们聚焦贯彻落实习近平总书记重要指示批示精神履职尽责，始终坚持服从服务于全市决战决胜脱贫攻坚、全面建成小康社会、努力建设贯彻新发展理念示范区大局，政治协商由此着眼，民主监督向此发力，参政议政依此展开。实践证明，只有做到谋划工作在大局下思考、建言献策在大局下着手、凝心聚力在大局下行动，才能更好彰显政协在服务全市改革发展稳定中的独特价值和作用。

必须坚持以改革创新为动力，破解难题、增强活力。五年来，我们始终坚持改革创新推动政协高质量履职，通过观念更新、思维创新、工作创新、机制创新破解市县政协“两个薄弱”难题，拓展政协平台，整合各方资源，推进政协跨区域协作，不断增强政协履职活力。实践证明，只有坚持改革创新，勇于实践探索，才能使政协工作永葆生机和活力。

必须坚持以统一战线为法宝，团结为重、协力同心。五年来，我们始终坚持政协统一战线功能，坚持团结稳定鼓劲，大力支持各民主党派、无党派、工商联在市政协更好发挥作用，把增进思想政治共识摆在更加突出位置，在道路、制度、旗帜、方向等根本问题上形成统一思想、统一意志、统一步调，努力寻求全社会意愿和要求的最大公约数，画出民心民愿的最大同心圆。实践证明，只有坚持政协大团结大联合，坚持一致性和多样性统一，才能最大限度为党和国家事业、毕节改革发展凝聚共识、智慧和力量。

必须坚持以自身建设为基础，强基固本、提升效能。五年来，我们始终围绕“重要阵地、重要平台、重要渠道”建设，按照“懂政协、会协商、善议政，守纪律、讲规矩、重品行”的要求，切实提高“四种能力”，大力推进政协自身建设，充分发挥政协各专委会的基础性作用、界别的代表性作用、委员的主体性作用。实践证明，只有不断加强政协自身建设，锻造过硬本领和作风，打造模范机关，才能更好地推动政协工作高质量发展。

以上七个方面，是人民政协风雨70余年形成的基本经验在毕节实践的具体体现，更是中国共产党百年奋斗历史经验在毕节政协战线上的生动实践，尤其弥足珍贵，我们要倍加珍惜，并在新的赶考路上不断发扬光大！

各位委员！我们也清醒地看到，过去五年工作中仍存在许多不足，主要是：在学懂弄通做实习近平新时代中国特色社会主义思想尤其是习近平总书记关于加强和改进人民政协工作重要思想、对贵州对毕节工作的重要指示批示精神上还有差距；在围绕中心服务大局、聚焦试验示范、精准建言资政和广泛凝聚共识双向发力上还有差距；在适应新形势、提高履职能力、发挥委员主体作用、推进政协系统全面从严治党、推进政协工作信息化、创新发展、打造品牌上还有差距。对这些不足，相信新一届市政协班子会高度重视并创造性加以解决。

对新一届政协工作的建议

迈步新征程，肩负新使命。未来五年，是毕节贯彻落实习近平总书记重要指示批示精神、奋力建设贯彻新发展理念示范区的关键时期，是毕节全面推进乡村振兴、迈向现代化建设新征程的重要时期，政协大有可为、大有作为。我们要坚持以习近平新时代中国特色社会主义思想为指导，深入学习贯彻中共十九届六中全会精神、中央政协工作会议精神、习近平总书记视察贵州重要讲话和对贵州对毕节工作的重要指示批示精神、省委市委重要决策部署及对政协工作的要求，坚持团结和民主两大主题，坚持人民政协性质定位，立足新发展阶段、贯彻新发展理念、融入新发展格局，聚焦市委“一区三高地，五个新毕节”新定位和“五项行动”“五大工程”新部署，扛牢加强思想政治引领和广泛凝聚共识的政治责任，同心筑梦、凝心聚力，再创辉煌。为此建议：

第一，坚定政治站位，坚决做到“两个维护”。政协是政治组织，政协工作是政治工作，必须旗帜鲜明讲政治。讲政治最终落点在衷心拥护“两个确立”，最根本、最关键体现在“两个维护”上。要真心认同“两个维护”，教育和引导广大政协委员、政协干部发自内心忠诚核心、拥戴核心、信赖核心、跟随核心，始终在政治立场、政治方向、政治原则、政治道路上同中共中央保持高度一致；要忠诚践行“两个维护”，始终坚持党对政协工作的全面领导，以政治建设为统领全面加强政协党的建设，发挥党组把方向、管大局、保落实的领导作用，让对党忠诚成为广大政协委员和政协干部最鲜明的政治品格；要坚决捍卫“两个维护”，发扬伟大斗争精神，教育和引导广大政协委员、干部在大是大非面前敢于亮剑，对妄议的要坚决斗争，对跑偏的要勇于纠正，对缺位的要敢于较真，确保政协政治上不迷失、工作上不跑偏。

第二，高举思想旗帜，强化创新理论武装。深学笃用习近平新时代中国特色社会主义思想、中国共产党建党百年宝贵的历史经验、习近平总书记关于加强和改进人民政协工作的重要思想尤其是关于协商民主的重要论述以及习近平总书记视察贵州重要讲话精神和对贵州对毕节工作的重要指示批示精神，始终把习近平新时代中国特色社会主义思想作为指引政协工作、引领毕节发展的思想旗帜、精神旗帜。要坚持“第一议题”学习，作为“第一要件”落实，奉为“第一遵循”贯彻；要切实在学懂弄通做实上下功夫，及时跟进学、深入系统学、联系实际学，做到真学真懂、真信真用；要坚持知行合一、学用结合，内化于心、外化于行，做到武装头脑、指导实践、推动工作；要善于从习近平新时代中国特色社会主义思想和习近平总书记重要指示批示中找方向、找方法、找答案，切实把党的最新理论成果转化为政协工作的开展思路、强大动力；要深入从党史学习教育中赓续红色血脉、传承红色基因，大力弘扬伟大建党精神，以信仰之光照亮前行之路。

第三，强化宗旨意识，坚定践行初心使命。始终坚守政协初心使命，坚持以人民为中心的发展思想，坚持“为国履责、为民尽职”的情怀，协商于民、协商为民，协商惠民。要始终牢记人民政协为人民的宗旨，把实现好、维护好、发展好最广大人民根本利益作为履职的出发点和落脚点，把促进民生改善、富民惠民作为重要的着力点，抓住民生领域重要问题建言资政和凝聚共识，协助党和政府破解民生难题，增进人民福祉；要聚焦巩固脱贫攻坚成果同乡村振兴有效衔接、提高人民群众收入水平、提升公共服务水平，关注人民群众关心的教育、医疗、就业、养老等问题，深度调研、真诚协商、及时建言，多帮助群众解决烦心事操心事揪心事；要把群众当亲人，把群众的事当作自己的事，在履职中努力做到“民之所忧，我必念之；民之所盼，我必行之”。

第四，聚焦中心工作，着力服务改革发展。坚持围绕中心、服务大局，深入学习贯彻中共十九届六中全会精神和省委十二届十次全会精神，聚焦市第三次党代会作出的新定位新部署，找准协商议政、民主监督的着力点和切入点，积极建言献策、凝心聚力。要扛牢加强思想政治引领、广泛凝聚共识这一重要政治责任，把协商民主贯穿履职全过程，在打造“一区三高地”，建设“五个新毕节”上履职尽责，在围绕“四新”主攻“四化”，实施“五项行动”、推进“五大工程”，助力毕节高质量发展上履职尽责，在协助做好全面统筹发展和安全、守好发展和生态两条底线上履职尽责，在推进全国文明城市创建、法治毕节示范创建、民族团结示范市创建等方面履职尽责。要注重提升协商质量，强化监督效果，扩大协商民主参与面，坚持一致性与多样性统一，充分发挥政协独特、独有、独到的制度优势，更好协调关系、汇聚力量、建言献策、服务大局，为建设贯彻新发展理念示范区当好“智囊团”、架好“连心桥”、画好“同心圆”。

第五，加强自身建设，不断提高履职效能。打铁必须自身硬。新征程上推进政协工作高质量发展，必须有优秀队伍、过硬作风，必须坚持自身建设不放松，培元固本不懈怠。要深入学习领会和认真践行习近平总书记关于“懂政协、会协商、善议政，守纪律、讲规矩、重品行”的谆谆教诲，加强两支队伍建设，注重“四种能力”培养，深化作风教育整顿，教育引导政协委员、干部把能力“提起来”、把作风“硬起来”、把形象“竖起来”，充分发挥其主体作用；加强专门委员会建设，压紧压实工作责任，突出“专”的特色，充分发挥其基础作用；加强界别建设，巩固界别工作室阵地，突出界别功能，充分发挥其纽带作用；加强制度建设，健全协商规则、培育协商文化、提高协商能力，完善协商于决策之前和决策实施之中的落实机制，不断提高政治协商制度化规范化程序化水平。

中国共产党毕节市第二届委员会第九次全体会议决议

（2021 年 5 月 13 日中国共产党毕节市第二届委员会第九次全体会议通过）

中国共产党毕节市第二届委员会第九次全体会议，于 2021 年 5 月 13 日在七星关举行。市委委员 36 人、市委候补委员 4 人出席会议，市纪委委员和有关方面负责同志，省第十二次党代会、市第二次党代会代表中的部分基层代表等列席会议。

全会深入贯彻党的十九届五中全会、习近平总书记视察贵州重要讲话和对贵州对毕节重要指示批示精神，全面贯彻落实省委十二届八次、九次全会精神，审议通过了《中共毕节市委关于深入学习贯彻习近平总书记视察贵州重要讲话和对贵州对毕节重要指示批示精神努力建设贯彻新发展理念示范区的意见》及有关人事事项的决定。市委副书记、市长杨昌鹏就《意见（讨论稿）》向全会作了说明。

全会认为，在 2021 年春节来临的喜庆时刻、在脱贫攻坚任务如期完成的重大时刻、在“十四五”开局起步的关键时刻、在中国共产党成立 100 周年即将到来的历史时刻，习近平总书记亲临贵州视察并首站来到毕节，亲切看望各族干部群众，时机特别重要、主题非常鲜明、意义十分重大、影响极其深远，是贵州和毕节发展史上具有里程碑意义的大事、盛事、喜事、要事。习近平总书记视察贵州的重要讲话，深入阐述了事关贵州未来发展的全局性、根本性、战略性问题，为全省开启全面建设社会主义现代化国家新征程指明了前进方向、明晰了目标路径、注入了强大动力。省委十二届九次全会，站在忠诚践行“两个维护”的政治高度，深情传递了总书记对贵州工作和贵州人民的关怀厚爱，深入分析了总书记视察贵州的重大政治考量，深刻阐释了总书记视察贵州重要讲话的精神实质，对围绕“四新”抓“四化”、保障和改善民生、加强党的建设等工作进行了全面部署，站位高远、视野宏大、理论深厚、措施务实、保障有力，充分体现了省委坚定不移贯彻落实习近平总书记视察贵州重要讲话精神的鲜明政治导向、强烈政治担当、强大政治定力。全市上下要进一步提高政治站位，切实把思想和行动统一到省委全会的部署要求上来，不折不扣抓好贯彻落实。

全会指出，毕节试验区建立以来，“敢闯敢试、试验示范”就是试验区的鲜明标志，“敢为人先”就融入了试验区人民的精神血脉。在毕节试验区建立三十周年之际，习近平总书记对毕节工作作出重要指示，赋予毕节建设贯彻新发展理念示范区的历史使命。建设示范区，关键在“示范”二字，只有先人一步、快人一拍、胜人一筹，方能作“示范”。全市上下必须勇担“探路子、作示范”的职责使命，继续发扬“深化改革、锐意创新、埋头苦干、同心攻坚”的毕节试验区精神，坚定自觉在高质量发展上作示范。

全会强调，要更加强化感恩意识，坚定自觉在深入学习贯彻习近平总书记重要讲话重要指示批示精神上作示范。习近平总书记视察贵州重要讲话和对贵州对毕节重要指示批示，是一个系统全面、逻辑严密、内在统一的有机整体和科学体系，具有丰富的内涵和外延，闪耀着哲思光芒，充满着实践智慧，蕴含着丰富情感。学习贯彻习近平总书记视察贵州重要讲话和对贵州对毕节重要指示批示精神，不是机械地、浅层地——“对表”，而是要带着信念学、带着感情学、带着使命学、带着问题学，在完整、准确、全面理解的基础上真正做到把握精髓、融会贯通、形神兼备，自觉从中汲取最强大、最坚实、最深沉、最恒久的精神力量，激发践行“两个维护”的赤胆忠心，焕发牢记嘱托、感恩奋进的豪情壮志，将总书记重要讲话重要指示批示精神实实在在书写在毕节大地上。

全会指出，要永远铭记习近平总书记对毕节试验区的特殊关怀。习近平总书记视察贵州重要讲话和对贵州对毕节重要指示批示，饱含着对毕节工作的赞许鼓励，是对全市各级党组织、广大党员干部和各族人民团结奋进、辛苦付出、攻坚克难的最大褒奖、最大鼓舞、最大激励；饱含着对毕节发展的关心关怀，为毕节凝聚了强大政治能量和政治优势，带来了强大政治动力和宝贵发展机遇；饱含着对毕节人民的深情厚爱，生动诠释了“我将无我、不负人民”的赤子情怀，生动展现了“江山就是人民、人民就是江山”的价值立场。全市上下要永远铭记习近平总书记对毕节的好、对毕节人民的好，更加发自内心地感恩总书记、感恩党中央，将感恩之情转化为拥戴核心之志、拼搏奋进之力、推动发展之责，以建设示范区的实绩实效回报总书记的关怀厚爱。

全会指出，要深刻感悟习近平总书记重要讲话重要指示批示的实践伟力。在习近平总书记重要讲话重要指示批示精神的指引下，毕节经济社会发展持续向好，基础设施持续改善，人民生活水平持续提升，各项事业取得了新的历史性成就。习近平总书记的重要讲话重要指示批示，是指导实践、推动工作的有力法宝，是长期管用、长久好用的思想武器，是取之不尽、用之不竭的宝贵精神财富。毕节这些年改革发展取得的历史性成就和脱贫攻坚取得的全面胜利，无不得益于习近平总书记的悉心指导，无不凝结着习近平总书记的智慧和心血，无不归功于习近平总书记重要讲话重要指示批示精神的科学指引。全市上下要更加系统、更加全面、更加深入地学习贯彻习近平总书记重要讲话重要指示批示精神，坚定不移按照习近平总书记指引的方向奋勇前行。

全会指出，要牢牢把握习近平总书记重要讲话重要指示批示的科学指引。学习贯彻习近平总书记视察贵州重要讲话精神，必须与学习贯彻习近平新时代中国特色社会主义思想、党的十八大以来总书记对贵州对毕节系列重要指示批示精神结合起来，从全局和一域相统一、历史和现实相统一、战略和战术相统一的高度，全面完整准确把握蕴含其中的精神实质，确保学懂弄通做实。

全会指出，贯彻落实习近平总书记视察贵州重要讲话和对贵州对毕节重要指示批示精神，最根本、最核心的任务是建设好贯彻新发展理念示范区。这一点必须特别明确、特别清醒、特别坚定，并以此作为一切工作的总遵循、总纲领、总指针。市委二届八次全会提出“十四五”时期“11345”工作思路，完全体现习近平总书记重要讲话重要指示批示精神，完全符合省委部署要求，完全契合毕节实际。全市上下必须进一步统一思想、凝聚共识，咬定目标、勇往直前，不折不扣将习近平总书记为我们擘画的宏伟蓝图一步步变为美好现实。

全会强调，要更加突出精准施策，坚定自觉在巩固拓展脱贫攻坚成果、推进乡村振兴上作示范。要落实摘帽不摘责任、摘帽不摘政策、摘帽不摘帮扶、摘帽不摘监管“四个不摘”政策，全力织密防贫网底。要聚焦发展一批首位产业、打造一批产业示范基地、引进一批精深加工企业、拓展一批市场销售渠道“四个一批”，全力推动产业兴旺。要突出做好村庄整体规划、抓好基础设施建设、强化乡村公共服务、优化农村人居环境“四个环节”，全力抓牢乡村建设行动。要深化留下一支永远不走的工作队、留下一批活力强劲的合作社、留下一份殷实厚重的村集体资产、留下一套高效管用的乡村治理体系“四个留下”工作措施，全面激发农村发展活力。

全会强调，要更加注重提质增效，坚定自觉在经济社会高质量发展上作示范。要把四轮驱动作为“主动力”，奋力开创高质量发展新局面。以实施工业倍增行动为牵引，做好工业经济盘活存量、做大增量、调优结构的文章，推动工业实现大突破；坚持山地新型城镇化发展战略，大力推进以人为核心的新型城镇化，增强城镇承载力、提升城镇品质、做强城镇经济，推动城镇实现大提升；坚决确保粮食安全，加快构建农业现代化生产体系和组织体系，推动农业实现大发展；聚焦旅游产品、服务、业态，聚力作响“洞天福地·花海毕节”形象品牌，大力发展全域旅游，推动旅游实现大提质。要把三大主题作为“突破口”，奋力闯出示范区建设新路子。深入打好污染防治攻坚战，强化生态修复工程建设，坚持不懈推动绿色低碳发展，加快推进生态环境治理体系和治理能力现代化，着力在绿色发展上闯出新路；提升各阶段教育质量，加强各类人才培训，营造良好人才环境，着力在人力资源开发上闯出新路；全面深入解放思想，深化重点领域改革，坚持以改革促开放，充分发挥多党合作制度优势，着力在体制机制创新上闯出新路。要把改善民生作为“落脚点”，推动城乡居民收入水平实现新提升、基本公共服务均等化取得新进展、社会保障总体水平迈上新台阶，切实在保障和改善民生上取得新的实质性成效，不断满足人民群众高品质生活新期待。

全会强调，要更加树牢底线思维，坚定自觉在统筹发展和安全上作示范。要深入贯彻总体国家安全观，坚决打击敌对分裂活动，坚决打击恐怖暴力行为，坚决惩治网络乱象，坚决守牢政治安全底线。要压实各级各部门党政主要负责人债务管理责任，统筹抓好“开源”和“节流”工作，牢固树立过“紧日子”的思想，严肃查处违规举债和融资行为，切实抓好债务存量化解和增量控制，坚决守牢债务金融底线。要坚持以深化法治毕节示范创建、平安毕节建设为牵引，持续加强和创新基层社会治理，完善突出违法犯罪打击整治长效机制，营造公平正义的法治环境，建设更高水平的法治毕节、平安毕节，坚决守牢社会治理底线。要坚持人民至上、生命至上，时刻绷紧安全生产这根弦，坚决遏制各类安全事故发生，抓好常态化疫情防控工作，坚决守牢公共安全底线。

全会强调，要更加深化党建统领，坚定自觉在营造忠诚干净担当的良好政治生态上作示范。要坚持把党的政治建设摆在首位，筑牢政治忠诚、提升政治能力、坚定政治信仰，让对党忠诚成为试验区最鲜明的政治底色。要毫不放松强化全面从严治党，始终保持反腐败高压态势、驰而不息纠治突出作风问题、深入开展专项整治行动，让干净干事成为试验区最基本的政治生态。要旗帜鲜明引领干事创业导向，在建设高素质专业化干部队伍、激发干事创业精气神、建设坚强有力的组织体系上展现新气象，让担当作为成为试验区最普遍的精神状态。

全会按照《中国共产党章程》《中国共产党地方委员会工作条例》有关规定，批准陈波同志辞去二届市委委员职务，批准谢江道同志辞去二届市委候补委员职务。

全会号召，让我们更加紧密地团结在以习近平同志为核心的党中央周围，深入学习贯彻习近平总书记视察贵州重要讲话和对贵州对毕节重要指示批示精神，牢记嘱托、感恩奋进，艰苦奋斗、顽强拼搏，坚定自觉在高质量发展上作示范，奋力开创毕节建设贯彻新发展理念示范区新未来！

中国共产党毕节市第二届委员会第十次全体会议

中国共产党毕节市第二届委员会第十次全体会议，于2021年10月20日在七星关举行。全会审议通过了《关于召开中国共产党毕节市第三次代表大会的决议》，决定于2021年12月召开中国共产党毕节市第三次代表大会。

市委委员35人、市委候补委员4人出席会议；市政协党组主要负责同志，二届市纪委委员，不是二届市委委员的县（市、区）党（工）委书记列席会议。

全会由市委常委会主持。省委常委、市委书记吴强代表市委常委会作讲话。市委副书记、市长杨昌鹏就《决议（草案）》向全会作了说明。

全会指出，召开市第三次党代会，是全市人民政治生活中的头等大事，对建设贯彻新发展理念示范区、推动毕节经济社会高质量发展将产生重大而深远的影响。要充分认识召开市第三次党代会的重大意义，全面总结过去五年的工作，引领全市上下进一步坚定信心鼓足干劲走好新的赶考之路；要科学谋划未来五年乃至更长时期毕节的发展方略，为建设示范区擘画引领方向鼓舞人心的宏伟蓝图；要选出团结勤奋务实清廉的市委班子，为毕节各项事业高质量发展提供坚强保障。

全会强调，要强化统筹协调，全力做好市第三次党代会各项筹备工作。要精益求精起草好党代会报告，广泛听取人民群众和社会各界的意见建议，使报告的起草过程成为广泛参与、建言献策、倾听民声、集中民智的过程，成为统一思想认识、理清发展思路、凝聚智慧力量的过程。要充分认识贯彻组织意图和依法行使民主权利的一致性，不折不扣落实好换届人事安排，确保会议圆满成功。

全会强调，要加强组织领导，扎实推进重点工作全面落实。要严格落实“四个不摘”要求，坚决守住不发生规模性返贫的底线；深入实施乡村振兴战略，全力做好巩固拓展脱贫攻坚成果同乡村振兴有效衔接工作。要始终坚持以高质量发展统揽全局，把“三大主题”作为突破口和着力点，全力主攻“四化”推动经济高质量发展。要始终牢记让人民幸福生活这个“国之大者”，把保障和改善民生摆在更加突出的位置，用心用情做好岁末年初各项民生保障工作，不断增强人民群众的获得感、幸福感、安全感。要树牢“大安全”理念，强化底线思维，增强风险意识，全力统筹好发展和安全两件大事，严密防范化解重大风险，为市第三次党代会召开创造良好的社会环境。

全会在雄壮的《国际歌》声中胜利闭幕。

中国共产党毕节市第二届委员会第十一次全体会议

中国共产党毕节市第二届委员会第十一次全体会议，于2021年12月4日在七星关召开。市委委员36人、候补委员5人出席会议，市纪委委员和有关方面负责同志，省第十二次党代会、市第二次党代会代表中的部分基层代表等列席会议。

全会由市委常委会主持。省委常委、市委书记吴强作了讲话。全会听取和讨论了市委常委会工作报告和吴强的讲话，审议通过了《中共毕节市委关于学习宣传贯彻党的十九届六中全会和省委十二届十次全会精神的意见》。讨论并通过了《中国共产党毕节市第二届委员会向中国共产党毕节市第三次代表大会的报告》《中国共产党毕节市第二届纪律检查委员会向中国共产党毕节市第三次代表大会的工作报告》，决定将这两份文件提请市第三次党代表大会审议和审查。杨昌鹏就《意见（讨论稿）》向全会作了说明，吴东来就《市委工作报告（讨论稿）》作了说明，王彤就《市纪委工作报告（讨论稿）》作了说明。

全会认为，党的十九届六中全会是在我们党成立一百年的重要历史时刻，在党和人民胜利实现第一个百年奋斗目标、向着实现第二个百年奋斗目标迈进的重大历史关头，召开的一次具有里程碑意义的重要会议。习近平总书记的重要讲话，充满了对党的光荣历史的高度自信、对党和国家事业发展的深邃思考，为我们奋进新征程、建功新时代提供了方向指引和根本遵循。《中共中央关于党的百年奋斗重大成就和历史经验的决议》，是一篇极具历史穿透力、思想引领力、政治动员力、时代感召力的马克思主义纲领性文献。省委十二届十次全会，对学习宣传贯彻党的十九届六中全会精神进行了全面部署，充分体现了省委坚决贯彻党中央决策部署的政治自觉和政治担当。《中共贵州省委关于认真学习宣传贯彻党的十九届六中全会精神的决定》，是指导全省上下深入学习宣传贯彻党的十九届六中全会精神的纲领性文件。省委书记谌贻琴的讲话，充分体现了省委衷心拥护“两个确立”、忠诚践行“两个维护”的强烈政治意识、纯粹政治品格、主动政治担当，为全省各级党组织和广大党员干部作出了表率。

全会指出，党中央决定通过召开党的十九届六中全会来研究全面总结党的百年奋斗重大成就和历史经验问题，是郑重的历史性、战略性决策。要自觉把思想和行动统一到党中央关于党的十九届六中全会议题设置的重大政治考量和英明决策上来，牢牢把握总结党的百年奋斗重大成就和历史经验的重大意义，深入理解《决议》的突出特点，全面认识三个历史决议的关系，进一步统一思想、统一意志、统一行动，全面增强贯彻落实全会精神的思想自觉、政治自觉、行动自觉。

全会指出，党确立习近平同志党中央的核心、全党的核心地位，确立习近平新时代中国特色社会主义思想的指导地位，反映了全党全军全国各族人民共同心愿，对新时代党和国家事业发展、对推进中华民族伟大复兴历史进程具有决定性意义。将“两个确立”写入决议，是深刻总结党的百年奋斗历史、深刻总结党的十八大以来的伟大实践得出的最大的政治成果、最重要历史经验、最客观历史结论，是体现全党共同意志、反映人民共同心声的重大政治判断。要深刻领会“两个确立”的决定性意义，把“两个确立”作为最深刻的政治领悟和政治信念，把“两个维护”作为最坚定的政治立场和政治忠诚，紧紧跟随习近平总书记向第二个百年奋斗目标进军。

全会指出，我们党领导的革命、建设、改革伟大实践，是一个接续奋斗的历史过程，是一项“为中国人民谋幸福、为中华民族谋复兴”的宏伟事业，书写了中华民族几千年历史上最为恢宏的史诗。要深刻领会党百年奋斗的重大成就特别是党的十八大以来以习近平同志为核心的党中央以伟大的历史主动精神、巨大的政治勇气、强烈的责任担当，团结带领各族人民取得的历史性成就，用具体历史的、客观全面的、联系发展的观点来看待党的历史，进一步做到学史明理、学史增信、学史崇德、学史力行，切实增强继续前进的自信和勇气、不断汲取续写奇迹的智慧和力量。

全会指出，我们党一贯重视理论指导、勇于进行理论创新，马克思主义中国化的“三次飞跃”奠定了我们党百年奋斗的理论基础。要深刻领会马克思主义中国化的创新理论成果，坚持不懈把习近平新时代中国特色社会主义思想作为引领毕节发展的思想旗帜、精神旗帜，切实在学懂弄通做实上下功夫，自觉做习近平新时代中国特色社会主义思想的坚定信仰者和忠实践行者。

全会指出，党百年奋斗从根本上改变了中国人民的前途命运、开辟了中华民族伟大复兴的正确道路、展示了马克思主义的强大生命力、深刻影响了世界历史进程、锻造了走在时代前列的中国共产党。要深刻领会党百年奋斗的重大历史意义，进一步深化对共产党执政规律、社会主义建设规律、人类社会发展规律的认识，增强身为共产党人的自豪感、责任感、使命感，无条件地爱党护党为党，矢志不渝为党的伟大事业而奋斗。

全会指出，我们党一百年来领导人民进行伟大奋斗所积累的“十个坚持”宝贵历史经验，深刻揭示了“过去我们为什么能够成功，未来我们怎样才能继续成功”的道理，是我们党引领中国未来的科学指引。要把党的历史经验作为加强党性修养、正确把握形势、判断政治是非、科学预见未来、增强历史主动的重要思想武器，更好观察时代、把握时代、引领时代。

全会指出，党的十九届六中全会对新时代的中国共产党提出了重要要求。要深刻领会走好新时代赶考之路的根本问题，注重从党的非凡历史中追寻初心、激励使命，坚持用党的创新理论滋养初心、引领使命，在严肃党内政治生活中淬炼初心、体悟使命，在推动高质量发展、创造高品质生活中践行初心、担当使命，奋力走好属于我们这一代人新的赶考之路。

全会强调，要始终对党绝对忠诚，真心认同“两个维护”、忠诚践行“两个维护”、坚决捍卫“两个维护”，让忠诚核心成为毕节党员干部最鲜明的政治品格，成为毕节政治生态最鲜明的政治底色，在做到“两个维护”上保持政治站位的高度；要始终高举思想旗帜，坚持不懈把习近平新时代中国特色社会主义思想作为“第一议题”来学习，把习近平总书记部署的工作、交代的事项作为“第一要件”来办理，把习近平总书记对毕节作出的重要指示批示精神作为“第一遵循”来贯彻，在创新理论武装上体现学习领悟的深度；要始终坚持人民至上，聚焦共同富裕的目标要求，全力做好巩固拓展脱贫攻坚成果同乡村振兴有效衔接工作，全力提升人民群众收入水平，全力提升公共服务水平，推动人民群众生活水平一年更比一年好，在践行党的宗旨中提升民生福祉的温度；要始终强化责任担当，全面深入实践“三大主题”，坚持围绕“四新”主攻“四化”，全面统筹发展和安全工作，在推动经济高质量发展中增强干事创业的力度；要始终坚持自我革命，牢记“打铁必须自身硬”的道理，毫不放松推进党风廉政建设和反腐败斗争，旗帜鲜明引领干事创业导向，坚持不懈夯实党的基层基础，坚定自觉保持党的团结统一，在推进新的伟大工程中把好为官做事的尺度。

全会强调，要把学习宣传贯彻党的十九届六中全会和省委十二届十次全会精神作为当前和今后一个时期的重大政治任务，作为党史学习教育的重要任务，科学谋划、精心组织、周密部署，扎实抓好学习培训、宣传宣讲、贯彻落实等工作，迅速掀起学习宣传贯彻热潮。要把党的十九届六中全会精神、习近平总书记视察贵州重要讲话精神、习近平总书记对贵州对毕节工作的重要指示批示精神、省委十二届十次全会精神结合起来，与深化“三大主题”实践、围绕“四新”主攻“四化”、巩固拓展脱贫攻坚成果、乡村振兴等工作结合起来，切实把学习成效转化为推进建设贯彻新发展理念示范区的强大动力和过硬成果。

全会充分肯定了市委二届七次全会以来市委常委会的工作。一致认为，一年多来，市委常委会在以习近平同志为核心的党中央和省委的坚强领导下，坚持以习近平新时代中国特色社会主义思想为指导，深入学习贯彻党的十九大和十九届五中、六中全会精神，习近平总书记视察贵州重要讲话和对贵州对毕节工作的重要指示批示精神，全面贯彻落实中央和省委重大决策部署，围绕建设贯彻新发展理念示范区总目标，全力推动经济高质量发展，各项社会事业取得新成效、新进步，经历了许多具有历史意义的大事、喜事、盛事，重点做了十个方面的工作：一是持续深入学习贯彻习近平新时代中国特色社会主义思想，全力夯实“两个维护”的思想根基。二是持续巩固拓展脱贫攻坚成果，全力推进乡村振兴开新局。三是持续聚焦“四新”主攻“四化”，全力推动经济高质量发展。四是持续加强生态文明建设，全力推动绿色发展。五是持续保障和改善民生，全力提升人民群众生活品质。六是持续深化改革扩大开放，全力推动体制机制创新。七是持续抓好宣传思想文化工作，全力凝聚干事创业强大动力。八是持续加强社会主义民主政治建设，全力汇聚团结奋进的磅礴力量。九是持续统筹发展和安全，全力防范化解重大风险挑战。十是持续加强党的建设，全力巩固发展风清气正的政治生态。

全会号召，各级党组织和广大党员干部要更加紧密地团结在以习近平同志为核心的党中央周围，深入学习贯彻党的十九届六中全会和省委十二届十次全会精神，勿忘昨天的苦难辉煌，无愧今天的使命担当，不负明天的伟大梦想，以史为鉴、开创未来，埋头苦干、勇毅前行，努力在建设贯彻新发展理念示范区的新征程中创造新的业绩，为党和人民争取新的荣光，以优异成绩向党的二十大献礼！

中国共产党毕节市第三届委员会第一次全体会议

12月17日，中国共产党毕节市第三届委员会第一次全体会议举行。吴强同志受中国共产党毕节市第三次代表大会主席团委托主持会议。

省委派出换届选举督导组到会指导。

市委委员53人、候补委员9人出席会议，符合规定人数。

全会对中国共产党毕节市第三届委员会常务委员会人事安排作了说明，酝酿并通过了《中国共产党毕节市第三届委员会第一次全体会议选举办法》，推选了监票人、计票人。经过现场无记名投票方式，全会选举产生了中国共产党毕节市第三届委员会常务委员会委员、书记、副书记。

大会宣布了选举结果：吴强、杨昌鹏、吴东来、周仕飞、王彤、聂学政、魏华松、陈宗俊、肖虎、张建军、潘发勇当选为市委常委。吴强当选为市委书记，杨昌鹏、吴东来当选为市委副书记。

全会通过了中国共产党毕节市第三届纪律检查委员会第一次全体会议选举结果。

选举结果产生后，吴强代表新一届市委常委会对同志们的信任和支持表示衷心的感谢。他说，全会选举我担任毕节市委书记，我深感责任重大、使命光荣。我将与同志们一起，在党中央和省委的坚强领导下，不忘初心、牢记使命，履职尽责、奋力拼搏，严于律己、廉洁干事，在新的征程上推动毕节各项事业迈上新台阶，决不辜负党和人民的期望与重托。

吴强指出，新一届市委受命于“两个一百年”交汇、“两个征程”开启的重要历史关头，承载着建设贯彻新发展理念示范区的历史使命，肩负着与贵阳、遵义共同打造贵州发展“金三角”的历史重任。从今天开始，三届市委郑重地接过了历史的“接力棒”。我们一定要倍加珍惜组织的重托与厚望，倍加珍惜难得的机遇和舞台，倍加珍惜全市人民的信任和期待，知责于心、担责于身、履责于行，奋力走好新的赶考路，努力交出一份无愧于党、无愧于人民、无愧于时代的优异答卷。

吴强就加强市委班子建设提出五点希望和要求：一是带头做到“两个维护”，以忠诚之心答好“政治卷”。市委班子承担着对全市工作把方向、管大局、作决策、保落实的重大政治责任，必须对党绝对忠诚，把“两个确立”“两个维护”刻进骨子里、融入血液中、落到行动上。政治上要绝对可靠。始终忠于党、忠于党的核心、忠于党的信仰、忠于党的事业、忠于党的组织，始终在政治立场、政治方向、政治原则、政治道路上同以习近平同志为核心的党中央保持高度一致，让忠诚核心成为市委班子最鲜明的政治品格，成为毕节政治生态最鲜明的政治底色。理论上要绝对清醒。坚持“第一议题”学习制度，持续推动学习贯彻习近平新时代中国特色社会主义思想走深走实，做到学思用贯通、知信行统一。要坚持以习近平总书记对贵州对毕节工作的重要指示批示精神引领发展全局，想问题、作决策、办事情都要自觉从中找方向、找方法，切实把习近平总书记的重要指示批示精神转化为发展思路、发展战略、发展举措。要聚焦贯彻落实习近平总书记重要指示批示精神开展专项督查和专项巡察，全力推动习近平总书记重要指示批示精神在毕节落地生根、开花结果。行动上要绝对服从。时刻绷紧政治纪律和政治规矩这根弦，在重大政治和原则问题上、在大是大非面前，始终保持头脑清醒、立场坚定，做到党中央提倡的坚决响应、党中央决定的坚决执行、党中央禁止的坚决不做，自觉做政治上的明白人。二是带头激情干事创业，以奋进之心答好“发展卷”。这次党代会提出的“聚焦‘一区三高地’、建设‘五个新毕节’”奋斗目标，是新一届市委班子重大的责任和使命。我们要坚持“干”字为本，以实干创造一流业绩，用奋斗谱写发展新篇，努力把“愿景图”变成“实景图”。要公而忘私地干。保持强烈的事业心和责任感，摒弃一切私心和杂念，多思利民之事、多虑创业之举、多谋发展之策，以“功成不必在我”的精神境界和“建功必定有我”的历史担当推动工作落实。要求真务实地干。坚持一切从实际出发，既只争朝夕、敢想敢干，又脚踏实地、久久为功，抓住那些具有战略性、根本性的问题，扭住不放、全力攻坚，使每一项举措都符合实际，把每一项工作都落到实处，一步一个脚印推动毕节发展迈上新台阶。要满腔热忱地干。始终以蓬勃的朝气、昂扬的锐气、浩然的正气迎接挑战、经受考验，既要善谋全局当好“指挥员”，又要扑下身子当好“战斗员”，努力干成一番大事业、闯出一片新天地。要统筹兼顾地干。坚持前瞻性思考、全局性谋划、战略性布局、整体性推进，坚持问题导向、目标导向、结果导向，统筹抓好“四化”、巩固拓展脱贫攻坚成果、乡村振兴、生态建设、安全生产、民生改善、风险防范化解、党的建设等各项工作，推动高质量发展开创新局面。三是带头践行党的宗旨，以为民之心答好“民生卷”。要时刻牢记党的宗旨，始终同人民想在一起、干在一起，永远保持对人民的赤子之心，努力让全市人民过上更加幸福美好的日子。要真心听民意。常思“我是谁”“为了谁”“依靠谁”，“身”入基层、“心”入百姓，体察民情、了解民意，多到热点难点集中的地方了解诉求，多到困难矛盾较多的地方化解难题，多到工作艰巨繁重的地方打开局面，不断满足人民群众新期待。要全心聚民智。充分尊重群众主体地位，尊重群众首创精神，坚持谋划发展思路向群众问计、改进发展措施向群众请教、落实发展任务靠群众支持、衡量发展成效由群众评判，在凝心聚力中汲取最广泛、最可靠、最牢固的群众基础和力量源泉。要用心谋民利。始终站稳群众立场，急群众所急、忧群众所忧、解群众所难，切实解决好就业、教育、医疗、养老等群众最关心最现实最直接的急难愁盼问题，让改革发展成果更多更公平惠及全市人民。四是带头发扬党内民主，以坦荡之心答好“团结卷”。要牢记党内团结是党的生命之源和力量之源，遵循“团结、批评、团结”的方针，切实做到思想合心、工作合力、行动合拍，营造和衷共济干事业、群策群力谋发展的浓厚氛围。要坚持民主议事。严格落实民主集中制，健全完善市委议事和决策机制，凡是事关发展的重大事项、涉及群众利益的重大问题，都要充分协商酝酿、集体讨论决定，提高决策民主化、科学化水平。要坚持团结干事。要把团结当作一种品德、一种才能、一种境界，时时事事处处讲团结、顾大局，维护党内团结统一。要充分发挥市委统揽全局、协调各方的领导作用，全力支持人大、政府、政协履行职能、开展工作，发挥统一战线制胜法宝作用，充分调动各方面的积极因素，团结一切可以团结的力量，凝聚起同心同德干事创业的强大合力。要坚持和谐共事。坚持大事讲原则、小事讲风格，同志之间坦诚相待，遇到问题及时提醒，见到不足相互补台，多包容、少计较，营造和睦共处、和谐共事浓厚氛围。五是带头坚持严于律己，以敬畏之心答好“廉政卷”。要把廉洁从政作为立身之本、为官之基、从政之要，时刻保持敬畏之心，筑牢拒腐“防线”，坚守廉洁“底线”，远离高压“红线”，以为民、务实、清廉的良好形象凝聚党心民心。要始终敬畏人民。牢记我们的权力是人民群众赋予的，无论担任何种职务，不管身居何处，都必须做到尊重人民的意愿，代表人民的利益，忠实地为人民服务。要始终敬畏纪法。严格落实中央八项规定及其实施细则精神，保持高尚追求和健康情趣，坚决抵制各种诱惑，自觉接受各方监督，做到慎独慎初慎微慎友，清清白白做人、干干净净做事、坦坦荡荡为官。要坚持纪严于法、纪在法前，心有所畏、言有所戒、行有所止，不让歪风沾身、不使邪气近身、不致污垢染身，永葆共产党人政治本色。要推动党员干部带头“移风易俗”，进一步规范党员干部婚丧嫁娶等事宜，坚决杜绝大操大办、借机敛财、炫富比阔、封建迷信等陈俗陋习。要始终敬畏权力。树牢正确的权力观、地位观、利益观，依法用权、审慎用权、不搞特权；要从严管理监督干部队伍，严格教育管理自己的亲属和身边工作人员，做到自己清、家人清、身边清，真正做到让组织放心、让人民满意。同时，市委班子担负着全市管党治党重大政治责任，要带头落实“一岗双责”，带头深化作风建设，带头构建“亲”“清”政商关系，带头推进反腐败斗争，一体推进不敢腐、不能腐、不想腐，持续巩固风清气正的政治生态。

吴强最后说，答好“政治卷” “发展卷”“民生卷”“团结卷”“廉政卷”是新一届市委班子加强自身建设的基本要求，也是我们向全市党员干部群众的郑重承诺。希望大家相互提醒、相互勉励、自觉遵守。相信在大家的共同努力下，我们一定能把新一届市委班子建设成为组织放心、群众满意的坚强领导集体，一定能向党和人民交出合格的时代答卷！

大会在雄壮的《国际歌》声中胜利闭幕。

大事记

1月

1日，毕威高速威宁北新收费站入口称重磅秤、收费系统、硬件等相关设施设备均具备使用条件，高速新入口收费站正式启用。

4日，市委常委会（扩大）会议暨2020年度县（区）、市直党（工）委书记抓基层党建述职评议会议召开。

5日，在位于大方县马干山市牧垦场生猪育种基地，广州越秀集团毕节市100万头生猪养殖项目迎来首批2847头种猪进场，标志着该项目正式投产。

8日，毕节市安全生产暨疫情防控工作紧急电视电话会议召开。

是日，河南省开封市委副书记秦保强率队到毕节市考察脱贫攻坚和乡村振兴等工作。

9日，毕节发布春节期间疫情防控温馨提示。

11日，市委常委会召开会议，传达学习习近平总书记在中共中央政治局常委会会议上的重要讲话精神和对政法工作作出的重要指示精神、中央政法工作会议精神，以及《中共中央关于印发〈中国共产党地方组织选举工作条例〉的通知》精神，研究全市贯彻落实意见。

14日，市委全面深化改革委员会第二十次会议暨党支部领办村集体合作社现场督察推进会议召开。

14日至15日，市政协召开二届常委会第二十五次会议，学习贯彻中共十九届五中全会、省委十二届八次全会、市委二届八次全会精神和中央、省、市经济工作会议精神及市委政协工作会议精神；听取“一府两院”和市政协常委会两个工作报告起草情况说明及市政府通报关于市政协二届五次会议以来的提案办理情况；听取成立市政协农业与农村委员会的有关情况说明；审议有关文件、制度、办法和人事事项等。会议审议并表决通过《政协第二届毕节市委员会常务委员会工作报告（草案）》《政协第二届毕节市委员会常务委员会关于二届五次会议以来提案工作情况的报告（草案）》、政协第二届毕节市委员会第六次会议有关文件（草案）、《政协毕节市委员会委员管理办法（修订稿）》《政协毕节市委员会民主协商规程（试行）》《关于成立政协毕节市委员会农业农村委员会的决定》和有关人事事项。

15 日，根据《中国人民政治协商会议章程》有关规定，经政协第二届毕节市委员会常务委员会第二十五次会议审议，决定成立政协毕节市委员会农业与农村委员会。

17 日，毕节市第二届人大常委会第三十五次会议召开。会议听取审议并表决通过了《毕节市人大常委会主任会议关于召开毕节市第二届人民代表大会第六次会议的议案》《毕节市第二届人民代表大会第六次会议列席人员名单》《毕节市第二届人民代表大会第六次会议主席团和秘书长名单（草案）》《毕节市人大常委会代表资格审查委员会关于个别代表的代表资格的报告》以及有关人事任免案。会议补选了毕节市出席贵州省第十三届人民代表大会代表，并报省人大常委会代表资格审查委员会审查、省人大常委会会议确认后向社会公告。

18 日，毕节市召开疫情防控工作电视电话会议，对做好冬春季疫情防控工作再安排、再部署、再落实。

19 日，毕节市未成年人保护工作委员会第一次（扩大）会议召开。

是日，2021 年毕节市产业大招商暨优化营商环境工作电视电话会议召开。

22 日，七星关区首批新能源纯电动公交出租车将投入运营，标志着七星关区出租车市场跨入新能源“纯绿色”时代。

25 日，毕节市代表团召开全体会议，审议代省长李炳军代表省人民政府所作的政府工作报告，审查贵州省国民经济和社会发展第十四个五年规划和二〇三五年远景目标纲要草案。代表们谈感受、谈打算、话未来、提建议，现场气氛热烈。

是日，省委副书记蓝绍敏来到其所在的毕节代表团，与代表们一起审议政府工作报告。

26 日，毕节市代表团全天举行分组会议，继续审议政府工作报告。

30 日，全市安全生产工作紧急电视电话会议召开，会议以视频会议形式开到乡镇。市直相关部门负责人在市主会场参加会议。

是月，赫章县与大唐贵州发电有限公司、国家电投集团贵州金元股份有限公司签订总装机容量 110 万千瓦、总投资约 40 亿元的光伏发电投资开发协议，共同在赫章县打造百万光伏发电示范基地。此次签订的投资协议涉及项目 4 个，选址涉及的土地流转 20 年，流转费一次性付清，可为当地农户带来 2320 万余元收入，提供 6000 个就业岗位。

是月，毕节市创新推进党支部领办村集体合作社、毕节市“三化”深入推进商事制度改革、毕节市凝聚群团力量助推脱贫攻坚、毕节市纪检监察机关创新“四机制”推动监督首责落实落细、毕节市探索建立人大常委会立法听证工作制度、毕节市创新推进人力资源开发、赫章县创新“四机制”推进全国共青团基层组织综合改革、大方县“四个四”机制推进全国乡村治理体系改革、黔西县“三网融合”推进全国未成年人检察社会支持体系改革、织金县创建“三个超市”助推农村产业革命、金海湖新区探索“五个三”机制全力推动党支部领办村集体合作社、纳雍县“三个三”推进“新市民 · 追梦桥”工程获 2020 年度“改革创新奖”。

2月

1 日，市委常委会召开会议，传达学习 1 月

28日中共中央政治局会议精神、习近平总书记在中共中央政治局第二十七次集体学习时的重要讲话精神和在十九届中央纪委五次全会上的重要讲话精神，研究全市贯彻落实措施。

是日，市委常委会召开会议，传达学习省十三届人大四次会议和省政协十二届四次会议精神，研究全市贯彻落实措施。

是日，七星关区南部新区深圳路延伸段道路建设工程PPP项目（阳山隧道）正式通车。

是日，毕节市第一人民医院公共区域内增添自动体外除颤器，这是自动体外除颤器首次亮相毕节市公共区域。

3日至5日，中共中央总书记、国家主席、中央军委主席习近平到贵州考察调研，看望慰问各族干部群众，向全国各族人民致以美好的新春祝福。3日下午，习近平总书记到毕节市黔西县，实地察看乌江六冲河段生态环境，走进新仁苗族乡化屋村看望乡亲们。在村文化广场，习近平同参加少数民族春节民俗活动的群众亲切交流，并向全国各族人民致以新春祝福。

7日，市委理论学习中心组举行2021年第一次集中学习研讨会。会议强调要深入学习贯彻习近平总书记到贵州视察时的重要讲话精神、对贵州对毕节重要指示批示精神、在中央政治局民主生活会上的重要讲话精神，牢记嘱托、感恩奋进，凝聚起建设贯彻新发展理念示范区的强大动能，坚定不移朝着习近平总书记指引的方向奋勇前行，矢志不渝把习近平总书记为毕节擘画的宏伟蓝图一步步变为美好现实。

是日，市委常委会召开2020年度民主生活会，以“认真学习贯彻习近平新时代中国特色社会主义思想，加强政治建设，提高政治能力，坚守人民情怀，夺取决胜全面建成小康社会、实现第一个百年奋斗目标的伟大胜利，开启全面建设社会主义现代化国家新征程”为主题，紧密联系思想、学习和工作实际，进行自我检查、党性分析，开展批评和自我批评，明确整改方向和措施，切实加强市委常委会自身建设。

8日，市委副书记、市长张集智主持召开市二届人民政府第149次常务会议，传达学习中共中央政治局会议、中共中央政治局第二十七次集体学习、习近平总书记视察贵州重要讲话重要指示、习近平总书记在十九届中央纪委五次全会上的重要讲话、十九届中央纪委五次全会等有关会议、讲话、文件精神，研究贯彻落实意见。

是日，在全省安全生产电视电话会议结束后，毕节市接着召开会议，深入贯彻落实全省安全生产电视电话会议精神，对春节期间安全生产工作进行再安排、再部署。

9日，市委常委会召开会议，传达学习习近平总书记视察贵州重要讲话精神，安排部署全市学习宣传贯彻落实工作。

是日，市政府党组召开2020年度民主生活会，以“深入学习贯彻习近平新时代中国特色社会主义思想，加强政治建设，提高政治能力，坚守为民情怀，夺取决胜全面建成小康社会、实现第一个百年奋斗目标的伟大胜利，开启全面建设社会主义现代化国家新征程”为主题，紧密联系思想、学习和工作实际，进行对照检查，认真检视剖析，明确整改方向和措施，切实加强市政府党组自身建设。

18日，春节后上班第一天，恰逢二十四节气中的雨水，按照省委、省政府统一部署，毕节市与全省同步开展2021年义务植树活动。

是日，春节七天长假期间，全市接待游客400.83万人次，实现旅游综合收入39.48亿元，文化旅游市场“井喷式”复苏，为“十四五”时期全市经济社会发展开了好头。

21日，07：56，搭载着数百名毕节籍务工人员的毕节至广州南D2811次动车，驶离成贵高铁毕节站朝着目的地广州出发，这是2021年毕节开行的首趟务工专列。

22日，为贯彻落实“稳就业”“保居民就业”工作要求，做好“两节”期间返乡农民工就业服务工作，毕节市人力资源和社会保障局联合共青团毕节市委、市残联、市妇联、毕节各高等院校、各县区人社部门等共同举办“春风行动”专场招聘会。来自广州、深圳、台州、厦门、贵阳及本地的165家企业提供了上万个就业岗位，工种丰富，涉及电子电器、零件加工、房地产、餐饮等多个行业领域。同时，市直各相关单位设置了6个政策宣传服务点，采取视频播放和人工现场解答相结合的形式为广大求职者提供政策咨询和职工权益保障咨询服务。

24日，市委副书记、市长张集智主持召开市二届人民政府第150次常务会议，传达学习《中共贵州省委关于认真学习宣传贯彻落实习近平总书记视察贵州重要讲话精神的通知》、十二届省纪委五次全会精神、省委政法工作会议暨省委平安贵州建设大会等有关文件和会议精神，研究部署相关工作。

是日，全市经济运行分析会议召开。

25日上午，全国脱贫攻坚总结表彰大会在北京人民大会堂举行。毕节市各级干部和广大群众通过电视、广播和网络等形式收听收看直播。

26日上午，中国人民政治协商会议第二届毕节市委员会第六次会议在七星关开幕。

27日，市委召开专题学习会议，深入学习贯彻习近平总书记关于巡视工作重要论述和《中国共产党章程》等党内重要法规精神，进一步领会掌握中央和省委关于巡视巡察工作的重要部署和工作要求，不断提高政治判断力、政治领悟力、政治执行力，坚守政治监督定位，精准落实政治巡察要求，坚持不懈抓好巡视巡察反馈问题整改，推动全面从严治党向纵深发展，为开启建设贯彻新发展理念示范区新征程提供坚强政治保障。

3月

1日上午，中国人民政治协商会议第二届毕节市委员会第六次会议圆满完成各项议程，在七星关闭幕。会议表决通过了《政协第二届毕节市委员会常务委员会工作报告决议》《政协第二届毕节市委员会常务委员会关于市政协二届五次会议以来提案工作情况报告决议》《政协第二届毕节市委员会提案委员会关于政协第二届毕节市委员会第六次会议提案审查情况的报告》《政协第二届毕节市委员会第六次会议决议》，决定了市政协二届常委会组成人员的变更。

1日下午，毕节市第二届人民代表大会第六次会议圆满完成各项议程，在七星关胜利闭幕。根据本次大会选举办法，会议按照无记名投票方式，通过依法按程序选举并经大会主席团确认，会议宣布了选举结果：彭华昌当选为毕节市人大常委会副主任，陈坤当选为毕节市人大常委会委员。

4日，毕节市第二届人大常委会第三十六次会议召开。

4日下午，省委第八巡视组对毕节市开展巡视“回头看”工作动员会召开。

是日，省委常委、省委宣传部部长、省委教育工委书记卢雍政到毕节宣讲习近平总书记视察贵州重要讲话精神，调研文化旅游融合发展等工作，并分别在黔西县化屋村、织金县平远古镇召开座谈会。卢雍政强调，要学深悟透习近平总书记视察贵州重要讲话精神，不断丰富旅游生态人文内涵，推动毕节文化旅游产业高质量发展。

5日，全市党史学习教育动员大会召开。会议强调要深入学习贯彻习近平总书记在党史学习教育动员大会上的重要讲话精神和视察贵州重要讲话精神，对标对表聚焦重点任务、把握工作要求、按照时间节点，高标准高质量开展党史学习教育，做到学史明理、学史增信、学史崇德、学史力行，学党史、悟思想、办实事、开新局，以昂扬姿态奋力开启建设贯彻新发展理念示范区新征程，以优异成绩迎接中国共产党成立100周年。

是日，市委全面深化改革委员会第二十一次会议召开。会议强调，全市上下要深入学习贯彻习近平总书记视察贵州重要指示和重要讲话精神，将改革融入日常工作，以全局视野、系统观念和“深、细、实”的工作作风，抓重点、破难点、出亮点，在“闯新路、开新局、抢新机、出新绩”中担当作为、奋发有为，全面推动“试验区”向“示范区”迈进。

7日，市委政法工作会议暨市委平安毕节建设大会召开。会议强调要坚持以习近平新时代中国特色社会主义思想为指导，深入贯彻习近平法治思想，全面落实中央和省委关于政法工作的决策部署，努力建设更高水平的平安毕节、法治毕节，为“十四五”开好局、起好步创造安全稳定的社会环境，以政法工作高质量发展的优异成绩向中国共产党成立100周年献礼。

9日，市委常委会召开会议，传达学习习近平总书记在中共中央政治局第二十八次集体学习和在中央党校（国家行政学院）中青年干部培训班开班式上的重要讲话精神，研究毕节市贯彻落实意见。

是日，市委农村工作会议暨全市巩固拓展脱贫攻坚成果同乡村振兴有效衔接工作会议召开。会议强调要坚持以习近平新时代中国特色社会主义思想为指导，深入学习贯彻习近平总书记视察贵州重要讲话精神和对贵州对毕节重要指示批示精神，全面贯彻落实中共十九届五中全会、中央经济工作会议、中央农村工作会议、省委农村工作会议暨全省巩固拓展脱贫攻坚成果同乡村振兴有效衔接工作会议精神，不误农时、铆足干劲、接续发力，推动“三农”工作再上新台阶，为“十四五”开好局、起好步奠定坚实的农业农村基础。

是日，从2020年年初起，毕节市部分小区开始安装智能共享充电桩，至是日，安装5000余个电动车智能共享充电桩端口，覆盖全市60多个小区。

是日，“多彩贵州·花海毕节·浪漫杜鹃”中国·贵州百里杜鹃2021年杜鹃花季新闻发布会在贵阳举行。

10日，全市易地扶贫搬迁后续扶持工作推进会召开。会议强调要深入学习贯彻习近平总书记关于巩固拓展脱贫攻坚成果的重要指示和视察贵州重要讲话精神，全面落实中央和省委关于易地扶贫搬迁后续扶持工作的安排部署，坚定信心、主动作为、接续奋斗，奋力书写好易地扶贫搬迁后续扶持工作的“后半篇文章”，坚决确保搬迁群众搬得出、稳得住、逐步能致富，为推动巩固拓展脱贫攻坚成果同乡村振兴有效衔接奠定坚实基础。

是日，毕节市政法队伍教育整顿新闻发布会召开，此次政法队伍教育整顿分为学习教育、查纠整改、总结提升3个环节，为期4个月左右。

11日，是日起，毕节市机动车所有人或管理人可以通过互联网交通安全综合服务平台（WWW.122.GOV.CN）或“交管12123”手机APP申领、查看和使用机动车检验标志电子凭证。

11日至12日，为深入贯彻习近平总书记视察贵州重要讲话精神，认真落实省委农村工作会议暨全省巩固拓展脱贫攻坚成果同乡村振兴有效衔接工作会议部署要求，毕节市代表团赴黔东南州锦屏县、天柱县、剑河县、丹寨县等地，就林下经济发展工作进行考察学习。

14日，市政府党组（扩大）会议和市二届人民政府第152次常务会议召开，传达学习中共中央政治局第二十八次集体学习、习近平总书记在全国脱贫攻坚总结表彰大会上的重要讲话、全省党史学习教育动员大会等有关会议和讲话精神，安排全市政府系统党史学习教育和全面从严治党工作，研究部署贯彻落实意见，要求切实提高政治判断力、政治领悟力、政治执行力，把党史学习教育作为夯实思想基础、汲取智慧力量、厚植为民情怀、建设伟大工程的奠基工程，切实增强政治自觉、思想自觉、行动自觉，做到学党史、悟思想、办实事、开新局。

15日，全市乡镇以上党政主要领导干部学习贯彻中共十九届五中全会、习近平总书记视察贵州重要讲话、省委十二届八次全会和市委二届八次全会精神研讨班开班。会议强调，要更加紧密地团结在以习近平同志为核心的党中央周围，高举习近平新时代中国特色社会主义思想伟大旗帜，深入学习贯彻习近平总书记视察贵州重要讲话精神和对贵州对毕节重要指示批示精神，牢记殷切嘱托、忠诚干净担当，齐心协力干、加油好好干，奋力开创毕节建设贯彻新发展理念示范区新未来。

16日，全市“大党建”工作会议召开，会议强调，要坚持以习近平新时代中国特色社会主义思想为指导，深入学习贯彻习近平总书记关于党的建设系列重要论述和视察贵州重要讲话精神，全面贯彻落实中央、省委党的建设有关会议精神，按照市委“11345”工作思路，坚持“大党建”统领不动摇，全面推进党的建设高质量发展，为建设贯彻新发展理念示范区提供坚强保证。

是日，省委常委、省纪委书记、省监委主任夏红民到大方县、七星关区宣讲习近平总书记视察贵州重要讲话精神和全国两会精神，围绕落实习近平总书记重要讲话精神开展领题调研，走访联系服务的重点企业，并来到鸡鸣三省红色文化教育基地开展党史学习教育。

近日，经国务院批准，民政部批复同意撤销黔西县，设立县级黔西市，以原黔西县的行政区域为黔西市的行政区域。黔西市人民政府驻莲城街道迎宾路168号。黔西市由贵州省直辖，毕节市代管。

16日至17日，广州市副市长黎明率队到毕节市黔西县、百里杜鹃管理区和大方县考察调研东西部协作工作，并召开广州·毕节东西部协作工作座谈会。

17日，省委常委、省纪委书记、省监委主任夏红民带队到毕节市检查毕节市委2020年度落实全面从严治党主体责任和党风廉政建设责任制工作并召开汇报会。夏红民强调，要深入学习贯彻习近平总书记视察贵州重要讲话精神和习近平总书记关于全面从严治党的系列重要论述，认真落实中央纪委五次全会部署和省纪委五次全会要求，牢记嘱托、感恩奋进，以有力行动务实举措推动全面从严治党向纵深发展，以高质量发展的优异成绩向中国共产党成立100周年献礼。

是日，市委常委会召开会议，传达学习习近平总书记全国两会期间分别参加内蒙古、青海代表团审议，出席解放军和武警部队代表团全体会议，看望政协医药卫生界、教育界委员并参加联组会时发表的系列重要讲话精神，以及十三届全国人大四次会议和全国政协十三届四次会议精神，研究毕节市贯彻落实意见。

是日，11时50分，毕节市林业局、应急局和气象局联合发布森林（草原）火险黄色预警信号。

18日，毕节市党政代表团在广州拜会广东省委常委、广州市委书记张硕辅，广州市委副书记、市长温国辉。

是日，毕节市委党史学习教育领导小组办公室暨市委派出巡回指导组工作会议召开。会议传达学习习近平总书记在党史学习教育动员大会上的重要讲话精神和全省、全市党史学习教育动员大会精神，并就全市党史学习教育相关工作进行安排部署。

是日，毕节市春季入伍的首批新兵陆续从成贵高铁毕节站出发，启程奔赴军营。

19日，毕节市党政代表团到深圳市考察。

15日至19日，全市乡镇以上党政主要领导干部学习贯彻中共十九届五中全会、习近平总书记视察贵州重要讲话、省委十二届八次全会和市委二届八次全会精神研讨班开班并举行研讨活动。

18日至20日，毕节市党政代表团赴广州市粤旺农业集团、广州点动信息科技、广东省能源集团，东莞超盈纺织有限公司，深州市深圳能源集团、宝能投资集团、招商局集团和宝德投资控股等企业开展产业大招商活动，就加快合作项目进展、扩大合作成果与企业负责人进行深入交流。

19日至20日，市委副书记、市长张集智带队到上海市开展招商引资工作。

20日，毕节市学习贯彻《中国共产党统一战线工作条例》宣讲辅导暨工作安排会议召开。省委统战部一级巡视员邵刚应邀作宣讲辅导。

22日下午，全国、全省新冠病毒疫苗接种工作电视电话会议结束后，毕节市立即召开全市新冠病毒疫苗接种工作电视电话会议，迅速贯彻落实全国、全省会议精神，对新冠病毒疫苗接种工作进行再安排、再部署。会议强调，要坚持人民至上、生命至上，把新冠病毒疫苗接种作为科学精准常态化防控的头等大事，全力以赴抓好疫苗接种工作，确保按时高质量完成接种任务。

23日，市委常委会召开会议，传达学习习近平总书记在中央财经委员会第九次会议上的重要讲话精神，研究毕节市贯彻落实意见。

是日，全市政法队伍教育整顿专题党课暨第一次警示教育大会召开。

是日，贯彻落实全省产业大招商暨优化营商环境电视电话会议精神及“开门红”片区调度会在毕节召开。

24日，2021年度市委议军会议召开。会议强调，要以习近平新时代中国特色社会主义思想为指导，深入学习贯彻习近平强军思想、习近平总书记视察贵州重要讲话精神和中共十九届五中全会、全国两会精神，认真落实省委议军会议部署要求，忠诚履职、开拓进取，奋力开创新时代党管武装工作新局面，推动毕节市国防动员和后备力量建设高质量发展，为谱写好中国梦、强军梦作出新的更大贡献。

是日，全市安全生产集中整治暨警示约谈会议召开，深入贯彻省委书记、省人大常委会主任谌贻琴批示要求，针对性研究部署落实措施，全面抓好3月22日全省安全生产电视电话会议安排的重点工作事项落细落实，并对威宁自治县哲觉镇、大方县理化乡、纳雍县曙光乡和百兴镇在全市进行公开警示约谈和通报批评，就全市安全生产工作再强调、再安排和再部署。

是日，为进一步优化税收营商环境，聚焦解决办税缴费过程中的“堵点”“痛点”“难点”，提升纳税人缴费人满意度和获得感，位于七星关区开行路的毕节市首个“智慧办税服务厅”正式投入使用。

是日，为进一步提升毕节市传染病防治人员的服务能力及技术水平，加强传染病疫情监测，建立覆盖全市主要病种的疾病监测体系，打造县、乡、村三级传染病防护网络，搭建结核病、艾滋病及新冠肺炎等传染性疾病救治的良好平台，实现传染病早发现、早诊断、早隔离、早治疗的目的，毕节市传染病专科联盟成立大会暨“世界防治结核病日”公益筛查活动发布会举行。

24日至26日，最高人民检察院党组书记、检察长张军先后到贵州遵义、毕节和贵阳就检察机关落实习近平法治思想和全国两会精神进行调研督导。张军强调，要以习近平法治思想为指导，扎实开展党史学习教育、政法队伍教育整顿，更加注重“系统观念、法治思维、强基导向”，抓基层强基础，传承好红色基因，发扬好长征精神，走好“以人民为中心、为人民司法”的新时代“检察长征路”。省委书记、省人大常委会主任谌贻琴，省委副书记、省长李炳军参加有关活动。

24日至4月2日，贵州省第四生态环境保护督察组进驻毕节市开展生态环境保护督察工作。

25日，全市宣传部部长会议召开，会议围绕贯彻落实习近平总书记视察贵州重要讲话精神，全国、全省宣传部部长会议精神和全市“大党建”工作会议精神，总结2020年工作，分析当前形势，安排部署2021年全市宣传思想工作。

25日至26日，全市媒体深度融合发展现场推进会在七星关区召开。会议深入学习贯彻习近平总书记关于媒体融合发展的重要论述，深入贯彻落实中共中央办公厅、国务院办公厅印发《关于加快推进媒体深度融合发展的意见》精神，认真贯彻落实中央、省委和市委关于推进媒体融合发展的决策部署，全面总结两年来毕节市县级融媒体中心建设工作，研究分析当前媒体深度融合发展形势，安排部署今后媒体深度融合发展工作。

29日，毕节市第二届人大常委会第三十七次会议召开。表决通过关于接受张集智因工作需要申请辞去毕节市人民政府市长职务请求的决定；表决通过毕节市人民政府关于杨昌鹏任职的议案，决定任命杨昌鹏为毕节市人民政府副市长，决定杨昌鹏代理毕节市人民政府市长职务。

29日至30日，省委副书记蓝绍敏赴毕节市黔西县、大方县调研，强调要深入学习贯彻习近平总书记视察贵州重要讲话精神，按照省委部署，抓实脱贫成果巩固拓展，抓好春季农业生产，因地制宜走出乡村振兴有效之路。

30日，由毕节市工业和信息化局主办，中国移动贵州公司毕节分公司、毕节市飞雄机场和华夏云融航空科技有限公司承办的“毕节市2021年首次5G应用推进会暨5G+智慧机场授牌仪式”在毕节飞雄机场举行。

4月

1日，市委常委会召开会议，传达学习习近平总书记在福建考察时的重要讲话精神，研究毕节市贯彻落实意见。

2日，贵州省第四生态环境保护督察组正式结束对毕节市生态环境保护督察工作。此次督察为期10日，督察组通过听取汇报、走访问询、受理举报、查阅资料、现场核查、问题移交等方式，坚持问题导向，对毕节市委、市政府有关生态环境保护的决策部署、问题整改、履职尽责、机制建设、目标责任落实情况进行重点督察。

是日，市人大常委会邀请中国人民大学法学教授、博士生导师杨立新开展《中华人民共和国民法典》专题培训。

6日，毕节市第二届人民代表大会常务委员会第三十八次会议召开。

是日，清明节期间，全市旅游市场持续复苏，“洞天福地 · 花海毕节”旅游形象品牌得到充分展示，全市接待游客和旅游综合收入分别同比增长139.92%和159.39%，旅游市场秩序总体运行平稳，持续向好。

7日至8日，省委书记、省人大常委会主任谌贻琴到毕节市威宁自治县调研巩固拓展脱贫攻坚成果同乡村振兴有效衔接等工作。谌贻琴强调，要深入学习贯彻习近平总书记视察贵州重要讲话精神，继续弘扬伟大脱贫攻坚精神，大力发展乡村产业，坚决把脱贫攻坚成果巩固住、提升好，奋力在乡村振兴上开新局，加快把毕节建设成为贯彻新发展理念示范区。

8日，2021年贵州省春季政金企融资对接活动周金融助推毕节市高质量发展大会在七星关召开。副省长谭炯，中国光大银行副行长曲亮出席会议并讲话。

9日上午，毕节市第二届人民代表大会第七次会议在七星关开幕。

应出席此次会议代表547人，实际出席497人，出席人数符合法定人数。根据此次大会选举办法，会议按照无记名投票方式，通过依法按程序选举并经大会主席团确认，会议宣布了选举结果：杨昌鹏当选为毕节市人民政府市长。

是日，毕节市金沙县东风煤矿发生1起煤与瓦斯突出事故。省委、省政府高度重视，省委书记、省人大常委会主任谌贻琴，省委副书记、省长李炳军第一时间作出批示，对救援工作提出明确要求。李炳军在省应急指挥中心视频调度指挥救援工作。

10日，市委常委会召开会议，传达学习习近平总书记在参加首都义务植树时的重要讲话精神，研究毕节市贯彻落实意见。

是日，市委常委会召开会议，传达学习省委书记、省人大常委会主任谌贻琴到毕节调研时的讲话和有关指示精神，研究毕节市贯彻落实措施。

11日，全市安全生产紧急电视电话会议召开。会议深入学习习近平总书记关于安全生产的系列重要讲话和指示精神，认真贯彻落实国务委员王勇、省委书记谌贻琴、省长李炳军等领导关于安全生产工作的重要批示精神，分析研究当前全市安全生产工作形势，对安全生产工作进行再安排、再部署、再落实。

近日，毕节市政法队伍教育整顿工作推进电视电话会召开。贵州警察学院党委书记、省级第五指导组组长赵福全出席会议并讲话，省人民检察院检委会专职委员、省级第五指导组副组长杨滨出席会议，副市长、市委政法委书记、市公安局局长、市政法队伍教育整顿领导小组副组长王治军出席会议并讲话，市中级人民法院院长、市政法队伍教育整顿领导小组副组长任明星，市人民检察院检察长、市政法队伍教育整顿领导小组副组长张宇出席会议。

12日，市政协召开“全市工业园区高质量发展”情况调研工作启动会，市政协主席杨宏远主持会议并讲话，强调要深入贯彻落实习近平总书记视察贵州重要讲话精神和对贵州对毕节重要指示批示精神，紧扣市委“11345”总体思路，围绕推进新型工业化，通过深入扎实的调研，提出具有可操作性的意见建议，助力全市工业经济高质量发展。

13日，市委全面深化改革委员会第二十二次会议召开。会议强调，坚定不移抓改革是提高政治站位、推动国家治理体系和治理能力现代化使然，也是坚持人民至上、推动高质量发展、建设“示范区”使命使然。全市各级各部门要始终把推进改革作为重大政治责任，聚焦习近平总书记视察贵州重要讲话精神和对贵州对毕节重要指示批示精神、省委“一二三四”总体思路、市委“11345”工作思路，紧跟时代步伐，强化担当作为，围绕试验示范，向改革要效益，深入扎实推进建设贯彻新发展理念示范区改革实践。

是日，市委常委会举行“清明祭英烈”瞻仰哲庄坝红军战斗遗址纪念碑活动，开展党史学习教育。

14日，市委理论学习中心组举行2021年第二次集中学习研讨会。会议强调要结合正在开展的党史学习教育，突出学习贯彻习近平新时代中国特色社会主义思想这个中心内容，突出学习领悟习近平总书记视察贵州重要讲话精神这个重点任务，以习近平新时代中国特色社会主义思想为准绳，切实做到学史明理、学史增信、学史崇德、学史力行，学党史、悟思想、办实事、开新局，坚定不移沿着习近平总书记指引的方向奋勇前进，奋力开创毕节建设贯彻新发展理念示范区新未来。

是日，市委副书记、市长杨昌鹏主持召开市政府常务会议，传达学习习近平总书记在参加首都义务植树活动时的重要讲话、对深化东西部协作和定点帮扶工作作出的重要指示精神，全国、全省审计工作会议精神，全省推进新型城镇化暨“强省会”工作大会、全省金融工作座谈会精神，省委书记谌贻琴到毕节调研讲话指示精神，《关于深化统计管理体制改革提高统计数据真实性的意见》《统计违纪违法责任人处分处理建议办法》等文件精神，研究部署有关工作。

15日，全市纪检监察系统学习贯彻十九届中央纪委五次全会精神专题研讨班开班，市委常委、市纪委书记、市监委主任王彤出席开班仪式并讲话。会议强调，要深刻领会习近平总书记在十九届中央纪委五次全会上的重要讲话精神，按照党中央指明的政治方向、确定的前进路线开展党风廉政建设和反腐败斗争。

16日至18日，2021年贵州省技能大赛——“红杜鹃杯”第十届手工制茶大赛暨第13届贵州茶产业博览会毕节茶旅融合活动在百里杜鹃举行。来自全省各市（州）百余名选手参加手工制茶大赛，多家企业参与茶展和招商引资，现场签约茶叶订单销售金额逾亿元。

19日，二届市委第九轮巡察工作动员部署会召开。会议强调要深入学习贯彻习近平新时代中国特色社会主义思想和习近平总书记关于巡视工作的重要论述精神，全面贯彻落实中央和省委关于巡视巡察工作的安排部署，认真按照十二届省委第十一轮巡视暨巡察指导督导动员部署会议有关安排，高质量推进巡察监督往深里走、往实里走，为建设贯彻新发展理念示范区保驾护航。

是日，毕节市人民政府与中国农业发展银行贵州省分行“巩固拓展脱贫攻坚成果同乡村振兴有效衔接战略合作协议”签约仪式在贵阳举行。

20日，纪念林青同志诞辰110周年座谈会在毕节举行。座谈会由贵州省委党史研究室主任杜丹主持，中央党史和文献研究院第七研究部二级巡视员谭幼萍，市人大常委会主任张翊皓，市政协主席杨宏远，省委组织部党员教育中心主任徐永琳，市委副书记、七星关区委书记吴东来，市委常委、市委宣传部部长何云江，市委常委、毕节军分区政委聂学政，省委党史研究室副主任覃爱华、余福仁，贵州工程应用技术学院党委副书记汤宇华，省退役军人事务厅二级巡视员谌莉萍出席。

21日，市委常委会召开会议，传达学习贯彻习近平总书记对深化东西部协作和定点帮扶工作的重要指示精神、对职业教育工作的重要指示精神、在清华大学考察时的重要讲话精神和对打击治理电信网络诈骗犯罪工作的重要指示精神，以及广东省党政代表团赴贵州考察精神，研究毕节市贯彻落实措施。

20日至22日，全国政协副主席、农工党中央常务副主席何维率队赴贵州省毕节市大方县开展调研。全国政协副秘书长、农工党中央副主席兼秘书长曲凤宏参加调研。

22日，全市新型工业化暨开发区高质量发展大会召开。

23日，市委副书记、市长杨昌鹏主持召开市政府第155次常务会议，传达学习习近平总书记近期有关重要讲话和指示精神，分析全市一季度经济形势，安排二季度经济高质量发展工作，审议《国务院安委办约谈会和国家矿山安监局“解剖式”执法检查反馈问题整改方案》。

是日，贵州省脱贫攻坚总结表彰大会在贵阳隆重举行，大会对贵州脱贫攻坚先进个人、先进集体进行表彰。毕节市广大干部群众通过电视和网络等收看大会直播、学习大会精神。大会精神在毕节干部群众中持续引发热烈反响。

23日至26日，毕节市人民政府联合北京字节跳动集团和中国传媒大学，在织金县平远古城成功举办“抖洞花海跃动毕节”直播学院毕节站活动。

24日，第六届亚太茶茗世界大奖颁奖仪式在全国农业展览馆11号馆隆重举行，纳雍山外山茶业公司生产的“彝岭苗山牌玉姑翠芽”和“彝岭苗山牌红茶”分别获得特别金奖、金奖。

是日，长征国家文化公园贵州重点建设区毕节区域调研座谈会召开。

24日至25日，党史学习教育省委宣讲团到毕节市宣讲，省委宣讲团成员、省委宣传部常务副部长、省社科联主席徐静作宣讲报告。

25日，全市政法队伍教育整顿查纠整改工作暨党委政法委系统顽瘴痼疾整治座谈会召开。

25日至26日，全市林下经济发展现场推进会议召开。

26日，“学党史知党情、青春筑梦新时代”主题宣讲暨全市青年大会在毕节职业技术学院召开。

是日，市政府召开全市脱贫攻坚问题整改工

作电视电话会议，贯彻落实全省脱贫攻坚问题整改工作电视电话会议精神，对全市脱贫攻坚问题整改工作进行再安排、再部署、再落实。

27日，全市防汛抗旱工作电视电话会议召开。

28日，市委常委会召开会议，传达学习贯彻习近平总书记在广西考察时的重要讲话精神，研究毕节市贯彻落实措施。

是日，市委常委会召开会议，传达学习省委十二届九次全会精神，研究毕节市贯彻落实措施。

5月

6日，市委理论学习中心组举行2021年第三次集中学习研讨会。会议强调要深入学习习近平新时代中国特色社会主义思想及社会主义革命和建设时期历史，深刻领会中国共产党团结带领人民完成社会主义革命的重大意义，铭记激情岁月，汲取奋进力量，切实提高运用党的创新理论武装头脑、指导实践、推动工作的能力，推动党史学习教育高质量开展，为建设贯彻新发展理念示范区提供坚强保证。

是日，从毕节市文化广电旅游局获悉，据初步测算，2021年“五一”假期，全市共接待游客560.8万人次，实现旅游综合收入33.65亿元，全市文化旅游市场运行平稳有序，未接到文化旅游安全事故、重大旅游投诉、突发疫情等情况报告，实现“安全、秩序、质量、效益、文明”五统一的目标。

7日，遵义市政协党组书记、主席覃儒方，市政协副主席、民盟遵义市委主委苟大明，市政协党组成员、秘书长黄泽润一行到毕节，就筹办好2021年中国赤水河流域生态文明建设协作推进会相关事宜，进行协商座谈。

10日，黔西市成立大会暨黔西撤县设市揭牌仪式举行。

是日，二届市政府第五次廉政工作会议召开。

是日，2021年毕节市家庭教育暨未成年人保护培训班开班仪式举行，市直各中小学（幼儿园）负责未成年人思想道德建设工作的人员，县（区）易地扶贫搬迁安置点社区妇联负责人和毕节市家庭教育讲师等125人参加培训。

10日至11日，2021年全省人大教科文卫工作座谈会在织金县召开。

11日，市委常委会召开会议，传达学习贯彻中共中央政治局会议精神、习近平总书记在中共中央政治局第二十九次集体学习时的重要讲话精神和中央、省有关文件精神，研究毕节市贯彻落实措施。

12日，全市党风廉政警示教育暨基层财政监管突出问题专项整治行动启动大会召开。会议强调要深入学习贯彻习近平总书记视察贵州重要讲话精神，全面贯彻落实中央和省委关于全面从严治党的决策部署，聚焦基层财政系统存在的突出问题，以基层财政监管的违纪违法案例为反面教材，时刻绷紧拒腐防变防线，永葆清正廉洁政治本色，持续巩固发展风清气正的政治生态，为建设贯彻新发展理念示范区提供坚强保障。

10日至13日，中央广播电视总台、《农民日报》、《科技日报》、新华网、人民网、中国网等十余家媒体组成的采访团，到毕节开展通信网络助力脱贫攻坚和乡村振兴成效集中报道。

13日，中国共产党毕节市第二届委员会第九次全体会议在七星关举行。全会深入贯彻中共十九届五中全会、习近平总书记视察贵州重要讲话和对贵州对毕节重要指示批示精神，全面贯彻落实省委十二届八次、九次全会精神，审议通过《中共毕节市委关于深入学习贯彻习近平总书记视察贵州重要讲话和对贵州对毕节重要指示批示精神努力建设贯彻新发展理念示范区的意见》及有关人事事项的决定。

是日，副省长陶长海率队到织金县调研乡村

振兴规划建设和工业现代化工作。

近日，毕节市党政代表团赴北京开展招商引资活动，先后考察字节跳动集团、美团公司、高瓴集团和中交资产管理有限公司。

14日，市政府党组理论学习中心组举行2021年第三次集中学习研讨会。

是日，市委副书记、市长杨昌鹏主持召开市政府党组（扩大）会议和市二届人民政府第157次常务会议，传达学习4月30日中共中央政治局会议、习近平总书记在中共中央政治局第二十九次集体学习时的重要讲话、《中共中央关于加强对“一把手”和领导班子监督的意见》以及省委书记谌贻琴关于做好防汛减灾工作的重要批示、省委十二届九次全会、市委二届九次全会等文件会议精神，研究部署贯彻落实措施。

是日，市二届人大六次会议代表建议交办会议召开。

15日，铜仁市委书记陈昌旭，市委副书记、市长皮贵怀率铜仁市党政代表团到毕节考察。

14日至16日，毕节市党政代表团赴福建省南平市开展招商引资活动，先后考察印象建州项目、朱熹园、燕子窠生态茶园、武夷星茶业有限公司、香江茗苑、武夷山国家公园智慧管理中心、考亭书院等，了解茶产业发展和旅游发展等情况。

17日，毕节市抗击新冠肺炎疫情表彰大会在七星关隆重举行，对全市150名抗击新冠肺炎疫情先进个人和60个抗击新冠肺炎疫情先进集体进行表彰。会议强调要坚持以习近平新时代中国特色社会主义思想为指导，深入学习贯彻中共十九届五中全会和全国、全省抗击新冠肺炎疫情表彰大会精神，大力弘扬伟大抗疫精神，更好凝聚起牢记嘱托、感恩奋进的磅礴力量，为奋力开创毕节建设贯彻新发展理念示范区新未来而不懈奋斗。

是日，市委全面深化改革委员会第二十三次会议暨全市乡村旅游改革推进会议召开。会议强调，乡村旅游作为旅游业的重要组成部分，综合性强，富民效果好，前途不可限量。要认真贯彻落实习近平总书记视察贵州重要讲话和对贵州对毕节重要指示批示精神，按照围绕“四新”抓“四化”要求，遵循旅游发展规律，甩开膀子、理直气壮发展特色乡村旅游，扎实推进农业增效、农民增收、农村繁荣，更好巩固拓展脱贫攻坚成果同乡村振兴有效衔接，加快建设贯彻新发展理念示范区步伐。

是日，毕节市2021年新型城镇化“三改”项目集中开工仪式在七星关区中心城区城市棚户改造双井寺安置房（1、2号保障房）建设项目点举行。

是日，省委党史学习教育巡回指导组赴毕节巡回指导见面会召开。党史学习教育省委第二十一巡回指导组组长刘文岚到会并讲话。

19日至20日，市委副书记、市长杨昌鹏带队赴广东省能源集团、保利商业地产投资管理有限公司等企业开展招商引资工作，就加快推进合作项目、扩大合作成果等事宜与企业负责人进行洽谈。

20日，毕节市开展为期100天（5月20日至8月31日）的生态环境突出问题从严排查整治专项行动，以提升全市生态环境质量。

是日，全市2021年新型城镇化发展大会在七星关召开。会议强调要深入学习贯彻习近平总书记视察贵州重要讲话和对贵州对毕节重要指示批示精神，全面贯彻落实省委十二届八次、九次全会和全省推进新型城镇化暨“强省会”工作大会精神，按照市委二届八次、九次全会部署，进一步统一思想、凝聚共识，聚焦重点、狠抓落实，奋力推动城镇实现大提升，为建设贯彻新发展理念示范区奠定坚实基础。

是日，市委副书记、市长杨昌鹏主持召开全市防汛抗旱工作调度会，对防汛抗旱工作进行再安排、再部署、再落实。杨昌鹏强调，各级各部门要认真贯彻落实近期省委书记谌贻琴关于防汛抗旱工作的重要批示精神，全面落实省长李炳军在全省防汛抗旱工作调度会上的安排部署，严阵以待、严防死守、严明责任，千方百计确保人民群众生命财产安全。副市长丹彤，市政府秘书长高扬宗参加会议。

是日，毕节市人民政府与中国工商银行贵州省分行战略合作协议签约仪式举行。

是日，省级第五指导组、毕节市政法队伍教育整顿领导小组联席推进会召开，会议研究毕节市政法队伍教育整顿工作推进情况，认真分析存在问题，推动查纠整改环节工作，确保查纠整改环节方向不偏，取得成效。

21日，市委副书记、市长杨昌鹏主持召开市二届人民政府第158次常务会议，传达学习习近平总书记在推进南水北调后续工程高质量发展座谈会上的重要讲话精神，全国、全省新冠肺炎疫情防控和新冠病毒疫苗接种工作电视电话会议精神，省委书记谌贻琴对疫情防控工作的批示精神以及《中共贵州省委全面依法治省委员会关于制定加强党政机关法律顾问工作充分发挥法律顾问作用十条措施的通知》精神，听取全市生态环保和道路交通安全工作情况汇报，研究部署2021年建议提案交办工作。

24日，市委常委会召开会议，传达学习习近平总书记在推进南水北调后续工程高质量发展座谈会上的重要讲话精神和《中国共产党普通高等学校基层组织工作条例》精神，研究毕节市贯彻落实措施。

是日，主题为“数智工业·融创发展”的2021中国国际大数据产业博览会毕节分会场开幕。

是日，市委副书记、市长杨昌鹏带队赴成都市有关企业开展招商引资工作，就投资毕节和项目合作进行深入洽谈。市政府秘书长高扬宗参加招商活动。

26日，全市巩固拓展脱贫攻坚成果问题排查整改专题调度推进电视电话会议召开，市委副书记、市长杨昌鹏出席会议并讲话。杨昌鹏强调，各级各部门要深入学习贯彻习近平总书记关于做好巩固拓展脱贫攻坚成果同乡村振兴有效衔接重要指示精神，按照省委、省政府要求，全力以赴抓好全市巩固拓展脱贫攻坚成果问题排查整改，彻底消除返贫致贫风险隐患，坚决守住不发生规模性返贫的底线。

27日，省委第八巡视组对毕节市开展巡视“回头看”情况反馈会议召开，传达省委书记谌贻琴在省委常委会上听取十二届省委第十一轮巡视工作情况汇报时的讲话精神，对抓好巡视“回头看”整改工作提出要求。省委常委、省委组织部部长、省委巡视工作领导小组副组长刘捷出席会议并讲话。

是日，市委理论学习中心组举行2021年第四次集中学习研讨会。会议强调要深入学习习近平新时代中国特色社会主义思想，深化对改革开放史的学习，深刻感悟共产党人的初心和使命，加强新时期调查研究，努力推动各项工作取得新的更大成效，为建设贯彻新发展理念示范区凝聚磅礴力量。

27日至28日，省委常委、省委组织部部长、省牛羊产业发展领导小组组长刘捷到赫章县、威宁自治县调研。

28日，全省肉牛产业发展推进会在威宁自治县召开。

是日，市委政法队伍教育整顿专题会暨市政法队伍教育整顿领导小组第三次会议召开。

31日，全市农业现代化推进大会召开。会议强调，要深入学习贯彻习近平总书记视察贵州重要讲话精神和对贵州对毕节重要指示批示精神，认真贯彻落实中央、省委关于推进农业现代化的各项决策部署，加快全市农业现代化发展步伐，努力走出一条农业农村高质量发展新路子，为巩固拓展脱贫攻坚成果、推进乡村振兴战略实施提供有力支撑。

6月

2日，市委常委会召开会议，传达学习5月31日召开的中共中央政治局会议精神和习近平总书记在两院院士大会中国科协第十次全国代表大会上的重要讲话精神，研究毕节市贯彻落实措施。

3日，国家体育总局局长苟仲文率调研组一行到织金县调研体育工作。

3日至4日，副省长李睿率队到威宁自治县调研环境治理、生态环保等工作。

3日至6日，市委副书记、市长杨昌鹏带队到北京市开展产业大招商工作，洽谈投资项目和产业发展等合作事宜。

5日至7日，毕节市考察团赴四川省成都市开展产业招商暨旅游宣传推介和考察学习活动，并出席在成都市举行的推介会。

7日，市委副书记、市长杨昌鹏主持召开市政府党组（扩大）会议和市二届人民政府第159次常务会议，传达学习《中国共产党组织处理规定（试行）》《关于进一步增强民生政策措施有效性和可持续性的实施意见》和5月31日召开的中共中央政治局会议、全省旅游产业化推进大会等文件、会议精神，审议《毕节市产业大招商三年倍增行动计划实施方案（2021—2023年）》《毕节市打造“贵人服务”品牌优化营商环境三年行动计划实施方案（2021—2023年）》，安排部署有关工作。

是日，省政协主席刘晓凯到桐梓县、金沙县调研推进新型工业化、新型城镇化、巩固拓展脱贫攻坚成果同乡村振兴有效衔接工作，并开展入企走访活动。刘晓凯强调，要深入学习贯彻习近平总书记视察贵州重要讲话精神，落实好省委十二届九次全会部署，完整、准确、全面贯彻新发展理念，坚持以高质量发展统揽全局，紧紧围绕“四新”坚决抓好“四化”，努力在全省闯新路、开新局、抢新机、出新绩中展现新的更大作为。省政协秘书长熊德威参加调研。

8日，中央电视台新闻频道、“央视新闻”新媒体播出“奋斗百年路启航新征程”大型直播特别节目《今日中国·贵州篇》，直播时长约为2个小时，聚焦贵州脱贫攻坚、乡村振兴、红色文化、交通建设、大数据发展等方面内容。

其中围绕“绝壁上的红心渠”主题，对二十世纪五六十年代，在物资极其匮乏的背景下，毕节人民不畏艰险，在党的带领下，克服物资匮乏、技术落后等一系列困难，劈山引水，用钢钎錾子在几百米高的悬崖绝壁上开凿十条天渠，修建八大水库，把上千亩荒坡变成良田进行介绍，展示毕节人民敢为人先，党员牢记初心使命，永远冲锋在前，带领群众奋力开创美好生活的奋斗精神。

8日至9日，省委副书记、省长李炳军到大方县、纳雍县调研。李炳军强调，要深入学习贯彻习近平总书记视察贵州重要讲话精神，按照省委十二届九次全会部署，围绕“四新”狠抓“四化”，做好巩固拓展脱贫攻坚成果同乡村振兴有效衔接，奋力推动经济社会高质量发展。

9日，省人大常委会到毕节召开《中华人民共和国固体废物污染环境防治法》实施情况执法检查汇报会。

9日至10日，省委常委、省纪委书记、省监委主任夏红民到金海湖新区和七星关区调研。夏红民强调，要深入学习贯彻习近平总书记视察贵州重要讲话精神和省委十二届九次全会精神，切实增强“四个意识”、坚定“四个自信”、做到“两个维护”，按照省委围绕“四新”抓“四化”部署要求，提高政治站位，强化政治监督，促进真抓实干，奋力推动经济社会高质量发展。

10日，市委常委会召开会议，传达学习习近平总书记在中共中央政治局第三十次集体学习时的重要讲话精神和省委副书记、省长李炳军在毕节调研时的讲话精神，研究毕节市贯彻落实措施。

是日，毕节市召开“三个规定”“四长”大宣讲和党政领导干部严格执行“三个规定”公开承诺行动宣讲会议。

10日至11日，省政协原主席、省关工委主任王正福率队赴黔西市开展党史学习教育暨关心下一代工作调研。

11日，根据中央与省委、省政府决定和市委、市政府安排，毕节市乡村振兴局正式挂牌成立。标志着毕节市在如期完成脱贫攻坚历史使命后，驶入全面推进乡村振兴、加快农业农村现代化的“快车道”。

15日，市委副书记、市长杨昌鹏主持召开市二届人民政府第160次常务会议，传达学习习近平总书记在青海考察和中共中央政治局第三十次集体学习精神，省长李炳军到毕节调研指示精神，安排部署生态环境保护工作，听取全市2021年以来经济运行主要指标暨推进高质量发展绩效评价指标完成情况汇报。

15日至16日，全市市县乡人大和市县政协换届选举工作部署暨业务培训会召开。

16日，2021年市级总河长会议召开。会议强调要深入贯彻落实习近平生态文明思想和习近平总书记视察贵州重要讲话精神，认真落实党中央、国务院和省委、省政府关于深化河湖长制、加强河湖治理的决策部署，全面加强河湖管理保护，持续改善全市生态环境，为推进乡村振兴、建设贯彻新发展理念示范区奠定良好生态基础。

是日，全市2021年大数据与实体经济深度融合宣讲培训会在七星关区召开。

17日，市委常委班子党史学习教育第四次专题学习会暨理论学习中心组2021年第五次集中学习研讨会召开。会议强调要认真学习党的十八大以来的历史，深刻感悟以习近平同志为核心的党中央领导人民推动党和国家事业取得的历史性成就、发生的历史性变革，深刻领悟习近平新时代中国特色社会主义思想的强大思想伟力，不断在党史学习教育中升华思想、汲取智慧、凝聚力量，奋力开创毕节建设贯彻新发展理念示范区新未来。党史学习教育省委第二十一巡回指导组组长刘文岚到会指导并讲话。

是日，市委常委会召开会议，传达学习习近平总书记在青海考察时的重要讲话精神、对湖北十堰市张湾区艳湖社区集贸市场燃气爆炸事故的重要指示精神和省委常委会会议精神，研究毕节市贯彻落实措施。

是日，全国、全省安全生产电视电话会议结束后，毕节市立即召开全市安全生产电视电话会议，迅速传达习近平总书记重要指示和李克强总理批示精神，认真贯彻落实全国、全省安全生产电视电话会议精神，分析研究当前全市安全生产工作形势，对安全生产工作进行再安排、再部署、再落实。

是日，毕节市人民政府与苏商建设集团签订战略合作框架协议。

17日至18日，市人大代表履职平台规范化建设暨服务代表履职工作现场观摩会召开。

18日，全市统筹整合考核工作动员部署会议召开，会议强调，要深入学习贯彻习近平总书记关于干部考核工作的重要指示精神和中央、省委关于干部实绩考核工作的重要部署，把务实重干、奖优罚劣的导向更加鲜明地树立起来，把不进则退、慢进也是退的紧迫感更加有效地激发出来，把后发赶超、勇作示范的决心和压力更加有力地传导下去，对标对表统筹推动考核各项工作落地落实，为推动全市经济社会高质量发展提供坚强保障。

是日，全市未成年人保护工作委员会第二次全体会议召开，会议强调，要深入学习贯彻习近平总书记关于未成年人保护工作的重要指示精神，全面贯彻落实《中华人民共和国未成年人保护法》《预防未成年人犯罪法》和中央、省委关于未成年人保护工作的安排部署，进一步强化未成年人保护工作措施，全面织牢织密未成年人保护工作网底，努力营造未成年人健康成长的良好社会环境。

是日，全市禁毒工作会议暨外流贩毒专项整治行动部署会议召开，会议强调，要认真贯彻落实习近平总书记关于禁毒工作的重要指示和全国、全省禁毒工作电视电话会议精神，以铁的决心、铁的手段、铁的作风纵深推进禁毒“大扫除”专项行动，集中力量整治外流贩毒突出问题，坚决打赢新时代禁毒人民战争，为建设更高水平的平安毕节、法治毕节作出新贡献。

是日，毕节市委全面深化改革委员会第二十四次会议召开。

是日，副省长吴胜华到织金县、纳雍县调研并看望慰问老党员。

是日，毕节市2021年高校征兵宣传活动在毕节职业技术学院举行。

18日至19日，国家乡村振兴重点帮扶县工作会议在毕节召开。中共中央政治局委员、国务院副总理胡春华出席会议并讲话。胡春华强调，要深入贯彻习近平总书记重要指示精神，按照党中央、国务院决策部署，以更加集中的支持、更加有效的举措、更加有力的工作，加快国家乡村振兴重点帮扶县发展，让脱贫基础更加稳固、成效更可持续，确保在全面推进乡村振兴的新征程中不掉队，为加快实现农业农村现代化奠定坚实基础。

19日，市政法队伍教育整顿领导小组第四次会议暨政法队伍教育整顿工作推进会召开。

是日，由毕节市精神文明办、共青团毕节市委等单位联合主办的“绿色发展高质量·生态文明出新绩”——毕节市“青清河”保护河湖志愿服务行动在碧阳湖畔启动，“青清河”河湖保护志愿服务队50余名队员到场参加。

21日，市委常委会召开会议，传达学习贯彻习近平总书记参观“‘不忘初心、牢记使命’中国共产党历史展览”时的重要讲话精神和国家乡村振兴重点帮扶县工作会议精神，研究毕节市贯彻落实意见。

22日，以“守护母亲河·奋力出新绩”为主题的贵州2021年环保行活动启动仪式在黔西市新仁乡化屋村码头广场举行。省人大常委会党组书记、副主任慕德贵出席并宣布活动正式启动。

是日，副省长、省级林长王世杰到毕节国家森林公园开展巡林活动。强调要深入贯彻落实习近平生态文明思想和习近平总书记视察贵州重要讲话精神，牢固树立绿水青山就是金山银山的理念，守好发展和生态两条底线，全面落实林长制，奋力在生态文明建设上出新绩。

22日至23日，省委常委、省委政法委书记、百里杜鹃国家森林公园省级林长、草海湖省级湖长时光辉到毕节市开展巡林巡河和督导安保维稳工作。时光辉强调，要深入学习贯彻习近平生态文明思想和习近平总书记视察贵州重要讲话精神，牢牢守好发展和生态两条底线，深入实施“大生态”战略行动，全面落实河长制、林长制，奋力在生态文明建设上出新绩。要以党史学习教育为契机，全力以赴做好安保维稳工作，以优异成绩迎接中国共产党成立100周年。

22日至23日，省人大常委会党组书记、副主任慕德贵到七星关区和金沙县调研经济社会发展情况。

23日，全市旅游产业化推进大会召开。会议强调要深入学习贯彻习近平总书记视察贵州重要讲话和对贵州对毕节重要指示批示精神，全面贯彻落实全省旅游产业化推进大会精神，进一步明确工作重点、强化工作措施，奋力推动全市旅游产业高质量发展，为建设贯彻新发展理念示范区提供强劲支撑。

23日至24日，毕节市第二届人大常委会第四十次会议召开。

会议听取审议并表决通过《毕节市人民政府关于2020年度全市国有资产管理情况的综合报告》《毕节市人民政府关于毕节市科技工作情况的报告》《毕节市人大常委会代表资格审查委员

会关于个别代表的代表资格的报告》以及有关审议意见和人事任免案；补选毕节市出席贵州省第十三届人民代表大会代表。

24日，市政府党组班子党史学习教育第四次专题学习会暨理论学习中心组2021年第五次集中学习研讨会召开。

是日，中宣部版权管理局局长于慈珂一行到毕节调研民族民间文化版权保护工作。

是日，市政协首批委员工作站分别在毕节职业技术学院、七星关区柏杨林街道阳光社区、七星关区麻园街道麻园社区挂牌成立。

25日，市委副书记、市长杨昌鹏主持召开市政府党组（扩大）会议和市二届人民政府第161次常务会议，传达学习习近平总书记参观“‘不忘初心、牢记使命’中国共产党历史展览”时的重要讲话精神和国家乡村振兴重点帮扶县工作会议精神，省新型工业化工作领导小组会议精神，全国、全省深化“放管服”改革着力培育和激发市场主体活力电视电话会议精神和省委书记谌贻琴对黔南州三都县发生山体滑坡作出的批示精神，研究毕节市贯彻落实意见。

是日，市人大常委会机关党史学习教育第四次专题学习会暨理论学习中心组2021年第五次集中学习研讨会召开。

是日，毕节市召开党史学习教育推进会议，推动全市党史学习教育工作深入有效开展。党史学习教育省委第二十一巡回指导组组长刘文岚出席会议并讲话。

26日，毕节市“学习百年党史·汲取奋进力量”党史知识竞赛决赛在市广播电视台演播厅举行。

27日，全省应对持续强降雨天气视频调度会召开后，毕节市立即召开全市应对持续强降雨天气视频调度会。会议要求，各县（市、区）有关部门要提高政治站位，贯彻落实中央及省委、省政府对防灾减灾工作的指示批示精神和市委、市政府工作部署，确保全市防洪排涝安全。要强化统筹调度，认真落实强降雨天气“四级叫应”工作机制，形成上下联动、横向协同的全天候调度机制。要强化工作合力，切实畅通气象部门预报预警、交管部门及时发现、城管部门清渣排堵、水务部门调度抢排、应急部门救援处置的排涝工作模式。

是日，贵州省第七届少数民族文艺汇演在贵阳闭幕，毕节市大型史诗剧《磅礴乌蒙》获剧目金奖。

28日，毕节市新党员代表入党宣誓活动在七星关区红六军团政治部旧址举行。

是日，毕节市召开新闻发布会，通报《毕节市文明行为促进条例》制定背景、制定过程和主要内容等有关情况，并回答了媒体记者的提问。

是日，省人大常委会副主任杨永英率调研组一行到黔西市就无毒社区创建工作开展调研并慰问当地老党员。

30日，市委全面依法治市工作会暨法治政府建设示范创建工作推进会召开，会议强调，要深入学习贯彻习近平法治思想和习近平总书记视察贵州重要讲话精神，认真落实中央全面依法治国工作会议和省委全面依法治省工作会议精神，以更高政治自觉、更实工作举措、更强责任担当，推动全面依法治市取得新的更大成效，为建设贯彻新发展理念示范区提供坚强法治保障，为法治贵州建设积累更多宝贵经验。

7月

1日上午8时，庆祝中国共产党成立100周年大会在北京天安门广场举行。全市广大干部群众一起收看电视直播，共庆中国共产党百年华诞。

是日，全市新型工业化专项组会议召开，会议强调，要深入学习贯彻习近平总书记视察贵州重要讲话精神，认真落实全省新型工业化暨开发区高质量发展大会、省新型工业化工作领导小组会议工作部署，加快实施工业倍增行动，奋力实现全市工业大突破。

2日，毕节市2021年“七一”表彰大会隆重举行。会议强调，要深入学习贯彻习近平总书记在庆祝中国共产党成立100周年大会上的重要讲话精神和视察贵州重要讲话精神，大力弘扬伟大建党精神，紧紧围绕省委安排部署和市委“11345”总体思路，牢记初心使命，勇当时代先锋，努力在建设贯彻新发展理念示范区新征程中建功立业。

是日，毕节市召开会议组织全市领导干部集中观看《生命重于泰山——学习习近平总书记关于安全生产重要论述》电视专题片，并就有关工作进行安排部署。

6日，中国石化50万吨/年聚乙醇酸（PGA）项目一期工程开工仪式在织金举行。省委书记、省人大常委会主任谌贻琴，省委副书记、省长李炳军，中国石化集团公司董事长、党组书记张玉卓共同出席开工仪式，李炳军、张玉卓分别致辞。中国石化集团公司党组成员、副总经理喻宝才，中国石化股份公司高级副总裁陈革，省领导李再勇、吴强、蔡朝林等参加相关活动，副省长陶长海主持开工仪式。

是日，毕节市第二届人大常委会第四十一次会议召开。

7日，市委常委会召开会议，传达学习习近平总书记在庆祝中国共产党成立100周年大会上的重要讲话精神，以及习近平总书记在“七一勋章”颁授仪式上和在中共中央政治局第三十一次集体学习时的重要讲话精神，研究毕节市贯彻落实措施。

8日，毕节市政法队伍教育整顿工作总结会召开，全面总结全市政法队伍教育整顿工作成效，研究部署整改落实、常治长效等工作。

是日，全市深化“放管服”改革优化营商环境着力培育和激发市场主体活力电视电话会议召开。会议强调，要深入学习贯彻习近平总书记视察贵州重要讲话精神和优化营商环境重要指示精神，认真落实全国、全省深化“放管服”改革部署要求，紧紧围绕“四新”主攻“四化”，进一步优化营商环境、培育和激发市场主体活力，助推全市经济社会高质量发展。

13日，市委全面深化改革委员会第二十五次会议暨全市城市社区改革“回头看”会议召开。会议强调，城市社区改革发展，事关党在城市的执政基础，事关广大市民群众切身利益。要坚持推动发展和创新服务“两手抓”，将群众组织起来，充分发挥城市社区优势，大力推进社区党组织领办集体经济实体，增强自我发展能力和社区服务功能，让群众在城市生活得更加安心放心舒心开心。

是日，生态环境部党组书记孙金龙到毕节调研生态环境保护工作。

14日，全市巩固拓展脱贫攻坚成果同乡村振兴有效衔接现场推进会在金沙县召开。会议强调要深入学习贯彻习近平总书记在庆祝中国共产党成立100周年大会上的重要讲话、视察贵州重要讲话和对贵州对毕节重要指示批示精神，认真贯彻落实国家乡村振兴重点帮扶县工作会议精神和中央、省关于巩固拓展脱贫攻坚成果同乡村振兴有效衔接工作部署，坚决扛起在乡村振兴上开新局的新使命，奋力推动巩固拓展脱贫成果、推进乡村振兴取得新成效。

16日，法治毕节示范创建动员部署会在毕节召开。省委书记、省人大常委会主任、省委全面依法治省委员会主任谌贻琴，省委副书记、省长、省委全面依法治省委员会副主任李炳军作批示。会议深入学习贯彻习近平法治思想，深入贯彻落实习近平总书记“七一”重要讲话精神、习近平总书记视察贵州重要讲话精神和对毕节试验区工作重要指示精神，认真贯彻落实中央全面依法治国工作会议精神，按照省委全面依法治省工作会议部署要求，系统总结法治毕节五年创建工作，研究部署法治毕节示范创建工作，努力建设更高水平的法治贵州。司法部副部长、中央全面依法治国委员会办公室秘书局局长左力，省委常委、省委政法委书记、省委全面依法治省委员会副主任时光辉出席会议并讲话。

19日，大方县人民政府与中国水电新能源公司风力及光伏发电开发项目合作协议签约。

是日，市委副书记、市长杨昌鹏主持召开市政府党组（扩大）会议，传达学习习近平总书记在中国共产党与世界政党领导人峰会上的重要讲话精神，中国共产党成立100周年庆祝活动总结会议精神以及栗战书委员长在2021年生态文明贵阳国际论坛开幕式上的讲话和在贵州调研精神，部署全市政府系统贯彻落实工作。

是日，市委副书记、市长杨昌鹏主持召开市二届人民政府第163次常务会议，贯彻落实7月15日省政府常务会议精神，分析研究全市上半年经济形势，安排部署下半年经济工作，听取全市2021年上半年防止返贫动态监测和帮扶工作有关情况汇报。

19日至20日，“两岸融合发展营”贵州乡村振兴主题（赫章）分营开营式在赫章举行。全国政协常委、台盟中央副主席吴国华出席有关活动并讲话。

20日，市委常委班子党史学习教育第五次专题学习会暨理论学习中心组2021年第六次集中学习研讨会召开。会议强调要深入学习贯彻习近平总书记在庆祝中国共产党成立100周年大会上的重要讲话精神，深入领会全面建成小康社会的历史性成就、党团结带领人民不懈奋斗的光辉历程和伟大成就、伟大建党精神的深刻内涵和时代价值，扎实推动各项工作落地落实，奋力开创毕节建设贯彻新发展理念示范区新未来。

是日，省高级人民法院政治部副主任、二级巡视员、省教育整顿办顽瘴痼疾整治组组长张志斌率督导组到毕节市督导检查政法队伍教育整顿“回头看”工作。

21日，市委常委会召开会议，传达学习习近平总书记在中共中央政治局常委会会议听取中国共产党成立100周年庆祝活动总结报告时的重要讲话精神，研究毕节市贯彻落实意见。

是日，市委召开常委会会议暨财经委员会会议，分析研究全市上半年经济运行情况，安排部署下半年经济工作。

是日，毕节市第二届人大常委会第四十二次会议召开。

是日，毕节市各界人士庆祝中国共产党成立100周年座谈会召开。

是日，市政府党组班子召开党史学习教育第五次专题学习暨理论学习中心组2021年第六次集中学习研讨会。

21日至22日，市人大常委会机关党史学习教育第五次专题学习会暨理论学习中心组2021年第六次集中学习研讨会召开。

21日至23日，省人大常委会原党组书记、副主任，省关工委常务副主任张群山率队到毕节，就贯彻落实省委省政府《关于加强新时代关工委工作的意见》、进城务工人员随迁子女和易地扶贫搬迁人员子女入学以及关工委组织建设、上半年工作推进情况等开展调研。

22日至24日，毕节市代表团赴上海开展招商活动。

23日，全市政法队伍教育整顿第四次座谈会召开，深入了解社会各界对政法队伍教育整顿工作的总体评价，征求群众对政法机关、政法干警的意见建议，针对存在的不足和问题深查细究、补足短板，同时推进建章立制，全面健全完善正风肃纪、制约监督、协管协查等制度体系。

是日，由省文化和旅游厅、省体育局共同主办，市委宣传部、市文广局、市体育局和纳雍县政府承办的贵州省2021年重走长征路第五轮（纳雍站）研培体验活动在纳雍县化作乡枪杆岩村举行。

23日至24日，中国经济社会理事会副主席、上海市政协主席董云虎率考察团一行赴毕节考察。

26日，全国政法队伍教育整顿中央第十三督导组下沉毕节市督导政法队伍教育整顿工作汇报会召开。中央第十三督导组组长于广州出席会议并讲话。

是日，毕节市在位于七星关区鸭池镇的毕节西南水泥有限公司项目施工现场，与省同步举行重大工业项目集中开工仪式。此次毕节与全省同步集中开工建设的重大工业项目有14个，涉及优质白酒、新型建材、现代能源、健康医药、生态特色食品、先进装备制造、现代化工、其他轻工等产业，总投资133.86亿元。

是日，中央统战部党外知识分子建言献策专家组到毕节调研座谈会召开。专家组就毕节在巩固拓展脱贫攻坚成果、衔接乡村振兴等工作现场“问诊把脉”，并提出了建议。

26日至27日，市政协（机关）党组党史学习教育第五次专题学习会暨理论学习中心组2021年第六次集中学习研讨会召开。

27日，市委常委会召开会议，传达学习贯彻习近平总书记在西藏考察时的重要讲话精神和关于防汛救灾工作、深入推进农村厕所革命重要指示精神，研究毕节市贯彻落实措施。

是日，全省食用菌产业发展现场推进会在纳雍县召开。省委常委、省委统战部部长、省食用菌产业发展领导小组组长胡忠雄出席会议并讲话。

27日至28日，市委副书记、市长杨昌鹏带队赴云南省昆明市和曲靖市有关企业开展产业大招商工作，就投资毕节与项目合作进行深入交流，推动项目落地落实。

29日，市委、市政府召开全市2021年半年经济工作会议，深入学习贯彻习近平总书记“七一”重要讲话和视察贵州重要讲话精神，全面贯彻落实全省半年经济工作会议精神，认真总结上半年经济工作，分析研究当前经济形势，安排部署下半年经济工作，动员全市上下咬定总目标、奋战下半年、打好“翻身仗”，坚决确保建设示范区新征程开好局、起好步。

是日，市委严肃换届纪律加强换届风气监督谈心谈话会议召开。会议强调要坚持以习近平新时代中国特色社会主义思想为指导，深入学习贯彻中央、省委关于严肃换届纪律加强换届风气监督的要求，深刻认识换届工作的重要性，严守纪律规矩，压紧压实责任，全力营造风清气正的换届环境，确保市县乡领导班子换届工作高质量高标准推进。

30日，市委副书记、市长杨昌鹏主持召开市政府党组（扩大）会议和市二届人民政府第164次常务会议，传达贯彻习近平总书记有关考察、指示和党建有关条例精神，研究全市政府系统贯彻落实措施。

是日，毕节市党史学习教育工作推进会议召开。

8月

3日至4日，省委常委、省委统战部部长胡忠雄到赫章县蹲点调研乡村振兴和统一战线工作，强调要深入学习贯彻习近平总书记“七一”重要讲话精神，在围绕“四新”主攻“四化”中扎实抓好乡村振兴和统一战线工作。

4日，国务院联防联控机制全国新冠肺炎疫情防控工作电视电话会议结束后，召开全市新冠肺炎疫情防控工作会议，对全市疫情防控工作进行再安排、再部署、再落实。会议强调，要深入学习贯彻习近平总书记关于疫情防控工作的重要指示精神和李克强总理批示精神，按照国务院联防联控机制全国新冠肺炎疫情防控工作电视电话会议的相关要求和省委、省政府有关决策部署，进一步统一思想、深化认识，不断增强抓好疫情防控工作的责任感、紧迫感、危机感，全面落实“外防输入、内防反弹”各项措施，坚决巩固好来之不易的疫情防控成果。

5日，全省疫情防控工作电视电话会议结束后，毕节市接着召开会议，对全市疫情防控工作进行再安排、再部署、再落实。市委副书记、市长、市应对新冠肺炎疫情防控工作领导小组组长杨昌鹏出席会议并讲话。杨昌鹏强调，要深入学习贯彻习近平总书记重要指示精神、李克强总理批示要求和全国、全省疫情防控工作电视电话会议精神，按照省委、省政府和市委决策部署，全面落实“外防输入、内防反弹”各项措施和“四早”要求，压实“四方责任”，坚决巩固好来之不易的疫情防控成果。

是日，2021年全市征兵工作领导小组会暨征兵、民兵工作推进会召开。会议强调，要深入学习贯彻习近平总书记关于国防和军队建设的重要指示精神，全面贯彻落实7月28日省征兵工作领导小组会议精神，提高政治站位，充分认清形势，提高工作质量，凝聚军地合力，以更加有力的举措、更加务实的作风，高质量推动毕节市国防后备力量建设和征兵工作，为实现新时代强军目标贡献毕节力量。

10日至11日，贵州广电传媒集团原党委副书记、总经理、省委党史学习教育第二十一巡回指导组组长刘文岚率队到七星关区和黔西市调研，并就党史学习教育工作推进情况分别召开座谈会。六盘水市政协副主席、一级巡视员、省委党史学习教育第二十一巡回指导组副组长蒋承云参加调研。

11日，市委常委会召开会议，传达学习中共中央政治局会议精神、习近平总书记在党外人士座谈会上和在中共中央政治局第三十二次集体学习时的重要讲话精神，以及习近平总书记关于疫情防控工作的重要指示和李克强总理批示精神，研究毕节市贯彻落实意见。省政协副主席、市委书记周建琨主持会议并讲话。

是日，市委召开落实全面从严治党主体责任暨党风廉政建设责任制领导小组会议，听取全市上半年党风廉政建设和反腐败工作情况以及省委常委带队检查市委落实全面从严治党主体责任和党风廉政建设责任制反馈问题、省委第八巡视组巡视“回头看”向市委反馈问题、省委对市委政治生态分析研判反馈问题整改“三项整改”工作情况汇报，对下步工作进行安排部署。

12日，召开市委常委班子党史学习教育第六次专题学习会暨理论学习中心组2021年第七次集中学习研讨会。

13日，市委副书记、市政府党组书记、市长杨昌鹏主持召开市政府党组班子党史学习教育第六次专题学习暨理论学习中心组2021年第七次集中学习研讨会并讲专题党课。杨昌鹏强调，要深入学习贯彻习近平总书记“七一”重要讲话精神，始终把人民放在心中最高位置，坚持问题导向，担当历史使命，为实现人民对美好生活的向往不懈奋斗。

是日，市委副书记、市政府党组书记、市长杨昌鹏主持召开市政府党组（扩大）会议，传达学习习近平总书记重要讲话精神，中央、省、市有关会议及文件精神，研究全市政府系统贯彻落实措施。

16日，毕节市召开领导干部会议，宣布省委关于毕节市委主要领导职务调整的决定。省委书记、省人大常委会主任谌贻琴出席会议并讲话。谌贻琴强调，毕节各级领导干部要深入贯彻落实习近平总书记“七一”重要讲话精神和对贵州对毕节工作的重要指示批示精神，自觉把思想和行动统一到中央和省委的决定上来，全力以赴建设贯彻新发展理念示范区，奋力在推动“四化”上探新路、走前列、作示范，努力为全省高质量发展提供有力支撑，与贵阳、遵义共同打造贵州发展的“金三角”。根据省委决定，吴强任毕节市委书记。

是日，二届市委巡察工作领导小组第16次会议暨第九轮巡察、巡察指导督导工作汇报会议召开。会议强调，要提高政治站位，精准落实政治巡察要求，高质量推进巡察工作。

17日，市委常委会召开会议，重温习近平总书记对毕节工作重要指示批示精神，学习贯彻省委书记谌贻琴在全市领导干部会议上的讲话精神，研究毕节市贯彻落实措施。省委常委、市委书记吴强主持会议并讲话。

是日，市政协党组书记、主席杨宏远主持召开市政协党组党史学习教育第六次专题学习会暨理论学习中心组2021年第七次集中学习研讨会，并讲专题党课。

是日，市人大常委会党组书记、主任张翊皓主持召开市人大常委会机关党史学习教育第六次专题学习会暨理论学习中心组2021年第七次集中学习研讨会，并讲专题党课。

17日至18日，省委常委、省委统战部部长胡忠雄到金沙县宣讲习近平总书记“七一”重要讲话精神和《中国共产党统一战线工作条例》，调研基层统战工作开展和乡村振兴推进情况。

18日，省委常委、市委书记吴强率队瞻仰大方县将军山之役纪念碑，重温入党誓词，传承红色基因。吴强强调，要深入学习贯彻习近平总书记“七一”重要讲话精神，大力弘扬伟大建党精神，赓续红色血脉，汲取奋进力量，奋力在建设贯彻新发展理念示范区新征程上创造新业绩，书写好百姓富生态美的多彩贵州新未来的毕节新篇章。

是日，省委常委、市委书记吴强到黔西市新仁乡化屋村调研并召开座谈会。吴强强调，要深入学习贯彻习近平总书记“七一”重要讲话精神和视察贵州重要讲话精神，牢记嘱托，感恩奋进，认真贯彻落实中央和省委关于乡村振兴各项决策部署，持续抓好巩固拓展脱贫攻坚成果同乡村振兴有效衔接，以强烈的政治担当推动习近平总书记重要指示精神在毕节落地落实。

是日，市委副书记、市长杨昌鹏主持召开市政府党组（扩大）会议，传达学习省委书记谌贻琴在全市领导干部会议上的重要讲话精神和市委常委会第213次会议精神，研究全市政府系统贯彻落实措施。

18日至20日，副省长吴胜华到威宁自治县和赫章县调研农业产业发展、草海综合治理、巩固拓展脱贫攻坚成果同乡村振兴有效衔接等工作，并接受党史学习教育。

19日，省委常委、市委书记吴强到赫章县河镇乡海雀村调研，接受党性教育，看望基层干部群众。吴强强调，要深入贯彻落实习近平总书记“七一”重要讲话精神和对毕节工作系列重要指示批示精神，大力弘扬伟大建党精神，继承发扬光荣传统，忠实践行初心使命，对标落实省委书记谌贻琴在全市领导干部会议上的讲话要求，始终保持苦干实干、克难攻坚的劲头，在新时代新起点上奋力续写乡村振兴和高质量发展新篇章，在推动共同富裕上迈出新步伐。

是日，市委副书记、市长杨昌鹏主持召开2021年毕节市法治政府建设示范创建领导小组会议。

20日，省委常委、市委书记吴强到市人大常委会机关调研。吴强强调，要深入学习贯彻习近平法治思想和习近平总书记关于坚持和完善人民代表大会制度的重要思想，深入贯彻落实习近平总书记“七一”重要讲话精神和视察贵州重要讲话精神，对标落实栗战书委员长视察贵州讲话精神，认真落实省委书记谌贻琴在全市领导干部会议上的讲话要求，始终坚持党的领导、人民当家作主、依法治国有机统一，始终紧贴人民群众的呼声期盼，更好做好立法、监督、决定、任免和代表等各项工作，全面提升新时代人大工作水平，为法治毕节示范创建、建设贯彻新发展理念示范区作出新的更大贡献。

21日至22日，省委常委、毕节市委书记吴强到威宁自治县调研并召开座谈会。吴强强调，要深入学习贯彻习近平总书记“七一”重要讲话、视察贵州重要讲话和对贵州对毕节系列重要指示批示精神，对标落实省委书记谌贻琴在全市领导干部会议上的讲话要求，常怀感恩之心、勇立奋进之志、高举发展之旗，在新征程上奋力谱写建设贯彻新发展理念示范区的威宁新篇章。

21日，10时20分，七星关区发生4.5级地震，震源深度10千米，震中位于北纬27.12度，东经105.31度。

22日，省委常委、毕节市委书记吴强到七星关经济开发区贵州星美服饰有限公司、贵州铭丰包装有限公司、毕节明钧玻璃股份有限公司走访调研。

22日至25日，中央依法治国办组成人员、司法部副部长熊选国带队，就深入学习贯彻习近平法治思想和中央全面依法治国工作会议精神，到贵州省贵阳市、毕节市和遵义市开展专题调研。

23日，市委常委会召开巡视整改专题民主生活会，深入学习贯彻习近平总书记关于巡视工作的重要论述、视察贵州重要讲话精神和对贵州对毕节重要指示批示精神，认真落实省委书记谌贻琴在全市领导干部会议上的讲话精神，聚焦省委第八巡视组对毕节开展巡视“回头看”反馈意见，坚决扛牢巡视整改政治责任，扎实做好巡视“后半篇文章”，以实实在在的整改成效推动高质量发展、建设贯彻新发展理念示范区，诠释对党和人民的绝对忠诚。省委常委、市委书记吴强主持会议并作总结讲话。

是日，全市新冠病毒疫苗接种工作面谈会召开，市委副书记、市长杨昌鹏出席会议并讲话。

是日，毕节市第二届人大常委会第四十三次会议听取了市监察委员会关于深入推进廉政教育工作情况的报告。这是党中央作出地方监委向本级人大常委会报告专项工作的决策部署以来，毕节市人大常委会首次听取市监察委员会专项工作报告。

是日，毕节市首个道交纠纷一体化处理调解工作室在毕节市公安局七星关分局交警大队揭牌成立。

23日至24日，毕节市第二届人大常委会第四十三次会议召开。

27日，全市农业现代化暨林下经济工作推进会召开。

29日至31日，省委副书记、省长李炳军到赫章县、威宁自治县调研。李炳军强调，要深入学习贯彻习近平总书记“七一”重要讲话精神和视察贵州重要讲话精神，全面落实中央民族工作会议精神，坚持以高质量发展统揽全局，全力围绕“四新”主攻“四化”，以高质量发展巩固脱贫成果、促进乡村振兴，不断提升人民群众获得感、幸福感、安全感。省委常委、毕节市委书记吴强参加调研。

8月31日至9月1日，省人大常委会副主任桑维亮率队到毕节开展《中华人民共和国民族区域自治法》《国务院实施〈中华人民共和国民族区域自治法〉若干规定》和《贵州省实施〈中华人民共和国民族区域自治法〉若干规定》执法检查并召开座谈会。桑维亮强调，要深入学习贯彻中央民族工作会议精神，以铸牢中华民族共同体意识为主线，积极推动民族地区高质量发展。

9月

1日，省委常委、市委书记吴强到市政协机关调研并召开座谈会。吴强强调，要坚持以习近平新时代中国特色社会主义思想为指导，深入学习贯彻习近平总书记“七一”重要讲话精神、视察贵州重要讲话和对贵州对毕节重要指示批示精神，认真落实省委书记谌贻琴在全市领导干部会议上的讲话要求，坚持正确政治方向，广泛凝聚智慧力量，不断提高政治协商、民主监督、参政议政水平，努力为建设贯彻新发展理念示范区作出新的更大贡献。

是日，市委常委会召开会议，传达学习习近平总书记在中央民族工作会议上的重要讲话精神和中央民族工作会议精神、习近平总书记在中央财经委员会第十次会议和在河北承德考察时的重要讲话精神，以及习近平总书记对档案工作的重要批示精神，研究毕节市贯彻落实措施。省委常委、市委书记吴强主持会议并讲话。

2 日，威宁自治县人民政府与京昆高速铁路西昆有限公司签订《新建重庆至昆明高速铁路贵州境内威宁段征地拆迁实施协议》。渝昆高速铁路是全国高速铁路“八横八纵”之京昆通道的重要组成部分，是西昆高铁（西安—重庆—昆明）主要路段之一。渝昆高速铁路过境威宁自治县玉龙镇 22.13 千米，该项目的建设不仅填补威宁高速铁路的历史空白，还有助于完善贵州省区域内的路网结构，促进沿线城市的经济社会发展，更为下一步积极争取启动的“盘六威昭”（盘州—六盘水—威宁—昭通）城际快铁建设奠定良好的基础。

3 日，市委副书记、市长、市政府党组书记杨昌鹏主持召开市政府党组（扩大）会议，学习贯彻习近平总书记在河北承德考察时的重要讲话精神和在中央民族工作会议上的重要讲话精神，以及中央财经委员会第十次会议精神，安排全市政府系统贯彻落实工作。

是日，市委副书记、市长杨昌鹏主持召开市二届人民政府第 166 次常务会议，传达学习省长李炳军在毕节调研精神，省政府第 91 次常务会议精神及 2021 年全省扩大有效投资推动高质量发展电视电话会议精神，听取全市安全生产工作情况汇报，研究毕节市贯彻落实事项。

是日，由贵州桥梁集团承建的宜宾至六盘水高速公路镇雄至赫章段“滇黔隧道”左洞顺利贯通，标志着镇赫高速公路建设取得重大进展，为镇赫高速公路工程年底建成通车奠定坚实基础。

8 日，致公党毕节市工作委员会全体委员（扩大）会议召开。贵州省政协副主席、致公党贵州省委主委孙诚谊出席会议并讲话。

8 日至 9 日，全国人大常委会副委员长、民盟中央主席丁仲礼率队到毕节市赫章县开展民盟帮扶项目考察调研。全国人大常委会委员、民盟中央副主席龙庄伟参加调研，省人大常委会党组成员于杰陪同调研。

9 日，省委常委、毕节市委书记吴强到纳雍县勺窝镇五一社区实地调研督导国务院大督查反馈问题整改情况并召开座谈会，强调要切实提高政治站位，严格按照国务院督查组要求和省委书记谌贻琴、省长李炳军批示精神，压实整改责任，明确整改时限，强化日常调度，严肃追责问责，坚决确保督查反馈问题整改落实到位，以高质量整改成效诠释对党的绝对忠诚。

是日，宣布毕节军分区党委第一书记任职大会召开，会议宣读省军区党委任职通知：吴强任中共毕节军分区委员会委员、常委、第一书记。省委常委、毕节市委书记、毕节军分区党委第一书记吴强作任职讲话。省军区党委书记、政治委员李辉宣读任职通知并讲话。

是日，毕节市委召开专题会议，听取发改、统计、财政、工信、能源、国资委等部门工作汇报，研究分析当前经济形势，安排部署有关工作。省委常委、毕节市委书记吴强主持会议并讲话。

是日，省人大常委会党组成员于杰率队到七星关区调研城市建设工作。市人大常委会党组书记、主任张翊皓，省人大常委会副秘书长喻国君参加调研。

9 日至 10 日，全国人大常委会委员、农业与农村委员会副主任、民盟中央副主席龙庄伟率调研组到七星关区调研民盟中央帮扶项目进展情况。

10 日，第 37 个教师节当天，省委常委、毕节市委书记吴强，市委副书记、市长杨昌鹏，市委副书记、七星关区委书记吴东来，市领导张建军、彭华昌、王泉松、秦天志分别到七星关区、纳雍县、织金县、威宁自治县、赫章县部分学校开展教师节走访慰问活动，向辛勤耕耘在教育战线上的广大教育工作者致以节日祝贺和诚挚问候。

是日，在第 37 个教师节到来之际，毕节市召开2021年教师节座谈会，深入学习贯彻习近平总书记关于教育工作的重要指示精神和对贵州对毕节重要指示批示精神，全面落实全省教育高质量发展大会精神，总结回顾成绩，深入分析形势，凝聚发展共识，进一步营造全社会尊师重教的良好环境，激励广大教职工和教育工作者为推动全市教育高质量发展而努力奋斗。市委副书记、市长杨昌鹏出席会议并讲话。

是日，省委常委、毕节市委书记吴强到市委办公室调研并召开座谈会，强调要坚持以习近平新时代中国特色社会主义思想为指导，深入学习贯彻习近平总书记对党办和对贵州对毕节重要指示批示精神，认真落实省委书记谌贻琴在全市领导干部会议上的讲话要求，自觉践行“五个坚持”，全面提升“三服务”水平，努力建设让党放心、让人民满意的模范机关。

11日，总投资2500万元的大方县油杉河风景区仙宇屯客运索建成。索道全长1010米，高差233.8米，全线共设有钢支架11座，最高支架约23米，索道共18个车厢，分为6组，每组3个吊厢组成，每个吊厢可乘坐8人，单小时单向客运量达550人。于国庆节前后对外开放。

11日至12日，全国人大常委会委员、宪法和法律委员会副主任、九三学社中央副主席、中国工程院院士丛斌率九三学社中央调研组到赫章县、威宁自治县调研并召开座谈会。

12日，省委常委、毕节市委书记吴强采取“四不两直”方式，深入纳雍县和七星关区暗访督导环保督察反馈问题整改和巩固拓展脱贫攻坚成果等工作。市委副书记、七星关区委书记吴东来参加有关暗访督导活动。

13日，市委常委会召开会议，学习贯彻中共中央政治局会议精神和习近平总书记在中央党校（国家行政学院）中青年干部培训班开班式上的重要讲话精神，研究毕节市贯彻落实措施。省委常委、毕节市委书记吴强主持会议并讲话。

是日，省委常委、毕节市委书记吴强到市纪委市监委机关、市委巡察办调研，强调要坚持以习近平新时代中国特色社会主义思想为指导，深入贯彻习近平总书记关于全面从严治党的重要论述、视察贵州重要讲话和对贵州对毕节重要指示批示精神，认真落实省委书记谌贻琴在全市领导干部会议上的讲话要求，充分发挥全面从严治党引领保障作用，坚持严的主基调不动摇，一刻不停推进党风廉政建设和反腐败斗争，为推进高质量发展、建设贯彻新发展理念示范区提供坚强保障。

是日，省委常委、毕节市委书记吴强到市委组织部调研，强调要坚持以习近平新时代中国特色社会主义思想为指导，深入学习贯彻习近平总书记视察贵州重要讲话和对贵州对毕节重要指示批示精神，全面贯彻新时代党的建设总要求和新时代党的组织路线，以更高标准、更严要求、更高质量做好新时代党的建设和组织工作，为建设贯彻新发展理念示范区提供坚强组织保障。

14日，省委常委、毕节市委书记吴强主持召开全市民营经济发展暨招商引资工作专题会议，强调要深入学习贯彻习近平总书记视察贵州重要讲话精神、关于民营经济发展系列重要论述和全省民营企业座谈会精神，进一步把牢正确政治方向，统一思想认识，做优做强民营经济，全力抓好招商引资，为“十四五”开好局、起好步奠定坚实基础。

是日，市人大代表开展集中视察暨“乡村振兴，代表在行动”主题活动部署会召开。市人大常委会主任张翊皓出席会议并讲话。

是日，国家能源局正式印发《国家能源局综合司关于报送整县（市、区）屋顶分布式光伏开发试点方案的通知》，公布全国676个整县光伏推进名单。其中威宁自治县、黔西市进入名单。

15日，省人大农业与农村委员会主任委员杨云率队到毕节市调研刺梨产业发展情况。

是日，毕节试验区“农村儿童发展综合示范区”工作座谈会暨项目合作协议签署仪式举行。

全国政协常委、政协人口资源环境委员会主任，中国经济社会理事会副主席，国务院发展研究中心原主任、党组副书记李伟出席会议并讲话，省政协副主席罗宁出席会议，市政协主席杨宏远主持。

15日至16日，全国人大财经委副主任委员陈武率队到毕节市调研经济社会发展和项目投资情况并召开调研座谈会。

15日至18日，省委常委、毕节市委书记吴强，市委副书记、市长杨昌鹏率队到省交通运输厅、省住房和城乡建设厅、省教育厅、省自然资源厅、省人力资源和社会保障厅、省商务厅、省水利厅、省生态环境厅、省工业和信息化厅、省卫生健康委、省统计局、省投资促进局、省医疗保障局、省银保监局、贵州银行、贵阳银行、省农村信用社联合社、国开行贵州省分行、农发行贵州省分行、省金控集团等部门对接工作。

16日，市政协召开二届常委会第二十八次会议，学习习近平总书记在庆祝中国共产党成立100周年大会上的重要讲话精神、贵州省庆祝中国共产党成立100周年大会精神、省委书记谌贻琴在毕节市领导干部会议上的讲话精神，传达省委常委、市委书记吴强在市政协调研时的讲话精神，协商市政协有关制度修改文稿和人事事项等。

是日04时33分，四川泸州市泸县（北纬29.20度，东经105.34度）发生6.0级地震，震源深度10千米。毕节多处有震感。

17日，市政协召开常务委员会专题协商会，就全市人力资源开发情况进行专题协商。

18日，省委常委、省纪委书记、省监委主任夏红民率队到织金县对新型城镇化建设工作推进情况开展调研式监督检查。夏红民强调，全省纪检监察机关要深入学习贯彻习近平总书记“七一”重要讲话和视察贵州重要讲话精神，增强“四个意识”、坚定“四个自信”、做到“两个维护”，聚焦围绕“四新”主攻“四化”强化监督检查，加快推进新型城镇化发展，不断增强城镇人口承载力、内需带动力、发展竞争力。

18日至21日，省委副书记蓝绍敏到金沙县、赫章县、纳雍县、织金县调研，强调要深入学习贯彻习近平总书记视察贵州重要讲话精神，按照省委、省政府部署，抓紧抓实巩固拓展脱贫攻坚成果，点面结合、改革创新，全面推进乡村振兴。省委常委、毕节市委书记吴强参加在赫章县调研。

22日，市委全面深化改革委员会第二十六次会议召开。省委常委、市委书记、市委全面深化改革委员会主任吴强主持会议并讲话。吴强强调，全市各级各部门要认真学习贯彻中央全面深化改革委员会第二十一次会议和省委全面深化改革委员会第十三次、第十四次会议精神，切实增强推进改革的政治责任感和历史使命感，充分发挥改革的突破和先导作用，坚持问题导向，强化改革攻坚，严格执行专项小组、专题组组长负责制，以更强定力、更高标准、更实举措，推动改革在新征程中迈出新步伐、实现新突破，为全面完成全年经济社会发展主要目标、实现“十四五”良好开局、推动毕节高质量发展提供动力支撑和制度保障。

是日，省委常委、毕节市委书记吴强到市委统战部调研并召开座谈会，强调要深入贯彻习近平总书记关于加强和改进新时代党的统一战线工作的重要思想、视察贵州重要讲话和对贵州对毕节工作的重要指示批示精神，认真落实省委书记谌贻琴在全市领导干部会议上的讲话要求，发挥好中国共产党领导的多党合作制度优势，以服务统一战线参与毕节示范区建设为着力点，以走前列、作示范、创品牌为目标，持之以恒推动新时代统一战线各领域工作高质量发展，为毕节建设贯彻新发展理念示范区作出新的更大贡献。

是日，省委常委、毕节市委书记吴强，市委副书记、市长杨昌鹏在毕节会见贵州乌江水电开发有限责任公司党委书记、董事长何光宏一行，双方就“十四五”时期加强绿色能源开发利用、助力乡村振兴、项目建设和产业优化布局等事宜进行洽谈交流。

是日，市政协召开二届常委会第二十九次会议。

22日至24日，省委党史学习教育“我为群众办实事”第五督导组对毕节市“我为群众办实事”实践活动开展专项督导，省委党史学习教育第二十一巡回指导组陪同督导。督导组采取随机抽查、调研走访等方式，对毕节市七星关区、纳雍县、赫章县、大方县，以及市委政法委、市自然资源和规划局、市交通运输局、市能源局“我为群众办实事”实践活动的开展情况、项目进度、人员配置、资金落实等工作进行实地督导。

23日，省委常委、毕节市委书记吴强主持召开市委专题会议，听取全市经济运行、重大项目建设和投资情况汇报，研究部署下一步工作。吴强强调，要深入学习贯彻习近平总书记视察贵州重要讲话精神和对贵州对毕节工作的重要指示批示精神，认真落实省委专题会议要求，进一步深化认识、统一思想，凝心聚力推动项目建设，千方百计扩大有效投资，坚决确保完成全年经济社会发展目标任务，为建设贯彻新发展理念示范区提供坚实支撑。

是日，2021年中国农民丰收节贵州主会场活动开幕式在七星关区朱昌镇举行。省人大常委会副主任杨永英出席开幕式并讲话，市委副书记、市长杨昌鹏致辞，市委副书记、七星关区委书记吴东来，市人大常委会副主任吴学军，遵义市人大常委会副主任杨游明，毕节市副市长徐刘蔚，黔西南州副州长刘兴吉，黔南州政协副主席张仁德出席。开幕式由省农业农村厅党组成员、副厅长方涛主持。

是日，贵州省农业农村厅组织专家验收小组对百兴镇乐卡社区玉米高产竞赛田的玉米进行现场测产，专家组随机抽取田块的玉米，对百兴镇玉米示范田通过理论测产、田间实割实测进行实产验收，专家验收小组最终得出亩产1059.1千克的测产结论，这是百兴镇玉米亩产首次刷新贵州省玉米小面积单产纪录。

是日，全省农民丰收节美团毕节“乡村振兴电商带头人”专场培训班在毕节市会议中心正式开班。来自毕节各市、县、区乡村振兴示范点第一书记、传统老字号经营企业、电商成长型企业和电商创业人员等百余位学员参加为期两天的培训。此培训由中央统战部中国光彩事业基金会、商务部中国国际电子商务中心、农业农村部管理干部学院、毕节市人民政府主办，美团公司和毕节市商务局具体承办，目的是拓宽驻村第一书记及相关人员的“互联网+”工作思路，培育起一大批农村新型电商带头人，从而推动农业增效、农民增收、农村发展。

23日至24日，市人大常委会党组书记、主任张翊皓主持召开市人大常委会机关党史学习教育第七次专题学习会暨理论学习中心组2021年第八次集中学习研讨会。

24日，省委常委、市委书记吴强到市信访局调研并开展包案督访工作，强调要深入学习贯彻习近平总书记关于信访工作的重要指示精神，坚持以人民为中心的发展思想，用心用情做好群众工作，依法依规解决合理诉求，以高质量信访工作服务保障全市经济社会高质量发展。

是日，毕节市文旅招商宣传推介会在深圳市举行。

是日，毕节市公安局七星关分局严格按照“安全生产三年专项行动”工作要求，在水箐镇某销毁场地，对过期、废旧的10余吨炸药，15000余枚雷管进行集中销毁。

25日，省委常委、市委书记吴强主持召开市委专题会议，听取全市发展改革工作情况汇报，研究部署相关工作。吴强强调，要深入学习贯彻习近平总书记视察贵州重要讲话精神和对贵州对毕节重要指示批示精神，认真落实省委关于重大项目建设和稳投资工作专题会议要求，加强统筹谋划，着力精准调度，全力围绕“四新”主攻“四化”，坚决完成全年经济社会发展各项目标任务，为“十四五”规划开好局起好步提供有力支撑。

26日，市委常委班子党史学习教育第七次专题学习会暨理论学习中心组2021年第九次集中学习研讨会召开。省委常委、市委书记吴强主持会议并讲话，强调要深入学习贯彻习近平总书记“七一”重要讲话精神，系统把握习近平总书记重要讲话中“九个必须”蕴含的重大意义、丰富内涵、实践要求，深刻把握党中央号召的目标指向，在新的征程上更加牢记初心使命、奋力担当作为，不断把建设贯彻新发展理念示范区伟大事业推向前进。党史学习教育省委第二十一巡回指导组组长刘文岚到会指导并讲话。

是日，省委常委、市委书记吴强在毕节会见新希望集团副董事长王航一行，双方就深化项目务实合作，助力乡村振兴，推动实现互利共赢等事宜进行洽谈交流。市委副书记、七星关区委书记吴东来参加会见。

是日，省委常委、市委书记吴强到市委宣传部调研，强调要深入贯彻习近平总书记视察贵州重要讲话和对贵州对毕节重要指示批示精神，全面落实意识形态工作责任制，坚定不移践行“举旗帜、聚民心、育新人、兴文化、展形象”的使命任务，全力以赴推动新时代宣传思想工作出新出彩，为建设贯彻新发展理念示范区提供强有力的思想保证、精神动力、舆论环境和文化条件。

是日，省委常委、市委书记吴强到市委政法委调研，强调要深入学习贯彻习近平法治思想、习近平总书记关于政法工作的重要讲话和重要指示批示精神，紧紧围绕建设贯彻新发展理念示范区总目标，更好地统筹发展和安全工作，切实履行维护国家政治安全、确保社会大局稳定、促进社会公平正义、保障人民安居乐业的职责使命，在防范化解风险挑战上彰显新担当，努力建设更高水平的平安毕节、法治毕节、和谐毕节。

27日，省委常委、市委书记吴强主持召开市委专题会议，听取全市能源产业发展情况汇报，研究部署相关工作。吴强强调，要深入学习贯彻习近平总书记视察贵州重要讲话精神和对贵州对毕节工作的重要指示批示精神，认真落实中央和省关于能源工作的部署要求，努力做大做强做优能源产业，加快构建现代能源产业体系，为毕节经济社会高质量发展、建设贯彻新发展理念示范区奠定坚实基础。

27日至28日，省委常委、市委书记吴强到七星关区调研并召开座谈会，强调要深入学习贯彻习近平总书记“七一”重要讲话精神、视察贵州重要讲话和对贵州对毕节重要指示批示精神，全面落实省委书记谌贻琴在全市领导干部会议上的讲话要求，切实找准发展定位，进一步增强走前列、作示范的政治担当，努力在建设贯彻新发展理念示范区先行区中展现新作为、作出新贡献，为把毕节建设成为川滇黔结合部区域性中心城市、贵州“金三角”强劲一角提供坚实支撑。

28日，省委常委、市委书记吴强专题听取市工业和信息化局工作汇报，研究部署相关工作，强调要坚持以习近平新时代中国特色社会主义思想为指导，深入学习贯彻习近平总书记视察贵州重要讲话精神和对贵州对毕节重要指示批示精神，全力以赴推动工业高质量发展，奋力实现工业大突破，为建设贯彻新发展理念示范区提供强大工业支撑。

是日，省委常委、市委书记吴强专题听取市教育局工作汇报，研究全市教育高质量发展情况，强调要深入学习贯彻习近平总书记关于教育的重要论述和对贵州对毕节重要指示批示精神，全面贯彻落实全省教育高质量发展大会精神，进一步强化教育基础支撑作用，努力办好人民满意的教育，为建设贯彻新发展理念示范区提供坚强保障。

是日，全省安全生产电视电话会议结束后，毕节市立即召开会议，认真学习贯彻习近平总书记关于安全生产工作的重要指示精神，按照全省安全生产电视电话会议部署，分析研判当前安全形势，全力以赴抓好国庆节假期及第四季度安全防范工作，坚决遏制重特大事故，切实保障人民群众生命财产安全。市委副书记、市长杨昌鹏出席会议并讲话。

29日，市委副书记、市长杨昌鹏主持召开市二届人民政府第170次常务会议，传达学习习近平法治思想，习近平总书记关于国家粮食安全、安全生产工作重要论述和重要指示批示精神，以及《粮食流通管理条例》《中华人民共和国安全生产法》等精神，审议《加快推进核桃产业高质量发展的意见》等文件，安排部署有关工作。

30日，在中国第八个烈士纪念日当天，毕节市在市烈士陵园举行向英雄烈士敬献花篮仪式，深切缅怀革命先烈的丰功伟绩，传承和弘扬英雄烈士精神、爱国主义精神，进一步激发全市人民干事创业激情，坚定走好新时代长征路，奋力建设毕节示范区。省委常委、市委书记吴强，市委副书记、市长杨昌鹏，市人大常委会主任张翊皓，市政协主席杨宏远，市委常委，市人大常委会、市政府、市政协领导班子成员和党组成员，担任过副厅级以上实职的部分离退休老领导、烈士遗属、老战士代表，市法院、市检察院、市各高等院校主要负责人出席仪式。仪式由副市长、市公安局局长王治军主持。

是日，国家矿山安全监察局赴毕节市督导检查煤矿安全生产反馈会召开。国家矿山安全监察局副局长周德昶出席会议并讲话。

是日，省委常委、市委书记吴强出席毕节市各民主党派市委（工委）新老班子座谈会，强调要深入学习贯彻习近平总书记关于中国新型政党制度的重要论述、视察贵州重要讲话精神和对贵州对毕节重要指示批示精神，全面落实省委书记谌贻琴在全市领导干部会议上的讲话要求，坚持围绕中心服务大局，广泛凝聚共识、智慧、力量，为建设贯彻新发展理念示范区画出最大同心圆。

是日，市委副书记、市政府党组书记、市长杨昌鹏主持召开市政府党组班子党史学习教育第七次专题学习暨理论学习中心组2021年第八次集中学习研讨会。市政府党组成员周仕飞、谢志昌、潘发勇、高扬宗参加学习研讨。

10月

1日，市委副书记、市长杨昌鹏督导检查国庆节假期安全防范工作。

5日，省委常委、市委书记吴强检查调度国庆节假期值班值守工作，强调要坚决落实中央和省委、省政府部署要求，坚守工作岗位，认真履职尽责，确保节日期间全市社会大局平安和谐稳定，让全市人民过一个祥和幸福的节日。

6日，省委常委、市委书记吴强到九洞天风景名胜区调研旅游产业发展，检查指导国庆节假期旅游安全工作，强调要深入贯彻习近平总书记视察贵州重要讲话精神，认真按照全省旅游产业化工作会议安排部署，持续提升旅游品质，打造精品旅游景区，奋力推动全市旅游产业高质量发展。

9日，全市金融工作座谈会召开。

是日，毕节市人大常委会党组召开2021年第17次会议，传达学习习近平总书记在中央人才工作会议上的重要讲话精神、在中共中央政治局第三十三次集体学习时的重要讲话精神以及习近平总书记关于党风廉政建设和反腐败斗争的重要论述。市人大常委会党组书记、主任张翊皓主持会议并讲话。

9日至10日，省委常委、市委书记吴强率队赴上海市开展产业大招商活动。在沪期间，吴强先后来到上海水星家纺、上海中能集团、上海每天生态科技公司、上海绿谷集团考察座谈，介绍毕节人力资源、矿产资源、交通区位、能源保障和政策优势等情况，了解企业发展愿景和投资方向，欢迎广大上海企业家到毕节考察投资。

11日，市委常委会召开会议，学习贯彻习近平总书记在中央人才工作会议上、在纪念辛亥革命110周年大会上和在中共中央政治局第三十三次集体学习时的重要讲话精神，研究毕节市贯彻落实措施。省委常委、市委书记吴强主持并讲话。

是日，省委常委、市委书记吴强，市委副书记、市长杨昌鹏在毕节会见广东省能源集团有限公司党委书记、董事长李灼贤一行，双方就加强能源项目建设、推动乡村振兴等多领域务实合作进行洽谈交流。

是日，全市党史学习教育“我为群众办实事”成果展示会召开。省委党史学习教育第二十一巡回指导组副组长蒋承云到会指导并讲话。

11日至15日，省委常委、省委统战部部长赵德明深入毕节市、六盘水市、黔西南州调研统一战线、民族宗教工作，强调要深入贯彻落实《中国共产党统一战线工作条例》和中央民族工作会议精神，充分发挥统一战线优势，推进民族地区高质量发展。

12日，全市2021年党风廉政警示教育暨干部作风教育大整顿启动大会召开。省委常委、市委书记吴强出席会议并讲话，强调要深入贯彻习近平总书记关于全面从严治党的重要论述和视察贵州重要讲话、对贵州对毕节工作重要指示批示精神，认真落实全省警示教育大会安排部署，以案为鉴、警钟长鸣，更加自觉知敬畏、存戒惧、守底线，永葆忠诚干净担当的政治本色，为建设贯彻新发展理念示范区提供有力的作风保障。

是日，省委常委、市委书记吴强到市检察院调研，强调要深入学习贯彻习近平法治思想和习近平总书记视察贵州重要讲话精神、对贵州对毕节工作的重要指示批示精神，坚持正确政治方向，以高度的政治自觉依法履行检察职能，着力提高法律监督能力水平，为建设贯彻新发展理念示范区提供有力法治保障。

是日，省委常委、市委书记吴强到市公安局调研，强调要深入贯彻习近平法治思想和习近平总书记关于加强新时代公安工作的重要论述，以及习近平总书记视察贵州重要讲话精神和对贵州对毕节重要指示批示精神，持续加强政治建警，忠实履行职责使命，为建设贯彻新发展理念示范区保驾护航。

13日，省委常委、市委书记吴强到市中级人民法院调研，强调要深入学习贯彻习近平法治思想和习近平总书记视察贵州重要讲话精神、对贵州对毕节重要指示批示精神，坚持服务大局、司法为民、公正司法，提升审判执行工作质效，谱写审判事业发展新篇章，为建设贯彻新发展理念示范区提供坚强有力的司法保障。

是日，省委常委、市委书记、毕节军分区党委第一书记吴强出席毕节军分区宣布人武部领导班子调整、第一书记任职暨军官晋升军衔仪式大会并讲话，强调要深入贯彻习近平强军思想，坚决落实党中央和中央军委决策部署，真正扑下身子靠前抓、稳扎稳打向前行，以实际行动为国防动员和后备力量建设作出新贡献。

是日，市委副书记、市长杨昌鹏主持召开市政府党组（扩大）会议和市二届人民政府第171次常务会议，传达学习习近平总书记在中央人才工作会议上的重要讲话、在中共中央政治局第三十三次集体学习时的重要讲话、在纪念辛亥革命110周年大会上的重要讲话精神，以及习近平总书记关于卫生健康、信访、文化旅游发展等工作重要论述和重要指示批示精神，安排部署有关工作。

13日至15日，市委副书记、市长杨昌鹏带队赴广东省深圳市、东莞市开展产业大招商活动，就抓好招商引资、招才引智，加快合作项目进展、扩大合作成果与企业负责人进行深入交流。

14日至15日，省委常委、市委书记吴强到金沙县调研，强调要深入学习贯彻习近平总书记视察贵州重要讲话精神和对贵州对毕节工作的重要指示批示精神，落实省委书记谌贻琴在全市领导干部会议上的讲话要求，争当高质量发展的领头羊和建设贯彻新发展理念示范区的排头兵，为全市经济社会高质量发展作出示范引领。

15日，市政协召开二届常委会第三十次会议，传达毕节市2021年党风廉政警示教育暨干部作风教育大整顿启动大会精神，安排部署全市政协系统干部作风教育大整顿工作。市政协党组书记、主席杨宏远讲话。

17日，央视《新闻联播》播出的《在习近平新时代中国特色社会主义思想指引下》栏目，播发《脱贫攻坚创造人间奇迹乡村振兴开启新的征程》新闻，全面报道党的十八大以来，以习近平同志为核心的党中央，把脱贫攻坚摆在治国理政突出位置，组织实施人类历史上规模最大、力度最强的脱贫攻坚战，完成消除绝对贫困的艰巨任务，创造彪炳史册的人间奇迹。其中，毕节市广大干部群众奋战脱贫攻坚镜头多次被采用。

18日，市委常委会召开会议，学习贯彻习近平总书记在中央人大工作会议上的重要讲话、关于老龄工作的重要指示、在《生物多样性公约》第十五次缔约方大会领导人峰会上的主旨讲话精神，研究毕节市贯彻落实措施。

19日，2021年毕节市大众创业万众创新活动周启动仪式在七星关举行。

是日，省委常委、市委书记吴强专题听取贵州中烟毕节卷烟厂和市烟草专卖局（公司）工作汇报，研究部署相关工作，强调要深入学习贯彻习近平总书记对贵州对毕节工作的重要指示批示精神，围绕“四新”主攻“四化”，强化生产经营、创新发展方式，推动全市烟草产业高质量发展，为建设贯彻新发展理念示范区提供坚实产业支撑。

是日，省委常委、市委书记吴强主持召开会议，专题听取市卫生健康局工作汇报，研究部署全市卫生健康高质量发展相关工作，强调要深入学习贯彻习近平总书记关于卫生健康工作系列重要论述和对贵州对毕节工作的重要指示批示精神，全面贯彻落实全省卫生健康高质量发展大会精神，推动卫生健康事业高质量发展，为建设贯彻新发展理念示范区提供坚强的卫生健康保障。

是日，市委副书记、市长杨昌鹏主持召开市二届人民政府第172次常务会议，传达学习省政府第95次常务会议精神，分析研究全市前三季度经济形势，部署四季度重点工作。

19日至21日，中共中央书记处书记、中央统战部部长尤权在贵州调研时强调，要深入学习贯彻中央民族工作会议精神，切实铸牢中华民族共同体意识，更好促进民族团结进步，助力全面推进乡村振兴，努力让各族群众过上更加美好的生活。

尤权来到贵阳、毕节、黔南，深入乡村企业，走访民族学校、民族文化博物馆和铸牢中华民族共同体意识教育基地，并与省、市、县有关负责人和当地干部群众代表座谈，调研贯彻落实中央民族工作会议精神情况，了解毕节建设贯彻新发展理念示范区进展。

20日，中国共产党毕节市第二届委员会第十次全体会议在七星关举行。全会审议通过《关于召开中国共产党毕节市第三次代表大会的决议》，决定于2021年12月召开中国共产党毕节市第三次代表大会。

是日，省委常委、市委书记吴强专题听取市人力资源和社会保障局工作汇报，研究部署相关工作，强调要深入学习贯彻习近平总书记视察贵州重要讲话精神、对贵州对毕节工作的重要指示批示精神，多措并举全面促进人力资源开发，为巩固拓展脱贫攻坚成果同乡村振兴有效衔接提供坚实人才支撑，在建设示范区新征程上取得新成效作出新贡献。

是日，全市《贵州省政府投资项目管理办法》专题培训电视电话会议召开。

是日，市政府召开全市应对新冠肺炎疫情防

控工作电视电话会议。会议的主要任务：深入学习贯彻习近平总书记关于疫情防控工作的重要指示批示精神，国务院联防联控机制新冠肺炎疫情防控工作视频会议精神，认真贯彻落实省委书记谌贻琴在视频调度遵义市疫情防控工作时的重要讲话、有关重要批示精神和省长李炳军重要批示精神，按照省委常委、市委书记吴强的批示要求，对全市疫情防控工作再动员、再部署、再落实。市委副书记、市长杨昌鹏出席会议并讲话。

22日，毕节市人民政府与国家电投集团贵州金元股份有限公司战略合作框架协议签约仪式在毕节举行。省委常委、市委书记吴强，国家电投集团贵州金元股份有限公司党委书记、董事长朱绍纯出席并讲话。市委副书记、市长杨昌鹏，国家电投集团贵州金元股份有限公司副董事长施文刚分别代表双方签订战略合作框架协议。

是日，省委常委、市委书记吴强主持召开市委专题会议暨市委乡村振兴领导小组会议，深入学习贯彻习近平总书记视察贵州重要讲话、对贵州对毕节工作的重要指示批示精神，听取全市巩固拓展脱贫攻坚成果和推进乡村振兴工作情况汇报，学习贯彻《巩固脱贫成果后评估办法》，审议《毕节市全面推进乡村振兴五年行动方案》，研究部署下一步工作。

是日，省委常委、市委书记吴强主持召开市委专题会议，听取有关情况汇报，研究部署全市疫情防控工作，强调要深入贯彻习近平总书记关于疫情防控工作的重要指示精神，贯彻落实全国新冠肺炎疫情防控工作电视电话会议精神，按照省委、省政府决策部署，从严从紧抓好疫情防控各项工作，为全市经济社会高质量发展营造稳定环境。

23日，市委常委会召开会议，学习贯彻中央政治局会议精神和习近平总书记在中共中央政治局第三十四次集体学习时的重要讲话精神，研究毕节市贯彻落实措施。省委常委、市委书记吴强主持会议并讲话。

是日，市委常委会召开会议，学习贯彻中央书记处书记、中央统战部部长尤权在毕节调研时的讲话精神。省委常委、市委书记吴强主持会议并讲话。

是日，市委召开常委会会议暨市委财经委员会会议，研究分析全市前三季度经济形势，安排部署第四季度经济工作。省委常委、市委书记、市委财经委员会主任吴强主持会议并讲话。

是日，省委常委、市委书记吴强到七星关区、金海湖新区调研疫情防控工作，看望慰问一线工作人员，强调要深入贯彻习近平总书记关于疫情防控工作的重要指示精神，贯彻落实全国新冠肺炎疫情防控工作电视电话会议精神，按照省委、省政府决策部署，认真坚守岗位职责，强化部门联防联动，细之又细严格落实防控举措，坚决巩固好来之不易的疫情防控成果，全力保障全市人民群众生命安全和身体健康。

是日，第十一届全国残运会暨第八届特奥会继续在陕西西安进行。在当日的女子20分4×50米自由泳接力决赛中，毕节籍运动员何圣羔与浙江运动员、广西运动员组成的跨省组合，以2分30秒88的成绩打破世界纪录，夺得该项目金牌。

25日，省委常委、市委书记吴强采取“四不两直”方式，深入赫章县暗访督导疫情防控和巩固拓展脱贫攻坚成果工作。

26日，中国石化贵州能化PGA项目场平工程开工仪式在织金县茶店乡举行。省委常委、市委书记吴强出席并宣布开工。中国石化长城能化执行董事、党委书记、总经理杨栋讲话。省发展改革委副主任杨凌志，中国石化工程建设督导专员宋立群，贵州能化董事长、党委书记、总经理张正军，贵州石油党委书记张家顺，市人大常委会副主任、织金县委书记杨桦参加。

26日至27日，省委常委、市委书记吴强到黔西市调研经济社会发展、“四化”建设、巩固拓展脱贫攻坚成果同乡村振兴有效衔接等工作，强调要深入学习贯彻习近平总书记“七一”重要讲话、视察贵州重要讲话和对贵州对毕节工作的重要指示批示精神，对标省委要求，主动作为、奋勇争先，全力围绕“四新”主攻“四化”，努力续写黔西经济社会高质量发展新篇章。

27日，根据省委党史学习教育巡回指导组安排，毕节市组织广大党员干部到党风廉政警示教育展厅开展警示教育活动，教育引导党员干部进一步坚定理想信念，增强党性修养。省委党史学习教育第二十一巡回指导组组长、市委党史学习教育第一督查组组长、贵州广电传媒集团原党委副书记、总经理刘文岚，省委党史学习教育第二十一巡回指导组副组长蒋承云，市委常委、市纪委书记、市监委主任王彤参加活动。

近日，九三学社贵州省委联合九三学社上海市委与上海佑心慈善基金会到威宁自治县开展“心动万家”儿童先天性心脏病筛查活动。据悉，本次活动共筛查6613人，确定需要手术的患儿15人。

27日至28日，市委副书记、市长杨昌鹏带队赴北京市开展产业大招商活动，就合作项目、合作模式等与有关企业进行深入交流，就加快推进项目落地达成共识。

27日至28日，毕节市第二届人大常委会第四十四次会议召开。市人大常委会党组书记、主任张翊皓主持会议并讲话。会议传达学习习近平总书记在中央人大工作会议上的重要讲话精神；听取审议并表决通过《毕节市人民政府关于2021年度全市环境质量状况和生态环境保护目标完成情况的报告》《毕节市未成年人保护工作情况报告》《毕节市人民检察院开展行政争议实质性化解工作情况报告》，对《毕节市乡村环境卫生管理条例（草案）》《毕节市居家养老服务条例（草案）》进行第一次审议；会议作出《毕节市人大常委会关于毕节市第三届人民代表大会代表名额和选举问题的决定》《毕节市人大常委会关于批准2021年市本级财政预算调整方案的决议》《毕节市人大常委会关于开展第八个五年法治宣传教育的决议》，表决通过关于个别代表的代表资格的报告和有关人事任免案。

28日，省委常委、市委书记吴强主持召开市委专题会议，听取全市政法工作情况汇报，研究解决相关问题，强调要深入贯彻习近平法治思想和习近平总书记对贵州对毕节工作的重要指示批示精神，深化“一中心一张网十联户”机制建设，着力推进治理体系和治理能力现代化，为法治毕节示范创建和建设贯彻新发展理念示范区作出新的更大贡献。

近日，省人民政府对毕节市《关于审批七星关区撒拉溪镇双龙村倒洞水库等3个集中式饮用水水源保护区调整方案的请示》作出批复。

29日，省委常委、市委书记吴强专题听取市自然资源和规划局工作汇报，研究部署相关工作，强调要深入学习贯彻习近平总书记视察贵州重要讲话和对贵州对毕节工作的重要指示批示精神，科学管理自然资源，精心规划国土空间，以高水平自然资源和规划工作保障支撑全市经济社会高质量发展。

是日，市委副书记、市长杨昌鹏主持召开专题会议，传达省政府研究煤电保供工作专题会议精神，听取全市煤电保供工作情况汇报，研究部署今冬明春煤电保供工作。

是日，市委副书记、市长杨昌鹏主持召开市政府党组（扩大）会议和市二届人民政府第173次常务会议，传达学习习近平总书记在中央人大工作会议、中共中央政治局第三十四次集体学习、深入推动黄河流域生态保护和高质量发展座谈会、中华人民共和国恢复联合国合法席位50周年纪念会议上的重要讲话精神和习近平总书记在《生物多样性公约》第十五次缔约方大会领导人峰会上的主旨讲话精神、中共中央政治局会议精神以及习近平总书记关于老龄工作的重要指示精神，安排部署煤电保供和乡村振兴工作。

是日，农业农村部官网发布《关于公布第二批全国乡村治理示范村镇名单》的通知，毕节1

个乡镇、3个村上榜。分别是威宁自治县石门乡、七星关区长春堡镇干堰村、黔西市新仁乡化屋村、金海湖新区响水乡青山村。

31日，市委副书记、市长杨昌鹏主持召开专题会议，研究部署生态环境保护工作。

11月

1日，省委常委、市委书记吴强出席全市“一中心一张网十联户”基层社会治理机制建设推进会议暨政法专项工作表彰会议并讲话，强调要坚持以习近平新时代中国特色社会主义思想为指导，深入学习贯彻习近平法治思想、习近平总书记“七一”重要讲话和视察贵州重要讲话，以及对贵州对毕节工作的重要指示批示精神，认真落实中央和省委关于加强基层治理体系和治理能力现代化建设的决策部署，全力推动“一中心一张网十联户”基层社会治理机制落地落实，为法治毕节示范创建和建设贯彻新发展理念示范区夯实基层治理基础。

是日，省委常委、市委书记吴强主持召开与各县（市、区）新一届党委负责人谈心谈话暨工作汇报会，强调要深入学习贯彻习近平总书记视察贵州重要讲话精神、与中央党校第一期县委书记研修班学员座谈和会见全国优秀县委书记时的重要讲话精神，以及对贵州对毕节工作的重要指示批示精神，坚决扛牢政治责任，不负组织信任，走好赶考路、跑好接力赛、干出新业绩，一步一个脚印把示范区建设宏伟蓝图变为现实。

2日，副省长蔡朝林率调研组到威宁自治县调研。蔡朝林一行首先来到威宁雪榕生物科技有限公司，听取威宁经济开发区规划发展总体情况及威宁雪榕生物科技有限公司基本情况汇报。在威宁雪榕生物科技有限公司食用菌生产线，蔡朝林与企业负责人深入交谈，详细了解企业生产运行、生产经营及吸纳当地群众就业等情况。

2日至3日，省委常委、市委书记吴强到织金县调研经济社会发展、“四化”建设、巩固拓展脱贫攻坚成果同乡村振兴有效衔接等工作，强调要深入学习贯彻习近平总书记“七一”重要讲话、视察贵州重要讲话和对贵州对毕节工作的重要指示批示精神，对标落实省委书记谌贻琴在全市领导干部会议上的讲话要求和对织金工作的要求，以“目标争第一、工作创一流”的志气和魄力干成新业绩、交出新答卷，奋力奏响建设贯彻新发展理念示范区织金最强音。

3日，市委常委会召开会议，学习贯彻习近平总书记在深入推动黄河流域生态保护和高质量发展座谈会、在中华人民共和国恢复联合国合法席位50周年纪念会议、在第二届联合国全球可持续交通大会开幕式上和参观国家“十三五”科技创新成就展时的重要讲话精神，研究毕节市贯彻落实措施。省委常委、市委书记吴强主持并讲话。

5日，毕节市召开党史学习教育“我为群众办实事”实践活动调度会，总结分析毕节市“我为群众办实事”实践活动的前一阶段工作，交流典型经验，查摆问题短板，进一步提高认识，统一思想，明确目标，再鼓劲、再深入、再发力，持续推动实践活动走深走实。省委党史学习教育第二十一巡回指导组组长，贵州广电传媒集团原党委书记、总经理刘文岚出席会议并讲话。

是日，毕节市庆祝中国共产党成立100周年理论研讨会召开。会上，参会人员集中学习习近平总书记在庆祝中国共产党成立100周年大会上的重要讲话，8位专家学者结合自身工作职能、理论研究成果作了交流发言。

6日晚，毕节市两位第八届全国道德模范提名奖获得者（黔西市锦绣学校教师杨明、黔西市公安局莲城派出所辅警卢方建）返回黔西，在黔西坪子收费站受到热烈欢迎。

8日，是毕节市七星关区第三届人民代表大会代表换届选举投票选举日，省委常委、市委书记吴强，市委副书记、市长杨昌鹏，市人大常委会主任张翊皓，市政协主席杨宏远等市领导和广大选民共同依法行使民主权利，委托工作人员或亲自到现场投下庄严神圣的一票。

是日，市人大常委会党组书记、主任，赤水河市级河长张翊皓到大方县二道河开展巡河活动，现场督导赤水河流域生态环保突出问题整改工作。市人大常委会党组成员、秘书长冯兴忠参加活动。

9日，副省长蔡朝林到毕节市调研开发区建设和商务、招商引资、市场监管、国有资产监管等方面工作时强调，要深入贯彻落实习近平总书记“七一”重要讲话精神和对贵州对毕节工作的重要指示批示精神，按照省委、省政府围绕“四新”主攻“四化”的决策部署，立足资源禀赋，发挥比较优势，扩大市场容量，形成集聚效应，全力以赴建设贯彻新发展理念示范区，努力为全省高质量发展提供有力支撑。

10日，毕节市人民政府与好活集团战略合作框架协议签订仪式在毕节举行。市委副书记、市长杨昌鹏出席仪式并讲话，好活集团董事长朱江介绍合作项目，市委常委、常务副市长周仕飞主持仪式，市委常委、副市长杨得志代表毕节市人民政府与好活集团签约。

16日，市委常委会召开会议，传达学习贯彻中共十九届六中全会精神，研究毕节市贯彻落实措施。省委常委、市委书记吴强主持会议并讲话。

是日，毕节市劳动维权举报投诉平台“毕安薪”微信小程序正式上线。毕节市各级人社部门加大力度，全力推进“毕安薪”劳动维权举报投诉平台的宣传和推广使用；通过建立高效欠薪信访、网络舆情案件的转办机制，进一步缩减案件办结时限；深入开展根治欠薪冬季专项行动，确保实现所有查实的欠薪问题在2022年1月20日前全部办结。

是日，省委常委、市委书记吴强专题听取市住房和城乡建设局工作汇报，研究部署相关工作，强调要深入学习贯彻中共十九届六中全会精神和习近平总书记对贵州对毕节工作的重要指示批示精神，深入践行以人民为中心的发展思想，围绕中心、服务大局，统筹推进城乡建设，为示范区建设贡献住建力量。

16日至17日，市委副书记、市长杨昌鹏带队赴广东省深圳市、东莞市开展产业大招商工作，了解相关企业、科研机构发展理念、发展方向及运营模式，就抓好招商引资、招才引智，加快合作项目进展、扩大合作成果与企业负责人进行深入交流。

17日，省委常委、市委书记吴强深入纳雍县骔岭镇小屯村宣讲中共十九届六中全会精神，勉励基层干部群众要深刻学习领会全会精神，从党的百年奋斗历程中汲取智慧和力量，牢记嘱托、感恩奋进、苦干实干，确保中共十九届六中全会精神在毕节落地生根、开花结果。

17日至18日，省委常委、市委书记吴强到纳雍县调研，宣讲中共十九届六中全会精神，看望基层干部群众。强调要深入学习贯彻中共十九届六中全会精神和习近平总书记视察贵州重要讲话、对贵州对毕节工作的重要指示批示精神，对标落实省委对毕节的工作要求，奋发图强、接续奋斗、苦干实干，奋力推动全会精神在毕节落地生根开花结果。

18日，省委常委、省委宣传部部长卢雍政到大方县和七星关区调研生猪产业、生态特色食品产业、文旅融合发展等工作，强调要完整准确全面贯彻新发展理念，集中力量做大做强龙头企业，通过产业链与创新链深度融合加快迈上价值链高端。

是日，市委副书记、市长杨昌鹏主持召开市政府党组（扩大）会议，传达学习中共十九届六中全会精神和习近平总书记在第二届联合国全球可持续交通大会开幕式上的主旨讲话精神，研究部署全市政府系统贯彻落实工作。

是日，市委副书记、市长杨昌鹏主持召开市

二届人民政府第174次常务会议，传达学习省政府第96次、97次常务会议和省政府研究部署稳投资促消费专题会议精神，贵州省全面推进乡村振兴电视电话会议精神，研究全市稳投资促消费、乡村振兴、道路交通安全管理以及行政规范性文件合法性审核和监督管理等工作。

19日，市委常委班子党史学习教育第八次专题学习会暨理论学习中心组2021年第十次集中研讨会召开。省委常委、市委书记吴强主持会议并讲话，强调要深入学习贯彻中共十九届六中全会精神，深刻理解把握党百年奋斗的重大成就和历史经验、历史意义，牢固树立唯物史观和正确党史观，以史为鉴、开创未来，埋头苦干、勇毅前行，在全面建设社会主义现代化国家、向第二个百年奋斗目标进军的新征程中建功立业、续写荣光，奋力谱写百姓富生态美多彩贵州新未来的毕节新篇章。党史学习教育省委第二十一巡回指导组组长刘文岚到会指导并讲话。

是日，《贵州日报》刊发省委常委、毕节市委书记吴强署名文章《奋力开创建设贯彻新发展理念示范区新未来》。

是日，市人大常委会机关党史学习教育第八次专题学习会暨理论学习中心组2021年第九次集中学习研讨会召开，专题学习研讨中共十九届六中全会精神。市人大常委会党组书记、主任张翊皓主持会议并讲话。

22日，毕节市委常委会召开会议，学习贯彻中共中央政治局会议精神和《关于国务院第八次大督查发现部分地方和单位贯彻落实党中央、国务院决策部署不到位典型问题的通报》精神，听取国务院第八次大督查涉及毕节问题整改落实情况汇报，研究部署相关工作。省委常委、市委书记吴强主持会议并讲话。

是日，市委全面深化改革委员会第二十七次会议召开。省委常委、市委书记、市委全面深化改革委员会主任吴强主持会议并讲话。强调要深入学习贯彻中共十九届六中全会精神、习近平总书记视察贵州重要讲话和对贵州对毕节工作的重要指示批示精神，持续深化重点领域和关键环节改革，为经济社会高质量发展提供强大动力支撑。

23日，市政协党组书记、主席杨宏远主持召开市政协党组党史学习教育第八次专题学习会暨理论学习中心组2021年第九次集中研讨会议，并宣讲中共十九届六中全会精神。党史学习教育省委第二十一巡回指导组副组长蒋承云到会指导并讲话。

24日，全市未成年人保护暨校园安全专题会议召开。

是日，毕节大方人、贵州中医药大学第一附属医院主任医师刘尚义获首届“贵州杰出人才奖”。

25日，省委常委、市委书记吴强到黔西市调研督导生态环保问题整改工作，强调要深入学习贯彻习近平生态文明思想和习近平总书记视察贵州重要讲话、对贵州对毕节工作的重要指示批示精神，深入践行“绿水青山就是金山银山”理念，坚决扛牢生态环境保护重大政治责任，坚持问题导向，靶向发力、精准施策，确保问题全面整改到位。

26日，贵州省第十三届人民代表大会常务委员会第二十九次会议决定：批准《毕节市献血条例》，由毕节市人民代表大会常务委员会公布施行。

是日，金沙县、大方县、七星关区柏杨林街道办事处、中共毕节市纪律检查委员会（毕节市监察委员会）、毕节市司法局、中国人民银行毕节市中心支行、黔西市新仁苗族乡化屋村、百里杜鹃管理区第二中学入选2021年度全省民族团结进步示范区（单位）名单。

是日，由毕节市公安交通管理局与中国移动毕节分公司联合推出的驾驶人智能体验机上岗。该机器在七星关、金海湖、大方、金沙、织金、纳雍等县区投入使用。

28日，省委常委、市委书记吴强专题听取市水务局和市水投公司工作汇报，安排部署相关工作，强调要深入学习贯彻中共十九届六中全会精神和习近平总书记视察贵州重要讲话、对贵州对毕节工作的重要指示批示精神，当好水务“主力军”，做好城乡“水文章”，为建设贯彻新发展理念示范区提供坚实水利支撑。

是日，市委副书记、市长杨昌鹏主持召开国务院第八次大督查反馈问题整改工作推进会议，对整改工作再强调再推进。

29日，市委常委会召开会议，学习贯彻习近平总书记对全军后勤工作会议作出的重要指示精神、李克强总理在经济形势部分地方政府主要负责人座谈会上的讲话精神和省委有关会议精神，研究毕节市贯彻落实措施。省委常委、市委书记吴强主持会议并讲话。

是日，全国妇联公布了2021年“全国最美家庭”名单，七星关区王谋家庭、赫章县刘虹艳家庭获“全国最美家庭”称号。

是日，贵州省民政厅将“全国先进社会组织”表彰贵州入围名单予以公示，纳雍县爱心纳雍公益联合会为入围名单之一。

29日至30日，省委常委、市委书记吴强到大方县调研“四化”推进和经济社会发展等工作，宣讲中共十九届六中全会精神，看望基层干部群众。强调要深入学习贯彻中共十九届六中全会精神和习近平总书记视察贵州重要讲话、对贵州对毕节工作的重要指示批示精神，切实把中共十九届六中全会精神转化为推动大方经济社会高质量发展的创新实践，奋力书写建设贯彻新发展理念示范区大方新篇章。

是日，市政协召开二届常委会第三十一次会议，传达学习中国共产党第十九届中央委员会第六次全体会议精神，强调要把学习贯彻中共十九届六中全会精神作为当前和今后一个时期政协工作的重中之重，准确把握精神实质，统一思想、意志、行动，全力助推毕节高质量发展。

31日，市委副书记、市长杨昌鹏主持召开专题会议，研究部署生态环境保护工作。

是日，毕节市人民政府正式公布《毕节市行政规范性文件合法性审核和监督管理办法》，自2021年12月1日起正式实施。这是毕节市深化法治毕节示范创建和开展法治政府示范创建工作的又一有力举措。

12月

3日，市委常委会召开会议，学习贯彻省委十二届十次全会、全省开放型经济发展大会精神，研究毕节市贯彻落实措施。省委常委、市委书记吴强主持会议并讲话。

是日，毕节市人大常委会组织召开第八个国家宪法日座谈会。

4日，中国共产党毕节市第二届委员会第十一次全体会议在七星关召开。市委委员36人、候补委员5人出席会议，市纪委委员和有关方面负责人，省第十二次党代会、市第二次党代会代表中的部分基层代表等列席会议。全会听取和讨论市委常委会工作报告和吴强的讲话，审议通过《中共毕节市委关于学习宣传贯彻党的十九届六中全会和省委十二届十次全会精神的意见》《中国共产党毕节市第二届委员会第十一次全体会议决议》，讨论通过《中国共产党毕节市第二届委员会向中国共产党毕节市第三次代表大会的报告》《中国共产党毕节市第二届纪律检查委员会向中国共产党毕节市第三次代表大会的工作报告》，决定将这两份文件提请市第三次党代表大会审议和审查。

是日，市委副书记、市长杨昌鹏主持召开市政府专题会议，分别听取现代能源、优质烟酒、新型建材、轻纺工业、现代工业、大数据电子信息、先进装备制造等工业产业情况汇报，研究推进措施。

6日，省委常委、市委书记吴强专题听取市

林业局工作汇报，研究部署相关工作，强调要深入学习贯彻中共十九届六中全会精神和习近平总书记视察贵州重要讲话、对贵州对毕节工作的重要指示批示精神，以习近平生态文明思想为指引，深入践行绿色发展理念，努力在生态文明建设上出新绩，为建设贯彻新发展理念示范区作出林业贡献。

7日，省委常委、市委书记、白甫河省级河长、市级总河长吴强开展巡河并主持召开2021年市级第二次总河长会议，强调要深入践行习近平生态文明思想，全面落实党中央、国务院和省委、省政府关于深化河（湖）长制、加强河湖治理的决策部署，进一步提高政治站位，深化思想认识，凝心聚力推动各项工作，全力以赴守护好全市河湖生态环境，为毕节建设贯彻新发展理念示范区提供良好生态支撑。

是日，省委常委、市委书记吴强，市委副书记、市长杨昌鹏在毕节会见苏商集团董事局主席严昕一行，双方围绕进一步加强合作等事宜进行洽谈交流。

是日，市委副书记、市长杨昌鹏主持召开市政府党组（扩大）会议，传达学习11月18日中共中央政治局会议精神、省委十二届十次全会和市委二届十一次全会精神，研究全市政府系统贯彻落实措施。

是日，全市党史学习教育工作推进会召开。省委党史学习教育第二十一巡回指导组组长、贵州广电传媒集团原党委副书记、总经理刘文岚出席会议并讲话，省委党史学习教育第二十一巡回指导组副组长、六盘水市政协副主席、一级巡视员蒋承云参加会议。

是日，全市中医药工作会议召开，省委常委、市委书记吴强，市委副书记、市长杨昌鹏作批示。

8日，省委常委、常务副省长李再勇到毕节市织金县宣讲中共十九届六中全会精神和省委十二届十次全会精神，并调研乡村振兴、矿山生态修复治理、燃气安全以及新型城镇化建设、债务风险防范化解等工作。李再勇强调，要认真学习宣传贯彻习近平总书记重要讲话精神和中共十九届六中全会精神，从党的百年奋斗历程中汲取智慧和力量，按照省委十二届十次全会部署，推动学习成果转化为高质量发展成效。

是日，省委常委、市委书记、拱拢坪国家森林公园省级林长、市级总林长吴强到七星关区拱拢坪国家森林公园巡林，并到贵州中烟毕节卷烟厂走访调研。省统计局党组成员、副局长吴定伟参加巡林，副市长徐刘蔚参加巡林和调研。

是日，省人大常委会党组成员、副主任王忠到毕节宣讲中央人大工作会议精神，并调研黔西市2020年城市棚户区改造项目。

9日，市委副书记、市长杨昌鹏主持召开市政府党组（扩大）会议和市二届人民政府第175次常务会议，学习贯彻中共中央政治局会议、党外人士座谈会会议精神，中共中央政治局第三十五次集体学习精神，习近平总书记在全国宗教工作会议上的重要讲话精神，李克强总理在经济形势部分地方政府主要负责人座谈会上的讲话精神，全省开放型经济发展大会精神，安排部署教育、信访工作。

是日，市委副书记、市政府党组书记、市长杨昌鹏主持召开市政府党组班子党史学习教育第八次专题学习暨理论学习中心组2021年第九次集中学习研讨会。

是日，受省委常委、市委书记吴强，市委副书记、市长杨昌鹏委托，市委副书记、七星关区委书记、市服务保障第二轮中央生态环境保护督察工作领导小组副组长吴东来主持召开中央生态环境保护督察指出问题整改暨大气环境质量管控工作调度会，调度推进生态环境问题整改、信访案件办理和大气环境质量管控工作。

9日至11日，中央第二生态环境保护督察组组长李家祥一行下沉毕节市督察。李家祥一行先后深入黔西市、威宁自治县、七星关区、金沙县，实地调研乌江水生态环境保护、城镇生活污水治理、自然保护区建设管理等工作，核查第一轮督察及“回头看”发现问题整改情况。

10日，省委常委、市委书记吴强到基层党建工作联系点七星关区柏杨林街道调研并宣讲中共十九届六中全会和省委十二届十次全会、市委二届十一次全会精神，强调要深入学习贯彻中共十九届六中全会和省委、市委全会精神，牢记共产党人的初心使命，始终把人民放在心中最高位置，努力在加强党的建设中持续增进民生福祉，奋力走好新时代的赶考路。

是日，省委常委、市委书记吴强到毕节一中调研并主持召开校园安全工作座谈会，安排部署相关工作。强调要深入学习贯彻习近平总书记关于校园安全工作的重要指示精神，全面落实全国校园安全专项整顿会议安排部署和省委书记谌贻琴在省委常委会听取全省校园安全工作情况汇报时的讲话要求，全力做好校园安全专项整顿，切实提升校园安全综合治理水平，努力为全市教育事业高质量发展营造和谐稳定的校园环境。

11日至12日，中央统战部副部长，全国工商联党组书记、常务副主席徐乐江到织金县调研并召开全国工商联定点帮扶工作专题座谈会，研究推进帮扶重点工作。徐乐江强调，要深入学习贯彻中共十九届六中全会精神和中央经济工作会议精神，运用好党史学习教育成果，认真总结提炼定点帮扶工作的有益经验，探索建立有效机制，把全国工商联定点帮扶工作扎实推向深入，为助推织金县全面推进乡村振兴，促进先富帮后富实现共同富裕，为全面建设社会主义现代化国家，实现中华民族伟大复兴的中国梦作出新的贡献。

近日，中国科协决定授予北京市朝阳区科学技术协会等166个单位“全民科学素质工作先进集体”称号，其中毕节市科学技术协会上榜。

13日，市第三次党代会举行代表培训会议，省委常委、市委书记吴强出席并作严肃换届纪律宣讲。强调要以习近平新时代中国特色社会主义思想为指导，深入学习贯彻中央、省委关于严肃换届纪律和加强换届风气监督的有关精神，切实增强政治意识、纪律意识、规矩意识，忠诚履行神圣职责使命，严格遵守“十严禁”换届纪律，共同营造和维护风清气正的换届环境，确保市第三次党代会圆满成功。

是日，市委副书记、市长杨昌鹏主持召开市二届人民政府第176次常务会议，学习贯彻中央经济工作会议、省委常委会会议、省政府第100次常务会议精神，听取2021年全市经济社会发展情况和2022年工作建议汇报，研究2022年经济工作。

是日，市委常委会召开会议，传达学习中央经济工作会议和习近平总书记在中央政治局第三十五次集体学习时的重要讲话精神，研究贯彻落实措施。省委常委、市委书记吴强主持会议并讲话。

14日，中国共产党毕节市第三次代表大会在七星关开幕。吴强代表中国共产党毕节市第二届委员会向大会作了题为《牢记嘱托担使命　感恩奋进再出发　为把毕节建设成为贯彻新发展理念示范区而不懈奋斗》的报告。

16日，中国共产党毕节市第三次代表大会圆满完成各项议程，胜利闭幕。选举产生中国共产党毕节市第三届委员会和中国共产党毕节市第三届纪律检查委员会，通过关于中国共产党毕节市第二届委员会报告的决议、关于中国共产党毕节市第二届纪律检查委员会工作报告的决议，吴强主持闭幕式并讲话，443名代表出席。

是日，省委常委、市委书记吴强主持召开市委专题会议，研究部署中央生态环保督察公开通报问题整改工作，强调要衷心拥护“两个确立”，忠诚践行“两个维护”，深入贯彻习近平生态文明思想，认真落实省委书记谌贻琴的有关批示要求，高度重视、深刻警醒，汲取教训、举一反三，以最坚决态度、最有力措施、最过硬作风不折不扣推动落实，坚决确保中央生态环保督察公开通报问题整改到位。

是日，在“中茶杯”第十一届国际鼎承茶王赛秋季赛颁奖典礼上，贵州纳雍金蟾山茶业发展有限公司选送的“高山福”鸿福茶及“高山福”福禄茶分别获红茶类特别金奖、绿茶类金奖。

17日，中国共产党毕节市第三届委员会第一次全体会议举行。吴强受中国共产党毕节市第三次代表大会主席团委托主持会议。大会宣布选举结果：吴强、杨昌鹏、吴东来、周仕飞、王彤、聂学政、魏华松、陈宗俊、肖虎、张建军、潘发勇当选为市委常委。吴强当选为市委书记，杨昌鹏、吴东来当选为市委副书记。

是日，中国共产党毕节市第三届纪律检查委员会第一次全体会议举行。受中国共产党毕节市第三次代表大会主席团委托，王彤主持会议。大会宣布选举结果：王彤、熊家军、詹文、叶文学、樊章宣、杨家凯、黄莉、朱仁达、王明学当选为中国共产党毕节市第三届纪律检查委员会常务委员会委员。王彤当选为中国共产党毕节市第三届纪律检查委员会书记，熊家军、詹文、叶文学当选为中国共产党毕节市第三届纪律检查委员会副书记。

是日，省委党史学习教育领导小组办公室副主任、材料简报组组长、第二督导组组长、省委党史研究室副主任覃爱华一行到毕节开展党史学习教育“我为群众办实事”专项督导暨第一轮督导“回头看”工作。贵州广电传媒集团原党委副书记、总经理、省委党史学习教育第二十一巡回指导组组长刘文岚出席会议，市委党史学习教育领导小组有关人员参与调研督导或反馈会。

18日，市委副书记、市长、市政府党组书记杨昌鹏主持召开市政府党组（扩大）会议，听取贯彻落实习近平总书记视察贵州重要讲话和对毕节重要指示批示精神情况汇报，学习贯彻中国共产党毕节市第三次代表大会精神，研究全市政府系统贯彻落实措施。

是日，市委副书记、市长杨昌鹏主持召开市二届人民政府第177次常务会议，传达学习全国新冠肺炎疫情防控工作电视电话会议精神，学习贯彻省委书记谌贻琴关于生态环保工作的批示精神，通报中央生态环境保护督察集中通报典型案例，研究中央第二生态环境保护督察组督察毕节指出及通报问题整改和交办信访举报件办理工作、长征国家文化公园项目建设和垃圾分类工作。

20日，毕节市林业局召开全面推行林长制新闻发布会，对全市推行林长制的工作情况、采取的措施、取得的成效进行全面通报。按照属地管理、分级负责的原则，全市设立了市、县、乡(国有林场)、村四级林长。全市共设立林长11858名，其中：市级总林长2名，市级副总林长3名，市级林长11名；县级林长301名；乡级林长2675名；村级林长8866名。同时，明确3.62万名生态护林员的管护责任，做到“山有头、林有主”，确保一山一坡、一园一林有专人管。

20日至21日，毕节市第二届人大常委会第四十五次会议召开。

21日，省委书记、省人大常委会主任谌贻琴深入大方县、七星关区、纳雍县，调研督导中央第二生态环境保护督察组发现问题整改情况。强调要深入学习贯彻习近平生态文明思想和习近平总书记视察贵州重要讲话精神，认真落实中央生态环境保护督察组要求，深刻认识督察整改的政治性、严肃性和重要性，立说立行、知错即改，迅速整改、科学整改、全面整改，确保问题整改到位、见到实效，深入打好污染防治攻坚战，持续提升全省生态文明建设质量和水平。省委常委、毕节市委书记吴强参加。

是日，全国老干部工作先进集体和先进个人表彰大会召开。中共毕节市委老干部局获“全国老干部工作先进集体”称号。

22日，市委议军会议暨市国动委全会召开。

会议强调，要深入学习贯彻习近平新时代中国特色社会主义思想和习近平强军思想，认真学习贯彻省委议军会议精神和军委国动部民兵建设“十四五”规划任务部署会议精神，以高度的政治自觉、昂扬的精神状态、务实的工作作风，忠诚履职、开拓进取，奋力推动新时代全市党管武装工作再上新台阶。省委常委、市委书记、毕节军分区党委第一书记吴强主持会议并讲话。

是日，毕节市工商业联合会（市总商会）第三次代表大会开幕。省委常委、市委书记吴强出席开幕式并讲话，强调要以高度自觉的责任担当、勇于开拓的进取精神、苦干实干的务实作风，推动全市非公有制经济高质量发展，为毕节建设贯彻新发展理念示范区再创新佳绩、再作新贡献。

是日，市委人才工作会议召开。省委常委、市委书记、市委人才工作领导小组组长吴强出席会议并讲话，强调要深入学习贯彻习近平总书记关于新时代人才工作的新理念、新战略、新举措，全面贯彻落实中央、省委人才工作会议精神，以超常规举措培养、引进、用好、留住人才，奋力建设人才聚集洼地，打造人力资源开发高地，为建设贯彻新发展理念示范区提供坚强的人才支撑和智力支持。

是日，省委党史学习教育第二十一巡回指导组对毕节市人大常委会机关党史学习教育开展情况和实际成效进行评估。贵州广电传媒集团原党委副书记、总经理，省委党史学习教育第二十一巡回指导组组长刘文岚主持会议并讲话。市人大常委会党组成员、机关党组书记陈文忠出席会议。

是日，省委党史学习教育第二十一巡回指导组到市政协召开党史学习教育评估工作座谈会。市政协党组书记、主席杨宏远出席座谈会并讲话，六盘水市政协副主席、一级巡视员，省委党史学习教育第二十一巡回指导组副组长蒋承云主持座谈会。市政协党组副书记、副主席马培译，市政协党组成员、秘书长、机关党组书记谢祥贵出席会议。

是日，从毕节市医疗保险区域点数法总额预算和按病种分值付费（DIP）试点改革新闻发布会上获悉，自2020年11月毕节市被列为国家首批DIP试点改革城市以来，毕节市医疗保障局统筹谋划，扎实推进DIP病种目录编制、出台配套设施、信息化建设等各项工作。截至2021年底，全市61家二级以上医疗机构进入实际付费阶段。

23日，全市卫生健康高质量发展大会召开。省委常委、市委书记吴强出席会议并讲话，强调要深入学习贯彻习近平总书记关于卫生健康工作的重要论述精神，全面贯彻落实中共中央、国务院关于卫生健康工作的有关部署和全省卫生健康高质量发展大会精神，认真贯彻落实市第三次党代会精神，不忘初心、牢记使命，苦干实干、奋力拼搏，推动卫生健康事业高质量发展，为建设贯彻新发展理念示范区提供坚实保障。

是日，全市教育高质量发展大会召开。省委常委、市委书记吴强出席会议并讲话，强调要深入学习贯彻习近平总书记关于教育工作的重要论述精神，全面贯彻落实全省教育高质量发展大会精神，紧紧围绕市第三次党代会确定的战略定位和奋斗目标，苦干实干、攻坚克难，全力以赴抓好教育改革发展各项工作，努力办好人民满意教育，为建设“一区三高地、五个新毕节”提供坚实的人才保障和智力支撑。

24日，市二届人民政府召开第178次常务会议，传达学习省委书记谌贻琴赴毕节督导中央生态环境保护督察发现问题整改精神，研究全市政府系统贯彻落实措施。审议《毕节市政府投资项目管理实施细则》《毕节市公园管理办法（试行）》等文件，研究交通运输等相关工作。

26日，国家传染病医学中心主任张文宏率领团队到毕节市第三人民医院开展消除耐药结核病危害促进项目调研，并召开座谈会研究开展消除耐药结核病危害促进项目。

27日，全市2021年工作情况离退休干部通报会召开。省委常委、市委书记吴强主持会议并讲话。市人大常委会主任张翊皓，市政协主席杨宏远，市委常委、市委组织部部长肖虎，老领导吴学香、周长琦、吕开邦、马贤俊、龙廷华、张明荣、张志侠、王明灯、蒋弟元、马光树、倪小兵、杜娟，市人民法院、市人民检察院、市有关高等院校主要负责人参加通报会。市委常委、副市长杨得志通报了毕节市2021年工作情况。

是日，2021年度毕节市道德模范表彰大会召开。省委常委、市委书记、市文明委主任吴强会见毕节市第八届全国道德模范提名奖获得者、第七届贵州省道德模范代表和2021年度毕节市道德模范，强调要深入学习贯彻习近平总书记对全国道德模范表彰活动的重要指示精神，引导和激励全市广大干部群众学习典型、树立正气、弘扬新风，为建设贯彻新发展理念示范区提供强大精神力量和道德支撑。

是日，中共毕节市委召开党外人士座谈会，深入学习贯彻中共十九届六中全会、中央经济工作会议、省委经济工作会议和市第三次党代会精神，就全市2021年经济形势和明年经济工作听取各民主党派市委（工委）、市工商联负责人和无党派人士代表的意见和建议。省委常委、市委书记吴强主持会议并讲话。

是日，三届市委巡察工作领导小组第一次会议召开，受省委常委、市委书记、市委巡察工作领导小组组长吴强委托，市委常委、市纪委书记、市监委主任、市委巡察工作领导小组常务副组长王彤主持会议并讲话。市委常委、市委组织部部长、市委巡察工作领导小组副组长肖虎出席会议。

28日，市委经济工作会议在七星关举行。会议以习近平新时代中国特色社会主义思想为指导，深入贯彻习近平总书记视察贵州重要讲话和对贵州对毕节工作的重要指示批示精神，全面贯彻落实中央、省委经济工作会议和市第三次党代会精神，总结2021年经济工作，分析当前经济形势，部署全市2022年经济工作。省委常委、市委书记吴强，市委副书记、市政府党组书记、七星关区委书记吴东来出席会议并讲话。

28日上午，市委常委会召开会议，学习贯彻省委经济工作会议精神、省委书记谌贻琴在毕节调研督导中央生态环保督察发现问题整改情况时的有关讲话精神，听取全市2021年度经济运行情况汇报和全市生态环境保护及中央生态环保督察问题整改情况汇报，研究部署相关工作。省委常委、市委书记吴强主持会议并讲话。

28日上午，市委常委会召开会议，学习贯彻习近平总书记在全国宗教工作会议上的重要讲话、在中国文联十一大和中国作协十大开幕式上的重要讲话精神，以及全国宗教工作会议、省委民族工作会议精神，研究贯彻落实措施。省委常委、市委书记吴强主持会议并讲话。

28日上午9点30分，贵州水利“一号水利工程”——夹岩水利枢纽及黔西北供水工程正式下闸蓄水。这是继7月6日中国石化50万吨/年聚乙醇酸（PGA）项目一期工程开工、10月1日威宁至宣威高速公路通车之后，毕节在2021年取得的又一重大建设成果。

是日，毕节市在接到支援铜仁抗击新冠肺炎疫情的任务后，第一时间响应，快速确定人员名单，迅速组建13人的核酸检测工作队伍，派出一辆移动P2+微生物实验室，并携带相关物资赶赴铜仁，支援兄弟城市共同抗击新冠肺炎疫情。

29日，省委常委、市委书记吴强到贵州工程应用技术学院讲授思想政治理论课，宣讲中共十九届六中全会、省委十二届十次全会和市第三次党代会精神。吴强寄语全市广大青年，要加强思想政治学习，深刻感悟百年党史，勇担时代使命，努力成为堪当民族复兴大任的时代新人。

29日上午，省委常委、市委书记吴强，市委副书记、市政府党组书记、七星关区委书记吴东来会见三峡集团副总经济师、贵州分公司负责人杨骏一行，双方就加强清洁能源开发利用、生态环保项目合作等进行洽谈交流。

是日，毕节市第二届人大常委会第四十六次会议召开。市人大常委会主任张翊皓主持会议并讲话。会议经认真审议，表决通过毕节市人民政府关于吴东来任职的议案，决定任命吴东来为毕节市人民政府副市长；表决通过关于接受杨昌鹏因工作需要申请辞去毕节市人民政府市长职务的决定，其毕节市第二届、第三届人民代表大会代表资格自行终止；决定吴东来代理毕节市人民政府市长职务。

是日，市政协召开二届常委会第三十二次会议，传达学习习近平总书记在全国宗教工作会议上的重要讲话和全国宗教工作会议、省委十二届十次全会、市委二届十一次全会、市第三次党代会精神，学习贯彻中央、省委、市委经济工作会议精神，专题协商全市优化营商环境工作情况，听取市政府通报关于市政协二届六次会议以来提案办理情况。

30日，市政协召开二届常委会第三十二次会议，协商全市2022年两会、“一府两院”等工作报告及其他事项。

是日，《毕节市献血条例》新闻发布会举行，该条例自2022年1月10日起施行。

近日，毕节市中心城区集中供暖工程项目开工典礼举行，集中供暖项目由贵州华电毕节热电有限公司作为主要热源。

（撰稿：韩立勋）

毕节概貌

自然地理

【**地理位置**】　毕节市地处北纬 26°21′～27°47′，东经 103°36′～106°44′。位于贵州省西北部，扼川滇黔三省交通要冲，北接四川泸州市，西邻云南昭通市、曲靖市，东靠贵州贵阳市、遵义市，南接贵州六盘水市、安顺市，为乌江、赤水河、北盘江的发源地。地形地貌独特，自然资源丰富，气候宜人，开发前景广阔。

【**建置沿革**】　毕节市夏为梁州江外之南域，商、周为荆州之地。秦时，境内置夜郎、汉阳二县。西汉时，分属犍为郡、牂牁郡所辖。东汉时，为犍为属国都尉、牂牁郡所领。蜀汉时期，境内设庲降都督府，分属朱提郡、牂牁郡、建宁郡所辖。西晋时境内设南夷校尉，分属朱提郡、牂牁郡、平夷郡、建宁郡所辖。东晋时为平夷郡（后改为平蛮郡）、朱提郡、建宁郡所辖。南朝宋、齐、梁、陈时，为宁州平蛮郡、朱提郡（分置后，为南朱提郡）、建宁郡（曾改为建平郡）所辖。隋时境内为恭州、协州所辖。唐时，境内设宝州等诸多羁縻州。两宋时境内设姚州等羁縻州。元代分属“亦溪不薛”（蒙古语，意为水西之地）宣慰司、乌撒乌蒙宣慰司所辖。明代分属水西宣慰司、乌撒军民府、永宁宣抚司和乌撒卫、毕节卫、赤水卫、永宁卫。清康熙五年（1666）置大定府（今大方）、黔西府、平远府（今织金）、威宁府，康熙二十二年（1683）改黔西、平远二府为州隶属大定府，康熙二十六年（1687）改大定府为州隶属威宁府，雍正七年（1729）升大定州为府，领黔西、平远、威宁三州和毕节县、水城厅。民国废府置县，解放前夕为贵州省第四行政督察专员公署，辖毕节、大定、黔西、金沙、织金、纳雍、水城、威宁、赫章九县。1936年，中国工农红军二、六军团长征进入毕节，在区内建立中华苏维埃人民共和国川滇黔省革命委员会，领导创建黔西北革命根据地。

新中国成立初期，成立贵州省人民政府毕节区行政督察专员公署，辖毕节、大方、黔西、金沙、织金、纳雍、水城、威宁、赫章9个县。

1955年，威宁改置威宁彝族回族苗族自治县；1958年，大定县更名为大方县；1970年，水城县划归六盘水市。是年毕节专区改为毕节地区，辖毕节、大方、黔西、金沙、织金、纳雍、威宁、赫章7个县和1个自治县。1992年，建镇并乡撤区后，全地区撤销原县与乡之间的89个区镇建置，改原736个乡镇为245个乡镇。1994年，毕节县撤县设市（县级）。2007年，组建贵州百里杜鹃风景名胜区党工委和管委会，为地委、行署正县级派出机构，对百里杜鹃风景名胜区实行统一领导和管理。2011年12月27日，撤销毕节地区设立地级毕节市，同年撤销县级毕节市成立七星关区。2015年12月，将毕节经济开发区和原双山新区整合组建成立金海湖新区，为市委、市政府派出的正县级机构。2021年3月16日，经国务院批准，民政部批复，根据《省人民政府关于撤销黔西县设立县级黔西市的通知》精神，同意撤销黔西县，设立县级黔西市，以原黔西县的行政区域为黔西市的行政区域，黔西市由贵州省直辖，毕节市代管。

2021年，全市辖七星关区，黔西市，大方、金沙、织金、纳雍、威宁、赫章县，百里杜鹃管理区，金海湖新区。

【区域面积】 毕节市地处滇东高原向黔中山原丘陵过渡的倾斜地带。全市总面积近26848.51平方千米，占贵州省总面积的15.25%。其中：七星关区位于市中北部，川滇黔三省交界处，面积3410.98平方千米，占全市面积的12.7%；大方县位于市中部，乌江支流六冲河北岸，面积3500.11平方千米，占全市面积的13%；黔西市位于市东部，地处鸭池河之西，面积2555.14平方千米，占全市面积的9.5%；金沙县位于市东北部，隔赤水河与四川省古蔺县相望，面积2523.23平方千米，占全市面积的9.4%；织金县位于市东南部，地处乌江上游三岔河与乌江支流六冲河之间，面积2865.26平方千米，占全市面积的10.67%；纳雍县位于市中南部，地处滇东高原与黔中山原的过渡地带，面积2452.32平方千米，占全市面积的9.13%；威宁彝族回族苗族自治县位于市西部，地处滇东高原东延部分，面积6298.73平方千米，占全市面积的23.5%；赫章县位于市西部，滇东高原向黔中丘原的过渡斜坡地带，面积3242.74平方千米，占全市面积的12.08%。

【地质地貌】 毕节市地层出露较齐全，从元古界震旦系至新生界的第四系地层均有分布。地质构造复杂，褶皱断裂交错发育。岩溶地貌形态多样，在区内分布次序为东部峰林、谷地、峰丛、缓丘、洼地—中部峰丛、槽谷、丘陵洼地—西部高原、岩溶、缓丘、盆地。境内出露的岩石以沉积岩为主，面积2.49万平方千米，占全市总面积的92.74%；岩浆岩较少，约0.19万平方千米，占全市总面积的7.08%。沉积岩中以碳酸盐岩类居多，占全市总面积的62.2%，煤系砂页岩占15.6%，紫色砂页岩和紫红色砂泥岩占12.9%，泥质岩类占2.1%。市内地势西高东低，山峦重叠，河流纵横，高原、山地、盆地、谷地、平坝、峰丛、槽谷、洼地、岩溶湖等交错其间。境内平均海拔1600米，最高处位于赫章县珠市彝族乡的小韭菜坪，海拔2900.6米；最低处位于金沙县与仁怀县、四川省古蔺县交界的赤水河谷鱼塘河边，海拔457米。西部威宁县和赫章县的西部、西北部和西南部平均海拔在2000~2400米，属高原、中山地带，为境内第一级阶梯；赫章县东部、七星关区、大方县、黔西县、纳雍县、织金县西部平均海拔在1400~1800米，属中山地带，为境内第二级阶梯；金沙和黔西两县、织金县东部平均海拔在1000~1400米，属低中山丘陵地带，为境内第三级阶梯。

【山脉河流】 毕节市是一个多山区，境内主要山脉有西部的乌蒙山、北部的大娄山、西南部的老王山。乌蒙山位于赫章县西部和威宁彝族回族苗族自治县境内，其山系是牛栏江、白水河、北盘江和乌江的分水岭；大娄山脉西起赫章县东部，向东经七星关区、大方县北部，进入金沙县，延伸到遵义市境内，其山脉在毕节市境内是乌江水系和赤水河水系的分水岭；老王山山脉呈西北—东南走向，西北端与乌蒙山东支相接，向东延伸到六盘水市的水城、六枝一带，为乌江上游三岔河与珠江水系北盘江的分水岭。全市河长大于10千米的河流有193条，分别流入乌江、赤水河、北盘江、金沙江四大水系。属长江流域乌江水系的主要干流有偏岩河、野济河、六冲河、三岔河；属赤水河水系的有赤水河；属金沙江水系的有牛栏江、白水河；属珠江流域的有北盘江上游的可渡河。市境内属长江流域的流域面积2.56万平方千米。属珠江流域的流域面积1239平方千米，分别占全市总面积的95.3%、4.61%。其中乌江水系流域面积1.78万平方千米，金沙江水系流域面积4901平方千米，赤水河系流域面积2943平方千米，分别占全市总面积的66.3%、18.3%、11%。

【气候】 境内气候特别是夏无酷暑、冬无严寒，季风气候比较明显，降雨量较为充沛，立体气候突出。全市各县区多年（1951—1998）平均温度在10℃~15℃，最高为金沙县，最低为威宁彝族回族苗族自治县；年日照时数在1096~1769小时，最多为威宁彝族回族苗族自治县；无霜期245~290天，金沙、织金两县最长；年均降水量在849~1399毫米，最多为织金县，最少为赫章县。海拔相对高差大，垂直气候变化尤为明显，山上山下冷暖不同，高原平地寒热各异，利于多种动植物生长。

2021年度，全市平均温度为14.0℃，比常年同期略偏高0.4℃；各县（市、区）城区平均气温分别为11.7℃（威宁）~15.4℃（金沙、织金），与常年同期相比，赫章偏低0.2℃，金沙持平，其余县（市、区）偏高0.1℃（大方）~0.8℃（织金）。

全市平均累计降水量为1082.5毫米，比常年偏多4.9%；各县（市、区）城区累计降水量为813.5（威宁）~1528.5毫米（织金），与常年同期相比，七星关、金沙和织金分别偏多28.4%、32.1%和9.9%，其余县（市、区）偏少0.9%（赫章）~18.4%（纳雍）。

全市平均累计日照时数为1194.5小时，比历年同期平均值偏少0.3%（7.1小时）；各县（市、区）城区年日照时数为1036.9（织金）~1530.6小时（威宁），与常年同期相比，七星关、大方、金沙和黔西偏多7.3%、9.1%、1.5%和5.2%，其余县（市、区）偏少2.5%（威宁）~11%（纳雍）。

2021年全市主要气象灾害：2020—2021前冬骤冷，阶段性低温冻雨天气明显，后冬偏暖，大风天气偏多。春季连阴雨天气明显，4月寡照天气偏重，日照时数是有气象记录以来第二少的一年。

2021年风雹天气出现时间晚，局地灾害偏重，主要影响市东部、北部地区，全年共出现15个冰雹日，其中5月上中旬出现8个冰雹日。

全市降水呈现局地降水偏强、北部地区叠加效应明显等特点，全市共出现68个暴雨日，持续区域性暴雨天气过程有16次，区域暴雨过程最早出现在5月9日，最晚出现在10月6日；持续时间最长的暴雨过程为5天（6月26—30日），较历史同期偏多3.5天。汛期，毕节城区、金沙城区降水量分别为1030.3毫米和1114.3毫米，较历年同期分别偏多296.3%和328.3%，是有气象记录以来历史同期最高值。

2021年9月下旬至10月7日，全市平均气温为21.1℃，是有气象记录以来历史同期第一高值，较历年同期偏高4.3℃，持续晴好天气，气温偏高，入秋时间推迟，秋绵雨发生时间晚，持续时间短，较常年偏轻。

全市各县（市、区）于10月下旬至11月中旬入冬，入冬时间较常年偏早10~20天。冷空气影响频次多，降温幅度大，来得早，去得快，全年共出现6次低温雨雪天气过程，其中年初以低温冻雨天气为主，年末以低温雨雪天气为主。

人文历史

毕节市历史悠久，史前文化丰富。七星关区何官屯镇扒耳岩洞穴遗址是截至2021年底，世界上海拔最高的巨猿化石点，也是贵州境内发现的首个巨猿化石点，印证“贵州也有巨猿”的传说，填补早更新世早期华南地区西侧和北侧两个方向上巨猿化石地理分布的空白。1964年，黔西观音洞遗址的发现拉开贵州旧石器时代考古序幕。观音洞遗址位于黔西县观音洞镇观音洞村，它是贵州发现的第一个旧石器时代遗址，也是长江以南最早发现的旧石器时代早期文化遗址。

在历史的长河中，毕节各族人民在这片土地上创造丰富、灿烂的文化。七星关青场瓦窑遗址年代以T9窑内残存的木炭标本做碳十四测定，距今2950±125年，树轮校正为3210±175年，时为商末周初。作为至今为止贵州发现最早、最完善的商周时期聚落遗址，是毕节青铜文化的发源地。中水遗址的发掘，是贵州考古的重大突破，遗址中发现的大量水稻标本为探讨云贵高原早期稻作农业提供珍贵资料。初步建立起滇东黔西青铜时代至早期铁器时代的地方考古学时代序列。鸡公山遗址的发现，不仅填补贵州新石器时代末期至青铜时代早期考古和聚落考古的空白，还为研究分布在贵州西北部与云南东北部地区的一种新考古学文化提供典型器物组合，为探讨贵州地区和完善西南地区的考古学文化发展序列提供重要资料。截至2021年底，赫章可乐遗址探明有15个墓葬群、1个汉代遗址、1个夜郎民族聚落遗址、1个汉代工业遗址。自20世纪50年代以来，共进行9次考古发掘，出土文物近4000件，时代自新石器时代晚期至东汉，被誉为“贵州考古发掘的圣地、夜郎青铜文化的殷墟”。

毕节市具有光荣的革命传统。1934年1月，共产党员林青、缪正元从上海回到家乡毕节发展秦天真入党，成立中共地下党毕节第一个党支部，支部书记林青，成员缪正元、秦天真。1935年1月，中央红军长征到达遵义，林青到遵义找到红军总政治部地方工作部部长李维汉，汇报贵州地下党的活动情况，李维汉代表党中央承认贵州地下党并批准由林青、邓止戈、秦天真3人组成中共贵州省工作委员会，林青任书记兼遵义县委书记。其后，毕节地下党组织不断发展壮大，到1949年11月28日毕节解放时，毕节地下党党员由创建时的3人发展到300多人，党组织由一个支部壮大为33个支部，1个总支，2个特支，2个县工委和1个中心县委，活动遍及黔西北广大地区及贵阳、安顺、云南等地。

1935年1月至4月，中央红军转战毕节。在红军转战途中，2月5日在川滇黔交界的一个鸡鸣三省的村子，中央政治局常委分工，根据毛泽东的提议，决定由张闻天代替博古负中央总的责任(习惯上也称之为总书记)；决定以毛泽东为周恩来在军事指挥上的帮助者，博古任总政治部代理主任。3月21日晚至22日，中央红军四渡赤水，随即于3月31日至4月1日在金沙县境南渡乌江，佯攻贵阳，分兵黔东，诱出滇军来援，跳出敌人包围圈。“战略骑兵”红九军团伪装成红军主力，于4月中上旬，千里驰骋黔西北，在境内激战老木孔、猫场等地。

1936年2月，红二、红六军团挺进黔西北，转战乌蒙山，建立根据地，组建革命政权。2月8日，中华苏维埃人民共和国川滇黔省革命委员会在大定（今大方）县成立，17日，川滇黔省革命委员会迁至毕节县城。1936年2月，贵州抗日救国军在毕节成立。红军转战毕节期间，领导建立8个区、95个乡、村苏维埃政权和95个游击队，境内5000多名青壮年参加红军。红二、红六军团在毕节境内，相继进行夺取鸭池河渡口战斗、石头坝战斗、打鼓新场攻碉战斗、小滥泥沟战斗、大定阻击战斗、黄家坝攻守战斗、将军山伏击战斗、将军山阻击战斗、以则河战斗、则庄坝进攻战斗、财神堂掩护战斗、韭菜冲阻击战。

1998年，贵州省划定革命老区时，毕节地区8个县市中划为革命老区的就有毕节、大方、黔西、金沙、纳雍、赫章、威宁7个县市。

新中国成立后，全区迅速刷新解放前满目疮痍的局面，社会主义革命和社会主义建设日新月异地向前发展。特别是1978年中共十一届三中全会召开后，全市深入贯彻落实党的一系列改革开放方针政策，促进生产力的快速发展。毕节市是1988年6月国务院批准建立的“开发扶贫、生态建设、人口控制”试验区。试验区建立30多年来，在“开发扶贫、生态建设、人口控制”，促进岩溶贫困地区经济社会可持续发展方面发挥“小试验、大方向，作示范、探路子”的作用。2014年5月15日，习近平总书记对毕节试验区作出重要批示，赋予毕节试验区“为贫困地区全面建成小康社会闯出一条新路子”“在多党合作服务改革发展实践中探索新经验”的历史使命。2018年7月18日，习近平总书记对毕节试验区作出重要指示，要求“确保按时打赢脱贫攻坚战，努力建设贯彻新发展理念示范区”，为新时代试验区改革发展赋予新的历史使命，指明前进方向，注入强大动力。

自然资源

【地类数据】 全市耕地814056.18公顷（1221.08万亩）。其中：水田23619.39公顷（35.42万亩），占2.90%；水浇地1317.15公顷（1.98万亩），占0.16%；旱地789119.64公顷（1183.68万亩），占96.94%。全市8个县（市、区）中，威宁彝族回族苗族自治县耕地面积最大，占全市耕地的30.28%。

全市耕地均位于年降水量800毫米以上地区，主要为一年两熟制。

位于2度以下坡度（含2度）的耕地17557.04公顷（26.34万亩），占全市耕地的2.16%；位于2～6度坡度（含6度）的耕地62197.73公顷（93.30万亩），占全市耕地的7.64%；位于6～15度坡度（含15度）的耕地361573.65公顷（542.35万亩），占全市耕地的44.41%；位于15～25度坡度（含25度）的耕地228489.89公顷（342.73万亩），占全市耕地的28.07%；位于25度以上坡度的耕地144237.87公顷（216.36万亩），占全市耕地的17.72%。

林地1390713.93公顷（2086.07万亩）。其中：乔木林地771271.15公顷（1156.91万亩），占55.46%；竹林地1777.43公顷（2.67万亩），占0.13%；灌木林地597777.76公顷（896.66万亩），占42.98%；其他林地19887.59公顷（29.83万亩），占1.43%。

草地31286.37公顷（46.93万亩）。其中：天然牧草地3861.78公顷（5.79万亩），占12.34%；人工牧草地267.50公顷（0.40万亩），占0.86%；其他草地27157.09公顷（40.74万亩），占86.80%。全市8个县（市、区）中，威宁彝族回族苗族自治县、赫章县草地面积较大，占全市草地的75.85%。

湿地913.51公顷（1.37万亩）。湿地是

“三调”新增的一级地类。其中：沼泽草地109.14公顷（0.16万亩），占11.95%；内陆滩涂412.49公顷（0.62万亩），占45.15%；沼泽地391.88公顷（0.59万亩），占42.90%。全市8个县（市、区）中，威宁自治县湿地面积最大，占全市湿地的56.20%。

城镇村及工矿用地129341.24公顷（194.01万亩）。其中：城市用地3867.67公顷（5.80万亩），占2.99%；建制镇用地13190.60公顷（19.79万亩），占10.20%；村庄用地100956.35公顷（151.43万亩），占78.05%；采矿用地10198.36公顷（15.30万亩），占7.88%；风景名胜及特殊用地1128.26公顷（1.69万亩），占0.87%。

交通运输用地47218.34公顷（70.83万亩）。其中：铁路用地1285.65公顷（1.93万亩），占2.72%；轨道交通用地13.51公顷（0.02万亩），占0.03%；公路用地18278.18公顷（27.42万亩），占38.71%；农村道路27272.74（40.91万亩），占57.76%；机场用地335.08公顷（0.50万亩），占0.71%；港口码头用地10.74公顷（0.02万亩），占0.02%；管道运输用地22.44公顷（0.03万亩），占0.05%。

水域及水利设施用地31167.55公顷（46.75万亩）。其中：河流水面13866.02公顷（20.80万亩），占44.48%；湖泊水面2245.75公顷（3.37万亩），占7.21%；水库水面10499.26公顷（15.75万亩），占33.69%；坑塘水面2623.25公顷（3.93万亩），占8.42%；沟渠1425.91公顷（2.14万亩），占4.57%；水工建筑用地507.36公顷（0.76万亩），占1.63%。

全市5000亩以上耕地坝区15个。其中：坝区面积在5000~10000亩的耕地大坝有10个，其中七星关区1个、黔西市2个、金沙县4个、威宁自治县3个；面积大于10000亩的耕地大坝5个、黔西市2个、威宁自治县3个。毕节市5000亩以上耕地坝区内耕地面积15246.43公顷（22.87万亩），其中，小于6度（含6度）坡度的耕地面积12535.38公顷（18.81万亩），只占全市耕地面积的1.54%。全市万亩以上耕地大坝为黔西市洪水大坝、金碧大坝和威宁自治县草海大坝、观风海大坝、牛棚大坝。

全市2度（含2度）以下的土地占1.52%；2~6度（含6度）的土地占3.91%；6~15度（含15度）的土地占23.33%；15~25度（含25度）的土地占21.34%；25度以上的土地占49.90%。全市近一半的土地分布在25度以上，6度（含6度）坡度以下相对平缓的土地仅占5.43%，主要分布在威宁自治县、黔西市。

全市石漠化耕地72121.17公顷（108.18万亩），黔西市、七星关区、威宁自治县分布较多，占全市石漠化耕地的94.32%。

【能源数据】 煤炭资源及开发现状。毕节市是全省无烟煤的主要产区，截至2021年底，全市范围内远景资源储量为751.59亿吨。其中，七星关区36.77亿吨，大方县46.37亿吨，黔西市48.95亿吨，金沙县81.89亿吨，织金县151.77亿吨，纳雍县271.87亿吨，威宁县55.6亿吨，赫章县31.49亿吨，百里杜鹃管理区13.18亿吨，金海湖新区13.7亿吨。截至2020年12月底，全市共有煤矿311处，其中兼并重组实施方案批复保留煤矿295处，产能11455万吨/年，兼并重组后拟建规模16200万吨/年。

——煤层气资源及开发现状。毕节市境内煤层气地质资源量为11106.4亿立方米，占全省地质总资源量的36.4%，居全省第二位，地质资源丰度平均1.13亿米^3/平方千米。全市有3个地面煤层气抽采利用项目，完成钻井96口，正常排采的55口，日均产量4.85万立方米。

——风能资源及开发现状。根据毕节市风能资源分布特征，利用已建设风电项目的基本数据，结合风资源中尺度模拟软件计算，毕节市90米高度风速≥5.0米/秒的理论可开发面积为

9735平方千米，扣除生态红线、自然保护区、基本农田、国家公益林地等影响，生态可开发面积为3407平方千米，生态可开发空间约1307万千瓦。截至2020年底，毕节市已建风力发电项目35个，装机规模175.14万千瓦；在建风力发电项目4个，装机规模17.95万千瓦；批准开展前期工作的项目13个，装机规模63.8万千瓦。毕节市剩余可开发空间约1050万千瓦，主要位于七星关区、大方县、织金县、纳雍县、赫章县。

——太阳能资源及开发现状。全市各区县多年（1951—1998年）平均温度在10℃~15℃，最高为金沙县，最低为威宁县；年日照数在1096~1769小时，最多为威宁县。根据毕节市太阳能资源及开发分布图，各县区光伏年利用小时数达900小时左右（对应太阳辐射值约4200兆焦/米^2）的技术可开发面积约86万亩，可开发装机约2806万千瓦。截至2020年底，毕节市已建光伏项目33个，装机规模182.46万千瓦；在建光伏项目17个，装机规模152万千瓦；批准开展前期工作的项目28个，装机规模311万千瓦。毕节市剩余可开发装机约2160万千瓦。毕节市太阳能资源剩余可开发区域主要位于七星关、大方、纳雍、威宁、赫章。

——水资源及开发现状。全市水资源可开发电能231万千瓦（含界河），开发192.3万千瓦（含界河），剩余可开发水电装机约39万千瓦。2021年底在建农村小水电站4座，拟新增装机4.1万千瓦，剩余水资源不具备建设大型水电站的条件。

——生物质能及开发现状。根据《贵州省新能源和可再生能源发展“十四五”规划》，毕节市农作物秸秆理论资源量405万吨/年，可收集量184万吨/年；农产品加工剩余物理论资源量205万吨/年，可收集量93万吨/年；林业生物质资源理论资源量268万吨/年，可收集量134万吨/年；城镇生活垃圾理论资源量4810吨/日，可收集量3700吨/日；畜禽粪污理论资源量92万吨/年，可收集量61万吨/年。全市已建1个生物质发电和3个垃圾焚烧发电项目，在建1个垃圾焚烧发电项目。金沙县金泉生物质发电项目装机3万千瓦；金海湖新区垃圾焚烧发电项目设计处理能力1000吨/日，织金垃圾焚烧发电项目设计处理能力600吨/日，威宁垃圾焚烧发电项目设计处理能力800吨/日，均建成；金沙垃圾焚烧发电项目设计处理能力800吨/日。

——地热能资源及开发现状。毕节市境内碳酸盐岩分布面积为16081.77平方千米，占总面积的59.90%，独特的岩溶山区，造就区内地下水径流速度较北方平原地区快，从现状开发利用情况来看，毕节市利用浅层地热能基本不存在热堆积，且换热效率优于北方地区。毕节市范围内的浅层地温能换热功率为4.34×109千瓦，折合标准煤为32.00亿吨/年。制冷、供暖面积分别为6.20×1010平方米、4.82×1010平方米，浅层地热能资源储量巨大。毕节市中深层地热能可开采热量为26560.68千瓦，折合标准煤1.96万吨/年。毕节市浅层地热能开发利用尚处于起步阶段。

【生物资源】 市境内有苔类植物近100种，蕨类植物34科、130种，裸子植物9科、22种，被子植物155科、1809种；粮食作物21种、950个品种，其中豆类7种、277个品种；油料作物7种、64个品种；蔬菜有56种、395个品种；药用植物1000多种，主产半夏、天麻、茯苓、党参、杜仲；有各类草场745万亩，野生牧草45科、378种，森林覆盖率56.13%；畜禽种类多，黔西马和可乐猪驰名全国；鱼类74种，脊椎动物387种，黑颈鹤、白鹤属国家珍稀保护鸟类。全市有7个县区属全国生漆基地县，5个县区属全国烤烟基地县，2个县属全国核桃基地县。

【矿产资源】 境内有煤、铁、铅锌、硫、黏土、高岭土、铝土、磷、硅石、重晶石、砂岩、石膏、稀土、彩石、白云岩、锑、镍、钴土、锰、铜、萤石、碧石、玛瑙等40种矿源。其中，铁矿探明含储量2.27亿吨，占全省探明储量的51.7%；铅锌矿查明中型矿床3个、小型矿床13个；硫铁矿有大型矿床4个、中型矿床1个；磷块岩储量14.3亿吨，织金县为省内四大磷基地之一。至2009年开发的矿产资源有煤、铁、硫、铅锌、磷、锰、铜等30多种。

【旅游资源】 毕节市地处乌蒙山腹地，年平均气温13.4℃。生态良好，森林覆盖率高；空气清新，年空气优良天数353天；夏季清新凉爽，全市夏季平均气温仅为20.9℃，旅游度假避暑舒适期长；旅游资源丰富，旅游资源独具特色，有国家AAAAA级旅游景区1个、国家AAAA级旅游景区12个。享有中国高山生态有机茶之乡、中国竹荪之乡、中国天麻之乡、中国核桃之乡等美誉。

国家级风景名胜区织金洞，为世界上开发供游览的最大最美溶洞，与黄果树、龙宫、红枫湖组成贵州西部的旅游黄金环线；国家级森林公园百里杜鹃，总面积125.8平方千米，杜鹃品种达60余种，阳春季节，繁花似锦；国家自然保护区草海，是与滇池齐名的高原淡水湖之一，面积27.5平方千米，有鸟类155种，其中属国家一级保护的5种、二级保护的11种，草海被誉为云贵高原的明珠，“鸟的乐园”；国家级风景区“九洞天”，7千米伏流连九洞，集古、奇、秀、险、幽于一体；西电送重点工程洪家渡水电站建成后，形成蓄水面积80多平方千米的高原湖泊支嘎阿鲁湖（原名水西湖），湖光山色，美不胜收，经开发将变成一道亮丽的旅游风景线；贵州屋脊赫章韭菜坪风景名胜区，面积26.5平方千米，有贵州第一峰、千亩石林、万亩草场，自然景观秀美、奇险，更有浓郁的民族风情点缀，是第五批省级风景名胜区；赫章野马川、纳雍总溪河樱桃熟坠枝头，金沙、黔西连片金黄油菜花绽放时，更是人们踏青的去处；赫章可乐、威宁中水是古夜郎文明探幽寻秘之地；七星关城区中华苏维埃人民共和国川滇黔省革命委员会旧址、红六军团政治部旧址、贵州抗日救国军司令部旧址、林口镇“鸡鸣三省”，大方中华苏维埃人民共和国川滇黔省革命委员会旧址，金沙县木孔镇信安社区菜籽坳战斗遗址、沙土镇中央红军南渡乌江指挥部、后山乡钱壮飞牺牲地，黔西市大关镇丘林村及盐号旧址，纳雍枪杆岩，赫章哲庄坝战斗遗址等红色旅游景点，是进行爱国主义、革命传统教育的圣地。此外，市内广阔的岩溶地貌，绮丽的自然风光，众多的名胜古迹，著名的革命遗址，浓郁的民族风情，均是旅游开发的宝贵资源。

民族人口

【民族】 境内居住有汉族、彝族、苗族、回族、布依族、白族、蒙古族、壮族、侗族、黎族、满族、瑶族、土家族、哈尼族、傣族、景颇族、仡佬族、京族、维吾尔族等46个民族（含未识别民族）。据“六普”资料统计，少数民族人口占全市总人口的25.88%。

【人口】 2021年，全市年末常住人口684.48万人，其中男性人口351.58万人，女性人口332.90万人。

（撰稿：陶　兵）

领导名录

说明：姓名后加“＊”号的，是年内因提拔、调离、免职、换届、机构调整、离退休等原因而免职。

中国共产党毕节市委员会

书　记　周建琨＊　吴　强

副书记　张集智＊　杨昌鹏＊　吴东来

常　委　卢　林＊　石永忠＊　周仕飞

王　彤（女）　肖发君＊　何云江＊

崔英魁＊　邓仲林＊　聂学政　魏华松

陈宗俊　肖　虎　张建军　潘发勇

杨得志（挂职）　胡爱斌（挂职）＊

秘书长　黄光江（兼）＊

常务副秘书长　张青杰

副秘书长　张青杰　傅立勇（兼）　罗太瑜（兼）＊

颜　岭（兼）＊　杨初林（女，兼）＊

杨志成（兼）　江耀波（女，兼）

郑建旭（兼）　文　景　陆有斌

胡智光＊　吴　亮　张道富

吴新江＊　刘小勇（挂职）＊

中共毕节市委办公室（毕节市档案局）

主　任　黄光江（兼）＊

副主任　吴新江＊　黄金海　范　梦

市档案局局长　文　景（兼）

毕节市委、市政府公务接待中心

主　任　赖　尉

毕节市人民代表大会常务委员会

主　任　张翊皓

副主任　黄光江*　杨新江*　吴学军　罗昌琪
　　　　陈宗俊*　杨　桦　彭华昌
秘书长　冯兴忠
常务副秘书长　余刚跃*
副秘书长　陈文忠　何家友*　汪　玉　孔媛媛
　　　　　刘天斌

法制委员会（法制工作委员会）

主任委员（主任）　陈应华*　张　萍
副主任委员（副主任）　李兆鸿*　张登奎

选举任免联络委员会

主任委员　陈　坤*　宋乃新
副主任委员　李　杰　陈石光（兼）

财政经济委员会

主任委员　雷先用*　何家友
副主任委员　赵德琼（女）*

教育科学文化卫生委员会

主任委员　聂　焱
副主任委员　张　军*　卢兴云

监察和司法委员会（民族宗教委员会）

主任委员　罗高峰*　姚庆丰
副主任委员　刘红燕（女）*

农业与农村委员会

主任委员　万兴银（女）
副主任委员　安　旺*　胡丰华（兼）　安　曼

环境与资源保护委员会

主任委员　吴大敏（女）*　安　旺
副主任委员　安　艳（女）

社会建设委员会

主任委员　胡良华*　雷先用
副主任委员　傅立刚

研究室

主　任　张　军

信访室

主　任　周　杰*
副主任　卢兴云*

毕节市人民政府

市　长　张集智*　杨昌鹏*　吴东来
副市长　周仕飞　李玉平*　王治军　王泉松*
　　　　丹　彤　谢培午*　谢志昌　徐刘蔚
　　　　王鹏朝（挂职）*　杨得志（挂职）
　　　　胡爱斌（挂职）*　姚　东（挂职）*
秘书长　高扬宗
常务副秘书长
副秘书长　李　军*　黄海刚　刘　庆*
　　　　　周选明　盖　斌*　曾凡亚
　　　　　文　超*　张　铭*　谢钦伟（挂职）*
　　　　　吴森绪　周立夫

毕节市人民政府办公室（毕节市外事办公室）

党组书记、主任　高扬宗
党组副书记　李永喜*　刘　庆*　黄海刚
党组成员　盖　斌　曾凡亚　黄海刚*
　　　　　文　超*　张　铭*　卢建新（兼）
　　　　　吴森绪　周立夫
副主任　赵伟长*　金　莉　张　勇

毕节市人民政府发展研究中心

主　任　吴森绪*

中国人民政治协商会议毕节市委员会

主　席　杨宏远

副主席　马培译　肖远福　秦天志　章康乐*
蒋从跃*　陈　波*　付业春（女）
安　南

秘书长　谢祥贵

常务副秘书长　林　勇*

副秘书长　刘祖荣*　吕　鸣（女）*　黄宇新
何志萍

毕节市智力支边联系领导小组办公室

主　任　雷文军*　周　杰

副主任　顾　军

研究室

主　任　胡国祥*

副主任　黄　茜（女）*　董定皓

提案委员会

主　任　董安碧*　张和萍

副主任　刘　燕（女）*　饶　礼

经济与科技委员会

主　任　李　焱

副主任　王　漫（女）*　鲁茂言（兼）
胡　松

民族宗教与社会法制委员会

主　任　张　萍（女）*　雷文军

副主任　祝朝靖*

人口资源环境委员会

主　任　杨孝忠*　刘发达

副主任　黄　茜（女）

教育卫生体育委员会

主　任　姜咏梅（女）

副主任　张道科*　邓　韬（兼）　王　漫

文化文史与学习委员会

主　任　赵祖禹

副主任　禄　林*　刘　燕

中国共产党毕节市纪律检查委员会、毕节市监察委员会

书　记（主任）　王　彤（女）

副书记（副主任）　熊家军　王宗宇*　詹　文
叶文学

纪委常委　樊章宣　赵德宏*　詹　文*
易晓华*　杨家凯　何　君*
朱仁达　王明学

监委委员　赵德宏*　易晓华*　樊章宣
杨家凯　黄　莉　何　君

秘书长　吴　伟*　黄　莉

办公室主任　吴　伟*　丁　荣*

案件监督管理室主任　陈　锋*　刘元晖

纪检监察干部监督室主任　朱仁达

党风政风监督室主任　郭家雄*　李　彪

组织部部长　王明学

宣传部部长　谢　迪*　杜　鑫

第一监督检查室主任

第二监督检查室主任　刘　栋

第三监督检查室主任　张　冀

第四监督检查室主任　周登璋*　胡思彦

第五审查调查室主任

第六审查调查室主任　李木勇

第七审查调查室主任　陈泽鑫

第八审查调查室主任　熊　剑

第九审查调查室主任　周照峰

第一案件审理室主任　杨志江*

第二案件审理室主任　陈　锋

信息技术保障室主任　邱　平*

信访室主任　高英策

中共毕节市委巡察工作领导小组办公室

主　任　樊章宣
副主任　周照峰*　刘元晖*　仝晓磊　谢　迪

中共毕节市委第一巡察组

第一巡察组组长　刘　念
第一巡察组副组长　赵　鹏*　彭晓刚

中共毕节市委第二巡察组

第二巡察组组长　万月平
第二巡察组副组长　林科俊*　邱　平
第二巡察组副县长级巡察专员　曾　慧（女）

中共毕节市委第三巡察组

第三巡察组组长　刘发达*　杨孝忠
第三巡察组副组长　李立新

中共毕节市委第四巡察组

第四巡察组组长　谌浩业
第四巡察组副组长　张晓霞（女）
第四巡察组副县长级巡察专员　贺　凯

中共毕节市委第五巡察组

第五巡察组组长　曾　珊
第五巡察组副组长　杨晓平*

中共毕节市委第六巡察组

第六巡察组组长　王晓园*
第六巡察组副组长　熊廷权

市纪委市监委派驻第一纪检监察组

第一纪检监察组组长　雷　珊（女）
第一纪检监察组副县长级专职纪检监察员
王　军*

市纪委市监委派驻第二纪检监察组

第二纪检监察组组长　聂　鑫（女）
第二纪检监察组副县长级专职纪检监察员
彭默然*　金　晰

市纪委市监委派驻第三纪检监察组

第三纪检监察组组长　卢建新
第三纪检监察组副县长级专职纪检监察员
费　明*

市纪委市监委派驻第四纪检监察组

第四纪检监察组组长　李　强*
第四纪检监察组副县长级专职纪检监察员

市纪委市监委派驻第五纪检监察组

第五纪检监察组组长　郑修敏（女）
第五纪检监察组副县长级专职纪检监察员
刘世春

市纪委市监委派驻第六纪检监察组

第六纪检监察组组长　向　勇
第六纪检监察组副县长级专职纪检监察员
邓金福

市纪委市监委派驻第七纪检监察组

第七纪检监察组组长　詹朝勇
第七纪检监察组副县长级专职纪检监察员
王　华

市纪委市监委派驻第八纪检监察组

第八纪检监察组组长　胡思彦*　周登璋
第八纪检监察组副县长级专职纪检监察员
张道昱

市纪委市监委派驻第九纪检监察组

第九纪检监察组组长
第九纪检监察组副县长级专职纪检监察员
刘　敏（女）

市纪委市监委派驻第十纪检监察组

第十纪检监察组组长　李　华

第十纪检监察组副县长级专职纪检监察员

吕进泽

市纪委市监委派驻第十一纪检监察组

第十一纪检监察组组长　赵大友

第十一纪检监察组副县长级专职纪检监察员

市纪委市监委派驻第十二纪检监察组

第十二纪检监察组组长　陈　江*　李　强

第十二纪检监察组副县长级专职纪检监察员

李　刚　肖　华*

陈　余　樊顺雄

中共毕节市委工作部门（含部门管理机构）

中共毕节市委组织部

部　长　石永忠*

常务副部长　邱旭忠*

副部长　陈　洁（女，兼）　宋乃新*

郑　荣（兼）　黄克卫*　张　猛*

文　超

部务委员　刘　朝*　朱　翃*　薛　成

李守跃　徐　田

毕节市党员教育服务中心

主　任　杨盛峰

副主任　杨盛峰*　丁　燚

毕节市公务员服务中心

主　任　顾　韬

毕节市干部人事档案中心

主　任　王　涛

副主任　王　涛*

中共毕节市委宣传部

部　长　何云江*　张建军

常务副部长　王丽佳（女）*　李　丽（女）

副部长　周　杰（兼）　郭　波

毕节市新时代文明实践服务中心

主　任　王献金

《毕节试验区》杂志社

主　编　李　霓（女）

副主编　杨　超　张道富*　叶光良

毕节市广播电视台

台　长　朱光伦

副台长　王应军*　李德品　杨廷兵　董　霞

总编辑　叶光良*

总工程师　王　刚

中共毕节市委统战部

部　长　黄光江*　陈宗俊

常务副部长　张玉杰

副部长　朱宇翔（兼）*　王荣猛（兼）

甘红梅（女）　陈　坤

毕节试验区统一战线服务中心

主　任　杨　坤

中共毕节市委政策研究室（毕节市开发扶贫生态建设试验区办公室、毕节市发展研究中心）

主　任　傅立勇

副主任　郭　凯　聂　勇　黄家懿

中共毕节市委政策研究室改革研究中心

主　任　张柳青

中共毕节市委网络安全和信息化委员会办公室（毕节市互联网信息办公室）

主　任　周　杰
副主任　吴　炜　李双锣　杨　阳（女）

中共毕节市委政法委员会

书　记　王治军*　魏华松
常务副书记　唐晓晖
副书记　廖碧江（女）　周　勇*　熊　伟
政治部主任　冉学荣

中共毕节市直属机关工作委员会

书　记　石永忠*
常务副书记　徐霞辉*　黄海鸣
副书记　罗奇志（女）　向　阳
纪工委书记　白　鹤

中共毕节市委老干部局

局　长　陈　洁（女）
副局长　杨丽萍（女）　徐仁龙　陈　勇（兼）

中共毕节市委机构编制委员会办公室

主　任　刘祖虹（女）
副主任　龙尚清*　陈明利　吕　璞

毕节市机构编制服务中心

主　任　魏　毅

毕节市督查考核局

局　长　江耀波（女）
副局长　王学亮*　张　丽（女）　熊　凯
　　　　唐凌宇

中共毕节市委机要和保密局（毕节市国家密码管理局、毕节市国家保密局）

局　长　晏阳海

毕节市机关事务管理局

局　长　姚庆丰*　郑　敏（女）
副局长　徐道泽　何　跃　郑　敏（女）*

毕节市信访局

局　长　杨初林*　杨志成
副局长　张忠平　刘祖梅（女）　刘　军

毕节市群众信访接待服务中心

主　任　吕德静

中共毕节市委直属事业单位

中共毕节市委党校（毕节市行政学院、毕节市社会主义学院、中共毕节市委讲师团）

校　长　肖　虎
党委书记、常务副校（院、团）长
副校（院、团）长　马　吉　赵德虎　李　庄
纪委书记　蔡　燕（女）*　李玉龙
教育长　卜令冲
纪委副书记（监察室主任）　谢春林*
办公室主任　李　亚*　唐自仰
组织人事处处长　张树洁（女）*　李　亚
学员工作处处长　周凌秋（女）*
基础理论教研部主任　王洪云
多党合作理论与实践研究所所长　罗　恺*
公共管理教研部主任　魏　鸿（女）
经济管理教研部主任　王学权
财务处处长
信息处处长　邹科军
校刊编辑部主任　孔令举*
基层党校工作处处长　吕世丹（女）*
工会主席　陈　勇
对外培训处处长
行政处（保卫处）处长　袁　静
图书馆馆长　史会荣（女）

毕节市老年大学

校　长　陈　勇
副校长　李　波　丁　君

毕节日报社

社　长　张培立
总编辑　施　毅
副社长　李建生
副总编　刘靖林　禄炳宪*　刘　瑾　戴元明

中共毕节市委党史研究室（毕节市地方志编纂委员会办公室）

主　任　高隆礼*　张　猛
副主任　唐光甫*　吴南剑　赵建雪　薄成霞

毕节市档案馆

馆　长　徐　永*　王应树
副馆长　王应树*　王生才　马玉蛟

毕节市人民政府工作部门（含所属单位）

毕节市发展和改革委员会

主　任　林　松*　胡　海
副主任　雷明礼*　杨正友（兼）　付立云
　　　　李　嵩　张家富

毕节市重大项目推进服务中心

主　任　彭　令*

毕节市工程咨询中心

主　任　陈黔方

毕节市教育局（中共毕节市委教育工作委员会）

市委教育工委书记　何云江*　张建军
市委教育工委副书记　谢培午*　欧阳嘉
市委教育工委专职副书记　张　赟*　肖明军
局　长　欧阳嘉
副局长　朱德贵*　马　锷　何友国　吴明来

毕节市考试管理中心

主　任　袁礼礼*　孙克栋

毕节市教育科学研究所

所　长　李　立

毕节市人民政府教育督导室

正县级督学　朱永德*
副县级督学　赵伟长

毕节市法学会

会　长　王治军（兼）
专职副会长兼秘书长　龚　鹏
兼职副会长　冉学荣　陈应华*　刘祖荣*
　　　　　　何志勇*　吴建忠*　周兵志*
　　　　　　王荣波　卜令冲　高竞鹏

毕节市中华职业教育社

主　任　肖远福（兼）
专职副主任　夏　青（女）
副主任　马永义　何友国（兼）　张　阳（兼）
　　　　陈业强（兼）*　王天军（兼）
　　　　郑元红（兼）　薛　成（兼）
　　　　张明超（兼）

毕节市科学技术局

书　记　侯长英*　何　旭
局　长　程　静（女）
副局长　郭　毅*　张　阳　刘　海　于吉科
党组成员　阮培均

毕节市工业和信息化局（毕节市大数据发展管理局）

局　长　桂祥友
副局长　刘剑锋　龙盛君　蔡成武*　李松松

党组成员　杨　雄

毕节市民营经济发展中心

主　任　杨　雄

毕节市煤矿勘测设计院

院　长　廖帮贵

毕节市能源局

党组书记　彭玉祥
局　长　鲁茂言*　李　军
副局长　徐志安*　杨　扬　胡安坤　蔡成武
党组成员　徐志安

毕节市能源综合行政执法支队

支队长　刘　永*　向　阳

毕节市民族宗教事务局

局　长　朱宇翔*　王荣猛
副局长　刘田向*　沈　允（女）　杨　阳

毕节市宗教事务执法支队

支队长　马燕祥

毕节市公安局

局　长　王治军
常务副局长　周兵志*　李　旭
副局长　吴安宁
政治部主任　伍仕国*　徐雪松
党委委员　林　义　宋　宣

毕节市公安局洪家渡分局

局　长　吴孟虎*　贺沛权
政　委　贺沛权*　刘贵彬

毕节市公安局交警支队

支队长　林　义

政　委　吴　畏

毕节市公安局禁毒工作支队

支队长　尹　平
政　委　陈俊烈

毕节市公安局特（巡）警支队

支队长　王子能*　吴孟虎
政　委　刘贵彬*　罗永义

毕节市公安局警务保障支队

支队长　方昱民
政　委

毕节市公安局法制支队（直属公安局）

政　委　王森林*

毕节市公安局国内安全保卫支队

支队长　宋　宣*
政　委　杨　芳（女）

毕节市公安局经济犯罪侦查支队

支队长　唐　彬
政　委　黄成龙

毕节市公安局治安警察支队（生态环境安全保卫支队、食品药品安全保卫支队）

支队长　许如鹏
政　委　杨　杰*　余本涛

毕节市公安局刑事侦查支队

支队长　李远亮*
政　委　张智军

毕节市公安局技术侦察支队

支队长　尹　晗

毕节市公安局监所管理支队

支队长　蒙乔生*　禄　杰
政　委　禄　杰*　王子能

毕节市公安局出入境管理分局

局　长　王雪琴（女）
政　委　赵小吉*　李　响

毕节市公安局网络安全保卫支队

支队长　李　响*　宋　宣
政　委

毕节市公安局警务督察支队

支队长　黄晓咏（女）
政　委　何万学

毕节市公安局人民警察培训学校

校　长　牛国强
政　委　方　向

毕节市公安局审计处

处　长　何万林*

毕节市公安局警卫处

政　委　罗永义*　刘浩亮

毕节市公安局维稳支队

政　委　孙方成

毕节市禁毒委员会办公室

专职副主任　杨丽娟（女）*　康　海

毕节市市场监督管理局（毕节市知识产权局）

局　长　李洪应
副局长　罗孝军*　陈　锐　李　卫
食品安全总监　高　峥
药品安全总监　李　莎

毕节市市场监督管理局检验检测中心

主　任　李富国

毕节市市场监管综合行政执法支队

支队长　王秀峰

毕节市退役军人事务局

局　长　杨晓铁*　蒋显虹
副局长　李　敏*　罗康国　马仲华　慕学平

毕节市民政局

局　长　熊灿平
副局长　武绍勇*　彭晓刚*　王仕康　赵　鹏
　　　　杨晓玲（女）
党组成员　周建礼

毕节市司法局

局　长　何志勇*　李　斌
副局长　廖秋曦*　张　维　滕明波　周　锋*
　　　　毛诗念
政治部主任　吴春梅（女）

毕节市强制隔离戒毒所

第一政委　何志勇*　李　斌
所　长　谭学明*　何　君
政　委　吕厚明
副所长　郑　毅　程龙毅
纪委书记　周凌祥（女）*

毕节市财政局

局　长　万　艳（女）
副局长　周玉龙*　陈业强*　王仁东　熊　培
　　　　冯　文

毕节市国库支付中心

主　任

副主任　王仁东*　熊　培*

毕节市国有资产监督管理委员会

主　任　黄海刚
副主任　何永芬（女）　温鼎明　郭绍源*

毕节市人力资源和社会保障局

局　长　郑　荣（女）
副局长　梅品伦*　王天军　王孕秋　张和国
党组成员　杨题龙*

毕节市劳动保障综合行政执法支队

支队长　蔡定成*　刘　览

毕节市劳动人事争议仲裁院

院　长　刘　琼

毕节市社会保险事业局

局　长　陈　兵

毕节市就业局

局　长　陈　环

毕节市生态环境局（省垂直管理单位）

局　长　吉　焕

毕节市自然资源和规划局（省垂直管理单位）

局　长　孙小井

毕节市住房和城乡建设局（毕节市综合行政执法局）

局　长　严　琪
副局长　张　旭（女）　李永新　王　军*
　　　　邓　云

九洞天国家重点风景名胜区管理局

局　长　彭　雄
副局长　王成云　尚跃康

支嘎阿鲁湖管理处

处　长

毕节市交通运输局（毕节市交通战备办公室）

局　长（主任）　李永喜
副局长（主任）　何运军*　王邦富*　肖远勋
　　　　　　　　张　勇　龙　华（兼）*
　　　　　　　　欧　涛　王冬梅（女，兼）
党组成员　陈　源　陆明朝

毕节市地方海事局（毕节市航务管理处）

局（处）长　欧　涛*　安　刚

毕节市交通运输发展中心

主　任　王端贵

毕节市交通运输综合行政执法支队

支队长　胡志为

毕节市农业农村局

局　长　胡书龙
副局长　潘国元*　王　峰*　刘红梅（女）*
　　　　郑元红　高守荣　陈　黎（女）
党组成员　赵力永　赵　昊

毕节市农业科学研究所

党委书记　刘朝峰
所　长
副所长　张时龙*　梅　艳（女）　唐　义
　　　　刘开崇
纪委书记　李雪松

毕节市人民政府烟草办公室

主　任　张　雪（女）*

毕节市水务局

局　长　卢　瑶

副局长　刘　宗* 赵咏梅（女）　聂宗敬
　　　　高如星

毕节市水土保持监测中心

主　任　孟天友

毕节市水利工程管理处（毕节市大中型灌溉区管理处）

处　长　周忠健

毕节市水务服务中心

主　任　宋怀春* 代显华

毕节市勘测设计研究院

院　长　聂宗敬

毕节市商务局

局　长　谌贻勇*
副局长　余　龙　周云祥* 胡　超* 张邦权
　　　　刘　洋

毕节市投资促进局

局　长　游新建
副局长　胡　媛（女）　吕　勇　袁远兴

毕节市利用外资和招商引资项目代办服务中心

主　任　党廷海

毕节市卫生健康局

局　长　陈德奉
副局长　袁顺国　路　敏　吴　勇

毕节市医疗保障局

局　长　陈文智
副局长　王文军　杨　熙　张　俊

毕节市红十字会

会　长　丹　彤（兼）

专职副会长　邓　韬* 阮　琼
副会长　张　铭（兼）* 王　玮（兼）
　　　　盖　斌　熊　培　付立云
秘书长　孙　晓* 马永义

毕节市爱国卫生运动委员会办公室

主　任

毕节市计划生育协会

专职副会长　曾家权* 朱云川
秘书长　王　栋

毕节市扶贫开发办公室*

主　任　颜　岭* 郑建旭*
副主任　刘敬东* 黄　春* 胡　松*
党组成员　胡思彦（兼）*

毕节市乡村振兴局

局　长　郑建旭
副局长　黄　春* 唐学智　胡　松* 刘泽宏
　　　　朱　政
党组成员　胡思彦（兼）* 周登璋

毕节市社会扶贫服务中心

主　任　刘泽宏* 曾　江

毕节市审计局（省垂直管理单位）

局　长　王雄伟

毕节市生态移民局

局　长　罗太瑜* 黄　春
副局长　唐学智* 杨正友　万　军　王大庆
督查专员　孟　林　张阿卓

毕节市林业局

局　长　喻祖常
副局长　高守荣* 袁朝仙（女）

　　　　糜小林（女）　潘国元
党组成员　赵　伟　聂祥军

毕节市防治石漠化管理中心

主　任　金　宇

毕节市园林绿化中心

主　任　顾国斌

毕节市文化广电旅游局

局　长　何正芳
副局长　甘德富*　施正军*　舒　英（女）
　　　　陈如新　罗　成
党组成员　郭云翔*

毕节市文物局

局　长

毕节市图书馆

党支部书记　罗　军*　黄晓黎
馆　长　余　波

毕节市文化市场综合行政执法支队

支队长　叶　骁

毕节市体育局

党组书记　薛占润
局　长　张　超*　吕　鸣
副局长　朱卫国　郭明生　周劲松

毕节市体育运动学校（毕节市体育职业学校、毕节双山实验中学）

党支部书记　王秀春（女）
校　长　张文明

毕节市金融工作办公室

主　任　袁　薇（女）
副主任　吴学静　周立夫*　郑荣萍（女）

毕节市动物疫病预防控制中心

主　任　龙冬梅（女）*　阮世影

毕节市农业综合行政执法支队

支队长　潘定垒（女）

毕节市牧科所

党委书记、所长　王明进

毕节市牧垦场

党委副书记、场长　罗应禾*

毕节市应急管理局

局　长　陈　华
副局长　周龙俊　万宽广　李大奎
党委成员　谢明富*

毕节市应急管理综合行政执法支队

支队长　刘永华

毕节市统计局

局　长　杨安群（女）*　敖登雪
副局长　胡晓敏（女）*　周　琴（女）
　　　　刘田向　石　磊

毕节市人民防空办公室

主　任　袁　锋*　吴至衡
副主任　李　刚*　李　红*　何运军　张忠奎
　　　　禄国旭

毕节市人民政府政务服务中心（市政府采购中心）

主　任　张和萍（女）*　罗孝军
副主任　王泽松　曹　颖

毕节市人民政府直属事业单位

毕节市供销合作社联合社

主　任　谢江道* 陈　坤

副主任　钟希霞（女）* 王思华　高洪洋

监事会主任　田　明

毕节市住房公积金管理中心

党组书记　罗晓平

主　任　罗晓平* 赵　璞

副主任　胡寒力　杨　波

毕节市公共资源交易中心

党组书记、主任　司　晋* 赵德宏

副主任　高　锐* 刘　永

毕节市人民政府驻外办事处

北京联络处

主　任　吕　飞

副主任　丁　荣* 刘敬东

广州办事处

主　任

副主任　孔凡文

重庆办事处

主　任　赵国红

深圳办事处

主　任　徐霞辉

副主任　陈晋徽

上海联络处

主　任　黄采军

贵阳办事处

主　任　祝朝卫

副主任　祝朝卫* 黄克卫

苏州办事处*

主　任　张建军*

成都办事处

主　任

军队　武警部队

中国人民解放军毕节军分区

党委书记、政委　聂学政

党委副书记、司令员　张东湖

党委常委、纪委书记、副司令　叶良兵* 蒋　领

党委常委、战备建设处处长　陈　超

党委常委、纪委副书记、政治工作处主任　王华国* 商　坤

党委委员、动员处处长　杨建军

党委委员、保障处处长　刘　波

中国人民武装警察部队毕节市支队

党委书记、政委　黄　夷* 赵建平

党委副书记、支队长　张四中

党委常委、副政委　李鲁冰

党委常委、副支队长　张崇清　张长峰

党委常委、参谋长　张明明

党委常委、政治工作处主任　刘国武* 周　鹏

党委常委、保障处处长　吴炳红

毕节市消防救援支队

党委书记、政委　杜忠信

党委副书记、支队长　贺　凯

党委委员、副政委　曹慧剑

党委委员、副支队长　张　箭　谌业忠　高　峰　周　佳
党委委员、政治部主任　邓公松

毕节市人民检察院

检察长　张　宇
副检察长　王荣波　廖显东*　陈恩志　肖莉红　郭布红
政治部主任　郭正元
党组成员　王　燕（女）*　翟培友
检察委员会专职委员　王义平*
案件管理办公室主任　谢家英（女）*

毕节市中级人民法院

院　长　任明星
常务副院长　吴建忠*　张百灵
副院长　肖国勇*　陆　川　张　敏　卯向方
政治部主任　罗丽群（女）
执行工作局局长　谌珊珊（女）*　李　斌*
审判委员会专职委员　张远忠*

民主党派

民革毕节市工作委员会

主　委　肖远福
专职副主委　张贤芬（女）*　路言俊
副主委　郭正权（兼）*　李　军（兼）　王泽松（兼）　张　伟（兼）

民盟毕节市委员会

主　委　刘祖荣
专职副主委　谢　霓（女）
副主委　武　卉（女）*　陈业强*　周建华　宋　朝　陈丹丹

民建毕节市工作委员会

主　委　丹　彤
专职副主委　罗同昱
副主委　唐玉萍（女，兼）*　陈　锐（兼）　张家富（兼）　林　琴（女）

民进毕节市工作委员会

主　委　张　超
专职副主委　莫艳雄
副主委　杨　兵（兼）　吴　炜（兼）*　王　平（兼）

农工党毕节市委员会

主　委　辜康乐*　汤洪敏（女）
专职副主委　刘发志
副主委　李舒波*　庞小林*　徐全华　甘明静　吕贵荣

致公党毕节市工作委员会

主　委　安　南*　王　力
专职副主委　吴　灵
副主委　王　力*　汪　玉（女，兼）　周瑞洋（兼）

九三学社毕节市委员会

主　委　周正军*　程　静（女）
副主委　程　静（女，兼）*　王　峰　宋　毅*　张景兴　王才军　游　泳

群团部门

毕节市总工会

主　席　王炳荣（兼）*　杨　桦（兼）
党组书记　陈明江*　刘　军
副主席　钱　旭　彭　菊（女）　刘剑锋（兼）

共青团毕节市委员会

书　记　饶　萍（女）* 　唐　瑜

副书记　马永江　曾　涛*

毕节青少年事业发展中心

主　任　萧　星

毕节市妇女联合会

主　席　徐书云（女）

副主席　陈怀颖（女）　郭　宇

毕节市科学技术协会

主　席　谢平贵*　刘红梅（女）

副主席　罗　丽（女）　陈　岚（女）

党组成员　孙　超

毕节市归国华侨联合会

主　席　张　友

专职副主席兼秘书长　张红梅

毕节市工商联（商会）

主　席（会长）　秦天志

党组书记　张玉杰*　甘红梅

副主席（副会长）　付漫江（女）*　马永义*　曾友俊　张　树

毕节市社会科学界联合会

主　席　曾加伦*　敖　祥

副主席　黄华玉（女）　李　军

毕节市文学艺术界联合会

主　席　刘汉文

副主席　杨春明*　刘　奇　林　江

毕节市残疾人联合会

主　席　丹　彤（兼）

理事长　张　春

副理事长　张　霞（女）　焦　军

学　校

贵州工程应用技术学院

党委书记　令孤荣锋

党委副书记、院长　王建平*

党委副书记　汤宇华　向贤礼

纪委书记　郭永红（女）

副院长　李　琳　杨友昌　朱　杰　赵　军

组织部部长　陈兴才

毕节职业技术学院（毕节市农业学校）

党委书记　龙泽玉

党委副书记、院长　池　涌

党委副书记　安永红

纪委书记　黄道先

副院长　杨　慧　高守军　易　鹏　葛富林

组织（人事）部长（处长）　王玉琴

毕节医学高等专科学校（毕节市卫生学校）

党委书记　颜　勇

党委副书记、校长　杨永学

党委副书记　肖朝荣

纪委书记　汤应洪

副校长　黎　梅（女）　王景舟　许　海

组织（人事）部长（处长）　徐贵祥

毕节幼儿师范高等专科学校

党委书记　石承钧

党委副书记、校　长　卢凤鹏

党委副书记　赵英才

纪委书记　沈　融

副校长　赵昌伦　陈忠勇　何　勇

组织（人事处）部长（处长）　杨海佳

毕节市工业职业技术学院

党委书记　李　涌
党委副书记、院长　邱国援
党委副书记　付善华
纪委书记　陈　颖*
副院长　黄　瑛（女）　吴家文　黄　河
　　　　黄文碧（女）
组织（人事）部长（处长）　申开谷

毕节市信息工程学校（毕节市财贸学校、毕节市财政经济干部学校）

党委书记、校长　张　鹏
副书记　陈世举
纪委书记　金　红（女）
副校长　叶宇赤　喻富学　燕金辉

毕节市广播电视大学

党委书记、校长　张安瑾
副校长　王小兵　张纯朴

毕节市第一中学

党委书记　覃珍贵
校　长　屈小锋（女）
纪委书记　彭　艳（女）
副校长　张用周　龙泽惠　黄世虎　王友云

毕节市民族中学

党委书记　袁礼礼
校　长　孙　华
纪委书记　邓　梅（女）
副校长　丁　宇　金　莉（女）*　田贞明
　　　　赵德龙

毕节市实验高级中学（毕节市师范学校）

党委书记　张　赟
校　长　谢　军
纪委书记　陶祥湘
副校长　王　祥　高庆平　陈靖华

毕节第二实验高中（黔西旅游学校）

党委书记　蒋刘恩
校　长　林　琳

毕节第三实验高中（威宁草海艺术学校）

校　长　王　茜

毕节市特殊教育学校

校　长　罗　旭

医疗单位

毕节市第一人民医院

党委书记　刘仁才
院　长　武　卉（女）
纪委书记　孙　珲*
副院长　李　军　何小兵　王　森*
总会计师　陈　煦

毕节市紧急救援中心

主　任　吕贵荣

毕节市第二人民医院（毕节市红十字医院）

党委副书记、副院长　王宝仁
副院长　王　刚　谌河琴

毕节市第三人民医院（毕节市传染病医院）

党委副书记　王　锋
副院长　龙　训　廖烨纯　杜　敏　雷寿斌

毕节市中医院

党委书记　吴国春（女）
院　长　徐全华
党委副书记　肖良国

纪委书记　黄玉龙
副院长　李珍武　傅晓丹
总会计师　葛传俊

毕节市疾病预防控制中心

主　任　刘　勇
副主任　刘　宁　陈世清*

毕节市卫生健康综合行政执法支队

支队长
副支队长　侯尚军　杨　康

毕节市妇幼保健院（毕节市妇幼保健计划生育服务中心、毕节市妇产医院、毕节市儿童医院）

党委书记　王继华
院　长　卢　萍（女）
副院长　辛茂荣　罗　敏

毕节市中心血站

党支部书记　杨　芊（女）
站　长　许文明

省管单位

毕节国家安全局

党委书记、局长　张　平*
党委书记　黄　海
党委副书记、政委　张志炜（女）
党委委员、副局长　叶　红*　李　冰*（挂）
龙　鹏*（挂）　朱　艳（女）
陈贵川（挂）

毕节银保监分局

党委书记、局长　连　冠
党委委员、副局长　祖　毅　喻德海
周　茂（女）
党委委员、纪委书记　李　静（女）

中国人民银行毕节中心支行

党委书记、行长　李　刚
党委委员、副行长　岳长春　吴维旭*
段丽疆（女）
党委委员、纪委书记　李　毅
党委委员、工会主任　胡高文

工商银行毕节分行

党委书记、行长　徐志刚*　张　艳（女）
党委委员、副行长　姚宏彪　刘亚松（女）*
谢武兵　邓　婷（女）
李耀东
党委委员、纪委书记　刘文海
工委主任　刘亚松（女）*　姚宏彪
资深经理　孙玉秀（女）
高级经理　刘亚松（女）　李　春（女）
蒋祖华

农业发展银行毕节分行

党委书记、行长　樊晓东
党委委员、副行长　张达军*　赵　丹　万永刚
周　石

农业银行毕节分行

党委书记、行长　蒋承业
党委委员、副行长　赵云霞（女）　陈建平
陈世林　李　祝
党委委员、纪委书记　傅　鹏
资深客户经理　蔡　军
资深专员　李文忠　刘章渠　廖淑萍（女）
谢　武

建设银行毕节分行

党委书记、行长　辛光中
党委委员、副行长　张力川　吴　江　金　江
郑　莉（女）

纪检组长　李　靖* 张忠生
党委委员　金　江* 郑　莉（女）*

中国银行毕节分行

党委书记、行长　罗　军
党委委员、副行长　黄　楠（女）　肖　黎（女）
副行长　严家荣
党委委员、纪委书记　宋华云* 　黄朝海

贵州省农村信用联合社毕节审计中心

党工委书记、主任　张金禄*
党委书记　董　明
党工委委员、副主任　彭　锟*
党委委员、副主任　李玉东
党委委员、纪委书记　杨春模
党工委委员　周　正*
党委委员　周　正

中国邮政储蓄银行毕节市分行

党委书记、行长　龚教波* 　李　波
副行长　陈思学*
党委委员、纪委书记、副行长　童思强
党委委员、副行长、工会主席　陈思学
党委委员、副行长　李喜强

贵州银行毕节分行

党委书记、行长　周　炼*
党委书记、拟任行长　沈　波
党委委员、纪委书记　丁伟恒
党委委员、行长助理　胡　赟*
党委委员、拟任副行长　胡　赟
党委委员　王安全* 　谭镇洪*
党委委员、副行长　王安全　谭镇洪*
副行长　谭镇洪

贵阳银行毕节分行

党委书记、行长　朱　霖
纪委书记、风险官　陈剑挥
党委委员　黄　泳*
党委委员、副行长　黄　泳
党委委员、行长助理　苏　谦
行长助理　王深昊*
党委委员　陈　举

交通银行毕节分行

党委书记、行长　陈　飞*
党委副书记　罗克禹
党委委员、副行长　庄茂筑* 　杨秀桃（女）
党委委员、行长助理　陈　海　陈　杨（女）
行长助理　陈　杨（女）*

毕节发展村镇银行

党支部书记、董事长　王　旭
党支部副书记、行长　佘俊芬（女）

中国人民财产保险毕节分公司

党委书记、总经理　农　刚
党委委员、纪委书记　杨经邦
党委委员、副总经理　李　丽（女）　樊德铮

中国人寿毕节分公司

党委书记、总经理　赵红艳
党委委员、副总经理　史洪全*
党委委员、纪委书记、总经理助理　蒲　勇
党委委员、总经理助理　陈佳佳

太平洋人寿保险毕节中心支公司

党委书记、总经理　贺伟杰* 　叶　曦
党委委员、副总经理　黄霞贵

太平洋财产保险毕节中心支公司

党委书记、总经理　尹　刚* 　赵亚琴（女）
党委委员、副总经理　陈　翰
总经理助理　徐　奎* 　陈　翰*

工会主席　刘一鸣*

毕节市税务局

党委书记、局长　罗玉平
党委委员、副局长　谭景林　吕　磊　邹智国　邱　飞
党委委员、纪检组长　王　鹏

国家统计局毕节调查队

党组书记、队长　杨江涛
党组成员、纪检组长　王泽伟
党组成员、二级调研员　王桂林

毕节市公路管理局

党委书记　黄正华
党委委员、局长　王瑞远
党委委员、副局长　杨青海　郑问淇*　林颜典　傅　煦
党委委员、工会主席　汪应明
党委委员、纪委书记　代智昌
党委委员、总工程师　刘伦祥

毕节市烟草专卖局（公司）

党委书记、局长、经理　邓祖昌
党委委员、副局长　付顺强
党委委员、纪委书记　李　明
党委委员、副经理　何　轶　左　平
总会计师　刘正模
副调研员　祝朝东

中国移动通信集团毕节分公司

党委书记、总经理　张　黔
党委委员、副总经理、工会主席　吴待志
党委委员、纪委书记、副总经理　许小江
党委委员、副总经理　王　庆　李　超

中国电信毕节分公司

党委副书记、副总经理、财务总监　龙宪春（女）
党委委员、总经理　王林松
党委委员、纪委书记、副总经理　冯　勇*
党委委员、纪委书记　冯　勇
党委委员、副总经理、工会主席　孙　胜
党委委员、副总经理　陈　伟*

中国联合网络通信有限公司毕节分公司

党委书记、总经理　左雷鸣
党委委员、副总经理　章　力　张习举　杨咏萍（女）
党委委员、纪检组长　刘　宁

新华书店

党总支书记、总经理　王　健
党总支副书记、副总经理　王伟强
党总支委员、副总经理　黄　山　张　鹏

中石化毕节分公司

党委副书记（主持工作）、纪委书记、工会主席　陆　永
党委副书记、经　理　苏　丹
党委委员、副经理　吴述友　卓　斌

毕节市邮政管理局

党组书记、局长　龙　华*　王冬梅（女）
党组成员、纪检组长、副局长　王冬梅（女）*　彭　刚
党组成员　彭　刚*

中国邮政集团毕节分公司

党委书记、总经理　钟学俊*
党委委员、副总经理（主持工作）　邹　勇
党委委员、纪委书记　潘　洪
党委委员、副总经理　王福来　邹　勇*　杨天成

毕节市气象局

党组书记、局长　田　兰（女）

党组成员、副局长　刘　佳　李明元　熊　翼
党组成员、纪检组长　王　琼（女）

毕节供电局

党委书记、副总经理　许文强*
党委副书记、总经理　张金荣*　罗永源
党委委员、副总经理　李涟叶*　王远鹏*
杨永谦　沈　毅*
严奉军　姜　浩
党委委员、纪委书记　黄　健*　王　斌
党委委员、工会主席　王远鹏*

贵州中烟工业有限责任公司（毕节卷烟厂）

党委书记、厂长　赵科文
党委委员、副厂长　王　潇　周诗华　张庆春
纪委书记、工会主席　周　晖

毕节监狱

党委书记、监狱长　罗元昌
党委副书记、政委　王兆义*　张以军
党委委员、副监狱长、海丰公司总经理　罗学康
党委委员、副政委　张雪雯（女）
党委委员、副监狱长　杨昌富*　沈承献*
孙思发*　肖良佳
张帮兴
党委委员、政治处主任　黎德军
党委委员、纪委书记　金中亮

毕节海关

党工委书记、关长　王卫民
党委委员、副关长　高　博　王主玉

毕节高铁站

党委书记　马　旭*　李　豪
站　长　孙贵勇
副站长　刘甜甜（女）

市属国有企业

贵州草海保护开发投资有限责任公司

党委书记、董事长　郭　鹏*　李永红
党委副书记、副董事长、总经理　黄小松
党委副书记、工会主席　顾掌国
纪委书记　袁龙盘
副总经理　陈朝昀　高　峰

贵州威宁草海机场有限责任公司

党委书记、董事长　徐　勇
党委副书记、副董事长、总经理　杜远仙
副书记、董事、副总经理　徐　勇*
副总经理　阳　轴
纪委书记　王　祥

毕节市水务投资（集团）有限责任公司

党委副书记、董事长　周　庆
党委副书记、副董事长、总经理　王　岳
专职副书记、工会主席　尹　伟（女）
副总经理　杨　平　肖　坤*　肖庆团
总工程师　周亚驰
监事会主席　徐晓元
纪委书记　郭家雄*　彭默然

毕节旅游开发（集团）有限公司

党委书记、董事长　孙思清
副董事长、总经理　罗　丰
专职副书记　王靖云*　陈　铧
副总经理　胡晓涛　黄小松*　韩清龙
纪委书记　张星原
总规划师　胡传粳

毕节市工业能源投资建设有限公司

党委书记、董事长　曾　义*
党委副书记、副董事长、总经理　邱　伟

专职副书记　陈祖云
副总经理　向仕光　李学海*　陈世林　詹世顺
纪委书记　王　林
总经济师　范贤富

毕节市医疗投资有限责任公司

党委书记、董事长　朱大庚*　肖良宪
副董事长、总经理　黄　勇
专职副书记、工会主席　陈跃进
纪委书记　封陆军
监事会主席　刘胜祥
副总经理　黄　能　汪　鑫　李学海

毕节市商贸投资有限责任公司

党委书记、董事长　蔡安刚
党委副书记、副董事长、总经理　王长春
专职副书记、工会主席　孙　伟
纪委书记　周文渊
副总经理　蔡明臣　黄海波　谢永贵

毕节市建设投资有限公司

党委书记、董事长　杨小虎（兼）*　易晓华
党委副书记、总经理　王旭东（兼）
专职副书记、工会主席　周礼卫
副董事长　周　电
副总经理　韦嘉洪　安忠月　王　刚
纪委书记　刘　涛
监事会主席　高安居

毕节市人力资源开发有限责任公司

董事长　周　电（兼）

毕节市信泰投资（集团）有限公司

党委书记、董事长　孙思清（兼）
专职副书记、工会主席　王　羽（女）
纪委书记　何文林
副总经理　刘元刚　陈绍宏　陈道勇
总会计师　刘　明（女）

毕节市交通运输集团有限责任公司

党委书记、董事长　吴学相
党委副书记、副董事长、总经理　熊　宁
专职副书记、工会主席　吴长远
纪委书记　李　智
副总经理　罗成琪　陆春晖　王正义

毕节乌蒙演艺集团有限责任公司

副董事长、总经理　安　黔（女）
专职副书记　陈远福
纪委书记　陶光奇
副总经理　王霄霄　鲁保书　屈炳业

毕节市国有资本投资运营有限责任公司

党委书记、董事长　朱大庚
党委副书记、副董事长、总经理　苟　耿
专职副书记、工会主席　顾　稳
纪委书记　张　翼（女）
党委委员、副总经理　卢文茂　梁　霄　雷国欢

毕节飞雄机场有限责任公司

党委书记、董事长　吴晓君
副董事长、总经理　晏学义
党委副书记　王　红
副总经理　胡文化
纪委书记　赵　艺（女）

毕节市交通建设集团有限责任公司

党委书记、董事长　杨小虎
党委副书记、副董事长、总经理　王旭东
党委副书记　吴学相*　周大国
纪委书记　李　宾
副总经理　蒋红全　陈业强*　周大国*
总工程师　杨　春*

毕节市洪欣城市建设投资有限公司

董事长　张　华

毕节市泰信融资担保（集团）有限公司

党委书记、董事长、总经理　蒋才勇
党委副书记、副董事长、总经理　王靖云
专职副书记　陈祥峰
纪委书记　陈俊涛
副总经理　陈乔友　周　治　鲁雪阳

毕节市农业投资发展有限责任公司

党委书记、董事长　马友省
党委副书记、副董事长、总经理　黄　健
专职副书记、工会主席　支从兵
副总经理　唐圣胪　洪　林　陈祖瑶
纪委书记　吴学亮

县区党委、人大常委会、人民政府、政协、纪委、人民法院、人民检察院、公安局等

毕节市七星关区

区　委

书　记　吴东来
副书记　胡敬斌*　刘　庆　郑建旭*　饶　萍
常　委　袁　媛（女）*　赵德文*　敖　祥*
万　勇　周　仁　陈　俊　陈佑猛
张万泽*　吴　伟　蒋叶俊　朱　翊
张治国

区人大常委会

主　任　周　延*　赵德文
副主任　张　媛（女）*　胡家敬　*肖世华*
胡卫国　吕艺华　叶　荣*　陈翔宇
王安民　沈　颖　罗　福

区人民政府

区　长　胡敬斌*　刘　庆
副区长　陈　俊　王大庆*　蒋叶俊*　夏　冬
陈亮欢*　陈翔宇*　张治国　马丽飞
郝守军　卯　洪　汤志刚

区政协

主　席　葛传彦*　袁　媛（女）
副主席　王林中　江晓燕（女）*　周遵林*
熊　雄*　邓　庆*　成名伟　钟　华
付立武　杨秋菊（女）　熊　秀（女）

区纪律检查委员会、区监察委员会

书　记（主任）　赵德文*　万　勇
副书记（副主任）　王　鑫　杨卓智

区人民法院

院　长　禄智华

区人民检察院

检察长　刘　永*　安　聪

区公安局

局　长　周　仁*　郝守军

区委党校

常务副校长

七星关区天河风景名胜区管理处

处　长　卯　洪*　宋尚万

七星关经济开发区党的工作委员会、管理委员会

书　记　吴东来（兼）
副书记、主任　胡敬斌（兼）*
专职副书记　张和国*
副主任　李永红*　宋尚万*

大方县

县　委

书　记　陈宗俊*　游劲松
副书记　游劲松*　张　锦（女）*　杨　滨

何逆常委 黄 莉（女）*
李天智* 杨忠强* 秦 勇*
张 雄* 敖登雪* 路仕兵
张 铭 李 萍（女） 王哲赟
李春阳 陈 江 严 红 陈文忠

县人大常委会

主 任 陈祖军* 张 锦（女）
副主任 刘丰俊* 李义军* 万兴智（女）*
刘玉华 李春阳* 居民旺 王升富
余大敢 肖顺平 邱 林

县人民政府

县 长 游劲松* 杨 滨
副县长 敖登雪* 穆 峰* 张 铭
李 萍（女） 周登印 康 海*
杨丽娟（女） 王 瑜 邹 渐
胡从洋

县政协

主 席 袁家艺* 杨忠强
副主席 陈亚林* 杨章贤* 章 育（女）
陈 倩（女） 李启英（女） 王永江
王 娟（女） 勾廷艳

县纪律检查委员会、监察委员会

书 记（主任） 黄 莉* 陈 江
副书记（副主任） 李光路 罗 松

县人民法院

院 长 张 敏* 薛卫东

县人民检察院

检察长 张大中* 彭志宇

县公安局

局 长 康 海* 杨丽娟（女）

大方县委党校

常务副校长 赵吉勇

大方县慕俄格古城管理处

处 长

大方县油杉河风景区管理委员会

大方经济开发区党的工作委员会、管理委员会

书 记 陈宗俊（兼）*
副书记、主任 游劲松（兼）
专职副书记 居明旺* 张 林
副主任 龙盛学

黔西县* 黔西市

市 委

书 记 卢 林* 林 松
副书记 杨汉华* 杨志成* 朱宇翔 曾 红
常 委 杨 滨* 蒋景毅* 刘 海*
张 敏（女） 曾 科* 张树洁（女）*
林晓晖* 汤 进 张 雪（女）
张 俊 张 震 肖 坤
王凤雏（女） 南指革

市人大常委会

主 任 罗智琼（女）* 蒙 敏
副主任 殷从隆* 敖西洛* 林 琴（女）
曾 星 李华平 罗贤杰 赵代江
谢 坤

市人民政府

市 长 杨汉华* 朱宇翔
副市长 杨 滨* 赵 璞* 朱绍顺* 杨 曦*
徐兴林* 张 震 肖 坤 李 松
彭 令 唐芬才 罗 坤 罗 卫（女）

市政协

主　席　李学军*　余刚跃
副主席　杨　曦　卓永发　焦　静（女）*
　　　　汪伦碧（女）　戴湘远　周朝钰（女）
　　　　徐兴林

市纪律检查委员会、市监察委员会

书　记（主任）　张　俊
副书记（副主任）　牟洪应　苟廷富

市人民法院

院　长　薛卫东*　郭桂学

市人民检察院

检察长　卓英武*　蔡　淳

市公安局

局　长　李　松

市委党校

常务副校长　杨智平

黔西经济开发区党的工作委员会、管理委员会

书　记　卢　林（兼）*
主　任　杨汉华（兼）*　朱宇翔（兼）
副主任　何大伦*　汤　进*　曾　艳（女）
　　　　胡　健

金沙县

县　委

书　记　梁　铮
副书记　李　涛　禄　斌*　赵福美（女）
常　委　林　勇　罗培林　熊　伟*　余本涛*
　　　　王　敖　蒋显虹*　门永喜
　　　　袁　琦（女）　蒋　华　周　锋
　　　　胡　超

县人大常委会

主　任　蒙　敏（女）*　罗智琼
副主任　陶明森*　赵宝庆*　任仕宇*
　　　　罗守先（女）*　周益军　王治明
　　　　吴玉艳　李洪强　李超军　蒋显祥

县人民政府

县　长　李　涛
副县长　罗培林　周　锋　周益军*　周劲松*
　　　　袁　琦*　詹世顺*　王正益*　明泽磊
　　　　徐建金　石　鑫　尚金海
　　　　万纯飞（女）

县政协

主　席　魏其凯
副主席　李文俊*　吴　炜　陶明森　王体端
　　　　王治明*　吴玉艳（女）*　李开伟
　　　　黄昌洪　张伍鸿烈

县纪律检查委员会、县监察委员会

书　记（主任）　王　敖
副书记（副主任）　陈　肖　陈兴杰

县人民法院

院　长　张　涛*　李　可

县人民检察院

检察长　肖莉红（女）*　徐恺东

县公安局

局　长　余本涛*　明泽磊

金沙三化同步统筹发展改革试点办公室

主　任　罗华明

金沙县沙土三化同步统筹发展改革试验区

党工委书记　颜　松

管委会主任　江正勇

金沙经济开发区党的工作委员会、管理委员会

书　记　梁　铮（兼）
副书记、主任　李　涛（兼）
专职副书记　毛祖新
副主任　王体端* 　赵福海　雷定强

织金县

县　委

书　记　杨　桦
副书记　潘发勇* 　徐开焱　刘　利
常　委　陈　坤* 　何林峰* 　周晓波* 　曾　科
　　　　周先远　周　敏（女）　安　定
　　　　马　薇（女）　曾　放　付正祥*
　　　　冯　贵　赵德银

县人大常委会

主　任　陈石光* 　王丽佳（女）
副主任　任志艳（女）* 　刘　美（女）　袁明琴
　　　　武　信* 　刘玉芳（女）* 　吴　超*
　　　　李劲松　张云洪　张忠贤　肖　鑫

县人民政府

县　长　潘发勇* 　徐开焱
副县长　曾　科　安　定　陈　坤* 　杨　军*
　　　　袁明琴（女）* 　王　刚* 　胡明武*
　　　　张　震* 　周晓波　陈昌海　赵祖平
　　　　罗珍玉（女）　卢海亲

县政协

主　席　刘麦青（女）* 　王　刚
副主席　兰　薇（女）* 　何世举* 　朱一川*
　　　　胡常艳（女）　陈昌海* 　李劲松*
　　　　吴　超　刘仁海　杨　松
　　　　施　桃（女）　胡　慧（女）

县纪律检查委员会、县监察委员会

书　记（主任）　周先远
副书记（副主任）　张曰祥* 　余　勇　晏平洋

县人民法院

院　长　李　斌* 　张　涛

县人民检察院

检察长　翟培友* 　王庭霞

县公安局

局　长　周晓波

县委党校

常务副校长　杨大禹*

贵州织金洞风景名胜区（贵州织金洞国家地质公园）管理局

党委书记　安太敏（女）
局　长　李　义
副局长　宋文胜* 　黄开俊　张　筠　谌业勇
专职纪检书记　刘建元
总工程师　刘志荣

织金县织金古城管理处

处　长　陈正祥

织金经济开发区党的工作委员会、管理委员会

书　记　杨　桦（兼）
副书记、主任　潘发勇（兼）*
副书记　付正祥
副主任　张青灿　陈　华

纳雍县

县　委

书　记　彭华昌* 　许晓鹏
副书记　许晓鹏* 　何　旭* 　禄　斌
　　　　张树洁（女）
常　委　邓　林* 　陈永平* 　李林有　袁　靓
　　　　张忠奎* 　张　勇* 　高朝阳* 　明泽磊*

罗　晶* 李劲全 王　军 陈　毅
陈主龙 蒋　清 潘定科

县人大常委会

主　任 胡丰华* 于　刚
副主任 王道森* 杨兴华* 杨　怡
张　慧（女）* 李劲全* 陈　毅*
高朝阳 杨洪武 王瑞岗 罗　晶
杨　丹（女）

县人民政府

县　长 许晓鹏*
副县长 邓　林* 宋邦达* 阮　琼（女）*
王瑞岗* 袁　靓 陈　毅 覃　堃
林炼深 刘　歆 曾　涛
张梦玲（女）

县政协

主　席 苏　毅
副主席 王佳永* 陈仕才* 杨　毅* 张　伟*
胡卫华* 张　慧（女） 宋邦达
张贤芬（女） 张　伟 王昀劭
雷　彬

县纪律检查委员会、监察委员会

书　记（主任） 袁　靓* 王　军
副书记（副主任） 陈　燕* 何玉洪*
胡　春 刘　峰

县人民法院

院　长 罗庆山* 谌珊珊

县人民检察院

检察长 邓　斌* 张大中

县公安局

局　长 明泽磊* 刘　歆

县委党校

常务副校长 王国霖

纳雍经济开发区党的工作委员会、管理委员会

书　记 彭华昌（兼）*
副书记、主任 许晓鹏（兼）
专职副书记 陈　林
副主任 王玲琳 罗春燕（女）

威宁自治县

县　委

书　记 肖发君* 胡敬斌
副书记 陈　波* 王荣猛* 邓　林 胡智光
常　委 禄　云* 陈晋徽* 曾　红*
杨云娥（女） 马仲华* 肖良宪*
万　勇* 陈　超* 富　明 郭家雄
刘国栋 陈亮欢 丁现利 马　勋
肖　涌

县人大常委会

主　任 刘青松（女）* 杨华忠
副主任 吴丹玫（女）* 周　乾 罗兴义*
王义国* 余崇忠* 王　梅（女）*
陈兴志 潘卫东 冶伟苍 孔天寿
朱少康

县人民政府

县　长 陈　波* 邓　林
副县长 陈亮欢 马　勋 禄　云* 杨华忠*
朱云川* 马丽飞（女）* 杜远仙*
潘卫东* 陈　红 李远亮 申　嵩
赵诗惠（女） 朱达聪

县政协

主　席 禄炳军
副主席 金丽华（女）* 马鸿恩 陈兴志*
李正超* 许如龙* 吴丹玫 王才军

王　梅（女）　余崇忠　徐　锋
王文佳

县纪律检查委员会、县监察委员会

书　记（主任）　万　勇*　郭家雄
副书记（副主任）　詹朝勇*　张功达
邓庭美（女）

县人民法院

院　长　马　跃*　李　剑

县人民检察院

检察长　安　聪*　王化宏

县公安局

局　长　陈晋徽*　李远亮

威宁经济开发区党的工作委员会、管理委员会

书　记　肖发君（兼）*
副书记、主任　陈　波（兼）*
副书记　禄　云（主持党工委日常工作）*
朱锦锋
副主任　杨志伟（主持管委会日常工作）
李　旭

威宁县委党校

常务副校长　陈　红*

威宁高原草地试验站

党委书记　陈　超
副站长　罗永宽

贵州草海国家级自然保护区

党工委书记　肖发君（兼）*　胡智光
党工委副书记、主任　陈　波（兼）*　李　茂
党工委副书记　臧宁波
纪检监察工委书记　崔炳鸿
党工委委员、副主任　赵　毅*　李　茂*
许定华
党政办（政治部）主任　臧宁波*
环境监测处处长　刘　文
项目管理处处长　崔炳鸿*

赫章县

县　委

书　记　刘建平*　颜　岭
副书记　胡　海*　刘　军*　骆丽红（女）
林晓晖
常　委　王永胜　敬春林　于　刚*　杨洪武*
向　阳*　于吉科*　唐　瑜（女）*
马　吉*　马武军　杨　春　肖　华
陈　敬　刘秋宏（女）　张道奇

县人大常委会

主　任　刘　军*　张　勇
副主任　李廷贵*　孙　霞（女）　管庆国*
赵　春*　朱祖云*　罗义勋　龙万成
文永松　刘　义　马　华

县人民政府

县　长　胡　海*　骆丽红（女）
副县长　王永胜　唐　瑜（女）*　马武军*
杨　春　张世文*　李　光　徐　磊
刘先炜　裴鸿亮　周　燚

县政协

主　席　安　玲（女）
副主席　张　政*　王润丽（女）*　刘宗祥*
陶继鸿*　赵　春　王郁春　张世文
张丽君（女）　罗义勋*　邓先国
孙颍玉（女）

县纪律检查委员会、县监察委员会

书　记（主任）　向　阳*　肖　华
副书记（副主任）　陶光奇*　刘佳祥*
黄启旺　付海宁

县人民法院

院　长　卯向方* 　李玉军

县人民检察院

检察长　彭祥安

县公安局

局　长　杨洪武* 　裴鸿亮

赫章县委党校

常务副校长　王　昊

赫章县妈姑矿区社区服务管理局

书　记　王治坤
局　长　周安涛

赫章县产业园区党的工作委员会、管理委员会*

书　记　周志刚*

赫章县阿西里西风景名胜区管理处

处　长　罗　刚

贵州百里杜鹃管理区（百里杜鹃国家级森林公园、百里杜鹃自然保护区）

党工委

书　记　张　东
副书记　骆丽红（女）* 　林　江* 　杨　军
　　　　袁正义
委　员　李孝荣　陈敬书　赵　勇
　　　　黄晓黎（女）* 　鲍曙光* 　彭　婷（女）
　　　　丁　荣　王世军　赵　刚　熊仁志
　　　　刘跃胜

管委会

主　任　骆丽红* 　杨　军
副主任　杨　军* 　彭　婷（女）　杨　超
　　　　罗冠宇　聂忠兴

人大工委

主　任　李孝荣
副主任　李忠琼（女）

政协工委

主　任　陈敬书

纪检监察工委

书　记　袁正义* 　丁　荣
副书记　张　翼* 　樊顺雄* 　万廷富

检察室

主　任　王庭霞* 　吴　云

毕节金海湖新区（毕节高新技术产业开发区）党的工作委员会、管理委员会

党工委

书　记　赵　伟
副书记　马祥宏　彭玉祥*
委　员　韦晓松　沈其敏　毛家兴　程朝文
　　　　刘国栋*

管委会

主　任　马祥宏
常务副主任　毛家兴
副主任　程朝文　吴文茂　曾　艳（女）*
　　　　周　锋
总工程师　蒲　晟

纪检监察工委

书　记　沈其敏
副书记　王义淑　龙道雄

注：此干部名录为干部任职经历记载，不作任何排序依据。

中国共产党毕节市委员会

市委工作综述

【概述】 2021年，中共毕节市委坚持以习近平新时代中国特色社会主义思想为指导，深入学习贯彻习近平总书记视察贵州重要讲话和对贵州对毕节工作的重要指示批示精神，全面贯彻中共十九大及十九届历次全会、省委十二届历次全会精神，立足新发展阶段，贯彻新发展理念，融入新发展格局，围绕建设贯彻新发展理念示范区总目标，坚持稳中求进工作总基调，守牢发展和生态两条底线，统筹发展和安全，团结带领全市各族干部群众牢记嘱托、感恩奋进，苦干实干、攻坚克难，全力推动经济社会高质量发展取得新成效、新进步。全市实现地区生产总值2181.48亿元，同比增长6.8%；规模以上工业增加值增长12.1%；社会消费品零售总额增长14.3%；城乡居民人均可支配收入分别达37263元、12441元，同比增长8.7%、10.7%；金融机构人民币存款、贷款余额分别达2062.73亿元、2515.05亿元，增长5.2%、15.2%。实现了“十四五”良好开局。

【强化党的创新理论武装】 中共毕节市委坚持“第一议题”学习制度，先后召开63次市委常委会会议、中心组学习会议等，深入学习习近平总书记视察贵州重要讲话和对贵州对毕节工作的重要指示批示精神，及时跟进学习习近平总书记最新重要讲话和重要指示精神，举办习近平新时代中国特色社会主义思想专题研讨班等18期次，示范带动各级党组织和党员干部开展集中学习研讨8100余场次，持续强化党的创新理论武装。市委主要负责人为全市干部讲党课，带头到高校和基层开展宣讲，深入解读习近平总书记视察贵州重要讲话和对贵州对毕节工作的重要指示批示精神，进一步加深对精神实质的理解把握，教育引导全市广大干部群众把对党中央和习近平总书记的感恩之情凝结为忠诚核心之志、拼搏奋进之力、为民服务之责，转化为“两个维护”的坚定自觉和攻坚克难的强大力量。

【推动习近平总书记视察贵州重要讲话和对贵州对毕节工作重要指示批示精神落地落实】 坚持把习近平总书记视察贵州重要讲话和对贵州对毕节工作的重要指示批示作为“第一要件”来落实，制定总书记视察贵州重要讲话精神分工落实方案，细化为42项具体任务，明确责任分工抓落实；修订完善《毕节市贯彻落实习近平总书记重要指示批示精神闭环管理工作规则》，实行台账化、清单化、全流程管理，全面扣紧责任链、任务链；深入开展贯彻落实情况“回头看”监督检查18次，确保总书记重要指示批示精神不折不扣贯彻落实到位。先后召开市委二届九次、十次、十一次全会和市第三次党代会，对贯彻落实习近平总书记视察贵州重要讲话、中共十九届六中全会和省委十二届十次全会精神作出全面安排部署，有力有序推进建设贯彻新发展理念示范区各项工作，特别是市第三次党代会擘画建设“一区三高地、五个新毕节”的美好蓝图，既符合中央和省委要求，又切合毕节实际，搭建毕节未来五年发展的“四梁八柱”。

【开展党史学习教育和庆祝中国共产党成立100周年系列活动】 聚焦学史明理、学史增信、学史崇德、学史力行目标要求，把党史学习教育和“牢记殷切嘱托、忠诚干净担当、喜迎建党百年”专题教育结合起来，扎实开展专题学习、宣传宣讲、专题调研、办实事解难题、警示教育等各项工作，取得显著成效，广大党员干部受到一次全面深刻的政治教育、思想淬炼、精神洗礼。市委常委会开展理论学习中心组专题学习研讨10次，带动全市各级党组织开展学习研讨7万余场次。创新开展“万名书记讲党课”活动，全市各级党组织开展专题党课3.34万场次。常委同志以普通党员身份参加所在支部专题组织生活会，带头“重走长征路”，缅怀革命先烈、重温入党誓词、汲取精神滋养，带动各级党组织开展现场教学3277场次，覆盖8.35万名党员干部。深入开展“我为群众办实事”实践活动，梳理办结实事好事5349件，解决一大批群众的操心事、烦心事、揪心事。扎实开展庆祝中国共产党成立100周年系列活动，召开“七一”表彰大会，全市2个基层党组织获“全国先进基层党组织”表彰，34个基层党组织、52名个人获得全省表彰，市级表彰“两优一先”500名（个），有力激发各级党组织、党员干部和广大群众听党话、感党恩、跟党走的巨大热情，汇聚奋进新征程、建设示范区的磅礴力量。

【巩固拓展脱贫攻坚成果】 严格落实“四个不摘”“三落实一巩固”要求，建立健全防止返贫动态监测帮扶机制，常态化开展“3+1”保障问题排查整改，共消除9.39万人的返贫风险。投入财政衔接资金26.2亿元用于巩固拓展脱贫攻坚成果。扎实抓好“五个体系”建设，投入3.26亿元用于易地扶贫搬迁后续扶持。持续巩固发展党组织领办新型集体经济的创新实践。积极推广订单生产、反租倒包、产业托管、入股分红、资产收益等利益联结方式，让农民分享更多产业增值收益。全面摸底排查扶贫项目95168个，确权资产原值612.07亿元，建立健全扶贫项目资产管理长效机制，推动扶贫项目资产持续发挥效益。持续做好有组织劳务输出，抓好东西部劳务协作，有力巩固全市180多万劳动力在外务工的基本盘。

【推进乡村振兴战略实施】 制定出台全面推进乡村振兴五年行动方案，分级分类推进乡村振兴，全市4个县列入国家乡村振兴重点帮扶县，规划建设省级特色田园乡村·乡村振兴集成示范试点村6个、市级试点村30个。健全驻村帮扶长效机制，选派驻村第一书记和工作队员6819名，组建乡村振兴驻村工作队2273个。大力实施乡村建设行动，推进农村人居环境整治，完成农村户用卫生厕所改造6.25万户。持续加强乡村治理体系建设，提升乡风文明建设整体水平，健全党组织领导的自治、法治、德治相结合的乡村治理体系。

【新型工业化】 深入实施工业倍增行动，全市规模以上工业增加值增速达12.1%。全力巩固提升煤电烟酒传统支柱产业，全年煤炭产量达4880万吨，发电量达500亿千瓦时。中石化织金PGA、威赫电厂、金沙酒业等一批标志性引领性项目稳步推进。认真落实党中央碳达峰、碳中和决策部署，传统煤炭产业在规模工业中占比下降至27.8%，新能源和可再生能源发电装机容量占比提升至30%。推动大数据与实体经济融合发展，新增规模以上电子信息制造业企业8户，培育融合标杆项目9个、融合示范项目80个，融合带动131家企业转型。园区集聚效应不断增强，黔西经开区获批省化工园区，大方经开区获批省新型工业化产业示范基地，全年开发区预计完成规模工业总产值680亿元。

【新型城镇化】 聚力做强中心城区，谋划推进南环高速、同心大道、碧阳三道等骨干路网建设，规划建设毕节动车存车场、综合性公铁联运货运物流园区。七星关—大方同城化步伐加快推进，中心城区建成区面积达104平方千米、常住人口达101万人，常住人口城镇化率达44.7%。加快实施“四改”项目，开工改造棚户区3139户，完成存量棚户区改造2.68万户、老旧小区1.9万户、背街小巷95条。全市新增燃气管道62.85千米，完成4106个停车位建设，新增公园绿地面积50.13公顷、城市绿道15.79千米，改造公园面积15.77公顷。黔西成功撤县设市。

【农业现代化】 加快推进农业产业体系、生产体系、经营体系现代化建设，蔬菜、水果、食用菌、肉牛等产业规模排全省第一，累计培育规模以上农产品加工企业33家，农产品加工转化率提升至55%，农业总产值增速达9.4%。新建高标准农田35万亩，实现粮食种植面积1142万亩、产量243万吨，超额完成任务。累计认证农产品地理标志产品12个、绿色食品29个、有机食品188个，申报认定粤港澳大湾区菜篮子基地53家，品牌竞争力持续提升。

【旅游产业化】 深入推进旅游大提质“四项行动”，不断提升全市旅游业发展水平，全年接待游客约8000万人次，实现旅游综合收入800亿元左右。化屋村、赫章二台坡、百里杜鹃温泉酒店等持续走红，织金平远古镇市井织金旅游休闲街区、毕节同心城市公园步行街入选第一批省级休闲旅游街区。全力推进乌江源百里画廊建设，新仁至化屋旅游公路建成通车，化作至九洞天旅游公路加快建设，织金洞创建国家AAAAA级景区工作稳步推进。全市各类旅游市场主体达3.2万家，新增旅行社（网点）15家，百里杜鹃旅游业集团营业额达亿元以上。同时，统筹市级财政资金6000万元，开展消费促进专项行动，撬动消费20.95亿元以上，有效带动现代服务业提质升级。

【项目建设】 聚焦“两新一重”“六网会战”等重点补短板、强弱项，全市858个重大工程和重点项目完成投资984.09亿元。威围高速建成通车、夹岩水利枢纽工程下闸蓄水。毕节飞雄机场改扩建、草海机场、叙毕铁路、国储林二期等项目加快建设。完成县乡道改造和路面改善提升846千米。投资结构不断优化，“四化”项目完成投资721.3亿元，产业投资、民间投资占固定资产投资占比分别达44%、51.4%，提升3.5个、12.2个百分点。积极争资争项，破解项目资金瓶颈，争取中央（省）预算内投资、地方政府专项债券支持资金、产业基金分别为15.54亿元、48.8亿元、15.56亿元。规范政府投资项目管理，分类处置低效闲置投资项目，完成“投转固”项目435个、总投资1366.89亿元。

【生态文明建设】 坚持生态优先，绿色发展，大力实施国家储备林项目、新一轮退耕还林、石漠化综合治理、山水林田湖草保护修复等重大生态工程，完成营造林152.46万亩，治理石漠化127.39平方千米，完成国家储备林建设114.73万亩、乌蒙山山水林田湖草生态保护修复重大工程40个，全市森林覆盖率稳定在60%以上。大力推进生态产业化、产业生态化，全市获批国家级绿色工厂2家，省级绿色园区2家、绿色工厂7家，实施林下经济三年行动计划，全市林下经济利用森林面积378.85万亩，实现产值49.37亿元。持续打好污染防治攻坚“五场战役”，加强乌江和赤水河等重点流域治理，持续推进草海综合治理，建成20个城乡生活污水处理项目。持续推进生态环保突出问题整改，中央第一轮生态环境保护督察及“回头看”反馈问题和交办信访件全部整改销号，省委第一轮生态环境保护督察及“回头看”交办信访件全部整改完成。严格按照中央和省有关要求，建立完善中央第二轮生态环境保护督察反馈问题台账、信访台账、整改台账，压实属地整改责任，“一案一专班、一案一方案”推进整改。

【深化改革扩大开放】 坚持用好改革这个“关键一招”，精心布局一批标志性、引领性改革任务，累计召开8次深改委会议，谋划实施23个方面58项改革任务，推出一批改革典型经验。供给侧结构性改革持续推进，淘汰落后煤矿产能350万吨/年；商品房住宅库存及去化期均在合理可控范围内。深化“放管服”改革，具有毕节特色的“毕须办”政务服务品牌逐步打响，在全省率先实现企业开办当日办结，全市3800多户企业享受“一日办结”“一窗通办2+2模式”套餐服务。减免企业各项收费35亿元，节省大工业用户及直接交易户用电成本约1.14亿元。稳步推进毕节高新区体制机制改革，逐步剥离社会管理职能，理顺行政区划、财政管理等体制机制。深入实施开放带动战略，以成贵高铁为纽带，加快全域开放步伐，积极融入成渝双城经济圈、粤港澳大湾区、长江经济带发展。深入开展产业大招商行动，新引进重点产业项目741个，引进优强企业238家，招商引资到位资金680亿元，市场主体总量达57.78万户，营商环境持续优化，投资吸引力不断增强。

【社会民生事业】 大力实施就业优先战略，全面落实就业惠民政策和支持创业措施，促进更多劳动者就业创业。全市实现城镇新增就业6.8万人，城镇登记失业率为3.95%，控制在目标范围内。开展根治欠薪专项行动，欠薪存量明显减少、增量得到有效遏制。深入实施服务业创新发展十大工程，推动养老、托幼、家政、物业等服务业蓬勃发展。持续加大教育、医疗等民生事业投入力度，全面推动学前教育普及普惠发展、义务教育均衡发展、普通高中特色多样化发展、职业教育提质发展、高等教育内涵式发展，推进“双减”工作落地实施，高考上线率实现新提升；全市新建、改扩建中小学（幼儿园）742所，新招聘特岗教师1648人；建立教师工资待遇及教育经费按时足额拨付保障机制。加强医疗卫生基础设施、人才队伍等建设，全市每千人床位数达6.71张、每千人执业（助理）医师数达2.31人。市一医金海湖院区、市二医、市妇幼保健院建成投用，市三医、市公共卫生中心、市中医院改扩建等医疗卫生项目有序推进。深入实施全民参保计划，稳步推进医疗保障制度改革。全市城镇职工医保参保36.84万人，城乡居民参保759.92万人。不断完善社会救助兜底保障体系，全市纳入低保、特困人员、困境未成年人等各类保障76万余人，累计发放各类救助保障资金30亿元。

【防范化解重大风险】 牢固树立总体国家安全观，全力维护政治、经济、社会、意识形态、网络等方面安全，切实保障人民生命财产安全和社会大局稳定。常态化推进疫情防控，科学处置一例治愈返毕节复阳病例，全市3周岁以上人群接种新冠肺炎疫苗572.59万人。持续推进安全生产专项整治三年行动，全市发生各类安全生产事故起数和人数分别同比下降28.34%、22.07%。突出抓好债务风险防范化解。全市政府债务和政府隐性债务率实现下降，守住不发生系统性金融风险的底线。扎实开展政法队伍教育整顿，社会治安环境持续改善。整市推进“一中心一张网十联户”机制建设，健全完善领导干部包案督访和带案下访制度，注重提升网民留言办理和初信初访处置质效，信访总量同比下降13.71%，进京访批次、人次和进京非访人数分别下降59.42%、61.73%、89.47%（因2020年疫情影响，同2019年比）。

【法治毕节示范创建】 全面启动法治毕节示范创建工作，大力推进法治政府、法治生态、法治队伍、法治惠民、法治监督“五个建设”，群众安全感、满意度上升，刑事案件发案、命案、八类主要刑事案件、未成年人犯罪、外流贩毒人数、行政诉讼案件败诉率等下降，市域治理体系和治理能力现代化水平不断提升。常态化开展扫黑除恶专项斗争，累计破获涉黑组织2个、恶势力犯罪集团（团伙）6个，社会治安环境持续改善。“八五普法”有序推进。成功申报贵州首个国家级基层立法联系点。

【压实管党治党政治责任】 坚持把党建工作与中心工作同谋划、同部署、同推进、同考核，市委常委会专门研究部署推进全面从严治党工作31次，市委主要负责人严格按照“四个亲自”要求，先后对党风廉政建设和反腐败斗争作出批示54次，有力推动全市政治生态建设重大事项得到及时研究解决。完成全市106个单位党内政治生态分析研判，早发现早处理，极力挽救“破纪者”、防范“破法者”。完成二届市委第八轮、第九轮对45个党组织的巡察。二届市委共巡察党组织4836个，实现全覆盖，推动整改问题52397个，整改率达93.73%。查处党的领导弱化、党的建设缺失、全面从严治党不力等问题75个，问责113人。

【基层组织建设】 持续优化基层党组织设置，建立村级党委34个、党总支573个、党支部3109个，整顿软弱涣散党组织340个。全面落实村干部报酬“345”政策标准及“一卡通”发放要求，落实139名受表彰的村干部副科级经济待遇，极大激发村干部的干事创业热情。组建7229个党组织领办的集体合作社，全市村级集体经济总收入5.47亿元，村均14.72万元。加强易地扶贫搬迁安置点党建工作，建立健全防止返贫动态监测帮扶机制和易地扶贫搬迁安置点帮扶工作长效机制，帮助协调解决问题470个。

【干部队伍建设】 坚持以正确用人导向引领干事创业导向，从严把好政治关、廉洁关，顺利完成8个建制县（市、区）党委和所有乡镇党委换届工作，稳步推进村（社区）“两委”换届工作。换届后各县（市、区）党政领导班子中40岁左右干部41名，乡镇“90后”班子成员266人，村（社区）党组织书记平均年龄为39.7岁，支书主任“一肩挑”比例达93.7%，有力建强各级干部队伍。

【保持正风肃纪反腐高压态势】 高标准高效率

建成毕节市党风廉政教育展厅，1.5万余名党员干部观展接受教育，进一步筑牢拒腐防变的思想防线。精准运用“四种形态”处理党员干部8711人次，占比分别为74.6%、19.5%、3.5%、2.4%；全市纪检监察机关立案查处腐败案件1934件，结案1883件，党纪政务处分2114人，移送司法机关97人。深入推进政法队伍教育整顿，立案查处政法队伍违纪违法案件213件，党纪政务处分187人，移送司法机关9人。在全市部署开展干部作风教育大整顿活动，18万余名干部参与到作风教育大整顿活动中，清单化查找出干部作风问题44.85万个并逐一整改销号，营造干事创业的良好氛围。人民群众对党风廉政建设满意度达92.51分，创历史新高。

【宣传思想文化工作】 把深入宣传习近平新时代中国特色社会主义思想作为重中之重，加强与中央、省级主流媒体合作，全方位讲述毕节好故事、传递毕节好声音、展示毕节好形象。认真落实《中国共产党宣传工作条例》，完善“十个纳入”“十个必查”工作机制，开展意识形态工作培训280余场次。大力培育和弘扬社会主义核心价值观，出台《毕节市文明行为促进条例》。持续推进全国文明城市创建。扎实抓好先进典型选树，2人获第八届全国道德模范提名奖。巩固提升国家公共文化服务示范区建设成果。建成易地扶贫搬迁安置点文化服务中心135个，建成长征国家文化公园项目20个。扎实开展电影放映“七进”、文化科技卫生“三下乡”等文化惠民活动，不断丰富群众精神文化生活。

【统一战线工作】 深入贯彻《中国共产党统一战线工作条例》，完成各民主党派市级组织、工商联换届和考察任职工作。对接协调全国统一战线实施帮扶项目330余个，直接投入资金1亿余元。认真落实党的民族宗教工作方针政策，大力支持民族地区乡村振兴。依法加强宗教事务管理，按时完成113所阿式风格清真寺改造。

【民主政治建设】 大力支持市人大依法履行监督职责、市政府依法行政、市政协参政议政、“两院”公正司法。积极支持几家党组发挥领导作用，确保党的领导在各领域有效落实。加强对市县乡人大和市县政协换届选举工作的领导，各项换届工作全部完成。工会、共青团、妇联等群团工作健康发展，党史、地方志、外事、老干部、老年教育、老龄等工作进一步加强，党管武装和国防后备力量建设深入推进。

（供稿：中共毕节市委办公室）

组织工作

【概述】 2021年，在市委的坚强领导和省委组织部的精心指导下，毕节市委组织部坚持以习近平新时代中国特色社会主义思想为指导，深入贯彻落实新时代党的建设总要求和新时代党的组织路线，主动围绕中心、服务大局发力，奋力推动组织工作高质量发展，为建设贯彻新发展理念示范区提供坚强组织保证。

【抓实党的政治建设】 坚持以政治建设为统领，始终把对党忠诚作为首要政治原则，坚持“第一议题”“第一要件”“第一遵循”。一是坚持用习近平新时代中国特色社会主义思想武装头脑，作为党员干部教育培训的首要内容，持续跟进学习党的创新理论，强化干部政治忠诚和理想信念教育，教育引导全市各级党组织、广大党员干部始终心怀“国之大者”，不断增强“四个意识”、坚定“四个自信”、做到“两个维护”。一年来，举办学习贯彻中共十九届五中全会专题研讨班等各类培训班34期次，培训各级干部3614人次；创新开办“建设毕节示范区学习大讲堂”14期，培训各级干部8.5万人次，组织参加“新时代学习大讲堂”58期，培训各级干部13.7万人次。二是坚决扛起政治责任，把“不忘初心、牢记使命”作为加强党的建设的永恒课题和全体党员、干部的终身课题，深入开展党史学习教育，推进“牢记殷切嘱托、忠诚干净担当、喜迎建党百年”专题教育，推动党员学习教育全覆盖。全力做好组织保障，抽调58名干部成立市委党史学习教育工作专班，组建10个市委巡回指导组，督促指导10个县（市、区）和110家市直单位有效开展学习教育。三是以提升组织力为重点，认真制定党建工作成效考核指标，压实各级党组织和党组织书记抓党建的责任，结合巡视巡察、党委工作督查、年度民主生活会、抓基层党建述职评议等工作开展，全面了解掌握各单位党建工作情况，推动中央、省委和市委决策部署落地落实。

【干部队伍建设】 以换届为契机，进一步加强领导班子和干部队伍建设。一是“系统化”推进换届工作。严格对标落实中央、省委、市委安排部署，树牢“一盘棋”理念，坚持系统谋划联动，严格工作程序，制定时间表、路线图，倒排工期挂图作战，在全省率先完成市县乡换届工作。二是“旗帜化”彰显用人导向。把政治素质摆在首位，突出基层一线、工作实绩用人，严格人选把关，不断优化班子功能和结构。全年共面向脱贫攻坚一线提拔重用干部189名，审批事业身份人员调任乡镇公务员领导岗位职位160名，完成晋升二级巡视员9名、一级调研员11名、二级调研员23名、三级调研员65名，配备的“五方面人员”获各级表彰的占81.06%，激发干部干事创业的工作热情。三是“智能化”提升选用质量。充分运用“大数据”手段，深入推进毕节“智慧组工·干部云”平台建设，研发县乡领导班子换届分析研判系统，进一步筛查政治素质、扩宽选人范围、优化人事方案，实现“以岗择人”“因事择人”，为换届工作提供决策辅助，进一步提升选人用人质量，建设忠诚干净担当的高素质专业化干部队伍。四是“一体化”加强年轻干部培养。统筹优秀年轻干部选用管带育，开展年轻干部专项调研，建立优秀年轻干部库，强化干部挂职锻炼，扩宽年轻干部成长空间，推动干部跨地区、跨条块、跨领域“大交流”。截至年底，各县（市、区）党政领导班子中40岁左右干部38名，东西部县区交流干部23名，市县交流75名，企事业单位与机关单位交流干部45名，县区党政班子交流率48.33%；226个乡镇党政正职中35岁以下的有101名。常态化开展好选调生、公务员招录工作，注入源头活水。2021年公开招录公务员（人民警察）和选调生207名，定向部分重点高校选调录用优秀毕业生76人。同时，统筹做好年轻干部、妇女干部、少数民族和党外干部的配备工作，不断优化班子整体功能。五是“常态化”从严日常管理。扎实做好全市1157名填报对象个人事项报告的集中填报工作，共对899人填报的个人有关事项报告进行抽查核实。加强换届风气监督，组织签订换届纪律7.35万余份，发放“十严禁”宣传卡片14万余张，宣传短信34万余条。六是“信息化”推进综合考核。对标成立市县考核机构，出台系列制度文件，统筹整合各领域考核工作，聚焦高质量发展差别化设置考核指标，通过毕节市年度综合考核系统，进行动态监测和实时调度，将综合考核融入干部工作“五大体系”建设，发挥好考核的“指挥棒”作用。

【组织体系建设】 坚持大抓基层导向，深入推进“基层党建巩固年”，着力完善上下贯通、执行有力的组织体系。一是抓党建促振兴。坚持把“四个留下”作为抓党建促乡村振兴的重要抓手，制定出台《毕节市深入推进抓党建促乡村振兴实施方案》，强力推进党组织领办集体合作社，推进党支部标准化规范化建设，着力增强基层党组织政治功能和组织功能。截至年底，常态化整顿软弱涣散村党组织331个，12197个党支部实现

100%达标，全市村级集体经济总收入5.2亿元，整合资金4024万元扎实推进3个红色美丽村庄试点建设。二是统筹各领域党建。坚持分类实施、系统推进，推动全市农村、城市、机关、国有企业、学校、公立医院、非公有制经济组织和社会组织等各领域基层党建全面进步、全面过硬。三是配强基层力量。以村“两委”换届为契机，采取“五个一批”“三回一派”措施，建设发展型村干部队伍，推进村党组织书记和村委会主任“一肩挑”，推动村干部学历、年龄“一升一降”。截至年底，完成3716个村（社区）党组织换届选举，村（社区）居民委员会换届选举正在有序推进。组建2273个乡村振兴驻村工作队，选派乡村振兴驻村第一书记和工作队员6819人，做到“五类村”全覆盖，从严加强日常管理。四是育强党员队伍。在乡村振兴等基层一线发展党员8600名，强化党员干部教育培训，印发《“十四五”时期毕节市党员干部教育培训工作实施方案》，分级分类推进党员干部教育培训全覆盖。五是培树先进典型。扎实开展庆祝建党百年活动，做好“七一”表彰组织，2个基层党组织被表彰为全国先进基层党组织，86名（个）党员（基层党组织）获全省“两优一先”表彰，表彰200名全市优秀共产党员、100名全市优秀党务工作者、200个全市先进基层党组织，为13091名党员颁发“光荣在党50年”纪念章，走访慰问党员8570名，大力培树先进典型弘扬正能量，营造良好的干事创业氛围。

【人才队伍建设】 坚持党管人才原则，健全人才体制机制，着力构建人才工作大格局。一是突出政策集成。制定出台《中共毕节市委关于推动新时代毕节人才工作高质量发展的实施意见》《毕节市“四不唯”人才引进管理实施办法》《毕节市“十四五”人才发展专项规划》等政策，强化顶层设计，系统谋划未来五年全市人才工作。二是拓宽渠道引才。大力实施“人才强市”引才计划，围绕全市重点产业发展需要，全职引进各类高层次急需紧缺人才279人，其中博士3人、硕士172人，确定“揭榜挂帅”立项项目3个，引进一批市外专家人才参与项目研究。三是注重人才培育。聚焦高质量发展精心育才，实施人才五年倍增行动计划，推荐优秀人才参加各级各类人才计划申报，推进职业技能培训。全年新建各级人才发展平台载体27个，给予支持经费共计446.4万元，新增省级重点人才112人，全面完成2021年度市级重点人才倍增任务，开展各类职业技能培训26.27万人次，培养农村实用人才154245人。四是优化服务保障。强化政治引领吸纳，建立人才服务专员制度，提供“一站式”服务，开通“96567”人才服务热线，落实激励保障政策。一年来，发放省级“优才卡”4张、市级“优才卡”381张，落实人才奖励资金99万元。

【部门自身建设】 坚持打铁必须自身硬，以干部作风教育大整顿为契机，持续深化从严治部，整治“灯下黑”问题，锻造铁一般的组工干部队伍。一是抓实学习教育。统筹抓好党史学习教育、“牢记殷切嘱托、忠诚干净担当、喜迎建党百年”专题教育，落实“干部队伍建设年”要求，坚持部务会学习“第一议题”机制，运用青年组工理论学习小组平台，深入学习习近平新时代中国特色社会主义思想、习近平总书记对贵州对毕节的重要批示指示精神，部务会组织专题学习研讨8次，组织全体党员赴毕节烈士陵园等开展主题实践活动2次，帮助群众办实事40件。市委常委、组织部部长肖虎为全体党员讲授专题党课2次，部务会班子成员、支部书记带头讲党课30余场，专题宣讲15次，切实提升党内政治生活质量，不断增强党员政治意识、提升党性修养。二是狠抓作风建设。聚焦主责主业，严格对照6个方面、18项整顿重点，开展“掏箱底式”自查自纠，确保干部作风教育大整顿见行见效。

截至年底，干部职工查找问题531个，制定整改措施589条。同时，层层签订党风廉政建设责任书，压实“主体责任”和“一岗双责”，修订完善部务会议制度，组织开展警示教育3次，教育引导组工干部严守纪律红线、坚守法律底线，永葆清正廉洁的政治本色。同时，开展“百年征程铸辉煌、青年组工感党恩”主题演讲和“奋斗百年路·启航新征程”主题文艺演出活动庆祝建党百年，着力营造浓厚的政治机关文化氛围。三是全面提升能力。选派优秀年轻组工干部到基层一线、乡村振兴一线锻炼，着力提高组工干部解决问题、破解难题的实践能力。2021年，共选派18名干部参加省委组织部组干学院和东西部扶贫协作对口帮扶专题培训，下派6名年轻干部到基层担任第一书记轮换驻村帮扶。四是强化关怀激励。始终突出政治标准，选优配强部机关中层干部，提拔（晋升职级）干部9名，轮岗交流干部5名，常态化开展干部政治家访、走访慰问干部等活动，营造担当作为的良好干事创业氛围。

（供稿：中共毕节市委组织部）

宣传工作

【概述】 2021年，在市委的坚强领导下，全市宣传思想文化系统坚持以习近平新时代中国特色社会主义思想为指导，深入学习贯彻习近平总书记视察贵州重要讲话和对贵州对毕节工作重要指示批示精神，紧扣庆祝中国共产党成立100周年主题主线，聚焦市委中心工作，统筹推进理论舆论、内宣外宣、网上网下、文明创建、文艺文产等各项工作，为全市建设贯彻新发展理念示范区提供了有力思想保障和舆论支持，凝聚起强大精神支撑和现实力量。

【推进理论学习制度化规范化常态化】 制定出台《毕节市党委（党组）理论学习中心组学习制度（试行）》《2021年全市党委（党组）理论学习中心组专题学习重点内容安排》《2021年市委理论学习中心组学习计划》，市委理论学习中心组开展集中学习研讨10次，带动全市900余个党委（党组）、6.5万余名党员开展集中学习研讨8100余次，习近平新时代中国特色社会主义思想更加深入人心。

【开展理论“新科普”工程】 广泛开展对象化、分众化、互动化宣传宣讲。统筹推动党员领导干部带头讲、“五老人员”（老干部、老党员、老教师、老专家、老战士）现身讲、专家讲师专业讲、“红色课堂”针对讲，全年开展宣讲22.68万场次、覆盖群众731.56万人次，黔西市新仁乡化屋村获得全国“基层理论宣讲先进集体”表彰，成为贵州唯一一个获得表彰的集体。

【围绕学用转化加强理论研究】 聚焦“四新”“四化”等课题，深入进行研究阐释，开设“理论与实践”专栏，编印《乌蒙论坛》专刊，推出系列重点阐述文章80篇，完成社科理论创新课题203项，市委宣传部获2021年度中宣部《党建》杂志宣传工作先进集体表彰。

【开展中国共产党成立100周年宣传】 精心组织开展中国共产党成立100周年系列理论研讨会、座谈会和主题文艺展演、走访慰问等活动，广泛开展“永远跟党走”群众性主题教育活动6.44万场次、覆盖群众350万余人次，市委宣传部在全国党史知识竞赛活动中被评为“优秀组织单位”。深入开展爱国主义教育，新申报全国爱国主义教育基地2个、省级爱国主义教育基地3个，开展爱国主义教育活动4万余场次、覆盖群众165万余人次。创作党史学习教育主题歌曲、舞蹈、文学、书法、摄影等作品1500余件，大型情景史诗剧《磅礴乌蒙》获得贵州省第七届少数民族文艺汇演剧目金奖。

【党史学习教育成效】 坚持领导示范、专家辅导、平台辅助，全方位、深层次、多渠道开展党史学习教育宣传宣讲17万余场次、覆盖400万余人次。深入开展“我为群众办实事”实践活动，省级62条实事、市级51项任务清单5349件实事全部办结，10月以来办结率稳居全省第一。工作信息简报获得中央采用3期、省级采用18期、省级领导批示18期，在全省年度考核中排名第二。

【长征国家文化公园建设】 系统推进“保护传承、研究发掘、环境配套、文旅融合、数字再现”基础工程，2021年建设项目全部启动并建成20个，提前启动2023年及以后年度建设项目19个并建成3个。收集整理相关史实资料86个，完成《乌蒙山回旋战》《红星照耀黔西北》两部视频短片基本素材拍摄。

【对内宣传】 习近平总书记视察毕节系列报道受到全市干部群众和主流媒体“朋友圈”强烈关注。“云上毕节”现场直播市第三次党代会累计收看量超过117万人次。组织市县主流媒体开设“沿着习近平总书记指引的方向奋力前行”“抗疫战贫”等专栏专题，刊播相关稿件70000余条，为围绕“四新”主攻“四化”营造良好氛围。疫情防控宣传成效显著，市委宣传部获省委、省政府“贵州省抗击新冠肺炎疫情先进集体”表彰。

【对外宣传】 加强与中央、省级主要新闻媒体沟通联系，在中央、省级主流媒体刊播涉毕稿件7775条，发稿量稳居全省前列，特别是《人民日报》头版、《新华每日电讯》、《贵州日报》全年分别刊发涉毕节报道26条、80条、1776条，均居全省第一。市第三次党代会期间8家中央主要新闻媒体、3家省级主要新闻媒体连续播报涉毕节报道155条。组建“云上毕节直播带货联盟”，推动毕货出山，“三白”生态蔬菜、刺梨、可乐猪等二十多种毕节优质农特产品获得央视“广告精准扶贫”项目和省级媒体免费扶贫公益广告宣传推广。积极开展文旅产业大招商，组织参加深圳文博会、全省旅游“两会”等重点会议活动展示展销，签约金额45.19亿元。

【媒体融合深度推进】 持续健全传播渠道体系，聚焦媒体融合重点难点和关键环节，以新闻媒体薪酬绩效改革为突破口，出台《毕节市市级新闻媒体薪酬绩效改革指导意见》，着力破解制约媒体融合发展的体制机制瓶颈，市级媒体融合有序展开，县级媒体融合正向纵深推进，七星关区融媒体中心创新媒体运营模式的做法得到省委领导批示肯定。

【围绕新型城镇化推进全国文明城市创建】 坚持为民创建理念，着力补齐城市设施短板，城市公共服务、城市品位持续提升。颁布实施《毕节市文明行为促进条例》，推进文明创建法治化常态化。黔西市首获全国文明城市（县级）提名城市，毕节市继续获得全国文明城市（地级）提名城市。统筹推进文明村镇、文明校园、文明单位创建，文明村镇占比67.6%，文明肌体细胞更加强健。

【文明风尚引领持续增强】 新时代文明实践中心实现全覆盖，建成新时代文明实践所280个、村级综合文化服务中心64个，织金县惠泽社区新时代文明实践站建设经验做法获中央文明办宣传推广。深入开展“毕力同心、节义善行”主题志愿服务活动，全市实名注册志愿者人数达126万人，有志愿服务时间记录的志愿者占比达64%、位居全省第一。深入推进移风易俗，激发群众脱贫动力，市委宣传部获省委、省政府“贵州省脱贫攻坚先进集体”表彰。

【精神标杆培树持续加强】 深入贯彻《新时代

公民道德建设实施纲要》，大力培育选树精神标杆，评选市级道德模范20名，全市获第八届全国道德模范提名奖人数全省第一。广泛开展身边好人推荐，“中国好人”“贵州好人”上榜人数35人，连续三年全省第一。涌现“诚信之星”“乡村振兴人物榜”“三下乡”活动服务标兵等先进典型22个。开展劳模、功勋、英雄模范人物故事宣讲活动7990场次、覆盖群众39.93万余人次，道德楷模文明新风尚引领作用持续增强。

【未成年人思想道德教育】 广泛开展“扣好人生第一粒扣子”主题教育实践活动，参与学生达250余万人次。200余万名学生通过网络同上“开学第一课”，接受革命传统教育。深入开展“学习争做美德少年”等系列主题实践活动，涌现市、县、校“新时代好少年”18185名。全面强化校园周边环境综合治理，组织开展法治安全教育5034场次，排查整治安全隐患11478处，未成年人成长环境持续净化。

【完善城乡公共文化服务设施】 建成“毕节文化云”平台、运营展示中心和省内首个数字虚拟博物馆，全市9个文化馆全部达到国家等级馆标准、国家一级馆占比全省最高。组织开展毕节市乌蒙文化旅游周·第八届文化艺术系列大赛、奢香文化艺术节、中国农民丰收节等各类文化活动，积极开展电影放映“七进”活动27132场、受众达559228人次。深入开展“三下乡”活动8570场、覆盖群众124万余人次，成功承办全国文化科技卫生“三下乡”贵州集中示范活动暨启动仪式。

【推进文旅产业融合发展】 持续深化文化体制改革，国有文化企业双效统一“1+3”改革有序推进。启动苗绣产业高质量发展行动，推动苗族蜡染刺绣、彝族漆器等传统产业创新融合发展。实施文化产业创新发展工程专项行动，围绕文旅资源谋划包装项目122个，文化市场主体达11200余家，文化产业对经济发展带动作用持续增强。

【精品力作不断涌现】 启动编纂彝文文献《六祖史诗》，《红色毕节·初心故事》被评为全省干部教育培训达标教材。支持完成脱贫攻坚电影《十年孤独》和人物电影《丁宝祯》拍摄，电影《文朝荣》入选贵州省第十五届精神文明建设“五个一工程”奖。

【守好意识形态安全底线】 坚持把政治安全放在首位，严格落实《中国共产党宣传工作条例》和新修订的《党委（党组）意识形态工作责任制实施办法》，全力维护意识形态安全。

牢牢把握意识形态主导权。制定《毕节市进一步落实党委（党组）意识形态工作责任制的实施意见》，完善“十个纳入”“十个必查”工作机制，建立“责任、问题、管理、问责”四张清单，全面压紧压实意识形态工作责任。出台《毕节市意识形态领域信息共享工作制度》，严格落实意识形态领域事件处置“三级响应”“联动协调”“信息共享”机制，定期分析研判意识形态领域形势，全面加强意识形态阵地管控和源头治理。

规范网络信息发布和舆情处置。持续规范信息发布，制定出台《关于进一步规范信息发布工作的通知》，形成信息发布全流程闭环管理。网络舆情分类分级处置机制和联动处置工作机制持续完善。

深入开展意识形态斗争。强力抓好“扫黄打非”，深入开展“清朗”“剑网”“毕净”“正道”“新风”“黔卫2021”等专项行动，扎实开展打击新闻敲诈和虚假新闻专项行动，“4·17”案件打击处置成果得到省级肯定和表扬，市委网信办获“2021年贵州省国家网络安全宣传周活动先进单位”表彰。

（供稿：毕节市委宣传部）

统一战线工作

【概述】 2021年，中共毕节市委统战部坚持以习近平新时代中国特色社会主义思想为指导，深入学习贯彻习近平总书记视察贵州重要讲话和对贵州对毕节工作的重要指示批示精神，全面贯彻中共十九大及十九届历次全会、省委十二届历次全会精神，在市委的坚强领导和上级统战部门的指导下，团结引领全市统一战线以学习贯彻习近平总书记关于加强和改进统一战线工作的重要思想和《中国共产党统一战线工作条例》为重点，全面落实中央和省委、市委统战工作部署，紧紧围绕市委市政府中心工作，在争取人心、凝聚力量、助推发展、促进和谐上积极作为，各领域统战工作健康有序开展，进一步巩固和发展大统战工作格局，为推动高质量发展、建设贯彻新发展理念示范区凝聚强大合力。2021年2月，毕节市委统战部被中共中央、国务院授予“全国脱贫攻坚先进集体”称号。

【加强党对统战工作的领导】 充分发挥统一战线工作领导小组办公室的中枢协调作用，深入贯彻落实《中国共产党统一战线工作条例》，切实加强党对统战工作的领导，对各成员单位明确工作责任、开展督促检查，进一步推进统一战线工作科学化规范化制度化，巩固“党委统一领导、统战部门牵头协调、有关方面各负其责”的大统战工作格局。抢抓县、乡换届契机，选优配强各县（自治县、市、区）统战部班子成员，部长均由同级党委常委担任；在全市279个乡（镇、街道）均配备统战委员，努力建设一支政治坚定、业务精通、作风过硬的统战干部队伍，为做好新时代统战工作提供坚强组织保证。

【学习宣传贯彻《中国共产党统一战线工作条例》】 市委统战部部务会及理论学习中心组对《中国共产党统一战线工作条例》（以下简称《条例》）及时进行学习贯彻和安排部署，以领导小组办公室名义对《条例》学习贯彻情况开展督促检查，层层压实工作责任。认真抓好学习培训、宣传解读、贯彻落实等重点关键环节，督促全市各级党委（党组）和统一战线成员对标对表《条例》规定和党中央关于新时代统一战线工作的各项决策部署。邀请省委统战部邵刚就学习贯彻《条例》作专题辅导报告，部主要领导先后到市委党校（市社会主义学院）2021年秋季主体班授课、主持召开《条例》辅导培训会，结合做好毕节试验区统一战线工作对《条例》进行解读和专题辅导。市委统战部其他班子成员及县级领导分别在各自工作领域开展《条例》宣讲，推动《条例》学习入脑入心。同时，在微信公众平台和门户网站长期开设“学习贯彻《条例》”宣传专栏，结合宣传展板、发放口袋书、讲专题党课、知识测试等形式，营造学习宣传贯彻《条例》的浓厚氛围。

【开展党史学习教育】 聚焦学史明理、学史增信、学史崇德、学史力行目标要求，把党史学习教育和“牢记殷切嘱托、忠诚干净担当、喜迎建党百年”专题教育结合起来，扎实开展专题学习、宣传宣讲、专题调研、办实事解难题、警示教育等各项工作，在原原本本学好“四本书”基础上，把学习贯彻习近平总书记“七一”重要讲话精神作为重点，将深入开展“我为群众办实事”贯穿党史学习教育始终，充分发挥统战优势，重点在贯彻新发展理念、巩固拓展脱贫攻坚成果、保障基本民生需求和深化政务改革便民利民4个领域用心用情解决基层群众的操心事、烦心事、揪心事，共建立30项办实事清单，办结率100%。同时，充分发挥统一战线人才荟萃、智力密集、联系广泛的优势，团结引导全市广大统一战线成员开展社会服务。支持各民主党派毕节市委（工委）开展中共党史学习教育，组织非公经济人士开展“学党史·颂党恩”主题教育活动，支持新的社会阶层人士、留学人员等开展党史学习教育，组织召开全市各界人士庆祝中国共产党成立100周年座谈会，引导广大统战成员从党史、新中国史、改革开放史、社会主义发展史、统一战线史中增强爱国主义、社会主义意识，坚定不移听党话、感党恩、跟党走，增强“四个意识”，坚定“四个自信”，做到“两个维护”，确保广大统一战线成员紧密团结在中共中央周围。

【抓好统一战线巩固脱贫成果聚力乡村振兴2021年项目实施】 以市两办名义印发《关于切实做好统一战线巩固脱贫成果聚力乡村振兴2021年项目实施的通知》，对中央统战部办公厅印发的《统一战线巩固脱贫成果聚力乡村振兴2021年项目计划》涉及毕节的140个帮扶项目进行责任分解。在项目推进过程中，市委统战部牵头组织市级民主党派、工商联领导干部组成工作组，对全市统一战线帮扶项目累计开展20多次常态化调研督导，对调研中发现的问题及时督促整改。截至2021年12月底，统一战线参与毕节试验区建设2021年计划内帮扶项目140个全部启动实施，共完成122个，涉及资金1150.55万元；实施过程中计划外新增帮扶项目185个，完成174个，涉及资金8542.96万元。同时，经过比选论证，市委统战部在全市明确6个统一战线参与贯彻新发展理念示范乡镇、18个统一战线助力乡村振兴示范点、90个统一战线参与示范项目，整合资源力量进行重点打造，充分发挥示范引领作用，进一步提升多党合作服务改革发展组织化、基地化、项目化、品牌化水平。

【深化多党合作助力改革发展】 聚焦“创新统战帮扶工作机制”，不断深化多党合作实践改革，市委统战部牵头开展“统一战线服务团”（下设统一战线项目落实服务团、党派专家服务团、社会服务团）改革实践，整合市内民主党派在教育、医疗、农技、法律等方面的人才物资源及民营企业资源，累计组织发动1500多人次党外专业技术人才下沉基层一线服务，巩固拓展脱贫攻坚成果、助力乡村振兴，多党合作改革实践取得良好成效，广受基层群众好评，被省委统战部评为实践创新成果。进一步加强多党合作实践经验的系统总结和理论研究，对统一战线参与毕节试验区建设成效经验进行提炼宣传，与省委统战部宣传信息处联合组织邀请中央和省级11家主流媒体赴毕节开展“建党百年·统一战线参与毕节建设贯彻新发展理念示范区”主题宣传活动，累计刊发宣传报道36篇（条）；与《毕节试验区》杂志联合推出一期“同心专辑”，在《贵州日报》《当代贵州》等省级以上主流媒体刊发宣传稿件9篇，进一步提升毕节的多党合作示范效应，2021年度毕节市委统战部理论政策研究工作和对外宣传工作均获省委统战部“先进单位”表彰。

【支持民主党派加强自身建设】 认真贯彻落实中共中央关于参政党建设的相关要求，深入推动《中共中央关于加强中国特色社会主义参政党建设的意见》、中共中央办公厅印发《民主党派代表人士队伍建设规划（2018—2027年）》和《各民主党派中央关于新时代组织发展工作座谈会纪要》等重要文件精神落细落实，引导各民主党派在发展成员时突出界别特色，严把政治标准，积极支持民主党派加强基层组织建设。以市委办文件印发《中共毕节市委2021年政党协商计划》，及时调整市委常委、市政府党员副市长联系党外人士清单，年内共召开政党协商会议5次。组织召开毕节市2021年度党外人士重点课题调研协商座谈会，对毕节市各民主党派、工商联、无党派人士2021年重点调研成果进行协商，听取意见建议，推动有关部门采纳落实。以市政府办文件印发《毕节市人民政府建立民主党派市委（工委）市工商联和无党派人士知情明政办法》，明确由市政府副市长加强与各相关民主党派市委（工委）、市工商联和无党派人士的对接联系，支持做好相关知情明政工作。督促推动全市高校党委切实履行统战工作主体责任，加强统战工作机构和党外代表人士队伍建设。

【夯实无党派人士、党外知识分子和新的社会阶层人士统战工作基础】 深入贯彻落实《中共中央关于加强新时代党外知识分子思想政治工作和无党派代表人士队伍建设的意见》和中央统一战线工作领导小组《关于加强和改进新时代党外知识分子思想政治工作的意见》精神。实现市县两级党外知识分子联谊会、新的社会阶层人士联谊会组织“全覆盖”，成立7个市县网络人士联谊会、贵州工程应用技术学院知识分子联谊会，为各界代表人士发挥作用畅通渠道，积极提供服务。结合党史学习教育，市委统战部动员和组织新的社会阶层人士踊跃参与庆祝中国共产党成立100周年主题征文、“寻美·中国”等系列活动，向省委统战部选送主题征文、音视频等作品17部；组织党外知识分子、新的社会阶层人士到黔西市大关镇丘林村开展“党史回望来时路·铸信仰走好新征程”主题教育活动；组建毕节市新的社会阶层人士服务团，到社区、校园开展《中华人民共和国民法典》宣讲志愿服务和公益宣传等活动；支持新的社会阶层人士、网络人士开展“同心暖冬”爱心公益拍卖活动，拍得资金近5万余元，为困难群众购置衣物棉被等；开展新的社会阶层代表人士走访活动，听取新的社会阶层人士自身发展呼声，帮助推动解决相关实际问题。

【推进党外代表人士队伍建设和统战干部队伍能力提升】 坚持把党外干部培养、教育、选拔、管理列入重要议事日程，紧扣发展大局，着眼战略储备，建立健全党委组织部、统战部在党外干部选拔任用工作中的配合协调机制，共同做好党外干部培养选拔工作。支持民主党派加强自身建设和履职尽责，抓好民主党派市级组织换届工作，3家民主党派市委圆满换届，4家市级民主党派工委完成班子调整充实。利用换届时间节点，严格按标准抓好党外干部配备和党外政协委员、人大代表的推荐考察工作，支持各民主党派围绕市委中心工作履职尽责、发挥作用，引导无党派代表人士聚焦“推动毕节旅游产业化发展”开展重大课题调研。市委统战部牵头组织开展全市无党派人士、党外知识分子、新的社会阶层代表人士和网络代表人士基础信息摸底统计和无党派人士政治面貌认定工作，建立262名无党派人士、4085名党外知识分子和55名新的社会阶层代表人士为重点联系对象的人物库，完善88名市级民主党派代表人士数据信息库，协助各民主党派市委（工委）分别建立完善本党派成员和科级以上干部信息数据库。组织举办一期40人的毕节市统一战线党外代表人士政治能力提升培训班。

【民族团结进步示范创建】 深入贯彻落实中央民族工作会议精神，持续推进民族团结进步示范市创建；理顺创建工作机制，突出补短板、强弱项、创亮点，指导各县（区）创建一批民族团结进步示范街区、“七进”示范点、主题公园等；在毕节试验区统一战线微信公众号和门户网站长期开设“民族团结进步示范创建”专栏，营造浓厚的创建氛围。推荐黔西市新仁乡化屋村、纳雍县化作乡枪杆岩村等43个单位参评全国或全省民族团结进步示范区（单位），黔西市新仁乡化屋村获“全国民族团结进步示范单位”命名，大方县、金沙县等8个单位获省级命名；推荐申报省级铸牢中华民族共同体意识教育、培训、研究基地9个。重点聚焦民族地区脱贫攻坚成果巩固和乡村振兴，加强统筹协调和汇报对接，累计争取到中央、省级财政衔接推进乡村振兴（少数民族发展任务）补助资金5050万元在民族地区实施84个项目；指导黔西市化屋村等5个村重点打造少数民族特色村寨，编制“一村一策”实施方案，每个村寨累计投入资金240余万元；全年为全市9家民企申报贴息774万元；认真做好“黔系列”品牌打造，2021年获“黔食”品牌命名3个、“黔绣”品牌命名3个；申报“黔西市文丽蜡染刺绣有限公司”（新仁乡化屋村）为全省10个苗绣企业示范点；对七星关区柏杨林街道幸福社区等5个省级易地扶贫搬迁社区民族工作示范创建点进行提质打造等；繁荣发展少数民族文化，开展民族传统手工艺传承发展情况调查，参与打造史诗剧《磅礴乌蒙》参加全省第七届少数民族文艺会演获剧目金奖等，持续推进民族地区各项事业健康发展。

【着力推进宗教和谐和顺】 全面贯彻党的宗教工作方针政策，通过强化宗教管理“三级网络”“两级责任”“四员队伍”作用，摸清宗教工作底数，创新工作方法，确保宗教领域的安全稳定。广泛开展宗教界人士爱党爱国爱社会主义教育活动，营造宗教和顺良好氛围，切实维护全市社会大局和谐稳定。

【搭建非公经济助力发展平台】 深入贯彻落实《中共中央、国务院关于营造更好发展环境支持民营企业改革发展的意见》、中共中央办公厅印发《关于加强新时代民营经济统战工作的意见》等文件精神，扎实抓好工商联换届工作，选优配强市、县（区）工商联班子。常态化做好民营经济代表人士评先选优及综合评价工作。全面贯彻贵州省服务民营经济高质量发展“五个一”工作要求，成立领导小组、印发实施方案、召开专题会议，扎实推进民营经济高质量发展。聚焦解决民营企业反映问题和需求，建立健全“政银企”常态化对接机制，围绕“放管服”改革和营商环境整治过程中的“痛点”“难点”“堵点”问题，通过领导带队走访、上门服务等方式，组织开展大走访服务活动，深入了解项目推进情况，倾听企业心声，建立企业问题台账并协调解决。市委统战部、市工商联等7部门联合下发《毕节市“万企兴万村”行动实施方案》，全面启动毕节市“万企兴万村”行动；扎实开展招商引资工作，市委统战部带队外出招商3次，邀请客商赴毕考察4次，签约项目6个，到位资金3.98亿元。

【拓宽港澳台侨和职教社助力发展渠道】 到市内台资台企开展走访调研和法律宣传，帮助协调解决4家台资企业困难问题；走访慰问21户台胞台属代表，发放慰问金21000元。着力推进“侨爱心工程”，做好2021年度“杉树班”“珍珠班”助学金申报发放工作，涉及困难学生300人、资金41.25万元；争取美国华侨高永祺919救助专款资助毕节困难学生40名、资金12万元；深入社区和侨资企业开展涉侨法律法规宣传等；指导成立毕节第一家县区侨联组织——七星关区侨联。2021年2月，毕节市侨联获中国侨联“全国侨联系统助力脱贫攻坚先进集体”表彰。毕节市中华职教社组织深入开展调查研究，先后形成调研报告3篇，其中《毕节市职业教育东西部协作和校企合作专题调研报告》获得市委、市政府及有关部门主要领导签批肯定。全面推进“2021年中华职教社助力毕节市巩固脱贫攻坚成果与乡村振兴项目”落实，成功举办毕节市职业院校管理干部培训班、教师专业素质提升培训班、金海湖新区新农村建设带头人培训班等培训项目，共培训毕节市职业院校管理干部500人、骨干教师350人、金海湖新区新农村建设带头人45人。指导开展“2021年职业教育活动周”活动。组织市内职业院校报送16个项目参加“第五届中华职业教育创新创业大赛”，毕节市中华职教社获省赛优秀组织奖。

（供稿：毕节市委统战部）

机构编制

【概述】 2021年，在市委、市政府和市委编委的坚强领导下，在市委组织部的归口管理下，市委编办围绕“四新”主攻“四化”，在深化重点领域改革、加强和创新机构编制管理、服务民生、服务发展等方面取得明显成效，促进政府职能转变和行政效能提高，有力推进毕节市基层治理体系和治理能力现代化建设，为毕节建设贯彻新发展理念示范区作出积极贡献。2021年8月，市委编办获国家机关事务管理局等4部委授予“节约型机关”称号；中小学教职工编制保障、乡镇有关改革试点、机构编制信息、服务基层社会治理、干部作风教育大整顿等工作获省委常委、市委书记吴强批示肯定；2021年7月，市委编办党支部获表彰为“市直先进基层党组织”。

【规范开发区管理机构】 根据中央、省委和市委的决策部署，以理顺开发区建设发展中存在的管理机构设置不规范、职能定位不准、与行政区关系不顺等问题为导向，以构建符合毕节实际、优化协同高效的开发区管理架构为着力点，扎实抓好规范开发区管理机构各项工作。于2021年6月底如期完成全市10个开发区管理机构规范工作任务。一是全面规范机构名称和领导职数。明确中共毕节高新技术产业开发区工作委员会（毕节高新技术产业开发区管理委员会）加挂中共毕节金海湖新区工作委员会（毕节金海湖新区管理委员会）牌子。开发区管理机构领导职数严格按黔编委发〔2021〕1号文件精神核定。规范后，毕节高新技术产业开发区（毕节金海湖新区）核定县级领导职数8名，其他开发区核定县级领导职数6名。二是科学配置职能职责。严格按照《中国共产党机关工作条例（试行）》《贵州省开发区条例》《中共贵州省委机构编制委员会印发〈贵州省规范开发区管理机构促进开发区高质量发展的实施意见〉的通知》等规定及文件精神，重新明确开发区管理机构主要职责，加强经济管理和投资服务职能。开发区管理机构主要负责组织领导、党的建设、营商环境、协调服务、发展规划、招商引资等职能。三是精干设置内设机构。简约高效设置开发区内设机构。其中，毕节高新技术产业开发区（毕节金海湖新区）党工委管委会设置内设机构8个，科级领导职数从规范前的56名调整规范为32名。省级经济开发区党工委管委会内设机构设置为黔西经济开发区党工委（管委会）内设机构4个，其他县（区）经济开发区党工委（管委会）内设机构6个。四是优化设置事业单位。根据开发区工作实际，按照优化协同高效原则设置事业单位。规范后，全市开发区共设置事业单位16个，与规范前相比，减少事业单位9个。五是统筹设置纪检监察机构。为认真贯彻落实推动监察职能向各类开发区延伸的意见精神，推进纪检监察机构全覆盖，根据市委二届第193次常委会会议精神，设立贵州七星关、大方、黔西、金沙、织金、纳雍、威宁经济开发区纪检监察工作委员会，各增设纪检监察工委副书记1名，各经济开发区纪检监察工作委员会下设纪检监察室，各设主任1名、副主任1名。

【乡镇有关改革】 采取“四坚持四确保”工作措施，扎实推进经济发达镇行政管理体制改革试点、乡镇和街道整合审批服务执法力量试点工作（以下简称两项改革）。截至2021年底，开展两项改革的32个乡（镇、街道）“三定”方案印发实施，机构设置、职能配备等全面完成，改革工作取得阶段性成效，得到市委书记吴强批示肯定。一是优化机构设置。金沙县沙土镇、织金县猫场镇均设置党政机构6个，事业机构7个。黔西市30个乡（镇、街道）均设置党政机构5个、事业机构7个。进一步整合力量、优化服务，提升机构编制资源使用效益。二是充实人员编制。金沙县下划16名事业编制给沙土镇。织金县下划9名事业编制给猫场镇。黔西市将财政分局173名事业编制下划给30个乡（镇、街道）。三是推进综合执法。开展两项改革的乡（镇、街道）均整合现有站所、县级分局执法力量和资源，设立综合行政执法队，按照有关法律法规规定相对集中行使行政处罚权，以乡（镇、街道）政府（办事处）名义开展执法工作，并接受县级部门的业务指导和监督，负责人由乡（镇、街道）政府（办事处）副职兼任。四是抓好赋权工作。指导开展两项改革的县（市）认真梳理经济社会管理权限清单，及时报省委编办初审，并按省下发的《指导目录》，结合实际拟定《建议清单》（织金县334项、金沙县235项、黔西市108项），按程序报市人民政府审核同意后，已报省人民政府审批，力求将基层管理迫切需要且能有效承接的审批服务执法等权限赋予乡（镇、街道），切实打通服务群众“最后一公里”。

【中小学教师编制保障】 市委编办双向发力、四措并举，全面完成中小学教师编制保障工作任务。一是向上千方百计争取。市委常委、市委组织部部长肖虎亲自与省委编办有关领导沟通协调，积极争取省委编办倾斜支持毕节。市委编办制订四套争取方案，多次到省委编办汇报毕节实际情况和采取的措施，力求得到最大的支持。省委编办充分考虑毕节实际困难，分配毕节市事业编制“使用权”4800名。二是向下群策群力谋划。采取“四看”工作法多次深入调研，精准摸清底数，建立台账。截至2020年底，全市公办中小学校共有在校生1375623名（小学841152名，初中368949名，高中165522名），应核中小学教职工编制84845名，实核编制77146名，全市中小学教职工编制总缺口7699名。除市直、黔西市、百管委中小学教师编制达到核编标准且超核外，按实际缺编县（区）分别核算，共缺编8656名。三是竭尽全力补足短板。强化“归”“挖”“统”“调”四项措施，统筹3974名事业编制或事业编制“使用权”一举解决毕节市中小学教职工编制短板。

【文化市场综合执法改革】 积极配合制订《毕节市文化市场综合行政执法“同城一支队伍”改革工作实施方案》，按职责完成市、区两级文化市场综合行政执法队伍的整合，组建毕节市文化市场综合行政执法支队。撤销七星关区文化市场综合行政执法大队，其职责、编制划入毕节市文化市场综合行政执法支队。理顺执法管理层级，实现“同城一支队伍”管执法。构建了权责统一、运转高效、服务优质的文化市场行政执法运行机制。

【机构编制核查】 根据中央、省有关机构编制核查文件精神，积极稳妥推进第二次机构编制核查工作。一是紧盯自查自纠“打基础”。按照“机构清、编制清、领导职数清、实有人员清”的“四清”要求，指导市直各部门单位和各县（市、区）开展机构编制核查自查工作，认真梳理机构历史沿革文件、人员调整变化情况、领导职数核定配备变化情况、实名制数据等，按时填报相关统计表，建立台账，为核查工作有序开展做好充足准备。二是紧盯群众监督“压责任”。指导市直各部门及各县（市、区）将自查后机构和人员编制基本信息在本部门指定范围内，进行为期5个工作日的公示。同时，通过机构编制举报受理平台，及时梳理群众反映的问题，确保核查结果的准确性和严肃性。三是紧盯集中核实“全覆盖”。结合各部门机构编制核查数据比对情况，采取“请进来”集中核实的方式，分时段安排各部门负责核查人员到编办相关科（股）室，现场比对文件、核实数据，确保数据真实、准确、完整、规范。四是紧盯实地核查“点对点”。组织调研组深入市、县（市、区）直单位及乡镇开展实地核查，核查单位覆盖党委、政府相关部门及群众团体组织。共实地核查331个一级核查单位，其中市直部门30个，县（市、区）单位281个。五是紧盯数据更新“精比对”。要求各部门（单位）在核查的基础上，充分利用信息数据资源平台，依托实名制系统、机构编制人员信息台账，对机构设置、编制核定及实有人员、领导职数配备和编外用人等情况进行再次比对，及时更新实名制系统信息数据。加强与组织、财政、人社部门协调联动，扎实开展机构编制信息比对工作。通过比对，共发现差异信息16590条，经与各部门（单位）进行再次核实后，对实名制系统相关信息进行更新。六是紧盯资料装档“促规范”。按照“一单位一档”要求，对各部门涉及此次机构编制核查工作的资料进行认真归档，统一登记、统一编号、统一装订，实行专人、专柜管理，确保核查档案资料内容全面化、整理专业化、管理制度化。

【机构编制服务】 深入推进服务型机关建设，进一步规范机构编制管理，统筹抓好日常业务工作，切实提升服务市委、市政府中心工作、服务民生、服务发展的能力。一是由审批事务向制度服务转型。进一步规范机构编制审批流程，变被动审批为主动服务。2021年共研究办理机构设立、撤销、加挂牌子，调整机构职责、性质、领导职数、隶属关系等有关单位机构编制事项245件次。二是由简单增量向活化存量转型。加大编制统筹力度，通过机构改革、内部挖潜以及跨层级、跨部门调剂等方式，共调剂行政编制6名，政法专项编制1名，事业编制204名，倾斜支持涉及市委、市政府战略产业、民生重点领域的相关部门。积极争取省委编办支持，给毕节市分配乡镇周转编制124名，为推动毕节高质量发展作出积极贡献。三是由传统管控向主动保障转型。研究完善室务会工作规则、主任办公会议事规则，积极推行机构编制管理便捷服务，最大限度方便服务对象。组织完成市直400多家单位机构编制证年审，工资统发人员审核工作；汇总核实全市1693个行政单位、9270个事业单位基础数据，完成2020年机构编制统计年报。2021年共审核办理市直相关单位增员、人才引进、招考等用编手续1276名，办理科级领导职数审核手续444名；按时完成市直154家事业单位法人年度报告公示，随机抽取市地震台等7家单位进行实地核查；办理市直事业单位设立登记8件，变更登记51件，证书补领1件；办理机关、群团和事业单位统一社会信用代码证书相关事项51件次。加大督促检查力度。按照省的要求收集整理市县两级机构编制问题，针对市直和县（市、区）自查梳理的320个问题，制订整改消化计划，实行台账式管理、清单式销号，截至年底整改消化机构编制问题171个。开展机构编制事项条条干预自查自纠，对涉及条条干预的2个市直部门和2个县发出工作提示，督促抓好整改。

（撰稿：陈　亮）

政策研究

【概述】 2021年以来，在市委的坚强领导和省委政研室的精心指导下，市委政研室始终坚持以习近平新时代中国特色社会主义思想为指导，深入学习贯彻中共十九大和十九届历次全会精神，习近平总书记视察贵州重要讲话和对贵州对毕节工作的重要指示批示精神，全面贯彻落实省委十二届九次、十次全会和市委二届九次、十次、十一次全会以及市第三次党代会精神，从党的百年伟大奋斗历程回顾中充分汲取智慧和力量，紧扣市委中心工作和系列决策部署，立足主业主责，着力自身建设，切实发挥“智囊团”“参谋部”作用，为推动全市经济社会高质量发展作出积极贡献，取得显著成绩。室领导班子获评全市“优秀”等次市管领导班子；市委政研室被评为

2016—2020 年贵州省普法工作先进单位、贵州省脱贫攻坚先进集体、全国节约型机关等。

【组织起草重要文稿】 认真贯彻落实市委主要领导关于文稿服务“要有政治性、思想性、逻辑性，针对性、条理性、生动性”的要求，严把文稿内容政治关、来源关、内容关，高质量、严要求做好市委重要文稿服务工作。2021 年，先后完成市委二届九次、十次、十一次全会，市第三次党代会会议有关文稿，以及市委主要领导讲话稿等 50 余篇；向省委办公厅、省委政研室报送《关于省委十二届七次全会以来工作情况的报告》《关于对十二届省委常委会工作总结意见建议的报告》《关于省第十二次党代会以来工作情况的报告》等综合性文稿 10 余篇。对市直部门拟出台的 30 余份相关重要文件、制度进行讨论修改并反馈意见建议。

【调查研究】 充分发挥“参谋助手”作用，自觉把工作放到全市经济社会大局中去思考、去谋划，加强对全市经济社会发展的前瞻性、全局性、战略性、整体性研究。切实做好全省重大课题调研工作，申报并组织完成 2021 年度省委重大调研课题“建立完善‘四个留下’机制做好巩固拓展脱贫攻坚成果同乡村振兴有效衔接研究——以毕节市为例”、省委重大改革课题“关于发展职业教育推进人力资源开发的对策建议——以毕节市为例”。积极谋划和组织开展 2021 年度全市重点课题调研、全面深化改革重大问题调研工作，推动立项全市重点课题 149 个、全面深化改革重大课题 45 个，评审结题 123 个、45 个，优选质量较高且适宜公开的课题成果 56 篇、28 篇，分别以内印资料形式汇编成书分送各县（市、区）和市直各有关单位学习参考。聚焦全市经济社会发展中的重点、堵点、难点问题，围绕“党建+积分”、“四个留下”、职教城二期项目工程建设、越秀集团生猪养殖项目等专题开展调研 20 余次，形成《政研专报》5 期、专题调研报告 10 余期送市委、市政府有关领导参阅，其中有 13 篇得到市委主要领导的批示肯定并转化为决策意见，有效推动问题解决。

【做优信息服务】 把信息宣传作为展示形象、助推工作的关键，不断建立完善信息总结提炼、有序报送推送等工作机制。编发《毕节试验区改革发展》期刊 11 期，采编文章和信息 140 余篇（条）；办好“毕节改革”微信公众号，累计推送信息 228 期 957 条；向省委改革办报送改革动态信息 350 余条，获《贵州改革情况交流》采用 17 篇、《贵州改革工作动态》采用 78 篇，市级改革信息排名全省第二，市县两级改革信息综合排名全省第一。

【深化改革创新】 一是抓重点、确保改革上下贯通。加强对全市改革工作统筹，年初对全年改革任务和拟召开会议进行“预安排”，全年服务召开市委深改委会议 8 次，对贯彻落实中央、省委改革会议精神和有关文件精神进行安排部署。组织各专题组聚焦影响治理效能的突出矛盾、影响高质量发展的突出障碍、人民群众反映强烈的突出问题，谋划推出 23 个方面的改革事项。二是盯试点、确保改革先行一步。将争取重大改革试点项目落户毕节市作为抢抓政策先机、放大政策效应的重要举措，争取到拓宽新型农村集体经济发展路径等国家级试点、开展“四个留下”巩固拓展脱贫攻坚成果助推乡村振兴等省级试点 7 项。农村宅基地制度改革、集体经营性建设用地入市、城市社区党组织领办集体经济实体等改革试点列入年度改革工作要点高位推进。三是疏堵点、确保改革精准聚焦。组织开展体制机制创新大讨论活动，引导动员各级各部门查找制约经济社会发展的堵点问题，全市共开展大讨论 1810 场次，查找体制机制弊端 1504 项，各级各部门通过自身努力解决 1026 项。对改革推进中的堵点问题，强化改革办与部门、县（市、区）之间联动，共同为改革想办法，先后与组织、民政、文旅、农业农村、市场监管等部门联合，开展指导30余次。在城市社区党组织领办集体经济实体方面，推出七星关柏杨林街道“四统”机制、大方西南社区“五微”工程等典型经验。四是破难点、确保改革落地生根。持续完善“市领导领衔领路、牵头单位统筹抓总、参与单位全力配合”的运行机制，协调推动市委深改委成员领衔推进重大改革项目14项。持续推进“开门搞改革”，以集体现场办公的形式将部分深改委会议开到农村、社区、园区，服务召开深改委“现场会”3次，对乡村旅游改革发展等进行现场研究。采取专项小组、市直部门、县（市、区）向深改委进行改革述职的形式，压实“一把手”以及相关部门责任，2家部门、10个县（市、区）作改革述职。五是展亮点、确保改革开花结果。坚持“抓点做样，示范带动”，推动各级领导干部带头抓试点、推典型，重点打造乡村旅游改革、党组织领办集体合作社等市级层面示范样板40余个，推出“四个留下”助力乡村振兴、学校食品安全智慧监管、创新“五减”服务实现企业开办当日办结等典型经验。积极向中央和省委媒体展示改革成果，留下一支不走的工作队、易地扶贫搬迁点社会综合治理、科技特派员、人大代表建议办理等获得《人民日报》《贵州日报》等主流媒体报道。

【推动试验示范】 一是积极推动示范区建设。认真贯彻落实习近平总书记对贵州对毕节工作的重要指示批示精神，切实履行建设贯彻新发展理念示范区办公室职责，完成市委常委会套开毕节建设贯彻新发展理念示范区领导小组会议相关服务工作。牵头制定《领导小组职能》《领导小组办公室职责》和绿色发展、人力资源开发、体制机制创新三个工作专班《工作方案》等议事规则和制度；推动建立领导小组办公室和绿色发展、人力资源开发、体制机制创新三个工作专班工作台账，健全和完善各类会议、信息等工作制度。积极配合推动毕节建设贯彻新发展理念示范区规划编制工作，选派一名科室骨干到国家发改委跟班学习，参与《毕节示范区规划》相关联络服务工作。二是积极做好协调联络服务。完成毕节试验区专家顾问组农林水利组组长教授王旭赴毕考察调研相关协调服务工作，积极推动第五届毕节试验区专家顾问组换届前期相关工作。

（撰稿：陆义邦）

督查考核

【概述】 2021年，市督查考核局持续深入学习贯彻习近平总书记关于“在一定意义上说，没有督查就没有落实，没有督查就没有深化”的重要论述，认真落实《中央办公厅关于加强新形势下党的督促检查工作的意见》和年初国务院办公厅颁布实施的《政府督查工作条例》，紧盯中央、省、市重大决策部署和领导指示批示落细落实，围绕以高质量发展为统领，聚焦“四新”主攻“四化”开展督查考核，助力推进建设贯彻新发展理念示范区。

【决策督查】 建立要求具体化、职责清晰化、任务节点化的重大决策督查台账，从笼统的任务交办向清晰责任分解和强力跟踪落实转变，确保中央、省、市重大决策部署应督尽督、一件不漏。一是“细”责任分解。始终把习近平总书记对贵州对毕节重要指示作为“第一政治要件”来办，作为首要政治任务来抓，对中央、省、市重大决策部署工作事项进行细化分解，围绕“具体做什么、做到什么程度、什么时间做、由哪个部门做”，抓好习近平总书记视察贵州重要讲话精神、市委经济工作会议、市《政府工作报告》等重点工作任务责任分解，将习近平总书记对贵州对毕节重要指示批示精神涉及的60余项工作，市政府工作报告明确的132项工作逐一细化分解到部门和县区及责任人，做到目标任务具体、完成时限明确、责任分工明晰，确保工作层层有人抓、事事有人管、件件有着落。

二是“严”过程调度。对重大决策部署工作事项实行挂账催办，按照“月跟踪调度、季汇总报告、年终总结分析”方式强化决策督查的全过程调度，健全完善分县分部门的工作落实正负面清单，盯紧不落实的单位、不落实的人和不落实的事，对工作推进滞后、存在突出问题的单位和县区，定期进行书面督查调度，不定期开展实地核查，强化部门和县区涉及工作责任事项落实的全过程管理，倒逼各项工作早落实、早见效。对市直部门和县区主要经济指标、“四新”、“四化”、招商引资、民生实事等工作推进落实情况每季度进行跟踪调度，形成3期全市重点工作推进情况督查报告报市委、市政府。在国务院“互联网+督查”平台转办件办理中，推行“一问题一研判、一问题一审核、一问题一印证、一问题一回访”的“四个一”工作方法，承接转办件265件，办结回复率100%，群众回访满意率93.49%。

三是“强”结果问效。紧盯重大决策落实督进度、查成效，采取书面审核、实地督查、现场调研等方式对各部门和县区阶段性工作完成情况进行分析研判，对承办单位反馈情况进行追踪问效和全面核查，点对点下发工作提示和通报，及时发现部门和县区工作落实中的正反两方面典型，强化督查结果的运用转化，定期不定期提请市领导对工作推进滞后部门和县区进行约谈，探索与纪委监委、组织和各领域考核牵头部门形成工作联动，推进督查情况信息互认共享。国务院大督查通报威宁县秀水镇新光村政府性饮水保障工程不通水和纳雍勺窝五一社区大棚闲置问题后，深入实地开展核查并牵头形成威宁秀水问题核查情况专报，经市领导签批移交纪委监委追责问责20余人。4月底有关县区和部门牛羊产业项目申报不力问题出现后，及时派员核查情况并形成督查报告报市委、市政府，相关情况在全市进行通报，后续涉及追责问责处理事宜移送纪委监委等进行处理。

【强化专项督查力度】 一是对领导批示指示实行“第一时间响应”，按照“一件一策”分类开展督查督办，注意制订科学合理的督查方案和流程，明察和暗访相时而动，重点检查和随机抽查相机而行，一般批示件实地督查完的次日交报告，重大督查件实地督查结束3个工作日内交报告。上报两期督查专报。二是6月中旬和10月中旬，先后两次对2017年以来中央和省环保督察反馈问题整改等环境保护重点工作进行两轮专项督查，新发现重点问题137个，会同市直行业主管部门对涉及县区和部门反馈问题整改情况进行研判，对县区开展的新一轮中央环保督察中可能存在的工作风险隐患进行督查提示。组织对国务院第八次大督查交办的31件反映事项处置情况进行全覆盖核查，既看市直牵头部门履职情况，又到县区实地核查，走访群众看实效。三是督查结束后，认真分析梳理督查情况，进行督查复盘问题研判，实事求是、客观公正反映呈现问题，既报喜又报忧，及时将领导指示批示要求转涉及部门和县区落实整改，并建立台账适时进行跟踪调度和实地核查，形成专项督查问题管理闭环。5月初，组织开展巩固拓展脱贫攻坚成果专项督查，深入乡村访民意、看实情，发现“3+1”保障工作等问题79个，督查报告引起市委和市政府领导高度重视，市政府主要领导随即组织召开到村一级的工作推进视频会议，对全市持续巩固脱贫攻坚成果工作进行再安排、再部署。针对省水利厅反馈威宁、赫章、大方3个县区的80个农村饮水安全问题逐一进行核查，客观呈现核查情况，督查报告经市领导签转各县区举一反三进行全排全查整改。截至2021年年底，共开展专项工作督查督办40次，督查情况报告获市级领导签批46件106次。

【推进考核改革】 紧盯省综合考核重大改革调整，抓好原有实绩考核和综合考核改革的有效衔接，对标对表推进服务发展高质量工作考核，从结果思维向过程管理与结果导向并重，以过程确保结果转变，全力助推全市经济社会高质量发展。一是考核管理“集成化”。对标省统筹整合考核工作要求，认真贯彻落实市委、市政府关于年度综合考核工作的决策部署，配合市委组织部抓好市考核委日常事务，牵头聚焦市直部门服务高质量发展和百里杜鹃管理区、金海湖新区年度综合考核，会同市考核委办公室起草《毕节市年度综合考核办法（试行）》《毕节市年度综合考核实施细则（试行）》并印发，督促纳入考核的市直82个重点部门加强与省对应厅局的工作协调对接，形成上下贯通，各方协作推进综合考核的工作合力。二是指标设置“精细化”。紧紧围绕市委“11345”发展总体思路，抓好以“四新”主攻“四化”为重点的市直部门服务高质量发展绩效考核指标内容制定，在对标对表省高质量考核“规定指标”基础上，差别化精准设置市直部门工作考核目标体系，将市直部门按职能职责划分6个考核类别，按照“牵头单位制定、征求意见完善、上报核准实施”的程序，制定印发市直单位服务高质量发展绩效考核实施方案和绩效考核指标，对承担省考市高质量发展绩效考核指标的牵头单位和责任单位实行正负面清单管理，层层传导创先争优的工作压力。三是监测分析“常态化”。严格落实《毕节市年度综合考核调度机制办法（试行）》，建立完善市直服务高质量发展考核的“每月调度+提醒督办、季度监测+通报约谈、半年评估+整改落实、年度考核+结果运用”考核调度办法，抓好市直部门目标任务完成情况的月工作调度和季度监测，及时掌握市直单位服务高质量发展指标推进情况，组织对半年评估和第三季度系统监测存在问题较多的32个单位综合考核情况进行督导调研，适时亮晒考核“记分牌”，对上半年“四化”指标排位全省挂末的4个牵头责任部门直接评定为“一般”等次，初步形成“计划—实施—反馈—调研—整改”的工作闭环。

【督查检查减量提质】 持续抓好统筹规范督查检查考核这一为基层减负重点工作落实，从减量治标向提质增效治本转变，强化市直部门和县区督查检查考核开展的事前、事中和事后管理，推进全市统筹规范督查检查考核持续减量提质。一是控源头抓计划制定。组织召开全市为基层减负工作推进培训会议，对市、县持续推进督查检查考核统筹规范工作进行再部署安排，对市直部门开展的业务性督查检查考核实行年度计划总量控制，同步对各县区制订的督查检查考核事项计划进行备案，从源头上对督查检查考核活动开展进行管控。年初，按照部门申报、分管市领导把关和市委审批程序，形成《2021年市级督查检查考核计划》。年中，组织对年初市级重点督查检查考核计划执行情况进行分析，对下半年开展的考核事项进行调整归并，将确有必要考核事项纳入各领域年度综合考核，非必要考核事项一律不再保留。二是管日常抓备案审批。持续抓好市直部门督查检查考核实施前的计划内事项登记备案和计划外事项审批，对部门督查检查考核工作方案进行前置审核，严控市级开展督查检查考核的规模、范围、频次和时限，提高“四不两直”暗查暗访的比例。每月调度市直部门和各县区组织开展督查检查考核情况，按季度汇总形成台账清单报省委办公厅。2021年，市级（含市直部门）累计开展督查检查考核事项较2020年同期下降33%，其中开展至县、乡、村和厂矿、企业、学校事项同期下降34%；10个县区累计开展督查检查考核事项较2020年同期下降28.6%。三是防反弹抓通报提示。围绕省委巡视反馈问题和省纪委省监委上半年综合监督检查反馈问题整改，持续强化乡镇减负观测点作用发挥，采取走访调研、随机抽查等方式对市直部门和各县区报送开展督查检查考核情况进行抽查核实，交叉比对乡镇观测点反馈情况，以下看上及时发现市、县两级在统筹规范督查检查考核工作中存在的苗头性和倾向性问题，防止督查检查考核过多过频问题反弹回潮。每季度形成全市统筹规范督查检查考核的工作情况通报，对问题反映集中的市直部门进行重点工作提示并纳入对部门考核结果运用，巩固提升督查检查考核工作领域的基层减负获得感。

（供稿：毕节市督查考核局）

老干部工作

【概述】 2021年，全市老干部工作坚持以习近平新时代中国特色社会主义思想为指导，深入学习贯彻习近平总书记视察贵州重要讲话和对贵州对毕节工作的重要指示批示精神、习近平总书记关于老干部工作的重要论述，全面贯彻落实中央、省委、市委重大决策部署，以庆祝中国共产党成立100周年为契机，聚焦中心、服务大局，用心用情服务，创新推动落实，各项工作取得明显成效。市委老干部局获“全国老干部工作先进集体”表彰。

【党政领导重视老干部工作】 市委常委会会议两次专题听取老干部工作情况汇报，专题研究老干部工作，解决老干部工作中存在的问题；市委、市政府先后召开两次会议向离退休干部通报全市半年和全年工作情况，听取老干部意见建议；把老干部工作纳入全市各级各部门服务高质量发展绩效考核范畴，为推动老干部工作落地落实提供保障。春节、“七一”建党节期间，市四大班子主要领导带队走访慰问离退休干部，为老党员颁发“光荣在党50年”纪念章；邀请离退休干部代表参加中国共产党成立100周年座谈会、党代会、人代会等重大会议。“十四五”规划、政府工作报告等重要文稿，充分征求老领导意见建议。市领导多次对老干部工作作出批示。实施老年人活动中心建设项目，主体工程完工。在市委、市政府的关心重视和统筹部署下，全市各级各部门将老干部工作摆在更加突出的位置，切实加强领导和指导，为推动老干部工作高质量发展注入强大动力、提供坚强的保障、创造良好条件，全市尊老爱老、敬老为老的氛围更加浓厚。

【离退休干部党建工作】 全面落实新时代党的建设总要求，认真贯彻中央、省委、市委关于加强新时代离退休干部党建工作的部署要求，切实抓好离退休干部政治建设、思想建设和党组织建设，广大老同志离岗不离党、退休不褪色，始终做到政治坚定、思想常新、理想永存。一是离退休干部党建工作队伍培训有成效。将离退休干部党支部书记（党务干部）培训班纳入市级党员教育重点培训计划，规范化开展培训。全市举办18期离退休干部党支部书记、联络员培训班，选派9名离退休干部党支部书记参加全省离退休干部党支部书记示范培训班学习，进一步提升全市离退休干部党支部书记抓党建工作的能力和水平。二是离退休干部党建工作考核有力度。把离退休干部党支部书记、委员补贴和党建工作经费、落实“三会一课”、主题党日、开展党史学习教育情况等内容纳入全市高质量发展目标考核内容。协调各级财政部门把离退休党员干部每人每年200元的党建工作经费、支部书记每月300元、委员每人每月200元的工作补贴纳入财政预算，推动全市离退休干部党建工作落细落实，有力推动全市离退休干部党支部标准化规范化建设。三是“桑榆红驿站”建设有特色。针对离退休干部党支部无固定活动阵地、活动形式单一等问题，创建离退休干部党建活动阵地——“桑榆红驿站”。截至年底，全市共建成并投入使用“桑榆红驿站”15个（其中市级1个，县级8个，社区级6个）。各地“桑榆红驿站”依托“思想政治课堂、文体活动课堂、文明实践课堂、初心使命课堂”开展党史学习教育、政治理论学习，主题党日等活动，117个无固定活动阵地的离退休干部党支部到各级“桑榆红驿站”开展各种活动400余次。组建141支“桑榆红”志愿服务队，2000余名志愿者在基层社会治理、乡村振兴等工作中发挥积极作用。贵州电视台对毕节“桑榆红驿站”的建设情况进行专题报道，省委老干部局在全省推广毕节经验，要求各地建设“桑榆红驿站”。省委常委、市委书记吴强对市委老干局创新推进离退休干部党建工作作出批示。

【离退休干部党史学习教育】 积极组织引导广大离退休干部参加党史学习教育，做到学史明理、学史增信、学史崇德、学史力行，推动党史学习教育往深里走、往心里走、往实里走。一是开展党史学习教育宣讲提升学习教育热度。全市222个离退休干部党支部扎实开展党史学习教育，认真学习习近平总书记视察贵州重要讲话和对贵州对毕节工作的重要指示批示精神、习近平总书记在中国共产党成立100周年大会上的重要讲话精神，习近平总书记关于老干部工作、老龄工作的重要指示精神，组织离退休党员干部收看中组部老干部局和省委老干部局举办的形势报告会、专题宣讲会和党史学习教育网上知识竞赛活动等。发挥离退休干部优势，组织100名离退休干部进机关、进社区，围绕长征时期红军在毕节土地上战斗的峥嵘岁月、中共毕节支部的建立和开展革命活动等内容，为党员干部群众宣讲党史100余场次；组织1000余个“五老”宣讲团（组），3000余名宣讲员进学校开展党史宣讲1180余场。二是开展形式多样活动提升学习教育温度。组织离退休党员干部代表参加毕节市“两优一先”庆祝中国共产党成立100周年座谈会；举办“喜庆百年华诞、桑榆红心向党”离退休干部庆祝中国共产党成立100周年文艺展演、“经典传唱、庆建党百年”唱红歌活动；开展“我看建党100年新成就”等专题调研，开展经典诗词朗诵和“百幅剪纸、百幅书法、百幅绘画”颂党恩、“铭记历史，展望未来”红色故事分享等活动，组织离退休干部到毕节烈士陵园、黔西市大关盐号革命传统教育基地、金沙县后山乡钱壮飞烈士党性教育基地等地开展党史现场教学，邀请党史专家为离退休干部作专题讲座，进一步丰富党史学习教育载体，确保党史学习教育在离退休党员干部中实现全覆盖。三是抓实“我为群众办实事”提升学习教育深度。把党史学习教育成果转化成为民办实事、解难事的实际行动，将党史学习教育与“我为群众办实事”实践活动紧密结合，组织200多名退休老同志到金海湖新区响水乡青山村、七星关区千溪乡中屯村开展以“喜庆百年华诞、桑榆红心向党、助力乡村振兴”为主题的送文化、送医疗、送温暖到农村等活动；组织老同志到七星关区洪山街道桂花社区开展“学史力行践初心、我为群众办实事”老同志科普大讲堂，在爱尔眼科医院举办“情系老干部、爱尔送健康”知识讲座暨义诊活动；到市西街道松山社区开展“心系老同志、情暖重阳节、关爱眼健康”——“我为群众办实事”送医、送科普进社区活动；组织“桑榆红”志愿服务队深入街道、社区，发放党史学习教育、创建卫生城市等宣传资料1万余册，帮助基层调处化解矛盾纠纷100余起，到长春堡镇敬老院开展“桑榆聚力·照亮乡村”公益活动，为100余名老人拍摄生活纪念照；建立离休干部及离休干部遗孀服务联系卡，组织“桑榆红”志愿服务队开展亲情陪伴，推动离休干部及遗孀陪伴常态化、服务亲情化、关怀个性化。《“桑榆红”志愿服务行动为群众办实事增光彩》作为毕节市4个案例之一，入选《贵州省党史学习教育我为群众办实事实践活动案例选编》。

【发挥老干部作用】 引导离退休干部充分发挥自身优势，聚焦市委、市政府中心工作，通过各种方式为党和国家发展事业增添正能量。一是紧扣乡村振兴凝心聚力。坚持围绕中心、服务大局，在离退休干部中实施“反哺家乡”“桑榆志愿”“乡风文明”“绿色发展”“党建引领”助力乡村振兴“五大行动”，离退休干部发挥“指导员、先锋员、宣传员、监督员、引领员”作用。组织老同志到乡村开展送文化、送医疗、送温暖活动。以“桑榆红驿站”为平台，组建141支“桑榆红”志愿服务队，谋划实施180个志愿服务项目，2000余名志愿者深入基层，为乡村振兴添彩、为基层社会治理助力。二是聚焦关心下一代工作持续发力。深入开展“红心永向党、永远跟党走”等主题教育宣讲1400余场；为贫困儿童发放新春礼包1400套，价值20余万元；组织老科技专家深入基层开展科技培训200余场，建立关工委科技服务示范基地8个；向省关工委争取“双助”行动经费62万元，举办幼儿园园长培训班2期，建“研培中心”10个；深入开展“开学季，关爱行”活动，发放慰问金25万元。2021年，市关工委获“全省脱贫攻坚先进集体”称号。三是专题调研发出好声音。在离退休干部中开展“我看建党百年新成就”“我为乡村振兴建言献策”专题调研座谈会200余场（次），老同志们围绕中国共产党成立100年来取得的伟大成就，大力唱响共产党好、社会主义好、改革开放好、各族人民好的时代主旋律，充分展现全市离退休干部的精神境界和时代风采，同时，结合脱贫攻坚经验做法，聚焦乡村产业振兴、人才振兴、文化振兴、生态振兴、组织振兴进行畅谈，为乡村振兴提出很多很好的意见建议。

【离退休干部服务保障】 准确把握新时代老干部工作的新特点，积极运用信息化手段，自觉践行精准化、规范化理念，把服务管理工作抓得更细、更实、更好。一是信息化服务更加有力。依托“数字黔老”离退休干部APP服务平台建设，全市1387个党政机关及企事业单位建成离退休干部信息“数据库”，通过“数据库”分门别类建立老干部基本信息台账，为离退休干部服务工作提供精准支撑。引导和帮助老同志下载安装使用“数字黔老”手机APP网络学习平台，关注中组部老干部局“离退休干部工作”微信公众号，年底，关注人数4万余人，居全国、全省前列。二是个性化服务更加到位。建立在职干部联络服务老干部制度，定期进行走访慰问、关怀慰藉，及时掌握了解老干部日常动态信息，主动为老同志排忧解难。在组织老干部外出参观考察、健康体检、参加重要会议等活动时，对年高体弱、行动不便的老干部提供“一对一”“多对一”等个性化精准化服务。开通离休干部就医绿色通道，实行优先挂号、优先就诊、优先缴费、优先取药、优先住院，离休干部看病就医更加方便。三是特困帮扶更加精准。修订完善特困老干部及老干部遗孀的帮扶办法，成立走访组，对离休干部和离休干部遗孀进行全覆盖走访，精准掌握他们实际情况和遇到的困难问题和困难程度，根据困难程度进行分类帮扶。春节、“七一”建党节等重大节日期间，帮扶特困老干部及老干部遗孀200余人次，发放帮扶资金60余万元。通过发放慰问金、电话关怀、走访看望等多种形式，对18名易地安置省外和33名异地居住市外的离休干部及离休干部遗孀进行慰问，让他们切实感受到党委政府的关心关怀，进一步增强老干部幸福感。

【老干部工作队伍建设】 坚持把抓好自身建设作为做好老干部工作的基础和保障，以建立高素质专业化工作队伍为目标，着力建设模范机关，打造一支全面过硬的队伍。一是提升政策业务水平。按照“缺什么补什么”的原则，精心设置培训课题，举办新闻写作、政务礼仪、档案管理、信息化建设等能力提升培训，推荐11名年轻干部参加全省老干部工作部门局（处）长能力素质培训班和东部城市支持西部地区人才培训班学习。把开展演讲比赛和好书分享活动作为常态，2021年，在全市老干部工作系统中开展“红心永向党、奋进新时代”——庆祝中国共产党成立100周年主题演讲比赛，在全局干部职工中开展“书映百年伟业”好书分享活动，培养一支“提笔能写、开口能讲、问策能对、遇事能办”的老干部工作队伍。在全省老干部工作者岗位练兵大比武竞赛中，全市52名老干部工作者分别获得全省一、二、三等奖，占全省获奖总人数的62%。二是树牢改革创新意识。举办全市第三届老干部工作创新大赛，29个创新项目围绕离退休干部党的建设、服务管理、作用发挥、信息化精准化规范化建设、正能量活动、自身建设，积极应对人口老龄化等方面进行现场陈述答辩，有效破解发展难题、有效锻炼干部队伍。在第七届全省老干部工作创新大赛中，毕节市创新项目“创建‘桑榆红驿站’，推动离退休干部党建有形有效覆盖”获全省一等奖，“建立干部荣退制度，提升干部荣誉感”获全省二等奖。《毕节市创新推进离退休干部党支部建设显实效》被《贵州改革情况交流》（2021年第195期）采用。三是突出典型示范引领。认真抓好各类评选表彰推荐工作，市委老干局获“全国老干部工作先进集体”表彰，黔西市委组织部、七星关区委组织部、织金县委组织部等3家单位获全省老干部工作先进集体称号，市人大办李官继、市委老干局赵娟、市卫生健康局胡晓、大方县委组织部彭忠文、金沙县委组织部黄成富、纳雍县委组织部彭庆荣、威宁县委组织部卯燕、赫章县委组织部赵作浦等共8名同志获全省老干部工作先进个人表彰。市关工委获“全省脱贫攻坚先进集体”称号，驻村挂职干部袁弟志获“全省脱贫攻坚先进个人”荣誉称号。在“七一”建党节期间，1名党员获“全市优秀共产党员”称号，2名党员分别获市直优秀党务工作者、优秀共产党员称号；1名获“全省最美劳动者”称号。

（撰稿：陈　洁）

社科联

【概述】　2021年，市社科联党组坚持以习近平新时代中国特色社会主义思想为指导，深入学习贯彻习近平总书记视察贵州重要讲话精神和对贵州对毕节重要指示批示精神、中共十九届五中、六中全会精神，围绕中心、服务大局，紧扣全市“11345”总体发展思路，充分发挥自身优势，认真履行职能职责，积极推进各项工作开展。

【深化理论研究】　一是社科理论课题影响力得到较大提升。组织开展“2021年度毕节市社科理论创新课题”征集工作，共征集到课题425项，立项230项，有203项课题通过验收，予以结题；从课题数量来看，社科理论课题越来越受到社科专家、学者重视，影响力逐年提升。二是充分发挥社科智库作用，组织社科工作者深入基层、深入群众开展专题调研，形成《毕节市农村敬老院运行情况调研报告》《毕节市通村公路后续管护工作调研报告》等指导性和时效性较强的调研成果。三是召开2021年贵州省社科学术年会毕节分会场会议，邀请毕节市部分社科专家、理论工作者围绕“茶产业发展”研讨交流，为全市“茶产业发展”建言献策。四是以“百年风华·红色毕节——庆祝中国共产党成立100周年”为主题，编印《乌蒙论坛》专刊1期，充分阐释毕节红色精神；在《毕节日报》上开设“沿着习近平总书记指引的方向奋力前行”“学习宣传贯彻中共十九届五中全会精神”等理论专栏，推出理论文章20余篇。承办毕节市庆祝中国共产党成立100周年理论研讨会，8位专家学者结合自身工作实际、理论研究成果作了交流发言，推进党的理论创新成果落地生根。五是完成与贵州工程应用技术学院联合课题研究，结题18项。

【拓展社科普及】 一是办好社科理论宣传普及平台。按时编印发放《乌蒙论坛》6期，刊发理论文章89篇，共计90余万字，并将所有稿件在“毕节社会科学网”上发布。扎实抓好“毕节社会科学网”的管理、维护、内容更新工作。二是开展党史知识宣传。在《乌蒙论坛》封二、封三开设“百年风华·红色毕节”专栏，以图文并茂形式，刊登毕节重大党史事件、重要历史人物，讲好毕节红色故事。三是开展“社科专家进基层”“社科普及宣传周”“乌蒙大讲堂”等活动5场次，切实为人民群众提供科普服务。四是创建并挂牌省级、市级“人文社科示范基地”各1个，为提高群众人文社科素质，传播先进文化奠定坚实基础。

【突出资政建言】 一是邀请市内有关方面的10余名专家、学者、实际工作者围绕荞麦产业发展、通村公路管护建言献策，将社科专家、学者撰写的《对毕节市荞麦产业发展的对策建议》《加强毕节市通村公路管护工作的对策建议》等编印成《决策参考》7期，为科学决策、民主决策提供参考。二是开展“智库建言+”等活动，组织部分社科专家深入基层调研并形成《加快推进毕节市蔬菜产业发展的对策建议》《毕节市农村大棚有效利用存在的问题及对策建议》《对毕节市农村沼气池建设的几点建议》，发挥良好的资政作用。三是编印《不忘初心 砥砺前行——毕节市庆祝中国共产党成立100周年理论研讨文选》《调研毕节——2021年毕节市社科理论创新课题选编》《思与行——毕节市社科联理论研究课题汇编》三本社科图书，分送各县（市、区）及市直各单位参阅。

【强化社科学会建设】 一是加强与市艺术摄影协会的联系与合作，组织市艺术摄影协会开展“聚焦时代变迁、记录毕节发展、献礼建党百年——百名摄影师眼中的毕节”摄影展，动员艺术摄影协会会员深入市内30余个乡镇、企业，进行采风活动，遴选优秀作品100幅在“七一”期间展出，观展群众达5000余人次。二是组织市心理学会开展暑期心理志愿者服务活动，先后到七星关区未成年人心理健康辅导站、七星关区柏杨林街道办事处开展心理援助和咨询活动，取得良好社会效果。

【抓牢意识形态工作】 进一步增强政治意识，提高政治站位，切实加强对意识形态工作的领导，不断加强和改进意识形态工作。一是年初制定意识形态工作要点，做到意识形态工作与其他工作一样年初有安排，党组会上多次研究部署意识形态工作或传达有关意识形态工作会议、文件精神。二是建立健全相关工作制度，完善并执行《毕节市社科联意识形态工作联席会议制度》《毕节市社科联网络意识形态突发事件应急预案》等制度，使意识形态工作进一步制度化、规范化、常态化。三是注重舆论风险防范化解。定期召开全市社科领域意识形态工作座谈会，对当前全市社科领域意识形态工作进行分析研判。涉及“三重一大”的工作事项，及时召开党组会进行研究，听取班子成员、其他市管干部意见建议，认真做到民主决策，并邀请市第二纪检监察组到会指导，切实做到防患于未然。四是加强线上线下内容管理。在开展《乌蒙论坛》《决策参考》《调研毕节》等刊物、书籍编辑以及“毕节社会科学网”信息上传工作时，严把内容关，不给错误言论提供阵地。

【社科联组织建设取得新跨越】 在市委的坚强领导下，市社科联坚持以争取主动为原则，重心下移，以“五个先行”扎实推进县级社科联组织建设，县级社科联组织从无到有，实现全覆盖，形成一个严密的网络覆盖全市，标志着全市哲学社会科学事业发展进入一个崭新的阶段，为繁荣发展哲学社会科学事业奠定坚实基础。

（供稿：毕节市社科联）

文联

【概述】 2021年，在市委、市政府的坚强领导下，在省文联、市委宣传部的精心指导下，毕节市文联坚持以抓好党建工作来引领推进业务工作，认真履行"团结引导、联络协调、服务管理、自律维权"基本职能，自觉践行文艺界"爱国、为民、崇德、尚艺"核心价值观，用实际行动诠释建设贯彻新发展理念示范区的生动实践，推动文学、摄影、美术、音乐、舞蹈、书法、戏曲等领域优秀作品百花齐放，文艺家园花艳果丰。

【党建工作有成效】 坚持把党的政治建设摆在首位，深入学习中共十九大及十九届历次全会精神、习近平新时代中国特色社会主义思想、习近平总书记关于文艺工作的重要论述和视察贵州重要讲话精神及对贵州对毕节工作的重要指示批示精神等，用党的创新理论引领文艺工作。组织党组理论学习中心组学习10余次、干部周学习例会30余次。深入推进全面从严治党和党风廉政建设，严守政治纪律和政治规矩，认真落实主体责任，自觉履行"一岗双责"，常态开展警示教育，筑牢干部拒腐防变思想堤坝。认真贯彻意识形态工作责任制，严格执行"三审三校"制度办好《高原》文学双月刊。夯实基层基础，按要求做好机构改革工作，积极推进文艺家协会建设，指导条件成熟的协会按要求注册登记，市作家协会、市摄影家协会、市书法家协会已登记注册。党史学习教育走心。严格按照中央、省委、市委的安排部署，对标对表抓好党史学习教育。以党组理论学习中心组学习、领导干部上党课、干部职工学习例会、党支部学习等形式，抓好指定的4本必读书目和其他参考资料学习，重点学习习近平总书记在党史学习教育动员大会上和在庆祝中国共产党成立100周年大会上的重要讲话、习近平总书记视察贵州重要讲话以及对贵州对毕节重要指示批示精神、最新重要讲话重要文章，多次组织党员干部聆听党史专题报告，开展警示教育和"清明祭英烈"等主题党日活动，做到学史明理、学史增信、学史崇德、学史力行。

【重大奖项创新高】 2021年，广大文艺者始终致力于文艺高质量创作，文艺作品陆续获得重大奖项。曹永在《中国作家》头条刊发的中篇小说《刺梨》获得贵州省文艺精品扶持奖励；朱永富的组诗《国窖简史》获得"让诗酒温暖每个人"全球征文大赛"社会组·现代诗"金奖。王长玉作品《我们同在这里》获得工信部、新华社主办的"全国工业歌曲大赛"三等奖，《梦在征途》评为中央网信办、全国总工会主办的全国征歌"劳动颂歌献给党"活动"声暖人心歌曲"；由潘军伟作曲、谢正发作词的《党啊，亲爱的母亲》，潘军伟作曲、阮居平作词的《推石磨》，潘军伟作曲、李隆汉作词的《日子富了歌也多》分别获得《中国乐坛》出版的"庆祝中国共产党百年华诞原创歌曲大典"金奖、银奖、铜奖；在贵州省文化和旅游厅主办的第十九届群星奖贵州省选拔赛音乐类决赛中，潘军伟作词、况荣峰作曲的《开创历史的新纪元》获得一等奖，周明宽作词、李卓、钱宇作曲的《想我就到毕节来》和陈远福、王霄霄、鲁保书、陶光奇作词、付勇军作曲的《磅礴乌蒙》获得优秀奖；许钰获得第七届孔雀杯全国高等艺术院校声乐展演高职高专教师民族组二等奖。孔宁康作品《瓜农的希望》获得第二十三届全国艺术摄影大赛优秀奖；李进作品《框鱼》获得立森影像杯全国摄影双月赛二等奖。岳红霞《百年华诞》《不负"牛"年》分别获得中华文化促进会剪纸艺术委员会、中国美术学院教育研究所等单位举办的“深蓝大海·红色记忆”第二届全国海洋文化剪纸精品展二等奖和“百牛开春”全国剪纸精品展三等奖，现场表演文艺展示获得2021年贵州省非遗技能大赛二等奖；姜主兴《大美小康·幸福彝寨》获得“百年风华 铭记党恩”——庆祝中国共产党成立100周年·贵州省农民画作品展一等奖；宋保江《黔山春韵》获得贵州美术馆主办的中国共产党成立100周年红色记忆美术作品展三等奖，《家山新雨后》获得贵州省高校教师美术优秀作品展优秀奖；章正洪《百里画廊》获得庆祝中国共产党成立100周年全国烟草系统职工书画大赛优秀奖。孙嫚君、杨茹岚创编舞蹈《报答》获得贵州省文化和旅游厅主办的第十九届群星奖贵州省选拔赛舞蹈类比赛一等奖；张莉创编舞蹈《诺苏阿拱》获得贵州省第十届残疾人艺术会演比赛舞蹈类第一名。在全省第十五届杜鹃书荟曲艺大赛上，张维柱创作的曲艺作品月琴弹唱《八大水库十大渠》获得一等奖和文学创作奖，王丽娟创作的小品《驻村书记》获得优秀奖，任焰林、何健创作的群口快板《医务人员的特殊党课》获得优秀奖和文学创作奖，李晓寒创作的快板《我的大方我的家》获得三等奖，毕节市获得特别贡献奖和组织奖，等等。这些奖励进一步坚定黔西北文化自信。

【高端展示影响好】 2021年，广大文艺工作者主动作为，潜心创作一大批有思想、有意境、有品质的作品在重要平台展示。曹永的中篇小说《刺梨》被2021年第3期《作品与争鸣》转载，《回望峡谷》在2021年《青年文学》第5期的散文栏目头条刊发，中篇小说《屈辱之家》在2021年《野草》第3期头条推出，中篇小说《青山道》在2021年《飞天》第6期上发表，散文二题在2021年《文学港》上发表；罗逢春的诗作在《人民文学》2021年第5期上发表后，随即在《飞天》2021年第6期及《诗歌月刊》2021年第6期中亮相，还在2021年第11期《中国作家》刊发；徐源的作品先后在《星星》2021年第2期、《诗歌月刊》2021年第4期上发表；罗霄山的作品在2021年《青年文学》第9期、《浙江诗人》第3期、《诗歌月刊》第6期上发表；若非的作品在2021年《人民文学》第12期、2021年《雨花》第3期、《百花洲》第2期上刊出；黄鹏的诗作在2021年《山东文学》和《佛山文艺》第12期上刊发。王长玉歌曲入选央视大型政论片《摆脱贫困》主题背景音乐并在央视一套等中央、省电视频道播出，3幅摄影作品入选中宣部、中央农办、农业农村部、国家乡村振兴局“伟大壮举——中国脱贫攻坚成就展网上展馆”；赵雪作品《丰盛生命》和祝光丽作品《盛世渔歌》入选中共中央宣传部文艺局、中央文明办一局等单位主办的“新生活 新风尚 新年画”——我们的小康生活主题创作展；姜主兴作品《大美小康中国廉》入选中国（盐城·射阳）全国廉政农民画优秀作品展；雷星明油画《传承·古法制盐》入围由中国美术家协会举办的2021年第十届全国（大芬）中青年油画展，农民画《潺潺清流惠民生》参与水利部举办的庆祝中国共产党成立100周年美术作品展；陈旭的水彩作品《牧归》入选“唱支山歌给党听·第二届新时代中国水彩粉画展鲁本斯大赛”“四地五方·2021年春夏季水彩大联展”，入刊《中国水彩粉画研究与创作》第9期，作品《金海湖秋色》《金秋田园》《金秋时节》《牧归》入刊《艺术品鉴》杂志；杨小吾中国画《春风送雨润乌蒙》和《新时代楷模——文朝荣》入选贵州省“丹青颂伟业——贵州脱贫攻坚百米画卷”赴北京展出；岳红霞剪纸《芦笙舞》《幸福年长》作品入选由文化和旅游部全国公共文化发展中心等部门举办的“新生活、新风尚、新年画”——我们的小康生活主题美术创作征集展，农民画《幸福之声》和剪纸《百年华诞》《百年征程》入选中国农民书画研究会举办的庆祝中国共产党成立

100周年“农民永远心向党”主题书画作品线上展，农民画《喜庆丰收》入选中国农民书画研究会举办的庆丰收感党恩——2021年中国农民丰收节全国农民书画云展。魏运生摄影组照《我是灰头麦鸡》《草长平湖白鹭飞》入选中国原生态国际摄影大展，作品《七星关区喷泉展示特色水秀》被中国新闻网采用；李进作品《晾染》《艺术之眼》《时光缔造者》《网络与花朵》《惊喜》入选入刊全国摄影作品展和中国摄影报；范晖作品《生态乡村》入展第十四届中国原生态国际摄影大展等。熊子彪作品入选中国书法家协会举办的“中国书法·年展”；李丽、李建作品入展中国书法家协会举办的全国第三届大学生书法篆刻展；陆青杰、李建作品入展中国书法家协会举办的第九届中国书坛新人新作书法篆刻展。推送作品《铃铛舞》《好日子》参加中国舞协“5·15”群众舞蹈网络展演暨央视《广场舞大汇》活动，作品《敦煌梦》《衣角舞》参加第十一届“小荷风采”全国少儿舞蹈展演及贵州省“首届百姓健康舞大赛”暨“第九届全省中老年优秀广场舞蹈展演”，等等。这些作品有效提升毕节试验区文化软实力。

【主题活动感人心】 以“庆华诞·感党恩”为主题，举办近7000人参加的有奖征文大赛。开展庆祝中国共产党建党百年行草书作品展和书法临帖作品展，组织庆祝中国共产党成立100周年书法篆刻作品展，以及“书法进校园”培训活动。组织中国音乐金钟奖选拔赛和毕节市青年音乐人才专场音乐会，开展“党在心中”——庆祝中国共产党成立100周年歌曲创作演唱活动，编辑出版《庆祝中国共产党成立100周年——乌蒙之音歌曲集》。创作《林青——远方的故事》连环画集，组织美术家到黔西化屋采风，进行“磅礴乌蒙·大美化屋”专题创作，在贵州工程应用技术学院乌蒙书画院展示，受到省委党史学习教育第二十一巡导组充分肯定。举办“党旗飘扬”——喜迎中国共产党成立100周年舞蹈大赛，参加“贵州省舞蹈家协会2021年毕节市本土原创民族音乐”广场舞大赛、“党旗飘扬”——喜迎中国共产党成立100周年舞蹈大赛、“喜庆百年华诞·桑榆红心向党”老干部文艺展演；运用毕节红色资源，赓续红色血脉，讲好毕节百年党史故事，组织各艺术家协会资源，积极支持贵州工程应用技术学院复排舞剧《林青的远方》、话剧《草原艺术社》、诗歌剧《高原之鹰》等活动。参与开展“学史滋润初心·经典传承使命”红色经典诵读活动，开展“百年·百姓”主题摄影活动和文化科技卫生“三下乡”等主题文艺活动。发动文艺工作者创作书画、诗歌、快板、舞蹈、相声、小品、音乐等文艺作品，深入农村、社区、学校、军营、企业、机关等基层，持续抓好“文艺轻骑兵”志愿行动和乡村艺术振兴行动，把优秀的文艺作品和文艺志愿服务送到基层一线，丰富群众文化生活。注重把党史学习教育成果转化为“我为群众办实事”行动，深入基层调研文联协会组织、文艺创作、队伍建设、帮扶帮建、文艺振兴乡村、建党百年文艺活动等工作，创作党史学习教育主题散文、诗歌、小说等文学作品20余件，等等。这些活动不断满足人民群众对美好生活的向往。

【守正创新办高原】 2021年，市文联守正创新做优机关刊物《高原》，在内容质量上坚持“三审三校”办刊制度，积极谋划，精心组稿，审慎出刊。在保持刊物品质的同时，整体谋划、系统策划，增加书法、美术、摄影等其他艺术门类作品展示，既保持传统的质朴本真，又展现新潮的高端大气，全年编发6期近百万字，为繁荣毕节试验区文学艺术提供优质平台，确保《高原》文学刊物在文学期刊界的公信力、影响力。这一年，《高原》杂志秉持“重本土、融四方、守格调、做不同”的办刊理念，着力展示精品做引领，每期预约一位在全国有重大影响的知名作家稿件，以此提升杂志的整体质量，同时也向本土文学写作者提供参照。组织朱山坡、胡性能、禹风、刘玉栋等全国知名作家稿件，刊发丰一畛、田兴家、李世成等多位贵州文学新锐的作品，并运用这些文艺精品引领示范，积极带动当地创作群体，推动文艺发展。着力组织活动抓培训，《高原》携手毕节市作家协会，开办作家书屋，多次组织诗歌朗诵会、新书发布会，营造文学氛围，吸引文学青年。先后组织“贵州诗人陶杰诗集研读会”“拖拉机诗歌沙龙研读会”，邀请《滇池》副主编包倬、《四川文学》副主编杨献平、《山花》编辑部主任李晁，以及《边疆文学》主编潘灵等前往授课，随后在刊物上推出学员作品，其中在“毕节市散文培训班”挖掘了纳雍作者宋咏鸿的作品《彭二伯的江湖》。《高原》积极利用刊物的宣传力量，发挥文军优势，聚焦建党百年主题，推出“庆祝中国共产党成立100周年专辑”。着力优化平台育新锐，推荐出黔西北青年诗人专号，展示毕节文学创作的中坚力量，陆续打造更多有筋骨、有道德、有温度的文艺精品，使《高原》更好的成为培养黔西北作家艺术家的摇篮和展示毕节文化的文学刊物。大力扶持和推荐人才，《高原》文学刊物编辑先后推荐罗霄山的文学作品在《青年文学》《边疆文学》等刊物上发表，推荐罗逢春的文学作品在《飞天》上发表，推荐黄鹏的纪实作品在《山花》《滇池》文学刊物上发表，毕节作家逐渐走向全省和全国。该刊物积极打造了毕节文化品牌。

（撰稿：刘　奇）

市直机关工委

【概述】　2021年以来，市直机关工委深入学习贯彻中共十九大和十九届历次全会精神，全面落实新时代党的建设总要求，准确把握“围绕中心、建设队伍、服务群众”这一定位，以党的政治建设为统领，着力深化理论武装，着力夯实基层基础，着力推进正风肃纪，践行“三个表率”，创建“模范机关”，全力推动机关党建工作全面进步全面过硬。

【开展党史学习教育】　按照学史明理、学史增信、学史崇德、学史力行和学党史、悟思想、办实事、开新局目标要求，组织开展党史学习教育和“牢记殷切嘱托、忠诚干净担当、喜迎建党百年”专题教育活动，引导党员干部学好四史，提升思想感悟，筑牢为民初心。召开党史学习暨理论学习中心组学习研讨10次，邀请“党史专家讲党史”宣讲团成员到市直机关系统宣讲3场次，工委班子成员到分管领域、联系党支部、所在党支部开展宣讲10次，讲党课8场次。扎实开展“我为群众办实事”活动，聚焦群众“急难愁盼”问题深入基层调研60余次，为群众办实事12件。在市直属党组织开展“党旗在基层一线高高飘扬”活动，设置党员先锋岗1717个，结对共建村（社区）党组织161个，帮助解决村（社区）党组织困难和问题407个。

【组织庆祝中国共产党成立100周年系列活动】　“七一”期间，组织开展庆祝中国共产党成立100周年“七个一”系列活动。评选一批优秀共产党员、党务工作者和先进党组织，推荐表彰全省优秀共产党员2名，优秀党务工作者2名，先进基层党组织4个；全市优秀共产党员11名，优秀党务工作者6名，先进基层党组织14个。组织一次表彰大会，举办市直机关2021年“七一”表彰大会，表彰市直机关优秀共产党员100名，优秀党务工作者80名，先进基层党组织49个。举办一场“光荣在党50年”纪念章颁发座谈会，组织市直机关“在党50年”党员代表座谈会，向119人发放“光荣在党50年”纪念章。筹办一次市直机关“办实事开新局、争创模范机关、喜迎建党百年”党史知识竞赛，48家市直单位共43支代表队129名党务干部参赛。开展一次“学党史回望来时路·铸信仰走好新征程”主题党日活动，市直各级党支部组织党员到金沙钱壮飞、赫章哲庄坝、纳雍枪杆岩等开展重走长征路活动。组织一批新党员进行集中宣誓，组织市直机关52名新党员代表在红六军团政治部旧址举行集中入党宣誓活动。开展一次慰问活动，慰问老党员、生活困难党员、因公殉职和牺牲的党员干部家庭、因公或见义勇为伤残的党员93人/户，发放慰问金11.95万元。

【完成党代表选举工作任务】 一是组织领导到位。成立领导小组并制订代表选举工作方案，明确时间任务，落实工作保障。组织召开业务培训会，加强对代表选举工作的组织领导。二是选举程序合规。以市直机关事业单位88个直属党组织为推荐单位，将市委分配的名额逐级扩大、逐级分配到每一个党支部。在党支部推荐提名的基础上，经过充分征求意见和酝酿协商，根据多数党组织和多数党员的意见，经88个推荐单位研究确定，上报市直机关事业单位出席毕节市第三次党代会代表候选人推荐人选160名。市直机关工委对照市委分配的名额及结构比例反复比选、优中选优，确定109人作为市直机关事业单位出席市第三次党代会代表候选人初步人选考察对象。经过考察，提出万艳等106人作为市直机关事业单位出席市第三次党代会代表候选人初步人选进行公示。按照不低于20%的差额比例，市直机关工委委员扩大会议研究确定98名代表候选人预备人选，并报市委审批。市委组织部批复同意其中96名代表候选人预备人选提交市直机关党代表会议选举，选举产生的80名代表均实现满票和高票当选。三是全程风清气正。在代表推选过程中强化教育监督，未发生违反换届纪律的问题。

【落实全面从严治党责任】 一是抓实主体责任不放松。组织召开市直机关党建工作会议暨纪检工作会，对市直部门落实党建责任进行安排部署，抓好全面从严治党主体责任落实。严格执行市直机关工委领导监督、部门党委（党组）负总责、机关基层党组织抓落实的“三级联动”责任机制。完善落实三级述职评议考核制度，采取书面述职和会议述职相结合的方式，组织对80个市直部门党委（党组）书记进行述职评议，测评结果上报市委，作为评先选优的重要依据。全年召开工委会30余次，研究机关党建相关议题100余项。二是抓实第一责任人责任不放松。全年召开工委委员会议专题研究全面从严治党工作2次，结合实际制定印发《市直机关工委全面从严治党主体责任清单》，确保全面从严治党主体责任得到有效落实。按要求向市委报告履行主体责任情况，并将市直属党组织落实全面从严治党情况纳入党建工作成效考核内容。三是抓实班子成员“一岗双责”不放松。根据工作实际，调整明确工委班子分工，明确分管领导在抓好分管部室业务工作的同时，认真履行党风廉政建设和意识形态工作“一岗双责”。组织开展谈心谈话，引导党员干部提升廉洁意识；紧盯关键节点常提醒、紧盯重要岗位严防范、紧盯违纪苗头早制止、紧盯重点领域勤监管，让“咬耳扯袖，红脸出汗”成为常态。全年开展常态化约谈1次，提醒约谈2次，交心谈心2次。积极落实班子成员联系党支部工作制度，建立党支部联系点4个，班子成员到联系党支部指导党建工作40余次，帮助解决工作经费不足、党务知识欠缺、活动阵地建设不规范等问题。

【机关党的建设】 一是基本组织设置再优化。按照“一年全面推开、两年系统提升、三年巩固深化的要求”，坚持抓两头带中间，深入开展党支部标准化规范化建设“回头看”。下发《关于进一步推进市直党支部标准化规范化建设工作的通知》进行安排部署，组建5个调研组对市直机关党支部标准化规范建设情况进行调研督查，再次对机关直属党支部基本情况进行摸底排查，召开专题会议分析研判调研督查情况，通过优化党支部设置、下拨经费完善阵地建设、派业务骨干蹲点抓整改等方式，切实解决各直属党组织在创建过程中遇到的困难和问题。2021年度需申报达标备案的102个党支部通过实地验收，达标率为100%，实现党支部标准化规范化建设全覆盖。2021年以来，撤销不符合建立党支部条件的党支部9个，优化合并党支部5个，批复新成立党组织3个，指导57个直属党组织换届选举。二是基本队伍建设再强化。2021年初制订发展党员计划，严格执行发展党员操作规程，注重发展年轻、高素质党员，不断提升党员队伍活力，提高发展党员质量。2021年以来，共发展新党员210名（其中，35岁以下151人，大专及以上201人），培养入党积极分子306人，发展对象193人，完成2021年度发展党员指导性计划数。分领域分系统制订年度党员教育培训计划和培训工作方案，建立《党员教育培训联席会议制度》《党员教育培训学习登记制度》，严格落实《中国共产党党员教育管理工作条例》《2019—2023年全国党员教育培训工作规划》，组织召开工委委员会议专题研究党员教育培训工作4次，组织开展2021年度市直机关基层党组织书记、党务工作者、党员培训班10期，培训基层党组织书记619人，党务工作者80余人，党员1500余人次；组织开展发展对象培训2期，培训发展对象437人。三是基本制度运行再深化。深入贯彻落实《中国共产党支部工作条例》《中国共产党党和国家机关基层组织工作条例》，对市直属党组织执行党内法规情况开展调研检查，召开党内法规专题会议2次，2021年以来，每季度定期下发工作提示督促指导所辖党组织认真落实“三会一课”、组织生活会、“主题党日”、谈心谈话、民主评议党员等组织生活制度，推动议事决策、党务公开等制度配套完善、执行到位、运行有效。对党支部开展常态化工作方面存在的问题及时研究、限时整改，确保基本制度运行规范。下发工作提示对市直党组织2018年以来开展组织生活会情况进行“回头看”，发现“三会一课”制度、领导干部过好双重组织生活等落实不到位的，下发整改通知限期整改；推动市直属580个党支部召开党史学习教育专题组织生活会，市直各部门领导班子成员均以党员身份参加所在党支部组织生活会。四是基本任务落实再细化。突出政治功能，聚焦基本任务，坚持问题导向，督促指导各领域党支部严格对照党支部标准化规范化建设要点，积极履职尽责，深入查漏补缺，切实发挥党支部教育、管理、监督党员和组织、宣传、凝聚、服务群众的职责作用，推动各项任务落细落实。引导市直机关党员干部积极参与乡村振兴驻村帮扶工作，贯彻落实《中共毕节市委党的建设工作领导小组关于深入开展街道社区、单位、行业党建共治共享工作的通知》，进一步深化机关党员到社区报到服务工作，3739名党员到城市社区报到开展服务，帮助社区党组织解决困难和问题396个，组建党员志愿服务队163个，开展志愿服务6206人次，为群众办实事解难事974件。

【作风建设】 一是在干部作风教育大整顿上下功夫。认真开展干部作风教育大整顿，组织党员集中观看警示教育片2次，参观警示教育基地2次，开展专题讨论1次，引导全体干部职工认真对照6个方面18项重点深入查摆科室及自身存在问题，机关工委查摆出问题14个，班子成员及干部职工查摆问题70个。针对突出问题，追根溯源，以一丝不苟的作风、一抓到底的韧劲，不折不扣地把问题整改落到实处。大力宣传市直机关转作风、提效能的好经验好做法，营造积极干事的浓厚氛围。二是在发挥机关纪委监督作用上下功夫。推进《毕节市市直机关纪委监督工作指导意见》落地落实，44 个市直机关党委同步设立机关纪委 43 个，设置率为 98%。认真履行备案案件审核职责，严格把关市直部门机关纪委报备的党员违纪案，逐一反馈审核发现问题。2021 年以来，市直部门机关纪委处置问题线索 139 件，立案审查 7 件，处分违纪党员 4 人。

【意识形态工作】　坚决贯彻落实中央、省委和市委关于加强和改进意识形态工作的决策部署，牢牢把握正确的政治方向，时刻绷紧意识形态斗争这根弦，全面落实意识形态工作责任制。召开工委委员会议 2 次，研究部署意识形态工作。建立健全意识形态阵地管理和重大事项报告制度，将意识形态工作纳入党组织书记和党务干部学习培训内容，邀请市委宣传部意识形态方面专家授课。把意识形态工作纳入领导班子党建述职评议的内容，并作为各党组织年终党建成效考核的重要指标之一。严格规范单位干部职工上网和使用微博、微信等新媒体，举办相关知识培训 1 场。对意识形态领域工作情况及时分析研判，按规定进行通报，向市委报送工作报告。

（撰稿人：刘媛媛）

网信工作

【概述】　2021 年，在市委、市政府的坚强领导和省委网信办的精心指导下，全市网信系统深入学习宣传贯彻习近平新时代中国特色社会主义思想，特别是习近平总书记关于网络强国的重要思想，深入贯彻落实中央、省委、市委关于网络安全和信息化工作的决策部署，坚决扛起管网治网用网政治责任，充分汲取建党百年奋斗伟力，坚持围绕中心、服务大局，推进全市网信事业高质量发展，为庆祝中国共产党成立 100 周年和建设贯彻新发展理念示范区提供强大网络舆论支持、可靠网络安全保障和有力信息化支撑。

【网络宣传工作】　坚持正确政治方向、舆论导向、价值取向，把做好习近平新时代中国特色社会主义思想网上宣传摆在首要位置，开设“沿着习近平总书记指引的方向奋力前行”“牢记嘱托感恩奋进”等系列专题专栏，发布原创稿件 2820 余条次，深入宣传习近平总书记“七一”重要讲话精神、习近平总书记视察贵州重要讲话和对贵州对毕节工作的重要指示批示精神，着力构建网上网下同心圆，更好凝聚社会共识，巩固团结奋斗的共同思想基础。聚焦学习贯彻中共十九届六中全会精神、党史学习教育、围绕“四新”主攻“四化”等重大主题，在人民网、新华网等中央主流新闻媒体网站、平台推出《贵州毕节：大力实施乡村振兴战略》《新发展理念的毕节实践》等重磅报道 2205 篇（条），在省级主要网络新闻媒体推出相关报道 4352 篇（条），多维度、多层次、立体化展示毕节经济社会高质量发展成就。统筹线上线下力量，创新网络传播方式方法，策划开展“振兴路上·毕需有你”主题网络传播活动，大力宣传推介毕节自然风光、历史人文、民族风情、特产风物，不断刷新毕节对外良好形象。

【网络安全工作】　坚持网络安全为人民、网络安全靠人民，深入落实党委（党组）网络安全工作责任制，全面构筑系统安全、数据安全、个人信息保护等网络安全屏障。精心策划开展国家网络安全宣传周活动，统筹推动教育、公安、银行等行业系统开展“校园日”“法治日”“电信日”“金融日”“青少年日”“个人信息保护日”主题日宣传活动，引领各地各部门同步开展本地本行业领域网络安全宣传周活动，覆盖 120 万人次，有效提升群众防范网络风险、保护个人信息数据意识，筑牢网络安全人民防线，切实维护国家网络安全和人民群众切身利益。

【信息化发展工作】　坚持以人民为中心的发展

思想，把增进人民福祉作为信息化发展的出发点和落脚点，着力发挥信息化对经济社会发展的驱动引领作用。加强通信及网络基础设施建设，推进城乡深度覆盖，2021 年全市“六网会战”互联网基础设施完成投资 13.619 亿元；强化“万企融合”，推动数字赋能实体经济发展，带动 353 家企业融合转型，为全市经济高质量发展注入新动能。坚持网信为民，接续推进网络扶贫和数字乡村建设，推动黔西、金沙成功申报国家数字乡村建设试点，在 2021 年阶段性评估中，黔西市被省推荐为国家数字乡村优秀试点；成功承办 APEC 亚太经合组织数字减贫研讨会黔西市化屋村现场参观活动，深受与会嘉宾一致好评，得到省委网信委充分肯定。数字赋能经济发展及社会治理效能作用发挥明显，有力有效提升人民群众在信息化发展中的获得感、幸福感、安全感。

（供稿：毕节市委网信办）

中共毕节市委党校（毕节市行政学院、毕节市社会主义学院、中共毕节市委讲师团）

【概述】 2021 年，在市委、市政府的正确领导下，市委党校（市行政学院、市社会主义学院、市委讲师团）（以下简称党校），始终坚持“党校姓党”这一根本原则，开拓创新、奋力拼搏，不断推动党校各项工作迈上新台阶，开启高质量发展的新篇章。

【高标准完成教学任务】 坚持把干部教育培训放在首要位置，完成各类主体班共 31 个班次 4721 人次的培训任务。

一是强化理论教育和党性教育。以习近平新时代中国特色社会主义思想、习近平总书记视察贵州重要讲话和对毕节指示批示精神以及党史学习教育为主线，在主体班课程中设置“习近平新时代中国特色社会主义思想”“党的理论教育”“党性教育”“党史学习教育”等模块。围绕习近平新时代中国特色社会主义思想开发专题近 20 个，占主体班次教学专题总数的 40%以上，立足党校优势开展党史学习教育，不断优化课程设置，增加理想信念和党性修养专题课程的比例，特别是增加“四史”专题教学，做好学员的理想信念教育，教学内容不断丰富，课程体系逐渐完备。

二是围绕质量提升，深化教学改革创新。进一步优化教学内容布局，以习近平新时代中国特色社会主义思想为重点，校领导牵头组建课程建设团队，不断充实完善理论教育、党性教育、统一战线理论与实践教育、能力提升教育等课程体系，采取集中备课、新课试讲等方式，不断提升课程质量。邀请中央党校、省委党校以及市直单位领导干部等为主体班学员授课，有效增强了教学吸引力感染力。全年举办各类班次 24 个，总共培训人数 3013 人。

三是强化能力提升培训力度。完成“十九届五中全会专题研讨班”“习近平新时代中国特色社会主义思想专题研讨班”“统一战线理论政策专题研讨班”“宗教工作专题研讨班”以及乡（镇、街道）党政主要领导任职培训班、市直新任科长培训班、师资班等共 1708 人培训任务，切实满足基层干部对综合素养和业务能力提升的需求。

【积极推进科研工作】 坚持“质量立校、科研兴校”，积极开展科研工作，完成各类课题研究 65 项。一是组织参与省级课题。开展贵州省理论创新联合课题 4 项，贵州省理论创新招标课题 1 项、省委党校智库课题 2 项，省委党校一般课题 3 项，贵州省社会主义学院联合课题 1 项，贵州省社会主义学院招标课题 9 项。二是围绕全市中心工作开展课题研究。积极主动对接市委政研室、市社科联等部门，围绕全市中心工作、重大决策部署、经济社会发展的热点难点问题开展调查研究，立项市委政研室课题2项，市社科理论研究课题立项11项。三是开展校级课题研究。组织开展校级课题研究31项，其中重点课题5项，一般课题26项。邀请市委组织部、市委宣传部、市委政策研究室、市社科联、贵州工程应用技术学院专家和组织本校部分教授对31项课题进行评审，均通过评审，结项31项。

【抓好理论政策宣讲】 一是加强宣讲队伍建设。按照政治素质强、理论素养高、授课水平好的标准，组建由校领导带头，副高职称以上市级名师为主的宣讲骨干队伍，结构合理的宣讲骨干队伍初步形成。

二是深入开展理论宣讲。先后完成党史学习教育、习近平总书记“七一”重要讲话精神、习近平总书记视察贵州重要讲话和对贵州对毕节工作重要指示批示精神及中共十九届五中、六中全会和省委十二届十次全会、市委二届十一次全会精神、市第三次党代会等重大宣讲活动，覆盖超过10万人次，获得干部群众一致好评。

【做好对外培训】 克服疫情不利影响，积极总结毕节试验区在脱贫攻坚、多党合作服务改革发展方面取得的经验，综合开发相关课程，充分利用毕节红色资源，开展对外培训。2021年，完成杭州市富阳区党外代表人士培训班、观山湖区非公党组织书记培训班等9个班次、996人的对外培训任务，向外展示毕节良好形象。

【积极改善基础设施】 针对党校设施设备陈旧落后的现状，投入40多万元，完成校门车牌识别智能门禁系统，高清监控摄像头，篮球场改造等。积极主动向市政府先后争取450万元资金纳入明年财政预算，计划对大礼堂、演讲厅、报告厅和5个教室的音视频设备进行更换，积极做好招标采购前期的有关工作。同时，开展校园环境卫生大整治、文明卫生处室评比活动，营造具有党校特色的校园文化氛围，积极打造一个干净舒适、整洁美观的校园环境。

（供稿：中共毕节市委党校）

老年大学

【概述】 2021年，市老年大学以习近平新时代中国特色社会主义思想为指导，深入学习贯彻习近平总书记“七一”重要讲话精神和对贵州对毕节重要指示精神，全面贯彻落实中央、省委、市委关于老年教育的方针政策，紧紧围绕贵州省、毕节市老年教育发展“十四五”规划目标任务，积极推动老年教育高质量发展。

【夯实“政治建校”工作】 坚持把政治属性作为老年教育第一属性。2021年，围绕习近平总书记视察贵州重要讲话精神、“七一”重要讲话精神、百年党史、中共十九届六中全会、省委十二届十次全会、市委二届十一次全会和市第三次党代会精神开展宣讲12次。强化老年学员思想政治引领。围绕党的中心工作，组织学员收听观看、学习讨论习近平总书记视察贵州重要讲话精神、“七一”重要讲话精神等活动10次，不断推进党的创新理论进课堂，引导广大学员增强“四个意识”，坚定“四个自信”，做到“两个维护”。强化意识形态阵地建设。全校11名干部职工分别兼任27个教学班班主任，在各班级建立微信群，利用“学习强国”平台等资源，不定期向各班级推送习近平总书记重要讲话精神和指示精神，党和国家的方针政策及法律法规等，牢牢掌握意识形态工作领导权。强化党员教育培训和实践锻炼。多形式、多样化组织党员参加教育培训，确保党员年内培训时长均在32学时以上，班子成员集体学习时长达56学时以上。在党史学习教育中扎实推进“我为群众办实事”工作，将志愿者服务常态化，坚持将每周五下午作为志愿者服务日，组织干部职工参与社区共建工作，服务群众1万余人次。开展党内关怀制度。建立走访台账，将春节、“七一”走访慰问活动常态化，由校领导班子带头，走访老干部老党员，慰问困难党员同志。建立党员“政治生日”台账，通过开展“政治生日”活动，增强党内政治生活的政治性、时代性、原则性、战斗性。加强党风廉政建设。召开全面从严治党主体责任暨党风廉政建设工作会议，安排部署党风廉政建设工作。加强与市纪委监委派驻第一纪检监察组联系沟通，及时报告“三重一大”事项。加强单位党内法规、重要文件贯彻执行及公务用车、加油卡、党费管理等工作。组织全体干部职工学习《党的十九大以来贵州省查出违纪违法党员干部案例警示录》，并到警示基地接受教育。

【推进“质量立校”工作】 积极推进“平安校园”建设工作。一是坚持不懈做好常态化疫情防控工作。制定学校疫情防控措施，确保严格执行毕节市人民政府疫情防控要求，确保春季学期、秋季学期分别于3月初、9月初如期开学，确保在校学员100%完成疫苗接种，确保学校教育教学活动顺利开展，实现疫情防控和教育教学两不误。二是做好法治毕节创建工作。在干部职工、老年学员及结对帮扶村开展《中华人民共和国民法典》宣讲3次、宪法知识宣讲3次，发放宣传资料500余份，大大提高干部职工、老年学员及群众守法用法意识。三是做好民族团结宣传工作。利用展板、宣传栏、班级微信群等宣传民族团结知识，提高干部职工及老年学员的民族共同体意识，不断增强干部职工及老年学员间的凝聚力。四是完成制定《毕节市老年教育发展“十四五”规划》。以习近平新时代中国特色社会主义思想为指导，聚焦建设贯彻新发展理念示范区目标，在广泛征求意见建议基础上，认真制定《毕节市老年教育发展“十四五”规划》，并于2021年8月16日以毕党办函〔2021〕35号文件转发。五是促进老年教育普及发展。印发《易地扶贫搬迁安置点创办老年学校工作的通知》，对安置点创办老年学校工作在对接协调、选点规划、布置安排、师资力量方面提出具体要求。年底，全市有8个县（市、区）在易地扶贫搬迁安置点创办老年学校共31所。加大全市老教工作指导力度。市老年大学（市老教办）主动与基层分管领导对接沟通、交换意见，进一步加强各县（市、区）对老年教育工作的重视，切实在“人财物”上给予支持保障；发挥微信群、QQ群在工作交流、业务咨询等方面作用，不断提高对各县（市、区）工作情况的掌握力度，对基层反映的困难和问题，及时给予协调处理。抓好各类业务教育培训。组织参加省老教办市（州）老年大学培训班。通过以会代训的形式，在7月8日对全市县（市、区）老年大学校长和宣传工作业务人员开展培训工作。

【开展“文化强校”工作】 以“庆祝中国共产党成立100周年”为主题，组织开展系列活动。一是开展教学成果展。全市各级老年大学共展出摄影作品830幅、书画作品223幅、剪纸作品30幅、诗词楹联作品468件。二是举办文艺会演。以“庆祝中国共产党成立100周年”为主题，全市各级老年大学均分别组织开展各种文艺活动。三是开展毕节市老教系统“庆祝中国共产党成立100周年”主题征文活动。共征集散文、诗词、楹联作品198件，其中46件在贵州老年大学诗词网展出。

【坚持“特色兴校”工作】 推进基层老年学校办学工作。建立《乡（镇）老年学校示范校评估标准》，围绕办学基础设施、学校管理、校园文化建设、办学效果等推进基层老年学校建设工作。年底，毕节市有15所乡（镇）老年学校被评为示范校，达到以评促建、以评促发展的目的。推进老年教育宣传工作。进一步加大老年教育工作宣传力度，其中，2021年学校稿件在《中国老年报》上刊载2篇，《贵州日报》上刊载5篇。毕节市新闻联播于12月19日头条播出了学校“加强老年教育 助力乡村振兴”的新闻报道。

（供稿：毕节市老年大学）

毕节市委市政府公务接待中心

【概述】 2021年，全年完成接待任务292批11015人次。其中，接待党和国家领导人13人次，省部级领导174人次，完成“国家乡村振兴重点帮扶县工作会议”“2021年全国文化科技卫生‘三下乡’贵州分会场集中示范活动暨启动仪式”“毕节市第三次党代会”“法治毕节示范创建动员部署会”等大型会议和活动的接待工作；同时还完成铜仁市党政代表团赴毕节考察和市党政代表团赴北京市、上海市、深圳市、成都市等地考察拜访、旅游推荐、招商引资的后勤保障工作。

【建章立制】 一是完善接待制度。结合新形势下对公务接待工作的新要求，组织干部职工制定《餐叙服务流程》《客房服务流程》《高铁站服务工作要点》等规范，在《公务接待工作手册（2015）》的基础上，全面修订《公务接待工作业务指南》，用于指导下一步全市公务接待工作。二是规范接待流程。严格按照工作流程开展接待服务，在接待服务中推广规范化操作，实施清单化销账式管理。在重要接待任务中，适时召开工作例会，对当日的工作进行小结，对次日的工作进行安排。任务结束后，组织参与接待任务的干部职工集中开展自我总结，分享接待心得，不足之处引以为戒、举一反三。三是严管经费支出。坚持“从严、从简、从细”的工作标准，严控接待成本。厉行勤俭节约，坚决制止餐饮浪费。接待活动结束后如实填写并附上接待任务公函，由接待人员、中心领导、市委办公室分管领导三级签字确认，严格按财务规定办理报账手续。

（供稿：市委市政府公务接待中心）

毕节市机关事务管理

【概述】 2021年，在市委、市政府的坚强领导下，市机关事务紧紧围绕“管理科学化、保障法治化、服务社会化、监督常态化”目标，推动机关事务管理高质量发展，为奋力开创建设贯彻新发展理念示范区新未来提供坚实的后勤保障。

【节约型机关创建】 将6家单位成功申报为国家级节约型公共机构示范单位和“公共机构能效领跑者”，市行政办公中心成功申报成为全国水效领跑者，为全省成功申报的6家单位之一，市行政办公中心集中办公79家单位成功申请评为省级节水型单位。获国家发改委、财政部等四部委联合授予的“节约型机关”称号。按季度对全市公共机构食堂开展制止餐饮浪费行为明察暗访，累计督查发现问题169个，整改率达100%。

【公务用车】 严格履行公务用车管理职责，从严从紧审核公务用车更新事项，按审批权限审批公务用车156辆，按程序上报省机关事务局审批越野车38辆、SUV 5辆，实行公务用车资产智能化管理模式，严格审核公务用车处置申请，批复报废公务用车169辆。完成毕节市级公务用车信息化监督管理平台升级改造工作，初步构建“上下一张网”的公务用车信息化管理平台。开展公务用车专项督查行动，着力推动毕节市公务用车监管规范化。

【办公用房】 开展全市办公用房整改行动，组织进行党政机关办公用房管理使用情况专项检查，紧抓超标整改，做好党政机关办公用房信息统计报告工作，确保办公用房规范使用。着力优化办公用房布局功能，从严审批办公用房维修事项，对使用时间长、设施设备老化、存在安全隐患等原因需要大中修的，坚持以消除安全隐患、恢复和完善使用功能为主，2021 年办理维修事项 2 个，有效降低行政运行成本，节约财政资金。

【资产管理】 按照《毕节市人民政府关于研究市级行政事业单位经营性资产运营管理有关事宜的会议纪要》（毕府专议〔2020〕211 号）要求，圆满完成国有经营性资产移交工作，积极探索科学监管模式，深入市管国有企业和租户开展调研，确保资产保值增值。

【物业管理】 抓实设施设备维护、环境卫生整治、安全保卫等工作，督促物业服务企业严格执行 24 小时值班制度，持续巩固疫情防控成果，严格做好测温扫码、办公区域消毒工作，有效维护市行政办公中心正常办公秩序，实现零安全事故目标。狠抓会议服务保障，投入资金改造会议系统，进一步规范服务标准，定期请专家到现场对会务人员进行培训，提升服务人员综合素质，圆满完成“市两会”“党代会”等大中型会议服务 3385 场次，受到办会单位一致好评。

【后勤管理】 制定完善并严格执行《毕节市行政中心机关食堂采购管理制度》，进一步完善机关食堂在仓储采购、物资领用等方面的工作。抓好绿色机关食堂建设，严把食材进口关，提升菜品质量，杜绝食品安全事故，坚决守住“舌尖上的安全”，全年保障 30.2 万人次安全就餐。完成市行政办公中心机关食堂改造，解决干部职工就餐困难问题，设置疫情防控志愿监督岗，着力提供优质绿色健康就餐服务。安排专人负责干部交流用房的日常管理，抓好房屋日常消毒、保洁、维修和维护工作，为交流干部提供优质后勤服务。

【车辆保障】 突出精细化管理、精心检查、精准服务三个“精”字，进一步健全完善重大接待任务车辆管理机制，加强对司勤人员的管理和培训，做好市委、市人大、市政府、市政协重大接待调研等活动车辆保障工作，切实提升机关车辆综合保障服务能力，确保重大活动车辆保障“零差错”。进一步规范中心车辆管理，认真做好车辆变动登记交接手续，完善“一车一档”台账管理。扎实做好重大调研、接待和执法执勤用车服务保障，全年受理用车申请 1340 次，安全行驶 161.3 万千米，精准高效提供重大会议、接待任务用车保障。

（撰稿：唐　承）

毕节市人大及其常委会

毕节市人大常委会

【概述】 2021年，市人大常委会始终以习近平新时代中国特色社会主义思想为指导，深入学习贯彻中共十九大及十九届历次全会精神，全面贯彻落实习近平法治思想和习近平总书记关于坚持和完善人民代表大会制度的重要思想、视察贵州重要讲话、在中央人大工作会议上的重要讲话、对贵州对毕节工作的重要指示批示精神，以及省委十二届历次全会、市第三次党代会精神和省委常委、市委书记吴强对市人大及其常委会提出的“五个毫不动摇”要求，在市委的坚强领导下，在省人大常委会的有力指导下，坚持党的领导、人民当家作主、依法治国有机统一，紧扣中心、担当作为，认真履行宪法法律赋予的各项职责，全年召开常委会会议12次，听取审议工作报告19个，开展工作评议、执法检查、专题调研、代表视察、专题调研15次，积极推动中央、省委和市委重大决策部署落地落实，坚持和发展全过程人民民主，不断推进新时代毕节人大工作迈出新步伐、跃上新台阶、取得新成效，为推动毕节高质量发展、建设贯彻新发展理念示范区贡献力量。

【坚持党的领导】 市人大常委会始终牢牢把握人大常委会机关是政治机关的定位属性，增强“四个意识”、坚定“四个自信”、做到“两个维护”，切实把党的全面领导贯穿人大工作全过程、各方面。强化党的创新理论武装，始终筑牢坚持党的领导的思想自觉。坚持以习近平新时代中国特色社会主义思想为指导，通过召开23次常委会党组会议、30次机关党组会议等方式，深入学习贯彻中共十九大及十九届历次全会精神、习近平总书记“七一”重要讲话、视察贵州重要讲话、在中央人大工作会议上的重要讲话、对贵州对毕节工作的重要指示批示精神等，始终把习近平总书记重要指示批示、重要讲话列为“第一议题”进行学习，不断提高政治判断力、政治领悟力、政治执行力。扎实开展党史学习教育，始终筑牢坚持党的领导的政治自觉。深入开展党史学习教育和“牢记殷切嘱托、忠诚干净担当、喜迎建党百年”专题教育，召开9次中心组集中学习研讨会、8次党史学习教育专题会，学习百年党史、汲取奋进力量。认真开展“我为群众办实事”实践活动，积极推动毕节一中金海湖校区供水供电问题、大方县部分群众土地流转费支付等31件民生实事得到解决。通过开展党史学习教育和专题教育，切实做到“学史明理、学史增信、学史崇德、学史力行”“学党史、悟思想、办实事、开新局”，人民代表大会制度自信更加坚定，为民服务的初心宗旨更加筑牢，服务大局的政治担当进一步增强。坚决落实市委安排部署，始终筑牢坚持党的领导的行动自觉。坚决贯彻落实习近平总书记关于人大工作“四个善于”的政治要求，认真落实常委会党组把方向、管大局、保落实的领导作用，主动围绕市委中心工作谋划和推进人大工作，始终做到市委工作重心在哪里，人大工作就跟进到哪里，力量就汇聚到哪里，作用就发挥到哪里。严格按照党委决策与人大决定有机统一、党管干部和人大依法任免有机统一的要求，依法行使重大事项决定权、任免权，依法科学民主对国民经济发展、财政预决算、乡村振兴等7项重大事项作出决定决议，任免地方国家机关工作人员115人次。全面贯彻落实省委常委、市委书记吴强对市人大及其常委会提出的“五个毫不动摇”的要求，及时召开专题会议传达学习并研究贯彻落实措施，制定落实方案、建立工作台账，及时向市委报告贯彻落实情况。严守党的政治纪律和政治规矩，严格执行请示报告制度，向市委报告党组工作情况、年度工作要点、年度立法计划以及立法、监督、代表等工作中的重大事项8项，始终确保在市委的坚强领导下开展各项工作。

【立法引领】 市人大常委会深入贯彻习近平法治思想，坚持把改革决策与立法决策统一起来，充分发挥立法引领作用，全力助推“法治毕节”示范创建，切实以良法保障善治、促进发展，不断促进治理能力提升。推进立法工作见实效。2021年7月，成功申报为全国人大常委会法工委在贵州设立的唯一国家级基层立法联系点，向全国人大上报湿地保护、民事诉讼、畜牧发展等3部国家法律修订草案修改建议38条，积极搭建表达地方社情民意、反映立法需求的“直通车”，得到省人大常委会和市委的充分肯定。按照“小切口、大视角、高质量、接地气、真管用”的立法思路，坚持科学立法、民主立法、依法立法，制定出台《毕节市文明行为促进条例》《毕节市献血条例》2部地方性法规，扎实有序推进毕节市乡村环境卫生管理条例、居家养老服务条例、物业管理条例立法工作，助力推动全市社会治理体系和治理能力现代化建设。推进依法治市出实招。围绕“法治毕节”示范创建安排部署，加大宪法法律宣传力度，开展全市法律知识竞赛，对《中华人民共和国民法典》、民族区域自治“一法两规定”、固废垃圾污染防治法以及《毕节市城乡规划条例》贯彻实施情况开展执法检查，推动《中华人民共和国宪法》《中华人民共和国民法典》和毕节市制定的地方性法规深入人心。听取和审议民事审判、行政争议实质性化解、八五普法规划等司法工作报告3个，切实维护社会公平正义。推进流域保护聚合力。认真开展人大系统“守护母亲河 · 奋力出新绩”“贵州环保行走进毕节”主题活动，签订遵义、毕节、昭通、泸州四市人大常委会《加强赤水河流域保护协作协议》，积极推动《贵州省赤水河流域保护条例》贯彻实施，发挥法治力量、运用法治方式共同保护赤水河及市内流域生态环境，积极促进赤水河流域、乌江流域毕节段水更清、岸更绿、景更美，切实筑牢长江上游的生态屏障。

【监督推动】　市人大常委会始终围绕中心、服务大局，综合运用听取和审议工作报告，开展工作评议、集中视察、专题调研等监督举措加强对全市重点工作的监督，全力构建“一点八面”工作格局，组织8个专委会深入开展“乡村振兴，代表在行动”等8个主题活动，切实强化监督质效和监督刚性。监督调研成果得到省人大常委会领导、市委主要领导签批肯定15次，有力推动中心工作落地落实，有力助推高质量发展。紧扣“示范区”建设开展监督。聚焦绿色发展，听取审议国家储备林项目（一期）建设、环境状况及环保目标完成情况工作报告，积极推动全市生态建设可持续发展；聚焦人力资源开发，听取审议全市人力资源开发工作报告并开展工作评议，形成评议报告向省人大常委会、市委报送后得到充分肯定，推动出台人才培育等方面制度5个，常态化实施“人才强市”引才计划，有力促进全市人力资源开发；聚焦体制机制创新，积极推动人大代表工作改革，代表议案建议办理暨设立代表建议办理专项资金改革的做法得到省人大常委会的充分肯定，并在《贵州日报》《人大论坛》上刊载宣传。紧扣“四化”建设开展监督。围绕新型工业化，审查批准国民经济和社会发展计划，开展推进新型工业化调研，做好园区企业联系帮扶工作，推动各类惠企纾困政策落地，有力促进企业持续健康发展；围绕新型城镇化，制定出台《毕节市文明行为促进条例》，专题调研全市城镇污水垃圾处理工作，发现问题、找准对策、推动发展，有力助推毕节获国家卫生城市称号、全国文明城市提名；围绕农业现代化，组织市人大代表对全市持续巩固拓展脱贫攻坚成果、深入实施乡村振兴战略行动情况开展集中视察，召开现场推进会议，着力推动脱贫攻坚与乡村振兴有效衔接；围绕旅游产业化，对全市旅游产业化工作、红色文化基地建设情况进行专题调研，推动旅游产业发展迈上新台阶。紧扣经济发展开展监督。持续加强对全市宏观经济运行、财政预算管理、国有资产管理等方面工作的监督，听取审议国民经济和社会发展计划执行、财政预算执行、财政收支审计、国有资产管理、审计查出突出问题整改等专项工作报告，充分运用预算联网监督系统等监督平台强化预算收支监督，促进政府及其有关部门规范财政预算管理、提升国有资产监管能力和使用效益。紧扣民生热点开展监督。坚持以人民为中心的发展思想，聚焦人民群众关心关注的热点问题，听取审议全市未成年人保护工作情况报告，推动未成年人保护体系健全完善，切实守护未成年人健康成长；听取审议全市科技工作报告，推动出台毕节市赋予科研机构和人员更大自主权的实施办法等，以科技创新推动民生改善，切实做到人民有所呼、人大有所应，让群众有更多获得感、幸福感。

【代表工作走深走实】　市人大常委会始终尊重代表主体地位，积极支持和保障代表依法履职，扎实推进代表议案建议办理工作机制改革，规范建设代表履职平台，全力推动代表工作跃上新台阶。创新代表议案建议办理机制。将创新代表议案建议办理工作机制列为2021年全市深化改革项目，创新建立代表议案建议办理“1+3”机制，制定出台《毕节市人大代表议案建议办理机制改革工作方案》，建立代表议案建议办理联席会议制度、联动督办制度、办理情况通报制度，推动2021年收到的286件代表建议、审议发言建议得到及时办理，办复率沟通率达100%。设立代表建议办理专项资金。设立每年1000万元的代表建议办理专项资金，实施代表提出的乡村最急需、群众最急盼、受益最直接的31件民生实事，惠及9.4万名群众，切实以“小资金”撬动“大民生”，以“微实事”展现“大作为”。该项工作得到省人大常委会的充分肯定，并把毕节作为第一批改革试点，在全省全面推广作示范。加强代表履职平台规范建设。出台《关于加强代表履职平台规范化建设指导意见》，召开全市代表履职平台规范化建设现场会，按照有固定场所、有组织队伍、有工作制度、有履职活动、有档案资料、有必备设备的“六有”标准，指导县乡人大规范建设代表联络站（室）等2231个，通过履职平台，代表收集群众建议18205条、办结15125条、办结率达83.08%，切实做到听民声、汇民意、解民忧。丰富拓展代表履职深度广度。拨付代表工作经费89万元，为代表履职提供资金保障。通过“走出去+请进来”“线上+线下”“专题培训+以会代训”等形式，培训代表187人次。组织代表对全市巩固脱贫成果、推进乡村振兴开展集中视察，邀请代表参加执法检查、专题询问、工作评议等125人次，使代表活动有新内容、代表素质有新提升、代表作用有新发挥、代表履职有新实效。

【人大自身建设】 市人大常委会党组始终按照习近平总书记关于加强新时代人大“四个机关”建设的重要要求，紧扣新时代人大工作新使命新任务，全面强化政治建设、能力建设和作风建设，不断提升依法履职的能力和水平。强化思想政治武装。始终把政治纪律和政治规矩挺在前面，坚持常委会党组、机关党组领导班子带头，组织党员干部通过参加党组会议、中心组集中学习等方式加强政治理论学习，深入学习党内法规和国家法律法规，从严落实主体责任和“一岗双责”，严肃党内政治生活，深入推进党章党规党纪学习教育和违纪违规典型案例警示教育，全年召开党建工作暨党风廉政建设专题会议19次，开展警示教育23次，切实坚定政治立场、把牢政治方向。建立和修改完善机关党建工作制度11个，机关第一党支部被评为全市党支部标准化规范化建设示范点。强化履职能力提升。组建常委会研究室，设立法律研究中心，不断加强机构建设、优化干部队伍结构。坚持把能力素质建设作为提升机关工作效能的有效手段，加强干部培训，通过邀请专家开展专题讲座、组织专题培训等方式，培训机关干部326人次，切实提升干部理论水平和业务能力。加强对县乡人大工作特别是2021年换届选举工作的指导，推动全市各级人大上下联动，提升全市人大工作整体水平。强化作风效能建设。坚决贯彻落实中央八项规定和省委、市委十项规定精神，以党史学习教育和市委干部作风教育大整顿为契机，向全市各级人大代表发出倡议，号召全市各级人大代表争做作风建设的表率者、力行者、监督者，推动人大干部和人大代表持续破“四风”、转作风。扎实推进巡视巡察反馈问题整改落实，省委第八巡视组对市委巡视“回头看”反馈涉及市人大常委会党组1个整改任务和4个牵头工作任务全面整改落实。修订完善常委会及机关工作制度23项，推进人大工作制度化、规范化、程序化，全面提升工作效能。强化机关形象塑造。建设“毕节人大陈列室”，集中展示人民代表大会制度的光辉历程，生动展现毕节人大38年来的履职成效。全面落实意识形态工作责任制，深入贯彻落实《党委（党组）意识形态工作责任制实施办法》，始终坚持正确政治方向、正确舆论导向、正确价值取向，积极参与省人大常委会、市委重大理论课题研究8项，在人民网、《贵州日报》《人大论坛》等刊载稿件118件次，切实讲述人大好故事、传播人大正能量、发出人大好声音。加强机关内部建设管理，常委会机关被国家四部委评为“节约型机关”。

（供稿：毕节市人大常委会办公室）

立法综述

【概述】 2021年，市人大常委会始终坚持党的领导、人民当家作主、依法治国有机统一，在地方立法工作中，聚焦市委中心工作，回应人民急难愁盼，立足毕节发展实际，充分发挥立法的引领推动作用，保障示范区经济社会高质量发展。

【坚持党的领导】 围绕中心，将市委的决策部署贯彻落实到立法的每个环节。市人大常委会紧紧围绕市委中心工作，做到市委工作重心在哪里，人大工作就跟进到哪里，力量就汇聚到哪里，作用就发挥到哪里。2021年1月，市人大常委会专题向市委报告年度立法计划项目收集情况，将市委要求及社会各界反映比较集中的物业管理、乡村环境卫生管理等立法项目纳入2021年立法计划，编制《毕节市人大常委会2021年立法计划》，依法将市委决策部署，通过法定程序得到落实，确保立法工作沿着正确的政治方向前进。请示汇报，将市委的坚强领导转化为推进工作的强大动能。2021年7月，在市委的关心和支持下，毕节市人大常委会成功申报为全国人大常委会法工委，是在贵州设立的唯一国家级基层立法联系点，搭建起毕节市向国家立法反映毕节情况、发出毕节声音的“直通车”。省委常委、市委书记吴强高度重视，第一时间高规格地成立以其为组长的全国人大常委会法工委毕节基层立法联系点领导小组，设立专门的工作机构，配备5名工作人员，预算100万元专项工作经费。成为联系点后，人大常委会不断发展全过程人民民主，通过座谈调研、广泛征求意见，先后就《种子法》《湿地保护法》《农产品质量安全法》《民事诉讼法》《畜牧法》《妇女权益保障法》6部法律提出修改意见建议54条。截至年底，获公布的《民事诉讼法》吸收采纳3条，毕节市迈进向国家立法反映毕节情况、发出毕节声音的“快车道”。

【立法工作】 市人大常委会围绕和践行社会主义核心价值观，引导和促进文明行为，提高公民思想觉悟、道德水准和文明素养，促进社会文明进步，依法推动毕节市文明城市创建工作和精神文明建设，制定出台《毕节市文明行为促进条例》（以下简称《条例》），该《条例》于2021年3月26日通过省人大常委会第二十四次会议批准，自2021年7月1日正式施行。《条例》从文明行为基本规范入手，明确公民自觉遵守的行为规范，将文明“软要求”变成法规“硬约束”，列举重点整治的不文明行为，如不文明婚丧、祭祀行为、不顾他人感受产生环境噪声污染的行为等，引导全社会自觉抵制不文明行为，以法治的刚性和保障，推动文明生活方式和文明行为习惯的养成。彰显新时代互助互爱的精神风貌。为发挥献血工作促进毕节市医疗卫生事业高效发展的作用，敬畏生命，维护人民群众的生命安全，市人大常委会制定出台了《毕节市献血条例》，《毕节市献血条例》于2021年11月26日通过省人大常委会第二十九次会议批准，自2022年1月10日正式施行。《毕节市献血条例》坚持“针对问题立法、立法解决问题”的原则，以毕节实际为出发点，坚持不设章节、突出地方立法“小、快、灵”的特点，力求务实管用。法规体例总共二十七条，但每一条都是“干货”，每一条都是“实在”。如在献血方面，规定享受休假、免费乘坐公共交通、免费游览景区等鼓励措施；在供血方面，规定供血部门应及时高效地供应血液，避免用血单位因为血液库存不足影响患者的救治；在用血方面规定血液主管部门应区分成人和婴幼儿用血需求，科学合理设置血液包装规格，最大限度避免血液浪费。《毕节市献血条例》的实施，不仅为毕节市献血事业的健康发展提供制度保障，更彰显新时代毕节人民互助互爱的精神风貌。绘就新时代乡村振兴的壮丽画卷。实施乡村振兴战略是新时代做好“三农”工作的总抓手。一年来，市人大常委会充分发挥法治对农业农村高质量发展的引领和推动作用，围绕乡村振兴这一中心课题，以《中华人民共和国乡村振兴法》为基础，不断完善乡村振兴“1+N”法治体系。将《中华人民共和国毕节市乡村环境卫生管理条例（草案）》纳入2021年立法计划，法规草案于10月28日通过市人大常委会第四十四次会议初审。同时，就“农村土地流转管理”“农村国有资产管理”“农村集体资产管理”等开展立法前期调研，全面深入了解相关情况，为在乡村振兴上开新局提供强有力的制度支撑。谱写新时代民生福祉的暖心乐章。市人大常委会顺应人民群众对美好生活的需要，加强民生领域立法，做到民有所呼、我有所应。针对毕节市老龄化较突出，养老服务体系不健全等问题，将《毕节市居家养老服务条例（草案）》纳入2021年立法计划，法规草案于10月28日通过市人大常委会第四十四次会议初审。针对毕节市物业管理矛盾突出、物业管理各方的合法权益未得到切实保障、社会普遍反映强烈的问题，将《毕节市物业管理条例（草案）》纳入年度立法计划，法规草案于12月21日通过市人大常委会第四十五次会议初审。

【提升立法质效】　问计于民汇民智。市人大常委会注重把全过程人民民主贯穿立法工作各环节各方面，从以人民为中心作为立法工作的根本出发点，到在广泛征求各方面意见建议基础上制定立法计划；从深入基层开展立法调研，到通过多种途径充分听取吸纳各方意见；从充分发挥基层立法联系点“直通车”作用，到聘请各领域的立法咨询专家，始终以更丰富的民主形式、更畅通的民主渠道，健全吸纳民愿、汇聚民智、反映民意的立法工作机制，绘就地方立法的民主底色，夯实良法善治的牢固基石。严把程序提质量。市人大常委会坚持树立精细化立法的理念，严把“四道关”，通过一道道严谨的立法程序来努力提高立法质量。严把立项关，坚持问题导向和目标导向，明确“立有毕节特色的法、立管用的法”的立项原则，确保立法项目务实管用。严把起草关，积极探索建立起草机制，对法律关系复杂、涉及面广、协调难度大的立法项目，注重吸收人大代表、专家学者、社会团体的立法建议，为立法提质增效注入活力。严把审议关，通过法检“两院”对法规条文和法律责任设置的合法性、合理性进行“称量”，邀请相关专家进行多次论证等方式，确保法规立得住。严把绩效关，对颁布的地方性法规进行跟踪宣传、解读，提高知晓率、参与度。同时，开展地方性法规立法后评估，对法律实施绩效进行分析评价、纠偏矫正，及时弥补漏洞。注重实际显特色。市人大常委会按照“不抵触、真管用、可操作”的原则，重点针对毕节实际，把现有的行之有效的成功经验和相关部门的政策性规定上升为地方立法，对具体问题进行研究探讨，对法律法规空白进行丰富完善，注重体现毕节特色。

【严密法治监督】　推动备案审查，维护法治统一。备案审查工作也是立法工作的重要组成部分。按照有件必备的原则，市人大常委会明确规范性文件备案审查工作重点围绕“四种情形”开展：是否与宪法、法律、法规相抵触，是否有减损公民权利或者增加公民义务的情形，是否与上级或者本级人大及其常委会的决议、决定相抵触，是否违反法定程序以及是否存在其他不适当的情形。2021年，完成59件规范性文件备案审查，向省人大常委会报备规范性文件7件。推动法律实施，促进依法行政。法律的生命和权威在于实施。2021年8月，市人大常委会依法对《毕节市城乡规划条例》贯彻实施情况开展执法检查，通过实地察看、召开座谈会、查阅资料等方式，坚持问题导向，围绕执法检查工作方案的重点，充分发挥“法律巡视”监督利剑作用，推动法规得到有效实施，提升城乡人居环境和品质。同时，2021年12月21日，市人大常委会第四十五次会议首次听取审议《毕节市人民政府关于贯彻实施毕节市地方性法规专项工作情况的报告》，督促政府依法行政，确保毕节市地方性法规得到贯彻落实。

（供稿：毕节市人大立法辅助中心）

高质量办理代表议案建议综述

【概述】 2021 年，毕节市人大常委会紧扣建设成为“始终同人民群众保持密切联系的代表机关”的定位，突出代表议案建议办理主线，围绕“内容高质量”“办理高质量”的要求，始终把办好代表议案建议作为坚持和发展全过程人民民主、回应民生诉求、提升工作水平的重要抓手，扎实推进办理机制改革创新，通过建立代表议案建议办理联席会议制度、联动督办制度、办理情况通报制度、创新设立每年 1000 万元代表建议办理专项资金的“三制度一资金”举措，推动解决代表议案建议办理“重答复轻落实”的问题，真正让代表建议办理“花开有果”“掷地有声”，以“小资金”撬动“大民生”“微实事”展现“大作为”，推动“急难愁盼”民生实事得到解决，切实为助推毕节高质量发展、建设贯彻新发展理念示范区贡献人大力量。

【建立代表议案建议办理联席会议制度】 毕节市人大常委会高度重视代表议案建议的交办工作，通过建立联席会议制度进行统一交办、集中交办，明确办理时限和要求，压实办理责任，切实提升交办效率。制定方案、统一交办。针对代表议案建议办理过程中存在“文来文往”“流于形式”的现象，2021 年，毕节市人大常委会把创新代表议案建议办理工作确定为深化改革项目，制定出台《毕节市人大代表议案建议办理机制改革工作方案》，建立代表议案建议办理工作联席会议制度，通过建章立制对代表在代表大会期间提出的议案建议、审议发言提出的意见建议进行统一交办和检查调度，推动代表议案建议办理从“文来文往”到精准施策。召开会议、集中交办。2021 年，毕节市人大常委会对代表提出的议案建议，按内容进行分类整理，并报主任会议审议通过后，召开由市人大常委会、市人民政府、市监察委员会、市中级人民法院、市人民检察院以及代表建议承办单位主要负责人参加的联席会议，对代表议案建议进行集中交办。会上，毕节市人大常委会主要领导和市人民政府分管领导现场签订交办责任书，将毕节市第二届人大六次会议期间收集的 245 件代表建议、12 条代表审议发言建议交市人民政府及相关单位办理。通过召开高规格的现场交办会，促使相关单位切实增强办理办好代表议案建议的责任感、使命感，推动代表议案建议交办从原来的“清单式”交办转为会议集中交办，从“文来文往”交办转为“面对面”交办。明确要求、压实责任。毕节市人大常委会始终要求承办单位坚持目标导向、问题导向、结果导向，紧紧围绕代表所提议案建议积极抓调研、促创新，多措并举把代表议案建议办好、办实、办成，不断提升办理质量。始终要求承办部门加强同代表的全过程沟通和联系，在办理前与代表进行沟通，了解代表真实想法；在办理中通过召开座谈会、约见代表或电话信函等方式及时向代表通报办理进度，对于办理难度较大的意见建议，要积极邀请代表参加调研、参与制定办理方案、研究论证解决措施；在办理后根据实际情况邀请代表实地察看，尽可能让代表满意。因政策等特殊原因未能办结的，认真向代表解释并汇报今后打算，尽可能让代表满意，切实形成交办、办理、答复的闭环模式。

【建立代表议案建议联动督办工作制度】 毕节市人大常委会狠抓代表议案建议办理督办工作，通过主任会议成员领衔督办、各专委会全面督办、市县两级人大联动督办等形式，切实汇聚督办合力，提升办理质量和效果。领导领衔督办。坚持把议案建议督办工作与人大监督工作结合起来，根据代表所提议案建议的内容、影响面、办理难易程度等，制订督办工作计划，将个性问题、共性问题列入监督议题，综合运用人大多种监督举措使代表议案建议办理更显强度、更具实效。2021年，毕节市人大常委会主任会议成员围绕代表提出的议案建议，选择事关改革发展大局、攸关民生发展大计的12件代表建议作为领衔督办件，通过深入开展调查研究100余次、听取办理情况汇报等方式进行督办，在督办中及时公开建议内容、公开办复过程、公开办理结果，切实接受社会监督。如：毕节市人大常委会党组书记、主任张翊皓在领衔督办《关于加快推进毕节市老旧小区通信基础设施建设的建议》中，深入基层、小区了解情况，加强对工信、住建等承办单位的督办力度，市工业和信息化局、市住房和城乡建设局积极对接移动、电信、联通等单位共同推进实施老旧小区通信基础设施建设提质工程，切实解决代表建议反映的小区通信问题，同时以点带面，对全市城镇未接入光纤网络的老旧小区进行梳理核查，督促各电信运营企业加强问题整改落实，取得较好的办理效果。专委会全面督办。毕节市人大常委会把督促检查作为提高议案建议办理效能和质量的重要手段，做到督办“全覆盖”“高要求”“跟到底”。年初，由市人大代表工作部门按照代表议案建议所涉及的内容，及时将代表议案建议抄送市人大8个专委会进行督办。年中，市人大各专委会结合工作实际，积极组织有关单位围绕代表所提建议开展调研、检查，听取承办单位办理情况汇报，了解掌握承办单位议案建议办理进展情况，督促承办单位按时办理并答复代表。年底，各专委会对督办情况进行总结，并向主任会议报告，同时市人大常委会会议还听取市人民政府办理代表议案建议情况的全面报告，提出加强和改进意见，推动代表议案建议办理落实。如：毕节市人大教科文卫委在办理代表提出的《关于进一步夯实毕节市教育基础的建议》中，围绕职业教育、基础教育发展开展专题调研，听取市教育局工作汇报，形成调研报告向省人大常委会和市委、市政府报送，推动市政府出台措施不断解决教育基础短板问题，得到代表的由衷点赞。市县协同督办。对由全市各县市区办理的代表建议，市人大常委会及时将涉及各县市区政府主办、会办的代表议案建议抄送各县市区人大常委会，牵头督办的市人大专委会通过加强与县市区人大联动，对转交到各县市区办理的代表议案建议进行协同督办。县市区人大常委会主动与承办单位沟通对接，督促了解代表议案建议办理情况和办理进度，做好代表议案建议督办工作。2021年，毕节市第二届人民代表大会第六次会议收到的代表建议245件，办复率、满意率均为100%，代表建议办理工作取得较好效果。如：在办理代表提出的《关于促进乡村振兴的建议》中，毕节市人大农业与农村委与黔西市人大常委会进行联合督办，深入开展“产业旺·乡村兴”主题活动，积极推动落实乡村振兴促进法，围绕推动巩固脱贫成果与乡村振兴战略有效衔接开展监督，助力乡村振兴工作有序推进。

【建立代表议案建议办理情况通报制度】 毕节市人大常委会注重代表议案建议办理情况的通报，切实规范通报程序、明确通报标准、落实结果运用，切实通过刚性督办提升办理效果。规范通报程序。办好代表建议、满足人民意愿，是尊重代表主体地位、自觉接受人民监督的重要体现。毕节市人大常委会党组高度重视代表议案建议办理情况的通报工作，要求市人大常委会办事机构和市人大代表工作部门共同组织实施好代表议案建议办理情况通报，根据承办单位办理情况适时开展“回头看”，确定办理“优秀”“良好”等各项等次，并报请主任会议研究后予以通报。明确通报标准。坚持实事求是、客观公正、促进工作的原则，以代表所提议案建议办理结果的满意程度、督办代表议案建议办理的负责程度为标准，对承办单位分表扬、批评两种情况进行通报。对办理工作认真负责，得到人大代表、人民群众好评的承办单位，及时通过报纸、电台、简报等媒体和在每年召开的联席会议上进行宣传推广，并给予通报表扬；主任会议成员、各专委会、各县市区人大在督办代表议案建议中，发现承办单位存在有条件解决而未解决实际问题的，办理中推诿扯皮、敷衍塞责的，答复内容与事实不符的，答复后不按时兑现承诺、无故拖延代表建议办理时限的，代表对所提建议办理结果不满意的，经主任会议研究后，对承办单位进行通报批评。落实结果运用。市人大常委会将代表议案建议办理工作纳入承办单位年度目标考核，实行正负面清单管理，对被通报批评的承办单位报市督查考核局进行扣分；对获得通报表扬的承办单位，报市委作为评选表彰和干部选拔任用时的参考。

【设立代表建议办理专项资金】 2021年，毕节市人大常委会积极争取市委关心和市政府支持，创新设立每年1000万元的代表建议办理专项资金，从代表所提民生领域建议中，甄选出群众最为期盼、最为关切的31件“急难愁盼”民生实事建议推进实施，惠及9.4万名群众，切实解决代表提出的意见建议中群众期盼关注、急需解决而又无项目支撑的小型民生实事，有力推动代表意见建议办理从“纸上”落到“地上”，达到党委认可、人大推动、政府落实、代表满意、群众受益的效果。县级人大常委会设立500~1000万元的代表建议办理专项资金。为构建全市人大“一盘棋”工作格局，积极引导全市各县市区人大常委会设立县级人大代表建议办理专项资金。年底，毕节市各县市区人大常委会参照市人大常委会的做法，积极争取县市区党委、政府的大力支持，相应设立500~1000万元不等的代表建议办理专项资金，规范代表建议办理专项资金使用。制定出台《毕节市人大代表建议办理专项资金使用管理办法》，以制度形式对代表建议办理专项资金的提议、审核、审批、实施、监督、验收、报账、备案等事项进行明确规范，确保资金管理使用简便、快捷、严格，确保取得实效。

（供稿：毕节市人大常委会）

毕节市人民政府

施政综述

【概述】　2021年，全市按照省委、省政府和市委的决策部署，奋力推动从以脱贫攻坚统揽经济社会发展全局向以高质量发展统揽全局转变，从投资拉动为主向需求协同拉动转变，从政府主导为主向有效市场与有为政府共同作用转变。经济社会发展稳中加固、稳中提质、稳中趋优，实现地区生产总值2181.48亿元、增长6.8%；农林牧渔业、规模以上工业、服务业增加值分别增长7.8%、12.1%、5.4%；常住人口城镇化率提高到44%左右；城镇、农村居民人均可支配收入为37263元、12441元，分别增长8.7%、10.7%。

【巩固脱贫成果，乡村振兴有序推进】　用好五年过渡期政策，投入财政衔接资金26.2亿元、东西部协作帮扶资金4.2亿元、易地扶贫搬迁后续扶持资金3.26亿元，用于巩固拓展脱贫攻坚成果。常态化开展“3+1”保障问题排查整改，消除9.39万人返贫致贫风险，牢牢守住不发生规模性返贫底线。有力有序推进乡村振兴，4个县列入国家乡村振兴重点帮扶县，6个省级特色田园乡村·乡村振兴集成示范试点、30个市级示范试点全部启动。脱贫成果巩固拓展，乡村振兴扬帆起航，人民群众朝着共同富裕的目标稳步前行！

【全力主攻“四化”，质量效益稳步提高】　工业转型升级。生产煤炭4887.5万吨、发电514.2亿千瓦时，供应电煤2709.5万吨、居全省第一。新能源和可再生资源发电装机容量占比提升至30%。新型建材、大数据电子信息、现代化工等新兴产业占比达20%、提升2个百分点。城镇扩容提质。中心城区建成区面积增加到104平方千米、常住人口达101万人。大力实施城市更新行动，开工棚户区改造3139户，完成存量棚户区改造2.68万户、老旧小区改造1.9万户、背街小巷改造95条。黔西撤县设市。农业提速增效。粮食播种面积和产量稳定在1140万亩、240万吨左右。蔬菜、水果、食用菌、马铃薯、肉牛、家禽等产业规模全省第一。建成高标准农田35万亩，培育市级以上农业龙头企业452家，农产品加工转化率达55%，农林牧渔业总产值增长9.4%。旅游加快复苏。高质量建设完成新仁至化屋旅游公路并实现通车，旅游市场主体达3.2万家，百里杜鹃旅游集团年营业额突破亿元。百里杜鹃锶锂温泉、阿西里西波浪路等一批新产品成为网红打卡地。接待游客突破8000万人次、旅游综合收入近800亿元。

【狠抓投资消费，内需动能明显增强】 着力优化投资结构。中石化织金50万吨/年聚乙醇酸（PGA）、毕节酒厂酱香白酒技改等75个工业项目开工建设。建成工业项目62个。新建农产品产地冷藏保鲜设施项目83个。黔西市新仁至化屋旅游公路建成通车。“四化”项目完成投资721.3亿元。威围高速建成通车，镇赫、赫六高速即将建成。夹岩大型水利枢纽工程下闸蓄水，6座中小型水库基本建成。新建充电桩614个。建成天然气干线管道316.75千米、5G基站3270个。“六网会战”完成投资243.9亿元。产业投资、民间投资占比分别达44%、49.7%，提升2.5个、10.3个百分点。大力释放消费潜力。安排6000万元开展促消费专项活动。净增限上企业56家。社会消费品零售总额增长14.3%。

【坚持生态优先，绿色经济加快发展】 完成营造林152.46万亩，治理石漠化127.39平方千米，完成国家储备林项目建设114.73万亩、投资61.08亿元。完成乌蒙山区山水林田湖草生态保护修复重大工程41个。实施历史遗留废弃矿山生态修复项目18个。建成国家级绿色矿山4个、省级绿色矿山184个。获批国家级绿色工厂2家、省级绿色工厂4家。林下经济利用森林面积378.85万亩。

【优化营商环境，市场主体不断壮大】 “放管服”改革扎实推进，全力打造“贵人服务·毕须办”政务服务品牌。市级政务大厅被列为全省“一窗通办2+2模式”改革第一批试点单位，推行“便民服务5+2周末办事不打烊”。推行“四减一降”集成服务，在全省率先实现企业开办“一日办结”。建成全省首家5G智慧办税大厅。引进重点产业项目792个、优强企业307家，工业项目到位资金占比达56.32%。引进优强企业、到位资金、工业项目到位资金占比等指标居全省前列。市场主体总量达57.93万户、居全省第三。

【保障改善民生，社会事业全面进步】 “十个方面的民生实事”全面完成。城镇新增就业6.91万人，农村劳动力转移就业14.9万人。新（改、扩）建公办幼儿园204所、义务教育学校502所、高中学校36所；学前教育三年毛入园率、九年义务教育巩固率、高中阶段教育毛入学率分别达91.89%、95.31%、91.96%。完成6个县级医疗机构提质扩能，建成贵州省山地紧急医学救援基地，市第一人民医院金海湖院区即将投入使用；市中医院改扩建项目、市第三人民医院和市公共卫生中心建设项目加快推进；乡镇卫生院中医馆全覆盖。每千常住人口床位数达6.71张、执业（助理）医师数达2.31人、注册护士数达3.05人。城乡居民养老保险参保人数达385.73万人、基本实现政策全覆盖。城乡居民医保人数达759.92万人、参保率稳定在95%以上。获评“全国老干部工作先进集体”。农村敬老院床位利用率达60%、居全省前列。纳入低保、特困人员、困境未成年人等各类保障76万余人，发放救助保障资金30亿元。黔西化屋村入选“中国民间文化艺术之乡”，百里杜鹃迎丰村获批“中国华侨国际文化交流基地”。在全省率先实现农体工程全覆盖。深入开展民族团结进步示范创建。

【坚持底线思维，风险挑战有效防范】 坚持“外防输入、内防反弹”，抓好常态化疫情防控，3周岁以上人群接种新冠肺炎疫苗572.59万人，完成加强免疫接种43.71万人，全人群免疫屏障加快构建。实施更加严格的政府债务管理措施，有效防范化解债务风险。深入实施安全生产专项整治三年行动，扎实抓好各行业领域安全生产工作。学习推广“枫桥经验”，严格落实“三到位一处理”。扎实推进平安毕节建设，依法严厉打击违法犯罪活动，刑事发案、“八类案件”、命案、新增吸毒人员持续下降。

【勇于担当作为，政府效能持续提升】 深入开展党史学习教育。坚决贯彻落实中央、省和市委的决策部署，重要情况主动向市委请示汇报，重大问题及时提请市委研究。扎实抓好国务院大督查和省委巡视反馈问题整改。主动向市人大及其常委会报告工作、接受监督，自觉接受市政协民主监督，认真办理人大代表建议、政协委员提案。获批第一批“全省法治政府建设示范市”。政府系统党风廉政建设和反腐败斗争纵深推进。持续纠治“四风”，深入开展干部作风教育大整顿。严格预算执行管理，市级压减非刚性、一般性财政支出5180万元用于巩固脱贫成果、疫情防控等工作。

（供稿：毕节市人民政府办公室）

政务服务

【概述】 2021年，毕节市人民政府政务服务中心以习近平新时代中国特色社会主义思想为指导，增强“四个意识”、坚定“四个自信”、做到“两个维护”，坚持把思想和行动统一到党中央决策部署上来，围绕“四新”主攻“四化”，按照省委省政府的统一部署，在市委、市政府的坚强领导下，坚持“以人民为中心、全心全意为人民服务”的思想，树立“以人为贵，为贵人服务”的理念，推动政务服务工作出新出彩，创新争优。2021年，市政务服务中心打造“毕须办”政务服务品牌的经验做法获省委书记谌贻琴的批示肯定；全省“企业开办一日办结”“一窗通办2+2模式”现场会在毕节市召开；2021年，全市营商环境“政务服务”指标综合评估结果为全省第3名；市政务服务中心大力推行“便民服务5+2，周末办事不打烊”服务，受到广大群众一致好评和普遍赞誉；市政务服务中心报送的毕节市创新“五减”服务实现企业开办当日办结改革案例获2021年度贵州省全面深化改革优秀案例；市政务服务大厅获“全省十佳政务服务大厅”称号。

【叫响“贵人服务·毕须办”品牌】 为持续深化“放管服”改革，市政务服务中心大力推行“办一件事‘毕须’一次告知、进一张网‘毕须’一网通办、进一扇门‘毕须’一次办成”的“三个一”服务举措，提升企业、群众办事便利度、满意度、获得感，着力打造“贵人服务·毕须办”品牌。在推进“一窗通办”过程中，市政务服务中心结合毕节实际，着力做优“毕须办”政务服务品牌，不断丰富“毕须办”政务服务品牌内涵。毕节市打造“毕须办”政务服务品牌工作的经验做法被省政府办公厅专题刊发，获省委书记谌贻琴批示肯定，并被《贵州新闻联播》报道。2021年，全市总办件为1259.28万余件，同比增长4.47%。市政务服务中心为97314名办事群众和企业开展现场咨询引导服务工作，为企业群众提供代办服务1835人次、提供上门服务135人次、提供延时服务337人次，大厅累计收到办事企业和群众赠送锦旗23面，服务满意率100%。

【便民服务5+2，周末办事不打烊】 为切实把“我为群众办实事”做深做细做实，在市委常委、副市长杨得志的大力推动和精心指导下，市级政务大厅推行“便民服务5+2，周末办事不打烊”服务。选取群众办事需求量大的10个单位先行试点，制作《383个周末服务事项清单》《群众办事指引》。明确“部门直接服务”“窗口综合服务”“多点联动服务”三种服务方式，推行“定时办”“预约办”“自助办”“延时办”四个办理模式。着力解决群众随时可办事、随时能办事等“急难愁盼”问题，得到办事群众的高度认可和赞许，获得社会各界的一致好评。

【打造多功能复合型实体政务大厅】 通过深化“一窗通办2+2模式”，积极探索拓展综合服务功能。如整合利用大厅空间，对接社会资源引入共享按摩椅、咖啡机、茶吧机、幼儿看管等，提升为企业群众休息区、洽谈区服务品质；对接各家银行、金融机构，拓展金融服务专区功能，为中小微企业融资、贷款搭建线上线下服务桥梁，提供融资查询、金融对接、小额贷款等服务；以及可为企业群众提供法援、调解、鉴定、仲裁等法律服务，深化法律线下服务专区功能等。除此之外，深化企业服务代办专区功能，提供涉及各类补助、补贴、减免缓、优惠等惠企便民政策性文件，提供相关申请指南，更好地为企业群众提供线下政策兑现服务咨询和办理。

【狠抓政务服务事项场景化改造】 以企业群众需求为导向，对政务服务事项进行精细化场景化改造，全面准确为办事群众提供精准化的服务指南和个性化的材料清单，不断提升企业群众办事体验感和满意度。纵深推进一窗通办“2+2”改革全面落地。全面推进全市县级政务大厅“2+2”改革，推进服务形态系统性重塑，业务流程革命性再造，加强包片督导、加大力度、强化培训、合力推进，年内全面实现改革目标。

【狠抓政务服务数字建设向纵深推进】 实现市级自建系统市“公积金大数据云平台”与贵州政务服务网单点登录、办件入库；通过“数据星桥”试点，完成市级进驻部门5个系统11项事项的数据融通工作，解决市公积金中心等六个进驻部门部分进驻事项的“二次录入”问题，也提升了部门办事效率。

【推进“7×24小时政务服务站”建设】 根据《省政务服务中心关于印发〈一体化在线政务服务平台“7×24小时政务服务站”建设基础标准〉的通知》及《省政务服务中心关于做好2021年政务服务信息化有关重点工作的通知》精神，报市政府确定市级政务大厅、织金县政务大厅、威宁县政务大厅作为“7×24小时政务服务站”的试点，以及确定市政务大厅、黔西市政务大厅作为智慧大厅的试点。市级“7×24小时政务服务站”建设完成，并于10月8日对外开放正式运行。

【推进“全省通办”“跨省通办”标准化】 2021年，市政务服务中心围绕外出务工人员异地办事需求，以与浙江省四地签订“跨省通办”合作协议为契机，在全省范围内率先探索推行异地新生儿“出生一件事”跨省联办。通过线上远程沟通、搭建钉钉审批应用，推动群众心头的“一件事”由一个部门牵头，实现跨地区跨部门事项联办。“出生一件事”跨省联办在2021年11月9日全省现场会上获副省长蔡朝林肯定。2021年，全市与广东、浙江、四川、山东等25个省（自治区、直辖市），44个地区（市、州、盟），339个县（区、市、旗），建立协调联动机制，累计办理各项跨省业务26328件，其中市级办理10798件。推行政企合作，打通“全省通办”最后一千米，推动政务服务向乡村延伸。会同邮政公司充分利用城乡网点推行邮政“微政务”服务，申请人就近申请，由网点人员完成“全省通办”事项申请材料代收、邮寄代办。全市共计开通“微政务”网点9个，为3000余人提供咨询、办理等业务。

【推进“一窗通办”改革提升政务服务快捷度】 2021年，市政务服务中心认真贯彻落实省委、省政府决策部署和副省长蔡朝林批示要求，在省政务服务中心的指导下，强力推进“一窗通办2+2”改革任务落地。市政务服务中心按照自然人、法人两类服务主体，对大厅科学分区分类，将原来设置的“社会事务类、交文卫新类、工程建设类、综合类”4类分区，整合为自然人综合服务区、法人（非法人组织）综合服务区。大厅窗口由原来的150个缩减到101个，办理自然人事项749项，法人事项1159项，有效解决部门“忙闲不均”和企业群众办事找不到窗口的问题，形成一窗通办“自然人+法人”服务新格局。市政务服务中心依托贵州政务服务网的“批前指导”“盯事在线”等功能配套设置线下的投诉受理窗口、咨询辅导窗口，拓展“咨询+投诉”服务功能，形成线上线下“咨询+投诉”服务联动机制。2022年1月，市级、大方县作为全省“一窗通办2+2模式”试点单位，通过省级试点验收工作。除试点地，其他市县区均根据省级政务服务中心编制印发的《深化“一窗通办2+2”改革工作指引》《全省推进政务服务“2+2”改革问答手册（第二版）》等要求，全面推行“一窗通办2+2”改革工作。

【创新开展企业开办“当日办结”】 2021年5月，市政务服务中心组织开展企业开办集成服务工作，从6个环节并联服务为3个；申请材料从13份减少至1份；从开办时间2.5天压缩到“当日办结”；为企业提供送刻章、送税务Ukey、送公积金CA证书等服务，实现为企业“零成本”办事。实现企业开办“当日办结”，获得省、市两级领导的肯定。

【“集成服务套餐”落地见效】 围绕重点产业、重点项目、关键行业，梳理一批高频、要点“集成服务套餐”。围绕助力全流程网办，通过申请表单一表化、证照批文共享化、办事材料集成化、审批事项并联化改造，研究提出更多全流程网上办理的“集成服务套餐”，推动套餐线上线下有序运转。依托“2+2”改革，实现多部门、多事项“一次提交、一窗受理、一步办结”。

【“12345”政务服务便民热线建立运行】 建立便捷高效、规范统一的“12345”政务服务便民热线，除“110”“119”“120”“122”等紧急热线外，按上级政府部署将其他非紧急类政务热线整合，实现政务咨询投诉举报等统一受理、按责转办、限时督办、办结反馈。

为认真贯彻落实《国务院办公厅关于进一步优化地方政务服务便民热线的指导意见》《省人民政府办公厅关于印发贵州省加快推进政务服务便民热线归并优化工作方案的通知》的工作要求，制定并印发《毕节市人民政府办公室关于印发毕节市12345政务服务便民热线平台建设工作实施方案的通知》，扎实推进热线平台优化提升、热线归并整合和运行管理工作，全力推动热线制度化、规范化、高效化运行。热线自2021年6月18日从市信访局划转毕节市政务服务中心管理以来，截至2021年12月31日，共接到群众来电133083个（包含疫情防控12986件），其中咨询类78612件，求助类42209件，建议类803件，应急类592件，投诉类10867件。“按照属地管理、分级负责”的原则进行派单，确保企业和群众反映的问题和合理诉求得到及时有效的解决。

【全面实施干部作风提升工程】 全市政务服务系统切实贯彻落实省委省政府的安排部署，贯彻落实省委常委、市委书记吴强有关干部作风教育大整顿工作的批示精神，全面实施干部作风提升工程。通过干部作风大整顿，促进服务效能大提升、作风建设大突破、中心工作大进位。

（撰稿：陈雅贤）

毕节市人民政府驻北京联络处

【加强联络联系，深化交流协作】 一是加强与全国政协、各民主党派中央、中央统战部、全国工商联、国家有关部委和毕节试验区专家顾问组的联络联系。6月，配合市乡村振兴局积极争取国家乡村振兴局“全国乡村振兴重点帮扶县工作会议”在毕节召开。二是陪同对接市领导和有关部门多次到全国政协、中央统战部、各民主党派中央、相关国家部委等汇报工作，协调解决资金、项目、政策等方面的问题，着力推进黔西县改市的相关工作，大力服务贵州毕节茶叶协会在北京参加博览会和毕节相关企业“五一”期间在北京山河锦绣艺术区开展“黔货进京”展示活动并取得了相关奖项和很好效果。三是广泛联系北京各界，促进毕节市与北京经济社会各方的交流合作，积极参加中国城市文化发展大会暨“坚定文化自信·唱响城市声音”城市文化建设峰会、“红星向党阳光成长、薪火相传复兴中华”京黔籍人士庆祝中国共产党成立100周年党史学习教育座谈会、2021年书香雨花读书会、“爱国知史”博士公益系列大讲堂启动工作等活动。选送毕节赫章演员参加中国广播电视总台庆祝建党百年主题广播剧等。四是多次保障服务黔西、织金、威宁、纳雍、金海湖、百里杜鹃等县区在北京开展招商引资、宣传推介、乡村振兴、企业座谈对接等相关的活动。五是参加省地驻京团工委线上、线下学习中共十九届六中全会精神等各项活动，开展相关群团工作交流。

【深化宣传推介，招商引资引智】 按照《毕节市2021年产业大招商行动方案》要求，聚焦十大工业产业、十二个农业特色产业和服务业创新发展十大工程，精心组织策划招商活动。

一是精心谋划“走出去”。联络处高度重视招商引资工作，领导带队赴一线招商，深入企业考察调研，全面了解企业概况、战略布局和投资意向，积极主动宣传毕节招商新政、营商环境、投资条件和资源优势，到康力优蓝机器人科技公司、瞪羚投资基金、联东U谷、众志好活等企业招商考察座谈交流30次，积极联系企业80余家。开展集中招商推介活动1次，承办市级领导及县（区）赴驻地开展招商推介活动5次。保障并参与省政府驻京办、省商务局等在北京举办的各项推介活动工作。

二是紧盯项目“请进来”。充分依托中关村绿色科技创新产业联盟、天金招、联东U谷等平台，开展以商招商、联动招商、链条招商、平台招商、精准招商，培育壮大产业集群。重点盯牢投资意向明确、项目高度契合的企业，根据毕节市产业发展规划，积极邀请并组织优强企业赴毕投资考察，了解项目地区区位条件、市场前景、产业链需求和资源禀赋等要素，为项目落地开好头起好步。共组织正大集团、江苏清大博文教育、东旭集团、华高控股、天金招等37家企业赴毕节市投资考察。

三是精准服务“留得住”。按照“精心组织、精确选择、精准对接、精细服务”四精原则，做到前期摸底、调研、筹备，中期考察、交流、回访，后期推动项目落地的全链条服务模式。将请进来的企业真正作为“贵人”对待，搭建政企沟通桥梁，针对项目落地开展政企洽谈、落实项目规划、敲定投资模式，以实打实、高效率的服务举措让企业落得下、留得住、发展好。与企业研究项目推进事宜30次，引进北京中房金石科技开发有限公司在黔西市恒大“5+1”教育综合体建设项目，国家电力投资集团有限公司纳雍杨家箐风电、屯脚灰场光伏项目，中核汇能有限公司黔西光伏项目等。继续服务保障千歌集团在七星关区何官屯镇新华村饰面用石灰岩矿项目，截至2021年底，引进或推进项目20个，新签约项目5个，拟投资28.5752亿元，统计到位资金8.01亿余元。

【规范后勤保障，做好政务服务】 认真落实市委、市政府“做服务”的工作安排和要求，加强对北京禾禾酒店、大黔门餐厅的督促指导，严格规范管理，提升接待服务能力，认真做好市委、市政府到京汇报工作、开展招商引资引智等公务活动的接待工作，为全市各级党政机关人员来京开展公务活动提供方便。1月至12月，共接待有关人员800余人次，其中市委、市政府领导60余人次，为省市有关部门提供车辆、食宿保障50余批次；圆满完成市领导赴京公务等后勤服务保障工作；圆满完成全国两会、全国脱贫攻坚表彰大会、中国共产党成立100周年庆祝活动、中共十九届六中全会等一系列重大节点的服务保障工作服务。配合毕节信泰公司认真做好在京国有资产管理工作等，保证了国有资产的保值增值。

（供稿：毕节市人民政府驻北京联络处）

毕节市人民政府驻上海联络处

【对接联络工作深入推进】 进一步加大与上海市政府、区政府及有关工作部门、各地驻沪办及驻沪商会的联络对接力度，为开展宣传推介和招商引资工作奠定良好的基础。

【完成市委、市政府交办的各项对接服务工作】 按规定为市领导及市直、县、相关企业领导和人员提供接待服务，全面完成市领导赴沪考察调研期间有关保障服务工作，服务并参加市领导牵头组织和市相关企业召开的各类专题汇报、推介、考察、招商会7次。积极配合投促局、商务局扎实做好毕节市到沪参加第四届中国国际进口博览会领导及人员100余人次的服务工作，确保了节市市代表团参加第四届中国国际进口博览会贵州经贸交流会暨华东产业招商大会取得圆满成功。

【招商引资工作】 参与或自行开展宣传对接和考察洽谈工作70余次；全年累计邀请企业客商赴毕考察80人次，新增项目签约资金约7.02亿元，新建及续建工程完成到位资金约16.2077亿元。

【协助扶持“毕货出山”】 协助扶持“毕货出山”，搭建完成“毕货出山”上海宣传窗口。

（供稿：毕节市人民政府驻上海联络处）

毕节市人民政府驻贵阳办事处

【概述】 2021年，毕节市人民政府驻贵阳办事处在市委、市政府的坚强领导下，紧紧围绕市委、市政府的中心工作，坚持以党的建设为统领，强化责任落实和措施精准，认真履职尽责，扎实推进各项工作。

【积极开展服务工作】 优化现有车辆和人员，注重服务质量提升，共计接送赴毕节参观考察学习的省内外领导、专家学者1169人次。

【全力做好招商引资工作】 实行主要领导带头招商“个个有任务、人人要参与”的招商工作任务分解方式，有效推动干部职工积极提供信息、参与对接联系。积极对接四川总商会、福建商会、京东物流集团、光控特斯联（重庆）建筑有限公司、贵州盐业集团等企业，主动宣传推介毕节，对接省、市投促局、各县区、客商300余次，带领31家企业到毕节实地考察洽谈，签约项目7个，完成到位资金1.58亿元。

【开展对外联络联系】 与省委办公厅、省政府办公厅、省委组织部、省生态环境厅、省农业农村厅、省信访局、省国资委、省投促局等省直部门和贵阳市政府等有关部门开展的联系和协调，开展对接联络联系61次。

【认真配合开展在筑务工人员维权服务工作】

接待来访咨询的农民工11人次，电话咨询29次，电话回访15次，帮助农民工维权讨薪4人次，解决劳动纠纷3次，帮助追讨拖欠工资2.7万元。

【疫情防控】 按照省、市有关疫情防控要求通知文件精神，调整充实贵阳办事处疫情防控工作领导小组，及时加强与市疫情防控工作组和辖区办事处的对接联系，做好每日信息报送。认真做好贵阳办事处疫情防控和人员疫苗接种。

【助力全市脱贫攻坚成果同乡村振兴有效衔接】

牵头协调贵州省盐业集团和毕节市人民政府签订《发展食用菌产业及农特产品销售战略合作协议》，引进劳动密集型产业河南逸扬发制品有限公司到毕节市易地扶贫搬迁安置点建立生产车间。

（撰稿：祝朝卫　文永东）

毕节市人民政府驻广州办事处

【概述】 2021年，毕节市人民政府驻广州办事处坚持以习近平新时代中国特色社会主义思想为指导，认真贯彻落实中共十九大和十九届历次全会精神，在市委、市政府的坚强领导下，在毕节市政府办和广州市协作办的有力指导和支持帮助下，各项工作有力有序开展，并取得明显成效。相关工作得到毕节市委、市政府主要领导5次批示肯定。

【推动广州·毕节对口协作关系更加紧密】 充分发挥办事处在广州·毕节对口帮扶协作工作中的桥梁和纽带作用，以产业协作、劳务协作、消费协作为重点，协调推进人才协作、金融协作、社会力量协作、民生社会事业协作和乡村建设协作等对口协作工作。一是产业协作方面。与招商引资工作相结合，深化与广州市协作办、商务局、工信局、工商联、文广局和粤黔协作工作组等广州市部门、区街、企业的沟通交流，通过他们了解有没有到毕节投资或产业转移的目标企业，并及时跟进对接。2021年，对接了解了纺织服装类企业17家、跨境电商类企业16家、外贸综合服务类企业9家、能源类企业2家。到大方县投资180.1亿元的广东能源项目由工作组考察对接，落户七星关工业园区的明月工艺美术项目是荔湾区科工商信局帮助推荐。二是劳务协作方面。按照全口径劳动力统计，25万名毕节务工人员在广东务工，其中广州3万人左右。从就业的角度，主要是为毕节劳动力推荐岗位、为广州企业推荐人员、为毕节职业院校推荐企业举办校企合作订单班，增加就业人数，2021年新增输送到广东务工3200余人。从服务的角度，主要是为已经在广州乃至广东务工的毕节人搞好服务，以服务促进稳岗，以稳岗带动新的就业。会同市人社局派驻广州劳务协作工作站加强“毕节·广州山海心连之家”建设，分片区为毕节在广州的务工人员开展岗位推荐、技能培训等，让毕节务工人员在广州遇事有找处，能够找到家的感觉；会同毕节市总工会加强“毕节市驻穗农民工服务站”建设，大力组织开展关爱活动、维权服务等工作。2021年，组织开展毕节在穗农民工慰问活动5次、主题活动1次，实地到毕节来穗务工人员所在的公司、工作站点等开展走访8次，开展维权服务5次。三是消费协作方面。扎实抓好毕节农特产品到广州市场的产销对接工作，协调20多家农产品销售公司、大型超市、连锁店等，并建立“广州·毕节农特产品消费协作天河服务中心”，销售黄粑、核桃乳、腊肉和辣椒、番茄、白萝卜、白菜、西兰花等毕节农特产品。在抓好“三个协作”工作的同时，协同抓好其他各领域对口协作工作。为深化穗毕协作，9月10日，组织召开“庆祝第37个教师节~穗毕教育协作交流会”，邀请20余名曾经在毕节帮扶支教的校长、老师和广州市教育局负责对口支援工作的相关人员，以及毕节市在广州跟岗锻炼的教师代表参加座谈交流；9月27日，在广州畔山酒店组织召开“毕节在粤乡贤‘迎国庆·叙乡情·话发展’座谈茶话会”，农工党中央原副主席、广东省人大常委会原副主任王宁生应邀出席会议，广州市协作办党组成员、副主任陈震，中山大学教授葛发欢、暨南大学教授聂红等部分曾经在毕节工作或帮扶过的领导，在广州工作的毕节籍高层次人才和企业家代表，广东省贵州毕节商会、河源市贵州商会、深圳市毕节商会、深圳市威宁商会会长或副会长、秘书长等20余人应邀参加座谈茶话会，该做法得到省委常委、毕节市委书记吴强，时任市委副书记、市长杨昌鹏，市委常委、常务副市长周仕飞，副市长徐刘蔚等市领导批示肯定。社会帮扶方面，先后对接联系广州正佳慈善基金会到纳雍县为30户脱贫户和198名学生开展帮扶捐赠活动，为七星关区捐赠价值500余万元物资。同时，全力为来穗参加东西部协作活动的市领导和县区、市直单位搞好服务保障和联系对接工作。

【引进更多优强企业投资毕节】 紧紧围绕新型工业化、新型城镇化、农业现代化、旅游产业化“四化”和广东企业+毕节资源、广东市场+毕节产品、广东总部+毕节基地、广东研发+毕节制造“四+”，突出招商纺织服装等劳动密集型产业和企业，大力引进500强企业、上市公司、行业龙头企业，带动粤毕两地产业深度合作、集群式、互补式发展。全面完成市招商引资扩大开发领导小组下达的招商引资目标任务，并在全市12个驻外招商分局中位列前茅，有力助推和服务全市经济高质量发展。一是通过走访、拜访、回访交流引。发现目标企业就赶紧走访对接，赶紧去拜访交流，推介毕节营商环境、优势资源、优惠政策、优质项目；到过毕节帮扶、捐赠之类的企业，赶紧去回访交流，听听他们的想法和意向。一年来，共走访、拜访、回访企业100余家。二是通过商会、协会、推介会引。平时的时候走访推介，有需要的时候开推介会推介，别人开推介会、展会的时候互换名片或加微信推介。先后走访拜访广东省制造业协会、广东省纺织工程协会、广东省服装服饰行业协会、广州市服装行业协会和广东省行业协会联合会、广东省山东商会、广东省四川资阳商会等商协会10余家，并邀请部分商协会到毕节开展投资考察，有力助推招商引资工作的开展。三是通过亲情、友情、老乡情引。对毕节籍人员在广东开办的企业和与毕节相关人员有亲情、友情关系的企业，及时进行走访交流，介绍毕节近年来的发展变化情况和资源要素情况，引荐他们到毕节投资兴业。一年来，先后走访相关企业20余家，其中意愿强烈的几家已回毕节投资。同时，积极利用驻点招商和以商招商等方式，充分发挥毕节驻粤招商工作队和已经落户毕节企业的作用，开展企业走访和招商引资。

【宣传毕节工作形式多样】 采取协调广东省市主流媒体宣传、办事处微信公众号等自媒体宣传，协调广州地铁2号线、5号线开行“洞天福地、花海毕节”地铁专列宣传等方式，形式多样宣传毕节的资源优势、自然景观、农特产品、风土人情、发展成效等。

（供稿：毕节市人民政府驻广州办事处）

毕节市人民政府驻重庆办事处

【交流联络】 一是与重庆市能源局互动，完成重庆市煤炭需求信息报送工作；二是促成重庆市能投集团下属渝新能源公司和松藻煤电公司顺利转型到毕节开展煤炭行业服务咨询工作；三是参加重庆市机关事务局组织的永川、荣昌参观考察活动；四是联系重庆市商委完成毕节市“西洽会”参会工作；五是拜访重庆市委办公厅公务接待办，交流学习公务接待；六是协助黔西市、金海湖新区主要领导人在重庆开展招商引资活动；七是与重庆贵州商会、重庆三峡商会、重庆福建商会等共交流联系，完成毕节市招商引资推介会客商邀请工作；八是与500强企业重庆金科集团、财信集团，行业龙头企业猪八戒科技、云从科技等交流考察。全面完成邀请、约见重庆市及所辖区县领导，争取各方面支持帮助等工作任务，为促进重庆、毕节两地实现高层交往以及宣传推介毕节发挥应有的作用。

【劳务工作】 继续对毕节籍在渝农民工开展服务。一是提供免费法务咨询；二是多次到重庆相关企业实地调研，了解毕节籍农民工生产生活情况；三是发放《重庆市进城务工农民权益保护和服务管理办法》100册。

【宣传工作】 全年大大小小共对外推介毕节140多次。一是6月和10月在成都举办的产业招商暨旅游宣传推介会。重庆办事处全程参与活动的组织、联络工作。二是2月在重庆举办招商推介活动，重庆办事处与市工能局承办，并邀请客商80余家参会。三是5月参加重庆“西洽会”活动，重庆办事处负责联系客商参会。四是邀请重庆旅游商会、重庆三峡商会、重庆福建商会、重庆贵州商会与企业家座谈，开展团队式推介。此外，还单独对接造访华西希望集团、大陆希望集团、东方希望集团、四川蓝润集团、金科集团、财信集团等大型企业50余家，成渝两地行业龙头企业50余家，上门宣传毕节。通过以上方式，有效地宣传毕节。

【后勤保障和其他临时性工作】

一是搞好接待工作。年内共有接待46批次466人次，其中政务接待有15批次、254人次由市委、政府领导和相关部门、县区领导带队的工作组（考察团）赴成渝开展公务活动（其中市级领导4批次）；商务接待客商31批次、212人次。重庆办事处认真履行“联络员”“服务员”职责，整个服务工作做到零差错。

二是加强内部管理。建立健全内控制度，全年完成7个制度的修订；严格公务用车管理；严格执行公务接待制度。

三是其他临时性工作。完成王泉松副市长批示的重庆煤炭行业信息报告和在重庆举办一次工业招商推介活动。完成市政府交办的筹备成立市政府驻成都办事处前期工作。完成毕节市扩大开放招商引资领导小组安排的成渝招商工作队后勤服务工作。

【招商引资工作】 2021年，重庆办事处较好地完成招商引资工作。共报送对接项目信息120条；在谈项目信息80条；邀请客商赴毕节考察47批次，其中央企5家，500强企业4家；引进新签约项目14个，其中工业项目9个，占比64%，签约资金92.9亿元；到位资金新建项目加上续建项目初步核定26亿元以上。年底正按照相关程序向市投资促进局进行申报。

【毕节农特产品推进工作】 2021年，重庆办事处积极推进毕节农特产品进入成渝地区，全年销售蔬菜19350吨，金额3860万元。其中白菜4100吨，莲花白4200吨，白萝卜2300吨，大葱3900吨，土豆3600吨，小瓜350吨，豌豆尖300吨，西兰花300吨，红菜薹200吨，香菜50吨，茼蒿50吨。

（供稿：毕节市人民政府驻重庆办事处）

毕节市人民政府驻深圳办事处

【积极开展东西部协作工作助力毕节乡村振兴】

深入推进《深圳市人民政府毕节市人民政府战略合作框架协议》的贯彻落实，加强与深圳市委办、市政府办及其市乡村振兴和合作交流局等有关部门对接，争取深圳市对毕节市更多人、财、物力的支持，助力毕节乡村振兴。完成毕节市委、市政府主要领导及有关领导到深圳市考察交流工作和深圳市委、市政府领导到毕节考察交流的对接和服务保障工作12次。分别是：1月5—6日毕节市党政代表团赴深圳考察和拜访深圳市委、市政府有关领导并洽谈东西部协作工作，1月7—10日市委常委市政府常务副市长周仕飞和市委常委副市长杨得志率毕节市市直有关部门负责人到深圳市考察和开展招商引资工作，3月19—20日市直有关部门负责人到深圳市考察和开展招商引资、拜访深圳市委、市政府有关领导并洽谈东西部协作工作，4月28—29日副市长王泉松到深圳考察和开展招商引资工作，5月21—23日市政协副主席秦天志带领市直有关部门负责人到广东开展招商引资工作，9月6—7日市委书记吴强参加省委、省政府党政代表团到深圳、广州考察和开展招商引资工作期间办事处参与服务保障工作，9月23—26日市委常委副市长杨得志率毕节市市直有关部门负责人到深圳市参加文博会和开展招商引资工作，10月11—14日市委常委市委宣传部部长张建军及市直有关人员到深圳学习期间办事处进行服务保障工作，10月14—15日市委副书记、市长杨昌鹏率市直有关部门负责人到深圳市考察和开展招商引资工作，10月28—29日市政府一级巡视员李玉平到深圳市参加贵州省产业大招商推介会和考察企业，11月17日市委副书记、市长杨昌鹏率市直有关部门负责人到深圳市考察和开展招商引资工作。加强与深圳市有关部门的工作对接，办事处主要领导带队到深圳市委办、市政府办、市委组织部、市委宣传部、市委政法委、市乡村振兴和合作交流局、市人社局、市教育局、市民政局、市科创委、市自然资源与规划局、市文化旅游体育局、市机关事务局、市商务局等深圳市直有关部门拜访对接工作20余次，打通了毕深两市部门间顺畅、有效的沟通联络渠道。协助、参与毕节市直有关部门、县（区）领导到深圳市开展公务活动和与市直有关部门的工作交流，为他们做好联络联系、信息传达、食宿安排、服务保障工作20余次。

【全力以赴抓好办事处和驻粤招商引资工作】

围绕全市产业大招商工作重点压实责任，紧盯市“31条重点产业链”，以问题为导向，系统思考谋划“招什么”“到哪里招”“怎么招”“落在哪里”的问题。重点面向深圳、广州、东莞、佛山、中山、珠海、惠州等重点区域，全力以赴开展招商引资工作。驻外招商成效名列全市前列，2021年，办事处走访粤港澳大湾区商协会、企业400多家，接待企业和商协会来访40多次近200人次，邀请企业赴毕考察129次，成功引进并签约深圳能源集团新能源等产业项目62个，签约资金200多亿元，截至年底签约项目到位资金41.46亿元。牵头抓总持续推进毕节市驻粤招商工作。共新增走访企业和商协会1380多家，邀请赴毕节考察投资企业314家次，签订框架协议303个，签订正式投资协议151个、投资金额665.27亿元，签约项目到位资金122.14亿元。

【一体推进产销对接和劳务协作等工作】　积极

做好毕节农特产品、文旅产品在深圳的宣传推介工作。会同市农业农村局、市商务局、市乡村振兴局等部门形成合力联动，围绕全市农特产品产销对接深圳市乡村振兴和合作交流局、深农集团(海吉星)、华润万家、钱大妈等机关、事业单位和大型商超、连锁农产品生活超市，加强市场推广，打通“毕货”入深通道。截至2021年底，威宁苹果等继续在华润万家超市畅销，毕节鸡蛋在“钱大妈”供不应求，威宁小黄牛肉受到深圳人的青睐，大方、金沙青菜苔也得到深圳人的喜爱。配合市委宣传部组织参加深圳文博会并成功举办毕节文旅产品的宣传推介会和开展招商引资活动。配合毕节市人社局加强与深圳市人社局的协调交流，充分发挥深圳毕节“劳务协作站”的职能作用，摸清毕节籍在深圳经商办企业、就业和务工人员基本信息，建立毕节籍在深圳人员和流动党员、务工人员信息台账，充分发挥毕节商会党支部、深圳毕节“劳务协作站”党支部和宝安区毕节流动党员党支部的战斗堡垒作用，直接或者通过第三方人力资源公司把毕节在深圳务工人员组织起来，向他们提供就业信息、教育培训等，帮助他们稳定就业和提高就业质量、增加收入，使他们找到属于自己的第二故乡，有力促进毕节劳务经济持续健康发展。

（供稿：毕节市人民政府驻深圳办事处）

中国人民政治协商会议毕节市委员会

【概述】 2021年，在市委的坚强领导和上级政协的有力指导下，政协毕节市委员会以习近平新时代中国特色社会主义思想和习近平总书记关于加强和改进人民政协工作的重要思想为指导，深入学习贯彻中共十九大及十九届历次全会精神、习近平总书记关于加强党对政协工作全面领导的重要论述、中央政协工作会议精神和习近平总书记视察贵州重要讲话及对贵州对毕节工作的重要指示批示精神，认真贯彻落实省委十二届九次全会，市委二届九次全会精神，坚持团结和民主两大主题，聚焦市委中心工作，牢记嘱托、感恩奋进、开拓创新，为助推按时打赢脱贫攻坚战、同步实现全面小康、努力建设贯彻新发展理念示范区，贡献了政协的智慧和力量。

【筑牢思想政治根基】 政协毕节市委员会把握新形势、落实新要求、助推新发展，始终把政治建设摆在更加突出的位置，以理论上的清醒确保政治上的坚定，以政治上的坚定确保履职方向的正确，突出人民政协作为政治组织的忠诚底色和统一战线组织的统战功能，坚守人民政协初心，坚持大团结大联合，不断强化同中国共产党想在一起、站在一起、干在一起，使党对政协工作的领导得到新加强。始终把学习党的创新理论作为首要任务，把学习贯彻习近平总书记重要讲话、重要指示批示精神作为“第一议题”，开展党组理论学习中心组集中学习研讨9次，党组学习30余次，常委会专题辅导学习5次，专委会集中学习20余次。同时通过“书香政协”读书活动、网络学习平台、青年理论学习小组学习活动开展线上线下常态化学习，扎实开展党史学习教育以及省“牢记殷切嘱托、忠诚干净担当、喜迎建党百年”专题教育、纪念中国共产党建党百年活动等，用马克思主义中国化最新成果统一思想、统一意志、统一行动，“四个认同”融入血脉，“两个确立”深入人心。始终把思想政治引领作为政协工作的重要政治任务，通过落实主席会议成员联系专门委员会、专门委员会联系界别、中共党员委员联系非中共委员等制度，引导全体政协委员和社会各族各界人士能及时学习和掌握中国共产党的路线方针政策，加深对中国共产党历史的理解和把握，深化对党的创新理论认识，弄清楚中国共产党为什么能、马克思主义为什么行、中国特色社会主义为什么好等基本道理，不断提高政治判断力、政治领悟力、政治执行力，切实增强“四个意识”，坚定“四个自信”，坚决做到“两个维护”。

【提高政协履职效能】 政协毕节市委员会认真贯彻落实习近平总书记关于要适应全面深化改革的要求，以改革创新精神推动政协工作创新、方法创新、机制创新，突出增强新时代政协活力，用活用好机构和编制，创新机制体制，着力破解市县政协“两个薄弱”、机关“人少事多”难题，不断推进政协跨区域协作，提高机关工作质效。一是不断优化机构设置强化职能职责。通过加挂牌子、拆分组合等方式，在市智力支边办加挂“市政协农业与农村委员会”牌子，实行“一个机构两块牌子”，使联系服务农业农村工作职能职责进一步强化；将“市政协提案与法制委员会”与“市政协民族与宗教委员会”职能职责重新整合，组建“市政协提案委员会”“市政协民族宗教与社会法制委员会”，使专门委员会职能职责进一步优化；从市政协机关服务中心、委员联络服务中心调编增设“社情民意信息服务中心”，使反映社情民意信息工作进一步加强。二是大力推进政协委员和干部能力素质提升。始终认真贯彻习近平总书记“懂政协、会协商、善议政，守纪律、讲规矩、重品行”的谆谆教诲，抓好政协委员和机关干部两支队伍建设。通过加强机关干部政治历练、实践锻炼、基层磨炼，持续开展整治“手、腿、嘴”突出问题，扎实推进机关作风积弊大扫除和干部作风教育大整顿，锻造忠诚干净担当的干部队伍。同时，大力推行机关工作“三零一高”“三致一优”创建模范机关，大力倡导广大政协委员和干部活跃在各条战线、各自岗位上，助推新时代政协委员风采更加亮丽、政协干部形象更加光彩。三是切实强化党风廉政建设。2021 年以全市干部作风教育“大整顿”为契机，组织机关党员干部到警示教育基地接受警示教育、撰写观后感及对标对表查找自身存在问题，教育干部职工做到慎独慎微、慎始慎终，知敬畏、存戒惧、守底线。同时，通过“三会一课”、主题党日活动等组织干部职工深入学习习近平总书记关于全面从严治党重要讲话、《习近平关于党风廉政建设和反腐败斗争论述摘编》、《中国共产党廉洁自律准则》、《中国共产党纪律处分条例》、《中国共产党问责条例》等重要内容，教育引导干部职工坚定理想信念，强化纪律意识和规矩意识。

【彰显政协为民情怀】 政协毕节市委员会把“国之大者”铭记于心，深刻理解“江山就是人民，人民就是江山”的丰富内涵，认真践行习近平总书记关于人民政协为人民的重要指示精神，坚持以人民为中心的发展思想，坚持为国履职、为民尽责的情怀，一心一意为民生，在时代大潮中展现政协为民新风采。在巩固拓展脱贫攻坚成果同乡村振兴有效衔接方面，根据市委统一安排，2021 年毕节市政协及时转向新的联系点开展帮扶工作，并做好对原联系点帮扶工作的交接和遗留问题的处理，如协调落实兴文村欠拨的市补助经费 30 万元，协调市政协委员企业帮助销售鸡蛋。对新联系点织金县黑土镇、马场镇营上村积极对接、主动参与，抽派 3 人开展驻村工作助推乡村振兴，先后向帮扶点拨付每村 5 万元的帮扶资金。同时，多方筹资建立黑土镇打括小学二胡、书法等兴趣小组，组织委员到织金县化起镇开展送医送药活动等。2021 年获省委、省政府表彰“脱贫攻坚先进集体”，政协机关党支部获市委表彰为“先进基层党组织”。在为民办实事方面，政协毕节市委员会始终把人民对美好生活的向往作为奋斗目标，时刻把人民群众放在心上，2021年结合党史学习教育扎实开展“我为群众办实事”实践活动，共帮助解决群众“急难愁盼”实事33件，开展各类慰问、活动帮扶200余人次。此外，在参与全市疫情防控、法治毕节创建、五城同创等重大行动中，市政协义不逃责、积极投入，圆满完成各项工作任务。

【助推全市改革发展】 政协毕节市委员会坚持把协商贯穿履行职能全过程，聚焦党委政府中心任务，不断拓展协商内容、丰富协商形式、规范协商程序、增加协商密度、提高协商成效，大力推动协商民主广泛、多层、制度化发展，真正做到“真协商、会协商、善协商”，努力当好党委政府“智囊团”。2021年围绕全市农村饮水安全巩固提升、赤水河流域生态环境保护、人力资源开发、工业园区高质量发展、诉前调解、未成年人保护等专题，开展全会协商、常委会会议和主席会议专题协商、市长（副市长）与委员座谈协商、专委会对口协商等，取得一系列重要协商成果。其中，“全市工业园区高质量发展”“全市人力资源开发情况”“诉前调解”等专题协商成果得到省政协有关领导、市委和市政府主要领导的签批，有关协商建议得以转化落实。此外，还认真落实河长制、林长制，开展巡河巡林10余次，协助政府对安全生产、中央环保督察反馈问题整改进行督查，组织委员对机关事业单位招考等进行监督463人次，充分发挥政协民主监督作用。

【关注民生保障】 一年来，政协毕节市委员会聚焦事关全市经济社会改革发展大局和重要民生问题，拓展参政议政广度。在提案办理方面，2021年不断提升提案协商成效，提交提案329件、立案258件、列为重点督办提案14件，涉及农村饮水安全工程后续管护、公共阅读设施使用效率、加快补短板夯实全市特殊教育基础、发展壮大村社一体合作社等，截至年底，全面办理完成，促成全市经济社会发展中一些热点难点问题的有效解决。在反映社情民意信息方面，反映线索150余条，整理报送15期，有力推动相关工作。如《关于规范救护车运营秩序的建议》《关于推进脱贫攻坚与乡村振兴战略有效衔接的建议》和《关于用革命烈士林青名字作为城市道路和广场命名的建议》等社情民意信息获市政府主要领导签批及有关部门高度重视。在强化服务基层方面，大力推进“一室一站”建设，让“连心桥”更连心、更贴心，更加体现政协工作特色。2021年市政协在毕节职业技术学院、麻园社区、柏杨林街道办事处阳光社区建立首批“政协委员工作站”，通过拓展政协基层触角，更好地倾听基层声音，打通了联系、服务基层群众“最后一公里”。

（供稿：市政协办公室）

中国共产党毕节市纪律检查委员会　毕节市监察委员会

【概述】　2021 年来，毕节市纪检监察机关坚持以习近平新时代中国特色社会主义思想为指导，忠实履行党章和宪法赋予的职责，充分发挥监督保障执行、促进完善发展作用，为全市“十四五”开局起步提供了有力保障。2021 年全市人民群众对党风廉政建设和反腐败工作成效满意率达 95.44%，创历史新高。

【突出政治监督首责】　围绕“国之大者”落地开展监督。对 727 家单位学习贯彻习近平总书记视察贵州重要讲话精神情况开展监督检查 18 次，发现并督促整改问题 66 个；开展疫情防控监督检查，发现并督促整改问题 745 个，处理 313 人；持续开展制止餐饮浪费行为情况监督检查，发现并督促整改问题 83 个；开展农村乱占耕地建房问题整治落实情况监督检查，清查整改违建别墅问题 21 个，处置问题线索 227 件，处理 344 人；对全市 2017 年以来中央、省委环保督察问题整改情况开展监督检查 12 次，发现并督促整改问题 24 个。

围绕“四新”“四化”部署开展监督。深入学习贯彻落实习近平总书记视察贵州重要讲话精神，紧盯省委围绕“四新”主攻“四化”战略部署，对“十四五”重大基础设施、民生保障项目和重大产业项目顺利落地建设情况开展监督检查，检查单位 86 个，发现新型工业化问题 48 个、新型城镇化问题 70 个、农业现代化问题 15 个、旅游产业化问题 29 个，下发工作提示单、提示函 26 份。持续用好“一清单、三台账”“双责任、双问责”工作机制，督促各责任单位整改推进。

围绕“七个有之”问题开展监督。坚持把政治纪律和政治规矩挺在前面，及时发现、着力解决“七个有之”问题，坚决清除对党不忠诚不老实、阳奉阴违的“两面派”“两面人”。立案查处违反政治纪律和政治规矩 18 件 22 人；查处党的领导弱化、党的建设缺失、全面从严治党不力等问题75个，问责113人；对332个单位执行“十严禁”等换届纪律情况开展监督检查，发现并督促整改问题85个。

【纠治损害群众利益问题】　紧扣巩固拓展和有效衔接，保障脱贫攻坚成色更足。组织开展“四个不摘”政策落实专项监察，发现并督促整改问题1498个，立案18件19人，党纪政务处分13人。开展易地扶贫搬迁后续扶持专项监督，发现并督促整改问题76个。在国务院督查组反馈威宁自治县新光村饮水安全、纳雍县农业示范园区相关问题后，立即组织对全市3244个农村饮水项目查通水、查水质、查管护、查整改、查责任，发现并督促整改问题1603个。

紧盯突出问题和重点问题，解决群众最关心的事。着力纠治城乡养老保险代收未及时缴存、虚报冒领等常见问题，发现并督促整改问题322个，追回资金131万元，立案26件28人，党纪政务处分15人。集中整治政务服务“窗口腐败”和惠民惠农财政补贴资金“一卡通”管理问题，发现问题213个，立案17件，党纪政务处分7人。排查治理拖欠农民工工资瞒报、漏报问题，对10个单位的清欠工作进行监督检查。

紧贴基层治理和末梢管理，提升乡村监督能力水平。不断深化“访重助”专项行动，建立初访、跟访、回访“三访”工作机制，发现并督促整改问题281个。组织开展“我为群众办实事·民生监督进万家”为主题的纪委书记便民服务行动，在乡村每户群众家门口张贴“纪委书记便民服务卡”118.9万张，让群众在家就能反映情况、咨询问题，为群众追回补偿、补助等各类款项740余万元，该项工作得到省委常委、毕节市委书记吴强肯定批示。在七星关、金沙、纳雍三个县区开展村务（民生）监督员专职化试点，在黔西市、织金县开展集体“三资”达到一定规模的村（社区）党组织书记、主任“提级监督”试点，探索健全权责清晰、监督有力、运转高效的村务（民生）监督机制，努力让矛盾不出村、问题不上访。全市信访举报量同比下降39.9%。

【保持严的主基调】　突出关键领域、关键少数抓专项治理。全市纪检监察机关处置问题线索5332件，立案1934件，结案1883件，党纪政务处分2114人，移送司法机关97人，挽回经济损失7214.03万元。处分处理“一把手”106人，同比增长10%。开展基层财政监管突出问题专项整治，排查整改问题2612个，30人主动交代问题，立案19件32人，督促清理结余资金9.02亿元，盘活存量资金11.09亿元，该项工作得到时任省委常委、省纪委书记、省监委主任夏红民肯定批示。开展粮食购销领域腐败问题专项治理，清理问题线索51件，立案13件22人，移送司法机关4人。建立全市行贿人信息库，收集全市行贿人信息594条。查处涉黑涉恶“三类问题”23件30人，党纪政务处分16人，移送司法机关5人。受理政法干警问题线索671件，立案213件242人，党纪政务处分178人，移送司法机关9人，不敢腐的震慑始终常在。

突出惩前毖后、治病救人抓事前预防。督促发案单位开展“一案一整改”68次，完善制度52个，发出纪检监察建议20份。突出抓早抓小、防微杜渐，精准运用“四种形态”处理党员干部8711人次，占比分别为74.6%、19.5%、3.5%、2.4%。在2019年、2020年完成18744件历史存量线索清零基础上，对6640件线索实现“动态清零”。党风廉政意见回复231批、3673人次，提出否定或暂缓意见81人次。完成全市106个单位党内政治生态分析研判，极力教育挽救“破纪者”、防范减少“破法者”，不能腐的笼子越扎越紧。

突出纪法震慑、政策感召抓警示教育。协助开展全市党风廉政警示大会2次。建成全市党风廉政教育展厅，组织335个单位14668人次观展接受教育，实现市直单位副科级以上干部、县（市、区）“四大班子”领导及市管干部、县（市、区）直部门主要负责人、乡（镇、街道）党政主要负责人和全市纪检监察干部、巡察干部“四个全覆盖”。拍摄《“不设防”的公款》《清风逐绿波》警示教育专题片2部，市县编印警示教育作品26个。开展“开学第一课”廉洁教育，覆盖全市各大中专院校、中小学15万余名学生。在强大的纪法震慑和政策感召下，44名干部主动向纪检监察机关投案，316人主动交代问题，不想腐的自觉深入人心。

【深化作风建设】　持之以恒常抓“四风”问题。查处违反中央八项规定精神问题285起355人。其中，形式主义、官僚主义问题134起184人；享乐主义、奢靡之风问题151起171人。通报曝光典型案例19期67起。持续开展“手、腿、嘴”方面作风突出问题专项整治，查处182人，该项工作被省纪委省监委作为经验信息单篇刊发全省纪检监察系统学习。

猛药祛疴整治典型问题。协助市委制订全市干部作风教育大整顿工作方案，并配合抓好相关工作开展，对照“对党不忠、三观不正、初心不牢、为政不廉、为官不为、工作不实、能力不足”等问题，围绕“6个叩问”18种问题表现形式深入整治，全市1324个单位起底查找问题8250个，18.47万名干部自查检视问题59.6万个。

群众参与监督“窗口问题”。持续深化运用干部作风扫码评价系统，实现窗口单位群众监督“面对面”。全市1615个单位28323个窗口接受群众评价25258人次，推送负面评价2214条，督促整改2146条，反馈群众处理结果1879条，满意率达97.96%。

【坚守政治巡察】　上下联动，实现巡察全覆盖。坚守政治巡察定位，把“两个维护”作为根本任务，一体谋划、统筹推动政治巡察。实现对全市4836个党组织巡察全覆盖，累计发现问题52397个，整改49116个，整改完成率93.73%；全市巡察移交问题线索7260件，推动立案1484件，党纪政务处分1168人，移送司法机关49人。其中，二届市委巡察发现问题5365个，整改5040个，整改完成率93.94%，移交问题线索659件，推动立案180件，党纪政务处分130人，移送司法机关7人。

前后闭环，推动巡察大整改。完善市委巡察整改工作责任机制、促进机制、评估机制，建立“1331”整改工作机制，形成“反馈—整改—监督—评估—销号”巡察整改闭环。完成对2017年以来巡视巡察反馈问题整改落实情况“大起底、大整改、大督查”，督促兑付发放各类项目资金7.2亿元，清缴清退违规资金1.24亿元，清退滥发津补贴2115.84万元，取得“整改一类问题、完善一批制度、规范一个领域”成效。

深入群众，促进巡察惠民生。把群众路线贯穿到巡察各方面全过程，注重推动一批重点领域和关键环节的改革事项，解决一批群众关心关注的急难愁盼问题。金沙县发动群众开展巡察，通过场坝会形式启动村级巡察工作，仅第十轮巡察就收集到群众反映强烈问题300余条；纳雍县以群众满意为标准开展巡察，组建6个整改评估组，选取1838名群众代表参与，对村级巡察反馈的940个问题整改实效进行评估，群众满意率达98.97%。

【持续推进“三项改革”】　纪检体制改革强化领导权重。制定《关于落实党风廉政建设党委主体责任和纪委监督责任的实施意见》，持续深化“三转”，有力推动“两个责任”落细落实，有效履行“监督的再监督、检查的再检查”职责。严格落实“两个为主”，强化上级纪委监委对下级纪委监委的领导，制定“三个提名考察办法”，有力实现党的纪律检查工作双重领导体制具体化、程序化、制度化。

监察体制改革实现有效覆盖。在全市30家企业和9家学校设立监察专员办公室，并赋予相应监察权限，有效打通监察监督末梢。落实《关于进一步加强乡镇（街道）纪检监察组织建设推动监督向基层延伸的实施意见》要求，有序推进村（社区）纪检委员（纪委书记）、村务（民生）监督委员会主任“一肩挑”各项工作。

纪检监察机构改革盘活了资源力量。在7家省级经济开发区和草海管理委员会设立纪检监察工委，设立市第二人民医院、第三人民医院、妇幼保健院3家医院和九洞天管理局纪委。规范各地各单位纪检监察机构编制、职数及内设机构设置，持续深化“室管县区、组管部门，室组统筹、强化监督”运行机制，进一步理顺关系、强化协作、整合力量，推动纪检监察机构职责更加协同、监督更加有力、运行更加高效。

【建设高素质专业化纪检监察队伍】 不断深化思想政治教育。将习近平总书记最新重要讲话和指示批示精神作为纪委常委会监委委务会会议“第一议题”和理论学习中心组学习首要内容，持续跟进学、反复深入学、联系实际学。纪委领导班子成员带头深入乡村一线、所在党支部宣传宣讲习近平总书记视察贵州重要讲话精神、“七一”重要讲话精神和中共十九届六中全会精神，推动党史学习教育走深走实。坚持把强化政治理论学习和党内法规学习纳入支部“三会一课”、主题党日和部门研讨、业务培训重要内容，通过持续深化、反复强化，推动全市纪检监察干部政治过硬、能力过硬、作风过硬。

不断强化能力素质建设。认真贯彻执行《贵州省纪检监察机关能力建设三年规划（2019—2021）》《全省纪检监察机关规范化法治化建设年实施方案》，聚焦纪检监察干部能力素质短板，不断强化思想淬炼、政治历练、实践锻炼、专业训练。举办培训班7期，培训市县乡三级纪检监察干部1768人次，选派369人次参加中国纪检监察学院、贵州纪检监察干部学院各类培训。推动8个建制县（市、区）新一届纪委领导班子顺利选举产生。完成市监委和8个县（市、区）监委首次向本级人大常委会报告专项工作。

不断筑牢拒腐防变防线。持续加大严管严治、自我净化力度，制定《毕节市纪检监察系统“五位一体”干部监督工作规则（试行）》等规定，为纪检监察干部正确行使权力、规范履职划定“红线”。召开以“弘扬优良传统好家风，厚植家国情怀正能量”为主题的全市纪检监察（巡察）系统领导干部及其家属座谈会。认真贯彻落实加强纪检监察干部监督工作的意见，严肃处置反映纪检监察干部问题线索，切实抓好内部督查反馈问题整改，坚决防治“灯下黑”。

[供稿：中共毕节市纪（监）委]

民主党派

中国国民党革命委员会毕节市工作委员会

【概述】 民革毕节市工委成立于2016年7月15日，由1个县级工委（县级工委下设5个支部）、3个县（区）支部、4个市直支部、1个学院支部组成。工委班子成员的设置规模为15个委员，2021年有15个委员，其中主任委员1名，专职副主任委员1名，兼职副主任委员3名。

截至2021年12月底，全市共有民革党员194名。

2021年，民革毕节市工委召开主委会9次，工委扩大会6次，开展理论学习会12次。选派2批2人次参加中共贵州省委组织部、省委统战部、省社会主义学院举办的市（州）级民主党派组织新任领导班子成员进修班、全省民主党派基层骨干培训班学习，选派1名县级干部参加中共毕节市委组织部举办的学习贯彻中共十九届五中全会、习近平总书记视察贵州重要讲话、省委十二届八次全会和市委二届八次全会精神研讨班学习。元旦、春节期间走访慰问困难群众60户，慰问物资价值14100元。完成基层支部换届工作。在省、市、县“两会”期间提交提案建议60余篇、政协大会发言10余篇。完成调研报告8篇，专题调研4次形成报告4篇，重点调研1次形成报告1篇，获领导批示3次；完成提案6件，界别提案1件，社情民意5篇。开展各类社会服务活动70余次。2021年，民革毕节市工委以开展“作风建设年”活动为抓手，抓好思想政治建设、组织建设、参政议政、社会服务、促进祖国和平统一、机关建设等方面工作，各项履职工作取得显著成效，获民革全省目标绩效考核二等奖。积极推进“民革党员之家”建设，“纳雍民革党员之家”获民革中央第二批“全国优秀民革党员之家”称号。在脱贫攻坚工作中，民革毕节市工委被民革中央评为民革助力脱贫攻坚工作先进集体。在《团结报》征订工作中民革毕节市工委被民革省委、团结报社评为先进集体。在民革贵州省委开展的"记录身边美好生活——民革短视频大赛"中，民革毕节市工委获优秀组织奖，拍摄的视频《用爱点燃希望之光》获民革中央三等奖，获民革省委一等奖。

【思想政治建设】 通过召开主委会议、委员（扩大）会议、支部党员会议，举办和参加各类活动等方式，深入学习习近平新时代中国特色社会主义思想、习近平系列重要讲话、习近平总书记在庆祝中国共产党成立100周年大会上的重要讲话精神，学习中共中央、中共贵州省委、中共毕节市委有关重要会议和文件精神，学习民革中央、民革贵州省委相关会议和文件精神。

2021年4月29日，民革毕节市工委举办庆祝中国共产党成立100周年中共党史演讲比赛活动，推荐2人参加民革贵州省委举办的庆祝中国共产党成立100周年"在共产党的旗帜下"讲述比赛，分别获一等奖和三等奖。7月26日至30日，组织民革党员到湖南长沙、江西吉安、井冈山开展中共党史学习和"观故居，走多党合作之路"主题教育活动。在井冈山革命圣地，采取了集中教学与现场教学相结合的方式开展中共党史学习活动。通过活动，重温中国共产党的发展历史，体验中国共产党的苦难辉煌历程，使参加学习人员更加准确和系统地学习井冈山的斗争历史和经验，明确其对于民革市工委开展好各项工作的借鉴意义，深入了解井冈山精神及其时代价值。

【组织建设】 按照中共中央统战部和《民革章程》有关要求，吸纳优秀人士加入民革组织，2021年上报批准了2位新党员。

完成各支部的换届工作。2021年1月19日，民革金沙县支部召开二届一次全体党员大会，进行换届选举，会议选出民革金沙县支部第二届班子成员。4月15日，民革毕节市直一支部召开二届一次全体党员大会，进行换届选举，会议选出民革毕节市直一支部第二届班子成员。同日，民革毕节市直二支部召开二届一次全体党员大会，进行换届选举，会议选出民革毕节市直二支部第二届班子成员。4月19日，民革毕节市直四支部召开二届一次全体党员大会，进行换届选举，会议选出民革毕节市直四支部第二届班子成员。5月27日，民革毕节市直三支部召开二届一次全体党员大会，进行换届选举，会议选出民革毕节市直三支部第二届班子成员。

2021年7月26日至30日，在组织到湖南长沙、江西吉安、井冈山开展"观故居，走多党合作之路"主题教育活动期间，分别与民革长沙市委、民革吉安市委进行党务交流，分别就思想建设、组织建设、参政议政、社会服务及作风建设年工作进行交流座谈。

【参政议政】 2021年，民革毕节市工委组织民革党员中的各级人大代表、政协委员撰写建议和提案、反映社情民意，切实履行参政议政职能。全市民革党员中有各级人大代表和政协委员48人，分别在省、市、县两会期间提交提案建议60余篇、政协会议发言10余篇，其中，在省政协十二届四次会议上，金沙县支部主委黄昌洪的大会发言《让教育者回归教育　夯实农村教育基础》获省长李炳军批示。

参加市政协组织的赤水河流域毕节段生态环境保护、人力资源开发、公正司法天平工程实施情况等方面的各类视察调研工作，并形成调研报告，其中，《赤水河流域毕节段生态环境保护情况的报告》得到市委主要领导的签批，《关于全市诉前调解工作专题协商情况的报告》《关于开展全市推进人力资源开发情况调研的报告》得到省委常委、中共毕节市委书记吴强的签批。

2021年，民革毕节市工委完成民革贵州省委、中共毕节市委及相关部门安排的重点课题调研，形成《毕节市新型农村集体经济发展情况调研报告》《强化农村环境综合整治推进乡村振兴战略实施——毕节市农村环境综合整治情况的调研与思考》等调研成果。参与配合做好民革中央社会服务部、东部七省市民革组织在纳雍开展的乡村振兴“1+1深耕计划”专题调研活动。

【社会服务】 组织农技服务组在全市范围内分类开展各项农技服务工作，共计42人次到七星关区、威宁县、金沙县、织金县等地累计开展农技服务活动26次，为上千余群众提供农技技术指导。如：2021年7月12日至13日，民革毕节市直二支部副主委、民革市工委农技服务组成员、市农科所马铃薯研究室科技人员陈军陪同内蒙古大学博士吴健、硕士李蓓蓓到威宁县马铃薯高质量发展示范点调研和提供技术指导。8月4日至7日，民革毕节市直二支部副主委、市农科所农技人员吴涛、赵英一行到威宁县双龙镇农业高质量发展示范点开展农技服务等。

组织医疗卫生服务团队、法律服务中心、茶文化交流中心、中山博爱艺术团、中山书画院等服务团队结合各自特点开展送医送药、法律援助、茶艺培训、书画艺术培训等活动50余次。如：2021年1月21日，3月17日至19日，民革金沙县支部党员、专职律师宋明晟到安洛乡中学、安洛乡木杉小学和同心小学为学校师生及家长开展3场讲座，共计2000余人到场聆听法治宣讲。5月11日，民革市直三支部联合民革七星关区支部与中共毕节市科协机关党支部、中共毕节市科技馆党支部、中共毕节肿瘤医院党支部组织30余人的服务队到朱昌镇开展“助力乡村振兴健康科普”公益活动。

【促进祖国和平统一】 组织全市民革党员深入学习贯彻中共中央对台工作方针政策、中共中央对台工作决策部署、2021年全省对台工作会议精神，让广大民革党员深切感受到中国人民捍卫国家主权和领土完整的坚强决心、坚定意志、强大能力。2021年5月，在民革毕节市直四支部党员黄坤、民革金沙支部党员宋明晟的协助下，为在贵阳台胞高语均给予法律援助，帮助解决与所在公司的劳务纠纷问题。2021年5月12日，台胞高语均为此特地到毕节市工委送上感谢信。2021年11月，民革纳雍县工委一支部党员胡婷婷到纳雍县锅圈岩乡看望抗美援朝老兵刘银飞和田华庆，并为他们送去慰问物资。

（撰稿：李　兰）

中国民主同盟毕节市委员会

【概述】 2021年，民盟毕节市委坚持以习近平新时代中国特色社会主义思想为指导深入学习贯彻中共十九大及十九届历次会议精神，在民盟贵州省委和中共毕节市委的正确领导下，在中共毕节市委统战部的指导下，在毕节市政协党组和各有关单位的关心支持下，团结和带领全市各级民盟组织和盟员，围绕助推脱贫攻坚成效巩固，实现乡村振兴履职尽责，积极“外联内引”，强化自身建设，有序推进各项工作的开展。

【思想宣传】 一是理论学习，夯实思想宣传基础。民盟毕节市委高度重视思想政治建设，坚持“学深学透，学用结合”的原则。通过召开主委会议、全委会议、专题学习会、到各基层组织进行宣讲、观看红色电影等形式学习中共党史、习近平总书记在贵州考察时的重要讲话重要指示精神、《中国共产党统一战线工作条例（试行）》《中国民主同盟纪律处分办法（试行）》等，确保把相关精神学深悟透，用以指导工作实践；利用微信工作群，推送《李克强在国务院第四次廉政工作会议上强调　深入推进政府系统党风廉政建设和反腐败工作　做到风清气正真抓实

干　赵乐际韩正等出席》《中国共产党贵州省第十二届委员会第九次全体会议公报》等学习资料68篇，激励盟员开展自学，不断增强“四个意识”，坚定“四个自信”，做到“两个维护”，增进对中国共产党和中国特色社会主义的政治认同、思想认同、理论认同、情感认同，夯实共同思想政治基础。

二是专题教育，针对学习提升能力。根据《中共毕节市委统战部关于支持各民主党派开展中共党史学习教育和“牢记殷切嘱托、忠诚干净担当、喜迎建党百年”专题教育实施方案》《民盟贵州省委关于印发〈民盟贵州省委关于开展中共党史学习教育和“牢记殷切嘱托、忠诚干净担当、喜迎建党百年”专题教育方案〉的通知》精神，结合实际，拟写《民盟毕节市委开展党史学习教育和“牢记殷切嘱托、忠诚干净担当、喜迎建党百年”专题教育实施方案（送审稿）》，经民盟毕节市二届52次主委会议审定通过后印发到全市民盟各基层组织。

民盟毕节市委主委班子成员及机关干部职工积极带头学习，发挥“头雁”作用，在全市民盟内部掀起学习热潮。学习以主委会议、全委会议、组织生活会、理论宣讲、红色文化纪念地参观、观看电影等形式进行，开展各种形式的学习20余次。同时要求盟员及机关干部职工利用媒体、书籍、电视、“学习强国”APP平台等进行自学。

购买《中国共产党简史》、《习近平谈治国理政》（第一、二、三卷）、《习近平新时代中国特色社会主义思想学习问答》、习近平总书记《论中国共产党历史》等书籍，分发给机关干部职工，要求大家自行学习。通过民盟市委微信工作群，陆续推送各种学习资料20余篇，供盟员学习。

选派陈思、陈熙代表民盟毕节市委参加民盟省委庆祝中国共产党成立100周年、民盟成立80周年“在共产党的旗帜下”讲述活动，分别获三等奖；组织机关干部职工观看红色电影《半条棉被》；接民盟省委直属综合支部委员会邀请，赴贵阳市参加民盟贵州省委综合支部庆祝中国共产党成立100周年、民盟成立80周年、贵州民盟组织成立70周年暨“智慧校园管理”项目捐赠活动，聆听党课与盟史；按照民盟贵州省委关于开展中共党史学习教育和“牢记殷切嘱托、忠诚干净担当、喜迎建党百年”专题教育方案要求，民盟遵义市委和民盟毕节市委携手走进化屋村开展庆祝中国共产党成立100周年活动，活动分为“紧跟总书记步伐，走进化屋村”和“学党史、感党恩”两项进行；推选陈思代表民盟省委参加全省统一战线“在共产党的旗帜下”讲述活动，讲述毕节市盟员杨大亮的故事，获二等奖。

邀请民盟贵州省委专职副主委黄琳到毕节开展“牢记殷切嘱托、忠诚干净担当、喜迎建党百年”主题宣讲活动，民盟毕节市委委员、盟员骨干、2020年以来入盟人员、机关干部职工近30人聆听宣讲。

三是作风建设，强化干部个人素质。民盟毕节市委主委班子成员按照市委安排在市会议中心主会场和市委党校会场分别参加“全市2021年党风廉政警示教育暨干部作风教育大整顿启动大会”。随即，根据市委书记吴强的讲话精神以及《毕节市干部作风教育大整顿工作方案》要求，结合实际，明确主委、兼职副主委及委员分别参加所在单位干部作风教育大整顿活动，民盟毕节市委机关作风教育大整顿工作按照要求开展。

1. 民盟毕节市委机关结合工作实际，提出“每周集中学习三次，其余时间自学”，要求机关干部职工认真学习党章、党史、盟章、盟史、相关会议文件精神、法律法规以及机关规章制度等，要求做好学习笔记。2. 强化宣传引导。民盟毕节市委机关将机关启动会议向全市各级民盟组织和盟员进行宣传报道，为推进全市盟员参加所在单位作风教育大整顿工作进行预热加温。3. 要求工作组强化监督和指导，帮助广大干部职工发现问题、改正问题，要求全体干部职工建立问题台账、提出整改措施、明确整改时限，通过学习教育大整顿，促使自身得到全面的提升和发展。4. 明确了“三学三做三提升”（天天学、周周学、月月学，天天做、周周做、月月做，学习能力提升、服务意识提升、创新能力提升）基本要求，提出机关干部要通过干部作风教育大整顿的开展，全面提高个人政治站位、业务能力、综合素质等，努力建成一流服务型机关、培养一流的盟务干部队伍，围绕“四新”、助力“四化”，为毕节建设贯彻新发展理念示范区作出新的更大的贡献。

10月至12月，民盟毕节市委通过班子成员参加有关单位组织的会议，机关干部职工开展集中学习研讨，组织机关干部、市直单位在编在岗盟员参观毕节市党风廉政建设警示教育展等活动20余次，对相关文件、会议精神进行学习，对机关和个人存在的问题进行研讨检视。并按要求，报送相关材料。

四是加强宣传，营造氛围推进工作。民盟毕节市委通过强化宣传工作的开展，引导广大盟员自觉学习、提高思想意识、强化政治站位。邀请毕节日报、毕节市电视台、七星关区电视台等新闻媒体参加相关活动；撰写有关宣传信息在民盟省委网站、微信公众号，中共毕节市委统战部网站、微信公众号，民盟毕节市委微信公众号发布。全年通过微信平台、微信工作群等推送各种宣传消息、资料等约计200余篇次。

【组织建设】 根据民盟章程和相关精神，按计划指导民盟贵州工程应用技术学院支部委员会、市财校支部委员会、市一中支部委员会、市实验高中支部委员会、市一医支部委员会、市直综合一支部委员会、市直综合二支部委员会7个基层组织完成换届工作，指导成立民盟毕节幼专支部委员会、市特校支部委员会和市二医支部委员会3个基层组织；继续推进民盟百里杜鹃支部委员会与大水乡高潮社区党支部委员会共建，促成民盟织金县支部委员会与织金县黑土镇龙洞社区党支部委员会结对共建、民盟黔西市支部委员会与民盟遵义市文艺支部委员会结对共建；指导民盟市一中支部委员会建成“盟员之家”；顺利召开民盟毕节市第三次代表大会，完成新老班子的平稳过渡。

民盟市委严格控制盟员发展速度，按照“注重素质、严控数量、保持特色、严格把关”的原则，加强了政治审查、学习培训等工作，发展盟员16名。

【参政议政】 积极承担民盟省委和市委、市政府的有关调研课题，赴全市各县区（市）开展调研，完成“贵州特岗教师现状调查——以毕节为例”“贵州民族民间文化调查——以毕节为例”调研课题。

完成民盟中央理论研究课题“民盟开展社会服务工作的经典案例研究——以毕节试验区为中心的考察”，获一等奖；申报完成《中国民主同盟参与毕节试验区建设研究》。

通过各种形式鼓励和支持盟员人大代表、政协委员调研建言，年初两会期间，省、市、县级人大代表提出建议5条（其中省1条、市2条、县2条），省、市、县级盟员政协委员个人单独或联名提出提案42件（其中省1件、市23件、县级18件），在市政协大会发言1次，提交集体提案3件、反映社情民意2条。

此外，盟员还结合所在单位或系统工作实际开展一些调研，通过社情民意、参加会议等形式向有关方面提出合理化建议。全年共提交社情民意7条。

【民主监督】 按照有关安排，积极参与做好民盟中央、致公党中央帮扶毕节市七星关区有关项目实施的民主监督工作，多次深入基层或项目实地查看实施情况，查阅有关资料及项目档案，与七星关区有关单位及乡镇沟通协商发现问题并推进解决；受市委统战部委派，专职副主委带队先后到纳雍、威宁、赫章等开展党派中央帮扶项目的民主监督工作，与所到县委统战部门沟通工作情况，向市委统战部汇报工作情况；主委会其他班子成员运用基层调研或专题调研收集到的信息，在有关会议上就相关工作提出建议，人大代表、政协委员在履职中通过提案、建议、社情民意反映等形式，寓民主监督于调研建言、协商议政活动之中。

【社会服务】 一是乡村振兴。根据市委、市政府安排，牵头联系七星关区长春堡镇的乡村振兴工作。继续运用在脱贫攻坚实践中探索形成的“三三联动”工作机制，与市中心血站、气象局，七星关区委统战部、区卫健局等互动，助力脱贫成效巩固和乡村振兴工作。同时，联系关注七星关区撒拉溪镇龙凤村、百里杜鹃管理区大水乡高潮社区、金海湖新区梨树镇上小河村和织金县黑土镇龙洞社区的有关工作，协调向撒拉溪镇捐赠笔记本电脑3台、华为手机2个、向长春堡镇捐赠华为手机2台、向八寨捐赠华为手机2台、燕子口人民政府1台、生机镇高流村1台，向大水乡捐赠台式电脑2台；协调约47万余元物资，春节前慰问长春堡镇、撒拉溪镇、梨树镇、大水乡、鹏程街道等地群众750余户；联系盟员企业家，向撒拉溪镇捐资150万元，新建龙凤村卫生室和改建幼儿园。

二是助教工程。民盟毕节市委积极整合内外资源，推动“智慧课堂”“爱心厨房”“净水计划”“同心助学”等项目，共计培训教师3000余人次，学生约1.2万人次，协调捐赠校服、净水器、图书、体育器材、书包等各类物资以及开展学校操场硬化、厨房改造等项目价值约2070.42万元；联系民盟广东省委协调有关学校，对撒拉溪镇22所中小学进行1对1结对帮扶。

三是康宁行动。联系落实资金14.5万元，拟将撒拉溪镇卫生院和19个村卫生室接入民盟省委在七星关区推进的远程医疗询诊服务系统；协调向毕节市七星关区妇幼保健院捐赠蓝氧妇科治疗仪2台，价值42万元；开展义诊活动，服务群众100余人，发放宣传资料500余份。

四是社会工作。1. 盟员创办的独立法人机构同心社会工作发展中心。承接“益童乐园”“多彩儿童佳园”“社会工作助力基层治理”“社会工作和志愿服务站”4个项目，涉及资金62万元，受益群体近3万人；开展“筑爱地贫”“大病扶助”等项目，募集资金365万元，救助29人次；向30余所乡村学校实施“活水计划”项目，发放运动服8600套，运动器材一批，总价值90多万元。2. 盟员创办的独立法人机构同德妇女儿童社会服务中心。承接基金会定向大病项目、基金会项目拨款、大病救助等项目筹款共计174万元；开展“同德519大病救助”受益人数31人；在全市各中小学开展“一路童行”“平安校园·反对校园欺凌”“预防性侵教育”等项目，年底前覆盖学校55所，受益学生约27000人；深入基层开展“法律知识进基层”，受益人数3000余人。

【机关建设】 结合干部作风教育大整顿工作要求，在机关推行“三学三做三提升”机制，大兴学习之风、求是之风、创新之风、落实之风。

一是机关干部职工实行定期集中学习与个人自行学习相结合学习制度，学习各类会议精神、文件要求、法律法规等等，进一步强化机关干部思想建设工作和提升业务能力。

二是通过观影、参观警示教育基地、研讨会等多种形式，提高机关干部廉政勤政理念，增强干事创业担当和拒腐防变意识。

三是进一步完善机关管理制度，完善内控管理制度、机关财务管理制度等，提升机关制度化、规范化、程序化和科学化“四化”建设水平。

【获表彰情况】　通过全市民盟组织和盟员的团结努力，民盟市委先后获民盟中央“民盟脱贫攻坚先进集体”“中共党史学习教育先进集体”“群言杂志社优秀发行单位奖”和民盟贵州省委“社会服务先进集体”等表彰，民盟七星关区工委、市直综合一支部委员会、黔西市支部委员会获民盟贵州省委“先进基层组织”表彰；盟员邵建书获民盟中央“纪念中国民主同盟成立80周年优秀盟员”表彰，刘祖荣、刘洪松获民盟中央“民盟脱贫攻坚先进个人”表彰，罗坤获民盟中央“组织发展工作先进个人”表彰，杨大亮、黄领、郭翰、强春云获民盟贵州省委“优秀盟员”表彰；民盟市委办公室副主任赵伟红获民盟贵州省委“优秀盟务工作者”表彰。

（撰稿：宋春香）

中国民主建国会毕节市工作委员会

【概述】　2021年，民建毕节市工委坚持以习近平新时代中国特色社会主义思想为指导，深入贯彻落实习近平总书记重要指示批示精神，在民建中央、民建贵州省委和中共毕节市委的坚强领导下，在市委统战部的关心、支持和指导下，认真履行参政议政、民主监督和参加中国共产党领导的政治协商职责。扎实开展党史学习教育、作风教育大整顿等工作；统筹各方资源开展法律服务和社会捐赠等工作，助力毕节经济社会发展。

【思想建设】　民建毕节市工委始终将思想政治建设作为首要任务，多形式组织会员学习习近平总书记在庆祝中国共产党成立100周年大会上的讲话精神、习近平总书记视察贵州重要讲话精神和对贵州对毕节的重要指示批示精神，在学习中深刻领会习近平新时代中国特色社会主义思想。深入开展中共党史学习教育、“牢记殷切嘱托、忠诚干净担当、喜迎建党百年”专题教育，系统学习中共党史、新中国史、改革开放史、社会主义发展史、多党合作史和民建史，达到学史明理、学史增信、学史崇德、学史力行的目的。通过学习，全市民建会员思想政治素质得到进一步提升，政治判断力、政治领悟力、政治执行力都得到加强，进一步增强“四个意识”，坚定“四个自信”，能始终做到“两个维护”。

【组织建设】　民建毕节市工委深入贯彻落实《中共中央关于加强中国特色社会主义政党建设的意见》等三个文件精神，严格按照《各民主党派中央关于新时代组织发展工作座谈会议纪要》的要求，在中共毕节市委和民建省委的统筹安排下，在中共毕节市委统战部的精心指导下，不断加强组织建设。一是完善组织发展程序，严把会员发展质量关，2021年共有会员253名。二是加强与各县区委统战部和市直相关单位的协商沟通，下属9个支部（工委）换届工作基本完成。三是在中共毕节市委统战部和民建省委组织处的指导下，参照市级委员会完成了届中调整工作，召开全委（扩大）会议，对班子成员进行调整。

【作风建设】　2021年是民建中央确定的全会“履职能力建设年”，同时，也是贵州省统战系统“作风建设年”。民建毕节市工委按照民建中央和民建省委的要求，分别制订《实施方案》，将“履职能力建设工作”“作风建设工作”与开展中共党史学习教育、“牢记殷切嘱托、忠诚干净担当、喜迎建党百年”专题教育活动有机结合、协同开展。累计召开主委会议、全委（扩大）会议、支部学习会议等共25次，开展政治理论学习和中共党史学习教育；组织会员参加民建省委庆祝中国共产党成立100周年“在共产党的旗帜下”讲述活动、履职能力培训班、“永远跟党走”红色主题学习教育实践活动等；班子成员深入基层各支部和民建会员企业调研，组织各自所联系的支部开展政治理论学习和中共党史学习教育。

通过活动的深入开展，全面提升全市民建组织和会员履职能力，加强作风建设。

【调查研究参政议政】 一是围绕全市中心工作，突出民建经济界政党特色，通过深入调研，切实履行参政议政职责。在市政协二届六次会议上，民建毕节市工委共提交党派提案5件、党派发言材料2篇，会员个人提案19件，约占总提案数的9.3%，内容涉及工业、农业、教育、医疗、民主法治、交通运输、城市建设管理等方面，所有提案均立案办理。其中市工委提交的《关于统筹推进毕节建设贯彻新发展理念示范区的提案》被列为2021年市委市政府领导领衔督办重点提案。

二是认真做好调查研究工作。积极参加民建中央主题征文活动，所撰写的理论文章《民建助力黔西市贯彻新发展理念示范区建设的研究与思考》获民建中央二等奖，圆满完成了民建省委“欠发达地区碳达峰碳中和路径研究”和中共毕节市委“健全基层卫生服务体系的重点难点调查——毕节市智慧卫健建设发展的思考”“毕节市开发区建设及运行现状调研报告”等重点课题调研任务。此外，民建毕节市工委还按照市政协相关要求，组织会员参加“全市工业园区高质量发展情况调研”“全市人力资源开展情况调研”“全市诉前调解工作情况调研”等，在调研协商座谈会上提出切实可行的意见建议。

【民主监督】 根据《中共毕节市委办公室 毕节市人民政府办公室关于切实抓好统一战线巩固脱贫攻坚成果聚力乡村振兴2021年项目实施的通知》要求，民建毕节市工委主要领导每季度都到民建中央定点帮扶的黔西市开展民主监督调研；每个月都安排班子成员到黔西市对民建中央帮扶项目开展民主监督，协调有关部门帮助解决项目实施过程中遇到的困难。对民主监督过程中发现的情况及时向中共黔西市委统战部进行反馈，并向中共毕节市委统战部报告。

【法律服务】 民建毕节市工委根据中共毕节市委《关于组建统一战线加力脱贫攻坚服务团探索助推试验区乡村振兴新路子的实施意见》，牵头组织毕节市统一战线法律专家服务组成员4次赴金沙县桂花乡、七星关区市西街道、清水铺镇和金海湖新区小坝镇开展助力“乡村振兴”法律宣传，累计向400余名干部群众和中小学生宣讲《中华人民共和国民法典》《中华人民共和国未成年人保护法》《中华人民共和国预防未成年人犯罪法》等。为近50名农民工讨到企业拖欠的劳务费。

【社会帮扶】 一是全力促成民建中央将黔西市大关镇丘林村和新仁乡化屋村列为建设贯彻新发展理念示范村；协助民建中央在黔西市召开“民建全国社会服务工作会议”，协助民建东部十省市组织在黔西市开展调研帮扶活动12批次，累计向丘林村和化屋村捐赠帮扶资金48万元，同时组织会内专家为两个村的发展把脉问诊、出谋划策。二是促成民建会员企业贵州小飞通用航空公司与黔西市达成应急救援合作，成立黔西市航空应急救援中心，组建黔西市首个航空应急救援队。三是协调中华思源工程扶贫基金会——新浪扬帆公益基金向大方县和织金县96所中小学捐赠价值96万元的图书，助力乡村教育事业的发展。四是在开展中共党史学习教育中，组织民建会员企业黔西市宏远黔职驾校和赫章县思美服装有限公司开展教育帮扶活动；帮助威宁自治县迤那镇中海小学解决办公费1万元，助力乡村教育发展；组织会员参加市委统战部“9·9”公益日组织开展的“毕节市同心活水工程”捐款，全市民建会员累计捐款33343.2元，奉献了民建会员的爱心和力量，用实际行动践行党史学习教育“学史力行”的目标要求。五是应省委统战部驻村工作人员邀请，在赫章县和黔西市10所乡村小学开展体育用品等捐赠活动。

【表彰情况】 社会服务工作得到民建中央的高度肯定，获民建中央“民建参与脱贫攻坚先进集体”表彰；专职副主委罗同昱被评为民建中央2021年参政议政先进工作者。

（撰稿：李本树）

中国民主促进会毕节市工作委员会

【概述】 2021年以来，民进毕节市工委在民进贵州省委、中共毕节市委的领导下，在毕节市委统战部的指导下，在民进各级组织的倾情帮助下，以习近平新时代中国特色社会主义思想为指导，认真学习贯彻习近平总书记视察贵州和对毕节重要指示批示精神，按照总书记对民主党派提出的“四新”“三好”要求，感党恩、听党话、跟党走，立足参政党职能，围绕中心，服务大局。

【聚焦参政议政职能，积极建言献策】 2021年以来，市工委聚焦毕节经济社会热点、堵点、难点，以全面调研和专题调研压茬推进，向市县提交提案建议30余件，其中金沙工委调研文章被毕节市政协二届六次全会选为大会发言材料。积极参与民进省委2021年调研课题招标，组织会员投标8件，中标4件。按照民进中央和民进贵州省委2021年“反映社情民意信息”主题年工作部署要求，扎实开展主题年工作，向民进贵州省委和毕节市县区政协积极提交社情民意信息，共提交社情民意信息68条，被民进贵州省委采用16条，被省委统战部采用1条；市工委领导班子深入各基层支部开展反映社情民意信息主题年专题辅导4次，指导基层支部开展主题年工作；召开反映社情民意信息专题培训1次，并邀请民进省委领导在会上作专题辅导；组织机关工作人员和6名会员赴重庆市社院参加民进贵州省委举办培训班，切实提升反映社情民意信息业务水平；推荐5名会员被民进贵州省委聘请为反映社情民意信息特约信息员。参与民进贵州省委农村饮水安全工程实施情况抽样调查和科研人才队伍建设调研，提交调研报告2篇；参与毕节市政协专题调研，提交科研队伍建设、诉前调解、工业园区发展调研报告和发言材料共5篇；承接毕节市委重大课题调研，提交关于学前教育发展调研报告1篇。2021年，民进毕节市工委获民进中央主题年先进集体表彰，2篇调研文章得到民进贵州省委领导批示。

【聚焦民主监督职能，助力巩固拓展脱贫成果衔接乡村振兴】 一是开展巩固拓展脱贫成果衔接乡村振兴民主监督。市工委继续实行领导干部“轮战”制度，每月1名领导班子成员带队赴金沙县桂花乡开展民主监督调研，重点就桂花乡在严格落实乡村振兴“四个不摘”要求、健全防止返贫动态监测和长效帮扶机制等方面开展监督。帮助桂花乡开展短板动态排查工作9次，完成建档立卡人口动态调整3次，桂花乡返贫致贫防线不断筑牢，乡村振兴初见成效。

二是开展民进各级组织2021年助力毕节市巩固脱贫成果聚力乡村振兴项目民主监督。按照《中共毕节市委办公室　毕节市人民政府办公室关于切实做好统一战线巩固脱贫成果聚力乡村振兴2021年项目实施的通知》计划，2021年民进各级组织参与毕节市巩固脱贫成果聚力乡村振兴项目计划共17项。市工委按照主要领导每季度开展1次督导、领导班子每月开展1次监督和召开调度会议的模式，切实开展民主监督，推动项目落地落实。2021年开展实施完成计划内项目17个，涉及物资、资金约29.18万元，培训校长、教师、学生、医生约2800人次。完成计划外项目41个，涉及物资、资金约178.84万元，培训校长、教师、学生约3300人次。

【聚焦政治协商，积极参加各类协商会议】 按照《中共毕节市委办公室关于印发〈中共毕节市委2021年政党协商计划〉通知》《毕节市人民政府建立民主党派市委（工委）市工商联和无党派人士知情明政办法》和毕节市委、市政协、市委统战部要求，积极参加各类协商会议，提交发言材料、提出意见建议，切实发挥民主党派协商作用，助力毕节经济社会发展。

【抓好“四项工作”，展现民进风采】 一是抓好多党合作工作，积极参与统一战线“1+3”改革工作。发挥自身协调联引作用，积极参加市党派专家服务团农技服务组和教育服务组各项工作，协助民革毕节市工委协调市党派专家服务团农技服务组成员赴七星关区朱昌镇、威宁县兔街乡开展芸豆新品种植指导、发放和现场培训工作。协助民盟毕节市委联合民盟广州市委、广州市电化教育馆、黔南州瓮安县教育局、河源市教育局举办广州—毕节—瓮安—河源“智慧课堂”展示交流活动，为七星关区柏杨林街道阳光小学捐赠价值1.3万余元的一体机1台；协助民盟毕节市委协调中国扶贫基金会为七星关区撒拉溪、杨家湾、长春堡、层台的10所乡村小学校开展“爱心厨房”项目建设，涉及设备价值约50万元；协助民盟毕节市委协调贵阳市众益志愿者服务发展中心壹基金“净水计划”项目落地七星关区，18所学校受益安装净水设备并为学生配备水杯，涉及资金约50万元。

二是抓好社会服务工作，助力毕节发展。做好对桂花乡的帮扶联系工作，领导班子深入金沙县桂花乡开展调研走访，帮助桂花乡理清发展思路，沟通解决问题，指导推动工作，积极为桂花乡回龙社区合作社上市白菜寻找销路，联系帮助回龙社区销售白菜5.1吨；争取民进贵州省委赴桂花乡开展慰问活动，慰问桂花乡群众20户，发放慰问物资20余万元。开展辛丑民进全国“春联万家·奋进新征程”活动2次，共送出春联900余副，福字500余个；组织百里杜鹃管理区支部参与百里杜鹃管理区仁和乡首届油菜花节，开展书画展活动，送出书画作品100余幅；组织金沙县文卫支部开展义诊活动2次，义诊500余人次；组织百里杜鹃管理区支部开展“同心助学”送培送教和“教育服务助力乡村振兴”送教研训活动，并联合贵州省陈丽乡村名师工作室开展送教下基层服务活动，促进百里杜鹃管理区教育事业均衡发展；组织百里杜鹃管理区支部参与联引毕节市同心社会发展中心向百丽杜鹃管理区百纳乡化育小学捐赠运动服339套、体育器材305件；组织民进黔西市支部协调会员企业家赴黔西市第五中学开展“同心助学”捐赠活动，捐赠价值9.5万余元的图书。民进金沙工委获民进全国社会服务暨脱贫攻坚先进集体表彰，市工委2名会员获民进全国社会服务暨脱贫攻坚先进个人表彰。

三是抓好自身建设工作，抓实支部换届和会员发展工作。根据《中国民主促进会章程》规定，市工委主动作为，积极指导各基层支部完成支部换届工作。全市基层支部全部完成换届工作，新一届基层支部领导班子全部配齐，组织架构进一步得到完善，民进在毕节基层基础进一步夯实。市工委也在毕节市委、市委统战部和民进贵州省委的指导下完成领导班子调整。此外，按照《中国民主促进会章程》规定和“三个文件”精神，进一步加强民进基层组织建设，切实做好新形势下的发展会员工作。2021年发展新会员3人，2021年底全市有会员199名。

四是抓好信息宣传工作，讲好民进故事。充分发挥新媒体优势，着力打造“互联网+”宣传思想教育模式，构建立体式宣传平台，全方位宣传民进工作。2021年以来，市工委通过贵州民进公众号、毕节试验区统一战线、民进毕节市工委公众号等媒体宣传报道工作信息70余条，让外界充分认识民进工作，讲好多党合作的民进故事。

（供稿：中国民主促进会毕节市工作委员会）

中国农工民主党毕节市委员会

【概述】 2021年，农工党毕节市委会在中共毕节市委和农工党贵州省委会的领导下，在中共毕节市委统战部的指导支持下，坚持以习近平新时代中国特色社会主义思想为指导，深入学习贯彻中共十九大和十九届历次全会精神，深入学习贯彻习近平总书记视察贵州重要讲话和对贵州对毕节工作的重要指示批示精神，扎实践行新型政党制度，聚焦健康毕节和美丽毕节建设，以高质量发展统揽各项工作，团结带领全市各级农工党组织和广大党员，积极履职尽责，不断强化自身建设，各项工作取得良好效果，为建设贯彻新发展理念示范区作出了应有的贡献。

【深入实施政治建党战略，思想政治引领作用凸显】 市委会坚持以思想政治建设为核心，以深入学习贯彻习近平新时代中国特色社会主义思想为主题主线，在中共党史学习教育中突出政治导向、主题引领、共识教育，不断夯实共同的思想政治基础。一是加强理论武装、巩固政治共识。带领全市广大农工党党员旗帜鲜明讲政治。通过召开主委会、全委会、专题学习会及自学等多种形式，重点学习《习近平谈治国理政》重要著述，习近平总书记“七一”重要讲话精神，学习中共十九届五中、六中全会精神，省委十二届九次、十次全会。市委二届十一次全会和第三次党代会精神，学习省委书记谌贻琴在全省庆祝中国共产党成立100周年大会上的讲话精神和在毕节市全市领导干部大会上的讲话精神，学习中共贵州省委常委、中共毕节市委书记吴强在全市领导干部大会上的讲话精神；学习《中共中央关于加强中国特色社会主义参政党建设的意见》《民主党派代表人士队伍建设规划（2018—2027年）》《各民主党派中央关于新时代组织发展工作座谈会纪要》《关于建立健全领导班子民主生活会制度座谈会纪要》《关于加强内部监督工作座谈会纪要》等文件精神；市委会领导班子、各支部委员、各代表人士充分发挥示范引领作用，先学一步、学深一层；运用典型交流、微信公众号等形式，不断深化理论学习，在思想上、政治上、行动上始终同以习近平同志为核心的党中央保持高度一致，切实增强“四个意识”，更加坚定“四个自信”，坚决做到“两个维护”。二是扎实开展中共党史学习教育。根据农工党贵州省委会的安排部署和中共市委统战部关于市级民主党派开展中共党史学习教育会议指导精神，一是成立农工党毕节市委开展中共党史学习教育和“牢记殷切嘱托、忠诚干净担当、喜迎建党百年”专题教育领导小组，加强中共党史学习教育组织保障。二是制定《农工党毕节市委会开展中共党史学习教育和“牢记殷切嘱托、忠诚干净担当、喜迎建党百年”专题教育实施方案》，确保“规定动作”做到位，准确把握教育活动的指导思想、目标任务、主要内容和实施要求。同时结合自身实际，拟定了切实可行的重点学习内容，体现“自选动作”有特色。三是迅速启动主题教育活动。2021年4月26日，召开农工党毕节市委开展中共党史学习教育动员部署会。促进学习教育活动有序推进、深入开展。三是强化载体拓展，确保学习效果显著。制定学习计划，确保学习进度。主委会每月集中学习1次；市委会机关每周一集中学习1次；党员同志通过文献资料、“学习强国”APP、中国农工民主党、贵州农工、毕节农工微信公众号等多种形式加强自学。毕节农工微信公众号编发主题教育活动学习资料131期。通过多形式进行专题学习。通过培训班、报告会、座谈会、讲述会等多种方式，坚持深入学习习近平总书记系列重要讲话精神，深入学习中共党史，系统学习新中国史、改革开放史、社会主义发展史，认真学习多党合作史；邀请党史专家作“‘五一口号’的由来”专题辅导讲座；班子成员参加农工党省委深入学习贯彻《中国共产党统一战线工作条例》专题辅导讲座；机关干部参加农工党省委举办的“喜迎建党百年，弘扬长征精神”培训班学习。开展现场教学，缅怀革命先烈，弘扬前辈精神。分别组织党员同志赴将军山革命烈士纪念碑、黄家坝战斗遗址开展现场教学；机关干部赴林青纪念馆进行参观学习。组织开展讲述活动，丰富学习内容。组织开展学习中共党史“牢记殷切嘱托、忠诚干净担当、喜迎建党百年”讲述活动，遴选出3名党员参加“农工党贵州省委庆祝中国共产党成立100周年‘在共产党的旗帜下’讲述比赛”，分别获一、二、三等奖；深入学习贯彻习近平总书记“七一”重要讲话精神。集中收看习近平总书记在中国共产党成立100周年大会上的重要讲话，市委会把学习习近平总书记“七一”重要讲话精神作为当前和今后一个时期的重要政治任务，及时召开主委会议传达学习，并安排部署各支部（工委）分别召开党员大会进行深入学习。主要领导参加毕节市各界人士庆祝中国共产党成立100周年座谈会再次学习习近平总书记“七一”讲话精神。深入学习贯彻中共十九届六中全会精神。及时召开主委会议贯彻学习。在三届三次全委（扩大）会议上主委汤洪敏作了宣讲，进一步阐释理论，引导广大党员原原本本学、深入系统学、联系实际学，深刻领悟中国共产党百年奋斗的伟大成就，更加扎实履职尽责。四是强化宣传教育，凝聚奋进力量。弘扬主旋律，传播正能量，广泛开展主题宣传、形势宣传、政策宣传、成就宣传、典型宣传。领导班子率先垂范，在《前进论坛》《毕节试验区》等杂志上发表文章、接受专访。全年在农工党中央网站、《前进论坛》杂志、农工党省委网站、《贵州农工》杂志、《贵州政协报》《毕节日报》及农工党中央、省委、毕节试验区统一战线微信公众号发表有关农工党宣传信息报道87条。

【深入实施人才强党战略，组织建设更加坚实】

一是强化领导班子建设，圆满完成市委会换届工作。通过召开主委会，加强领导班子成员政治理论学习，提高思想政治素养；严格按程序做好换届准备工作，在9月17日召开的农工党毕节市第三次代表大会上，满票选举产生了农工党毕节市第三届委员会，在三届一次全委会议上选举产生了新的领导班子，圆满完成换届工作。同时组建了农工党毕节市三届监督委员会，成立了社会经济、医药卫生、教育科技、妇女儿童、青年工作五个专门工作委员会；年内，领导班子成员全面落实联系基层组织制度，分别以党员身份参加支部活动，指导支部开展好各项工作。二是注重党员发展质量，加强党员学习培训。严格按照《各民主党派中央关于新时代组织发展工作座谈会纪要》规定发展党员，注重发展党员的质量和界别特色。2021年共发展新党员13名，其中主体界别医卫界10名，占发展党员的76.92%；全是本科及以上学历，中级以上职称的12人，占92.30%。全年共组织26人次参加农工党中央、省社会主义学院、农工党贵州省委、中共毕节市委统战部举办的新任民主党派领导班子成员培训班、参政议政能力提升培训班、基层骨干培训班、新党员培训班学习。组织开展新党员、骨干党员培训，加强对《中国共产党统一战线工作条例》、农工党党章、党史的学习，提升参政议政能力，全市共有48名新党员、骨干党员参加学习。三是强化基层组织建设，开展基层组织“星级支部”创建活动。严格按农工党省委要求开展“星级支部”创建活动，组织开展了“星级支部”自评工作，参评的大方工委、织金支部、纳雍支部、金海湖新区支部、贵工程支部、毕节医专支部、毕节市第一人民医院支部、毕节市中医院支部自评为五星级支部，市综合支部、毕节职院支部、七星关区支部自评为四星级支部。创建活动极大地增强各支部的凝聚力和向心力，各支部工作方法更规范，目标更清晰，工作积极性更高涨，为今后工作的开展起到了加油鼓劲的作用。四是加强机关建设，提高服务保障能力。市委会机关积极塑造风清气正、积极进取、担当作为的机关文化，打造政治坚定、业务精通、作风务实、团结协作的机关干部队伍。多措并举提升办文、办会、办事质量，优化公文办理流程，建立健全保密责任体系，强化保密意识，规范财务、固定资产、档案管理等工作。

【深入实施履职兴党战略，新型政党制度效能有效彰显】 1. 着力在认真履行参政党职能上为建设贯彻新发展理念示范区贡献力量。一是参加中国共产党领导的政治协商卓有成效。市委会领导参加中共毕节市委、市政府召开的党外人士座谈会、征求意见会等各级各类会议，就政府工作报告、经济工作、“十四五”规划制定等提出意见建议。在市政协全会、市长与委员座谈协商会、市政协专题协商会等作了党派大会发言和协商发言。完成市委政党协商重大课题调研“毕节市绿水青山转化为金山银山实践路径及措施研究”，完成市政协党派领题调研“全市农村环境卫生综合整治”及“全市工业园区高质量发展”“全市推进人力资源开发情况”“诉前协商调解”等；提交大会发言材料5篇，并在市委重大课题协商会、市政协协商会上作交流发言。二是参政议政成果丰硕。在2021年两会上共提交大会发言2件，党派提案4件，界别提案1件，委员个人提案19件。其中，市委会《关于建立健全毕节市生态产品价值实现机制的提案》获市委主要领导领衔督办；《关于加强我市公共卫生防疫体系建设的提案》获得市政府分管副市长丹彤领衔督办；党员高新岑《关于积极发展我市学前教育的提案》获时任市委副书记、市长杨昌鹏领衔督办；党员李启英《关于重视农业生产活动中化学农药安全的提案》获得市政府分管副市长李玉平领衔督办。组织开展《毕节市林下经济发展情况》《毕节市倒天河廊道景观水质改善》《毕节市农用地土壤重金属污染防治调研》《切入食药物质产业链助推高质量发展》《基层医疗机构疫情防控》《毕节市重性精神病患者社会保障》等调研并形成调研报告；重点课题调研报告《绿水青山转化为金山银山实践路径及措施研究》获得农工党省委采用作为2022年省政协大会发言，并得到省政协副主席、农工党贵州省委主委张光奇的签批肯定；对大方县同心圆博爱家园精准项目民主监督调研报告得到省政协副主席、农工党贵州省委主委张光奇的签批肯定；党员高新岑执笔《毕节市政协主席会议监督视察赤水河流域毕节段生态环境保护情况的报告》《全市推进人力资源开发情况调研报告》分别获得签批。三是民主监督精准发力。按照中共毕节市委统战部关于印发《支持市级各民主党派、工商联开展统一战线帮扶项目专项民主监督的工作方案》要求，与中共大方县委统战部密切配合，积极探索创新监督方式，对农工党中央及全国各级组织助力大方县打赢脱贫攻坚战中，在大方县45个深度贫困村全面实施的“同心圆博爱家园精准扶贫项目”的民主监督工作有序开展。农工党市委与大方县委统战部、农工党大方县工委组成工作组，开展监督调研5次，深入对八堡乡、兴隆乡、绿塘乡、鼎新乡、羊场镇等10个乡镇21个村进行生计金使用及发放情况监督调研，并走访18户生计金受益农户，对调研中发现的问题与有关乡镇主要领导召开协商座谈会5次。共提出意见及建议21条。并形成《关于对大方县同心圆博爱家园精准项目民主监督的调研报告》向大方县委、县政府进行反馈，并上报农工党省委。得到省政协副主席、农工党贵州省委主委张光奇的签批肯定。参加市政协“毕节市政协主席会议监督视察赤水河流域毕节段生态环境保护情况”“全市农村饮水安全”等监督性视察和政协常委会视察。四是社会服务成效突出。扎实开展中共党史学习教育，在“学党史、办实事”上见行见效，全年，围绕统一战线巩固拓展脱贫攻坚助推乡村振兴探路子相关工作，开展调研、健康扶贫、教育扶贫、产业扶贫、春节慰问等活动20次。医疗健康方面。组织医疗专家42人次赴大方县羊场镇卫生院开展带教查房、坐诊14次，受益群众500余人；联系捐赠价值1.9万元医疗设备；联系上级医院培训该院医务人员跟师带教1人。在大方、七星关区、赫章、威宁部分易地扶贫搬迁安置点开展“学史力行，我为群众送健康”系列活动4次，组织医疗专家63人次开展义诊，受益群众2350余人次，咨询服务1500余人次，开展健康知识讲座4场，受益群众230余人；开展基层医务人员能力提升培训2场，共培训50人，发放各类宣传手册4000余份，发放药品价值约10万元。在市直医疗机构举办“医护仁心——行医路上的情与法”专题培训活动中，培训医务人员200余人。定点帮扶工作方面。一年来，领导班子成员多次到乡村振兴联系点大方县羊场镇调研帮扶工作，帮助乡镇在巩固拓展脱贫攻坚成果同乡村振兴有效衔接献策出力。特邀市中药材种植专家赴乡村振兴联系点大方县羊场镇新田村对中药材种植进行病虫害预防指导。助力教育方面。协调爱尔眼科医院向大方县羊场镇坪坝小学捐赠价值13000元的体育设施和用品，同时请医院专家为坪坝小学、镇中心小学1832名学生进行视力监测，开展青少年近视防治健康知识讲座2场。联系协调农工党上海市委到毕节市高职院校开展毕业生就业调研，并与毕节市职院和医专等院校达成毕业生赴上海实习就业初步意向。公益活动方面。赴大方县羊场镇新田村、朱仲河村、陇公村开展春节慰问贫困群众30户，发放慰问物资价值8000余元。组织农工党员积极参与“9·9”公益日活动，共捐款1万余元。

2. 参与配合农工党中央及全国各级组织定点扶贫大方县工作。2021年，农工党中央和各级地方组织42批、538人赴大方开展帮扶活动，直接投入或协调资金1385.445万元助推大方县乡村振兴工作。一是医疗事业方面，共争取帮扶资金、医疗设备及药品捐赠折款共计743.615万元。其中医疗帮扶资金30万元，医疗设备价值710.435万元，药品价值3.18万元。二是教育事业方面，共争取教育扶贫资金、教育帮扶物资共计571.14万元。其中援建学校355.63万元、教育扶贫资金32.9万元、教育帮扶物资折款182.61万元。三是智力扶贫方面，争取农工党中央举办“农业养殖技术专题培训讲座”培训养殖技术人员1117人。争取在上海复旦大学举办“大方县2021年乡村振兴（上海）干部专题培训班”、在大方举办“助力乡村振兴政策辅导培训班”和“农业职业健康培训班”，3个班次共计培训县乡村干部133人。争取农工党江西省委会在达溪镇培训新的社会阶层人士45人。争取农工党浙江省委会培训大方县中小企业负责人10名。争取农工党中央助力大方县文化振兴，帮助培训美术人才21名，音乐人才31名。四是其他帮扶方面，争取农工党江苏省委会捐赠39万元助力巩固拓展脱贫攻坚成果同乡村振兴有效衔接工作。争取7.19万元资金及物资对困难群众进行慰问。争取农工党贵州省委会协调省民宗委为羊场镇龙井村解决4万元文化健身广场建设经费。争取农工党海南省委会向果瓦乡3户特困供养户捐助10.5万元建房资金。争取农工党福建省委会向大方县同心圆博爱家园项目注入生计金10万元。

【工作表彰情况】　2021年，通过全体党员的共同努力，市委会获中央统战部和各民主党派中央、全国工商联联合开展的“各民主党派、工商联、无党派人士全面建成小康社会作贡献”先进集体表彰；农工党中央脱贫攻坚民主监督工作先进集体表彰；农工党中央脱贫攻坚工作先进集体表彰；农工党中央2021年度《前进论坛》发行工作先进单位表彰；获国家机关事务管理局、中共中央直属机关事务管理局、国家发展和改革委员会、财政部授予“节约型机关”称号；获农工党贵州省委授予2021年度市（州）级组织服务高质量发展工作考评特等奖；毕节市市直目标考核2020年度一等奖；农工党贵州省委举办的庆祝中国共产党成立100周年——“在共产党的旗帜下”讲述活动“组织奖”；选送的作品《守初心，担使命　同心同行战疫情》获二等奖；作品《托起百万大方人的高铁梦》获三等奖。党员辜康乐、刘发志、周登印、王若鹏、杨春龙、吴浩、宋韵、王琳、王芳、吴雪瑞获农工党中央2021年度“农工党中央脱贫攻坚工作先进个人”表彰；党员高新岑获农工党中央2020年度“农工党脱贫攻坚民主监督工作先进个人”表彰；党员穆燕、毛素丹、谢娇分别获农工党省委“庆祝中国共产党成立100周年”“在共产党的旗帜下”讲述活动一、二、三等奖。

（撰稿：高新岑）

致公党毕节市工作委员会

【加强思想政治建设】　致公党毕节市工委始终坚持以习近平新时代中国特色社会主义思想为指导，把政治理论学习作为首要任务，点面结合、突出重点，开展形式多样学习活动，提高班子成员和党员的政治判断力、政治领悟力、政治执行力，提高政治认同、道路认同、理论认同、情感认同。

1. 加强政治理论学习。把习近平新时代中国特色社会主义思想、习近平总书记“七一”重要讲话精神、习近平总书记视察贵州重要讲话和对贵州对毕节工作重要指示批示精神等作为主委会第一议题，不断提高班子成员的政治理论水平和工作能力。此外，还多次召开全委（扩大）会议专题学习中国共产党百年奋斗史、十九届六中全会精神和《中共中央关于党的百年奋斗重大成就和历史经验的决议》《中国共产党统一战线工作条例》，学习贯彻落实致公党中央十五届四中全会精神、致公党中央十五届十八次常委扩大会议精神、中共贵州省委十二届十次全会精神、中共毕节市委二届十一次全会精神、致公党贵州省委会五届六次全会精神。做到学以致用，有效提升了党员思想政治理论基础，不断增强“四个意识”、坚定“四个自信”、做到“两个维护”。

2. 积极参加培训活动。积极组织19名党员参加致公党贵州省委会组织的骨干党员培训班、新党员培训班，拓展和加深党员对党派工作和统一战线的认识，提升党员建言资政能力水平；3名新任班子成员参加市（州）级民主党派组织领导班子成员进修班，思想政治素养，参政议政、合作共事能力得到提升，为致公党毕节市工委参与毕节市贯彻新发展理念示范区建设提供领导力保障。

3. 深入开展主题教育。组织全市致公党党员参加“重走长征路奋进新时代”“在中国共产党的旗帜下多党合作历史”“中共党史学习教育”“牢记殷切嘱托、忠诚干净担当、喜迎建党百年”等5次专题教育现场活动，参加活动党员共计273人次。在“学习中共百年党史·重温红色文化”中，市工委专程邀请致公党中央宣传部干部、七星关区朱昌镇双堰社区第一书记潘之源结合自身工作实际为骨干党员、新党员授课；在“学习中共党史　坚定理想信念”知识竞赛中获省委会颁发的“优秀组织奖”。

【强化组织自身建设】　在中共毕节市委、致公党贵州省委会的坚强领导下，完成毕节市工委换届工作，选举产生了新一届致公党毕节市工委委员、领导班子，强化了领导能力。市工委获2021年度致公党中央颁发的“中国致公党脱贫攻坚先进集体”，4人获“中国致公党脱贫攻坚先进个人”，1人获“中国致公党脱贫攻坚优秀组织工作者”称号。

1. 不断完善体制机制。新班子上任后，坚持问题导向，找差距补短板，不断完善运行机制体制。一是坚持民主集中制的原则不动摇，完善主委会议事制度，明确主委末位表态议事规则；二是坚持履行一岗双责，明确岗位责任，保稳定控风险，完善三重一大制度，强化大额资金支出监管力度；三是提高机关工作效率，完善办公室管理制度、文件管理制度和党员管理制度。

2. 积极发展壮大组织。为更好服务毕节示范区，召开主委会专题研究党员发展问题，明确班子成员工作任务，2021 度发展新党员 11 名，胜利完成组织发展任务，并实现质量、数量双提升，年末共有 192 名党员（不含七星关区工委）。在党员发展中，做到“四个注意”，一是注意加强积极分子审核，做到优中选优；二是注意突出界别特色，所发展党员全部有“侨海”关系；三是注意广泛性，新党员覆盖教育、医疗、新媒体等行业；四是注意代表性，新党员 8 人具有本科以上学历，且其中一名为博士。

3. 全力加强支部建设。严格遵循致公党贵州省委换届要求，圆满完成 7 个支部换届工作，补齐支部班子成员，充实支部委员队伍，进一步压紧压实支部职责任务，充分发挥“头雁”作用，组织基础得到全面夯实。

【提高参政议政能力】 市工委不断提高参政议政和合作共事能力，全年组织开展各类调查研究 21 次；认真谋思路、积极找办法、审慎提建议，建真言、献良策、出实招，积极投身贯彻新发展理念示范区建设。

1. 广泛开展调查研究。按照致公党中央、致公党贵州省委会调研要求，根据中共毕节市委统一部署，围绕“工业区高质量发展”“乡村振兴示范点发展”以及“新时代统一战线参与毕节试验区建设的重点及路径研究”“加强民主党派作风建设问题研究”等课题，组织党员干部沉下身子，深入一线，扎实开展调查研究并形成调研报告；另外还组织调研撰写《关于进一步激活乡村学校办学活力的建议》《加强农村饮水工程运行管护的建议》《加强毕节市和谐社会建设》等调研报告，为致公党中央、致公党贵州省委会和中共毕节市委工作提供参考。其中《全省畜牧业产业发展情况的调研报告》得到孙诚谊主席的批示和肯定。

2. 加强各级组织协调服务。做好全国政协副主席、致公党中央主席、中国科协主席万钢，致公党中央副主席吕彩霞，贵州省政协副主席、致公党贵州省委主委孙诚谊等率队赴毕开展系列帮扶、调研活动的本地服务工作。参加省委会率队回访致公党广东省各级组织学习先进经验。帮助协调省内外各级致公党组织、各界人士参与毕节乡村振兴示范点帮扶工作，进一步促进往来学习考察，进一步促进经验交流，进一步促进东西部协作。

3. 切实当好好参谋、好助手。市工委聚焦巩固拓展脱贫攻坚成果同乡村振兴有效衔接、围绕“四新”主攻“四化”和招商引资等重点工作，通过中共毕节市委统战部报送的《致公党中央创新“四共模式”实现“四个留下”聚力朱昌镇打造乡村振兴示范点》工作简报获得全国政协副主席、致公党中央主席万钢的“深入社区，集中力量，形成乡村振兴新模式”批示后，相继得到致公党中央常务副主席蒋作君，中共贵州省委常委、毕节市委书记吴强的批示和高度肯定。吴强书记亲自率队到示范点调研，并指示将全市统一战线巩固拓展脱贫攻坚成果全面开启乡村振兴工作现场观摩会场定于朱昌镇双堰社区。针对全市诉前调解工作情况调研并撰写的《加强调解员队伍建设进一步做好诉前调解工作》，获得中共贵州省委常委、毕节市委书记吴强的批示。以党派名义提交《关于加强我市孤独症儿童康复教育的建议》《关于提高城市园林绿化水平的建议》等政协提案 4 件，以党员个人名义提交《关于地摊经济要火也要规范》《关于减轻教师非教学负担工作的建议》等政协提案 27 件，其中《持续优化营商环境　支持民营企业改革发展》在市政协二届五次全会上作大会发言。

【提升社会服务水平】 市工委在致公党贵州省委的坚强领导下，主动对接省内外各级致公党组织，全力争取帮扶项目，紧紧依靠市工委所有致公党党员，努力探索产业发展新思路，全心投入社会服务，在毕节乡村振兴中做政府“好帮手”，书写致公党党员新形象。

1. 续写友好共建新篇章。在致公党贵州省委的帮助下，充分发挥对口帮扶优势作用，与致公党广州市委结成友好共建关系，积极协调致公党中央、致公党上海市委会、致公党广州市委会、致公党佛山市委会在七星关区捐赠致公科普中心、一次性防护口罩、教学一体机、羽绒服等物资共计价值110.4万元；协调引进广州农特产品生产加工企业赴毕节考察，积极推动大白萝卜、刺梨、辣椒、茶叶、天麻等极具毕节特色的农特产品进入广州市场，实现本地农特产品产销衔接，助力全市农业产业高质量发展。

2. 创建乡村振兴新样本。市工委抢抓帮扶机遇，紧抓落实致公党中央在七星关区针对产业、教育、医疗、公益、电商五个方面展开的多个乡村振兴帮扶项目的实施。年底，除双堰社区100亩经果林种植项目因批地手续尚未完善未实施外，其余项目均实施完毕。帮助朱昌“乌蒙玄凤”养殖基地创新“一体两翼三支点”办法，即以养殖为主体，以数字化、生态化为两翼，以联手养殖、联合投入、联组销售为支点，打破传统养殖业发展障碍，市工委在倾力协助“乌蒙玄凤”产业发展的同时，积极对接中国民生银行毕节分行、荣贵集团和党员企业帮助其拓展销路，目前，乌蒙玄凤养殖基地乌骨鸡存栏1.6万羽，预计年出栏4.6万羽，年产值550万元。积极参与致公党中央服务部赴毕节开展宜居农房建设试点调研，推动七星关区朱昌镇双堰社区进行数字社区建设和美丽乡村示范点建设，朱昌镇双堰社区在致公党中央及地方的共同努力下，走出一条民富、村强、生态美的产业发展新路，为毕节实施乡村振兴战略提供可示范、可复制的新样本。

3. 探索帮扶服务新模式。积极响应致公党贵州省委会的号召，聚焦“致力黔行”帮扶品牌，持续推动“致公文明超市”“致福教育”“致福医疗”“致福足球”等工作的开展。在乡村治理上，积极推进“致公文明超市”建设，2021年在七星关区朱昌镇宋伍社区、螺蛳村，赫章县河镇乡恒底村、发开村建设4个致公文明超市，投入经费4.6万元为致公文明超市购买物资，完善《致公文明超市评分细则》，村民可以通过清扫垃圾、互帮互助等获得文明素质量化积分，在超市兑换生活物资，促进讲文明、促和谐的乡村文明新风气。在法律援助上，与民建毕节市工委一起筛选党派成员中具有律师资格或从事司法工作的同志，组成毕节市统一战线法律服务组，全年在七星关区、金海湖新区、金沙县、赫章县等地提供法律服务8次，群众法律咨询2000余人次，发放相关法律资料9000余份。在人才培训上，坚持“本地人才、本地实训、服务本地”理念，充分发挥致公党员智力资源集中的优势，对接贵州工程应用技术学院信息工程学院教育资源，在朱昌镇螺蛳村建设“数字小院”，创新探索“村、校、企”人才共育新模式。在产业帮扶上，多次带领双堰社区党总支书记、第一书记以及毕节当地各类企业代表外出调研取经。积极对接四川商会、毕节汽车行业协会参与双堰社区乡村振兴示范点产业发展工作。协调贵州盈农连通农业科技有限公司到双堰社区种植100亩花菜，预计产值60万元。积极联系贵州炬晟半导体有限公司实施双堰社区亮化工程，安装路灯205盏共计价值36万元。与星力集团对接解决双堰社区农产品销售问题，携手助力七星关区朱昌镇双堰社区推进乡村振兴示范点建设工作。在教育帮扶上，成功协调七星关区思源学校致公科普中心转到毕节市第六小学，改造朱昌中学智慧教室的照明，在朱昌小学、螺蛳村小学、宋伍小学、茅坪小学共挑选

150名男女学生进行足球训练，致福慈善基金会拨款7.8万元专项经费用于购买训练装备、训练器材，邀请市内4名知名足球教练每周2次到校利用下午放学时间开展足球培训，切实提升学生综合能力，培养学生的拼搏意识和团队合作精神，推动乡村小学体育活动的有效开展。在医疗帮扶上，市工委联合毕节市红十字会向海子街卫生院捐赠价值2.08万元的幽门螺旋杆菌测定仪；组织党员医疗专家到金海湖新区双山镇开展送诊下乡，为500余名群众进行义诊并赠送免费药品，扎实推动巩固拓展脱贫攻坚成果和乡村振兴有效衔接。

4. 拓展“我为群众办实事”新思路。围绕“致力为公、侨海报国”宗旨，始终把人民群众的需求作为工作重点，发挥党派侨海资源优势，通过走访调研摸清发展中的问题，以“我为群众办实事”系列活动为载体，切实开展对口帮扶工作。联系党员为螺蛳村、“同心活水”工程捐赠共计2.33万元的办公用品和项目资金；从市工委工作经费中节约10.91万元，为朱昌镇双堰社区、宋伍社区、螺蛳村、野角乡茅坪村、岔河镇、田坝镇6个帮扶点120户村民发放春节慰问物资和帮助双堰社区、螺蛳村购买产业设施设备、种子等物资助力乡村振兴示范点建设。

【积极参与省委会工作】 市工委在新一届领导班子的带领下，积极配合省委会工作，按时参加致公党省委会常委（扩大）会、全会等重要会议；坚决贯彻执行省委会各项安排部署，落细落实有关工作。

1. 积极发动。积极组织党员干部参加致公党贵州省委会主办的“重走长征路奋进新时代”“在中国共产党的旗帜下多党合作历史”“学习中共百年党史·重温红色文化”“同心筑梦跟党走 携手迈向新征程”等重要活动，积极组织新党员参加省委会统一培训；积极组织表达能力好、文字功底强的党员干部成功申报“贵州在乡村振兴上开新局的策略研究”“我省乡村振兴面临的主要问题及对策建议”等致公党省委会招标课题6个。

2. 主动发声。市工委紧扣中心，服务大局，向党员积极宣传致公党中央、致公党贵州省委发展进程中的新举措、新成就、新经验和新发展，充分发挥好基层组织和党员的作用，发出“致公声音”，确保宣传信息工作出新成果，2021年累计向“贵州致公”微信公众号报送宣传信息16篇，向中共毕节市委统战部公众号推送宣传信息、图说61条。

3. 全面发力。积极响应省委会号召，在各专门委员会调研、产业、东西部协作、医疗、教育等方面全面发力，整合社会资源，积极参加教育与科技委员会、社会服务与发展委员会、党内监督委员会考察调研。帮助协调解决草莓基地实施道路硬化问题。对接协调贵阳市、赫章县、威宁县等地相关部门，促成双堰草莓、“乌蒙玄凤”乌鸡走向市场，走进超市，成功引进北京中菌菌业有限公司、贵州清菇娘农业科技有限公司到毕节市赫章县辅处乡、威宁县猴场镇、二塘镇、东方镇等地种植食用菌，共落地项目资金650万元，另有1150万元资金项目处于规划中，帮助解决当地1800人就业问题，近半年人均增收8000元，贵州省政协副主席、致公党贵州省委主委孙诚谊亲自为致公党省委会和北京中菌菌业有限公司共同打造的“贵州致公助推乡村振兴食用菌产业示范基地”揭牌；协助致公党贵州省委会在赫章县铁匠乡处卓村安装路灯28盏共计价值5万元，购买5万元超市物资帮助当地建设致公文明超市；深入致公党员企业贵州金沙古酒酒业有限公司生产车间调研，配合省委会牵线带动党员企业积极参与全省统一战线工作，助推金沙县白酒品牌打响市场。协调中国书法家协会中央国家机关分会有关专家到七星关区第四中学开展中小学生教师书法、音乐等专题培训讲座，共培训师生300余人；与七星关区工委一同完成致公党上海市委会、致公党贵州省委会在七星关区联合举办的“2021年西部地区乡村干部和农技人员培训班”，共培训各乡镇农业服务中心负责人、农技人员、种植养殖大户40余人。积极配合做好贵州省阿尔茨海默病防治协会在毕节市第一人民医院组织“贵州省痴呆与认知障碍诊疗规范化”专题培训相关工作，全市共有近300名医生护士参与培训。

（供稿：致公党毕节市工作委员会）

九三学社毕节市委员会

【概述】 2021年，九三学社毕节市委员会在九三学社贵州省委和中共毕节市委的领导下，继承和发扬九三学社优良传统，以习近平总书记对贵州对毕节重要指示批示精神为引领，改革创新、求真务实，突出重点、统筹推进，为助推全市脱贫攻坚与乡村振兴有效衔接作出应有贡献。

【扎实开展党史社史等理论学习】 通过主委会、全委会议、社员组织生活会等引领全市社基层组织和机关深入学习贯彻习近平总书记重要讲话精神，学习领会统战工作条例和各民主党派中央“四个纪要”等精神，引领全市广大社员旗帜鲜明讲政治，自觉从思想上、行动上与中共中央保持高度一致，努力增强“四个意识”、坚定“四个自信”、做到“两个维护”。

【开展各项学习活动】 积极组织社员参加九三学社庆祝中国共产党成立100周年征文、党史答题、线上文艺展演、演讲比赛、党史学习教育宣讲、拍摄“永远跟党走”主题视频、集中观看红色教育影片等活动，营造浓厚氛围，积极扩大社会影响，传播正能量。市社员在社中央征文活动获二等奖，成为九三学社组织全省唯一市州获奖征文。

【全方位宣传和展示九三风貌】 一是动员全体社员安装和使用“社员之家”APP，在职社员安装使用率达到100%。二是加强社毕节市委宣传平台建设，扩大社市委社会影响。2021年，微信公众号发布信息71篇，总点击量达8200余次。九三学社毕节市委信息获得九三学社2021年全国优秀作品一等奖1篇，在《贵州日报》天眼新闻发表5篇，《省政协报》发表6篇，九三学社中央网站发表40篇，团结报团结网1篇，相关新闻在毕节电视台、《毕节日报》《毕节试验区》杂志共报道5次。

【做好威宁九三中学素能提升项目】 采取“三建一进”模式协助九三学社各级组织在九三中学援建科技馆、创客教室、科学家直播教室，开展科学家进校园活动。该校2021年获得贵州省级人工智能竞赛奖项23个；威宁县中小学生合唱比赛一等奖；管乐团被特邀参加全县中小学生艺术展演活动，校足球队获得全县中学生足球联赛男子第一名、女子第二名的好成绩。该项目2021年11月5日获得九三学社中央副主席丛斌签批。

【巩固做好威宁九三名医服务站项目】 2021年，组织广东、上海、浙江等省市及省内名医专家开展义诊、带教活动18场次，选派专家107人次，发放药品价值3万余元，服务群众3000余人。

【主动谋划争取支持项目】 协助九三学社中央及各级组织谋划的计划项目有4个，新增项目12个，跟踪项目1个；涉及帮扶资金412.7万元，开展专题讲座近30场，覆盖学校6所，惠及师生4278人，惠及医生110人、畜牧养殖人员30余人、中草药种植相关人员20余人，开展义诊活动服务群众500余人。

【开展党派课题调研】 全市各基层组织申报调

研课题12个，向九三学社贵州省委申报调研课题1个。在省政协会议上提交提案2件，在市政协会议上提交大会发言2件、党派提案5件、个人提案21件。参与撰写的《关于毕节市诉前调解工作专题协商情况的报告》获得中共贵州省委常委、毕节市委书记吴强签批。

【强化警示教育，加强廉政建设】 开展好警示教育活动。把警示教育结合全市干部作风教育大整顿工作，组织广大社员干部80余人到毕节市廉政教育基地接受教育，现场谈感受、谈认识，强化警示教育的震慑作用。截至年底，毕节市委共开展警示教育3场，受教育200余人。

加强内部监督力度。通过监督委员会监督各基层组织自觉贯彻落实中央、省委、市委的决策部署，不发表不当言论，不散播谣言，全力支持中共党风廉政建设和反腐败工作的开展，自觉接受各级纪检监察部门的监督，定期开展社员思想动态分析。

【抓好规章制度建设，提高机关工作水平】 不断健全规章制度。委员会自查拟需要建立、创新和完善的体制机制8个，其中涉及全市社组织层面需要完善的制度2个，机关需要完善的制度6个。在工作职责、工作规程方面进一步作了完善，健全了会议工作规程、专门委员会通则、机关公文处理工作规定等制度。

强化规范管理。进一步规范政策制定、公文起草、信息报送、承办事项的办理流程，健全完善机关内部管理制度，将严格、严谨、细致、规范、高效的要求落实到各项工作中。全年高质量拟写各类上报材料148个，发文发函163个，拟写文件163个，处理文件79个。

（供稿：九三学社毕节市委员会）

群众团体

工 会

【概述】 2021年，在市委的坚强领导和省总工会的正确指导下，全市各级工会坚持以习近平新时代中国特色社会主义思想为指导，认真贯彻落实党中央、省委、市委和省总决策部署，以庆祝中国共产党成立100周年为主线，以党史学习教育为动力，团结动员全市广大职工立足新发展阶段、贯彻新发展理念、构建新发展格局、推动高质量发展，积极主动地开展各项工作，为推动新时代毕节高质量发展作出了积极贡献。

【强化思想政治引领】 一是持续加强理论武装。深入学习贯彻习近平新时代中国特色社会主义思想、习近平总书记视察贵州重要讲话精神以及习近平总书记对贵州对毕节重要指示批示精神，中共十九大和十九届六次全会精神，省委十二届十次全会精神，市第三次党代会精神，省总工会十四届六次、七次全委会议精神，衷心拥护“两个确立”，忠诚践行“两个维护”，在思想上政治上行动上同以习近平同志为核心的党中央保持高度一致。二是抓好党史学习教育。紧紧围绕“学史明理、学史增信、学史崇德、学史力行”目标要求，统筹推进“牢记殷切嘱托、忠诚干净担当、喜迎建党百年”专题教育。市总工会共开展党史学习教育集中学习14次、专题学习研讨8次、专题党课6次、专题宣讲18场、现场教育4次、专题组织生活会1次、警示教育3次、先进典型教育1次，投入380余万元，办实事14件，惠及职工群众6000余人。全市各级工会也积极推进党史学习教育，做到学习教育常态化长效化，认真开展“我为群众办实事”实践活动，党员干部初心使命和理想信念进一步筑牢。三是抓实意识形态工作。认真落实意识形态工作责任制、网络意识形态工作责任制，按照“十个纳入”“十个必查”工作机制，抓好意识形态工作。加强与中工网、《工人日报》等网络报刊合作，实现舆情监测常态化、长效化，《贵州日报》等媒体集体宣传报道市总工会经验3篇。开展新时代工人（职工）讲习活动926场次，承担好团结引导广大职工听党话、感党恩、跟党走的政治责任。四是发挥先进典型示范引领作用。组织开展2021年万名贵州省“最美劳动者”选树宣传活动，龙恩碧等1175名干部职工获得“最美劳动者”称号；李立获全国五一劳动奖章、百里杜鹃管理区矿山救护队有限责任公司三小队获得工人先锋号；获得贵州省五一劳动奖状2个、五一劳动奖章8名，工人先锋号9个；推荐5名省部级以上劳模参加上级工会组织的疗休养，组织28名黔酒茶绣工匠、脱贫攻坚第一书记、先进医务人员、优秀技术工人疗休养。

【开展劳动和技能竞赛】 大力弘扬劳模精神、劳动精神、工匠精神和新时代贵州精神，围绕“四新”主攻“四化”，广泛深入开展“建功‘十四五’、奋进新征程”主题劳动和技能竞赛，2021年，市、县（区）总工会开展竞赛37场次，10738名职工参与；1544家企业、3625个班组、115670名职工参与“美丽毕节”绿色增效劳动竞赛活动。

【助力巩固脱贫攻坚成果同乡村振兴有效衔接】 继续实施“新市民·追梦桥”工程，深入推进“建工会·促就业”行动。全市易地扶贫搬迁集中安置点全部建立工会组织，发展工会会员6万余人；开展“护工就业”技能培训18场次，培训938人次；筹集资金182万余元，帮扶易地搬迁安置点困难农民工633人次；筹集资金36.53万元，慰问易地搬迁安置点困难会员1460人次；对12家工匠场和扶贫车间，拨付助优基金12万元。

【激发广大职工创新创造活力】 深入开展技术革新等群众性经济技术创新活动，征集职工“五小”优秀创新成果132项，其中2项获省级三等奖，3项获优秀奖。

【职工素质提升】 一是抓好产业工人队伍建设改革。将2021年作为“产业工人队伍建设改革深化年”，根据市委办印发《关于深入推进新时期毕节产业工人队伍建设改革工作的通知》要求，组织召开调度会，积极推进产业工人队伍建设改革项目试点工作。二是打造工匠品牌。与人社等相关部门联合认定毕节市第一届“毕节工匠”10625名；大力推进“黔酒茶绣工匠”培育、选树工作，杨晓珍等3人获评黔酒茶绣工匠，市总工会兼职副主席李卫东参评“大国工匠”；2021年，新创建劳模和工匠人才创新工作室17个，工匠场18个，张礼强等4个工作室获贵州省劳模和工匠人才创新工作室。三是深化主题宣传教育。积极开展“中国梦·劳动美——永远跟党走、奋进新征程”系列文体活动。积极参加省总工会组织的研讨征文、短视频征集等活动，获二等奖1名、三等奖3名，市总工会获“优秀组织奖”。

【精准普惠服务】 广泛开展全市职工体育活动，市总工会被授予“2017—2020年全国群众体育先进单位”称号。全市会员实名信息已采集入库788525条，居全省第一；工会组织信息已采集入库5287条，排全省第二。做好工会联系引导社会组织服务职工工作，“爱心纳雍”推荐至全国总工会参评优秀项目。发放工会会员普惠卡27万余张，覆盖单位1200余家。全市共988个基层工会组织119491名职工参与医疗互助活动，累计为909人次，患病职工发放互助金645.22万元。打造城区户外劳动者服务站示范点，七星关区毕节交运集团户外劳动者服务站等10个站点获全国示范点，威宁县西城花园站户外劳动者服务站等8个站点获省级示范点，补助经费20万元，打造提升40个市级示范点。推进全市服务职工综合体建设和职工生活幸福企业创建工作，黔西电厂被评为2021年贵州省“提升职工生活品质示范企业”。加强对口帮扶协作，争取广州市总工会帮扶资金55万元。投入资金105万余元，为全市公交系统1500余名职工提供免费体检、健康咨询服务。

【维护职工权益】 一是深入推进和谐劳动关系创建和集体协商工作。全市各级工会聘请集体协商指导员16名，培育10家劳动关系和谐企业，黔西华晨医院等3家企业获省级劳动关系和谐企业。二是深入推进企事业单位民主管理工作。全市国有企业厂务公开、董事会监事会、职代会建制率100%；集体企业厂务公开建制率100%；非公企业实行厂务公开建制率95.7%。三是深入推进促就业工作。开展“春风行动”等线下招聘活动26场，同步开展线上招聘活动，提供就业岗位40000余个。其中，与广州市总工会、市人社局等举办大型招聘会，提供岗位9850个，1000余名应届生与企业达成就业意向。四是深入推进维护职工合法权益工作。充分利用“新长征·贵州工会云”维权站等平台，接待职工来访、来信、来电和网上信访案件80批次，涉及88人，100%予以受理，与法院和劳动仲裁院联合开展职工维权服务41次。

（撰稿人：胡　映）

共青团毕节市委

【强化理论武装，不断提升理论素养和履职能力】

1. 注重理论素养提升。班子成员始终坚持用科学理论武装自己，通过个人自学、集中学习研讨、干部职工学习等方式，认真学习习近平新时代中国特色社会主义思想和中共十九大、十九届六中全会精神，学习贯彻习近平总书记视察贵州重要讲话精神、对贵州毕节重要指示批示精神，认真学习贯彻落实省委、市委相关会议精神，共召开理论学习中心组集中学习研讨会11次，撰写发言材料40余篇。召开干部职工学习会30余次。同时充分利用“学习强国”学习平台，组织机关党员干部开展线上学习，坚持“每日必做”。班子成员带头深入基层宣讲3次。通过政治理论学习，不断提升班子整体政治素养。在做好理论学习的同时，认真学习业务知识，认真组织开展学习习近平总书记“五四”寄语精神、“六一”寄语精神，团十八届四中全会精神和团省十四届五次（全委）扩大会议精神，一年来，班子成员结合重点工作，认真选题、深入开展调研，撰写调研文章3篇。

2. 注重党性修养提升。认真学习《党章》《中国共产党纪律处分条例》《关于新形势下党内政治生活的若干准则》《中国共产党问责条例》《中国共产党党内监督条例》《中国共产党支部工作条例（试行）》《中华人民共和国民法典》、中央八项规定及其实施细则精神、省委市委十项规定、相关党纪党规等，组织机关全体党员干部分别赴贵州抗日救国军司令部、赫章县哲庄坝红军战斗遗址、黔西市大关镇丘林村、毕节海雀文朝荣党性教育基地开展主题教育活动，通过参观教育、回顾红色历史，弘扬革命传统，激发干部职工干事创业激情，提高干部职工守初心、担使命的责任意识。

【全面加强党的建设，强化政治堡垒作用】

1. 坚持民主集中制。始终坚持民主集中制，重大事项充分讨论、集体研究、集体决策，杜绝个人行为和“一言堂”，严格执行回避、末位发言等制度。认真落实“三重一大”事项议事决策规定，全年向市纪委市监委派驻第四纪检监察组报备“三重一大”事项12件，邀请纪检监察组负责同志参会8次。

2. 全面履行全面从严治党主体责任。注重研究部署。书记班子将党风廉政建设工作与共青团业务工作同部署、同落实，年初召开专题会议研究全面从严治党、推进党风廉政建设和反腐败工作，对2021年党风廉政及反腐败工作进行全面部署。研究制定《2021年团市委落实全面从严治党主体责任工作方案》，制定责任清单。年终召开专题会议听取全年党风廉政建设工作总结。注重“一把手”履行主体责任。做到重要工作亲自部署，重大问题亲自过问，重点环节亲自协调。注重班子成员履行“一岗双责”。班子成员自觉将党风廉政建设与业务工作结合起来，对分管范围内的党风廉政建设工作进行经常性自查，半年和全年2次对履行“一岗双责”工作情况进行汇报。注重廉洁自律。班子成员从自身做起，严于律已，廉洁从政，带头遵守党风廉政建设各项规定。切实加强对活动的统筹领导。领导下基层调研大幅度增加，大力倡导勤俭节约，从严控制各类会议，严肃会风会纪，不断提高会议质量和效率，精简各类文件简报。2021年团市委印发的规范性文件20件，均未出现明显差错，召开全市性会议零次，开展督查检查零次。坚决执行《贵州省公务活动全面禁酒的规定》，2021年无任何违规用酒情况发生，酒类制品为“零库存”。深入推进“三管”活动，深入开展干部违规参与茅台酒经营问题自查清理工作、天价烟排查、领导干部违规办理升学宴等自查工作，年底，均未发现任何违规情况。加大对元旦、春节、清明节、“五一”、端午节、国庆节等关键节点“四风”问题自查力度，确保机关党员干部廉洁过节。注重常态化约谈。运用监督执纪“四种形态”，深入推进干部约谈常态化，层层开展约谈，层层压实责任，2021年开展机关干部集中谈话2次，开展常态化约谈干部3人次，开展干部谈心谈话20余人次。注重权力运行监督。将团委中层干部、部室负责人及重点工作所涉及的服务对象纳入决策参与范围，并按时报备权力运行清单。认真落实党务公开制度，动态调整更新公开目录及公开内容，充分借助团市委“两微一网”进行公开。注重廉政风险防范。及时组织干部职工查找廉政风险点，并有针对性地制定防范措施，杜绝共青团工作“无钱无权无风险”的片面观念，将“软”任务化为“硬”指标，建立健全教育、制度、监督于一体的有效防控廉政风险新机制。

3. 加强机关干部队伍建设。以鲜明的选人用人导向激励干事创业，严格执行《干部任用条例》。一是充实机关力量。按照人岗相适、竞争择优的原则，多渠道、多层次补充人员，2021年从县有关部门和乡镇选用5人到团市委机关挂职锻炼。二是严格选拔任用。认真落实《党政领导干部选拔任用工作条例》《公务员职务与职级并行规定》，充分考虑“干部结构、职位（职级）空缺、条件成熟”三个因素，向组织推荐进一步使用正科级干部2名、副科级干部2名。三是组织学习培训。坚持“请进来”和“送出去”相结合，制定年度学习计划，通过专家讲学、交流促学等方式，促进干部职工理论水平、综合素质和工作能力提升。

4. 加强党支部建设。常态化开展“两学一做”学习教育实践，深入学习习近平总书记关于制止餐饮浪费行为、防范化解重大风险等重要指示批示精神、党纪党规、法律法规，以“三会一课”、主题党日、警示教育活动、志愿服务活动等形式加强党支部建设。全年规范开展“三会一课”、主题党日活动、支部学习会议等组织生活30余次，主要领导上党课1次。组织召开党史学习教育专题组织生活会，从严做好党员教育培训工作。

5. 深入推进党史学习教育。一是成立专班机构，建立工作领导小组，下设四个工作组，制定任务分解清单。二是及时召开毕节共青团党史学习教育动员部署大会，把思想和行动统一到习近平总书记重要讲话精神和党中央决策部署上来。三是加强对全市共青团系统的指导，印发党史学习教育系列工作方案，印发工作提示8期。四是围绕党史学习教育重点内容，组织机关党员干部全身心投入，静下心来，认真学习，准确把握党的历史发展的主题主线、主流本质，增强历史自觉。开展8次专题学习，撰写学习心得30余篇。五是动员爱心企业开展“志愿呵护·关爱黔行”“交通安全防护学习包”公益活动、“爱心毕节”先天性心脏病救助项目、组织动员100余名农村青年参加2021“多彩贵州·创在乡土”的培训等“我为群众办实事”活动22件。

6. 扎实开展干部作风教育大整顿。严格按照中共毕节市委干部作风教育大整顿启动会议精神、《毕节市干部作风教育大整顿工作方案》等相关要求，通过集中学习和自学相结合，提高全体干部职工政治理论知识和业务知识水平。开展集中学习2次，覆盖22人次。围绕“6个叩问”18种问题深入查摆。截至年底，开展问题检视系统填报培训1次，培训21人。开展自查自纠进行问题检视21人，团市委检视出问题12个，个人检视出问题89个，全部整改结束。

7. 严格落实意识形态工作责任制。严格落实中央、省委和市委关于意识形态工作责任制要求，抓好队伍，守好阵地，切实做到守土有责、守土负责、守土尽责。一是强化组织领导。加强对团市委机关和全市共青团系统意识形态的领导，坚持中心工作与意识形态工作同安排、同部署、同检查，团市委召开2次专题会议研究意识形态工作，传达学习习近平总书记关于意识形态工作重要论述，传达学习意识形态工作重要会议精神和重要文件精神，安排部署意识形态工作。召开1次意识形态工作联席会议，分析研判青年思想领域的突出问题。及时调整意识形态工作领导小组，明确第一责任人和具体负责人，牢牢压实意识形态工作主体责任制。二是加强风险预判。密切关注舆论风险，将意识形态风险评估作为重大决策的重要前置程序，在决策前围绕决策可行性、舆论关注度等方面进行充分分析，预判可能引发的意识形态风险，从源头上抓好风险防范化解工作。三是加强网络意识形态阵地建设。“毕节共青团”微信公众号关注用户有24万余人，发布600余篇文章，于5月、11月市州微信公众号排名中获全省第一名。推出“勿忘国耻，纪念‘九一八’事变90周年”等2篇原创H5，“毕团团邀您数读十九届六中全会公报”等原创MG动画3部。通过对团属新媒体开展自查，清理相关信息共计13条。并结合工作实际制订《庆祝中国共产党成立100周年毕节团市委网络安全保障工作方案》，对网络基础设施、门户网站、电子邮件、团属网络媒体进行自查。

【用新思想武装新时代青年，深化青少年思想引领】 一是强化理论武装。组织市青年讲师团通过思想理论阐释、形势政策解读、党史故事分享、学习感悟交流等方式，在基层一线宣讲20余场次，同时组织团干部带头宣讲，全市800余名团干部开展宣讲，覆盖人数2万余人。组织开展“毕节市青年马克思主义培训班”一期，培训团员青年300人次。二是强化青年大学习。团市委制定工作方案，以全市团干部、团员、青年为主体，以各部室负责人为督学责任人，共同推动团中央“青年大学习网上主题团课”在全市掀起学习热潮。2021年共组织学习30余期，共有300万余人参与。三是强化先进典型选树。切实发挥典型示范引领作用，推荐全市优秀团员、优秀共青团组织、优秀少先队员等参与全国、全省评选，其中获全国优秀共青团干部1名、全国优秀共青团团员1名，五四红旗团委1个；获全省优秀共青团干部6名、优秀共青团员4名、五四红旗团委4个、五四红旗团支部5个，创建省级共青团初中示范校1所，高中共青团示范校1所，中职共青团示范校2所。四是强化仪式教育。将党史学习教育元素融入活动仪式中，全市各级团组织开展250余场“学党史、强信念、跟党走”

集中入团仪式、2000余场“清明祭英烈”活动、1.79万场“请党放心，强国有我”主题队日活动、1.68万场“请党放心，强国有我”主题团日活动。

【聚焦共青团改革和从严治团，提升共青团组织力】 加强共青团基层改革综合试点指导。接团中央《关于确定县域共青团基层组织改革试点地区的通知》后，团市委积极主动向市委分管领导汇报争取关心支持。同时团毕节市委两次主动将县域共青团基层组织改革扩大试点工作及专题培训研讨班情况向市委主要领导汇报获市委主要领导批示。同时印发《毕节共青团基层组织改革综合试点（黔西市、赫章县）工作指导方案》，确保毕节共青团改革综合试点工作稳步推进、取得实效。年底，共总结提炼典型案例5个。同时，积极推动毕节市团的基层组织综合改革通过2021年的市委改革课题，通过常委会会议研究，正积极对接市委办印发。加强团干部队伍建设。采取“专职、挂职、兼职”相结合的方式，选优配强县、乡、村三级团委班子成员，年底，全市共配备专、兼、挂职团干部16316人，并将西部计划志愿者中优秀的党员、团员作为基层团组织的工作力量。年底，市、县两级团的领导机关专职干部配备率为86%，干部在岗率为83%。加强团员队伍建设。严格实行编号制度和团员教育管理制度，控制新发展团员规模、严格入团程序标准，提高团员发展质量。年底，全市团员23.32万人，其中学校领域有团员10.17万人，占总团员数的42.57%；农村领域团员数78372名，占比32.79%。扩大团组织覆盖。加强乡（镇、街道）、村（社区）团的组织建设，在无团组织的建制村（社区）全面建立团支部，年底全覆盖建团。其中建有乡镇（街道）团组织279个，建有村级团支部3398个。加强学校少先队和共青团工作。推进全市少先队基层组织全覆盖，全市中小学建队率为100%。拓展少先队工作阵地，在易地扶贫搬迁安置点建立临时少先大队12个，中队110个，聘请校外辅导员150余人。依托组织的力量强化易扶点少年儿童的思想引领，将共青团领导少先队的工作重心和手臂向基层延伸，更好地发挥引导和服务青少年作用。举办市级少先队辅导员风采大赛，以赛促训，切实提高少先队辅导员队伍的政治素质和履职能力，各县区开展县级辅导员培训班10次1200余人。

【聚焦青少年成长成才，提升共青团服务力】 加强制度建设。建立青年发展联席会议制度，召开毕节市青年发展第二、三次联席会议。加强平台建设。充分发挥“12355”青少年服务平台心理咨询和法律援助核心功能，拓展工作领域，收集和反映青少年的意见呼声。中高考期间，开通心理疏导专栏，积极推出相关信息，帮助考生及其家长解决心理及情绪问题。服务青少年成长。与广州团市委联合，实施“成长计划”希望工程活动，资助贫困家庭100名品学兼优的中小学生，发放奖学金10万元；开展“微心愿”活动，帮助全市100名贫困家庭未成年人实现2万元微心愿。

【做好疫情防控志愿者队伍的储备】 为扎实做好毕节市2021年春季疫情防控工作，共青团毕节市委早策划、早行动，通过微信公众号、报刊等媒体发布招募公告，调动全社会力量积极参与疫情防控工作，短短一个月时间，共招募疫情防控储备志愿者778人。

【实施青年创业就业行动】 搭建“毕节青创”平台，引进15家青创企业入驻，发布农特产品70余种，发布青年创业就业相关信息12期。组织动员100余名农村青年参加2021“多彩贵州·创在乡土”的培训。协助毕节市人社局开展各类招聘会，共386家企业参加招聘，提供51200余个就业岗位。

【开展学业资助】 通过实施金秋圆梦大学、“习酒·我的大学”“中国茅台·国之栋梁”等项目，共资助贫困大学生 2830 名，共计发放助学金 1415 万元。

【开展医疗救助】 实施“爱佑童心”项目，为全市 520 名贫困家庭先天性心脏病儿童进行义诊筛查，符合条件的 70 名患儿分批赴广州接受手术治疗。开展春晖行动千人健步行活动，为 123 名家庭贫困的骨科患者手术解决费用 75 万元。

【开展志智双扶】 新增开办 44 个希望小课堂，固定服务志愿者近 200 名，共计开展志愿服务活动 1000 余次，服务时间 3800 小时，覆盖青少年 6.8 万人次。建设乡村振兴夜校 29 所，累计开课 1829 课时，培训人次达 38651 人，礼聘教师 102 人，登记在册学员 1029 人。建设青年之家阵地 247 个，通过开设义诊室、贫困助学、走访慰问、亲情陪伴、群众维权服务通道等系列活动服务青少年。

【驻村帮扶】 选派两名科级干部到乡镇开展驻村和挂帮工作。落实班子成员轮战制度，到帮扶村调研走访 15 次 210 余户，解决问题 10 个。划拨驻村帮扶经费 4 万元。指导赫章县铁匠乡中井村零问题通过省级验收。

【东西部扶贫协作】 2021 年 9 月，合作两地签订《共青团广州市委员会　共青团毕节市委员会“十四五”时期东西部协作框架协议》，为下一步不断深化青年就业创业、人才交流培养、青少年服务、医疗卫生帮扶、社会公益帮扶等方面达成合作协议。

【创建工作】 为积极参与创文、创卫、创园、创模范城市和创双拥工作，紧扣“雷锋活动月”“我们的节日”等主题，扩大志愿服务影响力。一年来，共组织动员全市各级团组织、社会组织和广大团员青年志愿者开展乡风文明、特殊困难群体关爱、医疗扶助关爱、敬老爱老等形式多样的学雷锋志愿服务活动 400 余次，参与人数 8000 余人，累计服务群众 5 万余人次。

【大生态志愿服务工作】 充分发挥志愿服务在生态文明建设和环境保护中的社会化动员作用，用实际行动践行习近平生态文明思想，推动“绿水青山就是金山银山”理念更加深入人心。结合共青团工作职责，印发《共青团毕节市委关于推进生活垃圾分类宣传志愿服务工作的通知》《2021 年“美丽毕节·生态振兴”青春行动实施方案》《关于实施毕节市“小林长”志愿服务行动的通知》等文件，明确工作目标、工作任务和工作要求等，开展形式多样的志愿服务活动 11 场次。

【“春晖行动·风筝计划”工作】 先后组织召开了毕节共青团“春晖行动·风筝计划”启动部署会、工作推进会，同时印发“春晖行动·风筝计划”重点工作指引，详细分解各个时间节点的任务，为工作开展提供了时间表、路线图、任务单。在做好团省委宣传录入的基础上，主动联系软件开发商，专门开发一套外出务工人员个人信息软件，做到“六个清楚”，为“关键时刻引得回”提供坚强保障。截至年底，毕节市录入系统 2.3 万人，意向引进专业人才 148 名，高校大学生 3000 余名，优秀外出务工乡友 10 余名，意向礼聘乡村振兴智库专家 80 余名。全市共建立了大学生春晖服务社 8 个、春晖社 100 个。

【推进法治毕节创建工作】 开展青年普法志愿者法治文化宣传活动和《中华人民共和国民法典》宣讲，推动全市青年普法志愿者法治文化宣传活动持续深入开展；着力推进法律进学校、进青年，开展了《中华人民共和国宪法》《中华人民共和国未成年人保护法》等与广大青少年密切相关的法律法规。着力提升领导干部宪法意识和法治能力。将学习宪法等法律法规内容纳入理论学习中心组重要内容，积极参加市组织的领导干部庭审旁听和警示教育活动，进一步增强领导干部依法行政意识，提高廉洁自律的自觉性。

（撰稿：张殷培）

妇　联

【概述】　2021 年，市妇联坚持以习近平新时代中国特色社会主义思想为指导，深入学习贯彻中共十九大和十九届历次全会精神，全面贯彻落实习近平总书记视察贵州重要讲话精神以及关于妇女和妇女工作的重要论述，贯彻落实省委十二届十次全会和市委二届十一次全会精神，增强“四个意识”，坚定“四个自信”，做到“两个维护”，围绕市委“11345”工作思路，加强妇女思想政治引领，关爱妇女儿童，深化妇联改革，奋力推进毕节妇女儿童事业高质量发展，团结动员广大妇女为闯新路、开新局、抢新机、出新绩，推动毕节经济社会高质量发展贡献巾帼智慧和力量。

【坚持思想政治引领，团结广大妇女学思悟践】

一是加强政治理论学习。深学笃用习近平新时代中国特色社会主义思想，深入学习贯彻习近平总书记视察贵州重要讲话精神，开展党组理论学习中心组集中学习研讨 11 次、党员大会 16 次，干部职工会议 36 次。二是开展党史学习教育。深入学习贯彻习近平总书记在党史学习教育动员大会上的重要讲话精神，认真落实中央、省和市党史学习教育动员大会精神，开展专题学习 7 次、专题宣讲 6 次、专题培训 1 次、读书活动 1 次。三是开展主题宣传实践活动。开展“巾帼学党史　牢记殷切嘱托　喜迎建党百年——重走长征路 · 迈进新征程”活动；开展“巾帼学党史　寻足迹记嘱托　践初心办实事”主题教育培训；开展庆“三八”“学党史 · 颂党恩　展巾帼风采”文艺演出暨党史知识竞答活动；开展“乡村振兴巾帼行动”——《走向乡村振兴》读书活动；举办 2021 年毕节市“小桔灯”“我讲故事给党听”故事大赛，观看达 20 余万人次。四是强化意识形态工作。落实主体责任，认真履行意识形态“一岗双责”，常态化分析研判意识形态领域新情况，建好管好用好妇联网评网宣员队伍。开展“巾帼心向党　奋进新征程”、“巾帼好网民”、“巾帼正能量　开局好声音”、《唱支山歌给党听》快闪活动等系列宣传活动，通过网站、微信公众号等开展党史学习教育、疫情防控、乡村振兴巾帼行动、“新市民 · 追梦桥”等宣传专栏，发布工作信息 325 条。四是选树妇女先进典型。2021 年推选出全国三八红旗手 1 人、全国三八红旗手标兵 1 人、全国三八红旗集体 1 个，省抗疫三八红旗手 6 人、省抗疫三八红旗集体 3 个。

【坚持围绕中心大局，聚焦高质量发展建功立业】

一是实施“锦绣计划”。联合市民宗局、市工业和信息化局、市文旅局、市乡村振兴局举办毕节市 2021 年“传承手工文化　助力乡村振兴”苗绣技能网络大赛；省妇联举办苗绣美学与技能培训班，培训黔西、织金绣娘 60 名；在纳雍、威宁、赫章、金沙、金海湖、百里杜鹃 6 个县区培训 300 名绣娘；创建“锦绣计划巧手致富基地”2 个、贵州省“智慧锦绣”三类基地 1 个、“贵州省乡村振兴巾帼基地”1 个、“巾帼就业车间”1 个，“毕节市乡村振兴巾帼基地”10 个；织金县持续获省锦绣计划巧手致富示范县；与广州市妇联协作，争取 15 万元用于扶持苗绣产业发展。二是实施“新市民 · 追梦桥”工程。在易地扶贫搬迁安置点建省级婚姻家庭纠纷专门调处窗口 1 个、省级“妇女之家”29 个；在威宁县、纳雍县易地扶贫搬迁安置点创建“黔灵女”家政小屋2个。在全市易地扶贫搬迁安置点开展女性健康知识讲座18场，覆盖妇女1000余人。三是开展农村卫生整治示范创建活动。持续开展“和美庭院·干净人家”创建活动，在大方县星宿乡河山村创建“美丽家园”示范点；在七星关区鸭池镇干龙滩社区、阴底乡罗雄村实施“巾帼脱贫行动”，打造乡村振兴及农村环境卫生示范点，项目经费10万元。三是开展驻村帮扶工作。选派七星关区阴底乡罗雄村驻村干部1名，划拨驻村工作经费2万元，拨付农村环境卫生整治工作经费4万元，按照“4321”结对帮扶罗雄村贫困户24户，深入基层宣讲3次。四是推进“两规”实施。全面完成省级“十三五”妇女儿童发展规划终期评估检查工作，科学编制“十四五”妇女儿童发展规划，推荐贵州省实施妇女儿童发展纲要规划先进集体3个，先进个人10人。

【坚持家庭文明建设，筑牢和谐社会基层基础】

一是推进文明家庭创建。2021年度，获评全国“最美家庭”2户，省级“五好家庭”3户，省级“最美家庭”4户，揭晓全市“最美家庭”33户。二是提升家庭教育水平。联合市教育局培训家庭教育工作者120人，各级妇联组织开展家庭教育暨未成年人保护培训，覆盖家长2.6万人，覆盖未成年人4.5万人。三是强化家庭阵地建设。新增“幸福家”和妈妈（爸爸）共阅读书屋10个，依托各村“妇女之家”“小桔灯”亲子阅读书屋等阵地，集中开展亲子阅读会、阅读分享会等活动21场次，覆盖620人。全市48家“小橘灯”亲子书屋开展“颂百年风华 传红色基因”等主题亲子阅读活动938场，惠及群众1.6万人次。三是强化家教家风宣传。开展“幸福家”家庭家教家风宣传教育活动42场、家庭文明建设实践活动10场。在宣传部门大力支持下，全市利用户外电子显示屏滚动刊播、电视刊播、“直通百姓”“看见毕节”等微信公众号刊播《“幸福一家人”家风家教系列故事》共2200余次。

【坚持风险防范化解，共建妇女儿童安全屏障】

一是推进信访工作。开通县市区妇联12338维权热线，畅通维权诉求渠道。市妇联接待受理群众来电、来信、来访共53件，处理53件，处理率达100%。与市司法局、广州市法律援助基金会联合实施“唯爱妈妈”法律援助项目，推动建立县乡村婚姻家庭矛盾纠纷调解委员会。二是推进未成年人保护。在全市开展“把爱带回家”2021年寒假儿童关爱服务“送家风服务，送家教服务，送法治安全，送社会关爱”“四送”活动469场次，参与活动的志愿者5811名，结对帮扶孤儿、留守未成年人和困境未成年人16017人，受益家长和儿童为20049人；开展暑期儿童关爱实践活动24场次，关爱儿童830名；联合毕节市心理学会开展“暑期关爱儿童护蕾行动”志愿服务活动，惠及家长、学生300余人。“六一”期间，市领导带队慰问少年儿童和教育工作者，营造关心少年儿童健康成长的良好氛围。三是实施“护苗成长”行动。全市开展2021年“关爱女童 护苗成长”三年行动，开展“女童保护”未成年人保护讲座50场，宣讲活动10场。四是实施关爱服务项目。创建省级儿童保护“三个一”工程项目点4个，项目经费12万元；实施“苗圃工程”，积极争取省妇联支持毕节试验区0~3岁儿童早期综合发展项目支持，项目经费80万元；委托参与毕节市家庭教育指导中心开展“毕节市儿童防侵害宣传教育难点及对策”课题研究，课题经费2.5万元。五是推进“两癌”救助项目实施。实施“两癌”救助，发放2020年度“两癌”救助金302万元，确定2021年“两癌”救助对象270人。五是开展维权解困工作。利用维权解困资金救助困难妇女12名，困难女大学生10名，发放慰问金10万元；为194名妇女购买“爱为她”女性健康公益保险；开展“三八”维权周宣传活动203场次，发放宣传资料2万余份。

【坚持党的全面领导，推动妇联组织改革破难】 一是推进党风廉政建设。落实全面从严治党主体责任，压紧压实党风廉政建设责任，召开党组会议11次，报送“三重一大”有关事项报告17期，开展警示教育4次，预防提醒谈话3人。开展基层财政专项治理，制定完善《毕节市妇联内部控制相关制度》；开展干部作风教育大整顿，单位检视问题18个，个人检视出问题60个。二是推进党支部标准化规范化建设。严格执行党内政策法规，落实“三会一课”制度，开展主题党日活动12次、党员大会16次，专题党课7次。三是巩固妇联改革成果。严格执行“十个严禁”等换届纪律要求，夯实县级妇联选优配强专、挂、兼相结合的领导班子。指导市应急管理局等7家单位成立妇联组织。创建省级示范“妇女之家”32个。

（撰稿：高　飞）

残　联

【概述】 2021年，市残联秉承“把残疾人当亲人当家人，把残疾人事业当爱去追求”的理念，扎实推进各项工作，全市残疾人事业取得优异成绩。

是年，市委专题听取残联工作情况汇报1次，主要领导5次对残联工作作出批示；市政府按要求组织召开主席团会议和残工委会议，5次召开会议研究部署残疾人事业资金分配等工作，主要领导2次对残联工作作出批示，分管领导多次对残疾人工作进行督查调度；县区党政“一把手”对残疾人工作亲自安排部署、调研调度、督查督办，及时解决工作推进中存在的突出问题；各级政府残工委成员单位主动作为、履职尽责、形成合力。

【配强部门力量，强化资金督导】 2021年，设立市残疾人康复中心，给予事业编制7个、科级领导职数2个。针对“十三五”期间县区不同程度存在拖欠残疾人事业发展补助资金的问题，分管领导高度重视，向市委主要领导作出专题报告，提出解决办法，有力地促进拖欠资金问题的解决。

【探索建立巩固脱贫成效工作机制】 针对全市如期脱贫的11万名贫困残疾人中，重度残疾人占比大、“三类人群”数量多的实际，市残联在深入调研的基础上，制定《毕节市防止残疾人返贫致贫监测预警工作机制》和《毕节市防止残疾人返贫致贫帮扶工作实施方案》，纳入监测残疾人家庭6549户，所有监测对象全部采取对应帮扶措施，得到中国残联程凯副理事长和市委主要领导的批示肯定。

【推进“我为群众办实事”实践活动】 以“我为群众办实事”实践活动为抓手，顺应基层干部和残疾群众关切，用心用情用力办理实事好事，认真落实中央、省委和市委关于“四个不摘”“四个留下”要求，进一步压实工作责任，保持残疾人现有帮扶政策不变、帮扶资金稳定、帮扶措施强化，着力巩固拓展脱贫成果，有效衔接乡村振兴各项工作，为推动残疾群众实现共同富裕目标夯实发展基础。全年累计向9.53万名困难残疾人发放生活补贴9002万元，向7.73万名重度残疾人发放护理补贴4867万元；为47868名重度残疾人代缴养老保险365万元；为63637名重度残疾人代缴医疗保险1127万元；投入资金4300多万元实施各类残疾人民生项目、受益残疾人21700余人；创建就业创业示范基地16个，带动安置138名残疾人就业；创建集中安置残疾人就业优秀企业2家，安置320名残疾人就业；

扶持291户残疾人家庭创业，培训农村残疾人实用技术4783人，培训盲人106人、听力语言残疾人190名，新增残疾人就业2154名，实施“圆梦大学 励志成才”残疾大学新生阳光助学项目，对287名残疾人大学生资助57.4万元；对家庭困难的379名残疾人儿童给予113.7万元资助；共资助9名残疾人进行学历提升，对其每年学费全额资助；围绕易地扶贫搬迁后续扶持“五个体系”建设，创建2个省级残疾人示范安置点；争取广州市帮扶资金200万元用于全市800户困难残疾人家庭无障碍改造。办实事工作得到市委党史学习教育领导小组办公室的通报肯定，《围绕“三用”抓“三有”》的办实事经验做法先后被《贵州日报》《当代贵州》采用。

【残联改革工作】 在总结金沙县试点工作经验的基础上，制订《毕节市残疾人联合会改革方案》，持续推进四个方面“十九项”改革，不断破解制约全市残疾人事业发展难题，全市残联系统改革工作取得阶段性成效，各县（市、区）符合建立党组条件的残联全部建立党组，班子力量得到加强，乡、村两级残联力量同步得到充实，基层战斗堡垒得到增强，市级、金沙、黔西改革案例成功入围《省残联改革典型案例汇编》，占全省的27%。

【康复服务模式迈出服务新步伐】 全市康复机构实现从“无”到“有”、从“有”到“优”、从“粗”到“精”、从“出”到“入”的转变，得到省残联领导的肯定，并被《贵州日报》报道。全市共培育康复机构44家，举办康复培训班6期424人，引进康复专业技术人才30余名，累计开展残疾人基本康复服务12.16万人次、开展残疾儿童康复训练2244人次、开展精神病服药和住院补助3398人次、适配辅具21303例。

【就业创业难题迈出破解新步伐】 全面畅通“政策安置、公益岗位、示范带动、务工输出、自主创业”就业创业渠道，辐射带动残疾人家庭3.5万户，户均年增收达6000元以上，工作经验做法得到《当代贵州》的刊载。其中，七星关区拿出150个出租车运营指标，成立安鸿汽车咨询服务有限公司，解决360名残疾人就业，得到人民网宣传报道，在市委听取群团部门工作情况汇报时得到市委主要领导表扬。

【残疾人文化体育活动】 在全国第十一届残运会暨第八届特奥会比赛中，毕节市残疾运动员取得了打破一项世界纪录、斩获9金6银3铜的历史最佳战绩；推选的两个节目代表贵州省参加第十届全国残疾人艺术会演，分别获西部片区一等奖、二等奖，文化体育活动先后得到市委、市政府主要领导的批示肯定。

【残疾人自强不息典范】 市、县两级残联始终注重培养、打造身残志坚、自强不息残疾人典范，近两年来又一大批新人涌现。如在多个领域蟾宫折桂，带领360名残疾人组建安鸿汽车咨询服务有限公司，奔共同富裕之路，获人民网报道的重度肢体残疾人徐宁；用匠心和决心做好一锅鸡，被人们亲切称为“炒鸡小伙”，获人民网报道的脑瘫残疾人李湲湲；成立四合家政服务有限责任公司，带领残疾人一起致富，获全省扶残助残自强模范表彰的重度肢体残疾人许杰；创办葫芦文化艺术基地，葫芦烙画年产值突破千万元，获全省扶残助残先进个人表彰的肢体残疾人李德华；坚持在轮椅上教书育人20多年，被称为“轮椅教师”，获中国新闻网报道的重度肢体残疾人教师张家蒿；勤劳致富不忘弹琴把日子过成诗，获新华网报道的肢体残疾人尚从金和盲人杨小艳夫妇；自力更生创建加工坊，利用自己双手做棉鞋脱贫致富，获全国脱贫攻坚先进个人表彰的黔西市重度肢体残疾人刁朝贵等。

（供稿：毕节市残疾人联合会）

科 协

【概述】 2021年，毕节市科协在市委、市政府的坚强领导和省科协的精心指导下，全面贯彻落实中央、省委、市委和省科协有关会议精神及相关工作要求，积极发挥党和政府联系科技工作者桥梁和纽带作用，认真履行“四服务”工作职责，扎实推进科协各项工作，为推动拓展巩固脱贫攻坚成果同乡村振兴有效衔接、建设贯彻新发展理念示范区作出应有的贡献。

【加强科普信息化建设】 推进“科普毕节”微信群网和公众号建设，“科普毕节”微信公众号推送科普图文、视频等1088条。“科普毕节”微信群网市级管理平台共推送科普图文、视频等内容4000余条。深化“科普毕节”品牌建设，制作和注册“科普毕节”品牌形象，印发《“科普毕节”品牌推广应用与维护管理办法（暂行）》，规范“科普毕节”品牌形象推广应用。

【推动科普宣传开展】 在文化科技卫生“三下乡”、科技活动周、全国科技工作者日、人才日、食品安全宣传周、双创活动周、全国科普日等重要节点期间，加强部门间联动，依托科普大篷车资源，组织开展科普进农村、进社区、进校园等重点科普宣传活动120余场次。发放各类科普宣传资料18万余册、科普宣传品5万余份，直接参与线下活动的群众达15万余人次，参与活动的科技工作者达1200余人次、科普志愿者达2000余人次，协助省电视台拍摄专题片3个。完成中国科协抗疫主题展览全国巡展之“新冠之下‘疫’防万一”——传染病防治科普展，接待参观27779人，举办讲座4场，展出展板20块。

【加大重点人群培训】 将全民科学素质内容纳入公务员初任培训班课程并由科协干部对初任公务员进行授课培训。组织开展高素质农民培训班4期，将全民科学素质内容纳入培训课程，240余人参加培训。推荐13名科技工作者参加贵州省第五届一线创新工程师培训班。

【参加百万公众网络学习工程成效测试】 毕节市参加成效测试科普和党史两项答题总人数为27.2万人，答题总次数为25万次，答题总分为17396万分，全省排名第四。

【组织青少年参加科普活动】 承办并组织参加第七届全国青年科普创新实验暨作品大赛（毕节赛区），在贵州赛区复赛中获各类奖项5项，七星关区东辰实验学校代表贵州省参加全国总决赛。组织30支队伍参加第六届贵州省青少年机器人竞赛七个项目的比赛。选拔在校高中学生50名参加南京大学、东南大学、南京理工大学、浙江大学等高校举办的“云上科学营”活动，毕节市营员获贵州省青少年高校科学营征文活动一等奖3个、二等奖7个、三等奖3个。组织30支队伍参加贵州省科协举办“爱科学 心向党”科普系列活动暨第六届贵州省青少年机器人竞赛，获二等奖3个、三等奖16个。推选第36届贵州省青少年科技创新大赛参赛作品95件，获一等奖8项、二等奖21项、三等奖49项、“基层优秀组织奖”1项。组织参加“沿着奋斗百年路 激发科学好奇心——科技活动乡村行”活动，开展线上科普活动17次，共有419个班级、19375人次参加，上报启动仪式视频2个。

【举办毕节市第九届青少年科技创新大赛】 参赛作品812件，通过审阅材料、网络问辩等程序进行评比，评出各类参赛作品一等奖50项、二等奖87项、三等奖176项，优秀组织奖11个，优秀科技辅导员25名。

【反邪防邪全面铺开】 在全市范围内开展“崇尚科学、远离病毒、防范邪教”及“百年华诞心向党、远离邪教享安康”等主题的宣传活动23场，发放图书3万余本、宣传品1.5万余份，张贴海报400余张，悬挂标语70余条次，展出展板160余块次，举办讲座5场，500余人参加学习。在高校、中小学开展防范邪教微电影微视频微动漫展播活动，播放280余场次。

【着力推进学会学术发展】 指导所属学（协）会开展年审、科普宣传、学术交流及换届筹备等工作。指导申报省青年科技工作者创新重点项目1个。组织科协所属4家学（协）会开展党建和年审，指导2家学（协）会完成换届，指导举办学术交流会7场。组织开展2021年重点学会学术建设项目申报，实施项目10个，资助资金6万元。

【主动服务科技工作者】 组织开展贵州省第七届科普工作先进集体和先进个人推荐工作，获表彰先进集体4个、先进个人9名。推荐2名科技工作者参加2021年贵州省“最美科技工作者”评选表彰。召开科技工作者座谈会3场，开展科学道德学风和科研诚信建设宣讲，150余名科技工作者代表进行交流。利用毕节市级主流媒体和“科普毕节”微信群网、公众号等宣传平台以及宣传展板，开展科学家、优秀科技工作者宣传。

【积极服务高质量发展】 协助省科协院士专家服务中心开展“中国科学院院士科技助力高质量发展贵州行”行动1次，邀请中国仪器仪表协会赴毕开展学术交流活动1次。组织开展“万名专家讲科普”活动，征集到科普专家团成员469名，开展“万名专家讲科普”活动100余场。

【大力抓好疫情防控】 充分发挥科协系统组织优势，大力开展疫情防控科普知识宣传。发布信息及科普宣传知识1500多条（次），发放疫情防控科普宣传图书1万余册。组织全体干部职工接种新冠肺炎疫苗。

【科技助力基层发展】 通过调整产业结构发展、强弱项补短板、举办科普宣传科技培训和党建联系帮扶等方式，扎实推进单位乡村振兴工作联系点抓实产业发展，发展辣椒产业150亩，半夏产业200余亩，党支部领办合作社发展养牛产业15头，全村发展魔芋200余亩，200余人参加就业技能培训。积极向省科协争取，获资助“基层科普行动计划”项目14个（经费160万元），获资助科技致富“二传手”项目3个（经费9万元）。组织开展申报获批实施2021年重点科学技术普及项目申报，实施项目45个，资助经费38.2万元。

【切实加强党的建设】 认真开展党史学习教育，有序推进“众心向党、自立自强”主题实践活动等专项教育。结合科协工作实际推动党史学习教育与庆祝建党百年重大活动紧密结合、与科协工作深度融合，组织学习17次（集中学习研讨7次），举办“庆祝中国共产党成立100周年诵读活动暨‘众心向党 自立自强’演讲比赛”等活动5场，组织科协党员干部职工和科协界别政协委员深入基层为群众办实事15件，切实将党史学习教育成果转化为推动科协高质量发展的强大动力。

【认真开展意识形态工作】 落实意识形态工作责任制，将意识形态工作纳入科协工作要点，与业务工作紧密结合。层层签订意识形态工作责任书，意识形态工作责任到岗到人。明确对科技工作者和科协所属社会组织意识形态工作的监管，引领带动科技工作者健全完善意识形态工作机制。对上报、发布的工作信息严格“三审三校”，对转发的信息认真甄别，确保不会引发网络舆情。组织开展意识形态工作自查3次，对存在问题及时解决处理。

【加强科协系统组织建设】 持续推进科协系统深化改革工作。向各县（市、区）科协下发《关于推进科协系统深化改革工作的通知》，对各县（市、区）科协设立党组、开展换届、建立乡（镇、街道）科协组织、推进科协组织力建设等进行调研、督促推进。指导大方县、金沙县科协设立党组，指导织金县、黔西市、大方县科协完成换届。指导所辖（所属）省级科普教育基地积极参与检查评估工作。受省科协委托，对区域内第五批贵州省科普教育基地进行检查验收。组织开展第二批全国科普示范县（市、区）创建单位推荐工作，推荐大方县、七星关区、威宁自治县、织金县4个县（区）作为创建单位。

【全力推进科技馆建设】 投入179.6万元对展区进行改造，新购置展品8个。投入资金64.6万元更新票务、监控、播音系统3套，新开设"毕节科技馆"微信公众号。

【深入指导老科协组织建设】 指导帮助毕节市老科协召开第二次会员大会，完成换届工作。组织市老科协会长、副会长等赴全市8个县（市、区）实地调研，对县（市、区）老科协成立、换届等工作进行督促推进，指导威宁县、赫章县成立老科协组织。

【扎实推进政协科协界别工作】 组织召开市政协科协界别工作会议4次，开展界别活动4场，报送提案31件，社情民意8条。组织科协界别委员开展党史学习教育，参观红色教育基地，开展科普宣传等活动，强化对界别委员的政治引领。结合党史学习教育开展"我为群众办实事"主题实践活动，组织科协界别委员深入基层开展技术帮扶、农技推广、专题讲座等科技志愿服务活动4场，为群众办实事14件，辐射群众1000余人，切实将党史学习教育成果转化为推动科协高质量发展的强大动力。

【表彰情况】 2021年，毕节市科协多项工作得到上级有关部门和领导的肯定，被中国科协表彰为"全民科学素质工作先进集体"，被中国科协办公厅、青少年科技中心和省科协、省自然资源等厅级单位表彰5次，被《贵州日报》报道5次，被市政府主要领导签批肯定性意见1次。毕节市科协下属事业单位毕节市科技馆在中国特色现代科技馆体系"科普之星"推介宣传活动中获全国观众投票第一名、获"普惠之星"称号，在贵州省"十佳科普教育基地"评选活动中被表彰为"2016—2020年度贵州省十佳科普教育基地"。

（供稿：毕节市科协）

侨　联

【概述】 2021年，在市委、市政府的坚强领导下，在省侨联和市委统战部的精心指导下，毕节市侨联坚持围绕中心、服务大局，聚焦侨联职责职能，圆满完成各项工作任务。2021年2月，毕节市侨联获中国侨联表彰的"全国侨联系统助力脱贫攻坚先进集体"称号；5月，获贵州省侨联表彰的"全省侨联系统抗击新冠肺炎疫情先进集体"称号。

【加强思想政治引领】 一是强化侨联干部理论武装。以习近平新时代中国特色社会主义思想为指导，深入学习贯彻习近平总书记视察贵州重要讲话精神、在庆祝中国共产党成立100周年大会上的重要讲话精神以及对贵州对毕节批示指示精神，认真学习贯彻中共十九届五中、六中全会精神，省委十二届八次、九次全会和市委二届八次、九次全会精神，不断增强“四个意识”、坚定“四个自信”，做到“两个维护”。二是聚焦侨界群众思想引领。通过走访调研、召开毕节市侨界学习贯彻习近平总书记“七一”重要讲话精神座谈会、毕节市留学人员座谈会、参观红色教育基地以及微信传播等多种形式及时向广大归侨侨眷、海外侨胞、归国留学人员宣传讲述党的百年光辉历史，汲取团结奋进力量，动员引领全市广大归侨侨眷、海外侨胞坚定不移听党话、跟党走，讲述毕节好故事、传播毕节好声音，努力画出侨界最大的同心圆。

【服务全市工作大局】　一是聚焦引资引智。积极加强与驻毕侨资企业贵州颐高置业有限公司对接联系，以侨为桥、以侨引侨，邀请浙江丽水市政协、侨联，广州市侨联率侨领侨商赴毕节考察调研。二是着力推进“侨爱心工程”。协助毕节市民族中学、纳雍县一中完成2021年秋季学期高一年级“杉树班”“珍珠班”申报工作，督促两所学校完成在校“杉树班”“珍珠班”2021年度助学金发放工作，涉及困难学生300人，发放助学金82.5万元。着力加强与中国侨联荣誉委员、原山东省侨联副主席吴玉明对接联系，积极争取由美国华侨高永祺先生自费设立，用于扶贫济困的919救助专款资助毕节困难学生，在毕节一中、毕节市民族中学高一和高二年级分别资助品学兼优、家庭困难学生10名，共计40名，每名学生3000元，发放助学金12万元。积极争取省侨联关心支持，参与协调赤天化企业捐赠赫章县铁匠乡共同村324户农户化肥30吨，折合人民币约10万元；协调中国侨商会资助铁匠乡共同、联盟、联合、处卓、河山村40名大学生，每名1万元，共40万元；协调阿根廷贵州商会会长林水钦捐赠2.4万元资助共同村脱贫不稳定户严子国养牛，并慰问大米50千克、食用油10千克；协调澳大利亚“魏基成基金”捐赠共同村棉衣10件、棉被10床、助听器100个，折合人民币5.5万元。三是全力参与帮扶联系点工作。积极开展调研，认真研判联系点巩固脱贫攻坚存在的问题和短板，把脉问诊，提出整改意见建议；深入走访慰问。春节期间，深入百里杜鹃鹏程街道坪子社区、赫章县河镇乡恒底社区详细了解社区巩固拓展脱贫攻坚与乡村振兴有机衔接工作情况，深入了解困难群众生活状况，并向贫困群众发放御寒冬衣20件。8月，深入恒底社区宣讲习近平总书记“七一”重要讲话精神，认真听取群众意见建议。四是关心关爱侨界困难群众。走访慰问困难归侨侨眷和侨界代表人士34人，发放慰问金5.6万元。

【着力推动交往交流】　一是坚持“走出去、请进来”战略。邀请广州市侨联率领侨商到毕节市开展乡村振兴考察调研，穗毕两地侨联初步达成初步对口帮扶意向。二是扎实做好“亲情中华·为你讲故事”网上夏令营活动贵州（毕节）营活动的筹备、推进、总结等相关工作。向德国汉堡易北中文学校、西班牙哆来咪文化学校2个班的华裔学生立体展现贵州毕节独特文化、自然风光、风土民情，切实增强华裔学生的文化认同、情感认同，对扩大毕节知名度和影响力发挥积极作用。

【认真开展参政议政】　充分发挥侨联界别委员工作室作用，积极组织侨界政协委员深入基层开展调查研究，围绕人民群众普遍关注的热点、难点问题撰写提案，汇集侨智，为经济社会发展建言献策、履职尽责。在年初两会上，侨联界别6名政协委员共提交集体提案、联名提案、个人提案共14件，提出许多有针对性、操作性的意见建议，为巩固拓展脱贫攻坚成果、建设贯彻新发展理念示范区提供有力参考。

【强化依法维护侨益】　一是加强法治宣传。通过网站、微信群向广大归侨侨眷和海外侨胞宣传涉侨政策和法律法规。深入金海湖新区锦绣社区、七星关侨资侨企贵州颐高置业有限公司等开展涉侨法律法规宣传，发放宣传资料300余份，用心用情依法维护侨资企业、侨界群众合法权益。二是开展走访调研。认真开展“我为群众办实事”走访调研活动，着力解决陈玉荣、李远方等侨眷生活困难问题，积极协调七星关区有关部门推进驻毕侨资企业贵州颐高置业有限公司颐高广场项目征地拆迁进度缓慢问题。

【延伸为侨服务手臂】 一是积极“走出去”，认真学习借鉴兄弟侨联成功经验和主要做法。7月，组织调研组到黔南州、遵义市基层调研侨联组织建设、“侨胞之家”服务阵地建设、中国华侨国际文化交流基地等方面取得的成功经验和主要做法。二是申报建立“侨胞之家”服务阵地。积极向省侨联争取支持，结合毕节实际，在七星关侨资企业贵州颐高置业有限公司申报建立“侨胞之家”服务阵地，着力将“侨胞之家”打造成广大归侨侨眷和海外侨胞的同心之家、温暖之家、振兴之家。三是加大基层侨联组织建设力度。抓实向市委常委会汇报侨联工作契机，积极汇报推进毕节市基层侨联组织建设中存在的困难和问题。结合外出考察学习借鉴经验及与市委编办对接联系实际情况，及时向市委统战部主要领导汇报基层侨联组织建设存在问题和建议。认真贯彻市委统战部主要领导的指示要求，深入七星关区开展调研，指导七星关区建立县级侨联组织。12月，七星关区侨联成立，实现了毕节市县级侨联组织零的突破，夯实侨联基础。

【强化侨联自身建设】 一是深入推进党史学习教育。坚决贯彻落实中央、省委、市委关于党史学习教育决策部署，按照部党史学习教育领导小组要求，认真完成党史学习教育各阶段学习任务，切实做到学原文、读原著、悟原理，学深悟透笃行，传承红色基因血脉，从百年辉煌党史中汲取力量。二是认真开展作风教育大整顿。认真组织侨联干部职工学习习近平总书记关于作风建设重要论述，聚焦问题导向，认真对照7个“深入查改”和6个方面18个问题深入查找存在的问题，深入剖析根源，认真制定整改措施，确保按规定时限完成整改任务，以工作作风大转变促进侨联工作大提升。三是强化干部队伍建设。认真组织侨联干部参加中国侨联、省侨联、市委组织部、市委统战部等各级相关部门举办的各类培训班，着力提升侨务工作者能力水平，为进一步做好侨联工作夯实基础。

（供稿：毕节市侨联）

毕节市法学会

【概述】 2021年，毕节市法学会以“五个强化”机制为抓手，坚决贯彻中央办公厅《关于进一步加强法学会建设的意见》和省委办公厅《关于进一步加强全省法学会建设的若干措施》。从繁荣法学研究、深化法治宣传、拓展法律实践等方面凝心聚力，实现县（市、区）法学会机构和党的组织建设“双覆盖”，助推平安毕节、法治毕节示范创建取得新成效。

【率先健全市级法学研究机构】 在市委组织部、市委编办等部门的大力支持下，2020年12月15日，成立毕节市法学会党支部，至2021年7月20日，市法学会法治研究会成立大会选举产生会长、副会长、秘书长和副秘书长，理事主要来自市人大常委会机关、市公检法司部门、贵州工程应用技术学院等单位。至此，全省第一家市级法学研究会正式揭牌，毕节法治建设朝着科学化、专业化方向迈出坚实步伐。新成立的法学研究会着眼巩固脱贫攻坚成果、同乡村振兴有效衔接，着力推动绿色发展、人力资源开发、体制机制创新等方面的法治研究，对毕节市全面推进严格执法、公正司法、全民守法等工作提出意见建议。2021年，市法学会内设办公室、会员部、研究部、联络部等4个机构、5个科级领导职数；设置事业编制干部职数12名，实际在岗9名；争取省法学会下拨经费2.1万元，市法学会经费列入财政预算；全市相继成立9个县级法学会，事业编制干部职数共计37名。该项工作排在全国前列。

【会员队伍逐渐壮大】 以党史学习教育为契机，结合“牢记殷切嘱托、忠诚干净担当、喜迎建党百年”专题教育，围绕政法队伍教育整顿及全市干部作风教育大整顿，突出思想淬炼、政治历练、实践锻炼和专业训练，进一步提升法学会队伍的凝聚力、向心力和战斗力。组织全市法学界开展习近平法治思想大学习活动，团结引领毕节市法学法律工作者进行思想政治教育、党风廉政教育和总体国家安全观教育。打造理论与实务沟通平台，成功创建规模100人的法学人才库。探索建立团体会员联络制度，会员发展取得历史性突破，发展毕节律师协会、贵州四立律师事务所等8个团体会员。完善会员服务与管理机制，将法学会建成“法学法律工作者之家”，2021年度发展个体会员1785名，同比增长46%，其中男性1418人，女性367人，博士1人，硕士55人，学士1352人，大专377人。

【学术研究系列文章获奖】 对疫情防控、未成年人保护、市域治理、平安建设、法治毕节示范创建等领域进行深入研究，组织法学专家主动申领课题开展调研，撰写一批优秀的政策论文，为党委政府决策提供卓有成效的法理支撑和智力支持。倡导法学法律工作者向各征文平台投递理论性文章，多篇文章获奖，毕节市法学会获第十六届西部论坛征文活动优秀组织奖。2021年度撰写的法治研究性文章共计200余篇，其中的50余篇文章获奖。向西部论坛投稿20余篇，3篇文章获三等奖；向“渝川黔”友邻城市法治研讨会投稿60余篇，2篇文章获一等奖，1篇文章获二等奖，2篇文章获三等奖，4篇文章获优秀奖；向贵州省第二届法治论坛投稿30篇，2篇文章获二等奖，1篇文章获三等奖；向泛珠三角法治研讨会投稿20余篇，3篇文章获二等奖。积极组织本级法治研讨征文活动，2021年度举办的第一届新时代法治毕节示范创建理论研讨会征文活动，收到投稿文章50篇，评出一等奖3篇、二等奖5篇、三等奖8篇、优秀奖15篇，金沙县法学会、织金县法学会和纳雍县法学会获得优秀组织奖。《深化法治毕节示范创建的实践与思考》调研文章得到省委常委、市委书记吴强和市委副书记、市长吴东来的充分肯定和批示。在贵州工程运用技术学院、毕节东辰实验学校等地建立“毕节市法治研究实践基地”，为法治理论研究提供丰富的法治实践素材，推动法治理论研究成果在法治实践中应用转化。

【强化单位协同联动，法宣氛围愈发浓厚】 不断加强与市委宣传部门、公检法司机关、教科医卫系统、社会群团组织以及七星关区有关单位通力协作，印发《毕节市“美好生活·民法典相伴”主题宣传方案》《毕节市2021年开展民法典宣讲活动实施方案》，不断拓宽法治宣传领域和范围，在全市营造浓厚的法治宣传氛围。结合“八五”普法工作规划，深入开展“百名法学家百场报告会”法治宣讲、“青年普法志愿者法治文化基层行”、“4·15”国家安全教育日、“6·26”禁毒日等宣传活动，邀请冷传莉、孙志煜等学者到毕节开展法治宣传宣讲活动。深化法治“八进”宣讲，应邀赴市公安局、市税务局、市水文局、毕节东辰实验学校、七星关区小吉场等单位开展民法典专题讲座，组建“送法下乡”宣传服务小分队，为群众提供法律咨询服务。探索实践法治宣传“五级联动”机制，紧扣“学法知法懂法用法、深化法治建设、推动平安和谐”主题，在七星关区的碧阳、洪山、观音桥、柏杨林

4个街道分别开展“送法进社区、法律知识大培训”活动，派出5名法学专家现场为1000余名群众进行个性化宣传宣讲。带头并指导县级法学会深入开展“美好生活·民法典相伴”主题宣传和民法典“十个一”宣传宣讲活动，2021年度全市法学会共计发放宣传材料10万余册，组织开展宣讲活动1000余次（其中市法学会牵头组织市司法局、市教育局、团市委、市妇联、市律师协会等部门联合开展民法典宣讲40余次），惠及群众20余万人，制作民法典短视频20余个，在《人民日报》电子阅报栏、《法治日报》、中国网、民主与法制网等媒体多次宣传法学会工作。

【强化基层阵地建设】 倾力打造基层法治教育基地，提升“三治融合”工作水平，打造毕节市青少年法治教育基地、柏杨林街道“民法典主题公园”、金海湖新区青山村民主法治示范村等法治教育基地。指导观音桥街道、杜鹃街道、朱昌镇、惠民街道、以那镇等地积极将法学会工作融入“一中心一张网十联户”机制，充分发挥法学会会员在普法宣传宣讲、矛盾纠纷调解、疑难案件研判等方面的作用。法学会会员中，113人担任网格长，771人担任联户长，在综治中心工作中初步实现“五个有”。年底，在县级综治中心建立法学会法律服务工作站6个，工作人员76名；在乡级综治中心建立法学会法律服务工作站96个，工作人员237名；在村级综治中心建立法学会法律服务工作点489个，工作人员427名。2021年以来，各级法学会法律服务工作站（点）主导或协助矛盾纠纷调解2329件，开展法治宣传1053场次，为群众提供法律咨询11.5万余人次、法律援助1795人次。

（供稿：毕节市法学会）

红十字会

【概述】 2021年，在市委、市政府的正确领导和省红十字会的关心指导下，市红十字会紧紧围绕中心、服务大局，坚持以人为本、依法建会，锐意进取、扎实工作，大力弘扬红十字精神，围绕“三救三献”核心业务，着力推进各项工作高质量开展，充分发挥了红十字会作为党和政府在人道领域联系人民群众的桥梁和纽带作用。

【紧扣服务群众，实施“三个大兴”活动】 大兴调查研究活动。领导班子成员带队深入博爱家园项目点，调研项目建设和生计金运营情况，要求做好思想动员、补齐项目缺项漏项提高生计金回收率。党组书记带队调研博爱校医室选址评估，保证项目援建顺利实施。开展大兴真抓实干活动。市红会领导班子成员分别带队赴七星关区、织金、纳雍、威宁、赫章移民搬迁安置点开展“红十字博爱送万家”慰问活动，将党委、政府的温暖送到贫困家庭手中，让他们切实感受到社会大家庭的关爱。在金海湖新区锦绣社区开展“5·8”博爱月宣传活动，举行杭州高歌坦图商贸有限公司捐赠的价值127.76万元奶粉发放仪式，通报中国红十字基金会援建10个博爱校医室分配方案。开展“关爱生命、救在身边”主题行动，现场开展应急救护知识培训、义诊活动，免费为民众提供检查检测、医疗问询等服务，宣传预防保健知识，深受群众好评。大兴勤俭节约之风。认真贯彻落实习近平制止餐饮浪费重要指示精神，大力提倡勤俭节约，反对铺张浪费。切实加强对“三公”经费预算监管，全面压缩“三公”经费，修改完善规章制度，明确岗位工作职责，以制度管人管事。全面贯彻中央八项规定和省市相关规定，从严从简做好精文减会工作。

【救援救护更加有力】　一是应急救援能力逐步增强。深圳市红十字会捐助150万元、市财政匹配50万元修建的毕节市红十字会备灾救灾库暨救护培训中心，于2021年10月竣工验收。项目建筑面积1200平方米，其中800平方米为物资仓库，400平方米为应急救护培训场地。项目建成提升红十字会备灾救灾物资储备、中转能力，进一步完善抗灾减灾体系，增强红十字会在自然灾害和突发事件中救助救援能力。二是交通场所增设救护设备。市红十字会投入9万多元，在毕节东客站、高铁站、飞雄机场配置安装了体外自动除颤仪（AED）各一台，提高交通场所的现场救护能力。三是应急救护培训能力逐步提升。争取广州市红十字会支持，为毕节培训红十字应急救护师资共10名，增强救护师资力量。与省红十字会救护培训指导中心联合，在博爱校医室援建学校培训救护员198人、在企业、社会公益培训救护员200多人，共计398人。加强部门联动，与市委党校签订《红十字应急救护培训合作协议》，与市教育局联合下发《关于进一步推进学校应急救护工作的通知》，与市住建局联合转发《省红十字会省住建厅关于在建筑施工领域开展红十字应急救护培训工作的通知》，推动应急救护培训工作开展。全市红十字会系统开展公益性应急救护培训进学校、进机关、进企业、进社区、进农村等活动73场次，培训28389人，进一步提升公众的健康意识和自救互救能力。

【人道救助不断扩大】　一是开展募捐筹资助力乡村振兴。全市红十字会系统积极行动，利用感情筹资、关系筹资、项目筹资、网络筹资等形式募集款物实施人道救助。募集捐款资金481.08万元，募集物资折合人民币711.58万元。二是开展“红十字博爱送万家”送温暖活动。元旦、春节期间，全市红十字会坚持关爱民生、关注困难群体，大力弘扬红十字“人道、博爱、奉献”精神，筹集发放款物237.2万元，慰问6147户困难群众家庭，受益人数14867人，把党和政府及社会各界爱心人士的关心、温暖送到急需救助的低收入群众家中。活动中，还慰问造血干细胞捐献者、红十字会员及志愿者，为“三救三献”工作做出积极贡献的人群送去冬日的温暖。三是关心关爱特殊群体。实施“天使阳光基金”和“小天使基金”救助项目，开展基金项目宣传、收集、审核申报资料，上报中国红十字会基金会，39名患儿获得资助、发放救助基金共计77万元。实施“乡村少年亮眼计划”，争取中国红十字基金会拨付资金36.25万元，在毕节8所乡村学校开展眼健康科普宣传、眼病筛查建档、眼病治疗救助。实施“珠江缘”行动助学计划，加强与广州市红十字会联系沟通，争取资金帮助毕节低收入家庭大学生就学，发放助学款97人共计13.05万元。四是成立毕节首个人道公益基金项目。创新人道资源动员工作方式方法，按照《毕节市红十字事业2019—2023年发展规划》，从“博爱助医”人道公益项目着手，联合省红十字基金会、市红十字会理事单位毕节凯蒂医院成立“贵州红十字毕节博爱助医基金”，对困难群体、弱势群体实施关爱帮扶、医疗救助，实现毕节市人道公益基金项目零的突破。

【生命关爱日益彰显】　一是深入组织重要节点宣传活动。充分利用“5·8”红十字会博爱周、“5·12”全国防灾减灾日、“6·14”世界献血者日、人体器官捐献宣传月、世界急救日等宣传节点，组织红十字会干部、会员和志愿者进学校、社区、乡村开展红十字运动、防灾避险、卫生健康、“三救三献”等知识宣传，覆盖群众28000余人次，发放宣传品3500余件、宣传折页30000余份。二是组织造血干细胞志愿捐献活动。举办全市红十字会系统造血干细胞捐献业务知识培训，组织志愿者走进大中专院校、乡村、社区宣传造血干细胞捐献知识。招募造血干细胞志愿捐献者344名，12名志愿者成功捐献造血干细胞，让12名血液病患者重获新生。年底，全市累计进入中华骨髓库志愿者4349名，累计实施捐献36名。三是开展人体器官捐献活动。通过加强人体器官捐献知识宣传、动员组织，市累计人体器官捐献者登记总数12332人，新增器官捐献志愿者登记5068人，2人实施器官捐献。

【援建项目持续推进】 围绕巩固脱贫攻坚成果，助力乡村振兴，推进人道公益项目实施。一是加强博爱家园项目建设。在62个村（社区）推进以“防灾减灾、健康促进、生计发展、人道传播”为主要内容的“博爱家园”人道公益项目建设，为项目村（社区）提供防灾减灾与环境治理硬件建设，设立生计基金为困难家庭开展种养殖产业及其他经营活动提供支持。在项目实施村（社区）建立红十字会基层组织，为群众提供防灾减灾、自救互救、逃生避险、卫生健康知识和技能培训。市、县两级常态化开展项目建设和生计金运营调研督导，完成2018—2020年援建49个博爱家园项目财务决算报告、总会援建的30个博爱家园项目资金数据统计上报，开展了援建织金县博爱家园项目申报。博爱家园项目资金累计投入2621.80万元，其中，生计基金1577.74万元，有力促进了乡村（社区）治理能力提升、促进了乡村（社区）经济发展。二是建成首批“红十字博爱健康e站”。争取上海大丰基金会公益支持，由上海大丰基金出资在毕节援建“红十字博爱健康e站1+5”项目，在金海湖新区小坝卫生院、锦绣社区卫生室等乡村卫生院、卫生室实施，每个点投入35万元，12月建成投入使用。通过对乡卫生院、村卫生室远程诊疗技术和设备的植入或升级，把城市三甲医院先进医疗技术链接到乡村，实现城市优质医疗资源有序、有效下沉，提升乡村两级医疗诊断水平，进一步“凝聚人道力量，守护乡村健康”，助力乡村振兴。三是推进“博爱校医室”“未来教室”建设。完成中国红十字基金会援建的10个乡村学校“博爱校医室”建设，帮助改善校园医疗卫生条件，普及健康知识提高青少年健康素养。组织上海大丰基金会援建毕节11所“未来教室”学校校长、管理教师赴山东曲阜参加第三届“未来教室”校长研讨会，为援建学校搭建优质教育平台。

【深化改革，全面推进依法治会】 按照红十字总会、贵州省红十字会、毕节市红十字会改革方案要求，围绕“改进完善治理结构、改革组织人事制度、着力提高服务能力、夯实红十字组织基础、加大红十字宣传力度、加强党的建设”六大改革任务，将红十字会系统改革向纵深推进。全市8个建制县（市、区）完成改革方案的制订，七星关区、大方县、黔西县、织金县、纳雍县共5个县（市、区）红十字会成立党组，七星关区、大方县、黔西县、金沙县、织金县、威宁县、赫章县共7个县（市、区）红十字会召开会员代表大会，依法选举产生理事会、监事会，形成了理事会决策、监事会监督、执行委员会执行的依法治会工作机制，有序促进各项工作开展。

（供稿：毕节市红十字会）

毕节市中华职业教育社

【概述】 2021年，在习近平新时代中国特色社会主义思想指引下，在省中华职教社的有力指导和市委统战部的关心支持下，市中华职教社认真学习贯彻中共十九大和中共十九届历次全会精神，坚决贯彻落实《中国共产党统一战线工作条例》，按照省委、市委历次全会的部署要求，围绕中心、服务大局，充分发挥“统战性、教育性、民间性”的特色和优势，以推动人口素质提升为目标，积极作为，为推进职业教育高质量发展、助力脱贫攻坚与乡村振兴有效衔接做出了应有的贡献，圆满完成2021年各项工作。

【强化理论武装】 一是抓党史学习教育，坚定理想信念。组织职教社干部及广大社员紧紧围绕中国共产党成立100周年关键期，采取多形式深入开展中国共产党党史、中国共产党统一战线史学习，参与线上学习及考试6次，赴红六军团政治部旧址和贵州抗日救国军司令部旧址开展党史学习教育专题活动，参加“建设毕节示范区学习大课堂”综合知识讲座，充分了解中国共产党在毕节的革命史，中国共产党蕴藏着的生命力，不断提高党性修养，增强政治鉴别能力、政治敏锐性，坚定走中国特色社会主义道路的信念，不断增强守初心、担使命的思想意识和行动自觉。二是抓条例学习，提升服务能力。及时组织学习新修订印发的《中国共产党统一战线工作条例》(以下简称《条例》)。组织职教社机关干部和社务委员开展《条例》学习，学习把握新时代统一战线在党和国家事业发展全局中的重要地位作用，深刻认识国内外形势新变化对统一战线事业发展的新要求，切实增强服务大局的思想自觉性和坚定性。三是抓社史学习，锤炼过硬本领。按照习近平总书记“学好‘四史’，着力讲好党的故事、革命的故事、英雄的故事，厚植爱党爱国爱社会主义情感，让红色基因、革命薪火代代传承”的要求。深入相关县（市、区）学校开展《黄炎培“窑洞之问”与党的初心和使命》等专题讲座，讲好中国共产党党史、中华职业教育社社史故事。通过宣讲厘清在中国共产党发展和中国革命历程中中华职业教育社发挥的历史作用和产生的深远意义，厚植广大社员、职校师生的爱国情怀。

【争取帮扶项目落地】 为学习贯彻习近平总书记视察贵州重要讲话精神，对贵州对毕节重要批示指示精神，市职教社积极争取中华职业教育社的项目帮扶，助推全市职业教育高质量发展。切实加强与中华职教社、“同心温暖工程基金会”的汇报对接，推进中央统战部统一战线帮扶项目实施。推动“中华职教社帮扶毕节试验区项目座谈会”在毕节召开，就毕节市职业院校管理干部培训班、毕节市职业院校教师专业素质提升培训班、金海湖新区党政领导干部乡村振兴研修班、金海湖新区社会主义新农村建设带头人培训班等4个培训项目共计17个培训班作了计划部署。并于年内完成了毕节市职业院校管理干部培训班、教师专业素质提升培训班、金海湖新区新农村建设带头人培训班等培训项目，累计培训职业院校管理干部500人、骨干教师350人、新农村建设带头人45人；争取到“同心温暖工程基金会”对全市500名中职在校学生给予每人1500元资助，资助金达75万元。

【推动交流合作】 协调上海海川剑鑫教育集团宏善教育项目组赴黔西市新仁乡就产业发展、人才培养情况进行考察调研。通过考察，上海海川剑鑫教育集团宏善教育项目组就黔西市新仁乡利用大数据开展乡村人才培训工作达成初步意向；协调奇瑞控股集团赴毕节就投资与合作等进行调研考察，考察期间召开“民革芜湖市委企业家联谊会联合奇瑞集团赴毕节市调研座谈会”，经双方深入沟通，奇瑞汽车股份有限公司与毕节工业职业技术学院签订合作协议；本着服务区域经济协同发展的意愿，与重庆江津区中华职教社签订友好社协议。

【开展基层服务】 指导各县（市、区）职教社围绕巩固脱贫攻坚成果与乡村振兴战略，开展“送教下乡”、农村致富带头人、乡村医生、农村种植养殖能手等社会服务；为充分发挥学校继续教育和培训职能作用，联合贵州工程应用技术学院、毕节职业技术学院、毕节医学高等专科学校职教社工作委员会，开展农村贫困劳动力转移培训、新型农民培训、农民创业培训等各类培训1000余人次；协调贵州工程应用技术学院艺术学院赴七星关区观音桥街道五里坪社区开展民族服饰产业发展相关调研，并就民族服饰产业发展给予技术指导支持。

【开展培训工作】 组织毕节工业职业技术学院、毕节财贸学校等中高职院校领导参加“中西部中职、高职、技工技师院校校长（党委书记）培训班”；组织织金县、威宁自治县中华职教社赴上海参加“黄炎培职业教育思想研究会第十一次学术年会”；组织市财贸学校参加“第五届中华职业教育创新创业大赛指导教师培训班”。

【开展技能比武】 组织威宁自治县中等职业学校参加第三届“黄炎培杯”中华职业教育社非遗创新大赛暨非遗职业教育成果展示会；组织各职业院（校）参加“中华职业教育社、贵州省中华职业教育社第五届中华职业教育创新创业大赛”并获得相应奖项，贵州工贸职业学院、纳雍县中等职业学校、毕节职业技术学院、金沙县中等职业学校分别获二等奖和三等奖，毕节市中华职教社获“优秀组织奖”。

【开展课题研究】 组织毕节市财贸学校、毕节同心农工中等职业技术学校、毕节市七星关区中等职业学校完成涉及9个项目的课题研究及初级赛事，并申报“中等职业学校影响力提升支持计划”项目，共申报专家课程支持、人才培养支持、科研课题支持等9个项目；通过组织参加全国性培训及大赛，全面提升基层职教社干部、职业院校领导干部、教师及基层干部的理论水平和业务能力，不断促进全市职业院校内涵提升。

【加强调查研究】 为促进全市职业教育高质量发展，市职教社与市教育局围绕“以新发展理念为统领　推进毕节职业教育高质量发展”、毕节市职业教育“东西部协作、校企合作”专题等，实地走访学校、企业、乡镇并召开多个层面座谈会，围绕全市职业教育发展热点难点，紧扣“推动东西部协作、校企合作、职业教育助推产业发展”等重点开展调查研究，并采取问卷调查、量表调查、抽样调查、量化分析和典型剖析等科学调研方式，使调研取得实效。形成《以新发展理念为统领　推进毕节职业教育高质量发展的报告》《关于毕节市职业教育发展的调研报告》，并向市委主要领导呈报《毕节市职业教育东西部协作和校企合作专题调研报告》，获得市委、市政府及有关部门主要领导签批肯定。

【加强自身建设】 召开毕节市中华职业教育社第二届社务委员会第一次会议、全市职教社组织学习习近平总书记“七一”重要讲话精神暨工作推进会、全市职教社组织学习习近平总书记“七一”重要讲话精神专题宣讲会，认真学习贯彻党的理论和路线方针政策以及中央、省委、市委、市委统战部和上级职教社组织的决策部署，加强对社务委员及社员的思想引领，引导广大社员进一步坚定理想信念，发挥职教社特色优势，做好全市职教社工作。

（供稿：毕节市中华职业教育社）

市工商业联合会

【概述】 2021年，市工商联坚持以习近平新时代中国特色社会主义思想为指导，深入贯彻中共十九大和十九届历次全会精神、习近平总书记视察贵州重要讲话和对贵州对毕节重要指示批示精神，认真贯彻中共中央办公厅印发《关于加强新形势下民营经济统战工作的意见》，紧扣“两个健康”主题，围绕中心，服务大局，充分发挥工商联在政治、经济和社会生活中的作用，不断提高工商联履职能力和工作水平，为建设“一区三高地，五个新毕节”做出了积极贡献。被全国工商联评为2021年度民营企业调查点工作先进示范单位，被《中华工商时报》表彰为贵州省

2021 年度宣传阵地建设先进单位。

【强化非公经济人士思想政治引领】 做好教育引导。组织民营经济人士深入学习习近平总书记视察贵州重要讲话和对贵州对毕节重要指示批示精神和中央、省委、市委最新决策部署。高度关注疫情下民营经济人士思想波动，线上线下多种形式开展企业家思想状况调研、政企面对面、谈心谈话等活动，有针对性地了解实际困难和问题，筑牢民营经济代表人士共同思想政治共识，树牢“四个意识”、坚定“四个自信”，衷心拥护“两个确立”、做到“两个维护”。深化民营经济人士理想信念教育。组织开展民营经济人士“四史”宣传教育，在“三八”“五四”等重要节日组织开展各类主题活动，开展实施年轻一代民营经济人士健康成长促进计划，组织民营经济人士参加全国工商联、省工商联举办的各类理想信念教育培训班、报告会等，引导民营经济代表人士坚定理想信念，坚定不移走中国特色社会主义道路。做好宣传报道。加强与《贵州日报》《毕节日报》等主流媒体合作，打好主旋律、唱好主题曲、发出“好声音”，在中央、省、市各大媒体推出新闻稿件 100 余篇，单位微信公众号宣传推出稿件 300 余篇，为全市民营企业高质量发展营造良好氛围。

【切实加强组织建设】 圆满召开毕节市工商业联合会（市总商会）第三次代表大会，选举产生毕节市工商联（市总商会）第三届领导班子，其中 19 名民营经济代表人士兼任副主席、30 名民营经济代表人士担任副会长。指导 8 个县（市、区）工商联严肃换届纪律，严格换届程序，圆满完成了换届工作，5 个县（市、区）工商联主席进入同级领导班子，进一步夯实了县区工商联组织基础。推进“五好”县级工商联建设，择优推荐七星关区、大方县、黔西市、金沙县、织金县、纳雍县 6 家县级工商联申报 2020—2021 全国“五好”县级工商联，占总数的 75%，超额完成全国工商联要求到 2022 年达 60% 的标准。开展“四好”商会创建，召开直属商协会工作推进会，制定《直属商协会管理办法》，推荐 15 家商协会参加省级“四好”商会确认。指导 8 家商会按时年检和 4 家商会换届，指导 2 家商会成立调解组织。指导县区注重推进乡镇（街道）商会组建全覆盖，全市共建 84 家，成立党组织 6 家。四川商会、汽车行业商会党支部通过市直机关工委达标验收。

【服务民营经济高质量发展】 抓职责统筹。认真落实省服务民营经济高质量发展“五个一”工作要求和市服务民营经济高质量发展工作部署，积极履行领导小组办公室职责，积极搭建服务民营企业高质量发展的平台载体。抓摸底排查。联合 6 家市直部门，对全市民营企业开展全覆盖摸底大排查及诉求大排查，对近 300 名执委以上企业开展实名问卷调查，全面了解民营企业基本情况、广泛收集企业问题和诉求。抓经金融服务。组织召开“政银企”融资洽谈会，达成授信金额 13.354 亿元，其中意向授信 12.854 亿元、直接授信 0.5 亿元。抓法律服务。开展法律进机关、进商会、进企业的法律“三进”活动，领导干部带头深入商协会、民营企业宣讲党的政策理论，开展以《中华人民共和国宪法》《中华人民共和国民法典》《中华人民共和国未成年人保护法》为重点的法律法规等各类宣传宣讲 10 余次。联合市中级人民法院、市人民检察院召开“两长座谈会”，向民营企业面对面提供法律咨询服务。组织商会负责人及会员 90 余人开展“民法典”专题培训。组织民营经济人士参加“全国工商联劳动法进民企暨企业规范用工云讲堂培训”“民营经济人士守法诚信法律大讲堂培训”“民营经济标准化创新”“民营经济标准化大讲堂”“民法典”等专题培训 22 次。抓就业服务。积极引导市内外民营企业参与全市经济社会发展，组织民营企业参与全市民营企业招聘周、招聘月等活动，提供优质就业岗位，推动企业实现更高质量发展。抓招商引资。积极开展产业大招商，完成招商引资实际到位资金2.2亿元，超额完成市级下达市工商联2亿元的年度招商引资工作任务。

【引导民营企业助力乡村振兴】 认真贯彻落实中央“万企兴万村”行动决策部署，坚持把“万企兴万村”行动作为重大政治任务，迅速响应、认真谋划推动，引导民营企业将帮扶观念从“帮脱贫”向“促振兴”积极转变。组织县区申报“万企兴万村”示范点104个，动员直属商协会结对创建示范点11个，支持示范点乡村产业振兴。持续巩固脱贫成果，协调推动市湖南商会联合市新联会、市网联会、市室内装饰行业协会共同举办2021“同心暖冬”爱心公益慈善拍卖会，共募集爱心善款5.864万元，全部捐赠赫章县河镇乡恒底村和发开村公益项目建设。积极争取全国工商联支持，全程配合做好全国工商联领导赴织金县考察调研服务工作，推进落实全国工商联帮扶织金县项目6个，涉及资金1486.86万元。

（供稿：毕节市工商联）

法 治

政法委及综治

【概述】 2021 年，毕节市政法工作在毕节市委、毕节市政府的坚强领导下，在省委政法委的精心指导下，始终坚持以习近平新时代中国特色社会主义思想为指导，认真贯彻落实中央、省委政法工作会议精神，扎实开展法治毕节创建和平安毕节建设，全市社会大局持续稳定，没有发生危害国家安全的案（事）件、暴力恐怖事件和群体性事件，为建设贯彻新发展理念示范区营造安全稳定的社会环境。

【全面加强党的领导】 一是提高政治站位。市委高度重视政法工作，深入学习贯彻《中国共产党政法工作条例》及中央、省委政法工作会议精神，切实加强党对政法工作的领导。省委常委、市委书记吴强多次主持召开市委常委会听取扫黑除恶、风险防控、国家安全、法治毕节、维稳等工作情况汇报，研究解决重大事项和突出问题。全市政法机关深入学习贯彻习近平新时代中国特色社会主义思想、习近平法治思想，增强“四个意识”，坚定“四个自信”，做到“两个维护”，确保政法工作沿着正确政治方向前进。二是强化理论武装。始终把学懂弄通做实习近平新时代中国特色社会主义思想作为首要党课和终身必修课，将《中国共产党简史》《论中国共产党历史》《习近平新时代中国特色社会主义思想学习问答》《毛泽东邓小平江泽民胡锦涛关于中国共产党历史论述摘编》等纳入各级党委（党组）中心组学习的必学内容，不断增强全体干警政治自觉、思想自觉、行动自觉。定期组织理论学习中心组学习研讨会，把贯彻落实习近平总书记对贵州对毕节的重要指示批示精神作为最重要的政治纪律和政治规矩，夯实思想根基、提升理论素养、坚定政治信仰、站稳政治立场，用习近平法治思想武装头脑、指导实践、推动工作。三是深入贯彻落实《中国共产党政法工作条例》。积极协调组织部门，在乡镇（街道）换届工作中，督促落实政法委员配备工作。开展乡镇（街道）政法机构运行情况调研，与编制部门沟通，推动乡镇（街道）社会治安综合治理服务中心事业机构建设，280个乡镇（街道）设置综治中心。开展全市政法系统应当交流轮岗的政法干警摸排统计，配合组织部门做好有序调整工作，市县两级政法机关应交流214人，交流207人。

【全力做好安保维稳工作】 一是做好重要节点维稳安保工作。完成全国全省全市两会、中国共产党成立100周年庆祝活动、中国国际大数据博览会、第四届中国国际进口博览会、中共十九届六中全会等重要会议、重大活动、重要节点期间维稳安保工作，确保全市经济社会持续健康发展和社会大局和谐稳定。二是加强情报信息预警。三是加强社会面防控。严格落实24小时专人值班和领导在岗带班制度，制订应急处突预案，落实备勤力量，一旦发生突发事件、突发舆情，地方和涉事部门主要领导第一时间赶到现场，回应群众关切，及时果断妥善处置，坚决防止事态升级扩大。四是推进重大风险防范化解。落实维稳联合指挥机制和零报告制度，市县两级组织召开重大突出风险隐患及舆情信息综合分析研判会议，形成综合分析研判报告，发出工作指令，及时有效防范化解一批重大突出风险。深入开展风险隐患大排查，排查梳理影响社会安全稳定的重大突出风险隐患，并全部化解稳控。

【着力推进法治毕节示范创建】 一是推进法治政府示范建设。行政复议机关收行政复议案件352件，受理327件、审结249件，行政复议案件纠错率为9.2%，同比下降25.2%；因撤回复议申请等情形终止104件，行政复议案件终止率为55.2%，同比增长22.9%。全市行政诉讼案件1660件，同比增长46.6%，审结1253件，败诉238件、败诉率为18.9%，同比下降7.3%；开庭审理942件，出庭795件、出庭率84.4%，同比增长13.29%。市政府法律顾问为市人民政府办理法律事务共187项，同比增长16.9%；参加市政府专题会并发表法律意见30余次，参加债务担保、破产重整问题处理专班专题会10余次并发表法律意见。毕节市获第一批“全省法治政府建设示范市”命名。二是加强普法依法治理。将《中国共产党章程》《中华人民共和国宪法》《中华人民共和国民法典》《贵州省法治宣传教育条例》等纳入市委理论学习中心组和各级各部门集中学习内容，指导市、县两级组建“1+N”普法宣传队，采取法治宣讲、文艺汇演、入户送法、专题讲座等宣传方式，多渠道、多途径、全方位宣传贯彻实施民法典。开展以宪法、民法典为主的法治宣传教育活动10万余场次，张贴标语7000余幅，出动宣传车1900余台次，办宣传专栏4000余期，在“12348”法网推送典型案例13条。三是依法保障高质量发展。审判机关受理民商事一审案件73898件，审结63044件；审结股权纠纷案件135件，审结所有权纠纷案件1686件，涉及金额2.39亿元；审结民间借贷纠纷案件7877件，涉及金额16.0363亿元；受理行政一审案件1660件，审结1253件；受理执行案件44498件，执结35375件，分别同比上升76.47%和67.92%。市人民法院一审公开开庭审理贵州省首例生态环境污染责任民事公益诉讼案件。检察机关推进反腐败斗争，起诉职务犯罪76人；提前介入引导侦查有重大社会影响的疑难复杂案件2615件，监督立案100件，监督撤案80件，追捕252人，追诉175人，排除非法证据12人；受理民事诉讼监督案件250件，监督审判和执行活动违法743件，提出抗诉41件；办理的网络餐饮平台强制“二选一”不正当竞争公益诉讼案被最高检评为2020年度全国检察机关推进网络空间整治典型案例；办理全国检察机关首例耕地保护民事公益诉讼案。四是不断提升法律服务水平。市县两级建成公共法律服务中心 10 个、乡镇（街道）公共法律服务站 269 个，建成率 100%。建设公共法律服务工作室 3574 个，在易地扶贫搬迁安置点建成公共法律服务站点 30 个，各站点配备专兼职法律服务工作人员 1 名以上。“12348”热线咨询量 32500 余通，位居全省第 3 名，满意度达 97%以上。全市法律援助机构共办理法律援助案件 6381 件，公证机构办理公证 5646 件，司法鉴定机构办理法医临床、法医病理、法医物证类司法鉴定案件 2193 件。

【严厉打击各类违法犯罪】 刑事案件同比增长 58.9%，现行命案同比下降 14.8%。侦办黄赌案件 1480 起、“食药环”案件 234 起。侦破电诈案 1422 起，预警阻骗 9000 余万元。破获“两卡”犯罪团伙 62 个 1793 人，打处行业“内鬼” 11 人。侦办妨害国边境管理案件数、打处数全省第一，成功解救在缅北被非法拘禁和绑架的 16 名金沙籍人员。常态推进扫黑除恶专项斗争，移送起诉涉黑案 2 起 53 人，侦办恶势力犯罪集团（团伙）案 6 起 43 人，打财 2.1 亿元。以禁毒“大扫除”为抓手，与 2017 年相比，吸毒人员现有数下降 60.2%，新发现吸毒人员下降 71.4%，外流贩毒绝对数下降 91.7%。

【加强基层政法单位建设】 毕节市在建公安监管场所建设项目共 11 个，毕节市强制隔离戒毒所，七星关区看守所、强制隔离戒毒所，大方县看守所、强制隔离戒毒所，织金县看守所、强制隔离戒毒所，威宁县看守所建设项目主体工程完工，进行装修和筹备智慧监所系统建设；黔西县、赫章县看守所、强制隔离戒毒所在主体施工阶段，威宁县强制隔离戒毒所因规划另行选址建设，完成场平和施工招标。优化完善派出所工作体制机制，5 人以下派出所问题全部得到解决，超额完成“两个 40%”指标。

【深入推进“一中心一张网十联户”机制建设】

市委召开专题会议，研究全市“一中心一张网十联户”基层社会治理机制建设。召开“一中心一张网十联户”基层社会治理机制建设推进会暨政法专项工作表彰大会，推动“一中心一张网十联户”基层社会治理机制落地落实。印发《毕节市“一中心一张网十联户”治理机制建设检查验收评审实施细则（试行）》，倒逼各县（市、区）加快推进“一中心一张网十联户”基层社会治理机制建设。全市 10 个县（市、区）280 个乡镇（街道）3704 个村（社区）综治中心基本完成挂牌、共划分网格 31507 个，配备网格员 32632 名、联户长 143231 名，网格建立党小组（党支部）7907 个。各县（市、区）创建“警务两会示范乡镇”10 个，“警务两会”排查化解矛盾纠纷 2.3 万起，收集案件线索 125 条。

【扎实推进教育整顿工作】 一是夯实政治忠诚根基。创新集中学、支部学、个人学、巡导学、线上学、考试学“六学”模式，举办政治轮训 181 场次，“一把手”党课辅导报告 131 场次，习近平法治思想等专题讲座 85 场次。注重以身边事教育身边人，组织干警参观廉政教育基地 123 场次，旁听职务犯罪案件庭审 293 场次，观看违法干警忏悔录等警示教育专题片 156 场次，进一步筑牢干警防腐拒变之堤。充分利用红色资源，推动政法英模和先进典型选树宣传，累计开展革命传统教育 75 场次，举办彭文忠、甘建忠、赵祖虎等干警英模事迹报告会 24 场次。二是清除队伍害群之马。第一批次教育整顿中央第十三督导组交办线索 9 件全部办结，查否线索全部进行“回头看”，处理处分干警 2 人。第二批次中央督导组交办属于教育整顿范围线索 675 件，办结 562 件，余下存量线索预计在“回头看”期间予以清零。在第一批次教育整顿期间，省教育整顿办交办、“12337”举报平台分办以及政法系统自收等渠道接收各类有效线索1656件全部办结，查实率26.39%，1219条查否线索均通过自查、互查、抽查等方式全面开展“回头看”，处理处分干警471人。以“自查从宽”事例感召，用“被查从严”案例倒逼，有力引导全市1148名干警主动向组织说明问题线索，迅速开展核查工作予以全部办结，兑现从宽政策1089人，处理处分干警1056人。三是整治系统顽瘴痼疾。严格落实“一方案三清单”整改措施，对中央第十三督导组督导贵州政法队伍教育整顿反馈意见、赴毕督导政法队伍教育整顿“回头看”指出问题，累计研究制定130余条措施予以整改落实。认真办理中央督导组交办的15份抄告单，在第一批教育整顿期间共立案侦查12件、刑事打击处理9人，纪检监察机关党纪政务处分68人。通过扎实整改落实反馈问题，推动彻底整治政法系统积弊沉疴。开展党政领导干部遵守“三个规定”公开承诺，组织干警自查自纠、全员填报《自查事项报告表》，排查政法系统内部顽疾问题六大顽瘴痼疾问题909件，在第一批次教育整顿期间整改处理889件，余下54件全部延伸至第二批次教育整顿全部予以清仓。制定出台各类制度机制392个，从制度层面上根治顽瘴痼疾、巩固整顿成效，推动实现常治长效。

【加大政法工作宣传力度】　一是加强阵地建设。全市政法系统共创建新媒体平台175个，市委政法委微博“毕节政法”连续4个月进入全国地市级榜单，赫章县委政法委微博“赫章政法”连续5个月进入全国地市级以下榜单、一点号“护赫黔言”连续3个月进入全国榜单、“夜郎政法”头条号连续8个月进入全国榜单，“七星检察”抖音4月进入全国检察系统榜单。市人民检察院建立毕节市青少年法治教育中心，最大化保障未成年人合法权益，促进未成年人德智体美劳全面发展，注册用户达28.12万人，线上基地参观7.66万人次。加强与中央、省级、市级主流媒体合作，建立长效机制，聚焦扫黑除恶专项斗争、维护稳定等方面开展宣传报道。二是加强先进典型宣传。加大政法英模和先进典型宣传力度，组织评选100名“毕节市平安之星”和30个“毕节市平安之盾”，表彰参与“法治毕节”创建工作和扫黑除恶专项斗争工作先进个人150名、先进集体60个，选出适合宣传的40名个人和10个集体在各类媒体开展持续宣传，在全市政法领域形成先进可学、典型可信的干事创业氛围。三是加强政法舆情处置。从基层政法委、市直政法单位抽选200余名政治素养高，具有一定网络知识的人员组建政法网军“市级团队”，团队适时运用“三同步”原则及时占领网络意识形态阵地，切实维护网络意识形态安全。每天安排力量搜索涉政法网络信息，加强市县政法单位以及与宣传、网信等部门沟通协调，妥善处置辖区内涉政法舆情。全年共监测处置涉政法舆情64条。

【深入做好群众工作】　认真开展“我为群众办实事”实践活动，市委政法委组织党员干部到七星关区市西街道翠西社区走访群众，切实解决奥林匹克体育场因下雨积水安全隐患问题；到纳雍县猪场乡倮保鸠村、水箐村开展走访群众活动，帮助村民王俊军协调解决援助基金5000元，帮助纳雍县倮保鸠村学生杨延梦申请2021年希望工程圆梦行动茅台助学金5000元。加强司法救助，市县两级共救助77案128人，拨付救助资金487.17万元。召开全市见义勇为先进党员（家属）慰问座谈会，对30名见义勇为先进党员（家属）进行慰问。

（撰稿：李来奎）

公　安

【概述】　2021年全市公安机关在省公安厅党委

和市委、市政府的坚强领导下，坚持以习近平新时代中国特色社会主义思想为指导，认真贯彻落实习近平法治思想、习近平总书记“七一”重要讲话和视察贵州重要讲话精神，紧紧围绕捍卫政治安全、维护社会安定、保障人民安宁的新时代使命任务，持续深化“13796”工作思路，为全市经济社会发展创造安全稳定的政治社会环境。全市共破刑事案件5702起，同比上升50.01%，破案率达37.33%，同比上升10.41个百分点，抓获涉案嫌疑人10739名，同比上升13.88%，刑拘5671人，同比上升26.44%，逮捕2289人，同比下降29.18%，移送起诉6285人，同比上升48.83%。

【思想政治工作】 坚持以习近平新时代中国特色社会主义思想为指导，深入学习贯彻习近平总书记关于新时代公安工作的重要论述，紧紧围绕庆祝中国共产党成立100周年大庆安保主题主线，以加强政治建设为统领，以开展党史学习教育、深入推进队伍管理改革、推动第一批政法队伍教育整顿等为抓手，着力锻造“四个铁一般”高素质过硬公安铁军，为履行新时代公安职责使命提供坚强的思想政治和组织人才保证。强化政治建警，筑牢忠诚思想根基。始终把政治建设摆在突出位置，扎实抓好抓实民警思想政治建设，筑牢忠诚使命、奋勇担当的思想根基。党委中心组认真落实“第一议题”学习制度，及时跟进学习习近平总书记最新重要论述、习近平总书记视察贵州重要讲话精神以及对政法公安工作的重要指示批示精神，集中开展学习29次、组织研讨15次；局机关举办2期政治轮训（含教育整顿政治轮训），轮训1288人次，各县（市、区）公安（分）局举办11期政治轮训，轮训4256人次；围绕政法队伍教育整顿总要求，组织全市公安民警职工开展2轮政治理论测试，成绩全部合格；各党支部积极落实各项学习制度，民警“四个意识”更加牢固、“四个自信”更加坚定，“两个维护”更加坚决。根据《毕节市公安局2021年党建工作要点》《毕节市公安局党建工作考核办法》，定期督导考核，持续深化支部标准化规范化建设，严格按照支部达标36项细则要求开展党内政治生活，进一步完善“三会一课”、主题党日、谈心谈话、民主评议党员等制度；局党委成员带头过好领导干部“双重组织生活”，积极参与和指导所在党支部和联系党支部的组织生活；完成机关委员会及局属35个党支部换届工作，确保基层党组织班子健全。组织召开局属党组织书记抓党建述职评议工作会，对35名党组织书记进行民主评议和谈心谈话；基层党组织基本实现阵地标准化、工作程序化、职责明晰化、活动经常化、考核刚性化的“五化”目标。围绕政法队伍教育整顿、弘扬英模精神、学习先进典型等开展宣传报道活动，开展公安英模事迹报告会2次，并组织发表《“全国公安系统二级英雄模范”、一等功臣王永刚》《青山留忠魂，两代警察人——烈士之子杨松豪讲述父亲杨仕海事迹》等系列稿件。制作巡回采访专题《致敬警营劳动者》《先进典型在身边》，推出系列宣传《张启明：一个残疾民警的闪亮人生一/二/三/四》《从“门外汉”到业务精英10年“0”记录诠释初心》《丁锋海：边远山村的第一书记》《激情燃烧的岁月——朱天训》等稿件50余篇。先后推出先进典型市公安局交警支队辅警靳双溢、徐荣俊入围“中国好人榜”5月榜，市公安局获“贵州省扫黑除恶专项斗争先进集体”称号，市公安局刑侦支队获“贵州省工人先锋号”称号，4月22日，贵州省脱贫攻坚表彰大会上，毕节公安5名民警职工获“贵州省脱贫攻坚先进个人”称号。推树4个“毕节市平安之盾”先进集体，8名“毕节市平安之星”先进个人。按照上级公安机关安排部署，持续深入肃清流毒影响，全面清除内网简报、外网信息以及内部刊物；组织全市公安机关民警职工、辅警签订承诺书，进一步严明政治纪律和政治规矩，确保公安队伍绝对忠诚、绝对纯洁、绝对可靠的政治本色。强化党史学习教育，筑牢为民服务宗旨。坚持把党史学习教育作为重大政治任务，引导民警学史明理、学史增信、学史崇德、学史力行，牢记初心使命，忠实践行宗旨。根据《毕节市公安机关党史学习教育实施方案》，对党史学习教育进行了细化安排，层层压实责任。开展专题宣讲共7次，编制党史学习教育专题工作简报78期。坚持高质量高标准组织开好党史学习教育专题组织生活会，组织市局在职党员415人参加会议，查摆党支部存在问题160条，党员个人存在问题1569条，提出整改措施1252项，全部参会人员针对自身问题作出整改承诺。开展党史学习教育专题学习研讨10次，中心组学习会12次，专题学习习近平总书记“七一”重要讲话等一系列重要讲话精神和4个时期历史。市局党委班子成员还为联系基层点或分管单位民警职工上党史学习教育、“七一”重要讲话专题党课8次。各党支部通过组织支部“主题党日”“三会一课”等活动517次，组织民警职工7951人次参与集中学习。扎实开展“察民情访民意”等专题调研，召开专题推进会1次，走访1993名群众，拟定调研课题105个，推动完善公安工作60项，邀请服务对象代表、企业家代表共82人召开座谈会4次，征求群众意见建议76条。抓实教育整顿，强力夯实队伍基础。紧紧围绕“五个过硬”总要求，狠抓三个环节、四项任务，精心组织、周密部署、扎实推进第一、第二批教育整顿的无缝衔接。组织全警重点学习习近平法治思想、习近平总书记关于加强政法队伍建设的重要指示和训词精神，“一把手”讲党课11场次，组织习近平法治思想专题讲座23场次，举办延安整风专题讲座11场次，开展党史学习教育548场次，利用红色资源开展革命传统教育70场次。组织参加廉政教育报告会、旁听职务犯罪案件庭审、参观廉政教育基地等，观看《警钟》《代价》等警示教育专题片；召开警示教育大会20场次，举办公安英模报告会、先进事迹宣讲会，集中宣扬6名英雄模范先进事迹；翻印学习《贵州省公安民警先进事迹选编》，观看《平安中国之守护者》等影片，激励全警始终保持昂扬斗志，争创一流业绩。排查认定顽瘴痼疾问题493件，整改完成483件，整改率97.97%。坚持铁腕治警，深化党风廉政建设。坚持全面从严管党治警不放松，持续推进党风廉政建设不断走向深入，努力打造忠诚、干净、担当的过硬公安队伍。根据《党委（党组）落实全面从严治党主体责任规定》重要工作亲自部署、重大问题亲自过问的要求，市局党委主要负责人组织召开党委会，专题研究了全面从严治党工作，制定党风廉政建设和反腐败工作要点，组织签订党风廉政建设责任书，切实履行全面从严治党第一责任人责任，督促班子成员认真履职，各负其责，切实将“一岗双责”落到实处；根据中共贵州省委办公厅《中共贵州省委办公厅关于认真贯彻落实〈中国共产党党内法执行责任制规定（试行）进一步提升党内法规执行力的通知〉》精神，市局党委专题研究党内法规执行情况，分析研判全市公安机关党风廉政形势，提出加强和改进措施，推动全面从严治党向纵深发展。推进“三项教育”，密切警民关系。全市公安机关深入开展“我为群众办实事”实践活动及“让党中央放心让人民群众满意的模范机关”创建工作，深入推进“入村寨进社区走企业访群众”大走访活动，广泛收集涉及公安问题线索，着力整治突出问题，持续转变纪律作风，坚决清除害群之马，努力提升公安形象。持续开展“手”“腿”“嘴”等方面作风突出问题专项整治。通过签订责任书、开展述职、提醒约谈、追责问责等方式，逐步形成各负其责、齐抓共管、同向发力的良好局面。大力弘扬英模精神，把英模的时代形象“立”起来，让英模的时代风采“活”起来，使英模的时代正气“传”开来，确保毕节公安战线正气充盈。扎实开展“一案一整改”活动，通过反面警示教育，以鲜活的反面典型案例教育警示队伍，帮助全市公安队伍立起标准、认清差距、汲取教训，做到以案释德、以案释纪、以案释法，切实筑牢思想防线、确保廉洁从政。狠抓暖警惠警，凝聚警心激发战力。聚焦中国共产党成立100周年安保维稳，积极做好战时爱警暖警工作，帮助民警解决后顾之忧，进一步激发工作活力和激情，促进公安业务工作提质增效。扎实开展好表彰奖励工作。全市共127个集体立功受奖，其中集体一等功1个、集体二等功29个、集体三等功82个、集体嘉奖15个，共370名个人立功受奖，其中个人二等功35人、个人三等功156人、个人嘉奖179人；通报表扬集体52个，通报表扬个人107人。为认真贯彻落实从优待警系列措施，为31名民警申报风险救助金共计45.6万元，为23名退休病故民警家属申报特别抚恤金共23万元，积极营造关心关爱民辅警良好氛围，凝聚警心激发活力。深入开展各类走访慰问工作。春节期间，共走访慰问公安英模、烈士家属、因公牺牲民警家属61户，送去慰问金16.35万元；走访慰问因公致残、患重大疾病、患职业重病生活特别困难民警及在疫情防控和维护稳定负伤民警辅警140人，送去慰问金15.4万元；走访慰问基层单位、疫情防控及查缉执勤站点269个，送去慰问金71.4万元；走访慰问离退休老干部、驻村干部、已故民警遗属874人，送去慰问金54.25万元；走访慰问援疆民警辅警23人次，送去慰问金5.85万元；走访慰问立功受奖民辅警、优秀辅警、困难党员民警辅警964人，送去慰问金48.6万元；到基层一线走访慰问春节期间在岗一线工作人员130余人，送去慰问金6万元；春节期间走访慰问共计发放慰问金217万余元。日常走访慰问患病职工3人，发放慰问金1500元；为直系亲属去世的3名民警职工发放丧葬补助7000元；庆祝中国共产党成立100周年慰问60周岁以上老党员66人，送去慰问金33000元。认真落实年度体检休假制度。组织全局近600名民警职工（含退休）及时进行年度体检，民警身心健康得到有效维护。通过及时地收集、了解和反映民警的思想动态，准确掌握、客观分析民警的思想动态，有针对性化解思想心结，加强心理疏导，组织举办1次心理健康知识专题讲座。稳步推进职级序列改革实施。落实88人晋升一级警长及以下职务和警务技术一级主管及以下职务，19人晋升四级高级警长，71人通过副高级警务技术任职资格考试。深入推进招录培养机制改革。全市面向社会公开招录7名人民警察、拟面向公安院校公安专业毕业生招录94名人民警察、拟面向公安院校招录特殊专业人才5名。做好干部人事管理工作。协助44名县级干部填报领导干部个人事项有关报告表录入系统，办理6名民警调出手续，办理2名事业编制人员辞职手续。优化队伍结构，强化队伍建设。落实全市公安机关“一把手”由同级政府副职兼任或进入同级县委（区委）班子。严格履行工作程序，协助市委组织部完成1名正县级领导干部、5名副县级领导干部选拔，5名进一步使用的副县级领导干部考察，开展市局机关及下属、派出机构183人科级领导干部提拔任用考察；加强领导干部双重管理，配合完成县（市、区）组织部对县级公安机关领导班子调整16人次。落实轮岗交流制度。根据《毕节市公安机关民警交流轮岗办法》，畅通干部轮岗交流渠道，交流轮岗31人次。开展干部档案日常审核工作，接收归档市局、交警、金海湖干部档案材料，配合开展干部人事工作做好档案任前联审，对拟晋升提拔人档案进行审核，对“三龄两历”不一致的进行认定，加强干部人事档案专项审核复查工作，持续推动档案任前审核工作常态化，采购高清设备加强干部人事档案数字化建设。强化新闻宣传，突出正向激励作用。坚持围绕中心、服务大局，以中国共产党成立100周年大庆安保为主题主线，采取传统媒体和新媒体、线上和线下相结合的方式，广泛宣传公安机关在严打整治、疫情防控、社会治理等工作中涌现出来的先进人物和典型事例。浓厚内宣氛围。结合2021年各项重点、中心工作，市公安局积极开展内宣、外宣、新媒体宣传工作，内强自我，外塑形象。依托公安信息内网，利用“公安要闻”“领导动态”“图片新闻”“典型宣传”“舆情摘报”等栏目，实时传递公安部、省公安厅、市局党委重大决策部署，报道全市公安机关重大活动。全市公安系统共完成内宣稿件2000余篇，在毕节市公安局信息网、钉钉警讯群发布内宣信息1000余条。强化外宣建设。认真组织开展对外宣传工作，加强与各级各类主流新闻媒体沟通合作，结合党史学习教育、政法队伍教育整顿、我为群众办实事、反诈防诈宣传等工作，多渠道多角度多数量宣传报道公安工作、经验机制、先进典型，共计发布外宣稿件2103篇，其中中央级稿件200条，省级1694条，市级209条。充分发挥新媒体矩阵作用。结合2021年各重要时间节点、重点中心工作，充分发挥全市公安机关新媒体矩阵作用，开展一系列新媒体联动宣传工作。开展“五四青年节”“节日我在岗”“致敬警营劳动者”“515经侦宣传日”“祭奠英烈”“弘扬英模精神”“我为群众办实事”“政法队伍教育整顿”“党史故事100讲”等新媒体主题宣传。截至12月底，全市公安机关完成新媒体宣传稿件13616条，其中“毕节公安”“毕节交警”系列官方账号微信发布3200条，微博发布1500余条，抖音号发布信息300余条，抖音累计获赞100余万次。丰富警营文化工作。坚持文化育警战略，鼓励和号召民警职工利用业余时间加强体育锻炼和提高文化素养。先后组织开展1次“学党史 感党恩 跟党走”主题“五一”“五四”拔河比赛，1次毕节市公安机关2021年“学党史、感党恩、跟党走”知识竞答赛，1次毕节市公安机关“向党旗敬礼”主题演讲比赛，组织参加贵州省公安机关“奋进新征程·忠诚保华诞”书法、美术、摄影展活动，组织参加“红船颂”全国公安系统庆祝建党百年美术书法摄影主题征集展示活动。同时，通过在局大楼附属区域进行文化建设，适时更新文化展板内容，共张贴发布宣传展板32块。强化交通安全宣传警示提示，交通参与者文明交通意识进一步增强。紧盯重点群体开展宣传。线下线上同步对14.65万名干部职工开展交通安全专题教育，对322家道路运输企业集中开展警示约谈。深入开展“开学第一课”交通安全进校园活动581场次，制作4部交通安全警示教育片，用“身边事警示身边人”开展进村宣传活动619场次，“一盔一带”等主题宣传978场次。做强交警新媒体深化宣传。充分利用“毕节交警”微博、微信、抖音、快手“四大”新媒体平台，强化交通安全警示提示和宣传教育，累计发布信息2995条，阅读点播量达10611.13万次，同比增长457%，“毕节交警”微博微信在全市政务新媒体月排名中长期保持第一、第二名。强化交通安全普法宣传。全力推进“一盔一带”“知危险 会避险”“酒驾醉驾源头治理宣传”“守法规知礼让”“禁止行人进高速”等主题宣传活动落实，开展“七进”宣传2374场次，在省级以上媒体刊播新闻297条，组织24.45万名新老驾驶人开展再学习、再教育（其中满分6822名、审验17810名、学法减分21.99万名）、21.11万名初领证驾驶人开展宣誓教育学习、85.5万名驾驶人或交通参与者开展线上线下文明交通公益签名活动，交通参与者安全文明意识、法治意识整体明显提升。深入开展“最美黑脸”“最美烟熏妆”典型宣传，全面展现毕节交警执法服务新形象。加大公安交警执法服务典型事迹宣传报道，“1·28”青场隧道货车起火燃烧事件中，高速二大队辅警靳双溢、徐荣俊英勇救助疏散69名司乘人员事迹在《人民日报》、微信、新华社客户端、参考消息、中央人民广播电台等全国各类媒体广泛宣传报道，中央电视台、贵州电视台专题采访报道，毕节“最美烟熏妆”“最美黑脸”在全市、全省、全国成了众人知晓的英雄代名词。强化教育训练，提升民警专业素养。以“全警实战大练兵”活动为抓手，以民警“三能”达标训练为载体，持续提升全警业务素质和实战本领。将政治练兵贯穿到举办的各类培训中，尤其是新警、警衔晋升等培训要求政治理论课程不得少于总课程的20%；围绕政治理论练兵、党史学习教育、党纪党规等主题共计开展36场培训（讲座），培训20000余人次。组织符合警衔晋升条件的790余名民警开展训前网考工作，730余人合格，开展警务技战术训练52次，训练2545人次，开展“三能”达标测试37次，测试4730人次，确保“三能”达标率超过80%。开展各类岗位练兵比武、实战演练、业务比赛、模拟对抗及线上线下科技手段演练等133次，训练9266人次。开展警种专业训练43期，1274人次参训；各县（市、区）公安（分）局公安开展警种专业训练109期，2026人次参训。为进一步加强全市公安特巡警规范化建设，进一步提高特巡警应急处置和快速反应处置突发性、群体性事件的能力水平，组织各县区公安特巡警大队开展全市公安特巡警280余人跨区域应急拉动演练。

【疫情防控】 在市疫情防控领导小组的坚强领导和省社防组的指导下，市公安局疫情防控组深入贯彻落实习近平总书记关于疫情防控工作系列重要批示指示精神，认真贯彻落实党中央、国务院、省委、省政府、市委、市政府对疫情防控工作的决策部署，坚持“人民至上、生命至上”原则，严格按照“外防输入、内防反弹”总策略和“动态清零”总方针，落实“四早”要求，压实“四方”责任，有力有序有效抓好疫情防控工作，坚决守住来之不易的疫情防控成果。成立以市人民政府副市长、市公安局党委书记、局长王治军为组长的疫情防控领导小组，积极推动构建县、乡应急指挥体系，确保社防组织架构指挥灵敏、上下对应、分工明确、条块畅达、运转高效。统筹卫健、工信、市场监管、邮政、民政、商务、交通、机场等成员单位进驻市公安局合署办公，形成“1+N”（1个领导小组+N个成员单位）工作模式，充实社防力量。结合疫情防控指南及“1+6”工作手册（即《疫情防控工作指引》及指引中的“应急处置预案、流调溯源、集中隔离点管理、全员核酸检测、社会面综合管控、封控区管控区防范区管理6个实施细则”），先后制定《突发疫情应急处置精准防控工作实施方案》《紧急状态下关联人员排查工作方案》《元旦、春节及北京冬奥会期间疫情社会防控总体工作方案》《返毕人员摸底排查管控工作实施方案》《扫码监测异常码处置工作规范》等工作机制，为各项工作的有序推进提供遵循。指导各成员单位落实主体责任，自觉遵守疫情防控规定。严格落实三级包保、“五包一”“二对一”责任制，严格执行集中隔离、居家监测、“三天两检”、主动报备、预警监测、自我检测等常态化防控措施。持续强化入境、边境、中高风险地区往（返）毕节人员数据核查，特别是紧盯中高风险地区入毕数据核查，确保按时反馈、动态清零。在省、市社会防控组的统筹指导下，坚持“演练即实战”的原则，完成8次疫情防控演练，切实提高应急响应和快速处置能力。始终坚持督导先行和问题导向，制订《常态化督导方案》，组成4组20余批次分赴10区县开展督导检查，发现问题线索50余条，均督促行业主管部门对标落实整改。始终坚持依法打击妨害疫情防控违法犯罪，全市立涉疫刑事案件9起，破获9起，刑事处罚6人；共立涉疫治安案件2起，行政处罚2人。

【维护稳定】 坚持政治引领，强化责任担当，先发制人。防范处置，坚决挫败境外渗透破坏。综合施策，切实提升重点人员教育管控水平。全力维护宗教领域安全稳定，整治各类非法宗教活动4起，收缴非法出版物等资料900余份。及时处置，净化网络意识形态环境。坚持整治邪教组织，查处各类邪教案件17起。加强维稳工作。

认真贯彻落实中共中央办公厅、国务院办公厅《信访工作责任制实施办法》，市、县公安机关党委始终把信访工作纳入重要议事日程，定期听取汇报、分析研判形势、研究解决工作中的重点疑难问题形成常态。重点强化市、县（区）两级公安机关主要领导、党委班子接待群众来访、包案化解疑难复杂信访案件工作和律师参与接访化解工作，通过网督系统督察、视频接访和系统录入适时检查监督，效果明显。以中国共产党成立100周年安保维稳工作为中心，以全国、全省两会及各项重大警卫安保任务为抓手，全力做好重大风险隐患排查整治工作。未发生重大敏感事件，未发生群体性事件和个人极端事件。侦破网络主侦案件335起。开展线索核查40批次600余人，协助办理跨境赌博案件59起，抓获76人。为其他警种和部门提供有力的技术支撑，破获案件187起，抓获299人。

【严打犯罪】　始终坚持严打各类刑事犯罪不放松，以打促防，保持严打高压态势，以人民为中心深入推进系列严打整治专项行动，主动亮剑、重拳出击，打出平安，打出稳定。全市共破刑事案件5702起，同比上升50.01%，破案率达37.33%，同比上升10.41个百分点，抓获涉案嫌疑人10739名，同比上升13.88%，刑拘5671人，同比上升26.44%，逮捕2289人，同比下降29.18%，移送起诉6285人，同比上升48.83%。扫黑除恶专项斗争取得显著成效。认真贯彻落实常态化开展扫黑除恶专项斗争的安排部署，坚持系统管理、法治思维，强基导向，常态化推进扫黑除恶专项斗争。受理线索98条，办结（含申请办结）98条，办结率100%，转案34条，转案率34.39%。移送起诉涉黑案件2起，拟往涉黑方向侦办案件1起；侦办恶势力犯罪集团案件3起31人，恶势力团伙3个12人，打财2.101亿元，侦办九类涉恶类个案391起，刑事拘留789人，向纪委监委移送保护伞线索48人，以包庇、纵容黑社会性质组织罪立案侦办5人。进一步强化领导及组织保障，推动扫黑常态化。领导高效推动。1名民警被授予“全国扫黑除恶专项斗争先进工作者”称号；市公安局扫黑办获公安部表彰，立集体一等功；毕节市公安局被评为全省扫黑除恶先进集体，人志获省级表彰；12个集体10名民警获省公安厅表彰，市公安局对全市197名扫黑民警及22个扫黑先进集体进行表彰。强化命案攻坚工作，命案侦防成绩显著。全市公安机关始终坚持坚定“命案必破”方向，树牢“命案可防”意识，全力开展“破现行命案、攻命案积案、防命案发案”工作，命案攻坚工作成绩突出。现行命案同比下降15.38%，现行命案破案率连续6年保持100%；破获命案积案26起，抓获历年命案逃犯36人。探索创新工作模式，提升电诈打防能力。开展有害信息清理，物联网卡清查，个人银行账户排查等工作。破案680起，同比上升128.96%，抓获嫌疑人1208人，同比上升172.07%，返还被骗资金904万元，同比上升465%。严打“两卡”犯罪。破获“两卡”犯罪团伙56个，抓获“两卡”人员770人，查获银行卡362张、电话卡62张、惩戒“两卡”人员268人，对4563名涉案“两卡”人员账户采取账户管控。加强防范预警。市反诈中心充分运用部、省、市反诈预警系统，及时发现电信网络诈骗潜在受害人，共处理涉诈预警12.3万余人次，阻骗6500余万元；累计组织主题宣传活动2600余次，发放宣传资料10万余份，发送防骗短信1238万条，动员群众下载注册国家反诈中心APP共42万余人（注册数全省第三）。强化源头综合治理，严厉整治跨境犯罪。持续加大劝投逼返力度，云南边境拦截的毕节籍拟偷渡人员大幅减少，从单月最高208人减少到10月的7人（11月3人）。公安部510专案通报滞留缅北涉诈高危人员3986人，劝返2905人（全国第二、全省第一）。年底，全市仍有200多名党政工作人员在云南普洱、临沧、西双版纳、德宏开展劝返逼投工作。共打处嫌疑人818名，其中打击“蛇头”60名，侦办组织偷越国边境案件78起。全力遏制侵财犯罪。破获盗抢骗案件2110起，同比上升54.35%，破案率20.6%，同比上升4.4个百分点；打掉盗抢骗团伙315个，打击团伙成员508人，侦破案件344起；偷牛盗马案件同比下降49.7%，盗窃摩托车案件同比下降22.56%，打掉骗取医保基金犯罪团伙2个，处理医疗机构2家，追回套取医保基金619.5万元。严厉打击涉枪犯罪。破涉枪案件68起，缴获各类枪支65支，起诉涉枪犯罪嫌疑人28名、火药动力枪支26支，协助外省市抓获涉枪犯罪嫌疑人35名。严厉打击拐卖犯罪。破获拐卖案件2起，解救被拐妇女儿童2名，帮助找回失踪妇女儿童200余名；深入推进打击整治组织妇女出境卖淫犯罪专项行动，破获案件243起，管控重点人员874人。团圆行动开展以来，通过DNA比对共找回失踪、解救被拐儿童123人，组织50个家庭的认亲活动。严厉整治文物犯罪。全市公安机关会同文物部门联合持续开展整治防范文物犯罪专项行动，破获盗窃或破坏文物犯罪案件4起，起诉犯罪嫌疑人2名，追缴文物6件。严厉整治民族资产解冻类诈骗犯罪。坚决打击幕后组织者、操纵者和各个层级的代理人，摧毁其组织指挥体系。侦办涉民族资产解冻类诈骗案件2起，抓获犯罪嫌疑人6名。严厉整治毒品违法犯罪。面对严峻复杂的国际国内毒情形势和前所未有的困难挑战，按照国家禁毒委和省委省政府决策部署，部署开展禁毒“大扫除”专项行动，全面落实“挖根、断脉、破网”和“吸必查贩、贩必查吸”的总要求，全力挤压毒品违法犯罪空间，全力整治突出毒品问题，禁毒斗争形势“稳中有进、持续向好”。缉毒执法效能明显提升。持续深入推进禁毒“大扫除”专项行动，始终保持毒品违法犯罪严打高压态势，不断推进缉毒执法工作向纵深发展。全市共破获毒品刑事案件288起，同比上升12.94%；抓获毒品犯罪嫌疑人353人，同比上升0.28%；缴获各类毒品64.09千克。外流贩毒被打击处理绝对数逐年大幅下降到高峰期5%以下。新增吸毒人员数持续下降，禁吸戒毒取得新突破，坚持把毒品预防教育作为治本之策，持续强化禁毒宣传教育。充分运用合作媒体单位优势资源，加强禁毒微博、微信、短视频等新媒体建设应用。以青少年作为禁毒预防宣传的重点，开展禁毒预防教育校园“五个一”活动，2021年“全国青少年禁毒知识竞赛”中，毕节市学校参与数、学生参与数、及格率、满分率、平均分、总分均排全省第一。严厉整治经济犯罪。以打开路，以防为控，突破个案瓶颈，从发现线索初期即开始全程排查，重点研判犯罪顶层到末端的组织架构信息，突出数据化侦查理念，将打击面扩大、辐射到全国多个省市，全面掀起全市打击各类链条式、网络化经济犯罪的高潮。受理142起，立案125起，破案89起，涉案金额3.5亿余元，挽损金额1.45亿余元，抓获人数145人。严厉打击黄赌违法犯罪。扎实开展整治跨境赌博犯罪“断链”行动、打击农村卖淫嫖娼和流动赌博等违法犯罪行为，侦办涉黄涉赌案件1321起（其中网络赌博案件24起，野外赌博案件12起），刑事、行政拘留2216人，查处公职人员参赌18人，捣毁赌博窝点143个，查封涉黄场所（足浴城等）4个。指导赫章县公安局侦办张强、罗招军、陈佐亮等人聚众赌博案，捣毁一流动赌场，现场抓获涉赌人员60人，其中刑事拘留12人，行政处罚23人，收缴赌资80万余元，被公安部列为督办案件侦办。指导赫章县公安局侦办金某情、唐某等人开设野外流动赌场案和白果镇熊某等人野外流动赌场聚众赌博案，被省公安厅列为督办案件侦办。严厉打击食药环违法犯罪。扎实开展“长江禁渔”、长江非法捕捞、“昆仑2021”等专项行动，依法严厉打击破坏长江生态环境、长江流域走私、长江流域危害粮食安全等犯罪活动。侦办食药类案件75起，环境类案件59起，非法捕捞案件145起，采取刑事强制措施385人，行政拘留17人；指导金沙县公安局侦办“3·3”假酒案，抓获犯罪嫌疑人7人（其中批准逮捕5人、刑事拘留1人、取保候审1人），查获金沙县农兴食品经营部加工销售金丝台、蓝丝台、大国酱香等伪劣假酒8000余件，涉案金额1040万余元，被公安部列为督办案件侦办；指导金沙县公安局侦办刘明义非法捕捞水产品案，抓获犯罪嫌疑人4人，取保候审4人，被公安部列为督办案件侦办；指导百里杜鹃公安局侦办王文春生产、销售有毒有害食品案，刑事拘留2人。严厉打击拒不支付劳动报酬违法犯罪。配合开展拖欠农民工工资专项排查检查417次，立拒不支付劳动报酬案39起，侦破9起，采取刑事强制措施8人，涉及资金2886万元。

【防范化解重大风险】 做好防范化解重大风险隐患排查，维护国家政治安全社会稳定。检查涉爆企业、学校医院、寄递物流、旅馆酒店、景区景点等重点行业、重点场所、重点单位24375家次，排查涉爆重点人员10890人次，化解重大风险3个，较大风险7个，整治安全隐患12385条，处罚违规涉爆企业、旅馆554家，取缔无证旅馆47家，停业整顿企业、场所等37家，侦办涉寄递物流案件15起，打击处理18人。扎实抓好矛盾纠纷排查化解工作，全面落实分色分类管理、分级分责化解、责任倒查追究等工作措施，督促指导公安派出所依托线上线下“警务两会”和“万警进万家”活动，联合多警种，协调职能部门多元化解征地拆迁、劳资纠纷、婚恋纠纷、邻里纠纷、环境污染、涉警等矛盾纠纷23306起，有效遏制“民转刑、刑转命”案件，严防引发个人极端暴力事件和重大群体性事件。

【治安防控】 扎实搞好重要节假日、重大会议期间治安管控工作。加强常态化疫情防控时期元旦、春节、元宵节、清明节、“五一”、端午节、“八一”、中秋节、国庆节以及全国、全省、全市两会、国际数博会、生态文明贵阳国际论坛等重要节假日、重大会议期间重点物品、重点单位、重点行业场所治安管控，全年涉爆企业、宾馆酒店、校园医院等重点行业场所、重点单位未发生重大事件（故）。派出所警力得到进一步充实，下沉126名警力到派出所，派出所警力达到1838人，占县级公安机关总警力的47.52%，超过40%的要求。社区民警专职化进一步推进，配专职社区民警1374名，占派出所总警力的74.75%。高等级派出所创建持续深化，创建并命名一级公安派出所4个，二级公安派出所7个，全市共有一级公安派出所25个，二级公安派出所64个。“枫桥式公安派出所”创建持续发力，大方县公安局凤山派出所、纳雍县公安局龙场派出所参加推荐争创全国“枫桥式公安派出所”。纳雍县公安局龙场派出所做法得到中央第十三督导组抄告单通报表扬，省公安厅在纳雍县召开全省“枫桥式公安派出所”学习纳雍县公安局龙场派出所特色经验做法现场会，全省推广学习。黔西市公安局林泉派出所（获“全国青年文明号”称号）、纳雍县公安局龙场派出所所长李红（获全省第二届“十大法治人物”称号）等一大批先进集体和个人。全力推进“警务两会”规范化制度化。进一步深化和规范“警务两会+”工作。大方县公安局凤山派出所召开“警务两会”在中央电视台第12套《平安中国》中得以报道，并创建首批省级“枫桥式公安派出所”。物建十户联防长15.5万余人，组织召开线上线下“警务两会”6454次，排查化解矛盾纠纷23306起，排查整治风险隐患1547条，收集案件线索125条、意见建议3298条，解决群众反映问题274个，为群众上门服务1.9万余人次。强化校园安全工作，全力维护校园安全稳定。督促全市中小学（幼儿园）配备专职保安员7745人，设置“护学岗”3402个，安装“一键式”紧急报警器3738套；排查校园1.62万所次、校园周边出租房屋4900所次、特业场所2003家次，发现并督促整改安全隐患问题2.5万处；查处校园周边涉黄涉赌案件6起，打击处理22人，排查化解涉校矛盾纠纷38起，进校园开展法制宣传教育1398场次，指导开展各类应急处置演练976场次。强化医院安全工作，指导全市27家二级以上医院全部建立警务室、全部完成“一键式”紧急报警装置安装。侦破涉医刑事案件1起，查处治安案件3起，处置医闹事件3起，打击处理17人，排查化解涉医矛盾纠纷11起。全力做好常态化疫情防控时期市内314个疫苗接种点的治安秩序维护工作，对11个疫苗存储点开展安全检查，排查并督促整改各类安全隐患30条。强化景区安全工作，指导景区配备安全保卫人员438名，排查管控治安重点人190人次，排查化解矛盾纠纷32起，查处景区治安案件2起，行政处罚2人。强化文物保护单位安全工作，指导全市2个一级以上风险文物博物馆，8个国家级文物保护单位（共34个保护点）配备专职治安保卫员和保安员、巡逻防控及安全培训实现全覆盖；指导全市52个省级文物保护点中的22个保护点配备守护员实现全覆盖。

【全力做好大型活动安保】 以中国共产党成立100周年庆祝活动安保维稳工作为主线，聚力同心，团结协作，整体联动，扎实搞好重大活动、重大考试安全保卫工作。完成中国共产党成立100周年系列庆祝活动、贵州省第七届少数民族文艺汇演毕节文艺演出、国际杜鹃花节暨全市旅游景区景点安保等各类大型群众性活动安保任务59场次；完成全年高考、中考、公务考试等各类国家、省、市级大型考试安保任务34场次，共历时88天，涉及考点593个、考场2.07万个、考生77.06万人。

【出入境管理】 立246起偷越国（边）境刑事案件，其中刑事拘留614人，取保候审164人，起诉447人，判刑271人（案件数、打处数全省第一）。通过对省厅出入境下发非法出入境人员集中审查和重点研判，侦办组织偷越国（边）境案件49起，查明“蛇头”67人，刑拘到案35人。共办理76起行政案件，行政处罚78人，侦办部督案件3起，侦办的“黔西市王某组织他人偷越国（边）境案”被公安部通报表扬，（全省唯一）从缅北解救被非法拘禁和绑架的16名金沙籍人员。完成五类非法出入境4468人次摸排工作，建档4814个，签订承诺书4994份。立跨境赌博刑事案件21起，查处67人，涉案资金166万元，查扣冻结资金10万元，协作外省办案49次，抓获26人，移送起诉犯罪嫌疑人总数11人，判处实刑人数22人，破获推广平台或推广团伙数量1个。查获“三非”案件7起，“三非”外国人7人，涉外案件1起，遣送出境11人。

【公安改革】 治安部门，以优化“放管服”便民利企措施为落脚点，管理服务质效得到新提升。以“我为群众办实事”活动为载体，积极优化“放管服”便民利企措施，竭力为群众提供优质高效服务，不断提高人民群众的满意度。一是优化和公开行政事项办事流程和指南，落实“七张清单”，缩减审批时限79个工作日，全面推进“减证便民”措施的落地落实。二是指导县区规范办理委托下放行政许可服务事项，许可非营业性爆破作业单位30家，爆破作业项目118项，爆破作业人员910人，审批合同备案336项，开具烟花爆竹道路运输证776份，开通旅馆业信息系统170家。三是全面推行居民身份证省外、省内异地办理、市办跨所办理服务，全面启动户口迁移、“川黔渝”新生儿入户及户籍类证明出具业务“跨省通办”，受理跨省异地身份证业务4675人，审核签发外省受理业务70553人，办理“跨省通办”户口业务12人。四是全面推进公章刻制业行政审批权限下放、公章刻制备案等各项改革配套措施的落实，办事时限缩减至1小时，全市74家公章刻制单位刻制公章71352枚，涉及新办企业16983家，为企业提供更加高效便捷服务。五是全面推行“互联网+公安”服务，运用“互联网+户政、+保安”，预审处理户籍业务2937件，审核保安员报名9724人，制发保安员证5617个；运用手机钉钉审批“电子两证”，民爆物品购买、运输许可开具12031份，审批炸药24598.09吨，审批雷管893.07万发，大大缩短了企业群众办事时间、经济成本。六是开展户口身份证登记信息“一清二防三治”专项行动，为群众更正出生日期、民族等信息591人，办理出生登记12.45万人，清理虚假、重复户口4995个，及时处理群众反映问题诉求215件，接待处理群众来电来访1750余人次。

公安交管部门，树牢“以人民为中心”发展理念，深化公安交管“放管服”改革，纵深推进“我为群众办实事”活动取得成效。一是推动服务延伸。深化公安交管业务向企业、向基层、向网络延伸，通过互联网办理交管业务31.5万笔，占总业务量的21%；建立机动车登记服务站38家，警邮合作代办网点24家，警保合作代办点5家，实现出门办、就近办；深入开展流动车管下乡服务87次，惠及93个乡镇，5万余农村群众；严格落实“四个减免”政策，仅免复印费、免拓号费两项就为群众节约经费556.19万元。二是优化办事流程。最大限度压缩办事时限、优化服务机制，实行周末、节假日“不打烊”，平时延时服务“1小时”工作制度。推行老年人定制化服务，设立老年人办理业务绿色窗口44个，累计办理老年人代办业务560笔。推行办理交管业务网上委托，受理网上委托业务3056笔。持续推进8类驾驶证业务、12类车驾管业务“全市通办”，最大限度方便人民群众就近办、快捷办。三是加强业务监管。建立市级机动车及驾驶证业务综合监管中心，逐步将全市车管服务大厅、机动车登记服务站、驾驶人考场、机动车检测机构等4800余路摄像头汇聚到综合监管平台，实现音视频监管全覆盖，巡查、倒查专业化。制定车驾管业务定期分析研判制度，每月对异常业务预警进行通报，严肃追究违规办理业务的行为，有力保障车驾管业务依法规范办理。

出入境部门，狠抓窗口服务，纵深推进“放管服”工作走实走细。深化公安窗口政务服务就近办、网上办、一次办、一窗办，推进公安政务服务“一窗通办”，真正做到让申请人“只跑一次”“进一扇门办公安进驻全部事项”。一是深化“一窗通办”改革，打造高质量公安政务服务体系。出入境管理分局协同交警、治安、网安、禁毒等进驻警种，督导全市公安政务服务窗口，全面开创全市公安政务“一窗通办”新局面，实现进公安“一扇门”，即可办理所有进驻窗口事项，跑好服务群众“最后一公里”。全市11个公安政务服务受理点均按要求进驻服务中心公安窗口，涵盖交警、治安、出入境、禁毒等业务警种，每个点设置公安驻服务中心首席。全市共设置“一窗通办”窗口76个，主要受理户籍、身份证、驾驶证、出入境管理等群众高频办理业务。二是牢固树立“出入有境、服务无境”理念，推进各项便民利民措施。持续推进省外异地办证。接受异地办证群众咨询预约300余人次，受理异地人员办证193人次。推进老年人出入境管理服务等便利服务。60岁（含）以上老年人申办出入境证件可直接复用5年内曾办理过的出入境证件照片或居民身份证照片，无需现场重新拍照或提交照片，向老年人提供“绿色通道”、放大镜、老花镜等。结合疫情发展态势，开通办事“绿色通道”服务。解答网上办理业务的咨询和疫情管控引导。全市出入境管理部门10个受理点共受理、审批公民出国（境）1629人次（市局出入境受理量为867人次），制件赴港、澳、台探亲签注48人次，逗留签注19人次，发放证件1418本，受理身份证补、换发业务2826人次。

法制部门，持续推进法治政府建设，依法行政能力提升。一是及时更新、完善权责清单。二是深化简政放权。进一步下放审批服务权限，简化办事程序，规范委托下放行政许可事项工作。三是深化行政执法“三项制度”改革工作，继续落实行政执法公示制度、执法全过程记录制度、重大执法决定法制审核制度工作。四是全面清理办理公安业务的各种证明凭证。五是推进执法公开工作。坚持“公开是常态、不公开是例外”的原则，对依法应当公开的警务信息、行政管理信息、办事信息、执法办案信息做到应公开尽公开。森林公安管理体制改革。市级森林公安机关民警尚未实现划转。

【公共安全】 加强公共安全管理。一是以联席会议为抓手，聚焦重大风险隐患排查排除，交通安全综合治理能力水平大幅度提升。积极推动市政府《毕节市道路交通安全管理工作实施细则（试行）》，统筹开展全市道路交通安全“大提升”行动、道路交通安全专项整治行动，交通安全“三个责任”进一步夯实，“网格化、清单化、责任化”管理机制更加落地。开展道路交通安全隐患排查，通过省、市、县三级挂牌督办治理道路重大安全隐患375处，治理完成287处，治理率达76.53%。督促治理校园周边交通警示标牌849处、警示灯2740处，新增施划人行横道3176处，增设减速带2097处、隔离护栏3291处。排查农业园区326个，发现交通隐患问题67个，全部现场督促整改。深化督促检查落实。市道交联席办常态化派出两个督查组不间断对全市重点县乡、企业、单位开展交通安全工作明察暗访，覆盖乡（镇）187个、马路市场52处、高速公路联合检查站46个，“两客一危”企业89家次、学校223所、农业产业园区22家，发现风险隐患2607条，督促整改2218条，限期整改389条，整改率达到85.08%。以重点违法为突破口，深化交通安全集中整治，道路交通秩序和交通安全环境持续净化。开展重点车辆、重点违法全市集中统一行动100余次，查处各类交通违法行为173.81万起。联合交通运输、教育、高管等部门深入开展非法营运、行人上高速、校园周边交通安全综合治理，联合查处“非法营运”2008辆次。劝离行人3305人次，处罚行人上高速违法1292人次。查处“黑校车”43辆次，接送学生车辆超员违法97起。开展交通违法劝导3万余次、“红白事打招呼”9410次、“跟场管理”2.68万次，整治“马路市场”隐患67个。加强机场安保。完成保障544548人次进出港旅客运输量，进出港航班7297架次，做到绝对安全，真正确保万无一失，实现连续四年“平安民航”目标工作第一。完成春运、全国两会、清明节、“五一”、“中国共产党成立100周年安保”、国庆节、党的十九届六中全会等重点安保维稳工作任务。为做好机场新型冠状病毒感染的肺炎的防控工作，保障毕节机场航空运输工作的有序开展，降低民航旅客和机场从业人员染疫风险，最大限度避免疫情通过航空器传播。办理治安案件1起，未发生刑事案件。强化特巡警建设，加强卡点武装查缉和街面巡逻力度。组织各县（市、区）大队开展劫持人质、刀斧砍杀等演练32场次；开展处置50~200人的群体性事件演练2次；组织开展应急警力增援拉动演练2场次；组织开展全市公安特警大比武暨红蓝对抗演练2场次；组织参加全省公安特警大比武1场次；组织开展全市特（巡）警指挥员培训1场次。启动武装检查治安卡点16个，及时封堵过滤危险因素。以“智慧街面巡防”建设为支撑，整合资源、创新机制，不断完善立体化社会治安防控体系建设。完成智慧街面警务站14个。出动武装设卡及巡逻防控警力121246人次，出动车辆6986辆次，抓获违法犯罪嫌疑人543人，救助群众1544人次，缴获仿真枪1支，缴获管制刀具34把，收缴危爆物品5千克。出动疫情防控警力11655人次、车辆7756台次。期间累计检查车辆30059辆次，检测人员63531人次，劝返车辆1751辆次，劝返人员1300余人，检测咳嗽发热人员41人，移送定点隔离观察 92 人，检测旅客 12000 余人次。

【执法规范化建设】 深入开展“执法规范化建设年”工作。为深刻吸取七星关区“1·25”网络舆情事件的教训，市公安局党委研究决定，将 2021 年定为全市公安机关“执法规范化建设年”，制定《毕节市公安机关开展“执法规范化建设年”工作实施方案》，开展一系列执法规范化建设工作。每月组织召开一次全市公安机关“法治讲堂”执法讲座，为新入警人员及警衔晋升民警授课 5 期，以季度考评抽取的行政和刑事案件为内容，轮流在各县（区）公安（分）局召开季度执法质量考评案件点评会。组织全体民警职工参与在线学法考试。每月至少组织 1 次覆盖全体执法民警的集中培训，各警种（部门）每周至少组织 1 次不少于 2 小时的集中学习培训，执法民警每周至少进行 2 次自学。组织开展 3 次对其他突出执法问题的专项督查，发现整改问题案件 175 起，处理处分问题民警 126 人。深入开展案件卷宗梳理，重点案件全面评查。清理出五类重点案件 8036 件，自评 8036 件，评出一类案件 4319 件，二类案件 3647 件，三类案件 70 件。通过日常巡查、月考核、季考评（通报）等方式，加大对公安机关各办案部门和派出所的受立案监督。各县区法制部门均落实专人常态化开展日常巡查工作，发现问题及时通知整改。开展受立案监督、考评案件 8874 件，未如实受立案 34 件，超时限受立案 105 件。开展执法质量案件考评 5008 件，其中刑事案件 1910 件，行政案件 3098 件，考评存在的问题逐渐减少，案件质量逐步提升。办理行政复议案件 37 件、刑事复核案件 37 件、办理国家赔偿案件 19 件。审核指定管辖案件 20 件。办理信访、监委、督察等评查案件 201 件。办理执法监督案件 15 件，下发执法监督建议书 17 件。参与各执法警种 20 余起重特大疑难案件的办理，提供法律指导。

【队伍建设】 聚焦“两个维护”，持续推进党的政治建设。强化理论武装持续筑牢思想根基。坚持把学习贯彻习近平新时代中国特色社会主义思想作为根本任务，深入学习习近平总书记最新重要讲话和对贵州对毕节的重要指示批示精神以及视察贵州重要讲话重要指示精神。按计划开展党委理论学习中心组学习。开展 29 次中心组学习，专题研讨 15 次。不断加强思想教育，切实增强民警“四个意识”、坚定“四个自信”，做到“两个维护”。深入开展党史学习教育。把《习近平新时代中国特色社会主义思想学习问答》《习近平论中国共产党历史》《毛泽东 邓小平 江泽民 胡锦涛关于中国共产党历史论述摘编》《中国共产党简史》《习近平谈治国理政》第三卷以及“四史”等内容纳入必学篇目，通过专题学习研讨、“三会一课”、主题党日活动、政治轮训，自学等形式，推动党史学习教育取得实效。组织专题集中学习研讨会议 12 次，局属 38 个党支部以“三会一课”、主题党日活动等形式，认真开展党史学习教育专题学习。认真开展宣讲活动。提高政治站位，扛牢主体责任。市公安局党委认真贯彻党中央、省、市和省厅关于全面从严治党部署要求，坚持“一把手”亲自抓、负总责，一级带一级、层层抓落实，坚持将全面从严治党与公安业务工作同谋划、同部署、同推进、同考核，着力把全面从严管党治警责任落实落细落到基层。召开党风廉政建设暨警示教育会，组织签订党风廉政建设责任书，组织开展自查自纠并及时补学。组织全体民警职工参观市扫黑除恶警示教育基地。组织全市公安机关“1·25”事件警示教育大会，组织召开全市公安机关召开付晓违纪违法案“一案一整改”警示教育暨党风廉政建设大会；指导机场分局召开张兴违纪违法案“一案一整改”及警保支队陈行违纪违法案“一案一整改”警示教育大会。制定《毕节市公安机关整治漠视侵害群众利益等方面突出问题实施办法（试行）》《毕节市公安机关整治违反防止干预司法“三个规定”实施办法（试行）》。深化党建引领，持续推进党建工作。切实履行党委书记抓党建工作第一责任人的职责，组织召开党委会研究党建工作3次，专题会2次，全市公安机关基层党建工作呈现部署早、安排细、落实快、成效实的良好局面。创新工作机制，全面实施党务工作月督查、季检查、年考核机制，定期督导考核，倒逼工作落实，规范组织设置。从组织设置、队伍建设、制度运行、任务落实、保障配套5个方面着力加强党支部标准化规范化建设。完成了市局机关党委、机关纪委及局属37个党支部换届选举工作，指导全局34个“达标”党支部“回头看”工作顺利过关，成功创建示范党支部2个，对离退休党支部规范撤分与工作运行进行指导，确保达标率达到100%。基层党组织基本实现阵地标准化、工作程序化、职责明晰化、活动经常化、考核刚性化的“五化”目标。严肃党内政治生活。严格执行《关于新形势下党内政治生活的若干准则》，认真落实“三会一课”制度，严格党员领导干部参加双重组织生活制度，坚持党员领导干部讲党课制度，按月开展主题党日活动，认真开展组织生活会和民主评议党员工作。各党支部通过设置党员先锋岗，党员责任区等方式，组织开展志愿服务活动56次，为群众办实事、解难事75个。扎实开展庆祝中国共产党成立100周年系列活动，抓好全国、全省、全市“两优一先”评选推荐工作。在庆祝中国共产党成立100周年活动中，毕节公安系统获全省优秀共产党员2人、优秀党务工作者1人、先进基层党组织1个。获全市优秀共产党员4人、优秀党务工作者3人、先进基层党组织1个。队伍教育整顿成效显著。强化组织保障，党的领导更加有力。成立由“一把手”任组长，其他党委班子成员任副组长的教育整顿领导小组，办公室、三个工作专班、六个专项工作组，明确职责任务，统筹协调推进各项任务，打牢教育整顿直接责任。制定《毕节市公安队伍教育整顿工作方案》《毕节市公安队伍教育整顿任务分解表》等文件280余份，挂图作战，落实销号。召开推进会47次、领导小组会议101次，办公室主任会议135次，推动教育整顿有序、规范、高效开展。分级建立党委成员联系点制度，党委成员分片联系包保下级公安机关，定期到联系点督导教育整顿工作，帮助解决问题困难，传导压力责任。市局教整办联动配合省级第五指导督导检查16次，督促整改问题27个，形成上下联动、同向发力、共同答题工作合力。政治教育铸忠魂。将学习教育贯穿教育整顿始终，统筹推进党史学习教育、“喜迎建党百年”专题教育，依托“一把手”上党课、政治轮训班等载体，强化学习教育的政治引领力。共举办习近平法治思想专题讲座23场次，“一把手”讲党课、延安整风专题讲座各11场次，政治轮训等培训55期。注重以身边事教育身边人，以党课辅导报告、廉政辅导报告和警示教育大会等为抓手，引导民警职工知敬畏、存戒惧、守底线。组织参观廉政教育基地49场次，开展党纪党规培训49场次，旁听职务犯罪案件庭审12场次，观看违法干警忏悔录53场次，召开警示教育大会24场次。英模教育扬正气。充分利用红色资源，推动公安英模和先进典型选树宣传，以公安英模气概感染人心、激荡警心。开展革命传统教育70场次，举办公安英模事迹报告会12场次，组织收看《平安中国之守护者》专题片、政法英模先进事迹宣传片39场次，市公安局获“贵州省扫黑除恶专项斗争先进集体”称号，371名个人、65个集体受到表彰奖励或通报表扬。分层分级分类开展谈心谈话17288人次，召开查纠整改环节自查事项报告动员会68场次，5407人填报个人自查事项报告表，670人主动向组织说明问题并全部核查办结。全市公安队伍建设巡查反馈问题184个全部完成整改。针对“有的地方思想认识还不到位，政治站位还需进一步提高”的问题，创新集中学、支部学、个人学、线上学、考试学“五学”模式，制订《毕节市公安队伍教育整顿“回头看”学习教育方案》，切实将学习教育贯穿始终；针对“有的地方责任链条没有完全拧紧，‘四个责任’没有落实落细”的问题，制定《关于将教育整顿纳入目标绩效管理考评的通知》，将队伍教育整顿纳入目标管理考评内容，确保各项任务落地落实；针对“个别地方和部门‘开门搞整顿’还有偏差”的问题，召开征求意见建设座谈会4次，及时公布“六大顽瘴痼疾”整治成果，对持续整改清仓见底进行安排部署；针对“在问题线索上，发现核查清查不够彻底、力度不够大整改”的问题，以上级转办的中央第十三督导组17份抄告单办理为重点，严格落实“八个一”（一个问题、一个领导、一个专班、一个方案、一系列高效负责的举措、一套治建并举的机制、一份工作报告、一抓到底）工作举措，强化审核把关，推进抄告单办理，等等。中央第十三督导组反馈意见和抄告问题全部整改。践行初心使命，成效转化更加明显。认真开展“我为群众办实事”实践活动和察民情、访民意走访调研，累计派出走访人员15533人次，走访群众33275户、村寨3932个、企业3996家、单位1396个、学校2433所，收集问题建议706个并全部解决，研究制定便民利企措施34条，人民群众满意度进一步提升。通过队伍教育整顿，警营生态更加良好。加强警务督察。加强重大安保维稳工作开展专项督察。元旦、春节、清明节、“五一”、中秋节、国庆节等重要节假日和重大敏感时间节点，特别是中国共产党成立100周年庆祝活动期间以及对要人警卫安保维稳工作期间，对全市公安机关开展安保维稳工作情况进行专项督察，发现问题34个，现场纠正30个，限期整改4个，拟发通报2份。对重点业务工作开展专项督察。其中，联合警保、法制等部门开展涉冻结资金清理、涉案财物管理等专项督察，清理涉冻结资金9975765.83万元，清理涉案财物3.4亿元，清退1.31亿元、随案移送2.09亿元。对全市公安队伍建设的督察，进一步捍卫“两个确立”、做到“两个维护”，确保全市公安队伍的忠诚、纯洁和可靠。通过开展顽瘴痼疾大排查、大起底、大整治，共排查发现全市公安机关顽瘴痼疾问题1895件，甄别认定523件，整改完成523件，处理处分民警330人，制定印发制度机制179个。全面推进从严管党治警，深入开展政治督察和意识形态专项督察。对各县（市、区）公安机关从严管党治警情况，贯彻落实党的路线方针政策和重大决策部署情况等开展政治督察，严肃查纠有令不行、有禁不止行为，坚决查处对党不忠诚、立场不坚定问题，健全完善制度机制，确保公安工作始终保持坚定正确的政治方向，坚决做到“两个维护”，确保全市公安队伍绝对忠诚、绝对纯洁、绝对可靠的政治本色。对全市公安机关意识形态工作开展情况进行专项督察，通过发现问题进一步深化思想认识，推动建立意识形态工作长效机制。共受理举报投诉线索580起，办结546起，办结率94.14%，其中公安部线索153起，办结138起，在办15起，办结率90.2%；共接听“12389”举报投诉电话1112个，听取录音245个，属于公安机关督察部门管辖并受理391件，办结377件，在办14件，办结率96.42%；接省厅和市局交办线索36起，办结31起，在办5起，办结率86.11%。加强教育培训，扎实提升“三能”素质。组织实施“三能”达标测试、培训工作，体能测试560余人，警务技能测试610余人，智能、法律素养、警务驾驶技能考试610余人。组织符合警衔晋升条件的790余名民警开展训前网考工作，全员合格。组织开展各类培训班12期共1375人次。其中，警衔和职务晋升培训班4期481人次；新警培训班1期101人次；警务辅助人员（骨干）培训班1期98人次；教官能力提升班1期11人次；政治轮训3期643人次；初级警务实战教官培训及评聘、续聘1期33人次；基层科所队长培训1期8人次。

【乡村振兴】 深入推进乡村振兴驻村帮扶工作。两次召开党委会议，3次专题研究乡村振兴联系点工作，对2名驻村第一书记进行轮换，进一步加强帮扶力量。

【监所管理】 聚焦主责主业，确保监所安全。针对押量大、任务重的监所和管理基础弱、安全隐患多的监所加强重点督促指导6次，杜绝监所安全事故发生。积极配合纪监委完成留置看护任务。执行留置看护任务，被留置人员安全事故、漏泄密事故零发生。根据社会面疫情形势适时调整监所勤务等级，科学精准做好监所疫情常态化高标准防控，坚决克服麻痹思想和厌战情绪，共计转发下发疫情防控工作通知、提示20余次，实现全市公安监所疫情零感染。完成全市集中收戒工作，毕节收戒一体化、标准化、规范化、集约化的公安强制隔离戒毒场所管理工作模式形成。完成“减假暂”专项整治工作。队伍教育整顿工作开展以来，清理出324件“减假暂”案件，对18人进行问责处理，整改全部清零。

【审计工作】 积极参加省厅统一组织的财务收支交叉审计。按照省厅审计处要求派员组成第六省厅第六审计组到锦屏县公安局开展2020年度财务收支专项审计，审计总金额6722.92万元，审计发现问题12个，提出审计建议5条。开展治安部门罚没款专项审计。全市公安机关除金海湖新区外治安部门罚没款专项审计全覆盖，审计总金额1866万元，发现问题18个，提出建议18条。开展毕节市公安局机关党费收支管理专项审计。对毕节市公安局机关党委开展2018年至2021年党费收支管理专项审计，审计金额79万元。

【森林公安】 森林公安以打击涉林犯罪作为主责主业，持续保持对破坏生态资源和野生动植物资源违法犯罪的高压震慑态势，以“六个严禁”“昆仑2021”“森林火灾破案会战”等专项行动为主线，打击一批破坏生态资源和野生动植物资源的违法犯罪。共立刑事案件129起、破149起，打击175人；受理治安案件64起、查处64起。清理野生动物驯养场所、相关经营场所、野生动物活动区域471处（个）；会同林业部门化解林业矛盾纠纷或信访案件18件。

【警务保障】 疫情防控物资保障有力。为切实做好疫情防控物资采购保障，购置一次性医用防护口罩50000个，额温枪30支，护目镜200副，84消毒液900瓶。为保障全局民警职工的健康安全，发放一次性医用口罩70000个，防护服255套，护目镜253副，发放一次性手套1200双，使用酒精290瓶，消毒液240瓶，发放方便面90件（1080桶），矿泉水300件，发放温度计660余支，测温仪6支全部投入使用。为各县区发放防疫物资口罩288000个，防护服45300套，护目镜8800副。加强本级服务保障。制定完善《毕节市公安局机关食堂就餐管理规定》《毕节市公安局公务接待管理规定》等相关规定制度，设立制止餐饮浪费监督员、加装制止餐饮浪费监控，厉行节约坚决制止餐饮浪费行为工作取得积极效果。加强机关民警职工餐饮卫生保障。进一步加强食堂安全卫生管理，定期对食堂食材采购、存放、设施设备维护、食品留样等进行详细检查，聘请有资质的病媒防治公司进行“除四害”工作，监督物业公司每天进行局机关办公区域，特别是食堂等重点区域地面清洁和下水道清理，确保办公区域卫生得到及时清理。加强政府采购保障。协助完成政府采购项目6个，家具家电类30批次，办公耗材采购共计50余万元。加强公务车辆管理。报废更新车辆10辆，大众新能源ID4X城市SUV两辆，购车支出合计165.8万元，办理局机关执法执勤车辆保险98台，协助办理车辆理赔3起，完成警车号牌审批78台。严格落实市机关事务局“三定”（定点维修、定点加油、定点保险）工作要求，全局公务车辆建立台账，做到一车一档、一车一卡，公车管理更加精细化、合理化、灵活化。加强财务管理。精心谋划经费使用管理，严格落实专款专用，会计核算更加精准。每月10日前完成上月局本级经费收支报表编制上报工作，上报数字做到零差错。加强装备保障。录入装备数据3436条，录入装备数量3.761万件，金额合计3553.42万元。完成全市3636名民警的被装计划上报、数据录入和日常维护工作。完成全国枪支管理系统3.03.00版本的培训、对接、使用。仓储管理及涉案财物管理中心全面建成。按照公安部警用物资仓库建设标准，规范装备与物资出入库及日常维护保养工作，完成6大类41项必备品种3357件应急救援物资建设，完成毕节市公安局涉案财物管理中心建设任务。加强国有资产管理。完成全年资产配置的申请上报工作及全局资产的数据的体检及资产的整理工作，完成全局资产核查、清点工作，建立“一卡一档”制度，建立资产卡片390张，共计价值3229732元。加强基础设施建设，基建项目稳步推进。信息情报研判用房及室外附属工程竣工通过验收，审计结算完成；信息情报研判用房二次装修工程竣工通过验收，在进行审计结算工作阶段；强制隔离戒毒所工程主体、装修、安装工程完成。

【辅警管理】 强化辅警队伍管理。严格按照《贵州省公安机关警务辅助人员管理办法（试行）》，规范招聘及管理，按照“谁使用谁管理谁负责”原则，层层压实责任，强化辅警队伍教育管理，用人单位要加强对辅警人员的日常监督管理，发现问题，及时纠正，坚决防止辅警人员发生违法违纪问题，实现制度化管人管事，促进队伍正规化管理，组织全市公安机关开展辅警队伍问题“清查起底”，不断纯洁公安辅警人员队伍。

（撰稿：向　平）

检　察

【概述】 2021年，在市委和省检察院的坚强领导下，在市人大、政府、政协及社会各界的监督、支持下，全市检察机关坚持以习近平新时代中国特色社会主义思想为指导，深入贯彻落实党的十九大和十九届历次全会精神，全面落实“讲政治、顾大局、谋发展、重自强”的新时代检察工作总要求，持续强化政治担当，忠实履行法定职责，抓机遇、破难题、解困局，各项检察工作在“稳进、落实、提升”中取得新进展。

【旗帜鲜明讲政治，始终彰显检察担当】 深学笃行增强政治定力。全面贯彻习近平法治思想，深刻领会《中共中央关于加强新时代检察机关法律监督工作的意见》和省委实施意见，严格执行《中国共产党政法工作条例》，就检察工作重大事项向市委汇报39次，自觉加强批示意见的跟进落实，把党的领导融入到每一项检察工作、每一起案件办理中，以坚持党对检察工作绝对领导的鲜明政治态度，衷心拥护“两个确立”，忠诚践行“两个维护”。依法战疫彰显政治担当。积极响应中央、省、市关于打赢疫情防控阻击战决策部署，闻令而动构建自身防护、社会防控、犯罪防治“三位一体”“毕检抗疫”行动，组建“法律顾问团”参与最高检正义网网上法律答“疫”。司法战“疫”调研在全国“疫情防控社会治理”主题征文活动中获一等奖。制定涉疫检察工作指引，积极推行互联网远程提审、律师异地电子卷宗阅卷、“12309”检察服务热线等非接触办案模式。接受监督成为政治自觉。自觉接受人大监督，向两级人大常委会报告公益诉讼、行政争议实质性化解等工作120次，认真办理、落实代表两会上提出的意见、建议23条。自觉接受民主监督，就检察工作与政协开展面对面协商，向各民主党派、工商联和无党派人士通报检察工作、听取意见，认真办理政协委员提案。

【决战决胜扫黑除恶专项斗争】 坚决贯彻落实中央关于常态化开展扫黑除恶专项斗争的安排部署，坚持“是黑恶一个不放过、不是黑恶一个不凑数”，2021 年共提前介入涉黑涉恶案件 7 件，提起公诉涉黑案件 8 件 65 人、涉恶案件 13 件 46 人，提起公诉 21 件案件全部经市检察指导把关，其中改变公安机关定性 1 件。办理的邓某某等人涉黑案系全国扫黑办督办案件，市、县两级院通过同步提前介入，引导公安机关侦查取证完善指控犯罪证据，紧盯打财断血及打伞破网，对涉案财产处置提出建议，同时在办案中发现的可能涉“保护伞”线索，移送相关职能部门处理，至年底该案开庭审理。根据省人民检察院扫黑办的安排，从全市抽调 4 个办案组共计 9 人提前介入铜仁“5·20”涉黑专案，专案组从 5 月进驻铜仁公安机关办案点，通过阅卷指导、召开座谈会等方式引导侦查取证，确保上级院督办案件的办理质效。

【全力护航保障“六稳”“六保”】 全市检察机关共批准逮捕侵犯涉“十大产业”及其他工业产业合法权益犯罪 41 件 82 人，提起公诉 39 件 64 人；监督立案 3 件 3 人、监督撤案 1 件 3 人；对涉嫌犯罪“十大产业”及其他工业产业人员不批准逮捕 37 人，作出不起诉决定 14 人；办理民事案件 96 件；行政案件 23 件；公益诉讼案件 79 件；受理控告案件 143 件，通过办案总结形成一批服务经济社会发展的典型案例和经验做法。主动向党委、人大、政府、政协报告专项工作 45 次，得到肯定批示 22 次，与相关职能部门建立联席制度、机制 33 份，建立“四大检察”护航“十大产业”工作制度、机制 70 项，在信息共享、线索移送、协助调查、检察建议落实等方面形成长效合作。2021 年 5 月，最高人民检察院邀请中央级媒体对毕节办理的涉及砂石行业的保护耕地民事公益诉讼案件进行集中采访报道，开展专项工作的信息被各级媒体采用 120 余篇，贵州省人民检察院党组书记、检察长傅信平 6 月初到毕节调研对专项工作予以充分肯定。

【刑事检察工作】 向公安机关执法办案中心派驻检察室，通过将立案监督、侦查活动监督从案后移至案前、案中，提前介入引导公安机关侦查 3127 件，退回补充侦查案件 294 件，同比下降 76.83%，审前羁押率降低至 64.47%、有效节约司法资源，实现惩治犯罪更加及时有效、人权保障更加到位的良好效果。市委市政府高度重视和支持派驻公安机关检察室建设，于 11 月 22 日召开市委全面深化改革委员会第二十七次会议审议通过《毕节市人民检察院关于加强和规范派驻公安机关检察室建设的实施意见》并以“两办”名义转发，为深入开展派驻工作注入了强劲动力。全市检察机关与公安机关联合完成侦查监督与协作配合办公室揭牌工作，共建协作机制，共同确保案件质量。积极配合参与反腐败斗争，受邀介入监委调查重大职务犯罪案件 68 件，受理移送起诉涉嫌职务犯罪 135 人，起诉 84 人，立案查办司法人员职务犯罪 8 件 11 人。

【民事行政检察】 建立上下一体、内部联动机制，以个案细查带动类案突破，拓展办案深度、广度，共受理民事诉讼监督案件 321 件，审判程序违法监督和执行活动违法监督 762 件，提出抗诉 79 件。发挥行政检察促进司法公正和依法行政双重作用，对行政执法、审理活动等违法行为提出检察建议 469 件。行政争议实质性化解工作得到市委和省院主要领导批示肯定，并被最高检作为司法体制改革工作经验推广。做好公益诉讼检察。深入煤矿、小流域污染、废旧塑料加工厂等领域摸排公益诉讼线索，并利用诉前程序督促相关部门履职。严格落实一体化办案、联动办案等机制，共发现公益诉讼案件线索556条，立案审查539件，履行公益诉讼诉前程序538件，提起刑事附带民事公益起诉68件。7个案例被最高检、省院评为典型案例。建成贵州首个“耕地保护警示教育基地”，经验做法得到最高检领导批示肯定。

【维护民生民利】　围绕保障老百姓过上“好日子”、着眼保护群众“钱袋子”、紧盯群众身边“小案子”，聚焦“头顶上”“脚底下”“舌尖上”的安全问题，批准逮捕黄赌毒、盗诈抢、食药品安全等犯罪嫌疑人4800人，起诉5642人；认真落实“四号检察建议”，督促整治公共区域“问题井盖”300余个；办理网络餐饮等食品安全领域公益诉讼案件52件。

【未成年人保护】　持之以恒抓好“一号检察建议”跟进落实，依法严惩侵害未成年人合法权益犯罪，批准逮捕550人，起诉575人。办理的陈某某遗弃案等3个案件入选全国检察机关指导性案例、典型案例。坚持“教育、感化、挽救”方针，对涉罪情节轻微的未成年人不批准逮捕463人，不起诉126人。探索创新未成年人检察保护“毕节样本”，强制报告推行机制获毕节视察调研的最高检检察长张军的肯定并在全国检察机关推广。研发的“守未联盟”云平台系首个涵盖线上线下、立体多元的未成年人综合保护开放平台，被全省推广。针对校园食品、交通安全等问题发出检察建议47件，监督整治未成年人进入网吧行政公益诉讼案被评为全省检察机关典型案例。积极构建未成年人社会化支持体系，与相关部门联建“一站式”询问救助中心12个，观护基地8个，法治教育基地4个。

【保障群众利益】　以“如我在诉”、情同此心的态度化解群众急难愁盼烦恼事，严格落实群众信访7日内程序回复、3个月内办理过程或结果答复制度，做好“老大难”涉检信访化解工作。以公开听证为抓手持续做好“检察为民办实事”，推行疑难申诉案件常态化听证、重大案件听证全程网上直播，开展听证801件，其中公开听证685件，不公开听证116件，运用多方智慧化解矛盾纠纷、促进息诉罢访，厚植党的执政根基。毕节检察听证工作代表贵州在全国检察工作论坛上作交流发言并推广，与最高检、省人民检察院合拍的《公开听证》微电影在全国展播。

【检察履职效能改革】　积极支持配合国家监察体制改革，高效推进司法体制、“捕诉一体”改革，深入落实司法办案责任制，入额领导办理重大疑难复杂案件、检察官遴选、业绩考评等配套制度全面落地。开展效能革命，克服“案多人少”矛盾，精准履职，“案—件比”优化至1：1.089，低于全国、全省平均水平；批捕、起诉效率同比上升12.33%和15.58%，认罪认罚适用率达89.15%，改革活力充分显现。

【“智慧”检察开发应用】　深入推动大数据、人工智能与检察工作深度融合，电子数据实验室通过国家验收，检察技术辅助司法办案数连续五年全省第一。以“数字革命”赋能新时代法律监督，全面推行数字卷宗单轨制协同办案，强化业务数据筛查研判。全力参与研发的“全省检察机关检察官业绩考评系统”，有效破解办案质效信息化考评困境，系统指标设置、数模构建等在全国评审中名列第一，得到最高检肯定推广、16个省级检察院采用。

【检务公开】　全方位构建网上网下检务公开平台，有机融合业务咨询、控告举报、申诉受理、律师接待、信息查询等工作，综合运用“两微一端”、“12309”举报电话等方式，确保群众维护合法诉求“触手可及”。完善案件信息公开、案例发布审核评估机制，公开法律文书3197份、案件程序性信息8888条。

【围绕全面从严治党、全面从严治检，努力打造过硬检察铁军】 抓牢思想政治建设。始终牢记检察机关政治属性，制定规范性文件加强机关党建，常态化开展政治理论学习，牢牢抢占意识形态高地。深入开展党史学习教育，开展“走井冈”“观天渠”、党风廉政建设知识抢答赛等教学活动，做到明理、增信、崇德、力行。抓细业务能力建设。以提升人员素能为中心，命名挂牌全市首批检察官工作室，成立“毕检研学社”，积极开展“月见庭审”“业务沙龙”“检察官法官警官同堂培训”等活动，线上线下强化青年人才打磨锻造，多途径多层次全方位打造队伍业务素能培养矩阵。金沙、威宁两院被最高检表彰为“全国先进基层检察院”，13个案例入选最高检或省院指导性案例、典型案例，52名个人和13个集体获市级以上表彰，9个课题或调研获国家级、省级表彰。抓严纪律作风建设。制定全面从严治党治检问责管理办法、深化检务督察及系统巡察，自觉接受派驻纪检组监督，以政法队伍教育整顿、干部作风教育大整顿为契机，紧盯作风顽瘴痼疾，动真碰硬、刀刃向内检视出问题321个，制定整改措施410条，核查举报线索210条，处分处理37人，立案侦查司法人员职务犯罪11人，向纪委监委移送政法干警涉嫌违纪违法线索10条，积极配合纪检监察等相关部门查处检察系统“害群之马”，全市检察机关政治生态持续向好。

（撰稿：周 娱）

法 院

【概述】 2021年，全市法院在市委领导、市人大监督、市政府支持和市政协的民主监督下，在省法院的监督指导下，坚持服务大局、司法为民、公正司法，紧紧围绕市委“11345”总体思路和省法院“1347”工作计划，以开展政法队伍教育整顿、党史学习教育和“牢记殷切嘱托、忠诚干净担当、喜迎建党百年”专题教育为契机，全面推进审判执行各项工作高质量开展。2021年，共受理各类案件143249件，结案132262件，分别同比上升28.92%和26.4%。其中，市中院共受理各类案件14782件，结案11937件，分别同比上升10.75%和1.9%。

【保障平安毕节建设】 全市法院始终坚持贯彻总体国家安全观，努力维护国家政治安全和社会稳定。2021年，共受理一审刑事案件4308件，审结3715件，同比上升6%和4.39%。贯彻常态化开展扫黑除恶专项斗争的决策部署，新收涉黑涉恶一审案件23件127人，审结21件113人，落实挂牌督办要求，确保每件案件办成“铁案”。对开展专项斗争以来审结的106件黑恶案件进行复查和倒查，推动全市法院扫黑除恶专项斗争法治化、规范化、专业化。深入推进反腐败斗争，审结职务犯罪案件73件84人。维护群众人身安全，依法审结故意杀人、故意伤害、绑架等犯罪案件323件392人。维护群众身心健康，深入推进禁毒“大扫除”，依法审结毒品犯罪案件298件435人。维护群众财产安全，依法审结“两抢一盗”、诈骗、敲诈勒索等犯罪案件814件1132人。2021年审结电信诈骗案件26件，判处46人，创历年之最。

【保障民生权益】 2021年，共受理一审民商事案件77495件，审结71876件，同比上升15.07%和12.52%，结案标的额177.99亿元。2021年5月，向市人大常委会专项报告民事审判工作，获全票审议通过。聚焦群众急难愁盼问题，妥善审理教育、住房、劳动争议、交通事故、赡养抚养抚育等民生领域案件12541件。全面实施家事审判改革，审结婚姻家庭纠纷案件

18394件。加强未成年人司法保护，组织开展集中惩治侵害未成年人犯罪专项行动，依法从严从重从快审结相关案件311件356人。依法惩治涉众型财产犯罪，审结的赵洪利等10人非法吸收公众存款案，涉及公众3400余人，涉及金额1.37亿元。聚焦优化营商环境，妥善审理涉企商业纠纷，审结股权、所有权纠纷2117件，审结各类合同纠纷案件45113件，涉及金额126.6亿元，审结民间借贷案件9025件，涉及金额18亿元，进一步维护市场交易安全，保护市场主体合法权益。聚焦市场健康运营，加强破产案件审判，推动成立毕节市破产管理人协会，办理的贵州优能（集团）矿业股份有限公司破产重整案，剥离不良资产，助力企业恢复经营能力，被省法院评为全省优化营商环境典型案例。认真贯彻实施民法典，进社区进村寨进企业专题宣讲230余场，适用民法典裁判案件15989件，2021年民法典实施的首个工作日，市中院适用民法典公开开庭审理全省首例生态环境污染责任民事公益诉讼案件。

【助力法治政府建设】 全市法院坚持公正裁判和协调化解相结合，依法保护行政相对人合法权益，监督和支持行政机关依法行政，助力法治政府建设。2021年，共受理一审行政案件1741件，审结1461件，同比上升35.17%和29.98%。加强司法和执法良性互动，应大方县、纳雍县等政府邀请，市中院指派行政审判经验丰富的法官为1600余名科级领导干部和行政执法人员开展执法能力培训，增强行政机关执法人员依法行政的理念和能力。积极开展行政审判旁听庭审活动，全年全市法院共邀请200余家行政执法单位分管领导旁听行政诉讼一审案件审理，助推行政机关提高依法行政能力和水平。坚持依法裁判和协调化解相结合，促进行政争议实质化解，2021年全市行政机关负责人出庭应诉率82.49%，行政案件调撤率36.95%。审结的某交通修配厂行政赔偿案，推动化解多年的行政争议，入选全省实质性化解行政争议典型案例。

【推进诚信社会建设】 充分发挥执行职能作用，保障胜诉权益及时兑现，强化联合惩戒，助推诚信社会建设。2021年，共受理执行案件53875件，执结案件51627件，同比上升46.09%和42.65%，执行到位金额39.18亿元。持续落实“一处失信、处处受限”的信用惩戒大格局，2021年纳入失信名单24151人，拘留539人，追究刑事责任1人。坚决打好执行攻坚“人民战争”，共发出律师调查令260份，发布悬赏公告321件，发动基层综治网格员反馈查人找物线索1487条，发动有关部门协助配合对失信被执行人的信用惩戒17552件，让“失信必受限制、必受惩戒”深入人心，全市执行工作质效持续位居全省法院前列。

【提升司法服务水平】 全市法院坚持以司法为民为宗旨，细化便民利民措施，不断提升司法服务水平。以开展“我为群众办实事”为契机，取消按行政区域分片立案工作制，方便当事人就近立案；取消申请执行时由当事人提供裁判文书生效证明，解决开具证明不便问题；及时增设、更换诉讼服务硬件设施，让人民群众到诉讼服务中心办事更加舒适。推行网上庭审、视频调解、电子送达等诉讼服务新模式。上线运行预约立案平台，网上立案20623件，让群众足不出户即可获得高效诉讼服务。运行电子缴退费系统，网上缴退诉讼费1.59亿元，减少群众往返奔波。开展跨域立案297件，方便群众异地起诉。

【服务基层社会治理】 充分发挥人民法庭密切联系群众的桥梁和纽带作用，在脱贫攻坚和乡村振兴战略实施的进程中始终勇担使命，站在预防和解决矛盾纠纷第一线。人民法庭数量从63个增设到74个，全部以地域特色命名增强群众辨识度，巩固脱贫攻坚成果服务乡村振兴。在易地扶贫搬迁集中安置点、偏远建制村等设立242个法官工作站，让人民群众在家门口获得法律服务。人民法庭审结各类案件33083件，占基层法院一审民商事案件的46.22%，在法院工作站、农家院坝、田间地头等巡回审理案件5540件，推动在乡村形成尊法守法学法用法的良好氛围。

【推进诉源治理工作】 积极向市委全面深化改革委员会申报诉源治理的改革创新课题，市委成立以书记吴强和市长为双组长的领导小组，市委办、市政府办印发《毕节市加强诉源治理推动矛盾纠纷源头化解的实施意见》，市委政法委组织召开大会全面启动部署全市诉源治理工作，在市人大、市政府、市政协的大力支持下，全市诉源治理工作起步顺利、开局良好，年底，大方县、黔西市人民法院新收诉讼案件实现同比下降。

【推进审判监督管理】 坚持以队伍锻造为基础，推进公正廉洁司法。市中院党组坚持全面从严主基调，严管厚爱队伍，不断推进队伍革命化、正规化、专业化、职业化建设。健全完善审判监督管理制度23个，依托信息化对立案、庭审、合议、宣判、送达、归档等流程节点全程监督，开展智能审务督察，做到司法活动全程留痕，执法办案更加高效，《贵州改革情况交流》专门推广毕节市智慧法院建设经验。组织开展长期未结案件专项治理、瑕疵案件专项治理、涉诉信访案件专项治理、裁判文书上网撤回专项治理、虚假诉讼专项治理，实行“能上能下、能进能退”的员额法官动态管理机制，对不适宜继续履职的员额法官退出员额21名。

【推进“阳光司法”】 主动自觉接受组织监督、人大监督、政协民主监督、法律监督、新闻媒体监督、人民群众监督，习惯在监督中开展执法办案，以监督促公正、立公信。深化司法公开，让公平正义看得见、触得到，2021年全市法院公开流程信息案件90056件，公开裁判文书94543份，开展庭审直播60773次，群众点播1574.47万余人次。

【推进队伍教育整顿】 以最坚决态度、最务实举措、最严实作风抓好政法队伍教育整顿，坚持刀刃向内、刮骨疗毒，综合运用自查自纠、组织查处、专项整治等手段，准确适用“自查从宽、被查从严”政策，221名干警主动说明问题，1199件线索全部清仓见底，做到思想发动广泛深入，组织查处措施有力，顽瘴痼疾得到有效整治，队伍精神面貌实现焕然一新，并以开展干部作风教育大整顿为契机，持续巩固拓展政法队伍教育整顿成果，省人民法院院长韩德洋3次对市中院政法队伍教育整顿工作给予批示肯定。

【推进素质能力提升】 邀请省委党校、省法院、市委宣传部、市委党校等有关专家领导开展思想政治理论培训，组织开展新形势大练兵，注重实战实用实效导向，着力打造各条战线上的业务精兵，全年组织干警参加各类学习培训275场2829人次。全市法院涌现出全国先进集体2个、先进个人5名，全省先进集体45个、先进个人69名。

（撰稿：张园园）

司法行政

【概述】 2021年，全市司法行政系统认真履行“一个统筹、四大职能”职责使命，推动法治政府建设示范创建、政法队伍教育整顿、党史学习教育、社区矫正、“八五”普法规划制定、行政复议体制改革、服务乡村振兴、疫情防控等工作高质量发展。

【队伍教育整顿扎实开展】 制订《毕节市司法

行政系统队伍教育整顿工作实施方案》《毕节市律师行业突出问题专项治理方案》《毕节市公证和司法鉴定行业突出问题专项治理方案》《毕节强制隔离戒毒所队伍教育整顿工作方案》"1+3"工作方案，成立由局党组书记、局长任组长的队伍教育整顿领导小组，组建4个工作组和6个教育整顿工作专班，高位推动全系统队伍教育整顿工作落地落实。紧紧围绕"三查六整治"和人民群众反映强烈的突出问题，坚持出硬招实招，强化靶向发力，开展全链条整治，着力补短板、强弱项、堵漏洞，有力推动司法行政工作水平和法律服务质量明显提升，干部队伍纪律作风持续向好，人民群众满意度显著提高。截至年底，收到各界意见建议90余条，全部建立台账并整改完成，健全完善制度23个；全覆盖开展个人自查，主动说明问题207人，核实处理207人，处理率达100%。

【全面依法治市稳步推进】 聚焦中央依法治国办法治政府建设实地督察反馈意见，成立毕节市法治政府建设督察反馈问题整改工作领导小组，制订整改方案，扎实开展整改。反馈全省存在的20个问题中，除公职律师不足、县级政府及其部门法治人才普遍短缺2个问题需逐年分步整改外，其余问题全面整改完成并纳入常态化管理。制订《毕节市推进全面依法治省工作中突出问题自查整改工作方案》，认真梳理出的16个突出问题和全市各级各部门自查出的373个问题全部整改完成。

【矛盾纠纷化解更加多元】 深入贯彻实施人民调解法、人民调解条例，矛盾纠纷处置化解更加有力有效。全市共建有县级综合性人民调解组织5个，市级医疗纠纷人民调解委员会1个，县级医疗纠纷人民调解委员会9个，其他市级行业性专业性人民调解委员会24个，组建人民调解组织4029个，培育人民调解员18440人（含专职调解员3327人）。2021年，共排查调处各类纠纷10260件，调处成功9750件，调处成功率95%。

【社区矫正管理】 深入贯彻落实社区矫正法，加强干部队伍培训，干部干警能力素质不断增强，社区矫正对象管理更加规范，所有社区矫正对象建档率100%。全市累计接收社区矫正对象17813人，累计解除15980人；年底在册列管1833人，比2020年1988人下降7.8%；2021年再犯罪人数为2人、再犯罪率为0.09%；市县两级司法局、99个基层司法所建成远程视频督查系统并投入使用，9个县司法局、58个基层司法所建成远程视频会见系统投入使用，社区矫正"三位一体"经验典型得到《贵州省政法动态》刊载推广。清理历年积存社区矫正应收监执行对象112名，全市社区矫正应收监未收监执行对象实现全面"清零"。

【突出服务大局，深化法治政府建设】 一是行政执法"三项制度"全面推进，行政复议体制改革圆满完成，行政争议化解更加有效，政府及其部门依法行政能力明显提升。截至2021年底（2021年度），全市各级行政复议机关收到行政复议案件380件，受理355件、审结298件，行政复议案件纠错率为7.7%，与2020年同期纠错率26%相比下降18.3%；因撤回行政复议申请等情形终止126件，行政复议案件终止率为42.3%，与2020年同期终止率28.5%相比提高13.8%。截至2021年底（2021年度），全市共办理一审行政应诉案件1739件（含上期结转案件173件，不重复统计68件共同被告案），比2020年度1210件增加529件、增长43.7%；审结1461件（63件为共同被告），败诉277件（含54件赔偿案、9件因被告改变原行政行为自行撤诉案件）、败诉率为18.96%，与2020年同期败诉率28.5%相比下降9.54%；开庭审理1057件，行政机关负责人出庭874件，出庭率82.6%，同比（2020年度为70.4%）上升12.2个百分点；2021年经行政复议后以市政府为被告的行政诉讼一审案件共27件（含2020年结转5件），审结23件，无败诉案件，胜诉率100%；开庭审理21件，行政机关负责人出庭21件、出庭率为100%。2021年，共组织指导市政府法律顾问为市人民政府办理法律事务共187项，同比增长16.9%；共为市政府办理民事应诉案件3件，共指导市政府办及其相关工作部门处理信访事项25件；参加市政府专题会并发表法律意见30余次，参加债务担保、破产重整问题处理专班专题会10余次并发表法律意见。2021年3月，毕节市获第一批“全省法治政府建设示范市”命名，申报创建“全国法治政府建设示范市”获省委省政府同意报中央依法治国办复核评审。二是深入推进普法依法治理工作。制定出台《毕节市学习宣传贯彻实施民法典工作方案》《毕节市贯彻落实习近平总书记视察贵州重要讲话精神 积极推进民法典实施工作方案》《毕节市深入学习宣传贯彻习近平法治思想 全面推进法治毕节建设实施方案》，将党章、宪法、民法典等纳入市委理论学习中心组和各级各部门集中学习内容，精心组织宣传开展“万人大培训”，市、县两级组建“1+N”普法宣传队，采取法治宣讲、文艺汇演、入户送法、专题讲座等宣传方式，多渠道、多途径、全方位宣传贯彻实施民法典。2021年，全市开展以宪法、民法典为主的法治宣传教育活动6.5万余场次，张贴标语8953余幅，出动宣传车1850余台次，办宣传专栏4045余期，在“12348”法网推送典型案例11条。三是公共法律服务水平提高。公共法律服务“三大平台”不断提档升级，公共法律服务体系更加完善，公共法律服务更加便捷高效。截至年底，市县两级建成公共法律服务中心10个、乡镇（街道）公共法律服务站269个，建成率100%，依托村居法律顾问建设公共法律服务工作室3574个，在万人以上易地扶贫搬迁安置点建成公共法律服务站点13个；“12348”热线咨询量32500余通，约占全省话务总量的13%、位居全省第3名，总体满意度97%以上。2021年全年，全市法律援助机构共办理法律援助案件7070件，公证机构办理公证6127件，司法鉴定机构办理法医临床、法医病理、法医物证类司法鉴定案件2455件。

【突出依法治理能力，维护社会和谐稳定】 一是全力以赴抓好常态化疫情防控。深入贯彻落实习近平总书记对疫情防控工作的重要指示批示精神，全面落实中央、省、市有关疫情防控工作决策部署，紧盯司法行政系统重点领域和关键环节，坚持一手抓防控，一手抓安全，确保“三防一确保”落实落细，对重点场所和人员进行动态监管、心理疏导和摸底排查，实现全市司法行政干部、社区矫正对象、在所戒毒和刑释人员“零”感染、负面舆情“零”炒作目标。二是持续推进黑恶案件线索摸排。深入开展扫黑除恶专项斗争，持续在强制隔离戒毒人员、社区矫正对象和刑满释放人员中摸排黑恶案件线索，并形成常态机制，推动线索移交反馈“清仓见底”；扎实推进禁毒“大扫除”专项活动，进一步深化认识，积极发挥戒毒场所职能优势，深挖涉毒违法线索；建立完善毒品违法犯罪线索全员排查和推送工作机制，规范工作内容和流程。三是紧盯重点场所安全生产管理。遵循“以人为本、科学戒毒、综合矫治、关怀救助”的原则，完善基础设施，健全戒治功能，从严落实分段管理，依法应收尽收，连续10年实现场所安全“六无”目标。截至年底，强制隔离戒毒人员133人，同比下降52.16%，收治公安转送戒毒人员68人，同比下降62.03%，解除强制隔离戒毒187人，同比下降45%，转社区戒毒1人、撤销强戒决定1人。四是加强特殊人群服务管理。在重要节点对社区矫正对象开展100%上门“遍访”、强化信息技术监管等措施，确保无遗漏、无死角；扎实做好刑释人员“无缝对接”和安置帮教工作，巩固完善救助管理政策保障体系，强化信息技术手段在安置帮教全过程各环节的运用，全市共建安置帮教基地6个，2021年接收刑释人员5593人、安置帮教5593人，重新违法犯罪人数40人，比2020年58人下降31%，安置帮教率、无缝对接率均为100%。社区矫正对象和刑释人员重新违法犯罪得到有效预防。

（撰稿：支丽平）

强制隔离戒毒

【场所安全】 一是加强场所安全隐患排查，落实场所隐患整改，减少和消除场所安全隐患。针对省司法厅对场所安全稳定排查的安排部署及省局督导检查情况，认真对影响场所安全稳定的隐患和问题进行排查，及时建立问题清单，并按照问题清单，对存在问题隐患进行整改。二是突出问题导向，高标准落实“1+2”研判分析制度，全面提高研判和防范化解重大风险工作能力。三是制定整治“捎买带”工作方案和违禁品、违规品目录，强化整治、突出质效，杜绝毒品及其他违禁品、违规品流入所内。四是加强对戒毒人员排查，落实重点人员管控。新收戒毒人员入所，及时组织开展摸底排查，对戒毒决定不服、家庭发生重大变故、思想极端、性格内向、特殊经历等戒毒人员及时采取措施进行管控。五是按时向上级报送戒毒人员各类信息报表，落实戒毒人员信息采集和无缝对接。

【开展专项活动】 一是转入常态化扫黑除恶工作后，持续深入开展“第二战场”阵地建设，对涉黑涉恶违法犯罪线索深挖排查常态化开展，重点将新收教育适应期戒毒人员作为摸排重点，入所当日即开展查阅档案、个别谈话等方式，做到责任明确，排查到位不漏一人。收治戒毒人员中无涉黑涉恶经历的戒毒人员。二是扎实开展禁毒“大扫除”专项活动。累计摸排出涉毒线索30条，其中26条移送公安机关，公安机关核查反馈26条。为提升线索核查质量，年前派出工作组分赴相关县公安局，拟对摸排出的线索先移送当地公安机关初核，对有价值的线索移送毕节市公安机关。收集线索4条，正与相关县公安机关对接。三是扎实开展“平安戒毒所”建设活动。2021年5月13日，专题召开动员部署会议，全面进行安排部署。“平安戒毒所”建设进入专项整治关键环节，切实按照“八个坚定不移、十个绝不发生”工作要求，围绕戒毒工作高质量发展目标，坚持系统观念、坚持源头治理，坚持问题导向，坚持依法依规，全方位、全时段开展场所安全隐患排查整治，切实推进“平安戒毒所”建设走深走实，取得实效。四是完成戒毒执法档案评查2835件次，并通过省局复查验收。

【规范戒毒执法大数据平台应用工作】 一是所政管理科高度重视戒毒执法系统应用工作，切实按照所党委统一安排部署，围绕印发执行的工作方案和考核要求，层层分解任务，明确时间表，确保7月30日前完成所政管理系统单轨运行。二是每日对所政管理信息系统进行通报。三是把推进执法系统使用作为规范执法行为的重要载体，全面推进执法规范化建设。

【教育矫治】 一是推行全国统一司法行政戒毒工作基本模式不断深入，实体化运行逐步推进。在2020年验收基础上，基础资料更加完善，结合省局《全国统一司法行政戒毒工作基本模式实操指南》，完善表簿册，对戒毒人员开展民法典、打击毒品犯罪、国家安全日教育等课堂化教学，收集阳明心学视频资料，对戒毒人员开展阳明心学戒毒除瘾治疗。二是发挥教育戒治功能，重点人员教育转化持续向好。2021年1—10月，共建立预警关注级重点人员22人，重点防控级人员1人，教育转化20人，全所还有预警关注级重点人员2名，1名重点防控级人员。三是禁毒戒毒宣传质量明显提升。采购毒品仿真模型（全套60种），制作禁毒戒毒宣传展板25块，禁毒戒毒宣传教育的方式和质量明显提升，效果明显加强。是年累计到七星关思源实验中学开展防范新型毒品的集中宣传教育，受众2000余人，对师生发放宣传资料。制订禁毒宣传月活动方案，开展庆祝中国共产党成立100周年暨“6·26”禁毒戒毒宣传教育活动。四是专地融合试点工作取得初步成效。是年累计走访社康社戒人员200余人次，涉毒人员200人次，谈心谈话300余人次，慰问困难社康社戒人员3人，发放慰问金1500元，进学校、社区23次，开展青少年防毒拒毒法治教育8次，发放禁毒宣传资料5000余份，受众30000余人。12月，完成戒毒人员未成年子女走访慰问21人次，发放慰问金12600元。

【生活保障和医疗康复】 一是按时完成戒毒人员的生活、日用品供应等保障工作。坚持索有关票证，开展食品安全检查，无食源性中毒事件发生。开展新收入所体检、日常巡诊、出所体检等工作；对生病戒毒人员及时开展治疗及转送上级医院治疗；做好传染病监测预防等工作，无传染病等疫情发生。二是修订完善所《突发公共卫生事件应急预案》《传染病应急预案》。开展戒毒人员内务卫生检查及评比工作。三是持续在戒毒人员中推进“厉行节约反对浪费”活动；推进垃圾分类管理工作。

（供稿：毕节强制隔离戒毒所）

交通警察

【概述】 2021年，全市各级公安交警部门以信息化建设为抓手，扎实推动交通安全“减量控大”和党史学习教育“我为群众办实事”活动，持续聚焦防范化解重大风险，着力解决制约公安交通管理长远发展的基础性、根本性问题。是年，全市人员伤亡交通事故起数、死亡人数、受伤人数分别同比下降5.88%、11.47%和7.24%；3人及以上道路事故起数、死亡人数、受伤人数分别同比下降57.14%、52%和50%，未发生1次死亡10人以上重大交通事故，交通安全形势持续平稳，各项工作取得积极成效。

【交通安全管理科技化建设】 一是以科技建设应用为切入点，积极汇报、争取支持，市委、市政府把“公安交警信息化建设项目”纳入2021年毕节市“十大民生实事”强力推动，市公安交管局指挥中心集成作战指挥平台成功搭建，高速公路新建各类卡口322套，公安交管精准预防、精准打击、精准服务能力持续增强，得到市委、市政府和省公安厅领导充分肯定。二是坚定“数据警务”理念，按照“勤务跟着警情走”的思路，最大限度屯警一线，提高路面见警率、管事率。创新搭建高速公路“一路三方”联勤联动新模式，强化恶劣天气、重大节日“一路三方”整合勤务、联合巡逻、联合值守、联合处置，有效提升高速公路应急管理能力水平。

【交通安全综合治理】 一是健全完善管理机制。积极推动市政府印发《毕节市道路交通安全管理工作实施细则（试行）》，统筹开展全市道路交通安全“大提升”行动、道路交通安全专项整治行动，交通安全“三个责任”进一步夯实，“网格化、清单化、责任化”管理机制更加落地。二是强化隐患排查治理。滚动开展道路交通安全隐患排查，通过省、市、县三级挂牌督办治理道路重大安全隐患375处，治理完成287处，治理率达76.53%。督促治理校园周边交通警示标牌849处、警示灯2740处，新增施划人行横道3176处，增设减速带2097处、隔离护栏3291处。排查农业园区326个，发现交通隐患问题67个，全部现场督促整改。三是深化督促检查落实。从6个主要职能部门抽调人员到市道交联席办集中办公，常态化派出两个督查组不间断对全市重点县乡、企业、单位开展交通安全工作明察暗访，覆盖乡（镇）187个、马路市场52处、高速公路联合检查站46个，“两客一危”企业89家次、学校223所、农业产业园区22家，发现风险隐患2607条，督促整改2218条，限期整改389条，整改率达到85.08%，四是推动事故深度调查和结果应用。开展交通事故深度调查2次，建议追究相关行业主管部门行政人员责任21人，立刑案侦查2人，向异地公安机关移送违法线索2件。逐级向上级公安交管部门报告，高位推动隐患整改，促成公安部联合工信部对生产厂家进行约谈、责成厂家对“1·29”肇事货车同型号车辆进行召回，有效督促化解一批重大交通安全风险隐患。

【道路交通环境整治】　一是强化违法严治。部署开展重点车辆、重点违法全市集中统一行动100余次，查处各类交通违法行为173.81万起，其中无证驾驶19780起、客车超员303起、货车超载9155起，分别同比增长112.96%、45.67%和10.62%。常态化开展酒驾集中整治，查处饮酒驾驶11366起、醉酒驾驶634起，分别同比增长71.61%和26.54%，其中0时至6时的酒醉驾违法行为3680起，占酒醉驾违法总量的30.67%。二是深化部门共治。联合交通运输、教育、高管等部门深入开展非法营运、行人上高速、校园周边交通安全综合治理，联合查处“非法营运”2008辆次，排名全省第一；劝离行人3305人次，处罚行人上高速违法2092人次，占全省总量的58%；查处“黑校车”43辆次，接送学生车辆超员违法97起，以危险驾驶罪对15起违法违规接送学生车辆严重超员案件进行刑事立案侦查。三是强化数据精治。依托“大数据”平台加强研判分析，加大重点车辆、重点违法整治力度，利用集成指挥平台筛选、布控通行轨迹异常重点违法嫌疑车辆2135辆，发出查缉指令642条，查获重点车辆536辆次，追踪查获假套牌车辆29辆，实现了精准管控、精准查缉，有效防止了因违法引发的严重交通事故。四是推动群防群治。将77家“两客一危”重点运输企业纳入平台动态监管，发现并消除安全隐患472次，督促企业解聘隐患驾驶人35名，及时检验车辆254辆次、报废车辆42辆。完成228个警保合作劝导站建设或选点定址，占全市乡镇总数的100%。指导乡镇发挥“两站两员”“网格长”“联户长”等力量，开展交通违法劝导3万余次、“红白事打招呼”9410次、“跟场管理”2.68万次，整治“马路市场”隐患67个，有力地保障了农村地区道路交通安全。五是积极推动交通影响评价。参加市城规委专家评审会57次，评审项目90个，组织召开毕节市中心城区交通影响报告评审会18次，评审重大建设项目24个，公安交警部门在城市交通规划建设中的“话语权”充分发挥。

【公安交管“放管服”改革】　一是推动服务延伸。深化公安交管业务向企业、向基层、向网络延伸，通过互联网办理交管业务31.88万笔，占总业务量的21%；建立机动车登记服务站33家，警邮合作代办网点9家，警保合作代办点8家，帮助群众实现多点能办、就近可办、少跑快办。深入开展流动车管下乡服务87次，惠及93个乡镇，5万余名农村群众；严格落实“四个减免”政策，仅免复印费、免拓号费两项就为群众节约经费574.38万元。二是优化办事流程。最大限度压缩办事时限、优化服务机制，实行周末、节假日“不打烊”，平时延时服务“1小时”工作制度。推行老年人定制化服务，设立老年人办理业务绿色窗口44个，累计办理老年人代办业务592笔。推行办理交管业务网上委托，受理网上委托业务3600笔。持续推进8类驾驶证业务、12类车驾管业务“全市通办”，加快推动实施机动车驾驶证电子化，二手车异地交易登记，小型汽车转移登记和摩托车注册登记“一证通办”，最大限度为人民群众办事提供便利。三是加强业务监管。建立市级机动车及驾驶证业务综合监管中心，逐步将全市车管服务大厅、机动车登记服务站、驾驶人考场、机动车检测机构等4800余路摄像头汇聚到综合监管平台，实现音视频监管全覆盖，巡查、倒查专业化。制定车驾管业务定期分析研判制度，每月对异常业务预警进行通报，严肃追究违规办理业务的行为，有力保障车驾管业务依法规范办理。

【重要交通安全保卫】 一是强化重大节日安保。重大节日活动期间启动高等级勤务，领导带头、科学布警、全警上路，采用“路巡+网巡”模式，全面强化路面巡逻防控，加大交通信息诱导和安全提示力度，全面推动重点区域的交通疏导和交通事故等突发情况下多部门间快速响应、快速处置、快速撤除，完成“中国共产党成立100周年”安保工作，春节、“五一”“国庆”“中秋”等重大节日期间道路交通保通工作任务。二是积极投入疫情防控。以路为家、冲锋在前，全面落实疫情防控常态化措施，仅2021年8月全国疫情多点暴发，遵义市出现散发性疫情期间，全市公安交警部门共启动道口疫情监测卡点43处，出动警力2.6万人次，联合检查车辆28万辆次，核查人员66万人次，移交处置548人，劝返258人，为防止疫情输入、稳定全省全市疫情形势作出积极贡献。三是强化交通警护卫安保。把每一次交通安保当成重大政治任务，创新警卫模式，慎之又慎、细之又细，成功完成重要领导赴毕考察等交通警卫任务。全年完成级别警卫15起（含一级警卫任务1起、二级警卫任务6起、三级警卫任务8起），省委书记、省长到毕节调研任务7起，其他重大安保任务20余起，引导保畅任务80余起，多次受到各级领导表扬肯定。

【交通安全宣传教育】 一是分群体、分领域开展精准宣传。线下线上同步对全市14.65万名干部职工开展交通安全专题教育，对322家道路运输企业集中开展警示约谈。深入开展“开学第一课”交通安全进校园活动605场次，制作4部交通安全警示教育片，用“身边事警示身边人”开展进村宣传活动656场次，“一盔一带”等主题宣传1092场次。二是做强交警新媒体深化宣传。充分利用“毕节交警”微信、微博、抖音、快手“四大”新媒体平台，强化交通安全曝光警示提示和宣传教育，累计发布信息3279条，阅读点播量达17023.74万次，阅读点播量同比增长793.62%，“毕节交警”微信微博在全市政务新媒体月排名中长期保持第一、第二名，抖音、快手影响力在不断增长。三是深化交通安全高质量普法宣传。全力推进“一盔一带”“知危险 会避险”“酒驾醉驾源头治理宣传”“守法规知礼让”“禁止行人进高速”等主题宣传活动落实，开展“七进”宣传2930场次，在省级以上媒体刊播新闻297条，组织24.45万名新老驾驶人开展再学习、再教育（其中满分6822名、审验17810名、学法减分21.99万名）、21.11万名初领证驾驶人开展宣誓教育学习、85.5万名驾驶人或交通参与者开展线上线下文明交通公益签名活动，交通参与者安全文明意识、法治意识整体明显提升。

【执法规范化建设】 一是强化案件质量评查。利用“案事件系统”开展案件质量巡查，审查、评查案件1279起，包含审核吊销驾驶证案件923起。组织四次全市案件质量考评，考评交通事故案件118件，危险驾驶案件47件，行政拘留案件115件，机动车、驾驶人档案各400件。参加全省执法质量考评2次，指导整改、上传刑事案件12件、行政案件12件、车驾管档案40件，推动案件质量提升。二是强化执法监管。通过“贵州省执法监督管理平台”加大执法记录仪和案件监管力度，通过“日提醒、日通报”等方式，

"点对点"预警、通报、整改，全市执法记录仪配备率、视音频抽查一致性均达到100%，视频回放率、关联率达到99%以上。监管各类案件11409起，监管案件受案、立案、移送、驾驶证吊销处罚流程12885项，推送提醒办理信息15027条次，有力推动执法办案中的"顽瘴痼疾"得到根治。三是防范化解执法风险。全面梳理公安交警防范化解执法风险问题任务清单，建立台账档案，逐项核查、检查。制定《毕节市公安交警执勤执法工作指引》《毕节市公安交通管理部门执法办案"十个严禁"、"六个必须"》等机制，清理2011年以来未裁决积案396件、涉酒案件1381件、开具强制措施凭证未裁决案件13277件，有效化解案件问题风险。

【队伍教育管理】 一是深化政治学习教育。毫不动摇坚持"第一议题"制度，把党史学习教育、政法队伍作风教育整顿、推进"牢记殷切嘱托、忠诚干净担当、喜迎建党百年"专项教育与市委部署开展的干部作风教育大整顿紧密结合，利用党委扩大会等形式开展集中学习18次，专题学习研讨9场次，开展政治理论专题学习90余场次，参加"一把手"上党课、习近平法治思想等专题讲座22场次。采取集中学、个人学、线上学、考试学等"四学"模式对4个时期历史、习近平总书记"七一"重要讲话精神、党的十九届六中全会精神进行专题学习，进一步丰富政治理论知识，打牢队伍思想根基。二是强化业务素质练兵。组织全体民警参加"三能"达标培训，全员参加考试，达标率超过98%。组织35名辅警开展为期1周的封闭训练，对全体民警开展政治轮训，利用全国交警网校组建网上大练兵，开展全市交管业务专项培训11次共2400余人次，开展公安交警执法办案培训2次，采取"上门送教"的方式对各地执法办案工作进行培训21次，全市公安交警政治理论和业务工作水平不断提升。三是深化顽瘴痼疾整治。对416名干部职工（含辅警）谈心谈话及自查事项报告表填报全覆盖，清理核查发现问题24起。全面清查整治队伍作风苗头性问题，单位检视问题7条，制定整改措施9条；个人检视出问题277条，制定整改措施277条；核查问题线索28条，自行及推送主管部门处理14人，移送司法机关2人，以宽严相济的追责问责方式，从根本上提升公安交警规矩意识及法律意识，更深层次纯洁公安交警队伍。四是强化队伍教育管理。强化班子带队伍，强化执行《毕节市公安交通管理局队伍建设管理规定》，对5个直属大队一线执勤岗位140名辅警全部开展内部交流轮岗。加强队伍勤务管理和工作考核，积极推荐先进集体个人参加表彰奖励，4个集体、8名个人立功受奖，10名个人获优秀共产党员、优秀党务工作者称号，队伍凝聚力和战斗力进一步增强。五是加强典型宣传。广泛开展公安交警执法服务典型事迹宣传报道，"1·28"青场隧道货车起火燃烧事件中，高速二大队辅警靳双溢、徐荣俊英勇救助疏散69名司乘人员事迹在人民日报微信公众号、新华社客户端、《参考消息》、中央人民广播电台等全国各类媒体广泛宣传报道，被中央电视台、贵州电视台专题采访报道，毕节"最美烟熏妆""最美黑脸"成为英雄的代名词，两人分别入选2021年4月"贵州好人榜"和5月"中国好人榜"。

（撰稿：文　江）

消防救援

【概述】 2021年，市消防救援支队在中共毕节市委、毕节市人民政府和省消防救援总队坚强领导下，坚持以习近平新时代中国特色社会主义思想为指导，深入学习贯彻习近平总书记重要讲话精神和重要训词精神，全面完成建党百年大庆安保、防汛救灾和队伍建设发展各项任务，支队先后获贵州省抗击新冠肺炎疫情先进集体、贵州省五一劳动奖状等部、省级多项表彰。时任毕节市市长杨昌鹏批示肯定全市消防救援队伍学习贯彻习近平总书记授旗训词三年来工作成果。完成织金县“1·6”甲基丙烯酸甲酯罐车泄漏事故处置、七星关区“1·28”青场隧道火灾救援、“5·9”洪涝灾害抢险救援、“9·3”燃气管道泄漏燃烧事故处置、“8·21”地震灾害救援等系列急难险重任务。

【火灾防控】 2021年，市消防救援支队聚焦“防范化解重大安全风险”的重大职责使命，坚决贯彻落实省委、省政府和市委、市政府主要领导关于消防安全重要批示精神，深入贯彻《消防安全责任制实施办法》，通过“考评明责、明文定责、纪监督责”的形式积极推动压实各县市区政府和行业部门消防安全工作责任。采取“专家会诊、信用惩戒、重点监管、挂牌督办、排查奖励补助”等形式强化火灾隐患整治，联合行业部门开展易地扶贫安置点等13个重点领域消防安全专项治理，与教育、民政、文旅等部门推进消防安全标准化管理工作，开展全市高层民用建筑“风暴1号”专项整治行动，推动各级政府挂牌督办14家重大火灾隐患单位，组建专家组对3万平方米以上的商业综合体开展“会诊检查”。全市消防救援机构检查单位18660家，督促整改火灾隐患或违法行为44195处，行政处罚570家，临时查封137家，责令“三停”154家，罚款403万元，行政拘留29人；发动基层力量排查整改小型生产经营性场所隐患20万余处，清理违规住人4890余人。

【执法服务】 2021年，市消防救援支队不断规范消防执法，制定执法管理规定、消防监督执法系统操作管理规定和执法质量考核评议办法，建立“大队内部每日自查评查、大队之间每月交叉评查、支队开展季度评查”的“三级评查”工作机制，依托月工作动态跟踪考评、监督干部月绩效考评和季度执法质量考评“三项考核”督促监督执法干部履职尽责。4人被评为全省执法之星，支队被省消防救援总队评为执法质量先进单位。开展消防技术服务机构和消防产品专项整治，排查整治服务机构329家，处罚42家，检查销售和使用消防产品单位314家次，办理行政处罚案件14起，消防产品抽样送检4批次，净化消防服务和产品市场。

【基层基础建设】 2021年，市消防救援支队持续加强消防基层基础建设，推动将新建20支乡镇政府专职消防队纳入2021年政府民生实事项目，对129个老旧小区消防安全条件进行改造，全年新增新建电动自行车集中停放场所和充电设施35处，安装充电桩充电端口11000余个；新建市政消火栓380个，安装消防卷盘124个、简易喷淋61个、独立火灾报警装置1241个。推动将“智慧消防”纳入“智慧城市”“智慧广电”建设内容，12家火灾高危单位、大型商业综合体接入消防远程监控系统，209家人员密集场所、高层建筑、文物建筑、医院、福利机构单位接入“智慧用电”管理系统764套，夯实了消防安全基础。

【消防宣传】 2021年，市消防救援支队深入消防宣传“五进”活动，时任毕节市市长杨昌鹏于119消防安全宣传月期间在《毕节日报》头版发表“119消防宣传月”署名文章；发动社会各界参与消防安全知识竞赛，开展消防宣传活动400余场次，发放宣传资料120余万份，发送提示短信700万余条次，对6700余名驻村干部和2.7万名网格员开展消防安全培训，培训重点人员12万余人。各地结合地域特点，组建“消防劝导团、轻骑兵消防宣传队、消防导游宣讲团、红马甲大学生消防宣传队”等宣传“流动小分队”，基本形成“一县一特色”的消防宣传格局。

【应急救援】 2021年，市消防救援支队始终对标应急救援“主力军、国家队”职能定位，大力推进实战化练兵工作，举办毕节市第一届消防职业技能竞赛，创新开展高原驻训、专家带训，研究开展极寒天气训练，获2020年度全省冬训考核第三名、第一届贵州省消防职业技能大赛团体第三名、全省“巅峰勇士”登山对决团体第三名，3人被选拔参加全国消防职业技能大赛，支队灭火救援指挥部被应急管理部消防救援局表彰为“先进灭火救援指挥部”，支队获评“2021年度全省执勤训练先进支队”。加强专业队伍建设，建成1支重型地震救援队和7支专业分队，开展山岳救援、水域救援等专业培训，开展全市抗洪抢险、高层建筑火灾扑救、危险化学品泄漏事故处置等跨区域实战拉动演练10余次，承办全省“使命召唤·会战乌蒙”跨区域地震救援拉动演练。立足大震巨灾应急救援需要，在威宁、赫章县重点打造应急通信“轻骑兵”、志愿消防速报员两支队伍；建成全省消防救援队伍首支体系化无人机编队，配备侦查、测绘、救援等无人机13架，实现灾害救援现场快速建模测绘和挂图作战，通信保障能力明显增强。加强与行业部门联动，联合交通、交警等部门攻关解决高速公路救援等难题。全年接警出动4553次，出动车辆5110辆次，出动人员30217人次，抢救被困人员795人，疏散被困人员2811人，抢救财产价值2153万余元，保护财产价值3320万余元。

【后勤保障】 2021年，市消防救援支队持续立足长远发展目标，不断夯实全市消防救援事业发展基础，与15家企业、4家防疫物资厂签订代储、代供、运输等优先保障协议，与机场、高铁、公路、交警等部门建立快速通行机制，提升战勤保障能力。严格落实党委“议财”制度，推进财务规范化建设，获得全省财务岗位练兵第三名，被评为财务岗位大练兵先进单位。落实地方财政补发工资经费1000余万元，报请市政府研究通过将全市消防救援指战员2019年以来的3000余万元目标绩效奖列人2022年预算予以保障。承担全省固定资产规范管理试点建设任务，安装“资产围栏管理系统”，落实固定资产“全生命周期”管理，固定资产规范管理经验做法被省消防救援总队推广。

【营房装备建设】 2021年，市消防救援支队按照“三宜”消防站建设思路，积极推进“普通站+小型站”的布局建设，不断优化消防力量分布，着力建强1个特勤消防站和11个重点消防站，加快推进建制县2站建设，争取消防站选址5个，划拨土地164亩，百里杜鹃新建消防站完成装修，大方新建消防站高标准开展装修。围绕全市灾情需要，召开后勤装备管理正规化建设现场会，完成20款防护服标识统型和个人基本防护装备“实名制”标识工作。

（供稿：毕节市消防救援支队）

军 事

毕节军分区

【概述】 2021年是中国共产党成立100周年、“十四五”规划开局之年，全面制衡强敌攻坚之年、军官职业化改革起步之年和国防动员体制改革落实之年。毕节军分区党委以习近平新时代中国特色社会主义思想为指导，深入贯彻习近平强军思想，贯彻新时代军事战略方针，围绕建设一流军分区目标，按照“12456”建设规划，举旗铸魂固根本、聚焦强军抓备战、深化改革强能力、依法从严抓规范、集智聚力打基础、精细管理保稳定、创新驱动谋发展，统筹推进年度各项工作落实，军分区全面建设实现高质量发展。

【思想政治建设】 始终扭住政治建设这个根本不放松，扎实抓好思想贯注和政治引领，确保官兵忠魂永固、铁心向党。打好理论武装“主动仗”，全面系统学习习近平新时代中国特色社会主义思想和习近平强军思想，严格落实“双周理论学习日”制度，跟进学习习近平最新重要讲话，扎实开展4个专题党委中心组集中学习，统筹组织党史学习教育、年度主题教育和“两忆三查”等各行业领域专项教育，用活用好“学习中国”“习近平系列重要讲话数据库”“军职在线”“黔动之声”等学习平台载体，多措并举掀起中共十九届六中全会精神学习热潮，进一步增强“四个意识”、坚定“四个自信”、做到“两个维护”、贯彻军委主席负责制。打好党管武装“主动仗”，围绕“四个管好”重点内容，严格落实双向兼职、党委议军、现场办公、工作述职、过军事日等制度，多次召开军地联席会议，研究解决民兵工作、征兵工作、基层武装部规范化建设等重点难点工作，军地联合出台《毕节市党管武装先进单位和先进个人评选表彰办法》，广泛凝聚大抓武装工作的“向心力”。打好意识斗争“主动仗”，扎实开展政治领域官僚主义清理整治，不断提高政治判断力、政治领悟力、政治执行力，持续开展安全保密大检查和净化涉军网络环境专项行动，严密处置信访和网络涉军舆情，始终确保部队政治安全。深化重大现实问题研究，大力宣传国防动员先进典型，全年累计发表理论文章和在省部级以上主要媒体刊发新闻834篇，《情系家园热土造福父老乡亲》一文在《中国国防报》头版头条和《贵州日报》整版刊发。

【应战应急能力建设】 2021年，军分区坚决贯彻习近平主席号令，不断强化练兵备战鲜明导向，全力做好军事斗争准备，确保随时能战、战之必胜。加大战备值班和检查抽查力度，积极开展战法创新研讨，修订完善各类方案（预案），开展重点防卫目标信息采集，常态组织地质灾害、水上救援等针对性演练，联合作战指挥和应急处突能力得到提升。完成疫情防控、森林灭火、矿难救援、抗洪抢险、助力乡村振兴等任务。严格落实党委议战议训制度，常委带头组训参训，完成首长机关军事训练任务，年度训练综合考核成绩均在良好以上，军事职业教育成效明显。严密组织民兵干部和民兵教练员集中培训，结合乡镇换届严密组织新任专武部长集训，选送新任专武部长参加全省专武部长集训取得综合成绩第一名。开展基地化集中轮训，利用群众性练兵比武活动选拔各类比武尖子，完成全市9万余名学生军训任务。扎实开展军事训练资源普查，统筹推进市县两级民兵营（连）部战备训练库室建设，建成实弹射击训练智能报靶系统，投入资金用于规范民兵综合训练基地和补充完善训练器材，军事训练基础建设不断夯实。对表检查考评细则和“七率”要求，以三个阶段民兵工作检查考核为抓手，狠抓民兵组织建设、军事训练、政治工作和制度落实，完成基干民兵和普通民兵调整编建任务，基本达到“建制完整、结构合理、实用管用、快速反应、精干高效”的目标要求，接受全省第三阶段民兵工作检查考评列第三名。

【国防动员能力建设】 2021年，军分区深刻理解习近平主席完善国防动员体系战略部署，紧前推进全市国防动员能力建设，倾力打造国防动员建设品牌。依令开展国防动员“十四五”规划编制论证，完善了国防动员总体方案预案，推进国防动员工作纳入政府目标绩效管理，部署展开重点企业国防动员建设，落实国防动员激励政策措施，制发国防动员先进优待证。组织召开毕节市国动委各专业办公室专题协调会和全市国防动员潜力调查业务培训会，升级国防动员潜力统计调查系统，组织开展全市国防动员潜力数据会审，参加全省国防动员潜力数据会审排名前列。贯彻军委国防动员部《基层人民武装部建设要则（试行）》和《贵州省基层人民武装部建设细则（试行）》精神，召开威宁基层武装部规范化建设观摩活动，分两轮组织基层武装部规范化建设检查考评及人武部自评，批准设立新兴企业武装部1个（大方发电有限公司武装部），全区基层武装部自评全部基本达标，两次迎接全省检查评估均名列前茅。把握“一年两征”任务特点，完成新兵征集任务，征集的大学生、大学毕业生、理工类大学毕业生均创历史新高。首次在威宁县开设“定向高原兵预征班”，部队反馈良好。近年来，全区仅威宁就有百余名官兵在军营建功立业，“毕节高原兵”的品牌效应正在扩大。

【后装保障质量建设】 贯彻落实《全军后勤战备工作规定》《装备工作条例》，坚持把提高综合保障打赢能力作为建设重点，坚持在后装管理、两项清查、疫情防控、解决历史遗留问题等方面下功夫，后装综合保障效能明显增强。研究出台《军分区党委理财暂行办法》《军分区财务管理暂行办法》，及时编制上报年度经费预算，组织开展财务执法检查，纠治整改上级和本级指出和发现的问题。组织驾驶员、车辆完成年度审验，为通用车辆装备投保机动车辆保险，组织“军车安全月”活动，建立军地军车共管机制，创新开展“三零”目标红旗车驾驶员评比活动。常态落实疫情防控措施，组织全员核酸检测和接种新冠疫苗，每日跟踪上报人员活动轨迹，定期督导制度落实情况，确保全区“零输入、零感染、零疑似”。

【全面从严管党治党】 2021年，军分区认真履行管党治党政治责任，从政治高度把严的主基调贯穿部队建设各领域全过程，始终保持部队步调一致和团结统一。深入贯彻军委党的建设会议精神，积极参加党务知识和军队党建法规培训，常委带头学习军队党的建设有关法规；第一时间修订完善《毕节军分区党委议事决策规则》和《关于加强新时代军分区党委班子建设的措施》；围绕“五个带头”深入进行党性分析，高标准召开师团两级党委班子民主生活会，各级党委班子决策的科学性、民主性、法制性明显增强。落实常委每季度带头上党课制度，党委成员坚持以普通党员身份过双重组织生活，及时向党小组汇报思想，组织召开专题组织生活会；制定下发《毕节军分区党委机关2021年度为基层办实事计划》，扎实开展帮建支部、帮带书记、帮抓骨干“三帮”活动，认真梳理分析问题、研究整改措施、建立整改台账，常委分片挂钩负责，分类搞好指导帮带。全力推进巡视巡察反馈问题自查整改，组织召开本级纪委集中约谈、纪检监察和政法工作会议，持续推进师以上领导干部落实有关待遇规定清理整顿，进一步开展涉郭徐房张信息清理，研究制订《军分区接受军委国防动员部党委巡察工作方案》和《问题整改总台账》，军地合力推动人防固定指挥所工程项目建设整改。深入开展“翻墙”问题防范纠治和违规滞留国（境）外问题集中清理核查，严密组织严守政治纪律政治规矩纪律党课教育，集中观看《铁纪强军》《忠诚·看齐》等教育片，抓好问题通报警示，认真落实基层风气联系点制度，常态开展作风建设明察暗访，知敬畏、存戒惧、守底线的意识更加牢固。

【双拥共建工作】 2021年，军分区深入贯彻习近平主席关于双拥工作有关决策部署，全面落实全国双拥模范表彰大会精神要求，切实做到拥政爱民与拥军优属相统一。积极助力乡村振兴。全面推进17个村的9所学校“一部一村一校”新时代军民共建行动，同步推进化屋村、海雀村、龙潭村帮扶工作，2021年以来，投入经费325万余元参与乡村振兴。深入推广“黔货出山进军营”，遴选推荐特色农副产品入驻军队消费帮扶线上平台，为帮扶村直接增收108万余元。注重发挥驻地红色资源优势，投入84万元分别打造“红色文化进校园”试点学校（原鸡鸣三省小学）、建设国防教育报告厅（将军山小学），挖掘发扬“绝壁天渠”精神。深化拓展“兵支书”孵化培塑，利用“两委”换届之机指导帮扶村选配“兵支书”11名，投入26.7万元为帮扶村改善办公条件、营造宣传氛围，强化基层党组织战斗堡垒功能，为乡村振兴提供坚强组织保证。着力营造拥军氛围。巩固深化“全国双拥模范城”创建成果，认真贯彻《关于进一步做好新时代拥军优属工作的意见》，首次推行事业单位定向招聘随军家属，妥善解决随军家属就业、军人子女入学入托、中考加分等问题，军人的幸福感和获得感得到提升。深入各县（市、区）挖掘驻地红色资源，充分利用红色资源和开展民兵整组、征兵宣传等有利时机，深入党政机关、企事业单位、学校广泛开展爱国主义、国防教育系列活动100余次，主动走访慰问军烈属、困难党员、困难群众和一线任务部队官兵家属，努力营造全民支持国防建设的浓厚社会氛围。

【依法从严治军】 2021年，军分区贯彻落实

《基层人民武装部建设要则》《省军区系统战备、训练、工作、生活秩序规范》，科学制定军分区“四个秩序”规范方案，组织召开威宁人武部现场会示范引领，建立“四统一评”（党委统揽全局、首长统筹工作、机关统一指导、末端统分落实、综合检验评估）工作机制，结合各阶段工作强化督导检查，推动正规秩序建设紧抓快干，完成军分区机关食堂装修、训练场改造和办公楼改造等建设，部队战备、训练、工作、生活秩序更加规范。扎实开展通信行业清理整治，抓好“313”国防光缆巡查整治和军民联合护线宣传月活动，完成通信机房规范化建设和光传输网络升级扩容，引接建设资源管理网，更换机关程控交换设备，参加省军区信息通信骨干培训，常态开展应急通信演练，信息通信保障能力有效提升。坚持党委议管抓管，及时调整安全工作领导小组，制定出台《毕节军分区军事训练安全管理和应急处置机制》《关于抓好安全保密工作规范》等文件，以深入开展“百日安全活动”“条令条例学习月”为牵引，以组织安全大检查、安全骨干业务培训、安全保密知识竞赛为抓手，紧盯人员思想、紧盯大项任务、紧盯重点工作，围绕“人、车、枪、弹、密、酒、网”等17个关键要素抓管理，排查整改各类问题隐患，部队安全稳定基础不断夯实。四是严抓机要保密。深入学习《军队安全管理条例》《军队保密条例》及6部法规文件，认真开展保密警示教育和手机、微信涉军信息清理，严格落实涉密文件“月清”制度、办公文件入柜上锁、办公电脑全程安装各类安防软件等要求，持续抓好涉密电子信息集中管控和互联网、政务网等地方网络进军营安全保密建设，规范整改集中文印室、统一购置保密柜和手机屏蔽柜，及时维护更新营区视频监控设备，官兵安全保密意识全面加强。

（供稿：毕节军分区）

武警毕节支队

【概述】 2021年，武警毕节支队坚持以习近平新时代中国特色社会主义思想为指导，深入贯彻中共十九大和十九届历次全会精神，深入贯彻习近平强军思想，聚焦建军一百年奋斗目标，围绕武警部队、总队党委决策部署，坚持“稳中求进”工作基调，确立“从头开始、再争先进”年度目标，着力强化政治引领、聚力备战打仗、依法从严管理、扎实强基固本、深化正风肃纪，突出铸忠诚、强能力、抓基层、提质量，有效履行新时代使命任务，确保部队高度集中统一和安全稳定，不断推动部队建设向高质量发展。

【政治引领】 2021年恰逢建党百年华诞，支队坚持把政治绝对过硬、对党绝对忠诚摆在首位，确保党对军队的绝对领导直达基层、直达官兵。坚持用理论武装深化。严密组织“牢记训词、迎接大庆、忠诚担当”开年教育、党委中心组带机关理论学习，每季度更新下发“微课”选题，跟进学好习近平主席最新讲话精神，特别是习近平主席“七一”重要讲话以及十九届六中全会精神，探索把学习讲话精神融入党委学习、融入政治教育、融入组织生活、融入文化活动，用好基于经典“原味讲”讲出理论深度，立足自身“专题讲”讲出历史厚度，重温光辉“现场讲”讲出信仰高度，扎根基层“当面讲”讲出官兵温度的方法路子，发挥“士兵大讲堂”“金牌讲解员”等载体作用，理论骨干、优秀士兵走上讲台，大家学、人人讲、集体悟的氛围浓厚，推动理论武装走深走实。坚持用重大教育促进。把党史学习教育和主题教育融在一起抓，探索“四五六七”组教模式，以“四个读本”作为基本教材，运用支队大课强化、中队小课细化、班排讨论消化、配合活动深化、岗位实践转化“五步法”，建立个人自学、集中组学、以上领学、交流互学、专题组学、点滴促学“六学”机制，抓实进班排、进课表、进橱窗、进板报、进广播、进活动、进书桌“七进”举措，实现双促进。紧盯“筹划部署、思想发动、工作开展、阶段总结、检查评估”等关键环节，发挥驻地红色资源优势，组织官兵前往黄家坝战斗遗址、林青纪念馆、黔西大关盐号等场馆遗址实地参观，配合开展重温誓词、党史知识竞赛、主题文艺创演、拍摄《追寻他们的足迹》微党课等系列活动，领导干部带头上好专题党课和主题教育小课，邀请武警部队党史学习教育宣讲团辅导授课，确保两项重大教育取得实效。坚持用思想工作巩固。抓好“三个法规”文件学习贯彻，利用政工例会、指导员之家、思想骨干集训等时机，突出用活资源、丰富载体、分层施教，探索“好课分享”模式，每月上好2堂精品课、推送1部微视频，不断提升政治教育质效。常态开展“大谈心、真交心、促稳心”活动。坚持用文化建设熏陶。着力做好“金华会议”下篇文章，抓实“六室一场”建设，投入120余万元推动3个中队文体活动室升级改造和6个基层中队图书室数字化建设。体系打造勇士荣光、文化艺术节、家属进军营、官兵集体婚礼“四个品牌”，抓好小乐队、宣讲队、篮球队、文创队、精武队建设，丰富官兵文化生活。邀请地方老师到队培训辅导，强化新闻宣传骨干能力素质，2021年支队在武警报上稿9篇，其中3篇作为头版刊载。聚焦服务练兵备战，规范开展仪式教育和“八个到现场”，针对遂行任务可能遇到的50种情况，编印“三战”工作手册，发挥政治工作作战功效。注重先进典型培树，结合学习“七一勋章”获得者、新时代卫国戍边英雄群体和“反恐尖刀中队”先进事迹，突出宣传武警部队优秀教练员金伟、“优秀共产党员”彭金华和“极限训练勇士”徐勇波等优秀代表，发挥先进典型示范引领作用。

【练兵备战】 2021年，支队坚持把为迎接建党百年营造安全稳定环境摆在任务首位，加紧提升打赢能力，有效履行使命任务。扎实加强战备建设，紧扣日周月季年“四项主要工作”抓制度落实，体系推进战备建设，提升打赢能力。着眼对敌斗争准备，动态兵力编成，配齐战储物资，刚性落实“五率六量”要求，加强与地方情报融合、信息共享，推动气象、交通、水文等信息转接更新，实现遇有任务、依案而行、精确指挥、有效处置。着眼遂行多样化任务，重点抓好扑灭山火、抗洪抢险、事故救援等应急力量建设，常态抓好战备值班和备战突击检查，严密组织卫士演习，锤炼首长机关指挥技能。着眼战备设施升级，持续推动“八个体系”战备建设，投入160余万元改建机关、机动中队战备库室，采购前指LED屏、头盔相机、4G单兵设备等战备物资，投入30余万元为基层配发班用（单兵）帐篷、行军床、睡袋、睡垫、防弹背心、防弹头盔，推进战备建设规范化、精确化。着眼维护大局稳定，紧盯1个“环黔卡点”，2个重点防卫目标，3个重点任务区域和群体性事件、暴恐事件、抢险救灾、事故救援4种突发情况，进行分类研究，组织周密部署，实现同步建设、融合训练，做到平战结合。扎实推进实战实训，抓紧军事训练转型，建立分类别、分层次、分科目，统计划、统时间、统人员、统考评“三分四统”机制，硬化日训练、周通报、月考核、季驻训要求，坚持首长首训、常委常训、领导领训，年度军事训练成绩总评达到优秀，参加总队预任参谋集训获团体第2名。抓部队训练打牢基础，坚持训强“两官”队伍、教练员和五大技术骨干，组织训练骨干集中学训考，聘请优秀教练帮带教，依托执勤二中队召开“正规施训”现场观摩会，破解重难点科目训练瓶颈问题，提升基层训练水平，在2021年总队创（破）记录比武中分别取得3个第1名（特战专业全能、军械、搏击专业）、2个第2名（3000米跑、手榴弹投掷）、2

个第3名（机要、狙击专业）的成绩。抓场地建设补齐短板，投入1400余万元推动支队综合训练场、攀登楼、300米（400米）障碍场、训练大棚等建设，协调地方政府出资200余万元代建反恐训练场，解决训练场建设不规范、缺配套问题，对基层中队训练场实地论证、规范设计、分批完善，推动完成9个基层中队训练场升级拓展和规范建设。扎实抓牢执勤工作。联合毕节市监管支队、驻地目标单位，开展隐患排查整治活动，治理隐患28处。严格落实时提醒、日通报、周讲评、月分析抓勤举措，常态纠治“常见病、多发病”，正规执勤秩序。围绕防脱逃、防暴狱、防袭击、防冲闯等情况，严密组织“三员一兵一组一班”联动演练和执勤方案实案化训练，提升官兵执勤能力，执勤二中队、大方中队成功处置2起执勤险情。精心组织各类临时勤务，2021年累计动用兵力6000余人次，先后完成春运执勤、联勤巡逻、环黔卡点设卡、“1·27”跨省长途押解（毕节监狱至四川省嘉陵监狱）和毕节高铁站、百里杜鹃景区维护秩序等任务，押解2500余名监管羁押对象，保障300余万名游客出行安全。

【集体领导】　2021年，支队着眼提高政治判断力、政治领悟力、政治执行力，坚持“五破五立”基本导向，以把方向、抓大事、用人才、正风气作为重点关键，全面加强党的建设。强化党委班子团结力，党委班子思想统一、团结一致、分工明确，做到每日工作有碰头、每周事务常商量、重大事项必沟通，推动各项工作高质量落实。强化根本制度执行力，坚持党委集体领导，充分发扬民主，尤其在人事安排、经费开支、工程建设等重大敏感事项上，依法依规、公开公正，先后推荐技术学兵62名、调整使用干部33名、选晋警士84名、确定转业干部3名，群众满意度高。对表总队《政治能力训练16条措施》，从强化理论武装、常态警示教育、严明纪律规矩、重大任务历练等方面加紧训练，常态落实“三会一课”、领导干部双重组织生活、民主评议党员等制度，自觉交纳党费，接受群众监督。强化正风肃纪约束力，紧盯重点人员、重要领域、重大时节，常态严格监督执纪，开展风气督查和“廉政三进”活动，组织官兵学习讨论违纪违法通报，抓好团以上领导干部落实有关待遇规定专项清理和2013年以来41名评残官兵清查。对照“四个过一遍”清单，开展“深化政治整训、抓好郭伯雄徐才厚房峰辉张阳流毒思想清理”，确保流毒归零。紧盯利军惠兵政策落实，纠治服务基层服务官兵不上心不到位和土政策土规定。抓好纳雍中队“风气联系点”考评验收及转点工作，组织风气监督员培训，纠治基层“微腐败”和不正之风，确保部队风气纯正。

【基础建设】　2021年，支队认真落实武警部队党委1号文件精神，突出抓规范、抓经常、抓帮带、抓活力，持续固牢厚实底基。着力建强各级组织，以“抓上、强中、固下”基本思路抓组织建基层，基层领导小组强化统筹抓建力量、审核会议文电、把控各类活动、督导整改落实、推荐评比表彰等方面职能作用，促进基层规范化建设。大队主官发挥前沿指挥所作用，压实统筹谋划、练兵备战、排忧解难等帮建责任。对新调整的单位，安排经验足、能力强的机关干部对口帮带，明确挂钩帮建责任，先后组织60余人次营以上干部下队蹲点帮建，为基层党支部理思路、教方法。开展“大练基本功”活动，利用勤训轮换、季度军政例会、中队长指导员之家活动等时机，围绕组训施教、日常管理、党务工作、群团建设等内容，抓支部正副书记和两个群众组织的培训帮带，2021年执勤二中队党支部被总队表彰为先进党支部。着力培养过硬队伍，通过以会代训、岗位练兵、集中培训、经验交流、任务锻炼等举措，常态加强干部培训帮带，提升胜任本职能力。注重选好训强专业队伍，把好群众评议、单位推荐、支队考评选拔关口，采取中队自主练、支队集中训、联系地方教、送往院校学等形式抓培训，结合“教育整顿”“技能等次考评”和多科目教练员集训等时机，解决部分警士骨干能力倒挂的问题。着力提振军心士气，以落实《现役军官考核暂行规定》为契机，采取每周绩效盘点、每月工作讲评、每季纪实评价的形式，纠治重文电指挥、轻现场帮带、重安排部署、轻检查落实等问题，主动跟进、及时解决基层反映的困难。注重组织关怀、关心、关爱，慰问困难干部、患病官兵，协调5名干部家属入编上岗、工作调动，为18名官兵子女办理入学入托。

【综合保障】 2021年，支队坚持抓保障就是抓战斗力的思想，强化“前勤”意识，着力规范后勤管理、提升保障效能。着眼应急提能力，走好军民融合发展路子，健全军地物资代储、运力征用、装备修理、医疗卫生等军地联保协作机制，规范“一组五队”编携配装，坚持每周分队自主训、每半月合成训、每月拉动训，常态保障遂行卫士演习、野外驻训、抢险救援等多样化任务完成。加强“一长五员”建设，将后勤训练纳入《周工作安排表》，通过网上督查、实地抽考、定期评比等方式，跟进日常训练落实，提升在队训练质效。采取多批次小批量组织财务、驾驶、维修、军械、炊事、卫生6个专业集训轮训，提升后保人员应急保障能力。注重规范严管理，在物资采购、工程建设、经费开支等方面，严格程序规定、严把质量标准，组织3个批次资产大清查，落实对账、找物、核价、定责。每月坚持司务长集体办公，组织开展法规学习、技能培训、业务考核，规范基层财经管理；开展“七查一清理”活动，加强执勤、训练、巡逻动态枪弹管控，确保人员不失管、枪弹不失控。严格车场日、警示教育、车辆派遣等制度，组织开展车辆交通专项整治，购买车辆保险，完成北斗监控系统安装，确保行车安全。面向部队强服务，突出伙食调控管理，规范抓好驻毕节城区单位3家副食品供应商的遴选招标，督导落实“112412”和“44121”组伙模式，改善官兵伙食。着眼“暖心工程”普惠官兵，常态开展医疗巡诊、军械维修、器材补充下基层活动，组织官兵及家属健康体检。强力推动“十四五”规划启动，投入1109万元加紧推动机关公寓楼建设，865万元用于支队车库及物资库新建，积极协调部分中队新营房搬迁和营房维修，改善官兵工作生活设施。刚性落实疫情防控管理措施，积极对接地方防疫部门，分批组织所属官兵接种新冠疫苗，及时采购补充备齐各类防疫物资，抓牢疫情防控工作，确保内部安全。

【执勤安保】 2021年，支队坚持把完成中心任务、维护社会稳定作为履职尽责的主业和主阵地，确保执勤目标的绝对安全和各类临时勤务的圆满完成，实现执勤工作零事故。2021年，在安全风险高、执勤压力大的形势下，圆满完成联勤武装巡逻、景区安保、押解、押运、军训等勤务上百余起，展示良好形象，发挥重要作用，多次受到武警部队、总队表扬和省委省政府、市委市政府赞誉。

【抢险救灾】 2021年，支队牢固树立以人民为中心的发展思想，积极参与驻地抢险救灾任务，常态保持应急战备水平，高效确保驻地人民生命财产安全。2021年2月24日，出动兵力参加纳雍县石板河社区箐脚组山林火灾扑救任务；3月29日，出动兵力参加威宁县牛棚镇营山村山林火灾扑救任务；5月26日，支队4名官兵成功处置毕节市鹅顶山隧道一起交通事故，成功救治伤员3名。

【双拥共建】 2021年，支队认真组织学习贯彻习近平主席关于双拥工作的一系列重要指示精神，广泛开展“弘扬优良传统、争做红军传人”

活动，坚持“就近就地、量力而行、多办实事”的原则，为建设贯彻新发展理念示范区作出应有的贡献。结合春节、三八妇女节、六一儿童节和教师节等时机开展送温暖活动，看望慰问困难群众、党员、干部、文职人员及官兵家属、子女，送上慰问物品和诚挚的节日祝福。组织机关及部分基层党员赴黔西大关盐仓参观见学，开展“追寻红军足迹·奋进强军征程”主题党日活动，组织观看毕节市大型情景史诗剧《磅礴乌蒙》和诗歌剧《高原之鹰》，用驻地红色资源进一步深化党史学习教育效果。在建军94周年来临之际，举办“红心向党”军民联欢晚会，开展“爱在军旅情·同圆强军梦”第二届集体婚礼暨家属进军营活动。同时，市委市政府主要领导在八一建军节深入支队走访慰问官兵，送上节日祝福。联合毕节市退役军人事务局开展“宪法进军营·共筑强军梦”法治宣讲进军营活动，邀请贵州省律师协会律师为官兵解读民法典内容。持续深入枪杆岩村、联合村、新庄村3个对口帮扶村进行脱贫攻坚回访调查工作，了解帮扶贫困村脱贫现状和生产生活情况，推进精准帮扶。

【爱民助民】 2021年，支队大力弘扬优良传统，广泛开展爱民助民实践活动，扎实开展“学雷锋活动”，参加植树造林180人次、清理垃圾10余吨，组织官兵无偿献血2个批次，定期看望空巢老人、伤残军人、贫困户，为24名困难群众、困难党员赠送米、面、衣、被等物资。常态开展“一帮一”助学和“关爱留守儿童”活动。专门设立“春蕾基金”，助力贫困家庭、留守和特殊儿童健康成长成才，支队定点帮扶6名高中生、2名大学生，聚力传承新时代“春蕾精神”。

【国防教育】 2021年，支队着眼增强广大群众国防意识和忧患意识，在清明节、建军节、国防教育日、烈士纪念日等重大节日期间，灵活运用多种形式，广泛开展全民国防教育活动。依托毕节市国防教育平台，先后为市政府、民政局、国土局、检察院、工会等市直单位开展国防教育宣讲5次；借助爱民广场宣传大屏滚动播放以爱国主义为主题的音像资料片以及国防和军队建设新成就、支队履行使命任务视频录像片100余次。为驻地高校军训学生9000余人，并与贵州工程运用技术学院、毕节职院、市公安局、市图书馆、市一中、毕节建行、毕节实验小学等单位建立共建关系，促进共同发展。利用“军营开放日”，依托支队史馆、各县（区）中队荣誉室，接待驻地党政机关干部、公安政法干警、中小学校师生、企事业单位职工和驻地群众代表800余人次参观，宣扬党史军史队史和革命光荣传统。

【乡村振兴】 2021年，支队始终践行为民宗旨，积极响应习近平主席号召，从“点、线、面”体系同步推进，参与驻地巩固脱贫攻坚成果同乡村振兴有效衔接工作。结合帮扶村和学校实际需求，投入5万元用于联合村开挖打通丫口组、杉林组至硝厂组总长度约4千米的机耕道；投入5万元用于修建枪杆岩村包包组到安大垮村大坪子组总长度约2.35千米的产业公路；投入10万元用于建设黄泥塘二小总长度约70米的文化长廊；投入消费帮扶资金3.6万元，通过黔货进军营助力乡村振兴。协助枪杆岩村加强对红色资源的挖掘保护，对红色遗迹进行修缮维护，参与梳理红色史料，帮助培训红色讲解员，打造毕节市党性教育和国防教育基地。开展入村宣传教育、定期走访慰问、培训医技人员，组织结对党建、政策宣讲、国防教育、助学帮困、医疗帮扶3个批次，实现物质文明与精神文明同步发展相互促进，确保乡村振兴工作取得实效。

【极限训练】 2021年，支队坚持以“淘汰、调整、补充”为方法原则，着力培养特战人才，打造尖刀铁拳，培育乌蒙尖兵。立足威宁高原环境特点，严密组织特战排进行为期30天的野外驻训，锤炼特战队员吃住训保打能力，锻造特战猛士。2021年支队共计完成魔鬼周极限训练2次，成绩总评达到优秀；参加总队特战训练等级评定1次，其中5人评定为5级，23人评定为4级，5人评定为3级；完成特战专业职业技能鉴定1次，其中3人评为中级、14人评为初级。机动中队特战排在参加总队特战分队"巅峰"比武时，特战队员徐勇波夺得个人全能第一名。

【单位表彰】 2021年，支队教导队被武警部队评为一级训练机构；参谋部被总队表彰为先进参谋部；执勤一大队被总队表彰为"四铁"先进大队、"六无"先进大队；执勤一大队执勤二中队党支部被总队表彰为先进基层党支部；执勤一大队执勤二中队、执勤二大队纳雍中队被总队表彰为"六无"先进中队；执勤一大队执勤二中队、执勤二大队纳雍中队、织金中队被总队表彰为"四铁"先进中队。

【个人表彰】 彭金华，男，汉族，1990年9月出生，2010年12月入伍，云南楚雄人，中共党员，大专学历，上士警衔，任武警毕节支队执勤一大队机动中队特战排二班狙击手。他先后参与各项急难险重任务，完成警卫安保、武装押解、抢险救援等任务40余次，立三等功1次、被表彰为优秀士兵2次、受嘉奖6次，2021年被武警部队表彰为"优秀共产党员"。

徐勇波，男，汉族，1998年8月出生，2017年9月入伍，云南沾益人，中共党员，大专学历，下士警衔，现任武警毕节支队执勤一大队机动中队二班班长，2021年被总队记个人二等功。2018年、2019年参加总队创（破）纪录比武竞赛均取得五公里武装越野科目第一名，2019年参加总队特种通信集训被总队评为"优秀学员"，被支队表彰为"精武标兵"，2021年获总队军事体育运动会特战分队"巅峰"比武个人全能第1名。入伍以来，立二等功1次，三等功1次，被评为优秀士官（义务兵）2次，"四有"优秀个人1次，获嘉奖3次。

管庆胜，男，布依族，1985年6月出生，2008年6月入伍，贵州六盘水人，中共党员，大学学历，中校正营职警衔，现任武警毕节支队参谋部中校副参谋长，被总队表彰为"六无"先进个人。

曾庆波，男，汉族，1984年12月出生，2008年12月入伍，贵州绥阳人，中共党员，大学学历，少校警衔，现任武警毕节支队保障处战计股少校股长，被总队记个人三等功1次。

张四中，男，汉族，1975年4月出生，1993年12月入伍，湖南新邵人，大学学历，现任武警贵州省总队毕节支队上校支队长，被总队嘉奖1次。

其他：执勤一大队执勤二中队中尉排长黄凤杰、下士黄治钢在总队"武教头"教练员比武暨优秀教练员考评中获评"总队优秀教练员"；勤务保障大队警勤中队上士黄乐康被总队表彰为"网络舆论工作先进个人"；执勤一大队机动中队下士刘腾豪在总队"五大技术"暨创破纪录比武中获3000米跑第二名；教导队上士李三平在总队"五大技术"暨创破纪录比武中获搏击对抗（65公斤级）第一名；勤务保障大队供应保障中队上士杨勇在总队后勤专业比武中获军械修理工第一名；执勤一大队七星关中队上士杨峰在总队"五大技术"暨创破纪录比武中获手榴弹投远第二名；参谋部作训股上尉参谋李飞在总队"运筹~2021"参谋比武中获个人第三名；参谋部机要股上尉参谋徐震在总队通信专业比武中获机要密码比武第三名；执勤一大队机动中队下士彭成在总队"巅峰"特战分队比武中获狙击专业第三名。

【领导调研】 2021年1月21日，总队少将司令员王平深入支队检查调研；8月10日至11日，王平率总队作勤处上校处长刘海、宣传处中校副处长白磊、作勤处少校参谋李迎春一行，以"四不两直”的方式深入支队检查调研。3月4日至7日，原总队少将政治委员孟庆斌一行，深入支队考察帮建；5月26日至27日，孟庆斌深入支队检查调研；8月3日，孟庆斌深入支队执勤二大队织金中队检查指导工作。10月11日至12日，总队少将政治委员肖方明深入支队检查调研；12月15日至16日，肖方明深入支队检查调研，并与党委常委谈话。6月23日，总队大校副司令员刘昌建率工作组一行深入支队，进行半年工作考察帮建；9月29日，刘昌建率队管处上校处长毛福立、宣传处中校干事冉旭、装保处少校助理员钟先国深入支队对国庆节战备、安全工作进行检查指导。11月8日，总队大校副司令员吴京蔚率保卫处上校处长刘基智、装保处上校处长袁继、情报处少校参谋杨大腾、人资处少校干事皮红俊，深入支队进行党委班子考核评定和警官考核，并指导抓好十九届六中全会期间安全稳定工作。7月6日，总队大校副政治委员兼纪委书记梁军出席支队宣布命令大会。5月12日至14日，总队大校参谋长陈涛率训练处上校处长陈劲松、作勤处中校参谋陈军、人资处中校干事张毅、运投处文职助理员张创创一行5人，深入支队检查并指导支队党委班子民主生活会。11月15日，总队大校保障部部长张玉成率训练处中校副处长邹振、队管处中校参谋梁虎、作勤处少校参谋寇中华深入支队对年度军事工作进行检查考评，并同步组织军事训练考核监察。8月4日至7日，总队大校副参谋长马增江深入支队执勤二大队大方中队蹲点帮建；12月21日至24日，马增江深入大方中队进行蹲点帮建“回头看”。

（供稿：武警毕节支队）

经济管理与监督

宏观经济管理与监督

【概述】 2021年，全市地区生产总值完成2181.48亿元、同比增长6.8%，农林牧渔业总产值增长9.4%，规模以上工业增加值增长12.1%，固定资产投资增速-8.8%，社会消费品零售总额增长14.3%。一般公共预算收入增速-6.2%，金融机构各项存贷款、贷款余额分别增长10.7%、15.2%，城镇、农村居民人均可支配收入分别达37263元、12441元，增长8.7%、10.7%。

【经济运行监测分析】 始终注重把握大势、研判走势，积极统筹协调、精准调度，不断加强经济运行分析监测，准确把握经济运行形势，主动当好市委、市政府参谋助手，为促进经济平稳健康发展建言献策，为全市经济运行在合理区间保驾护航。健全完善经济运行分析调度机制，进一步精准目标管理，每月召开协调推进会，分季度提出工作任务清单，明确经济工作方向、目标及措施，形成经济运行月总结、季监测报告及各类专报，扭转半年全省挂末的不利局面。

【高质量发展绩效评价】 着力健全制度、搭建专班、积极监测，为推动高质量发展奠定基础。坚持制度先行，制定印发《2021年度毕节市各县（市、区）推动高质量发展绩效评价实施方案》，同步制定半年监测、个性指标、双调度双推进等配套实施方案。强化组织力量，抽调得力骨干组建全市高质量发展绩效评价工作专班，协助督促各县（市、区）同步组建工作专班，专职专项推进全市高质量发展有关工作。建立“1+8+2”的监测调度体系，每季度监测高质量发展绩效评价情况，结合省反馈数据深入分析，形成监测总结报告。

【规划编制】 科学合理编制发展规划，发挥规划引导带头作用。积极配合国家和省编制《毕节建设贯彻新发展理念示范区规划》，牵头编制全市“十四五”规划纲要、氢能规划等。研究提出经济运行、投资消费、经济体制改革、粮食安全等系列政策措施，报请市委、市政府和两办出台文件 51 份。

【固定资产投资及重大项目】 着力扩大有效投资提振消费，持续巩固放大经济增长动能。一是充分发挥投资的关键性作用。强化项目开工要素保障，及时解决项目建设问题和困难，新开工建设项目 792 个，472 个“六网会战”项目完成投资 251.22 亿元。成功争取到中央、省预算内投资 14.24 亿元、1.45 亿元，三个批次获批地方政府专项债券 48.8 亿元全部发行，争取到省发改委设立毕节建设贯彻新发展理念示范区 4000 万元资金专项，争取到省级支持开展前期工作项目 17 个、经费 2300 万元，获批发行 2.6 亿美元境外债、5.8 亿元新型城镇化企业债。二是更好发挥重大项目的引领性作用。以项目集中开工、领导联系服务重点项目为抓手，858 个省市重大项目完成投资 984.09 亿元。综合项目库建设卓有成效，2021 年底综合项目库共有项目 3384 个、总投资 15240.84 亿元。“投转固”工作取得新进展，转固 435 个项目、总投资 1366.89 亿元，转固率达 76.4%。重大基础设施项目建设有序实施，叙毕铁路加快推进，威围高速顺利建成通车，夹岩水利枢纽及黔西北供水工程下闸蓄水阶段移民安置工作顺利通过国家验收。三是持续发挥消费的基础性作用。制订《毕节市促进消费专项行动工作方案》，统筹各类资金 7352 万元组织开展 6 项促消费专项行动，举办大型促销活动 100 余场，带动消费 20 亿元以上。制定《毕节市 2021 年“四上企业”培育工作方案》，争取省级资金 395 万元奖励支持全市限额以上批零住餐业、规模以上建筑业、规模以上服务业企业发展，培育“四上企业”177 家。

【新型城镇化工作】 加快新型城镇化建设步伐，协同推进其他“三化”取得实效。一是牵头推进新型城镇化发展。研究制定《关于加快推进以人为核心的新型城镇化的实施方案（2021—2025）》，全市城市建成区面积达 208 平方千米，城镇人口达 308 万人。城镇品质持续提升，城市（县城）垃圾处理能力提升到 4600 吨/日，城镇生活垃圾无害化处理率、农村垃圾收运覆盖率分别达 94.5%、90%。棚改、背街小巷改造开工率均达 100%，城镇老旧小区改造累计完成率达 97.42%。黔西成功撤县设市。二是协同推进其他“三化”发展。持续做好重大工业项目服务，中石化织金 PGA 项目、奢香至鸭溪 500 千伏输变电工程项目开工建设，织金“上大压小”异地改建项目获批，黔希煤化工碳酸二甲酯等一批新型工业化项目前期工作进展顺利。持续完善农业农村基础设施建设，争取到高标准农田建设项目、农村人居环境整治、农村厕所革命等专项项目 8 个、总投资 1.56 亿元。持续强化旅游产业项目支撑，推动长征文化公园建设，争取到中央 2000 万元及省 1000 万元资金支持赫章县“乌蒙山回旋战”哲庄坝战斗遗址建设项目。三是扎实推动“四化”项目建设。建立全市“四化”及大生态项目储备库，录入省政府投资基金信息管理平台项目 220 个，申请基金 237.38 亿元，获投决通过项目 17 个，拟申请资金 21.86 亿元。新型能源化工、城市“三改”、农业产业发展、景区提质改造等一批重点项目逐步启动实施，有效支撑全市“四化”快速发展。

【生态文明建设】 坚持生态优先绿色发展，有效推动全市生态文明建设取得新成绩。一是统筹谋划碳达峰碳中和工作。碳达峰碳中和实施方案加快编制。坚决遏制“两高”项目盲目发展，完成能源消耗和强度“双控”目标。新能源和可再生能源发电装机容量占全市总装机的37.4%。统筹组织开展“贵州生态日”、全国节能宣传周和全国低碳日系列宣传活动。二是大力实施生态保护修复工程。扎实推进长江大保护，编制完成《毕节市长江经济带试点示范实施方案》，中科院水生所反馈赤水河流域生态环境突出问题整改按时序推进。扎实推进草海综合治理，严格落实“河（湖）长制”“林长制”，推动实施一批生态建设工程项目，森林覆盖率稳定在60%以上。三是做好生态文明评价考核工作。制定评价考核工作方案，建立部门间横向协同调度机制，组织开展业务培训，2020年度生态文明建设目标评价考核提升3位至全省第6位。

【体制机制改革】 着力推进改革破除制约，全面激发高质量发展的内生动力。一是全力推进改革优化环境。研究制订《新时代加快完善社会主义市场经济体制的实施方案》。严格规范招投标行为，优化营商环境中招投标指标排全省第1位，包容普惠创新指标上升至全省第6位。完善社会信用体系建设，全市34家企业获省级诚信示范企业称号，对15家拖欠农民工工资企业及负责人实施失信联合惩戒。二是全力强化产业大招商。制定发改系统产业大招商三年行动方案，编制产业项目30个。组织服务业招商专班成员单位先后6次赴深圳、宜宾等地开展服务业招商，考察对接企业（客商）18家，邀请34家企业赴毕考察，完成服务业招商引资到位资金100.3亿元。三是全力提升区域合作水平。积极推进深毕战略合作协议和宜毕区域协作协议有关事项落实。牵头起草毕节—秦淮区域协同发展协议，深化毕节与南京合作。深度融入成渝地区双城经济圈，主动加强与四川、重庆、云南等辖区内周边市州交流合作，毕节对外开放层次和水平持续提升。

【粮食安全工作】 坚决扛牢粮食安全政治责任，切实提升粮食安全保障水平。一是深入推进粮食购销领域腐败问题专项整治。成立专项整治工作领导小组，制定专项整治、自查自纠和全面清查工作方案，安排两轮9个督导组开展专项督查，省纪委监委、市纪委监委督导反馈问题共11个、整改完成8个、整改完成率为90%，自纠自查发现问题167项、完成整改150项、整改完成率为89.8%。二是强化粮食储备安全管理。制订《关于推进粮食储备安全管理体制机制改革增强粮食安全保障能力的实施方案》，市县粮食产业园（物流园）、粮食应急加工等基础设施项目建设加快推进，积极争取省级新增10.58万吨储备粮布局毕节，新增1.58万吨市级储备。2020年度全市粮食安全责任制考核工作获“优秀”等次。三是切实做好全市粮油市场宏观调控。全市粮油经营市场实行周价格监测和特殊时段日监测工作机制，累计开展全市和市区所在地主要超市粮油的价格监测工作51次。认真开展年度粮油供需平衡调查工作，全力做好粮油组织采购工作，确保市场不脱销断档和出现价格异常波动。

【民生保障工作】 精准发力改善民生，更好满足人民群众对美好生活的向往。一是巩固脱贫攻坚成果与乡村振兴衔接。积极争取以工代赈、农村绿色发展、农村人居环境整改等各类专项资金，选派5名优秀干部担任驻村第一书记和驻村干部，制定《安乐溪乡乡村振兴发展规划》，为帮扶点赫章县安乐溪乡、黔西市新仁乡争取项目资金2278万元。二是加快发展社会事业。编制《毕节市“一老一小”整体解决方案》《毕节市“十四五”时期社会服务设施兜底线工程一揽子整体解决方案》，强化社会兜底保障能力。围绕民生事业高质量发展，积极争取中央资金4.86亿元提升全市医疗、教育、文化体育等领域基础设施建设水平。三是狠抓稳控物价水平。加强重要民生商品保供稳价，每周对各县（市、区）重要商品价格进行监测分析，居民消费价格指数控制在合理范围内。规范校外培训、公办幼儿园收费标准，稳步推进中小学课后服务收费标准制定。有序开展农产品成本调查和监审，加强价格争议调解、认证，全年办结“三涉案件”1319件。

（供稿：毕节市发展和改革委员会）

自然资源和规划

【概述】 2021年初，毕节市土地面积2684878.75公顷（国有土地124704.78公顷，集体土地2560173.97公顷）。其中，湿地975.53公顷，耕地801064.24公顷，种植园用地79667.31公顷，林地1396033.60公顷，草地31169.35公顷，城镇村及工矿用地131334.45公顷，交通运输用地48502.86公顷，水域及水利设施用地31408.25公顷，其他土地164723.16公顷。发现矿种61种，优势矿种14种。其中煤矿、铁矿、铜矿、稀土矿、铅矿、银矿、钴矿资源储量名列全省第一，镍矿、钼矿、硫铁矿、磷矿名列全省第二，锌矿、钨矿名列全省第三。全市有效探矿权127个、有效采矿权1110个。

毕节市自然资源和规划局2019年2月2日成立，2月26日正式挂牌。内设行政科室18个，核定行政编制34名，设局长1名，副局长3名（不含兼职）；科级领导职数26名（含机关党委专职副书记1名，总工程师1名，总规划师1名）。下设事业单位12个，其中9个为全额拨款事业单位、3个为差额拨款事业单位。共有人员编制171名（含下属事业单位），实有人员150人。

2021年，毕节市自然资源和规划局争取的自然资源差别化政策、优势矿产资源大普查、500万元以上固定资产等项目用地要素保障、农村住宅通用图集深化设计等工作先后11次得到市委、市政府主要领导签批表扬肯定。推送的《贵州毕节四轮推进矿区绿色发展》《贵州毕节稳步推进长江经济带废弃矿山生态修复》等17篇信息获得《中国自然资源报》《贵州日报》等主流媒体报道。

【国土空间规划】 毕节市自然资源和规划局优化空间格局，推进规划编制。全市生态保护红线面积由5717.48平方千米调整到4778.57平方千米，由占国土面积的21.3%调整到17.8%。在全省率先提交过渡期城镇开发边界划定成果方案，并全部纳入国土空间规划“一张图”。完成毕节市城市发展战略与城镇体系等六个专题研究，编制完成《毕节市国土空间总体规划（2020—2035年）》初步成果并通过专家咨询。开展中心城区交通路网布局优化调整，形成“一环多射五横六纵”对外交通骨架路网格局。“一环三主干”碧阳三道线形基本优化完善。

【要素保障】 毕节市自然资源和规划局围绕重点项目，强化要素保障。获批建设用地63批次，面积1435.4057公顷，新增用地1311.1612公顷。出让土地345宗、面积735.7578公顷，同比下降25.3%，成交价款961507.24万元、同比下降35.2%。保障固定投资项目用地491个。核发建设用地规划许可证87个。办理探转采新立采矿权1宗，出让收益（价款）47938.9212万元。出让矿权共21宗，成交价共13498.4526万元。

【耕地保护】 毕节市自然资源和规划局加强耕地建设，每月调度新增耕地指标生产，保障全市占补平衡指标落实。牵头草拟《坚决制止耕地“非农化”行为实施方案》并报市政府印发实施，成立市级工作专班，召开协调会议，切实推进耕地“非农化”工作。初步完成永久基本农田核实整改补足工作。加强耕地卫片监督，自然资源部下发违法违规占用耕地图斑110个，整改情况全部通过省级审核并报部。设施农用地上图入库项目2798个，用地总面积1531.16公顷，占“三调”中设施农用地面积比例的54.1%。

【生态修复】 加强生态保护，完成乌蒙山区山水林田湖草生态保护修复工程41个，通过项目实施增加草地面积3413.7公顷、治理石漠化面积6606公顷、退耕还林1582.6公顷、植树造林760公顷、山林封禁保护2003公顷、修复区河道治理总长度278.38千米。《毕节市2021年度历史遗留矿山恢复治理项目实施方案》获省自然资源厅批复，全市18个历史遗留矿山恢复治理项目完工并验收。在黔西市金碧镇和赫章县平山镇开展全域土地综合整治试点，黔西市试点方案编制完成并获省自然资源厅批复，赫章县试点方案修改完善中。

【地质灾害防治】 争取1376.31万元专项资金开展全市地质灾害详细调查和风险普查，调查孕灾条件点2676个、原有地质灾害隐患1492处，发现风险斜坡3079处、地质灾害隐患44处，核销原有隐患51处。全面落实风险隐患巡查监测人员，争取省级监测补助经费334.08万元，落实市级补助经费198万元。组织地质灾害防治知识培训394次，共14787人参训，开展防灾避险知识宣传1737次，普及153575人。组织撤离避险29次，临时转移群众494户1738人。完成682处隐患点自动化监测预警设备安装，完成511处隐患点自动化监测预警方案编制。争取上级地质灾害综合治理项目11个、资金7495.48万元，市级批复项目8个、资金1795.6万元，完成实施后将消除地质灾害隐患对6458人的生命财产威胁。

【乡村振兴】 选派6名驻村干部和第一书记分别到大方县凤山和大山两个乡共6个建制村开展驻村帮扶。完成农村居民住房信息594947个图斑摸排。完成上轮村庄规划评估和村庄分类，有序推进130余个村庄开展“多规合一”村庄规划编制工作。完成6个省级、6个市级特色田园乡村·乡村振兴集成示范试点村庄规划和3个红色美丽村庄规划编制。完成农村住宅通用图集深化设计。完成全市73681套易地扶贫搬迁安置住房不动产登记发证，比国家在2021年6月底前完成登记工作的要求提前了81天。完成跨省域增减挂钩生产任务19096.58亩，筹集资金62亿元。

【调查登记】 毕节市自然资源和规划局持续优化营商环境，在全省5个工作日基础上将不动产登记流程精简再精简，办结时限压缩至3个工作日，抵押登记、转移登记办结时限压缩至1个工作日。开通企业绿色通道，企业申请办理不动产登记明确专人负责全程追踪，资料齐全的原则上1个小时内办结，最多不能超过0.5个工作日，不动产登记事项1日内办结率达90%。98家银行及332家房开企业与不动产登记部门签订合同，受理互联网金融端登记9535件，互联网房开端预告登记49009件，银行专网业务受理量756件。完成地籍调查391266宗，录入省平台登记汇交129101宗。解决毕节市中心城区问题楼盘不动产登记问题50余个。全面完成第三次全国国土调查，并向社会发布主要成果数据。

【改革创新】 统筹推进自然资源资产产权制度改革，选取贵州百里杜鹃国家森林公园作为贵州省自然资源资产清查试点区域，形成《贵州省全民所有自然资源资产清查试点（贵州百里杜鹃国家森林公园）清查报告》。严格执行城镇基准地价定期更新制度，结合土地市场变化情况，每2年至3年更新一次城镇基准地价。开展农村集体建设用地入市改革，完成市级和试点县区改革实施方案编制，有序开展试点改革。

【测绘地理信息】 2021年，随机抽查测绘资质单位6家，对测绘单位测绘资质、测绘成果质量、保密管理、违法违规情况等进行检查并网上公开。走访书店6家，抽查地图总数100余幅，巡查91个测量标志点完好情况。审查通过毕节市行政区划图1幅。遴选72幅优秀作品参加贵州省第六届少儿手绘地图竞赛省级评比，9幅作品获得省级奖励。提供测绘成果管理服务，维护运行天地图·毕节市级节点，为政府和社会各领域提供地理信息公共服务平台，提供测绘成果服务。为政府及各部门无偿提供毕节市地图近百幅，向工程建设单位按程序提供大比例尺地形图测绘成果100余平方千米。成立毕节市卫星应用技术中心。

【依法行政】　探索建立协作配合机制，与市中级人民法院、市人民检察院联合印发《关于建立土地查处领域加强协作配合试点工作机制》《土地查处领域协作配合制度》，配合检察机关办理黔西市银盘山砂石有限公司公益诉讼案件，修复耕地5.53亩，为全国首例。出台《毕节市自然资源系统信访工作机制》，完成187件重复信访事项和82件进京信访事项督办化解任务。完成2020年22466个土地卫片图斑、62个矿产卫片图斑审核和成果上报。完成2021年5838个土地卫片图斑、678个矿产卫片图斑审核。持续开展农村乱占耕地建房问题整治，处置违反国家“八不准”通知要求问题373起。整改2020年土地卫片执法违法用地147.67公顷，整改2021年土地卫片执法违法用地12.31公顷。查结违法用地案件33件，收缴罚没款931.85万元、拆除构建筑物2.07万平方米、没收建构筑物52.82万平方米、责令退还土地217.87公顷；查结违法建设案件89件，拆除违法建筑面积9.02万平方米；查结非法采矿案件43起，罚款94.68万元，没收违法所得价值128.68万元，移送公安机关4人，没收矿产品8.47万吨。

【党史学习教育】　局党组突出“学党史、悟思想、办实事、开新局”，及时开展党史学习教育机构组建、方案制定、动员部署、组织宣传等工作。开展党员干部集中学习43次，参加学习人员2900余人次。党支部开展集中学习203次，2280人次参与学习。开展警示教育23次，968人次参与。组织参加省自然资源厅、市委宣讲及开展宣讲22次，740人次参与。开展领题调研3个，5名班子成员全覆盖。开展红色教育3次，166人次参与。开展专题党课16次，254人次参与。组织党员干部进社区开展志愿服务达35次共计233人次，总服务时长644个小时。聚焦“落脚点、连接线、服务面”积极为民解忧，开展延时为服务对象办理不动产登记业务108人次，提供上门服务20人次。出台《毕节市自然资源和规划局“交房即办证”工作实施方案》，实现不动产登记“交房即办证”服务。

（供稿：毕节市自然资源和规划局）

市场监管

【概述】　2021年，市市场监管局紧密团结在以习近平同志为核心的党中央周围，按照习近平总书记的系列重要指示批示精神，在市委、市政府的坚强领导下，在省市场监管局的关心支持指导下，按照全市“11345”工作总体部署，坚持“以服务建设贯彻新发展理念示范区为统领，着力提升营商及消费两个环境，推进商事改革、质量强市、知识产权三个战略，夯实党的建设、技术能力、执法打假、法治建设四个基础，筑牢食品、药品、特种设备、产品质量、网络交易市场五个安全”暨全市市场监管系统“12345”工作思路，聚焦建设贯彻新发展理念示范区这一宏伟目标，以勇立潮头的斗志、开拓进取的精神，干在实处、走在前列，争当一马当先的奔跑者、一往无前的排头兵，不断提升市场监管综合能力和水平，努力推动全市经济在高质量发展轨道上行稳致远。

【市场监管领域疫情防控】 毫不松懈做好市场监管常态化疫情防控，积极维护市场经济秩序稳定。一是强化冷链食品监管。充分发挥中转冷库作用，进入辖区冷链食品、进口食品和进口食用农产品得到有效监管。积极履行牵头部门职责，每月组织相关成员单位对全市进口食品新冠肺炎疫情防控开展督查检查，累计检查冷藏冷冻库12787个次。3月，在金沙中转库及时处置33吨进口巴基斯坦碎米呈弱阳性应急事件，信息经省局通报相关兄弟市州，第一时间预警有关情况。二是加强“三重”定期核酸检测，强化经营场所消杀。督促辖区农贸（农批）市场、登记注册为企业的商场和超市、大型餐馆、冷藏冷冻场所等重点经营场所、经营主体落实疫情防控主体责任，重点场所累计采样核酸检测19012份，重点车辆累计采样核酸检测4462份，重点人员累计采样核酸检测65294份，核酸检测结果均为阴性。排查建立冷链食品、进口食品从业人员台账7943人，除75人有禁忌证不能接种，其余7868人全部接种，接种率100%。指导农贸（农批）市场、冷藏冷冻经营场所、商场超市、大型餐饮经营场所开展消杀工作135.87万家次。三是强化零售药店管理。严格监测“一退两抗”、止咳类药品的销售情况。从退烧药处方管理，药店消毒杀菌，要求进店人员佩戴口罩、测量体温，引导发热症状患者到发热门诊就诊等方面对零售药店严格落实监管，全市共检查药品经营单位5421家次，全市零售药店登记购买退烧药人数为5533人，引导至发热门诊就诊人数为2062人，购买止咳药人数为645646人，购买抗病毒药人数为414868人，购买抗生素药物人数为600828人。四是全面加强新冠疫苗等药品流通环节的监督管理，确保上市新冠病毒疫苗产品质量安全，重点围绕疫苗接种点进行监督检查。共出动检查1789人次，检查接种点817家次，检查疾控机构59家次，对发现问题的相关负责人进行现场指导。

【助力推进乡村振兴】 提高精准帮扶水平，巩固脱贫攻坚成果。深入贯彻落实中央农村工作会议、全国脱贫攻坚总结表彰大会精神，切实抓好巩固脱贫攻坚成果接续推进乡村振兴帮扶各项工作。一是及时开展驻村干部轮换，派出7名精锐力量在赫章县铁匠苗族乡联合社区、高原村、坪子社区、处卓村、联盟村长期驻村帮扶，再进一步充实帮扶力量。二是研究制订《毕节市市场监管局2021年巩固脱贫攻坚成果接续推进乡村振兴帮扶工作实施方案》，从明确包村领导、做好调研指导、办好民生实事等方面做了工作安排，同时，进一步压紧压实包村领导、驻村工作队员有关责任。三是组织驻村干部认真开展调查研究形成调研报告，按调研报告择优选择产业帮扶项目，用好用实广州市市场监管局50万元帮扶资金，切实扶持当地产业发展、持续提升农户收入。推进有机产业发展，助力生态文明建设。深入毕节市刺梨、食用菌种植、加工企业调研，了解企业实施有机产品认证存在的困难和问题，为企业出谋划策，积极推动企业实施有机产品认证。截至12月底，共1个“国家有机产品认证示范创建区”（纳雍县）、1个“贵州省有机产品认证示范区”（金沙县）、1个“贵州省有机产品认证示范创建区”（大方县），36家企业通过有机产品认证，有效证书190张，认证面积115.92万亩，位列全省第2名。发挥知识产权优势，助力美丽乡村建设。充分发挥知识产权的独特优势，将知识产权工作有机融入乡村振兴，通过实施地理标志和区域品牌培育，带动群众增收致富，促进当地农业可持续发展，为美丽乡村建设贡献力量。截至年底，全市专利授权1582件，其中发明专利53件，实用新型1225件，外观设计304件，有效发明专利拥有量达到236件。全市新申请注册商标8479件，获批注册商标5480件，全市有效商标注册总量达到23109件，三个指标均仅次于贵阳、遵义，排名全省第3位。赫章红花山茶油获地理标志产品公告保护，威宁大白菜、威宁黄牛、威宁乌金猪成功注册地理标志商标，全市地理标志产品达到60件。强化标准引领示范，推动地方产业又好又快发展。指导毕节白萝卜、黔西香菇、织金皂角、威宁苹果、百里杜鹃茶叶5个农业标准化示范区项目承担单位按要求做好示范区建设工作，并制定了农产品种植标准体系表，毕节白萝卜、百里杜鹃茶叶企业标准体系编写完毕，其他标准体系在制定中。指导项目承担单位按要求做好国家级奢香古镇易地搬迁安置基本公共服务标准化试点建设工作，依托试点建设，《易地扶贫搬迁“党建+社区管理服务”工作指南》《易地扶贫搬迁两带三治社区治理体系建设工作指南》2项市级地方标准和《大方县奢香古镇易地扶贫搬迁基本公共服务标准体系（住有所居）》通过专家评审。《地理标志产品 威宁芸豆》《地理标志产品 禹谟醋》《地理标志产品 清池茶》3项市级地方标准通过专家评审。

【推动营商环境建设】 坚持以群众需求优化服务流程，提升办事效率。全力推行“网上办、寄递办、预约办”，将市场监管申请服务事项纳入“全省通办、一次办成”范围，市场监管高频审批、许可事项全部可通过网上申请办理；打通创业“堵点”，降低开办企业制度性成本。持续深化企业开办全程电子化登记，依托贵州省政务服务网实现企业开办“一网通办”，企业设立登记、公章刻制、申领发票、员工社保参保登记、员工医保参保登记、住房公积金单位缴存登记、银行预约开户等七个环节均可全程“零见面”登记办理；优化企业开办服务，打造企业开办便利化模式。市县两级同步推进开办企业“当日办结”集成服务，进一步惠企利民。围绕“减流程”，打造便利服务。线上，申请人登录贵州省政务服务网“企业开办”专区，一次提交，多头并行办理；线下，市、县两级设置企业开办综合窗口，推行“六合一”服务模式，多个环节实现“并联审批”。围绕“减材料”，打造精准服务。整合关联表单，推行“一表填报”制度，精准推动审批办理再“瘦身”，实现各环节所需材料一次性告知，一次性提交、一次性受理。围绕“减时间”，打造快捷服务。企业提交材料备齐后，时限从原来的2.5个工作日压缩到“当日办结”，部门联动审批最优可压缩至3小时，时限压缩率达95%。围绕“降费用”，打造实惠服务。履行好开办企业指标牵头部门职责，继续推行新设立企业首套印章免费刻制、税务Ukey免费发放，公积金CA证书费用由政府承担等惠企政策，开办企业6个环节均实现零费用。自5月以来，全市有近5000户新设立企业享受集成服务带来的便利。落实全省通办，推进一次办成。设立全省通办专办窗口，专人对接此项业务，轮流值岗，大力推行“全省通办 一次办成”和“全市通办”“跨省通办”等方式，实现群众异地办事“马上办、网上办、就近办、一地办”。截至年底，市市场监管窗口涉及全省通办事项114项、全市通办6项、跨省通办2项、全国高频“跨省通办”10项，在“全省通办”平台企业提交6个办件。优化服务流程，提升办事效率。全力推行“网上办、寄递办、预约办”，企业设立登记事项纳入“全省通办、一次办成”范围，全部可通过网上申请办理；持续深化企业开办全程电子化登记，依托贵州省政务服务网实现企业开办“一网通办”，全程“零见面”办理。企业通过无纸全程电子化办理设立登记占比达70%以上。同时，积极推广电子营业执照应用，实现“一照走天下”。截至12月底，市场监管市级窗口共办结行政许可事项和其他行政权力等事项共3779件。市场主体设立登记185户，其中内资企业168户（资金194812万元），外资企业17户（资金14315.05万元）；企业变更615户；注销登记113户；迁出33户；信息查询372户；股权出质

5户；股权出资注销15户；补照23户；商标注册收件60件；按时办结率100%。

【强化信用监管】 切实做好涉企信息归集公示。依托“国家企业信用信息公示系统（贵州）”系统，推动涉企信息实时传递和无障碍交换，实现了省、市、县不同层级市场监管部门乃至其他部门之间的信息交换、互联互用。年底，部门协同监管平台累计归集十万余条涉企信息，将食品生产、特种设备等重点领域企业行政许可、行政处罚、抽查检查结果等信息依法进行公示，推动信用与重点领域监管深度融合。在食品生产企业、特种设备等重点领域实施信用分级分类监管。一是开展食品生产企业风险等级评定。毕节市辖区取得食品生产许可证且在有效期内的食品生产企业共有442家，除10家因被吊销许可证、厂址不存在、到期未续证、新办证未满3个月等原因外，对432家食品生产企业进行风险等级评定、审定。根据评定的风险等级，下发《2021年毕节市食品生产企业日常监督检查计划》《毕节市市场监管局关于做好2021年度食品生产企业日常监督检查的通知》，要求全市市场监管部门按要求开展好日常监督检查工作。二是为进一步规范电梯维护保养单位的维保行为，提升电梯维保质量，预防和减少电梯故障或事故的发生，保障电梯安全运行，2020年12月底至2021年1月底，组织开展全市范围内电梯维保单位服务质量评价工作。各县（自治县、区）共评价电梯维保单位142家，从优到差依次分为A、B、C、D四个等级，其中A级41家、B级74家、C级16家、D级11家。针对评价中发现的问题，各县（自治县、区）市场监管部门严格按照《中华人民共和国特种设备安全法》《特种设备安全监察条例》《电梯维护保养规则》《特种设备生产和充装单位许可规则》等法律法规和安全技术规范的规定依法进行处理。依法开展失信管理工作。充分发挥信用监管在维护市场经济秩序中的作用，着力构建以信用为基础的新型监管机制，扎实推进失信联合惩戒工作，加强事中事后环节信用监管，配合省、市两级相关部门建立“逢办必查、失信必惩、守信激励、奖惩到位”的信用联合奖惩机制。对列入经营异常名录的市场主体，指导做好后续监管和补报服务等工作，积极引导其尽早进行信用修复，指导符合移出条件的市场主体依法及时移出经营异常名录。截至12月底，全市共列入经营异常名录企业25343户次、通过信用修复申请移出经营异常名录13802户次，配合司法部门做好信用惩戒工作。2021年以来，共协助法院办理股权冻结8件，股权解冻3件，拦截失信被执行人警示信息129条，严格限制“老赖”在公司担任各类职务，逐步形成“一处违法，处处受限”的惩戒机制。

【“双随机、一公开”监管】 全面贯彻落实《国务院关于在市场监管领域全面推行部门联合“双随机、一公开”监管的意见》和《省人民政府办公厅关于在全省市场监管领域全面推行部门联合“双随机、一公开”监管的实施意见》精神，确保实现部门联合“双随机、一公开”监管在全市市场监管领域全覆盖，建立毕节市市场监管领域全面推行部门联合“双随机、一公开”监管工作联席会议制度，成立以分管副市长任召集人，16家单位分管领导任成员的联席会议办。于2021年1月印发《毕节市市场监管领域全面推行部门联合“双随机、一公开”监管工作考评办法》，进一步健全部门联合“双随机、一公开”监管考核机制，在省级事项清单的基础上制定《毕节市市场监管领域部门联合“双随机、一公开”监管抽查事项清单（2020年修订版）》，2021年以来，全市各级各部门共开展联合抽查活动1440次，随机抽查事项9982个，随机抽查检查对象5855户次，随机选派执法人员7923人次，录入并公示随机抽查检查结果5855件，其中：未发现违法违规情况3287件，存在违法违规行为依法责令改正1117件，涉嫌违法违规转案件处理59件，其他1392件。全市市场监管系统按《毕节市市场监管系统2021年“双随机、一公开”监管工作方案》组织实施“双随机、一公开”监管工作。截至年底，全市市场监管系统共开展随机抽查活动867次，随机抽查事项4577个，随机抽查检查对象5379户次，随机选派执法人员2678人次，录入并公示随机抽查检查结果5379件，其中：未发现违法违规情况3963件，存在违法违规行为依法责令改正445件，涉嫌违法违规转案件处理19件，其他952件。抽查结果公示率100%。

【推动非公经济健康发展】 抓牢“个转企”市场主体培育，抓好扶持微型企业发展税收激励资金兑付工作。健全机构强组织。在全市市场监管系统成立小微企业、个体工商户、专业市场工作领导小组，市局由局长李洪应任组长，各分管领导及副县级领导干部任副组长，各科室负责人为成员，领导小组办公室下设微型企业发展监督管理科，开展指导、协调、服务工作。完善工作机制促规范。按照中共毕节市委办公室印发非公党组织“达标示范”标准，对“小个专”非公党组织按照象限管理重点开展提升、消化、规范指导工作，从企业规模、党员人数、构成差别的实际出发，采取“独立式、联合式、挂靠式”等形式开展党组织组建工作，推进党的工作的有效覆盖。制定《毕节市市场监管局领导干部“小个专”党建联系点工作制度》，并将“小个专”党建纳入“双随机、一公开”抽查事项中，规范党建工作管理。创新方法抓管理。按照分类指导、分类制定、分领域推进的举措下发《2021年毕节市市场监管局小微企业、个体工商户、专业市场工作要点》《毕节市市场监管局关于加强专业市场党的建设工作实施方案》，以推动专业市场党组织体系，辐射商圈经济、小微型企业、个体工商户网络体系形成，全面查找“口袋党员”“隐形党员”。开展排查、走访和调研活动。指导“小个专”非公经济组织开展党史学习教育，通过深入企业、服务企业的方式，深入辖区企业开展宣传帮扶活动，了解企业党支部建设情况、党员发展情况及企业党建过程中存在的问题，并鼓励其诚实守信、合法经营，充分发挥党员的先锋模范作用，坚定不移感党恩、听党话、跟党走，争做群众致富的带头人。截至年底，全市小微企业、专业市场建有党组织492个，党员2424人；对全市1071家民办学校开展摸查，其中有营业执照546户，有支部89户、党员418人；对全市37家专业市场开展排查，其中有党支部6个、有党员64名；对全市外卖平台开展党建工作座谈会，对外卖骑手党员开展摸底工作。指导开展达标创建，重点打造示范引领。为引导企业围绕发展抓党建，抓党建促管理，真正发挥党建在非公经济组织中的引导作用，于6月18日召开全市市场监管系统党建培训班，各县（区、市）“小个专”党建工作分管领导、工作员及省、市、县党建联系点党务工作员，参加此次培训。截至年底，全市建立“小个专”党建省级示范联系点3个，市级示范点18个，47户民办学校完成党建入章。毕节市市场监管局为“小个专”党建工作表现突出集体之一被国家市场监管总局通报表扬。毕节市私营企业协会常务理事刘兆黔为全国个私协系统“小个专”党建工作突出先进个人之一被中国个体劳动者协会通报表扬。在全市各级企业开办窗口设置《非公企业党建工作倡议书》，指导非公企业依据有关法律法规将党建工作写入公司章程，切实增强非公经济组织抓党建的主动性和自觉性，变被动接受为主动参与。指导民营龙头企业做好党建示范引领行动，制定“一企一策”培育方案，贵州金沙窖酒酒业有限公司生产党支部、贵州磐石高科新材有限公司党支部获省级、市级示范党支部称号。

【“个转企”培育】 为进一步优化市场主体结

构，推动民营经济又好又快地发展，确保“个转企”培育工程工作落实落好，下发《毕节市市场监督管理局关于2021年度“个转企”培育工程目标任务分解的通知》，下发“个转企”目标任务380户，市场主体总量同比增长率及私营企业总量增长率分别达11%、12%以上。立足职能配合相关部门做好民营企业创业创新工作及个体工商户扶持发展工作，帮助个体工商户化解融资难问题。

【扶持微型企业发展】 为确保经市场监管局、税务局、财政局三方会审通过的税收激励资金及时兑现到企业，按月将各县兑现推进情况通报至各县级政府，截至年底，累计兑付税收激励贡献资金2202.87万元，其中2021年度全市兑现税收贡献激励资金493.86万元，仅纳雍县未完成税收激励资金兑现，其余县（区）均足额兑付到企业。按照财政和审计部门的要求，对扶持微型企业发展资金绩效评估及审计中提出的问题，组织各县（区）逐项整改落实到位，并对2012年以来的扶持微型企业发展财政补助资金再次进行清查，确保扶持资金落实到位，扶持政策圆满收官。

【市场主体培育】 大胆创新、先行先试，多举措并举强力推进商事登记制度改革各项措施，为各类市场主体提供全生命周期服务，不断优化营商环境，让企业开办更高效、退出市场更便利、市场竞争更公平，市场主体在精心培育中不断壮大。截至12月31日，全市市场主体总量为577836户，其中企业89205户，个体工商户474562户，农民专业合作社14069户。新增市场主体82010户，其中新增企业13151户，个体工商户68212户，农民专业合作社647户，总量和增量均排名全省第三。

【营造放心消费环境】 积极开展消费教育引导。围绕中消协年主题，早准备早筹划，组织全市开展内容丰富、形式多样、亮点纷呈的“3·15”宣传咨询活动。充分发挥媒体宣传作用，利用市政府门户网站、《毕节日报》、微信公众号、“云上毕节”等网络媒体平台开设专栏，曝光毕节市2020年消费维权十大典型案例，公布全市2020年消费投诉分析报告，发布“致全市消费者一封信”、毕节市2020年食品监督抽检情况和消费提示；与电视台合作在“云上毕节”举办一场“守护安全 畅通消费”——“3·15”晚会，参与活动的网友达1.58万人；组织全市各县区开展声势浩大的“3·15”国际消费者维权日纪念活动。据不完全统计，此次“3·15”宣传活动全市共印发各类宣传资料4.83万余份，张贴宣传标语和海报共713幅，现场接受消费咨询2528余人次，当天受理消费投诉案件44件，为消费者挽回经济损失1.65万元，活动当天还集中销毁假烟、假酒、过期食品等货值200余万元的商品；开展“3·15”期间市场专项整治行动，此次专项检查累计出动执法人员236人次，检查市场35个、各类经营户1770户次，立案查处2件，下达责令改正书261份。以“贴近群众，服务基层”为宗旨，积极开展以《中华人民共和国消费者权益保护法》和消费维权知识为主要内容的送法进机关、进社区、进企业、进农村、进学校“五进”等宣传服务活动，6月1日新修订的《中华人民共和国未成年人保护法》正式实施之际，为深入开展党史学习教育，为群众办实事，进一步关爱未成年人，普及《中华人民共和国消费者权益保护法》，毕节市消协与市市场监管局妇委会联合到赫章县铁匠乡坪子社区深入推进“消费教育进乡村”“送法五进”宣传活动，活动现场向40多名村民和小朋友发放《维权·消费小常识》、《消费维权实用手册》、维权投诉电话卡片等50余份宣传材料，还参观了乡村的企业，将法律法规送进当地几家企业。发布消费警示提示。2021年市消协适时发布消费提示警示，根据各个时期消费特点发布“双节购物消费提示”“春节消费提示”“春耕生产之际购买农资四要四不要”“五一出行注意事项”等消费提示，帮助消费者防范消费陷阱和规避消费误区。2021年3月，中国消费者协会向全社会发布《2020年100个城市消费者满意度测评报告》，贵州省毕节市在100个城市中消费者满意度排名第54位，在社会消费品零售总额1000亿元以下城市中消费者满意度排名第15位，在西南城市中消费者满意度排名第5位，在贵州省城市中消费者满意度排名第1位。畅通“12315”投诉举报渠道。加大消费者投诉举报的受理、处理力度，及时受理、处理、回复消费者的诉求，将受理处理的案件录入全国消协投诉与咨询信息系统，对消费者的所有投诉都做到“一诉一档”，月底将典型的案例拟写并上报省消协，每季度进行投诉统计，定期对投诉进行分析报告，及时反映投诉的热点、难点。全市共受理消费者来电来函来访共46015件，其中：投诉4901件，办结4661件；举报2958件，办结2861件；咨询38157件，涉及争议金额2672.42万元，为消费者挽回经济损失497.46万元。

【广告市场监管】 引导消费需求，规范广告市场监管。召开全市广告监管联席会议暨行政约谈会，开展各类虚假违法广告专项整治，按照重点领域、重点地域、导向监管开展各类虚假违法广告专项整治，对发现涉及导向问题和关乎人民群众生命财产健康安全的虚假违法广告零容忍，着力开展医疗、药品、保健品、食品领域、房地产及房产中介、金融投资理财、校外教育培训等虚假违法广告的专项整治，并取得积极成效。印发《毕节市市场监管局2021年整治虚假违法广告工作方案》统领全年整治工作，按照重点领域、重点地域、导向监管开展各类虚假违法广告专项整治。开展“违规商业营销宣传集中整治行动”来强化中国共产党成立100周年之际广告的导向性政治性监管；开展“房地产广告专项整治”来防范化解风险，保障人民群众生命财产安全；开展“护苗助老”为主题的“守护夕阳红”——医疗、药品、保健食品虚假违法广告整治行动和“呵护青少年健康成长”——教育培训类广告清理整治行动来让老年人和少年儿童远离虚假广告的危害。整治中，对发现涉及导向问题和关乎人民群众生命财产健康安全的虚假违法广告零容忍，严格执法办案；同时，开展医疗、药品、保健品领域专项整治，开展金融投资理财虚假违法广告的专项整治。

【价格监管】 组织开展涉企收费、旅游市场、医疗药品行业、春耕备耕价格、殡葬服务收费等专项检查。在春耕备耕工作上加大宣传力度，确保价格稳定。全面公示公开农资销售价格，做好明码标价，确保农民用上放心种、放心药、放心肥。全市共出动执法人员1667人次，检查“三农”领域经营户1760家（户）次，发放提醒告诫通知书461份，开展宣传引导1309家次，发放宣传资料1210余份。在殡葬服务收费工作上开展殡葬行业价格专项检查。毕节市清明节期间共出动执法人员128人次。检查殡葬用品经营户和公墓经营单位226家（户）次，发放《殡葬行业价格行为提醒告诫书》66份，采取上门宣传和提醒告诫的方式共开展宣传引导213家（户），重点检查未对公墓价格、殡葬服务收费明码标价，不按规定的内容和方式明码标价，在标价之外加价出售商品或收取未标明的费用的行为；在医疗药品行业工作上主要是针对防疫物品价格展开检查，共检查全市核酸检测机构18个，检查各类医疗机构、药店经营主体6460家次，出动执法人员7122人次，签订承诺书4200余份。在开展涉企收费工作上，主要检查企业收费是否严格执行国家相关收费政策，是否有违反国家法律、法规、政策规定，擅自设立项目、自定标准收费的行为；是否有违反国家收费政策规定分解项目收费、重复收费、扩大范围收费等行为，全市共出动执法人员110余人次，共检查银行7家，其中发现问题1家，整改1家，检查移动、联通、电信运营商3家，房地产物业管理公司3家，宗教场所20家。开展节假日及重要时段价格行为监督检查。开展元旦、春节期间价格专项检查工作，重点对辖区中大型超市、农贸市场、药店、宾馆酒店、餐馆等领域的价格情况开展全面检查，督促、指导做好明码标价工作，引导经营者诚信经营，做到规范齐全，全市共出动执法人员2600余人次，检查各类经营户2100户次，发放工作提示单1000余份。开展“五一”期间价格专项检查。对景区餐饮、住宿、娱乐等行业假日收费进行检查，全市共出动执法人员4100人次，检查各类经营户3500户次，发放工作提示单1760份。指导规范商家明码标价1120家次。开展杜鹃花节、公考期间价格专项检查。为规范杜鹃花节和2021年考试录用公务员笔试期间市场价格行为，维护消费者合法权益。对全市辖区住宿、餐饮等重点行业开展价格专项执法检查，发放《关于规范杜鹃花节、公务员考试期间市场价格行为工作提示单》800余份，提醒告诫各经营者诚实守信、依法经营。联合市发改部门检查酒店、宾馆、餐馆、超市、文具等经营户1500户次，指导规范商家明码标价420家次。开展民生领域及热点领域市场价格监督检查。全市共出动执法人员6200人次，检查各类经营户4300户次，发放工作提示单1600余份。通过对猪肉、煤炭、液化气、口罩、酒精、消毒液等涉及的重要产品进行价格检查监测，检查“菜篮子”“米袋子”等事关民生商品、疫情防控物资、名优白酒等重点商品以及车票等价格，严肃查处囤积居奇、哄抬价格、串通涨价等违法行为，坚决制止捏造散布涨价信息、哄抬价格等行为。

【公平竞争审查】 全面贯彻落实《国务院关于在市场体系建设中建立公平竞争审查制度的意见》、国家发展改革委等五部门印发的《公平竞争审查制度实施细则（暂行）》要求，推进全市公平竞争审查工作全覆盖、常态化，优化内部审查机制，严格履行审查程序，切实提高审查质量，防止出台排除、限制竞争的政策措施。全市各级公平竞争审查联席会议高度重视、切实加强领导，进一步完善公平竞争审查工作机制，明确职责分工，细化具体措施。全市严格遵行“谁制定、谁审查”原则，对照审查范围及标准，共审查代政府起草规范性文件19件，均未含有地方保护、指定交易、市场壁垒等违反公平竞争的内容，确保毕节市制定的有关政策措施符合公平竞争和相关法律法规要求，防止出现排除、限制竞争的情况。

【反不正当竞争】 深入开展重点领域各项反不正当竞争专项行动，全面服务发展，履行职能，努力维护好公平竞争的市场秩序，为全市经济社会发展营造良好的市场环境；进一步建立健全打击传销综合治理长效机制，继续保持高压态势打击传销违法犯罪活动和严格规范直销经营行为。建立《毕节市反不正当竞争联席会议制度》，聚焦电子商务、互联网、医药购销与医疗服务、要素市场等重点领域和重点行业开展反不正当竞争执法专项行动，严厉整治借中国共产党成立100周年进行炒作的商业宣传行为。市局制定下发《开展打击有奖销售、仿冒混淆、虚假宣传、商业贿赂等不正当竞争行为专项行动工作方案》《开展反不正当竞争执法推动高质量发展专项行动方案》，针对当前社会广受关注的市场混淆、商业贿赂、虚假宣传等不正当竞争行为，在全市范围内开展重点领域反不正当竞争执法专项行动，并将此次专项执法行动融合到市局开展的综合执法行动中。按照《毕节市市场监管局2020—2021年创建商业秘密保护示范基地工作方案》要求，坚决查处侵犯商业秘密违法行为，保护企业知识产权，营造公平竞争氛围，加强宣传培训和指导，引导企业提高商业秘密自我保护意识，帮助企业建立完善商业秘密保护制度，提升企业核心竞争力，积极打造一批商业秘密保护示范企业，以点带面大力推进毕节市商业秘密保护工作。年底，全市初步筛选7家商业秘密保护意识较强的企业，开展创建商业秘密保护示范基地工作。严厉整治借新冠肺炎疫情进行虚假宣传、市场混淆等违法行为，对防疫物资出口企业商业贿赂等不正当竞争行为加强监管执法。严厉整治以“野生长江鱼”“野生江鲜”等为噱头作虚假宣传，欺骗、误导消费者的违法行为。指导经营者依法合规开展促销，严厉打击通过有奖销售、免费试用等促销方式欺骗、误导消费者行为，切实保护消费者、经营者合法权益。2021年，共查办不正当竞争案件13件，案值30.9664万元，收缴罚没款50.2万元。其中，混淆行为不正当竞争行为案件9件，收缴罚没款2.2万元；网络不正当竞争行为案件1件，收缴罚没款30万元；商业贿赂案件1件，收缴罚没款15万元；不正当有奖销售案件2件，收缴罚没款3万元。

【打击和防范传销】　持续推动构建“党政主导，政府牵头，公众参与，综合治理”的打传工作格局。积极落实平安毕节建设和市防范化解重大风险工作要求，进一步建立健全打击传销综合治理长效机制。2021年，毕节市打传联席办下发《毕节市打击传销规范直销工作联席会议2021年工作方案》、毕节市市场监管局下发《2021年打击整治传销专项行动实施方案》，充分发挥打击传销规范直销联席会议制度作用，强化组织领导，层层落实责任制，加强部门联动，形成打传合力。市场监管、公安、乡（镇）政府、街道（办事处）等部门划定责任区，落实责任人，明确打击任务，做到“守土有责”，建立起政府、职能部门、街道办事处、居委会、村委会三级参与的纵横交错、内外结合、上下联动的整治传销和变相传销工作网络体系。加强与市场监管总局网络传销监测点对接，切实增强毕节市网络传销监测能力。整合网络监测资源，加强监测信息互通共享，健全完善监测查处工作机制，强化监测与执法办案衔接。注重从社交电商等领域挖掘问题线索，严厉整治以跨境电商、区块链、教育培训、保健养生、虚拟货币、消费返利、直播带货以及利用庆祝活动宣传报道或者领导人讲话的内容等名义实施的传销行为。加强对新业态新模式的研讨分析，按照鼓励创新、包容审慎的原则，强化执法研究，在依法保护创新的同时严查以创新为名义开展的传销行为。2021年，毕节市各级市场监管部门出动执法人员500余人次，检查社区、公园、广场、城乡结合部、旅游景区、农村场镇、农村集市、城乡结合部等重点区域、场所2500余户次，查办拉人头聚集式传销案件8件，收缴罚没款0.47万元。积极配合公安机关排查辖区“黑茶体验中心”及其关联企业经营情况，下发《工作提示单》。适时向社会公布打击传销典型案件，加强以案释法，充分发挥预警提示和震慑作用。通过多种形式大力开展防范传销宣传教育工作。开展传销重点区域整治“回头看”工作，进一步完善舆论引导、普法宣传、打击震慑、长效治理“四位一体”社区传销治理模式，持续巩固整治成果。继续推进“无传销社区（村）”和“无传销网络平台”创建工作。加强对传销与各类违法金融活动相交织行为的研判分析，正确定性处置；做好对传销网站的查处和净化网络环境工作，压实互联网平台的主体责任。组织开展防范传销进校园、进社区系列宣讲活动，加强重点人群宣传教育。着力抓好农村传销宣传防控，切实巩固全市脱贫攻坚成果，助力乡村振兴战略全面推进。以“3·15”国际消费者权益日活动，安全生产月活动，元旦、春节期间打击传销规范直销活动为契机，督促安排各县区局加大宣传力度，营造打击传销的良好氛围。由于新冠肺炎疫情暴发，全市各级市场监管部门创新宣传方式，充分把握春节期间农民工及在校大学生返乡这一高峰期，利用宣传展板、宣传车播放的方式，向群众展示传销的典型特征以及如何辨别传销和防范传销，利用典型案例向群众介绍传销组织、传销人员的欺骗手段和操作方法，彻底揭露传销坑人害人的欺诈本质；充分利用微博、微信公众号、QQ 群、抖音等新兴媒体宣传传销的危害。2021 年，全市各级市场监管部门共发放宣传资料 11000 余份，悬挂、张贴标语、横幅 68 余条。

【商事制度改革】 持续推进“证照分离”改革。认真贯彻落实国务院以及市场监管总局、省市场监管局关于“证照分离”改革的部署要求，对涉企经营许可事项采取直接取消审批、审批改为备案、实行告知承诺、优化审批服务四种方式推进“证照分离”改革。有效区分“证”“照”功能，让更多市场主体持照即可经营。全市各级市场监管部门严格按照《国民经济行业分类》和《新兴行业分类指导目录》，依托全国统一的经营范围规则基础信息库，为申请人提供智能化、标准化、规范化的经营范围登记服务。认真履行“双告知”义务，按照省人民政府公布的工商登记后置审批事项目录告知申请人需要申请审批的经营项目和相应的审批部门，实现登记注册、审批许可、部门监管无缝衔接；深化证明事项承诺制，企业只需签订承诺书对申报的身份证明、住所（经营场所）进行承诺，并对其真实性、合法性、有效性负责，即可进行登记。全面规范经营范围登记。按照《国民经济行业分类》最新标准和总局印发的《新兴行业分类指导目录》，依托全国统一的经营范围规则基础信息库，为申请人提供智能化、标准化、规范化的经营范围登记服务，遵循“先照后证”和“非禁即允”的登记原则，依法依规抓好落实。积极向国家市场监管总局、省市场监管局争取，使全市企业在设立时，不用出市便可办理外资企业登记、煤矿企业登记和“贵州”字样名称登记，同时对集团企业登记条件予以放宽，使一批有实力、有潜力的企业落地毕节；助力在线新经济发展。允许电子商务经营者将网络经营场所申请登记为个体工商户的经营场所。推进登记注册无纸全程电子化。持续深化企业开办全程电子化登记。依托贵州省政务服务网实现企业开办“一网通办”，企业设立登记、公章刻制、申领发票等环节均可全程“零见面”登记办理。企业通过无纸全程电子化办理设立登记占比达近八成。积极做好市场主体身份验证和营业执照共享服务，使电子营业执照作为市场主体各类电子证照的身份索引基础。截至 2021 年底，市场主体在完成登记设立后，相关数据及时推送至贵州政务服务网，供其他部门调用，免于申请人重复收取提交材料。公司法定代表人可通过微信、支付宝及多彩宝上的小程序下载电子营业执照，在办理其他政务服务事项时出具，与纸质营业执照具有同等法律效力。畅通市场主体退出渠道。优化注销流程。对于使用一般程序办理注销的，取消企业向公司登记机关备案清算组的程序，改为企业通过国家企业信用信息公示系统向社会免费公示清算组信息，并将通过报纸公告的程序调整为允许企业通过国家企业信用信息公示系统免费公告，减少企业成本。鼓励符合条件的企业通过简易注销退市。对于领取营业执照后未开展经营活动、申请注销登记前未发生债权债务或已将债权债务清算完结的，企业可通过国家企业信用信息公示系统承诺并公示全体投资人决定企业解散注销、组织并完成对企业存续期间产生的债权债务清算工作等内容，且经公告期限届满未出现“公告异议”的，即可申请办理简易注销登记。

【质量强市建设】 组织申报“2021 年度省级质量发展项目”。为深入推进质量强省、强市战略，以项目化方式落实质量提升行动，促进全民质量共治和质量工作机制创新，在全市范围内共征集 22 个质量发展项目上报省市场监管局。经省市场监管局组织专家评审和社会公示，贵州乌蒙腾菌业有限公司申报的“天麻伴生菌菌种生产工艺及质量提升建设”和毕节市工业能源投资建设有限公司申报的“毕节市工业清洁生产及资源循环利用中心项目”入选2021年省级质量发展项目。深入开展重点行业质量提升行动。根据《贵州省深入开展重点行业质量提升行动2021年工作方案》精神，为深入开展质量提升，不断增强全市重点行业的质量竞争力，6月初，市质量发展领导小组办公室组织相关成员单位召开座谈会议，确定“农村产业革命水果产业质量提升及发展”“高新技术企业创新能力提升”“水利工程建设质量提升”“白酒行业质量提升”四个项目为2021年毕节市深入开展重点行业质量提升行动项目。同时，制发《毕节市深入开展重点产品质量提升行动2021年工作方案》，要求各县市区聚焦重点产品，以“一县一品”为主攻方向，深入开展重点产品质量提升行动，切实增强辖区产品质量效益和竞争力。开展政府质量奖重点培育推荐工作。为更好发挥质量奖的激励引导作用，加大质量奖企业和龙头企业的培育，不断提升质量品牌竞争力，组织开展2021年政府质量奖重点培育推荐工作。通过宣传动员和精准指导，全市共有11家企业拟申报省长质量奖，进入动态培育库。开展2021年贵州省品牌价值评价申报工作。按照《贵州省品牌建设促进会关于开展2021年贵州省品牌价值评价工作的通知》要求，结合全市产业特色优势，共组织推荐26家企业参加贵州省品牌价值评价。做好贵州质量发展典型案例的征集上报工作。为深入推进质量强市，不断总结提炼、复制推广毕节特色质量发展经验，更好服务毕节高质量发展，按照真实性、创新性、典型性和实效性的标准在全市征集20个质量发展典型案例上报参选。多举措组织开展全市“质量月”活动。及时制发《市质量发展领导小组办公室关于开展2021年全市“质量月”活动的通知》，明确活动主题、内容及要求，各县市区和市直成员单位结合“我为群众办实事”实践活动，积极推出质量惠民、便民举措，同时加强市场监管、保障质量安全，让群众感受到“质量月”活动的成效，推动全社会质量共治。经省质量发展领导小组评审，毕节市2020年度市级政府质量工作考核等次为B级。

【标准化工作】 指导毕节白萝卜、黔西香菇、织金皂角、威宁苹果、百里杜鹃茶叶继续做好农业标准化示范区建设。截至年底，毕节白萝卜、黔西香菇、威宁苹果、百里杜鹃茶叶农业标准化示范区标准体系发布实施；织金皂角毒理实验结束，由织金县皂福万家实业有限公司带队到省相关部门联系地方标准立项及申报列入食品目录等相关事宜，织金皂角发布2项团体标准。“毕节羊肚菌标准化示范区”项目获省局批准立项。依托国家级大方县奢香古镇基本公共服务标准化试点建设，参与编写3项省级地方标准发布实施（包括DB52/T 1553.2—2020《易地扶贫搬迁安置社区第2部分：服务评价与改进规范》、DB52/T 1553.5—2020《易地扶贫搬迁安置社区 第5部分：儿童活动中心服务规范》、DB52/T 1553.6—2020《易地扶贫搬迁安置社区 第6部分：老年服务中心服务规范》）；制定《易地扶贫搬迁 党建+社区管理服务指南》《易地扶贫搬迁 两带三治社区治理体系建设指南》2项市级地方标准发布，通过评审待近期发布实施；制定《大方县奢香古镇易地扶贫搬迁基本公共服务标准体系（住有所居）》，发布实施，试点单位标准化培训工作完成。

【计量监督】 以眼镜店、加油站、民用“三表”、医疗机构等民生领域为重点开展民生计量专项整治行动，推动民生领域诚信计量体系建设，引导民生领域经营户公示《诚信计量承诺书》780余份，组织检定民生领域计量器具2万余台（件），查处相关领域计量违法行为17起；

组织对辖区超市、集贸市场、水产经营店、烤鱼店等重点场所开展全覆盖排查，组织检定电子秤4500余台（件），立案查处电子秤计量违法行为192起，其中电子秤计量作弊案件12起，发布一批电子秤计量作弊查处典型案例，有效震慑市场计量违法行为。全面排查建档计量器具使用单位（动态）8711家，完善计量器具台账信息5.5万余台（件）（未含民用三表）。根据行业特点和计量器具类别，按11个重点行业领域对计量器具进行分类动态管理。制定“双随机、一公开”专项计量抽查方案，完善抽查对象名录库，组织开展能效水效标识、法定计量检定机构、使用法定计量单位、定量包装商品净含量、眼镜制配场所等领域“双随机、一公开”计量抽查。开展“计量服务中小企业行”活动，精准施“测”，筑牢企业计量基础管理水平，助推全市高质量发展，调研走访中小企业40余家，对5家“万家”重点耗能企业开展能源计量审查“回头看”现场指导服务，帮助22家中小企业现场解决问题31个，帮助1家企业建立企业最高计量标准1项，指导1家企业完善计量检测体系，通过测量管理体系认证评审，辖区通过测量管理体系认证的有效期内获证企业数共计13家，列居全省第三位。持续深化定量包装商品生产企业计量保证能力评价工作，辖区4家企业通过省局网站公示定量包装商品C标志自我声明，涉及产品规格79个。组织开展计量检定人员培训和能力提升，辖区32名检定人员取得注册计量师资格，其中一级注册计量师2名，二级注册计量师30名。对6家计量检定机构25项计量标准现场检查，指导相关计量技术机构持续改进，确保辖区量传溯源体系正常运行；2021年度完成新建社会公用计量标准4项，新增1家授权计量检定机构（社会机构）的7项计量标准通过考核授权，新增1家企业最高计量标准通过考核。年底，全市依法设置的法定检定机构社会公用计量标准119项，依法授权其他单位开展专项检定工作的计量标准14项，企业最高计量标准10项，持续位居全省前列，省局对全省2020年计量标准建设工作进行文件通报，毕节市建标总数列居全省第二位。组织辖区计量检定开展计量器具检定和定量包装商品净含量检测，辖区市、县两级检定机构检定强检计量器具42537台（件），抽查定量包装商品63批次。

【认证认可监督】 组织开展认证认可检验检测“双随机、一公开”监督抽查工作。完成37家检验检测机构、强制性产品认证、有机产品认证获证企业的抽查工作，对存在问题的12家机构或企业，督促其立即进行整改，并整改完毕。组织开展电器及其附件产品强制性产品认证监督检查，出动执法人员7956人次，检查电器及附件生产、销售企业13375家次，查处对涉及电器及其附件产品违法案件211件，处罚款52.86万元。开展检验检测领域执法工作。加大对检验检测机构的监督检查力度，进一步规范全市检验检测机构检验检测行为。对全市43家检验检测机构开展监督检查，共出动执法人员86人次，监督检查机动车检验机存在轻微问题的11家机构现场下达责令改正通知，督促机构进行改正，对9家涉嫌违反《检验检测机构资质认定管理办法》的机构进行立案调查，处罚款16.32万元。紧紧围绕“认证认可检验检测：守护安全底线，服务复工复产”这一主题，开展“世界认可日”户外宣传活动10次，现场发放宣传资料1000余份，接受咨询500余人、制作展板8块，悬挂标语27幅，邀请10家通过有机产品认证和15家通过质量管理体系认证的企业参加现场宣传活动，深入19个乡镇、7所学校、65家企业开展认证认可知识宣传。开展“我为群众办实事”活动，引导18家机动车检测机构为车主免费贴反光标识137张，更换车灯58个；围绕“加快检验检测发展促进产业优化升级”这一主题组织开展“检验检测机构开放日”活动，活动期间共组织9家检验检测机构开展开放活动，其中包括机动车检验机构、建材检验机构、食品检验机构等，邀请企业代表、相关部门代表、学生等280余人次进行参观，并向前来参观的社会各界代表就全市检验检测服务业发展情况进行问卷调查，共发放调查问卷120份。围绕“有机产品认证：力助产业之兴乐享生态之美”，组织开展“有机宣传周”活动，组织开展6次户外宣传活动，制作展板6块，横幅标语6幅，发放宣传资料800余份，接受群众和企业咨询300余人次。同时，深入9家大型超市，12家大型农贸市场，深入26家企业和农业专业合作社，走访调研企业农产品种植、加工情况，宣传有机产品认证知识。

【品牌认证认可】 为提升毕节市优质产品品牌形象，实现农业增效、农民增收，助力脱贫攻坚，大力推动毕节市有机产业发展。一是深入贵州高原蓝梦菇业科技有限公司等6家农产品种植、加工企业进行调研，向企业宣传有机产品认证知识，并了解企业实施有机产品认证存在的困难和问题，为企业出谋划策，积极推动企业实施有机产品认证；印发《毕节市市场监管局关于2020年促进有机产品认证发展工作的通知》，明确本年度工作任务和目标，扎实推进有机产品认证工作；指导纳雍县（“国家有机产品认证示范创建区”）制定年度工作计划，在证书量、联合监管方面补短板。组织开展1期有机产品认证知识培训，培训企业40家50人。截至12月底，全市共1个“国家有机产品认证示范创建区”（纳雍县）、1个“贵州省有机产品认证示范区”（金沙县）、1个“贵州省有机产品认证示范创建区”（大方县），金沙县2018年申报“国家有机产品认证示范区”通过国家认监委组织的现场答辩，44家企业通过有机产品认证，有效证书195张，认证面积42.6万亩，列全省第2位。为提升全市小微企业产品质量管理水平，组织开展小微企业质量管理体系认证提升行动。充分利用世界认可日、质量月等活动，宣传小微企业质量管理体系认证提升行动，动员发动辖区小微企业积极参与；以调查问卷的形式从企业规模、组织架构、质量管理人员配备、产品检测手段、质量提升期望等对企业进行摸底调研，初步了解企业在质量管理方面的基本情况；通过组织企业线上登陆“全国认证综合能力提升服务平台”学习质量管理体系和质量管理体系认证的相关知识，线下组织培训班等方式对各小微企业进行培训；二是根据《小微企业应用ISO 9001提升质量管理的实施指南》对企业进行一对一的帮扶指导，指导其建立管理体系，对条件成熟的企业帮助其实施认证。截至年底，毕节市共组织线上培训56家企业144人次，线下培训65家89人次，指导26家小微企业建立管理体系，7家企业通过宣传动员自主联系认证机构实施认证，1家企业通过帮扶指导实施了认证，2家企业通过帮扶指导，在着手准备实施认证阶段。

【检验检测工作】 完成药品检验654批次（检验项目5232项），全检率68.6%；完成食品检验检测1466批次、玻璃器皿委托测试147个、定量包装46批次、完成食品生产企业生产许可证现场核查35家；完成计量器具检定35459台（件），其中强制检定24642台（件），免征强制检定费用363万元；灌装车间空气洁净度13家、产品质量检验检测13批次，全年非税收入达345.77万元。完成特种设备检验12958台（其中：电梯10565台；锅炉282台；起重机865台；压力容器450台；厂车753辆；管道43条），校验安全阀2300支，检验率98.27%以上，非税收入达1250万元。

【知识产权战略】 市知识产权联席会议充分发挥统筹协调职能，年内召开多次联席会议联络员会议，研究部署有关知识产权“4·26”宣传、推进知识产权领域“放管服”改革优化营商环境、强化知识产权保护考核等工作。市知识产权局充分发挥牵头职能，组织营商环境指标涉及的市委宣传部、市司法局、市中级人民法院、市公安局、市金融办、毕节银保监分局等11个市直部门按照职责分工抓好各项营商环境指标的落实，主要领导亲自抓、分管领导具体抓，组织各部门进行多次工作会商，确保各项工作落到实处。针对过去知识产权工作基础薄弱的实际情况，2021年毕节市各有关部门结合行业实际，不断研究推动行业知识产权工作的新政策、新制度，毕节市知识产权局起草制定《关于强化知识产权保护的实施方案（草案）》《毕节市知识产权资助办法》，为毕节市建立知识产权严保护、大保护、快保护、同保护的知识产权保护工作机制、强化企业知识产权工作激励措施奠定坚实的基础。市知识产权联席会议办公室印发《贵州省关于强化知识产权保护的实施意见毕节市2020—2021年贯彻暨任务分解工作表》《毕节市知识产权保护工作考核评价办法》等，将知识产权保护工作任务分解细化到各部门，强化考核措施，有利于形成知识产权齐抓共管的工作格局。市知识产权联席会议有关成员单位也结合职能职责，分别制定部门推动知识产权工作的政策制度，全市在知识产权联席会议统筹协调下部门相互配合、齐抓共管知识产权工作的良好格局逐步形成。以宣传培训服务为重点的知识产权公共服务深入推进。继续做好专利商标等统计数据的推送和应用工作，每季度编撰一期《毕节市专利商标统计工作简报》（以下简称《简报》），对全市各县（区）每季度的专利和商标数据进行进一步的统计和分析，《简报》印发各县（区）人民政府和市知识产权联席会议各成员单位，不断推动知识产权数据信息在市、县（区）两级有效传送。全面完成“4·26”世界知识产权日、“中国专利周”等重大节日宣传活动。各重大节日均制定宣传工作方案，组织开展形式多样、精彩丰富的宣传培训和各种专题活动，向社会公众发放宣传资料并提供咨询等。积极组织市县两级知识产权行政管理人员参加国家知识产权局和省知识产权局组织的线上线下培训，推动各级知识产权行政管理人员工作能力的不断提升，全年市县两级共组织开展线上线下培训24次，培训1578人。以开展“知识产权面对面服务”活动、“知识产权服务万里行”为载体，多次深入企业（园区）开展指导和服务，指导和帮助企业不断提升知识产权创造、运用、管理和保护能力，全市各级知识产权局全年共开展服务企业活动342次。围绕十二大农业特色产业，深入挖掘资源优势，立足品牌资源特色，加大地理标志产品培育，2021年赫章红花山茶油获批地理标志保护产品，威宁大白菜、威宁黄牛、威宁乌金猪成功注册地理标志商标，全市地理标志产品达到60个；积极推动地理标志保护产品专用标志核准改革试点工作，组织地理标志专用标志使用培训，鼓励和引导企业积极用标、规范用标；积极推进地理标志产品产业化发展，助推农民增收，助力乡村振兴，全市地理标志产品产值达83亿元，带动13.95万人就业，培训人员12322人次。积极组织产业化程度高、示范带动效应强的威宁洋芋、威宁苹果、金沙回沙酒、大方漆器等地理标志产品申报省地理标志产业化促进资助项目，威宁洋芋成功获得资助，获资助资金50万元。

【知识产权运用与促进】 强化引导和服务推动知识产权创造持续稳步增长。加强调研帮扶指导，积极深入园区高新技术企业、特色农产品企业开展知识产权“面对面服务”，共计走访37家企业，了解企业知识产权（专利、商标）拥有量及使用情况。深入园区、企业进行走访调研，指导和帮助企业开展专利申请、商标注册，到白酒生产企业调研2次，到知识产权优势企业调研1次，到商标代理企业调研3次，到刺梨生产企业调研1次。通过调研，与企业建立起长期联络机制，挖掘一批知识产权意识较强的企业，列为重点帮扶对象，有针对性地对企业进行指导。

2021年全市知识产权创造继续稳步增长。全市专利授权1932件，同比增长18.38%，其中发明专利授权60件，同比增长106.9%，实用新型1507件，同比增长12.97%，外观设计365件，同比增长35.69%。全市有效发明专利拥有量达到241件，同比增长29.57%；全市新申请注册商标10949件，同比增长31.84%，获批注册商标7495件，同比增长85.93%，全市有效商标注册总量达到25043件，同比增长39.7%，三个指标均仅次于贵阳、遵义，排名全省第3位；继续加强地理标志产品培育，赫章红花山茶油获地理标志产品公告保护，威宁大白菜、威宁黄牛、威宁乌金猪成功注册地理标志商标，全市地理标志产品达到60件（其中地理标志证明商标29件、地理标志保护产品19件、农产品地理标志12件）。

强化项目申报及质押融资推动知识产权运用。以项目申报为抓手，鼓励引导企业开展知识产权运用。组织召开贵州省知识产权运用促进项目申报培训会，邀请省级知识产权领域专家对贵州省高价值专利项目、知识产权优势企业项目申报指标进行解读和指导。组织全市20家企业申报贵州省知识产权运用促进项目、高价值专利、专利导航项目，大方县九龙天麻开发有限公司、贵州高原蓝梦菇业科技有限公司、贵州海悦科技立体停车设备有限公司3家企业被评选为贵州省知识产权优势企业，分别获资助资金20万元；1个专利导航项目获批建设，获项目资金15万元。

推动知识产权质押融资工作，拓宽中小微企业融资渠道。与人行毕节中心支行、毕节银保监分局联合印发《毕节市推进知识产权质押融资实施方案》，开展知识产权质押融资需求调研3次，将梳理出的16家有知识产权质押融资意向的企业作为重点联系对象；通过发送公益短信和组织专题培训，加强对知识产权质押融资贴息政策的宣传推介，鼓励、引导有意向的企业开展知识产权质押融资；强化与金融机构的信息对接和共享，组织企业与银行、担保公司等金融机构进行座谈，搭建政银企对接平台。截至12月31日，金沙县、织金县各1家企业通过知识产权质押融资20万元、500万元，实现毕节市知识产权质押融资零突破。

强化调研指导推动知识产权服务能力建设。国家知识产权局商标业务毕节受理窗口正式设立，推动全市商标注册受理便利化。2021年以前，毕节市没有商标受理窗口，广大市场主体办理商标业务只能到省城贵阳或其他市州，商标业务办理费时费力，为切实降低企业成本和负担，市局积极和国家知识产权局、省知识产权局汇报对接，争取在毕节市新增商标受理窗口，2021年1月4日，国家知识产权局正式批复同意在毕节设立受理窗口，便于毕节市的市场主体就近快速申请办理商标。2021年2月1日，商标业务毕节受理窗口正式启动运行。商标窗口设立以来，组织窗口人员参加培训两次，对商标受理流程进行优化，通过在窗口展示、印发宣传册、门户网站公示的方式对办理商标注册申请所需证明材料进行清单式公示，同时优化受理流程，实现受理材料的一次性告知，为办事群众提供优质、便捷的服务。商标窗口共办理商标注册申请90余件，受理咨询2000件次。强化对辖区知识产权代理机构的监管，营造良好的市场环境。组织辖区5家商标注册代理机构签订《承诺书》，开展“双随机、一公开”对商标代理机构的代理行为进行检查，规范商标代理机构的服务行为。

强化统筹协调推进优化营商环境考核指标提升。充分发挥优化营商环境“知识产权创造、保护和运用”指标牵头部门职能职责，主要领导亲自抓、分管领导具体抓，组建迎评工作专班，将涉及优化营商环境指标细化到市直各部门，对指标涉及部门目标责任进行落实细化，明确专人对接指标落实情况。2021年初，组织市直责任部门对所有指标进行再梳理，根据2020年评估结果对2021年评估指标进行分析研判，找准与其他市州的工作差距。针对知识产权经费投入不足、知识产权质押融资等工作短板，提前谋划、紧盯目标，局主要领导在市委二届第204次常委会会议专题汇报毕节市知识产权工作情况，撰写《关于将知识产权专项经费纳入财政预算的报告》，加强与市财政部门和金融机构的沟通协调，推动知识产权经费投入增加、知识产权质押融资实现零的突破。7月以来，每月到省局知识产权相关处室汇报优化营商环境指标落实情况，每月组织营商环境评估指标“知识产权创造、保护和运用”迎评工作专班成员召开2次指标提升专题会，专题研究指标涉及任务落实情况、未开展工作情况、推进中存在的困难和下一步工作打算，对指标落实情况进行清单式管理，按照“应补尽补”的要求，逐项收集印证资料。

【知识产权保护】　大力推进知识产权保护体制机制建设。2021年全市知识产权快速协同保护机制、知识产权纠纷多元化解决机制和知识产权维权援助机制建立工作取得明显成效。7月22日，市市场监管局与贵阳仲裁委签订业务协作战略框架协议、成立毕节仲裁法律服务中心，毕节市辖区内知识产权仲裁方面工作由贵阳仲裁委承担；下发《关于成立毕节市知识产权纠纷人民调解委员会的通知》《关于印发知识产权纠纷调解工作制度》文件，各县（区、市）局也分别成立知识产权纠纷人民调解委员会，市县（区）共同努力，进一步完善行政调解和其他知识产权方面纠纷调解机制；在知识产权维权工作站基础上，下发《关于设立知识产权维权援助工作服务点的通知》《关于印发知识产权维权援助服务点工作规则的通知》文件，在各县（区、市）成立知识产权维权工作点26个，市和县（区）合计27个；通过遴选收集全市范围内29名知识产权侵权纠纷方面专家资料，下发《关于印发知识产权侵权纠纷处置专家库名册的通知》文件，建立全市知识产权侵权纠纷处置专家库，为知识产权侵权纠纷的行政裁决工作奠定扎实的基础。积极开展知识产权领域的专项整治，知识产权行政执法成效明显。开展金沙县白酒行业知识产权保护专项整治工作，根据2021年4月26日市人民政府研究金沙窖酒酒业有限公司上市相关事宜专题会议要求，制定下发《毕节市市场监管局关于开展金沙县白酒行业知识产权保护市县联合专项执法检查工作实施方案》，该局与金沙县市场监管局组成市县联合执法组，针对金沙县白酒行业知识产权保护开展一次全覆盖的专项整治工作，共检查金沙县域内酒类生产企业8家，立案查处商标案件2件、假冒专利案件1件，办理专利侵权纠纷案件1件，案件均办结。大力推动知识产权行政执法工作开展，切实做好专利侵权纠纷调解、假冒专利执法等工作。全市共立案查处假冒专利案件和商标侵权案件163件，涉案货值200.5万余元，罚没款73.86万元；积极开展专利侵权纠纷调处，共受理立案专利侵权纠纷行政裁决案件3件，均办结。全面完成强化知识产权保护考核有关工作。按照市委的工作部署，起草上报《全市知识产权保护工作情况汇报》，全面完成市政府交办迎接上级知识产权保护检查考核工作各项准备，由市人民政府知识产权联席会议办公室（市市场监管局）牵头，各市直成员单位配合，召开专题协调会议，成立专班、专人负责，对照省下发的《2021年贵州省知识产权保护工作检查考核指标任务分解表》逐项梳理，完成自查报告起草和资料准备工作，经市政府审议通过后按时上报省政府知识产权办公会议办公室。按照《省知识产权局关于组织开展2021年国家地理标志保护示范区申报推荐工作的通知》要求，组织“赫章核桃”申报示范区建设项目；按照《省市场监管局关于印发〈开展涉政治性不良影响商标专项清查工作方案〉的通知》部署，切实做好排查清理全市涉政治性不良影响注册商标工作，暂未发现上级《清查任务表》所列商标及其他涉政治不良影响商标；按照《省知识产权局关于征集对俄地理标志保护意向的通知》部署，组织县区市场监管部门积极开展申报，将“大方天麻”“威宁苹果”作为对俄地标保护进行推荐上报；按照《贵州省政府知识产权办公会议办公室关于加强近期有关展会知识产权保护工作的通知》部署，组织全市做好第129届广交会和首届中国国际消费品博览会展会期间对辖区参展企业自查自纠、参展产品展前知识产权风险排查、展会期间各类知识产权纠纷处置等各项工作，全市在展会期间未发现存在问题和接到纠纷处置；按照《贵州省知识产权局关于开展专利申请质量专项排查工作的通知》及上级相关部署，该局先后4次组织对辖区涉及的专利申请质量进行专项排查，共排查非正常申请的专利491件。

【技术能力提升】　加强技术机构能力建设。完成JJF1069法定计量机构授权考核，获得81项检定项目、18项校准项目、5项商品净含量定量包装检测项目的授权资质。计量建标数在全省排列第三。同时完成了“辐射式温度计检定装置”“红外耳温计检定装置”“红外体温计校准装置”“汽车外廓尺寸测试仪检定装置”4个新建计量标准建立和考核。完成检验检测机构资质认定评审，取得6大类、313个产品、914个参数的资质。新增产品66个，其中新增建筑材料产品2个（预拌混凝土和砌筑水泥）、食品相关产品（包装材料）8个，食品产品56个；新增项目/参数175项，其中建筑材料参数21项，食品添加剂检测项目31项、微生物致病菌检测项目8项、食品中的理化检测项目25项、食品中的农药残留检测项目58项、食品中的兽药残留检测项目31项，药品电感耦合等离子质谱法1项。推动毕节市食品安全检（监）测能力建设项目交付检验检测中心投入使用。完成贵州省煤质检验检测中心验收工作。毕节市市场监管、教育、民政部门按照市委、市政府关于在全市学校（幼儿园）、养老服务（福利）机构食堂全面推行“互联网+明厨亮灶”的相关工作部署，各司其职，大力推行“互联网+明厨亮灶”，以强化自律意识、自觉落实主体责任为突破口，全面构建以从业人员自律、学校强化管理、监管部门协同监管、公众监督为内容，以社会共治为核心的食品安全监管新模式。完成一期工程“互联网+明厨亮灶”智慧监管子平台建设，截至年底，毕节市智慧大市场监管服务平台下“互联网+明厨亮灶”共完成接入2531所学校食堂、207所敬老院食堂，接入率分别为69%、95%。

【推进执法监管改革】　2021年，面对严峻复杂的市场主体环境，全市各级市场监管部门立足职责使命、勇于担当、主动作为，以突出执法办案为切入点，累计办结市场监管领域各类违法案件3002件，总罚没2611.03万元，向公安机关移送案件线索54起，公安机关立案侦办44起，案件办结数量位列全省第二，综合执法力度不断加大，市场安全形势稳中向好，为贯彻落实“一区三高地、五个新毕节”提供坚强的市场秩序保障。落实行政执法事项“清单管理”。改革前，食品药品、直销传销、知识产权、价格等执法分属不同领域和部门，执法相对单一。机构改革后，全部融入市场监管，执法点多面广、职能交织叠加，所涉及的法律法规多达300多部。为了尽快由承担单一执法转变为综合性执法，全面梳理原工商、质监、食药监、价监和知识产权等领域执法职责，建立执法事项目录清单，厘清各执法领域权责清单，逐一清理规范精简执法事项，并依法及时动态调整。案件办理及时录入“国家市场监管信息系统”，实现行政处罚、行政强制、行政检查在系统的动态管理。实施行政执法市级“局队整合”。在职能成倍整合叠加而执法人员并未增加的严峻形势下，主动求变，破立并举，坚持全员办案，打破分工，通过人员调配、角色互补，整合局机关相关业务科室和执法支队业务骨干，以市局副县级以上领导任组长，专门成立七个领域执法办案组，明确各组工作任务，深入县（区）乡镇基层开展调查取证，以提高工作效能为切入点，双管齐下，实行局机关业务科室和执法支队同时办案。2021年，市级各执法组累计立案308件、办结243件、罚没935.04万元，较好地起到了带头示范作用。推进行政执法调度“上下一体”。遵循市级统筹、全市一盘棋的工作思路，整合市、县（区）、分局执法力量，针对清明节、“五一”、中秋节、国庆节等节假日重点时段，围绕重点地区、重点行业、重点市场和重点商品，制定标准化、集约化检查流程，达到“一次出动、全面体检”的检查成效，在一定程度上解决执法监管人力资源欠缺的实情。同时实行案件办理“周提示、月调度、季约谈”模式，每季度召开执法稽查调度会，表扬先进、通报落后，直面困难，解决矛盾问题，形成调度有原因、分析有痕迹、讨论有结果、结果有运用的执法办案高效机制。国家市场监管总局12月发布《关于对“全国市场监管卫士”集体和个人拟表彰对象进行公示的通告》，因在综合执法中主动创新、勇担责任，毕节市市场监管综合行政执法支队获“全国市场监管卫士”集体奖（贵州省唯一一个）。10月，省市场监管局下发《2021年度行政执法案卷评查情况通报》，通报中明确指出毕节市办理的案件数量连续3年居于全省前列，进一步优化营商环境，维护市场秩序，彰显市场监管部门担当作为。按照国家市场监管总局、省市场监管局部署，深入开展民生领域“铁拳”行动、“长江禁捕·打非断链”、农村假冒伪劣食品等25项专项执法行动，抓住关键领域和核心风险点，突出典型案例，以最顽强的精神风貌、最铁腕的执法举措守稳市场秩序，守牢全市市场监管领域安全大门。11月，省局在人民网、《贵州日报》等媒体上公布2021年度全省重点领域专项整治典型案例，全省38个典型案例中毕节市共计7起案例入选。

【食品安全监管】 在食品生产安全监管环节，开展食品生产企业风险等级评定。截至2020年12月31日，毕节市辖区取得食品生产许可证且在有效期内的食品生产企业共有442家，除10家因被吊销许可证、厂址不存在、到期未续证、新办证未满3个月等原因外，对432家食品生产企业进行2021年度的风险等级评定、审定。其中A级79家，B级142家，C级147家，D级64家。被评定为A级、B级、C级、D级的企业，每年全覆盖项目分别检查1次、2次、3次、4次，432家企业全年共要检查1060次。对日常监管工作进行安排部署。为做好食品生产企业日常监督检查工作，根据评定的风险等级，向各县区局（分局）下发《2021年毕节市食品生产企业日常监督检查计划》（以下简称《计划》）、《毕节市市场监管局关于做好2021年度食品生产企业日常监督检查的通知》（以下简称《通知》），要求全市市场监管部门按照《计划》和《通知》的要求开展好日常监督检查工作。认真开展日常监督检查工作。1—12月，全市对食品生产企业监管：巡查1494家次、发现问题366条、督促整改问题366条、立案查处案件3件。对食品加工小作坊监管：排查小作坊19027家次、发现问题8189条、督促整改问题8189条、立案查处案件90件。宣教工作：培训监管人员17班次、培训监管人员705人次，培训从业人员89班次、培训从业人员4370人次。开展保健食品行业专项清理整治，出动执法人员11022人次，检查保健食品生产主体6家次，检查保健食品经营主体23639家次，检查发现问题163个，督促整改139家，立案查处违法违规案件12件（其中七星关区1件、黔西市1件、织金县1件、纳雍县1件、赫章县8件），均为经营环节案件，罚没款1.35万元。开展食品生产安全专项整治工作，以瓶（桶）装饮用水、酒类、肉制品、食用植物油、炒货食品及坚果制品等为重点食品，加强对辖区内食品生产企业、小作坊的监督检查力度，重点打击无证生产、非法添加、超范围超剂量使用食品添加剂、欺诈及虚假宣传等违法违规行为，进一步降低食品安全风险隐患。督促辖区食品生产企业开展自查自纠，并随机抽查企业自查情况，对自查自纠不实，走过场的企业责令其限期整改，及时复查并收集企业自查自纠表。全市共出动执法人员411人次、出动执法车辆178台次、检查生产企业数285家次、检查小作坊747家次。查办食品生产领域违法案件2件，罚款5.07万元；发现风险隐患14条，责令整改14条。开展全市小作坊大排查大整治，集中力量，明确排查整治区域负责人，分片包干，责任到人。充分发挥基层组织、基层分局和网格员、食品安全协管员、信息员的作用，横向到边，纵向到底，开展全面排查整治工作。专项整治过程中，全市共引导合法登记取证食品生产加工小作坊2207家，其中白酒小作坊849家。立案查处食品加工小作坊案件81起，其中查处白酒小作坊违法违规案件59起，结案24起，累计罚没款15.3202万元，取缔食品生产加工小作坊484家。积极推行“互联网+”，引入智慧化监管。为切实让使用工业酒精等非食品原料勾兑白酒等严重危害广大人民群众生命安全的违法行为无处遁形，市市场监管局积极推行“毕节食安”小作坊智慧化监管平台接入工作。通过在小作坊原料储存、生产过程、成品堆放等关键控制环节安装视频监控系统，利用互联网智慧监管程序，实时对生产加工行为进行监控，从而对不良小作坊从业者形成强烈震慑。自8月中旬启动接入工作以来，全市202家食品生产加工小作坊接入平台，自觉接受监管部门及全市广大人民群众的监督。

在食品流通安全监管环节，全市依法取得食品经营许可证76426个，许可中含特殊食品销售证24944个，含婴幼儿配方乳粉销售证5133个，含特殊医学用途销售证498个。在日常监管中，通过摸底排查，全市现有城区农贸市场76个，食用农产品批发市场6个，大中型超市（500平方米以上）96个，农村地区食品销售主体43433户，校园周边食品销售者4912户，冷链食品销售者（含批发和零售）4679户，冷藏冷冻库1167个，水果经营户（含批发和零售）1303户，其中经营有进口水果的58户，水产品销售者（含批发、零售）259户。印发《流通环节畜禽产品质量安全专项整治工作方案》《食品进货查验工作的通知》《食用农产品批发市场食品安全专项整治工作方案》《中国共产党成立100周年食品销售环节食品安全大排查、大整治、大宣传工作行动计划》《2021年度食品销售环节食品安全监督检查工作方案》，转发《贵州省市场监管局关于印发特殊食品销售安全监督检查指南和检查要点的通知》《进一步加强销售环节婴幼儿配方乳粉和进口冷链食品等重点食品安全监管工作的通知》，联合五部门（市农业农村局、公安局、商务局、供销合作社联合社）共同印发《毕节市农村假冒伪劣食品专项整治实施方案（2020—2022年）》，为2021年食品销售监管及新冠肺炎疫情防控工作指明方向和目标，更好地指导县区市场监管部门按职能职责做好辖区食品安全及疫情防控工作。销售环节食品安全专项整治工作是加强食品安全工作的突破口，2021年以来，市监局继续加大食品专项整治及日常监管力度，严格规范食品经营行为。一是以元旦、春节、“五一”、国庆节等重大节假日和春秋两季学校开学期间为重点，加大食品安全专项整治及明察暗访。二是强化对易地扶贫搬迁安置点、学校周边、农村地区食品、食用农产品批发市场、城乡结合部食品安全监管，重点检查食用农产品、肉类、婴幼儿配方乳粉、保健食品、特殊医学用途食品、粮油等，主要检查和清理“三无”过期、霉变食品、标识标签不符和假冒伪劣食品及索证索票不全、进货查验制度执行不严，督促经营主体严格履行主体责任。强化执法监管力度、保市场秩序。全市各级市场监管部门通过加大执法办案力度，严厉整治食品销售环节违法违规行为，规范食品销售经营行为，营造浓厚的食品安全宣传氛围，提高社会公众参与食品安全监管的积极性，有效地保障全市范围内食品安全。2021年以来，立案查处748件，货值金额达176.526万元，结案罚款528万元。做好食品安全领域各类专项整治，并取得积极成效。做好食用农产品批发市场专项整治。全市6家食用农产品批发市场内共有入场食品销售者1719户，完成建档立卡1398户，为建档立卡的属于流动摊贩，在进一步规范中，签订食用农产品质量安全协议书1398份。按照要求指导督促6家食用农产品批发市场全部注册贵州省食用农产品质量安全追溯平台，指导督促入场食用农产品经营者1003户注册追溯平台，完成食用农产品经营信息录入的有901户，确保食用农产品来源去向可追溯。压实市场开办者的主体责任，开展集体约谈。督促市场开办者落实食品安全主体责任，配备食品安全管理员、检验检测室和检测设备，审查入场经营者的主体资格，建立入场经营者的信息台账，与入场经营者签订食用农产品质量安全责任书，监督食品经营者认真执行进货查验和索证索票制度，对进入市场的食用农产品要全部备案，对交易量较大的食用农产品要进行快速检测，并将检测结果在市场内公示，对检测不合格的产品要立即封存，进行处理。压实入场经营者的主体责任，督促其认真履行索证索票和进货查验制度，接受、配合市场开办方和监管部门的日常监督检查和培训指导。加强对县区市场监管部门的管理，督促按要求落实网格化管理，明确网格员职责，落实辖区食用农产品批发市场的食品安全监管。做好非洲猪瘟疫情防控工作。根据毕节市非洲猪瘟防控应急指挥部办公室关于印发2021年毕节市非洲猪瘟疫情排查消毒等三个专项行动方案：《2021年毕节市非洲猪瘟疫情排查消毒专项行动方案》《2021年毕节市生猪调运监管整治专项行动方案》《2021年毕节市非洲猪瘟监测预警专项行动方案》，要求县区持续抓好非洲猪瘟疫情防控工作，严格落实日排查日报告。继续加大对农贸农批市场、商场超市、肉及肉制品食品经营户的执法检查力度，严厉查处销售非法屠宰肉品、未经检疫（验）或检疫（验）不合格肉品、无合法检疫（验）证明肉品的违法行为，严格执行肉及肉制品市场准入管理制度，无“两证两章一报告”的肉品不得上市销售。一年来，全市各级市场监管部门共出动执法人员19068人次，检查食用农产品集中交易市场4690个次，检查食品生产经营者27348家次，检查冷冻库2641个次，农村集贸市场2453个次，检查猪肉销售摊4638个次、卤肉制售摊1526个次，发现各类问题825条，全部整改到位。“12315”受理肉类举报投诉63件，全部办结。暂未发现市场上销售猪肉及制品存在非洲猪瘟病毒。

做好农村地区假冒伪劣食品安全专项整治工作。一是联合有关部门制定《毕节市农村假冒伪劣食品整治实施方案（2020—2022年）》，明确农村假冒伪劣食品整治目标、重点、内容，为市场监管部门执法检查人员指明方向。二是突出重点，开展排查整治。各级市场监管部门执法人员深入辖区农贸农批市场、集贸市场、乡镇街道、村寨、旅游景区景点、学校及周边、高速公路沿线（服务区）等进行集中大整治。重点规范食品生产经营行为，严查市场主体资格，确保持证合法有效且亮证亮照经营；整治生产经营场所环境卫生和进货查验、索证索票、进销货台账记录规范情况；打击农村假冒伪劣食品、过期变质、“五毛”食品、“三无”食品等，整治农村屠宰市场秩序，严防病死、毒死、死因不明、未经检验检疫或检验检疫不合格的畜禽肉及其制品流入市场；整治农村食盐零售市场销售散装食盐、超过1000克大包装食盐和餐饮服务提供者采购、贮存、使用散装食盐的违法行为。三是以食品批发市场、农村学校及校园周边，以及食品生产加工小作坊、小摊贩、小餐饮（以下简称“三小”）等为重点区域，加大监督检查力度，强化食品安全风险隐患排查，建立完善农村食品风险隐患清单，督促指导生产经营者逐一整改销账。配合相关部门积极开展农村危房整治工作，全面排查利用危房或存在不安全因素的场所从事食品生产经营活动行为，一经发现，责令责任人限时整改，整改不符合要求的，依法撤销食品生产经营许可。要进一步完善农村食品生产经营者食品安全信用档案，及时将监管情况装入相应的档案。四是强化监督抽检。以方便食品、休闲食品、酒水饮料、调味品、奶及奶制品、肉及肉制品、食盐、地方特色食品等农村消费量大的食品为重点品种，加大监督抽检力度。对抽检发现的不合格食品，及时督促指导生产经营者第一时间采取下架、召回、封存库存产品等措施，控制食品安全风险，并严格按照“五个到位”（产品控制到位、原因排查到位、整改落实到位、行政处罚到位、信息公开到位）的要求，依法组织开展核查处置，确保核查处置率100%。五是落实食品安全追溯责任。督促指导食品生产经营者按要求将进口冷链食品、食用农产品经营活动信息录入省食品安全追溯平台，做到进口冷链食品、食用农产品来源可追，去向可查，同时严防新冠病毒通过进口冷链食品输入疫情风险。一年来，出动执法人员21692人次，检查食品销售主体27792户次（含校园周边、旅游景区景点、高速公路服务区、特殊食品等）；规范化建设农村地区食品示范店15家，组织19户信誉良好的放心食品超市开展自我承诺；检查食品生产主体4179户次，检查餐饮服务主体18852户次（含学校食堂），检查批发市场、农贸（集贸）市场等各类市场（含食盐）843个次，检查网络食品交易第三方平台提供者（含食盐）84个次，组织各类食品抽检3753批次，抽检不合格99批次，抽检不合格处置77批次，取缔无证无照经营主体74户，受理消费投诉举报814件，收缴下架假冒伪劣食品数量4075千克，查处假冒伪劣食品行政处罚案件499件，罚款346.3万元，移交公安机关办理案件12件。全市共计开展食品安全宣传培训696场次，开展食品生产经营者培训人员11379人次。通过强有力的执法监管、宣传教育，有效净化和规范全市农村食品生产经营市场。做好畜禽肉制品专项整治。一是在春节、清明节、“五一”、中秋节、国庆节等重大节假日期间开展执法检查和暗查暗访，严查经营者的资质是否合法有效，严查畜禽产品的来源和索证索票（“两证两章一报告”），严查进口冷冻畜禽产品的海关手续、检验检疫、核酸检测、消毒证明等合格报告。二是开展对农贸农批市场、农村集贸市场的专项整治，严查市场开办者是否落实入场经营者的建档立卡、资质审查、畜禽产品质量检测及来源地管理，履行开办者的主体责任；开展对入场畜禽产品经营者的专项整治，销售的畜禽产品是否来源定点屠宰场（点），是否索要检验检疫合格报告、非洲猪瘟病毒检测报告、肉品品质检验合格报告等。对不能提供“两证两章一报告”的畜禽产品，一律严查严处。三是开展联合执法，与农业农村、公安、城管、辖区政府等部门开展联合执法，重点整治农村集市私屠滥宰、病死肉、无“两证两章一报告”等畜禽产品，严厉整治违法经营行为。一年来，出动执法检查人员2536人次，检查畜禽产品（含冷藏冷冻）经营主体17176户次，检查农贸农批市场160余个次，检查农村集市300余场次，抽检畜禽冷冻食品235批次，不合格1批次，下架销毁未经检验检疫及无索证索票畜禽产品约2959.74千克，立案查处15起，移送公安机关2起，结案10起，罚款11.566万元，未结案3起。做好校园及周边食品安全专项整治。一是将校园及周边食品安全纳入重点检查。加大对春秋两季学期开学期间校园及周边食品全覆盖检查，重点对无证无照经营、进货查验、索证索票、“三无食品”“五毛食品”等进行专项整治，严防各种食源性疾病的发生，确保销售的食品安全。二是按照食品销售风险分级管理的要求，将校园周边6795户食品销售者全部评定为D级风险等级，按照4次/年的频次开展检查。同时结合毕节市创建文明城市建设和保护未成年人思想道德建设及疫情防控的有关要求，及时整治校园周边200米以内食品销售含烟酒的经营户，指导6795户食品销售者在经营场所显著位置张贴不向未成年人售酒的标志，引导不向未成年售酒。按照疫情防控要求对经营场所的环境卫生进行清理，每日消毒，做好登记，定期清理食品库存，确保所销售的食品合格安全。三是不定期开展校园及校园周边食品安全执法检查，在执法中发现的问题，从严从重查处，有效震慑校园及周边食品安全违法违规现象。2021年以来，出动执法人员4619人次，检查校园周边食品销售单位8695户次，发现存在各类问题264条，存在问题分别是：未严格落实索证索票和进货查验制度、食品储存不符合要求、从业人员健康证过期、经营场所卫生差、预包装食品标签不合法等，下达责令改正及现场指导改正259条，立案5起，结案3起，2起还在调查中。在餐饮安全监管环节，持续开展校园食品安全守护行动，以毕节市食安委名义制定印发《毕节市学校和校园周边食品安全工作制度（试行）》，填补校园周边监管空白，建立校园及周边食品安全工作长效机制。组织开展2021年春、秋季学期校园及周边食品安全专项检查，截至年底，累计检查学校食堂11916家次，校园周边食品经营户14668家次，责令限期整改1332家，责令停止生产经营55家。抽检食品及食用农产品1006批次，合格971批次，合格率96.52%。立案查处涉校食品安全违法行为79起，结案70起，罚没金额79.23万元。联合市教育局组织开展2021年校园食品安全培训，共线下培训中小学校长、幼儿园园长、食品安全管理员3419人，3201人参加考试，考试合格率97.91%，参训人员满意度97.14%，同时将未按照要求参加培训及考试人员名单信息共享给教育部门进行通报。持续开展“随机查餐厅”活动，制定印发《毕节市2021年“随机查餐厅”活动工作方案》，成立工作领导小组，明确行动主体、检查对象范围、活动时间和活动形式。7月14日、11月25日、12月10日联合毕节市广播电视台分别在七星关区、金海湖新区、大方县、织金县开展“随机查餐厅”线上直播活动，采取“不打招呼、直达现场”的方式，根据网友留言随机抽查网红餐厅、学校、旅游景区等餐饮服务单位，实时与线上网友进行互动，并现场督促存在问题的餐饮单位整改落实到位，线上网友参与互动量累计达8.3万人次。持续开展持证餐饮单位风险分级管理工作，切实加强餐饮单位日常监管，组织对辖区内持有合法有效食品经营许可证或小餐饮经营登记证的餐饮服务提供者经营情况开展底数摸排，确定评定对象，按照既定的评定方法有序推进食品风险分级管理工作，完成持证餐饮服务单位静态、动态风险等级评定。截至年底，对全市持证餐饮服务提供者41962户共评定风险等级32157户。持续抓好餐饮服务环节食品安全专项整治，加大惩戒力度，持续开展餐饮环节长江禁渔专项整治。截至年底共检查餐饮单位7884家次，发现未落实进货查验记录要求的餐饮单位113家。对金海湖新区民办学校及易地扶贫搬迁安置点食品安全进行全覆盖检查，共检查民办学校64家，发现问题513条，下达书面整改通知书30份，下达当场处罚决定书8份，作为重要线索立案调查2家。检查扶贫安置点各类食品生产经营单位52家，发现问题67条，下达书面整改通知书2份。组织开展餐饮具清洗消毒、“两超一非”、网络餐饮食品安全、涉旅餐饮单位等专项检查，出动执法人员2484人次，检查餐饮单位17081户次，对火锅店、牛羊肉粉、自制调味料的街边食品摊点等店进行样品抽检88批次，检查入网餐饮服务单位3664家次，督促网络餐饮第三方平台删除违法商品信息76条，责令停止平台服务的餐饮服务单位39户，责令整改1409户，立案查处5起，罚款2.04万元。在食用安全抽检环节。全市应完成食用农产品抽检任务6700批次，其中，市局应完成任务1500批次，各县区局应完成任务5200批次。12月底，全市共完成食用农产品抽检6778批次，任务完成率101.2%。市局完成食用农产品抽检1502批次，任务完成率100.1%；各县区局完成食用农产品抽检5276批次，任务完成率101.5%。全市应完成食品抽检任务3600批次。其中，市局应完成任务3000批次，各县区局应完成任务600批次。12月底，全市共完成食品抽检任务4310批次，其中，市局完成食品抽检3355批次，任务完成率111.8%。各县区完成食品抽检955批次，任务完成率161%。共承担国抽、省抽、市抽、县抽不合格核查处置任务539件，完成410件，处置129件。不合格食品100%开展核查处置，未完成的核查处置工作在按程序进行中。全市抽检不合格食品作出警告29件，没收违法所得13850.03元，罚款1715500元，移交公安机关案件8批次。发布60期食品安全抽检监测信息通告，共发布抽检信息6944批次，不合格信息217批次。其中，市局发布公告24期，发布信息4601批次，不合格信息164批次。各县区局发布公告45期，发布信息6017批次，不合格信息153批次。在食盐安全监管环节，以食盐批发、农村集贸市场、乡村食品经营、校园食堂及周边、城乡结合部、季节性食品（糟辣椒、腌制食品等）生产加工、学校（养老院）食堂、农村群体自办酒席承办场所及餐饮经营服务单位作为重点，集中开展食盐批发、食盐流通、食品生产加工、餐饮食品制作服务及经营等环节食盐质量安全专项整治。对今年新增的3家食盐定点批发企业分公司继续开展风险分级管理评定，全市15家食盐定点批发企业风险分级管理评定达到100%并实行动态管理，企业自查报告完成率达到100%，监管部门监督检查覆盖率达到100%。深入开展食盐流通环节检查行动，坚决打击取缔违法转批发行为；开展食盐零售环节（含批发企业和电商平台）重点检查，严格整顿不索取增值税发票和出厂食盐质量检测报告和不从食盐定点批发企业购进食盐，全年共检查食盐零售经营户及批发企业3958家次，共发现问题204起，整改204起，立案办理食盐案件21件，结案15件。重点整治打击食盐销售和使用高风险环节，严厉查处将非食用盐（工业盐、饲料添加剂氯化钠、液体盐等）作为食用盐销售、食品生产加工及餐饮服务提供者使用非食用盐加工制作食品、用非食用盐制售假冒伪劣食盐等严重违法违规行为。共检查上述各环节经营主体13129家次，经检查未发现假冒伪劣食盐销售行为。在酒类市场安全监管环节，开展白酒市场专项整治，形成高压态势，有效打击白酒市场假冒侵权、虚假违法广告、无照经营、不正当竞争、欺诈消费者等违法行为，切实维护消费者和生产经营者的合法权益，抓实抓好酒类市场风险管控工作，促进全市白酒市场健康发展。全市共出动执法人员8278人次，检查酒类生产企业（含小作坊）1581户次，经营酒类的市场主体8047户次，检查各类市场（超市、商场、宾馆饭店、批发市场等）6761户次，检查站点（物流运输、货运快递点等）582个次，办理酒类案件107件，罚款54.8万元，查获假冒酒23瓶，侵权酒1196瓶，侵权包装装潢印刷品77件（套），移交公安9件。

【药品安全监管】 在药品安全监管流通环节，以民营医院、乡镇卫生院、村级卫生室等医疗机构为重点单位，以疫苗、麻醉药品、精神药品等国家实行特殊管理的药品为重点产品，以药械购进渠道、冷链管理等为重点环节进行重点监管，增加检查频次，提升监管靶向性和实效性，结合全市药械安全实际，开展药械安全百日整治行动。加强日常监管力度，对全市药品批发企业、零售连锁总部进行全覆盖跟踪检查。全市累计检查药品批发企业92家次，检查药品零售连锁总部53家次，检查药品经营企业7147家次，检查医疗机构2723家次，警告及限期整改268份；本年度立案303件，罚没款294.51万元。结合实际开展专项检查。制定方案，在全市开展特殊药品、中药饮片、网络销售药品、儿童化妆品、含兴奋剂药品、易地扶贫搬迁点、村卫生室、节假日等专项检查，特殊药品专项、中药饮片专项、儿童化妆品专项及易地扶贫搬迁点专项检查结束，其余专项检查在有序开展中；加强“两品一械”的质量安全监管抽检工作，全市开展药品抽检623批次（任务数615批次），完成检验524批次，其中3批次不合格，立案调查处置完毕；完成医疗器械抽检45个批次（任务数40批次），收到1批次不合格，立案调查；完成化妆品抽检65批次（任务数65批次），完成检验的均合格。结合新实施的《化妆品监督管理条例》，“三八”国际妇女节前夕，组织对全市化妆品经营使用企业开展专项检查，市县联动全市市场监管部门共出动执法人员326人次，检查化妆品经营使用企业517家，发现问题632条，责令整改25家。在药品安全监管生产环节，对辖区内的8家药品生产企业和2家医疗机械制剂室进行13家次日常监督检查；完成化妆品抽样送检工作，全年累计抽样送检化妆品65批次，全部按计划送省食品药品检验所检验，并在抽样的同时对部分县（区）的20余家抽样单位进行监督检查，合格率100%；对在国家非特殊用途化妆品备案信息管理系统审核3家次化妆品委托生产企业提交的15个化妆品品种备案申请，并进行备案后的现场检查；开展药品生产领域风险排查工作，为进一步提升药品生产领域应急保障和处置能力，有效防范遏制药害事件发生。累计检查药品生产企业9家次，医疗机构制剂室4家次，药品、医疗器械经营使用单位150余家次，发现问题300余条，发现违法线索7条，立案查处7件，处罚没款72100元。全市药品不良反应报告监测上报与审核评价7807份，新重报告比例为31.5%，药品一般报告评价及时率为98.6%，药品严重报告评价及时率为91.7%。医疗器械不良事件报告监测上报与审核1986份，严重报告比例为2.8%，医疗器械报告审核及时率为99.2%。化妆品不良反应报告监测上报与审核评价480份。在医疗器械安全监管环节，积极开展第一类医疗器械备案清理规范工作，对我市原有的10个一类医疗器械产品备案品种进行全品种清理，经清理发现2019年贵州苗彝药业有限公司申请备案的两个品种“冷敷艾灸贴”“医用冷敷康复贴”存在高类低划和产品命名不规范的情况，贵州康世奥药业有限公司申请备案的“伤口护理软膏”存在型号规格不规范的情况，由企业主动提请，对“冷敷艾灸贴”进行注销，对“医用冷敷康复贴”予以变更，在局网站上进行公示。同时对辖区3家一类医疗器械生产企业进行全覆盖监督检查，3家一类医疗器械产品备案生产企业2家停产，1家在产。立案查处1家，处罚款1万元。同时在全市医疗器械经营使用单位开展一类医疗器械专项整治，立案查处5家，处罚款5万元。开展对辖区疫情医用防控物资生产企业监督检查，办理疫情医用防控物资临时应急生产许可的生产企业有13家，2021年，医疗器械科对13家生产企业的生产情况进行全覆盖摸底调研，年底停产12家，正常生产1家，（注：该企业于2021年1月通过后期技术升级改造获得省药品监督管理局颁发的医用外科口罩和一次性医用口罩的正式注册许可和生产许可，成为毕节市第一家二类医疗器械生产企业），对正常生产的医用防控物资临时应急生产企业进行全覆盖监督检查，抽检产品3批次。积极开展2021年度医疗器械省抽工作，2021年，完成省级医疗器械抽检40个批次，完成率100%，完成疫情防控物资专项抽检5批次，完成率100%。切实开展医疗器械分级监管工作，为提高全市医疗器械经营企业监督管理的科学化水平，明确监管责任，提升监管效能，保证公众用械安全，切实开展辖区医疗器械分级监管工作，下发《2021年毕节市医疗器械经营企业分类分级监督管理工作方案》，对辖区医疗器械经营企业实施三类分级监管。截至2021年9月底，检查医疗器械三级监管企业136家次，监管覆盖率100%；检查医疗器械二级监管企业87家次，监管覆盖率100%；检查医疗器械一级监管企业1291家次，监管覆盖率69%。开展医疗器械质量安全风险隐患排查治理工作，在全市开展对医疗器械生产经营企业和使用单位的各种医疗器械专项监督检查，特别是加强对体外诊断试剂、无菌和植入性等高风险医疗器械的监督检查，共出动执法人员1214人次、执法车辆376台次，检查医疗器械经营企业633家次，县级以上医疗机构58家次、乡镇卫生院411家、民营医疗机构183家，查处医疗器械违法案件54件，罚没138.1万元。

【特种设备安全】 深入推进特种设备安全专项整治三年行动工作，结合安全生产专项整治三年行动工作要求，制定2021年度特种设备安全专项整治三年行动工作计划，安排部署专项整治工作。督促特种设备使用单位开展问题隐患排查治理，认真建立“三张清单”，统筹推进全市特种设备安全专项整治三年行动工作。截至年底，累计出动检查组86组次，检查特种设备使用单位534家次，排查出一般安全隐患379条，完成整改365条，对39家特种设备使用单位46名负责人开展约谈，对20家特种设备使用单位违法行为立案查处，罚没款55.9余万元。对百里杜鹃管理区和金海湖新区特种设备安全开展“定期体检会诊”式执法检查。检查特种设备使用单位63家、特种设备105台，发现问题隐患185条，下达安全监察指令书21份，调查涉嫌违法行为线索14条，查封设备3台。突出重点领域，加强特种设备安全监管，加强电梯安全监管。以电梯鼓式制动器安全隐患专项排查治理和“安心乘梯守护行动”为抓手，通过电梯隐患排查治理、强化应急救援、推进按需维保、推进电梯保险、倡导安全乘梯等措施，不断提升电梯服务质量。覆盖张贴1万余张标签，完成电梯救援提示牌救援电话替换（“96533”替换“12365”）和其他电梯安全提示牌上投诉电话替换（“12315”替换“12365”）工作。继续开展电梯困人应急救援工作，全年组织开展救援1692次，解救被困人员4204人次，到达现场平均时间为10.4分钟。加强压力管道安全监管。督促指导各县区建立长输管道和公用管道的电子信息档案、调整压力管道安装监督检验周期，长输管道法定检验率达到100%。加强气瓶和移动式压力容器安全管理。按照《省市场监管局切实加强气瓶和移动式压力容器安全管理工作方案》的安排部署，通过开展液化石油气瓶安全专项整治、推进质量安全追溯体系建设，排查治理气瓶和压力容器安全重大隐患，严厉整治气瓶制造、充装、检验环节违法行为，督促企业进一步落实主体责任，促进企业完善安全管理制度，提升安全管理水平。开展起重机械“双限位”装置隐患治理。按照《省市场监管局关于开展起重机械隐患排查治理工作的通知》要求，组织开展桥式、门式起重机械“双限位”装置隐患排查治理，严把检验关口，做好检验项目调整工作。截至年底，全市检验检查加装“双限位”装置的桥式、门式起重机械408台。认真开展特种设备生产、使用单位和检验检测机构“双随机、一公开”检查工作。对全市辖区特种设备生产、使用单位和检验检测机构按照10%的比例进行双随机检查，抽取检查对象46家，录入、公示检查结果46家。推进气瓶信息化监管水平。为实现气瓶全流程可追溯、责任可追究，杜绝气瓶充装单位充装超期气瓶、报废气瓶及非自有产权气瓶等违法违规行为，依托省市场监管局“气瓶信息化监管系统”，督促全市液化气充装单位和毕节市共想气瓶管理有限公司认真落实气瓶信息化工作责任。截至12月末，全市登记气瓶80万余只，安装信息化芯片50万只，安装率62.5%。全市在用特种设备15480台

(套)，其中锅炉 222 台、压力容器 2921 台、压力管道 227 个单元、电梯 9664 台、起重机械 1767 台、场（厂）内专用机动车辆 609 台、大型游乐设施 68 台、客运索道 2 条。特种设备登记率为 99.62%，检验率为 98.27%，电梯责任保险投保率 50.19%。

【产品质量安全】 组织开展促进口罩产品质量提升工作，对口罩产品质量进行常态化监督抽查。截至 2021 年底，毕节市只有 1 家口罩生产企业（毕节菲尚医疗器械有限公司），对该公司生产的口罩进行抽检工作，检验结果为不合格，对不合格的产品进行立案查处，罚款 3 万元。抽检流通领域工业产品 240 个批次，抽检产品涉及农资用品、电器及附件产品、老年用品、儿童用品、非医用口罩、建筑材料、交通用具等工业产品，其中有 53 个批次不合格，不合格后处理工作正在有序开展中。抽检蒸压加气混凝土砌块和建筑用安全玻璃 40 个批次，其中蒸压加气混凝土砌块有 2 个批次不合格，钢化玻璃 3 个批次不合格，对不合格的产品进行立案查处，共罚款 7.7 万元。抽检电器及附件产品 60 个批次，其中有 22 个批次不合格，不合格的产品涉及转换器、延长线插座、移动式电源插座、调温型电热毯、饮水机等产品，不合格后处理工作正在有序进行中。抽检生产领域化工产品、日用消费品、建筑材料等 178 个批次，年底检验完毕 12 个批次，检验结果均为合格，其余批次产品正在检验检测中。组织开展加强清明节期间烟花爆竹、危险化学品产品质量监管工作，对重点区域、重点领域、销售烟花爆竹和危险化学品的场所进行产品质量安全检查。全市共出动执法人员 500 余人次，出动执法车辆 50 余辆次，检查烟花爆竹、危险化学品销售单位 200 余家，发现隐患问题 86 条，并对发现的 86 条隐患问题提出整改要求和时限。组织开展加强扶贫车间产品质量监管工作，通过排查摸底和对接相关扶贫单位，摸排出全市共有 134 家登记在册的工业产品扶贫车间生产企业，生产的产品涉及充电器、小变压器、手套、服装、数据线等产品，其中有 3 家生产企业暂停生产。对摸排出的 134 家扶贫车间工业产品生产企业开展产品质量检查工作，在检查过程中发现问题 18 条，现场责令立即整改 18 条，暂未发现违法行为，发现的问题主要是车间工作人员技能技术欠缺，素质普遍偏低，效率还不够高，员工对产品质量安全意识不到位，建立的进销台账不规范等。结合发现的问题，明确专人进行指导，对存在的问题进行研究指导，更加精准地将存在的问题整改到位。组织开展一次扶贫车间员工产品质量安全意识培训。组织开展了 2021 年塑料污染治理工作，全市共出动执法人员 1200 余人次，出动执法车辆 250 余车次，检查辖区内塑料制品生产企业 8 家次，检查流通领域经营户 1200 户次（其中检查农用地膜经营户 305 户，检查塑料购物袋经营户 625 户，检查其他塑料制品经营户 370 户），发现问题 50 余条，现场责令整改 50 余条，抽检流通领域塑料制品 7 个批次（塑料口袋 3 个批次、聚乙烯吹塑农用地面覆盖薄膜 4 个批次），检验结果均为合格。开展全市宣传活动 200 余次，发放宣传材料 2000 余份。组织开展加强道路照明灯具产品质量监管工作，在全市范围内组织开展道路照明灯具监管工作，通过初步调查摸底毕节市有 6 家道路照明灯具生产企业，销售道路照明灯具 22 家，检查 6 家道路照明灯具生产企业和 22 家销售单位，未发现违法违规行为，抽检生产领域路灯 5 个批次，年底正在检验检测中。在全市范围内组织开展关于加强防水材料产品质量监管工作，对全市防水材料生产企业、销售点进行排查摸底，全市共出动执法人员 240 余人次，出动执法车辆 60 余车次，经排查毕节市暂无防水材料生产企业，检查防水材料销售点 305 家，发现问题 103 条，现场责令整改 98 条，限期责令整改 5 条，主要存在的问题：部分经营者未建立进销台账；未严格执行索证索票制度。在检查过程中执法人员积极宣传国家法律法规和标准，共发放宣传资料100余份。组织开展关于做好2021年春耕农资产品市场监管工作，加大对农资产品质量监管力度；在生产和流通领域开展产品质量监督抽查，强化对产业集中区域、城乡结合部及农村等地区生产、销售企业的监督抽查力度。毕节市共出动执法人员530余人次，出动车辆150余辆次，对全市297户农资经营户、12个农资市场开展肥料、农膜等农资产品质量检查；检查化肥生产企业3家，年底3家都处于停产状态；收到农资市场价格举报投诉5件，举报投诉案件正在处理中；抽取农资产品28个批次，抽取的农资产品有农用地膜、化肥、尿素等产品，其中1个批次不合格，其余抽检批次正在送检中；立案查处农资产品案件4件，结案3件，共没收违法所得金额0.0740万元，共罚没金额1.45万元，其中1件农资市场价格案件正在办理中；接受群众咨询100次，发放宣传资料800余份。组织开展毕节市易地扶贫搬迁安置点工业产品质量安全隐患排查治理工作，重点检查危险化学品、烟花爆竹、电器及附件等产品经营户。毕节市共出动执法人员500余人次，出动车辆220余辆，对辖区内126个易地扶贫搬迁点进行百分百全覆盖检查，检查危险化学品经营户3家次，烟花爆竹经营户62家次，电器经营户88家次，检查超市5家次，商铺176家次，检查其他工业产品经营户36家次，共发现安全隐患83条，现场责令整改38条，限期责令整改45条。开展促进口罩质量提升专项整治行动，联合市工业和信息化局、市国有资产监督管理委员会两家单位对辖区内登记注册的口罩生产、经营单位逐一进行摸底调查，加大产业集中区域、校园周边、城乡结合部及农村等地区生产销售企业的监督抽查力度。截至年底，毕节市共出动执法人员460余人次，出动执法车辆120余辆次，检查医用、非医用口罩生产企业21家次（其中医用口罩生产企业13家，有12家处于停产状态）。检查口罩经营户564家次，发现隐患问题2条，现场责令整改2条，抽取样品10个批次（属于市级抽查任务），其中有9个批次不合格，主要不合格的项目是口罩未密封包装、未标明防护效果等。通过贵州省网络交易监管系统对辖区内6家网站、20家网店开展网络检查，无一家电商经营者在网站网店发布销售口罩的信息。组织开展食品相关产品质量安全专项监督检查工作，对辖区内食品相关产品质量进行监督检查，截至年底，全市共出动执法人员60余人次，出动执法车辆15余车次，检查食品相关产品生产企业17家，其中1家处于停产状态，发现1家生产企业（赫章魅丽魅杨日化有限公司）存在关键控制点不完善，未提供出厂检验记录，包装箱产品执行标准标识错误的问题，责令该企业限期整改完成。在专项监督检查中，工作人员对企业积极开展工业产品生产许可证有关政策、标准和技术规范宣传解读。其余食品相关产品生产企业未发现违法违规行为。全市共新增获得食品相关产品生产许可证生产企业3家，其中2家企业告知承诺例行检查正在计划中，另1家完成告知承诺例行检查，对发现的问题要求县区局负责督促整改，年底整改工作正在进行中。共完成3家食品相关产品生产许可证企业延续换证工作，证后监督检查正在计划中。开展产品质量“双随机、一公开”抽查工作，对省局下发的抽查任务进行分配。截至年底，市级对24家工业产品生产许可证获证企业开展检查，发现问题45条，限期责令整改45条。县级对15家食品相关产品获证企业开展检查，发现问题35条，限期责令整改35条。组织开展2021年全市成品油专项整治行动，印发《2021年成品油市场专项整治行动实施方案的通知》和《毕节市市场监管局2021年成品油市场专项清理整治工作实施方案》。截至年底，全市共出动执法人员300余人次，出动执法车辆75车次，检查汽（柴）油加油站100余家次，暂未发现违法违规行为，抽取汽油产品10个批次，检验结果均为合格。组织对辖区348家加油站在用的3134枪加油机进行周期检定，年底辖区加油机受检率达100%。开展加油机专项计量检查，检查加油机1066枪，重点检查加油机的计量检定证书是否在有效期内，加油机各部位铅（签）封是否完好，加油站是否存在擅自改动或拆装加油机，是否偷换加油机计量控制主板和计量芯片等成品油计量作弊的违法行为。引导200余家加油站公示《诚信计量承诺书》，依法查处1起超检定周期使用加油机的计量违法行为。先后印发《关于贯彻落实未成年人保护法工作方案的通知》《毕节市市场监管局未成年人保护工作方案》《关于做好省委第八巡视组向毕节市委反馈意见涉及未成年人工作问题整改工作的通知》《毕节市市场监管局2021年流通领域产品质量监督抽查方案》，成立以局党组书记、局长李洪应为组长，综合执法支队队长王秀峰为副组长的未成年保护工作领导小组，结合实际安排部署全市未成年保护相关工作。截至年底，全市共出动执法人员500余人次，出动执法车辆120余车次，检查图书（音像）、印刷、复制门店、文化娱乐场所等经营户336户，发现问题48条，下达责令整改通知书8份。检查学校食堂5823家次，校园周边食品经营户9633家次，其中责令限期整改531家（学校食堂361家，校园周边食品经营户170家），立即停止生产经营55家（学校食堂53家，校园周边食品经营户2家），整改合格531家。立案调查涉校食品安全违法行为28起，罚没金额28.016万元。积极开展“消费维权进校园”“预防传销进校园”“中小学消费维权法律知识讲座”“真假食物辨析”等社会宣传活动，使广大学生提高“买前识真假、买后懂维权”的意识，累计开展各类进校园、进社区宣传活动25场次，发放宣传资料10万余份。积极配合教育、公安等部门深入开展网吧等互联网上网服务营业场所专项整治行动，检查网吧96户。抽检流通领域学生用品25个批次（其中学生书包5个批次，学生文具20个批次），25个批次均为合格。

（供稿：毕节市市场监管局）

国有资产监督与管理

【概述】 2021年，毕节市国资委认真贯彻落实中央、省、市各项决策部署，坚持抓党建促企业高质量发展工作思路，有序推动国企党建、国资监管、国企改革等各项工作任务落地落实，监管企业发展能力得到大提升。根据监管企业财务快报统计，截至2021年底，监管企业资产总额1111亿元，所有者权益544亿元，累计实现营业收入23.6亿元，应交税费总额7.5亿元，实现利润总额1.11亿元，完成投资121.71亿元。

【持续巩固党建工作成效】 一是强化政治思想引领。坚持以习近平新时代中国特色社会主义思想为指导，统筹推进党建、意识形态、党史学习教育、巡视巡察整改、党风廉政建设、干部作风教育大整顿等工作，在市国资委系统开展“四个一流”（集聚一流人才、建强一流队伍、提供一流服务、实现一流效率）活动，组织开展“抓党建促国有企业高质量发展”年活动。召开理论学习中心组学习会9次，认真学习贯彻中共十九届六中全会精神、习近平总书记视察贵州重要讲话和对贵州对毕节重要指示批示精神等内容，教育引导干部职工增强“四个意识”、坚定“四个自信”、做到“两个维护”。二是注重统筹调度落实。组织召开年度抓党建促国有企业高质量发展大会，对全市国企党建工作进行安排部署。分别于7月、9月召开全市国企党建工作半年调度会、抓党建促实体化转型发展现场观摩会，强化工作再部署和调度推进。从严从实抓好2020年度述职评议和党建考核，扎实抓好2021年度党建工作成效考核，压实企业党组织主体责任。三是加强基层组织建设。坚持大抓支部、大抓基层，深入落实《中国共产党国有企业基层党组织工作条例（试行）》，抓牢“两个覆盖”，全面落实“两个1%”。强力推进党支部标准化规范化建设，市国资委系统党支部100%达标，选树16个阵地好、品牌优、发展强的标杆党支部。四是发挥示范带动效应。深入推进党建品牌创建工作，创新“1+N”创建模式，持续优化“五个注重”工作方法，打造“星耀工投”“泰信堡垒·担保先锋”“心沐红·艺出彩”等一批党建品牌，持续丰富“红星交建”“洞天花海党旗红”“先锋领航·红色驿站”等党建品牌内涵。市工投公司、市泰信公司、市水投集团公司相关做法被人民网、《贵州国企党建》等媒体刊载。组织全市国有企业开展2021年省、市“两优一先”评选推荐活动，共获省、市表彰18名（个），市国资委系统对移交社区管理的17名老党员“补位”颁发“光荣在党50年”奖章。指导全市国有企业开展党支部标准化规范化建设示范点推荐，共获第二批省、市级“示范党支部”8个。注重宣传推广，刊发《毕节国企党建》19期、市国资委网站刊发信息64篇、微信公众号刊发信息56条。五是加强人才队伍建设。组织监管企业通过公开招聘、专项引才等方式集聚179名急需紧缺人才。加强外部董事人才建设，公开比选8名专职外部董事，公开征集人选建立兼职外部董事人才库40名，选拔经理层高级管理人员6名。规范开展干部选拔任用工作，选拔任用正科级干部2名、副科级干部1人，公开择优考调7人、安置退役士兵1名，从监管企业抽调13名人才到委机关跟班（顶岗）学习，不断建强国资监管队伍。及时完成公务员登记和干部监督、考核、干部人事档案专审、年报等工作。组织监管企业高级管理人员110人次到广州、成都等地考察学习，提升市场意识和经营能力。开展党务工作、人力资源管理等集中培训班9期，培训1500人次，带动全市国有企业开展内部培训1400余场次。

【持续提升国资监管效能】 一是完善监管制度。制订监管企业财务监督、债权债务、外部董事会和监事会等管理制度8个，围绕业务监督、综合监督、责任追究“三位一体”闭环管理要求，督促指导监管企业建立健全监督和责任追究工作体系。修订完善国资监管权责清单，切实提高监管的系统性、针对性、有效性。二是加强监督管理。督促指导监管企业严格执行财务预、决算管理制度，开展整治国有企业财务会计信息虚假问题、企业基本情况清查、国有资本收益收取等工作，每月分析1次企业财务运行情况，不断提高财务监管水平质量。规范监管企业担保行为，防范国有资产流失，2021年9月以来，完成备案担保8项，金额22.5亿元。加强企业国有资产交易监督管理，组织县（市、区）和监管企业开展国有企业资产交易培训，促进企业国有产权有序流传。完善工作调度机制，适时召开国资监管工作例会，研究调度企业投资、融资、债务、改革发展和国企党建等各项工作，认真分析研判制约企业高质量发展的重点、难点问题，采取有力措施推动工作落实。三是强化考核问效。充分发挥考核“指挥棒”作用，全面完成监管企业负责人2020年度和2018—2020年度任期经营业绩考核及薪酬兑现工作。聚焦企业盈利增收等关键经济指标，制定监管企业2021年度促进高质量发展绩效考核、企业负责人经营业绩考核实施方案和办法，按照月调度、季监测、半年评估、年终考核方式，推动重点工作任务目标全面落实。在市国资委机关建立周任务申报、日清单反馈、月实绩考评工作机制，进一步提高工作的执行力和落实力，推动绩效考核见行见效。

【持续增强企业发展能力】 一是经营效益稳步提升。根据监管企业财务快报统计，截至2021年底，监管企业资产总额1111亿元，所有者权益544亿元，累计实现营业收入23.6亿元，应交税费总额7.5亿元，实现利润总额1.11亿元。

二是转型发展成效明显。坚决克服债务压力大、融资形势严峻等客观因素，把项目作为实体化转型发展的重要抓手，采取“半月调度、月通报”的方式，按照“专人专班专抓、定时定量定责”原则，对企业项目实行清单化、台账式管理，全力推动重大项目建设、扩大有效投资。推动实施中国白参科创园、国家储备林、毕节机场改扩建、骨干水源工程、化屋旅游风景区等工程项目。截至2021年底，监管企业共完成投资121.71亿元，同比增长20.15%。三是资金保障多方争取。组织监管企业积极向上争取资金11.98亿元，其中，申报地方政府专项债券资金6.92亿元，“四化”及生态环保基金4.79亿元，其他资金0.27亿元。融资到位资金86.7亿元，为项目建设、转型发展提供资金保障。创新招商模式，拓展招商思路，成立产业大招商工作专班，突出企业的招商主体地位，带队外出招商4次、引入省市外企业来毕考察4次，签约项目3个，落地资金3.26亿元，圆满完成市委、市政府安排的招商任务。四是重大风险有效化解。坚决扛起防范化解债务风险的政治责任，牢牢守住债务风险“爆雷”底线。大力开展安全生产风险隐患大排查大整治，企业安全生产总体稳定，未发生重大安全生产事故。持续开展清欠工作，督促监管企业及时支付拖欠农民工工资、民营企业及中小企业账款，有力化解社会矛盾促进企业稳定发展。严格落实疫情防控工作措施，阻断疫情传播风险。

【持续推进国企改革发展】 一是强化统筹部署落实。牵头制订《毕节市国企改革三年行动实施方案》和贯彻落实分工方案，进一步明确改革任务、部门责任和完成时限。在省国资委的指导下，制定国企改革三年行动任务清单及具体工作标准，实现国企改革各项任务可衡量、可考核、可检验。通过会议调度、实地督查、考核评估等方式，统筹推进监管企业和县（市、区）国企改革三年行动目标任务落实。二是完善中国特色现代企业制度。督促指导监管企业全面建立董事会向经理层授权的管理制度，制定董事会向经理层授权清单，保障经理层依法行权履职。15户监管企业均建立董事会向经理层授权的管理制度，并制定落实重要子企业董事会权力的工作方案。加强监管企业董事会和监事会建设，稳步推进监管企业专职外部董事和兼职外部董事人工作。积极推进“三项制度”改革，推行工资总额管理，充分激发企业职工积极性、创造性。全面完成全市13户全民所有制企业改革工作，不断夯实中国特色现代企业制度建设基础。三是推进国有经济布局优化和结构调整。牵头制定《毕节市国有资本“十四五”发展规划》，推动国有资本向新型工业、新型城镇、现代农业、旅游产业等关系全市经济社会发展命脉的重要行业和关键领域集中。督促指导全市各级国有企业全面完成退休人员社会化管理工作，实现常态化移交。产业布局不断优化，监管企业管理层级全部压缩在3级以内，剥离市管企业优质资产，新组建市金信、市世新、市建兴3户产业发展公司进行运营，指导监管企业在工业能源、大数据等重点领域，成立全资、控股、参股公司共15户。持续划转市直部门所属国有企业到国资委监管，市本级经营性国有资产集中统一监管的比例达98.73%。推进“两资”清理，督促指导县（市、区）和监管企业梳理企业资产情况，建立“两资”档案。四是积极稳妥深化混合所有制改革。指导监管企业按照“完善治理、强化激励、突出主业、提高效率”要求，坚持“三因三宜三不”原则，完成混合所有制改革研究评估工作。加强对混合所有制改革监督指导，制定监管企业参股管理办法，进一步规范企业参股投资行为和履行股东职责，防范参股投资风险。建立市属国有企业上市后备资源库，将市农投公司、市旅游集团公司等4户企业纳入上市后备企业名单。

（供稿：毕节市国资委）

应急管理

【概述】 2021年，在市委、市政府的坚强领导下，全市应急系统坚持以习近平新时代中国特色社会主义思想为指导，认真贯彻落实习近平总书记关于安全生产、防灾减灾和应急管理的重要指示批示精神和对贵州对毕节的重要批示指示精神，树牢红线意识，增强底线思维，全面统筹抓好安全生产、自然灾害防治和应急管理各项工作，全市安全生产和防灾减灾形势持续稳定。

安全生产方面 全年共发生各类生产安全事故59起、死亡75人，事故起数和死亡人数分别同比下降27.8%和25%；其中，较大事故3起、死亡16人，同比事故起数下降25%、死亡人数下降5.8%；未发生重大以上生产安全事故。按行业分：煤矿事故4起、死亡14人，同比起数增加1起、上升33.3%，死亡人数增加11人、上升367%；道路运输事故47起、死亡56人，同比事故起数减少33起、下降41.25%，死亡人数减少39人、下降41.05%；铁路运输事故4起、死亡2人，同比净增4起、2人；建筑业事故2起、死亡2人，同比净增2起、2人。

自然灾害方面 全年共遭受23次洪涝、风雹、滑坡等灾害过程，累计70.2万人受灾，因灾受伤7人，紧急避险转移2541人，紧急转移安置2493人；农作物受灾面积48656.36公顷、成灾面积33303.25公顷、绝收面积12492.32公顷；林地受灾面积862.04公顷；倒塌房屋12户45间，严重损坏房屋164户553间，一般损坏房屋3121户7777间；造成直接经济损失53205.09万元。自然灾害受灾人口、农作物受灾面积和直接经济损失分别同比下降44.2%、37.9%和45.2%。

【落实安全生产责任】 落实党政领导责任，2021年，市委组织“四大班子”及全市领导干部集中观看《生命重于泰山——学习习近平总书记关于安全生产重要论述》电视专题片，市委、市政府共召开39次各类会议专题研究部署安全生产工作；市委、市政府主要负责人及班子成员经常深入一线调研和督查指导安全生产工作，通过以上率下，高位推动党政领导责任和属地管理责任有效落实。落实部门监管责任，将44家市直单位纳入市安委会成员单位管理，细化明确各部门的安全生产责任分工；组织24家安委会主要成员单位与市政府签订年度个性化的安全生产目标责任书，细化明确各部门年度安全生产工作目标和职责任务。落实企业主体责任，以监管执法、服务指导、“双控”体系建设和基层应急网格化管理等为抓手，督促企业严格落实安全生产主体责任，切实履行全员安全生产责任制，提升本质安全水平，全市2021年安全生产“双控”系统共纳入生产经营单位1468家，“双控”体系建设工作在全省综合排名第2位。

【防范化解安全风险】 在危险化学品、煤矿、非煤矿山等行业领域推进安全风险分级管控和隐患排查治理双重预防机制（“双控体系”）建设工作，督促企业自主开展风险辨识和隐患排查治理，全市1468家生产经营单位共辨识出安全风险76974处，企业累计自查1139045余次，发现隐患数121032条。强化风险源头管控，深入开展“打非治违”行动，切实将风险管控在萌芽状态、成灾之前，全市共整治违法、治理违规违章行为390025起，责令停产停业692家，关闭16家，没收非法违法物品142吨、18456件，停用设备472台，有力化解潜在的安全风险。以《政府工作报告》明确的目标任务、安全生产突出问题集中整治、安全生产专项整治三年行动、汛期以及加强两会、“五一”“七一”“国庆”等特殊时段安全监管系列工作贯穿全年始终，盯紧看牢矿山、道交、建筑、消防、危险化学品和地质灾害等重点行业领域隐患排查整治，全市共排查隐患188956条，整改179250条，整改完成率94.9%。

【扎实推进三年行动】 制定年度工作计划，细化2021年度211项具体的安全生产专项整治工作任务并严格推动落实。动态更新两个清单，建立并动态更新问题隐患和制度措施“两个清单”，共制定制度措施39936项。强化重点推进，针对全市煤矿、道交等行业风险隐患突出的现状，市委、市政府从体制机制入手，精准施策，着力解决一批难点问题。煤矿方面：进一步配齐配强监管队伍，重点产煤县（市、区）政府分管领导和能源部门负责人均调整为涉煤专业人员，监管干部专业化比例达到国家规定的75%以上，实现“专业人干专业事”；建立全市瓦斯数据库，建成瓦斯异常预警系统，实现瓦斯异常的预警功能；实施完成煤矿“双回路”供电系统升级改造26处；加大瓦斯抽采利用力度，全年累计瓦斯抽采量11.86亿立方米、利用6.17亿立方米、瓦斯发电机组装机容量累计32.02万千瓦，累计8.75亿千瓦时；全年全市煤矿瓦斯超限报警175矿次，统计减少257矿次，下降59%，下降幅度明显。道路交通方面：推动市县道交联席办实体运作，常年联合开展道路交通安全督查检查，创新出台《交通安全执法人员层级管理和绩效考评办法》，投入资金2.8亿元用于市级公安交管指挥系统建设和新增高速公路300套测速卡口安装，提升科技强安能力，全年交通安全事故大幅下降，事故起数和死亡人数分别下降41.25%、41.05%。消防方面：紧盯1552家重点防火单位风险，对9家重大火灾隐患进行挂牌督办，清理违规住人小场所1400余家、7500余人。危险化学品方面：认真吸取贵阳经开区事故教训，严厉整治隐蔽性强、流动性大的“小化工”“黑窝点”，查处非法窝点17个、收缴非法渠道危险化学品46.9吨。建筑施工方面：深入推进建筑市场工程质量安全监管“八个集中攻坚行动”，督促企业落实“6个100%”要求。危爆物品、非煤矿山、水上交通、特种设备、旅游安全、人员密集场所等行业主管部门认真开展突出问题整治，继续保持稳定态势。始终保持高压态势，对安全生产领域违法违规行为坚决做到发现一起、治理一起、打击一起，全市共查处各类违法违规行为390025起，停产停业692家，罚款1.034亿元。

【严格监管执法检查】 各行业主管部门按照“管行业必须管安全”要求，结合安全生产突出问题集中整治和安全生产专项整治三年行动等整治行动，组织各类执法检查组深入开展执法检查，通过强抓严管、严防严治，全面消除各类事故隐患，2021年全市共组织各类执法检查组81776组次，检查企业场所160604家次，立案调查799起，实施行政罚款6497万元。运用好约谈通报、警示曝光、党纪政纪处分及移送司法机关处理等综合整治措施，促进各方安全生产责任落到实处，全市共约谈企业4989家、8938人，通报批评企业375家、1034人，曝光企业253家、713人，实施联合惩戒企业40家、100人，列入黑名单管理企业24家、28人。

【夯实安全基层基础】 进一步健全完善安全生产基层体系，全市279个乡镇、街道均设置了安监站，应急系统形成“市支队+县大队+乡镇安监站”的监管执法体系，能源系统形成“市支队+县大队+片区中队”的三级煤矿安全监管专业化机构和“市、县、片区监管人员+驻矿安监员”的四级网络，其他行业主管部门均明确了内设科室专抓安全生产工作，安全生产的监管体系进一步完善。推进基层“网格化”管理，以乡镇为基础全面划分基层安全生产网格，明确乡镇、村（社区）、居民组（楼栋）的三级基层网格，每一级网格均明确了网格长、网格员，细化各级安全生产责任，全力打通安全监管“最后一公里”，切实保障安全生产和应急管理有效延伸触及到村组、社区，解决日常安全生产监管“管不到”“想不到”的基层安全生产问题，全市共设置乡镇、村（社区）、组三级网格单元33778个，共落实网格员29612名，纳入网格监管对象187152家（处），推动基层累计排查安全隐患17525起、开展安全宣传宣教9217次、处理突发事件22起。加强标准化建设，在矿山、危险化学品、冶金等行业持续开展企业安全生产标准化达标创建工作，严格动态达标管理，提升企业本质安全水平。全市建成安全生产标准化煤矿一级6处、二级79处、三级15处；5家危险化学品生产企业、356家加油站、7家烟花爆竹生产企业、17家烟花爆竹批发企业完成三级标准化达标创建。大力实施科技强安，积极向上争取国家和省的科技计划项目和资金，引导加大安全生产领域科技投入，广泛推广应用新技术、新工艺、新材料、新设备，助推企业提高安全保障能力，2021年全市累计建成煤矿智能采、掘工作面13个，申报智能煤矿示范项目5个，开展煤矿5G建设项目2个，实施井下机器人示范应用项目1个。在全市高危企业、“九小场所”以及机关企事业单位全面推动建立安全生产问题隐患清单、安全生产问题隐患整改清单、安全生产问题隐患整改责任清单“三张清单”，督促各单位切实履行安全生产主体责任，有效防范化解各类安全风险，全市高危行业和规模以上企业通过“双控”系统建立“三张清单”88183条，机关单位、社会单位及“九小场所”通过网格化系统建立“三张清单”17457条。

【加强自然灾害预防】　强化灾害风险监测预警，建立应急与气象、自然资源和规划、水务、林业等部门之间的横向联动机制，通过开展联合检查、风险会商研判和监测预警预报联合发布等，切实增强自然灾害防治合力，全市全年共联合发布各类预警信息信号14000余条，发布重大天气预警信息523.6万条。强化重点灾害预防，加强对全市查明的1386处地灾隐患点以及台账外地灾隐患的排查，组织开展“四级叫应”110余次、“三个叫应”348次，落实好“三个紧急撤离”措施，严防地质灾害造成人员伤亡；印发农村防火“十严禁”，发动基层网格员、护林员等加强对全市12个国有林场、10个自然保护区以及重点林区、成片草原、林农结合部等重点区域以及农事用火、上坟烧纸等关键环节的重点管控，严防火灾事故发生；落实各县区、乡镇、村组及各防汛重点单位防汛责任，加强对水工程、防洪城镇、学校等重点防洪区域的安全隐患大排查，修编完善防汛预案方案1498个，组织防汛演练313次，配备总价值约2919万元的防汛救灾物资，全力防范汛期安全风险。配足备齐救灾物资，全市10个救灾物资储备库储备有30余类18余万件救灾帐篷、折叠床、棉被、棉衣裤等主要应急救灾救助物资，有力保障自然灾害发生时受灾群众的基本生活。

【开展灾后救助重建】　2021年全市共下发冬春救助资金8463万元，救助困难群众57.69万人；投入灾害救助资金204.8万元用于灾后群众避险转移安置、紧急生活救助、过渡期生活；全年因灾倒损需恢复重建和修复的农住房2190户均督促开工和修缮。动员1416411户农房参加灾害保险，投入统保资金1189.79万元；灾害发生后及时启动理赔工作，全年承保公司共赔付2672户360.22万元。

【完善应急管理机制】　按照“统一指挥、专常兼备、反应灵敏、上下联动、平战结合”的应急管理体制要求，建立“1+23”应急指挥部，在建成市、县统一运行的视频会商指挥调度系统的基础上，投入1000万元资金启动市级应急管理信息化平台一期项目建设并投入运行，实现对10个县区、13家行管部门的数据接入，进一步健全完善全天候对上及时报送信息、对下适时精准调度的应急指挥机制。建立汛期联合防汛、联合响应、军地应急协作以及常态化视频调度会商等应急联动机制，严格执行“日报告、零报告”和突发事件报送制度，及时有效应对各类突发灾害事件。

【强化应急救援准备】 强化队伍建设，紧盯大应急、大救援、大安全总体目标，着力建设能应对各类灾害风险、实施各类救援的综合应急队伍和专业力量，全市共组建矿山、防洪、森林防火、综合救援等应急救援队伍118支。强化资源清查，按照“应急一张图”要求，定期对全市现有的207个物资储备库、285家医疗卫生单位、815个避难场所、34家通信企业和142家运输企业等应急资源进行常态化录入和更新，切实抓好应急专家、救援队伍、物资储备、医疗单位、避难场所、通信和运输企业等应急资源保障。强化应急演练，组织修订完善37个市级应急预案，制订2021年应急演练计划，开展112次应急演练，其中自然灾害类24场，事故灾难类74场，公共卫生类6场，社会安全类8场，有力提升突发事件的应急响应能力。

【高效开展应急救援】 年内各应急救援队伍圆满完成“1·28”毕镇高速青场隧道货车火灾扑救、金沙县东风煤矿“4·9”煤与瓦斯突出较大事故救援、七星关区“5·9”抗洪抢险、七星关区“8·21”地震救援、七星关区“9·3”燃气泄漏燃烧救援等急难险重任务。

【事故调查核查处理】 市级依法组织调查厦蓉高速毕节市纳雍县境内“1·29”较大道路运输事故，对七星关区生机镇“1·4”民房火灾、威宁县哲觉镇“1·13”一氧化碳中毒、大方县理化乡“2·14”一氧化碳中毒事件进行核查，对33名相关公职人员提出追责问责处理建议。配合原毕节煤监分局完成大方瑞丰煤矿“1·19”较大一氧化碳中毒事故、金沙县东风煤矿“4·9”较大煤与瓦斯突出事故调查工作。对大方县“1·21”一般高处坠落事故、织金县“2·22”一般道路运输事故进行挂牌督办。

（撰稿：邱兴涛）

公共资源交易

【概述】 2021年以来，在市委、市政府的正确领导下，毕节市公共资源交易中心深入学习贯彻习近平新时代中国特色社会主义思想，紧密围绕全省公共资源交易平台整合共享，认真履职，推动公共资源交易工作更加规范、高效、公开、便民地开展。

【聚焦主责主业，实现节资增值，打造效益型公共资源交易平台】 一是各类交易顺利完成。挂牌以来，市交易中心共计完成交易项目10166宗，交易金额4118.845亿元。其中，2021年完成交易项目1731宗，同比增长15%，交易金额416.30亿元，节约增值资金6.95亿元。建设工程招投标项目完成365宗，交易金额162.91亿元；政府采购项目913宗，交易金额151.81亿元；产权交易项目131宗，交易金额8.91亿元；土地矿权交易322宗，交易金额92.67亿元。全年完成的交易项目中，没有1起因交易中心任何原因导致的投诉质疑，全部交易项目均使用电子化方式开展，交易更加公开公平公正，公共资源交易经济效益和社会效益明显提升。

二是提升资金节约率。市交易中心积极推进实施匿名报名系统，提升项目交易资金节约率。中心大力建设招标采购匿名报名系统，阻断投标人标前围标途径，公开招标项目节资率从成立时的约1%提升到当前的5%左右，逐渐符合招标文件要求和市场规律，节约大量国有资金，2021年公开招标项目共计节约资金3.02亿元。

三是提升资金增值率。完善5分钟限时竞价系统建设，防止土地、矿权、产权交易竞买人突击报价以低价中选，在每一次报出最高价的基础上增加报价时间5分钟，为其他竞买人提供充分思考时间。2021年共增值国有资产4.018亿元。如10月28日挂牌的织金县马场镇耐火黏土矿采矿权项目，挂牌起始价为61.23万元，通过5分钟限时竞价报价6轮，最终成交价为1509.23万元，增值1448万元。

【全面优化交易系统】 2021年以来，市公共资源交易中心为进一步满足公共资源交易工作需求，持续建设完善毕节市公共资源交易系统，以“统一数据标准、强化服务提升、促进信息互通、保障良性运行”为指引，通过对公共资源交易活动的组织结构、工作流程和数据标准的优化再造，搭建集电子交易、公共服务、监督管理、数据运用为一体的交易系统。

市交易中心交易系统建设采用“集成总线+应有模块”的组合模式，通过可编辑式系统改造，为服务对象提供符合法律法规、紧贴交易流程、交易快速便捷、运行安全稳定的交易系统。截至2021年底，市交易中心电子化交易系统建成“一网三库十系统”，建设公共资源交易门户网站，是服务对象使用门户网站了解信息、办理事务、进行互动的人机界面，为服务对象提供政务公开、交易信息公开、政策法规学习、办事指南、标室查询、在线质疑等服务；建设交易项目信息库、组织机构信息库和信用信息库，收集交易活动所依赖的基础数据，信息含项目信息、编号、交易环节、服务时限、招投标文件、评审资料等交易全过程信息，含招标人、代理机构、投标人、竞买人等各方组织机构的基本信息、资质、从业人员情况等信息，与市法院、发改、税务等部门联通，实现交易全程实时查询市场主体信用信息；建设信息统一发布系统、“一窗式”受理系统、招标系统、政府采购系统、竞价系统、远程异地评审系统、互联互通系统、监督系统、数据分析系统和效能管理驾驶舱系统等十个系统。

通过信息化改造，市交易中心电子化交易系统实现数据标准规范、基础硬件完善、保障体系完备、运行稳定有序、信息安全交互。是全省第一个实现公告发布、投标报名、递交保证金、投递文件、评审、公示、合同管理等全流程全电子化的交易平台。是全省唯一实现建设工程招投标、政府采购、土地矿权招拍挂、国有产权交易等各类别电子化的交易平台。是全省唯一实现公开招标、竞争性谈判、磋商、挂牌、单一来源采购等各种方式全电子化的交易平台，真正实现全程无纸化交易。2021年，毕节市交易中心还获评贵州省公共资源区块链数据共享示范点，市交易中心通过区块链建设，不断优化交易服务，拓展交易功能，切实为投标企业减负。通过推广使用贵州标信通APP，让投标人通过手机APP实现扫码登录、电子签章、投标文件加密和解密等功能，有效拓展了投标和开标方式，提升交易数据可靠性。截至2021年底，毕节市交易中心是省内第一家完成公共资源交易区块链相关功能上线试运行的市级交易中心。

【全面缩短交易时限】 市交易中心严格根据法律法规对交易时限、交易节点的规定不断优化中心交易流程，以交易规则为牵引，以节点控制为重点精简细化交易流程和操作细则，实行各交易类别统一、标准的流程，以流程化建设推动中心服务提升。一是实现“0到场”。将项目受理、场地预约、交易证明书起草等服务事项统一集中流转至项目联系人办理，项目从进场到出场，业主、中介、专家等交易各方均可直接通过业务系统进行网上办理，整个招投标过程中，除专家必须在现场监督下评审外，其他各方交易主体可以实现完全无需到场即可办结业务。二是实现“0

拖延”。中心以服务对象最方便为目标，对现行的交易节点进行再优化，精简进场要件 12 项，当前仅需招标文件及授权委托书即可进场，实行容缺受理，减少服务流程节点 60%以上，大大便利了服务对象。以建设工程招标为例，工程招投标项目完成时限由中心成立前的平均 110 余天逐步缩减至当前可实现法定最短时限完成交易，全部交易类别的进场项目都可以在法律规定的最短时限内完成，真正做到不拖延每一个项目的每一秒钟。三是实现“0 积压”。中心系统设置自动提示功能，对全部电子化交易环节实时提醒提示，凡属于中心操作环节，立即提醒、立即督办，对中心系统内的经办事宜要求即时办结，实现中心任何一名工作人员的系统内没有任何积压任务，真正实现即时办结、高效便捷。四是实现“0 签字”。取消全部签字环节。中心项目联系人、部室负责人及分管领导不再对招标公告、中标公示等需在中心门户网站公开的文件进行审核签字，中心场内交易不产生任何签字环节。

【全面减轻企业交易负担】 市交易中心深入剖析市场交易各方主体需求痛点，推行文件免费公开、节约跑趟成本、降低企业融资成本等做法。一是推行文件公开不收费，实行招标文件、图纸等全部免费网上公开，全面取消文件费和图纸费，2021 年市交易中心共为全市交易企业节约文件成本 900 余万元；二是推行电子交易不跑趟，实现全流程电子化交易，中介机构无需到现场，直接在网上即可完成公告发布、接受报名、开评标及公示事宜，投标企业也无需到达现场，直接在网上报名、下载文件、投递保证金及投标文件即可完成交易，2021 年以来，以每个项目惠及 6 名服务对象计算，共为服务对象节约差旅成本 800 余万元；三是建设金服平台减压力，积极推进金融服务平台建设，降低市场主体融资成本，交易企业无需缴纳现金保证金，在中心系统内即可即时生成电子保函并参与竞标，还与市发改、市法院等单位联动推行诚信企业承诺函，对诚信白名单企业推行无需递交投标保证金，采用保证金承诺函的形式代替投标保证金即可参加投标。2021 年以来，毕节市金服平台累计服务企业 1221 家次，释放资金 9845.71 万元，有限减轻企业投标资金压力。

【打造安全型公共资源交易】 市公共资源交易中心按照公共资源交易高质量发展的工作要求，进一步健全公共资源交易领域监督体系。深入分析公共资源项目交易监督的突出特点和当前的困境，明确以交易项目为牵引、以流程管理为核心、以岗位防控为重点、以信息技术为支撑、以制度机制为基础的“五位一体”总体思路，确立流程标准化、制度体系化、监督社会化、平台信息化的“四化联动”监督方式。一是流程标准化，深入梳理拟制交易流程结构，综合分析各类别公共资源交易的共性特征和差异，科学划分交易流程构成体系，对各类别交易科学把握各个流程节点并联、串联、相互反馈的需求，将交易流程细化为交易、经办、监管三个流程层级和公告、交易准备、评审（竞价）、公示、合同管理五个交易大环节，实现流程节点全面、流程运行顺畅、无瓶颈节点，不存在重复和繁冗节点设置，每一个流程对应明确的工作岗位、具有标准化的操作步骤和服务时限。二是制度体系化，建设完善交易制度体系。建立健全受理、文件制作、公告发布、专家抽取、现场见证等各个环节的交易规则和服务标准，建立市场主体交易现场和电子化交易行为守则；建立完善监督制度体系，通过积极协调公管办、发改、财政等行政监督部门，建立交易开放日制度，邀请社会各界参观开评标活动；建立项目质疑异议受理处置反馈制度；完善内部管理制度体系，建立完善工作保密制度、项目档案管理、风险防控制度等内部管理制度。三是监督社会化。搭建阳光 N 晒平台，开展晒交易流程、晒服务标准、晒服务结果活动，邀请服务对象对交易过程进行一项目一评价；探索开展评标过程匿名化公开，解决评标过程“秘而不宣”“监而不督”的问题，推进交易过程更加公开透明。四是平台信息化。搭建公共资源交易监督平台。通过监督平台收集各方交易行为信息，对各方行为进行大数据建模，开展交易趋势分析研判、市场主体画像、交易各方关联度统计、评审专家趋向分析等各类数据建模工作，向行政监督部门推送大数据报告，向社会公开交易各方主体行为数据，以此进一步规范各方交易行为。

（供稿：毕节市公共资源交易中心）

毕节海关

【概述】 2021年，毕节海关以习近平新时代中国特色社会主义思想为指引，在贵阳海关党委的坚强领导下，在毕节市委、市政府的大力支持和指导下，深入开展党史学习教育，扎实巩固“不忘初心、牢记使命”主题教育成果，坚持以“大党建”统领“大扶贫、大安全、大发展”，围绕“四新”，主攻“四化”，统筹做好新冠肺炎疫情防控与促外贸稳增长重点工作，助力乡村振兴，为毕节开放型经济高质量发展贡献海关力量。

【全链条强化监管】 加大对进口商品的监管力度，抓实抓牢疫情防控工作，累计完成9批次进口商品目的地查验，其中进口医疗设备8批次，进口牛精液1批次。

【便利企业远程办理业务】 践行“人民海关为人民”理念，推行“不见面、网上办”便企作业新模式，实行“24小时预约加班服务”，网上、电话、微信等方式远程指导企业办理各类业务36件。

【落实落细疫情联防防控】 加强进口食品收货人备案管理，派员参与毕节市进口冷冻冷链食品全覆盖全链条监管督查。强化与市直有关部门间联防联控机制，及时将进口非冷链商品属地查验信息推送至市交通运输局、卫健局、市场监管局，切实把好毕节市疫情防控进出口环节“零输入”关口。

【深入推进专项整治，持续优化营商环境】

一是积极培育外贸新增长极。深入实践抓好“贵人服务”“毕须办”等服务品牌，赴县区和企业开展调研30余次。跟进“9710”“9810”等跨境电商工作新业态，培育意向企业B2B出口“9710”报关。鼓励企业属地报关，引导实体外贸业务数据“双回流”，全年进出口报关70批次，其中进口30批次，出口40批次。扎实开展国际贸易知识培训，联合市商务、市税务，组织外贸企业及相关部门近90人开展进出口业务培训。

二是持续压缩通关时间。加大“提前申报”“两步申报”等便企政策宣传，让“数据多跑路，群众少跑路”。毕节海关提前申报率达82%，出口整体通关时间压缩到0.49小时，低于全国平均通关时长1.34小时。

三是支持特色产品走出国门。一对一帮助外贸新兴产业毕节明月工艺美术有限公司拓展海外业务，将毕节市手办工艺品首次打入日本市场，出口货值668.54万元；帮扶指导雪榕生物科技公司完善质量体系，实现海鲜菇、杏鲍菇出口1682.74吨。

【优化服务多点并进，助推开放型经济发展】

一是促进农产品产业规范化。加强企业特殊资质备案和后续监管，完成出口食品生产企业备案5家、出口食品原料种植场4家。累计出口食品生产企业备案115家、出口食品原料种养殖场备案25家、出境水果果园包装厂注册登记6家、供港澳蔬菜种植基地备案6家。

二是贯彻高质量发展理念。全力保障中禾恒瑞（贵州）有限公司肉牛养殖扶贫项目，加强第一代牛犊疫情疫病的监测防控，杜绝疫病传入毕节市，累计检疫牛精液约57.6万支。

三是扶持企业做优做强。跟进纳雍百凤屠宰冷链物流公司“冰鲜鸡肉”供澳业务，帮助企业实验室提升自检能力。指导贵州省织金县农耀农业开发有限公司特色产品“脱水南瓜条”通过陆海新通道首次出口韩国。

【持续保持打私高压态势】 贯彻打私工作会议精神，开展“国门利剑2021”专项行动，结合“双打”“清风行动”等专项工作到大型超市、农贸市场、花鸟市场开展走私线索摸排9次，向贵阳海关缉私局移交走私线索1条。

【强化外来有害生物监测】 按照《贵阳海关国门生物安全监测工作实施方案（植物检疫部分）》要求，科学选定20个实蝇监测点，做好非洲猪瘟、实蝇、草地贪夜蛾、红火蚁等有害生物的监测，守好毕节外来有害生物入侵大门。

【切实维护国门生物安全】 开展“世界野生动植物日”宣传活动，赴七星关区等地大型生活超市、农贸市场等进行市场摸排，排查鲜活及冷冻水生动物区域走私野生动物线索，严厉打击野生动物非法贸易破坏野生动物资源等行为，严防各类野生动物传染源通过进出境活动传播扩散，切实保障人民群众身心健康生命安全。

（撰稿：刘　宇）

财政·税务

财　政

【概述】　2021年，全市财政部门坚持以习近平新时代中国特色社会主义思想为指导，深入学习贯彻落实习近平总书记视察贵州重要讲话和对贵州对毕节工作的重要指示批示精神，坚持党对财政工作的绝对领导，坚持以政领财、以财辅政，坚持依法理财、为民理财，增强“四个意识”、坚定“四个自信”、做到“两个维护”，提高政治判断力、政治领悟力、政治执行力，全面落实中央、省委、市委各项决策部署，坚持以高质量发展统揽全局，统筹发展和安全，围绕“四新”主攻“四化”，认真落实积极的财政政策要提质增效、更可持续的要求，加强预算绩效管理，既尽力而为又量力而行，统筹财政收入与支出，着力保障重大决策部署，切实兜牢“三保”底线，有效促进发展，全力防范化解债务风险，充分发挥财政保障作用。

【依法依规组织收入，持续巩固财源培植基础】

一是依法依规组织税费收入。强化与税务、住建、能源、自然资源等部门的协作联动，加强收入征管薄弱环节管理，加大欠税清收力度，防止跑冒滴漏，确保应收尽收，有效做实财政收入。开展整治地方财政收入虚假问题专项行动，着力解决“虚收”“空转”等虚增财政收入行为。二是认真落实减税降费政策。在抓好收入征管的同时，推动减税降费政策落地落实，确保该减的减到位、该降的降到位，有力支持市场主体发展，打好财源培植基础。树牢过“紧日子”的思想，市本级按照15%的比例压缩公用经费、18%的比例压减非重点非刚性项目支出，压减资金优先用于“三保”等重点领域。三是积极争取资金支持。按照人口、自然资源、基本公共服务等因素，深入细致算好财政收支明细账，既找准短板弱项也突出地方优势，争取省级在资金方面给予支持和倾斜。在省级的大力支持下，全市获得转移支付总量列全省市州第一位，为全市高质量发展提供有力保障。

【集中财力保障重点，推动重大决策有效落实】

一是增收节支保障“三保”。出台毕节市“三保”支出工作方案，坚持把“三保”作为财政保障的重中之重，严格按照预算安排优先、资金拨付优先、库款保障优先、国家标准优先、民生保障优先的要求兜牢“三保”底线。二是支持巩固拓展脱贫攻坚成果同乡村振兴有效衔接。严格落实“四个不摘”要求，加大巩固拓展脱贫攻坚成果同乡村振兴有效衔接资金投入力度，持续加强财政涉农资金统筹整合，确保资金投入只增不减。三是支持“四化”和生态文明建设。积极筹集资金支持新型工业化、新型城镇化、农业现代化、旅游产业化和生态文明建设。认真组织申报“四化”及生态环保基金项目，全市共12个项目获得省级基金支持。市级财政出台9条措施支持新型工业化发展，从9个方面制定配套措施支持新型城镇化建设。四是支持统筹疫情防控和经济社会发展。全市安排新冠肺炎疫情防控资金3.06亿元，从医保基金上解9.4亿元给省级统筹。全市安排资金0.5亿元用于促消费行动，直接带动消费0.7亿元。争取新增地方政府专项债券，重点投入棚户区改造、公立医院、职业教育库等领域，有力支撑经济社会发展。

【全力以赴防控风险，增强财政可持续发展能力】

一是着力防范化解债务风险。实行“挂图作战”，提前9个月滚动调度债务到期、资金筹集、风险隐患等情况，建立“旬调度排查”“月提示督促”工作机制，做到早掌握、早防范、早化解。积极争取国家和省政策、资金等支持，助力防范化解债务风险。加强市县联动，依法依规多渠道化解债务风险。通过自身持续努力和争取省级支持，坚决守住不发生区域性、系统性债务风险的底线。二是着力防范化解“三保”风险。明晰县市区“三保”主体责任，指导县级将“三保”支出作为财政保障的重点，最大限度、最大力度保障“三保”支出。市级建立“三保”周调度、月统计工作机制，强化“三保”风险监测预警。组织教育、人社、卫生健康等部门对中央和省民生政策进行梳理，形成基本民生政策清单。

【多措并举加强监管，提高财政管理规范化水平】

一是深入开展基层财政监管突出问题专项整治。市县分级开展财政财务干部警示教育和业务培训，全市共警示谈话干部5579名、业务培训干部4988名。会同纪检监察、组织、人社、审计、人民银行、农业农村等部门聚焦基层财政和财务管理薄弱环节联动发力，先后开展财政财务干部专项整治、财政存量资金专项清理、预算单位银行账户专项整顿、规范津补贴专项整治等行动。建立财政监管长效机制，制定预算单位财政监督问责实施细则、财政财务干部教育培训管理办法等制度。与纪检监察、审计等部门强化监督合力，先后暗访检查172个单位、专项检查80个单位、通报批评11个单位、行政处罚2个单位。二是强化预算绩效管理。全市预算绩效管理进一步提质扩围，部门绩效目标与预算同步编制、同步审核、同步批复、同步公开，并实现项目支出和基本支出全覆盖。加强预算执行和绩效运行双监控，重点监控重大政策和重大项目绩效运行情况，推动绩效目标如期实现。市级不断拓展财政重点绩效评价范围，组织对19个项目支出进行重点绩效评价，覆盖教育、民政、卫生健康、生态环境等14个部门，并首次对医保、人社等6个部门开展整体绩效评价。推动绩效评价结果与预算安排挂钩，全市绩效评价结果应用项目177个。三是加强财政监督管理。加强PPP项目管理，全市录入财政部PPP综合信息平台管理库项目79个，总投资911.29亿元，覆盖林业、教育、医疗卫生、交通运输等15个领域。加强基本建设工程项目预算评审，全市评审项目1357个，送审金额99.98亿元，审减11.19亿元，审减率11.19%。加强政府采购管理，全市政府采购预算40.88亿元，实际采购38.55亿元，节约资金2.23亿元，节约率5.45%。加强行政事业国有资产管理，市级建立行政事业单位资产处置公示制度，进一步规范资产处置行为。

【持续深化推进改革，加快现代财政制度建设步伐】 一是全面推进预算管理一体化建设。实现预算管理一体化系统全市上线运行，基础信息、项目库、预算编制、预算执行、会计核算等子系统全部贯通使用。推动实施零基预算与预算管理一体化深度融合，将项目作为预算管理的基本单元，预算支出全部以项目形式纳入项目库，实施项目全生命周期管理，重点削减不符合零基预算导向的资金，不断优化财政资金投向。二是创新财政涉农产业资金投入方式。制定创新财政涉农产业资金投入推动农业产业高质量发展暂行办法，转变以往财政资金直接补助到企业的模式，将市县财政预算安排的涉农产业资金通过资本金方式注入地方农投公司，形成地方农投公司的“有形”资本，带动撬动社会资本、金融资本投入农业产业，财政资金实现3倍以上放大。

（供稿：毕节市财政局）

税　务

【深化党对税收工作的领导】 以党的政治建设为统领，坚持党对税收工作的全面领导，充分发挥党的领导核心作用。一是政治机关建设有力有效。切实推进政治机关建设，严格落实“第一议题”，将学习、宣传、贯彻、落实习近平新时代中国特色社会主义思想，以及习近平总书记对贵州对毕节、对税收工作的指示批示贯穿到税务机关政治建设始终，切实提高“政治三力”，全市税务系统党的建设以机关带系统，协同推进机关党建和系统党建，各级党组织政治建设得到夯实，党建统领能力得到提升，党员干部政治纪律、政治规矩意识得到增强。二是党史学习教育走深走实。紧扣“学党史、悟思想、办实事、开新局”要求，把学习成效转化为干事创业、勇担使命的精神动力。一方面，高标准抓好学习研讨。开展集中研讨学习、现场教育、青年理论学习、党史主题晨读等学习讨论共计350余次，各级党委书记、党支部书记带头上党课135次，撰写理论研讨文章12篇，引导党员干部用党的伟大创新理论成果来武装头脑、指导实践、推动工作。另一方面，高质量办好惠民实事。在支持煤电保供及中小微制造业缓税中，为29户企业“减、缓”税费1.85亿元，组织31个党员先锋队、513名党员参与疫情防控、文明创建等志愿服务。三是志愿服务活动多元多彩。结合税收工作职责创新组织生活方式，在落实减税降费等重大工作部署中成立31个党员先锋队、513名党员参与疫情防控、文明创建、乡村振兴等志愿服务活动90余次，通过党史学习教育“七进”活动，走访企业72户，到农村调研18次，到学校开展党史宣讲9次，走访小微企业1391户，解决企业诉求277个。全市税务系统涌现出党建示范点4个、四强党支部12个、先锋党员21人，有效激发党员干事创业热情，党员先锋模范作用得到充分发挥，支部战斗堡垒作用明显加强。

【抓好税收主业】 2021年，共组织各项收入346.15亿元，其中：税收收入207.76亿元，增收7.22亿元，增长3.6%；非税收入12.48亿元，增长62.35%；代征工会经费1.34亿元，增长7.54%；完成社保基金收入124.57亿元。税收总量继续保持全省第三位，完成了预期收入目标。推进减税降费精准落地，2021 年，共落实各项减税降费 34.34 亿元，为各类市场主体新增减税降费 5.88 亿元。同时，坚持税费并重、协同治理，有序完成全市水土保持补偿费等非税收入划转工作。2021 年度城乡居民基本医保完成征收 754.42 万人，获省税务局、省医保局通报表扬。

【服务发展大局】 制订《关于发挥税收职能巩固脱贫攻坚成果助力乡村振兴的实施意见》（以下简称《意见》），从基层党建、税收征管、政策落实、涉税服务 4 个方面提出 15 条举措，全市税务系统共派出驻村干部 47 人，投入资金 50 余万元，实现税收职能作用与农业农村农民工作的深度融合。2021 年，共走访涉农企业 1320 户，为 876 户涉农税户办理“无抵押无担保”贷款 1.76 亿元，促进涉农税户增资拓产、发展壮大。

【以税资政】 跟踪分析影响税收收入的各种因素，做好税源税收预测管理，及时制订组织收入工作预案，增强组织收入工作的前瞻性和预见性，不断提高收入质量和预测准确率，获得贵州省税务局绩效加分。同时，持续加大税收经济分析力度，定期根据全市经济税收形势报送收入专报和专题分析报告，共报送专报 42 篇，获贵州省税务局、市委市政府领导肯定性批示 22 篇，发挥税务部门的参谋助手作用。

【提升征管质效】 紧密围绕“精确执法、精细服务、精准监管、精诚共治”的改革任务，以“优服务、强数据、提能力、展形象”为抓手，扎实推进各项改革任务。一是聚力提效推进《意见》落实。全市成立以常务副市长为组长的深化税收征管改革领导小组，明确联席会议制度及信息交换责任等事项。市税务局与 32 个部门实现房地产行业数据共享，深化房开企业联动管理，数据共建共享共治工作获时任贵州省税务局党委书记、局长钟油子肯定性批示。二是以数治税推进数字赋能。强化税收大数据运用，研发完善“贵州省税务局矿产品资源专业化管理平台”，并推广运用到铁矿、铅锌矿、锰矿等非煤矿山行业，实现资源税管理全覆盖。在全省率先试点“减税降费综合分析平台”，实施自动交叉分析比对，发现疑点企业 354 户，涉及税款 3500 万元。三是宽严相济推进依法治税。实施“首违不罚”1400 余件，稽查立案检查 104 户，查补税款、滞纳金、罚款共计 2.71 亿元，查处各类虚开案件 82 件，查补税额 581 万元，抓捕犯罪嫌疑人 32 人，持续保持“双打”高压态势。四是精准发力推进风险管理。基本实现煤炭、房地产等行业数据实时共享，加快民营加油站成品油信息化管理建设，有效推进平台公司数据关联分析和税种税负比对分析。

【全面推进精细服务】 以“访税户、问需求、办实事”等活动为抓手，积极打造税收营商环境。一是加强税企互动优服务。完善“一企一策”机制，累计解决大企业涉税诉求 41 条，开展政策辅导 51 人次。针对小微企业开展“春雨润苗”行动，走访小微企业 1391 户，解决问题 277 个，通过解决好纳税人缴费人一件件小事，真正办好一件件民生实事。二是细化便民举措优服务。将纳税时间、纳税次数、税后流程、税负率等指标拓展为 137 条具体措施。在各级纳税服务厅设立绿色通道，实行专人负责制，为高龄、有障碍及有特殊需求纳税人提供个性化服务，满足纳税人缴费人多元化服务需求。三是聚焦营商环境优服务。以“指尖办税”“一窗通办”、合并申报等举措简化服务流程，以 24 小时自助办税服务、AR 智慧云导税、电子退税等方式减少纳税时间，以容缺办理、提醒服务、预约服务、延时服务等办法优化服务体验。在全省推出首家“一张身份证办成事”清单，纳税人缴费人可凭“一张身份证”办理 6 大类 17 个税务事项，2021 年，清单服务纳税人缴费人 4373 户次。2021 年，全市纳税平均次数由2020年的6次降为3次，增值税留抵退税平均时间比2020年缩短一半，窗口平均等候时间比2020年压缩0.5分钟，窗口好评率100%。

【拓展人才兴税】 始终坚持以新时代党的组织路线为统领，切实选好人、用好人、育好人、管好人。一是用人导向竖起来。坚持政治标准，开展任前廉政谈话7人次，出具廉政意见60份，完成2轮214人职级晋升和8名正科级领导干部、28名遴选干部转正考核工作。二是素质能力提起来。2021年，4名年轻干部被推荐为全省税务系统青年才俊，12人入选总局“115”工程，60人进入总局、贵州省税务局人才库，131人入选贵州省税务局岗位能手，86人取得“三师”资格，263人取得经济、会计、审计等职称。毕节市税务局机关职工书屋获得全国总工会授牌。三是严管厚爱强起来。“一季一主题”开展警示教育4次，更好发挥以案释法、以案明纪、以案促改作用。开展违规插手涉税中介营利活动专项整治，建立税务干部家属从事涉税中介报告制度、回避制度、打招呼登记制度等监管长效机制。

（供稿：国家税务总局毕节市税务局）

统计·审计

统　计

【概述】　2021年，毕节市统计局在市委、市政府的坚强领导下，在省统计局的精心指导下，坚持以习近平新时代中国特色社会主义思想为指导，以服务高质量发展为目标，着力推进全市统计工作有序开展。

【筑牢统计服务高质量发展基石】　一是深入开展“统计服务下基层”专项行动。制定《毕节市统计局关于进一步加强“统计基层基础建设提升统计服务高质量发展能力的行动”责任清单》《毕节市统计局“统计服务下基层”专项行动责任清单》，建立工作台账，对“三项行动”工作任务及责任进行再分解再落实，配合省局开展“统计服务下基层”专项行动4次。二是持续推进统计基层基础的保障建设。始终把基层统计能力建设放在突出的位置，在人财物上提供保障，不断夯实基层统计业务能力基础。机构改革后的全市统计人员编制为266人，实际落实到位人员共226人。市县两级除正常开展工作所需的经费纳入预算外，开展国家各项调查所需经费均纳入本级财政预算并及时拨付。三是开展基层统计减负行动。严格控制发文数量，严格执行关于压缩会议数量和时间的规定，发扬“短实新”文风，少开会、开短会、开管用的会。合理安排统计相关资料报送，给基层留出合理的时间，杜绝突击性报送材料现象发生。四是加强统计信息化运用和网络安全管理。认真做好一套表平台各报表制度权限的添加、投资管理平台账号的新增和权限设置、统计数据管理平台各专业账号和权限的添加等，确保各专业业务顺利开展。五是强化基本单位名录库维护管理。开展利用部门资料清理比对基本单位名录库专项行动。4月通过与税务部门比对，收集47家新开业企业新增入库，216家准备年底以成长型企业入库，充实“准规模”跟踪台账。及时做好“四上”单位纳统、修正和退库工作，为企业、项目入库工作筑牢统计基础。加强乡镇名录库管理，核查基本单位新增、倒闭、停产、变更、注销等情况，对基本单位名录库中的信息及时进行更新、维护。截至12月17日，全市名录库法人单位64663个，产业活动单位14402个。

【提高统计服务质量】 一是认真抓统计数据质量提升。按照专业统计工作规范及方法制度要求的统计口径、范围、标准、内容、流程等规定，依法依规开展统计工作。进一步加强县区统计数据的审核、查询、评估及核查工作，切实提高统计数据质量。二是认真抓生产总值统一核算。积极配合省局开展好市州生产总值统一核算工作，制定《毕节市2021年县（区）季度生产总值统一核算评估办法（试行）》，组织开展完成季度县区生产总值统一核算工作。2021年全市生产总值2181.48亿元，比上年增长6.8%。其中：第一产业增加值526.49亿元，同比增长7.8%；第二产业增加值590.92亿元，增长8.4%；第三产业增加值1064.06亿元，增长5.4%。三次产业结构比为24.1∶27.1∶48.8。三是认真抓统计分析服务水平提升。在抓好统计监测的基础上，对指标完成情况、影响指标升降的原因、与各市州存在的差距等进行分析研判，形成统计产品供党委政府、相关部门和社会公众提供统计服务。完成《统计速报》《统计月报》《领导干部手册》《毕节市2020年国民经济和社会发展统计公报》等统计服务产品收集、汇总、编印和发布工作，通过门户网站、统计APP等渠道，及时对经济运行情况进行发布。

【防范和惩治统计造假、弄虚作假】 一是认真开展中央关于统计工作精神再学习再深化再落实行动。制定《中共毕节市统计局党组关于中央〈意见〉〈办法〉〈规定〉等文件精神再学习再深化再落实行动责任清单》，积极将中央关于统计工作《意见》《办法》《规定》纳入市政府常务会学习贯彻内容。4月14日第154次市政府常务会议对有关文件精神进行传达学习，并研究贯彻落实措施。局党组先后5次组织召开党组会议、党组专题会议、党组理论学习中心组学习会议对习近平总书记对统计工作指示批示精神、中央关于统计工作《意见》《办法》《规定》和统计法律法规精神进行深入学习，并研究贯彻落实措施。二是加强统计法律法规宣传。全面开启“八五”普法工作，全方位、多角度、深层次开展普法宣传。4月8日，到市委党校宣讲中央《意见》《办法》《规定》和统计法律法规。继续推动市直部门深入学习贯彻中央《意见》《办法》《规定》。三是建立完善制度。制定出台《毕节市统计局统计违纪违法线索办理工作规定（试行）》《毕节市统计局2021年普法责任清单》《毕节市统计局以案释法工作制度（修订）》《毕节市县（区、自治县）统计局法治建设评价办法》，推进防范和惩治统计造假、弄虚作假工作规范运行。四是加大执法检查力度。常态化开展“双随机、一公开”统计执法检查工作。2021年以来，全市开展统计执法检查10次，检查单位117家，在执法检查中发现统计违法行为30件，立案查处违法案件7件，全部予以警告、责令改正处罚，其中对5家单位并处罚款、收缴罚款4.1万元。五是深入清理违反统计法精神文件和做法。在市政府办公室支持下，向72家单位和各县区发布《关于全面清理违反统计法律法规精神的文件和做法的通知》，对历年来违反统计法精神的文件和做法进行全面清理和纠正，共计清理纠正8件违反统计法精神的文件和做法。六是认真开展迎接国家统计督察工作。及时向市委市政府领导汇报有关情况，对市直有关部门、各县市区下发工作提示，提醒各级各有关部门按照督察工作要求做好迎检工作准备。9月下旬与市督查考核局组成3个督查组对各县市区开展迎检工作进行督查，对存在的问题进行督办和指导。

【认真开展普查调查】 一是围绕重点民生领域开展调查。完成市纪委监委委托的毕节市2021年度党风廉政建设社会民意抽样调查、市委政法委委托的2021年上半年毕节市群众安全感满意度调查、市第一人民医院委托的病人满意度抽样调查、市林业局委托的2021年毕节市创建国家森林城市群众满意度调查等工作任务。二是持续做好“四经普”成果开发。加大普查数据的开发运用，切实发挥好第四次经济普查成果作用，积极组织经济普查年鉴的编辑。三是认真做好第七次全国人口普查后续工作。在圆满完成第七次全国人口普查各项阶段性工作的基础上，对历年历史数据进行修正，完成并发布全市第七次全国人口普查公报。市统计局在第七次全国人口普查工作中，获得国务院第七次全国人口普查领导小组先进集体表彰。

【认真开展高质量发展绩效评价】 一是加强部门协作，共同推进高质量发展绩效评价工作开展。参加多轮次贵州省市县推动高质量发展绩效评价实施方案的征求意见，与市发改委一起对市直各部门、县市区有关人员进行高质量发展绩效评价专题培训，收集、整理市直各部门涉及高质量发展的相关指标，并按照规范制作相关表册，撰写情况报告。二是认真开展高质量发展绩效评价指标监测。制订《毕节市统计局开展〈毕节市县（市、区）推动高质量发展绩效（评价）〉局内指标监测工作方案》，对涉及高质量发展绩效评价指标的业务科室作具体安排部署，切实为全市推进高质量发展绩效评价工作提供统计服务。

【认真落实巡视巡察整改】 一是落实市委第八轮巡察反馈问题整改。根据《市委第九巡察组关于巡察市统计局党组的反馈意见》要求，局党组对标对表、举一反三、建章立制，专门成立6个整改专班落实巡察反馈问题整改。重点整改期间，召开党组会议研究部署3次，通过全体干部职工会议调度4次以上，开展全覆盖谈心谈话1次，建立完善制度42项。二是推进省委巡视反馈问题的整改。根据《中共毕节市委关于省委第八巡视组向毕节市委反馈意见整改方案》《中共毕节市委关于省委第八巡视组向毕节市委反馈落实意识形态工作责任制存在问题整改方案》要求，对涉及的12个方面问题进行整改并全部整改完成。

（供稿：毕节市统计局）

国家统计局毕节调查队

【概述】 2021年，国家统计局毕节调查队聚焦贵州调查总队及市委、市政府重点工作任务，坚定信心、迎难而上，不断提高统计数据质量，突出重点开展党史学习教育，落实落细全面从严治党、从严治队，持续巩固和维护风清气正的政治生态，如期完成各项工作目标任务。

【防范和惩治统计造假、弄虚作假，提高统计数据真实性】 毕节调查队始终把严格遵守统计法律法规，严格执行国家调查制度，严格落实《意见》《办法》《规定》作为开展统计调查任务的先导，形成从上至下、由内而外的依法统计依法治统氛围，培养全体干部职工乃至于一线采价员、辅助调查员的法律法规意识，以铁的纪律保障实的数据。一是进一步强化学习，对全体干部职工定期开展统计法治培训，不断结合多种方式培训统计法律法规，以及《意见》《办法》《规定》，营造依法统计的良好氛围。二是进一步加大宣传力度。不断更新宣传方式，选择不同地区不同时间段进行宣传，贯彻习近平总书记关于统计工作重要批示指示精神作为重要政治任务，深刻认识党中央防范和惩治统计造假、弄虚作假的坚强决心，构建严防统计造假、弄虚作假的统计环境。三是进一步加强“双随机”统计执法检查和专业定期检查。各领导干部要做好检查监督工作，以高标准严要求进行检查，让人人都能够严格执行国家统计制度和标准，确保各项数据真实准确，切实提高统计数据质量。12 月 8 日，国家统计局毕节调查队和国家统计局七星关调查队联合毕节市统计局、七星关区统计局在毕节市人群最为集中的人民公园集中开展普法宣传活动。活动紧扣“深入贯彻习近平法治思想，加快推进新时代统计法治建设”主题，在宣传内容、宣传方式、宣传范围上下功夫，切实提高人民群众对法律法规的认知度，让习近平法治思想深入人心。

【服务地方高质量发展】 围绕全体居民收入、城乡居民收入比、居民消费、居民收入差异系数、城镇调查失业率、粮食产量稳定度等多个指标，认真开展统计监测与测算，提供高质量发展综合绩效监测评价结果，及时向市委、市政府，市直部门提供相关材料。

【住户类调查基层基础不断巩固】 结合国家局、总队反馈错误类型，开展月度审核工作。要求各区县每月 15 号之前必须完成上月账页审核录入，住户科再进行复核处理，着重审核记账项目单价、数量，异常编码、固定资产编码等，及时反馈审核结果，及时要求县区核实，对县区写了核实说明属实的，再次通过电话抽查核实，做到核实再核实、精准再精准。2021 年，全市城镇常住居民人均可支配收入 37263 元，排全省第 7 位，同比增长 8.7%，排全省第 5 位；农村常住居民人均可支配收入 12441 元，排全省第 7 位，同比增长 10.7%，排全省第 3 位。

【劳动力扩样改革顺利实施】 劳动力扩样作为全年统计调查重大改革任务之一，贵州调查总队两次召开全省劳动力调查培训会，着重在调查组织、条件保障、流程规范、质量把控、分析服务等方面善作善成，顺利实现扩样后新旧样本平稳过渡。毕节辖区劳动力调查之前涉及 6 个县、区，39 个调查点。劳动力扩调查样后，毕节辖区劳动力调查覆盖 9 个县区，114 个新调查点，调查样本仅次于贵阳、遵义。毕节辖区 114 个调查样本点调查员平均年龄 37 岁，文化程度高中以上占 78.9%，大专以上文化程度占 54.1%；调查员中社区（村）工作人员占约 79%，其他工作人员（包村干部、统计员等）占约 21%。为全面总结毕节市劳动力调查工作情况，切实贯彻国家、省、市对劳动力调查工作的指示和要求，精心部署下阶段各项工作，着力开创全市劳动力调查工作的新局面。12 月 30 日，毕节调查队联合毕节市人社局、统计局召开全市 2021 度劳动力调查工作总结暨表彰大会，毕节调查队、市人社局、市统计局分管领导出席会议并作讲话。

【粮食畜牧业统计调查有效推进】 联合毕节市农业农村局下发《关于认真做好 2021 年全市粮食畜牧业统计调查工作的通知》，就数据的采集、上报、管理、台账建立等作出明确要求，要求各县区国家调查队、统计局、农业农村局要各司其职，加强沟通、联系，认真做好粮食和畜牧业统计调查工作。详细设立工作考核办法与基础工作检查方案，规范相关数据上报要求，严格把控数据上报过程，要求各县区统计机构建立健全分乡镇台账，台账需要有乡镇分管领导签字并加盖乡镇公章，保证数出有源。粮食畜牧业季度报表数据上报期间及时跟踪数据情况，工作进程及时向单位分管领导汇报。上报结束并进行初审后，毕节队联合市农业农村局召开生产形势分析与数据分析评估会，对全市当前主要畜禽或粮食生产形势进行分析交流，分析历史数据，总结生产的有利因素与不利因素，对增长趋势有异常的部分数据在合理性上做出客观评价。

【充分发挥价格指数“晴雨表”的监测功能】2021年是价格专业新基期开局第一年，工作有了新变化、新要求，流通消费价格、工业生产者价格样本量均大幅增加，为进一步做好新一轮基期价格工作，相关人员认真学习并落实削价、房价、工价2021年定期统计报表制度，熟练掌握调查方法，牢固树立数据质量是价格统计工作生命的意识，在数据生产过程严把数据质量关，按照制度规定采集价格，并加强对源头数据的督导检查工作，加大数据审核力度，较好地完成新、旧基期数据衔接工作，确保新基期价格统计数据不出差错，打好新一轮价格调查工作“第一仗”。完成对消价200多个消费价格调查点的宣传走访慰问，完成服装等商品的集中换季工作，并基本完成对CPI新基期200多个调查点和近千个调查规格品的图库更新工作；累计走访调研180家中介公司和楼盘，走访全市44家工价调查企业。2021年以来，受疫情和全球大宗商品涨价影响，部分商品和服务价格变动频繁，导致CPI部分类别指数波动较大，为充分发挥价格指数“晴雨表”的监测功能，发挥“双向服务、双重保障”能力，价格科适时开展调研撰写相关分析报告，为市委、市政府稳控当前毕节物价、保障居民生活消费需要作出统计贡献。

【专项调查工作】 于2020年4月至2021年初高质量完成毕节市脱贫攻坚普查工作。2021年年底精心选派政治坚定、思想过硬、作风扎实的3人参加“文明在行动·满意在贵州”活动实地测评工作，其中2人为带队组长；选派1人参加全国文明城市测评。

【认真开展其他调查研究】 完成毕节市种业发展情况调研、毕节市春耕备耕情况调研、毕节市种植业保险实施情况调研、毕节市保障性租赁住房实施情况调研、毕节市城乡居民生育意愿调研、毕节市茶叶产业发展调研、毕节市“菜篮子”工程建设市民满意度调研等28篇专题调研报告。8月19日，由国家统计局毕节调查队报送的《巩固拓展脱贫攻坚成果 乡村振兴任重道远》获副市长徐刘蔚批示。结合单位实际，10月底组织开展“农村居民生活状况”系列调研，陆续撰写相关报告报总队及市委、市政府，其中两篇报告被国家统计局采用。

（撰稿人：吴传龙）

审　计

【概述】 2021年，紧紧围绕党中央、省委重大决策部署和省审计厅党委及市委、市政府中心工作，聚焦财政财务收支真实合法效益审计主责主业，坚持围绕中心、服务大局，主动担当、积极作为，扎实做好常态化“经济体检”工作，推动审计各项工作落地见效，为全市经济社会高质量发展提供坚强有力的审计保障。

2021年度，全市审计机关共完成审计（调查）项目102个，查出各类问题金额314.23亿元，出具审计报告等124篇，提交审计信息等341篇，提出审计建议386条，推动被审计单位建立健全规章制度93项，移送处理事项58件、涉及39人。2021年4月，市审计局获“全省脱贫攻坚先进集体”称号；2021年7月，市审计局机关党委获“全市先进基层党组织”称号；2021年9月，市审计局实施的“毕节幼儿师范高等专科学校2019年度预算执行和其他财政财务收支审计项目”获“全省审计机关优秀审计项目一等次”，并被省审计厅推荐到审计署参评。

【政策跟踪审计】 持续推动重大政策措施落实，做到党委政府的重大决策部署推进到哪里，审计就跟进到哪里，做好政策落实的“督察员”。紧扣政策跟踪审计重点，将“治理乱收费和降费政策落实情况”与2020年市县财政预算执行和编制决算草案审计、部门预算执行审计等项目相结合，把国家重大政策措施落实情况跟踪审计的重点内容贯穿于其他审计项目全过程。对金沙、织金、威宁三个县2021年贯彻落实国家重大政策情况进行专项审计。及时发现和纠正“上有政策、下有对策”“有禁不止、有令不行”等行为，确保各项政策措施落到实处、发挥实效。根据省审计厅统一安排，采取“上审下”的方式，对纳雍县、赫章县2021年促进就业优先政策贯彻落实情况开展专项审计，确保审计有的放矢，保障群众切身利益。

【财政审计】 强化质量效益意识，按照投资必问效、无效必问责的要求，在各领域审计中密切关注财政资金的投向和效益，深入揭示有关问题，全力推动财政资金提质增效。一是在市本级财政预算执行情况审计上持续发力。紧紧围绕“发展、改革、安全、绩效、反腐”要求，突出抓好预算执行和财政管理审计，关注地方政府隐性债务规模底数、结构变化等情况，揭露问题、分析原因、促进完善制度建设，推动财政做大增量、盘活存量、优化结构、提高绩效。完成市本级预算执行和编制市本级决算草案审计和地方国库2020年度收纳、划分、拨付及预算收入退库情况审计。代市政府向市人大常委会会议作了《2020年度市本级预算执行和其他财政支出的审计工作报告》，会议全票审议通过工作报告，市人大常委会充分肯定2021年“同级审”工作。二是在部门预算执行情况审计上持续发力。以促进规范部门预算编报和管理，盘活财政资金存量，优化财政资金增量，调整财政支出结构，提高财政资金使用绩效和揭露重大违法违纪问题为主要目标，对市财政局、市教育科技局、市文化广电旅游局等市直部门预算执行情况进行审计，发现现金管理不规范、报销费用不及时、出差把关审核不严等问题，促进规范高效使用财政资金。

【民生审计】 聚焦脱贫攻坚、扶贫审计整改和民生保障，组织开展易地扶贫搬迁、乡村振兴专项审计等项目，以项目和资金的绩效作为切入点，着力揭示问题，促进堵漏洞、补短板，推动惠民政策落到实处。一是深入开展易地扶贫搬迁项目审计。采取“上审下”的方式，对赫章县易地扶贫搬迁后续扶持等政策落实和相关资金管理使用，以及配套设施、公共服务能力建设等情况进行审计，发现建立利益联结机制不够紧密、就业培训不够精准、扶贫搬迁政策落实不够到位、资金管理不够规范、复垦复绿资金发放不够及时等问题。二是深入开展金沙县乡村振兴涉及资金和项目审计。对金沙县2020年至2021年7月防止返贫监测、扶贫项目资产管理等巩固拓展脱贫攻坚成果重点措施和高标准农田建设、乡村产业发展、农村人居环境整治等乡村振兴重点内容涉及的资金和项目进行审计，发现防贫监测帮扶政策措施落实不到位、扶贫资产底数不清、闲置未发挥效益、虚报套取财政资金、未及时兑现农户补助、项目实施进度缓慢及后续管护不到位等问题。三是深入开展资产、负债、损益审计。对毕节市农业投资发展有限责任公司2018—2020年度资产、负债、损益情况进行审计，发现存在管理制度不健全、制度执行不到位、财务管理不规范、项目和资金监管不力、项目投资论证不足、对投资入股企业监管不到位等问题。

【经济责任+自然资源资产审计】 按照积极稳妥、量力而行、提高质量、防范风险的原则，稳步推进领导干部经济责任审计，扎实开展党史学习教育与经济责任审计工作深度融合，依法履行审计监督职责，在经济责任审计中强化基层财政监管，做到真审深审严审，切实发挥经济责任审计在维护财经秩序、促进科学决策、助力反腐倡廉、鼓励改革创新等方面的利剑作用，保障全市经济社会高质量发展。完成市商务局、市林业局、市广播电视台主要领导干部2018年至2020年任职期间经济责任审计；完成大方县和金海湖新区党政主要领导干部经济责任和自然资源审计。市县两级审计机关开展经济责任审计项目23个，涉及领导干部35名，查出虚增财政收入、违规决策导致借款本金利息未收回、固定资产流失等问题，有力促进了相关领导干部履职尽责、担当作为、廉洁用权，推动进一步规范权力运行。

【政府投资审计】 认真贯彻落实审计署关于规范投资审计工作系列文件要求，以扎实的执行力和行动力，抓好重大项目投资审计。进一步厘清建设单位管理责任和审计机关监督职责，切实纠正“以审代结”等问题，严格按照年度审计计划实施项目，注重从体制机制上分析原因，从根本上解决问题，促进建设单位规范履职。完成贵州工程应用技术学院实训中心竣工财务决算审计。同时，强化在法定职责权限范围内开展审计监督，不参与可能影响审计独立性的相关事项，2021年就此项工作向市政府书面请示获批复同意。

【其他审计】 围绕专项资金管理使用开展审计。一是积极开展党费专项审计。采取“统一组织、统一方案、统一处理、统一报告”方式，抽调41名审计人员，组成12个审计组对2019年1月至2020年12月全市党费的收缴、使用和管理情况进行专项审计。通过提出改进和加强党费收缴使用管理及完善相关制度的意见建议，推动党费资金拨付使用规范、管理到位、公开透明、绩效明显，充分发挥党费的政治功能和服务功能。二是积极开展财务收支审计。完成对毕节市农业科学研究所的财务收支审计，重点审计财务收支的真实性、合法性、效益性和重大经济决策及内部管理制度建立和执行等情况，从体制机制层面分析原因，并提出合理建议。同时，完成毕节日报社、织金县经济开发区、纳雍县经济开发区和赫章县产业园区的财务收支审计。

【审计查出问题整改】 坚决贯彻落实中央办公厅、国务院办公厅《关于建立健全审计查出问题整改长效机制的意见》等相关文件要求，建立健全审计整改制度机制，强化审计整改检查审核把关，做到整改成果“见人见事见物”。促进各方面及时纠偏、规范管理、良性发展。一是健全机制，压实责任。建立主要领导亲自部署、分管领导督促推进、审计组和各业务科室具体负责的整改工作机制，探索实施“安排部署—方案制定—建立台账—督促整改—审核把关—结果报送”的工作流程，确保整改工作循序渐进、规范高效。二是加强调度，凝聚合力。分审计机关级次、分项目名称等建立问题整改台账，实行动态管理，采取“一周一调度”方式，追踪和调度整改进度，逐一对账销号，确保整改结果的真实性和完整性。三是强化督查，确保成效。联合市督查考核局、市财政局、市住建局等部门，在全市范围内开展整改专项督查，检查各级审计机关反馈和反映问题的整改情况，核实审计整改的真实性。四是举一反三，堵塞漏洞。深入研究问题的特点、规律和趋势，分析可能存在的体制性障碍、机制性缺陷、制度性漏洞，提出意见建议，推动建章立制，常态长效推进整改。“十三五”以来，各级审计机关共反馈2638个问题，整改2553个，整改率为96.78%，剩余的85个问题有序推进整改。

【探索研究型审计】 按照审计署和省审计厅关于开展研究型审计安排部署，把研究融入、贯穿于审计立项、实施、报告全过程各方面，推动审计监督提质增效。一是审前“以研促审”。采取头脑风暴等方式，积极研究项目可能存在的重大问题和需要关注的重要事项，安排专人系统分类、整理为 3 类 21 个疑点并制作问题清册，为下一步工作提供精准导向和资料支撑，有效提升审计工作效率。二是审中“研审相长”。通过采取统筹协作、共享信息、动态联动、定期座谈等方式，及时校准偏差，确保审计工作不偏航；及时总结审计中的典型做法及存在问题，动态调整审计工作思路和方向，不断拓展审计深度和广度，确保以研究促进审计、以审计带动研究取得实效。三是审后“研审融合”。审计调查结束后，审计组聚焦审计实践，采取集中研讨、分项讲解等方式开展项目评估，深度解析审计全流程的每一个关键环节，认真总结审计成效和审计思路，有力推动研究工作与审计工作有机融合。

【审计监督与纪检监察监督贯通协调】 全市审计系统大力推进审计体制改革，加强审计监督，注重有机贯通、相互协调，建立健全协作机制，推进审计监督和纪检监察监督融会贯通，不断深化审计成果运用，切实增强审计监督实效。一是抓好审计问题线索移送。按照《贵州省审计机关审计发现问题线索移送管理办法》规定，通过移送处理书、移送处理函等方式，市县审计机关将发现的问题线索移送给纪检监察机关，每年纪委监委根据审计机关提供的清单，向审计机关反馈移送事项处理结果。二是协作配合反腐败工作。紧紧围绕推动全市反腐败工作制度建设、规范领导干部权力运行、推进地方治理能力和治理体系现代化等重要目标，市县审计局依托经济责任审计联席会议这一平台优势，不断完善联席会议议事、组织部门委托、审计机关执行、纪检监察机关督促落实等相关机制，形成成员单位各司其职、齐抓共管的工作格局，着力推进监督工作纵深发展。三是凝聚审巡监督合力。选派政治强、业务精、素质高的审计人员参加巡察工作，为巡察提供强有力的专业技术支撑，通过对财务会计资料的审查，快速精准锁定重点核查内容和对象，帮助巡察组及时发现一些隐匿较深的问题线索，为明确巡察重点方向提供第一手资料，助力精准巡察。建立审计人员常态化参与巡察工作机制，每年均选派 10 余名政治素质和业务素质过硬的党员干部进入市委巡察工作人才库，积极参与市委巡察工作，通过发挥审计监督独特优势，助推巡察监督取得实效。四是强化审巡成果运用。建立动态监督配合机制，巡察期间，巡察机构和审计部门根据实际情况进行会商、互通情况，以“巡”带“审”，以“审”促“巡”。每轮巡察准备阶段，巡察组向审计部门调取被巡察单位的审计报告等资料信息，共享各类审计发现问题与分析成果。同时，将被巡单位历年来的审计问题和整改落实情况纳入巡察范围，让审计“经济体检”成果更多转化为反腐倡廉的“政治成果”。巡察结束后，审计部门把巡察报告反映的问题列入审计重点，提高审计监督效能，督促被巡察单位重视审计问题，动真碰硬抓整改，杜绝“屡审屡犯”的现象发生。

（撰稿：张人俊）

金 融

中国人民银行毕节市中心支行

【概述】 2021年，中国人民银行毕节市中心支行在市委、市政府的坚强领导下，坚决执行党中央、国务院，省委、省政府和市委、市政府的各项决策部署，坚持稳中求进工作总基调，以提升金融服务实体经济能力为主线，贯彻执行稳健货币政策，维护辖区金融稳定，着力提升金融管理与服务水平，促进辖区经济持续平稳发展。

截至2021年12月末，全市人民币各项存款余额2062.73亿元，同比增长5.23%；全市人民币各项贷款余额2515.05亿元，同比增长15.16%。

【认真贯彻落实稳健货币政策与宏观调控总体要求】 引导金融机构认真贯彻落实稳健货币政策，持续改进提升“三农”、小微等领域投入，保持贷款平稳增长。进一步管好用好再贷款，发挥结构优化功能。创新研发再贷款到期提醒程序，一次录入多笔到期信息，系统自动提醒到期机构、时间与金额，避免因工作疏漏导致再贷款逾期，贵阳中支在全省推广。推动3000亿元再贷款政策有效落实，提升再贷款资金精准滴灌作用。截至2021年12月末，毕节市再贷款限额共77.88亿元，2021年向金融机构新增发放支农支小再贷款22.82亿元。

【全面助力毕节市普惠金融试验区申建工作】 凝心聚力，积极配合毕节市普惠金融改革试验区申建工作。对内，成立申报工作领导小组，制订印发毕节市中支助力毕节市普惠金融改革试验区申建工作方案，明确各条线业务工作措施。召开专题会议，传达省级专题会议精神，定期听取各相关部门工作推进情况汇报，并对贵阳中心支行有关部署要求及时进行深入解读和细化安排部署。建立按月跟踪工作机制，引导各银行机构打造普惠金融亮点，助力申建工作。对外，强化协调联动，组织成立金融系统助力毕节市申建普惠金融改革试验区工作专班，引导各金融机构制定并落实支持毕节市普惠金融申建工作措施。对县支行，强化指导调度，建立多级联动工作机制。在全面推进普惠金融工作基础上打造独具特色品牌，并定期调度落实情况。

【全力做好巩固脱贫攻坚成果同乡村振兴有效衔接金融服务】 积极发挥监管合力，联合毕节银保监分局印发《毕节市金融支持巩固脱贫攻坚成果同乡村振兴有效衔接“五项行动”工作方案》，聚焦巩固脱贫攻坚成果、农业现代化、民生领域、美丽宜居乡村和绿色发展五项重点开展金融提质专项行动。通过召开会议、定期监测、实地调研督导等方式，引导金融机构持续加大信贷投入，助力巩固脱贫攻坚成果促进乡村振兴。截至2021年12月末，全市涉农贷款余额1595.72亿元，同比增长14.28%。

【扎实做好稳企业保就业工作】 发挥部门联动作用，收集企业名录推送至银行对接，引导银行机构按照市场化原则及时满足企业合理信贷融资需求。强化两项直达货币政策工具管理，建立“四张清单”，引导金融机构加大政策宣传，全面提升政策知晓范围。一是梳理两项直达货币政策工具形成“政策清单”，借助新媒体多渠道宣传；二是引导金融机构创新金融产品，丰富“产品清单”，增加普惠小微信用贷款投放；三是推动金融机构按季梳理到期普惠小微贷款，形成“到期清单”逐户走访对接，提前谋划落实“应延尽延”；四是建立“按周监测、按月通报”的管理机制，形成“问题清单”发至县支行，压实支行责任，引导金融机构加大政策宣传，全面提升政策知晓范围。截至2021年12月末，法人金融机构落实普惠小微企业贷款延期还本付息23.76亿元，撬动通过信用方式发放普惠小微企业贷款68.68亿元。

【维护金融稳健运行取得实效】 牢固树立底线思维，多举措防范化解金融风险。加强监测力度，充分利用央行金融机构评级、存款保险核查和重大事项报告等综合手段，监测识别地方法人金融机构在经营管理中可能存在的风险隐患，确保辖内相关金融风险做到“早发现、早识别、早预警、早报告”。加强对高风险机构指导，做好风险管理工作。坚持目标导向，充分发挥现有洗钱入罪协作配合机制作用，督促金融机构提高洗钱线索自主甄别和发现能力，实施月报跟踪督导制度。截至2021年12月末，推动完成11起洗钱案的审结工作，同比增长450%，全市县域洗钱入罪覆盖率达71.43%。

【加强与改进外汇管理】 持续开展一企一策专项行动。开展汇银企三方座谈，找准园区内小微企业无担保抵押融资难的症结，以外贸综服企业为突破口，通过补充综服企业代垫资金，达到提高小微企业资金流转速度的目的，缓解流动资金短缺的痛点。向外贸综服企业全方位解读资本项目便利化业务以及注意事项，同时加强汇率避险产品宣传，帮助企业树立“风险中性理念”。鼓励银行积极拓宽企业融资路径，有效利用境内低成本外汇资金，为企业量身定制融资方案，并提供事前事中事后全流程管家式服务。积极部署诚信兴商宣传。在创新方式上求突破，组织辖内6家外汇指定银行，组建业务能手宣传小分队，精心制作完成“小哥哥小姐姐讲外汇”系列短视频两期，传递合规用汇讲诚信理念。强化跨境资金流动风险识别和防范。2021年1月至12月，全市涉外收支总额7890万美元，结售汇总额7916万美元，进出口总额5921.83万美元。

【全面提升金融服务水平】 1. 搭建优化营商环境建设工作机制，着力夯实工作基础。制定毕节市中支优化营商环境工作方案和“获得信贷”指标整改提升方案，成立优化营商环境工作领导小组及工作专班，与县支行和各银行机构签订指标优化承诺书，对市级指标、县域指标定目标、定责任、定岗位、定人。通过召开专题会、调度会等，高频率及时传达和贯彻落实中央、省、市优化营商环境有关文件和会议精神，就全面做好指标优化提升工作进行多次动员、调度、安排和部署。

2. 强化经理国库服务与监督职责，稳步推进国库高质量发展。认真履行经理国库职责，确保预算收支准确、高效执行。开辟国库服务“三车道”，即部门协作“直通道”、系统运行“快车道”、退库业务“专用道”，退库业务办结时间由2个工作日缩短到1个工作日，增值税留抵退税等资金到账时间精准控制到分，缩短到30分钟内办结。通过挖掘国库数据，创新推送企业纳税信息“白名单”推送至商业银行，引导其加强对名单内企业的信贷支持，有效破解银企间信息壁垒。

3. 优化账户服务，不断强化支付服务水平。精准定位农村地区支付服务需求，推进移动支付下沉农村地区，持续优化银行卡助农取款服务，助农取款服务点覆盖率达100%，基本解决农村地区基础支付服务“最后一公里”难题。强化银行账户管理职责，认真办理企业开户、变更、撤销业务。积极落实“断卡”行动各项工作部署，成立“断卡”行动工作专班，推动银行机构间信息共享，实现对涉案卡全机构全账户管控。

4. 切实践行征信为民服务理念，持续做好征信平台建设。推动辖内金融机构通过平台完成全省首笔在线融资，推动完成毕节市地方征信平台与“贵州省大数据综合金融服务平台”的升级融合。截至年底，全市29家银行业金融机构通过平台发布46个贷款产品，对接14笔企业线上融资，融资金额1841.2万元。将自助查询机迁移到政务服务中心、商圈等人流密集场所和部分金融机构网点，进一步优化查询机布局，为群众提供便捷、高效、安全的信用报告查询服务。年底，全辖区已建立个人信用查询代理网点28个。截至2021年12月末，共受理信用报告自主查询20.43万笔。

5. 全面提升现金服务水平。科学制订发行基金调拨计划，保障现金供应。持续推进现金服务示范建设，成功创建黔西杜鹃花都惠民现金服务示范区。优化全市发行库布局，全市首家发行基金托管库在黔西农商银行启动。持续加大防伪反假工作力度，深入开展人民币防伪反假知识、防范虚拟代币和整治拒收现金等系列宣传，建立银警信息协作和联合推进打击假币犯罪长效机制。截至2021年12月末，全市收缴假币110万余元。

6. 加强金融科技应用管理。召开2021年辖内银行业金融机构信息及网络安全工作联席会议，落实金融业网络安全协调机制，强化行业指导。督导各金融机构做好金融业机构信息共享系统推广、移动金融客户端应用软件备案、移动金融客户端应用软件无障碍服务建设、2021年金融业机构信息管理系统信息验证等工作。组织辖内金融机构开展“金融标准，为民利企”质量月主题活动和“金融标准进少数民族村寨、进学校、进社区”特色活动。通过多种形式的宣传引导，辖区广大人民群众远离网络赌博、识别网贷陷阱等非法网络金融诈骗活动，自觉抵制网络金融谣言和金融负能量，共建清朗网络空间，共筑金融网络安全防线。

7. 切实维护金融消费者合法权益。加强对金融机构的行为监管，督促各银行业金融机构依法合规经营，对辖内银行业金融机构2020年度金融消费权益保护工作进行评估，督促其不断提升金融服务水平。积极打造暖心热线，确保对外公示金融消保咨询投诉电话、“蒲公英”金融志愿服务咨询投诉电话畅通。结合“3·15”消费者权益保护日、“金融知识普及月”等重要时点，多渠道开展金融知识普及教育，固化“蒲公英金融夜校”“百场金融知识讲座进校园”“宣传大篷车”“流动服务站”等宣传服务品牌成果，持续推进“六进”行动，充分扩大宣传覆盖范围，增加受众数量，有效提高金融消费者的风险识别能力和自主决策意识。创作拍摄反诈主题系列微电影《无尽的谎言》第五季，先后获央视频、《农民日报》、网易新闻、贵州团省委（B 站）、贵阳中心支行黔行青春公众号转发推荐，浏览量超过 100 万次。

（供稿：中国人民银行毕节市中心支行）

毕节银保监分局

【概述】 2021 年，毕节银保监分局认真贯彻落实习近平总书记视察贵州视察毕节重要讲话精神，加强党的集中统一领导，凝心聚力提高服务实体经济质效、毫不松懈防范化解金融风险、不遗余力维护社会经济稳健发展、千方百计提升监管能力建设，为建设贯彻新发展理念示范区“十四五”良好开局提供坚强有力的金融支撑。

【银行保险业基本情况】 全市银行业运行呈现资产负债平稳增长，存款波动增长，贷款快速增长等特点，多项指标增速居于全省前列，风险整体可控，支持地方经济社会发展能力持续提升。2021 年末，辖内银行业金融机构资产规模和负债规模分别为 2968.65 亿元、2867.08 亿元，较 2020 年同期均呈两位数增长，分别增长 10.08% 和 11.15%，增速排名均居于全省第三位。各项存款余额突破 2000 亿元大关，达 2032.12 亿元，较年初增长 4.45%；各项贷款余额 2515.15 亿元，较年初增长 15.17%，增速居于全省第二位。实现净利润 25.44 亿元，同比减少 11.82 亿元。

全市保险业运行呈现保费收入增速回升、保障水平增强、赔付支出上升等特点。2021 年，保险机构累计实现原保险保费收入 39.91 亿元，同比增长 3.94%，增速排名全省第一位。其中财产险公司保费收入 21.24 亿元，同比增长 1.34%，人身险公司保费收入 18.67 亿元，同比增长 7.06%。2021 年，保险机构赔付支出 19.65 亿元，同比增长 4.23%，其中财产险公司赔付支出 13.40 亿元，同比增长 9.36%；寿险公司赔付支出 6.25 亿元，同比负增长 5.30%。

【服务实体】 深刻领会和树立新发展理念，引导机构加强对新型工业化、新型城镇化、旅游产业化、农业现代化的金融支持。围绕重点领域、重点行业、薄弱环节，督促指导银行保险机构支持经济持续恢复和高质量发展，并组织开展自查和督查，成效明显。强化金融资源供给，全市银行业累计投放贷款 1448.20 亿元，同比多投放 130.79 亿元。做好产业链金融服务，缓解链上企业流动资金紧张问题，惠及核心企业及其上下游企业 627 户。指导银行保险机构积极发展绿色金融，绿色信贷余额 285.77 亿元，环境污染强制责任保险实现零的突破。做好能源保供工作，煤炭、光伏等能源企业融资余额超 100 亿元，助力毕节市电煤供应量居全省第一。做好重点领域金融服务，加大对贵州省“四化三战略”的支持，贷款余额 1223.83 亿元。抓牢抓实毕节市国家级普惠金融改革试验区和金融服务乡村振兴创新示范区的建设，打造金融示范样板，涉农贷款余额 1595.72 亿元，占比达 63.44%。优化金融供给结构缓解小微企业融资难、融资贵难题，打好助力小微、“三农”金融服务“组合拳”，普惠型小微企业贷款同比增速超各项贷款增速 18.03 个百分点，户数同比增加 2.5 万户，累放贷款年化利率同比下降 0.51 个百分点，实现 4 年持续下降，到期贷款实施延期还本付息金额 23.94 亿元。引导辖内保险业进一步发挥风险减震器、社会稳定器、经济助推器作用，全市保险机构提供风险保障金额6.23万亿元，赔付支出19.65亿元；政策性农业保险提供风险保障金额240.67亿元，赔付支出2.04亿元。

【金融供给侧结构性改革】　持续推动“引金入毕”工程，永安财险毕节中心支公司顺利开业，国元农险黔西支公司将于近期开业，全辖银行机构乡镇网点数量超380个，多层次、广覆盖、有差异的金融机构体系逐渐完善。持续夯实法人机构公司治理，加强党对金融工作的领导，推动农小机构建立基层党组织173个，推进股权和关联交易专项整治常态化，12家机构完成股权托管。车险综合改革持续深化，辖内车险车均保费同比减少246元。金融纠纷调解多元化机制逐渐形成，银行业和保险业2个纠纷人民调解委员会挂牌成立并实现成功调解。道交一体化数据平台实现业务在线快速处理，全年共处理纠纷24起。创新推出“保险+期货”，并落地签单3笔。毕节市“保险+气象”合作模式全面落地，实现“政府减灾、群众减损、保险减赔”三方共赢新局面。

【风险防控】　前瞻性判断风险演变趋势，督促指导银行机构加大不良贷款处置力度，全辖银行业共处置不良贷款25.86亿元，不良率为1.13%，不良贷款较年初呈“双降”态势。一行一策推进风险处置，严控增量风险，高风险机构主发起行股权变更获批。农村中小法人机构整体运行平稳，公司治理不断完善、各项监管指标持续优化、风险抵补能力持续增强、监管评级稳步提升，整体健康度居全省前列。被托管的天安财险毕节中心支公司业务有序推进，承保利润有所提升，人员相对稳定，未发生负面舆情事件。压实机构主体责任，协助地方政府依法合规缓释、化解隐性债务风险，强化债务风险管理。坚守“房住不炒”定位，加强房地产贷款集中度管理，开展经营性贷款违规流入房地产排查。及时传导监管压力，有效防范信息科技、非法集资、电信网络诈骗、反洗钱等重点领域风险。持续巩固拓展银行保险市场乱象整治成果，发挥行政处罚震慑作用，对5家银行保险机构处以173万元罚款、对相关责任人处以30万元罚款，警告5人次，有效震慑辖内机构及高管违法违规行为。

【提升监管能力建设和内部管理】　聚焦党史学习教育，制定方案精心组织实施，有计划、有步骤统筹开展庆祝中国共产党成立100周年“十二个一”系列活动，编发分局系统党史学习教育宣传简报38期，开展党课共计28次，梳理出的11项“我为群众办实事”重点民生项目全部完成。抓牢疫情防控这个前提，分局符合接种疫苗条件干部职工接种率达100%。有条不紊开展党建和业务培训，成立EAST系统应用、信息写作等兴趣小组，举办主题演讲、党史知识等竞赛活动，开展文体、团日等主题活动，多维度锻炼干部“善写、善讲、善干、守廉”，进一步营造分局干事创业守廉文化氛围。推行“123”工作法持续规范市场准入，完善非现场监管工作责任机制、协调机制、共享机制，探索建立线上排查与线下核查相衔接的现场检查工作机制，制定印发行政许可、非现场监管、行政处罚的操作规程及公文处理工作实施细则、督办事项管理办法等规章制度，全方位、全流程地规范完善监管执法工作机制。配合做好工资制度改革，推进完成养老保险经办入轨。

【党风廉政建设】　积极探索清廉金融行业建设的毕节路径，印发清廉金融文化建设工作方案和党风廉政建设群众满意度提升工作实施方案，探索推进“监管引领、协会搭台、机构推进”的清廉金融文化建设模式和“清廉金融指数”综合评价体系，用“硬指标”推进“软文化”。印发同级监督办法，深入推进“学、用、督、改”，动态优化完善防控手册，风险点较上年增加50个，以强化职责为点、规范事权为线、完善制度为面的工作机制进一步完善。开展系统在职及退休干部投融资、经商办企业以及干部职工裸官排查，筑牢廉洁自律防线，巩固“亲”“清”监管关系。深入开展包商银行严重信用风险事件背后系列监管腐败案件专题警示教育，共查摆问题290个，制定整改措施298条。旗帜鲜明地支持监督执纪工作，听取纪委汇报和专题研究党风廉政建设工作18次。贯彻落实中央八项规定精神，严格执行公私分开、履职回避、投融资以及裸官监管问责办法，填报履职回避信息申报表60份，全年依规报告（备）非公务交往报告9人次。

（供稿：毕节银保监分局）

毕节市金融工作办公室

【概述】 2021年，市金融办围绕金融工作三大任务，强化和金融监管部门的工作联动，统筹疫情防控和经济社会发展，继续做好“六稳”“六保”工作，积极引导金融系统全力支持实体经济发展，持续巩固金融风险防范化解成效，深入推进金融改革创新，不断提升金融服务能力，为全市经济社会高质量发展提供有力有效金融支撑。

【全市金融业发展情况】 银行业。截至2021年末，全市有银行业金融机构29家，2021年，全市金融业增加值84.61亿元，占全市生产总值的3.88%。金融业实现税收12.12亿元，占总税收的5.83%，成为全市六大税源之一。人民币各项存款余额2062.73亿元，排全省第3位，同比增长5.23%，排全省第5位。人民币各项贷款余额2515.05亿元，排全省第3位，同比增长15.16%，排全省第2位。存贷款余额同比增速10.69%，排全省第2位。保险业。2021年，引入华安财险落户毕节，全市保险机构22家，其中财险公司15家，寿险公司7家。2021年实现保费收入39.91亿元，排全省第3位；同比增长3.94%，增速排全省第1位。证券业。截至2021年末，全市有证券机构2家，二级市场各类证券交易总额达168.31亿元，证券市场客户资产总值10.49亿元，指定及托管各类证券总市值9.63亿元。类金融机构。截至2021年末，全市共有注册登记的典当企业4家，注册资本4000万元，典当余额2543.22万元。融资性担保公司共15家，注册资本总额16.78亿元，在保余额38.57亿元，在保户数2769户。小额贷款公司11家，注册资本总额1.78亿元，贷款余额2.53亿元。

【抢抓机遇，争取政策支持成效明显】 推动市政府与中国光大银行、国开行省分行、农发行省分行、工行省分行、交行省分行、中国银联贵州分公司签订“十四五”期间战略合作协议，“十四五”期间拟在毕节新增投放贷款2600亿元以上。系列合作协议的签订，为“十四五”金融工作良好开局奠定坚实基础。

【强化服务，助力经济高质量发展】 一是常态化开展政金企融资对接。常态化开展政银企融资对接活动，向银行推荐“四化”等重点项目108个，融资金额236.33亿元，建立项目融资跟踪调度台账，达成融资意向的项目72个，拟授信149.82亿元，43个项目获得放款42.66亿元。二是加强融资培训和咨询服务。发挥毕节市实体企业金融服务团作用，为企业免费提供融资咨询服务，2021年，通过办理展期、续贷等业务为690家中小微企业提供信贷支持66.91亿元。三是推广贵州省综合金融服务平台。年底，全市29家银行金融机构、12家政府性融资担保公司、26132家企业入驻平台，线上发布融资需求361笔，落地229笔6.36亿元。四是推动金融服务小微企业各项纾困政策落地。缓解小微企业融资难、融资贵难题，开展小微企业金融服务质量提升专项行动，不断提升小微企业金融服务水平。

截至2021年末，全市小微企业贷款余额731.92亿元，较年初增速为21.93%，其中：普惠型小微企业贷款较年初增速为27.65%，远高于各项贷款增速，贷款平均利率为6.21%，连续4年持续下降。

【严守底线，防范化解金融风险】 一是推进高风险金融机构“摘帽”。制定高风险金融机构风险化解处置方案，推进发起行股权承接、不良贷款清收处置等工作，实现存量高风险金融机构“摘帽”。二是加强债务欠息调度。明确专人调度债务欠息，及时下发工作提示函，督促各县区及时还息，营造良好投融资环境。三是加强对地方金融组织日常监管。加强对小贷公司、担保公司、典当行等类金融机构的现场和非现场监管，强化非现场监管数据分析研判。依法依规推动年检不合格机构和失联“僵尸企业”整改和市场出清。开展类金融机构扫黑除恶专项整治，为全市经济建设营造稳定良好金融秩序。四是防范化解非法集资风险。保持对非法集资的高压态势，健全完善防范和处置非法集资长效工作机制，开展《防范和处置非法集资条例》常态化宣传教育和非法集资专项整治工作。

【申建普惠金融改革试验区】 认真贯彻落实省政府主要领导关于毕节市申建国家级普惠金融改革试验区的指示精神，立足实际，按照“边创建、边申报”的工作思路，有序推进申建工作。总体方案人民银行总行征求相关部委意见，有望于2022年上半年获批。同时争取农发行、工行、建行、邮储银行省分行、重庆银行贵阳分行、省联社、人保财险省分公司等金融机构出台支持毕节市申建普惠金融改革试验区的政策措施或工作方案。按照边申报、边创建的工作思路，把推进普惠金融改革作为深化改革重要内容，印发实施《毕节市创建普惠金融改革试验区实施方案》。

（供稿：毕节市金融工作办公室）

中国工商银行股份有限公司毕节分行

【概述】 2021年是“十四五”规划开局之年，是中国共产党成立100周年，站在时代交汇点，工商银行毕节分行紧跟党中央关于做好党史学习教育的整体部署，围绕中共十八大以来习近平总书记先后三次对毕节试验区发展作出的重要指示批示，坚持发展和质量两手抓，聚焦党建引领激发经营活力，牢记服务实体、服务群众工作宗旨，紧跟毕节市委、市政府的各项工作要求，充分发挥金融在助推社会经济发展中的重要作用。

截至2021年末，各项存款余额达201亿元，较年初减少3.45亿元，其中对公存款减少10.88亿元，储蓄存款增加7.43亿元；各项贷款余额271亿元，较年初新增31亿元，其中法人贷款新增14.42亿元，个人贷款新增16.59亿元；银保监普惠口径贷款余额10.07亿元，较年初净增6.08亿元；不良贷款余额1.13亿元，较年初减少1.43亿元，不良贷款率0.41%，较年初下降0.65%。

【构建信贷助力实体新格局】 紧紧围绕习近平总书记“努力把毕节试验区建设成为贯彻新发展理念的示范区”的嘱托，坚持把服务地方经济社会发展作为己任，践行国有大型商业银行的使命与担当，与毕节市人民政府签订战略合作协议，继续加大毕节“四化”领域、乡村振兴、普惠金融改革试验区申建等重点领域的合作和投入。结合总省行信贷业务经营导向，加强对毕节市“四化”“乡村振兴”项目摸底营销，提升信贷项目储备。围绕“七张清单”“七批重点领域项目”加大走访力度，发挥金融力量，为毕节市实现脱贫攻坚、增强社会经济实力、改善民生福祉注入金融活水。2021年公司贷款累计发放44.66亿元，支持旅游、交通、城建、农业、制造业、乡村振兴等领域。同时，各项贷款余额达271亿元，全力支持地方经济发展，获毕节市人民政府肯定。

【构建普惠金融服务新格局】 为全力支持毕节申建全国“普惠金融改革试验区”相关工作，工商银行毕节分行加快构建全方位的普惠金融服务体系及普惠业务新格局，坚持把普惠业务打造为发展新的亮点，打造为助力乡村振兴的利器，按照中央关于大力发展普惠金融部署，把普惠业务作为“头号工程”推进，实现银保监普惠口径贷款余额10.07亿元，较年初净增6.08亿元，增速152%，完成全年任务203%，增速排名全省系统内第一，增量排名同业第一。并在全省系统内建成首家普惠金融旗舰店，作为首个普惠金融综合服务网点，汇集税务、工商、交警、社保等政务业务和普惠、个金、个贷等金融业务，获得监管机构和客户好评。

【构建支持特色产业发展新格局】 结合毕节本地文化、旅游、消费、扶贫等特色产业，工商银行毕节分行积极提供产业兴农贷、黔税e贷、黔旅快贷等普惠产品支持，实现特色产业累计投放1.45亿元。并积极做好“烟农e贷”的推广，累计解决1000余户烟农资金紧缺问题，坚决履行好金融服务的使命责任，为助力农业产业发展、农民群众增产增收办实事、办好事。同时，做好创新业务，实现烟草贷、黔税e贷、产业兴农贷、项目e链四条亿元产品线。

【构建金融赋能乡村振兴新格局】 为全力响应国家乡村振兴战略，工行贵州省分行创新推出“工农e家”系统，打造对外输出集农村三资、乡村政务、流通交易、基础金融、普惠融资等一揽子金融服务，进一步延伸服务触角，助力乡村振兴。为确保“工农e家”惠及更多群众，工商银行毕节分行在全省系统内率先投产“工农e家”系统，将服务触角延伸至广大乡村，打通金融服务的“最后一公里”。实现“工农e家”全市8个区县、151个乡镇的覆盖。

【从严从实防风险，筑牢经营管理防护网】 抓实信贷风险防控。向风险资产要效益，序时推进政府隐性债务化解，开展从严治贷行动，梳理前端准入、尽职调查、担保管理、作业监督和存续期管理等关键环节的履职要点，围绕重点治理环节做好自查，促进信贷业务健康发展。抓实基础管理工作。以“管住人、管住钱、管好防线、管好底线”为原则，紧盯重点领域、关键环节，员工异常行为等方面，开展制度检查和屡查屡犯治理，保持零案件目标。紧盯断卡行动、安全评估、安全管理等各项工作，为业务发展保驾护航。在第七轮安全评估中，达到安全防范优秀单位标准。抓实疫情防控。严格落实毕节市政府疫情防控各项措施，不断提升应急处置能力，保障全行安全运行。

【完善机制强管理，提升经营发展向心力】 完善干部管理机制，出台《工行毕节分行管理人员履职问责办法（试行）》，完善能上能下的干部管理机制，提升干部“想干事、干成事”的意识和能力。完善人力资源管理机制，坚持盘活存量用好增量、定员定岗，全面梳理二级分行机关和各支行人员岗位及职责，将新进行员工向支行一线倾斜。开展针对性技能培训，激励全员提升岗位技能。通过在队伍建设、基础管理、文化建设上不断建机制、强管理，为经营发展构筑坚实屏障。2021年，工行毕节分行获2020—2021年全国金融系统思想政治工作优秀单位、贵州省五一劳动奖状、工商银行脱贫攻坚先进集体等荣誉。

（供稿：中国工商银行股份有限公司毕节分行）

中国农业银行股份有限公司毕节分行

【概述】 2021年，农行毕节分行以习近平新时代中国特色社会主义思想为指导，认真贯彻落实农总行、省分行及市委、市政府的重大决策部署，持续投入信贷资金助力地方经济建设。截至2021年12月31日，各项存款183.28亿元，比年初增加4197万元；2021年累放各项贷款86.38亿元，余额341.57亿元，较年初增加33.19亿元；实现中间业务收入1.56亿元。

【主体经营指标同比向好】 一是存贷款继续保持正增长。截至2021年末，各项存款余额183.70亿元，比年初增加4197万元。核心存款日均余额达187.62亿元，日均增量2.23亿元，同比增长384.48%。全年累放各项贷款86.38亿元，各项贷款余额达341.57亿元，较年初增加33.19亿元，增幅达10.76%。其中，个人贷款余额111.21亿元，较年初增加19.57亿元；对公贷款230.35亿元，较年初增加13.61亿元。二是利润指标优于同期。截至2021年末，实现营业收入10.31亿元，比上年同期增加9176万元；拨备前利润7.68亿元，比上年同期增加8380万元；净利润4.76亿元，比上年同期增加1.14亿元。全年实现中间业务收入1.56亿元，其中，实现对公条线中间业务收入5258万元，实现个人条线中间业务收入6308万元。

【金融扶贫亮点突出】 一是精准扶贫贷款位列全省农行榜首。2021年新增发放精准扶贫贷款5.43亿元，余额达56.86亿元，存量和增量均位居全省农行第1位。带动服务贫困人口22.68万人次，较年初增加3.20万人次，存量及增量分别位列全省农行第2位和第1位。二是惠农e贷持续保持较好成绩。截至2021年末，惠农e贷余额20.68亿元，较年初增加4.76亿元，余额及完成率均位居全省农行第1位。该行“乡村振兴e贷‘贷’活乡村产业”案例获2021年中国农村金融峰会优秀案例，系首次获此荣誉。三是普惠小微贷款稳步推进。截至2021年末，全行普惠型小微企业贷款余额为15.65亿元，较年初增加4.52亿元，增速为40.57%，高于全行各项贷款增速；普惠型小微企业有贷户数为6157户，较年初增加1330户，完成“两增”目标。四是消费扶贫超额完成计划。按上级行消费扶贫精神，建立本地贫困地区农特产品库，向农行系统大力推荐毕节市贫困县农特产品；同时，积极动员广大员工线上线下购买农特产品，凡涉及节日慰问员工的物品，均购买贫困地区农特产品，进一步帮助解决贫困地区产销问题。2021年全行共购买贫困地区农特产品金额达24.30万元。

【风险管控能力稳步提升】 一是信用风险管控持续加强。全行不良贷款余额3.23亿元，不良贷款率0.95%，较年初下降0.08个百分点；考核到期贷款偿还率（即剔除深度贫困县到期未处置逾期贷款）98.38%，完成年度计划的100.66%。二是监管考评指标位次较好。消费者权益保护工作以99分的优异成绩获评A类行，连续4年获评该等级；金融机构综合评价获评A等机构。在国家外汇管理局毕节市中心支局对全市6家金融机构2021年度银行外汇业务合规与审慎经营评估中，分行以总分排名第一的优势获评唯一的A类行，创历年来新高。三是涉案账户进一步得到遏制。通过持续的整治，分行涉案账户数量在市内排名由年初的第一（占比32.32%）降至年末的排名第三（占比15.94%）。与此同时，分行拍摄的断卡行动公益短视频《拒绝租用账户，不做洗钱帮凶》被农银大学e课堂采用，为历年来首次被该平台采用的视频。同时，该视频还在省分行2021年12月举办的全省农行“反诈拒赌、安全支付”创意宣传作品征集大赛活动中获二等奖。四是员工合规文化教育得到强化。在全辖区持续开展“合规文化建设”活动，全辖区参加合规文化建设学习活动人员700余人，组织开展“案防知识培训、案件警示教育、合规文化宣讲”讲座10次，参加案防知识测试、合规文化知识测试活动近700人次。五是员工行为管理措施多样化。在内部，通过巡察、尽职监督检查、三线一网格系统管理、员工征信分析等措施，及时对员工异常行为进行分析；在外部，及时走访公安机关、纪检机关、市场监督管理局等外部监管单位，逐一分析和处理员工存在的可疑线索。同时，还及时走访房开商、政府平台公司及部分农户贷款客户，全面开展员工异常行为的风险排查。

（供稿：中国农业银行股份有限公司毕节分行）

建行毕节分行

【概述】 2021年，建行毕节分行以习近平新时代中国特色社会主义思想为指导，全面贯彻中共十九大，十九届二中、三中、四中、五中全会精神和中央经济工作会议精神，在市委、市政府的领导下，以“高质量”为主题主线，以“补短板”为重点任务，以“新发展”为目标追求，牢牢把握毕节试验区大力推动新型工业化、新型城镇化、农业现代化、旅游产业化的发展要求，坚定不移推进“三大战略”，助力乡村振兴，确保“十四五”开好局。

【同业合作推进重大项目落地】 国家储备林建设，是切实增强中国木材自给能力的需要，也是毕节市试验区建设的重要内容，该项目充分把生态保护与经济发展有机结合，是践行绿色发展理念的典范。该项目总投资金额高，融资需求大，单家金融机构难以满足其信贷需求，建行毕节市分行积极与同业金融机构合作，通过拼盘、组建银团等方式，为毕节市国家储备林建设项目审批贷款26.01亿元，2021年年初至今累计投放货款11.42亿元，贷款期限30年。

【供应链业务实现村集体经济组织贷款“零”的突破】 建行毕节市分行运用“龙头企业+金融+合作社+农户”的新金融模式，成功批量化发放村集体经济组织及专业合作社供应链贷款，并实现农村集体经济组织贷款“零”的突破，2021年累计向35家村集体经济组织及合作社发放贷款资金1.98亿元。有效缓解某红粱龙头企业上游35家村集体经济组织及农民专业合作社、约1.3万户农户的资金需求，助力当地特色农业产业发展，带动种植农户创收增收，进一步支持村集体经济组织发展壮大，继而推动农村经济快速发展助力乡村振兴。2021年4月，分行为毕节市农业投资发展有限责任公司中国白参工厂化生产及珍稀食用菌科创园建设项目审批贷款2亿元，期限6年，投放2亿元。

【深耕三资平台建设，助力乡村振兴】 为贯彻落实乡村振兴战略，积极践行新金融行动，进一步推进全行智慧政务服务重心下沉，打通建行服务乡村治理的“最后一公里”，赋能农村集体经济组织，分行相继在智慧政务领域推出农村三资平台、产权交易、智慧村务等信息化平台。

三资平台是建行毕节市分行服务村集体经济组织的纽带，通过平台村集体组织及管理部门可以实现资金、资源及资产的管理，助力农村三资关系信息化建设并通过平台化管理为上级决策提供数据支撑。毕节分行成立三资工作推进小组，向农业农村局等管理部门介绍分行平台优势与亮点，结合当前国家战略背景及乡村振兴工作要求，介绍分行产权交易平台、智慧村务平台等助力乡村振兴和乡村建设信息化的平台。通过“三资平台+银农直连”实现村集体资金的有效监管，产权交易平台盘活农村闲置资产，智慧村务平台为乡村现代化治理插上信息化翅膀。

【科技金融助力社会治理能力提升】 建行毕节市分行立足社会治理痛点、难点，发挥金融+科技优势，免费为学校、医院、财政、住建、税务等行政部门、事业单位、企业、专业市场、农村集体经济组织等搭建智能化、信息化系统或平台，提高社会治理能力。

为贯彻落实党中央、国务院关于改革国税地税征管体制的部署，稳妥有序做好社会保险费征管职责划转准备工作，确保社会保险费交由税务机关征收后，实现费款征收的安全、便利、高效。建设银行成功为国家税务总局毕节市税务局上线政融支付缴费项目，成为全市首家上线社保缴费的政融支付项目，实现税务代征社保的多元化渠道缴交。

项目的上线，打破传统社保缴费渠道，为800万元毕节基本医疗保险参与者及200万元养老保险参保者提供便捷的缴费渠道，项目通过H5页面的方式嵌入毕节市税务局微信公众号，并把分行缴费渠道布放于“毕节税务”微信公众号首页醒目位置，成为可直接通过微信公众号缴纳社保的唯一银行端渠道。2021年，平台累计交易笔数超过25万笔，缴费金额5900余万元，是实现“数据多跑路、群众少跑路”的积极探索。

【多措并举提升小微企业发展质效】 建行毕节分行深入推进对中小企业实施临时性延期还本付息的相关举措，纾解企业困难，采取系统推送延期政策信息及客户经理逐户对接到期客户的方式，积极开展贷款延期申请，截止到2021年8月31日，毕节分行累计受理贷款延期15408.55万元，涉及237家企业共计429笔债项。此外，进一步降低融资成本，减费让利，让企业轻装上阵。累计为信贷客户承担抵押登记费24380元，评估费100546.44元。

创新推出多款小微企业信用贷款产品，如针对烟草商户推出“黔叶云贷”产品，2月28日上线以来，授信金额达到3.2亿元，单项产品客户突破1600户。为响应国家“减税降费”政策，探索数据增值化运用，以税促信支持普惠金融，推出小微企业“减税云贷”信贷产品，通过将小微企业减免的增值税、所得税的税额反算纳入贷款模型，有效解决减税客户的融资难题，授信金额2.67亿元。

（供稿：建行毕节分行）

中国银行毕节分行

【概述】 2021年，中国银行毕节分行以习近平新时代中国特色社会主义思想为指导，围绕立足新发展阶段、贯彻新发展理念、构建新发展格局，推动高质量发展，认真贯彻落实总行、省行2021年初工作会议精神和毕节市委、市政府各项工作部署，按照“激发活力、敏捷反应、重点突破”工作思路，统筹推进各项工作。一年来，分行经营效益保持平稳增长，贷款规模逐步扩大，资产质量不良实现双降，KPI绩效考核实现全省二级分行排名靠前的经营目标。

【绿色金融服务】 2021年中国银行贵州省分行先后出台《中国银行贵州省分行“十四五”绿色金融工作规划》《中国银行股份有限公司贵州省分行光伏发电行业授信审批指引（2021年版）》，该规划紧紧抓住国家生态文明试验区建设的重大历史机遇，构建具有中行特色的绿色金融体系。光伏发电项目是威宁县能源及基础设施建设的重要组成部分，“绿色贷款”对帮助威宁县基础设施建设、贫困人口就业及提高低效农业用地再利用意义重大，分行通过向上借力，上下联动，截至2021年末，中行贵州省分行为该项目投放8亿元，该笔业务的落地，展现中银集团以国内商业银行为主体、全球化及综合化为两翼的“一体两翼”集团优势，获得客户的高度好评，项目建设不仅带动当地税收增源、农民增收，还带动乡村振兴，成为绿色资源变绿色资产、绿色资产变绿色资本、绿色资本变绿色动能的典范。自2020年起，分行与织金县毕绿生态绿色产业发展有限公司开展业务合作，通过组建外部银团方式，为织金县国家储备林（一期）项目批复3.5亿元的银团贷款，为国家储备林的建设提供有力的资金支持，同时推动国家生态安全和用材林安全的建设。

【普惠金融业务】　分行以抓好业务成长为突破口，强化外部渠道营销合作，实现线上普惠业务的飞跃发展，超额完成全口径普惠金融任务。为提升全行小微企业金融服务的覆盖面和便捷度，分行进一步丰富“企E贷”线上融资产品体系，明确2021年度为“线上产品突破年”，制定线上产品营销推广方案。通过与税务局、工信局、农业农村局等职能部门合作，开展多次银政企交流座谈会，大力发展分行线上产品，对公线上信贷产品计划完成率达到328.17%，线上产品成为普惠金融业务发展新增长点，同时也弥补分行物理网点辐射有限的缺陷。

【消费者权益保护】　按照省分行“强化执行 重点突破”及人民银行消费者权益保护工作要求，分行积极有序推进相关工作的开展，围绕组织架构、机制建设、信息保护、宣传教育、投诉管理及配合监管六大板块开展工作。为深入贯彻执行人民银行及公安等监管机构关于打击治理电信网络新型违法犯罪工作精神，扎实做好打击治理电信网络新型违法犯罪工作，加强对青少年的宣传教育，分行结合“蒲公英”金融志愿服务行动及“我为群众办实事”主题实践活动，全面部署开展3月“3·15”消费者权益保护日宣传、6月“普及金融知识 守住钱袋子”、9月“金融知识普及月 金融知识进万家 争做理性投资者 争做金融好网民”宣传活动，充分利用营业网点LED屏24小时滚动播放宣传标语。

【人才队伍建设】　坚持人尽其才的用人观和“赢在中层”管理理念，结合分行员工年龄结构新老两极分化严重的现状，致力于中层后备干部队伍和专业技术队伍建设，加大人才培养开发力度。按照“人尽其才、绩效导向、以德为先”的选人、用人机制，真正做到用能力选人、用业绩选人、用制度选人，用好关键人才，将纳入后备人才库管理人员列为重点培养对象，大胆起用优秀年轻干部。

【关爱员工计划】　以转变机关作风为抓手，深入开展服务基层、服务一线活动，建立分行班子成员和分行条线部门定期走访制度，定期深入基层与员工座谈，重点对基层关心关注的问题进行调研和宣导，重视员工反映的问题和困难，并及时解答和解决，持续做好员工每年的健康体检工作，积极推动单身员工宿舍修缮工作。

【内控合规管理】　一是根据《中国银行贵州省分行2021年“内控合规管理建设年”活动工作方案》《中国银保监会关于开展银行业保险业“内控合规管理建设年”活动的通知》要求，该行成立领导小组和工作小组，制订工作方案，全力开展2021年“内控合规管理建设年”活动工作。二是反洗钱标杆行创建工作取得成效。2021年4月初，分行在毕节人民银行毕节市中心支行和省分行法律与合规部的指导下开展“反洗钱标杆行创建”工作，人民银行毕节市中心支行、省分行法律与合规部对分行协助公安机关抓获犯罪嫌疑人高度认可，毕节市公安局反诈中心给分行写了感谢信。三是开展“2021年尾箱管控专项治理年”活动和“渠道与支付清算内控合规管理建设年”活动，使得问题得到及时整改，运营工作有序开展，平安运行。

（供稿：中国银行股份有限公司毕节分行）

中国邮政储蓄银行毕节市分行

【经营业绩稳定向好】　2021年经营管理绩效考

核得分1212分，全省排名第1位，较上年提升6位。2021年全市实现自营收入27607万元，全省排名第5位。实现净利润19662万元。计提资产减值损失887万元，EVA 6267万元。人均EVA 30.1万元。RAROC 19.01%。人均利润85万元，全省排名第2位（全省53万元），网均利润126万元，全省排名第3位（全省1042万元）。

【资产规模稳步增长】 资产总额204.62亿元，年净增18.90亿元，年增幅10.17%。其中，各项贷款余额68.03亿元，年净增1.65亿元，年增幅2.49%，占资产总额33.24%。其中个人贷款34.58亿元（个人消费贷款余额23.55亿元，个人经营类贷款余额11.03亿元），小企业贷款7.19亿元，公司贷款26.26亿元。负债余额203.14亿元，年净增18.51亿元，年增幅10.03%。其中，各项存款余额189.79亿元，年净增17.28亿元，年增幅10.02%。

【强化政治担当，服务国家战略】 一是加大“三农”支持力度，巩固拓展脱贫攻坚成果同乡村振兴衔接。截至2021年12月末，“三农”贷款发放114326万元，净增21653万元。二是落实监管要求较好，支持普惠小微取得新成效。截至2021年12月末，该行普惠小微贷款余额达到140897.41万元，较年初增加24220.37万元，增速20.76%，高于各项贷款增速。三是致力打好污染防治攻坚战，绿色银行建设战略取得阶段性成果。截至2021年12月31日，全行绿色信贷余额69824.3万元，较年初净增26887.97万元，增速62.62%。

【坚守风险底线，夯实合规根基】 一是案防工作成效明显。层层压实案防责任，有效防范金融风险：严格落实案防管理责任制，层层签订责任书，落实案件防控和安全生产责任和目标；按季度清理、优化、评估现行制度进行公布，梳理现行有效制度76项，失效制度6项，新印发制度17个。全年实现“零案件”“零重大风险事件”目标。二是疫情防控工作平稳有序。落实疫情防控常态化管理要求，组织全行员工完成无禁忌人员疫苗接种，加强人员外出管理，对出省人员要求报批；持续做好现金各环节消毒工作，柜面办理现金业务严格执行收支两条线，关闭辖内CRS现金存取款循环功能；规范全辖柜面现金全额清分标准，优化现金清分流程，有效整合有限的人员兼职客户经理；迄今全行未发生1起个人或聚集性疫情事件。

【聚焦精细管理，提升管理质效】 一是资产管理能力不断提升。按照“狠抓信用风险防控”精神及打好新增资产质量持久战、存量资产质量保卫战和不良资产处置攻坚战三项战役要求，加强信用风险的监测和预警管理，严守信用风险底线。二是审查审批支撑能力进一步加强。信用审批部按照总行、省分行授信政策导向，积极支持绿色信贷、信用村贷款、线上业务等重点业务的发展需求，调整信审思路，转变服务理念，主动与业务部门对接，有效提升效率。三是邮银协同力度向纵深推进。通过按月召开代理金融风险内控案防管理委员会等，进一步畅通邮银沟通机制，解决代理营业机构案防管理工作难点问题，对重点工作进行安排部署。业务发展上，利用代理网点搭建信用卡消费场景，紧抓代理白名单营销信用卡，营销后借用邮政公司做好激活首刷的活客工作，提升激活首刷率。四是运营管理能力进一步提升。备付金管控效果逐年提升，截至2021年12月31日该行年均备付率为0.60%，较上年同期（0.71%）下降0.11个百分点，全省排名第五位。在资金汇划业务成效明显，资金汇划业务退回率达到省分行的要求（资金清算类退回率控制在2%以内，中间业务类退回率控制在3%以内）。2021年资金清算类退回率较上年同期（8.42%）下降到1.90%，中间业务类退回率较上年同期（3.32%）下降到1.69%。五是综合服务能力持续提升。对全行驾驶服务进行外包，释放原兼职驾驶员人力资源。明确了采购、印章管理、合同签署等程序规范，防止流程漏洞，促进合规操作。全行疫情防控物资确保足够使用三个月以上。“孕妈徽章”、孕妇防辐射服的发放和“妈咪小屋”建设，有力提升女性员工幸福感。完成织金县支行网点装修改造、七星关区支行二楼信贷部装修改造和市分行档案室密集架安装等工程建设。完成团委换届选举工作。工会组织建设逐步走上正轨。逐步进行新版VI更换，“品牌提升年”活动全面启动，新型品牌格局建设工作平稳推进。

（撰稿：苏　勇）

中国光大银行毕节分行

【概述】　2021年，毕节分行认真学习贯彻中共十九大、十九届历次全会精神和习近平总书记“七一”讲话精神，扎实开展党史学习教育，在市委、市政府和各级各部门的领导支持下，贯彻落实中央、集团和总分行战略部署要求和经营管理方针，发扬毕节分行“坚定信心、直面困难、坚持不懈、始做必成”的筹建精神，以“六大工程”升级行动为指引，以“管理提升年”促进合规建设，以强党建引领毕节分行转型发展，做好巩固脱贫攻坚成果同乡村振兴有效衔接，服务新基建、新能源、国家储备林等战略性项目建设，统筹支持民营小微企业、制造业及“四化”项目建设，内比实现争先进位，保持可比同业竞争优势，树立良好品牌形象，为实现总行“五个跨越计划”和“两年上台阶”贡献更大力量。

【巩固脱贫攻坚成果同乡村振兴有效衔接】　为贯彻落实习近平总书记在毕节、在贵州视察时的重要指示精神，更好支持毕节示范区建设，2021年4月8日，中国光大银行总行党委委员、副行长曲亮率队到毕节调研，并代表总行与毕节市人民政府签署全面战略合作协议，在信贷规模、产品设计、利率定价上给予倾斜，依托光大集团产融结合的优势，为毕节引资、引智、献策。截至2021年末，分行各项贷款余额22.25亿元，通过新增、移位再贷等方式，新增5.75亿元资金投向毕节实体经济。继续做好纳雍、威宁挂帮点帮扶，两年来累计捐助30万元资金、5万元物资，帮助基层谋划发展产业。此外，对吸纳大量农村就业的3户企业授信2600万元，为脱贫攻坚、乡村振兴注入真金白银。2021年4月，银行被贵州省委、省政府评为全省脱贫攻坚先进集体，另有两人获评为先进个人，是毕节可比同业获奖最多的单位。

【立足新发展阶段、贯彻新发展理念、构建新发展格局】　党委领导班子带队，全年进园区、访企业40余次，走访“三大一新”大资产客户，成功推动智慧城市新基建项目、煤电保供等重点项目，发挥E-SBU集团联动优势，以金融+为抓手全力综合营销，实现旅游、生态环保、农业等领域营销突破并顺利落地1.2亿元旅游产业化专项债项目。截至2021年末，该行绿色贷款余额1.54亿元，主要涉及节能环保、新能源等，其中，2021年新增3户绿色贷款企业，授信金额2400万元。

【支持新经济业态发展稳企业保就业】　积极支持新能源、环保产业，发展零售普惠业务，对小微企业主、个体工商户提供抵押、担保及信用贷款服务。在新能源汽车、快递、劳务、酒店、学校、环保建材等领域加大支持，对稳企业、保就业作出应有贡献。

【服务实体经济，为小微实体纾困解难】　一是加大普惠小微投放力度。毕节分行上下一心，落实普惠金融政治任务，重点关注带动农业发展、促进农产品销售、实现本地化加工、稳定群众增收等龙头企业，缓解企业资金周转压力，稳定易地扶贫搬迁群众就业。全年普惠贷款累计投放超过1亿元，其中净增3000万元。一批配送、新能源电池、建材、医院、农业优质客户与毕节分行建立合作关系，“贵禽贷”“黔猪贷”“毕烟贷”等产品纷纷破冰，普惠基础进一步夯实。

二是落实“降本、增效、便捷”工作要求。2021年，毕节分行新增投放小微贷款23户，金额1.19亿元，较年初增加7850万元，贷款平均利率4.59%，同比下降34BP。积极响应监管政策和银行业协会倡议，主动减免和降低小微企业和个体工商户账户开立、支付结算、网银转账等相关手续费，切实让减费让利落到实处，全年免收贷款评估费20.84万元，免收抵押登记费1.18万元，免收对公网银转账手续费8.35万元。

三是做好疫情常态化防控的“双统筹”。一方面按照属地政府部门、总分行相关要求做好疫情常态化防控，及时组织员工全员接种疫苗，全年未发生与确诊患者密切接触或间接接触等情况。同时，认真执行延长普惠小微企业贷款延期还本付息政策，对5户存量小微企业贷款全部实行延期还本付息，涉及金额1680万元，做到应延、尽延、全延。另外，加大小微企业信用贷款对接，主动向客户宣讲，审批落地3户涉农企业信用贷款投放，投放金额2600万元。

【急客户之所需，传播光大好声音】 一是做大“朋友圈”。组建普惠金融工作专班赴威宁、纳雍、织金等县区对接企业融资需求，陆续填补威宁和纳雍的业务空白点，进一步巩固与黔西、大方、金沙等县（市）客户合作力度。大力开展市、区两级客户走访对接，通过总行、贵阳分行领导与市人民政府高层互动，加强与市直相关单位沟通联络，获得政府部门的认可，赢得客户的信任，提升市场影响力，更好塑造光大银行央企国家队品牌形象。

二是推广光大“名品”。光大云缴费作为全国最大的开放式缴费平台，银行充分利用教育云缴费的科技优势，免费为七星关区近30所农村中小学上线缴费平台，组建小分队周末密集走访田坎乡、大屯乡等偏远乡镇，上门为学校排忧解难，有力保障疫情期间的复学，得到学校师生一致好评。此外，陆续上线了水、电、燃气、广播电视、宽带等市政缴费和小区物业缴费，积极利用光大集团“产融结合、陆港两地”集团联动优势，引入光大环保、中青旅、光大照明等集团内兄弟企业到毕节投资，助力智慧旅游、生态环保建设。

三是创新产品设计。在市场调研过程中，毕节分行了解到广大个体工商户的金融需求痛点，主动向上级银行申请毕烟贷、毕辣贷等零售普惠产品，多方协调审批落地特色信用类产品，毕烟贷年底顺利投放10余笔，毕辣贷逐一对接各县区辣椒专班，批量引入企业。围绕成熟商圈，大力拓展房抵快贷客户；加强与各类协会、商会等源头对接合作，积极设计接地气的普惠产品。

【抓实内控合规管理，防范案件风险发生】 一是夯实内控案防、反洗钱和征信管理。教育干部员工算好人生“五笔账”，珍惜职业生涯。编印《支行网点案防手册》《反洗钱手册》，开展合规故事大讲堂，不断提升员工合规和案防意识及水平。按季召开反洗钱领导小组会议，开展反洗钱专项检查和集中宣传，报送的工作信息多次被监管单位采用，组织到同业交流学习，借鉴工作经验。

二是强化效能管理，优化营商环境。按照贵阳分行安排，分批次组织专项辅导检查，通过晨会、夕会、专题培训会和阳光学院客户端，组织柜员和客户经理多渠道、多形式学习运管制度，确保合规操作。落实企业开户限期办结制，优化营商环境，配合中国人民银行毕节市中心支行开展全市银行机构优化账户服务手册编制，获得监管单位的好评。严格执行窗口首问负责制和一次性告知，公开业务办理流程和收费标准，加强服务监督。同时，制订断卡行动方案，加强对个人账户的排查，涉案账户倒查和管控，严控开户环节审核，防范涉案账户新增。

三是推动“练、考、评”三举措，促进技能提升。将业务和服务技能与厅堂人员绩效挂钩，增加运管条线对柜员绩效考核的权重，制定柜台经理考核办法和柜员技能提升考评办法，定期培训，现场测试，按季考核兑现奖惩，以好的机制、好的技能让干部员工少犯错、不犯错，减少操作风险。

【强化风控管理，坚决守住资产质量】 积极配合市、区相关部门，在符合政策制度的基础上通过调整还款计划、借新还旧等方式做好存量债务化解，从严管控资产质量。做好授信客户临期管理、贷后管理，加强过程管理和考核监督，通过滚动排查和预测，对重点项目进行全面、深入、细致的掌握、筛选出潜在风险客户名单，做好风险预警及化解处置方案。

【回应员工期待，全方位锻炼队伍】 一是继续推动“三个一”方案，提升干部履职能力。持续开展每周一报、每月一考、每季一查“三个一”活动。抓履职能力，通过学制度手册掌握风险点，有针对性开展检查；抓执行力，对通报的问题盯住不放，坚持落实通报处罚；抓以身作则带队伍，无论是内部管理还是外部营销，坚持领导、干部、党员走在前面，示范带动。

二是人岗相适、培育明星，让想干事、能干事者有舞台。打破前台与后台屏障，开展条线人员轮岗，让督导人员深入前台学习业务，提高对业务办理的实操性；让柜员轮岗到后督学习，提高综合业务能力。在项目攻坚中锤炼作风，锻炼员工的独立履职能力，让一批技能明星、演讲名星、拓户名星、数金专家等骨干脱颖而出。

三是抓光大文化熏陶，踏实抓文化提升。党建与工团共建，广泛征求员工意见，制定为员工办实事清单，从员工权益保障、能力提升、家园文化、学比赶超氛围着手，丰富员工业余生活，如篮球、羽毛球、游泳、肩颈护理、户外拓展、集中观影等，让员工放松身心。倡导“前台围着客户转，中后台围着前台转”的理念，鼓励“对公+零售+审批”综合作战模式，组建柔性团队，在绩效分配上按贡献度兑现。

交通银行毕节分行

【概述】 2021年，交通银行毕节分行始终坚持和加强党的全面领导，在市委、市政府的关心支持下，在监管部门的正确指导下，以精品银行发展战略为引领，紧扣地方特色发展、乡村振兴和普惠金融等主线，真抓实干、团结奋进、攻坚克难。通过开展党史学习教育，传承红色基因、践行大行担当，全年存款增长显著、信贷投放精准、资产质量稳定、全面从严治党治行、队伍凝心聚力、指标争先进位，自身综合实力和服务地方能力不断增强。2021年度，毕节分行在省分行系统考核得分中排省辖分行第一名、经营单位第三名，获评“先进集体”，在高质量发展道路上稳步向前，为毕节市建设贯彻新发展理念示范区贡献交行力量。

【开启银政战略合作的新局面】 交通银行始终遵循市委、市政府指示，积极支持地方经济发展，通过发挥交银集团“全牌照”优势（集信托、基金、租赁、保险业务为统筹），综合运用表内外多种融资工具，向脱贫攻坚、城市综合管网建设、交通基础设施、水利水库和标准化厂房等重点项目累计投放资金120多亿元。

2021年，交通银行毕节分行紧扣“十四五”

规划和毕节市政府工作报告，布局全年银政业务，联动省分行主要领导参加贵州省金融助推毕节市高质量发展专场融资对接活动。2021 年 4 月 8 日，交通银行贵州省分行与毕节市人民政府签署战略合作协议，标志着双方进入长期、全面、深入的战略合作新时期，聚焦全市经济发展、民生补短板等方面，毕节分行主动作为、倾斜信贷资源。同时，与金海湖新区管委会及金沙、大方等县区级政府达成战略合作意向，积极支持机场、公路、医院等重点项目建设，加大对毕节地区重点项目资源投入。2021 年实现政府类业务授信 19 亿元，累计投放 8 亿余元，支持地方经济社会发展迈上新的台阶。

【聚焦急难愁盼增进民生福祉】 交通银行始终把目光聚焦于百姓民生福祉上，其中当以医疗健康最为群众所急所盼。2021 年毕节市政府工作报告明确今后五年毕节市将着力在改善民生促进和谐上实现新突破，提升卫生服务水平，打造黔滇川结合部省级区域医疗中心。交通银行毕节分行立即行动，针对毕节市第一人民医院分院项目建设所面临的困难，积极响应市委、市政府号召，成为第一家给予支持的银行，为第一人民医院分院授信 13 亿元，实现投放 7.05 亿元，年底项目基本建成。未来，交通银行将着力打通从医药种植、医药流通、医院和医废处理全产业链，开展“互联网+医疗健康”示范创建，加快“健康毕节”建设。

【突出地方特色服务乡村振兴】 作为中管金融企业、经济领域的“国家队”，服务乡村振兴战略是交通银行毕节分行的光荣使命和义不容辞的责任。通过发挥毕节位于乡村振兴最前沿的区位优势，了解各县区资源禀赋，围绕新型农业经营主体、涉农产业链上下游客群、普惠涉农场景定制等方面做好产品和方案设计。

发挥“强心剂”作用，解急救难增强发展信心。支持现代农业产业链，支持金沙高粱产业，发放流动资金贷款，创新运用国内信用证等金融产品，积极对接大湾区“菜篮子”工程等，助力支持“毕货出山”，增强企业发展信心。

发挥“助推剂”作用，谋划产业推出长远成效，聚集“国储林+碳交易”，全力发展绿色金融，信贷支持市农投公司苗木采购，关注林下产业发展，巩固脱贫成果，帮助农户稳定就业、增收致富，更好服务国家“双碳”战略。

发挥“催化剂”作用，普惠涉农催出效能加速。把线上产品做精做优，用金融科技长板补足网点布局短板，让抵押贷、税融通、烟户贷等特色产品优势在乡村振兴和普惠金融中绽放异彩，让产品走近需求，提升金融服务可获得性和便利性。

发挥“凝固剂”作用，持续巩固脱贫攻坚成果。进一步强化定点帮扶责任，有效衔接乡村振兴，配强驻村力量，发挥后盾作用，想方法、找路子，主动作为。

通过“四剂”作用，2021 年，毕节分行涉农贷款较年初增长 22.31%。

【发展普惠金融做好“六稳”“六保”】 交通银行毕节分行不断提高政治站位，深刻认识到“两增两控”既是刚性要求，也是政治任务，以毕节市大力建设普惠金融改革试验区为契机，支持商贸、酒店、文旅、运输、食品加工和医废处理等行业，支持个体工商户群体健康发展，扎实做好“六稳”“六保”工作。一是加强公私联动，精准服务市区到乡镇、村经营主体；市内率先落地首单烟户贷，为个体工商户解决经营流动性问题开辟快车道。二是积极推广“惠民就医”产品，创建“互联网+医疗健康”示范，精准发力数字普惠金融服务新模式。三是积极助力当地营商环境优化，高频走访园区倾听企业需求，增加与企业的黏性，拓宽批量获客渠道。截至 12 月 31 日，普惠两增贷款余额全年增长 71.33%，两增客户数全年增长 59.03%，均超额完成全年计划，同时还完成小微首贷户任务，赢得本地小微企业和监管部门的认可。

【在提质增量上促进结构优化】 交通银行毕节分行坚持高质量发展，以客户基础提质增量作为转型发展的落脚点，进一步提升对医院、财政、烟草、水利水务等重点领域客户的服务力度，为分行负债业务发展起到支撑性的基础作用。另一方面，加快零售业务发展步伐，新增代发个人客户进一步提升，为地方零售消费升级搭建平台，助力受疫情影响的零售市场逐步回温。在机构建设方面，贯彻“不让一个网点闲置”的理念，将七星关支行由普惠网点升级为普通支行，按全牌照网点提供对外金融服务，打造服务客群新阵地。

【扩大个金业务的品牌影响力】 一是厅堂联动激活客户。全面提升厅堂交叉销售能力和厅堂人员产能，促进到店客户“活户”率。截至12月末，全行优质银证银期指标全年计划完成率314.44%，居全省第一。二是财管销售固本开源。全年定期存款、净值型理财、基金和保险等指标均实现增长。三是个贷业务开疆拓土，个人住房按揭贷款笔数和投放保持平稳。新增准入多个分行级合作项目，为本地购房刚需提供金融支持，助力房地产市场健康向好发展。四是服务个体工商群体，随着惠民贷、烟户贷等产品的投放，以及收单业务的推动，有效促进地方消费升级，惠及个体工商户经营发展，截至12月末，分行存量收单商户数较年初增长89.01%。五是信用卡稳步提高。2021年新增信用卡活户为去年新增活户数的4倍，交行信用卡用户环境和消费活动进一步升级，“最红星期五活动”更是在当地树立良好口碑。六是在数字经济战略上抢占新机，手机银行使用覆盖进一步提升，涵盖服务涉及资产管理、贷款汇款、理财增值、专家讲座、生活服务和消费活动等方面。七是消保工作亮点不断，在2021年的省分行系统内消保考核中，一、二、三季度考核成绩全省第一，四季度及全年考核成绩全省第二，获评“消保优胜经营单位”。

【着力提升全面风险管理能力】 交通银行着力完善全面风险管理，加强存续期贷款的过程管理，把好新增授信准入关，加强贷款“三查”和规定动作执行力建设。加大检查力度，有效推进内审外查整改，确保问题整改到位。积极压降不良、逾期贷款，保持资产质量健康平稳，2021年不良贷款率0.06%，在当地同业保持领先。

2021年，交通银行积极开展“内控合规管理建设年”活动，完善内控合规的制度流程系统，紧盯重点风险领域的内控合规建设。坚决落实监管政策，强化源数据归口管理，形成管理合力，严把源数据质量关；深化整治银行业市场乱象，强化检查结果的运用，举一反三，杜绝屡查屡犯，不断筑牢长效常治基础。

【铁腕“断卡”筑牢账户管理防线】 2021年，为打击治理电信网络新型违法犯罪，全国范围内开展“断卡”行动。交通银行毕节分行认真贯彻落实习近平总书记关于打击电信网络诈骗犯罪工作的重要指示，特别是全国“断卡”行动推进会要求，加大工作力度，将涉案“两卡”的打击治理工作列为重中之重，切实履行金融机构防控责任，积极协助公安机关及人民银行严格防控和整治银行账户违法犯罪活动。

一是成立行动小组、行动专班，统筹推进分行打击治理电信网络新型违法犯罪工作。二是积极开展宣传，对内让全员了解“断卡”行动的实质及目标，严格履行银行人员在账户管理中的职责，切实提升分行账户管理水平；对外加强外宣，提高群众风险防范意识。三是强化开户源头管理，压实账户管理主体责任。四是持续开展信息排查，做大全面覆盖。五是对涉案账户进行倒查，核实客户开户资料影像。六是严格管理，建立内部责任追究机制。

【练内功抓细节加强队伍建设】　强化营运质量管理，提升部门职责和规章制度执行力。狠抓整改落实，加强培训学习，注重考核引导，提高营运综合考评和管理质效，全年营运工作未发生实质性风险。

加强预算财务管理，规范集中采购，严格遵守财经纪律和规章制度，出台重点费用配置和财务分级授权管理办法，做到"不让一分钱浪费"，预算财务板块工作规范开展。

坚持从严工作要求，全面开展消防、安保、运营、设备运行、信息保护、印章管理和营业办公场所的安全检查工作，认真按照毕节市保密委员会工作要求开展微信泄密专项整治行动；对关键岗位、单身租房人员等重点关注员工亲自开展谈心家访，巩固群防群治的内控案防体系。严格落实新冠肺炎疫情防控措施，加强常态化疫情防控和外出人员管理，全面绷紧防控之弦。

加强人才队伍储备，30岁以下青年员工成长为毕节分行主要力量，以党性教育提高思想，结合党史学习教育和习近平总书记"七一"重要讲话，强化团委职能，建立青年理论学习小组，掀起学习热潮，凝聚思想、提振斗志。以跟岗学习提升技能，全年在省分行跟岗学习、培训超40余人次，综合素质不断提升，专业技能持续精进，职业生涯得以成长。

（供稿：交通银行毕节分行）

中国农业发展银行毕节市分行

【概述】　2021年，农发行毕节市分行认真贯彻落实总行年度工作会议、年中工作会议、乡村振兴工作会议以及省分行年度工作会议、党建工作会议等会议精神，按照"传承、创新、夯实、加强、提高"的总要求，始终牢牢遵循"党建统领、守正创新、管理强行、发展第一"的工作思路，坚持稳中求进总基调，不忘初心、砥砺前行，全力服务巩固拓展脱贫攻坚成果同乡村振兴有效衔接，打造服务乡村振兴品牌银行，全行各项工作稳中有进。全市累计获批贷款72笔、金额54.23亿元，累放各类贷款68.61亿元，截至12月31日，全辖各类贷款余额312.18亿元，比年初增加35.62亿元、增长12.88%，贷款余额居全省系统内第三位、全市银行业金融机构对公贷款第一名。贷款净增数居全省系统内第五位、全市银行业金融机构对公贷款第二名。

【业务经营状况】　2021年，全行资产总额稳中有增，资产总额304.24亿元，较年初增加30.37亿元，增速11.09%。负债总额305.98亿元，较年初增加35.81亿元，增速13.25%。各项收入15.13亿元，同比增加1.94亿元，增长14.71%。各项支出16.87亿元，同比增加6.82亿元，增长67.82%，其中，资产减值损失同比增加4.44亿元，增长375.88%。在持续贯彻落实党中央对中小微企业减费让利政策和落实农发行毕节市分行风险防控要求的前提下，账面利润亏损1.74亿元，FTP利润亏损1.77亿元。

【服务国家粮食安全】　坚决支持国家粮食安全，充分发挥"粮食银行"品牌优势，在全力保障政策性收储信贷资金供应稳定的基础上，积极走向市场、探索支持粮油市场化收购，进一步加大农发行毕节市分行在粮食购销领域的支持力度。一是发放储备和调控粮油贷款（不含挂账贷款）28笔、贷款金额6.33亿元，办理展期贷款74笔、展期金额4.56亿元，支持全市完成10.27万吨储备粮油轮换和新增任务。二是加大市场化收购粮油的信贷支持和供应链金融支持力度，发放市场化粮食收购贷款3098万元，支持织金大米、黔西糯米、纳雍玉米等收购。三是通过新增耕地指标、城乡建设用地增减挂钩节余指标收益等模式，加大力度落实“藏粮于地、藏粮于技”战略，累计发放贷款5.1亿元，支持高标准农田、耕地保护及坝区农业产业等项目建设；审批贷款1.6亿元，支持粮油加工、仓储、物流一体化产业园区建设，助力地方加快仓储基础设施和设备升级换代，提高粮油储备水平。

【服务乡村振兴战略】 围绕服务乡村振兴核心任务，立足巩固拓展脱贫攻坚成果同乡村振兴有效衔接基本实际，紧盯全年目标任务，持续为全市提供高质量政策性金融服务，农发行毕节市分行获2020年毕节市银行业小微企业金融服务优秀单位称号表彰，辖内黔西、纳雍、威宁三个支行获得全省脱贫攻坚劳先进集体等荣誉表彰。

一是坚决按照上级行安排部署，紧紧抓住发展这个第一要务，聚焦服务乡村振兴战略实施这条主线，紧盯支持巩固脱贫攻坚成果同乡村振兴有效衔接目标任务，充分发挥农业政策性银行支农优势，打造服务乡村振兴银行品牌形象。全年向已脱贫县发放各类贷款65.46亿元，比年初净增31.79亿元，期末已脱贫县贷款余额277.78亿元，占全市比例为87%。其中，已脱贫县各项贷款增速12.92%，高于全市贷款平均增速。二是围绕“三进”谋划安排，持续提供政策性金融服务，全年投放产业帮扶贷款14.31亿元、支持威宁蔬菜、黔西黄牛、七星关刺梨、金沙红粮等特色农业生产；投放旅游产业化贷款2.55亿元、支持百里杜鹃景区乡村特色旅游点与织金洞景区升级改造项目打造；累放易地扶贫搬迁后续扶持贷款13.25亿元，支持项目覆盖800人以上安置点20个，其中1万人以上安置点9个，累计惠及搬迁人口25.76万人次，进一步巩固并提升了脱贫攻坚质效。三是以问题为导向，围绕“三突破”要求，加大补短板力度。2021年，获批农业农村基础设施建设项目10个、金额23.05亿元，实现投放项目45个、金额47.98亿元；获批水利建设项目4个、金额11亿元，实现投放项目2个、金额1.6亿元；获批消费类贷款23笔、金额6.66亿元，实现投放20笔、金额2.28亿元。

【服务区域发展战略】 结合长江大保护、新时代西部大开发等国家重大战略，顺应城乡融合发展新趋势，加大对已脱贫地区水利、生态设施、人居环境综合治理等基础设施投入力度，重点支持脱贫地区农村防洪、灌溉、供水等中小型水利工程建设，助力区域发展战略取得实实在在的成效。12月底，累计获批长江大保护项目10个、金额29.1亿元，投放19.73亿元，比下达任务多完成46.61%。

【全力支持毕节“四化”发展】 一是聚焦毕节试验区大中型安置点，优化易地扶贫搬迁后续扶持贷款结构，积极支持新型城镇化发展，全年累计获批易地扶贫搬迁后续扶持项目10个、金额24.35亿元。二是以贵州十二大农业特色优势产业为重点，立足资源、突出特色，因地制宜支持打造一批有特色、有市场、有效益的农业产业，积极支持农业现代化发展，累计获批产业帮扶项目1个、金额2.6亿元。三是积极推行“旅游+产业模式”，支持发展休闲观光农业、乡村旅游等新产业新业态，推进旅游产业化发展，累计获批5.15亿元用于旅游基础配套设施建设。四是紧密结合省分行与省工信厅签订的战略合作协议，落实支持新型工业化建设要求，向金沙金三叶公司发放贷款2200万元，用于茶机制造。

【助力毕节申建普惠金融试验区】 以毕节申建普惠金融改革试验区为契机，成立服务毕节普惠金融工作专班，结合毕节实际制定提升普惠金融服务的若干细化措施，全力服务小微企业发展。累放普惠小微企业贷款9670万元，较年初净增2686万元，增长31%，高于其他各类贷款增速。全面落实减费让利有关政策要求，持续加大利率优惠力度，贷款执行“整体优惠+首年再优惠”的组合优惠政策，年初以来新发放小微企业加权平均执行利率为全市同业最低。向农商行投放0.9亿元支农转贷款，借助其触角广、人员足、客户优等优势，把农发行立足“三农”服务“三农”的支农政策导向传播给更多的企业，进一步拓展政策性金融服务实体经济的路径。获2020年毕节市银行业小微企业金融服务优秀单位称号。

【推动农业政策性银行高质量发展】 始终把推进合规文化建设作为提升合规管理能力的重要措施，坚持“合规为先、风控为要、全面主动、审慎稳健”理念，进一步筑牢风险防线，坚决守住风险底线，持续推动合规开展业务经营管理。一是制定全面依法治行有关重点工作任务分解表及推进“八五”普法工作方案，以“12·4”国家宪法日等为契机，积极开展普法宣传活动，不断筑牢员工法治观念，提升责任意识，全面推进依法治行。二是落实案防管理要求，把案防工作做在前面，率先在全省组织“一把手”讲案防活动，为全行案件防控工作起到示范性作用。三是针对当前地方债务压力较大的实际，着力释放存量资源助力发展地方经济，充分发挥农发行“四融”职能，主动融入地方政府求发展、化矛盾、防风险的全过程。

【夯实发展基础】 市分行党委始终把夯实基础管理作为一项长期性、经常性的工作来抓，立足毫末、注重细节，进一步夯实全行各项基础工作。一是不断强化贷后管理工作，以风险防控作为底线目标，以信贷全流程标准化手册及各类规章制度为指引，夯实信贷基础管理，规范信贷操作，提升信贷管理能力。加强信贷指导工作力度，按季抽查检查各支行贷后检查报告及贷后管理系统流程，定期对贷后检查情况进行评比通报，不断规范贷后管理工作。积极配合市纪委、市发改等有关部门，开展粮食购销领域腐败问题专项整治自查自纠。二是持续深化内外部检查发现问题综合整改机制，积极落实上级行和监管部门的工作部署要求，认真贯彻执行好各项内外部检查工作。对全行2017年以来所有内外部检查发现问题，对照总行下发的问题清单，逐一梳理分析问题情况，确定屡查屡犯问题类型和台账，进一步深化屡查屡犯问题的根源性整改和深层次治理，为形成以制度管业务、以制度管机构、以制度管人的良好机制打下良好基础。三是扎实抓好财务运营管理。围绕业务发展中心工作，强化收支管理，保障业务经营目标实现，通过不定期召开业务经营分析会找短板、强弱项、固根本。四是常态化开展疫情防控工作，全力保障全行正常运转，解决业务发展的后顾之忧。五是积极在各级媒体反映出银行在服务巩固拓展脱贫攻坚成果同乡村振兴有效衔接、支持普惠小微发展以及党建与内部管理等方面的新举措、新成效、新亮点，充分发挥舆论引导作用，全年对外刊稿件810篇，其中，省级以上主流媒体778篇。六是加强安全保卫工作，定期开展学习培训、安全评估与检查，在第七轮银行业金融机构安全评估中被评为“优秀”级次。

（供稿：中国农业发展银行毕节市分行）

贵州省农村信用社联合社毕节审计中心

【概述】 2021年，毕节农信以习近平新时代中国特色社会主义思想为指导，在各级各部门的正确领导和大力支持下，坚持稳中求进的工作总基调，全市8家农信社（农商银行）认真履行好中央、省委赋予农信社支农支小定位职责，认真贯彻省联社高质量发展总要求，聚焦主责主业，业务发展总体保持持续向好态势，基础市场持续夯实，脱贫攻坚持续巩固，基础服务持续优化，党的建设取得新成效，风险管控实现预期目标，各项工作取得明显成效，全年实现安全营运。

【业务发展持续向好】 至2021年末，各项存款余额722.44亿元，较年初增加57.79亿元，增速8.7%，存款增速高于全省农信平均增速1.61个百分点；各项贷款余额572.38亿元，较年初增加50.56亿元，增速9.69%，贷款增速高于全省农信平均增速3.37个百分点。主要监管指标达标且持续保持向好，实现规模、质量、结构、速度、效益协调发展。

【基础市场持续夯实】 一是持续巩固提升农村信用工程。至2021年末，毕节市涉农乡（镇、街道）260个，创建信用乡镇217个，信用乡镇占比83.46%，农户贷款余额392.30亿元，较年初增加23.17亿元，增速6.28%，农户贷款面为33.88%，较年初上升0.79个百分点。二是做好外出人员金融服务。支持稳岗就业，助力创业增收，利用移动展业设备，内外联动主动“走出去”，为外出人员提供金融、就业、法律等服务，累计贷款支持外出人员户数5.1万户，累计贷款金额25.15亿元。三是持续支持小微企业发展。至2021年末，小微企业贷款余额90.62亿元，较年初增加6.6亿元。

【脱贫攻坚持续巩固】 一是做好信贷扶贫。至2021年12月末，毕节农信为全市41.19万户贫困户（脱贫户）建立档案，6年来累计发放扶贫及脱贫人口小额信贷20.82万户136.38亿元，本年扶贫及脱贫人口小额信贷累计发放4.23万户18.63亿元，其中向边缘户发放扶贫及脱贫人口小额信贷共952万户0.34亿元。二是做好易地扶贫搬迁金融服务工作。在易地扶贫搬迁安置点设立“黔农村村通”62个、安装自助ATM机65台。累计为搬迁群众投放信贷资金19.81亿元，惠及4.19万户搬迁群众。三是积极发挥毕节农信公益基金会作用。2016年基金会成立以来，通过开展一系列公益活动，发挥基金会作为毕节农信履行社会责任的平台作用，受益留守儿童、困境儿童、极贫孤儿、困难学生达26327人次，直接捐赠资金、物资等折合人民币962.38万元。

【基础服务持续优化】 始终把服务挺在最前面，坚守立足县域、支农支小、服务社区的市场定位，主动融入省委、省政府深入实施乡村振兴、大数据、大生态战略行动，积极对接新型工业化、新型城镇化、农业现代化、旅游产业化金融服务需求，不断提升服务“三农”、民营、小微等实体经济的能力和质效。一是加快推动网点转型。加快推动网点智能化、标准化建设，提升网点“硬件”服务水平，建立健全标准一致、操作性强的参考体系，优化网点VI、SI标识和厅堂布局，营造人性化服务场景。二是优化服务流程。围绕让客户“最多跑一次”目标，深入推进“放管服”改革，大力优化业务流程，重点解决手续烦琐、文本众多、多次授权等制约业务办理效率的突出问题，不断提升金融服务便利度。三是推进文明规范服务。加强网点服务标准化、营销综合化、运营体系化建设，增强网点效能，扎实做好金融消费者权益保护工作，有效提升客户对金融服务的认同感和满意度。四是推进网络渠道建设。进一步下沉村级金融服务，拓展基础服务功能，增强基础服务。至2021年末，布设“村村通”3399台，覆盖率95.39%。

【合规建设持续加强】 一是强化信用风险管控。加强不良贷款处置力度，督促行社加大已核销贷款清收压降力度，制定本年度清收计划，切实做好信用风险防范，提高抵御风险能力，严格执行呆账认定标准和程序，防止出现不良贷款与拨备双高情况。二是加强重点领域风险防控。做好融资性担保公司贷款、异地贷款、线上信贷产品、融资担保风险管控，防范大额风险及大额贷款关联风险，强化逾贷比、关注类贷款监测。三是加强内控合规建设。加强机制建设，推进案件防控上下通达，细化全年案防工作目标任务，推动案防目标落实。四是推进“两项评级”工作。按照“两项评级”监管刚性制度建设的工作要求，进一步完善财务、信贷、风险、合规、信息科技5个条线相关管理制度，做到有章可循、有据可依，制度先行。

【管理水平持续提升】 一是提升公司治理水平，健全和完善《公司章程》，规范股权管理，严格关联交易管控，发挥董（理）事会在治理结构中的核心作用。二是提升安全生产管理水平。重视安全生产工作，强化监管力度，切实履行主体责任和“一把手”第一责任人责任，常态化做好疫情防控工作，按照“外防输入、内防反弹”工作要求，层层压实责任，落实各项防疫措施，建立快速反应机制，确保全系统“零”感染。三是提升会计财务管理水平。落实新金融工具相关会计准则，对标《商业银行绩效评价办法》，改进经营管理方法，提升定价能力，优化成本管控，探索轻资产运营路径。

（供稿：贵州省农村信用社联合社毕节审计中心）

中国人寿保险股份有限公司毕节分公司

【业务发展持续发力】 业务发展方面，2021年，全市系统总保费收入9.96亿元（含健康险5.57亿元），全省系统排名第3位。其中：长期险首年标保预算完成率全省系统排名第8位；首年期交预算完成率全省系统排名第7位；10年期及以上首年期交预算完成率全省系统排名第8位；短险预算完成率全省系统排名第6位；政策性健康险保费预算完成率全省系统排名第2位。

赔款方面，截止到2021年末，共受理理赔案件8380件，给付理赔保险金5548.6万元，获赔率99.87%。重疾一日赔率95%，与上年相比提高0.38%。理赔E化率98.80%，与上年相比提高1.95%。

理赔时效，个人业务申请支付平均时效1.17天；与上年相比缩短0.01天，个人业务出险支付平均时效60天，与上年相比缩短15.27天。

大病医保，2021年全市受理32.6万人次，给付金额3.68亿元，其中建档立卡贫困人口24.03万人次，给付金额1.68亿元。2021年合同受理7.78万人次，给付金额1.88亿元，其中建档立卡贫困人口37946人次，给付金额6708.73万元。

【坚定不移落地改革】 中国人寿毕节分公司在推动一系列的改革上，坚决贯彻执行上级公司要求，通过改革逐步解决公司长期以来在思想和执行的落后面貌。一是政策公开透明：为确保公司改革政策有效落地，提高员工对公司改革政策的认识，公司通过不同形式的会议对各层级员工进行相关改革政策的宣导与培训，进一步深入人心，统一员工思想。二是按照上级公司要求，全市系统坚决推行员工基本法，通过学习员工基本法，明确岗位指标，共同关注公司经营指标、部门职能指标以及岗位贡献和工作质量，做到每个员工有指标，有考核。通过员工基本法的激励，充分调动员工的积极性和能动性。三是完善绩效考核机制：为有效引导员工改善个人工作绩效，提升公司业务与管理水平，全市实行统一规范的考核标准和口径，公平公正公开进行绩效考核，实施按绩分配。通过奖优罚劣的激励机制，使员工自己管理自己，自我加压自我提高。

【服务大局成效明显】 大病医保工作开展卓有成效。一年来，在分公司党委、总经理室的正确领导下，大病医保工作有序推进，2021年全市系统总承保人数达757.87万人，提供大病理赔服务22.05万人次，累计理赔金额4.37亿元。2021年，毕节分公司健康保险部连续三年获总公司三项殊荣，分别为“市场开拓奖”“价值贡献奖”“销售精英奖”，是全省唯一一家获三奖的单位。脱贫攻坚与乡村振兴有效衔接。大力发展农村小额保险、农民养老健康保险等业务。小额保险承保人数 2512 人，风险保额 1.05 亿元；为全市 1452 名驻村干部提供专属保险方案，风险保额 15.97 亿元。完成消费扶贫 5.7 万元。守护人民美好生活显担当。10 月 11 日，公司为七星关区柏杨林易地扶贫安置群众点捐赠意外伤害保险，惠及该社区 1 万名群众，总保额 3 亿元。同时向黔西、威宁、赫章等地 150 名（50 名/县）移民搬迁户提供学生儿童意外伤害保险，涉及风险保障 450 万元。10 月 26 日向牺牲在扶贫一线的干部家属捐赠 60 万元。常态化疫情防控抓紧抓实。全系统疫苗接种率超过 100%，未发生职场聚集性疫情。服务国家战役略指标预计考核 17.27 分，其中涉农保费较 2020 年同期增长 12.73%。

【持续推进乡村振兴】 坚决贯彻党中央、国务院和地方政府脱贫攻坚决策部署，落实上级公司工作要求，毕节分公司党委带领系统上下自觉担当央企初心使命，服务国家大局，持之以恒支持乡村振兴战略。

对于巩固脱贫攻坚成果，助力乡村振兴方面。一是根据毕节市委、市政府以及毕节银保监分局关于易地扶贫搬迁相关工作要求与指示，公司安排以团体业务部/健康保险部牵头，相关部门配合，落实易地搬迁点就发展经济、解决就业方面开展收集相关资料及调研活动。二是认真落实公司乡村振兴联系点纳雍县维新镇咪布社区的乡村振兴推进工作。

毕节分公司充分发挥保险助推乡村振兴，积极开展驻村干部意外伤害保险、农村小额保险等相关工作，按照市委、市政府要求，切实解决驻村干部的后顾之忧，有效化解和转嫁驻村干部由于意外伤害导致的风险。

【运营效能稳步提升】 一是运营管理能力显著提高。2021 年运营职能考核较上年提升了 3 位，全省排名第 5 位。截止到年末，共受理理赔案件 8380 件，给付理赔金额 5548.6 万元，获赔率 99.87%。重疾一日赔率 95%，与上年相比提高 0.38%。理赔 E 化率 98.80%，与上年相比提高 1.95%。理赔时效：个人业务申请支付平均时效 1.17 天；与上年相比提高 0.01 天，个人业务出险支付平均时效 60 天，与上年相比下降 15.27 天。二是突出保护消费者权益。2021 年在黑中介猖獗的情况下，共受理各类咨询投诉件 95 件，监管纳入考核件 10 件。加强“3·15”消费者权益保护宣传活动，切实维护保险消费者合法权益和正当诉求，截至 2021 年底，辖内未出现与消费者权益相关的重大突发事件、重大负面舆情和群体事件。

【风险防控守牢底线】 按照总省公司 2021 年风险管理工作计划，全市系统坚持“合规是企业生命线、合规创造价值、合规是健康发展的前提保障”的工作指导思想。一是提高政治站位，加强理论学习，提高党员领导干部政治觉悟和政治能力。始终清晰认识合规工作的重要意义，促成主动合规，事前合规和全员合规的新理念、新局面；二是坚定政治方向，增强“两个维护”的自觉性坚定性。持续强化理论武装，突出抓好政治监督。压实责任，切实发挥合规管理三道防线作用，构建良好的合规文化；三是持之以恒，坚决整治“四风”问题。贯彻落实中央八项规定，落实各层级合规管理制度执行，持续贯彻单位一把手是合规工作的第一责任人，一级抓一级、层层抓落实；四是强化监管问责，真正做到不愿违规、不能违规、不敢违规；五是大胆尝试新方法、新手段、新措施，打破“因循守旧”观念，充分利用“建档销号”“回头看”等措施对重点、难点、疑点问题进行追踪落实，确保工作扎实到位；坚持标本兼治，构建一体推进“不敢腐、不能腐、不想腐”体制机制。

1. 风险防控守住底线。一是开展“内控合规管理建设年”及各项风险排查治理工作，持续做好保密宣传教育，强化信访维稳工作，开展微信泄密专项整治，持续推进舆情风险防范和法制宣传教育工作，坚持关键岗位轮岗。二是查处“五虚”等违反公司高质量发展要求的问题和违法违规案件。严格执行案件责任追究和问责制度，对违规行为人和案件责任人进行严肃问责。

2. 聚焦风险防控，守牢发展底线。落实风险防范主体责任，严格执行转授权工作制度，及时防范和化解经营中的各类风险，确保不发生系统性风险；做好反洗钱日常工作，确保评级排名前三；开展案件风险排查，督导问题整改，强化问责；持续防范舆情、销售误导、非法集资、洗钱、信息安全、保密等重点风险。积极应对“代理退保”乱象。

3. 全面推进党风廉政建设。与县公司分别签订《全面从严治党责任书》《党风廉政建设责任书》，压紧压实党建责任。认真落实民主集中制，严格落实“三重一大”集体决策制度和中央八项规定，抓好重大决策事项督查督办，持之以恒整治“四风”，切实推动党的领导与公司治理有机融合。完成对2个党支部巡察工作，对2个党支部巡察“回头看”工作，以及对2个支公司专项检查工作。

（撰稿：马德坤）

中国太平洋财产保险股份有限公司毕节中心支公司

【概述】 2021年，太平洋财产保险毕节中心支公司，在毕节市委、市政府各级职能部门的支持和帮助下，按照上级公司的总体经营思路，紧紧围绕全年的各项经营目标，坚定信念，凝心聚力，聚焦转型，创新突破，坚持以渠道和区域为抓手，聚焦业务品质改善、客户经营精细化、干部/员工队伍优化，强化内控管理，促进公司健康、稳定、可持续发展。实现涵盖黔西、金沙、大方、威宁、织金、纳雍、赫章7家支公司的全市服务网络，更好地发挥保险的经济补偿职能，为毕节试验区应对灾害事故风险、保障人民生命财产安全、促进经济社会发展做出了积极努力。

【经营险种】 全司可承保的险种包括企业财产损失保险、家庭财产损失保险、建筑工程保险、安装工程保险、货物运输保险、机动车辆保险、船舶保险、能源保险、一般责任保险、保证保险、信用保险（出口信用保险除外）、短期健康险、意外伤害保险，中国银保监会批准的其他财产保险业务。兼业代理长期寿险、健康险、人身意外险。

【业务完成情况】 2021年，全司入账保费达到30872.58万元，车险入账保费23717.27万元。上缴各项税收778.82万元，代收车船税2464.07万元，个税53.02万元。农险保险2908.32万元，保额281456.74万元。非车险4246.99万元，其中：企财险32.76万元，货运险2.65万元，家财险4.7万元，工程险212.15万元，责任险885.14万元，意外险1183.10万元，健康险963.53万元，保证险961.71万元，其他财产保险1.25万元。

【全年赔款情况】 2021年全年案件数为40348件，赔款支出15231.29万元，机动车辆保险赔款36233件，赔款金额11094.41万元，家庭财产保险3件，赔款金额1.04万元，责任险584件，赔款金额577.25万元，企业财产保险11件，赔款金额21.14万元，意外险379件，赔款金额633.94万元，健康险16件，赔款金额12.67万元，保证险149件，保险金额935.36万元，农业险2973件，赔款金额1955.48万元。

（撰稿：陈尔超）

农　业

农业农村工作管理

【概述】 2021年，市农业农村局坚持以习近平新时代中国特色社会主义思想为指导，深入学习贯彻习近平总书记视察贵州重要讲话和对贵州对毕节重要指示批示精神，全面贯彻落实中央、省委和市委有关“三农”工作的决策部署，按照省委围绕“四新”主攻“四化”的部署要求和市委“11345”的总体思路，坚持以高质量发展统揽工作全局，加快推进农业现代化建设，全力构建毕节现代山地农业发展新格局，为全面推进乡村振兴和加快农业农村现代化开好局、起好步提供有力支撑。全市农林牧渔业总产值达880.72亿元，同比增长9.4%，农村常住居民人均可支配收入达12441元，同比增长10.7%，两项指标分别排全省第三。市农业农村局获全国粮食生产先进集体、全省脱贫攻坚先进集体、全省2016—2020年普法工作先进单位称号。

【粮食生产稳中有升】 大力实施“藏粮于地、藏粮于技”战略，围绕“稳面积、稳产量”的总体要求，积极支持发展水稻、马铃薯、高粱等主要粮食作物，因地制宜发展芸豆、荞麦等特色杂粮，全面推广良种良法，完成粮食播种面积1140.9万亩，实现粮食产量243.9万吨，超额完成省级下达的目标任务。在毕节成功举办2021年中国农民丰收节贵州主会场活动。

【重要农产品保障有力】 加快推动“三个100万头”生猪养殖及配套项目建设，积极扶持生猪标准化规模养殖，累计建成年出栏500头以上生猪规模场279个、规模化养殖率超45%，生猪产能快速提升。蔬菜产量（不含辣椒）达803.36万吨，肉类总产量达53.88万吨，禽蛋产量7.86

万吨，水产品产量达 1.07 万吨，重要农产品供应充足，高质量通过“菜篮子”市长负责制考核。

【产业发展高质高效】 坚持市领导领衔、专班具体负责推进特色产业发展的工作机制，持续优化产业发展布局，努力壮大特色优势产业，围绕既把“质”保持好，又把“量”做上去，着力推动特色产业发展，多个产业发展规模省级排名靠前。在种植业方面，种植蔬菜 362.06 万亩、占任务的 103.44%、产业规模全省第一；辣椒 113.56 万亩、占任务的 151.41%、产业规模全省第二；水果新增 17.78 万亩（累计面积 178.31 万亩）、占任务的 177.8%、产业规模全省第一；食用菌 13.89 万亩、占任务的 115.76%、产业规模全省第一；茶叶 100.5 万亩、占任务的 100%、产业规模全省第五；中药材 108.55 万亩、占任务的 108.55%、产业规模全省第四。2021 年 6 月，成功协助国家主办方在威宁县顺利召开“第二届全国萝卜产业技术交流会”。在养殖业方面，生猪存栏 355.94 万头、出栏 400.12 万头，分别占任务的 101.7%、105.29%，养殖规模全省第二；牛存栏 120.11 万头、出栏 45.1 头、分别占任务的 100.09%、100.22%，养殖规模全省第一；羊存栏 90.28 万只、出栏 71.26 万只，分别占任务的 100.32%、101.8%，养殖规模全省第二；生态家禽存栏 2798.72 万羽、出栏 3647.07 万羽，分别占任务的 111.95%、104.2%，禽养殖规模全省第一，禽蛋产量达 7.86 万吨。生态渔业 1.07 万吨、占任务的 100.21%，产业规模全省第八。

【农业基础不断夯实】 高标准农田建设成效明显，在巩固好“两区”划定成果的基础上（265.79 万亩粮食生产功能区、40.62 万亩重要农产品生产保护区），新建高标准农田 36.54 万亩、占任务的 104.47%，完成高效节水灌溉 4.98 万亩，占任务的 119.06%，工作中总结提炼的“毕节市‘六强化’建设高标准农田”典型经验获省委改革办推广，在《贵州改革工作动态》刊发。农机装备逐步强化，全市在“春耕”“三夏”等重要农时季节共投入各类农机具 21.2 万台套，完成机耕面积 1292.4 万亩、机播面积 17.59 万亩、机收面积 240.77 万亩，主要农作物耕种收综合机械化率预计达 43%，较 2021 年有所提升。产地冷藏保鲜设施逐渐完善，新建农产品产地冷藏保鲜设施项目 83 个，累计建成 134 个、容积 14.36 万立方米、储存量 2.92 万吨。

【新型经营主体发展壮大】 龙头企业实力明显增强。累计培育市级以上龙头企业 452 家（其中，国家级 4 家、省级龙头企业 127 家），新增国家级 2 家（毕节市贵州高原蓝梦菇业科技有限公司、中禾恒瑞〈贵州〉有限公司）。新型农村合作经济组织不断壮大。共培育合作社 17742 个，其中市级以上示范社 983 个（国家级 27 个、省级 423 个、市级 533 个），重点针对农民合作社开展新型农业经营主体信贷直通车活动，累计申请“新农直贷”放款 8411.1 万元。家庭农场发展能力日益提升。累计培育家庭农场 2613 家，通过示范认定，获市级示范家庭农场认定 876 家、省级 76 家。注重典型引路和经验总结推广，纳雍县杨进家庭农场“建立激励机制破解‘谁来种地’难题”、赫章县周训国家庭农场“‘户’转‘场’敲开致富门”等成功经验入选《贵州省家庭农场典型案例汇编》。

【农业绿色发展转型升级】 种质资源保护力度明显加大。征集上报农作物地方品种和野生近缘植物种质资源 349 份，保存玉米、水稻、马铃薯、特色杂粮等农作物种质资源 3000 份以上。农业面源污染防治成效显著。全市畜禽粪污、农作物秸秆资源化利用率分别达 86.89%、88.01%，规模养殖场粪污处理设施装备配套率达99.28%，农膜回收率达83.13%。农药化肥施用量呈现负增长。全市累计完成测土配方施肥技术推广1518.36万亩，技术覆盖率91.88%，采集检测土壤样品1698个，检测33771项（次），开展田间肥效试验80项（次），创建化肥减量增效示范点19个，示范面积2.1万亩，预计2021年全市化肥使用量继续保持零增长。绿色防控覆盖率稳步提升。全市开展农作物病虫害绿色防控851.68万亩，绿色防控覆盖率达42.84%，高于省级目标2.84个百分点。“长江禁渔”成效持续巩固。扎实开展“四无四清”执法检查工作，完成水上巡查15892千米，查处非法捕捞渔业行政案件43件，清理取缔涉渔“三无”船舶21艘、网具3000余张（顶），获农业农村部“中国渔政亮剑2021”系列专项执法行动成绩突出通报表扬1人，禁捕退捕工作得到国家检查组及工作专班的高度肯定，工作形势向好。品牌竞争力明显提升。推进“两品一标”认证，累计认证农产品地理标志产品12个、绿色食品29个、有机食品188个；成功申报粤港澳大湾区“菜篮子”基地53个，数量全省第一。

【行业领域监管不断强化】 植物疫情监管阻截能力全面提升，累计开展产地检疫500万亩次以上，开展植物和植物产品调运检疫741.20万千克、544.07万株，全市植物疫情监管阻截工作进展顺利。动物疫病防控工作扎实开展，共免疫重大动物疫病4798.71万头（只、羽）份，其中高致病性禽流感3297.28万羽份、口蹄疫884.77万头份、小反刍兽疫92.52万只份、猪瘟524.14万头份。开展养殖、屠宰、交易环节非洲猪瘟排查13745.82万头（次），开展非洲猪瘟屠宰环节抽检、专项监测、调运监测40.77万份。全市未发生重大动物疫情事故。产品质量安全监管措施有力，完成农产品监测1.1万批次、投入品监测635批次、开具“瘦肉精”专项监测4339份；开具食用农产品达标合格证11.63万张，开具率100%，入驻国家农产品质量安全追溯平台1943个。农机监管力度加大，完成农村道路交通农机路检路查162次、报废变型拖拉机4185台，排查整治一般安全隐患337条，违法行为得以有效打击，事故风险得到及时排除。农业综合行政执法保障有力，共出动执法人员8760余人次，检查生产经营场所6030个次，立案525起，处罚金额179.88万元，通过严厉打击违法行为，为全市农业健康发展提供有力保障。

【科技服务能力逐步提高】 农民教育培训力度加大，2021年完成农民教育培训（农民实用技术培训）13.79万人，近两年累计培育高素质农民2.12万名，进一步夯实乡村振兴基础。农技服务范围全面拓展，2021年市县共选派2775名农技人员深入一线服务农业高质量发展，创建农业高质量发展示范点478个，服务经营主体5401家。领办创办作用发挥明显，全市共有129人领办创办项目121个，涉及项目资金9.96亿元，解决就业5952人。科技创新能力逐步增强，建成国家肉羊肉牛综合试验站、国家食用豆产业技术体系和省草食家畜高效养殖人才基地、贵州省竹荪人才基地等科研平台25个（其中国家级3个、省级11个、市级9个、县级2个）；选育并通过省级审（认）定农作物新品种18个（水稻1个，玉米15个，中药材2个）；申请国家发明专利和实用新型专利共8项，获国家发明专利2项、实用新型专利1项。三代人呕心沥血60年育成的贵乾半细毛羊，成功入选国家畜禽新品种名录，实现贵州畜禽品种国家审定“零”的突破。

【农业资金投入得到保障】 上级项目资金支持力度加大，积极争取项目资金支持，累计获中央和省级支持项目63个、资金13.82亿元（其中中央11.55亿元、省级2.27亿元），完成农业现代化固定资产投资任务。产业招商成效明显，成立12个重点产业招商工作队，采取“市县联动、部门合力、专班协作”的方式，开展全产业链招商，签约项目327个、到位资金188.46亿元、占任务160亿元的118.0%。基金项目赋能产业高质量发展，成立工作专班及5个专项组，围绕6大类储备项目192个、融资需求达364.6亿元。获省厅投决通过项目10个、基金10.76亿元，共放款6个5.77亿元，工作排名全省第二。

【强农惠农政策全面落实】 惠民财政补贴资金落地见效，全年发放2021年种粮农民一次性补贴资金10853.53万元、耕地地力补贴65772.9万元；使用2021年中央农机购置补贴资金201.375万元，补贴各类农机具1183台、受益农户1049户。农业保险承保止损效果明显，完成中央政策险和地方特色险共承保种植业364.71万亩，畜牧业276.0万只（头、羽），累计理赔金额12357.51万元（其中种植业7998.51万元、养殖业4359.0万元）。

【人居环境整治成效明显】 深入开展村庄清洁行动，发动农民群众投工投劳65.94万人次，清理农村生活垃圾31.47万吨、村内水塘1.47万口（次）、村内沟渠2.64万千米、畜禽粪污等农业生产废弃物7.45万吨，村庄清洁行动覆盖全市所有建置村，全市村庄公共环境明显改善，村容村貌得到整体提升。深入推进农村“厕所革命”，累计完成农村户用卫生厕所改造49.65万户（2021年改造6.25万户）、村级公共卫生厕所改造2561个（2021年改造139个），农村户用卫生厕所普及率进一步提高；认真开展农村户厕问题摸排整改工作，完成摸排182.4万户、排查2013年以来财政资金支持问题厕所33221户，2021年完成整改12873户，群众幸福感、获得感明显增强。

【农村综合改革持续深化】 农村集体产权制度改革得到深化，全市共核查出资源性资产3181.8万亩，经营性资产8.35亿元，非经营性资产65.55亿元。建立村级股份经济合作社3614个，共整合各级财政资金、村集体资金22.7亿元入股经营主体，增加村级集体经济积累14.49亿元。党支部领办村集体合作社逐步引向深入，全市建成党支部领办村集体合作社7229个，整合资金资源资产折价49.8亿元入股，实现产业发展收入达18.6亿元，带动74.4万户300.6万人。《脱贫攻坚与乡村振兴的有效衔接，重在党的建设，重在体制机制创新，突破点在发展好党支部领办集体合作社——毕节的做法与启示》获省领导签批在全省推广；党支部领办村集体合作社的毕节探索获省委改革办评为“2020年贵州全面深化改革优秀案例”（评选结果排名全省第一）；《毕节市积极推行“四个留下”助力乡村振兴》获《贵州改革情况交流》2021年第74期采用。农村“三变”改革助农增收作用得到发挥，全市3491个建置村开展“三变”改革，覆盖100%建置村（不涉农城市社区除外），带动139.02万户553.55万农民变股东，增加收益9.43亿元。农村宅基地审批管理进一步规范，探索建立“六个统一”模式，规范农村宅基地审批管理，全市274个涉农乡镇全部建立审批窗口。新一轮改革试验课题申报成功，2021年结合全市发展实际，向国家申报“拓宽新型农村集体经济发展路径”“巩固拓展脱贫攻坚成果同乡村振兴有效衔接”2项全国农村改革拓展试验课题，获批准实施。

（撰稿：陈　冬）

农业区划

【概述】 2021年，毕节市农业区划中心在市委、市政府的领导下，在市农业农村局的直接指导下，按照高质量发展要求，坚持把农业现代化产业招商、粤港澳大湾区“菜篮子”生产基地建设认定及东西协作作为助推产业振兴的重要抓手，立足资源优势、优化营商环境、细化招商举措，重点围绕12个特色优势产业，积极开展“建链、补链、强链、延链”，全力推进农业现代化招商、粤港澳大湾区“菜篮子”生产基地建设认定、东西部协作和农技人员服务高质量发展工作。全年实现新签约农业项目共327个，签约资金201.99亿元，累计到位资金188.42亿元，占全年160亿元目标任务的118%，超额完成28.42亿元；共向粤港澳大湾区菜篮子工作办公室报送50余个大湾区“菜篮子”生产基地申报认定材料，获认证33个，全市累计获53个粤港澳大湾区“菜篮子”生产基地认定，在全省排名第一。

【圆满完成目标任务】 一是按时完成农业现代化产业招商任务。2021年，全市农业现代化产业招商目标任务完成到位资金160亿元。通过各县（市、区）农业农村部门的共同努力，全市实现农业现代化产业招商新签约项目327个，签约资金201.99亿元，累计到位资金188.42亿元，超额完成全年目标任务。其中：七星关区全年任务28亿，完成28.06亿元，完成率100%；大方县全年任务18亿元，完成19.43亿元，完成率108%；黔西市全年任务18亿元，完成20.91亿元，完成率116%；金沙县全年任务22亿元，完成22.12亿元，完成率100%；织金县全年任务22亿元，完成34.75亿元，完成率158%；纳雍县全年任务12亿元，完成9.11亿元，完成率76%；威宁县全年任务25亿元，完成26.73亿元，完成率107%；赫章县全年任务12亿元，完成9.67亿元，完成率81%；百管委全年任务1亿元，完成0.65亿元，完成率65%；金海湖新区全年任务2亿元，完成16.99亿元，完成率850%。二是按时完成粤港澳大湾区“菜篮子”生产基地认定任务。2021年，全市粤港澳大湾区“菜篮子”基地认定目标30个。到年底，共向粤港澳大湾区菜篮子工作办公室报送50余个大湾区“菜篮子”生产基地申报认定材料，经过审核，毕节市获得公布认定的粤港澳大湾区“菜篮子”生产基地33个，超额完成全年申报认定任务。

【组建招商专班，加强统筹落实】 牵头林业、水务、工信等部门，组建农业现代化产业招商专班，下设12个重点产业招商工作队，统筹开展产业大招商工作。制订《2021年农业现代化重点产业大招商工作实施方案》，实行“周调度、月通报、季提示、年考核”工作推进机制。各县（市、区）相应组建工作机构，形成“市县联动、专班协作、部门合力”的工作格局，按照“龙头企业+生产基地+加工基地+交易市场”的产业链模式，全力以赴推进农业现代化产业招商工作。全年组织招商工作专班、各县（市、区）召开专题会议8次，开展农业现代化招商培训、研究破解各类招商难点难题。编发招商引资信息43期，编写招商工作情况通报8期，下发工作提示函2次，有力促进招商工作向前推进

【突出产业优势，狠抓项目入库】 组织各县（市、区）结合产业优势开展项目摸底调查，围绕“乡村振兴战略规划”“‘十四五’农业农村现代化发展专项规划”布局，聚焦基地建设、农产品加工、物流冷链配套等环节谋划项目，完成2021年农业现代化产业招商项目库建设，项目库涉及12大特色产业项目150个、总投资270亿元，其中农产品精深加工项目占50%以上。编制12个特色产业“两图、两库、两池”，编印《毕节市农业现代化产业投资指南》，为推动全市农业现代化产业招商打下坚实的基础。

【走出去请进来，推介产业优势】 协助市农业农村局主要领导及分管领导先后带队赴广州、上海、成都等地开展招商活动，到上海大山合集团、圣华副食品有限公司，广州海大集团、香雪

制药等企业进行项目推荐洽谈。2021年，市农业农村局主要领导及分管领导牵头外出招商27次，邀请39家企业赴毕节考察；各县区领导外出招商106次，邀121家企业赴毕考察。同时，充分利用农产品博览会、茶博会、辣博会等平台，开展招商引资项目的推介和发布，促进项目洽谈签约。在深圳、遵义等地举办一定规模的专题招商活动2次。成功推动广州越秀集团100万头生猪项目落地建设，到位资金7.4亿元，七星关区撒拉溪、大方县马干山、金海湖新区岔河三个项目2021年成功投产。

【借助平台资源，引进优强企业】 2021年，借助东西部协作平台市级组织赴广州开展“对广招商”10次，赴浙江开展“浙商入黔”招商1次，借助内陆区域协同发展平台赴四川开展“产业招商”4次。充分利用2021年4月在贵阳举办的2020年全国农业产业化龙头百强企业推介暨百强国龙进贵州活动、十三届贵州茶产业博览会、2021年贵州省农业精加工及大健康产业首都招商推荐会、2021年毕节市农业农村局粤黔招商对接会、2021年遵义辣椒博览会等，组织相关企业进行现场签约，积极开展农业项目招商推荐，争取推动一批项目洽谈落地。2021年新签约农业项目共327个，签约资金201.99亿元，累计到位资金188.42亿元，相比2021年全年到位资金101亿元增加87.42亿元。新引进武汉地之蜜食品实业有限公司在织金县签约5亿元发展食用菌及深加工项目，金沙县木孔镇信安社区观音堂茶叶分拣包装项目签约金额1.13亿元，广州江楠（集团）农业发展有限公司在威宁县签约2.95亿元发展蔬菜产业等农业重大项目。

【积极开展大湾区菜篮子基地申报认定】 2021年，为做好粤港澳大湾区“菜篮子”申报认定工作，确保按时完成年度目标认定任务，市农业区划中心积极开展调研，摸清各县区农业生产企业底数，梳理出具有申报潜力的目标企业。2021年，市农业区划中心将粤港澳大湾区“菜篮子”生产基地建设与农技人员开展高质量服务农业产业发展有机结合起来，派出业务技术骨干到七星关区、大方县、黔西县、纳雍县、威宁县、百管委等10个县（市、区）近40余家生产经营主体进行走访调研，开展宣传动员、现场指导、接受电话咨询等100余次，帮助企业解决申报过程中出现的问题。提升生产经营主体对申报粤港澳大湾区“菜篮子”生产基地的认知度，有效提高申报积极性。

【积极争取协作资金激励申报积极性】 根据《毕节市乡村振兴局 毕节市财政局关于下达2021年度第二批广州市对口帮扶毕节市东西部协作资金的通知》要求，结合2021年粤港澳大湾区“菜篮子”生产基地申报认定的目标任务，整合东西部协作资金200万元用于对申报认定粤港澳大湾区“菜篮子”生产基地的经营主体进行奖补。通过对申报主体的奖补，激发申报主体申报粤港澳大湾区“菜篮子”生产基地的积极性，为进一步拓展粤港澳大湾区“菜篮子”生产基地奠定基础。

【配合抓好农业产业园共建】 积极配合市协作办开展农业产业园区建设协作调研，为广州市确定与毕节市共建农业产业园协作提供基础资料，截至年底，确定广州毕节共建农业产业园7个，建设工作将按照协作方广州市的具体要求有序推进，有力促进农业产业园区建设高质量发展，助推乡村振兴。

【组织农业技术人员服务农业高质量发展】 2021年，市农业区中心根据市农业农村局关于农技人员服务农业高质量发展的要求，积极派出农业专技人员开展高质量发展服务。单位农技人员积极响应，主动深入县区选点、调研，帮助服务点解决生产中的技术难题，促使服务点开展正常生产，有效带动服务点周边群众增产增收增效，按时完成服务工作。

（撰稿：杨兰兰）

烤烟生产

【概述】 2021年是“十四五”开局之年，本年度省下达毕节市烤烟生产收购任务为指导性计划种植面积3.67万公顷，指令性计划收购烟叶6万吨。145个乡镇2.11万户烟农种烟，实际种植烤烟面积3.76万公顷；收购烟叶总量6.06万吨，同比增加0.06万吨；烟叶每公斤均价达到31.47元、同比提高2.15元，高于全省平均1.03元；上等烟比例79.48%，同比增加6.78个百分点；直接支付收购资金19.08亿元，各项补贴兑付之后，烟农收入22.24亿元，同比增加1.76亿元，上缴烟叶税4.08亿元，同比增加0.28亿元；户均收入达到10.52万元、同比增加1.41万元。

【烤烟生产】 是年按照分解下达的烟叶生产收购计划安排，结合生态条件、生产技术水平和结构优化目标层层抓实计划分解、种植面积落实。按照“保护发展核心烟区、稳定巩固重点烟区、逐步压缩普通烟区”的原则，着力推动计划资源向核心烟区、重点烟区集中转移，持续打造以千亩村、万担乡、单元区、重点县为主的骨干烟区。全市建成生产收购规模2.5万吨以上县1个、0.5万吨以上县（市）3个、优质烟叶单元25个（其中国家烟草专卖局单元22个）。全市本年度共供应专用复合肥31509.46吨、有机肥36216.44吨（包含酒糟有机肥、秸秆有机肥、碳基有机肥）、地膜3728.04吨、水溶肥1582.08吨，完成烤烟育苗484.22万盘，移栽烤烟3.76万公顷。

毕节产区开展烟叶品牌建设，围绕毕节西部威宁、赫章、纳雍产区清甜香型烟叶，中东部大方、七星关、黔西、金沙、织金产区蜜甜香型烟叶的风格特色，结合在卷烟品牌配方中使用特点，全力打造“性价比更优、安全性更好、可用性更强”毕节山地生态烟叶品牌。提炼毕节烟叶品牌核心价值，巩固提升毕节烟叶发展优势地位，提高毕节烟叶美誉度和知名度，持续增强毕节烟叶的品牌影响力和在重点名优卷烟品牌配方中的不可替代性。坚持“总量服从结构、结构服从市场”的原则，加大不适用烟叶处理力度，上等烟比例达到79.48%、同比提高6.78个百分点；毕节烟叶在11家工业客户重点品牌配方中适配率平均达8%，在贵州中烟、湖南中烟一类品牌中高达11%左右；“双十五”品牌客户调拨占99.25%、高于全省15个百分点。在全国烟叶收购等级质量检查及工商交接检查中，毕节烟叶收购等级合格率位居全省第二，工商交接等级合格率达72.06%、位居全省第一。

2021年度经国家烟草专卖局批复同意新增贵州中烟林口基地、安徽中烟草海基地、江苏中烟重新基地3个国家级基地单元。

【产业绿色发展】 2021年，以提升烟叶品质安全为目标，健全完善“三网三控”绿色防控体系。投入绿色发展资金13223万元、同比增加6847万元，其中烟叶生产投入资金4086万元、生物质烤房建设资金9137万元，分别同比增加791万元、6056万元；推广绿肥压青2.05万公顷，有机肥施用、性诱剂、烟蚜茧蜂防控、烟用残膜回收率达100%，推广蠋蝽防控1667公顷，开展生物农药施用2.52万公顷，化学肥料、农药施用保持“零增长”；累计建成新能源烤房10064座、占烤房总量的34.1%，成为全省新能源烤房推广数量最多的市（州）。

【基本烟田保护】 出台《毕节市人民政府办公室关于进一步加强基本烟田永久保护工作的通

知》加强基本烟田保护。将规划完成的 10 万公顷基本烟田纳入基本农田范畴，与基本农田保护同安排、同考核，实现基本烟田长久管护、永久使用。其中，七星关区 0.73 万公顷、大方县 1.47 万公顷、黔西市 0.87 万公顷、金沙县 0.533 万公顷、织金县 0.533 万公顷、纳雍县 0.534 万公顷、威宁自治县 4.03 万公顷、赫章县 0.97 万公顷、金海湖新区 0.13 万公顷、百里杜鹃管理区 0.2 万公顷。按照“生态条件适宜、基础设施完备、土壤耕性良好、烟叶风格特色明显”原则，择优选取 6 万公顷以上作为核心烟田，划定为核心烟田保护区，纳入永久基本农田范畴，实行重点保护。其中，七星关区 0.44 万公顷以上、大方县 0.88 万公顷以上、黔西市 0.52 万公顷以上、金沙县 0.32 万公顷以上、织金县 0.32 万公顷以上、纳雍县 0.32 万公顷以上、威宁自治县 2.42 万公顷以上、赫章县 0.58 万公顷以上、金海湖新区 0.08 万公顷以上、百里杜鹃管理区 0.12 万公顷以上。

【政策支持】 2021 年，为深入贯彻落实习近平总书记对毕节重要指示批示精神，积极助力毕节市推动乡村振兴，建设贯彻新发展理念示范区，发挥烟叶产业在巩固拓展脱贫攻坚成果、助力乡村振兴中的重要作用，出台《贵州省烟草专卖局（公司）毕节市人民政府关于印发 2021 年支持毕节市推动乡村振兴 建设贯彻新发展理念示范区实施方案的通知》（黔烟办〔2021〕7 号）文件，对毕节烟叶生产收购销售规模、烟叶生产基础设施建设、美丽新村项目建设等方面进行支持。倾斜支持毕节市烟叶生产收购销售计划，在有市场订单增量的前提下，优先支持毕节市烟叶生产销售计划，积极拓展烟叶市场，巩固毕节市全省第一大烟叶产区地位，持续推动财政增税、烟农增收。

本年度由贵州省烟草专卖局投入资金 2000 万元，在七星关区阴底乡高潮村，黔西市重新镇碗厂沟村，金沙县平坝镇双兴社区，织金县自强乡山口村，纳雍县锅圈岩乡青峰村、勺窝镇联新社区，威宁县新发乡三合村、雪山镇鱼塘社区、板底乡曙光村，赫章县可乐乡金光村等 10 个村修建烟草新村项目。

【烟叶基础设施建设管护】 经市政府专题会议批准（毕府专议〔2021〕58 号批准），完成 2020 年度烟叶生产基础设施运行管护费及工作经费 573.2 万元划拨到各相关县区（其中七星关区 89.37 万元、黔西县 96.26 万元、金沙县 68.97 万元、织金县 63.61 万元、纳雍县 62.74 万元、赫章县 116.06 万元、百里杜鹃管理区 58.19 万元、金海湖新区 18 万元）。

本年度共投入烟叶生产基础设施建设资金约 1.4 亿元，完成新建和维修育苗棚建设任务 15.53 万平方米、新建生物质烤房 1050 座，改建生物质烤房 3211 座、修复编烟棚 3.78 万平方米，购置外置式燃烧机 684 台，购置烟夹 630 套，建成年产 1 万吨生物质颗粒生产线 1 条、机耕路 67 千米。

在七星关区林口镇、大方县黄泥塘镇、黔西县林泉镇、金沙县安洛乡、织金县金龙乡、纳雍县乐治镇、赫章县铁匠乡、威宁自治县迤那镇建设 8 个烟区产业综合体。

【烤烟保险赔付】 自烤烟移栽后，多次遭受冰雹、洪涝、风灾等自然灾害。全市累计受灾 19 次，导致 7247 户烟农受灾，烤烟受灾面积达 0.89 万公顷，烤烟保险赔付金额 1524.64 万元。

（撰稿：何 英）

脱贫攻坚与乡村振兴

【概述】 2021 年以来，毕节市委、市政府坚持以习近平新时代中国特色社会主义思想为指导，深入学习贯彻习近平总书记在全国脱贫攻坚总结表彰大会上的讲话、“七一”重要讲话和对贵州对毕节重要指示批示精神，认真落实党中央、国务院和省委、省政府各项决策部署，始终把巩固拓展脱贫攻坚成果同乡村振兴有效衔接作为重大政治任务，全面用好5年过渡期政策，持续巩固拓展脱贫攻坚成果，接续推进乡村振兴，为努力建设贯彻新发展理念示范区奠定坚实基础。

【巩固拓展脱贫攻坚成果】 市委、市政府主动适应“三农”工作重心历史性转移新形势，把握巩固拓展脱贫攻坚成果新特点，聚焦实现巩固拓展脱贫攻坚成果同乡村振兴有效衔接总体目标，突出健全防止返贫动态监测帮扶机制，持续巩固“两不愁三保障”成果，深化易地扶贫搬迁后续扶持，织密兜牢基本生活保障底线，抓好抓实扶贫项目资产管理监督、东西部协作等重点工作，全市“3+1”保障基础不断夯实，脱贫群众收入稳定增长，巩固脱贫成效明显，群众幸福感获得感不断增强。全年农业总产值预计达880亿元以上，同比增长9.8%，农村常住居民人均可支配收入预计达12300元以上、同比增长10.1%，实现2.25万户9.5万人防贫监测对象动态清零。

1. 扛牢政治担当，全面推动责任落实。习近平总书记十分重视关心毕节工作。2021年2月3日至5日，习近平总书记亲临贵州视察指导，首站就到贵州脱贫任务最重的毕节，深入黔西新仁苗族乡化屋村，专程了解乡亲们脱贫后的实际情况，叮嘱我们要巩固脱贫成果，接续推进乡村振兴，按照既定的目标踏踏实实走下去，把产业发展好，把乡村建设得更好，创造更加多彩多姿的生活。市委、市政府始终把总书记重要指示精神作为殷殷嘱托和巨大鞭策，以高度的政治责任感、使命感、紧迫感，推动总书记重要指示批示精神落细落实。一是强化主体责任。按照中央统筹、省负总责、市县乡抓落实及“四级书记”抓乡村振兴的工作体系，成立由党政主要领导担任双组长的市县两级党委乡村振兴领导小组，党政主要领导亲自部署、亲自推动，全年召开10次市委常委会会议、10次市政府常务会议和7次市委乡村振兴领导小组会议，研究部署巩固拓展脱贫攻坚成果同乡村振兴有效衔接工作，出台《关于实现巩固拓展脱贫攻坚成果同乡村振兴有效衔接的实施方案》《关于全面推进乡村振兴加快农业农村现代化的实施方案》等系列文件。二是强化部门职责。按照“责任不松、政策不变、力度不减、监管不脱”的要求，明确各工作部门职能职责，各级行业主管部门对本行业巩固拓展脱贫攻坚成果工作负责。在原扶贫系统基础上，组建市县两级乡村振兴工作部门并充实人员力量，构建责任清晰、各负其责、执行有力的乡村振兴工作体系。三是强化帮扶责任。坚持和调整优化领导定点联系帮扶机制，市四大班子主要领导分别联系4个国家乡村振兴重点帮扶县，其他市委常委分别联系其他县区，36个厅级领导联系30个巩固脱贫成果任务较重乡镇和36个省、市特色田园乡村·乡村振兴集成示范试点，162个市直部门参与乡村振兴帮扶工作。从各级选派驻村第一书记和驻村干部6819名（驻村第一书记2273名、驻村干部4546名）、组建2273个乡村振兴驻村工作队开展帮扶，覆盖原建档立卡贫困村、易地扶贫搬迁安置社区、乡村振兴示范村、党组织软弱涣散村、红色美丽村庄建设试点村。四是强化执纪问责。持续把扶贫民生领域腐败和作风问题专项治理作为重要政治任务，聚焦监督执纪问责职责，切实做好巩固拓展脱贫攻坚成果同乡村振兴有效衔接。2021年以来，发现扶贫民生领域问题6620个，立案961件，党纪政务处分1027人，移送司法机关27人，给予组织处理62人，问责169人。

2. 紧盯目标任务，全面推动政策落实。市委、市政府始终保持各项政策的连续性和稳定性，对脱贫对象“扶上马送一程”，防止因政策“断档”造成返贫致贫。一是认真落实习近平总书记重要指示批示精神。全市上下切实把学习宣传贯彻习近平总书记视察贵州重要讲话精神和对贵州对毕节重要指示批示精神同贯彻省委十二届九次全会精神、党史学习教育结合起来，着力抓传达学习、教育培训等工作，通过召开市委常委会扩大会议、市政府常务会议和举办专题培训班等形式，20余次传达学习习近平总书记重要讲话精神。市委、市政府研究制订《关于学习贯彻习近平总书记视察贵州重要讲话和对贵州对毕节重要指示批示精神努力建设贯彻新发展理念示范区的意见》，明确重点任务责任分解表，建立分专题、分部门、分领域专项督查机制，按季度对6个方面42项重点工作开展督促检查，建立台账跟踪管理，确保总书记重要讲话精神落地生根、开花结果。二是认真落实国家乡村振兴重点帮扶县会议精神。2021年6月18日至19日，国家乡村振兴重点帮扶县工作会议在毕节召开，中共中央政治局委员、国务院副总理胡春华出席会议并讲话，要求我们按照党中央、国务院决策部署，以更加集中的支持、更加有效的举措、更加有力的工作，加快国家乡村振兴重点帮扶县发展，让脱贫基础更加稳固、成效更可持续，确保在全面推进乡村振兴的新征程中不掉队，为加快实现农业农村现代化奠定坚实基础。市委、市政府从资金、项目等方面加大对织金县、纳雍县、威宁县、赫章县等重点帮扶县倾斜力度，2021年度中央和省财政扶贫（衔接）资金投入织金、纳雍、威宁、赫章等4个重点帮扶县18.55亿元，占全市26.21亿元资金的70.77%；东西部协作资金投入2.19亿元，占全市切块到县3.27亿元资金的66.9%。三是认真落实国家和省出台政策文件精神。对标国家和省出台的巩固拓展脱贫攻坚成果同乡村振兴有效衔接37个文件，全市各级各部门主动担当作为，严格按要求研究制定配套政策文件，推动中央、省巩固拓展脱贫攻坚成果同乡村振兴有效衔接各项政策落细落实。如中共毕节市委办公室、毕节市人民政府办公室研究制定《高质量持续推进易地扶贫搬迁后续扶持工作的实施意见》，市委组织部研究制定《乡村振兴驻村第一书记和工作队管理办法》，毕节银保监分局研究制定下发《关于贯彻落实过渡期脱贫人口小额信贷政策的通知》，市医保局等七部门研究制定《毕节市巩固拓展医疗保障脱贫攻坚成果有效衔接乡村振兴战略实施方案》，市人民政府办公室研究制定《毕节市防止残疾人返贫致贫监测预警工作机制和毕节市防止残疾人返贫致贫帮扶工作实施方案》。

3. 采取有力举措，全面推动工作落实。市委、市政府始终牢牢守住不发生规模性返贫底线，健全防止返贫动态监测和帮扶工作机制，强化资金项目监管，深化东西部协作，加大问题排查整改，不断提升工作质效。一是抓实防贫监测帮扶。研究制定《毕节市关于健全防止返贫动态监测和帮扶机制的工作方案》，强化脱贫不稳定户、边缘易致贫户、突发严重困难户动态监测帮扶，确保返贫致贫风险及时消除。截至2021年末，全市累计识别易返贫致贫户22561户95380人，通过帮扶消除返贫致贫风险22140户94373人，剩余未消除返贫致贫风险93户430人，采取帮扶措施适时动态消除风险（因整户无劳动力按政策要求不能消除返贫致贫风险328户577人）。二是抓实资金项目监管。开展财政扶贫资金项目管理突出问题专项整治，加快中央和省级财政衔接资金项目建设进度，提高资金报账率。26.21亿元中央和省级财政衔接资金实施项目2287个，项目安排率、拨付率、开工率全部达到100%，完工率达90%以上，资金支出进度达90%以上。研究制定《关于进一步加强扶贫项目资产后续管理工作方案》，强化扶贫项目资产管理，摸排项目95158个，涉及资金规模1002.27亿元，其中形成资产779.60亿元，开展确权资产694.28亿元。三是抓实问题排查整改。按照“双责任、双台账、双销号、双追责”要求，扎实推进各类整改。国家和省反馈毕节市脱贫攻坚问题16批次，点名毕节市问题63个，主动认领问题6个，举一反三排查发现问题52个共121个，整改完成120个，阶段性整改完成1个。四是抓实东西部协作。研究制定《毕节市2021年东西部协作工作要点》，签订《“十四五”时期广州·毕节东西部协作协议》。2021年度广州市市级财政对口帮扶毕节市资金4.2亿元，实施项目158个。广州市对毕节市199所学校、30所医院开展帮扶活动，在毕节市脱贫县（区）共建立示范性学校13所、示范性医院7所。举办劳务协作培训班320期，培训农村劳动力14080人，新增帮助脱贫农村劳动力转移就业62479人（其中脱贫劳动力46509人），实现毕节市农产品销往广州深圳42.2万吨，销售金额达30.62亿元。毕节·广州产业园一期工程有序实施，引进企业16家，实现落地投资10.07亿元，吸纳农村劳动力就业数1407人。积极引联广东省企业入驻毕节，新增引进企业28家，投资额27.5亿元，吸纳农村劳动力就业数7575人。广州市向毕节市选派32名党政干部和249名专业技术人才赴毕节市开展帮扶，毕节市选派74名党政干部和329名专业技术人才赴广州市交流学习。五是抓实社会帮扶。有效落实世界银行贷款扶贫项目，实施世界银行贷款项目总投资4.41亿元，“农发项目”进度和报账100%，“六期项目”进度85%，报账75%。有效落实中央定点帮扶工作，6个中直单位继续帮扶毕节市5个脱贫县，部级干部到毕节相关帮扶县调研10人，选派挂职干部9名，落实资金2300余万元。有效落实消费扶贫，紧紧围绕“产销对接助力乡村振兴”第一要务，扎实推进农产品产销对接工作，2021年累计销售农产品248.3万吨，销售金额达191.56亿元。有效动员社会力量参与，充分发挥第三次分配的作用，拓展社会力量参与医疗、教育、乡村治理等领域帮扶新路径，深入实施民营企业“万企兴万村”行动，争取社会捐赠资金4000余万元助力特殊人群解决实际问题。六是抓实宣传教育。建好用好新时代文明实践中心、深入开展政策理论宣讲、文化文艺、助学支教科学改生态环保等文明实践活动。尊重农民主体地位，通过“院坝会”“板凳会”等多种群众喜闻乐见的方式，宣传引导群众自我教育和自我管理，激发农民积极性和创造性，促进广大农民自觉参与脱贫成果巩固和乡村治理。大力弘扬脱贫攻坚精神，注重传播毕节好声音、讲好毕节好故事，凝聚推动巩固脱贫成果正能量。2021年，建成新时代文明实践中心10个，文明实践所280个，文明实践站3704个，精准派单开展活动43.1万人次，服务群众215.1万人次。在中央电视台、《人民日报》、新华网、贵州电视台、《贵州日报》等中央、省级主流网络媒体刊播毕节市巩固脱贫成果稿件842条。其中，毕节市巩固拓展脱贫攻坚成果同乡村振兴有效衔接工作接受中央电视台《新闻联播》专题采访；《贵州毕节探索易地扶贫搬迁安置点社会综合治理—— 打通社区治理“最后一公里”》得到《人民日报》2021年8月24日刊载；《贵州省织金县强化党建引领，推进乡村振兴——提升组织力，激发新活力》得到2021年9月14日《人民日报》刊载；“四个留下”做法获省委办公厅《工作情况交流》刊载；党组织领办集体合作社的做法，中央党校出版社出版的长篇报告文学《走向乡村振兴》用大部分篇幅作了记述，中央改革办、中央政策研究室分别以《改革情况交流》和《学习与研究》刊发。

4. 夯实基层基础，全面推动成果巩固。市委、市政府始终坚持以人民为中心的发展思想，狠抓“两业”发展，强化“3+1”保障，深化易地扶贫搬迁后续扶持，织密兜牢基本生活保障网，补齐民生短板，不断满足人民群众对美好生活的向往。一是狠抓产业就业。切实把产业和就业作为巩固脱贫成果的根本之策抓紧抓实抓好。产业方面：坚持市场导向，依托资源禀赋，围绕蔬菜、食用菌、辣椒、中药材、茶叶、刺梨、特色林业、水果、生猪、牛羊、生态家禽、生态渔业等 12 个特色优势产业，持续推动规模化、标准化、品牌化、绿色化发展。全年发展蔬菜 354 万亩、辣椒 113.56 万亩、食用菌 12.27 亿棒(万亩)、刺梨 92.49 万亩、皂角 90.69 万亩、马铃薯 513.64 万亩、中药材 108.55 万亩、水果 179 万亩、茶园 100.5 万亩、烤烟 56.39 万亩(收购 121.25 万担)。生猪存栏 350 万头、出栏 380 万头；肉牛存栏 120 万头、出栏 45 万头；肉羊存栏 90 万只、出栏 70 万只；禽存栏 2500 万羽、出栏 3500 万羽。就业方面：实施就业优先战略，加大农村人力资源开发工作力度，进一步完善市、县、乡、村四级劳务组织体系，持续加大劳务就业工作力度。开展各类职业技能培训 23.78 万人次，乡村公益性岗位稳定在岗 10 万人。全市脱贫劳动力 88.57 万人，实现就业 85.24 万人，就业率 96.24%；边缘户劳动力 1.93 万人，就业 1.78 万人，就业率 92.23%，实现有劳动力家庭“一户一人”以上稳定就业。二是狠抓“3+1”保障。教育保障方面，持续控辍保学动态清零成果，2021 年全市共计下达学生资助资金 9.68 亿元，全市共计发放各类学生资助资金 9.41 亿元，资助学生家庭经济困难学生 72.32 万人次。医疗卫生保障方面，统筹发挥基本医疗保险、大病保险、医疗救助三重保障制度综合梯次减负功能，强化家庭医生签约服务。脱贫人口参保 175.01 万人，合理化原因未在户籍地参保 4.02 万人，实现应保尽保。资助脱贫人口参加基本医疗保险 174.21 万人次，支出医疗救助资金 2.5 亿元，实现应资尽资。脱贫人口住院 39.85 万人次，住院医疗总费用 155679.23 万元，其中政策范围内费用 140239.20 万元，基本医保、大病保险、医疗救助分别报销 98268.43 万元、11448.48 万元、12271.80 万元，政策范围内补偿比为 86.99%，实补比为 78.36%，实现应报尽报。住房保障方面，建立农村脱贫人口住房安全动态监测机制，加大住房安全排查整治力度。全市 2021 年动态新增且纳入农村危房改造 279 户，全部竣工。饮水安全保障方面，全市农村饮水安全工程 6936 处（集中式供水工程 5217 处、分散式供水工程 1719 处），供水覆盖 815.65 万人。2021 年重点加强对已建农村供水工程的后续管护，研究制定《农村供水保障四级包保责任制》《农村供水保障八项机制》，持续深化落实“有偿用水、计量用水、错峰供水、应急供水”措施，不断提升农村供水保障。三是狠抓易地扶贫搬迁后续扶持。不断完善全市 140 个安置点公共服务、培训和就业服务、文化服务、社区治理、基层党建“五个体系”建设，确保搬迁群众稳得住、能发展、可致富。持续引导搬迁群众户籍转移，全面完成不动产登记。加强易地扶贫搬迁学校规范化、精细化管理，提高易地扶贫搬迁点学校办学质量，脱贫攻坚期间共新建改扩建易地扶贫搬迁安置区学校 128 所，解决 58371 名适龄儿童入学需求。新建和改扩建易地扶贫搬迁安置区学校 128 所，合理设置 147 个医疗服务机构、配备医务人员 1250 人。搬迁农户有劳动力 15.18 万人，实现就业 13.8 万人，就业率 90.91%，动态实现有劳动力家庭“一户一人”以上就业。设置街道 15 个、村（社区）60 个，建警务室 19 个，建立群团组织 206 个，开展志愿服务活动 440 余次。成立党委 4 个，党总支 50 个，党支部 135 个，划分党小组 154 个。四是狠抓兜底保障。对脱贫人口和易返贫致贫人口，定期开展摸排，加强数据比对，按困难类型及时给予专项救助、生活救助，切实做到应兜尽兜、应保尽保。全市共保障城市低保对象 12.15 万人、农村低保对象 61.21 万人、特困人员 2.06 万人，实施临时救助 6.77 万户次；累计支出社会救助资金 23.59 亿元。依托基层社会保障服务平台，以村（社区）为单位，全力夯实社保扶贫基础。全市城乡居民基本养老保险应参保人数 385 万人，参保人数 385.3 万人，参保率达 100.1%。其中，全市脱贫人口参保 120.19 万人，易地扶贫搬迁群众参保 20.33 万人，实现符合条件的全部参保。加快推进未成年人保护工作体系建设，加强未成年人风险排查、评估帮扶，全市 2951 名孤儿、7115 名事实无人抚养未成年人的基本生活得到有效保障，585 名高校就读孤儿获得助学资助。全面落实残疾人两项补贴制度，惠及困难残疾人生活补贴发放对象 9.5 万人、重度残疾人护理补贴发放对象 7.72 万人。五是狠抓基础设施建设。大力实施基础设施改善工程，加快补齐短板。全市创建“美丽农村路”572 千米，县乡公路里程达 1.36 万千米，通村公路 1.56 万千米，“组组通”硬化路 1.46 万千米，新建成“农民文化公园”村综合文化服务中心 64 个。扎实推进农村电网巩固提升工程，新建及扩建 110 千伏及 35 千伏变电站 43 座、10 千伏配变 308 台。完成国家电信普遍服务试点项目，有效弥合城乡数字鸿沟，建置村 4G 网络和光纤网络全覆盖，30 户以上自然村 4G 网络全覆盖，加快推进 5G 网络覆盖向乡镇重点区域延伸。

【全面推进乡村振兴】 市委、市政府全面深入贯彻落实习近平总书记视察贵州时提出的“在乡村振兴上开新局”重要指示精神，按照“产业兴旺、生态宜居、乡风文明、治理有效、生活富裕”总要求，将工作重点从解决“两不愁三保障”转向推动乡村全面振兴、从突出到户到人转向推动区域发展、从以政府投入为主转向政府与市场有机结合“三个转变”，切实推动乡村振兴开新局、走前列、作示范。

1. 坚持分类分级逐步推进。结合毕节实际，综合考虑各县区农村基础设施、产业发展、农村居民收入、巩固脱贫成果任务等情况，以问题为导向，坚持因地制宜、规划先行、实事求是、精准施策，按阶段目标梯次推进。一是坚持分类实施。制订《毕节市分级分类推进乡村振兴实施方案》，按照省关于乡村振兴三类县的划分标准，金沙县为乡村振兴引领示范县；七星关区、大方县、黔西市为乡村振兴重点推进县；织金县、纳雍县、威宁自治县和赫章县为乡村振兴夯实基础县。同时根据省对乡村振兴分级分类的目标任务和工作要求，将全市除七星关区市西街道、市东街道、洪山街道、麻园街道 4 个街道以外的 275 个乡（镇、街道）分为乡村振兴示范引领乡镇、乡村振兴重点推进乡镇和乡村振兴夯实基础乡镇三类。乡村振兴示范引领乡镇 66 个、乡村振兴重点推进乡镇 158 个、乡村振兴夯实基础乡镇 51 个。二是坚持分级推进。坚持市级统筹、部门协作、县乡村具体抓落实的工作机制，分级负责、压实责任、协同推进。更加注重统筹解决建档立卡脱贫户和非建档立卡群众之间因政策红利不同带来的差异，使乡村振兴成果更加公平地惠及所有村和所有农民群众。市级主要抓好巩固拓展脱贫攻坚成果同乡村振兴有效衔接政策设计、目标确定、组织动员、督促检查、经验总结、统筹协调和上下衔接等工作。县级履行好本级巩固拓展脱贫攻坚成果同乡村振兴有效衔接主体责任，党政主要负责人是第一责任人，做好乡村振兴工作安排和县域内分类推进、试点示范、项目落实、资金使用、人力调配、推进实施、跟踪问效等工作。乡级承担本行政区域内巩固拓展脱贫攻坚成果同乡村振兴有效衔接的直接责任，把夯实农村基层党组织与全面推进乡村振兴有机结合起来，选优配强基层党组织带头人，强化村支“两委”负责人、驻村第一书记和工作队推进乡村振兴责任，共同做好发动群众、制定规划、用好资金、管好项目、政策落地等工作。三是坚持统筹兼顾。督促指导全市各县区根据各乡（镇、街道）实际情况，充分考虑当地经济社会发展、产业发展、基础设施、自然条件、巩固拓展脱贫攻坚成果任务等主要因素，认真分析研判，科学定位，因地制宜制定分类分级推进乡村振兴工作方案，合理确定发展定位，统筹兼顾、分类分级推进乡村振兴。

2. 注重示范引领重点推进。市委、市政府在“四在农家 · 美丽乡村”新农村建设和“十百千”乡村振兴示范工程基础上，采取自愿申报、分级审核、实地考察、竞争性确定方式，选择一批主体积极性高、发展潜力好、规划有亮点、方案切实可行的自然村庄，开展省级和市级特色田园乡村·乡村振兴集成示范试点建设，打造特色产业、特色生态、特色文化，塑造田园风光、田园建筑、田园生活，建设美丽乡村、宜居乡村、活力乡村，展现产业兴、生态美、乡风好、治理优、百姓富的毕节特色田园乡村现实模样，为全市乡村振兴开新局提供有益探索，做出引领示范。一是注重试点选择。研究制订《毕节市特色田园乡村·乡村振兴集成示范点建设方案》，以自然村为单元，按照“区位适宜、规模适度、条件适中、组织坚强”的选择标准，统筹兼顾“十百千”乡村振兴示范工程、全国红色美丽村庄试点村、中央财政补助集体经济扶持村、宜居农房建设试点和特色传统村落示范等试点示范项目，全市共规划建设省级和市级特色田园乡村·乡村振兴集成示范试点36个，其中省级试点村6个、市级试点村30个。二是注重规划先行。突出精品意识，坚持“不搞大拆大建，不违背农民意愿”的原则，充分征求村民意见，落实多规合一要求，高标准高质量做好乡村规划，不断提升村庄整体风貌和形象。按照有条件的可参照省级试点要求标准编制“一方案两规划”，没有条件的可按“一图一表一说明”编制村民版规划的原则，36个省市级试点均完成方案规划编制。三是注重资金整合。充分发挥财政资金投入的引导作用，撬动更多社会资本、金融资本投入。6个省级试点村共整合投入资金12192.55万元，其中各级财政资金投入5695.2万元，东西部协作资金2275.35万元，社会资金投入4222万元。30个市级试点村，整合资金11838.48万元，其中财政资金4995.6万元，东西部协作资金3775.88万元，社会资金3067万元。四是注重机制创新。坚持把特色田园乡村建设作为农村综合改革的试验田和改革成果的集成区，形成一批可复制、可推广的改革经验成果。如，研究制定《毕节市创新财政涉农产业资金投入推动农业产业高质量发展暂行办法》，建立由农业龙头企业、地方农投公司、合作银行共同协商，以农业产业项目为载体的特殊项目公司（SPV公司），通过“公司+合作社+农户”的组织方式，实现优势互补、互利共赢。五是注重经验总结。谋划推进“农村宅基地制度改革、农村集体经营性建设用地入市、乡村工程建设项目农民工实名制管理”等一批重点改革事项，总结推出《毕节市积极推行“四个留下”助力乡村振兴》《大方县箐口村“抓两头·带中间”机制助力产业振兴》《纳雍县“七人议事”探索农村基层治理新路》等一批经验典型。

3. 围绕振兴目标统筹推进。研究制订《毕节市全面推进乡村振兴五年行动方案》，大力实施发展乡村产业、农村人居环境整治提升、推进乡风文明、乡村治理等行动，着力推进各方力量资源向乡村振兴领域集聚，加快补齐乡村振兴突出短板，为有序全面推进乡村振兴奠定坚实基础。一是着力建强基层组织。扎实开展党史学习教育，持续整顿340个村（社区）软弱涣散党组织整顿工作，统筹推进党支部标准化规范化建设，推动把党支部建到自然村寨、产业链和合作组织上，形成总支连支部、支部连小组、小组连党员、党员连农户的基层党组织建设机制。利用好村级换届的契机，坚持政治坚定、能力突出、公道正派、群众公认的标准，选优配强村支“两委”班子。全市累计完成3298个村党组织换届选举，其中党总支426个、党支部2827个。二是着力增强村庄发展动能。大力实施“人才强市引才计划”，选派2738名农技人员和357名科技特派员，深入基层开展农技服务，创建示范点478个，服务农业企业618家、农民专业合作社2940家、家庭农场530个、养殖大户1313个。三是着力改善人居环境。实施乡村环境卫生整治专项行动，启动农村生活污水治理三年行动计划，因地制宜推进农村厕所革命。共清理农村生活垃圾27.5万吨、村内水塘1.3万余口（次）、村内沟渠2万余千米、发动农民群众投工投劳57万余人次。完成农村环境综合整治任务54个，建成农村生活污水治理设施6024套，累计完成改造农村户用卫生厕所49.66万户，建设改造完成村级公共卫生厕所2561个，完成问题厕所整改11209户。累计建成农村生活垃圾收集点18969个，建置村生活垃圾收运设施覆盖率达100%，农村生活垃圾无害化处理率达93%。四是着力加强乡村治理。健全自治、法治、德治相结合的乡村治理体系，着力提升乡村善治水平，推广“一中心一张网十联户”“七人议事”等行之有效的乡村自治模式，扎实开展“推进移风易俗，树立文明乡风”专项行动，重点整治大操大办、厚葬薄养、低俗婚闹、早婚早育、封建迷信等突出问题，提升文明村镇创建质量，全市文明村镇占比达67.6%。

（撰稿：张　雷）

易地扶贫搬迁和水库移民

【概述】　2021年，在市委、市政府的坚强领导下，市生态移民局以深入学习贯彻习近平总书记视察贵州重要讲话精神为引领，紧紧围绕“持续巩固脱贫攻坚成果，着力推动脱贫攻坚与乡村振兴有效衔接”目标任务，高质量推进易地扶贫搬迁后续扶持工作，有序推动夹岩水利枢纽工程建设征地移民安置，及时回应移民诉求，持续提升移民群众获得感、幸福感、安全感。

【易地扶贫搬迁后续扶持不断夯实】　通过全市上下共同努力，7月，省政府将毕节市作为“易地扶贫搬迁后续扶持工作积极主动、成效明显的地方”进行激励通报表彰。一是就业稳岗持续巩固。通过组织线上线下招聘活动，定向推送招聘岗位信息，开展有针对性的就业培训，促进搬迁群众就地就近就业。依托东西部协作、结对帮扶等机制，有序组织搬迁劳动力外出就业。2021年，全市通过135个服务网点、94个劳务分公司、117个劳务合作社，促进搬迁劳动力有组织就业10405人；举办专场招聘会168场，上门走访13.83万户次，推荐岗位实现就业1.69万人；安置区现有扶贫车间（基地）133个，吸纳搬迁劳动力2844人；通过开发“十大员”公益转岗兜底安置等措施实现就业7811人。全市搬迁有劳动力14.96万人，实现就业13.65万人，动态实现有劳动力家庭“一户一人”以上就业。累计完成易地扶贫搬迁劳动力技能培训8.05万人次，促进就业5.28万人，其中2021年完成培训6320人次，促进就业4550人。二是公共服务日趋完善。就近入学全面落实。全市投资25.37亿元，新建和改扩建易地扶贫搬迁安置区学校128所，解决易地扶贫搬迁适龄学生5.8万人就近就地入学，安置区教育资源满足教育教学需求。医疗健康有效保障。合理设置147个医疗服务机构、配备安置点医务人员1250人为搬迁群众提供基本医疗和公共卫生服务。社会保障全面覆盖。坚持“脱贫不脱保”，对搬迁脱贫后家庭人均收入仍低于当地低保标准的，继续享受低保政策；及时将县城安置区所有符合条件的搬迁群众按安置地标准纳入城市低保。2021年，全市共有9.92万名易地扶贫搬迁困难群众享受城市低保，0.96万名易地扶贫搬迁困难群众享受农村低保。三是社区治理有效提升。组织体系全面建立。安置点共设置街道15个、村（社区）60个（其中村9个、农村社区21个，城市社区30个），基本形成党组织领导下的综合治理体系。各县市区积极探索安置社区治理模式，织金县“五分”工作法强化安置点管理服务、赫章县“党建+积分”激发搬迁群众内生动力等模式，在社区管理中切实发挥有效作用。治安防控体系不断加强。发挥综治中心实体化运行作用，合理设置警务室，建立健全群防群治组织，加强“雪亮工程”“智慧门禁”等技防设施建设；全市安置人数达3000人以上的安置点建警务室19个，配备专职社区民警。群团参与助力共建。“工青妇”等群团组织积极引导各类社会力量参与安置点特殊人群服务，推进社区、社会组织、专业社会工作者“三社联动”，为特殊人群提供心理疏导、医疗保健、法律咨询等服务。各安置区共建立群团组织217个，社区服务中心（站）、养老服务设施、儿童服务中心（儿童之家）实现全覆盖。教育引导持续加强。通过新时代文明实践中心（讲习所）等平台，持续加强感恩教育、融入教育，有效促进搬迁群众在生活、身份、意识等方面融入新环境、适应新生活。2021年，共开展感恩教育活动2800余场次、涉及搬迁群众26万余人次，普法教育600余场、普法专题培训120余次。四是后续项目加快推进。2021中央戴帽大型安置区后续产业扶持资金3.47亿元下达，各县市区计划用于大型安置点后续产业项目。安置区现有后续扶持产业项目201个、总投资26.03亿元。五是权益保障全面加强。户籍接转有序实施。宣传引导推动搬迁群众落户安置地，对一时不愿意转户籍的办理“居住证”“市民证”。2021年，全市转移户籍18.81万人、办理居住证0.082万人、办理市民证12.78万人。不动产登记全面完成。2021年，全市搬迁入住的76890套易地扶贫搬迁安置住房不动产登记办理完成。

【水库移民搬迁安置有序推进】 一是夹岩水利枢纽工程建设征地移民安置全面完成。夹岩水利枢纽及黔西北供水工程是国务院纳入“十三五”时期分步建设的重大水利工程之一，也是贵州迄今为止投资和规模最大的水利工程。2021年，累计搬迁安置库区移民4439户23680人，完成水源区征地43051.48亩，灌区骨干输配水区征地17272.67亩，完成移民投资42.5亿元；规划建设移民集中安置点8个，全部建设完毕，实施路桥改复建项目31个。2021年12月，夹岩水利枢纽工程蓄水阶段移民安置顺利通过水利部终验。二是着力推动其他大型水库移民搬迁安置工作。玉龙水库实物调查工作全面完成。三是中小型水库移民搬迁安置扎实推进。凹水河、赖子河、白泥坡、河口等中型水库征地拆迁工作有序推进，满足工程建设需要。

【水库移民后期扶持有效实施】 全市建大中型水利水电工程21座，核定后期扶持人口123491人（直补112604人、项目扶持10887人），2021年兑现后期扶持直补资金5776.56万元，兑现素质提升资金547.7万元；完工“十三五”后期扶持项目338个、完成投资24773.17万元，完成水库移民后期扶持“十四五”规划编制。

【库区和安置区社会总体稳定】 通过加强上下联动、部门沟通、综合研判、强化法规宣传、抓实问题疏导等举措切实加强源头治理，全力做好以洪家渡、夹岩等水库移民为重点的信访稳控工作，促进库区和移民安置区社会保持总体稳定良好态势。2021年，没有发生影响社会稳定的重大移民事件、移民个人极端事件、大规模移民群体性事件和移民进京非访事件；共接访移民41批次66人次，办理移民信访件64件。

（撰稿：刘　源）

林　业

【概述】 2021年，毕节市林业系统以习近平新时代中国特色社会主义思想为指导，深入贯彻落实习近平总书记对贵州对毕节工作重要指示批示精神，牢固树立“绿水青山就是金山银山”理念，守好发展和生态两条底线，积极开展国土绿化，不断提升森林质量，全面加强资源保护，培育壮大林特产业，确保“十四五”开好局，起好步。

【称号荣誉】 2021年获全国林业系统“七五”普法工作先进单位。毕节市林业局和纳雍县人民政府获贵州省森林保护“六个严禁”执法专项行动先进集体，9人获全省先进个人。贵州省绿委办、省林业局授予毕节市七星关区海子街镇、田坝镇、黔西市新仁乡、纳雍县玉龙坝镇4个乡镇“贵州省森林乡镇”称号，新仁乡化屋村等12个村寨被授予“贵州省森林村寨”称号，毕节市海子街镇树垮村史建中、陈学贵等385户被授予“贵州省森林人家”称号。赫章县兴发乡中营村、纳雍县勺窝镇五一村、大方县雨冲乡红旗社区3个村（社区）获“贵州省景观优美森林村寨”称号。年底，全市累计获“国家级森林乡村”50个，“省级森林城市”7个，“省级森林乡镇”60个，“省级森林村寨”219个，“省级森林人家”2151户，“贵州省景观优美森林村寨”3个。

【绿色毕节】 狠抓国土绿化，巩固林业生态建设。一是开展国土绿色工作，增加绿化面积。全市实施营造林153.96万亩，其中新一轮退耕还林完成87.5万亩。完成义务植树970.54万株。完成治理石漠化面积127.39平方千米。二是加强种苗培育，夯实种苗基础。全市共有188家苗木生产企业，育苗面积25059亩（其中当年新育面积7194亩），预计生产合格苗木62714万株。三是大力推进森林城市创建。完成《贵州省毕节市创建国家森林城市总体规划实施报告》和《贵州省毕节市创建国家森林城市评价指标自查报告》编制工作。制作创建国家森林城市宣传LOGO、宣传海报、倡议书，开展森林城市进机关、进社区、进校园、进医院等活动。四是做好国储林建设。全市国储林建设共获银行授信136.59亿元、到位资金61.08亿元。其中：国储林一期项目授信116.37亿元，到位资金55.55亿元，签订流转合同143.91万亩，兑现土地流转费24.51亿元，补办和换发涉及国储林土地承包经营权证和林权证64.20万亩，完成营造林114.73万亩；二期项目授信黔西、金沙、纳雍、赫章（核桃专项）、威宁5个县（市、区）20.22亿元，到位资金5.53亿元、签订流转合同8.57万亩、完成营造林5.15万亩，其余县（区）正积极对接银行机构，推进项目融资；三期项目七星关、大方、黔西、织金、纳雍、威宁6个县（市、区）完成社会资本方招标，正开展融资工作。

【林业产业】 牢固树立生态优先绿色发展的理念，把生态优势转化为发展优势、经济优势，全市林业总产值达到248亿元。一是特色产业。完成种植刺梨43.43万亩，种植皂角30万亩，核桃改良15.17万亩。二是林下经济。完成林下经济利用森林面积378.66万亩，实现产值49.38亿元，联结农村人口276853人，涉及脱贫人口104760人，有实施主体996个。三是产业招商。完成毕节市皂角产业链招商指引编制，编制招商引资推介方案30个，完成招商引资到位资金31.73亿元，完成率158.65%。

【资源保护】 一是落实森林管护面积1462.45万亩（国家级公益林管护553.05万亩，地方公益林管护615.1万亩，天然商品林管护180.73万亩，国有林管护47.58万亩，其他66万亩），聘用管护人员37856名（其中生态护林员36267名，天保护林员1598名），签订管护协议37856份。二是优化调整自然保护地。对全市9个县市区38个自然保护地，按要求完成优化调整阶段性成果编制并通过省级审查。三是积极开展涉林案件查办。按照“四个到位”（查处案件到位、补办手续到位、恢复植被到位、追责问责到位）完成查处整改案件17起，完成2021年“六个严禁”执法专项行动往年度刑事案件移送15起，往年度行政案件224起。四是林业有害生物防治成效明显。金沙县在抓好松材线虫病防控枯死松木集中清理工作中，得到省级质量评估好评。五是森林防火受害率在控制范围内。全市发生森林火灾2起，火场总面积7.17公顷，受害森林面积4.15公顷，森林火灾受害率0.0029‰，远远低于省规定0.8‰的控制指标，全市无重大以上森林火灾和因灾伤亡事故。

【林业改革】 一是林长制工作。制定《毕节市林长制2021年度工作方案》及五项配套制度和《毕节市市级林长名录》。市、县、乡、村四级林长分别到责任区域开展巡林。2021年，市级林长巡林30人次。开展2021年毕节市“小林长”巡林护林志愿服务行动。设立林长制专栏，及时公开林长制相关政策文件、规章制度和工作动态等信息，进一步加大宣传引导力度，形成合力保护森林资源。二是深入推进集体林业改革发展工作，引导经营者建立新型林业经营主体，逐步完善森林保险制度和财政扶持制度，激发群众参与生态建设的积极性，实现“资源增长、农民增收、生态良好、林区和谐”。全市成立新型林业经营主体2544家，其中农民林业专业合作社2112家，经营林地面积89.56万亩，家庭林场19家，经营林地面积2.83万亩，专业大户126户，经营林地面积11.08万亩，林业企业287家，经营林地面积65.86万亩。三是持续深化国有林场体制改革，明确林场功能定位，开展森林科学经营，提高森林资源质量，发展特色优势产业，增强林场发展实力，建立健全规章制度，强化林场内部管理，加强基础设施建设，创造良好工作环境，强化人才队伍建设，培植林场发展后劲。

【科技推广】 承担“皂荚标准化栽培推广示范”“核桃标准化栽培技术推广示范”“方竹标准化栽培推广示范”“油茶标准化栽培推广示范”“高山杜鹃育苗技术推广示范”“特色经济林标准化栽培推广示范”“生态茶标准化栽培推广示范”“柑橘优新品种标准化栽培推广示范”“核桃新品种及高接换优技术推广示范”9个中央财政科技推广示范项目。承担《林下仿野生天麻种植示范基地建设》省级财政科技推广示范项目1个。印发了《毕节市关于加快推进核桃产业高质量发展的意见》《毕节市核桃产业提质增效实施方案（2021—2025年）》。2021年度指导全市开展现场技术培训（指导）260余次，完成培训2万人。

【林业宣传】 一是加强媒体对外宣传。与《毕节日报》签订合作协议，弘扬新时代林业正能量、好声音，强化对林业工作的宣传，全年在《毕节日报》登发稿件100余篇。加强与市委宣传部沟通和对接，向各级新闻媒体提供林业新闻素材。2021年2月4日，第5期《贵州改革情况交流》刊发《毕节市“四方联动”建设国储林》。4月2日，中央电视台《焦点访谈》对毕节市织金县林长制工作进行报道。10月2日，贵州卫视，动静新闻客户端平台推出特别节目《今朝更好看》毕节篇，播出《“河长”“林长”平时都在忙些啥》，介绍毕节市河长制和林长制推行情况。全国绿化委员会办公室、国家林业和草原局森林城市建设工作简报登载《贵州省毕节市以建设国家森林城市为载体持续增绿提质》。2021年《国土绿化》期刊第5期上发表《不忘绿色初心 践行林业使命——贵州省毕节市创建国家森林城市纪实》。二是加强系统内部宣传。积极向省林业局网站报送新闻稿件，稿件被采用28篇。通过毕节市林业局门户网站、毕节林业微信公众号、毕节试验区林业微信公众号、毕节林业微博等宣传平台，拓展宣传领域，营造浓厚的林业宣传氛围。

（撰稿：李　正）

水　务

【固定资产投资】 2021年度计划完成水务固定

资产投资80亿元，截至年底，累计完成80.50亿元（夹岩完成4.65亿元、其他水利水务项目完成75.85亿元），投资完成率100.63%，占全省水利实际完成数的28.57%以上。

【骨干水源工程建设】 一是总投资186.49亿元的大型夹岩水利枢纽及黔西北供水工程主体工程基本建设完成，累计完成投资180.16亿元，完成下闸蓄水验收并成功下闸蓄水。二是2021年51座在建骨干水源工程，项目总投资137.99亿元，已累计完成投资78亿元，投资完成率56%。完成2座下闸蓄水验收，5座竣工验收。三是加快推进水库前期工作，毕节市咸宁玉龙水库可研报告编制完成，正在按流程送审。咸宁洛泽河提水工程可研报告已批复；24座中小型水库通过发改部门立项，可研报告已审查。

【农村供水保障工作】 一是全市排查发现的2753个农村供水保障问题全部整改完成，并保持问题动态清零。二是建立市级农村供水保障服务平台，确定“96669”作为全市统一的农村供水服务电话并逐户挂牌公示，及时解决群众反映问题。三是印发《关于建立农村供水保障四级包保责任制的紧急通知》，建立由市水务局领导包保县区，县区领导包保乡镇，县区水务部门和乡镇领导包保村（社区），县、乡（镇）、村（社区）普通干部包户的四级包保工作责任机制。出台《关于建立农村供水保障八项机制的通知》，针对农村供水保障存在的问题和短板，强化组织保障，统筹各方资源和力量，综合采取有力措施抓具体、抓深入、抓落实，全力推进农村供水保障工作。

【城镇污水处理设施建设】 一是2021年计划总投资2.51亿元、建设乡生活污水处理设施项目20个，日处理总规模1.715万吨/日、建成管网132千米，实际累计完成投资2.38亿元，20个项目均建成调试后投入运行、完成管网建设134千米。二是切实抓好全市建成134个建制镇污水处理厂的正常运行。

【河（湖）长制工作】 一是河湖长履职尽责。2021年，市级河湖长开展巡河194次，巡河发现问题190个，完成整改155个，35个问题正在整改；县级河湖长开展巡河3289次，巡河发现问题535个，完成整改523个，12个问题正在整改。二是持续推进河湖“清四乱”清理整治。2021年1—12月共发现“四乱”问题71个，均全面完成整改。三是完成2021年度“一河（湖）一策”方案任务目标分解。毕节市设市级河（湖）长的河湖28条，2021年协助省级责任单位完成7条设省级河（湖）长河湖“一河一策”任务目标分解；完成21条设市级河（湖）长河湖“一河一策”任务目标分解。四是河湖划界工作有序推进。全面完成177条50平方千米以上河流划界成果上图，其中市级24条、县级153条；同步推动50平方千米以下农村河湖划界工作。五是开展河湖健康评价试点。按照水利部印发的《河湖健康评价指南（试行）》及省河湖长制办公室印发《贵州省河（湖）长制2021年度工作细化方案》要求，组织对设市级河长的21条河流开展河湖健康评价，同时要求各县（自治县、市、区）选取3条设县级河长的河流开展河湖健康评价，评价成果按规定报审后公布。

【生态文明建设】 一是2021年累计完成治理面积73.70平方千米，完成市级目标任务（70平方千米）的105.30%，在全省排名第一。二是抓好最严格水资源管理。全面贯彻落实最严格水资源管理制度，以取水许可制度为核心，强化水资源管理，按照《2021年省对市高质量考核最严格水资源管理指数工作方案》和《2021年贵州省水资源管理综合考核工作方案》要求，强化水资源刚性约束，有序推进水资源管理各项工作。三是完成省对市、市对县“十三五”最严格水资源管理实施情况评估工作；完成全市716个取水许可电子证照转换工作。完成2020年度和2021年第一至四季度全国用水统计和数据填报、审核及上报工作；完成全市重要河流水量分配和生态流量目标核定及保障实施方案编制及发布相关工作。完成2020年度毕节市水资源公布及发布工作。

【节约用水工作】 以考核为抓手，将市直82家单位及下属事业单位节水型载体创建工作纳入市直单位高质量发展考核内容并制定实施方案，按月调度；全面开展节水型单位、节水型小区、节水型企业、节水型学校等各类节水载体创建工作；2021年金沙县、威宁县获得县域节水型社会称号，市行政中心获得国家水效领跑公共机构称号。大力开展节水宣传工作，积极征求上级资金用于开展市行政中心节水宣传基地及巩固市行政中心水效领跑工作。

【防灾减灾项目建设】 一是全市落实200座水库水电站600名“三个责任人”、1068处山洪灾害易发区3204名“三个负责人”。全市157处雨水情自动监测站、110处视频监控站、9个县级山洪灾害监测预警平台充分发挥监测预警预报作用。切实解决山洪灾害防御预警发布“最后一公里”问题。二是完成200座水库水电站防汛抢险应急预案的修编，114座水库水电站完成预案演练。市、县（市、区）两级共组织474人次，共排查237座次水库水电站，发现隐患问题72处，整改完成51处，21处持续推进整改。三是2021年计划实施中小河流治理项目7个，进度70%。四是2021年赤水河流域小水电清理整改计划退出5座（七星关3座、大方2座），完成拆除。

【灌区节水配套项目建设】 金沙县金东中型灌区续建配套与节水改造2021—2022年（2021年度）批复投资2391.14万元。到位资金2135万元。2021年底项目主体工程全面完工，为全省同批下达建设任务的16个灌区中首个完工的项目，在全省排名第一。

【水利工作表彰】 2021年8月毕节市水务局被水利部列为“全国水利扶贫工作先进集体”，纳雍县水务局被水利部列为“全国脱贫攻坚先进典型”进行表彰；2021年5月，毕节市河长制办公室被水利部评为“全面推行河长制湖长制先进集体”；2021年12月，金沙县被水利部表彰为2021年度国家水土保持示范县。

（供稿：毕节市水务局）

水文水资源

【概述】 2021年，市水文水资源局认真贯彻“十六字”治水思路，学习贯彻习近平总书记重要讲话精神，以水文高质量发展为目标，紧扣水文信息服务和水生态监测等重要内容，深入践行水利改革发展总基调，补齐水文短板，为示范区经济社会发展贡献水文力量。

【防汛准备】 2月初，下发通知，布置全市水文系统的汛前准备工作。3月，召开专题会议，先后派出4个汛前检查组分赴4个水文中心站进行汛前检查，共计检查16站次，发现问题18个，对影响安全度汛的项目，限期整改。结合水文测报需要和上一年度测验情况，对国家基本水文站、市州界监测断面站点、生态监测断面站点、大江大河站、中小河流水文（位）站点共67站测验任务书、测验方案进行修订。

【应急测报】 根据各站测报情况，完成《应急测报方案》《应急监测预案》，编制14个基本水文站、47个中小河流水文（位）站超标洪水报告，为水文应急监测工作提供操作依据，做到人员、设备、技术方案、线路逐项落实。组织开展水文监测应急演练，进一步强化应急监测实战能力，提高应急监测水平，随时准备迎战可能出现的重大汛情，确保超标准洪水发生时测得到、报得出、报得准确及时。

【水文基础数据完整及时】　确保水文数据准确性，全面完成水文（位）站积水面积复核工作，对全市范围内监测断面情况基础信息进行全面复核，保障数据采集准确性。积极探索新仪器新设备的应用，提高水文智能化采集水平。在原有测报系统基础上，引进国产 ADCP、超声波时差法测流系统，积极尝试自动泥沙监测，逐步提高信息采集效率。全力保障数据完整性，提升设备在线运行率，开展设备维修维护 300 余站次，水文测报的完整率较去年大幅提升。扎实开展基础信息采集，对辖区内流量站 44 站、水位站 24 站、降水量站 153 站、地下水站 5 站、水质站 50 站、墒情站 55 站、泥沙站 5 站、蒸发站 9 站进行全面监测，全年共施测流量 817 份，水准测量 67 站次，大断面测量 70 站次，水尺测量 98 站次，水位校核 2301 站次。落实“四随”工作，认真推进在线整编系统使用，实现在线测量、数据传输、资料整编一体化，提升水文资料可靠性，大幅提高工作效率。

【预报服务能力稳步提升】　全力服务防汛抗旱，搭建一体化雨水情基础信息库。为全市防汛抗旱工作提供全面、准确的雨水情数据，实现雨水情信息预测、基础信息收集、预报预警一体化服务。组织开展水文（位）站防洪特征水位修订、中小河流水文（位）站超标洪水测报预案编制等工作。汛前编制《2020 年水情年报》，对上一年度雨水情情况进行全面分析。编制《2021 年毕节市中长期雨水情趋势预测报告》，对当年雨水情情况作出初步预测。汛期做好实时雨水情监控，通过自动测报系统，采集雨量、水情、库情、墒情等各类项目水文信息汛期约 150 万余条，数据完整率达 99.8%。结合对当地雨水情情况分析，编制并发布水情日报 30 期，快报 19 期，旬报 13 期，重要雨水情及时通过短信等形式发送到各级领导处，全年发送雨水情预警短信 1 万余条，方便各级领导及时掌握雨水情动态。

【洪水预报】　积极应对暴雨洪水，技术支撑能力明显增强。进一步夯实水文基础信息，完成中小河流站点防汛特征水位修订，更好地保障人民群众生命财产安全，为社会提供科学合理、简便高效的水文预报服务。做好河流水位情况监控，及时开展洪水预警预报，在 7 月 5 日大方县白甫河响水河段发生超保证水位洪水中，提前 3 小时预测洪水，及时将洪水预报成果报相关部门，并响应“四级叫应”机制通知到市、县、乡、村，为当地做好应急抢险工作争取宝贵时间，减少灾害损失。全年共发布水情预测 3 期，洪水预报 12 期，为防汛工作当好“哨兵”。

【旱情预警】　做到旱情预警快速准确，服务全市防灾减灾工作。根据当前降水量、河道流量、土壤墒情数据、毕节市主要水库数据，结合当地水库供水实时动态和未来气象预报开展旱情分析。对可能发生的旱情及时预警，成功预警威宁、赫章等中西部地区旱情及供水困难问题。旱情发生期间，根据旱情发生情况编制报送《旱情简报》，为相关部门工作调度提供参考。全年编制发布《旱情预警》1 期、《旱情简报》2 期。

【站网功能布局逐步优化】　优化站网功能布局，强化水文监测针对性。开展辖区内水文监测站点站网功能复核与评价工作，最大限度减少因各类水利工程建设特别是水资源梯级开发、城镇建设、河道防洪及景观工程等对水文站网的影响，立足水文现状，结合经济社会发展需求，针对防汛测报，水资源管理、保护，生态保护，水文实验研究等不同需求，对全市水文站网功能进行全面分析研究与评价，形成《贵州省毕节市水文站网功能复核分析论证报告》，积极为“十四五”期间水文更好地支撑服务经济社会发展奠定坚实基础。认真谋划水文现代化建设规划，规划2022年基本水文站提档升级项目。参与开展贵州省国家基本水文站提档升级改造（一期）工程洪家渡（二）、阳长、木孔三个水文站建设工作。

【水环境监测力度不断加强】 开展水生态监测试验工作，选取毕节市赤水河、清池、白甫河龙官桥、头步桥、落脚河大桥、威宁草海边、草海中、江家湾码头8个监测点，开展底泥、浮游植物、浮游动物、大型底栖无脊椎动物等生态指标的试验监测。了解掌握河湖底泥污染、生物种类组成、数量及生物量，探索河湖生境状况、生物群落种类组成结构及完整性，为清晰指示河湖健康与环境压力的响应关系，河湖生态随时间和空间的变化趋势，生态环境健康受损成因积累基础数据。完成全市水质监测工作。每月开展茶园断面（茶园河）、清池断面（赤水河）、自强断面（干河）、石板塘断面（野纪河）、罗汉断面（偏岩河）、杜家桥断面（歹阳河）、洪家渡（六冲河）、普盖（马路河）8个市州界水质监测，完成13个国家重要水功能区、34个省级重要水功能区、3个省界断面、1个集中式供水水源地水质监测与评价工作。推进实施水资源优化配置，促进全市水生态建设，逐步摸清全市水资源动态，通过开展取水户点、证、户关系核查、入库工作，结合现有雨水情监控数据管理情况，实现对水资源进、出口监控管理。编制2020年度《水资源公报》，分析全市水资源情况，为水行政主管部门水资源配置提供重要依据。积极参与最严格水资源管理工作，为水行政主管部门管理水资源提供技术支撑，参加最严格水资源管理考核相关工作。严格落实河（湖）长制工作要求，全年开展巡河督察工作6次。

（供稿：贵州省毕节市水文水资源局）

水土保持

【生态建设】 一是统筹推进年度生态建设任务实施。充分发挥水土保持行业主管部门的作用，统筹各县（市、区）协调相关部门推进国家水土保持重点工程、石漠化综合治理工程、退耕还林还草工程等生态建设项目实施，2021年完成全社会新增治理水土流失面积728.64平方千米，占计划的105.6%。二是加快推进国家水土保持重点工程建设。2021年争取国家水土保持重点工程计划治理水土流失面积73.7平方千米，总投资3685万元。截至12月底完成治理水土流失面积73.7平方千米，工程总体形象进度100%。三是着力抓好项目竣工验收。毕节市2013—2020年共实施55个水保工程，完成竣工验收47个，验收率85.45%。按照省水利厅“对已完工项目、不能久拖不验”的总体要求，全市采取月调度工作方式，督促加快推进水保工程竣工验收工作。2021年完成金沙县2013年坡耕地水土流失综合治理工程、威宁县2019年、织金县2020年国家水土保持重点工程竣工验收工作。

【监督管理】 一是强化水土保持监督管理。积极配合省水利厅对全市开展水土保持监督检查，并根据《省水利厅关于印发毕节市2021年水土保持监管意见的通知》要求，加强督促生产建设单位针对反馈问题制订整改方案，切实加快整改进度。2021年开展市级已批在建生产建设项目监督检查，对水土保持方案实施情况跟踪检查41个，对水土保持设施自主验收备案核查5个，实现项目检查全覆盖。二是持续深化“放管服”改革。配合重新修改完善2021年毕节市水务局权力清单和责任清单目录（水保部分）、毕节市工程建设项目审批（水保部分）相关法律法规依据，持续优化营商环境，规范行政审批，压缩审批时限，将水土保持方案的审批事项全部进驻政务中心窗口，严格执行方案审批的“双五”标准，将审批时限统一压缩到5个工作日内。2021年全市共完成生产建设项目水土保持方案审批581个（市级11个），完成生产建设项目水土保持设施自主验收备案271个（市级11个）。三是积极配合水土保持补偿费的征收工作。建立水土保持方案审批清单的联动共享机制，配合税务部门共同推进水土保持补偿费征收工作。全市2021年收缴水土保持补偿费9086.88万元（市级353.84万元）。

【监测预报】 完成所辖监测站点2020年度水土保持监测数据整编汇总工作，并由省站正式印发。根据省监测站监测网络运行管理任务书要求，对所辖监测点开展常规性检查指导10次，及时进行设施设备的维护维修并报备。持续跟进毕节丁家寨水土保持监测站建设用地规划许可与工程规划许可手续的办理，取得建设用地规划许可及土地不动产权证。

（撰稿：康　霞）

气　象

【概述】 2021年，在毕节市委、市政府和省气象局党组的坚强领导下，市气象局认真贯彻落实习近平总书记视察贵州重要讲话和对贵州对毕节对气象工作重要指示批示精神，切实筑牢气象防灾减灾第一道防线，围绕“四新”服务“四化”，努力发挥气象保障生命安全、生产发展、生活富裕、生态良好的作用，为毕节建设贯彻新发展理念示范区贡献气象力量。

【气候概况】 2021年，全市平均温度为14.0℃，比常年同期略偏高0.4℃；各县（市、区）城区平均气温分别为11.7℃（威宁）~15.4℃（金沙、织金），与常年同期相比，赫章偏低0.2℃，金沙持平，其余县（市、区）偏高0.1℃（大方）~0.8℃（织金）。

全市平均累计降水量为1082.5毫米，比常年偏多4.9%；各县（市、区）城区累积降水量为813.5（威宁）~1528.5毫米（织金），与常年同期相比，七星关、金沙和织金分别偏多28.4%、32.1%和9.9%，其余县（市、区）偏少0.9%（赫章）~18.4%（纳雍）。

全市平均累计日照时数为1194.5小时，比历年同期平均值偏少0.3%（7.1小时）；各县（市、区）城区年日照时数为1036.9（织金）~1530.6小时（威宁），与常年同期相比，七星关、大方、金沙和黔西偏多7.3%、9.1%、1.5%和5.2%，其余县（市、区）偏少2.5%（威宁）~11%（纳雍）。

【主要气象灾害】 2020—2021年前冬骤冷，阶段性低温冻雨天气明显，后冬偏暖，大风天气偏多。春季连阴雨天气明显，4月寡照天气偏重，日照时数是有气象记录以来第二少的一年。

2021年风雹天气出现时间晚，局地灾害偏重，主要影响市东部、北部地区，全年共出现15个冰雹日，其中5月上中旬出现8个冰雹日。

全市降水呈现局地降水偏强、北部地区叠加效应明显等特点，全市共出现68个暴雨日，持续区域性暴雨天气过程有16次，区域暴雨过程最早出现在5月9日，最晚出现在10月6日；持续时间最长的暴雨过程为5天（6月26—30日），较历史同期偏多3.5天。汛期，毕节城区、金沙城区降水量分别为1030.3毫米和1114.3毫米，较历年同期分别偏多296.3%和328.3%，是有气象记录以来历史同期最高值。

2021年9月下旬至10月7日，全市平均气温为21.1℃，是有气象记录以来历史同期第一高值，较历年同期偏高4.3℃，持续晴好天气，气温偏高，入秋时间推迟，秋绵雨发生时间晚，持续时间短，较常年偏轻。

全市各县（市、区）于10月下旬至11月中旬入冬，入冬时间较常年偏早10~20天。冷空气影响频次多，降温幅度大，来得早，去得快，全年共出现6次低温雨雪天气过程，其中年初以低温冻雨天气为主，年末以低温雨雪天气为主。

【气象基础业务】 国家级自动站数据传输率为99.89%，国家级自动站设备可用率为99.92%；农气质量错情率为0‰，酸雨质量错情率为0‰，公众（城镇）天气预报资料传输率为99.97%，酸雨资料传输率为100%，区域自动站资料传输率为98.07%，自动土壤水分观测数据传输率为99.51%，GPS/MET数据传输率为98.38%，闪电定位仪探测数据传输率为99.24%，毕节新一代天气雷达业务可用性为99.93%。

【预测预报及决策气象服务】 2021年，市气象台共计制作发布决策服务材料619期，发布预警信息342条，强降水天气开展“三个叫应”1168人次。全市气象部门召开多部门会商36次；遇重大天气及时向党委政府领导汇报，各级党政领导到业务平台指挥调度20次，参与多部门应急演练2次，为春运、庆祝建党百年、中高考等重大活动提供气象服务保障。

【气象工作法治化】 全市气象部门切实履行防雷减灾、施放气球活动管理等社会监管职能，多渠道发布《关于提醒做好2021年防雷安全工作的公告》，完成全市防雷安全监管重点单位信息更新，全年开展防雷安全检查259次507家，“双随机、一公开”检查182次，查出隐患70条，全部督促整改完成。持续推进“放管服”改革，深入贯彻落实优化营商环境法律法规要求，做好气象政务服务事项“三减一降”“证照分离”“一网通办”“一窗通办”改革，为办事企业群众提供高质量气象政务服务。

【人工影响天气】 2021年，全市气象部门共出炮116门，开展高炮火箭增雨防雹作业851站次，用人雨弹19079发，火箭弹343枚，争取省人影办人工增雨飞机飞临威宁区域开展水库增储增雨作业10次，人工影响天气工作有效助力产业增收、促进生态修复，防灾减灾效益明显。下发《毕节市人民政府办公室关于进一步做好2021年人工影响天气工作的通知》，提前安排部署全年人工影响天气工作。2—3月，以炮站为单位组织完成对全市515名作业民兵培训及考核，3月上旬完成全市出炮工作。5月27日，国家（贵州）冰雹防控外场试验基地挂牌成立，启动冰雹防控外场观测试验，有效促进全市防雹工作科研开发能力和科研人才培养。牢固树立人工影响天气安全红线意识，建立与省人影办、市应急局联合人工影响天气安全检查工作机制，组织开展全市炮站安全检查82站次，炮站检查率达100%，炮站作业人员全部办理公众责任险，强化人工影响天气作业安全管理。联合市总工会、市人社局共同举办全市气象行业职业技能竞赛，打造“气象工匠”，通过竞赛促进全市作业民兵安全操作水平整体提升，为推进毕节市人工影响天气工作高质量发展储备人才队伍打下基础。

【全面推进乡村振兴气象保障】 聚焦乡村振兴，探索定制化精细化靶向为农服务。多部门联合开展全年粮食产量预测会商，制订农业气象周年服务方案、“一县一品”服务方案、坝区服务方案，针对春播春种、夏收夏种、秋收秋种、秋绵雨、干旱、低温凝冻等重大农事活动和强影响天气开展决策气象服务，全年共制作农业气象服务材料794期。围绕气象灾害监测、预警、鉴定和评估，农业保险产品开发等与保险行业开展全方位合作；与市烟草局建立全面合作伙伴关系，开展“数字烟草+智慧气象”专业气象服务。

交通旅游气象服务助力乡村振兴。利用微信公众号、抖音等进行智慧旅游平台、智慧交通平台推广；与文旅部门、景区管理机构建立气象灾害联防安全责任制，及时向相关责任人及游客发布气象灾害预警及服务信息；做好百里杜鹃和韭菜坪花期预测、节假日等旅游旺季专题气象服务，促进本地旅游经济发展。与市交通局、高速公路管理处联合印发《毕节市毕威高速公路威宁段隐患治理提升工作方案》，开展危险天气道路交通安全联防联控工作，组织召开交通气象服务需求座谈会、交通专项气象服务合作研讨会，提前谋划恶劣天气防范工作，共同构建防灾减灾合力。

气象保障推进生态文明建设。开展石漠化区域、重点生态区域遥感监测和空气污染气象条件评估。配合完成“贵州生态日”系列“卫星视角下的美丽乡村”展示宣传活动，展示出毕节市赫章县海雀村、黔西市化屋村 30 年来卫星植被状况变化图，用科学数据佐证毕节试验区生态文明建设成效。

【基层气象防灾减灾体系建设】 2021 年争取 27 套常规站升级及新建，提高乡镇气象数据监测水平。织金、金沙启动 X 波段雷达建设任务、威宁启动地基遥感观测建设任务，进一步提升毕节市雷达监测水平及探空气象数据监测水平。

继续推进基层防灾减灾“六个一”建设，汛前收集完成应急责任人、气象信息员、村民小组等手机号并录入预警平台和短信平台；完成省预警平台配置测试，在常用预警系统出现重大故障时成功切换，顺利保障预警信息发布传播。依托电视飞视、短信、显示屏、农村大喇叭和国家应急大喇叭等发布预警信息，金沙、七星关设立国家应急大喇叭发布终端，进一步解决预警信息传递“最后一公里”问题。

【台站建设】 启动纳雍国家气象观测站（新址）建设工作；完成毕节国家基本气象站综合环境改造及毕节市气象局信息楼灾后修复工程；2021 年 12 月 31 日 20 时，织金国家基本气象站（新址）正式启用。

【表彰奖励】 市气象局获评“贵州省气象局 2021 年综合考评优秀单位”；毕节市气象局、七星关区气象局、赫章县气象局、威宁县气象局获评“全省气象工作先进集体”；威宁县气象局、金沙县气象局获评“全省重大气象服务先进集体”；市气象台获“2019—2020 年度青年文明号”称号；1 个基层党支部被评为县级“先进基层党组织”。

1 人获评“贵州省脱贫攻坚先进个人”，7 人获评“贵州省气象工作先进个人”，3 人获评“全省重大气象服务先进个人”；2 人分别获评市直机关“优秀党员”和“优秀党务工作者”，1 人被评为县级“优秀党务工作者”，1 人获县直机关“优秀党务工作者”表彰。

（撰稿人：魏　巍）

工　业

工业和信息化、大数据

【概述】　2021年，全市工业和信息化、大数据系统深入学习贯彻习近平总书记视察贵州重要讲话精神及对贵州对毕节重要指示批示精神，贯彻落实省委“一二三四”、市委“11345”及“一区三高地、五个新毕节”的工作部署，围绕“四新”主攻“四化”，在市委、市政府的坚强领导下，聚焦“六大突破”，精准把握“六个抓手”，大力实施工业倍增行动，推进全市数字经济不断发展，推动工业经济稳中有进、稳中提质，圆满完成全年各项目标任务。

【工业经济稳中有进】　制定出台《毕节市新型工业化倍增行动方案》《毕节市推进开发区高质量发展实施方案》等系列文件，协调市有关部门出台13项支持新型工业化措施。编制印发《毕节市“十四五”工业发展规划》，谋划布局一批重大工业项目，推动新型工业化发展。2021年，全市规模以上工业增加值增速12.1%，全省排名第4位。其中：规模以上采矿业增速14.5%，全省排名第4位；规模以上制造业增速9.4%，全省排名第5位；规模以上电力、燃气及水的生产和供应业增速13.2%，全省排名第2位。实现“十四五”良好开局，有力支撑全市经济社会发展。

【工业投资稳步提升】　深化工业领域“放管服”改革，将市级审批工业技改项目备案承诺时限缩短至1个工作日；对全市93个亿元及以上重大工业项目倒排工期推进，由11位市领导领衔推进35个重大项目，全力为企业纾困解难，加快项目建设进度。织金50万吨/年聚乙醇酸（PGA）项目、西南水泥减量置换水泥技改项目等重大项目开工建设；威赫电厂、金沙酒业万吨酱香白酒扩建项目（一期）等重大项目加快建设；赫章红狮水泥厂点火试运行、龙凤煤矿（一期）（120万吨/年）建成试运转。2021年，全市工业投资实现增速12%。

【重点产业支撑有力】 推动成立由市政府主要领导任组长的新型工业化专项组，建立完善市领导领衔十大产业及联系服务企业和重点项目工作机制，高位推进新型工业化。2021年，十大工业产业完成规模工业总产值889.5亿元，同比增长13.5%。其中：清洁高效电力产业完成产值260.65亿元，同比增长12.08%；基础能源产业完成产值255.7亿元，同比增长23.4%；新型建材产业完成产值132.12亿元，同比增长1.31%；优质烟酒产业完成产值111.81亿元，同比增长32.44%；基础材料产业完成产值30.3亿元，同比增长10.78%；现代化工产业完成产值21.66亿元，同比增长15.24%。

【质量效益显著提升】 成立6个指导组对县（区）进行包保指导，围绕行业发展精准监测调度，强化协调服务，全力推进工业企业“上规入统”。2021年，全市新增“上规入统”企业83户。完成工业税收104.3亿元、同比增长18.5%，工业税收占全部税收比重达到50.2%、较2020年同期提升6.3个百分点。规模以上工业企业实现利润总额30.69亿元，同比增长48.5%。每百元资产实现的营业收入41.2元，较2020年同期增加2.9元。至年底，毕节市获批国家级绿色工厂2家、省级绿色园区2家、省级绿色工厂7家，成功申报省级企业技术中心7家，产学研结合示范基地2家，高新技术企业43家。

【园区实力逐步增强】 引导各开发区科学选准主导产业，促进产业差异化发展，助推开发区实现高质量发展；组织纳雍县产业园区标准厂房建设等8个项目申请地方专项债券，不断优化水、电、路、讯等“七通一平”硬件基础，持续提升开发区承载能力。黔西经济开发区化工园区获批全省第一批认定的6家化工园区之一，为承接化工产业发展奠定基础；大方经开区申报创建为2021年贵州省新型工业化产业示范基地（食品医药·贵州大方经开区）；纳雍产业园区、黔西产业园区通过2021年贵州省新型工业化产业示范基地复核（煤电化一体化·纳雍县产业园区、煤化工·黔西产业园区），2021年，全市开发区实现规模工业总产值735.11亿元。

【数字经济融合发展】 印发《关于促进大数据发展加快建设数字毕节的实施意见》“1+10方案”（毕党发〔2021〕9号）、《毕节市2021年大数据与实体经济深度融合实施方案》等文件，编制《毕节市“十四五”推进信息化（大数据）产业发展规划》，推动数字经济赋能“四化”发展。举办“数智工业·融创发展”大数据产业博览会毕节分会场活动。毕节工业互联网平台启动建设。培育融合标杆项目9个、融合示范项目80个，融合带动131家企业转型。“毕节数字经济产业园”投入使用。引入字节跳动公司举办“DOU创贵州·跃动毕节”系列活动，助力毕节文化旅游、电子商务、直播带货等产业发展，联动电动科技公司成功举办毕节市首届电商直播大赛，赋能传统产业转型升级，催生新业态新模式突破发展。引入点动科技、阿里巴巴、好活科技、美团等公司落地毕节开展呼叫中心、客户中心、就业服务、教育培训、人才交流等业务，逐步形成优强互联网企业入驻毕节的雏形。全市软服企业实现营业收入5.9亿元，同比增长8.7%；规模以上电子信息制造业企业实现产值约23.49亿元。

【通信设施不断夯实】 编制印发《毕节市通信基础设施专项规划（2021—2025）》，规划布局

“十四五”期间通信基础设施。建立健全电信普遍服务试点项目、5G建设协调工作专班，抓实做好项目建设统筹调度服务。在全省率先完成第七批“电普项目”建设，累计建成通信基站40566个，通信光缆总长达33.073万千米。全年电信业务总量61.27亿元，同比增长20.8%，增速排全省第二。全年新建5G基站3270个（累计5291个），排全省第三，初步建成覆盖全市主城区、工业园区、大型景区等重点区域的5G网络；围绕医疗卫生、教育、文旅、税务多个领域推动落地5G应用项目24个。

【民营经济活力增强】 出台《毕节市中小企业“专精特新”培育工作方案》，积极推荐符合申报条件的企业申请培育认定。全省率先出台《毕节市中小企业信贷通设立方案》，引导金融机构加大对民营企业信贷支持力度。截至2021年底，全市民营经济市场主体达55万余户，约占全部市场主体的98%；民营经济税收约占全市税收的53%；全市规模以上工业企业中民营工业企业占86%；民营经济从业人员占城镇从业人员80%以上。

【争资争项成效显著】 积极帮助企业争取资金支持，2021年，共获国家及省财政专项资金或基金支持70287.27万元，帮助纳雍开发区、威宁开发区标准化厂房建设项目协调争取债券13909万元，争取协调资金较上年增加6.84亿元。《工业和信息化部办公厅关于2022年度电信普遍服务项目的复函》批复毕节市4G基站资源129个、5G基站资源73个。《省工业和信息化厅关于反馈中石化织金PGA项目有关支持情况的函》差别化政策支持毕节市织金聚乙醇酸（PGA）项目建设。

【党建工作抓牢抓实】 深入开展党史学习教育，开展专题学习10次、革命传统教育3次，专题调研报告6个，切实为基层企业和群众办理实事好事29件。扎实抓好省委第八巡视组“回头看”向毕节市委反馈意见涉及工业领域问题的整改落实，全力推进省纪委监委新型工业化调研式监督检查反馈问题、全省新型工业化专项巡视反馈问题有序整改。切实健全完善意识形态工作机制，着力抓好意识形态阵地监管。认真履行乡村振兴帮扶责任，选派6名党员干部、筹措帮扶资金90万元支持乡村振兴联系帮扶点。深入开展干部作风教育大整顿，全面查改全局上下存在的作风纪律问题。市工业和信息化局获贵州省抗击新冠肺炎疫情防控先进集体表彰、中国国际大数据产业博览会筹办工作先进集体表彰、贵州省工业产品博览会筹办工作获表彰奖励，机关支部被评为“市直先进基层党组织”，5个局属党支部顺利通过市级“达标”验收。共有7人次获得“全省脱贫攻坚先进个人”“抗击新冠肺炎疫情贵州省三八红旗手”等省级表彰，6人获得市级表彰。

【各类风险防范化解】 统筹抓好疫情防控医药物资保障工作，持续提升医药物资供给能力，为疫情防控提供有效支撑。全面强化安全监管，未发生行业安全生产和消防安全事故，行业安全稳定。统筹抓好依法行政、政务公开、对外交流、宣传报道、保密管理、信访维稳、后勤保障等方面工作。妥善处理各类信访件18件，接待来访群众约70人次。对国务院“互联网+督查”、国减办、省减办询查件及转办件建立工作台账，并通过实地核查、电话督导等多种工作方式进行办理，做到件件有着落，事事有回音。2021年，共核实办理国务院“互联网+督查”平台问题、清欠系统问题线索共98件。

（供稿：毕节市工业和信息化局）

能 源

【概述】 2021年，全市能源系统在市委、市政府的正确领导下，深入贯彻习近平总书记视察贵州重要讲话和对贵州对毕节系列重要指示批示精神，紧扣2030年前碳达峰、2060年前碳中和的要求，深入实施能源工业运行新机制，围绕“四新”主攻“四化”，强化能源安全监管，全力提升煤炭产量，全市能源经济呈现稳中向好的发展态势。

【煤炭产量稳中有升】 全市保留煤矿296处，生产建设煤矿148处、产能7927万吨/年，其中生产矿井105处、产能5797万吨/年，试运转矿井10处、产能555万吨/年，在建矿井33处、产能1575万吨/年。2021年，全市煤炭产量4887.45万吨，完成全年任务的102%，同比增长3.9%。

【煤矿建设稳步推进】 2021年，全市新开工建设煤矿21处，新取得安全生产许可证煤矿22处，建成进入试运转煤矿新增产能480万吨/年，全面完成全年新增产能任务。

【电力生产持续发力】 全市电力装机容量1526.3万千瓦。其中：火电装机960万千瓦，水电装机109.3万千瓦，风电、光伏等新能源装机457万千瓦。2021年，全市累计发电514.2亿千瓦时，完成全年任务的109.4%，同比增长16.16%，其中，火电420.24亿千瓦时，水电及新能源发电93.96亿千瓦时。

【电煤供应贡献突出】 2021年，全市供应电煤2707万吨，其中市内2191万吨、市外516万吨，完成全年任务2530万吨的107%，占全省供煤量的38.9%，供煤量居全省第一。

【能源投资稳步增长】 2021年，全市能源行业完成投资210.69亿元，其中煤炭行业127.95亿元、电力及油气行业82.74亿元，同比增长12.24%。

【煤矿“三利用”效果明显】 2021年，全市完成瓦斯抽采12.9亿立方米，利用6.72亿立方米，利用率52%；煤矸石开采455.4万吨，利用413.14万吨，利用率90.72%；处理矿井水4756.89万立方米，利用3391.26万立方米，利用率71.29%，富余部分均实现100%达标排放。

【煤矿“双回路”供电改造】 多次召开煤矿“双回路”供电改造工作推进及调度会议，积极协调解决电源点建设和煤矿“双回路”供电改造推进过程中存在的困难问题，加强调度分析。全市完成“双回路”改造煤矿69个，完成配套建设电网项目27个。

【充电桩建设】 及时将省下达的600个充电桩任务分解到各县（市、区），强化督促调度和服务指导，专题研究推进措施，确保任务完成。全市新建成充电桩614个，完成全年任务的102.3%。

【能源项目建设】 金沙大龙凤煤矿120万吨/年项目建成联合试运转；威赫电厂重点项目建设有序推进；织金上大压小火电项目前期手续办理正常推进；织金100万吨电煤储备中心一期项目具备储运能力，二期项目近期可开工建设。新建成新能源发电项目16个，装机107.3万千瓦；遵义至赫章县长输天然气管道项目建成投入使用，金沙、百管委、大方、金海湖、七星关、赫章等六个县（区）具备管道天然气接气条件。

【煤矿瓦斯治理成效明显】 深入实施煤矿瓦斯防治攻坚“六个”专项行动，建立毕节市煤层瓦斯数据库、测定重点地质构造单元煤层瓦斯参数，编制区域防突措施规划，为煤矿瓦斯防治提供科学依据。金沙贵源煤矿二号井瓦斯超前治理、黔西青龙煤矿立体瓦斯治理模式、新田煤矿“三区联动”和瓦斯抽采模式得到省煤监局、省能源局的充分肯定。

【能源安全总体平稳】 始终坚持人民至上、生命至上的安全发展理念，采取铁的手段、铁的纪律、铁的措施，强化煤矿安全监管执法，督促煤矿落实企业主体责任，坚决扛起安全生产的政治责任。充分运用煤矿安全监测预警系统开展煤矿安全风险分析研判，精准把控煤矿安全风险，及时预警提示并督导煤矿制定、落实防范化解措施。适时邀请省级油气及电力行业专家组成专项检查组，加大非煤能源安全检查力度，全市能源安全生产形势稳定。

（撰稿：聂祥华）

供电事业

【概述】 2021年，毕节供电局向改革要效益，向创新要活力，深入开展各项工作，实现“十四五”供电事业良好开局。全年安全形势总体平稳；完成售电量119.23亿千瓦时，同比增长7.47%，连续6年正增长；营商环境大幅提升，第三方客户满意度得分79分，提升幅度全省最大；固定资产投资完成15.46亿元，完成年度计划的110.46%，同比增加4.32亿元。获评贵州省“脱贫攻坚先进集体”4个，“省文明单位”2个，南方电网公司“脱贫攻坚先进集体”1个。威宁500千伏输变电工程获南方电网优质工程奖、中国电力行业优质工程奖、国家优质工程奖。

【保民生、保供应】 2021年毕节电网累计受灾37天。有序应对极端恶劣气候，实现“三个保证、一个不发生、一个杜绝”目标。春节期间，停电线路同比下降61%，影响台区同比下降72%。全年客服投诉工单同比下降35%，客户投诉有效管控率达96%，“12398”投诉同比减少36起，降幅超63%。保供电服务工作获省能监办充分肯定。

【服务“碳达峰、碳中和”】 营造毕节电网良好的经营发展环境，贵州电网公司与毕节市人民政府签订战略合作框架协议事宜。成功承办南方电网公司“服务碳达峰、碳中和促进清洁能源消纳专项行动现场会”。与贵州电动汽车有限公司等企业合作，在城区新建3个充电站，全年充电站电量突破2950万千瓦时，同比增长28%。

【巩固拓展脱贫攻坚成果同乡村振兴有效衔接】 落实“四个不摘”，全面完成2021年乡村振兴各项工作任务，在10家地市局测评中排名第一。紧急投资576.14万元用于提升黔西化屋基电网改造，从开工到全部投产仅用58天。破解大方黄泥塘供电历史遗留问题，争取贵州电网公司投资2354万元开展黄泥塘区域农网改造，解决老百姓用电电价高、可靠性差的问题。

【构建大安全格局】 推动安全生产专项整治三年行动，确保习近平总书记视察毕节及中国共产党成立100周年等重要节点供电万无一失。落实毕节电网防范系统6大运行风险26项重点工作40项防控措施，风险防控措施闭环率100%。推进调控一体化技术应用，完成1463把远方遥控刀闸试验，实现31座110千伏及以下变电站保护远方投退功能，完成100个变电站1360套线路保护重合闸软压板远方遥控调试，覆盖率59.2%。推进网络安全合规性改造，完成185座变电站2M专线通道加密改造，态势感知设备接入率90.25%。

【构建现代供电服务体系】 全省首家应用“黔电小哥”微信服务机器人，覆盖5100个微信群51.8万个客户。优化“获得电力”营商环境，持续落实“三零”“三省”服务举措，为579户工商业用户解决用电问题，用户平均接电时间降幅达37%。实现“刷脸办电”“一窗通办”，“互联网+服务”远程业务办理率达99%。注重基础管理提升，推进营销数字化转型，完成1434户分时计量设置、59户大工业用户双表双终端改造、39万户费控用户建档。实现综合自动抄表率99.8%，计量资产账卡物一致率99.49%，低压电子化结算率99.98%。

【推进电网建设】 编制《毕节新发展理念示范区现代化电网专项规划》，编制配电网规划建设“一县一可研”“一局一方案”。承接《贵州电网公司建设新型电力系统行动方案（2021—2030年）》，制定“毕节高比例新能源+储能示范区建设”和“毕节市威宁县板底乡板底村综合能源示范村（镇）”等新型电力系统子方案。完成威宁电能质量提升、大方供电可靠性提升、纳雍织金片区分布式新能源接入等相关专题研究。重大项目建设取得突破性进展，提前6个月取得500千伏奢鸭线项目核准批复，项目正式进入实施阶段。提前3个月完成500千伏奢鸭二回线路工程项目可研，取得县市两级用地预审和规划选址初审意见并上报省自然资源厅。500千伏威赫电厂送出工程送国家部委审批办理用地预审和规划选址意见。用半年时间建成投运220千伏奢大三回线路工程，提前公司里程碑1年，消除了220千伏奢大双回越限风险。建成31个煤矿“双回路”配套项目，有力支撑全市能源经济发展。

【完成国企改革三年行动计划阶段性目标】 制定任务举措113项，总体任务完成率94.1%，完成贵州电网公司既定目标。承接贵州电网公司力度指标和效度指标共17项，完成率100%。“三项制度”改革落地见效，效度指标超公司挑战值。创一流企业建设8个指标提档，达国内平均水平。

（撰稿：金　通）

招商引资

投资促进

【概述】 2021年，全市投资促进系统深入学习中共十九届六中全会精神，贯彻落实习近平总书记在庆祝中国共产党成立100周年大会上重要讲话精神和视察贵州重要讲话精神，按照省委“1234”和市委“11345”工作思路，强化党建示范引领和党风廉政建设，认真抓好党史学习教育和干部作风教育大整顿，认真落实省委、省政府关于产业大招商和优化营商环境决策部署，围绕“四新”主攻“四化”，实现产业招商新突破、营商环境更优化。

【目标任务全面完成】 2021年，全市新引进重点产业项目792个，完成新增到位资金1051.73亿元（其中省认定完成重点产业到位资金696.98亿元，占省目标任务680亿元的102.5%），占市目标任务1000亿元的105.17%；完成工业项目到位资金592.34亿元（省认定完成414.68亿元，占比59.5%，比目标任务高9.5个百分点），占比56.32%。全市到位资金、工业项目到位资金均排名全省第三。毕节市产业招商成效得分81.98分，排全省第2位，仅次于贵阳市，为历年来最好成绩。

【党政主要领导带头招商成效显著】 2021年，党政主要领导充分发挥“关键少数”招商示范带头作用，市级党政主要领导共外出招商22次，接洽企业128家，签约项目36个，签约金额811.15亿元，到位资金52.89亿元。县（市、区）党政主要领导累计外出招商176次，引进146个，完成重点产业项目到位资金137.45亿元。

【重大项目引进持续发力】 2021年，市委市政府领导领衔招商，以主导产业“建链、补链、强链”为目标，以县（市、区）、“四化”部门为单位，毕节市新引进织金中石化50万吨/年聚乙醇酸（PGA）、七星关质品高档织物与高端品牌服饰、金沙宝德万吨酱香白酒扩建等重点产业项目792个。

【引进优强企业】 全年新引进中国机械设备工程股份有限公司、东方电气集团有限公司、东莞铭丰包装股份有限公司等优强企业307家（省认定完成252家，占省目标任务190家的132.63%），占省目标任务190家的161.57%，占市目标任务200家的153.5%，全市引进优强企业排全省第三。

【营商环境持续优化】 2021年，毕节市营商环境指标第三方评估综合得分84.09分，排名全省第3位，仅次于贵阳市、安顺市，较2020年全省排名第9位上升6位，实现大幅跃升。其中，市级指标得分85.11分，排名全省第3位；县域指标得分83.42分，排名全省第3位。

【“贵人服务·毕须办”亮点纷呈】 深入贯彻落实《优化营商环境条例》，围绕打造“贵人服务·毕须办”营商品牌，聚焦“三减一降一便利”核心要素，强化市县联动、衔接配合，全力构建政务、法治、商务、社会环境不断优化“大营商”格局。其中，“开办企业”指标“当日办结”作为典型经验全省推广；“贵人服务·毕须办”政务服务品牌做法获省委主要领导批示肯定；“多证合一、一照一码”改革被国家市场监管总局列为市场主体年报申报试点；越秀集团100万头生猪养殖全产业链项目推进机制成为全省东西部协作示范项目和优化营商环境典范。

【机制建设取得新突破】 全面压实市营商办“组织、指导、协调、督促”职责、市直行业部门“管行业就要抓营商”职责和县（市、区）主体责任，坚持刀刃向内、自我革新，先后建立健全指标会商、解剖培训、明察暗访、义务监督、挂牌服务、通报约谈等机制，构建市县联动、协调配合的“一盘棋”工作格局。

【招商措施】

1. 聚焦目标任务强统筹。一是注重顶层设计。市委、市政府成立以主要领导任组长的产业大招商行动工作领导小组，在全省率先召开产业招商暨优化营商环境大会。二是压实目标责任。领导小组办公室（市投促局）切实履行“目标制定、统筹指导、调度督查、考核评价”职责，压实部门“管产业就要抓招商”职责和县市区主体责任，园区50%以上干部参与招商；将省下达目标任务“双线”同步分解到县（市、区）、“四化”牵头部门，明确工业项目到位资金占比50%以上。

2. 聚焦基础夯实强机制。一是完善项目编制机制。围绕全市31条产业链和21个主导产业，建立“投促部门统筹、行业部门牵头、县区共同推进”项目编制机制，谋划编制招商推介项目942个，引资总额3832.98亿元，占省目标任务600个的157%。二是健全信息流转机制。定期收集梳理主导产业目标企业意向性投资信息，及时流转至“四化”招商专班和县（市、区）推进项目。全年共流转意向投资信息93条。

3. 聚焦产业招商强创新。一是强化平台招商。组织参加数博会、绿博会、旅游产业招商推介会等省、市招商签约活动11次，签约项目178个，签约金额1118.6亿元。二是强化驻点招商。先后组建第四、五批驻粤招商工作队赴深圳、广州驻点招商，拓展成立成渝驻点招商工作队、江苏、浙江劳动密集型产业驻点招商工作队。2021年，全市驻粤招商共拜访企业和商（协）会1720家，邀请赴毕节考察企业324家，签订框架协议336个，签订投资协议184个，投资金额712.5亿元。三是强化“以商招商”。围绕优势产业上下游开展招商，形成产业集聚。如，依托黔希煤化工有限公司与上海中能企业发展有限公司就碳酸二甲酯生产项目和双氧水生产项目达成投资意向。

4. 聚焦营商环境强优化。一是深化市县联动。组建由市政府常务副市长、分管副市长为双班长的营商环境建设专班，建立“市领导统筹+市营商办调度+部门及县市区落实”工作调度机制，围绕“高效办成一件事”，持续疏通破解市场主体堵点、难点、痛点问题，市县两级密切沟通协作、凝聚工作合力，共同推进指标提升。二是深化培训会商。邀请营商环境专家赴毕培训4次，采取“解剖麻雀”方式实现县（市、区）解剖培训“全覆盖”，组织督促市直指标牵头部门开展“面对面”业务培训80余次；召集市直牵头部门和市直责任部门“面对面”指标会商23次，实现指标会商“全覆盖”。三是深化明察暗访。采取“一月一通报”方式，通报营商环境典型问题12期42起。从市级商会、律师团队、新闻媒体记者中选聘18名市级营商环境义务监督员参与监督，各（县、市、区）聘请义务监督员80余名，营造良好社会氛围。四是深化服务提升。着力打造“贵人服务”营商环境品牌，督促县（市、区）开展优惠政策兑现，创造性开展招商引资“美团式”代办服务，持续开展代办服务“好差评”电话回访，全程代办新项目792个，代办率、办结率和满意率均为100%。

5. 聚焦成效提升强考核。一是注重畅通联络。建立定期向上汇报机制、县级干部联系县区工作机制、部门定期会商机制，实现纵向沟通顺畅、横向联络紧密。二是注重调度督查。建立招商项目调度督查机制，定期开展项目和数据真实性核查，实施重点项目倒排工期调度推进。三是注重过程考核。制定《毕节市2021年产业大招商及营商环境工作评价运用办法》，按照“周调度、月排名、季考核和季度推进会”方式，实施“双线”考核，结果作为单位高质量发展绩效评价重要依据。

（供稿：毕节市投资促进局）

经济开发区·产业园区

贵州七星关经济开发区

【综合实力稳步增长】 2021年，贵州七星关经济开发区认真贯彻落实习近平总书记关于“十四五”规划编制的重要指示要求，科学编制经开区“十四五”规划，推进经开区高质量发展。完成工业总产值66.02亿元、增加值22.06亿元，完成投资31亿元、税收5.5亿元，实现出口额2525.4万美元，用电量4.5亿千瓦时，新增规模以上企业12家。共入驻企业164个，工业产业集群加速发展。

【基础设施不断完善，硬件环境持续改善】 经开区始终以基础设施建设作为产业集聚发展的重要载体，不断完善配套设施。全面梳理经开区管理范围土地，加强与市、区自然资源部门对接，科学调整经开区总体规划及产业发展规划。完成四期标准厂房2、3、4号厂房建设，建成秀岭湾公租房1~5号楼；完成项目给水工程。新建道路2千米。投入资金1000余万元，维修、盘活旧厂房1万余平方米。不断完善经开区水、电、路、讯，补齐基础设施短板，提高经开区承载能力。

【招商引资快速推进，产业链条不断完善】 成立贵州七星关经济开发区新型工业化产业招商专班，精心制定招商引资项目60个。主要领导率队外出招商，发挥驻外招商功能，积极参加推介会、洽谈会等活动，紧盯以玻璃深加工为主的新型建材产业，以纺织服装、光电电子为主的劳动密集型产业，以刺梨、辣椒等加工，白酒生产为主的特色食品产业链条短板，开展招商引资洽谈企业数30余个，签约项目25个，签约项目总投资72.8亿元，续建和新建设项目到位资金28.81亿元。引进中节能（央企）、超盈国际、明月工艺等20余个项目入驻，承接二园企业18个，不断完善主导产业链，吸引更多企业投资兴业形成产业集聚。

【用心服务保障要素，营商环境不断优化】 一是强化服务机制。围绕“贵人服务”品牌，建立网格化包保企业管理体系，做到园区企业全覆盖服务。印发《贵州七星关经济开发区党的工作委员会关于成立“主动上门·全程代办”服务重点企业专班的通知》，成立新型建材专班、劳动密集型专班、特色食品专班，每个专班设班长1名、副班长2名、成员3名，同时组织“服务贵人”联系重点企业，主动了解企业需要办理的事项和急需解决的问题，以“贵人服务”的方式提供全程式、保姆式、跟踪式服务，建立“亲”“清”的政商关系。二是强化用地保障。加大与市、区自然资源部门的对接力度，梳理出开发区土地情况，逐宗组件报批，保障项目建设用地。三是强化用工保障。制定《贵州七星关经济开发区企业2021年招工工作方案》，定期收集企业用工需求情况，通过微七星关、云上七星、经开区网站，通过专场招聘、定点招聘等方式开展企业招工宣传，帮助企业解决用工问题。四是强化用房保障。加快标准厂房四期建设，一边加快建设，一边组织企业入驻，保障铭丰包装项目快速投入生产。加大占用厂房面积大，实际使用厂房面积少的企业清理力度，在保障企业正常运转的情况下，收回多占少用厂房8万余平方米，保障明月工艺、星美服饰等项目扩建生产。

（供稿：贵州七星关经济开发区）

大方经济开发区

【概述】 大方经济开发区是2012年8月由贵州省人民政府正式批准成立的省级经济开发区，规划总面积60.06平方千米，由原大方县循环经济产业园区、毕节试验区大方药品食品产业园区和大方县金门陶瓷工业园区组成，建成核心区面积13平方千米，以生态特色食品为首位产业、新型建材、健康医药为潜力产业。至年末，入驻企业133户，其中建成投产企业96户，在建企业37户。大方经济开发区2021年7月申报为贵州省新型工业化产业示范基地（食品医药）。根据《中共毕节市委机构编制委员会关于规范贵州大方经济开发区管理机构相关事项的通知》《毕节市编委办关于明确7个省级经济开发区纪检监察工作委员会机构编制事项的批复》，设置大方经济开发区内设机构7个：党政办公室（党的建设办公室）、财政局、经济发展局、投资促进局、规划建设局、安全生产监督管理局、纪检监察室；下设机构1个：园区企业服务中心。大方经济开发区在人员安排上，在原来的基础上进行重新分配调整，并以新的机构开展工作。2021年，大方经济开发区围绕年度目标任务，按照市县经济工作会议的安排部署，着实抓住招商引资、基础设施建设、项目建设、服务企业、厂房清理、党的建设等重点工作，推进大方经济开发区建设再上新台阶。

【目标任务完成情况】 2021年，规模以上工业总产值达47.87亿元，增速19.1%；工业增加值增长量2.78亿元，增速15%；固定资产投资（500万元以上）22.35亿元，增速16.67%；亩均工业总产值达211.58万元，增速20%；规模以上工业战略性新兴产业总产值达0.57亿元，占开发区规模以上工业总产值比重1.2%。完成工业投资22.35亿元，占全年目标任务21亿元的106.43%；完成工业总产值58.36亿元，占全年目标任务50亿元的116.72%；完成工业增加值22.16亿元；完成招商引资到位资金18.73亿元（含上年存量项目）；用电量3.87亿千瓦时，占全年目标任务3.8亿千瓦时的101.84%；新增“上规入统”企业8户，占全年目标任务8户的100%。

【招商引资】　制定大方经济开发区招商引资管理办法，下发2021年招商引资工作方案，成立招商引资工作领导小组，分解招商引资目标任务，明确奖惩。抽派一半以上干部为成员，领导小组下设长三角、珠三角、成渝地区招商引资专班，由党工委和管委会领导分别担任专班班长，相关科级干部为副组长，专班紧紧围绕“生态特色食品”首位产业和“新型建材”“健康医药”2个潜力产业开展招商引资。2021年共签约招商引资项目19个，签约资金21.99亿元，到位资金18.73亿元（含上年存量项目）。其中生态特色食品项目签约8个，签约资金12.35亿元；新型建材项目签约5个，签约资金6.14亿元；健康医药项目签约2个，签约资金2.5亿元；其他项目签约4个，签约资金1亿元。新签约项目累计到位资金7.41亿元，建成投产9家，开工在建10家。党政主要领导外出招商8人次，签约项目8个，签约资金7.4亿元。

【项目建设】　坚持收尾项目抓竣工，在建项目抓进度，新建项目抓落地开工，按照“五个一”项目推进机制，即“一个项目、一名领导、一个班子、一套方案、一抓到底”和“特事特办、急事急办”的要求，全力推进开发区项目建设。2021年开发区有风行饲料厂、益鑫餐饮、景瑞保鲜、天胜植物油、医药制氧、乾顺仓储物流等在建项目10个，总投资8.05亿元。2021年建成投产白参科创示范园、黄牛集团等重点项目。

【服务企业】　印发《中共贵州大方经济开发区工作委员会 贵州大方经济开发区管理委员会关于开展2021年干部职工联系服务企业工作的通知》，根据“5432”的原则（即正科级干部联系5户企业，副科级干部联系4户企业，股级干部联系3户企业，股级以下人员联系2户企业）为企业提供“保姆式”服务，让企业满负荷生产，最大限度释放产能产值。大方经济开发区配合县政府出台《关于建立县直部门联络服务大方经济开发区工作机制的通知》，按照“破难题、优服务、抓落实”要求，开展“贵人服务·毕须办”活动，解决企业困难问题。一是拨付贵州阳光食品有限公司2020年贵州省十大工业（生态特色食品）产业振兴专项补助资金200万元和冷库项目建设资金70万元，并帮助办理该公司12.9亩地块不动产证；二是返还深圳市众联产业投资开发有限公司项目建设履约诚信金300万元；三是帮助雪榕公司申请延长标准厂房免租期2年；四是帮助协调解决海美斯公司原材料资源配置问题；五是协调解决白参菌项目内铁塔搬迁问题；六是帮助道地中药材项目协调解决同心坤豪驾校搬迁问题；七是拨付贵州利德利气体充装项目奖励资金21万元，并协调解决该企业在建设过程中群众堵工问题。

【基础设施】　严格按照大方经济开发区总体规划，对基础设施建设进行科学布局，结合入驻企业需求，进一步完善标准化厂房、水、电、路、信、气等基础设施建设。对大方经济开发区水、电基础设施进行日常维修维护，确保企业生产生活用水用电；按要求完成大方经济开发区污水处理厂污水脱泥、提升泵、机房维修、紫外线消毒灯更换等工作，保障污水处理厂正常运行。启动建设振兴大道（K0+000－K0+260段），长260米、宽19米的市政道路新建工程。启动建设年供气8000万立方米的天然气管道供气技改项目（大方分输站至大方耀川天然气公司门站连接线项目）。

【厂房管理】　合理盘活利用标准厂房，开展标准化厂房“清空查占、引凤入巢”行动，全面清理标准化厂房占而不用、占多用少、占作他用，清退“僵尸企业”，盘活标准化厂房存量，尽量招引劳动密集型企业入驻标准化厂房。2021年共清退明业沙发厂、华宏能源、天元塑胶、九鼎原木等“僵尸企业”6家，腾退厂房17855平方米，对清退出的部分厂房全部分配给新入驻企业和生产规模扩大的企业。

【党的建设】　以政治建设为统领，加强思想建设、组织建设、作风建设、纪律建设和反腐败斗争、制度建设，以高质量党建工作引领开发区高质量发展。一是思想政治建设。开展理论学习中心组集中学习研讨和党史学习教育，学习习近平总书记重要讲话和指示批示精神和党史、新中国史等内容。二是加强干部队伍建设，调整充实开发区内设机构班子成员。三是党员发展工作。培养入党积极分子24名，发展对象6名，预备党员12名。四是党风廉政建设工作。大方经济开发区领导班子切实履行党风廉政“第一责任人”责任，带头履行“一岗双责”，把意识形态工作纳入党风廉政建设，重视、支持党风廉政建设和反腐败工作。传达学习中央、省、市、县有关违法违纪案件通报共25件次，切实做到以身边的事教育身边的人。五是认真抓好二届市委第八轮巡察整改评估反馈问题整改落实。

【要素保障】　一是用地保障。积极协调县自然资源局对落地大方经济开发区的项目用地应供尽供，2021年完成工业项目土地出让金6090万元。二是安全环保。走访检查企业安全生产工作情况，检查发现各类安全隐患并督促企业整改，督促企业办理环评手续。做好迎接中央环保督察各项工作。三是人才保障。开发区全年申请招考工作人员2名，见习生2名。四是资金保障。积极向县财政申请解决基础设施完善等各类资金。

（撰稿：李志文）

黔西经济开发区

【概述】　2021年，黔西经济开发区围绕高质量发展的目标要求，聚焦主责主业，以招商引资、项目建设为主抓手，以干部作风教育大整顿为保障，大力实施工业倍增行动。2021年，完成规模以上工业总产值78.6亿元，工业增加值28.69亿元，固定资产投资27.56亿元，税收4.02亿元，新增上规入统企业3个，新开工产业项目21个，招商引资到位资金6.49亿元，工业用电量6.46亿千瓦时。

【抓主责主业落实】　一是加强招商引资。把招商引资作为第一要务，通过以商招商、外出招商、驻点招商等方式，不断加大工作力度。围绕煤化工下游产业链、新型建材产业、装备制造、特色食品及劳动密集型产业等重点，洽谈对接企业76家，完成签约项目12个，千企引进12家，工业项目占比100%，新增到位资金16.8754亿元，建成落地项目7个（年产3万把吉他项目、10万吨黏合剂及抗裂砂浆生产项目、雄威涂料石膏砂浆及塑料薄膜生产项目、黔西市五福玻璃系列产品精深加工生产线项目、黔西市年加工2万立方木材项目、金源牧业辣椒加工项目、黔西市新田煤矿井上下三区联动抽采煤层瓦斯和智能化综合改造项目）。待落地项目5个（过氧化氢生产线项目、黔西市年产5万吨碳酸二甲酯项目、黔西市运动时尚产业园项目、黔西市富余合成气综合利用年产30万吨甲醇项目、黔西市年产6万吨碳酸甲乙酯项目）。组织干部16人赴山东、广东、福建、四川、上海、江苏、山西、内蒙古、北京、重庆等地外出招商，选派2名干部驻深圳、重庆招商。二是加快推进项目建设。把项目建设作为第一抓手，坚持扩大增量，挖掘存量，助推待落地项目，其中，甲醇项目待环评能评批复后报请河南能源化工集团同意实施；碳酸二甲酯项目开展详勘前期工作，订购部分设备；碳酸甲乙酯项目项目揭牌土地，正开展项目备案等前期工作；双氧水项目拟由黔孚气体完善项目可研等前期工作；黔西市运动时尚产业园项目积极协调提供腾退的厂房。三是扎实做好企业服务。始终把企业作为发展的主体，完善《黔西经开区干部联系企业项目管理办法》，加大对辖区内企业一对一的服务力度，实地到企业走访800余人次，反馈问题24个，帮助解决12个；制定《黔西经济开发区优化营商环境投诉处理制度》，完善企业投诉处理制度，及时处理有关投诉；联合司法局共同组建经开区营商环境法律服务工作组，为企业提供法律专业服务，2021年来，开展8次法律服务活动；加强对企业培训和宣传力度，积极邀请市人社局、住建局等进行岗前培训、经工代训、手续办理等；加大对煤化工、多马可乐器等园区企业的宣传。同时，推行企业测评制度，对干部主动作为、工作措施、服务成效、廉洁自律等方面定期进行满意度测评。

【抓体制机制改革】 一是推进机构规范设置工作。加强和毕节市纪委、市委、编办等部门对接，规范内设机构设置，内设党政办公室（党的建设办公室）、财政局、经济发展局（投资促进局）、安全生产监督管理局4个正科级机构和1个所属正科级公益一类事业单位（园区企业服务中心）。坚持大部门制思路，进一步落实机构规范设置工作，增强服务高质量发展的职能。二是推进“管委会+公司”运营管理模式。按照实体化转型、市场化运作的思路，加快推进新组建开发区投资运营公司前期工作，相关报告和组建方案已报市人民政府，待市人民政府批复后按程序组建公司。

【其他工作】 一是房征遗留问题处理。对已经安置仍然侵占临时安置防火板房居住的拆迁户进行清理，清理搬离30户，对还未安置的13户，协调供电部门给予安装“一户一表”。加大房屋补差款催交力度。涉及43户拆迁户需补交安置房补差款226.3万元，已有15户交款83.8万元，剩余28户工作在依法催交中。对不同意货币安置的22户调整到黔西县2020年棚户区改造项目安置房内安置，待商铺编号、确定商铺面积后与群众签订安置协议。对涉及法院《刑事判决书》中反映出问题的36份和无拆迁档案的13份《拆迁协议（集中安置）》的处理工作，在市工作组调查核实基础上，开展律师出具法律审查意见书和行政处理决定书等相关工作。二是标准厂房清理。共清理“僵尸企业”8家，涉及标准厂房16428平方米（玉贵光学2800平方米，万林食品2043平方米，风航包袋厂3000平方米，杜杜鹃花食品750平方米，聚乐园食品750平方米，黔春毅立食品1500平方米，花都民族服饰1500平方米，思美服饰4085平方米）。三是环保工作。加强对企业的走访和排查，强化环保监管，加强污水处理厂的运行管理和设备管网的维修维护，保障污水处理厂正常运营。完成污水处理厂水保方案的编制、备案工作。组织对甘棠片区污水处理厂进行节能和竣工验收。四是安全工作。持续加大以危险化学品、工贸等行业为重点的安全风险排查整治力度，不断推进安全生产专项整治三年行动集中攻坚，动态更新“三张清单”落实隐患整改。严格落实火灾防控措施，汛期安全防范措施，推动企业落实主体责任。全年，对化工企业安全生产，防汛、防火、粉尘防爆、物体打击、机械伤害、锅炉及容器爆炸、触电、淹溺、坠落等进行专项整治3次，查出一般安全隐患187条，及时要求责任人进行整改，并跟踪督查整改落实情况，及时消除安全隐患，落实隐患整改187条，整改率达到100%。安全生产形势总体平稳。加强重要时段、重大活动期间信访维稳工作，接待群众来信来访256人次，妥善处理有关信访问题17个。落实包保联企干部责任，加大督促指导力度，严格抓好疫情防控工作。五是国土空间规划编制。配合做好编制单位的实地调研，加强与自然资源部门对接，充分考虑今后一段时期项目建设用地需求，将有关用地纳入城镇开发边界和国土空间规划范围。同时，完成贵州省化工园区（第一批）申报工作，8月获得批复。六是脱贫攻坚工作。选派3名干部驻村。由34名干部帮扶锦绣街道618户易搬贫困户，走访600余人次。协调资助5万元解决帮扶街道部分工作经费，购买专业合作社种植马铃薯15吨发放给易搬贫困户。

（撰稿：刘　恒）

金沙经济开发区

【概述】　2021年，金沙经济开发区围绕省委、省政府“四新”，主攻“四化”战略部署，以高质量发展统揽全局，全力促进白酒产业和新兴产业两个“百亿级”产业发展，以招商引资和项目建设为中心，以园区建设为载体，以优化环境强化服务为保障，不断增强园区综合竞争力，扎实推进金沙经济开发区高质量发展。

【基本指标完成情况】　金沙经济开发区纳入调度项目117个，其中白酒类7家，包材类25家、电子信息类24家、建材类15家、轻纺类9家、食品类5家、电镀五金类1家、装备制造类3家、其余28家。全区就业人数9000余人，全年完成规模工业总产值159.68亿元，同比增长18%；完成规模工业增加值63.87亿元，同比增长48.7%；完成投资42.06亿元，同比增长19.6%。完成税收13.1亿元，同比增长40.2%。新签约引进项目19个；培育上规入统企业8户。纳入统计的规模以上工业企业46户，其中省政府批复“四至范围”内25家，托管区21家。是年金沙经济开发区成功申报认定为省级小型微型企业创业创新示范基地，并积极组织材料申请30万元的基地资金。

【基础设施不断完善】　加强对园区特种设备及公共区域设施管理，水、电、路、信等配套基础设施不断改善，综合承载能力不断提升；洪星物流园、义乌商贸城等建设项目运行良好，进一步推进物流业、商贸业、服务业的发展；金沙经济开发区集中供热（冷）项目有序推进，实现向金沙酒业、电镀厂等企业供气。

【招商引资成效明确】　结合区位、资源优势，明确以白酒产业为主导产业，强化强链补链，重点发展白酒及特色食品、电镀五金、新型建材、包装包材产业。新签约项目22个，其中白酒产业项目6个，分别是宝德投资控股万吨酱香白酒生产项目（金沙古酒）、深圳市众康美年控股有限公司（古寅酒业）3000吨酱香白酒生产项目、深圳前海酉玖5000吨白酒新建项目（金谊酒业）、诗月酒业5000吨白酒新建项目、路德环保金沙县年产10万吨酒糟深加工饲料项目（框架协议）、金沙酒业3万吨扩建项目、国颛酒业白酒产业园建设项目；包材产业项目12个，分别是贵州嘉程、东莞三创、贵州美浩森、四川盛丰、上海图致、安徽金星、贵州后山原创、无锡宏春、贵州钟灵毓秀、贵州蓝图、贵州聚智堂、新疆鑫宏铭锐。开展外出招商12次，编制招商引资项目24个。

【营商环境持续优化】　一是服务水平不断提升，建立并完善企业代办服务平台，科学设置代办服务窗口2个（金沙经济开发区政务大厅1个、县政务服务中心1个），公开办事要件，全过程“保姆式”为企业代办各类行政审批事项（涉及第三方检测收费项目为指导服务），确保企业不出园区办业务，狠抓“贵人服务”落实在园区。切实帮助企业在生产经营中存在的困难和问题，梳理企业存在问题46件（其中：用工问题13件、资金问题6件、企业手续办理问题22件、其他问题5件），解决问题16件。完成行政审批代办事项99件，受理转办固定资产维修维护及相关事项163件。开展法律咨询、法律援助共70件，涉及招商引资、信访维稳、土地纠纷等。二是就业服务不断深化。召开就业专场招聘会，建立起老百姓与用工主体近距离接触的交流平台，与人力资源公司共同发力，完成21场就业专场招聘会，范围涉及全县26个乡镇（街道），参与单位30余家，提供就业岗位2000余个，就业咨询人数6000余人，初步达成意向人数1800余人；同步加强线上线下宣传，强化人力资源平台建设，利用好大数据平台，建立长效机制，规范A、B、C区就业服务指导，实时收集企业就业岗位情况，定期不定期发布企业用工信息。同时，合理引导企业规范用工管理，建立企业用工数据库，设置员工离职预警，有效预防员工大批量离职带来的工人流失现象，区内企业期末就业人数9343人，是年度新增就业1837人；强化校企合作，加强与金沙县职业教育中心合作，规范建立学生就业实训基地，创建职校毕业生就业创业平台，合理引导职校毕业生就近就地就业；加强政策扶持：通过人力资源公司向金沙县人力资源和社会保障局购买稳就业服务文件即《金沙县人力资源和社会保障局购买“金沙经 济开发区企业招工稳工就业服务成果”服务费利润使用管理办法（暂行）》，加大对建档立卡户和易地搬迁户就业劳动力补助力度，提升就业的稳定性。三是创新能力不断加强。围绕贯彻高端化绿色化集约化协调发展的生态文明示范区理念，着力推进全区科技创新能力建设。加强对区内企业全面分析研判，会同金沙县教育科技局及聘请的第三方服务机构，对区内具有科技创新能力的金沙窖酒、皇冠建材、冠香坊、奥斯科尔、金三叶、世豪皮业等企业进行科技创新服务指导。同时鼓励企业自主创建科技研发平台，加强与高校、科研院所等机构合作，提升科技创新能力，增加知识产权的申报量。区内企业各类知识产权拥有量512件，其中发明专利101件，外观专利217件，实用新型专利194件；国家驰名商标1件（“金沙”及图），地理标志证明商标1件（金沙贡茶），地理标志保护产品1件（金沙回沙酒），商标488件；高新技术企业3个，高技术制造业企业1个，R&D研发经费投入981.325万元。四是盘活资源成效显著。加大企业清退力度，清理收回标准厂房，增加资源储备，为新项目入驻创造条件，实现“腾笼换鸟”，不断增强园区企业厂房利用率。清理整合收回22家企业标准厂房，面积12.49万平方米。

【全面落实环境保护和安全生产工作】 一是督促企业办理环评手续。二是积极配合推进园区第一工业污水处理厂项目建设，项目在同步进行、有序推进，确保新建工作按时完成。三是认真贯彻落实安全生产法律法规、文件及会议精神，增强红线意识，加强安全生产执法检查，督促指导企业购置防汛物资，制订应急预案。检查企业108家，查出安全隐患3条，涉及危化、轻工、纺织、建材、机械、汽修和商贸等行业。重点安全隐患主要是消防火灾、粉尘爆炸、职业危害（粉尘及有毒有害气体）、特种设备（锅炉压力容器及电梯安全）等。四是认真抓好防控工作，有序推进企业复工复产。开展疫情防控日调度298次，累计排查1万余人次，动员企业员工接种新冠疫苗4598人，涉及企业57家；落实分类管控措施，协助企业做好复工复产及疫情防控指导工作，促进园区企业有序生产；制订《贵州金沙经济开发区管理委员会2021年春节期间企业安全生产、疫情防控、复工复产专项督导及慰问工作方案》《贵州金沙经济开发区新冠肺炎疫情控制应急预案》。

（供稿：金沙经济开发区）

织金经济开发区

【概述】 2021年，贵州织金经济开发区党工委、管委会在市委、市政府和县委、县政府的正确领导下，团结带领干部职工，以习近平新时代中国特色社会主义思想为指导，深入学习贯彻中共十九大、十九大历届各次会议精神和中央、省、市、县廉政工作会议精神，认真贯彻落实中央、省、市、县各项重大决策部署，以党建工作为引领，围绕建设高质量发展示范区，真抓实干，克难攻坚，扎实工作，党的建设、产业项目、基础设施、招商引资、环境保护、安全生产等各项重点工作稳步有序推进。

【经济指标稳中向好】 完成投资31.71亿元，工业产值92.09亿元，工业增加值35.47亿元，工业用电量3.82亿千瓦时，税收5.15亿元，新增规模以上企业2户。新引进招商引资项目8个，落地建设招商引资项目8个，招商引资到位资金14亿元。

【重大项目加快推进】 一是PGA项目实质性进场施工。自煤化工终端产品变更为聚乙醇酸以来，为推进50万吨/年PGA项目早开工、早建成、早投产，贵州省各级各部门高度重视，贵州省委、省政府把PGA项目列为省级重点项目，成立省级联席办公室负责总体推进，毕节市成立项目建设协调推进工作组，织金县成立指挥部负责跟进服务。项目一期工程于7月6日在织金举行一期工程开工仪式，9月8日临时办公设施施工单位进场施工，10月26日场平工程举行开工仪式，11月15日5个场平标段队伍全面进场施工。5个标段共进驻管理人员、技术人员和工人257人，投入挖机46台，工程车32辆，钻孔机、压路机、推土机等18台，场平工程清表完成，进入土石方挖运施工阶段；厂前区临时设施完成基础施工，进行钢架结构施工，投资1200万元改造和装修位于绮陌园区9000余平方米职工临时生活用房项目进场施工，二是煤矿建设有序推进。全力推进肥田煤矿一期（120万吨/年）、文家坝煤矿一矿一期（120万吨/年）正常生产；启动文家坝煤矿二矿一期（120万吨/年）建设；加大项目融资力度，力争肥田煤矿二期（90万吨/年）和戴家田煤矿（90万吨/年）尽快恢复建设。三是电力建设取得明显成效。国能织金发电有限公司织金电厂2015年11月27日1号机正式投产发电，2016年10月2日机组建成发电以来，累计发电294.7亿千瓦时，实现产值超103.58亿元；国家电投贵州金元织金“上大压小”异地改建（2X660兆瓦）项目1号机组、2号机组获得省发改委核准，开展项目征地拆迁、手续办理、厂前区进场公路建设等前期工作；总装机规模300兆瓦的织金县洪家渡水光互补农业光伏电站升压站和输出线路建成，累计安装完成光伏组件约150兆瓦，2020年12月26日实现小规模上网发电，累计发电约5500万千瓦时；规划装机容量为80兆瓦的织金县八步镇桶井农业光伏电站于2021年上半年成功并网发电，安装完成光伏组件约75兆瓦，累计发电约1000万千瓦时；织金县生活垃圾焚烧发电项目自2019年11月建成试运行以来，共计处理入厂垃圾约35万吨，累计总发电量超8亿千瓦时。四是磷矿建设取得突破。银厂沟50万吨/年磷矿建设一期完成磷矿井巷掘进约700多米，摩天冲250万吨/年磷矿获得采矿权，开展前期手续办理工作。

【基础设施日趋完善】 织金绮陌至茶店洪家渡水库大道（金洪大道）扫尾工作稳步推进，管养交接工作在按照县政府相关会议纪要落实；全长7.5千米投资1.1亿元的东煤化工大道于2021年1月动工建设，2021年3月28日项目建成通车，相关扫尾工作有序推进中；按二级公路标准建设的西面煤化工大道建设项目全长3.718千米（其中隧道长1.44千米），共可批复投资2.215亿元，项目前期工作和招投标工作全部完成，项目已进场施工；3个地方专项债工程（八步物流园、茶店供水工程、茶店污水处理厂及配套管网工程）项目建设工作稳步推进，织金经济开发区水、电、路等基础设施建设日趋完善，承接产业转移平台逐步形成。

【招商引资力度加大】 2021年，织金经济开发区围绕省、市、县对产业大招商工作的安排部署，以推动“工业大突破”为重点，以“招商基础再夯实、全员招商再发力、招商措施再聚焦、营商环境再优化”为路径，以“产业招商和营商环境大提升”为目的，大力推进招商引资工作。一是以中石化织金50万吨/年PGA项目、国家能源投资集团织金2×660兆瓦发电厂等重点项目为龙头，编制现代化工产业链、新型建材产业链两图、两库、两池，谋划编制产业项目10个。二是大力推进外出招商，开发区党工委、管委会领导带头赴广东、重庆、成都、云南等地外出招商13次，参加外出招商干部50余人次，考察拜访省外企业59家，1—10月招商引资工作在9个园区中综合排名全市第六、外出招商综合排名第三。三是着力引进项目落地建设，成功引进酒类包装材料生产项目等重点项目落地开工建设，新引进已落地开工建设项目8个，招商引资项目到位资金14亿元；四是邀请客商来织金考察，2021年累计邀请客商前来织金经济开发区考察102批次。

【财政收支运行良好】 织金经济开发区2021年度预算收入总计781.69万元（一般公共预算拨款收入681.69万元，其中，统发人员工资503.69万元，公用经费138万元，安监、规划工作经费各20万元；政府性基金预算拨款收入100万元，即煤化工工作经费100万元）。支出781.69万元（一般公共预算拨款支出完成681.69万元，按照支出用途：工资福利支出503.69万元，办公费23.42万元，电费6万元，差旅费12.5万元，维修费5.8万元，会议费2万元，培训费1万元，接待费0.8万元，劳务费56.64万元，租赁费7.64万元，车辆运行维护费46.2万元，办公设备购置2万元，其他支出14万元；政府性基金预算拨款支出完成100万元，按照支出用途：车辆运行维护费4万元，劳务费95.7万元，会议费0.3万元），全年财政收支执行情况较好，基本保障单位的平稳运行态势。

【安全生产有序推进】 对照目标计划及签订的目标责任书，全力开展安全生产监督管理工作，织金经济开发区安全生产形势持续稳定，未发生1起安全生产事故。一是不断完善各项工作制度，认真落实隐患整改“三个清单”、问题隐患和制度措施“两个清单”制度，通过建立隐患排查治理台账，确保“一企一表”，有针对性地开展隐患排查治理，将安全隐患遏制在萌芽状态。二是根据年初制定工作计划，结合安全生产专项整治三年行动，安监局定期组织人员对辖区内企业开展安全生产监督检查和隐患排查工作，对辖区内织金电厂、宏瑞建材厂、脱硫石膏厂、中小企业创业园等企业组织开展52次安全生产监督检查，人员104人次，检查企业156家，未发现重大安全隐患，发现一般安全隐患29条，督促企业及时完成整改29条，达到100%整改完成率，全年未发生1起安全生产事故。三是狠抓落实，切实完成安全生产重点工作，认真开展春节、疫情防控、清明节、两会、“五一”、端午节、汛期等重要工作时段安全生产检查工作，制订完善的监督检查工作方案，明确责任人员，加强安全生产巡查，严格按照方案落实各项检查工作，确保重点时段未发生1起安全事故。

（撰稿：董克明）

纳雍经济开发区

【概述】 2021年，纳雍经济开发区深入贯彻落实省、市、县推进新型工业化和纳雍经济开发区高质量发展的决策部署，以高质量发展统揽全局，立足新发展阶段，贯彻新发展理念，构建新发展格局，坚持绿色、开放、高效、可循环的发展理念，着力推进纳雍经济开发区高质量发展。

【工业发展】 2021年，共有入园企业106家，其中，规模以上工业企业30家，实现工业总产值57.02亿元，同比增速23.29%；完成规模以上工业总产值51.63亿元，同比增速36.41%；完成规模以上工业增加值16.21亿元，增速38.19%；完成工业投资25.64亿元（同期16.74亿元），同比增速53.17%；亩均产值190.56万元，增速为30.61%；完成规模以上战略性新兴产业产值6.15亿元，占规模以上工业总产值比重为11.91%；完成税收1.42亿元，同比增速37.86%；完成工业用电量1.71亿千瓦时，同比增速17.12%；新增“上规入统”企业6家。

【产业规划】 紧紧围绕4个园区的资源禀赋、发展定位，因地制宜，委托贵州黔工研究院有限公司编制《贵州纳雍经济开发区产业规划（2021—2025）》，围绕生态特色食品首位产业和现代能源、轻纺工业潜力产业编制《贵州纳雍经济开发区首位产业和潜力产业研究分析报告》，科学推进产业集聚集群发展。在同心产业园规划了食品产业园，聚焦生态特色食品加工为首位产业，集聚金蟾大山、纳来福、百凤庭等食品加工企业28家；入园服装生产、制鞋、锂电池正极材料生产等劳动密集型企业22家。

【改革创新工作】 根据《中共毕节市委机构编制委员会关于规范贵州纳雍经济开发区管理机构相关事项的通知》，将内设机构调整为：党政办公室（党的建设办公室）、财政局、经济发展局、投资促进局、规划建设局、安全生产监督管理局，下设1个事业单位，即贵州纳雍经济开发区园区企业服务中心，完成人员划转，进一步理顺开发区管理机构，规范职能职责、人员设置。积极推进开发区改革创新，起草改革创新工作方案，按程序送审，通过改革进一步理顺开发区管理体制机制，落实人事薪酬改革，激发纳雍经济开发区干部干事创业的活动，公开竞聘一批会管理，想干事、能干事的人才，实现平台公司实体化、市场化运营，推进纳雍经济开发区高质量发展。

【招商引资】 制订《开发区产业大招商方案》和《产业大招商考核方案》，成立3个招商工作专班，由3名党工委、管委会领导分别任班长，派驻深圳驻点招商1人，派驻浙江驻点招商1人，明确纳雍经济开发区50%以上的人员参与招商。结合资源禀赋、产业规划等情况，聚焦首位产业，围绕潜力产业，精心编制产业链全景图，谋划招商项目45个，印制外出招商宣传折页1000余份。党工委、管委会领导带队外出招商24次，小分队外出招商26次，对接企业218家，驻深招商小分队拜访企业及商协会172家，邀请

2021年8月5日，纳雍经济开发区组织召开招商工作专题会议

企业前来考察90家。引进遐品牌内衣西部生产项目、年产60万双鞋90万双鞋底生产项目等补强轻纺服饰产业链条，鸿利工贸饰品生产项目以生产拉链、对扣、鞋花等流行饰品延长制鞋业产业链条。

【资产管理】 出台《标准厂房管理办法（试行）》《入驻企业物业管理制度》等制度，切实加强建设用地、标准厂房、办公用房、员工宿舍等资产管理，优先安排投资强度大、科技含量高、带动就业多、经济效益好、发展前景好的工业项目和企业供地用房，着力提升土地产出率、厂房利用率、办公房使用率。一是规范投资合同内容，把住入园企业关口。从招商引资洽谈、签约、开工入手，严把入园企业准入关口，明晰招商引资入园企业责任义务，重点把企业投资强度、安排使用厂房面积、约定实现产值、解决用工就业、完成税收、用电等指标纳入投资合同约定的刚性条款，从源头上防止企业套取政府优惠政策用完后一走了之。二是依法清理“僵尸企业”，维护合法企业权益。严格落实国家、省、市相关文件规定，依法依规加大对“僵尸企业”及“占多用少企业”的清理处置力度，盘活现有厂房资源，做好“腾笼换鸟”工作，确保园区厂房不闲置。组建清理“僵尸企业”和企业厂房占多用少清理工作专班，加大“僵尸企业”和企业占多用少厂房清理力度，采取动之以情、晓之以理、积极稳妥的方式，清退黔浙鞋业、大维兴元、金蝌蚪纳米科技公司、鑫鑫海鞋业、雍驰摩托、荣达箱包、德润如有限责任公司、壹鲜食品、美嘉塑胶、大拓新能源、智拓科技11家企业，腾退厂房3.75万平方米，有效解决招商引资新项目厂房需求，盘活园区资产，做实“腾笼换鸟”。

【基础设施建设】 采取专班负责制的做法，实行周调度工作机制，建成地方专项债券纳雍县产业园区标准产房12.66万平方米，配套完善供水、供电、供气、路网、通信、消防、排污等基础设施建设。第二批增量配电改革试点项目作为企业减负的重要抓手，组建专班积极推进，完成项目招标工作，正常与有投资意向的贵州多元集团、金奥配售电有限公司、南方电网、乌江能源集团等公司洽谈股权事宜。充分发挥园区在推进新型工业化中的平台作用，推行区内与区外差别化政策，确保政策、资金、项目等向园区倾斜，提升园区的吸引力，只要符合园区产业规划的项目必须入驻园区，完成10家规模以上存量企业入园和5家规模以下存量企业入园。

【服务企业工作】 全力打造“贵人品牌服务”，始终把营商环境作为“招商、安商、亲商、护商”的重要抓手，成立由县委（党工委）书记和县长（主任）任双组长的优化营商环境工作领导小组，组建“保企业稳就业优环境”工作专班，强化“精心服务、精细管理、精准施策”服务企业措施，推行“一名县级领导、一名科级班长、一名服务专员、一支包保队伍、一张明示牌、一个连心袋、一份走访记录表、一企一策措施和一包到底负责制”的“九个一”专员服务责任制。对入园企业实行一周一走访，一月一小结，一季一调度，建立企业困难、问题台账，第一时间听取企业反映问题汇报，第一时间解决企业困难，第一要务营造投资环境。走访企业800余次，为企业协调解决用水、用电、供气、职工子女就读、招工、职工纠纷、厂房需求等问题40余件。组织企业到乡镇和易地扶贫搬迁安置点开展招聘活动5次，登记有就业意愿人数600余人，为企业解决用工100余人。为新能源炉具、遐品牌内衣等企业代办各类证照18次，电话咨询服务20余次，到项目点服务40余次。

【环保工作】 深入贯彻落实习近平总书记生态文明理念，牢牢守住生态和发展两条底线，树立绿水青山就是金山银山理念，全力推进中央、省、市环保督察反馈问题整改，完成纳雍经济开发区规划跟踪环评和入园企业跟踪环评，全面完成各级环保督察反馈问题整改工作，对入驻企业进行全排全查，建立环保问题台账。

【安全工作】 加强日常安全监管和专项检查，每月深入企业开展全覆盖安全检查。突出以消防、食品、危险化学品、锅容管特等安全为重点的专项整改，联合县应急救援大队、县供电局、县市场监管局、县综合执法局等部门开展专项整治工作。联合县应急局、县消防救援大队、县卫健局、县新闻中心等单位开展“消防应急救援逃生演练”，组织42家企业150余人参加现场观摩，全年未发生安全事故。

（撰稿：罗　祥）

贵州威宁经济开发区

【概述】 贵州威宁经济开发区前身为威宁县产业园区，于2010年11月成立，2011年7月，贵州省人民政府正式批准设立省级经济开发区，规划总面积为21.93平方千米，首期开发面积9.6平方千米。建成面积14.6平方千米，建成标准化厂房面积50.4万平方米。贵州威宁经济开发区按照“产业聚集区、经济增长极、创新示范点、产城融合地”的功能定位和“依城建园、以园兴城、产城融合、城园互动”的建园思路，结合自身优势、突出发展特色，重点发展生态特色食品首位产业和新型建材、轻纺及电子信息潜力产业，着力打造主导产业突出、特色鲜明、环境优良的产业聚集区。贵州威宁经济开发区入园企业100户，其中投产企业88户，在建企业12户，在库规模以上企业46户。2021年，贵州威宁经济开发区规模以上工业总产值累计完成92.11亿元，同比增长13%（剔除雪榕同期数）；规模以上工业增加值累计完成23.02亿元，同比增长23%，工业投资累计完成22.01亿元，战略性新兴产业累计完成33.75亿元，占园区规模以上总产值的36.7%；全年新增规模以上 工业企业6户，规模以上工业企业数达51户，完成税收1.808亿元。

【聚力招商引资】 始终把招商引资工作放在各项工作的重中之重来抓，充分结合全县的自然资源、人力资源以及政策优势，通过认真分析、深入研究，积极编制符合威宁发展的产业项目，先后率队前往广东等地考察、推介项目。联系洽谈项目50余个，领导外出招商13次，签订项目投资协议22个，完成签约资金145.3亿元，新增入园项目15个，完成产业到位资金25亿元。

【狠抓基础配套】 1. 着力推进基础设施路网建设。园区2号路B段完成路基开挖200米、填筑100米、毛石换填80米；3号路完成雨水管400米、污水管800米、路面水稳施工400米；5号路完成土石方开挖240米、路基填筑80米；环城路延伸段B标（二）完成水稳施工。2. 协调推进重大项目及其他项目建设。江楠现代农副产品加工物流园（一期）首开区投入运行，进行边坡施工；浙江五金机电建材城（威宁）项目一期主体完工，五栋和十五栋进行基础施工；电力其他业务用房、电子科技产业园、阳光丽景、吉鑫首府、北港兴城、富民村镇银行等项目建设有序推进。3. 固定资产投资和项目入库工作。园区在库项目10个，总投资28.87亿元，2021年完成投资6.4亿元。新开工项目威宁富民村镇银行因现场达不到入库条件，暂未入库。

【全力服务企业】 严格落实《贵州威宁经济开发区干部联系服务企业工作方案》，建立跟踪保障服务台账，全面动态掌握入园企业手续办理、施工建设、生产经营、就业用工和融资筹资等各个环节的进展状况，及时协调解决企业在项目建设和生产经营过程中面临的困难和问题，不断提升经开区服务管理质量水平。

代办服务：贵州威宁经济开发区全年共受理代办事项46项，办结46件，办结率100%，办结事项代办满意度100%，解答业务咨询服务156项。

融资服务：帮助指导太给公司、定腾公司申报并分别获得2021年贵州省工业信息化发展专项资金20万元、50万元，帮助润兴公司在邮政储蓄银行威宁支行融资贷款500万元，帮助东方神谷公司在农发行威宁县支行融资贷款600万元；指导15家企业完成2021年贵州省工业和信息化省级财政专项资金申报、18家企业完成新型工业化基金储备项目申报和8家企业完成中小企业信贷通申报工作。

用工服务：结合企业用工需求调查情况，通过开展招聘会等方式为园区企业招聘各类员工1763名，缓解园区企业用工压力。

【构筑和谐园区】 坚持科学发展、安全发展，按照“安全第一，预防为主、综合治理”方针，严格落实安全生产责任制，深入开展安全生产大检查，加大安全生产服务指导力度，强化安全宣传教育，夯实基础建设，全面落实各项安全措施，全年排查安全生产领域企业75家，发现一般隐患和问题558条，整改536条，整改率96%。

【严守生态红线】 严格办理环评手续，取得环评手续的园区企业78户，符合豁免条件企业13户，办理环评手续企业3户。督促做好项目竣工环境保护验收，对未按照环评文件及批复要求进行项目竣工环境保护验收的4户企业，分别下达《关于限期办理环评等手续的函》《关于限期整改生态环境问题的通知》，要求企业对存在的问题进行整改。

（供稿：贵州威宁经济开发区）

赫章县产业园区

【概述】 赫章县产业园区管理委员会由贵州省毕节地区（现毕节市）机构编制委员会于2010年11月24日批准成立，为中共赫章县委、赫章县人民政府派出的副县级机构，与赫章县产业园区党的工作委员会实行一个机构两块牌子的管理体制，设党工委书记1名，管委会主任1名，副主任2名，总工程师1名；内设办公室、财务科、规划管理科、投资促进科、项目管理科等5个副科级机构及5名副科级领导职数；同时设立野马川特色农产品加工园区管理处、珠市生铁铸造工业园区管理处、妈姑有色金属工业园区管理处，赫章县产业园区安全生产监督管理站4个副科级机构及4名副科级领导职数。根据《中共毕节市委机构编制委员会关于印发〈毕节市规范开发区管理机构促进开发区高质量发展的实施方案〉的通知》文件及赫章县编委于2021年6月2日下发的《中共赫章县委机构编制委员会关于规范赫章县产业园区管理机构名称等相关事项的通知》文件，赫章县产业园区党工委（县产业园区管委会）机构规格由副县级调整为正科级，为中共赫章县委、赫章县人民政府派出机构。设核定事业编制22名，党工委书记1名，党工委副书记、管委会主任1名，党工委副书记1名，纪检监察工委书记1名，党工委委员、管委会副主任2名。内设6个股室，即办公室、党建办公室、规划发展股、项目建设股、投资促进股、财务管理股。县委编办于2021年8月18日又下发《中共赫章县委编制委员会办公室关于设立赫章县产业园区企业服务中心等事项的通知》，下设赫章县产业园区企业服务中心，为产业园区党工委（管委会）财政全额拨款事业副科级机构，设主任1名，下设野马川、珠市、妈姑3个园区企业服务股和综合股，核定编制12名。2021年，赫章产业园区共有在职在编人员30名，其中党工委书记1名，党工委副书记、管委会主任0名，党工委副书记1名，纪检监察工委书记1名，党工委委员、管委会副主任2名，企业服务中心主任1名，原4名副科级机构领导任股室负责人，副科级干部9名，股级干部7名，一般工作员2名，工勤人员2名；中共党员23名（含预备党员），群众6名；研究生2名、本科文化16名，专科文化10名，中专文化1名。2021年赫章产业园区经济运行取得良好成绩，在上半年新型工业化综合评价指数全省县区排名中，赫章县获全省第16名，毕节市第1名；在前三季度新型工业化综合评价指数全省县区排名中，赫章县获全省第6名，毕节市第4名。完成综合产值51.28亿元，其中规模以上企业完成38.96亿元，规模以下企业完成12.32亿元，占目标任务50亿元的102.56%；完成固定资产投资18.7亿元，占年度目标17亿元的110%；完成税收10200万元，占年度目标7000万元的145.7%；完成工业用电1.67亿千瓦时，占目标任务1.6亿千瓦时的104.38%；新增规模企业6家，占目标任务数5家的120%。

【突出主导产业，狠抓招商引资】 2021年引进上海宝合实业股份公司赫章县年处理45万吨低品位菱铁矿（难处理矿）综合利用项目、鑫富航电器有限公司年产5万台烤火炉及热水器项目、贵州广源沣房地产开发有限公司核桃油生产项目、贵州丝路兴蚕有限公司蚕丝制品项目、贵州恒昇矿业有限公司年产30万立方米石材加工项目，紧盯比亚迪公司汽车曲轴等在谈项目，持续用力推进项目落地签约，推动产业集聚发展。2020年累计完成招商引资到位资金12.35亿元，完成市全年目标任务11亿元的112.27%。

【统筹推进，狠抓项目建设】 园区始终坚持实行“一个项目、一套班子、一支队伍、一名服务人员”的“四个一”制度，强力推进项目建设。选派1名领导干部参与全市纺织业招商，先后选派3名干部到深圳驻点招商，抽派1名干部到铅锌采选一体化项目专班跟踪推进招商工作。领导带头外出招商20次，对接项目42个，引进省外投资商16家（其中省级农业龙头企业1家），成功签约项目16个，签约资金8.87亿元。取得2021年1—6月产业大招商工作全市经开区（产业园区）综合成效排名第三名的成绩；引进省级农业龙头企业1家，获得产业大招商工作全市经开区（产业园区）综合成效测评中直接加0.5分的资格，取得2021年1—8月产业大招商工作全市经开区（产业园区）综合成效排名第四名的成绩。围绕产业发展的人才支持、资金支持，谋划项目25个，完成“两图两库两池”的编制。

【升级改造，拓展发展空间】 一是产业发展规划情况。结合赫章县区位、资源禀赋、产业基础、交通条件、环境承载力等特点，按照“一园三区”进行规划，规划面积15平方千米，主要包括“野马川农特产品工业园区”“珠市装备制造工业园区”和“妈姑有色冶金工业园区”。主攻铁铅锌基础材料首位产业，培育煤电建、农副产品加工2个潜力产业，走特色化、专业化、集聚化发展道路。截至2021年底，铅锌产业入驻企业3家，首位产业企业17家。推动高质量发展情况：紧紧围绕“工业强县”战略，依托丰富的铁矿资源和已形成的生铁冶炼为基础，以短流程铸造为主导产业进行延伸打造，基本形成从铁矿石开采、选矿、焙烧、冶炼到铸造的全产业链格局。铸造产业的稳步发展实现矿产资源的本地转化利用，通过以铸造产业链为主导产业进行发展壮大，重点围绕铁矿开采冶炼，燃气灶炉头、地弹簧、挂锁为代表的生铁铸造产业，着力打造为全省规模铸造产业基地。二是国土空间规划情况。2020年6月，经省政府同意，将赫章园区纳入省级经济开发区培育范围，培育期为两年。在培育期间，结合园区发展实际，按经济开发区标准打造升级，进一步提升基础设施建设，优化产业结构，整合土地资源，合理空间布局。赫章县产业园区规划总面积 19.45 平方千米，其中赫章经济开发区野马川工业园区 4.46 平方千米；赫章经济开发区妈姑珠市工业园区 14.99 平方千米。其中建设用地 17.5 平方千米，工业用地 9.39 平方千米，工业用地占建设用地的 53.64%。截至 2021 年底，完成赫章经济开发区总体规划、产业发展规划、可行性研究报告、环评规划、土地利用修编方案等文本编制工作。

【因地制宜，推进园区产业转型升级】 为大力推动赫章经济社会快速发展，赫章县产业园区根据地理区位、资源储备和工业发展条件，采取“一区两园”模式分组拟建赫章经济开发区，包括赫章经济开发区野马川工业园区和赫章经济开发区妈姑珠市工业园区。总规划面积 19.45 平方千米，其中，赫章经济开发区野马川工业园区规划面积 4.46 平方千米，赫章经济开发区妈姑珠市工业园区规划面积 14.99 平方千米。赫章县产业园区于 2020 年 6 月被省人民政府纳入省级经济开发区培育中，培育期 2 年。经过园区干部职工不懈努力，赫章县产业园区基础设施建设日趋完善，入驻企业数量逐年增加，主导产业短流程铸造和特色农产品加工基本形成，主要经济指标逐年提升，经毕节市人民政府推荐、省工信厅等多部门严格评审，于 2020 年 9 月 21 日由省工信厅认定赫章县产业园区为“贵州省特色工业园区”，园区将按照布局集中、产业聚集、用地集约、特色鲜明、配套完善、管理科学的要求，围绕主导产业加快产业聚集，建设成为竞争力突出的特色工业园区，待 2022 年省级经济开发区培育期满，赫章县产业园区将积极准备考核评估资料迎接省的考核，申报成为省级经济开发区。

（供稿：赫章县产业园区管委会）

城建·环保

住房和城乡建设

【概述】 2021年，毕节市住房和城乡建设局在市委、市政府的领导下，在上级业务主管部门和有关部门的认真指导下，在各级各部门的大力支持下，坚持以习近平新时代中国特色社会主义思想和中共十九大系列精神为指导，深入贯彻落实习近平总书记对贵州对毕节重要指示批示精神及相关指示精神，坚持以新型城镇化为统揽，重点围绕城市建设，小城镇建设和城乡垃圾治理，强化住房保障和城市管理，加强房地产市场和建筑市场监管，各项指标任务有序推进。

【着力巩固拓展脱贫成果】 一是按照国家和省的安排，紧盯农村房屋安全隐患排查和整治工作，强化动态监测。2021年全市动态新增且纳入农村危房改造实施台账的有279户。全部竣工，竣工率100%。二是对应纳入排查的2229个建置村进行全覆盖排查，共排查855654栋房屋，初排存在风险2441栋，经鉴定为C、D级危房共1693栋。1693栋危房通过停止使用、人员搬离、维修加固、拆除重建等多种方式全部进行整治。

【有序推进城市“三改”】 一是老旧小区改造。累计实施城镇老旧小区改造20644户，完工20572户，应改造户数累计完成率99.65%，预计排全省第4位。二是棚户区改造。2021年棚改新开工计划3139户，开工3163户，开工率100.76%。2021年计划建成存量未建成棚改项目26886套，建成27199户，完成2021年目标任务数的101.16%。三是背街小巷改造。2021年共实施95条背街小巷改造，共争取到上级补助资金6050万元。全部完工，完工率为100%，投资达6000万元以上。

【住建领域经济指标平稳运行】 一是2021年全市累计完成商品房销售面积738.27万平方米，同比增长8.6%，完成全年目标任务747.5万平方米的99%，增速全省排名第三。二是2021年报库资质内注册地总专包总产值164.98亿元，增速15.36%，增速全省排名第四。三是2021年全市住建领域累计完成固定资产投资513.3亿元，其中：房地产开发投资完成367.8亿元，城镇基础设施建设投资103.5亿元，保障性住房及其他投资42亿元。四是2021年全市住建领域新型城镇化招商引资到位资金157.33亿元。

【民生保障不断提高改善】 一是住房保障方面。全市有公租房107567套，竣工104783套，分配入住103631套，解决大约310893人城镇中低收入住房困难人群的住房保障问题。2021年全市发放住房租赁补贴3656户，发放率141.16%，超额完成全年任务。二是城市社会公共停车位建设方面。2021年全市新建城市社会公共停车位任务3000个，共建成4959个停车位。三是城市园林绿化建设方面。新增公园绿地面积50.55公顷，改造新增公园绿地面积15.78公顷，新增城市绿道15.83千米，新增林荫路12.89千米，织金县成功创建为省级园林县城。

【营商环境不断优化】 一是持续推进工程项目行政审批制度改革。印发《毕节市工程建设项目审批事项清单及流程图2.0（试行）》，将全市工程建设项目审批事项由83项再次压缩至68项，审批时限压缩至69个工作日内，预计办理“建筑许可”指标在全省排名前列。二是燃气报装平均时间压缩至10.13个工作日，获得用气申请材料进一步缩减，企业申请用气更加方便快捷。

【垃圾收运处置能力不断提升】 一是建成运营威宁县、金沙县垃圾焚烧发电项目，处理能力提升到4650吨，累计建成270个城乡垃圾转运站，转运能力提升到4680吨，2021年累计争取到中央、省级财政专项资金4907万元。二是加大城乡垃圾收集力度，收运处理城乡垃圾144.24万吨，城市垃圾无害化处理率达98.5%，城乡垃圾无害化处理率达84.03%，农村垃圾收运覆盖率达94.2%。三是全面整改各类环保问题和中央环保督察信访案件，全市10个垃圾填埋场和4个焚烧发电项目运营正常，未出现环保污染事件。

【风险隐患防范化解全力抓实】 一是全市清理排查问题楼盘共165个，截至年底化解143个，化解率87%。二是全市排查纳入拖欠工程款台账项目7309个，拖欠金额283.36亿元，偿还70.4亿元，累计化解率24.85%，尚拖欠212.96亿元。三是全市开展监督执法检查2366次，检查在建房屋建筑市政工程项目2366个次，发现各类隐患13054条，全部整改落实，下发质量安全隐患限期整改通知书1525份、停工整改通知书339份。全市查处建筑领域违法违规行为80起涉及企业69家，处罚款509.1737万元。四是全市受理消防设计审查项目100个，办结100个；受理消防验收项目237个，办结224个。

（撰稿：何应松）

住房公积金管理

【概述】 2021年，毕节市住房公积金管理中心（以下简称中心）坚持以习近平新时代中国特色社会主义思想为指导，深入学习贯彻习近平总书记视察贵州重要讲话精神，认真贯彻落实中共十九届五中、六中全会精神，贯彻落实中央、省委、市委经济工作会议精神，按照“11345”总体思路，积极适应经济发展新形势、把握经济运行新特点，围绕高质量发展主线，以打造“高效、文明、智慧、安全、干净、过硬”公积金管理为导向，充分发挥住房公积金在助推新型城镇化建设中的服务保障作用，努力开创全市住房公积金事业高质量发展的新局面。

【主要业务指标完成情况】 2021年，全市归集住房公积金42.74亿元，同比增长1.30%，完成全年目标任务36亿元的118.72%，全年新增缴存单位518家，新增缴存职工2.25万人；全市共办理提取业务46.76万笔，提取住房公积金29.92亿元，同比增长11.52%，完成全年目标任务25亿元的119.68%；发放住房公积金贷款32.35亿元，同比下降24.85%，完成全年目标任务30亿元的107.83%；回收住房公积金贷款20.58亿元，同比增长0.34%，完成全年目标任务19亿元的108.32%；全年实现增值收益1.82亿元，同比增长12.17%，完成全年目标任务1.65亿元的110.30%。

2021年，全市住房公积金业务线上办理率达85.95%，位居全省前列。截至2021年12月31日，全市住房公积金个贷率为108.92%，超过95%的年度目标任务13.92个百分点；全市住房公积金贷款逾期率为0.016‰，低于年度目标任务0.05‰贷款逾期率，逾期控制情况位列全省第二；全市办理住房公积金贷款房开企业314家，共886个楼盘；全年新增合作房开企业48家，新增贷款楼盘218个。

【持续深化“放管服”改革】 一是持续推进线上服务，实现“零距离”办。通过推进公积金+窗口、+银行网点、+网厅、+微信小程序、+支付宝小程序等业务办理渠道，积极推广“线上、自助、自动”业务办理。截至年底，住房公积金缴存、提取、还贷、签约委扣等40余项业务可通过线上办理。2021年，缴存单位、缴存职工、房开公司通过互联网渠道办理业务20.14万笔，占全市业务量的85.95%，通过互联网渠道共查询信息454.11万次。二是持续精简办件材料，实现“零资料”办。2021年以来，中心逐步取消个人提取及贷款业务中户口簿及死亡证明等材料，取消新办企业设立公积金账户时需提供的营业执照等4项证明材料。2021年底，手机端办理偿还公积金贷款提取、离退休提取、离职提取等业务实现无需上传任何资料即可办理，实现“零资料”办理。三是持续简化办件流程，实现“零环节”办。在保证资金安全的前提下，中心持续简化办件流程，对现金还款及提取公积金偿还公积金贷款等业务，由人工审核简化为系统自动审核，实现即提交即审核。四是推进网点延伸，实现“零跑腿”办。截至年底，全市有34个银行网点可办理公积金业务，其中4个网点延伸到乡镇银行，实现群众只需迈迈腿，公积金业务就能“门口办”的目标。五是开展上门服务，实现“零障碍”办。2021年以来，中心充分挖掘服务潜能，积极开展上门服务，着力消除办事障碍，为特殊办事群众提供更周到、更贴心、更便利的服务。全年为高龄老人、大病职工上门办理业务30余人次。六是推行延时服务，实现“零超时”办。中心不断创新服务模式、提升服务意识，积极推行延时服务，对在临近或已下班时间前来办理业务的企业和群众，主动提供“延时服务”，确保当日业务当日办结，切实做到不让群众多跑一趟。2021年以来，全市公积金窗口共为缴存职工提供“延时服务”80余人次。

【健全完善住房公积金制度】 2021年，中心认真研究分析应对毕节市住房公积金面临的新形势、新要求，按照“积极扩面、适度收紧、保障刚需”的政策要求，不断建立健全公积金相关制度，构建更加科学、更加完善、更加规范的保障体系，让缴存职工真正实现“住有所居、住更宜居”。

一是持续健全完善住房公积金保障制度。根据年初毕节市住房公积金个贷率偏高的现状，按照“适度收紧”的住房公积金贷款和提取政策，在保障干部职工刚性需求的前提下，中心提请管委会审议通过《毕节市住房公积金管理中心关于调整住房公积金部分使用政策的报告》《毕节市住房公积金管理中心关于开展住房公积金个人住房组合贷款业务的报告》，取消大病医疗提取等两项提取条件，暂停异地贷款业务、调整贷款额度、开展住房公积金组合贷款业务等，初步建立保障刚需、促进发展、化解风险的住房公积金管理体系。自5月1日新政策执行以来，全市办理组合贷款业务588笔，涉及资金1.86亿元。二是持续强化住房公积金归集扩面。积极对接有关机关、事业单位将编外人员纳入公积金缴存范围，协调辖区内民营企业、社会团体等非公有制经济组织纳入公积金归集范围，不断扩大公积金归集覆盖面。

【打造“智慧”公积金】 一是持续加大数据共享力度。截至2021年底，中心和省公安厅、省民政厅、省市场监管局、省不动产登记中心、农业银行毕节分行、光大银行毕节分行、毕节市农商行等部门实现数据共享。人行征信系统完成所有测试，并向人行提交测试报告，待人行验收后开始上报数据。二是不断拓展线上业务办理事项。2021年以来，线上业务新增租房提取、内部转移等功能，现金还款、公积金还款、离退休提取、与单位终止劳动关系提取等业务，实现自动办结。三是持续优化完善业务系统。2021年以来，中心核心系统更新50余次，优化或增加170个功能项；对综合服务平台的微信及支付宝小程序、网上办事大厅、手机APP等渠道更新40余次，优化新增功能100余项，核心系统和综合服务平台运行更加流畅、稳定。

【加强风险防范】 一是强化逾期贷款管控。中心不断加大逾期贷款的催收力度，各县区管理部根据不同逾期客户制定专门的催收方案，严格落实催收策略，借助银行、法院、家属以及单位力量，确保逾期贷款及时足额偿还到位。截至12月底，全市公积金贷款逾期率为0.016‰，低于全省平均水平，其中七星关区管理部、金沙县管理部、织金县管理部等7个管理部实现零逾期。二是强化骗提风险管控。严格按照有关条件和程序办理住房公积金提取，加强审核把关，通过省民政厅婚姻信息系统、市住建局房产系统查询，及时核实申请人业务办理行为的真实性，从源头上防范通过使用虚假资料骗提套取住房公积金的行为。

（供稿：毕节市住房公积金管理中心）

生态环境保护

【概述】 2021年，全市上下深入学习贯彻习近平总书记视察贵州重要讲话和对贵州对毕节工作的重要指示批示精神，深学笃用习近平生态文明思想，全面贯彻落实中央、国务院和省委、省政府关于生态文明建设和生态环境保护的决策部署，坚决扛起生态环境保护政治责任，严守发展和生态两条底线，扎实推动生态环保督察问题整改，深入打好污染防治攻坚战，不断厚植经济高质量发展绿色底色，努力推进生态文明建设出新绩，为奋力建设贯彻新发展理念示范区奠定坚实的生态环境基础。

【扛牢政治责任，狠抓问题整改】 市委、市政府始终将生态环境保护工作摆在重要突出位置，切实扛起生态环境保护督察问题整改政治责任，全面加强统筹领导和协调调度，推动各级各部门认真落实生态环境保护“党政同责、一岗双责”和“三管三必须”要求，强化包保督导、专项督查和执纪监督，形成党政主导、部门主抓、县区主责、上下联动的整改工作体系，以鲜明态度和坚定决心推进问题整改落实。截至2021年底，第一轮中央生态环保督察及“回头看”反馈的

40个问题和700个信访件全部完成整改，完成率100%；中科院水生所反馈毕节市赤水河9个问题完成整改8个、正在整改1个。长江经济带生态环境警示片曝光4个问题完成整改3个、正在整改1个，完成率75%。第二轮中央生态环境保护督察现场指出的29个问题完成整改17个、正在整改12个，完成率58.62%，被曝光的大方、七星关、纳雍大量生活污水长期直排、生态环境问题突出问题正在加快整改；交办的317个信访件上报办结157个，办结率49.53%。生态环境部入河排污口现场排查及执法检查反馈毕节市赤水河流域的162个问题完成整改135个、正在整改27个。“绿盾”专项行动反馈281个问题完成整改273个、正在整改8个，完成率97.15%。省委生态环保督察及“回头看”反馈的36个问题完成整改35个、正在整改1个，完成率97.22%；交办的525个信访件全部办结。2021年省生态环保督察反馈的221个问题完成整改205个、正在整改16个，完成率92.76%；交办的67个信访件办结66个、正在办理1个，完成率98.5%。2021年生态环境突出问题集中排查整治专项行动发现的1131个问题完成整改1085个、正在整改46个，完成率95.93%。完成十大污染源治理工程1个，十大行业49家企业45个问题完成整治，有效解决一批突出生态环境问题。

【狠抓污染防治】 突出精准治污、科学治污、依法治污，开展干部驻县蹲点督导，实行挂牌督战、挂图作战、挂账销号“三挂打法”，深入打好污染防治攻坚“五场标志性战役”。一是深入打好蓝天保卫战。持续开展扬尘治理、柴油货车污染治理、工业企业大气污染防治等专项行动，不断提升环境空气质量精细化管控水平。2021年，中心城区环境空气质量优良天数比率97.8%，PM2.5浓度为25微克/米^3；县级以上城市环境空气质量平均优良天数比率97.6%，PM2.5浓度为24微克/米^3。二是深入打好碧水保卫战。实施集中式饮用水水源地环境整治巩固提升工程，切实保障人民群众饮水安全，全市依法划定集中式饮用水水源保护区370个，完成18个县城以上集中式饮用水水源地保护与治理，千人以上集中式饮用水水源地整治基本完成。加强乌江和赤水河等重点流域水污染防治，持续推进草海综合治理。完成倒天河德溪公园段黑臭水体整治，黔西市黑臭水体排查整治有序推进。2021年，毕节市地表水出境断面水质100%达标，17个国控、33个省控地表水监测断面水质优良率分别为94.12%、90.91%，无劣Ⅴ类地表水断面，中心城市和县级集中式饮用水源地水质达标率100%。三是深入打好净土保卫战。加强土壤污染治理，完成2家涉镉企业污染整治和17家土壤污染重点监管单位隐患排查；完成省级下达的373.83万亩受污染耕地安全利用任务；纳入国家土壤环境管理系统监管的26个地块均未违规开发利用。加强地下水污染防治，涉及毕节市的国家地下水监测工程水质监测点位33个，纳入国家“十四五”考核的5个点位达考核要求。四是深入打好固废治理战。全市累计建成52个大宗工业固废利用项目，2021年累计产生工业固体废物1867万吨，综合利用1317万吨，综合利用率70.54%；累计建成危险废物收集和综合利用处置企业15家，2021年规范处置各类危险废物1.87万吨；全市5200余家各类医疗机构每年产生医疗废物约4500吨，规划建设的9个医疗废物集中处置设施建成7个，日处理能力41吨，收集处置网络实现乡镇以上医疗机构全覆盖；全市78家二级以上医疗机构医疗废物实现全过程可追溯信息化管理，集中无害化处置率100%。全市共建成垃圾焚烧发电厂4座，日处理生活垃圾2750吨，占全市生活垃圾处理的71.4%。全市264个乡（镇、街道）3414个建置村（社区）共建成270个垃圾转运设施，2256个建置村生活垃圾收运覆盖率93.5%，30户以上的自然村寨共31463个，收运处置体系覆盖17658个村。五是深入打好乡村环境整治战。大力推进以农村生活污水治理为重点的农村环境综合整治，完成省下达54个农村环境综合整治和1条农村黑臭水体治理任务。开展农村生活污水治理设施运行评估，建立问题台账推进提升改造。加强畜禽养殖污染治理，全市279个规模化养殖场建成粪污处理设施，规模以上养殖场粪污处理设施装备配套率100%，畜禽粪污综合利用率86.89%。

【严格依法行政，狠抓监管执法】 坚持用最严格制度和最严密法治保护生态环境，毕节市生态文明建设法治工程创建获得充分肯定。一是强化日常监管。全面推行生态环境监管执法网格化管理，按照分片区管理原则，将全市划分为5个市级网格和10个县级网格，层层压实监管责任，推动监管关口前移、人员力量下沉，监管执法效能不断提高。二是强化重点监管。依法开展重点行业领域执法监管和问题排查整治，扎实推进“双十工程”治理，完成国能织金发电有限公司违规倾倒脱硫石膏和粉煤灰问题整改。有序推进入河排污口排查整治，完成260个疑似长江入河排口溯源分析、分类、命名和编码；完成牛栏江、横江入河排污口航测和486个疑似入河排口现场排查。三是强化联动执法。与遵义市、昭通市、泸州市建立跨区域跨流域执法联动机制，全面加强赤水河流域联合执法，有效保障赤水河流域毕节市出境断面水质稳定达到地表水Ⅱ类标准。加强行政执法与刑事司法“两法”衔接，形成生态环境部门首查取证、公安部门刑事侦查、检察机关法律监督、法院司法审判工作机制。2021年，共查处生态环境违法案件311件、罚款2413.55万元，实施查封扣押1件、停产整治1件、移送行政拘留18件、刑事拘留4人。

【狠抓绿色发展】 充分发挥生态环境保护引导、优化和倒逼作用，坚定不移走生态优先、绿色发展之路。一是加强争资争项。积极向上争取项目和资金支持，加快补齐全市生态环保基础设施建设短板，助推全市经济高质量发展。2021年，全市共争取到中央和省级生态环境保护类资金37.3亿元；争取到省大生态基金1.14亿元，用于实施赫章国储林（一期）项目和七星关五龙桥再生水处理工程。二是加强环评服务。建立重大项目清单，加强重大项目建设指导服务，支持服务企业绿色发展，纳入调度的245个省级重点项目办理环评手续193个、正在办理52个。共审批项目451个、登记备案1010个。三是加强源头管控。强化“三线一单”生态环境分区管控成果运用，对黔西市化屋旅游公路、赫章鼎盛鑫铅锌矿等重大项目选址进行科学研判。严格执行排污许可制，核发排污许可证194个、排污登记335个。坚决遏制“两高”行业新增产能和“小散乱”项目建设，否决或暂缓审批纳雍县永隆泰煤业有限公司配煤场和七星关区木青山机制木炭厂等一批项目。四是加强示范创建。积极推进黔西、纳雍、百里杜鹃等“绿水青山就是金山银山”实践创新基地示范创建，示范带动全市经济绿色转型发展。黔西市化屋村获得2021年省级“绿水青山就是金山银山”实践创新基地命名。《毕节市生态文明建设示范市创建规划（2021—2030年）》即将印发实施。

【风险防控】 坚持统筹发展和安全，切实增强忧患意识，做到居安思危。一是加强重点风险问题排查整改。紧盯中央和省委生态环保督察以及上级巡视巡察、暗察暗访、审计指出等生态环境突出问题，全面梳理重点风险问题清单和整改台账，加强现场督导和提示督办，全力推进问题整改，及时化解风险。二是加强信访件及网络舆情办理。市生态环境部门建立落实“主要领导重点研判督办、分管领导和网格领导共同包案、科室专项调度办理、县区分局具体落实”的工作机制，全面压实工作责任，做到及时办理、及时回应、有效引导。年底，全市纳入“全国生态环境信访投诉举报管理平台”信访件443件办结416件、正在办理27件；共收到上级转办生态环境领域网络舆情54件，全部调查处理上报。三是加强生态环境安全应急管理。健全完善突发环境事件应急体系，筑牢生态环境安全防火墙。全市1449家企业事业单位均按要求制定应急预案，每年牵头组织开展突发环境事件应急联合救援演练，环境安全应急处置实战能力不断提高。2021年，全市未发生Ⅲ级以上环境污染事件。

（撰稿：张鸿飞）

旅 游

织金洞管理局

【旅游收入大幅增长】 截至2021年12月底，织金洞景区参观游客人数达64万余人，收入5500多万元，收入同比增长50%。

【扎实抓好景区资源保护】 认真学习贯彻习近平生态文明思想，严格执行《风景名胜区条例》《织金洞风景名胜区总体规划（2017—2030）》，加强景区规划执行和风景资源监察，研究制定《2021年景区森林防火安全意见》《森林防火包保责任制定实施方案》和防火责任清单，加强景区森林防火的宣传力度，制作200块景区森林防火管理公告，明确森林防火层级责任，层层签订年度《森林防火目标责任书》，对景区在建项目进行监督，确保景区建设合规有序开展，保持景区良好生态环境。全年组织开展风景名胜资源监察170余次，配合有关部门核查景区违规问题4处，拆除违规占用河道的临时建筑物1处，督促黔西市新仁乡拆除化屋三岔河违法建设木结构摊点11间，制止处理开山取石行为1处，督促复土复绿2处。按程序对织金县纳雍乡提出申请建房的29户无房户建房选址进行现场复查审核，出具前置审查意见。配合官寨乡政府完成官寨乡官寨居向阳组危房原址、原面积、原貌修缮10户。配合自然资源、林业、农业农村等部门完成中央环保督察、绿盾行动、风景名胜区执法监督检查等环境保护督察检查工作，完成420余个图斑的集中排查整治工作，对存在的16个因脱贫攻坚等民生保障产生的破坏森林植被的历史问题和1个举报污染环境问题进行整改，筑牢织金洞景区生态和发展两条底线，确保中央、省市决策部署落到实处。全年开展森林防火巡查280余次，督促景区旅游公司清割整治各主要干道沿线和防火隔离带的杂草、枯枝落叶3000多米，联合景区旅游公司开展消防、森林防火培训教育、应急灭火演习1次，提高了林区及周边农户的安全防范意识和景区森林防火能力。

【抓好景区安全生产和疫情防控工作】 落实景区旅游安全“一岗双责”责任，明确企业主体责任，履行好管理局安全生产监管责任，制定《2021年旅游安全生产工作安排意见》，层层签订安全生产目标责任书，抓好应急演练、加强地质灾害防治，强化底线思维，统筹做好景区食品安全、观光车摆渡、游船运输安全、工程项目领域安全等工作，对安全生产、地质灾害等情况每月进行至少1次的巡查督查，每逢节假日认真组织开展节前旅游安全生产大排查大整治，及时消除旅游安全隐患，全年无旅游安全事故发生。精准做好景区常态化疫情防控，保持织金洞景区至今新冠肺炎病例输入感染的零纪录，确保景区安全有序开放。

【抓好景区特许经营管理】 认真贯彻执行《风景名胜区条例》《贵州省风景名胜区条例》，按照市委、市政府统一部署，完成乌江源南北汇流（东风湖园）景区特许经营，从2021年起，将贵州织金洞旅游开发有限责任公司每年应上缴的景区特许经营权费和资源有偿使用费直接用于偿还织金洞地质遗迹保护洞顶生态搬迁项目贷款本息，举全局之力支持织金洞景区内官寨乡向阳组地质遗迹保护洞顶搬迁工作。加强对两个公司的特许经营监管，不定时对织金洞旅游公司、金谷公司的经营、维修建设、交通道路边坡治理、车道护坡的建设、洞内维修改造建设、步道维护维修改造、外包零售经营、外包饮食经营等特许经营项目进行跟踪监督管理，督促、指导旅游公司及时做好旅游投诉工作的受理、处置和反馈，做到让游客满意。对中心景区内商品零售经营户、小吃门面承包户的服务质量等进行检查，制止乱摆摊设点、占道经营、尾随兜售等不文明现象，共同维护景区良好的旅游秩序和形象。

【继续做好自然保护地整合优化】 认真贯彻落实习近平总书记视察贵州重要讲话精神，抓好党中央、国务院《关于建立以国家公园为主体的自然保护地体系的指导意见》《关于在国土空间规划中统筹划定落实三条控制线的指导意见》等一系列自然保护地整合优化工作的部署落实，按要求做好织金洞自然保护地优化调整工作，完成织金洞自然保护地优化调整预案编制上报国家林业和草原局，顺利完成年度织金洞自然保护地优化调整阶段性任务。按照省、市领导关于乌江源百里画廊景区保护开发和规划建设的重要指示批示精神，秉承“生态优先、绿色发展”的理念，积极参与配合市旅游集团、市文旅局完成《乌江源百里画廊文旅产业发展总体规划（2021—2035）》编制，为推动织金洞景区高质量发展奠定坚实基础。

【加强织金洞世界地质公园管理】 严格按照《联合国教科文组织世界地质公园操作指南》和GGN要求，抓好评估反馈意见整改，按时缴纳世界地质公园年费，认真开展织金洞世界地质公园各项工作，促进织金洞世界地质公园健康有序发展。2021年以来，在公园挂牌成立贵州省毕节市第一家主题邮局，积极配合市林业局、市交通运输局、市旅游集团、黔西县等部门，到省林业局办理了投资1.66亿元、全长8.412千米的通往织金洞世界地质公园副园区东风湖的绿色生态景观大道即黔西市新仁至化屋旅游公路相关手续，通过线上会议方式积极组织参加GGN第二届数字论坛、第九届教科文组织世界地质公园国际会议、中国地质学会旅游地学与地质公园研究分会第36届学术年会。组织与青秀山风景名胜旅游区、天柱山世界地质公园、沂蒙山世界地质公园开展交流活动，并签订姊妹公园合作协议。参加广东丹霞山和浙江雁荡山牵头举办的2021世界地球日第二届亚太地质公园周暨“友好姊妹公园互展互动”活动，在国庆节期间开展织金洞世界地质公园国庆七天“非遗”文化展演活动，在园区举办奥运冠军陈一冰赴织金洞助力“冰基金”无体育不教育“快乐运动加油站”公益支教活动，吸引200多名师生共同参与。邀请《多彩贵州风》到织金洞世界地质公园开展驻场文艺演出，通过“避暑度假到贵州”全国百家媒体走进织金洞世界地质公园活动，以直播、摄影、摄像、文字并用的方式，借助微信、微博、抖音、头条号等新媒体平台，传递和推广织金洞世界地质公园。

【全力推动5A创建工作】 把织金洞创建国家AAAAA级旅游景区工作作为全局中心工作一件大事、要事来抓，协调市、县相应成立织金洞创建国家AAAAA级旅游景区工作领导小组，制定工作方案，形成“政府主导、部门联动、景区主体、全民参与、共创共享”良好氛围，投资约309万元对景区厕所进行星级提级改造，投资218万元改造与完善景区室内外导视系统及相关景区服务配套设施，开通县城至景区的新能源旅游公交专线，全面完成了织金洞创建国家AAAAA级旅游景区软硬件建设任务，创建工作进入专家暗访评估最后冲刺阶段，景区质量景观极大改善，织金洞品牌影响力逐步扩大，知名度和美誉度不断提升，景区旅游市场逐渐走出疫情“阴霾”，人气渐渐恢复，实现疫情旅游复苏。

（撰稿：董克明）

九洞天国家重点风景名胜区管理局

【概述】 2021年，毕节市九洞天国家重点风景名胜区管理局（以下简称九洞天管理局）按照省委、市委部署安排，结合景区实际，完善提升“12345”的基本工作思路：致力一个目标——践行新发展理念，开创新局面，作出新示范；坚守两条底线——坚守发展、生态两条底线，妥善处理好开发和保护二者之间的关系；做好三个服务——在坚守执行规划保护生态环境的前提下，为群众增收致富服务，为地方经济发展服务，为企业建设经营服务；打造“四常”景区——把九洞天打造为“地常青、花常开、果常熟、客常来”的美丽生态景区；重点抓好五项工作——党的建设、绿色发展、乡村振兴、品牌创建、安全监管。按照这一思路，九洞天管理局切实转变工作作风，团结奋进，开拓创新，苦干实干，扎实稳妥推进各项工作，努力为“十四五”及全面建设社会主义现代化国家开局之年开好头、起好步。全年接待游客18.7万人次，门票收入421.03万元，运营公司实现自有收入1800万元，带动地方旅游综合收入突破1.2亿元。

【景区建设】 2021年，九洞天管理局指导公司推动景区二期建设项目枪杆岩服务村（温泉酒店）规划设计阶段成果汇报4次，并开展施工图深化设计，完成枪杆岩服务村土地预征收丈量82亩，土地手续报批对接纳雍县自然资源局推动6次，推进完成枪杆岩地热（温泉）探矿权竞拍工作公司与市自然资源和规划局并于2021年12月21日签订探矿权出让合同；推进九洞天长沙安置点建设项目工作，参与大方县成立工作专班，完成长沙安置点基础层换填、部分防洪治理、安置户存在问题摸排等工作，全力化解景区建设征拆工作的遗留矛盾；配合市林业局完成九洞至小石林服务区观光车沿线500株红叶石楠种植绿化工作。完成创建“景区体育旅游示范基地”申报工作，并于2021年10月获得免费宣传的帮助，于2021年11月18日获得省财政厅、省体育局联合下发的建设引导补助经费指标100万元。

【景区经营管理】 九洞天管理局按照省委、市委旅游产业化的发展思路，围绕“四新”主攻“四化”，以推进旅游产业化与新型工业化、新型城镇化、农业产业化的有机融合为目标，紧扣“吃、住、行、游、购、娱”六大要素策划项目、谋划规划，紧扣乡村振兴推动旅游产业项目共建共享，强化新发展理念，构建新发展格局，努力推动高质量发展。强化对公司经营管理的监督指导，认真审核把关公司开展的优免活动，帮助策划宣传引流活动，全年接待游客18.7万人次，门票收入421.03万元，运营公司实现自有收入1800万元，带动地方旅游综合收入突破1.2亿元，以优质、安全的服务推进高效经营目标的实现。

【景区保护】　九洞天管理局继续在景区辖区内深入开展自然教育和法规宣传、政策理论进村寨、进学校、进机关、进企业“四进宣讲”活动，深入景区覆盖范围内的村寨宣讲党的基本理论、基本路线、基本方略和中央、省委、市委各项决策部署、国家法律法规、景区资源环保知识、地质科普知识、旅游产业发展技能等，在增强景区环保意识的同时，也使景区干部群众对国家大政方针政策的了解有了一定的提升。通过11场宣讲，强化所有村民、师生、干部、员工的自然资源、生态环境保护意识及新发展理念意识，努力把大家培养成为能够说清楚、讲明白景区资源重要性、脆弱性的自然教育和法规宣传、政策理论宣传员、讲解员、服务员，引导景区内干部群众更广泛地参与自然保护事业，推进生态文明建设和新发展理念的贯彻落实。狠抓规划执行，强化资源保护，坚持保护优先、开发建设服从保护的原则，筑牢生态和发展两条底线。强化景区日常巡查监察，建立资源保护巡查巡护制度，坚持每周不少于1次的例行巡查，全年巡查50余次，查出违法行为后在及时现场处置的同时向相关县、乡、镇及有关部门转办。

【景区安全】　坚持学习贯彻习近平总书记总体国家安全观重要论述，坚决守牢安全生产底线。九洞天管理局根据年初制定的安全责任书，督促九洞天文化旅游公司制订安全应急预案，做好景区各项安全防护措施，加大平时安全巡查检查力度，加大隐患排查及整改力度，确保景区安全生产。九洞天文化旅游公司坚持“安全第一、预防为主、综合治理”的安全发展理念，不断加强安全队伍建设，健全完善消防制度和检查台账，开展水上救援应急预案实地演练3次，不断加大对景区的巡逻检查力度，对重要目标及各区域不定时不间断巡逻检查50余次，及时有效排除各种安全隐患，年内无重大安全事故发生，切实保障景区全体职工及游客生命财产安全。全年共开展相关违规破坏景区资源和破坏生态、污染环境等进行巡查监管90余次，查出、治理隐患83条次，全年无安全事故。

【景区宣传经营】　九洞天景区通过与中央电台新闻频道、贵州电视台融媒体中心、《贵州日报》、多彩贵州网、毕节电视台、《毕节日报》、织金县融媒体中心、大方融媒体中心、黔西融媒体中心、新浪网、抖音平台等平台建立媒体矩阵。其中，国家媒体发布2条，省级媒体发布63条，市级媒体发布19条，县级媒体发布3条，新媒体平台发布9条，自有微信公众号发布400余条、微博发布64条，抖音短视频发布64条，视频号发布52条。外宣实现浏览量8.9亿次，自有采编实现浏览量13万次，短视频发布实现浏览量252万次。

（撰稿：杨　伟）

大方县油杉河风景区管理委员会

【概述】　2021年，油杉河管委会以“打造山地运动、康体养生、休闲避暑度假旅游目的地”为目标，全方位整合旅游资源，加快旅游项目建设，加大市场开发力度，加强内部经营管理，推进旅游品牌建设，统筹运作，精心安排，在资源保护、项目建设、市场开发、景区管理、品牌创建等方面均取得重大进展，完成年初制定的各项重点工作目标。全年接待游客45.2万人次，景区自营收入478.5万元。

【景区规划】 按照高质量发展景区的要求，组织规划建设科及油杉河公司对景区进行“十四五”规划，共谋划项目5个。完成大方县赤水河流域油杉河源头区域生态环境治理和生态产品价值示范工程（崔苏坝营地污水改造工程）实施方案规划编制、投资预算评审工作。做好国家AAAA级旅游景区复核迎检工作，根据复核反馈的14项整改内容，及时召开会议，拟订方案，明确牵头领导、负责人，明确工作任务、完成时限等，进行周调度、旬报告，全部整改完毕。

【项目建设】 完成崔苏坝游客接待中心装修，2021年10月投入运营。完成仙宇屯景点客运索道建设，并完成附属工程，2021年10月投入使用。

【招商引资】 全年完成固定资产投资7123万元。重点包装招商引资项目3个，分别是油杉河景区崔苏坝露营基地（二期）、油杉河景区山地旅游项目、仙宇屯景点旅游项目服务综合体。指导油杉河公司包装旅游扶贫项目（总投资47765万元，建设内容为展示中心3500平方米、民宿11650平方米、游客服务中心4500平方米）向农发行申请3.8亿元，油杉河公司评级资料和项目前期手续报银行，公司评级结果为A级。油管委和油杉河公司组成招商团队外出到浙江湖州市、福建福州市开展招商引资企业座谈会2次，累计对接洽谈企业5家。

【市场营销】 一是加强景区业态产品优化组合营销。开展“人才日”送景区门票活动，“人才日”送景区门票1000张。二是制定景区全年营销计划，组织人员外出推介3次。分别到成都、重庆、深圳等地进行推介。三是加强与旅行社合作，制定景区一日游及二日游精品旅游线路设计。四是开展客源市场调查与分析工作，制定景区经济指标。五是加大宣传力度，组织油杉河公司管理好、维护好景区微信公众号、抖音、官网等自媒体平台，时时发布景区动态，向外宣传介绍景区。六是与10余家旅行社签约，接待团队游客1000余人次。七是举办端午传统节日活动，端午节景区组织包粽子、拔河等系列活动。八是国庆节期间举行系列小活动，开展崔苏坝露营地系列游客参与K歌、舞蹈等互动活动，通过各种宣传吸引游客。

【生态环保】 开展政策法规学习，加强习近平生态文明思想及生态保护相关政策法律的学习，增强生态保护意识，提高生态保护能力。森林防火工作，组织长期的护林巡查，第一时间掌握景区的森林资源动态；与景区经营企业油杉河公司签订景区生态保护责任书，防火期组织专人巡查；设立森林防火检查站，向游客发放防火告知书，设置打火机箱存放处，通过多种措施确保景区不发生森林火灾。古银杏树保护，投入资金8000元，开展两次古银杏树群病虫害防治，对古树进行生长修复，促进银杏树的生长，古树长势良好。自然保护地工作，配合林业部门到景区开展相关工作3次，继续做好贵州油杉河大峡谷国家森林公园自然保护地规划调整及修编工作，确保按时完成任务。环境整治工作，开展“贵州生态日”系列宣传活动；增设景区分类垃圾桶75个，为游客提供便捷；开展垃圾分类工作，制定景区垃圾分类实施方案，组织人员到崔苏坝露营基地开展垃圾分类培训，现场指导垃圾分类工作。

【安全生产】 按照安全生产“四方责任”要求，层层落实景区安全生产责任，定期对项目施工、旅游道路、旅游步道的游览交通进行巡查，督促运营公司加强特种设备的管理维护。定期对房车、泡泡屋、接待中心等进行巡查检查，防患于未然。抓好景区地灾及防汛安全和做好常态化疫情防控安全等工作，做到守土有责守土尽责，确保景区安全生产“零事故”。

【党史学习教育】 扎实开展党史学习教育，结合省“牢记殷切嘱托、忠诚干净担当、喜迎建党百年”专题教育，按照中央、省、市、县党史学习教育的要求，开展党史学习教育集中学习15次，开展党史学习教育集中研讨6次，党工委领导班子讲党课3次，专题宣讲2次，开展警示教育2次，祭英烈活动2次，报送简报信息45期，开展“我为群众办实事”实践活动，为群众办理实事6件，领导班子开展“察民情访民意”专题调研，形成调研报告。

（撰稿：胡丽莎）

大方县慕俄格古城管理处

【概述】 大方县慕俄格古城管理处成立于2010年11月，是县人民政府管理的副县级全额拨款事业单位，主要承担古城规划、保护、招商、建设、景区管理、市场开发、商业运营、广告发布、旅游推介宣传及民族文化研发、传承等工作。慕俄格古彝文化旅游景区2016年评为国家AAAA级旅游景区。

2021年古城管理处在县委、县政府的领导下，坚持以党的建设为统领，统筹开展旅游产业化高质量发展、疫情防控、巩固拓展脱贫攻坚同乡村振兴有效衔接等工作见成效。2021年，完成固定资产投资1.6亿元；慕俄格古彝文化旅游景区接待游客40万人次，实现旅游综合收入3.92亿元。

【招商引资】 抓牢招商引资，加快景区发展。一是以开展“贵人服务”为抓手，对入驻古城招商引资企业进行走访调研，在安全生产、信访维稳、征地拆迁、项目前期手续办理等方面，落实项目责任分解，明确牵头责任人和现场代表，切实抓好项目跟踪管理与协调服务，建立新型亲清政商关系，营造良好营商环境。二是根据县政府招商引资的有关要求，通过领导带头招商、部门招商、以商招商、以友招商等形式，稳步推进大方县的招商引资工作。全年邀请企业（客商）赴景区考察15次。

【项目建设】 抓实项目建设，完善景区功能。牢固树立“抓项目就是建景区”的理念，集中力量、整合资源、用活政策，抓企业有效投入，促项目建设顺利推进。2021年，景区在建项目4个，分别为三公桥小区建设项目、古城三期建设项目、顺德广场综合体建设项目、宣慰府基础设施建设及提升改造项目。三公桥小区建设项目由云南建投集团大方奢香投资置业有限公司投资建设，项目总投资2.8亿元，年底前2、4、5栋主体封顶；古城三期建设项目由贵州石中玉投资集团发展有限责任公司投资建设，项目总投资约10亿元（酒店及温泉康养中心投资4亿元、半山温泉小镇一期住宅部分投资3亿元、游乐场投资3亿万元），2021年完成项目总投资约4亿元，半山温泉小镇于2021年5月29日开盘预售；顺德广场综合体建设项目由福建泷澄建设集团大方水西投资置业有限公司投资建设，项目总投资4.6亿元，现A区、C区、D区投入使用，B区停车场主体及广场浇筑完成，B2号楼B3号楼封顶；宣慰府基础设施建设及提升改造项目（地方政府专项债券项目）总投资1.8亿元，2021年完成总工程形象进度20.78%。

【宣传推介】　抓好宣传推介，提升景知名度。一是通过景区微信公众号、景区官网、抖音等自媒体平台，实时发布景区动态和宣传作品；二是制定景区一日游、二日游精品旅游线路设计，与52家旅行社及酒店签约，接待团队游客；三是到百里杜鹃、织金洞、九洞天、乌江源百里画廊化屋等景区开展宣传推介。2021年，开展宣传推介活动20余场次，发放各种宣传手册10000余份。

【文化活动】　举办节日活动，增加景区人气。2021年，通过在景区举办端午传统节日活动、彝族祭水、中国·大方2021彝族火把节暨曲谷音乐节、古城开城仪式、一起庆国庆·相约游大方系列活动等活动，进一步提升景区形象和活力，更好满足游客互动性、体验性、参与性等需求，使景区更加聚人气、聚商气、聚财气。

【景区运营】　按照景区管理模式，慕俄格古彝文化旅游景区由大方县农旅产业发展集团有限公司属下的大方县九驿文化旅游发展有限公司统一运营。通过指导督促公司加强运营管理，景区游客接待量、景区门票收入均大幅提升。

（撰稿：陈宗亮）

天河风景名胜区管理处

【概述】　天河风景名胜区位于七星关城区西北部，与城区相连，为西南—东北走向的带状地域，西起魏家屯，东至纱帽山，南起灵峰山，北至弯腰树村，总面积38.9平方千米。区域内包括纱帽山公园、小河景区、北镇关公园（红军山）、天河古城、虎踞山公园等主题公园（景区）。天河风景名胜区管理处为副县级全额拨款的事业单位，下设党政办公室、景区管理科、规划建设科、风景资源监察大队及沙帽山公园管理所等机构。2021年景区规划和景区建设取得新进展，景区维护和景区管理进入新阶段，党建工作和精神文明建设实现新突破。

【全力推进景区建设】　一是积极谋划推动大新桥温泉及天河公园项目建设，加大招商引资力度，全年共组织开展实地踏勘等9次，项目推介4次。二是认真开展七星关区2016年倒天河周边城市棚户区改造项目问题整改工作，积极对接各职能部门，认真与回迁群众沟通交流，截至年底处理完毕群众反映房屋253套。三是推动大新桥片区原高原电瓷厂周边市政道路的规划设计工作，编制完成项目可行性研究报告。

【加强景区维护和管理】

1. 健全管理制度、提高管理水平。科学制定景区管理各项规章制度，对景区管理服务人员和各物业公司派遣人员开展有目的、有计划的业务知识和工作技能培训，景区服务质量有明显提高。以“创建全国文明城市”工作为抓手，着力加强基础设施维修维护。及时维修各公园供电系统设备共计9次，更换路灯灯泡1100颗，公厕维修共计35次，供水系统维修26次，有效保证公园正常运作。

2. 加强宣传报道，提高景区知名度。利用多种宣传形式，提高景区的知名度和美誉度。一是进一步加强对宣传工作的组织领导，落实各项宣传工作任务。二是精心组织开展风景名胜区法律法规政策的宣传学习。继续以《中华人民共和国风景名胜区条例》《贵州省风景名胜区条例》《毕节市风景名胜区公园安全管理办法》等为重点，组织保安保洁工作人员集中学习。三是采取宣多种宣传形式，加大宣传力度，利用宣传车、LED显示屏宣传景区保护相关法律法规、志愿者服务及森林防火有关知识内容80余次。根据创建全国文明城市和创建国家卫生城市工作要求，各公园围绕“社会主义核心价值观”“诚信建设”“讲文明、树新风”“未成年思想道德建设”

"卫生健康知识"及习近平总书记重要讲话精神等增设宣传栏84处，更新维修150余次。

3. 加强值班值守，做好森林防火和夏季防汛。一是加强各公园检查和宣传力度，共发放各类宣传手册2000余份，张贴宣传海报60余张，宣传横幅50余条，利用LED显示屏滚动播放防火宣传标语100条。二是完善森林防火应急预案并组织演练，组织全体管理人员参加大型森林防火演练，着力提高防火工作人员防灭火知识和技能，增强广大市民森林防火意识。成立40名保安人员组成的应急分队，并定期向他们开展防灭火知识及防灭火技能培训，提高其应急处置能力。重点时段、重点路口实行车辆管制等措施，控制火源，消除火灾隐患，及时制止火灾的发生，有效保护公园生态植被安全，为风景区创建国家园林城市提供保障。三是夏季防汛期间，各物业公司严格落实分区域包保责任制，确保保安员24小时值班巡逻，及时排查安全隐患，并在排查出有安全隐患区域安装安全标志标牌。

（供稿：天河风景名胜区管理处）

贵州草海国家级自然保护区

【机构改革】 2021年4月30日，中共毕节市委机构编制委员会办公室批复贵州草海国家级自然保护区管理委员会（中共贵州草海国家级自然保护区工作委员会）机构规格为正县级，仍为毕节市委、市政府派出机构，委托威宁县委、县人民政府管理。贵州草海国家级自然保护区管理委员会（中共贵州草海国家级自然保护区工作委员会）内设11个科（室）4个管理站，核定事业编制50名（管理人员事业编制47名，工勤人员事业编制3名）。威宁县委、县人民政府主要负责人不再兼任贵州草海国家级自然保护区管理委员会（中共贵州草海国家级自然保护区工作委员会）党工委书记、管委会主任。8月11日，中共毕节市委机构编制委员会办公室批复同意设立贵州草海国家级自然保护区纪检监察工作委员会。草海自然保护区纪检监察工作委员会为市纪委市监委派出机构，在市纪委市监委和草海自然保护区党工委双重领导下开展工作，根据市纪委市监委授权，全面履行党的纪律检查和国家监察两项职责。核定事业编制5名，在草海自然保护区管委会（党工委）事业编制总量内调剂使用。12月2日，经威宁县委编办同意将贵州草海国家级自然保护区管理委员会（中共贵州草海国家级自然保护区工作委员会）事业编制结构由原来的管理人员编制47名、工勤人员编制3名，调整为管理人员编制39名、专业技术人员编制8名、工勤人员编制3名。其余事项维持不变。

【开展巡查监测，综合监管生态环境】 将草海管护大队下设7个中队，按片区进行巡查监管，对入湖污染源实行常态化巡查，全覆盖开展草海湖区及周边入湖沟渠巡查工作，做到早发现、早上报，及时协调督促有关部门进行处理。同时，认真开展鸟类监测和疫源疫病监测防控工作，适时监测鸟类动态，先后完成2021年至2022年越冬期鹤类及大型水禽同步调查3次，按时完成鸟类疫源疫病监测数据和2021年鸟类疫源疫病监测工作总结上报，联合县疫控中心开展草海保护区2021年至2022年草海保护区鸟类疫源疫病监测和禽流感防控工作，完成2021年11月、12月鸟类粪便采样送检工作，共采集鸟粪送检样品300份，其检测结果全部为阴性；扎实开展鸟类收容救护工作，成功救护黑颈鹤、灰鹤和斑头雁各1只。

【强化数据引领，提升环境监测能力】 建成草海云大数据管理中心，完成草海云野外光缆、电缆及硬件设施建设、监测管理平台建设，数据收集和软件开发后续工作在完善中；配合市环境监测中心站，完成2021年1月至6月草海水体7个断面、5个入湖河流断面水样采集及水质监测月报工作；配合省林科院、草海保护与开发投资有限公司建成贵州草海湿地生态系统国家定位观测研究站，移交省林科院。

【以科技支撑，应急处置水生植被衰退及水体浑浊问题】 针对草海水生植被衰退及水体浑浊的生态问题，根据各部门、专家的建议、意见，制定应急处置工作方案，成立应急处置专家组，全力开展应急处置工作。采取工程措施疏通草海出水河道流经滨海大道桥下引起水位抬升的淤积物，对阻塞草海出水的石块等进行拆除，确保出水不受影响。贵州省水文局草海水文站的滨海大道外侧修建的水文坝、阳关山出水口处围网养鱼设施拆除，并按照出水高程重新修筑水文坝。阳关山出水河道内城市供水管网设施，向威宁县人民政府请示，安排有关部门开展前期研究；在前期开展调查监测基础上，进一步组织开展草海水生植被衰退及水体浑浊应急监测。对草海水生植被、水生动物、水文水质、生态气象和卫星遥感及以黑颈鹤为代表的珍稀鸟类等要素进行系统性评估，研判水生态变化趋势，为恢复草海生态系统提供数据支撑。

【聚力推进设施建设，规范项目管理】 抓好项目谋划和申报。完成2020年中央财政林业改革发展资金湿地补助项目和贵州草海湿地保护工程二期建设项目前期工作，完成2022年中央财政林业改革发展资金湿地补助项目的申报工作，积极谋划草海环湖人工湿地专业系统管理维护、草海水域内水生动植物等生态因子持续科研和监测、候鸟栖息地、觅食地、水生动植物环境生态修复和社区环境整治等项目纳入毕节市重点区域生态保护和修复工程项目库，争取纳入全国重要生态系统保护和修复重大工程总体规划。同时，积极争取获得上级资金1844万元，其中2021年中央财政林业改革发展资金100万元、贵州草海湿地保护二期工程中央预算内资金1744万元，完成贵州草海国家级自然保护区总体规划编制工作，启动贵州草海国家级自然保护区生态旅游规划编制工作。抓好项目统筹协调推进。以国家发改委批复的《贵州草海高原喀斯特湖泊生态保护与综合治理规划》（以下简称《职划》）为指导，采取一系列综合措施，统筹、协调推进草海生态保护与综合治理项目。截至2021年底，规划明确的8大类43项，启动36项（启动工程项目52个，其中完工36个，在建6个，开展前期10个），未启动7项。累计到位资金81.9414亿元，累计完成投资约68.5171亿元。

【开展法制宣传，增强群众生态保护意识】 围绕提高群众意识这个核心，发放《关于严禁在草海保护区放牧的通知》《关于加强草海国家级自然保护区管理的通告》《关于严禁在草海保护区复垦种植的通知》等宣传资料8000余份，进一步增强环草海周边群众生态保护意识。

【强化巡查监管，提升人类活动监管水平】 对草海保护区范围120平方千米范围内明确100名巡护员各自责任片区，做到范围明确、责任明确，全域覆盖，形成草海保护区“网格化”巡查监管机制，完成生态环境部下发的39个图斑、省级246个图斑核查上报，对“绿盾2017”“绿盾2018”“绿盾2019”“绿盾2020”图斑点位共计163处进行整改销号。

【强化资源保护，严格区域保护生态执法】 制定2021年禁牧工作实施方案，发布2021年禁牧通知，累计劝阻牛羊1.5万头/次，签订承诺书300余份，发放责令停止违法养殖放牧通知书70余份，签订承诺书300余份，批评教育100余人次，训诫警告60余人，处罚25户，罚金合计2.15万元，行政拘留1人，有效震慑违法放牧人员，杜绝草海保护区放牧行为。

【强化土地复耕整治，杜绝草海内源污染】 制定草海征收土地复垦整治实施方案，抽调人员组成工作专班，进村入户开展调查核实，签订退出复耕承诺书340余份。同时，根据土地复耕核查结果，建立问题台账，绘制图斑，协调联系“一镇二办”（草海镇、海边办事处、六桥办事处）清除复耕种植的玉米600余亩，各类蔬菜200余亩。协调统筹草海投资公司退出自行流转的土地、搬离苗圃、停止辣椒种植。组织草海投资公司和“一镇二办”报送退耕还湿土地复耕整治问题整改销号资料。通过开展土地复耕整治，杜绝草海内源污染。

（供稿：贵州草海国家级自然保护区工作委员会）

交通·邮电

交通运输管理

【交通基础设施建设】 重大项目建设成效显著。威围高速建成通车，全市高速公路通车里程突破1000千米，达到1016千米，高速公路对外通道达到11个；镇赫、赫六、纳六晴、贵金古、纳赫5条在建高速公路项目共270千米加快建设，分别完成投资进度99.4%、98.8%、18.6%、29.9%、26.6%。实施国省道提级改造续建项目10个383千米，完成投资7.38亿元，总体形象进度87%。争取省交通运输厅支持新增下达新仁至化屋旅游公路8.4千米建设计划，建成通车。叙毕铁路完成投资3亿元，总体形象进度72.4%；开工建设渝昆铁路威宁段，成贵铁路毕节动车存车场完成投资0.91亿元。同时，加强交通战备工作，协同毕节军分区完成市国防动员交通战备车辆集结场地建设。项目建设前期工作有序进行。镇七高速前期工作加快推进，新增启动并全速推进南环高速前期工作，有序推进厦蓉高速生机省界收费站改服务区配套建设落地出口、赫章收费站改造、G326七星关区茶亭至落脚河公路（碧阳三道）等项目前期工作，完成乡镇通三级及以上道路第一批高速打捆实施的6个140.5千米项目和G321大方羊场至核桃公路前期工作。交通发展规划深入开展。积极配合编制《毕节建设贯彻新发展理念示范区规划（2021—2035）》，争取一批交通重点项目纳入规划。编制印发《毕节市交通运输发展“十四五”专项规划》，加快推进中心城区城市公共交通专项规划和运煤公路发展规划。

【交通服务】 新增公交线路11条，新增公交运营里程130.5千米，新增公交车辆64辆，新增公交车新能源比例100%，每万人拥有公共交通车辆标台指数达到8.21。新投放巡游出租汽车490辆、网约车1163辆，市民打车难问题有效缓解。许可市际客运班线7条、16辆、280座班车开展定制客运服务。新成立或扩大经营范围旅游客运运输公司3家，新增旅游运输车辆34辆。全面完成春运、新兵运输和考试期间运输保障各项任务。新增普通货物运输车1066辆、危货运输车9辆、冷链运输车6辆。办理4.5吨以上普通货运道路运输证2875个，纳入公司化经营2588辆，纳入本地公司化运营率达90.20%。积极推进综合性公铁联运货运物流园项目前期工作、毕节东客站整体搬迁至高铁客运枢纽中心准备工作和“交邮融合+”发展，农村客运站使用率从年初的42%提升到62%。牵头开展新时代“多彩贵州·最美高速”创建，在省年终综合检查考核中排名从第八位提升至第六位。

【交通扶贫】 全面梳理交通运输“十四五”服务乡村振兴战略的重点任务，推进“四好农村路”建设，完成县乡道路面改善提升工程879千米，改造危桥21座，实施安保工程558千米；全面推进日常养护和应急养护工程市场化，路容路貌得到大幅提升；将14640千米农村“组组通”硬化道路纳入日常管理养护；完成红叶石楠种植10万株；黔西市成功创建省级“四好农村路”示范县。开发护路员公益性岗位9293个，吸纳脱贫监测户和边缘户参与农村公路日常养护。

【交通运输管理】 扎实开展打非治超工作。扎实开展交通运输执法领域突出问题专项整治行动，严厉打击非法营运行为，全年查处非法营运车辆3513辆，处罚金4570.27万元，分别同比增长54.2%、110.9%，七星关区完成中纪委“七星关区黑车猖獗，客管局坐视不管”问题整改，客运市场秩序得到明显好转。制定出台规范巡游出租汽车运营服务“五要十不准”等管理措施，行业服务水平不断提升。扎实开展公路超限超载治理，固定和流动治超共计查处超限超载车辆1000辆次、卸载转运货物2.02万吨，查处非法改装车辆144辆。扎实推进法治政府部门建设。落实重大决策合法性审查制度，严格依法依规决策，全面推行行政执法“三项制度”全覆盖，推进“双随机、一公开”跨部门联合监管，扎实开展交通运输系统法治宣传教育，市交通运输综合行政执法支队获评交通运输部“七五”普法突出成绩单位。切实防范化解重大风险。交通运输公共服务场所和交通工具常态化防控措施严格落实，安全生产大局保持稳定，燃油税补贴资金逐步兑付，欠薪欠资问题得到缓解。

【绿色交通】 坚持公交优先发展，全市每万人拥有公共交通车辆标台指数达到8.21，加快编制《毕节市中心城区公交中长期发展规划（2022—2030）》。完成180辆国Ⅲ柴油货车、采用稀薄燃料技术或油改气的老旧燃油车辆淘汰工作，推广建成机动车排放污染维修治理站（M站）2个。投入450万元实施船舶和码头污染防治；推广新能源船舶，指导企业购进电动新能源船舶29艘，完成3艘老旧船舶更新改造。扎实抓好中央环保督察交办信访事项核查办理工作，共收到省交通运输厅、市整改办转办的第二轮中央生态环境督察信访案件15件，核查办理回复15件。

（撰稿：张　伟）

公路管理

【概述】 毕节公路管理局下辖毕节、大方、黔西、金沙、织金、纳雍、威宁、赫章共8个公路管理段，全局2021年有在职职工509人。管养毕节市境内国道5条、省道8条，共计1323.274千米国省干线公路。

【配合完成交通运输综合执法改革】 坚决贯彻落实省交通运输厅、省公路局关于全省交通运输综合执法改革的部署安排，抓好综合执法改革工作，完成201名路政执法人员转接，资产划转、业务衔接、档案审核完善等工作平稳有序推进。

【深化养护市场化改革】 公开招标第三方养护企业承担毕节公路局所辖615千米（养护里程逐年变化）管养公路的日常养护工作。推进普通公路移交接养。组织召开全市移交工作调度会，有序推进普通公路移交接养，全年接管普通国道191.039千米，移交县道81.961千米。

【增强养护精细化管理】 推进示范路创建工作，全年共创建“新发展理念”示范路125千米。强化养护工程监管。做好顶层设计抓实养护工程监管，实行管理局统筹调度、管理段常态监管、季度通报考核模式，全年实施路面大中修工程87.444千米，完成养护工程投资1.625043亿元、水毁投资670.23万元。

【夯实应急管理基础】 修订完善公路突发事件应急预案和冰雪凝冻灾害应急操作手册，进一步完善应急联动机制，组织培训并开展应急演练。深度扩展“五有”抓应急。

【全力抓项目助“四化”】 围绕省交通运输厅、省公路局部署要求，全力以赴推进项目建设，采取领导包片、科室包线、职工包点等措施，高标准高质量完成上级下达的目标任务，全年完成投资5.81亿元，超额完成1.12亿元，目标任务完成比例达124%。印发《毕节公路管理局百日攻坚行动方案》，及时召开启动会，抽调项目管理、安全与质量监督管理等方面的骨干力量组建专班，精准细化措施，精准分解任务，实施集中攻坚，百日攻坚任务顺利完成。实行一套机制、双向疏通、三个关键工作法，全省率先开展工程竣工质量专项验收，项目交竣工验收超额完成全年目标任务。打通堵点助力乡村振兴。全力攻克项目建设沿线工业园区、物流园区、城镇过境路段存在的堵点，年内将重要衔接路段全部建成，为七星关区、威宁县、织金县10余个乡镇（区）群众出行提供便利，助力沿线农副产品“毕货出山”。

【迎“国评”当代表】 在“‘十三五’国家普通国省道养护管理规范化评价”中，公路建设、桥梁养护、行业治理能力、示范路建设等多项工作代表贵州省接受检查，整体评价在“十二五”基础上明显提升、成效显著，大方境西溪干沟特大桥管理工作部获《桥梁》杂志约稿，分享国省干线特大桥梁养护管理经验，贵州省除直辖市外跃居西部第一，作出了毕节公路应有贡献。

（供稿：贵州省毕节公路管理局）

贵州省交通运输综合行政执法五支队

【概述】 2021年，贵州省毕节高速公路管理处（贵州省毕节高速公路路政执法支队）经过改革后，单位名称变更为“贵州省交通运输综合行政执法五支队”。贵州省交通运输综合行政执法五支队是经中共贵州省委机构编制委员会办公室批复后，在省交通运输厅党委、省交通运输综合行政执法监督局党委的坚强领导下，于2021年8月12日揭牌。改革有效整合原毕节高速公路管理处及毕节公路管理局路政部门等职能和队伍，标志着交通运输执法实现由多头执法向统一执法、由分散执法向综合执法的转变。

【路政管理行政执法】 一是行政许可。全年共计受理大件运输申请16538台次，其中：跨省联网审批9923台次，占受理总量的60%；省内审批6615台次，占受理总量的40%；三类件3042

台次，占受理总量的 18.4%，二类件 13231 台次，占受理总量的 80%，一类件 283 台次，占受理总量的 1.7%。

二是“三项制度”建设。重点推行“执法过程全记录”制度，落实好法制审核制度，利用贵州交通信用网、便民查询机、公示栏等多方式进行案件处罚公示，确保执法行为公开透明。支队法制审核小组联合法律顾问共计对支队重大行政处罚案件审核 17 起，水、电、施工合同审核 12 份。出具法制审核意见书 29 份。

三是“四基四化”建设。深入推进基层执法队伍职业化，基层执法站所标准化，基础管理制度规范化，基层执法手段信息化的“四基四化”建设工作。

四是“四统一”建设。持续抓好执法标志标识、执法证件、执法服装、执法场所外观的“四统一”建设。

【路产保护和路权维护】 共计发现并处理路政案件 899 起，其中四违案件 70 起，处置率 100%；开展清障救援监督检查 130 次，组织清障救援 1199 次；开展“一路多方”会议 17 次，开展节前专项排查督导 12 次。

【疫情防控】 一是严格督促经营单位按交通运输部《公路服务区和收费站新冠肺炎疫情防控工作指南（第三版）》工作要求做好服务区、收费站疫情防控工作，各大队加大对服务区、收费站巡查频率，白天不少于 3 次，夜间不少于 2 次。二是成立五支队疫情防控专班，印发疫情防控工作实施方案。三是组织对辖区服务区、停车区、收费站疫情防控工作进行明察暗访，对存在的问题要求经营单位立即进行整改。四是配合各县（区）政府及相关部门做好国省干道防控工作。

【通行费稽查及联网收费管理】 收费稽查。开展鲜活农产品运输专项稽查 31 次，稽查鲜活农产品运输车辆 3024 台次。共计查处各类违法违规行为 3537 宗，补收通行费 24.16 万元，罚款 1.9 万元。其中检查出不符合“绿色通道”规定运输车辆 3532 辆，责令交纳通行费 240648 元；查处其他偷逃通行费车辆 5 起，责令补交通行费 983.62 元，罚款 1.9 万元。

落实惠民政策。2021 年毕节高速公路免费放行经检查符合相关条件绿色通道货运车辆 9.5 万台次，免收通行费 4419.6 万元。

【安全生产】 安全监督。始终坚持“安全第一、预防为主、综合治理”的方针，把维护运营高速公路安全作为根本，扎实推进各项工作开展。一是抓责任担当，强化“党政同责、一岗双责”，认真贯彻落实习近平总书记、李克强总理关于安全生产工作重要指示精神和交通运输部、省委、省政府、省交通运输厅有关安全生产工作决策部署。全年召开 12 次安全生产例会。二是强化行业监管，督促落实企业主体责任，认真开展安全生产事故、重大事故隐患警示、通报、约谈、挂牌督办和典型案例警示教育工作，推动隐患“减增量、去存量”，由经营单位上报录入隐患系统的一般安全隐患 16 处；省级挂牌督办隐患 1 处，整改 16 处。三是不断推动落实安全生产专项整治三年行动。四是强化节假日、特殊时段安全管理。五是强化安全文化建设，健全安全宣传培训教育体系，圆满完成 2021 年“安全生产月”系列活动，五支队辖区各单位共发放宣传资料 6000 余份，出动人员 203 人次，出动车辆 54 车次，悬挂宣传横幅 16 幅。六是周密部署，做好安全消防管理工作。

【促辖区养护水平上新平台】 坚持“改革攻坚、养护转型、管理升级、服务提升”的公路养护与管理发展方向，一是完成高速公路与铁路交界范围内广告牌排查 14 处，均未影响高速公路安全通行；二是完成营运高速公路渗漏水隧道处治情况统计，辖区渗漏水隧道共11座，其中4座整改完成；三是每月对辖区防汛安全隐患排查整治情况进行跟踪，截至2021年底，辖区共有汛期风险104处，整改完成101处，3处处于整改中，剩余28处暂未出现异常变化，尚处于监测中。截至2021年底，审核数据1141条，其中路线132段、桥梁1312座、隧道244座、高边坡1115段，滑坡14处、崩塌12处。

【新时代“多彩贵州·最美高速”创建】 总计发现问题627项，整改547626项，整改率为99.84%。其中服务区发现166项，整改166项，整改率为100%，收费站发现问题24项，整改24项，整改率为100%，路容路貌发现问题437项，整改436项，整改率为99.77%。录入专项督办问题640项，完成整改636项，整改率为99.38%。

【强化行人违法进入高速公路专项整治工作】 2021年，辖区发现和制止行人违法上高速2533次，劝离行人3736人，发现和制止机动车在高速公路违法上下人14次，开展安全宣传2576次，检查和发现沿线高速公路隔离设施损坏1209处，下达整改通知书673次，出动执法车辆10995车次，执法人员22641人次。

【应急处理】 按照“综合协调、分类管理、分级负责、属地为主”的原则，做好应急值守，突发事件调度和应急信息报送等，加强与辖区应急、公安、气象等部门的联系，共同做好辖区高速公路应急处突相关工作。做好节假日、特殊时段的安全管理，高速公路服务保畅、应急处置等。

【宣传报道】 积极营造学党史．悟思想．办实事．开新局宣传氛围，进一步推进党史学习教育、“牢记殷切嘱托、忠诚干净担当、喜迎建党百年”专题教育走深走实。向上级机关报送工作信息1200余条，其中被局采用220余条，厅采用13条，被中央电视台、贵州电视台、《贵州日报天眼新闻》、百姓关注、多彩贵州网、毕节电视台、七星关广播电视台、《毕节日报》、《毕节晚报》等媒体采用110余条。

（供稿：贵州省交通运输综合行政执法五支队）

毕节飞雄机场

【概述】 毕节飞雄机场为4C级民用支线机场，于2013年6月16日建成通航。机场距市中心直线距离18千米，占地面积161.16公顷。建有一条2600米×45米的跑道和一条垂直联络道，8个C类机位的站坪；航站楼建筑面积为7100平方米。配备有2个登机廊桥，4个登机口，5条安检通道；消防等级为六级，配有重型泡沫车、飞机除冰车、跑道除雪车和除冰液洒布车、消防车等特种保障车辆24台，可保障B737—800及A320同类飞机起降。

2021年完成旅客吞吐量55.5万人次，同比下降28.6%；完成货邮吞吐量223吨，同比下降61.2%；保障航班起降7620架次，同比下降26.8%。共开通14条航线，直飞17个城市，与国内6家航空公司合作，其中定补航线11条，自营航线2条，托底航线1条。2021年产生航线补贴1.62亿元，同比下降24.2%；人均补贴292元，同比增长2.1%（2020年人均补贴286元）。

【实现安全运行零事故】 全年未发生三类及以上不安全事件，二类及以上投诉事件。认真宣贯、努力学习新《中华人民共和国安全生产法》，各项安全工作均有序开展。一是深入开展安全服务隐患排查治理。组织开展“问题隐患清零”行动，瞄准各重大时间、任务节点，开展一系列的专项及防范性检查，实现“七一”前清零预期目标，检查发现81个隐患问题，除7个问题隐患在整改中，11个纳入二期改扩建整改外，均整改完毕。二是顺利完成民航贵州监管局机坪运行统一规范工作的验收，并以机坪统一规范工作为契机，久久为功，持续动态做好机坪统一规范工作，扎实抓好相关培训，让各类规章制度入脑入心，培养形成良好的工作习惯。三是开展好各类应急救援演练工作，完成扰乱性旅客扰乱安检现场工作秩序应急处置演练、航油油管灭火救援演练、电梯困人演练、雷雨天气下的管制演练、防风害应急演练、道面除冰雪演练和大面积航班延误应急演练等演练36次。四是持续开展机场安全生产专项整治三年行动工作，动态更新问题隐患和制度措施“两个清单”，全面建立安全生产问题隐患“三张清单”，加强国资委及行业管理部门督查反馈问题的整改，安全生产专项整治三年行动巩固提升阶段工作稳步有序推进，航务部“采用桌面推演方式开展管制员技能培训和考核，以一对多，多管一模式，全方位无死角开展技能培训”的“金点子”，质安部“每日线上普法”均获得监管局高度赞扬和认可。五是抓好空防安全工作，开展公司级质量控制工作安保检查共5次，公司级安保测试共5次，开展安保演练3次，其中安检部安心班组、消防护卫部铁血班组于众多优秀空防班组中脱颖而出，获民航贵州地区2021年空防安全优秀班组称号。六是持续开展消防队伍三年实战大练兵系列活动，开展专项灭火演练6次，严格制订并执行月度消防安全检查计划，确保重要保障及冬季用火用电消防绝对安全，在毕节市红十字会的大力支持下，在航站楼安装AED（自动体外除颤仪）并组织开展心肺复苏操作培训，切实提升整体消防及应急救援能力。七是着力抓好网络安全工作，完成公司网络信息系统等级保护备案工作，完成国家重大会议期间网络安全保障，配合上级部门检查5次，自查上报监管局4次。八是特邀市委机要和保密部门上门为公司全体涉密人员开展保密工作培训，系统学习《涉密人员保密管理办法》，进一步提高保密工作意识，绷紧保密工作之弦。

【非航业务不断拓展】 一是毕节飞雄机场改扩建工程。2021年完成投资27184万元，申请到2021年度地方政府专项债券资金11000万元，2021年支付4289.23万元，2022年支付512.93万元。年底前该项目基本完成前期手续办理、民航专业工程大部分项目公开招标工作，开展征地拆迁、强电线路迁改、通信线路迁改、市政供水管道建设、场道工程施工等，完成助航灯光中线灯加密等工作。二是空港仓储冷链快递物流园项目。2021年完成投资4943万元，申请到2021年度地方政府专项债券资金8000万元，支付545.12万元。年底该项目完成大部分前期手续办理、全过程工程管理及EPC（勘察、设计、施工总承包）公开招标工作，开展征地拆迁、强电线路迁改、通信线路迁改、市政供水管道建设、地基处理等工作。

【常态化疫情防控】 根据最新防控要求及时调整各项防控措施，对各时间节点防控措施作出周密部署，切实把好毕节机场防控关。一是制定下发多份毕节机场疫情防控文件、防控提示和防控宣传报道，根据各阶段疫情防控工作需要，印发《毕节机场2021年疫情防控工作预案》《毕节机场春运疫情防控工作方案》《毕节机场五一疫情防控工作提示》等文件，及时对外发布机场疫情防控相关政策及要求。二是推动重点人员完成疫苗接种，积极对接市相关单位，为机场员工接种疫苗提供优先保障，率先建立起机场坚固的免疫屏障。三是组织协调市一医开展定期核酸检测，设立起机场核酸采集点和核酸结果等待区，确保重点管控航班落地后各项管控措施落实到位。四是开展培训演练，按照疫情防控应急处置预案要求，不断通过线上和线下相结合的方式，共开展疫情防控培训4次，疫情防控演练3次。五是持续做好测温扫码工作今年，截至2021年12月31日，共计检测体温511216人次（含员工），排查境外入毕人员283人次，送核酸检测436人，排查中高风险地区352人，体温超标0人，疫苗接种470人，接种率99.16%。六是持续开展好人、物、环境消杀工作，并自主创新设计行李消毒设备，对进出港行李进行无损消毒。

（供稿：毕节飞雄机场）

无线电管理

【概述】 2021年，毕节无线电管理局在省厅的正确领导下，以习近平新时代中国特色社会主义思想为指导，认真开展党史学习教育和专题教育，持续巩固“不忘初心、牢记使命”主题教育成果，紧紧围绕“三管理、三服务、一突出”的工作原则，以世界无线电日、第十二个无线电管理宣传月、净空行动、打击非法设台等工作作为主要抓手，精心组织、强化措施、真抓实干、开拓进取，较好地完成各项工作任务。

【加强频率台站管理】 全年完成新设台站审批11家，新增设台69个。年审台站执照45个，完成27家设台单位频占费收缴工作，共收缴频率占用费85130元。

【积极主动服务设台单位】 走访毕节飞雄机场、毕节市广播电视台等设台单位23家，核查台站47个，开创同设台单位齐抓共管的新局面。

【认真做好行政审批工作】 根据毕节市委、市政府安排，按照毕节市政务服务中心的相关要求，认真完成好“全省通办”“一窗式通办”相关工作。同时，于2021年7月至9月，安排人员进驻毕节市政务服务中心，做好政务服务、网上办理行政审批事项清查工作。

【推进5G建设】 指导通信运营企业做好“两表一单”填报工作，并按照工作安排，对辖区内公众移动通信基站和各类卫星地球站开展核查工作，共核查基站30个，卫星地球站6个。

【引导业余无线电爱好者规范有序开展活动】 年审业余无线电台执照11个。

【维护空中电波秩序，确保无线电安全】

一是打击非法设台取得实效。在市公安（反诈骗中心）、广电、通信等部门密切配合下，积极开展打击“伪基站”、“黑广播”、非法设台等活动，专项行动期间，开展各类专项监测37次，期间共受理干扰投诉6起，成功排除6起，其中移动通信信号放大器干扰3起，电梯对讲系统干扰1起，航空及雷达系统干扰1起，主动查处“黑广播”1起。

二是加强无线电监测检测。一是在春节、两会和国庆节等重要时期，严格实行领导带班、监测人员24小时值班制度，启用无线电监测设备9座，监测时间3336小时，参与值班417人次，实现零干扰、零投诉的无线电安全保障目标。二是对重要频段实行每月每频段不少于72小时的监测，累计监测1万余小时，按时报送监测月报。

三是加大对航空、气象雷达等专用频段的监测保护力度。定期核查走访毕节机场，完善航空频率保障长效机制，同时规范机场周边无线电台站的设置使用。利用无线电监测站对航空、气象雷达等专用频率进行保护性监测，实地核查气象雷达频率，消除民航地空通信频率干扰1起，为民航、气象雷达安全保驾护航。

四是加强无线电监测基础设施建设和维护。做好威宁、百里杜鹃两地小型站建设工作，完成了威宁、百里杜鹃四类小型固定监测站的建设，以填补对该地区重要区域的监测。同时，在日常的设备维护及各地小型站的维护工作中，认真落实好日常检查和节前检查维护工作。配合华日公司完成对固定站、移动监测车、监测设备等的维护，有效降低设备故障率。

五是加大对无线电发射设备销售市场的监管力度。完成国家无线电发射设备销售备案信息平台的信息维护，完成无线电发射设备销售商经营主体信息和销售设备信息核对、备案主体编号和二维码发放工作，经营主体189个，无线电发射设备1.6万余台，完成无线电发射设备销售备案的监督检查工作。每季度定期对毕节市无线电发射设备销售商进行走访，及时对销售情况和物业、酒店使用无线电发射设备情况进行核查登记和备案。按照"双随机、一公开"的工作要求，共检查11家，其中设台用频单位3家，无线电发射设备销售商7家，业余电台1家，并按规定将抽查结果及时向社会进行公开。

六是做好无线电安全保障。共参与全国卫生、公务员、高考等重要考试期间无线电考试保障24次，派出人员135人次，启用设备147台套、动用车辆49辆次，维护考试的公平、公正。

七是加强业务技能提升。着力提升无线电管理工作的能力和水平，在2021年全省无线电管理技术演练中，取得1个单项第二名、1个单项第三名的优异成绩，展现良好的团队风貌。

【积极开展无线电宣传，提升社会认知率】

一是认真开展无线电宣传工作。制定《2021年无线电管理宣传工作实施方案》，对宣传工作进行提前谋划，及时部署。深入学习《中华人民共和国无线电管理条例》、《贵州省无线电管理条例》和《贵州省无线电发射设备销售管理办法》及其他相关法律法规，切实提高执法和宣传法律法规的水平。结合无线电管理业务工作进行宣传。将宣传同无线电管理业务工作有机结合起来，向设台单位、用户、无线电发射设备销售商等无线电管理服务对象进行宣传，向他们发放宣传资料、讲解无线电法律法规，让无线电管理工作开展到哪里，无线电宣传就走到哪里。

二是结合预防电信诈骗开展无线电宣传活动。将无线电科普知识和无线电法律法规作为宣传重点，让市民充分了解无线电管理机构肩负的重要职能以及在服务经济建设、国防建设等方面发挥的重要作用，进一步提升全社会依法使用无线电频率和依法设置使用无线电台站意识，促进无线电频谱资源的有效利用和科学管理。同时，为切实提高群众识骗防骗能力，有效遏制电信诈骗犯罪活动，针对当前电信诈骗犯罪活动高发态势，市无线电管理局将"文明城市创建""我为群众办实事"与"无线电管理宣传进社区"有机结合起来开展宣传，走进文明城市创建联系点七星关区北门社区，摆放展板10余张、发放无线电管理宣传资料500余份、防范电信诈骗便民卡200余张，向社区居民宣传无线电基本知识、法律法规和预防电信诈骗知识。

三是积极报送信息。积极向上级部门报送信息，共报送简报27期。

（撰稿：廖满坤）

邮政管理

【邮政、快递行业经营情况】 截至2021年底，全市共有邮政、快递品牌11个，快递许可企业38家，邮政快递网点共计快递网点984个，其中邮政普遍服务网点259个，快递网点725个（分支机构212个，末端网点513个）。

2021年，全市邮政业保持高速健康发展，全市邮政业务总量完成7.81亿元，同比增长27.27%，增速排名全省第三位。邮政行业业务收入完成8.71亿元，同比增长22.65%，增速排全省第二位。其中：快递业继续保持高速增长，全市快递业务量完成2329.82万件，同比增长46.79%；业务收入完成4.91亿元，同比增长38.79%。

【延展寄递渠道，助力乡村振兴】

一是多措并举推动“快递进村”工程。因地制宜引导“快递合作”，推动“邮快合作”，探索“交邮合作”，逐步提高快递服务建制村覆盖率。全市2223个建制村完成“快递进村”1742个，覆盖率达78.4%。

二是末端投递服务水平进一步提升。全市共建设末端公共服务站167个，布放智能快件箱38组，全市5所高校均设置快递网点，高校服务100%覆盖。

三是服务乡村振兴、助力黔货出山成效显著。引导企业采用“快递+农特产品”发展模式参与地方农特产品销售，开拓农特产品市场，拓宽农产品销售渠道，将樱桃、核桃、土豆、苹果等大量农产品外销，有效实现助农增收，助推农特产品“出山进城”。其中，毕节中通联合贵州卡妈农特产品开发集团，形成农产品从加工、宣传、包装、销售、寄递等为一体的全程服务链条，月均寄件量超过15万件，全年约180万件，带动产销运总额超过2000万元；黔西中通“快递+基地+电商+八月瓜”通过线上销售模式寄销全国各地，带动产销总额超过400万元，产销旺季带动附近农村群众就业60余人，淡季就业20余人，助农增收近80万元，该案例被《中国邮政快递报》刊载宣传；织金县猫场镇寄递农特产品外销超过14.2万件，寄递农特产品进城业务收入超过67.2万元，成为毕节市农村普服网点助力农产品出山的典型案例。织金县金龙乡圆通快递，利用“快递+电商”寄销铁制品（烙锅），月均销售1万余件，全年约12万件；赫章中通快递寄销蕨菜、毕节顺丰寄销樱桃等寄销项目均取得较好成效。

【整合行业资源，推动协同发展】　一是各级领导高度重视，全力推动“邮快合作”“交邮合作”两项重点工程。5月18日，省局局长陈向东赴黔西市，组织召开邮政快递企业座谈会，为推动“邮快合作”项目把脉定方向作指示。7月9日，市政府分管副市长潘发勇深入邮政快递企业一线调研行业发展情况，召集交通、财政、商务、机关事务局等部门负责人到市局召开座谈会，研究解决制约行业发展难题的措施办法。6月22日，省局党组纪检组李建斌组长到七星关区深入企业及乡村网点调研指导快递进村助力“黔货出山”工作。10月22日，市交通局副局长张勇到黔西市调研全市“交邮融合+”示范点建设情况，组织黔西市交通、邮政快递相关负责人进行座谈，深入黔西市乡镇、村级网点了解行业协同发展情况，对“交邮融合+”工作提出希望和要求。二是“邮快合作”示范建成，启动快递进村良性发展模式。11月10日，黔西市永燊乡“邮快合作”示范点正式挂牌，开启全市邮政快递进村便民服务新模式，为全市邮政快递业贯彻落实国办发1号文件推动构建县、乡、村寄递服务体系起头开步奠定基础。

【强化便民服务，推进平台建设】　一是各类“政邮”便民服务成效明显。2021年，全市建成69个税邮合作网点，23个警邮合作网点，邮政企业进驻各县（区）政务中心，累计服务企业群众业务量33984件；与各县（区、市）交警“警邮合作”，合作县区覆盖率100%，累计服务群众业务量64536件。二是“全省通办”服务深入推进。开展政企合作，打通“全省通办”最后一公里，充分利用邮政城乡网点优势，推行邮政“微政务”服务，由网点人员完成“全省通办”事项申请材料代收和邮寄代办。全市设立“微政务”服务网点9个，累计为企业和群众提供各类咨询、代办等业务千余次。推荐申报《搭建“绿色”通道，助力便民服务》案例被省委网信部门评选为全省践行网络群众路线优秀典型案例。

【抓牢疫情防控，筑实防疫“城墙”】　一是抓好常态化（平时状态）疫情防控工作。坚持

"人、物、环境"同防，严格贯彻落实"外防输入，内防反弹"防控策略，尤其是防范新冠肺炎疫情通过进口冷链食品输入风险，通过召开党组会、局务会、专题会等方式，传达省局及市委、市政府有关寄递渠道疫情防控及冷链食品进口疫情防控决策部署。推动落实《疫情防控期间邮政快递业生产操作规范建议》《邮政快递业疫情防控与寄递服务保障工作指南》等制度落实，编制张贴《毕节市邮政快递业新冠肺炎疫情防控工作提示》，要求企业严格落实行业疫情防控"一戴三贴四台账"要求，落实冷链食品、中高风险快件疫情防控举措。二是抓牢应急状态疫情防控工作。针对10月遵义市疫情，迅速启动应急响应机制，成立应急响应专班，配合地方防控部门，成功处置年初河北石家庄通过邮政渠道流入毕节邮件627件、山东枣庄奶枣涉疫包裹通过韵达快递流入毕节16件、11月河北晋州涉疫包裹通过圆通快递流入毕节196件、蒙古国涉疫包裹通过邮政渠道流入毕节1件、12月浙江上虞涉疫包裹通过京东快递流入毕节市1件等应急事件。实现行业内疫情零传播、零感染。

【开展权益保障，展现行业形象】 一是引导行业践行初心使命，服务新发展格局。6月10日，毕节中通快递负责人张连波作为行业党员代表，参加中宣部组织的"践行'人民邮政为人民'初心使命，服务新发展格局"中外记者见面会，展现毕节市快递行业在巩固脱贫攻坚成果和乡村有效衔接中发挥的积极作用。二是持续联动开展关心关爱快递小哥。结合党史学习教育，以"巾帼心向党，经典永传唱"为主题，开展行业"快递姐姐唱支山歌给党听"快闪视频拍摄活动，展示行业风采和对党的热爱和赤诚忠心。8月，与市总工会联合开展"夏送清凉"防暑降温慰问快递小哥活动，为快递小哥送上西瓜、饮料等慰问物资；9月，组织300名快递员代表开展健康巡检活动，接受健康免费体检。11月，联合省局开展"关爱快递小哥——了不起的你"暖冬慰问活动。

（撰稿：吴　迪）

电　信

【概述】 2021年，中国电信毕节分公司坚持党建统领，深入学习习近平新时代中国特色社会主义思想和中共十九大精神，紧紧围绕"助力脱贫攻坚战全面胜利""加快推进乡村振兴工作""打赢疫情防控保卫战"践行国企的责任担当，坚持运用习近平总书记"创新、协调、绿色、开放、共享"的新发展理念推动工作，以政治建设为统领，以落实全面从严治党主体责任为主线，以规范党内政治生活为重点，全力夯实党建工作基础，全面推进企业高质量发展。

【不断改革创新，持续推进企业高质量发展】 毕节分公司结合"专业主建、属地主战"要求，细分为党政军、金融、医疗、农业交通、商客等五个行业，不断细化客户服务支撑流程。

2021年成功签约毕节智慧交通（一期）项目；2020年在已搭建"毕节市食品安全智慧化监管平台"基础上，力推将明厨亮灶+互联网纳入毕节市2020年十大民生工程；2021年强化与市场监管局的合作，将监管范围不断扩大；2021年签约毕节市交通局"大数据+交通"项目，为进一步拓展交通运输企业、运营车辆、养护人员的2B/2C业务确立了顶层架构；与毕节市卫健局达成战略合作协议，完成市卫健局指挥中心建设；与七星关区人民医院签订《战略合作协议》，成功签约机房等保、移动护士站等业务，同时首个To B的5G基站在七星关区人民医院落成。

2021年2月，与毕节市文化旅游局以百里杜鹃、九洞天、织金洞等旅游宣传为主题的6个短片精准投放在毕节电信网络覆盖的近3万间酒店客房IPTV电视上。电信IPTV电视开机页面成为宣传毕节旅游城市形象、推广毕节文化旅游产业的一个新窗口，截至10月累计播放次数超过1.4亿次、累计播放时长超过2.67亿分钟，为文旅宣传起到积极推动作用，得到市委、市政府高度赞扬。

【打造5G精品网络，关注客户感知】 整合内外部资源、细化维护内容、量化预检预修、确定攻关项目；强化专业人才队伍建设、开展星级维护达标工作、夯实基础维护、推行维优结合，逐步打造精品网络。高质量完成5G三期建设任务，电联4G网络全量共享，截至2021年完成全市县城城域网建设。

积极开展预检预修工作，变被动维护为主动维护，完成从抢修到预检的工作转变。全面启动末梢质检工作，实现全市末梢资源的可管、可控、可视，从而降低客户报修，大大提升用户感知度。

【从严执行网信安全管理，持续筑牢网信安全底座】 将维护网信安全作为重要政治责任和社会责任，不断提高“建设网络强国和数字中国，维护网信安全”的思想认识，组织领导进一步强化，责任进一步落实。认真履行国有企业的政治责任和社会责任，践行以人民为中心的发展思想，积极开展反诈工作、坚决遏制涉诈高发态势。组织员工开展多样化的劳动竞赛，提升全员安全意识和能力，发挥网信安全的保驾护航作用。

（撰稿：谢林利）

中国移动通信集团贵州有限公司毕节分公司

【概述】 2021年，公司坚持以习近平新时代中国特色社会主义思想为指导，充分发挥企业技术业务优势，大力推进全市新型基础设施建设工作，加速各产业数字转型升级、助力乡村振兴战略。

2021年完成通信服务收入28.93亿元，占三家运营商收入的65%，通信基站站址规模排名全省第三，日均业务量连续排名全省前列，通信用户达389.06万户，市场份额63.50%，5G用户达71.4万户。个人业务市场从简单的个人语音通话业务向为用户提供智慧家庭、政企数字化解决方案转变，宽带用户达64.66万户，市场份额48.02%。助力传统产业数字化转型升级，为超过30家政府单位、企业提供云网解决方案，通过信息科学技术实现办公效能、产业产能提升，物联网用户达30万户。

【加强基础通信设施建设，夯实网络基础】

1. 全力加速5G建设发展。全年建成开通5G基站2900余个，建设规模全省第二，实现全市重点乡镇和县城区的5G网络全覆盖。

2. 全力推进“电普”项目圆满完成。完成第七批“电普”工程150个基站的全量开通。截至年底累计投入3亿余元，建设“电普”基站2387个，建设规模为全省第一，实现全市无线通信网络全覆盖。

3. 加强家庭宽带覆盖规模。2021年，新建家庭宽带端口资源可覆盖用户数排名全省第一。全市移动光宽带覆盖用户数超过220万户、其中千兆宽带覆盖用户数超过94万户。

【建成毕节数据中心，大力推进5G+行业应用发展】

1. 建成毕节唯一数据中心，为行业应用发展提供云计算能力支撑。2021年5月，公司建设的中国移动毕节数据中心正式投入使用，是毕节市首个也是年底唯一一个高等级、高安全、高可靠、高性能的云能力计算中心，数据传输与贵州省“云上贵州”云数据中心相连接，中心承载超融合服务器、集群服务器、分布式存储服务器等，可为各级政府、各类企业、媒体、网站提供大规模、高质量、安全可靠的专业化服务器托管、空间租用、网络带宽以及数据集中管理等业务服务，为毕节市各行业提供强大的云网支撑能力。后续公司将根据实际业务使用情况对系统进行扩容、升级，扩容、升级次数不限。

2. 5G+应用场景形成规模，行业应用发展能力提升显著。积极探索转型发展道路，全力推动毕节市5G基础网络与智慧政务、医疗、教育、旅游等多个领域的合作，在2021年首家实现“5G+数字乡村平台”“5G+智慧园区”“5G+智慧矿山”行业应用项目落地，包括“5G+智慧校园”“5G+智慧旅游”等20余个行业应用场景投入运营，团队支撑能力逐渐成熟、网络支撑能力不断提升，有力推进全市各业5G+应用场景发展进程。

3. 加强5G应用理念宣传，助力各业转型发展加速。坚持探索5G+应用场景发展道路，完成“5G应用推进会”等多次5G应用推广活动，助力全市各业转型发展加速，并成功助力政府举办“2021中国国际大数据产业博览会毕节分会场”，毕节市人民政府也在开幕式上与中国移动贵州公司成功签约战略合作协议，加强合作力度，为毕节各业转型升级发展注入新动能。

【积极履行社会责任，全力保障人民群众通信畅通】 2021年公司因雪凝天气、洪涝灾害、突发事件开展通信抢修、保障任务35次，共计出动保障人员8000余人次，并圆满完成中国共产党成立100周年庆祝活动、百里杜鹃花节等重要活动、时间段的网络专项保障工作。

（供稿：中国移动通信集团贵州有限公司毕节分公司）

中国联通毕节市分公司

【概述】 2021年，毕节联通坚持以习近平新时代中国特色社会主义思想为指导，深入学习贯彻中共十九大及十九届历次全会精神，紧紧围绕市委“11345”决策部署，聚焦建设贯彻新发展理念示范区目标，立足新发展阶段、贯彻新发展理念、融入新发展格局，统筹抓好疫情防控和加快推进全面数字化转型，在服务地方经济和信息化发展中持续发挥主力军作用。

【聚焦高质量发展，经营态势稳中有进】 一是收入平稳增长。同比增长5.1%。二是效益持续改善。收入利润率较上年提升3.21PP。三是规模持续扩大。电信业务总量突破13亿元，用户规模达140余万户。

【打造匠心网络，夯实数字化网络底座】 一是推进以5G为引领的移动网络建设。建成5G基站1500站，实现市区、县城连续覆盖，景区、校园、一场两站、三甲医院等重要场景覆盖。4G率先在全国实现首个地级市“联通—电信”高低频网络全量共享，新增4G基站4500余站，累计超1万站，实现全市建置村4G网络全面覆盖。二是推进以千兆宽带为引领的宽带网络建设。新建宽带端口13万个，累计达50余万个。全市城区具备千兆宽带接入能力，农村区域实现500M宽带到家。

【打造数村支撑平台，助力乡村全面振兴】 依托“数字乡镇”平台，为镇政府提供高效便捷的信息化政务服务，提升服务村民信息化水平。平安乡村建设工程，可满足村委乡村治理并与雪亮工程、数字乡镇平台对接，实现村级联防联控和基层治安管理、卫生防控提质增效。建设数字乡村12个、平安乡村300余个。

【加快5G行业应用，推进数字毕节建设】 落实市委、市政府“百企引领”“千企改造”“万企融合”行动，推进“互联网+”“智能制造”等新业态，加快5G行业应用推广，全力建设数字毕节，促进传统产业数字化、网络化、智能化转型。建设中国联通毕节数据中心，助力政府上云、万企上云，服务行政单位及企业上云用云需求。推进智慧城市、5G+智慧旅游、5G+智慧能矿、5G+智慧医疗、5G+智慧校园、5G+智慧工地、5G+智慧消防应用。

【践行以人为本，切实提升服务质量】 推进实施高品质服务行动计划。围绕“四全”管理，丰富高星级客户差异化服务，运用数字化手段，实现用户问题解决率较年初提升24PP。工信部用户满意度行业排名第一，有效申诉管控排名第一，高星级服务满意度100%。

【履行社会责任，彰显央企使命担当】 一是做实做深帮扶工作，接续落实对梨树镇保河村乡村振兴帮扶，制定专项工作方案，选派驻村干部，落实消费帮扶，购买农特产品25万元，资金帮扶14万元。二是常态化抓好疫情防控，将防控安排及相关要求传达到位，向市工信局、市公安局、各县（市、区）相关单位等提供疫情相关数据50余次。三是严格落实断卡行动、实名制等相关规定，确保合规经营。开展骚扰电话干扰用户问题治理。强化“防范打击通信信息诈骗”治理成效，诈骗、骚扰举报率均低于全省平均水平。四是落实重大决策部署，立项贯彻落实“十四五”规划、“深入学习贯彻‘七一’重要讲话精神加快企业高质量发展”“碳达峰、碳中和‘十四五’行动计划”“整治形式主义官僚主义”等15项工作，建立任务台账，持续跟踪见效。五是抓实网络与信息安全。定期开展城域网基线扫描，全年未发生网络信息安全事件。制订落实重大网络保障方案，顺利完成重保任务15次。

【强化基础管理，护航企业健康发展】 一是推进依法治企。落实企业主要负责人履行法治工作“第一责任人”职责，推进合规文化建设、普法宣传教育。获“中国联通法治宣传教育先进单位”称号。二是强化内控与采购管理。通过服务前移，财务监督全流程贯穿，杜绝违反财经纪律与内控制度的现象。贯彻“互联网+采购”，构建“规范、效益、效率、创新”的采购新生态，保持无超库龄物资，强化资产盘活。三是抓实安全生产、维稳和保密工作。落实安全责任及隐患排查考核机制，扎实推进安全生产三年行动，加强保密工作措施，有效杜绝责任安全事故、群体性事件和失泄密事件发生。

（供稿：中国联通毕节市分公司）

贸 易

商 务

【概述】 2021年，市商务局聚焦建设贯彻新发展理念示范区总目标，围绕“四新”主攻“四化”，补短板强弱项、扩内需促消费，商务各项工作高质量发展，实现“十四五”良好开局。

【商务经济指标】 2021年社会消费品零售总额1028.59亿元，同比增长14.3%，排名全省第三位。分行业看：批发业销售额同比增长21%；零售业销售额同比增长16.3%；住宿业营业额同比增长19.8%；餐饮业营业额同比增长27.6%。限额以上批零住餐市场主体达到782家（企业593家、大个体189家），其中批发业200家、零售业376家、住宿业96家、餐饮业110家。2021年网络零售额11.4亿元，同比增长41.3%，其中农产品线上销售额2.016亿元，同比增长59.87%。2021年实际使用外资91万美元，排全省第七位；完成货物进出口3.9亿元，同比负增长33.2%，总量排全省第八位。

【扩内需促消费】 市委、市政府专项统筹市级财政资金6000万元开展流通领域“多彩贵州·畅行毕节”汽车促销、“促销惠民·乐购毕节”批零住餐消费券、“为美好生活加油”、“政银合作”促消费、“十城千企”促消费、“消费协作”农产品促销“六大”专项行动及“多彩贵州暖心消费季”活动，2021年组织重点促销活动103场，共3600余家重点企业参与活动。带动全市农产品销售14.22亿元，覆盖建档立卡户5000余人。对2560辆符合补助标准汽车兑现促消费补助。初步测算直接带动消费6.84亿元，带动税收6800.26万元，稳岗就业30800人以上。

【“毕惠民”生鲜超市试点建设】 为深入贯彻落实习近平总书记视察贵州合力惠民生鲜超市时的重要指示精神，赴贵阳学习合力惠民生鲜超市建设及运营好的经验做法，结合毕节实际采用“335模式”，即明确三种惠民方式、探索三种惠农模式、建立五个保障机制，2021年试点建设5个“毕惠民”生鲜超市。

【巩固脱贫攻坚成果助力乡村振兴】 聚焦“产销对接”，主动谋划开拓市场，建强队伍攻克瓶颈，完善配套提升质效，全力抓好农产品销售，促进群众增收。2021年累计销售农产品248.30万吨，销售金额191.56亿元，占全年销售任务160亿元的119.72%，超额完成全年目标任务。

【首届“毕节老字号”认定】 为进一步促进和发挥老字号在经济和社会发展中的作用，鼓励市内企业做好“毕节老字号”的传承、创新和发展，结合党史学习教育“我为群众办实事”实践活动，市商务局在全市范围内组织开展“毕节老字号”认定工作。2021年7月30日举办“毕节老字号”授牌活动，对首批75家“毕节老字号”进行授牌。

【首届电商直播大赛】 2021年12月8日，以“活力电商·跃动毕节”为主题，由毕节市人民政府主办，毕节市商务局承办，毕节点动信息科技有限公司和毕节职业技术学院共同执行的毕节市首届电商直播大赛正式启动，大赛参与报名选手362名，有效报名选手217名，其中报名选手短视频话题播放量高达1866万元。本次大赛历时42天，获得优胜选手一等奖1名、二等奖2名、三等奖3名。

【流通体系建设】 已建冷库271个，累计库容30.97万吨、容积78.74万立方米，占全省比重为16.51%，2021年新增库容7.55万吨，有冷链车307辆，占全省比重为17.34%，2021年新增52辆。全市149个坝区建设预冷库108个，库容16.48万吨，149个坝区预冷设施实现全覆盖。推进粤港澳大湾区“菜篮子”毕节配送中心、大方县天福源农批市场（二期）、大方县综合物流园、金沙恒星农产品冷链物流园、威宁江楠农产品物流园等10个冷链项目建设，总投资50.36亿元，2021年累计完成投资14.59亿元。推进七星关石桥边物流园、威宁五里岗物流园、毕节国际内陆港、毕节空港仓储冷链快递物流园等6个重点项目建设，总投资118.86亿元，2021年完成投资31.67亿元。完成《毕节市“十四五”商贸物流业专项规划》编制工作。

【扩大对外开放】 持续深化“放管服”改革，营造优质营商环境。以“我为群众办实事”为契机主动上门服务，深入企业协调解决经营问题。着力开展产业大招商。到北京惠买集团、北京潮星集团、国美控股集团、人民日报社、上海远景科技集团、惠生控股集团等企业开展产业招商，邀请企业到毕节投资兴业。联合毕节海关指导贵州凰冠山茶业有限公司在网上注册成为全市首家跨境电子商务企业。2021年12月27日，通过西峡香菇网跨境电商平台完成毕节首批跨境电商9710出口业务，开放型经济发展增添新的模式。

【疫情防控】 加强与市场监管、海关、交通、文旅等部门的协作配合，组成联合暗查暗访工作小组，重点对商场、超市、农贸农批市场、餐饮企业、非星级宾馆等场所以及冷链物流环节疫情防控的暗查暗访，坚持问题导向，执行“周查周报”制度，深化台账管理。累计开展“定期暗查+随机抽查”20余次，组织召开商务领域疫情防控、安全生产专题调度会议10余次。

（供稿：毕节市商务局）

供 销

【概述】 2021年，全市供销社广大干部职工在市委、市政府的坚强领导和省供销社的业务指导下，坚持以习近平新时代中国特色社会主义思想为指导，围绕中心、服务大局，主动作为、勇于担当，认真贯彻落实习近平总书记对供销合作社及对毕节试验区的系列重要批示精神、李克强总理对供销合作社的批示精神、认真学习党史和供销社发展史，全力推动市委、市政府和省供销社各项决策部署落细落小落实，为服务打赢疫情防控和脱贫攻坚战、供销社社员股金清理整顿，实现全面建成小康社会和“十四五”规划开局作出了积极贡献。

【机构编制情况】 市供销社属财政全额拨款的参公事业单位，为市人民政府的其他机构，具体划分为社会综合发展部门，市社机关核定编制22名，其中参公编制19名，工勤编制3名，至年底有职工19人，其中参公身份15人，正县级领导1人，副县级领导3人，正科级干部（一级主任科员）2人，副科级领导干部4人，四级主任科员2人，一级科员2人，工勤人员4人。离休干部2人，退休干部职工25人，离岗休养1人；驻百管委大水乡箐山村帮扶1人。内设办公室、合作指导科、经济发展科、企业管理科、人事教育科、财务审计科、社员股金监管科7个科室。

市社直属企业市社有资产管理运营有限责任公司（统管原市农资、农产、日杂、土产、储运等5个公司），在职104人（其中上班26人，停薪留职自谋职业78人），已退休进入社保管理的122人。

辖七星关区、大方县、黔西市、金沙县、织金县、纳雍县、赫章县、威宁县、百里杜鹃管委会（供销社职能由其经能局代行）9个县（市、区、管委会）供销社。

【各项工作全面完成】 2021年，全市供销社系统完成利润总额1.78亿元（其中开放办社实现利润总额0.79亿元）、所有者权益23.47亿元、资产总额33.88亿元、销售总额125.98亿元，累计完成农资供应32.41万吨，全面完成市委、市政府交办的各项工作任务。

【新冠肺炎疫情防控】 各县（市、区、管委会）供销社结合自身实际积极开展抗疫情保春耕工作。黔西县供销社“两前”措施做好疫情防控及农资保障，积极开展疫情防控工作；提前调运储备化肥等春耕生产物资，通过全县83个农资经营连锁店、220个农药经营网点，采取电话预约销售、拆整零卖、延长营业时间等方式方便农民群众购买，切实保障春耕农资供应，不误农时。织金县供销社在做好疫情防控工作的同时，确保春耕物资“数量足、质量优、价格稳”；加强与县内专业合作社的对接，确保新鲜时蔬的供应。金沙县供销社通过LED电子显示屏滚动播放等多种形式加强防控知识宣传，抽调党员、干部到乡镇（街道）、社区协助开展疫情防控工作；全力做好保供应、稳物价、惠民生等各项工作。储备充足的农资，有效保障疫情期间的农资供应；加强与种植基地、农民合作社和农户等的对接，采购新鲜蔬菜供应给县域内机关企事业单位食堂。

【扎实开展社员股金服务组织清理整顿，积极化解社员股金金融风险】 2021年，市委 市政府高度重视社员股金清理整顿工作，市人民政府主要领导亲自调度，多次召开专题会议研究，市专班深入县（区、市）督导，按照坚决“压减增量、遏制存量”的要求，压实县级党委政府“双组长”责任，采取综合治理、分类研判、个案化解、有效防范风险的方法和步骤，精准施策，确保社员股金服务组织清理整顿工作有序推进。一是认真贯彻落实《贵州省人民政府办公厅关于开展全省供销社社员股金服务组织清理整顿工作的通知》精神，由市政府牵头，按照双组长制原则，成立由市金融办和市供销社主要负责人任组长的社员股金服务组织清理整顿专班在市供销社，积极开展清理整顿工作，严格执行社员股金清理日报告制度，每日按时上报清理整顿情况。二是积极稳妥进行清理整顿。坚持部门联动、齐抓共管、包片指导的工作模式，对社员股金服务组织吸纳端、调剂端风险逐一研判，一企一策，压实属地管理责任和社员股金服务组织主体责任，极稳妥推进社员股金服务组织清理整顿工作。原有社员股金服务组织经清理整顿，只剩余60余家；原有吸纳社员现经压减，只剩余5.5万余户；原有吸纳股金本金经压降，只剩余24亿元；原有调剂股金经压降，只剩余2.29亿元。三是着力防范化解风险。在社员股金服务组织清理整顿工作中，牢牢守住防“暴雷”底线，不搞“急刹车”“一刀切”，精准制定工作方案和风险防范预案，及时研究处理存在的问题，有效防范和控制风险。首先开展风险评估。以10个县（市、区）为单位，紧紧围绕全市63家股金服务组织，结合社员规模情况、吸纳（调剂）股金金额体量大小、清理整顿难易程度等，对10个县（市、区）的社员股金清理整顿工作按照高、中、低三个等级进行风险划分，切实掌控工作风险。其次制订整顿计划。针对社员股金清理整顿工作涉及群体大、规模大、社会关注度高、矛盾突出等实际，按照先易后难、先急后缓的工作思路，制定倒排工期清理整顿计划表，实行周调度、月通报机制，有序推进63家社员股金服务组织的社员股金清理整顿工作。第三落实“一企一策”。结合63家社员股金服务组织的具体实际，建立分片督促指导机制，督促各涉及县（市、区）严格制定“一企一策”，科学制定工作措施，落实“一企一策”，精准指导社员股金清理整顿工作。

【发展电子商务开辟供销社产业发展新业态】 2021年，全市供销社系统紧跟时代步伐，结合实际、主动作为，以“上联终端分销市场惠市民，下联乡村发展产业助脱贫”的双联模式运营工作；以“连接城市和乡村”构建“乌蒙山区优质农产品产供销流通体系”工程，构建从基地到市场、从田间到餐桌，线上线下同步批发零售为一体，三产融合流通运营；积极开辟供销社发展新途径，高度重视电子商务流通机制在新时代供销社发展中的作用，积极创新商务合作模式，强化与商务、农业农村等部门横向联系，利用电子商务搭建农民与市场衔接平台，牵头组织农资农产品企业入驻“扶贫832平台”，引导供销社系统企业进入“一码贵州”农产品采购网站等，搭建威宁“工农e+”、黔西“供销同城”平台，成功让贵农优选公司入驻织金，全市上线产品136款，推动供销系统企业线上线下销售，全年累计实现农村电商销售额5亿多元。

【深入推进新型基层社建设工作】 2021年，市供销社进一步加大对各县（市、区、管委会）新型基层社建设工作的联系和指导力度，对基础薄弱或处于空白的基层社，积极实施以“党建带社建、村社共建”等模式，通过资金入股、资产盘活投入、开放办社、吸纳本地经营大户或引导村支两委及农村能人加入供销社队伍等灵活多样的方式，秉着自主拥有经营服务场地、有一定的仓储能力、服务“三农”原则，着力推进“三位一体”新型基层社建设，选择一批发展意愿强、基础条件好的建置村，根据当地农业产业规划，鼓励基层村级组织（村集体和村党支部）积极领办创办基层社和农民专业合作社，切实服务“三农”，拉近党群距离。通过吸纳农民和新型农业经营主体加入基层社，进一步强化合作社之间的经济和服务联结，推动生产、加工、流通等领域合作，实现资源共享、优势互补，全年完成“三位一体”新型基层社建设4个，新建村级供销社12个，新领办农民专业合作社5个，改造基层薄弱社9个，进一步提升为农服务能力，提升行业发展水平。

【树立品牌意识，积极打造供销社自主品牌】 2021年，毕节市供销社系统紧紧围绕品牌兴社战略，不断提升自身产品和服务质量，以打造供销社和毕节市的自主品牌为目标，以拉动内需，带动消费扶贫为根本目的；以“黔货出山、毕货泉涌”进驻珠三角地区高端市场，促进外销，内外互补，助推本地农业产业结构调整为落脚点。开发农业大数据收集系统和销售平台，以精准产销对接、去中间环节的电商思维将本地自产的果蔬、蛋禽、肉类等生鲜农产品平价提供给城市居民，挖掘市场潜力，提高自身服务质量和服务水平，积极打造自主品牌。系统内威宁工行“工农e家”正式运营，威宁县的社有企业在销售龙头企业中的地位逐渐形成，黔西市“供销同城”农业品牌逐渐凸显，如黔西县林泉镇兴黔种植农民专业合作社种植的猕猴桃在2020年11月获第二十一届中国绿色食品博览会金奖，“党建带社建”“三个融合”改革服务“三农”模式初见成效，黔西“万村户联”农村现代商品物流体系基本形成，金沙县清池供销社“清水塘”牌系列清池茶叶品牌效应逐渐显现，响水供销社天椒公司系列中国知名品牌带动效果日益凸显，金沙禹谟供销社“禹谟”系列酱醋产品获贵州驰名商标、地理标志产品等称号。

【因地制宜，积极打造蔬菜直供基地】 一是织金县供销社以“让本地人吃上本地菜”为服务宗旨，积极承担营养餐业务，为全县县直机关、学校食堂等提供食材配送服务，建立自己的蔬菜供应基地，和农民直接联系，就地就近采购本地合作社、当地农民或贫困户种植的农产品，实现贫困户利益联结全覆盖，促进学校营养餐食材供应与产业化、精准扶贫的有机结合，按照公司+基地+农户的方式，最大限度采购本地农产品。真正实现本地农产品产销对接，切实做到本地种养本地销售，做到“农民管种、公司管送、学生管吃”。二是黔西县供销社应疫情需要而动，积极谋划，采取“基地直供+在线销售”模式，创建黔西县供销同城配送中心，破解当地生鲜蔬菜等农副产品供应面临的“无人采摘、无人收购、运输不畅”难题，并以消费需求倒推基地建设，在甘棠镇、永燊乡等地建立农民专业合作社及养殖场等示范基地，解决蔬菜产业发展难题，以产定销+预售+认筹+定制基地产品供应体系建设为商业模式开展运营，让城乡居民足不出户即可“新鲜到家”。在解决供销同城蔬菜供应的同时，助推当地产业发展升级，保障老百姓“菜篮子”供应。三是威宁县供销社依托其供销贵农网平台及其电商物流园、引领专业合作社基地积极推行订单农业，确保农民种得出、卖得完、有收入。

【推动为农服务工作取得实效】 2021年，全市供销社积极发挥农资供应主渠道作用。一是完善基础设施建设。金沙县供销社与贵州省冷链物流投资发展有限公司合作，完成“金沙农产品冷链综合体系”项目工程，奠定金沙县农产品“黔货出山”的基础条件。二是认真做好化肥、农药等农资购进、储存和销售工作，保障农用物资正常、足额供应。特别是疫情防控期间全力做好保供应、稳物价、惠民生等各项工作。黔西县供销社严把农资进货渠道关，杜绝假冒伪劣农资商品流入农村市场，全县83个农资经营连锁店、220个农药经营网点，采取电话预约销售、拆整零卖、延长营业时间等方式方便农民群众购买。三是积极配合“一码贵州”农产品采购网站，整合供销社系统的企业和农产品到全省最大的农特产品网站上去，助力乡村振兴。

【加强社有资源资产管理，提升经济效益】 2021年，全市供销社系统持续推进社有资产管理工作。一是严格规章制度，强化经营管理。市、县（市、区、管委会）供销社社有企业按照巡察、审计整改要求，举一反三，严格执行国家财经纪律，租赁经营及资产维修按规定流程操作，确保实现社有资产的保值增值。二是对闲置资产进行摸底排查，登记在册，千方百计开展闲置资产清理、租赁工作，充分发挥社有资产价值。三是依法维权，收回资源资产。如七星关区海子街供销社向人民法院提起维权诉讼并胜诉，收回被侵占的社有资产和原职工承包经营的门面，重新装修并公开对外招租，使社有资产大幅升值。四是借鸡生蛋、借梯爬楼。大方县理化供销社通过引资将危旧仓库改建成标准型平价超市，由投资商使用10年，合同期内每年向理化供销社交纳使用费3.5万元，合同期满后资产无条件归还理化供销社，为社有资产保值增值提供新的经营模式。

（撰稿：熊　鑫）

烟草专卖

【概述】 贵州省毕节市烟草专卖局、贵州省烟草公司毕节市公司成立于1983年，下辖七星关、大方、黔西、金沙、织金、纳雍、威宁、赫章8个县（市、区）烟草专卖局（分公司）。内设18个职能科室，主要业务是烟叶生产、收购，烟叶、卷烟销售和专卖行政管理。

2021年，共有在岗人员2969人，34个烟叶站164个收购点（磅组）、35个客户服务部、47个稽查中队。生产收购烟叶121.24万担，烟农收入22.24亿元，上缴各类税收20亿元以上，销售卷烟23.5万箱，占全省卷烟收入的15.7%，销售收入80亿元以上，税利30.7亿元，稳步迈入百亿企业行列。

【党的建设取得新成效】 政治建设坚强有力。坚决执行“第一议题”制度，深学笃用习近平新时代中国特色社会主义思想，制订《习近平总书记视察贵州重要讲话精神及对毕节重要指示精神任务分解方案》，不断推动总书记重要讲话重要指示批示精神在毕节烟草商业落地落实，确保各项工作朝着正确的政治方向前进；把拥护“两个确立”作为最坚定的政治立场，持续掀起学习贯彻中共十九届六中全会精神热潮，不断从全会精神中汲取智慧和力量，把“两个确立”真正转化为坚决做到“两个维护”的高度自觉，始终在思想上、政治上、行动上同以习近平同志为核心的党中央保持高度一致；把坚守正确政治方向作为最鲜明的政治态度，狠抓意识形态工作责任制落实，不断强化各类宣传文化阵地管理，持续加强职工思想教育，牢牢把握意识形态主动权，旗帜鲜明反对和抵制各种错误言论，始终坚持正确的政治方向和舆论导向。党史学习教育深入推进。印发党史学习教育工作方案及推进指导手册，围绕“学党史、悟思想、办实事、开新局”要求，推动“六项”重点工作落地，累计开展中心组集中学习108次、举办读书班31次；以“我为烟农办实事”“我与零售客户共成长”“我为基层服好务”为主题，分批次推进“我为群众办实事”实践活动，确立办实事项目375个，为群众解决困难753个；深入开展庆祝中国共产党成立100周年系列活动，扎实抓好“永远跟党走”群众性主题宣传教育，引导全体干部职工永远感党恩、听党话、跟党走。组织建设不断夯实。深化运行“六有两学双晋双争”机制，持续推动党支部标准化规范化建设，63个党支部全部通过市直机关工委达标验收，22个党支部通过省局（公司）星级标准化规范化验收，1个党支部被选树为全省烟草商业学习型党支部，3个党支部被命名为“全省烟草商业标准化规范化党支部示范点”。认真贯彻落实新时代党的组织路线，严格执行编制、严格执行程序、严把审核关口、严肃工作纪律，着力造就忠诚、干净、担当的高素质干部人才队伍。共提拔正科级干部9人、副科级干部18人，进一步使用2人。调整后，科级干部平均年龄43岁，较2020年下降1.5岁，干部队伍结构进一步得到优化。

【烟叶供给质量取得新成效】 坚持“市场至上、品质致胜”烟叶经营理念，深化供给侧结构性改革，以定制化生产为抓手，做实做优基地单元，精准管控生产节令，大力推行土壤保育、绿色防控、清洁烘烤等绿色生产技术，狠抓毕节山地生态烟叶“九度”技术标准落地，全面实施“移库逐包复检”，提高烟叶供给质量和适配性，有效满足重点卷烟工业名优品牌优质特色原料需求。生产收购烟叶121.24万担，全面完成总量任务，上等烟比例79.48%、同比提高6.78个百分点；在全国烟叶收购等级质量检查及工商交接检查中，毕节烟叶收购等级质量合格率达82.39%、位居全省第二，工商交接等级合格率达72.06%、位居全省第一，为全省烟叶工商交接等级合格率获得全国第一的好成绩作出积极贡献。成功承办全省烟叶精准收购工作推进会，“移库逐包复检”在全省推广应用。毕节烟叶在11家工业企业重点品牌配方中使用比例平均达8%，在贵州中烟、湖南中烟一类品牌中达到11%左右；“双十五”品牌客户调拨占99.25%、高于全省15个百分点。新增贵州中烟林口、安徽中烟草海、江苏中烟重新3个国家局基地单元，是全省唯一一年增加3个国家局基地单元的市（州）。2021年底，卷烟工业提报毕节烟叶市场订单总量121.9万担，在浙江中烟因全国合作加工计划减少、调减毕节7.5万担订单情况下，全市烟叶订单总量仍增加2.2万担，产业发展态势稳中向好。

【卷烟营销取得新成效】 全年销售卷烟23.5万箱，完成年度计划的100%；月均社会存销比0.48，好于预期目标0.22；零售价格指数保持在99以上，零售客户实现总盈利额11.45亿元，同比增加6900万元，零售客户毛利率14.01%，实现卷烟价格坚挺、库存合理、动销顺畅、客户满意。终端建设持续推进。不断升级“黔彩”合作终端形象，稳步拓展“黔彩”合作终端规模，建立常态化运行评价机制，强化过程管控，终端建设质量持续提升、体系持续优化。累计建成高质量现代终端8424户，占比20.2%，建成“黔彩”合作终端512户，现代终端、合作终端建成数量全省第一。营销改革持续深入。扎实推进市场化取向改革，以全省“黔彩”营销服务品牌试点建设为引领，构建了具有毕节特色的“16214”卷烟营销服务新模式，全面完成卷烟营销队伍转型，推动客户价值与服务资源精准匹配，系统推进“黔彩”营销服务品牌体系建设，搭建智能服务信息平台，形成线上全流程监管、线下全过程跟踪的服务质量管理新模式。物流配送持续增效。“准时制”配送深入推进，配送效率进一步提升，全市送货路线从186条优化整合为175条，平均送货响应时间从36小时缩短到28小时，送货准时率达97%。物流设备有效利用率进一步提升，有效仓容增加3000箱以上，出库补货效率提高22.8%，分拣效率从每小时28500条提升至35000条。在零售客户大幅增加的情况下，物流可控成本有效降低，人均配送效率、单箱可控费用等关键指标实现增比进位。全面完成全省物流一体化管控平台第一期建设试点任务。

【专卖内管取得新成效】 打私打假成效突出。不断完善“政府领导、部门联合、多方参与、密切协作”打假打私体系，持续提升案件查办能力，推动打私打假工作不断取得新成效。2021年，全市查获涉烟案件677起，其中5万元以上案件150起，国标网络案件4起，省标网络案件4起，互联网涉烟重点案件9起，假烟186.2万支。深入开展“黔锋十号”专项行动，查扣烟叶烟丝102.67吨。查获真烟异常流动“双30”案件8起，“双50”案件1起，“双80”案件1起，查扣真烟1331.8万支。真烟异常流动治理效果明显。继续保持真品卷烟异常流动综合治理高压态势，强化卷烟经营活动监督力度，严惩卷烟非法流通行为，全年共流出125.36万支，占全省的7.7%，排名由全省第三下降至第五。市场监管效能显著提升。深入贯彻落实《中华人民共和国未成年人保护法》，建立市场样品烟、电子烟治理长效机制，全力开展电子烟专项整治、“守护成长”保护未成年人免受烟侵害等专项行动，清理幼儿园周边持证零售户92户，阻止2家电子烟生产企业落地，排查电子烟销售实体店108户，劝下架15户，查处向未成年人销售卷烟行为6起、向未成年人销售电子烟行为1起。大力推进“互联网+政务服务”，实现行政许可“网上办、掌上办、及时办”，全面实现零售许可文书邮寄送达，持证经营率99.45%，亮证经营率100%。全年行政复议行政诉讼为零，线下窗口“非常满意”及“满意”评价率100%。

【获奖情况】

1. 获奖集体。2月25日，毕节市烟草专卖局（公司）被中共中央、国务院授予“全国脱贫攻坚先进集体”称号；4月23日，毕节市烟草公司七星关区分公司、毕节市烟草公司大方县分公司、毕节市烟草公司赫章县分公司3个集体分获“全省脱贫攻坚先进集体”称号；9月，毕节市烟草专卖局（公司）党员教育电视片《路遥》获国家局三等奖、省局一等奖；10月12日，贵州省烟草公司毕节市公司技术中心、物流中心分别获评贵州烟草商业“十三五”科技创新工作先进集体。

2. 获奖个人。3月8日，毕节市烟草专卖局（公司）张秀秀获省国资委系统2020年度“三八红旗手”称号；4月23日，毕节市烟草专卖局（公司）曹保军获省委表彰“贵州省脱贫攻坚先进个人”；7月1日，毕节市烟草专卖局（公司）张秀秀获中共毕节市委表彰“全市优秀党务工作者”；7月1日，毕节市烟草专卖局（公司）罗贞宝被评为贵州烟草商业“优秀共产党员”；6月，毕节市烟草专卖局（公司）李彩斌被评为全省职工绿色增效劳动竞赛先进个人；8月25日，毕节市烟草专卖局（公司）熊瑶获2021年行业栽培技能比武二等奖；9月，毕节市烟草专卖局（公司）吴莎莎被评为全省优秀志愿者；10月12日，毕节市烟草专卖局（公司）喻奇伟、彭弢、康俊被评为贵州烟草商业“十三五”科技创新工作先进个人；10月，毕节市烟草专卖局（公司）李薇参加第四届贵州烟草商业专卖管理师技能竞赛获第2名；11月12日，刘琼参加首届烟草行业青年技能竞赛获第8名，获“烟草行业青年技术能手”称号，威宁县局（分公司）赵举军获“贵州省技术能手”和“烟草行业技术能手”称号，威宁县局（分公司）吴杰参加首届烟草行业青年技能竞赛获第20名，获“烟草行业青年技术能手”称号。12月28日，毕节市烟草专卖局（公司）唐露被评为2016—2020年全国普法工作先进个人。

（供稿：毕节市烟草专卖局）

盐　业

【概述】 2021年，贵州盐业（集团）毕节有限责任公司紧紧围绕食盐销售、纪律监督、安全生产、国企改革三年行动、党建发展、羊肚菌种植经营发展等重点工作开展，稳推企业向高质量发展，整体工作呈现良好局面。

【巩固脱贫攻坚成果，助力乡村振兴】 毕节公司在集团党委的领导下，积极巩固脱贫攻坚成果，助力乡村振兴。2021年种植羊肚菌产业由2020年491亩扩展到1200亩，3个羊肚菌种植基地扩展到8个种植基地，为当地550户家庭，15270人增加收入130万元，其中建档立卡户94户，3101人增加收入248080元，有效促进就业的同时，重塑公司产业结构，促进多元化发展，不断增强抵御风险能力和市场竞争力，让国有资产得到充分的利用，实现保值增值。

【年度经营目标完成情况】 2021年毕节公司狠抓食盐销售，在公司全体干部职工的努力下，完成全年经营指标考核任务。其中小袋盐销售完成18063吨，完成全年任务目标的104.41%。中高端盐销售完成2174吨，完成全年任务目标的73.69%。高端盐完成168吨，完成全年目标任务112.00%。现金收入18523万元，完成全年目标任务的176.40%。非盐收入105.30万元，完成全年目标任务的526.52%。租金收入354.81万元，完成全年目标任务的108.84%。利润总额完成1884.82万元，完成全年目标任务的471.20%。

【多渠道开展盐品宣传】 日常宣传工作中，利用超市周年庆、开业等机会，设置外场“碧源”牌盐品宣传活动，销售人员在积极联系有潜力商户，积极进行宣传；特殊宣传中，创新多种宣传模式。借助“5·15”防治碘缺乏病日开展宣传活动，积极配合地方卫生疾控中心、市场监管等部门在大型广场设置盐品类型宣传展示架，发送传单，联系广场舞团队佩戴“碧源”围腰等进行宣传。抓住当地丧葬风俗，积极将礼盒盐销入殡仪馆。积极将礼盒盐升级，将礼盒盐推向寿宴市场。

【充分发挥盐品销售奖励机制】 推动一线销售工作人员积极主动寻找客户抢占销售市场，完善薪酬改革方案、销售提成、配送等激励机制。激励机制重点向一线倾斜，倒逼营销员、后勤人员主动销售食盐，主动对接商家、深入市场，员工销售积极性明显提高。

【完善客户信息录入】 借助食盐销售365管理系统，将客户质量复盘，执行客户目标数，责任到人、目标到店，定期回访，及时补货。全面严格按照规则开展进出库操作，确保食盐质量安全、有效跟踪、不串货。

【国企改革三年行动】

1. 完善公司章程。把党的领导融入公司治理各环节，实现制度化、规范化、程序化。毕节8家公司全面完成“党建入章”工作，将国有企业党建工作写入公司章程，并且将公司章程上报市场监督管理局完成备案工作。

2. 制定党组织前置研究讨论重大经营管理事项清单。结合毕节公司实际，8家单位理清各治理主体权责边界，完善“三重一大”决策制度，明确党委（支部）在决策、执行、监督各环节的权责和工作方式。

3. 认真推行经理层成员任期制和契约化管理。在充分拟定《岗位聘任协议书》和《经营业绩责任书》全部内容的基础上，完成与公司本部1名经理层，7个县公司，15名经理层成员任期制和契约化管理的签约。充分发挥公司经理层成员在公司改革转型发展中的领导作用，增添改革动力、激发改革活力，实质提升公司的经营效益。

4. 完善薪酬分配机制。毕节公司纳入企业总户数共8户，组织企业考核户数8户。组织考核完成率100%。按照《贵盐集团直属分子公司负责人经营业绩考核暂行办法》《毕节公司2018年工资改革方案》试行组织绩效考核和分类核算；按照《毕节公司2018年个人业绩考核管理实施方案》实行按贡献决定分配机制，进行全员绩效与薪酬分配；完成毕节公司中长期激励梳理评估报告。

5. 落实推进集团经营管理体制改革工作。按照《关于加快推进经营管理体制改革的通知》（贵盐规发〔2021〕12号）要求，积极与市场监督管理局、税务等相关部门对接，完成毕节公司下属7家县级单位经营管理体制改革工作。

（撰稿：王　森）

教 育

教育管理

【概述】 2021年是“十四五”开局之年，在市委、市政府的坚强领导下，在省教育厅的有力指导下，全市教育工作以习近平新时代中国特色社会主义思想为指导，认真贯彻落实党的十九大及十九届历次全会精神、习近平总书记视察贵州重要讲话精神以及全省高质量发展大会精神，坚持稳中求进工作总基调，紧盯高质量发展总要求，聚焦乡村振兴教育保障总任务，不断推进毕节教育在“十四五”开局之年开好局、起好步。

【基本情况】 2021年，全市有各级各类学校4575所。其中幼儿园2420所，小学1647所，初级中学296所，九年一贯制学校90所，完全中学41所，高级中学36所，十二年一贯制学校9所，中等职业学校15所，特殊教育学校9所，专门学校5所，普通高等院校6所，成人高等院校1所。

在校生1849616人。其中：在园幼儿303250人，小学在校生848092人，初中在校生401995人，普通高中在校生200363人，中等职业学校在校生36609人（全日制35841人、非全日制768人），特殊教育在校生10306人（其中特殊教育学校就读1747人），专门学校在校生329人，市属高等院校本科生13615人（含毕节电大2019人），高职高专43616人（含毕节电大7051人）。

各级各类共有专任教师105737人，其中幼儿教师18153人、小学教师43531人、初级中学教师26944人、高级中学教师12724人、特殊教育学校教师359人、中职教师1850人、专门学校教师81人、高校教师2095人（含电大21人）。

各级各类学校校舍建筑面积共计1789.65万

平方米。其中幼儿园235.88万平方米、小学592.09万平方米、初级中学343.73万平方米、九年一贯制学校91.14万平方米、完全中学109.80万平方米、高级中学148.26万平方米、十二年一贯制学校59.49万平方米、中职74.84万平方米、特殊教育学校5.24万平方米、高等院校129.2万平方米（含电大1760平方米）。

在各级各类学校中：

有民办学校881所，其中民办幼儿园789所（普惠性516所）、小学14所、初级中学6所、九年一贯制学校41所、高中5所、完中14所、十二年一贯制学校9所、中等职业学校2所、高等职业学校1所。在校生212393人，其中幼儿园95077人、小学29205人、初中40802人、高中38629人、中等职业学校1868人、高等职业学校6812人。民办学校专职教师12743名，其中幼儿园6228人、小学1382人、初中2475人、高中2295人、中等职业学校100人、高等职业学校263人。校外学科类培训机构89所，学生8113人，专职教师644人。

有独立设置的少数民族学校12所，其中小学5所、中学7所。少数民族在校生561254人（不含高等教育职业教育），占相应学生总数的31.91%。义务教育在校留守未成年人148045人，在校随迁子女26311人。小学寄宿生77294人，寄宿率9.11%；初中寄宿生257613人，寄宿率64.08%。有中小学幼儿园安全保卫人员9205人、心理健康教育教师1402人。中小学全部接入互联网，有图书4418.68万册。

学前教育三年毛入园率91.35%，九年义务教育巩固率95.31%，残疾儿童少年毛入学率98.06%，义务教育阶段辍学生常态化动态清零（建档立卡贫困人口辍学生清零），高中阶段教育毛入学率91.96%。

【党史学习教育】 扎实开展党史学习教育。坚持以上率下，深入推动全市教育系统党史学习教育高标准、高质量、全方位、全覆盖开展。组织省市县党史专家开展宣讲27场次，工委委员和支部书记上党课17堂次。开展专题学习6次、警示教育1次、革命传统教育2次，开展巡回指导2轮，报送简报信息52篇。开展“察民情、访民意”和领题调研8个，梳理问题30条，确定“我为群众办实事”问题台账21条，办结21条。抓好党员教育培训。开展全市教育系统党组织书记和党务干部示范培训班5期500人，实现对全市各乡镇（街道）全覆盖，全市教育系统党员和党组织书记参加培训均完成规定学时。

【党建工作】 认真开展“牢记殷切嘱托、忠诚干净担当、喜迎建党百年”专题教育。开展“125专项活动”：“演好1台剧”，《林青的远方》舞台剧编排和演出；“编好2本书”，编印完成《传承红色基因·培育时代新人》红色教育读本和《学党史悟思想书画作品选集》；“开展5项比赛活动”，组织开展思政课教师优质课竞赛、书画大赛、“微党课大赛”、“党永远在我心中”演讲比赛和市直教育系统党史知识竞赛。抓好习近平总书记对贵州对毕节重要指示批示精神贯彻落实，各党组织和党员围绕“四新”主攻“四化”、做好“六稳”工作、落实“六保”任务中发挥积极作用，全面从严治党成效得到充分彰显。做好建党百年庆祝活动。“两优一先”推评获省市表彰党员7人、先进基层党组织3个，表彰党员及党务工作者79名、优秀党支部18个，颁发“光荣在党50年”纪念章44人，走访慰问党员93人次，宣讲“七一”重要讲话精神4场次。8月30日，在大方县将军山战斗遗址组织开展全市中小学2021年秋季学期“永远跟党走”开学第一课主题活动，邀请党史专家讲红色故事，给全市中小学师生上开学第一课，全市累计收看达246.5万人次，点赞达27.9万人次，得到市四大班子主要领导点赞。推动教育系统各级党组织抓实基层党建工作，市直教育系统132个党支部（总支）标准化建设100%达标；党组班子成员带头深入7所高校和10个县（市、区）联系点指导党建，推动解决问题；严格发展党员程序，全年发展党员447名，超指导性计划47名。积极贯彻落实《中国共产党普通高等学校基层组织工作条例》，深入推进“五级书记抓党建”工作，实现各级各类学校党的组织和党的工作“两个覆盖”，全面落实高校立德树人根本任务。指导市直教育系统各学校党组织联合社区开展帮扶、义诊、捐赠、支教等活动，覆盖社区党支部22个，开展活动累计67次。推动教育系统各基层党支部开展好“三会一课”、主题党日活动、民主生活会等。积极推进民办学校党建工作，加强民办学校党支部标准化规范化建设。

【项目保障】 2021年，共争取到上级18.11亿元工程项目资金支持。其中学前教育3.68亿元、义务教育9.66亿元、普通高中2.47亿元、职业教育2.3亿元（地方专债）。极大改善全市学前教育、义务教育、普通高中教育、中高等职业教育办学条件。批复下达县（市、区）新建、改扩建中小学（幼儿园）433所，单体项目695个，建筑面积120余万平方米。完工单体项目254个，主体完工单体项目24个，主体施工单体项目27个，基础施工单体项目39个，前期手续及场平单体项目187个，竣工验收单体项目164个。完成省级民生实事新（改、扩建）16所幼儿园和市级民生实事新（改、扩建）50所幼儿园建设任务，完成新建、改扩建义务教育学校100所、普通高中10所。完成全市教育系统固定资产投资40.47亿元。启动职教城二期建设，职教城内5所学校共计争取到2021年地方专债资金2.3亿元（毕节职院6500万元、毕节医专2000万元、毕节幼专8500万元、毕节工职院6000万元），各学校项目在有序推进建设中。

【安全保障】 全市教育系统安全工作形势总体逐年向好，学生安全事故起数和伤亡人数逐年下降，分别同比下降14.3%、13.7%。师德失范事件得到遏制，近两年未发生认定的校园欺凌事件。全市学校安全工作多次得到省教育厅肯定和表扬；通过微信公众号等方式加大对学生及家长的安全教育宣传，微信阅读量单篇最高达43.6万次，创历史新高；因法治宣传教育成效明显，整治非法“校园贷”、校园周边环境综合治理等工作成绩突出，2021年，市教育局被省授予“全省先进单位”称号。全市纳入安全监管的3950所（一址两校计为一所）中小学（幼儿园），基本实现封闭管理、建有警务室或治安岗亭、配备专职保安、视频监控与公安联网、安装一键报警装置并接入110报警中心要求。毕节市教育局以“护航青春、助未成长”为主题开展法治云课堂，学校管理员参与1731人次；组建“守未联盟”，联络员4255人。贵州省平安建设工作领导小组在对毕节市2021年平安建设工作考评中，毕节市教育局开展平安校园创建工作成效显著，在全市33个市直单位中，是唯一获得满分的单位。

【队伍建设】 各级各类学校专任教师达10.57万人，守牢师德师风底线，组织乡镇教管中心排查学校47520所次，县级教育部门督查暗访学校5687所次，女性生活指导教师辅导学生6142878人次，校领导或班主任访谈学生6331275人次，校长访谈教师590706人次，巡查课堂665957次，发现和整改问题3111个。开展主题征文活动1次，评选获奖71篇。组织中小学、职业院校的教师参加国培、省培等14619人次，2021年认定教师资格9346人，招聘“特岗计划”1648人。其中，市级以上名师452人（其中省级乡村名师193人）、市级以上名校长44人，省级骨干教师347人，市级骨干教师2680人，建立省级名校长工作室25个、省级乡村名师工作室193个。

【经费保障】 争取上级资金18.11亿元，其中学前教育3.68亿元、义务教育9.66亿元、普通高中2.47亿元、职业教育2.3亿元。深入推进全市教育系统基层财务监管突出问题专项整治，加强全市教育系统财务管理，提升财务干部管理水平和财务人员业务能力，市教育局举办规模最大、范围最广、人员最多的“全市教育系统财务管理及业务培训”。培训对象为各县（市、区）教育局机关、乡镇教育管理中心、中小学、幼儿园以及市属各学校财务管理干部和财务从业人员，培训分28期，共计4000余人参加。培训时间从7月12日开始至10月27日结束，培训主要内容为《中华人民共和国会计法》《中华人民共和国预算法》《政府会计制度》《内部控制规范》等财经法律法规，以及开展警示教育。按照《毕节市教师工资待遇及教育经费按时足额拨付保障机制》，每月邀请市人社局、市财政局、市审计局对保障教师工资待遇及教育经费情况进行复核研判，教师工资补贴和教育经费得到全面保障。

【疫情防控】 加强防疫宣传，各级各类学校召开防疫主题班会178000余节次，编发防疫提示15000余条，宣传展板5000余块，传染病防控宣传1200余场次。推进疫苗接种，共筑防疫屏障。全市在做好常态化疫情防控的同时，全面动员，强力推进广大师生疫苗接种工作，确保无禁忌人员“应接尽接、应接快接”。2021年，全市教职工（含工勤人员）共144911人，接种疫苗141018人，禁忌3312人，接种率99.60%；12~17周岁学生649359人，接种疫苗647643人，禁忌1461人，接种率99.96%；18周岁以上学生102585人，接种疫苗101942人，禁忌294人，接种率99.66%；6~11周岁在校生应接种786623人，接种779872人，未接种6751人，接种率99.15%。

【学前教育】 2021年，全市有幼儿园2420所，其中民办幼儿园789所（普惠性516所），在园幼儿303250人，专任教师18153人，普惠性幼儿园覆盖率达93.80%，公办幼儿园在园幼儿占比达68.65%，学前教育三年毛入园率91.35%；幼儿园校舍建筑面积增加到235.88万平方米；建成农村幼儿园集团化管理资源中心86个（累计共建成206个），新招教师1341人，培训教师1000人次；创建市级示范幼儿园14所（全市共132所）；完成小区配套幼儿园治理10所（全市共152所）。

【义务教育】 2021年，全市有义务教育学校2033所，其中小学1647所、初中296所、九年一贯制学校90所，在校生1250087人，教师70475人，小学适龄儿童入学率达99.91%，初中阶段毛入学率114%，九年义务教育巩固率达95.31%；着力提高学生综合素质，在大方将军山战斗遗址开展“永远跟党走”2021年秋季开学第一课活动，全市近200万师生同时观看，网络直播关注人数在全市历年来各种活动中首次突破200万。征集第二批“一校一案”落实《中小学德育工作指南》典型案例，组织德育专干示范班培训。督促学校开齐开足体育课程课时，组织学生参加5次省级体育比赛，共获奖牌34金、12银、14铜；举办毕节市2021青少年田径锦标赛、乒乓球俱乐部联赛、2021年中国小篮球联赛（贵州毕节赛区）等赛事活动；组织115名教师参加校园足球教练员国家级培训、毕节市田径裁判员培训。广泛开展2021年劳动教育宣传月活动，推动黔西市全国中小学劳动教育实验区建设。开展文明校园、节水型学校、无烟型学校、健康促进学校等创建活动。

【高中教育】 2021年，全市有普通高中学校86所，其中高级中学36所、完中41所、十二年一贯制学校9所，完成普通高中招生70029人，普通高中在校生200363人，教师14042人，高中阶段教育毛入学率达91.96%；2021年高考报名人数90858人，其中普通高中81312人、中职生9546人。分类招生录取17992人，报名后不参加高考的学生2266人，全市参加高考人数为70600人。一本上线率10.81%，二本上线率43.77%，录取本科31202人，其中清华北大19人；完成市实验高中、赫章一中“申示”和毕节民中“升类”工作省级评估。

【中职教育】 2021年，全市有中等职业学校15所，在校生36609人（全日制35841人、非全日制768人），教师1850人；毕节市财贸学校、七星关区中等职业学校、毕节同心农工中等职业技术学校、赫章县中等职业学校通过“省级示范性中职学校”评估验收，毕节职业技术学院列入省高水平职业院校建设规划；完成中职招生67800人；金沙县中等职业学校、黔西市中等职业学校和毕节市财贸学校被评为贵州省优质中等职业学校暨乡村振兴示范校；组队参加全省职业院校学生田径比赛，获金牌1枚，银牌1枚，铜牌4枚。中等职业学校毕业生11182人，就业10552人，初次就业率94.37%。

【高等教育】 2021年，全市有高等院校7所，其中本科院校1所、成人高等院校1所（毕节电大）、高等职业院校5所，高等院校本科生13615人（含毕节电大2019人），高职高专43616人（含毕节电大7051人），教师2095人（含电大21人）；市内高校毕业生共11523人，落实毕业去向9845人，其中建档立卡毕业生3335人，初次就业率为85.44%。

【民办教育】 2021年，全市有民办学校881所，其中民办幼儿园789所（普惠性516所）、小学14所、初级中学6所、九年一贯制学校41所、高中5所、完中14所、十二年一贯制学校9所、中等职业学校2所、高等职业学校1所，在校生212393人，其中幼儿园95077人、小学29205人、初中40802人、高中38629人、中等职业学校1868人、高等职业学校6812人，民办学校专职教师12743名，其中幼儿园6228人、小学1382人、初中2475人、高中2295人、中等职业学校100人、高等职业学校263人，校外培训机构89所，学生8113人，专职教师644人；统筹公民办教育协调发展，防范资本过度进入教育领域，依法依规指导社会力量办学，依法行政审批高中阶段民办学校，防范民办高中教育无序发展。强化举办者依法履行出资义务，对全市义务教育阶段民办学校办学条件进行全面核查，督促县区终止不符合办学条件的民办学校。教师配备与办学规模相适应，有序引导退出在民办学校任教的公办教师，强化教职工的入职资格审查。决策机构与监督机构健全，规范名称使用，相关证照齐全并在有效期范围内，进一步规范举办者资质及重大事项变更。严格落实非营利培训机构收费标准，健全与银监、监管银行等部门、单位的信息沟通平台，全面实现学费全程监管。坚决严查隐形变异培训行为，压实主体责任，畅通个人举报渠道，发挥责任督学作用，按照“谁审批、谁负责”的原则，对学科类培训的隐形变异问题进行查处；深化教材清理整治行动，对存在问题及时发现及时整改。

【民族教育】 2021年，全市有独立设置的少数民族学校12所，其中小学5所、中学7所；少数民族在校生561254人（不含高等教育职业教育），占相应学生总数的31.45%，较2020年占比提高0.46个百分点。

【特殊教育】 2021年，全市有特殊教育学校9所，教师359人，特殊教育学校在校生1747人，残疾儿童少年入学率98.06%，较2020年提升2.82个百分点。

【教育扶贫】 拨付学生资助资金96851.79万

元，资助家庭经济困难学生723835人次。全市共办理生源地助学贷款160526人，贷款资金13.01亿元。下达农村义务教育学生营养改善计划中央资金90407.53万元（地方试点金沙县中央奖补资金3845.84万元）、地方试点金沙县省级奖补资金531.76万元，农村学前儿童营养改善计划省级补助资金3717.63万元、市级补助资金2778.23万元。全市校园食堂采购农产品10.97亿元12.5万吨，采购本省农产品10.09亿元11.43万吨，占比分别为91.99%和91.44%。继续推进校园食堂“互联网+明厨亮灶”接入智慧化监管平台工作。截至年底，全市累计接入“互联网+明厨亮灶”智慧化监管平台的学校为2499所，覆盖率达72%。2021年8月7日，《中国教育报》以《贵州毕节打造“互联网+明厨亮灶”智慧化监管让每道菜都“走到台前”》为题对毕节市校园食堂实施“互联网+明厨亮灶”智慧化监管进行报道。“毕节市积极推行学校食品安全智慧监管”被评为2021年度贵州全面深化改革优秀案例之一。

【教育科研】 制定《毕节市进一步提升中小学课堂教育教学质量的实施方案（试行）》，并开展培训、督导、检查，层层抓落实。分别对10个县（市、区）及市直共70所高中学校、课改学校进行教学视导和课堂教学问诊，听课381节。聚焦课堂教学，组织开展3个学段12个学科19场优质课现场比赛、3个学段4个学科12场青年教师教学竞赛和3个专业3场中职学校教师说课比赛；评审2020年优质资源497件，2021年拟开发优质资源500件。完成8学科313节省“空中黔课”录制。多形式开展省市教研活动，开展了中高考复习备考活动6场、学科教学研讨活动21场、承办省级教研活动和赛事6次。强化教育科研，获10项省第五届教育科研优秀成果奖，申报省重大招标课题立项1项，省级教育科学规划年度课题立项34项，市级规划课题立项135项，全市社科理论研究课题立项132项，开展2021年教育科学规划课题结题省级35项、市级68项；在全市遴选毕节市中小学（幼儿园）首批“教育科研示范基地”3所，编辑出版《毕节教育》12期。

【教育信息化】 组织开展“微课竞赛”“和校园杯”“贵州省中小学网络学习资源与空间应用优质课堂竞赛活动”“中小学网络学习空间普及应用暨竞赛活动”“基础精品课”等活动。在全省中小学网络学习空间普及应用暨竞赛活动中，市级平台收到网络学习空间优质课作品427节，评选出100节至省级平台参赛，60节课获奖，获奖比例60%；在贵州省教师教学技能大赛微课应用暨竞赛活动中，市级平台收到微课制作及应用案例7617个，选出优秀案例1144个至省级平台参赛，714件作品获省级奖，获奖占比62.4%；在中小学教师2021年“新媒体新技术教学应用”活动中，报送作品100件参加省级评选，24件作品获省级奖；组织24组作品参加省第九届中小学教师实验教学技能创新大赛，9组作品获省级奖；组织“和校园”杯教师技能大赛，市级平台收到课件作品895件，优质课作品610节，推送优秀课件150件、优质课100节至省级平台参赛；组织2021年学生信息素养提升实践活动，14件作品获省级奖；组织全市100名优秀教师参加2021年创新创客教育教师线上培训；组织中小学教师参加信息技术素养提升培训，毕节市中小学教师参加在线直播集中培训达5366人。

【深化改革】 深化教育督导体制机制改革，印发《毕节市深化新时代教育督导体制机制改革实施方案》，该方案实施遵循依法问责、分级实施、程序规范、公开透明的原则，让教育督导“长牙齿”“成利剑”，以督促改、以督促增、以督促效，不断提升教育质量。

【东西协作】 穗毕两地通过网络开展教研活动250次，在线培训毕节教师9767人次。开启“组团帮扶”模式，由广州市组建派出一批帮扶团队，每个团队由3至5名挂职教师组成，通过共享广州的先进教育教学理念，促进学校师资队伍建设和内涵式发展，帮助毕节打造一批示范学校。毕节市15所职业院校以一对一及多对一的形式与广州职业院校建立了全覆盖结对关系。加强与广州港集团、广州汽车集团、广州建筑集团、广州雪松集团、广电城市服务集团等18家广州企业合作，开设专业18个，订单班40个、学生1449人。2021年，128名毕业生入职成为国企正式员工，平均年收入8万元。

【法治建设】 坚持谁执法谁普法，利用新媒体开展法治宣传，通过公众号、“守卫联盟”APP开展习近平法治思想、宪法、民法典、中华人民共和国未成年人保护法、家庭教育法等法律法规学习，并组织教师进行网上答题竞赛。组织编制本部门本系统民法典学习手册，印发5000余份，并通过毕节市教育局门户网站、毕节教育发布进行发布。全市共组织1006218名青少年学生参加全国青少年普法网学习，参加宪法小卫士竞赛学生862069名。通过全市中小学200名分管校长及800名骨干教师线上依法执教能力提升培训、教育系统习近平法治思想、宪法、民法典宣传培训、机关干部保密法培训、教育系统计财干部统计法审计法培训、民法典进学校等专项活动提升广大教育行政干部职工、师生的法治素养。建立毕节市教育局以案释法工作制度，联合毕节市中级人民法院、毕节市司法局印发《关进一步加大以案释法工作力度推进审判案例进学校的实施方案》，切实推进以案释法。

【对外宣传】 组建市教育局信息专班，加强教育正面宣传；召开新闻发布会4场，对学生资助政策、“双减”政策、提升课堂教育教学质量、新时代督导体制机制改革等民生重点领域政策进行发布；采编信息1012篇在“毕节教育发布”微信公众号、毕节市教育局官方微博、毕节市人民政府网教育门户网站发布，微信阅读量单篇最高为43.6万次。“毕节教育发布”微信公众号多次获得市直部门综合影响力第一名，“毕节市教育局官方微博”获得市直部门综合影响力第四名，有效提升了教育系统形象。

（供稿：陈　键　印世海）

贵州工程应用技术学院

【概述】 2021年是“十四五”开局之年，在省教育厅和市委、市政府的关心支持和指导下，学校坚持党的教育方针和社会主义办学方向，坚持目标导向和问题导向，突出重点，落实立德树人根本任务。按照2021年学校党委和行政的工作要点，学校有序推进各项工作的开展，使学校建设发展取得新的成效。

【强化理论学习，夯实理论基础】 一是扎实开展党史学习教育。学校认真贯彻落实习近平总书记在党史学习教育动员大会的重要讲话精神，按照上级有关党史学习教育安排部署，扎实开展好党史学习教育，重点建好“一个馆”——黔西北红色文化传承成果展示中心即红展馆，发挥红展馆在党史学习教育中的育人作用；上好“两门课”即“赤水乌蒙红飘带——长征和贵州红色文化”和“磅礴乌蒙逐梦来——从毕节试验区到建设贯彻新发展理念示范区”两门公开课；演好“三台戏”即红色舞剧《林青的远方》（在2021年展演了3场）、红色诗歌剧《高原之鹰》和红色话剧《草原艺术设》（在2021年分别展演了1场）。充分发挥党委班子以上率下的作用，认真开好专题组织生活会，让党史学习教育内化于心，外化于行，不断增强“四个意识”、坚定

"四个自信"、做到"两个维护"。二是扎实开展"牢记殷切嘱托、忠诚干净担当、喜迎建党百年"专题教育。根据专题教育部署安排，开展7场次专题辅导和14场次专题党课，全校不同层面开展学习宣讲100余场，做到全校师生员工全覆盖。党委班子成员带头调研6次，为基层解决实际问题15项。三是学懂弄通习近平新时代中国特色社会主义思想，学习贯彻习近平总书记"七一"讲话和视察贵州重要讲话精神。制定出台《习近平总书记视察贵州重要讲话精神分工落实方案》并严格落实，建立习近平总书记重要讲话精神学习贯彻落实台账。着力将贯彻落实习近平总书记视察贵州重要讲话精神情况等有关工作纳入年度校内巡察、检查内容，对发现的问题督促各相关部门及时整改。同时，严格落实"第一议题"制度，党委会上均对习近平总书记重要讲话精神等进行学习；组织开展学习习近平总书记"七一"重要讲话精神专题党课63场。

【加强党的领导，提升党建水平】 一是加强党委自身建设。强化班子建设，提高党委班子领导能力。严格落实党委领导下的校长负责制。党委书记认真履行全面从严治党和抓基层党建第一责任人责任，党委书记和校长保持经常性沟通、工作协调、步调一致，党委班子其他成员按照认真落实"一岗双责"要求，压紧压实责任，各项工作顺利推进。二是认真落实意识形态责任制。学校党委牢牢把握对意识形态工作的领导权，坚持每季度听取各级党组织意识形态工作汇报，加强分析研判学校的意识形态领域风险，抓好意识形态责任制的落实。三是扎实开展党的建设工作。政治建设方面：学校党委把牢党的政治建设这一根本性建设，守牢旗帜鲜明讲政治这一根本要求，把坚持党中央权威和集中统一领导作为首要任务，增强"四个意识"、坚定"四个自信"、坚决做到"两个维护"，严格遵守政治纪律和政治规矩，在政治立场、政治方向、政治原则、政治道路上同党中央保持高度一致。组织建设方面：进一步优化基层组织设置。做好基层党建工作经费保障，按照每教学院党总支2万元/年、每直属党支部1万元/年的额度，核拨2021年度基层党组织活动经费至各基层党组织，支持基层党组织开展党建工作。持续加大发展党员工作力度，规范做好党员教育管理。纪律建设方面：学校党委始终将学习贯彻党章党规作为重要政治任务，及时学习贯彻《中国共产党普通高等学校基层组织工作条例》《中国共产党组织工作条例》《中国共产党基层组织选举工作条例》《中国共产党党员权利保障条例》等党内法规，将党内法规的学习贯彻工作与正在开展的党史学习教育结合起来，将纪律规矩挺在前面，树牢纪律意识、规矩意识，并根据中共贵州省纪委办公厅《关于开展党内法规执行情况专项监督检查的实施方案》要求，对学校党内法规进行了清理和规范。党风廉政建设方面：学校党委出台了《2021年党风廉政建设工作要点》《关于印发〈贵州工程应用技术学院党风廉政建设考核指标清单〉的通知》《中共贵州工程应用技术学院委员会关于落实省纪委反馈我校党委2020年度党内政治生态常态性分析研判存在问题的整改方案》等文件，不断深化巡视反馈问题整改、抓好党内政治生态反馈存在问题的整改等工作，不断压紧压实主体责任，切实把党风廉政建设主体责任落到实处。学校扎实开展作风积弊"大扫除"和作风教育大整顿工作，认真自查自纠、检视问题，抓好整改。坚持节点要点靶向整治"四风"，加强节日节点"四风"及其隐形变异问题监督，营造风清气正校园环境。

【落实立德树人任务，推动学校高质量发展】 一是顺利完成2020年校级质量提升工程项目结题验收。对2015—2018年立项且已申请过延期结题的66项质量提升工程项目、对2019年立项且达到结题时间的11项质量提升工程项目及

2020年立项且主动申请结题的2项质量提升工程项目开展结题工作。经组织专家评审，51项顺利结题，8项延期，20项被撤销。二是推进“双一流”建设。推荐《高级语言程序设计》等四门线下课程及《BIM技术原理》一门虚拟仿真实验课程申报国家级一流本科课程。三是开展环境生态工程等2个专业的学士学位授权审核评估；组织体育教育等4个专业参加普通本科高校专业评估。四是加强创新创业教育建设。毕节数字经济产业园顺利建成并开园，年底已签约入驻省内省外人力资源服务类企业31家，业务涵盖职业技能培训、劳务中介、劳务派遣、职业等级评价、人才测评、高端猎才等领域。顺利完成大学科技园网络建设、软文化建设项目工程。全年学校大学生创新创业训练计划项目共计立项466项，其中国家级46项，省级138项，校级282项。五是不断强化师资队伍建设。多措并举改善师资队伍结构。2021年引进4名博士研究生、25名硕士研究生，公开招考14名工作人员；送出5名教师攻读对口支援单招博士研究生、3名教师攻读对口支援单招硕士研究生。强化师德师风建设。学校认真贯彻落实《教育部关于在教育系统开展师德专题教育的通知》精神，出台《贵州工程应用技术学院师德师风建设专项行动暨师德专题教育工作方案》，稳步推进2021年度师德师风专项活动；建立师德师风巡检长效机制，建立师德师风管理的相应制度，畅通师德失范举报通道。选树先进典型。完成2020年度教师教学工作奖评审奖励工作，共通过项目评审45项，奖励金额244200元；完成2021年度19名优秀教师的评选表彰奖励；推荐“学前儿童发展研究教学团队”参与第二批“全国高校黄大年式教师团队”创建；3名教师获得贵州省普通高校“金师”（教学名师）称号，获得支持3名教师开展教育教学工作相关经费7.5万元。六是统筹推进招生就业。顺利完成2021年本科生招生工作。共完成招生计划合计2941人，其中普通本科2400人，少数民族预科134人，专升本407人。加快推进毕业生就业工作。截至2021年12月31日，已落实毕业去向2628人，落实率86.99%，其中本科2623人，落实率87.03%，专科5人，落实率71.43%。2021年，学校适龄入伍学生1100人，通过宣传动员406人报名，经体检政考合格，成功应征入伍104人（含直招士官18人，义务兵86人）。

【立足服务地方，强化科研工作】 一是科研项目及经费实现新增长。学校2021年，获立项的地厅级以上项目57项，项目立项经费1218.9万元，已达前三年学校科研项目立项经费平均值的133.8%，科研立项经费有新增长。二是科研平台建设取得新发展。贵州工程应用技术学院大学科技园于2021年3月获贵州省科技厅立项建设，建设经费100万元。科技园将发挥科技成果转化、科技创业孵化、创新人才培养、开放协同发展功能，为学校科研水平提升奠定良好的基础。三是校政校企合作有新进展。推动与毕节市贵州省高新技术开发区的校政合作工作，完成与高新区校政合作框架协议的起草并将于近期签署。启动建立高新区企业信息库和学校人才信息库建设，搭建企业和学校科研人员合作的平台，为今后推进校企合作和成果转化奠定基础。通过与企业联合成功申报毕节市人才团队推进校企实质性合作。四是科研奖励取得新突破。获贵州省自然科学三等奖1项，贵州省科技进步三等奖1项，获贵州省第五届教育科学研究优秀成果奖二等奖2项、三等奖3项，科研奖励取得新突破。五是科研服务地方经济社会发展取得新成效。2021年继续指导乐丰公司、天元公司和高原蓝梦公司食用菌生产。同时，还应黔西县洪水镇、协和镇、杜鹃社区、岔白社区之邀，前往开展食用菌产业引进和技术服务；还主动深入学校的党建帮扶点大方县兴隆乡、金海湖新区岔河镇、织金县上坪寨乡等地，帮助引进企业发展食用菌产业并进行技术指导。年底，在上述乡镇帮助引进羊肚菌种植企业，总共种植面积近 1000 亩，为当地打造新型农业支柱产业，促进乡村振兴奠定坚实基础。积极对外开展技术培训，帮助地方和企业提升食用菌技术水平和能力。聂宗平老师在金海湖新区为村民开展 2 期食用菌技术培训。

【完善基础设施，提升师生满意度】 一是高层次人才住房建设项目如期完成基础工程施工，并通过合格验收。二是完成东区教学楼 DJ2 室外环境整治工程并投入使用。三是完成东区消防水池及整体消防管网建设项目，通过合格验收。四是启动图书馆周边环境改造工程，完成方案、施工图设计及审查，完成预算编制等工作。五是及时对工程实训中心、教学康复实验楼 DJ3 栋、东校区二期建设项目学生公寓 DG3、DG4 及教学楼 DJ2 等质保期项目进行电梯日常维保、卫生间漏水、墙面渗水等维保。六是完成对绣山网球场、田径场、明德广场、体育场增设 32 个灯光照明灯具。七是完成东区运动场改造，将原有的运动场重建成规范的 10 个篮球场。八是完成东区边界围墙安装护栏护网 1856.04 平方米，有效防止校外人员攀爬进入校园，排除安全隐患。九是完成对东一栋、普四、五、六栋 3408 套寝室住宿家具的更换，3400 余名学生受益。

【进一步拓宽视野，加强开放办学】 一是国际合作交流有新的突破。主动参加以“创新合作，携手发展”为主题的贵州省与维捷布斯克州建立友好贵州关系协议书签字仪式暨中国—白俄罗斯大学校长对话会。拓展学校同白俄罗斯波洛茨克国立大学合作。拓展和韩国高水平大学合作交流，接待韩国培材大学中方代表访问交流，同韩国世翰大学签署合作协议。为推进学校同白俄罗斯相关高校或机构合作交流，增加外专外教引进渠道，学校赴广东—独联体国际科技合作联盟进行访问交流。推动各二级学院对外合作交流有新进展。以学院为主体，学科专业为基础拓展合作交流，推动艺术学院学生参加中国—东盟教育交流周各大书画赛事，推动以艺术为主体的中外合作交流，搭建同国外艺术院校的合作桥梁。推进机械设计制造及其自动化、机械电子工程专业申报法国施耐德电气绿色低碳产教融合项目。二是校地校际合作交流有新进展。持续推进支援高校人才培养、对口单招博士、干部跟岗学习、教师能力提升等项目，召开广州大学对口帮扶座谈会，落实干部跟岗学习、学生短期交流等工作以及“院对院”等工作机制，深化两校校际交流。发挥部门之间的协调作用，推进广州雪松、湖北丽源等校企合作工作。

【布局“十四五”，开好头、起好步】 完成《贵州工程应用技术学院“十四五”发展规划和 2035 年远景目标纲要》的编制工作，相关专项规划已基本完成。

（供稿：贵州工程应用技术学院）

毕节职业技术学院

【概述】 毕节职业技术学院在始建于 1956 年的毕节农业学校基础上创办，于 2008 年 2 月经贵州省政府批准组建，是毕节市目前唯一一所“省市共建，以市为主”的综合类公办普通高等职业院校。十三年来，学校从一个规模小底子薄的中职学校发展成为一个规模适度、在省内外有一定影响力的综合性地方高职院校，形成以高职教育为主体，中技教育、继续教育和社会培训、技能鉴定为两翼，科研、技术开发与推广服务为助推的办学格局。学校始终坚持面向市场、服务发展、促进就业的办学方向，紧紧扎根毕节，努力培养区域经济社会产业发展一线所需的技术技能型人才。

学校位于毕节市金海湖新区职教城，规划建

设用地面积740亩，10000人规模。规划校舍建筑面积约28.56万平方米，已完成建筑面积26万平方米。设有电子信息工程系、工矿建筑系、农业工程系、财政经济系、旅游管理系、教育科学系、医学护理系和基础教育部、思想政治理论教研部、继续教育与培训部等10个教学系部，年底有2个省级高水平专业群（农产品加工与质量检测、建筑工程技术）、1个省级特色专业群（电子商务—乡村电商方向）。2021年高职招生专业29个、中职中技招生专业4个，在校生11000余名。现有教职工412人，其中专任教师295人，正高职称8人，副高职称74人，中级职称132人，硕士学位教师76人，贵州省职教名师4人，第五届黄炎培职业教育奖杰出校长奖1人。设立国家116职业技能鉴定所、毕节市农民讲师培训中心，获批国家、省高技能人才培训基地和贵州省职业技能等级认定机构，建成毕节·广州人力资源开发基地，组建中华职教社毕节同心培训学院。各类实验实训室建筑面积为7万多平方米，校内实验实训室（中心）87个，校外实习或就业基地83个。教学仪器设备总价值10000余万元，图书馆藏书73万余册。

2021年，在市委、市政府的正确领导下，在省委教育工委、省教育厅和市委教育工委、市直有关部门的指导和关心支持下，学校党委和行政坚持以习近平新时代中国特色社会主义思想为指导，深入学习贯彻中共十九大，十九届五中、六中全会精神和习近平总书记视察贵州重要讲话精神及对贵州、对毕节重要指示批示精神、关于教育的重要论述、全国和全省教育大会精神，坚持稳中求进工作总基调，立足新发展阶段，贯彻新发展理念，构建新发展格局，以推动高质量发展为主题，以改革创新为根本动力，坚持和加强党对学校工作的全面领导，全面贯彻党的教育方针，落实立德树人根本任务，以贯彻落实《国家职业教育改革实施方案》为主线，以“双高”建设为抓手，统筹抓好学校创新发展。

【干部和人才队伍建设】 抓实干部教育培训，分级分类选派50余名干部到各级党校、知名高校、红色教育基地、对口帮扶单位等挂职锻炼和学习培训；邀请校外知名学者、专家教授到学校开展专题讲座4场次，覆盖全校95名副科级以上干部；利用国家教育行政学院网络学习平台、贵州网院，320名干部职工实名注册参加学习培训。引进高层次急需紧缺人才4名。支持个人申请攻读博士研究生学历1名、硕士研究生学历5名。组织选派到铜仁职院、贵阳交职院、深圳职院、番禺职院等优质院校学习培训、跟班进修达60人次。

【思政、意识形态工作】 开展“开学第一课”、清明祭英烈等活动，强化师生爱国主义教育、红色文化教育，深入贯彻习近平总书记参加思政理论课教师座谈会讲话精神，学习省委书记谌贻琴在贵州大学讲授思想政治理论课的讲话精神，教育广大学生努力提高本领，勇担历史使命。认真贯彻落实意识形态及网络意识形态工作责任制，按照“十个纳入”“十个必查”工作要求，投入600多万元进行网络改造，加强学校网站、微信平台和各部门网页信息管理，扎实开展宗教排查相关工作，守牢各类意识形态阵地，没有发生意识形态领域风险。推进学校宣传工作提质发展，利用学校官网、公众微信号等加强内宣工作。注重外宣质量，加强与《贵州日报》《贵州卫视》《毕节日报》《毕节试验区杂志社》《毕节广播电视台》的联系，推出重要宣传报道70多篇（条），“五联五化”“四共机制”推进人力资源开发、N种职教解锁模式等经验做法和典型报道等产生积极影响。

【双高校建设】 有序推进省级高水平专业群（农产品加工与质量检测专业群）建设，并以此为重点，以“双高”标准统筹开展学校各方面工作。申报立项特色专业群、特色骨干专业、黔匠工坊、精品开放课程、高水平产教融合实训基地5个项目兴黔富民行动计划。积极申报2021年“双高”校项目并获得省教育厅立项，成为全省第二批六所“双高”计划实施单位之一。

【人才培养】 深入推进“三全育人”综合改革，将“十大育人体系”融入教学、科研、管理和服务的各个环节，思政课程和课程思政育人实效不断提升。坚持以智启人，不断优化专业结构，规范核心课程设置，课程建设质量不断提升。坚持以体育人，深化体育教学改革，实施“项目式教学”，完善体育教育教学评价机制，强化课外体育锻炼，学生身体素质明显改善。坚持以美化人，构建美育课程体系，丰富美育实践活动载体，逐步建设以弘扬中华优秀传统文化为目标的文化传承基地。坚持以劳塑人，加强劳动课程建设，在第一课堂中有机融入劳动教育内容，以“学年劳动周”为载体，分层分类有序组织学生开展劳动实践，培养学生劳动技能和劳动习惯。学校师生在2021年省级技能大赛中参赛53项，获奖31项。在第七届互联网+创新创业大赛工作中，获8个省级铜奖。在2021年贵州省职业院校学生田径运动会上，获女子甲组团体“第二名”，男子甲组团体“第八名”，个人项目斩获2枚金牌、2枚银牌、10枚铜牌以及2个第四名的优异成绩。在贵州省教育厅举办的2021年贵州省校园路跑接力中，8名同学获大学丙组“一等奖”。学校报送的“西部高职院校跨区域合作实现均衡发展的路径探索与实践”研究课题，获2021年贵州省省级职业教育教学成果奖“一等奖”。组织教师团队参加2021年贵州教师职业能力大赛，获得“一等奖”1项（进入国赛）、“三等奖”1项。

【招生就业】 2021年，共招生3447人。其中高职招生计划4015人，完成录取3948人，计划完成率98.33%，报到3220人，报到率81.56%。中职、中技招生227人。毕业生3014人，年底就业2889人，毕业生去向落实率95.85%。脱贫家庭毕业生848人，就业818人，毕业生去向落实率96.58%。

【科研和社会服务】 立项省级科研项目10个、市级项目21个，完成2个省级人文社科项目结题验收，11个市社科联课题结题。推进与市文广局、贵州风行集团等政、企开展非遗传承培训、新进员工入职培训等，不断提升学校培训工作水平。开展了近60余次专项职业能力认定和职业技能等级认定工作，共认定4500余人次。承接护士资格证、教师资格证等考试工作，服务考生13000余人。完成5000余人普通话测试工作。

【基础设施建设】 申报二期校舍续建工程地方政府专项债券，获6500万元专债资金支持，重启二期校舍续建工程，预计2022年上半年完工投入使用，为学校高质量发展提供强有力的基础保障。

【师德师风建设】 开展师德师风建设年暨师德专题教育工作，加强对教师行为规范、违纪违规情况的检查和教学工作运行情况的监督，开展教师职业行为摸底大排查，建立教师诚信档案，引导广大教师坚定理想信念、厚植爱国情怀、涵养高尚师德。

【资助育人和心理育人】 做好学生资助，让学生安心完成学业。2021年，全校共认定家庭经济困难学生5092名，其中家庭特别困难学生3120名，共发放各类奖助学金1744万元，共奖励和资助6931余人次。不断加强心理育人。加强师生心理健康问题排查，配合毕节市人民检察院等单位开展社会心理援助工作，不断提升学校心理工作影响力；推荐心理育人工作案例获评贵州省教育厅颁发的“贵州省普通高等学校学生工作优秀案例”。

【校园安全】 常态化开展新冠肺炎疫情防控工作，严防疫情输入学校，全校符合接种条件的师生均完成新冠病毒疫苗预防接种工作。有效做好校园安全工作，不断加强师生安全、禁毒教育和法治宣传，积极开展校园周边环境整治，定期开展安全隐患和矛盾纠纷排查，切实推进重大风险防范化解工作，全年校园内未发生重大安全事件。

【征兵工作】 推进大学生征兵入伍工作，超额完成征兵工作任务。

（供稿：毕节职业技术学院）

毕节医学高等专科学校

【概述】 2021年，是学校“十四五”规划开局之年，也是学校开启提质升本新征程之年。一年来，学校坚持以习近平新时代中国特色社会主义思想为指导，深入贯彻中共十九大和十九届历次全会精神及习近平总书记视察贵州重要讲话精神，以党史学习教育为抓手，学党史、悟思想、办实事、开新局，以高质量发展为统领，全面落实立德树人根本任务，取得明显发展成效。

【制定中长期规划】 紧扣高质量发展主题，认真制定“十四五”教育事业发展规划。充分细致研究国家、省市“十四五”规划和2035年远景目标，科学研判未来发展形势、合理定位提质升本目标、对标本科院校设置指标，以高质量发展为统领，围绕内涵质量提升和特色发展两条主线，聚焦“人才培养、学科发展、硬件建设”三项重点工作，推进“高质量师资内培外引、医教协同融合发展、科研及服务能力提高”三项提升任务，强化“内部治理、资源配置、学生服务、安全稳定”四方面保障，高位谋划并完成制定“十四五”教育事业发展规划，力争通过2年攻坚、2年提质、1年冲刺，实现职业本科办学条件超越，实施优势专业本科办学。

聚焦提质升本目标，全面启动创建“毕节医学院”三年达标工作。基于2013年国务院办公厅《深入推进毕节试验区改革发展规划》中明确指出“积极创造条件在毕节设置一所医学类高等院校”，学校“十三五”以来持之以恒夯基础、抓建设、强内涵，基础设施、人才培养体系、教科研与社会服务能力等有全面提升，奠定升本坚实基础。根据习近平总书记对毕节工作作出的“努力把毕节试验区建设成为贯彻新发展理念的示范区”重要指示批示精神、《毕节市国民经济和社会发展第十四个五年规划和2035年远景目标纲要》“以毕节医学高等专科学校为基础创建毕节医学院”要求，学校立足推进教育高质量发展的迫切要求，制定《关于创建毕节医学院三年达标的工作方案（2021—2024年）》，明确提质升本工作目标、建设任务、措施保障，并报市人民政府统筹推进落实。

【加强思政引领，落实立德树人根本任务】 一是深入贯彻落实中共中央办公厅、国务院办公厅印发《关于进一步加强和改进新形势下高校宣传思想工作的意见》，把学习贯彻习近平新时代中国特色社会主义思想作为重点，以庆祝中国共产党成立100周年为契机，引导师生树立正确的历史观、民族观、国家观和文化观。二是认真落实思政评估工作任务要求。以思政评估为抓手，抓实各项基础性建设和基础性工作，深入推进思政工作制度化、规范化、科学化。三是持续深入开展“两转化四阶段体验式”思政教学模式改革和“课程思政”教学改革。组织66名师生赴遵义开展党史学习教育体验式思政实践教学活动，与市博物馆合作共建思政教育教学基地，积极探索大学生思想政治教育有效途径，让师生在“第二课堂”中进行鲜活生动的党史学习教育，更进一步认识历史、感悟历史、从历史中汲取智慧和力量。四是推动毕节市新时代思政课一体化教学改革创新联合体建设。引领毕节市第一中学、毕节市金海湖第二小学协同研究如何挖掘本市红色教育资源、传承红色基因、探索立德树人途径，深化思政教学模式改革、创新、推广。五是思政工作取得突出实绩。筹建马克思主义学院，建设思政教育阵地。举办“庆祝中国共产党成立100周年思政教师党史学习教育宣讲大比武暨全校教师业务学习活动”，取得显著成效。参加市委教育工委主办的“毕节市高校首届思政课教学竞赛”，学校3名教师在6所院校中脱颖而出，均以出色表现获奖，学校获优秀组织奖，较好地展示学校思政教学研究成果、党史学习教育成效。

【把牢教学常规，稳步提升教育教学质量】 一是有序实施全年教学工作。严格按照国家、省市疫情防控相关要求，完成疫情常态化防控背景下的各项教学工作准备，完成教学计划制定及检查。建立超星学习通网络教学平台，信息化教学深入实施。二是严格教研活动管理。示范课、公开课、汇报课、指导性听课、督导性听课、学习性听课广泛开展，教师队伍互动交流学习不断加强，教研活动逐步规范。三是广泛运用新教学手段教学方法。如PBL、TBL、翻转课堂等教学形式被教师广泛运用，课堂教学质量逐渐上升。四是有力推进教学监督。实施钉钉打卡制度，规范课时统计。实施校、系、教研室三级教学督导，对加强教师教案检查，落实检查反馈机制。组织开展教学满意度测评，思政课、公共基础课、专业课满意度达96%以上，教学质量显著提升，教师质量文化意识明显增强。

【强化实践管理，提升学生综合能力素质】 一是加强管理制度建设。建立和完善校内实践教学管理各环节各项工作制度，有效推进实践教学管理工作制度化、规范化。二是加强实训过程管理。合理安排校内实验实训课程，严格实验实训教学监督，确保实验实训教学质量，实验开出率达100%。三是推进医教协同、促进产教融合。完成市内外各实习基地对接工作，落实护理、临床等各专业3471余名学生实习分配，完成年度实习检查工作。深化与华夏眼科集团校企合作，主办“第一届贵州省眼视光产教融合高峰论坛暨贵州省眼视光产教联盟成立大会”。医教协同“1+1+1”教改实验班有序推进。四是规范实践教学基地带教工作管理。落实实践教学基地实习兼职教师管理办法，加强实践育人队伍建设，不断提升实践育人环节管理工作质量。五是实践育人取得显著成效。获行指委批准，拟于年底举办检验专业国赛。一年来，学生获省级、国家级奖项84人次（国家级二等奖3人，省级一等奖6人、二等奖19人、三等奖56人），护考合格率为98.45%、居于全省全国前列。

【紧扣学生发展，提升综合素质】 一是全面启动“三全育人”示范校建设。制定“三全育人”典型学校建设方案，明确建设任务、建设标准，全面推进课程、科研、实践、文化、网络、心理、管理、服务、资助、组织育人十大体系建设。二是发挥好“易班”平台、“青年毕医”微信公众平台功能，开辟党史学习教育、征兵宣传、优秀毕业生先进事迹展、新生入学教育等专栏，常态化开展党史、思政、爱国、生命等教育。三是继续实施文化育人提升工程。以“中华经典诵读提升工程”为重点、以校园文化艺术活动为抓手、以庆祝中国共产党成立100周年为背景，举办党史学习教育系列“晨读、读书沙龙、知识竞赛、诵读比赛、演讲比赛、征文比赛”、校歌红歌传唱大赛、“学党史、强信念、跟党走”参观息烽集中营红色教育活动和清明祭英烈活动、禁毒防艾宣传及禁毒防艾知识网络竞赛、“5·25”大学生心理健康节、第六届寝室文化节等，将文化活动与专业学习、与坚定“四个自信”紧密结合起来，全面推进文化育人落地落实。四是深入实施第二课堂育人实施方案。将第二课堂作为课堂教学的延伸和重要补充，把“53111”德育工程和劳动教育、体育教育有机融合，提升为“553411”工程（50 小时志愿服务、50 小时劳动时间、3 次社会实践、精读 4 本人文书籍、每天 1 小时体育锻炼、参与 1 次比赛），把“我为群众办实事”与志愿服务获得紧密联系，广泛开展义诊、关爱空巢老人、关爱留守儿童、帮助困难群众、文明出行、健康宣讲等志愿服务活动，学生综合素质有效提升。开展志愿活动共计 164 次，参加人数 5250 人次。

【落实政策保障、深化育人服务】　一是精准落实各类政策资金发放工作。2021 年，共发放专科助学金 6801 人次、共计 1053. 455 万元，发放中职助学金 4621 人次、共计 462. 1 万元，落实中职免学费 7824 人次、共计 782. 4 万元，发放精准扶贫资助金 6624 人次、共计 287. 75 万元。生源地助学贷款 3114 人，贷款金额 1252. 33 万元。预计发放专科 12 人国家奖学金共计 9. 6 万元、中职 6 人国家奖学金共计 3. 6 万元、专科 299 人国家励志奖学金共计 149. 5 万元。在学生资助工作中，做到所有资助金按时足额发放，充分发挥职业教育扶智帮困作用，确保不让一名学生因贫辍学。二是切实提升服务工作质效。落实领导干部联系班级和学生机制，形成“全员育人、全方位育人、全过程育人”浓厚氛围。学校社区卫生服务中心共接诊 5000 余人次，后勤处及时办理教室、寝室维修 6500 余次，干部、辅导员安全管理值班 320 人次，为广大学生生活、学习提供坚实保障，大大增强学生校园归属感、幸福感。

【科研服务】　在科研方面。一是完善管理制度建设。完善科研带头人评选实施方案、扩大科研人员自主权实施细则、科研积分奖励办法、专利管理办法等，不断优化科研服务体制机制。二是加强科研队伍建设。组织教师参加第三期“国家自然科学基金申报、评审及典型经验交流高级研修班”；落实东西部帮扶协作，邀请广州医科大学博士杜丽丽到校开展工作指导和科研培训，申请选派广州医科大学易伟博士驻校挂职指导科研工作。三是积极组织课题申报。申报立项各级课题 19 项，其贵州省社科联理论创新课题（联合课题）6 项、毕节市社科理论创新课题 7 项、毕节市科技计划联合项目 6 项；完成省部级课题结题 1 项，被总课题组中华职教社认定为一等奖。四是积极推进科研成果、教学成果评选活动。2021 年来，出版《毕节医专论坛》4 期（教师公开发表论文 100 余篇），年度评选优秀论文 39 篇。

在社会服务方面。一是完善服务制度。修订《关于进一步加强教师行业企业实践、基层服务管理办法》，加强教师行业实践、基层服务管理，强化实践及服务质效。二是持续打造“威宁羊街 · 健康乡镇”试点项目。对羊街镇医务人员开展能力提升培训 7 场，共培训 173 人次，开展健康教育 2050 人，发放健康读本 1000 余份。三是广泛开展技能鉴定和技能培训。社会培训和技能鉴定服务 1800 人次，不断发挥职业教育社会服务功能。四是深入开展医疗帮扶和义诊服务。深入金海湖新区开展帮扶，接诊群众 1300 余人，发放药品价值共计 6457. 00 元，发放科普资料 1300 余份，采购检查耗材共计 2900. 00 余元。深入七星关区鸭池镇、小吉场镇各开展义诊 1 次，惠及百姓 400 余人次。五是强化乡村振兴干部驻村帮扶工作。选派 2 名副科级干部持续开展驻村帮扶，协调资金 14 万元，帮助解决产业发展问题。积极推进“校农合作”，采购省内农产品约 305106 千克，占农产品总采购量的 85. 17%，助力乡村振兴。

【校园安全】　全力做好疫情常态化防控有关工

作。一是建立防控机制。根据新冠疫情实时动态，积极制定学校疫情防控措施，印制新冠肺炎疫情防控工作制度、通知20余条并组织实施。二是坚持疫情防控常态化。在全校学生中持续开展爱国卫生运动，落实“开学第一课”，严格实施“晨午晚检”“零报告”“日报告”制度，并根据国家、省、市有关疫情防控要求及时调整跟进防控措施，做到防控无死角。三是强化疫情防控监管机制。执行学生跨省流动“钉钉”逐层报备制度，加强教师外出报备管理，并分别建立台账，实时掌控师生健康状况和流动情况。四是积极组织疫苗接种。完成师生员工第一针剂接种5094人，接种率达到96.7%，完成师生员工第二针剂接种4132人，接种率达到98%（二年级部分学生离校前往实习医院临床实习不在统计范围）。五是加强结核病管理和学生健康体检。全年进行结核PPD筛查9690人次，完成21级新生体检3088人，认真落实学校常见传染病防控宣传工作。

全力维护校园安全稳定。一是强化“大安全”理念。提高政治站位、强化政治意识、坚持底线思维，认真落实“党政同责、一岗双责、齐抓共管、失职追责”安全工作责任制。二是落实安全保障措施。制订学校安全应急预案总案和子案，组织签订各部门年度安全责任书。在重大节日、敏感时间节点，坚持24小时值守，加强安全维稳工作，守好校园安全生命线。三是深入开展安全风险排查。持续开展学生健康排查，建立健康管理台账，实施“一生一策”，有效化解学生存在的健康安全风险。开展全校实验室、食堂、超市安全卫生及食品安全检查，及时发现和处理问题、消除安全隐患。四是加强师生安全教育。落实学生法治宣传教育、日常安全管理、宿舍防范地质灾害应急演练，强化校园消防安全、交通安全、防溺水、防诈骗、防结核、防涉毒、防邪教、防艾、防疫等工作宣教力度，做到宣传防控有力有效。五是强化精神文明建设。统筹推进“五城同创”“文明校园”“文明寝室”“文明班级”“文明学生”工作，不断提升校园文明理念，为构建和谐医专、平安校园营造良好的氛围。一年来，通过强化安全管理，加强安全教育，学校师生安全意识普遍提高、有力推进“平安校园、和谐校园”建设。

【队伍建设】 加强队伍建设，强化教育服务人才支撑。一是将加强师德师风教育放在首要位置。完善师德师风建设及考核实施方案，持续加强全体教职工师德师风教育和考核。二是加强教师队伍建设。深入实施师德师风建设工程、“青蓝”工程、教师能力提升工程、“大师、名师”工程、教学名师（技能大师）培养工程、教学团队建设工程、“双师”队伍建设工程，持续推进人才梯队建设，优化专业师资队伍结构，教师队伍素质不断提升。一年来，办理聘用58人，推荐申报高级职称23人，引进高层次人才19人。组织教师参加市级以上各类大赛获奖12项（其中全国一等奖1项、二等奖3项、三等奖2项、省级三等奖2项）。三是加强管理队伍建设。坚持正确用人导向，选拔任用、转任岗位、转正考察干部55人次，招聘编外人员13人、见习生16人，有力夯实教学管理服务人才基础。四是加强对外交流及学习。组织教学专题培训参与280余人次，派遣校外培训112人次，参与企业行业实践、基层服务实践78人次。实施“线上线下、请进走出”培训，师资队伍专业能力、信息化教学能力不断提升。

【推进专业学科发展】 一是规划专业发展布局，优化学科专业结构。成功申报公共卫生管理专业、预防医学专业、婴幼儿托育服务与管理3个专业，搭建公共卫生类专业群。二是将高等职业教育人才培养提质培优工程项目和“兴黔富民”行动计划项目建设作为内涵建设重要抓手，强力推进落实学校《职业教育兴黔富民行动计划建设项目实施方案（2020—2022）》，配套支持经费，落实机制、经费保障。三是以提质培优建设引领学校内涵建设，专业、课程建设水平不断提升。2021年，获省级优秀项目1个（护理与保健重点专业群），合格项目4个（骨干专业医学检验技术专业、精品在线开放课程《基础护理学》、大师工作室李珍武—中医药大师工作室、口腔医学技术专业现代学徒制试点）；完成待检省级项目2个（精品课程《大学语文》《儿科护理学》），有序推进省级项目2项（护理特色骨干专业、药学高水平专业化产教融合实训基地）和校级16门精品开放课程建设；新立项省级项目3项（精品课程《毛泽东思想与中国特色社会主义理论体系概论》、中医学特色骨干专业、护理与保健特色骨干专业群），完成校级20门精品课程和11门课程思政示范课程评审立项并纳入2022年经费预算，内涵建设深入推进。

【招生就业】　加大宣传力度，积极落实招生工作任务。广泛深入开展招生宣传，通过官网、微信公众号、QQ工作群、中国教育在线、多彩贵州网等平台，及时深入开展招生宣传。2021年招生3548人。深化就业指导服务，积极拓展就业渠道。一是认真落实毕业生就业创业“一把手”工程。召开5次就业工作推进会，召开2022届毕业生就业工作启动会，形成就业指导“四级联动、多部协同、层层落实”工作格局。二是积极开展校园招聘会。组织各级各类招聘会84场，通过QQ、微信、网站等多渠道推介招聘信息，累计提供对口就业岗位9700余个，为企业和毕业生提供全天候就业服务。三是落实求职创业补贴发放工作。发放求职创业补贴2305人、共计230.5万元，充分保障学生求职创业。四是多措并举促就业。积极开展“专升本”（文化过线998人，升本人数345人）、西部计划（在岗4人）、征兵工作，不断拓展学生高质量就业渠道。截至2021年11月22日，毕业生去向落实人数2840人，去向落实率94.04%，超过全省平均就业水平。

【基础建设】　一是启动二期工程建设。学校二期建设工程已纳入第四批地方专项债券项目，到位财政资金2000万元，完成规划设计、地勘工作。二是加强实训基地建设。根据专业发展和实验教学需求，做好实验室的新建、改建等工作。完成医疗器械实训室、心理健康指导中心、健康管理实训中心、东校区中药标本馆等实验实训室的新建及设备更新和设施改造。全年共组织实施教学、科研、技能训练和比赛用实验设备（固定资产）及消耗品采购项目33个，完成采购资金785万元。三是智慧校园建设稳步推进。现代化治理——内部质量管理平台建设项目、智慧教学综合平台服务项目、智慧校园建设——校园边界监控建设项目完成建设，云桌面计算机实训室建设项目完成验收，室内体育馆实现无线Wi-Fi全覆盖，各项工作的推进开启学校教育信息化标杆学校建设新进程。四是谋划推动学校公共卫生服务中心（金海湖新区归化社区医院）建设，积极拓展高校服务地方健康产业发展基础平台。

（供稿：毕节医学高等专科学校）

毕节工业职业技术学院

【概述】　2021年，毕节工业职业技术学院坚持以习近平新时代中国特色社会主义思想为指导，全面贯彻中共十九大及十九届历次全会精神和省委十二届、市委二届历次全会精神，深入贯彻习近平总书记关于教育的重要论述及全国、全省教育大会精神，紧紧围绕省委、省政府，省教育厅，市委、市政府中心工作任务，坚持以大党建为统领，牢固树立和落实新发展理念，深入开展党史学习教育，牢牢把握立德树人根本任务，全面贯彻《国家职业教育改革实施方案》，全院师生团结一致，凝心聚力谋发展，着力推进学院内涵提升，办学活力充分释放。

【干部队伍不断选优配强】 坚持党管干部原则，营造风清气正的用人环境。引聘结合，面向社会公开引进硕士研究生8名，招聘编外人员13名，进一步优化工职院教职工队伍结构，为学院发展注入新动能。2021年采取组织考察方式考察副县级干部9名、正科级干部7名，副科级干部12名，进一步使用正科级2名，为学院发展提供团结高效的干部保障。

【人才培养水平不断提升】 致力于内涵发展，稳步推进教育教学、制度体系完善、学生技能培养和提高教学科研能力，提高人才培养质量。一是教育教学稳步推进。致力于抓好教学日常管理，完善教学管理制度、考勤制度和考核制度；认真做好全院教学计划、教学任务落实及课表的编排工作，确保常规教学秩序稳定和教学工作的正常运转。二是管理体系逐步完善。不断完善党委会、院务会、专题会等会议制度。组织召开学院一届一次教职工代表大会，审议通过《学院绩效考核方案（试行）》《教职工代表大会实施细则（试行）》等制度10余项，深入推进教师分类管理、考核和评价，强化以质量与绩效为导向的薪酬分配与激励机制，激发广大教师的积极性、创造性，推进管理体系逐步完善。三是教学科研能力增强。创新工作方法、集聚优势资源，组织申报立项各类省、市社科课题41项，通过专家评审立项41余项，结题验收9项，32项正在开展研究中。四是专业建设不断优化。以服务社会需求为导向，确保专业建设符合职业教育适应性，进一步推动学院专业建设与新型城镇化、乡村振兴等国家、省、市重要战略部署相契合。拟申报新能源汽车技术专业和应急救援技术专业，拟停招智能水务管理专业，着力优化教育教学专业结构。五是学生技能不断提高。注重培养具有“创新精神、创新意识、创新能力”的人才，在强化学生专业理论的基础上，坚持“以赛提质、以赛促教、以赛促改”，组织师生参加省市职业技能大赛，强化专业实践能力提升。在2021年9月贵州省第一届职业技能大赛毕节市选拔赛暨毕节市第一届职业技能大赛中，师生取得5项一等奖，1项二等奖，2项三等奖，8项优秀奖。

【育人环境全面优化】 一是突出思政育人。积极构建“思政课程+课程思政”大格局，推进全员全过程全方位“三全育人”，不断强化党对青年大学生的政治和思想引领。23人被评为2021年贵州省优秀毕业生，88人被评为学院优秀毕业生；12人获省级“三好学生”和“优秀学生干部”称号，79人获学院“三好学生”和“优秀学生干部”称号；二是推进活动育人。深入开展“学党史、强信念、跟党走”党史学习教育，实施青年大学习行动、“我为青年做件事”主题实践活动、暑期“三下乡”社会实践活动，大学生“扬帆计划”“返家乡”社会实践活动；组织开展艺术节、庆祝中国共产党成立100周年文艺晚会、田径运动会、“七一”表彰等活动，切实构筑“积极向上、健康活泼”的育人氛围。三是打造平安校园。抓好校园安全工作，强化重大风险摸底排查和化解，全面落实源头管控措施，积极预防、稳妥处置各类风险，确保校园平安稳定，一年来，未发生任何安全事故。强化严防严守，落实管控措施，及时补充防护物资；推进疫苗接种，学院教职工共计299人，接种289人，禁忌证10人；18岁以上学生共计2539人，接种人数2423人；12~17岁学生共计1364人，接种人数1344人，全院师生接种率达96.52%。四是落实教育扶贫政策。根据省、市有关精神和要求，发放中职（技工）建档立卡贫困学生发放精准扶贫专项助学金、免书本费、免住宿费601人次57.095万元；为中职（技工）学生免学费3657

人次 365.7 万元；为中职学生发放国家助学金 2604 人次 260.4 万元；为高职建档立卡贫困学生发放精准扶贫专项助学金 1034 人次 51.7 万元；为高职建档立卡贫困学生免（补）学费 401 人次 140.35 万元；为高职家庭经济困难学生发放国家助学金 494 人次 196.515 万元。

【办学条件不断改善】 一是推进基础建设。积极争取到地方专项债、省能源局、省教育厅等 1.3 亿余元恢复启动学院二期工程、安全技术培训中心特种作业实操基地、校舍建设和维修改造、实训基地建设、教学仪器设备购置、图书资料配置等项目，二期工程实训楼主体完工，学生宿舍已投入使用，师生的教学和生活条件得到改善。二是增强保障能力。投入 700 余万元加强教学设备、办公物资等固定资产采购，投入 200 余万元购买 1320 张学生用床，引进服务企业投资 200 余万元，推进学生宿舍热水工程、洗衣机、烘干机、吹风机、直饮水等服务项目不断完善；投入 30 余万元建设完成高压双回路电源；引入 20 余万元启动校园一卡通工作；引进运营商投入 15 万元建设校园局域网。师生教学和生活条件得到明显提升和改善，保障能力不断提高。

【招生就业开创新局】 全院教职工团结协作，真抓实干，积极深入开展招生宣传，2021 年招生 2251 人［其中：高职学生 1481 人（“六类人员”招生 290 人），中职学生 770 人］，较 2020 年提高 6.63%，学院在籍在册学生人数达 5428 人。扎实推进毕业生就业，举办毕节工业职业技术学院 2021 届毕业生离校未就业校园招聘会，省市 40 余家优质企业参与，共提供 1000 余个就业岗位，涵盖工程、汽修、酒店、物业管理、新媒体、幼师等领域，800 余名毕业生参加应聘。

【社会服务有力推进】 一是在助力乡村振兴上积极作为。选派 3 名驻村干部到百里杜鹃黄泥乡小坡村、槽门村、石丫村参与乡村振兴工作；做好“校农结合”采购、代销扶贫农产品；为乡村振兴联系点 3 个村提供 15 万元发展资金，每村 2 万元工作经费，助力推进乡村振兴联系点实施乡村振兴战略。二是在社会培训上踔厉奋发。主动适应“放管服”改革新常态，积极应对社会培训新形势，培训对象覆盖面不断扩大，做精做优社会服务培训，提升技能培训、技能鉴定能力和质量效益。2021 年开展培训班 71 期 7762 人次，比 2020 年 6949 人次增长 12%。

【校企合作持续深化】 深入推进产教融合，强化校企合作，构建多元化办学机制，引入社会力量参与办学，先后与广州市建筑集团有限公司等国内 30 多家大中型企业签订战略合作协议，共建教育教学实训实习基地，与广州建筑集团、平湖市长城汽车公司等开设“订单班”，构建校企协同育人新机制；2021 年 5 月，引入贵州拓海生活服务（集团）有限公司 800 余万元投资合作共建二级学院“拓海学院”，着力培养符合市场需求的高质量物业管理人才；2021 年 12 月，与贵州优米云科技有限公司合作共建二级学院“跨境电商学院”，着力培养跨境电商人才，成为市内首家开设跨境电商专业的院校。通过与企业合作共建，实现“学生”与“工人”角色的“无缝对接”，推动职业教育专业、地方产业、学生就业“三业联动”；推进政校合作，与浙江平湖市政府“联姻”，开辟毕节职业教育政校合作异地培养技能人才新路子，平湖市人民政府每年为学院提供 100 万元（连续三年）人才培养经费，积极搭建学生技能培养和就业创业发展平台，共筑人才培养阵地，是首个省外沿海发达城市政府跨区域进行资金支持毕节职业院校培养技能人才的典型。

（供稿：毕节工业职业技术学院）

毕节幼儿师范高等专科学校

【概述】 2021年，毕节幼儿师范高等专科学校坚持以习近平新时代中国特色社会主义思想为指导，深入贯彻落实中共十九大和十九届五中、六中全会精神，习近平总书记视察贵州重要讲话和对贵州对毕节重要指示批示精神，贵州省委十二届九次、十次全会精神，市委二届九次、十次、十一次全会精神，结合省教育厅（省委教育工委）2021年工作要点，市委教育工委工作安排，立足新发展阶段、贯彻新发展理念、构建新发展格局，围绕“四新”主攻“四化”，以党的建设为统领，以高质量建设为主线，以内涵建设为目标，以改革创新为动力，全面贯彻党的教育方针，落实立德树人根本任务，各项工作有序推进，成效明显。

【强化党建统领】 一是深入推进党史学习教育。深入推进“四史”学习，组织开展习近平总书记“七一”重要讲话精神等专题学习，召开专题组织生活会。多家媒体对学校的特色亮点进行报道。二是扎实抓好政治理论学习。完成党委理论学习中心组8次学习，进一步提升政治理论修养。三是牢牢抓好意识形态工作。拟定2021年意识形态工作要点，召开意识形态分析研判会2次，层层签订目标责任书；制定工作方案，做好2021年全省高校思想政治教育评估工作；对开展的讲座论坛、报告会均实施登记报备；组织开展教职工QQ群、微信群等工作群以及不当言论、新生宗教信仰排查工作。四是扎实抓好基层组织建设。高标准推进党支部标准化规范化建设，严格执行“三会一课”、主题党日、谈心谈话等各项基本制度。2021年新增教师党员14名，新增师生发展对象44人、积极分子91人、预备党员40人。五是不断完善治理体系建设。召开二届三次教职工代表大会，第二次学生代表大会；制定下发《中共毕节幼儿师范高等专科学校委员会关于对“一把手”和领导班子监督的实施办法（试行）》等系列制度性文件，推进学校内控体系建设，学校治理体系不断完善。六是严肃抓好干部作风教育大整顿。188名教职工对标要求开展自查自纠工作，共检视出个人问题477个，并同步开展整改工作。七是扎实抓好干部队伍建设。提拔副科级干部13名，副处级1名，考察转正科级干部28名，副处级5名。八是扎实抓好脱贫攻坚与乡村振兴工作有效衔接。选派2名干部到乡村振兴局跟班学习；加强校农对接工作，采购本地农产品99.53吨，总金额989383.5元，帮助果农销售猕猴桃1035千克、苹果3200多千克。

【提升人才培养质量】 实施人才培养模式改革。修订完善基于OBE理念人才培养方案，实施线上线下混合式教学模式改革，完善课程思政教学设计与实践探究；大力推进“十个一”考核；引入500门线上精品课程开展教学，在线开展学习学生达30580人次。小教系学生获贵州省“100万学生党史知识竞赛”高职高专组一等奖。声乐节目《爱是我的眼睛》获教育部全国第六届大学生艺术展演艺术表演类甲组一等奖，艺术系美术精品课展示获贵州省高职高专组二等奖，音乐精品课展示获贵州省高职高专组三等奖。《婴幼儿救护实操》在全国学前教育产教合作联盟主办、济南幼儿师范高等专科学校承办的2021年第二届“幼乐美杯”全国职业院校早期教育专业保教技能竞赛中获团体三等奖。

【提升教师素质】 一是加大人才引进力度。制定《毕节幼儿师范高等专科学校“十四五”人才队伍建设与发展规划》。引进硕士研究生12名，第二批拟引进硕士研究生9名，正在报名中，招聘16名外聘教师入职。二是积极开展专题培训。选派58人次参加国家及省市各级培训，选派1

名教师作为“甲秀之光”访问学者。利用暑假期间对教师开展两个星期的专题培训。三是强化师德师风建设。组织开展师德师风专题学习及师德师风周活动，组织全校教师签订师德师风建设承诺书。四是参赛获奖等级高。教学团队在“2021年职业院校外语课程思政优秀案例征集与交流活动”中喜获全国高职高专组二等奖、贵州省高职高专英语组“特等奖”；教师获全省“外研社杯”全国高校外语教学大赛（职业院校组）贵州赛区特等奖、全国三等奖，

【创新科学研究】 一是重课题申报。2021年省级课题立项14项，市级课题立项4项、结题4项，校级课题立项5项；2021年毕节市重点科普项目立项1项、毕节市重点学会学术项目立项1项。二是强过程管理，保障经费支持。制定并下发2021年立项的17项省级、市级课题配套经费预算。建设20门校级精品课程。三是高质量办好《毕节幼教研究论坛》。征集稿件264余篇，审稿136篇，刊用稿73篇，至年底已发行3期，第四期正在刊印。四是加强学术交流。组织开展科研业务培训会2场、高层次课题申报和高层次论文发表专题研讨会1场、召开“2021年毕节市幼儿卫生保健学术交流会”，组织召开毕节市陶研会第二次会员代表大会。周兴红老师、杨福梅老师获得第五届教育科学规划成果奖三等奖，孙王老师获得2021年贵州省“学术先锋号”的荣誉称号。教职工公开发表论文50余篇，核心期刊4篇，其中CSSCI收录1篇。

【推进基础设施建设】 一是项目建设加快推进。2021年获得地方专项债券5000万元；N6学生宿舍以及A1教学楼，第三食堂一、二层、图书馆、图文信息中心、学生事务服务中心投入使用，B1、B3、B4实训楼主体结构已完工，人防车库、会堂正在加快推进中。二是校园环境不断改善。绿化面积达15万平方米以上。

【推进开放办学】 一是拓宽对外交流渠道。利用广州大学对外交流平台组织英语系全体教师参加2021年全球市长论坛全体大会。与七星关区、织金县、纳雍县、威宁县、黔西县中等职业学校签订了合作协议。二是积极开展社会服务。组织开展毕节市职业学校音乐教育课程改革培训，承接2021年下半年中小学教师资格证笔试，完成毕节市省级示范幼儿园创建培训等各类专业技术人员继续教育培训900余人次。持续推进职业技能（育婴员、保育员、公共营养师）等级评价工作。

【持之以恒抓好安全发展】 一是不断提升安全发展意识。牢固树立抓安全就是抓发展的理念，召开安全会议10次，组织安全知识讲座2次，交通安全知识讲座2次，法治安全讲座2次，防范化解金融诈骗2次，全校师生安装火眼云警APP，组织开展消防演练2次、反恐防暴应急演练2次，应急演练1次。二是统筹推进各项安全工作。与金海湖新区有关部门协调联动，形成齐抓共管工作合力；完善新冠肺炎疫情防控清单“一单”“四案”“九制度”，组织教职工6400余人次接种疫苗，接种率达99.8%；不断完善各类应急预案工作，推动学校在建项目安全施工。

【抓好党风廉政建设】 一是加强统筹推进力度。召开2021年党建暨党风廉政建设工作会议，组织签订党风廉政建设目标责任书、党建工作目标责任书等。二是强化党纪法规教育。召开专题会议对政治生态情况认真进行综合分析研判，建立和更新中层干部廉政档案39个、普通党员干部廉政档案58个，开展党内法规执行情况的自查清理2次。三是严格内部监管。全面抓好基层财政监管突出问题专项整治工作以及总务财务专项整治工作，受理处置教职工交代和说明问题8件，批评教育1人。四严肃作风建设。加强节假日“四风”问题整治，下发违纪人员通报3人

次，约谈违反会风会纪人员12人次。组织教职工观看警示教育片3次，开展集中警示约谈会约谈68人次。对新任13名副科级、1名副处级干部开展任前廉政谈话。

（供稿：毕节幼儿师范专科学校）

毕节广播电视大学

【概述】 2021年，在市委、市政府的坚强领导和省开放大学、市教育局等的指导关心支持下，毕节广播电视大学坚持以习近平新时代中国特色社会主义思想为指导，认真学习贯彻中共十九届六中全会精神和习近平总书记视察贵州、对贵州对毕节工作重要指示批示精神，以党的政治建设为统领，以高质量发展为统揽，党的建设不断深入，衷心拥护“两个确立”、忠诚践行“两个维护”的政治认同、思想认同、情感认同更加坚定自觉；党风廉政建设压倒性态势不断巩固；师德师风专项行动、党史学习教育、干部作风教育大整顿如火如荼开展；落实意识形态责任制、民族宗教等工作统筹推进；干部队伍建设、基础设施建设取得历史性突破；招生、教学、管理实现以质求强根本性转变。

【加大投入保障，招生办学规模稳步发展】 全年投入招生宣传费达13.2万元，宣传力度进一步加大。积极通过毕节融媒体中心“云上毕节”、912台、招生简章、微信、QQ等开展宣传，深入七星关区20个乡镇、27个社区开展实地宣传；严格入口把关，严肃治理“三乱”，确保生源质量；规范收费管理，全面推行新生报名缴费扫码制；大力推进体系建设，新建电大纳雍职中工作站，是年秋季实现招生120人。

2021年，共完成招生1251人，其中开放教育1115人、奥鹏教育136人；培养毕业生1427人，其中开放教育1188人（本科311人、专科876人、一村一1人）、网络教育239人（本科152人、专科87人）；截至12月底，有在籍生9066人，其中开放教育8097人（本科1508人、专科6559人、一村一30人）、奥鹏教育969人（本科507人、专科462人）。

【严守质量底线，教育教学质量稳步提升】 教务上，完成学生选课44122科次；完成校本部、工作站业务管理及选课、报考、网上学习、课程评阅等指导培训。教学上，组织师生参加国家开放大学春、秋学期“开学第一课”、“四史”学习、“讲党史故事·做奋进青年”国家开放大学办学体系党史学习教育青年大联学；制作网上学习课件发各工作站、教学班，引导学生网上自主学习；组织学生参加省开课讨论答疑，有效提高学习平台利用率、激发学习积极性主动性；完成课改任务中开课523门，省开课302门，教师评阅正确率100%；高质量开展实践教学，完成学生毕业论文指导答辩本科181份、专科738份，社会实践本科178份、专科730份。考务上，完成网考2205人次；扎实开展报考、订卷、考场安排、试卷安全保管等工作，组织实施期考73132科次；完成省开课出题25门；完成《计算机应用基础》课程机考72人次，课改终结性考试机考1286人次。班级管理上，落实新生班主任4名。教材管理上，完成教材订购发放1892册，无错订、漏订。师资队伍建设上，组织开展师德师风专项行动、观看优秀影视作品、撰写学习心得、建立问题整改台账；组织校本部及工作站8名教师参加省校在浙江开放大学举办的招生教务教学考务研修班。奥鹏教育上，严格按9所合作高校工作安排，发布学习任务通知2060人次；指导学生缴费500余人次；发放学生毕业证书及档案215人次，按时发放率达95%；网上选课50余人次、预约考试3000人次、毕业审核300余人次。

【坚持服务社会，科学研究实现新的突破】 学校魏胜学老师参与完成国家社科研究项目1个，成为学校建校以来级别最高科研成果。

【实施精细管理，学生工作质量不断提高】 办理学生学籍异动424人次，其中休学290人（本科66人、专科224人）、复学51人（本科4人、专科47人）、退学12人（专科）、转专业5人（本科2人、专科3人）；完成学信网学生信息修改86人次；完成学生图像采集625人；完成学生评奖推优，55人获国开奖学金（校部18人、大方21人、黔西8人、赫章4人、威宁4人）、84人获评省校优秀学员、优秀学生干部（校部29人、大方30人、黔西8人、赫章4人、威宁13人）。

【推进转型发展，社区教育不断拓展】 完成工作简报12期；对接开展环境卫生整治志愿服务、"传承红色基因·争做时代新人"党史学习教育宣讲、"学党史·感党恩"音乐主题教育、全民终身学习活动周等活动；推进学校社区教育书画室、音乐室、舞蹈室设置布置；拟定《毕节市社区教育指导服务中心2021年工作要点》；承办省社区教育书画大赛（征文大赛一等奖2人、二等奖1人，摄影大赛一等奖3人、二等奖1人、三等奖3人，书画大赛一等奖6人、二等奖4人、三等奖2人），学校获征文、摄影、书画3个大赛优秀组织奖。

【加强基础设施建设，办学条件明显改善】 一是投资90余万元对办公楼进行系统改造，并更新添置办公、教学、会议桌椅、电脑；二是投资58万元新建书画室、舞蹈室、图书阅览室、钢琴室、支部活动室、工会妇委会活动室等功能室；三是投资2.8万元改造、新建校园花池、鱼池，更换外宣栏及宣传内容等，校园形象明显提升。

（撰稿：魏胜学）

毕节市财贸学校

【概述】 毕节市财贸学校始建于1958年，是贵州省省级重点中等职业学校、贵州省优质中等职业学校暨乡村振兴示范校、贵州省省级示范性中等职业学校、贵州省省级创新创业教育基地、贵州省省级示范数字化校园；是中国国际贸易促进委员会商业行业委员会服务贸易标准化"进校园、进课堂、进课本"试点院校，国务院发展研究中心所属中国发展研究基金会"赢未来"项目学校。建校以来，为全省培养了三万余名合格的财经类人才，遍布毕节市金融、财税和商贸系统和行业，被誉为"毕节财经人才摇篮"。

学校设有党委，校级领导6人，其中党委书记、校长1人，党委副书记1人，纪委书记1人，党委委员副校长3人；内设机构17个，中层干部23人（正科级干部16人），在职党员91人，共设3个党支部（含1个离退休支部），群团组织包括工会、团委、妇联（筹建中）和关心下一代工作委员会，民主党派有1个民盟支部。2021年学校共开设会计事务、计算机平面设计、电子商务、航空服务、汽车运用与维修、工艺美术、酒店服务与管理等15个专业。在校生规模3592人，全年共完成招生任务2276人，毕业生680人。全校教职工共197人，其中专任教师157人，双师型教师89人，外聘教师40人，生师比18：1。

【破解招生难题，办学规模扩大化】 学校将2021年定为"规模建设年"，加大招生力度，一是通过高速路广告牌、9.12交通广播、云上毕节等媒体多渠道进行面上招生宣传；二是分4个"战队"进入市内、市外以及省外共291所初级中学1393个班进行招生宣传，发放招生简章4万余份，采集有意就读学生信息1.5万余条，全

年累计完成招生 2262 人，全日制在校生达 3592 人，是学校 63 年办学史上的顶峰

【改善办学条件，专业建设合理化】 一年来，获中央及省级专项资金 1652 万元、市级财政奖补资金 489 万元、学校创收 223 万元，共计 2364 万元，主要用于学生资助、基础设施建设、实训设备购置、基建工程、教师培训等方面。申报国家发改委“十四五”时期教育强国推进工程项目资金 3000 万元，以此实施教学楼建设和实训设备购置；同时，积极争取二期工程 1.5 亿建设资金，力争二期工程全面开工建设。年底，学校现有教学仪器设备总值达 2664 万元，适用图书（含电子图书）超过 35 万册，新增 18 个实训室 650 个工位，改造食堂增加餐位 1000 个，升级数字化校园建设，办学条件明显改善。学校围绕市域经济社会发展，对接产业转型与发展需求，以“服务发展、促进就业”为目标，调整专业结构，新增或停办相关专业 5 个，调整专业归口，重点打造财经商贸、电子与信息技术和现代旅游服务三个专业群共 15 个专业。

2021 年争取到提前下达的 2022 年职业教育提升计划中央和省级资金 1231 万元（其中：贵州省优质中等职业学校暨乡村振兴示范校建设资金 500 万元；会计电算化省级“优质专业”项目资金 100 万元；贵州省 2021 年中职第二批兴黔富民行动计划电子商务产教融合实训基地项目资金 300 万元；2021 年度职业教育改革成效奖补资金 300 万元；2021 年现代职业教育省级专项资金 31 万元），用于进一步改善办学条件，为下一步升级发展、实施“十四五”规划打下坚实基础。

【丰富发展内涵，中职教育品牌化】 学校在改善硬件的同时，努力提升软实力，内涵建设新申报省级以上 10 个项目立项。2021 年被评为“贵州省优质中等职业学校暨乡村振兴示范校”，会计电算化专业在省级示范专业基础上被评为“优质专业”；获中国国际贸易委员会商业行业委员会“服务贸易标准化进校园、进课堂、进课本”推进计划试点院校称号；获国务院发展研究中心中国发展研究基金会“赢未来”项目学校“职业教育提升计划”2020—2021 学年校园文化奖补评审前五名；被贵州省素质教育学会授予“职业素养教育研究实践基地”；“色彩技术与应用”课程获“省级精品开放课程”立项；在“1+X”金税财务应用职业技能等级证书试点院校基础上，新申报金融大数据处理、电子商务客户服务和室内设计等 3 项证书试点；获贵州省兴黔富民行动计划高水平专业化产教融合电子商务实训基地建设项目立项。

【深化产教融合，校企合作多样化】 学校与江苏京东信息技术有限公司、贵州中联信会计师事务所、毕节市腾龙凯悦大酒店、毕节洪山大酒店、毕节鹏程国际大酒店、黔西易辰财务咨询有限公司、惠州 TCL 移动通信有限公司、北京人生剪艺美业集团、广州雪松集团、贵州元品教育科技有限公司、贵州汇通航空教育有限公司、贵州轩扬信息有限公司、重庆飞特机电工程有限公司、江苏双龙建制衣有限责任公司等多家企业签订校企合作产教融合协议，开展服装制作与生产管理、航空服务、电梯安装与维护维修、应急救援技术、文秘、计算机应用（5G 终端维修）、美发与形象设计、中餐烹饪等专业合作共建，深化产教融合，切实培养符合企业用人标准的合格人才，在“校企合作、双元育人”上摸索新路径、开辟新方向。

【创新育人方式，地方服务社会化】 学校充分发挥在毕节市的财经师资优势和培训基地作用，2021 年承办全市教育系统、财政系统第一阶段财务管理及业务培训，涉及 10 个县市区 52 个单位 1680 人次。近三年来学校为地方劳动力培训达 12022 人次，完成职业技能鉴定 8118 人次。在地

方社会经济发展中充分发挥着智力支持、服务产业、服务民生的重要作用，重现财校历史辉煌中的社会贡献力。

【队伍建设渐趋合理】 抓好干部选拔任用：今年10月份以来，学校严格按照《党政领导干部选拔任用工作条例》等有关规定，认真组织开展2021年科级领导干部选拔任用工作，通过党委动议、民主推荐、组织考察、干部档案审核、干部任免、公示、任前谈话等程序，选拔9名正科级干部和6名副科级干部，解决长期以来因班子不全导致学校中层干部配备严重不足的问题。加强人才引进工作力度：为加快学校高质量发展，提升学校教师学历整体水平，学校加大人才引进力度，2021年度已完成第一批3名硕士研究生引进，年底，第二批6名研究生已完成政审工作，为学校下步实现跨越发展积极做好人才储备。打造专业团队：制定《毕节市财贸学校专业带头人（项目负责人）选拔标准及管理办法》，选拔出一批综合素质高、专业能力强、教学与实践经验丰富、干事创业积极性高的专业带头人，并由专业带头人牵头组成骨干教师团队，全面负责专业建设工作。

【“三教改革”走深走实】 通过一年的努力和持续不断学习，学校广大教师对新时期职业教育最新政策学习把握及贯彻情况较之前有了很大进步，职业教育改革的深度、广度有所扩大，教务管理部门的引领、诊改能力在修订人才培养方案和教学常规管理中得到提高。经过三轮人才培养方案修订，整体框架与2019年的《教育部关于职业院校专业人才培养方案制订与实施工作的指导意见》基本吻合；各专业版本格式统一，培养目标、培养规格的定位基本准确；教材开发方面，鼓励教师探索开发财经商贸、信息技术和公共服务相关专业工作手册式、说明书式、活页式和技能大赛培训教材，初见成效；课题建设方面，2021年获市级课题立项4项，其中3项已结题。

【“五育”并举成效明显】 学校坚持德育为先、智育为重、体育为本、美育为根、劳育为荣，落实“五育”并举根本任务，注重学生综合素质与能力培养，抓好“八个专项”（健康，感恩，吃苦，契约，规划，理财，审美，爱情），以“自信、自立、自强”为目标，进一步创新学生自治，为中职学校学生管理提供有益借鉴，在推动学校创卫、创园、创模、创双拥、创民族校园、创绿色校园等工作方面取得可喜成绩。加强学生自治管理：学校以“自信、自立、自强”为核心，重点加强学生自治管理，通过“自治”让学生参与学校管理并对师生行为规范进行监督。从学生行为习惯入手，对校园卫生、校园安全、校园文明创建等工作全面渗透，增强学生主人翁责任意识，提升学生归属感和成就感。校园秩序和环境卫生得到极大改善，学生行为习惯和文明素养进一步提高，呈现积极、乐观、向上、感恩、优雅的良好精神面貌；全面推进校园文化建设：学校以中国发展研究基金会“中职教育赢未来”项目为依托，以校园艺术节和运动会为主线，以学生社团活动为载体，开展丰富多彩的校园文化活动。通过开展“教师节感恩”活动，使学生懂得对父母、对学校、对老师感恩；通过加强社团活动，塑造团队精神；通过丰富多彩的校园文化活动，展现学生个性和才艺，陶冶学生情操。重视学生德育教育和心理健康工作：通过开展“社会主义核心价值观”“安全法纪教育”“制止餐饮浪费行为”“网络安全”“交通安全”等主题班会以及课程思政加强学生德育教育；重视学生心理健康教育，新建“学生发展中心”近200平方米，开展学生心理健康教育、职业生涯规划和其他学生活动；成立“向日葵”心理社团，每班设有心理委员，配备女性生活指导老师，开展“525我爱我”为主题教育活动等。形成“心理辅导教师+班主任管理+学生管理”的关爱模式，覆盖率达 100%，第一时间解决学生在学习、生活，特别是德育和心理健康方面的突出问题。

【数字化校园全面升级】 学校在投入 884 万元资金对校园无线网、数据化中心机房、校园门户网站、协同办公系统、教学管理系统等方面持续加强建设的同时，投入 7 万余元建设视频录播系统对学校党委会进行全程录音录像，真实记录“三重一大”事项决策过程。2021 年 3 月 1 日起，全面启用学校智慧校园云管理平台，同时出台毕节市财贸学校关于进一步推进学校网站、智慧校园云管理平台、微信公众号、超星等平台使用的方案；6 月底完成对百度、360、必应等常用搜索引擎的 SEO 优化，学校网站在各大引擎已经可以正常搜索；截止到年底，学校智慧校园云管理平台 90%完成基本数据的录入，在招生、教学、办公、学生管理上发挥巨大作用；同时将学校网站和智慧校园云管理平台融入微信公众号使之成为一个整体，成为学校教学、办公日常必用的数字化工具。

【平安校园建设成效突出】 在维护校园安全稳定方面，学校党委一是始终认真落实中央和省委、市委部署要求，坚持底线思维，突出问题导向，强化责任落实，做好各项风险防范化解工作，全力维护学校安全稳定。二是做到制度完备、预案齐全、设施完备、防控到位。三是全面推广安全工作“清单”管理机制，按照“清单”管理要求，细化安全工作职责和任务；每月深入开展安全隐患排查，建立安全隐患排查台账，并追踪整改落实情况，协调相关部门开展校园周边环境整治。四是扎实做好常态化疫情防控工作，及时修订完善常态化疫情防控工作机制，严格落实“二案九制”，重点抓好应急处置、校园封闭管理、错峰就餐上课、疫苗接种等常态化防控工作，并定期开展应急演练，加强师生精准排查和动态掌握，做到不漏一人，扎实做好疫情防控工作。一年来学校未出现任何师生员工感染新冠肺炎和疑似病例，也没有发生疫情防控违规违纪行为，更未发生校园安全责任安全事故和重大风险责任事故，平安校园建设成效突出。

【巩固脱贫攻坚成果】 抓好教育精准扶贫，落实学生资助政策：2021 年春季学期发放国家助学金 1444 人共计 144. 4 万元，发放精准扶贫专项助学金 378 人共计 35. 91 万元；2021 年秋季学期发放助学金 2913 人共计 291. 3 万元，发放精准扶贫专项助学金 783 人共计 74. 385 万元，全年共发放助学金 545. 995 万元。大力推进“校农结合”：学校按照省、市人民政府和毕节市教育局“校农结合”相关文件精神，分别与毕节市众城商投配送有限公司、毕节市一佳胜有限责任公司、贵州省图南有限责任公司大方分公司签订合同。全年完成农产品采购数量为 24 万千克，共计 188 万元，采购本市农产品数量和金额达 85%以上，圆满完成目标采购任务。党建精准帮扶工作：2021 年学校党委按照巩固拓展脱贫攻坚衔接乡村振兴工作要求，选派 3 名青年骨干继续开展乡村振兴驻村帮扶工作。同时班子成员认真践行“四到工作制”，深入帮扶点七星关区千溪乡千朗沟村和法朗村实地调研指导，落实帮扶措施。全年走访情况困难群众 108 人次、困难党员 54 人次，帮助解决困难问题 20 个。先后出资 8 万多元对上学道路硬化、饮水工程改造、村公所宣传文化墙修建、文化广场宣传栏等项目给予支持。并继续扶持合作社养殖产业发展，帮助发展壮大村集体经济，落实好巩固拓展脱贫攻坚成果同乡村振兴的有效衔接。

（供稿：毕节市财贸学校）

毕节市特殊教育学校

【概述】 毕节市特殊教育学校建于 1992 年，是一所集义务教育、高中教育（中等职业教育）于一体的全寄宿制综合性特殊教育学校，服务对象为全市听力残疾、智力残疾、视力残疾儿童、少年（由于师资力量不足，年底暂未招收盲生）。附设高中、毕节市儿童福利院办学点、特殊教育中职班，在校学生 397 人，其中，听力残疾类学生 330 人，智力残疾类学生 67 人。现有教职工 81 人（其中专任教师 77 人，管理人员 3 人，工勤人员 1 人），师生比为 1∶5.1，专任教师学历合格率为 100%。临时工 18 人。学校校舍建筑面积合计 7471.01 平方米，规划建设中的新校区占地面积 100.02 亩，建筑面积 3 万多平方米。

【办学目标】 学校经过多年的不断探索、实践，提出了“生存教育”为学校的办学理念，结合学生身体、生理实际，明确“把学生培养成德智体美劳全面发展的能自食其力的劳动者”为学校的办学目标。围绕学校既定的办学理念和办学目标，做好五篇文章：一是做好“人的文章”，二是做好学生思想品德教育这篇文章，三是做好教育质量这篇文章，四是做好职业教育这篇文章，五是做好特长发展这篇文章。

【教学常规】 2021 年度教务科按照学校总工作计划制定教学工作计划，指导各教研组拟写教研组工作计划，教研组长指导各组教师拟写学科教学计划，各教研组按照教务科学期教研工作要点开展教研工作，并撰写教研简报；每学期开展三次教师业务检查，实时监督教师教学情况；期末教务科拟写教务工作总结，指导各教研组拟写教研总结，教研组长组织各教研组教师拟写教学工作总结。

【教学改革】 按照市教育局的总体要求，紧紧围绕 2021 年学校工作要点这个核心，继续强化教学管理思路、教学管理制度、教学管理方法；依托《第二期特殊教育提升计划》，积极推进学校课程改革和教学改革，在提高教师课堂教学力和教学科研能力方面争取有突破，从而达到提升教师队伍整体素质的目的：关注学生全面发展，全面提升教学质量，达到“抓质量，促发展；抓科研，强学校”的目的。

【获奖情况】 在 2020 年优质资源评审结果中胡秋云荣获三等奖，欧竹薇、游世伟、甘祖章三位同志分别荣获二等奖；在贵州省第七届小学特殊教育优质课评选中刘莉荣获二等奖；2021 年秋季学期在学校举办的第七届特殊教育优质课竞赛活动中，学校教师甘祖章、王璐分别获得语文组优质课竞赛一等奖，陈瑶获得英语优质课竞赛二等奖。

【科研项目】 在贵州省教育规划课题申报项目中，学校报送红了“坚毅品格对听障学生学习成效的影响”“毕节市三残学生问题行为分析与干预研究”“听障学生党史学习教育与实践研究”“创造性思维在聋生美术教育中的培养研究”“基于核心素养聋校小学作文教学实效性策略研究”；在毕节市推荐参加 2021 年贵州省教育规划课题申报评审结果中，李敏主持的课题“基于核心素养聋校小学作文教学实效性策略研究”获得立项。

在贵州省第五届教育科学研究优秀成果奖公示名单中，李敏主持的课题“听障学生生存教育的实践与研究”获三等奖。

【抓好学校管理】 以习近平新时代中国特色社会主义思想和党的十九大精神为指导，坚持“以学生为中心”，以培育和践行社会主义核心价值观为主线，以立德树人为根本，结合《全国未成年人思想道德建设工作评价体系》的要求，继续积极落实贯彻上级相关文件精神，深入开展道德主题教育实践活动，创建文明校园，2021 年度制定未成年人思想道德建设实施方案；教务科建立每月学生五项管理制度和实施方案，并按照管理制度认真落实管理；思政科每月按时五项管理，认真对学生心理健康状况进行排查，通过国旗下讲话及班会对学生安全、心理等方面进行教育；总务科对学校男、女生宿舍每日进行安全管理和排查。

学校多措并举，努力提高学生的劳动意识和提升学生的劳动能力。一是充分在课堂教学中纳入劳动教育，发挥课堂教学的主要作用。二是开展校内劳动实践。学校把劳动教育实践贯穿于整个学校生活，让学生积极参与学校劳动实践活动。主要是带领学生参与校园保洁、花园除草等实践活动；让学生参与班务整理、个人书桌整理等实践活动；三是开展校外劳动实践志愿活动。让学生直接参与劳动过程，增强劳动感受，体会劳动艰辛，分享劳动技术，培养劳动习惯。

2021年度思政科每月按时五项管理，认真对学生心理健康状况进行排查，通过国旗下讲话及班会对学生安全、心理等方面进行教育；总务科对学校男、女生宿舍每日进行安全管理和排查；教务科建立每月学生五项管理制度和实施方案，并按照管理制度认真落实管理。

【自主发展能力和专业教育服务能力】 为扎实推进学校体育工作，培养学生团队合作意识与竞争意识，增强学生体质，学校于2021年5月12日至5月13日举行2021年春季学期运动会。本次运动会设有五人制气排球比赛、拔河比赛等项目。为全面贯彻党的教育方针，全面落实全民健身计划，传承体 育精神，推动校园体育文化建设，让传统体育走进校园，培养学 生会、团队组织的策划组织能力，展示学生风采、加强学生交流、培养学生团队精神。在思政科负责人李玉老师的精心组织之下，学校2021年3月开展了男女学生周末篮球联赛；加强德育建设（含社会实践活动）。根据（毕教发〔2020〕35号）精神，经学校行政会研究决定：2020—2021学年度，派刘勇、胡家成、游世伟、谭雪、米静、甘祖章、向阳、王成友、熊韬、李绍军10位教师分别到七星关区特殊教育学校及金海湖新区竹因中学开展基层服务工作。参加基层服务的教师必须严格服从基层学校管理，严禁在服务工作中敷衍塞责。接受所服务学校的考核考评，并要求对服务工作做好资料的收集、整理及总结汇报。

【加强教师素质达标、骨干教师培养】 学校教职工共81人，本科以上学历具有相应学段教师资格的专任教师数占学校全体专任教师数的40%，教师资格达标96%。

学校市级“骨干教师”共21人，省级“骨干教师”1人，专业教师数与“骨干教师”教师总数比例为28.6%，省、市级“骨干教师”占专业教师数比例增长6.6%。

【教师培训】 根据学校2021年度学校教研活动的安排，围绕学校总体工作思路，立足教师教学实际，增强教师基本功训练的紧迫感和责任感，扎扎实实地开展训练活动，提升教师的教学能力，激发教师潜能，提高教师综合素质，进一步实施有效教学，提高教学质量，根据学校2021年度学校教研活动的安排，围绕学校总体工作思路，立足教师教学实际，增强教师基本功训练的紧迫感和责任感，扎扎实实地开展训练活动，提升教师的教学能力，激发教师潜能，提高教师综合素质，进一步实施有效教学，提高教学质量；2021年4月4—8日组织教师参加在织金特殊教育学校举办的贵州省特殊教育教研工作会议，6月8—12日参加在六盘水特殊教育学校举办的贵州省特殊教育小学优质课观摩培训活动，6月16—18日参加全省中小学幼儿园开展国家通用手语和通用盲文培训推广活动；2021年11—12月组织教师参加“国培计划（2021）”——中小学骨干教师提升培训项目、“国培计划（2021）”——五育并举融合育人培训项目、

2021年贵州省特殊教育质量提升（管理干部）、2021年贵州省特殊教育质量提升、“国培计划（2021）”——易地扶贫搬迁安置点学科骨干教师培训项目、“国培计划（2021）”——中小学紧缺学科骨干教师培训项目、全省中等职业学校教学理人员能力提升、贵州省国家通用手语辩论赛、盲文摸读比赛观摩活动。

【身心健康、生存教育】 增强学生体质，学校于2021年5月12日至5月13日举行了2021年春季学期运动会，2021年11月9—12日举办冬季运动会。此次运动会设有五人制气排球比赛、拔河比赛等项目。为全面贯彻党的教育方针，全面落实全民健身计划，传承体 育精神；2021年3月开展男女学生周末篮球联赛；思政科每月按时五项管理，认真对学生心理健康状况进行排查，通过国旗下讲话及班会对学生安全、心理等方面进行教育。

职教科教师根据学情、教学设备等合理编写教学计划，按照计划开展教学活动。一是义务教育阶段体育课教师要按照《国家学生体质健康标准》要求设立教学内容，并结合学校实际开展测试工作，高中体育课教师要按照高考体育项目开展教学活动。二是律动学科教师除了开展基本功训练、基本舞蹈动作训练外，还要排练1~2个舞蹈节目。三是美术学科教师根据美术新课程标准，制定有效的整体教学计划，合理安排小学、初中、高中的教学内容。四是缝纫教师要系统制定教学计划，各年级教学内容要做到有机衔接，体现循序渐进的原则；强化缝纫等职业课的课堂训练。学生在学习某项技能或某个动作时，要掌握基本要领和操作过程，扎扎实实练好基本功，要重视实践训练，在反复训练中培养技能，并强调学生动脑思考、动手操作、有目的地培养学生的创造思维和创新精神，使学生熟练掌握某种技能，切实掌握一技之长。拓宽职业教育项目根据市场需求和学生实际，搬入新校区后拟开设种植花卉、面点制作等职业项目，拓宽学生就业渠道。

【提升学业发展和创新实践能力】 根据学校安排和教务科工作要求，各学科教师在期中和期末完成学生考试质量分析表，认真对学生学业情况进行总结和分析，促进学生的学业发展，学生期末考试成绩作为教师量化考核指标；2021年，学校高考有新突破，高考成绩取得一定成效，参加高考人数为36人，4人被本科院校录取，29人考入专科院校，高考录取率为92%。

为庆祝中国共产党成立100周年，大力弘扬中华优秀传统文化，提高学生的创作能力，培养学生的审美情趣，培育学生爱党、爱国、爱家的情怀，举办“家乡美”绘画竞赛活动。此次活动针对听障学生年龄特点、认知水平及绘画基础，采取了临摹（小学段）和创作（初、高中段）两种形式。

【平安校园】 1. 加强对学校安保人员监督，强调对学生课间活动的巡查，防止意外事故的发生。2. 定期组织安保人员开展安全培训，明确值班制度和工作职责。3. 认真开展学生上下学时段“护学岗”。4. 严把学校大门，对外来人员及车辆一律按照询问、测温、扫码、登记流程执行，无关人员不准入校。5. 每月开展一次安全隐患大排查、消防隐患排查、刀具及 危险物品排查，及时排除各种安全隐患。6. 做好各类矛盾与纠纷的排查处理工作。每月对教职工及学生开展矛盾纠纷排查，并对事件及时、认真处理，坚决做到“抓早、抓小”，防止事件升级。7. 及时排查、完善校园安全应急设施，确保校园环境的安 全稳定。

深化安全教育，做到全面展开：1. 开展一次法治讲座。2. 根据各时段安全教育特点积极组织开展“安全教育主题 班会”，并组织学生进行安全知识答题。3. 抓住“安全教育日、防灾减灾宣传周、安全生产月”等契机开展宣传教育，进一步强化学校安全管理工作。4. 设置各类宣传展板，利用LED屏幕播放安全宣传标语、一周一提示，营造校园安全氛围。5. 加强家校联系，通过召开家长会，QQ群、微信群、印发《致家长的一封信》等形式，共同做好学生的安全教育与管理。

突出重点工作，强化安全意识：1. 严格落实《安全工作任务清单》管理，每月学校安保科认真收集整理相关台账、资料，并对当月的考核情况及时公示。2. 认真做好校园消防工作。每月在校园内开展一次全方位 消防排查，特别是用电线路排查，对一些老旧线路要及时更换。3. 积极开展“防溺水”宣传教育，通过主题班会、《致家长 的一封信》、国旗下的讲话等形式对学生进行教育。4. 按照相关要求组织“安全教育主题班会优质录像课”评选活动。5. 做好交通安全宣传教育。6. 加强预防校园欺凌和暴力工作。进一步完善工作方案、应急处置预案，坚持开展学生矛盾纠纷排查，有效遏制校园欺凌和暴力事件的发生。7. 加强与相关部门联动，并形成长效机制。8. 2021年度学校每月做好食品安全管理，建立食堂餐用具消毒、保洁、使用记录表台账，建立食堂食品留样登记表台账，建立学校食堂配餐食谱公示台账，建立领导陪餐记录表台账，每天进行食堂卫生检查记录。

【学校疫情防控工作】 根据各级部门疫情防控工作相关要求，学校认真落实各项防控措施，防控工作开展情况：

1. 结合疫情防控形势及学校实际情况，每学期健全和完善疫情防控工作方案及应急预案，组织师生开展演练，确保疫情防控工作有序、有效推进。2. 严格落实教职工外出报备程序。教职工外出提前申请，经学校主要领导签字同意后方可外出，返回后严格按照相关要求进行健康监测，并按一人一档建立台账。2020年度外出报备教职工共76人次，其中省内市外51人次，省外25人次，无出境人员。3. 落实师生返校前行动轨迹及健康状况排查，精准到每一名师生员工及共同居住人。4. 严把校门入口关，无关人员一律不准进入校园；外来人员及车辆进入校园严格按照询问、核实、测温、扫码、登记的五步流程执行，佩戴口罩进入校园。5. 严格落实24小时值班值守制度，值周领导为防疫值班带班领导，德育班和夜班值班人员负责日常防疫值班工作，确保意外情况能在第一时间进行处置。6. 严格执行体温“一日三检”制度并建立台账，确保学生异常情况能做到“早发现、早隔离”。7. 按照师生比例配足防疫物资，如口罩、防护服、消毒液等，确保在出现紧急状况时能满足校园应急需求。学校在校生352人，防疫物资储备情况：口罩10000只，消毒酒精3件（3×108瓶），84消毒液2箱（48瓶），洗手液2箱（48瓶）。8. 专人负责防疫工作“零报告”“日报告”。9. 落实好校园消毒工作。常规时间按每周一次对教室、学生宿舍等重点场所进行消毒，重点时间段按每天一次进行消毒。10. 积极对学生开展疫情防控宣传教育，以《致家长的一封信》等形式加强家校联动，共同做好疫情防控工作。

新冠病毒疫苗接种情况：学校疫苗接种目标人群（含教职工、退休教职工、工勤人员、学生）484人，截止到12月29日，疫苗接种情况如下：

在编在岗教职员工（含临聘人员）99人，禁忌证5人，94人均完成二针剂接种，61人完成加强针接种，3人因感冒逾期未接种加强针；退休教职工33人，接种25人，3人禁忌证，5人因退休时间过长，无法联系并获取接种信息。在校生352人，6~11周岁学生50人，全部完成二针剂接种；12~17周岁学生114人，2人禁忌证，完成二针剂接种112人；18周岁以上学生188人，完成二针剂接种188人，2人接种加强针，2人逾期未接种加强针。高三毕业生36人，毕业时全部完成二针剂接种。

【立德树人】 学校坚持每一个学生都有短板，都有长处的观念，开设钩织、美术、篮球、羽毛球、乒乓球、舞蹈等兴趣课，让学生选学，每一个学生必须选一门自己喜欢的兴趣课，让学生充分展示自己的长处，培养学生的自信，从而助推其学习文化知识的积极性。通过几年的挖掘和培养，绝大多数学生都有发展自己特长的机会，都有展示自己特长的机会。学校严格按照“立德树人”的要求，坚持“成才先成人”的理念，把德育工作摆在学校培养学生首要位置，采取国旗下讲话（一周一主题）、班会课、宣传栏、黑板报、道德讲堂、法律讲座等多形式、多渠道对学生进行教育、引导，学生敬畏法律、遵守学校规章制度的自觉性明显增强。

（供稿：毕节市特殊教育学校）

毕节市体育运动学校

【概述】 2021 年是中国共产党成立 100 周年，是“十四五”开局起步之年。学校坚持以习近平新时代中国特色社会主义思想为指导，在市体育局的正确领导和关心支持下，市教育局的业务指导下，切实分析体教融合发展及竞技体育发展趋势，科学制定发展规划，积极推进学校改革发展各项工作。一年来，团结带领全校教职工开拓创新，扎实工作，锐意进取，圆满完成各项工作任务。

【竞技体育取得佳绩】 2021 年 12 月举行的亚洲赛艇锦标赛，体校选拔培养输送的运动员陈卫春与队友共同取得男子轻量级双人双桨第一名。全国第十四届运动会，体校输送的运动员有 25 人取得参赛资格，勇夺赛艇、皮划艇静水、射击、田径、拳击等项目参赛席位 31 个，50 人进入决赛，取得 4 枚银牌，1 枚铜牌，四至八名 13 个优异成绩，受到市委、政府领导表扬。2021 年全国锦标赛及冠军赛，水上、射击、拳击等项目共获得金牌 4 枚，银牌 3 枚，铜牌 11 枚，打破全国纪录一项。体校代表毕节组队参加省中小学生游泳比赛、省中大学生田径锦标赛、全国西南区射击锦标赛及市青少年田径锦标赛，共取得金牌 53 枚、银牌 30 枚铜牌 32 枚的优异成绩。2021 年贵州省首届越野滑雪测试赛，学校余娟、罗欣月联手拼搏，成功拿下女子接力赛金牌，女子个人比赛中，罗欣月获得第三名的优异成绩。组织 14 个项目代表毕节市参加 2021 年贵州省青少年锦标赛，共取得金牌 82 枚，银牌 94 枚，铜牌 92 枚，录取名次（四至八名）225 个，其中，跆拳道项目获得团体总分第一名，拳击项目获得团体总分第三名，体操和艺术体操项目成绩实现历史性突破。

【备战全省第十一届运动会】 组织完成田径、水上、射击、射箭、拳击、跆拳道、举重、击剑、摔跤、游泳、体操等 11 个项目运动员近 400 人为期 70 天的冬季、暑假大集训。

【完成体育专项生的招生选拔测试等工作】 1. 细化工作流程，确保生源稳定，协同落实毕节市青少年足球队、青少年篮球队队员选拔工作。2. 完成运动员的省注册工作、并对运动员参赛资格等工作进行严格审查，确保各项目所训队员参加省运会所需资格。3. 先后承办 2021 年毕节市跆拳道竞技裁判员培训班、田径、体操等项目教练员培训工作。4. 完成贵州省运动员体能测试工作，学校在校训练一年以上运动员 72 人参加测试。5. 加强后备人才基地管理工作。完成学校 2021—2024 年周期贵州省优秀体育后备人才基地（综合基地）的申报工作。6. 积极备战贵州省十一运会各项工作，完成参赛项目器材的采购、验收和发放工作。

【教育教学工作】

一是增强师资力量，促进体教融合。按照2021年贵州省毕节市体育运动学校教师和实习教师招聘简章，完成网上1700人的报名电话通知，现场500人参与考试的招聘工作。成功招聘31位青年教师，充实该校师资力量，缓解本校师资严重不足的情况。招聘见习生5名。

二是抓好日常教育教学和教师管理工作。学校年级部、备课组建设完善，年底学校共有七、八、九、高一、高二、运动（含中职三个年级）6个年级部，31个班级。各年级部各学科备课组计25个。常规管理和教研教改工作能有序进行，总体上全校师生教与学节奏快，氛围好，联合办学成效卓著。

三是积极响应并充分配合中央、省、市教育部门“双减”和“五项管理”精神，严格按照相关文件精神指示部署开展教育教学工作。组织教研活动，组织各年级部开展各学科竞赛，并对优秀学生给予奖励，组织各年级部举行中国共产党成立100周年征文比赛，各种书画竞赛，绿书签制作比赛，组织班主任参加市级的安全主题教育录像课比赛等。

4. 组织完成2021年新生招生工作。从5月份开始2021年秋季学期竞技体育后备人才招生工作，教务科按照毕节市体校与毕节市民族中学联合办学基本方针，安排所有文化教师，协同市民中东校区领导及文化教师，通过网络媒体宣传、进行线上线下预报名登记，顺利完成1500人参与报名选拔的庞大的招生工作任务。

【学生德育和健康教育】

一是抓好活动育人工作。在学生中开展爱国主义教育、纪律、安全、卫生健康、体育、心理健康和文明礼仪等教育，大力培育践行社会主义核心价值观。组织开展未成年人“扣好人生第一粒扣子”暨“青少年走进科技馆 体验科学魅力”研学活动。3月，先后开展近视眼防控宣传活动、“学雷锋争做新时代好少年”宣传教育和2021年世界防治结核病日主题宣传教育系列活动。4月，开展“清明祭英烈”的活动。6月，请毕节市阳明眼科医院专家到我校开展爱眼护眼宣传科普专题讲座。9月，开展近视防控月宣传教育活动对学校学生普及眼睛健康知识，切实保护学生视力健康。9月，对全校学生开展肺结核筛查，确保学生身心健康。9月下旬，举行“迎国庆 感党恩”校园象棋友谊赛和校园乒乓球团体对抗赛。11月，举行学校模块化训练项目单项对抗赛，12月，举行冬季田径运动会和拔河比赛。

二是积极开展“学党史·感党恩”爱国主义主题教育。组建学校合唱团，开展“唱支红歌给党听活动”。举办庆祝中国共产党成立100周年暨校园艺术节文艺汇演。

三是开展各类主题班会、国旗下的讲话，利用黑板报、专刊等宣传形式。组织开展学风规范月活动，在活动中举办书法、绘画、作文竞赛。4月，组织开展体育节活动，在活动中举行校园篮球、足球、乒乓球比赛，丰富学生的校园文化生活。加强师德师风、学生心理健康方面的工作。

四是加强法治教育，积极参加校外组织的禁毒、交通安全等法治教育活动，教育学生做一个遵纪守法的合格公民。组织开展预防“电信诈骗”宣传教育活动。

五是开展新时代好少年宣传教育评选活动，各班评选出两名新时代好少年，学校在40名新时代好少年评选出2名参加市级评选。

6. 组织开展传统文化进校园活动，举办书法、绘画比赛，开展传统乐器葫芦丝进校园活动，组建学校合唱团，开展“唱支红歌给党听活动”。

【招生及资助工作】

1. 完成2021年义务教育阶段、中职体育特长生招生工作方案制订。2. 配合完成义务教育阶段，七年级新生入学综合素质测试、咨询、选拔工作；全市范围内进行体育后备人才选拔。3. 完成义务教育、普高、中职各部四类学生资料收集、甄别、归档、资助等工作。4. 完成中职新生资料收集、建档、学籍申报等工作。完成学校中职生、义务教育阶段贫困生的资助工作，要按照国家有关政策规定，及时足额发放资助金。

【后勤保障服务工作】

1. 加强食堂管理。围绕联合办学学生人数急剧增加和备战第十一届省运会任务，提供高质量的后勤保障。强化学校食堂管理，保障食品卫生安全，完成食堂蔬菜配送、师生服务点货物配送服务、粮油配送服务、猪肉配送服务和干货类配送服务平台采购工作，并签订短期合同，完成食堂工作人员的聘用工作。及时调查食材上的市场价格，让食堂按照要求及时调整制定标准，形成良好的就餐秩序。配合市场监管局完成学校食堂明厨亮灶相关工作。

2. 加强资产管理。完成 2021 年资产申报、录入、月报、清算等工作。

3. 规范经费管理。严格执行审批制度，坚持按计划行事，合理使用资金，提高资金的使用效率；在收费工作中，坚持按国家规定的收费标准进行收费，坚持收支两条线，做到公开公示，账目清楚，程序合法。按财政要求，编好学校年度的预算、核算以及其他相关的统计、申请、申报等工作。

4. 加强硬件建设。以备战 2022 年省运会和毕节市民中联合办学为契机，抢抓机遇、加快发展，不断改善办学条件。221 年学校在教学设施方面投资 63.6 万元完成联合办学招生所需设施设备采购及校园文化等工作。投资 30 万元完成食堂、餐具、排烟系统、维修改造、餐桌椅采购工作。投资 25 万元完成校舍维修等工作，投资 99 万元完成 2021 年贵州省青少年锦标赛各项目比赛器材采购工作，投资 200 万用于运动员训练伙食费补贴，投资 2.5 万元完成新冠疫情期间物资采购准备工作，投资 48.4 万元添置学生寝室自修桌椅，更衣柜，上下铺铁床，棕垫、餐桌。对接供货商到学校组织文化教师参加阶梯教室设备培训，让学校“班班通”多媒体教室调试交接后能正常使用。

5. 推进社会化服务，完成新周期物业项目招投标工作。完成学校学生宿舍和值班室电话更换安装等工作。

【安全保卫和场地管理工作】 按照市教育局制定学校安全稳定工作任务清单 100 条，学校将筛查、删减后的分解清单归整为 83 条，并分解到各科室，再由各科室分解到各工作人员身上。同时与各科室层层签订责任书，明确各自的职责。学校还与学生及学生家长签订安全责任书，明确了家长应做的工作和应负的责任，使大家把安全工作放在第一位，做到安全工作靠大家，安全工作人人有责。落实“平安毕节”建设工作，开展涉稳、涉密、互联网安全、反邪教、扫黑除恶等安全隐患大排查。认真做好防范化解重大风险排查各项工作，维护校园安全稳定。完成学校枪支管理系统的信息更改和补录工作，完成枪支弹药的数量、型号、种类的核查，按照公安机关的要求如实上报。抓好学校全校师生在人身安全、消防、性侵、食品安全、防溺水、防汛、防地质灾害、交通等各项安全宣传教育工作。完成“安全生产月”安全宣传教育工作，制作宣传展板，集中组织收看消防安全知识短片，开展应急疏散演练等工作，提高师生的法律意识、自我保护意识和安全防范意识。坚持对学校体育场馆日常维修维护和巡查工作。及时修复体能训练器材设备。常规抓好在金海湖湿地公园建设水上项目训练基地日常维护工作。积极落实体育场馆建设用地手续办理、项目申报、相关评估等工作，推进全民健身场馆建设。

【行政管理工作】 全面落实学校制度汇编工作，修订完善党建和行政管理制度87个，初步完成制度汇编。新建校务公开栏1个，坚持落实校务公开制度和“三公”经费公开制度。加强人事政工工作。办理完成5名高级、9名中级和转正定级一名专业技术人员职称工作，9个小级别晋升工作，2021年推荐3名教练员申报职称工作，办理1人调出手续，推进1名研究生和1名高水平退役运动员引进工作，正在办理1名调动手续，完成有关编制事项优化调整工作，完成第二次机构编制核查工作，确保学校人事工作有序进行。完成13名见习生手续办理，组织31名外聘教师体检、合同签订和工资办理工作。加强交流合作，探索发展路径。积极探索体教融合发展途径，继续做好学校与市民中联合办学工作，积极提升办学效果和水平。3月广州市体育局到校指导和开展帮扶活动。4月14—16日，广州大学体育学教授熊焰于对学校开展为期3天的智力帮扶活动。4月组织3人到广州市体育职业技术学院、广州市第六中学和深圳高级中学（集团）等学校开展调研考察，借鉴东部地区优质的办学理念和先进思路。加强群众性精神文明创建活动。抓好“文明城市”“卫生城市”和“文明校园”创建工作，推动2021年省级民族团结进步示范校申报工作，推进落实未成年人思想建设工作和未成年人保护法实施，推进法治宣传教育工作，力争本年度完成学校省级节水型学校创建。持续加强校园文化建设。认真组织推进校园文化建设工作，培育积极健康、特色鲜明的文化育人氛围。按照2021年度毕节市市属学校促进高质量发展绩效考核指标体系，积极准备学校各类考核材料，按照要求时限及时上传考核资料，以考核工作促进学校高质量发展。

（供稿：毕节市体育运动学校）

毕节市第一中学

【概述】 2021年，毕节市第一中学为一校两址，分高中初中两个学段，属市直完全中学，为省级一类示范性高中、全国文明学校。有党委、校级领导7人，其中党委书记1人、党委副书记校长1人、纪委书记1人、党委委员副校长3人、副校长1人，中层16个处（科）室，中层干部23人（正科级干部12人），在职党员194人，有6个党支部（含1个离退休支部），民主党派有1个民盟支部，群团组织有工会、团委、妇委会，有关心下一代工作委员会。是年，学校高初中共有170个教学班，在校学生8897人，其中高中部共有教学班112个，学生5567人；初中部教学班58个，学生3330人。教职工总数614人，其中，研究生学历82人，其余任课教师全部本科学历，省级名校长1人，特级教师5人，正高级教师7人，高级教师120人，一级教师233人，初级教师202人，未定级教师26人，见习期教师3人，见习期管理人员4人，管理岗位职工11人，事业普通工13人，未定级事业技术工3人。省级名校长工作室1个，省级名师工作室3个，省政府特殊津贴专家1人，省级名师（黔灵名师）7人，省级骨干教师22人，省级五一劳动奖章1人，市管专家2人，市级名师10人，市级骨干教师107人。

是年，在中国共产党成立100周年之际，毕节市第一中学以习近平新时代中国特色社会主义思想为指导，认真贯彻中共十九届六中全会精神、习近平总书记关于教育的重要论述、习近平总书记视察贵州重要讲话精神和对贵州对毕节重要指示批示精神，扎实开展党史学习教育，全面贯彻党的教育方针，落实立德树人根本任务，深化教育教学改革，打造高效课堂，学生中高考成绩稳中有升，均位居全市第一，完成省级一类示范性高中复查评估，明确学校“毕节领航、贵州一流、全国知名”的办学定位和“红色引领、科教育人”的办学特色。

【学校荣誉】 2021年，学校获：全国青少年人工智能活动特色单位暨全国首批国际交流协会人工智能创新教育国际合作创新项目学校、第三批全国中小学优秀中华传统文化传承学校、全国节约型公共机构示范单位、贵州省国培计划教师培养培训基地、贵州省“五四”红旗团委、市直教育系统党支部标准化建设示范点、毕节市首批教育科研示范基地、毕节市东西部扶贫协作教育对口帮扶先进集体、中共毕节市委教育工委“学习百年党史 汲取奋进力量”党史知识竞赛优秀奖等多项荣誉。被同济大学、成都空军招飞局选拔中心、西南石油大学授予优质生源基地。时至今日，学校是清华大学、北京大学、浙江大学、中国人民大学、南京大学、中山大学、国防科技大学、北京交通大学、中国空军、民航飞行学院等“985工程”“211工程”等重点大学优质生源基地，获清华大学教育基金会奖励。

【德育工作】 是年，毕节市第一中学坚持立德树人，德育为先。成立未成年人思想道德建设工作领导小组，制订《毕节市第一中学2021年未成年人思想道德建设工作方案》《毕节市第一中学关于进一步加强培育和践行社会主义核心价值观进教材、进课堂、进头脑的工作方案》，重视“三结合”队伍建设实现全员育人，招考优秀退役军人加强德育管理，建立家校社三结合共育网络，帮助学生实现德智体美劳全面发展。

创新德育形式。本年度组织德育工作会议10次、班主任工作会议11次，组织召开6场3300多人次参加的新生家长和家长委员会，召开4次政治课教师会议发挥思想政治课的育人功能。将中国精神和中国故事作为每周国旗下讲话主题加强学生党史学习教育、社会主义核心价值观教育，开展“影像德育”创新主题班会内容和形式提高育人实效，组织观看《开学第一课》《安全第一课》。强化班主任的职责，组织制订完善实施《毕节市第一中学学生自主管理方案》《毕节市第一中学班级量化考核方案》，加强学生自主管理、班级量化考核和劳动教育，评选表彰优秀班主任及优秀班集体19个、优秀德育工作者4人。组织制定《毕节市第一中学落实五项管理实施方案》，调整作息时间保证学生每天8小时以上的睡眠时间；制定实施《毕节市第一中学关于学生手机管理规定》《毕节市第一中学教育惩戒办法》，加强学生安全教育、文明礼仪教育、禁毒教育，开设心理健康课程和生涯规划指导课，开展大课间活动。开展“四个五”访谈督促班主任及女性生活老师访谈学生。支持组建社团51个，团市委被授予毕节市青年志愿者社团，开展“五四”青年节和高三成人礼暨活动，表彰三好学生、优秀学生干部等817人，发展新团员339人。表彰优秀班主任、优秀德育工作者23人。

拓宽德育途径。对1823名高一年级新生进行入学前军训锻炼，开展2场国防教育，2场红色校史讲座，国防班开设军体拳选修课，形成半军事化管理特色。国旗护卫队录制视频参加全省大中学校国旗护卫队技能大赛，获高中组一等奖。加强心理健康教育。在非毕业班开设心理健康课程，对全校5576名学生进行心理排查建档，开展心理咨询、疏导活动。

是年，学校“全国文明校园”通过文明办考核。

【教学工作】 是年，毕节市第一中学坚持以教学为中心，落实教学常规，持续推进教学改革，不断提高教学质量。录取高一新生1824人、36个教学班，共分五个层次，组建1个初中衔接班、新开办3个国防教育班、再办一个弘毅班，未收插班借读生；初一招生1215人19个教学班，安排新校区3个班。开齐开足国家课程和实验课，开设37门校本选修课，为选课走班做好充分准备，新开设生涯规划指导课校本课程，体育课坚持选项走班。强调加强备课、作业批改等教学环节过程督查、阶段考试和评教评学结合，召开质量分析会34次。持续推进高效课堂实施，组织培优和竞赛辅导。组织宣传、招生、学籍申报、高考、会考报名考试和高考志愿填报，安全完成教育行政部门组织考试19次。修订完善《毕节市第一中学关于教师批改作业及检查的规定》等各类教学管理制度7项，学业水平考试合格率99.93%，学科竞赛获奖53人次，教师参加优质课等获奖62人次。2021年高中毕业1840人，高考二本以上上线1751人、上线率95.16%，一本上线1331人、上线率72.34%，600分以上83人，一本二本上线人数和上线率，位居全市第一全省前列；初中毕业735人，考入毕节市第一中学高中学生共158人，600分以上人数和升入高中本校在七星关区公办初中排名第一。教育教学质量优质稳升。

【办学特色有新突破】 2021年，毕节市第一中学再次思考学校办学特色，在广泛征求意见教代会审议通过的基础上，党委研究决定在原来“科教引领、实践创新”的办学特色中，增加学校红色文化，重新凝练的办学特色为“红色引领、科教育人”。是年制定《毕节市第一中学办学特色建设规划》。围绕发挥红色引领，成立理想信念工作领导小组和工作组，组长汪斌老师成功申报省级重点课题“革命老区红色文化资源融入高中思想政治教育的实践与研究——以毕节革命老区为例”，组建红色文化宣传解说团队，校园文化中增添红色基因、编写《红色一中校本教材》，将红色文化融入政治学科教学，开展红色文化专题讲座，成立草原艺术社，走访慰问英烈后代、开展主题党日活动、校园红色故事讲解大赛、主题演讲比赛、“一二·九”唱红歌比赛等活动。学校持续加强信息技术、综合实践活动、通用技术等学科课程和活动实施，组建科技社团开展科普教育活动。特色教育取得较好的成绩：第三批全国中小学优秀中华传统文化传承学校、贵州省“五四”红旗团委、市直教育系统党支部标准化建设示范点、中共毕节市委教育工委“学习百年党史 汲取奋进力量”党史知识竞赛优秀奖等多项荣誉。2021年高三学生升入高校就读计算机专业学生人数和比例位居前列，学生课题研究作品176个、学生项目设计作品43个，学生参加毕节市第九届青少年科技创新大赛中获一等奖1名，7名学生获三等奖。学校因此获优秀组织奖，学校教师多次应邀在市级、省级活动中担任主讲、命题专家和活动指导教师，推广科学教育成果。吴维波老师作为贵州省高中综合实践名师工作室主持人，开展工作室的研训活动，在全省范围内开展教师综合实践培训，研究性学习教师赵英杰获毕节市综合实践活动优质课比赛一等奖。科技社团学生参加贵州省机器人比赛，获得省级三等奖2项，获奖学生共7名。学校被中国科技青少科技中心评为2021年度全国青少年人工智能活动特色单位。贵州省电视台等多家媒体对学校办学特色进行报道。作为省级一类示范性高中，学校办学特色发挥一定的辐射引领作用。

【教育科研】 2021年，毕节市第一中学高度重视教育科研工作，组织教师开展国家省市校级课题研究。本年度组织教师共完成127个校级课题立项、74个校级课题的结题，有9个课题获得毕节市教育规划课题立项，组织指导“自媒体视域下中学生价值观与思维品质培育的行动研究”等6个获毕节市社科理论创新市级课题结题；汪斌老师成功申报省级重点课题“革命老区红色文化资源融入高中思想政治教育的实践与研究——以毕节革命老区为例”，吴维波、朱启平等2位老师作为主要参与人参与贵州省教育规划重大课题“新时代‘三建’引领中小学劳动教育实验”等4项贵州省教育科学规划课题获得立项，屈小锋校长主持的“构建校本选修课程体系、提升师生核心素养的实践与研究——基于名校长工作室”和王贤勇主持的“核心素养背景下高中物理‘微课加传统教学’的应用研究”等2个省级课题获得结题。郭昭鹏老师撰写的《毕节市中小学科技创新教育现状调查及对策研究》获贵州省第五届教育科学研究优秀成果奖二等奖。

是年，学校获首批“毕节市教育科研示范基地”。

【教师队伍建设】 是年，毕节市第一中学引进研究生3人、调入教师5人、考调退伍军人4人。每学期师德师风活动月开展加强教师政治思想和师德师风建设，学习师德师风相关文件、政策法规和师德先进事迹，签订师德师风责任书，建立师生、家长、纪委、社会、教育部门组成的师德师风监督体系，设立师德举报箱，坚持“四个五”检查。组织中层以上干部、班主任、骨干教师参加国家教育行政学院培训274人，辐射到工作室帮扶的14个学校。组织安排国家省市培训共489人次、17010个学时，实施“青蓝工程”“九个一工程”。4个名师名校长工作室开展活动14次，接受贵州工程学院、西南大学等实习老师100人。组织347位教师支教。选派副校长龙泽惠到广州大学附属中学跟岗学习，副校长黄世虎到广州参加校长培训学习一个月，选派2名教师驻村、2名教师参加“三区”支教、1位老师到省厅参加甲秀之光访问学者。承担省市讲座和教研活动5次。选派教师19人担任教师资格证考官，有3名教师被省教育厅招生考试院聘请为命题专家，校长被聘为示范性高中评估专家和省级名师骨干教师评审专家。教师有22人获高级、36人获中级职称，有3人获省名师、4人获省级骨干教师，有3人获市级名师、11人获骨干教师，有1人被评为贵州省最美教师。教师节组织表彰了56名优秀教师和优秀教育工作者。

是年，学校获得“国培计划”等教师培训项目实施基地学校称号。

【教育帮扶】 2021年，毕节市第一中学全力做好巩固脱贫攻坚与乡村振兴有机衔接，发挥省级一类示范性高中的辐射引领作用。选派2名教师担任驻村第一书记，选派2名教师参加“三区”支教、10名教师到平原村支教，派出346名教师到周边县级以下中、小学进行支教，支教教师占专任教师人数的61.5%。落实好教育帮扶政策。帮扶威宁新发中学等共12个学校，帮助百里杜鹃二中培养两个班，全年免学费1822人次，合计免费182.23万元；发放教育精准专项助学金1574人次，金额149.53万元；发放普通高中国家助学金3140人次，金额313.9万元。落实国家精准扶贫和国家助学金645.93万元。向市教育局和扶贫办争取广州帮扶200万元资金帮助学校加强心理健康教育。多方筹措助学金，2021年度共计发放助学项目北京烛光助学金、校友捐资助学、市侨联引进“9·19”慈善专款等19项共162.03万元。全年资助学生7832人次，做好初中控辍保学，确保辍学学生动态清零。

是年，学校获毕节市东西部扶贫协作教育对口帮扶先进集体称号。

【教育宣传】 2021年，毕节市第一中学宣传工作“线上”以官微、官网为主要宣传阵地，依托国家省市新闻媒体，全方位宣传学校新思路、新举措、新方法、新成就。在学校微信公众号发表原创、转载文章380篇。学校被市级以上媒体宣传报道16次，省级以上媒体报道4次，国家级以上媒体报道2次。“线下”以学校电子显示屏、电子班牌为平台发布各类宣传标语134条。更新校史馆、特色陈列馆以及校内宣传展板86块。2021届高三（35）班班长黄圳稳把全班同学的名字写成诗，作为送给全班同学的毕业礼物，受到共青团中央转发，《人民日报》点名报道，上微博热搜第二。

【党建引领】 2021年，毕节市第一中学加强党建工作，以大党建引领学校高质量发展。

加强党史学习。采取主题班会、大型校会、教研组会议、支部党员会议等形式，认真落实党史专题学习、培训、宣讲等工作。2021年，党委书记带头讲党课3次，调研6次，学校及党委班子为群众解决实际问题8个。全校上党课33次，开展宣讲28次，党委中心组专题集中学习13次，所有学习、党课和宣讲等覆盖全校师生2万余人次。6个党支部按照学校党史学习教育工作安排认真开展专题学习，完成党史学习教育专题组织生活会，党史学习教育全覆盖，专题教育全落实。

严肃执纪问责。党委书记认真履行第一责任人职责，加强“三重一大”决策程序监督，持续整治形式主义、官僚主义。对工作慢作为、会议实效性不高和文风不严不实等问题进行提醒谈话2人次。开展干部作风教育大整顿，“手”“嘴”“腿”作风问题专项整治，推进党员干部作风积弊“大扫除”，深化师德师风建设有机结合。落实教育、监测、考核、测评、问责制度，严格落实防性侵相关措施；严肃整治校外违规兼课、有偿补课等违反师德行为规范等问题，切实维护校风、作风、教风和学风。持续纠治教育领域腐败和作风问题，办理问题线索8件，办结案件2件。

严格党管干部。严格执行干部选拔任用条例，配合市委组织部推荐考察提拔一名副县级领导干部赵德龙担任毕节民中副校长；经过一年的考察，正式任命6名正科级干部和6名副科级干部。

加强党建带群团建设。群团组织围绕学校中心工作，做好新形势下党建带工、青、妇建工作，开展群团改革，稳步有序推进“团建加积分”管理试行制度。密切联系青年团员，指导校学生会、社团开展形式多样的活动。组织主题团课培训学习6期，共计1300余人次。正式成立校园电视台，上线学校新闻节目。举行第一届团干部知识技能大赛、学习雷锋志愿服务活动、生态环保知识讲座、清明祭英烈、校园文化节、新团员团课结业仪式、五四表彰暨十八成人礼、迎新晚会等主题大型活动比赛45个。社联开展迎新晚会、“三行情诗”大赛、“一中特优声”配音大赛、“乌蒙耀星火，精神传千秋”红色文化主题演讲比赛、十佳歌手比赛、民法典进校园暨毕节市第一中学2021年法律讲座、校园足球联赛、冬季运动会等大型活动20余个。2020级（38）班学生高绪在毕节市第二届生态环境保护演讲比赛中获高中组三等奖。妇委会开展女教职工“书香三八”读书活动、喜迎建党百年健康跑、登南山和趣味游戏比赛，“巾帼风采奖”1次。

是年，学校管乐团在全省交响乐（器乐）展演比赛中获一等奖，学校获贵州省“五四”红旗团委、市直教育系统党支部标准化建设示范点、中共毕节市委教育工委“学习百年党史 汲取奋进力量”党史知识竞赛优秀奖等多项荣誉。

【学校安全】 2021年，毕节市第一中学聚焦“三大攻坚战”，建设平安校园。

全力做好防范化解校园重大风险。争取得到政府支持化解学校以下重大风险：将偿还新校区建设产生的还本付息债务纳入财政预算，化解学校无法承担还本付息带来的债务风险；划拨440万元解决新校区电路增容改造，解决新校区频繁断电和空调等设备不能使用的问题；划拨资金127.61万元，解决消防、安装校园监控及维护消除学校安全隐患；请求政府帮助从资金、人防、物防、技防等方面化解新校区出现的“地陷”的风险隐患；争取市人大帮助督办和协调政府各部门，解决困扰新校区师生6年来停水断电和山体安全隐患等问题，学校用水实现双水源供水将来建成循环供水网；协调水务公司帮助学校进行校园水管进行查漏补漏后，2021年节约近100万余元的水费。

全力做好防范化解疫情风险。按照省、市教育行政部门疫情防控“十条”要求，制定实施学校疫情防控方案，利用学校 QQ 群，跟踪教职工疫苗接种、登记，班主任跟踪学生接种情况，师生新冠肺炎疫苗接种 9667 人。学期开学前，完成对学校师生员工入校相关审核、数据排查及汇总。每天上课期间对学生体温进行三测，做好学生晨午检、区域消杀等工作，高中部全年大面积消杀 48 次，消杀面积 1204500 平方米；初中部全年大面积消杀 46 次，消杀面积 602500 平方米。采购口罩 6000 个，隔离服、防护服、护目镜各 9 套，一次性手套 100 双，做好物资准备等相关工作，保障教学秩序顺利进行。

全力做好防范化解管理风险。履行校长为学校安全第一责任人的职责，组织制订与完善学校安全二十三个管理制度和十个应急预案，制订安全管理工作计划、签订安全责任书，落实“党政同责，一岗双责，失职追责”责任制。加强安全教育和法制教育，落实“三防”建设。加强隐患排查整治、矛盾纠纷调处和心理问题排查疏导。组织开展扫黑除恶、“三年专项整治”专项整治和做好疫情防控工作。开展校园安全生产月系列活动、校园安全“六个一”活动、暑期“防溺水”防护。组织完成消防整改三项、反恐防暴整改三项。将“网格化”安全管理工作落实到位，建立平安和谐校园。

【示范性高中复评】 2021 年，毕节市第一中学把示范性高中复评列入年度重要任务。以示范性高中复评为契机，组织全校师生员工通过自上而下、自下而上、上下结合的模式，制定学校《章程》《特色建设规划方案》《“十四五”发展规划》，召开复评资料指标解读会议 3 次，指标资料复查 2 次，各部门形成联动合力，按纲抓建。争取政府拨付购置设备所需资金 362.8 万元、补足 223.32 万元生均公用经费，保证示范性高中复评基本条件达标。评估专家组深入校园、深入课堂，通过看、听、查、谈、测等形式，本着实事求是原则，分别从党的领导、办学方向、学校治理、课程教学、教师发展、学生发展、学校发展、示范引领等 8 大方面 64 个三级指标 128 个评估要素，按照《贵州省示范性普通高中评估方案（2021 年修订稿）》要求，对学校获得省级一类示范性高中以来的建设发展情况进行全方位复查评估，受到专家组高度肯定，高效完成迎接省教育厅对学校省级一类示范性普通高中的复评工作，确立学校“毕节领航、省域一流、全国知名”的办学定位。

【教师荣誉】 2021 年，毕节市第一中学积极组织教师参加优质课、录像课、教师技能大赛等教学比赛，教师获省级一等奖 3 人，省级二等奖 2 人，省级三等奖 1 人；市级一等奖 28 人，市级二等奖 17 人，市级三等奖 5 人；其他表彰 6 人，合计 62 人。在全省、全市“两优一先”表彰工作中，教师获得全省、全市“两优一先”表彰的“优秀党务工作者”1 人；获得市委教育工委对市直教育系统“两优一先”表彰对象 7 人、先进基层党组织 1 个。学校党委组织评选表彰“两优一先”个人 20 人。

【学生荣誉】 2021 年，毕节市第一中学学生学业水平考试成绩均 99.93%，参加各类学科竞赛 86 人，学生参加学科、技能竞赛共 53 人次获奖，其中获国家级一等奖 1 人次、二等奖 3 人次、三等奖 1 人次；省级一等奖 3 人次、二等奖 16 人次、三等奖 19 人次；市级一等奖 3 人次、二等奖 2 人次、三等奖 5 人次。

（供稿：毕节市第一中学）

毕节市民族中学

【概述】 2021 年，学校工作坚持以习近平新时代中国特色社会主义思想为指导，深入学习贯彻习近平总书记关于教育的重要论述和全国、全省教育大会精神，坚持和加强党对教育工作的全面领导，全面贯彻党的教育方针，落实立德树人根本任务，铸牢中华民族共同体意识，全面推进依法治教，巩固拓展疫情防控和教育改革发展成果，加快推进特色教育强校建设，提升教育服务贡献能力，开启“十四五”学校教育高质量发展新篇章。

【人才队伍建设】 坚持党管人才原则，根据有关政策，学校于4月发布人才引进公告，开展硕士研究生人才引进工作，引进研究生物理教师1名和化学教师1名；草签三方协议教育部直属师范大学2022年“公费师范毕业生”8名，招聘28名见习生，进一步充实师资和管理人员力量。

【全面提升思想政治工作质量】 弘扬伟大抗疫精神，深化爱国主义教育，增强广大师生的“四个自信”，结合党史学习教育，对全校师生开展专题宣讲31次。常态化进行师德师风学习教育，让师德师风教育入脑入心；全面加强教师队伍思想政治工作，制定《毕节市民族中学思想政治教育工作制度（试行）》，学校还承办“毕节市第一届高中思想政治青年教师教学技能大赛暨‘党史学习教育’融入思想政治课教学优质课评选活动”，充分发挥思政课作为落实立德树人根本任务关键课程作用。推进学生思想政治理论课程改革和教学创新，学校团委充分发挥基层团组织的作用，实现班团一体化，开展“清明追思 缅怀英烈”“学党史、强信念、跟党走”等系列活动，举行业余团校培训，发展100名新团员，开展“传承红色基因，践行初心使命”主题团日活动，开展社会实践活动和志愿服务活动，进一步提升对青年思想政治的教育引导工作。

【完善促进学生身心健康发展】 贯彻落实中央关于全面加强和改进新时代学校体育、美育工作，加强体育美育工作，促进劳动教育常态化，推动学生文化学习、体育锻炼、审美素养、劳动能力协调发展。大力弘扬中华优秀传统文化，铸牢中华民族共同体意识。一是坚持文化兴校、特色立校。制定《毕节市民族中学特色办学规划》，并邀请专家组进行论证，明确学校以“文德化民 体艺泽英”为办学特色，印发《毕节市民族中学特色办学实施路径》《毕节市民族中学校史》，逐步形成市民族中学办学文化品牌特色。二是上好体育课、艺术课。体育课实行模块化选课走班教学模式，进一步加强了地方和校本课程和教材体系建设。春季学期，参加全市中学生足球联赛，秋季学期，开展学生体质健康数据测试和上报工作，2021年度学校全体学生的体质健康数据测试优良率达到28.32%，比上一年度提高4.19个百分点。利用每周定期开展社团课丰富民乐、合唱等艺术实践活动，重新编导排练学校民族健身操《和雅民舞》。三是劳动课程纳入课程体系。每周定期开展劳动教育实践活动，发挥家庭在劳动教育中的基础作用，发挥学校在劳动教育中的主导作用，发挥社会在劳动教育中的支持作用，积极推动学生劳动实践基地建设工作。四是扎实深入开展各项有益活动。以“一训三风”为引领，文化艺术教育为引导，“五育并举”，主题教育活动常抓不懈，开展文化艺术节、2021年成人礼仪、毕业典礼、军训拉练活动、民族团结进步活动等系列教育活动等，赓续民族精神，铸牢中华民族共同体意识，培养方正有为时代新人。五是强化德育工作。坚持育人为本，全年度实施“文化育人”“社团育人”“活动育人”“基地育人”“环境育人”“实践育人”六大工程，开展“开学第一课”、学生职业生涯规划指导、整本书阅读等活动，形成两期阅读杂记汇编，使学生成为志向高远、品德高尚、崇尚科学、特长明显、人格健全、身心健康、体魄强健的和谐社会人。六是常规管理入常态。充分利用年级部扁平化管理优势，常态化开展级部班主任进教室、寝室、食堂等地，坚持抓常态、出长效，反复抓、抓反复，规范出状态，促进学生身心健康发展。七是奖助学金高质量完成。完成 2021 年家庭经济困难学生认定工作，发放国家助学金 152.4 万元；共为1020 人次学生免除学费 81.68 万元，发放教育精准扶贫学生资助为 84.985 万元；发放彤程杉树班助学金 42.95 万元，发放劲牌阳光班助学金 42 万元。

【家校社协同育人进一步强化】 全年举行家长开放日活动1次，9月，对学校 98 名学生开展家访活动，各班均开展家长会，成立年级部、班级家委会，发挥学校指导作用，明确家长主体责任，学校家庭社会协同育人，进一步落实《家长家庭教育基本行为规范》。

【教育教学质量进一步提升】 2021 年高考一本综合上线率 52.35%，二本综合上线率 92.47%。一是教学常规管理工作进一步抓实。领导干部每学期深入班级听课，参与教研组教研活动，各级部每次考试后，及时召开质量分析会。组织 35 岁以下的高考学科老师参加高三适应性考试，开展名师课堂，举行教师微课比赛，推进学校培优计划。二是狠抓教学常规规范教学行为。推行高效课堂，提升教学智慧，形成“七激”教学模式，进一步明确并落实教学常规各环节；坚持“教师为主导，学生为主体，训练为主线，思维为核心，能力为目标”的教学原则，以学生发展为本，积极、主动地推行课堂教学改革，提高课堂教学的有效性；每周对教学常规的督查，加大对教学过程监控的力度，通过听随堂课、学生座谈、问卷调查等渠道了解教师的课堂教学情况，及时做好总结和反馈工作，切实提高课堂效率。三是学科资源库建设工作有序推进。每学期各学科科学安排教学进度，形成教学计划，开展集体备课，有序推进高一高二年级导学案、试题命制、课件 PPT、微课资源库。四是继续实施赛课活动。依托学校名师、名校长工作室和各类资源，抓好教师赛课活动，全校共开展 36 节科组内公开课，录制 26 节校级展示课。五是业务分享和校本研修活动异彩纷呈。先后与深圳高级中学、广州二中、贵州工程应用技术学院、北京情系远山高中双师课堂公益项目、云南大学、上海春禾公益、贵州师范大学、贵州师范学院、贵州理工学院、山东章丘教体局等省内外中小学和高校联合开展特色教育合作。1 月，邀请校外教师山东郭道胜、黔西市陈海等 9 人到校开展涉及各县区 100 多位教师的培训；3 月，与广州二中联合开展研训活动，涉及人数 200 余人；9 月，邀请贵州师范学院宛容、石阡县教育局教研室主任刘琦、都匀二中翁昌燕到校开展教师培训学术讲座；10 月，邀请思南中学 19 位教师开展同课异构示范课教学 19 节，学术讲座 19 场，涉及 13 个学科，辐射 6 所集团成员校教师近 300 余人；11 月，邀请贵阳六中校长魏林、副校长张琳瑶等到校开展学术讲座和执教示范课。另外，2021 学年共派出 200 多人次参加校外各类培训，先后选派教师 27 人次赴广州六中、广州二中、深圳高级中学、临沧一中等名校跟岗学习，到威宁第九中学等校外学校开展教研活动达 12 次。六是进一步完善并修订相关制度。制定《毕节市民族中学章程》等制度，修订《毕节市民族中学校本课程审核制度》等制度，形成《毕节市民族中学制度汇编》。

【省级示范性普通高中申报评估工作扎实推进】 学校按照贵州省示范性普通高中评估方案(2021 年修订稿)，8 月，完成省级示范性普通高中升类复查申报工作；10 月，接受市教育局初步评估；12 月 13 日，省级示范性普通高中基本条件复核评估组专家组，到毕节市民族中学开展省级示范性普通高中升类基本条件现场复核评估工作，评估组专家通过实地考察、师生访谈、查阅资料，对学校规范办学情况和基本办学条件进行现场复核，并对学校省级示范性普通高中升类工作进行详细地指导。12 月 26 日至 28 日，专家组对学校省级示范性普通高中升类工作进行全面评估，全校师生以饱满的热情迎接专家组的评估。专家组到学校，查阅学校资料，对学校领导和中层干部进行访谈，对学校教师进行问卷调查和个别访谈，同时，开展家长访谈，通过现场听课、访谈、查阅资料、实地观察等方式，本着实事求是的原则，对学校的建设发展情况进行全面、真实的评估。

【迎接中国共产党成立 100 周年活动重点开展】 深入开展迎接中国共产党成立 100 周年“百年行动”大学习、大服务，开展“牢记殷切嘱托、忠诚干净担当、喜迎建党百年”专题教育，推动干部师生深刻把握党的百年奋斗史中蕴含的历史逻辑、理论逻辑和实践逻辑，筑牢听党话、跟党走、感党恩的思想根基。围绕学习贯彻总书记“七一”重要讲话精神专题学习 3 次；对学习贯彻习近平总书记“七一”重要讲话精神组织开展 5 次专题宣讲，其中“1+1”互动宣讲 2 次，覆盖全校师生。紧扣中国共产党成立 100 周年重大主题，主动发布和正面宣传，大力弘扬和传播教育正能量、好声音。

【师德师风建设】 学校坚持把师德师风作为评价学校教师队伍素质的第一标准，认真贯彻落实新时代教师职业行为准则。3 月初，召开师德师风教育活动大会，进行具体的工作部署，组织广大教职工学习重温《中共毕节市委关于进一步加强全市师德师风建设的意见》等文件精神。3 月底，开展教职工对照师德师风标准自查自纠，并及时整改。学校认真完成师德师风防范与督查，严格要求做好“四个五”访谈，并形成长效机制。11 月，请七星关区洪山派出所进行的教师准入排查，2021 年度学校没有出现一例教师违法犯罪行为。

【教育科研重点工作】 一是教师培养成效明显。学校制定《毕节市民族中学教师专业发展“十四五”规划》《毕节市民族中学教师梯度建设方案》，实行教师梯度培养。2 人通过正高级教师评审，3 人获省级骨干教师，1 人获市级名师，6 名教师通过市级骨干教师评选，6 人通过副高级教师评审，6 人通过中级职称评审。二是科研课题立项较多。学校教师全年立项省级课题 5 项，立项市级教育科学规划课题 4 项，立项市级社科课题 8 项，立项校级课题 7 个，报送省级课题结题 2 项。三是优质课成绩斐然。优质课比赛共获市级一等奖 1 人次、市级二等奖 4 人次、市级三等奖 1 人次；优质资源开发市级一等奖 1 人次；青年教师技能大赛获奖　人；一师一优课遴选 8 人上报。

【改扩建工程持续推进】 积极向上级有关部门争取支持，推进学校改扩建工程融资事宜，加强调度督查指导，项目自开工以来，完成原有建筑的拆除工程、AB 栋学生宿舍改造、土石方工程、地勘及桩基工程。新建教学楼主体封顶，负一层食堂已于 2021 年 4 月交付使用，8 月交付使用 1 号楼和 2 号楼，学校改扩建工程建设进度持续推进。

【毕业班重点工作有利推进】 学校坚持以毕业班工作为教学重心，打好毕业班攻坚战、持久战。2021 年 5 月，开展高三备考心理辅导活动，6 月，开展高三送考活动，12 月，开展高三成人宣誓仪式等活动。持续做好分类复习工作，认真组织毕业班的各项考试。

【青蓝工程和集体备课有序开展】 推进青年教师专业发展工作，强化教师队伍“老、中、青”的“传、帮、带”效用，加快教师专业化成长的速度。学校行文《关于2021—2022学年度指导青年教师专业发展结对的通知》，教师结成64对，覆盖老、中、青三代。教研组按照“个人—集体—个人”的程序开展备课交流，周周推进教研活动。

【“和雅课堂”建设初见成效】 制订《学校课堂教学改革的总体思路与实施方案》，基于学校的“和雅”文化，凝练提出“和雅”课堂教学体系，从“六个一”的教学策略实践中，形成“微课·心智·互动”教学法，最后具化为“七激”教学模式，即“情境激趣→问题激思→探究激成→交流激动→总结激理→迁移激扩→评价激增”为基本流程的课堂教学模式，教学改革实验成效显著。以自主、合作、探究为主要学习方式，大力践行互动式、启发式、探究式、体验式等多种教学方式。出台《毕节市民族中学教学质量监控方案》等制度，积极推进课程改革，优化课程结构，强化课程整合。

【跨界阅读推进特色选修课程建设】 各学科利用早晚自习、学生社团、读书活动等开展学生跨界阅读活动。通过阅读拓宽学生视野和知识面，有效地促使学生形成其必备品格和关键能力，推进特色选修课程建设。

【信息化建设加速推进】 2021年10月学校网站经审批正常开始运行，网站名称：毕节市民族中学，网站主域名：bjsmzzx. net，同时学校形成《毕节市民族中学信息发布三审三校制度》《计算机机房安全管理制度》《病毒检测和网络安全漏洞检测制度》《违法案件报告和协助查处制度》等学校网络安全管理规章制度。持续推进智慧校园建设，起动学校企业微信，提升了办公效率，有效推动无纸化办公。

【校园安全】 一是签订“一岗双责”责任书。年初，学校与和各科室负责人、班主任、教师层层签订“一岗双责”责任书，明确各自的职责，贯彻“谁主管，谁负责”的原则，做到职责明确，责任到人。二是进一步强化校园监控的管理和维护，巩固人防、物防、技防为一体的防控体系。三是开展隐患排查治理，坚持定期与不定期排查，防范校园安全事故。四是开展安全宣传教育，加强突发事件应急演练。分别于3月8日、10月13日，12月30日在教学楼和宿舍楼开展消防、防震应急疏散演练活动；3月15日，学校组织部分学生代表，到七星关区南环路消防救援站参观学习；5月28日，学校联合市公安局开展反恐防暴演练暨法治讲座；10月15日，学校组织开展反恐防恐模拟演练；分别于6月18日、11月3日，组织学生代表参观青少年毒品预防教育基地；分别于4月27日、12月3日，学校邀请洪山派出所民警到校开展法治讲座，不断增强师生安全意识和安全行为能力。五是做好物管公司的监督和考核，督促尽职尽责，共同维护校园安全。六是积极和交管部门、洪山派出所、市场监管局、治安管理大队等部门通力合作，共同做好学校安全工作。七是持续开展防范和化解重大风险工作，有效防范和化解办学治校的各类风险，积极开展“扫黄打非”、扫黑除恶工作，利用电子屏、宣传栏、横幅、法治讲座等形式向全校师生宣传“扫黄打非”、扫黑除恶方面的知识，提高全校师生辨别是非的能力。八是开展“消防宣传月”“安全生产月”“禁毒宣传月”“交通安全宣传周”“宪法宣传周”“全民国家安全教育日”等系列活动，全方位增强全校学生的安全意识。九是加强学生宿舍规范建设，强化宿舍内务管理，切实做到宿舍内务管理。宿管老师每天白天巡查至少三次，晚上巡查至少两次，严格遵守查房点名制度，做好查房记录。对晚归、不归的学生，宿管老师利用发短信、打电话与班主任联系，查清去向，做好记录，次日把晚归、不归信息上报，每天都把检查的情况记录在册，做到有据可依，有证可查。

（供稿：毕节市民族中学）

毕节市实验高级中学

【概述】 2021年，毕节市实验高级中学坚持以习近平新时代中国特色社会主义思想为指引，认真学习贯彻深化教育改革相关精神，全面落实市委、市政府决策部署，在市教育局的指导下，围绕办好人民满意的教育，按照高质量发展根本要求，着力补齐教育短板，持续推进教育改革创新，深入推进示范特色化普通高中建设，圆满完成省级示范性普通高中的初评工作，教育教学管理水平不断提升。学校是中央精神文明建设指导委员会授予的“全国文明校园”，是中国登山协会授予的“中国登山协会攀岩特色学校”，是教育部授予的“全国科学教育基地”“全国青少年校园足球特色学校”，是国家基础教育实验中心授予的“外语实验学校”，是贵州省教育厅授予的“现代教育技术学校”“贵州省教师专业发展示范基地学校”，是贵州省体育局、贵州省教育厅授予的“贵州体育传统项目学校”，是贵州省委政法委、贵州省公安厅、贵州省教育厅授予的“全省安全文明校园”。

【教师队伍建设】 2021年，学校有教职工224名，其中一线教师198人，教辅人员26人。一线教师中男性教师100人，女性教师98人。正高级教师2人，副高级教师56人，中级职称91人，初级职称40人。硕士16人，本科182人。省级名师4人，省级骨干教师14人，市级骨干教师53人，市级名师5人，学校聘有校外指导教师8人。教师队伍学历结构、职称结构合理。学校各学科基本配齐，学科结构合理；职务结构合理，师资队伍整体水平较高。

2021年，学校以创建省级示范性普通高中为抓手，全面改善办学基础条件、不断提升办学水平和教育教学管理水平，取得显著成绩。例如，多彩贵州好教育联盟2021年度同课异构教学大赛老师李高玄荣获“一等奖”，教师聂柯星荣获“三等奖”；2021年毕节市中优质资源比赛教师汤湘荣获“一等奖”，肖英、教师刘茜荣获“二等奖”。

【做好师德师风工作】 制定《毕节市实验高级中学开展教师理想信念活动工作计划》，学期开学制作、发放《毕节市实验高级中学师德师风主任访谈学生记录簿》《毕节市实验高级中学师德师风女性生活指导教师辅导女学生记录簿》《毕节市实验高级中学师德师风学生监督员记录簿》等工作手册，并指导班主任、女性生活指导教师及学生监督员扎实开展好“四个五”相关工作。每周调查班主任老师、女性生活指导教师辅导学生情况，统计学生监督员和家长监督员反映的师德师风问题并及时填写《毕节市师德师风自查督查情况统计表（每周一报）》《市师德师风建设周调度整改台账（每周一报）》撰写《师德师风工作研判通报》上报教育主管部门，认真做好周通报、月小结、季总结等相关工作。组织教师开展自评、查摆问题，自行反省反思，认真查找自己过去一年来存在的问题和倾向性问题，写出个人师德师风对照检查材料，并认真撰写师德教育周活动手册。获“毕节市师德师风示范校”称号。

【积极搭建平台，培养学校骨干名优教师】 2021年辅导10名教师成功申报市级骨干，4名教师认定转评，3名教师获省级骨干，2名教师获省级名师；18名教师参评市级骨干，2名教师参评市级名师，9名教师参评省级教材专家库成员。

依据《毕节市人民政府办公室关于市直三所高中学校帮扶县直高中学校的通知》文件及贵州

省教师专业发展示范基地校等相关安排，制定《毕节市实验高级中学结伴帮扶兄弟学校制度》等制度，组织教师赴威宁县第二中学开展老校长下乡送教活动暨教育教学研讨活动，赴百纳中学及梨树中学开展帮扶工作。与贵州工程应荣技术学院外语学院，体育学院签订“中学+大学”项目，获得两个院部支持，邀请其专家到学校指导教学工作开展，课题申报和研究以及攀岩工作开展，并承担贵州工程应用技术学院实习基地工作。2021 年度共安排教师参加校内外培训 20 余次，受培人数达 920 人以上，帮助每一个教职工完成 2021 年度继续教育学时，并成功申报“贵州省国培示范基地校”，年底正积极对接市教育师资科申请培训工作，提高学校知名度。学校得到市教育和金海湖新区社会事务管理局大力支持，制订《毕节市实验高级中学金海湖新区社会事务管理局教育协同发展方案》等方案，成功与岔河镇兴欣小学、梨树中学、毕节双山实验中学结成“点对点”结对互助关系，创建毕节首个教育协调发展典范，年底完成对岔河镇兴欣小学调研工作，带领岔河镇兴欣小学、梨树中学两家学校创建中小学市级示范性学校和指导三家学校老师撰写教育协调发展方面相关课题，积极准备申报。

【东西部合作方面工作】 制定《毕节市实验高级中学教师对外交流制度》等东西部教育对口帮扶方案，与广铁一中签订结对帮扶补充协议。2021 年 3 月 28 日，谢军校长带领 4 名干部拜访广铁一中，对接 2021 年东西部合作工作安排。4 月 8 日，毕节市实验高级中学联合广铁一中暨全市教研活动开展，共展示市级示范课 12 节，全市共 48 名校长到学校参观培训。成功推荐学校心理健康教师李文倩成为广东省蓝敏名师工作室网络学员，成为贵州省唯一一个加入广州市名师工作室学习的成员；11 月 26 日，校党委书记张赟、副校长王祥带领干部到广州铁一中学对接东西部协作教育对口帮扶工作，并慰问学校在广铁一中跟岗学习的张朝觐，有效地加强东西部教育扶贫协作。

【“青蓝工程”及继续教育工作】 2021 年，制订《毕节市实验高级中学 2020—2021 学年度“青蓝工程”帮扶工作方案》，签订毕节市实验高级中学“青蓝工程”“传、帮、带”协议书。10 月 20 日举行了 2020—2021 学年度“青蓝工程”传、帮、带启动仪式，并完成新教师入职培训和青蓝结对工作。

【改进德育工作方法，提高德育工作实效】 一是重视班主任队伍建设，抓好班主任队伍管理。每月召开一次班主任工作会议，与班主任老师一起探讨学校德育工作的方法，布置每月的工作重点和主题教育活动，及时反馈、处理班级中发现的问题。并不断完善班主任岗位职责，工作条例、考核、奖励制度，做好班主任学期工作的量化考核。

二是加强社会、家庭、学校配合，形成教育合力。德育工作离不开社会、家庭的配合，为此学校积极构建家庭、学校德育工作网络。学校公众号及时传达学校中心工作、各项主要活动、教育教学成果，指导家教工作等。安全保卫科、学生科每周一次安全提示。于 5 月、11 月分别召开了两次各年级家长会，11 月召开一次家长学校会议。1 月组织“大家访活动”，平均每班实地家访 5 人次，电话、微信家访全覆盖。同时，坚持经常性地与家长沟通，了解学生情况，努力使家庭教育与学校教育能默契配合。

三是精准包保帮扶，加强后进生管理，做好学习、品德差生的帮教转化工作。各年级结合实际，制定后进生包保计划及具体帮扶措施，记载帮扶情况，努力做到用爱心去关怀他们，用耐心去感化他们，尽量把一些苗头性问题消灭于萌芽状态之中。对重点的问题学生“一对一”精准帮扶，落实结对帮扶教师，增强教育转化的责任感。

【强化行为规范教育，改变学生精神面貌】 一是加强学生行为规范养成教育。开展诚信从身边做起活动。利用每周校会、班会等对学生的学习习惯、遵章守纪习惯、文明礼仪习惯、劳动卫生习惯进行训练和教育。

二是强化行为规范教育的检查、评比、量化措施。制定优化行为规范评分内容和标准，对出勤、卫生、班级财产、课间操、班刊评比、校服穿戴、走读证佩戴情况、违纪情况的检查评比落实到位。对卫生、抽烟、玩手机等违纪情况采取突击检查的方式，对学生出勤、大课间、校服穿戴、走读证佩戴情况采取天天检查的方式，对班级班刊、班级布置采取定期检查的方式。

三是充分发挥值日生、班干部、学生会干部的值日监督作用。各级学生干部认真负责，检查公平公正，值日工作到位。通过对学生的行为规范教育，让他们养成文明礼仪、劳动卫生习惯等。通过对行为规范教育的检查、评比，形成班级竞争，促进全校学生的行为规范教育。

四是坚持开展好法治教育。学校聘请毕节市检察院相关领导作为学校法制副校长，定期为学校师生开展法律知识宣传和相关讲座，不断提高学校师生的法律意识。

五是开展好集体主义教育。以各重大节假日为契机，通过多种活动加强学生集体主义教育，提高学生的班级凝聚力。2021年度开展高一新生军训拉练活动、庆祝中国共产党成立100周年文艺汇演、中华人民共和国成立72周年的诗歌朗诵及歌唱比赛、征文比赛活动、学生艺术节、定向运动会、高一、高二足球联赛等相关活动。同时将全校性的系列比赛纳入班级量化考核和文明班的评比加分项目。

六是开展心理健康教育，确保学生健康成长。学校定期开展心理健康教育活动。组织心理老师利用每天课余时间对有心理障碍的学生进行心理辅导，并将相关问题视情况及时反馈班主任或学生科协同家长解决。同时完善学生的心理健康档案，尽最大努力使每一个学生的身心能健康发展。2021 年 10 月开展“心理健康教育活动周”活动。

【教学质量不断提升】 2021年，学校参加高考人数总共828人，其中理科756人，文科122人，一本综合上线率 23.58%，二本综合上线率81.66%，本科综合上线率位居毕节市第八名，2022届学生学业水平考试取得重大突破，信息技术的优良率达到了93.04%，合格率100%，创历年新高。

【课堂教学改革】

一是积极推行教学视导。学校的发展，离不开课堂教学，课堂教学质量的高低，决定这个学校的发展品质。从2019年秋季学期开始，学校开启教学改革模式。学校科研科制订《毕节市实验高级中学课堂教学改革实施方案》，成立以校长为组长的领导小组，领导小组在科研科下设办公室，由科研科负责推动课堂教学改革具体工作。2021年，教务科联合科研科共开展学科组的课堂教学视导3次，对教师教学视导实现全覆盖，指导和进一步完善各学科课堂教学范式及好课标准。

在2021年教学视导中，除邀请毕节市教育科学研究所的专家参与学校的教学视导之外，还邀请省部分知名教育专家参与学校教学视导。通过视导，发现学校课堂教学中存在的问题，并对问题进行总结和整改，提出解决问题的方案和制定相应的整改措施，有力推动学校课堂教学改革。

二是加强学科组建设。根据“申示”及学校发展需要，改革学科组制度，促进和完善学科组建设。除原有9大高考学科设学科组之外，还设立艺术、体育、信息技术、通用技术、校本课程、综合实践等学科组。按照《毕节市实验高级中学学科组考核办法》和《毕节市实验高级中学备课组考核办法》等制度对学科组、备课组进行常规考核，促进学科组、备课组的健康发展。

【教学管理改革】

一是严格上课制度。教师严格按课表上课，未经教务科同意，不得随意调课、代课，更不准随意缺课。上课不得迟到早退，不得中途离开教室，不能无教案（教学设计）上课，上课须使用普通话，课后要有教学反思或后记（手写），教务科将坚持每日巡课制度，对于迟到、早退、缺旷等教师进行全校通报批评。

二是领导干部实行推门听课。学校领导班子成员、中层干部、年级部管理团队成员随堂听课，每次都要对教师课堂进行评价，评为不合格课的，听课教师要及时将情况上报分管教学副校长，由教学副校长组织教师跟踪指导。

三是建立听课学习制度。每位教师每学期听课不少于 15 节（三年教龄以内教师每学期听课不少于 30 节，分管教学的副校长、教务科长每学期听课不少于 30 节，中层及以上领导每学期听课不少于 20 节）。听课记录需提供听课原始记录材料（含学校、班级、学科、执教人、时间、节次、评价以及被听课教师签字认可的记录），听课评课记录翔实，要有课堂实时点评。

四是加强集体备课。以年级部为单位，备课组坚持每周开展一次教研活动，以集体备课为主。集体备课定时间、内容、地点、主讲人，并做到统一教学进度、统一教学目标、统一教学重难点、统一学案、统一作业、统一阶段测试。开展集体备课时，要注意学科渗透德育、法制教育、安全教育等，每次集体备课后必须有个人二次备课。若无特殊情况，联系领导要及时到场参与指导，年级部和教务科负责督查。

五是教学检查常态化。每学期对教师教案（教学设计）、作业进行 2 次检查，期中检查一次、期末检查一次，所有任课教师全覆盖。除此之外，教务科工作人员还会不定期进行抽查。

六是公开课、示范课教学。各备课组每学期举行一次公开课（含研讨课、示范课或观摩课），全组教师轮流上课。35 岁以下青年教师上研讨课，其他教师上示范课或观摩课。

【课程建设】　根据贵州省“三新”改革的要求，除开设 9 大高考学科及信息技术之外，还继续完善通用技术、研究性学习等国家课程的开设，并逐步完善与增开心理健康、生态文明建设、国防教育、政治思想教育、劳动教育等综合实践课程和地方课程，并开设 40 门能满足学生个性化发展需求的校本课程，形成以国家课程为主，地方课程和校本课程及学生社团为辅的完善的、满足全面贯彻党的教育方针、实现学生有个性地全面发展的课程体系。

【学校科研工作】

1. 校本教材开发方面：2021 年，学校学术委员会审核，原则上同意《高中生国家教育安全读物》《To Speak English in a Confident Way》《高中英语外刊阅读精选》《汉字趣谈》等四门校本教材的开发。

2. 课题研究方面：2021 年 4 月，学校申报贵州省教育科学规划课题，有两项课题获准立项，分别是：“指向思维品质培养的高中英语深度阅读教学实践研究”，课题编号 2021B082，课题负责人罗玫；“‘强基计划’下资优生培养的路径探索——以毕节市为例”，课题编号 2021B083，课题负责人肖英，并按贵州省教育科学规划课题管理办法组织开题。有“核心素养背景下高中生物乡土课程的开发与实践研究”1 项贵州省教育科学规划课题结题。2021 年 4 月申报毕节市社会科学界联合会理论创新课题“非物质文化遗产的传承与发展研究——以大方漆器为例”（课题编号 BSK21039，课题负责人黄亚），“毕节市悠久校史资源挖掘与育人路经研究——以毕节市实验高级中学为例”（课题编号 BSKZ-21073，课题负责人王维阳）等 10 项课题获准立项，并顺利结题。2021 年 8 月，申报毕节市教育科学规划课题“生命教育视角下高中语文阅读教学实践研究”（课题编号 2021132，课题负责人朱莉娅）等 3 项课题获准立项，并按《毕节市实验高级中学课题研究管理办法》组织开题。“‘强基计划’下资优生培养的路径探索——以毕节市为例”1 项课题结题。2021 年毕节市实验高级中学教育科研课题 6 项结题，6 项课题获准立项，覆盖语文、政治、信息技术、物理、体育与健康等学科。

2021 年 10 月、11 月，以开题为契机，对部分教师进行课题研究的培训，由贵州工程应用技术学院数学学院副教授张云艳、外国语学院院长曾晖对老师们进行课题研究选题、文本书写、资料查询、文献梳理等知识的培训。

3. 其他科研工作方面：2021 年 3 月与贵州工程应用技术学院信息工程学院签订“高中+高校”合作培养创新人才协议，并正常开展工作；与贵州省青少年科技辅导员协会签订“高中+协会”科技辅导员培养协议，在科技创新指导方面可以随时提供指导。2021 年 8 月 13—14 日，在学校办公楼五楼会议室及相关教室，举行“毕节市实验高级中学第三届高考备考研讨会——2022 届高考备考经验交流会议”。组织高一高二年级学科备课组编写 2021 年春、秋两学期的寒暑假作业，按时发放给学生使用。2021 年 5 月和 10 月分别组织教学视导，两次视导共计听课 170 余节，召开教学视导总结工作会议，推动学校课堂教学改革发展。收集整理编辑印刷《毕节市实验高级中学课堂教学范式资料汇编》和毕节市实验高级中学 2019、2020、2021 年《教育教学论文集》。2021 年，学校共印刷 22 门校本教材投入使用，开设近 40 门校本课程。

【加强安全管理，确保学校稳定】 2021 年，学校修订完善《毕节市实验高级中学 2021 年安全总体预案》《毕节市实验高级中学防自然灾害应急预案》《毕节市实验高级中学应对突发公共卫生事件应急预案》《毕节市实验高级中学反恐防暴应急预案》等；2021 年，组织全校学生开展主题安全教育，覆盖 54 个教学班 2688 名学生，内容涉及消防安全、交通安全、防溺水、防校园欺凌、网络安全等，不断强化安全意识，经常进行安全检查，发现隐患，及时排除。道路交通，校舍设施，各种活动，卫生防疫等，从各方面把安全工作抓实抓细；同时做好法治宣传工作，抓实抓好《中华人民共和国宪法》《中华人民共和国民法典》学习宣传工作。一年来，学校未发生任何重大安全责任事故，确保学校其他各项工作顺利推进。

（撰稿：李茂华）

科　技

科技管理

【概述】　2021年，市科技局深入贯彻落实习近平总书记视察贵州重要讲话精神，以党建工作为统领，围绕“四新”主攻“四化”，着力推进科技体制改革，深入推进科技特派员服务行动，扎实抓好科技型企业培育，为助力全市高质量发展提供积极的科技支撑。是年，9家企业通过高新技术企业认定，39家企业获得国家科技型中小企业入库编号，首次探索“揭榜挂帅”项目管理并取得一定成效。

【科技管理机构情况】　毕节市科技管理机构共11个，其中市级1个，县级10个。是年，毕节高新区科技管理职能转至经发局，成立毕节高新区科技创新局（经济发展和工信能源局、投资促进局），一套人马、三块牌子。

【科技计划项目】　2021年，毕节市累计争取到省级及以上科技计划项目37项，获得上级科技资金2622万元，带动项目承担单位投资13743万元。开展市级科技计划项目库建设，共征集市级科技计划项目208项，经组织专家评审研究，共筛选出84项纳入2022年市级科技计划项目库，项目总预算资金10010万元。围绕全市重点产业发展需要，通过第九届贵州人才博览会发布技术榜单，凝练3项“揭榜挂帅”项目给予立项，获得2021人才专项资金298.2万元支持，以项目为依托柔性引进中国农业大学、中国中医科学院、中国科学院等单位的专家团队助力毕节产业发展。

【高质量发展绩效指标】　围绕高质量发展的科技创新重点指标加强业务指导和工作调度，2020

年全市全社会 R&D 经费投入 3.91 亿元，占 GDP 比重 0.19%；万户企业法人中高新技术企业平均 7.68 户，占企业法人数的 0.077%。

【高新区申创工作】 2021 年，毕节高新技术产业开发区按照“以升促建”的原则，积极推进园区首位产业发展，加快搭建科技创新平台，培育建设锂电池工程技术研究中心和锂电池创新人才团队，指导和支持贵州东冶实业有限公司、贵航新能源科技有限公司建设专业化的科技企业孵化器。结合国家和省关于开发区高质量发展的有关精神，起草《毕节高新区高质量发展实施方案》，签署《广州市科技局毕节市科技局深化科技合作协议》，高新已与广东工业大学化工学院、城市建筑学院开展相关合作，签订框架协议，充分利用广州智力和人才资源助力园区发展。

【科技特派员工作】 2021 年，通过组团式选派、按需式选派和聘任式选派等方式，全年共选派各类科技特派员 655 名到基层开展科技服务，实现全市 1981 个出列的贫困村全覆盖。组建 49 支产业技术服务团，深入农业产业园区、坝区及种植养殖大户开展定向技术指导，在助力农业现代化方面发挥积极作用。

【科技型企业培育】 深入开展“千企面对面”服务活动。协调对接金融机构，使 8 家高企获得 7510 万元银行授信。开展企业研发费用税前加计扣除申报辅导，帮助新田煤矿的 3 个研发项目通过省科技厅组织的技术鉴定，归集研发费用 1200 多万元，享受税收减免 160 万元。承办第十届中国创新创业大赛贵州赛区毕节分赛区赛事工作，通过培训和指导，毕节 2 家企业成功晋级全国决赛。

【科技体制改革】 围绕赋予科研机构和人员更大自主权积极进行改革探索，出台《毕节市赋予科研机构和人员更大自主权的实施办法（试行）》，该实施办法从完善机构运行管理、优化科研管理、改革人事管理方式、完善绩效工资分配方式四个方面出台具体措施，为激发科技人员创新创造活力提供政策保证。

【对外科技合作工作】 2021 年，对广科技合作持续推进，签订《广州市科技局 毕节市科技局深化科技合作协议》，由毕节市第三人民医院与广州市第一人民医院合作的“构建基于 5G 的广州—毕节远程医学诊疗平台”获得广州科技局帮扶项目立项。

【农业科技园区工作】 根据科技部 2019 年 5 月评估反馈贵州毕节国家农业科技园区存在的问题，调整完善园区管理机构，优化园区空间布局，突出园区主导产业，整合利用科技资源抓好园区产业培育和辐射带动，收集编制整改复核相关资料，通过专家考察和答辩复核等程序，贵州毕节国家农业科技园区顺利通过整改，保留国家级农业科技园区称号。

【技术转移转化工作】 2021 年，以科技创新券为引导，通过上门服务，收集、挖掘技术合同，登记技术合同 229 份，合同成交额 21.04 亿元，其中技术交易额 7.89 亿元。

【中药科研工作】 2021 年，天麻研究方面，初步筛选出绿红 1~2号高产天麻 1 个、优质天麻黎平乌天麻 1 个和适宜黔西北地区种植的 1 个优质蜜环菌菌株 MHL-1，合作研发出天麻咀嚼片、天麻颗粒 2 个新产品，制定产品的企业执行标准；半夏研究方面，收集半夏资源 24 份，建立半夏资源圃 5 亩，开展半夏优良资源品质评价，初步完成半夏 3414 配方施肥实验；刺梨研究方面，完成毕节市 9 个县区 28 个乡镇刺梨资源收集，收集刺梨资源 71 份（82 株），发现特异单株 17 株，采集刺梨果实样品 89 份，整理样品的农艺学性状数据，并对不同的刺梨资源进行关键指标性成分含量差异研究；黄精研究方面，指导企业种植黄精共 1300 余亩，400 余个大棚的黄精种子育苗，从四川、云南等地引进 4 个黄精品种，开展品比实验。重楼研究方面，指导企业种植重楼 500 余亩，收集重楼资源 400 余株，建立资源圃 2 亩，开展了重楼的栽培技术和病虫害防治技术研究。2021 年，共发表论文 12 篇，申请发明专利 11 项。

（撰稿：胡　静）

农业科学研究

【科技创新】　一是承担国家级、省（部）级、市厅级及其他横向科研项目 28 项，其中国家级项目 2 项、省（部）级项目 17 项、市厅级及其他横向科研项目 9 项，育成 10 个农作物新品种申报贵州省农作物品种审（认）定，申请国家发明专利、国家实用新型专利 6 项，承担国家级试验 18 组、省级试验 16 组，申请国家发明专利 12 件、国家实用新型专利 1 件，在省级以上刊物发表科研论文 18 篇。二是独立或联合申报“贵州优质、高产、多抗粳稻新品种选育研究”“毕节茶树专用生物有机肥配方研究与应用”“阳荷新品种选育及引进筛选研究”“杂交粳稻红米新组合乌蒙红 1 号技术集成与产业化开发”等省、市科研项目 18 项。完成“果药套种高效种植技术集成与示范”“不同红小豆品种营养成分分析及其产品研发”等 8 个省、市科技计划项目验收。“直条鲜湿杂粮杂豆复合营养米线（皮）智能化加工技术集成与示范”“大方皱椒提纯复壮及示范应用”等 2 个贵州省科技计划项目获准立项。三是承担国家级、省级农作物品种区域试验、生产试验及联合鉴定试验等 10 余个，参试品种 50 余个。其中：提供 23 个品种参加 2021—2022 年度国家冬小麦长江上游组区试 A、B 组田间试验；13 个品种参加 2021—2022 年度贵州省小麦区域试验；自育荞麦品种毕苦荞 14－3 加入 2022—2023 年度荞麦国家区域试验；正积极推进国家高海拔粳稻区域试验；贵州省粳稻区域试验；贵州省粳稻稻瘟病鉴定、贵州省杂交水稻耐冷性鉴定等试验参试工作。四是超额完成农作物种质资源收集 1000 余份，择优选种申报进入国家库 342 份，完成种质资源收集工作目标任务，超额完成进入国家库任务，同时有序推进贵州省芸豆种质资源圃 50 亩建设工作。

【科技服务】　一是选派并圆满写成全所科技人员服务全市农技人员服务农业高质量发展工作，下一年拟在全市创建农业高质量示范点 3 个，集中服务领导领衔农业高质量发展示范点 2 个。二是圆满完成 33 名省级科技特派员（国家“三区”人才）赴基层开展科技服务的选派工作。下一年拟选派 18 名科技人员（正高级职称、市管专家）参加毕节市科协组织的毕节市科普专家团，参与全市全年农业科普宣传工作。三是持续选派 3 名优秀科技人员到乡村振兴联系点任驻村第一书记工作，在威宁、赫章、金海湖、织金建立高质量发展服务示范点，开展马铃薯、中药材、茶叶、芸豆、蚕豆、小豆新品种展示及果树（茶叶、中药材）套种芸豆（小豆）、金荞麦等技术示范，提供种子 1 万余千克。开展技术培训与指导 50 余场次，培训乡镇技术人员、合作社技术骨干和农民 1 万多人次，发放技术资料 1 万余份，开展食用豆等新品种、新技术示范 1 万余亩。四是积极开展高素质农民培训和新型农民职业工作，通过毕节市青年农场主、毕节市高素质农民培训等形式开展乡村人才培训，大力传达学习中央、省、市相关精神和乡村振兴、科技知识，已开展培训 10 余期，500 余人。通过农业产业高质量发展示范服务活动，积极主动对接开展农技人员到点培训，年底开展培训 50 余期，培训人次 1000

余人，为乡村振兴产业解决疑难问题120余个。

【成果转化】 一是积极开展马铃薯脱毒种薯的推广应用。全年完成马铃薯新品种的茎尖剥离、脱毒苗的转接繁殖，完成200多万粒马铃薯脱毒原原种（威芋3号、威芋5号、威芋7号、黔芋7号）的销售，完成种植特色马铃薯品种（黑美人、彩色马铃薯）脱毒种薯繁殖3亩示范推广，与威宁众果公司合作推进500亩马铃薯脱毒种薯的繁育种植工作。二是高效推进海南南繁工作。完成中国农科院及国家种质资源库在贵州省南繁旱作科研基地精准鉴定及种质资源扩繁540份，创新利用食用豆资源300余份，在崖州繁殖芸豆新品系3个，红小豆1个，种植特用型玉米资源材料670份，收获芸豆新品系BY202101、BY202102参加国家食用豆体系芸豆新品种联合鉴定试验；收获贵红2号参加国家食用豆体系小豆新品种联合鉴定试验；收获玉米自交材料2162份，测交组合128个。三是完成在海南以水稻“高产”“优质”及“多抗”等优异特征特性为主要内容的水稻育种工作。同时在海南开展的杂交玉米品种毕单20号亲本繁殖工作收获脱粒，繁殖亲本种子600余千克，毕单20号杂交玉米品种种子繁殖1500余千克。四是稳步推进新品种示范工作。超任务完成在赫章开展的半夏新品种新技术示范推广试验播种，半夏规范化种植技术示范和新品种种子繁育基地建设。全年完成在全市核心示范5万余亩。

（供稿：市农科所）

畜牧兽医科研

【概述】 2021年，毕节市牧科所紧扣推进畜牧产业高质量发展这一主线，围绕完成好牛羊产业专班这一中心工作，建设好国家肉牛牦牛产业技术体系毕节综合试验站、国家绒毛用羊产业技术体系毕节半细毛羊综合试验站、贵州省生态家禽产业技术体系毕节综合试验站3个试验站，实施好一批国家、省、市级科研项目，持续推进贵州省草食家畜高效养殖人才基地、贵州省威宁黄牛繁育人才基地建设，继续抓好贵州省乌蒙山区肉羊新品系（种）科技创新人才团队、毕节试验区肉羊产业发展研究人才团队、毕节市乌蒙肉牛产业技术创新人才团队建设，建好牛、羊、猪、鸡4个优势学科团队。着力解决肉牛、绒毛用羊、乌蒙土鸡、生猪产业发展中的关键性技术问题，开展产业化研究示范。继续加强对外合作交流，扎实推进所科研示范基地、人才团队和人才队伍建设，加大研发能力建设和科技成果转化。积极开展贵州省科特派“三区”人才服务和毕节市农技人员服务农业产业高质量发展工作，为我市畜牧产业发展和助推养殖提质增效作出应有的贡献。

【养牛研究】 分别在七星关区、大方县、纳雍县、威宁县、织金县建设示范场12个，整合贵州省威宁黄牛繁育人才基地、威宁黄牛营养调控及粗饲料高效利用关键技术研究与示范、喀斯特山区粮改饲技术集成示范与产业化3个省级科研项目，重点开展威宁黄牛育肥屠宰测定试验，在高效饲养管理基础上探索威宁黄牛育肥屠宰性能，分析饲养威宁黄牛优势条件，研究威宁黄牛高效养殖技术。在威宁龙街道银泉村结合单位驻村点开展酒糟饲养肉牛生理机制、机理相关研究，在威宁县板底乡威宁县板底种植养殖专业合作社、威宁县百坪康利专业合作社共指导选育纯种威宁黄牛母牛70头，公牛10头，正在积极与贵州黄牛集团协商在该区域投资建设威宁黄保种基地相关事宜。结合全市酒糟、豆渣等糟渣类饲料资源较丰富，但保存期短及利用效率不高的实际，研发通过微生物制剂发酵处理提高其消化率及保存时间的配套技术，在纳雍县推广生产应用2万吨。结合农技人员服务肉牛产业高质量发展开展牧草品比试验，分别在纳雍县、威宁县开展春季、秋季牧草引种种植品比试验、筛选出适于当地种植牧草品种6个，其中推广种植青贮玉米金玉米818面积2000亩，光叶紫花苕2000亩，黑麦草1000亩，饲用甜高粱1000亩。对养牛企业的日常咨询进行解答并通过相关方式指导疫病用药、环境设施改善等，指导企业进行做好防疫等相关工作，开展培训3期，培训300人次。

【养羊研究】 完成国家新品审定1个。依托国家绒毛用羊产业技术体系毕节半细毛羊试验站，由宋德荣领衔的羊团队紧紧围绕贵乾半细毛羊国家新品种审定开展工作，4月14—17日贵乾半细毛羊通过国家新品种现场审定，10月11日、18日分别通过国家羊专业委员会、国家畜禽遗传资源委员会新品种审定，填补贵州畜禽品种通过国家审定的空白，实现了贵州畜禽品种国家审定"零"的突破，毕节市牧科所为地方品种资源创新做出贡献。新上项目2个，贵州省科研机构创新能力建设项目"喀斯特山区牛羊高效养殖关键技术集成创新能力建设"和毕节市揭榜挂帅项目"多胎半细毛羊新品系培育及高效养殖关键技术研究"，完成年度目标任务。开展畜禽快繁新技术试验，为推进多胎半细毛羊新品系培育，在贵州新乌蒙生态牧业发展有限公司基地开展同期发情、幼龄羔羊超数排卵、胚胎移植等快繁新技术应用示范，超排1月龄羔羊6只，平均活体采卵39枚/只，挑选发育良好的优质胚胎，移植到13只受体母羊，孕检全部妊娠，初步建立贵乾半细毛羊幼龄羔羊体外胚胎生产技术体系。贵州新乌蒙生态牧业发展有限公司征集威宁绵羊36只扩大地方品种保种群大100余只，开展威宁绵羊新品系培育试验，获得F1代新品系38只。引进高繁型品种布鲁拉绵羊和快大型品种萨福克绵羊11只，加快多胎半细毛羊新品系、威宁绵羊新品系培育进程，在贵州新乌蒙生态牧业发展有限公司基地、威宁县种羊场、贵州省威宁高原草地试验站组建多胎半细毛羊新品系培育基础群1500余只、核心群300余只，在贵州新乌蒙生态牧业发展有限公司、威宁县雪山镇朱天华种养殖场组建威宁绵羊新品系培育基础群150余只，建立"萨福克×威宁绵羊""湖羊×威宁绵羊""布鲁拉×威宁绵羊""小尾寒羊×威宁绵羊"4个交组合，为新品系培育奠定基础。开展了青贮玉米测产，对云18、云19测产，亩产量分别为3.46亩、4.33亩。从省油菜所引进牧草新品种"饲用油菜"，在威宁开展种植试验，经测产一茬鲜草产量2.67吨/亩，为高寒山区引进推广牧草新品种提供示范。

【养鸡研究】 以团队领创办形式，在纳雍县领办源生牧业公司，发展乌蒙土鸡产业，开展纳雍土鸡的选育工作。在库东关种鸡场进行育种保种工作，完成对乌蒙乌骨鸡的黄麻羽黑脚和黑羽黑脚、威宁鸡的黄羽白脚、黄羽青脚和麻羽青脚两个品种5个品系的种鸡进行严格的标准化选育，存栏种鸡1万余套，为公司各育雏半育成场提供优质鸡苗15万余只，为纳雍土鸡产业开发奠定基础，同时，加强种鸡疾病净化，提高种鸡的质量。为加强培育种鸡优质配套系，化作种鸡场引进南海黄麻鸡、广东铁脚麻鸡父母代种鸡各1万套、贵州红种鸡0.15万套，为培养"源生1号""源生2号"奠定坚实基础，同时，该场饲养优质商品鸡威宁鸡品种1.5万套，向外提供优质商品鸡苗20余万只。加强蛋鸡生产，助推蛋鸡产业发展，指导阳长镇核桃寨蛋鸡场扩建鸡舍2000余平方米，饲养优质罗曼粉蛋鸡22.82万只，生产商品蛋2735.36万枚（6.81万件），销售6.70万件，创产值1440.7万元。通过源生牧业公司业务的拓展，就业面不断增大，在库东关种鸡场、化作种鸡场、阳长镇核桃寨蛋鸡场就业人员达75人，辐射带动就业200余人，开展技术服务20余次，培训人员400余人次，为纳雍土鸡产业的发展提供强有力的技术支撑。

【养猪研究】 6月，以团队在七星关区八寨镇金银山社区领办贵州肇达农业科技有限公司生猪养殖，按照畜禽品种良种化、养殖设施配套化、生产饲养规范化、防疫治疗制度化、粪污治理无害化的“五化”要求指导建设，制定猪场生物安全防控标准及各项生产管理制度，年底建设后备隔离舍1栋、公猪舍1栋、配怀舍2栋、分娩舍1栋、保育舍2栋和育肥舍4栋总共11栋，参与帮助建设粪污处理中心1个，洗消中心1个。完成投资8500万元。帮助企业引进后备母猪781头，成活率97.8%，引进保育猪3717头，成活率96.8%。种公猪18头，成活率100%。带动就业30人，就业年增收72万元。为打造高寒山区现代养猪产业提供科技示范。

【牛羊专班】 承担全市牛羊产业发展工作专班工作，完成牛羊产业经济运行研判、日常数据统计上报、产业发展调研和调度、产业发展情况报告等工作，拟写提交《毕节市2021年牛羊产业发展推进计划》《2021年牛羊产业发展情况通报》《2021年全市牛羊产业发展推进会会议方案》和《2021年牛羊产业工作要点》以及市委常委、组织部部长、牛羊产业领导小组组长肖虎《在全市牛产业发展推进会上的讲话》。参与调研和拟写调研报告1个。拟写信息在《毕节日报》、新媒体等报道6次。参与起草《毕节市生态畜牧业“十四五”发展规划（2021—2025年）》和《毕节贯彻新发展理念示范区“十四五”发展规划（2021—2025年）》。

【科技服务】 全所24人参加贵州省科特派“三区”人才服务，21人参加市农技人员服务农业产业高质量发展工作，9人领创办养殖企业，累计服务村150个，到基层服务指导、技术培训2000余人次，帮助解决问题18个，推广新品种新技术10余个，为培育发展企业带动农户养殖起到技术支撑和科技示范作用。

【科研产出】 新上项目4个，贵州省科研机构创新能力建设项目“喀斯特山区牛羊高效养殖关键技术集成创新能力建设”、毕节市“揭榜挂帅”项目“多胎半细毛羊新品系培育及高效养殖关键技术研究”、国家肉牛牦牛产业技术体系试验站年度项目、国家绒毛用羊产业技术体系试验站年度项目；由该所牵头育成的贵乾半细毛羊新品种，通过国家新品种审定；获贵州省科技进步奖三等奖1项；获国家实用新型专利授权2件；注册商标1件；1人获第一届贵州省优秀科技个人奖，1人获评贵州省第七届科普工作先进个人；1人晋升正高级职称。

【体制机制创新】 根据《国务院办公厅关于改革完善中央财政科研经费管理的若干意见》文件和《毕节市赋予科研机构和人员更大自主权的实施办法》，制定毕节市畜牧兽医科学研究所“赋予科研机构和人员更大自主权的实施细则”和《科研诚信管理暂行办法》。

（撰稿：彭　华）

食品、药品、计量、工业产品检验检测

【检验检测】

1. 药品检验工作。全年共完成省级抽验药品654批次。其中完成省局抽验药品30批次，毕节市抽验药品624批次。在毕节市抽验药品624批次中，包括化学制剂202批次，抗生素制剂43批次，中药饮片53批次，中成药326次，检验结果合格621批，合格率为99.52%，不合格3批，不合格率为0.48%（全部为中药饮片），全检428件，全检率68.6%。

2. 食品检验工作。全年共完成食品产品委托检验任务1466批次，定量包装委托检验任务46批次，玻璃量具计量校准任务147批次，饮料企业申请的灌装车间空气洁净度检测13家。安排

食品生产许可证核查人员70多人次配合市局食品生产科，完成2021年以来申请受理的食品生产许可证企业现场核查工作，55家企业通过现场核查获得食品生产许可证。

3. 工业产品质量。完成建材产品委托检验检测任务17批次，其中空气洁净度5批次（桶装车间4批次，瓶装车间1批次）、肥料2批次、水泥2批次、砖8批次。砖不合格为2批次，其他结果均为合格。

4. 计量检定工作。全年共计检测计量器具35459台（件），其中强制检定计量器具24642台［压力表5121块、出租车计价器1204台、加油机及加气机754枪、水表12100块、天平砝码1634台（件）、衡器1332台、医用计量设备1935台、眼科光学562台］，免征强制检定费用363万元。检定/校准其他计量器具10817台（时间/长度类计量器具792件、热工类计量器具5620件、测力及水泥软练设备类2332台、化学计量类163台、交通运输类1910台）。完成市局安排的定量包装委托检验任务45批次。

【正式入住双山办公区［毕节市食品安全检（监）测能力建设项目］】 在市局党组的关心和支持下，根据市局总体统筹，中心积极筹措资金，迅速行动，完成双山办公区食堂、院内外环境改造、屋顶隔热、信息网络、服务大厅等建设，如期搬迁入住，正式开展食品检验检测工作。

【完成机构资质考核工作】 鉴于机构资质因更名撤销的原因，计量机构授权和检验检测机构的资质需要重新获取。为尽早地获取合法的检验检测“驾照”，中心成立专班，根据食品、药品、计量等相应法律法规、考核规范和评审准则要求，开展中心体系文件的编写工作。同时在此期间，进行申请书资料的收集填写工作。通过两条腿跑路，于10月底全面完成资质的考核评审工作。

【计量机构授权考核】 完成JJF1069法定计量机构授权考核，获得81项检定项目、18项校准项目、5项商品净含量定量包装检测项目的授权资质。同时按照省考核市的要求，提前谋划，主动作为，完成“辐射式温度计检定装置”“红外耳温计检定装置”“红外体温计校准装置”“汽车外廓尺寸测试仪检定装置”4个新建计量标准建立和考核。省局计量处统计并下发通报，中心计量建标数在全省排列第三。

【检验检测机构资质认定评审】 中心紧密结合国家出台的最新《食品安全监督抽查实施细则》及相关最新产品标准，完成检验检测机构资质认定评审，取得6大类、313个产品、914个参数的资质。此次资质评审新增产品66个，其中新增建筑材料产品2个（预拌混凝土和砌筑水泥）、食品相关产品（包装材料）8个，食品产品56个；新增项目/参数175项，其中建筑材料参数21项，食品添加剂检测项目31项、微生物致病菌检测项目8项、食品中的理化检测项目25项、食品中的农药残留检测项目58项、食品中的兽药残留检测项目31项，药品电感耦合等离子质谱法1项。结束因设备受限，兽药残留检不了，农药残留检不全的历史。

【完成贵州省煤质检验中心（毕节）筹建工作】

由于资质的原因，中心未如期开展省级煤质检验检测中心的验收申请工作，年内积极对照《贵州省检验检测中心管理办法》和相应验收标准，创造达标验收条件。在中心10月底取得资质后，立即行动，向省局提交了验收申请，并积极协调，于11月9日开展验收工作。通过全体干部职工多年的共同努力，贵州省煤质检验中心（毕节）顺利通过专家组验收。

【实验室比对与能力验证工作】 为提升检验检测机构的能力水平，中心于2021年加大实验室比对与能力验证工作。

1. 按照上级部门要求，积极组织药品、食品、工业产品相应科室参加由贵州省市场监督管理局举办，贵州省食品药品检验所、深圳华测有限公司和贵州省建材产品质量检验检测院作为主导实验室，开展的“高效液相色谱法测定中成药胶囊剂中没食子酸的含量”“果蔬中的联苯菊酯”“米粉中的铝”“水泥物理性能（3天强度、28天强度和凝结时间）”能力验证工作，均取得满意结果。

2. 积极投入能力验证资金，自行组织参加青岛海关技术中心组织的2021年国家级能力验证“复合肥料主成分含量测定”和上海市食品药品检验研究院组织的“药品的水分和吸收系数测定能力验证计划”，按时按要求向主导实验室上报比对结果，结果均为满意。

【其他工作】 一是免费为毕节市中医院以及贵州菲尚医疗器械有限责任公司培养微生物实验人员各2名，为地方医卫事业和企业提质增效做出贡献；二是指导医专实习生4名，带领实习生接触和参加实际工作，充实和扩大他们的知识面，培养其综合应用能力，为他们以后走上工作岗位打下坚实基础。三是计量检定科免费为纳雍县质量技术监督检测所培训4名合格的计量检定人员，充实纳雍县计量检定技术人员队伍。

（撰稿：罗泽虎）

文旅·体育

文广旅管理

【概述】 2021年，全市文化广电旅游行业坚持以高质量发展统揽全局，围绕“四新”主目标，狠抓旅游产业化。全力补短板、创品牌、促融合、优服务、提品质、激潜力，推动旅游大提质、文化事业产业大发展，文化旅游产业规模、质量和效益得到稳步提升。全年接待游客8020.23万人次，实现旅游综合收入793.2亿元，分别同比增长12.8%和31.3%。特别是2021年2月3日习近平总书记视察化屋村以来，全市景区发展快速恢复。2021年春节、国庆黄金周期间，化屋景区接待游客突破10万人次，连续6天发出游客流量接待预警，带动周边民宿、农家客栈假期期间一房难求，出租率达100%，助力全市旅游业快速恢复。

【行业领域意识形态安全稳定】 聚焦中国共产党成立100周年全市系列文化活动、广播电视播出、旅游舆论等领域，着力防范安全风险，确保本领域意识形态安全。一是着力文艺健康发展。狠抓文艺节目创作、文化活动创排内容审查，通过建章立制、完善政策、健全机制，营造文艺活动积极健康向上的氛围。二是着力规范场馆服务。不断强化文化阵地管理，将公共文化场馆建设成为宣传党的理论和路线方针政策、培育社会主义核心价值观、弘扬中华优秀传统文化的重要阵地。三是着力网络意识形态监测。建立完善安全播出应急预案，加强网络视听节目、文化广电旅游舆论监测，健全舆情应对处置机制，确保庆祝中国共产党成立100周年大会等重要时段网络意识形态安全；壮大文化旅游网评员队伍，积极应对突发事件和敏感舆情。四是着力市场管理提升。深入开展市场秩序专项整治，健全旅游投诉处理机制；加强文化旅游社会组织管理，落实社会组织党建工作责任制。五是着力问题整改。省委第八巡视组反馈涉及文化领域问题4个，全部整改完成。2021年以来，全市文化广电旅游领域未发生重大舆论舆情事件，意识形态平稳向好。

【强力推动全市旅游产业化工作】 一是强化政策制定。以市委、市政府名义出台《中共毕节市委 毕节市人民政府关于印发推动旅游业高质量发展加快旅游产业化建设花海毕节旅游强市的工作方案》《毕节市加快推进旅游产业化奋力实现旅游大提质的工作方案》；编制《毕节市“十四五”文化广电旅游产业发展规划》《乌江源百里画廊文旅产业发展总体规划》；围绕“两大提升”，印发《毕节市大力实施旅游市场主体培育行动方案》《毕节市大力实施旅游业态升级行动方案》《毕节市大力实施旅游服务质量提升行动方案》《毕节市大力实施盘活闲置低效旅游项目攻坚行动方案》等具体“四大行动”方案，构建形成推进旅游产业化的“基石”。二是健全工作机制。成立昌鹏市长任组长，市委、市政府有关领导任副组长，各县（市、区）政府、市直有关部门为成员的旅游产业化专项组，高位推动旅游产业化工作。市旅游产业化专项组办公室进一步建立健全市旅游产业化工作机制，研究制定《市旅游产业化工作专班运行方案》，构建横向联通、纵向到底、各方协同、运转高效的工作机制。三是强化调研调度。市委、市政府主要领导、分管领导多次赴县区、景区开展旅游产业化专题调研，召开旅游产业化推进大会、旅游产业化专项组会议等会议，听取旅游产业化工作推进专题汇报，研究推进旅游产业化具体工作举措，作出推进旅游产业化系列重要批示，为全市旅游产业化工作谋篇布局。进一步统一思想，凝聚起全市上下大抓旅游产业化的强大合力。

【高效推进“四大行动”工作】 围绕“两大提升”总体目标和“四大行动”工作任务，进一步深化丰富旅游业态、激发旅游投融资活力、优化产业发展组织经营方式，促进多产业融合推动旅游业高质量发展。一是实施市场主体培育行动。通过“外引内培”，聚焦补齐旅游发展短板，在景区建设、服务提升、旅游商品开发、业态融合发展、项目盘活等方面开展招商引资。引进阳光大地有限公司等一批有实力的优强旅游企业赴毕投资，累计完成投资90.56亿元；黔西市新仁至化屋旅游公路项目总投资1.67亿元、完成全部投资，并实现通车。积极培育市内龙头旅游企业，指导百里杜鹃旅游集团、市旅游集团业务拓展，扩大企业营业范围，百里杜鹃旅游业集团营业额达2亿元以上，市旅游集团营业收入规模持续扩大；本土旅行社发展不断发展壮大，新增旅行社（网点）15家，培育百里杜鹃索玛里旅行社上规入统；推进七星关、大方县、黔西市、织金县、纳雍县、威宁县等10个县（市、区）成立旅游运输公司，旅游旺季开通百里杜鹃、韭菜坪等重点旅游景区至毕节机场、高铁站旅游专线。全市有各类旅游市场主体3.2万家，其中规模以上旅游市场主体330家，旅游商品企业119家，旅行社（分社、营业网点）152家，旅游客运车队12家，各类旅游客房8.6万间、床位13.4万张。二是实施旅游业态升级行动。建立全市旅游产业化项目库，谋划一批旅游产业化项目，储备2021年全市旅游产业化项目110个，总投资1063亿元。把“旅游+”“+旅游”融合发展作为景区景点、旅游服务场所提质的重要内容。全力谋划推进乌江源百里画廊景区建设，强化在“山上”做服务，“山下”做业态，按照国家AAAAA级旅游景区、国家旅游度假区标准开展旅游产业规划编制；推进织金洞、九洞天、油杉河、韭菜坪、二台坡等重点旅游景区完善景区服务设施，提质扩容；推进九股水、中果河等滨水度假、避暑度假旅游景区提质发展；推动彝山花谷康养度假区建设加速推进，不断夯实康养旅游产品体系。推动织金洞争创国家AAAAA级旅游景区，确保创建成功；黔西化屋景区、百里杜鹃花舍锶锂温泉、赫章二台坡波浪路等一批新产品走俏全国。织金平远古镇市井织金旅游休闲街区、毕节同心城市公园步行街入选第一批省级休闲旅游街区。织金平远古镇市井织金、百里杜鹃普底杜鹃花都入选第二批省级夜间文旅消费集聚区。赫章阿西里西二台坡度假酒店、黔西莲城金街“流光溢彩”夜贵州等12个项目入选全省文化旅游融合项目，并在全省进行宣传推广。毕节洪山国际大酒店、大方慕俄格酒店织金饭店民宿、黔西璞墟·化屋山河图精品度假民宿、毕节百里杜鹃花都里·杜鹃乡舍精品民宿入选全省重点、特色酒店（民宿、客栈）。三是实施服务质量提升行动。抓牢抓实旅游领域高风险项目整治工作，制定印发《毕节市旅游发展和改革领导小组办公室关于进一步明确旅游景区高风险旅游项目安全责任的通知》《毕节市旅游发展和改革领导小组办公室关于印发〈旅游景区玻璃栈道及游乐设施设备安全管理问题专项整治行动方案〉的通知》《毕节市旅游发展和改革领导小组办公室关于成立市旅游景区玻璃栈道安全监管工作领导小组的通知》。以推进法治政府建设示范创建、法治毕节示范创建为抓手，加快文旅市场信用体系建设，有效促进文化广电旅游行业依法有序发展。重拳整治文化旅游市场乱象，维护全市文化旅游市场的“蓝天净土”，2021年以来，全市文旅系统共出动执法检查人员12103人次，检查文化旅游市场经营单位共4615家次。处罚违规经营企业13家次，罚款8万余元；责令停业整顿8家次，吊销网吧、KTV违法违规经营单位许可证3家次，移交司法机关案件1件。抓好疫情常态化防控，按照“限量、预约、错峰”的防控要求，抓实抓细各文旅企业疫情常态化防控措施。全市旅游市场安全平稳有序，疫情防控有力有效，未接到旅游安全事故报告和旅游疫情防控报告。不断完善旅游基础设施和配套服务设施，推进市县级、国家AAAA级及以上旅游景区智慧旅游建设，完善旅游集散、咨询服务体系。推进新仁至化屋景区、化作至九洞天等旅游公路建设，持续构建“快旅慢游”服务体系。加强文化旅游人才培育，着力在市县国有旅游公司、重点旅游景区引进一批会策划、懂经营、善营销的领军型高层次旅游人才，夯实导游（讲解员）队伍建设，加强文化旅游服务质量提升培训，提升旅游服务质量。四是实施闲置低效项目盘活攻坚行动。按照“续、转、提、关”的路径和“谁家孩子谁抱走”原则，对全市16个闲置低效旅游项目进行分类处理（其中停工项目8个、停业项目3个、低效项目5个），建立“一台账两清单双清零”机制，实行一个项目一名牵头领导、一个工作专班、一个盘活方案，对全市16个闲置低效旅游项目逐个开展盘活。2021年需盘活项目2个，其中，织金县营上历史文化名村旅游基础设施项目争取到地方政府专项债2000万元，施工单位进场启动扫尾工程，待扫尾工程结束后与施工单位结清工程款，解决遗留问题后办理相关手续完成关停止损，转为常态化保护，合理利用已建设项目。纳雍县枪杆岩景区低效项目落实盘活资金285万元，对枪杆岩景区开展提质改造，完成民居改造14栋，正在设计旅游木栈道建设方案，与贵州黔中建设工程检测试验有限公司对接玻璃桥和高空滑索年检事宜。纳入省级调研督促指导的项目为七星关区鸡鸣三省景区项目（低效项目）：推出原子飞车、轨道滑草、悬崖无边游泳池等深度体验项目，推出“鸡鸣三省”赤水梅、“鸡鸣三省”面条等旅游商品。有效增强景区吸引力。2021年国庆节假日期间，鸡鸣三省景区接待游客2万人次，同比增长15.42%；实现旅游综合收入59.59万元，同比增长308.15%，盘活工作取得显著成效。

【品牌创建成绩斐然】 聚焦“洞天福地·花海毕节”旅游品牌，注重品牌影响带动。依托独特资源禀赋，持续开展宣传推介、品牌创建、活动唱响，进一步提升“洞天福地・花海毕节”旅游品牌的辨识度、知名度、影响力。一是突出宣传推介。实施高铁列车冠名行动，利用好“炎炎夏日哪里去・花海毕节好避暑”避暑宣传推介品牌，赴成都开展产业招商暨避暑旅游宣传推介，赴深圳开展产业招商暨旅游宣传推介，有力巩固川渝目标客源市场。市政府主要领导参加第十六届全省旅游产业发展大会并专题推介毕节等活动。与中国电信毕节分公司开展云 EPG 项目合作，相关宣传视频累计播放 1 亿余次，累计播放时长达 2 亿余分钟，花海毕节旅游品牌知名度持续攀升。二是突出活动唱响。利用传统媒体、社交媒体、新媒体共同发力，开展全方位营销。举办百里杜鹃花季、韭菜花季、“抖动花海・跃动毕节”抖音直播学院活动，在广州地铁投放沉浸式品牌宣传。假日期间，央视对百里杜鹃、织金洞连线直播，新闻频道《新闻直播间》直播、《新闻联播》录播，并在新闻频道《央视直播间》《共同关注》以不同角度播报，阿西里西景区成为抖音 2021 年《抖音国庆旅游数据报告》最受欢迎景点，排列全国第二位，实现假日期间全市不同景区在央视、微博、百度、抖音、快手等多类媒体上多场次、高频次地联动宣传，持续提升“花海毕节”品牌影响力。三是突出政策助推。2021 年花海游、避暑旅游期间，通过开展景区门票联票优惠政策、开通景区间旅游直通车等多种政策措施，“黄金洞”“黄金花”引流游客达 50 余万人次。四是突出线路带动。持续培育“黄金洞”“黄金花”精品旅游路线，在省内外各大旅行社上线推广毕节“花海+双洞”精品旅游线路，推出一批乡村旅游、避暑度假、房车自驾高端旅游路线。五是突出品牌吸引。创建赫章千年杜鹃景区、金海湖常丰神泉景区等 11 家国家 AAA 级旅游景区；织金县官寨乡、黔西市化屋村获评为全国重点乡村旅游镇（村）；百里杜鹃管理区戛木管理区、百里杜鹃管理区鹏程街道入选全省乡村旅游重点镇；黔西解放村等 14 个村寨创评为全省乡村旅游重点村。

【积极向上争取项目资金】 一是统筹专项债申报。根据重点投向，推送一批项目至省发改委地方政府专项债，共争取 3 个项目得到地方政府专项债支持，争取资金 1.8998 亿元。其中，黔西县新仁至化屋旅游公路项目 1.2 亿元，织金县营上古寨旅游基础设施建设项目 2000 万元，大方县游客集散中心建设项目 4998 万元。二是争取基金支持。编制一批文化旅游产业基金申报项目，编制录入平台申报项目 21 个，总投资 99.46 亿元，申请支持 15.22 亿元。4 个项目通过投决，分别为：织金洞风景名胜区升级改造一期建设项目、九洞天风景名胜区一期基础设施建设项目、织金县古城东片区建设项目、赫章九股水温泉旅游度假区建设项目，投决金额 5.18 亿元。获批项目 2 个，共计 2.6447 亿元。分别为：织金洞景区获批 1.27 亿元、九洞天风景名胜区一期基础设施建设项目获批 1.3777 亿元；正在协调银行放款项目 2 个，放款金额 2.5353 亿元，它们是织金县古城东片区建设项目、赫章九股水温泉旅游度假区建设项目。

【巩固提升公共文化服务体系建设】 毕节市县级 9 个文化馆全部达到国家等级馆（非建制县无文化馆），其中，市级文化馆和 7 个县区文化馆获评国家一级馆，纳雍县文化馆获评国家二级馆，毕节市获评一级馆的文化馆占比 88.89%，成为全省各市州中国家一级馆占比最高的地区，实现数十年来大部分文化馆从三级馆到国家一级馆的历史性跨越。争取上级支持公共文化专项资金 1.4 亿余元，有效巩固国家公共文化服务体系示范区创建成果，着力补齐基层文化建设短板。一是深化易地扶贫搬迁综合性文化服务示范点建设。不断深化“五个体系”，推进 14 个易地扶贫搬迁综合性文化服务示范点建设，全市 135 个安置区文化服务中心实现全覆盖。二是推进城市书房建设。坚持政府主导、社会参与、重心下移、共建共享原则，不断提升基层公共文化服务水平。创新性开展城市书房、景区书房建设，将城市书房建设纳入市“十件民生实事”，着力提升城市（景区）品质，至年底建设完成30座。三是扎实开展文化惠民活动。创排完成大型史诗剧《磅礴乌蒙》，开展市直、县区、群众、学生等专场演出，线上线下观看达数十万人次，并代表毕节市参加贵州省第七届少数民族文艺汇演，获剧目金奖，成为近年来毕节市文化艺术的精品力作。开展舞剧《林青的远方》、黔剧《蜡梅迎香》、100周年交响音乐会等活动展演；举办中国共产党成立100周年红色经典诵读、庆祝中国共产党成立100周年党史展、红军展、“党旗飘扬·奋斗新征程”毕节市2021年广场舞大赛、重走长征路、“中国共产党成立100周年百幅作品”展览等系列文化活动；持续推进送文化下乡百场演艺工程；顺利推动乌蒙文化旅游周·第八届文化艺术系列大赛暨贵州省第十五届“杜鹃书荟”曲艺大赛、“群星奖”贵州选拔赛等文化艺术赛事，有力营造中国共产党成立100周年热烈文化活动氛围，不断增强群众文化获得感和幸福感。四是加强文物非遗保护利用。开展革命文物普查认定，不断加强文物“四有”工作。加快推进文物保护单位保护范围和建控地带划定，落实文物保护单位安全责任人公示公告制度。争取2021年国家文物博物专项经费2894.08万元，编制《毕节川滇黔省革命委员会旧址修缮工程勘察设计方案》《红六军团政治部旧址修缮工程勘察设计方案》等方案和川滇黔省革命委员会旧址等展陈提升大纲、版式稿。修缮一批文物保护单位，提升一批陈列布展，促进博物馆高质量免费开放。公布一批市、县级非物质文化遗产代表性项目和代表性传承人，推进29家省级非遗扶贫工坊建设和3家市级非遗扶贫示范工坊建设。积极组织参加“第二届中国丹寨非遗周”展示和举办“文化和自然遗产日”宣传展示活动，多形式推进非物质文化遗产保护传承，营造宣传良好氛围。五是推进文旅融合发展。黔西市新仁苗族乡、威宁自治县板底乡、大方县、织金县实兴乡、织金县阿弓镇、织金县龙场镇6处被命名为贵州省民间文化艺术之乡，获得数量位居全省第三位。以“我们的节日”公共文化进景区为主题，先后举办“云读山水”端午节全民阅读进化屋景区、“月满中秋”全民阅读进奢香古镇景区、“岁话重阳”全民阅读进九洞天景区等文化活动，同时在清明、国庆等节假日期间，实行在景区驻场演出，努力提升自然景区的文化附加值，进一步推动文旅融合，丰富基层群众文化生活和景区文化内涵，激发文旅融合发展活力。

【广电工作取得新成效】 紧扣庆祝中国共产党成立100周年主线，严守安全底线，推进广电民生工程建设，丰富智慧广电新业态，广播电视工作取得新成效。一是全力保障安全播出。聚焦建党百年、“七一”庆祝大会等重要时段，全力保障安全播出，认真落实各项防范措施，做到人防与技防、物防有机结合。积极组织开展专项整治，累计出动1000余人次，深入对宾馆酒店、家电经营、维修门店开展检查，发放宣传资料2000余份。强力开展卫星地面接收设施销售整治，收缴擅自非法安装使用的卫星地面接收设施9套，有效净化卫星接收设施市场环境，圆满完成广电安全播出保障任务。二是把握正确舆论导向。建立健全播出机构安全播出管理制度，认真落实“三级联审”和“重播重审”制度，确保广播电视内容安全和节目内容安全；实施采、编、播能力提升工程；组织全市播出机构开展宣传提示和制作播放广播电视节目、公益广告，营造建党百年良好的宣传舆论氛围。三是狠抓民生实事推进。省政府将建置村应急广播系统列为2021年民生实事，建设任务577个，实际完成927个，完成率160.66%，超额完成省下达任务。市民生实事“新增多彩贵州广电云用户4万户”

完成目标任务，实际完成40270户，完成率100.68%。四是推进智慧广电建设。加快数字乡村示范建设，推进金沙县人民政府与贵广网络毕节市分公司开展“数字乡村试点建设”战略合作，进一步完善乡村信息基础设施，加快建设广电数字化经济，助力乡村振兴。持续推进“雪亮工程”补点建设累计达到3.3万余个，积极开展广电5G地面数字电视发射台站建设和市广播电视台高清频道和专业化频道建设，巩固壮大主流舆论宣传阵地。

【加快推进长征国家文化公园项目建设】 按照省“一线一核两翼多点”总体部署，准确把握毕节市在贵州省“一翼”的定位。立足自身资源禀赋，坚持保护传承、量力而行原则，明确“一线、一区、一役、多点”的总体建设思路。争取乌蒙山回旋战遗址遗迹保护展示园纳入国家长征文化公园重点建设项目。积极筹措经费，制定“一图一表”，全力推进2021年25个项目建设，完成项目19个，其余6个正强力推进。重点加快推进乌蒙山回旋战遗址遗迹保护展示园等项目建设，乌蒙山回旋战战斗遗址（哲庄坝战斗遗址）保护修缮项目获2021年中央预算内投资经费2000万元，2021年省预算内投资意向经费1000万元，完成规划和建设方案编制；川滇黔省革命委员会旧址展陈大纲和版式稿报中宣部，待批复后实施。红色文化资源开发与旅游融合发展成效初步彰显。

（供稿：毕节市文化广电旅游局）

体　育

【概述】 2021年，毕节市体育局以提高人民群众健康素质为目标，认真贯彻落实《中华人民共和国体育法》和《全民健身条例》，牢牢把握工作重点，拓宽工作思路、强化管理、健全机制，不断推进体育工作上新台阶，高质量、高标准完成各项工作任务。

【社会体育】 2021年，毕节市体育局春节期间开展全民健身运动、线上徒步走、线上健身跑、毕节市“蝴蝶”马拉松挑战赛，2万余人次参与活动；在黔西市化屋村举办“中国·贵州·杜鹃花节第26届全国围棋邀请赛”；“五一”期间，在黔西市开展“毕节市2021年第六届‘五一杯’暨‘贵州银行杯’职工周末篮球联赛”；举办“庆祝中国共产党成立100周年感党恩 跟党走 健身一路行”健身展示活动；与市文广局联合举办“党旗飘扬·奋斗新征程”毕节市本土原创民族音乐广场舞大赛；联合民宗局在威宁举办2021年毕节市“中华民族一家亲·同心共筑中国梦”首届民族团结杯篮球联赛；举办2021年“全民健身·健康中国”全国县域社会足球赛事活动暨毕节市第八届足球周末联赛、2021贵州省第四届中式台球排名赛；组队参加第十四届全国运动会群众比赛项目贵州省选拔赛，传统摔跤项目获贵州选拔赛个人第二名、第五名、团体第五名，其中广播体操项目代表贵州省参加全运会；组织参加贵州省中老年篮球赛，女队获全省第一名，男队获全省第二名；组办贵州省第五届轮滑比赛；筹办美丽乡村篮球毕节赛区预选赛及半决赛、毕节市首届民族团结杯篮球赛、全国乒乓球毕节分站赛、全省跆拳道锦标赛等赛事；举办毕节市第十三届老年人运动会；举办老年人钓鱼、手杖操两项单项比赛；组织柔力球走基层活动暨全市老年人柔力球培训班；组织健身球操、手杖操两个项目参加中国老体协举办的2021年九九重阳全国老年人线上展示活动；组织参加国家体育总局群众体育司主办“2021年新春网络健身大联欢活动”，手杖操《答对了》获一等奖，毕节市老年体育中心获“2016—2020年度全国群众体育先进单位”称号；组织参加2021年贵州省第三届社会体育指导员技能交流展示大赛，取得1个一等奖、1 个二等级、2 个三等奖的成绩；指导各体育协会开展体育赛事活动 20 余次。2021 年，全市获得全国群众体育先进单位 6 个、先进个人 5 人。

【竞技体育】 巩固射击、跆拳道、田径、水上运动等优势项目，扶持摔跤、举重、游泳、射箭、拳击、乒乓球和少儿体操项目，新建跳水、体操、击剑、陆地冰壶运动队，全市有 61 人在省级训练单位参训。毕节籍运动员在国家级赛事方面：在第十四届运动会上，全市 30 名运动员代表贵州参加田径、射击、游泳、赛艇、皮划艇（静水）、皮划艇（激流回旋）、拳击 7 个大项、42 个小项的比赛，其中，赛艇运动员陈卫春、赵超在男子双人双桨 2000 米的比赛中取得 1 枚银牌，皮划艇（静水）运动员余石芬在女子双人划艇 500 米的比赛中取得 1 枚银牌，射击运动员钱微、谢瑜取得 10 米气步枪混合团体铜牌，田径、赛艇、皮划艇（激流回旋）、射击等项目上还获得 10 个录取名次。由省体育局交流外省的运动员，常勇代表陕西省取得男子拳击 57 千克级银牌，夏雨雨代表山西省取得女子 10000 米银牌。在全国第十一届残疾人运动会上，代表贵州参赛的毕节籍运动员马驰原，在射击项目 SH2 级混合组 10 米气步枪卧射 60 发比赛中，勇夺金牌。在省级赛事方面：毕节市运动员全面启动省第十一届运动会毕节市代表团备战工作，落实 2021 年全省各单项锦标赛参赛运动员、教练团队、经费器材保障等工作。在 2021 年贵州省青少年锦标赛上，田径代表队在田径锦标赛、越野跑锦标赛中获金牌 8 枚，银牌 17 枚，铜牌 12 枚，举重队获 3 金 8 银 5 铜，击剑队获 4 枚铜牌、攀岩获 1 枚银牌、乒乓球获 1 枚铜牌、高尔夫获 1 枚金牌。在市级赛事方面：在全省率先搭建市级锦标赛平台，持续举办 2021 年全市青少年系列锦标赛，完成青少年足球、田径（短、跳）锦标赛；正在开展青少年跆拳道锦标系列分站赛，共有 2000 余人次参赛。在后备人才培养方面：在毕节市幼儿园进行布局布点工作，系统开展体操后备人才选拔；开展体育教师幼儿快乐体操专业技能培训，全市 33 所幼儿园 56 人参训；举办田径、校园体操、武术散打等项目裁判员培训班，参训人员 200 余名；筹备 2021 年全市青少年冬令营活动。

【体育产业】 编制完成毕节市“十四五”体育旅游发展规划。2021 年，获批国家支持项目有：七星关区德溪体育公园获得国家全民健身设施补短板工程 1600 万中央补助资金；社区健身路径或 3 人制篮球场项目共 80 个；易地扶贫安置点多功能场项目 2 个；农体工程器材补充维护更新项目 36 个；省体育局授予百里杜鹃体育旅游示范县。授予金沙县后山镇红色体育旅游示范点、纳雍县茗山茶叶体育旅游示范点，推荐创建九洞天风景名胜区九洞天（梯子岩、枪杆岩）景区、大方县油杉河（崔苏坝）景区、七星关区鸡鸣三省景区为示范点；实施 50 套小区健身设施建设；建设绿色健身步道 100 千米。体育彩票销售方面：全市门店数 431 个，销量 4.35 亿元，全省排名第三，筹集公益金 1.11 亿元。招商引资方面：到昆明嘉丽泽国际体育训练基地、昆明海埂体育训练基地实地招商考察，意向于推进百里杜鹃管理区足球小镇项目落地建设，助力亚高原足球训练基地建成，促进体旅融合发展；到浙江宁波万汇集团半山伴水度假村招商考察，意向引进万汇集团到大方县支嘎阿鲁湖投资建设半山伴水体育旅游休闲度假中心（国家亚高原水上训练基地、贵州省亚高原水上训练基地）；到上海脑与智能科技研究院（上海脑科学与类脑研究中心）、绿谷集团招商考察项目，意向引进绿谷集团到毕节投资药业研发及生产项目；邀请万汇集团到大方县实地考察吱嘎阿鲁湖半山伴水体旅休闲中心项目；邀请绿谷集团到毕节高新产业园区实地考察中药研发生产及医疗器械生产有关事宜；针对

2020年底落地的装配式游泳池生产项目，为投资方——江苏中广泳池科技有限公司提供跟踪服务，协调落实厂房、水、电等生产要素，鼓励公司扩大生产规模，充分发挥产品节能、便捷、环保的优点，扩大市场占有率，结合毕节市体教融合及游泳项目进校园实际，积极为其做好产品宣传推广，力争全市体教融合现场会的召开，主推游泳项目进校园。

【改革创新】 推进毕节市体育运动学校机制改革，探索体融合发展道路，打造集中等职业教育、高中教育、义务教育和竞技体育训练为一体的专业体育运动学校，破解“招生荒”“教师荒”“质量荒”三大难题，促进学生德智体美劳全面发展。一是与民族中学开展校际联合办学，与金海湖新区管委会共建“体教融合”教育集团。二是协调毕节民中选派干部、骨干教师负责教育教学管理，提升学校教育教学质量；统筹体育运动学校教练员团队负责学生专项体育训练，扩大竞技体育后备人才储备，初步形成“体教融合”办学特色，与深圳高级中学、广州六中、广州体育职业技术学院3所教育或体育名校达成学生委培、师资培训等方面合作意向；同时推进体育项目进校园，在毕节市实验小学及毕节一小建立乒乓球训练基地，在毕节实验二小建立冰壶训练基地。三是构建“体育+智育”“体育+德育”“体育+劳育”等课程体系，结合体育模块教学和社团兴趣班课程等，丰富学生课余生活，促进学校内涵提升，合理规划课程设置，有针对性地对学生进行动态课程管理，开设运动员晚课课程、学生周末作业管理课程等。

学校机制改革后，学生人数从150名增加到1578名，学生文化成绩快速提升的同时，德智体美劳也全面健康发展，参加贵州省中小学生游泳比赛、省中大学生田径锦标赛、全国西南区射击锦标赛及部分项目贵州省青少年锦标赛，共取得金牌73枚、银牌56枚铜牌48枚；达国家一级运动员30人；2021年贵州省首届越野滑雪测试赛，获得女子接力赛金牌，女子个人比赛中获得第三名的成绩。在2021年全国锦标赛、冠军赛上，水上、射击、拳击等项目共获得金牌4枚、银牌3枚、铜牌11枚，打破全国纪录1项；在全国第十四届运动会，体校输送的运动员勇夺赛艇、皮划艇静水、射击、田径、拳击等项目参赛席位31个，50人进入决赛，取得4枚银牌、1枚铜牌、13个项目进入四至八名。

【乡村振兴】 调整2名干部驻村，深入了解村情民意、及时向局党组反馈情况，调集多方力量进行帮扶。出资2万元为小屯社区解决广场梯坝建设，协调座椅、图书架等办公设备为驻村联系点解决实际困难，给哈啷村、小屯社区每个驻村联系点划拨工作经费2万元。

（供稿：毕节市体育局）

史志·档案

党史研究·地方志编纂

【概述】 2021年，毕节市史志办在市委、市政府的正确领导下，在省委党史研究室和省地方志办的指导下，坚持以习近平新时代中国特色社会主义思想为指导，围绕中心服务大局，坚持主责主业，高质量完成2021年各项工作目标任务。

【围绕中心服务大局】 一是为长征国家文化公园贵州重点建设区毕节92个建设项目提供史实内容，有力地为长征国家文化建设公园建设提供史实内容支撑。二是参与制订《长征国家文化公园贵州重点建设区毕节保护建设工作实施方案》，完成《长征国家文化公园毕节重点建设区标志性项目体系内容建设指导概要》的编写上报工作。三是修改会审《毕节中华苏维埃人民共和国川滇黔省革命委员会旧址提升展陈大纲》《钱壮飞爱国主义教育基地展陈大纲》等。四是积极指导各县（市、区）革命遗址的陈列布展工作。五是做好红色故事的编写和选送工作，并精选部分红色故事，提供给市文旅局。六是结合当前党史学习教育，编写党史学习教育宣讲提纲和宣讲课件，在宣讲实战中得到广大干部、师生的好评。

【党史征编研】 一是《磅礴乌蒙 浪涌毕节——第四届长征论坛图鉴》公开出版发行。二是《川滇黔边苏区研究》通过评审验收，进入出版阶段。三是争取到“毕节夯实贯彻新发展理念示范区建设基础研究”的立项，2021年8月，该课题报中央党史和文献研究院，待审核结题。四是积极申报“转战乌蒙山”课题，上报中央党史和文献研究院。五是《红色故事100个——毕节市党员干部教育读本》《红色故事100个——毕节市少年儿童教育读本（连环画册）》《中国共产党毕节市历史知识简明读本》三本书籍编写工作全面启动，各项工作有序推进。

【课题研究】 一是完成专题“毕节市基层党组织领办合作社的调查与研究”“毕节革命遗址遗迹保护与开发利用”课题研究，通过相关评审。二是“鸡鸣三省会议会址考证”取得重大进展，完成“革命军人周质夫”“乌江天险重飞渡——南渡乌江综述”等课题研究。三是“转战乌蒙山”课题取得实质性进展。四是学术论文数量和质量不断攀升。其中《用红军长征精神助推毕节脱贫攻坚》获得全省党史系统二等奖；《红色隐蔽战线》获得中共中央保密委员会办公室国家保密局颁发三等奖。2021年，省委党史研究室、省人力资源社会保障厅《关于表彰全省党史研究部门2015—2020年先进集体、先进个人和优秀成果的决定》中，毕节市有1个先进集体、2名先进个人、3项优秀成果获表彰。

【史志宣传教育】 一是将季刊《毕节党史研究》升级改版为双月刊《毕节春秋》后，得到省内外作者和读者的好评，不断扩大史志工作的影响力。二是维护更新毕节史志网站，按时更新相关栏目，全方位开展史志宣教工作。三是成功承办纪念林青同志诞辰110周年座谈会，得到各界好评。座谈会得到市内外7家主流媒体采访报道，引起社会广泛关注。四是史志办与七星关区史志办两家单位，联合召开纪念“鸡鸣三省”会议召开86周年座谈会。五是深入各县（市、区）及相关村（社区）宣讲十九届六中全会精神。六是与贵州知行影视文化传播有限公司等单位联合摄制以林青同志革命史实为题材的院线电影《征程之星火》。

【志书、年鉴和地情资料利用】 一是启动各级志书编写，启动《毕节简史》的编写工作；启动毕节市范围内3个传统村落志编写工作；积极开展抗疫资料搜集工作，12月底由市史志办汇总报省志办；与九三学社联合开展海雀村志、信安社区志的前期调研工作，为村志的编写奠定前期基础；协助观音洞镇史志办抓好镇志的编纂工作，努力争取把观音洞镇志纳入全国名镇志。

二是有序推进年鉴工作。《毕节年鉴》公开出版发行；同时做好贵州年鉴毕节部分的撰写和上报工作，同时收集各县区年鉴汇总报省志办。

三是地情资料有效开发利用。着力强化史、志、鉴等地情资料信息化建设，对近期新出版的书籍进行电子版扫描，制作成PDF版，继续完善志书的数字化。以史志网站为平台，开辟相关栏目，及时上传资料，以方便提供地情资料的利用；加大读史用志力度，全年向外界提供史、志、鉴地情资料1000余册，以供借鉴参考。

【史志业务培训】 一年以来，在党委的关怀下，利用换届的有利时机，对领导班子进行调整和充实，增强史志队伍的力量。根据新晋人员多的实际，开展一系列培训，参加培训60人次。一是组织市内党史干部参加省委党史研究室举办的党史干部培训。二是通过全市史志工作会议，组织对全市各县（市、区）史志办主要负责人，史志办各科室负责人进行业务培训。三是积极选派全市范围内新任史志部门负责人参加全国全省举办的新任史志部门负责人业务培训。四是利用线上培训的方式组织毕节市史志办系统参加中指办举办的第六届年鉴业务知识培训和2021年全国地方志系统信息化业务培训。

【党史学习教育】 一是认真学习贯彻落实中央、省委和市委精神，及时安排部署学习教育工作。二是加强学习。采取集中学习、个人自学、专题研讨学等多种方式进行学习，开展党史学习教育专题学习以及研讨会议共10余次。三是抽调得力干部到市学教办工作，组织党史工作者参加党史宣讲近80场次，听众5000余人。四是邀请中央党史和文献研究院专家到单位开展党史宣讲。五是为九洞天风景名胜区管理局提供红色史料，为3个红色美丽村庄试点村收集补充红色史料。六是开展警示教育，让干部职工常怀敬畏之心，常修从政之德。

【意识形态工作】 深入学习贯彻习近平总书记关于意识形态工作的系列重要讲话精神，牢牢把握“党史姓党”的政治方向，围绕中心、服务大局，旗帜鲜明反对历史虚无主义。认真落实党组书记意识形态工作责任制度，实行“一把手”负总责，班子成员各负其责，党组会定期分析研判意识形态领域情况。牢牢掌握意识形态工作的领导权、主动权、管理权和话语权，切实把意识形态工作摆上重要日程。

（撰稿：陶　兵）

档　案

【概述】 2021年，在市委、市政府的坚强领导下，市档案馆坚持以习近平新时代中国特色社会主义思想为指导，全面贯彻习近平总书记视察贵州重要讲话精神和对贵州对毕节工作的重要指示批示精神，全面落实习近平总书记对档案工作的重要批示精神，深入贯彻党的十九大和十九届历次全会精神、省委十二届历次全会、市委二届历次全会精神和市第三次党代会精神，强化档案资源体系、档案利用体系、档案安全体系和档案治理体系建设，在档案接收征集、保管利用、数字化建设、鉴定保护、宣传编研等方面取得新成果。

【档案接收征集工作】 一是接收市质监局文书档案11382件，会计档案1442卷，照片83张，印章11件，奖牌9块。接收市政府办等单位移交印章53枚，试验区杂志社杂志28本。指导做好新冠肺炎疫情防控档案和脱贫攻坚档案，接收新冠肺炎疫情防控专题档案文书档案3429件，脱贫攻坚档案文书档案690件。二是做好拟进馆档案质量检查工作。对市场监管局（原市工商局、原市食药监局）、市文体广电旅游局、市教育局、市商务局（原市粮食局）、市人社局、市直机关工委、市电视台等单位开展档案进馆前质量检查，包括文书档案、会计档案、专业档案等，对发现的问题及时提出整改意见。到大方县恒大集团指导档案工作，向恒大集团档案管理工作人员介绍有关项目档案、文书档案、会计档案等各类档案的整理方法。三是制定《毕节市档案馆档案征集公告》和《毕节市档案馆关于征集新冠肺炎疫情防控档案资料的公告》，并通过市政府门户网、市电视台微信公众号、云上毕节、毕节试验区网发布，广泛收集档案线索，积极开展档案征集工作。2021年征集到涉及清朝至20世纪60年代卖地契约、合同、土地管业执照、农业税收票据、选民证等73件扫描件；接收个人捐赠书籍48本。

【档案管理及利用】 一是签订消防安全责任书，按照“八防”要求，对库房的安全状况进行严格管控。落实“库房管理员每日一次检查、科室负责人每周一次巡查、馆领导每月一次系统督查、汛期领导带班24小时巡查值守”的“四查”制度。二是接待电话、传真、微信、现场查阅、咨询利用档案1002人次2053卷次13205件次。为机关、企事业单位及广大干部群众在工作开展、工资调整、权属认定、完善档案等方面提供有效凭证。三是深入推进民生档案跨馆查询利用。加大宣传力度，畅通申请渠道，让数据多跑路、百姓少跑腿，把全市各级档案馆馆藏民生档案用活用好，更好地为人民群众服务。

【重点档案抢救保护工作】 一是做好档案鉴定开放审核工作。完成馆藏2号全宗民国川滇公路档案开放初审鉴定337卷，复审鉴定31卷，数据录入19508条。二是做好彝文档案抢救保护项目工作。完成121卷馆藏破损彝文档案修裱整理、编目、题名、内容提要拟写、装订、仿真件制作、数字化扫描等工作。三是对2400册存在病虫害、霉变等情况的馆藏档案资料进行消毒杀虫。

【档案宣传与编研工作】 一是组织开展“两次”档案知识竞答活动，全面巩固档案普法成果。二是举办“6·9”国际档案日系列活动，加强档案文化宣传，开展线上学习，提高档案意识，弘扬档案文化。三是深入开展“四史”学习，结合国际档案日“档案话百年”主题，积极组织征文活动，完成3篇征文投稿。四是深入挖掘馆藏资源，与七星关区史志办共同点校出版《毕节县史料》，弥补七星关区从鸦片战争至中华人民共和国成立前夕阶段史料空白。有序推进《周素园文存》的编辑出版前期审校、注释工作。

【档案信息化工作】 一是做好数字档案管理平台的日常管理、维护、升级。二是完成27个全宗目录的建立、水印的去除等相关工作。三是完成征集档案数据扫描，同时做好馆藏档案数据双备份管理工作。四是完成馆藏档案数字化100万页外包项目的验收工作。五是完成档案信息管理软件的采购、安装等有关工作。

【现行文件阅览中心工作】 一是及时鉴定、整理、归档2020年接收的现行文件，录入电子目录并排序整理上柜。二是严格按照“八防”要求，配备空调、除湿机、温湿度计，做好现行文件安全保管工作。三是筛选200条涉及民生方面的现行文件目录，在省电子政务网上公开，提供查阅利用。

（供稿：毕节市档案馆）

广播电视 · 新闻

毕节市广播电视台

【概述】 2021 年，毕节市广播电视台坚持以习近平新时代中国特色社会主义思想为指导，深入贯彻落实习近平总书记视察贵州重要讲话精神和对贵州对毕节重要指示批示精神，以及中央、省委、市委决策部署，拓展宣传内容，创新宣传方式，狠抓深度融合，提升影响效果，为建设贯彻新发展理念示范区提供舆论支持和思想保证。

【强化政治建设，抓实意识形态】

一是提高站位。把党的政治建设摆在首位，对标对表坚决落实各级决策部署，在政治上、思想上、行动上与党中央、省委、市委保持高度一致，以政治建设的全面加强确保全台发展始终沿着正确政治方向前进。

二是压实责任。认真贯彻落实意识形态工作责任制，不断提高思想认识，积极主动作为。及时调整意识形态和网络意识形态工作领导小组，严格履行“一岗双责”，层层压实责任，切实把责任担当起来，把工作做到位。

三是守正创新。把坚持正确导向摆在首位，始终绷紧导向这根弦，讲导向不含糊，抓导向不放松。始终围绕市委、市政府中心工作，聚焦中国共产党成立 100 周年、巩固拓展脱贫攻坚成果、有效衔接乡村振兴等主题，强化策划谋划，努力提升宣传报道质量，积极为建设贯彻新发展理念示范区提供舆论支持和智力保障。

【强化学习提升，抓实主业主责】

一是加强理论学习。深入学习习近平新时代中国特色社会主义思想，习近平总书记视察贵州重要讲话精神和对贵州对毕节工作重要指示批示精神、习近平总书记“七一”重要讲话精神、十九届六中全会精神，以及中央、省委、市委决策部署，强化理论武装，做到学思用贯通、知信行统一，把学习转为指导实践、提升本领的强大动能。

二是强化改革攻坚。推进薪酬绩效、人才引进、考核管理、宣传方式等领域改革工作。改革考核管理方式，制定市广播电视台薪酬绩效考核实施细则，提升干部职工积极性、主动性、创造性。先后在七星关、黔西、百里杜鹃推出慢直播，让全国网民通过手机就可适时欣赏毕节的秀美景色。改版交通音乐广播（FM98.0Mhz），开通可视直播，创造全新收听效果，提升了收听率、影响力。

三是抓实主业主责。按照上级部门安排部署，抓实主业主责。对普通密码管理和使用人员开展保密知识教育学习和专题技能培训，增强保密意识。强化法治创建、民族宗教、统一战线、创卫等决策部署的学习宣传和贯彻落实，多角度、多形式、多方位、多层次推出大量宣传报道。

【深化融合发展，提升传播影响】

一是抢抓数字经济。帮助启动以“活力电商·跃动毕节”为主题的毕节市首届电商直播大赛。以“跃动毕节”系列活动为抓手，打造数字经济政企合作大平台。举办直播带货和文旅推广沙龙等活动。持续开展抖音及短视频制作等各类培训。字节跳动、美团等一大批知名互联网企业纷纷来到毕节，为打造城市IP奠定良好基础。2021年6月“毕节数字经济产业园”开园，年底签约入驻企业30多家。2021年8月28日，首次组织十余位网络达人到赫章开展文旅推广活动，宣传效果显著，景区因游客暴增而发布停止售票预警。

二是加快深度融合。强化改革问效，以“七融”加快推进深度融合发展和融媒体中心建设。在重点打造“云上毕节”微信号、抖音号、直播号、快手号的同时，同步提升“毕节新闻联播”“直通百姓”“主播看毕节”抖音号及微信公众号等融媒平台的质量和影响。“云上毕节”微信公众号影响力多次闯进全省前二、综合排名连续一年多位居全省各市州第一。

三是抓好融媒宣传。优化布局，紧盯影响，推进融合改革发展。优化人员配置、合理整合部门，强力推进理念、内容、技术、人才等方面融合。“主播看毕节”抖音号和“主持人筱洁”快手号总粉丝量已突破1000万，“云上毕节”微信公众号粉丝量突破55万。2021年8月30日，全程直播2021年秋季开学第一课“永远跟党走”，仅“云上毕节”直播平台总观看数当日就逾250万。利用“云上毕节”直播平台在全省率先对市第三次党代会进行全媒直播，浏览量达118.5万次，取得较好宣传效果。

【抓实宣传宣讲，提供舆论保障】

一是抓实对内宣传。围绕市委、市政府中心工作，聚焦庆祝中国共产党成立100周年、巩固拓展脱贫攻坚成果、有效衔接乡村振兴、党史学习教育等主题主线，不断传递正能量，传播好声音。开设30余个专题专栏，采用视频、音频、图解、H5、系列报道、主题报道等形式，推出正面宣传报道9500余条。广播节目《党史故事一百讲》，4集专题片《梦想的脚步》，50集短视频《三分钟说党史》宣传效果影响广泛。

二是拓展对外宣传。积极主动作为，创新策划谋划，加强对接协调，抓实对外宣传。组织新闻稿件，制作融媒产品，协调人民网、新华网、中国网、《贵州日报》、贵州广播电视台、“天眼”“动静”等中央和省级新媒体平台推出大量报道，各类平台进行刊播、转载、转播。16件作品荣获贵州省新闻奖、贵州省广播影视节目奖。

三是抓好宣讲阐释。台党委班子成员围绕百年党史、“七一”重要讲话精神和十九届六中全会精神，深入基层、沉到支部、下到部室，开展主题突出、内容丰富的专题宣讲。同时，通过各类平台，多方位宣传阐释中央、省、市的方针、政策、路线。坚定干部群众对马克思主义的信仰，对社会主义、共产主义的信念，对实现中华民族伟大复兴中国梦的信心。

【聚焦急难愁盼，抓实实践活动】

一是专题调研访民情。台党委班子成员结合工作实际深入帮扶村、共建社区、分管部室、所属支部等领域，开展察民情访民意专题调研，积极为帮扶村、共建社区和受众解决急难愁盼问题。开展了邀请网红“卡玛”进行公益直播带货，邀请知名教育专家开展高考志愿现场填报服务等民生实事13件，办结率百分之百。

二是想方设法解民忧。组织开展“党旗在一线飘扬”活动，组建直播“小分队”，用通俗易懂的语言宣传党史知识。打造跨界“组合团”，与七星关北门社区开展共建共驻活动；锻造帮忙“轻骑连”，帮助群众办实事解难事。组建志愿服务队1个，建立20个党员先锋岗，参与志愿服务180余次，各支部为社区办实事10余件。

三是警示教育强震慑。到市党风廉政建设警示教育基地接受教育，通过本土的腐败案例和反面典型，达到警钟长鸣、警示警醒的作用。加强学习党纪党规、各类通报、各种典型案例，加强自身作风建设。通过学习和警示教育，树牢正确的人生观、价值观、金钱观，筑牢纪律底线。

（撰稿：刘检红）

毕节日报社

【概述】 2021年，毕节日报社党组在市委的坚强领导下，坚持以习近平新时代中国特色社会主义思想为指导，按照“举旗帜、聚民心、育新人、兴文化、展形象”职责使命，围绕中心、服务大局，聚焦省委“一二三四”总体思路和市委“11345”工作思路，强化思想政治建设，内宣外宣联动，为开启建设贯彻新发展理念示范区新征程营造了良好舆论氛围。

【加强“培根铸魂”，理论武装工作不断深化】

报社党组把巩固抓实“大党建”作为统揽各项工作的重要政治任务，着力强化思想政治建设。一是抓实理论学习提升政治“三力”。党组始终把学习习近平新时代中国特色社会主义思想贯穿于工作和学习中，特别是把深学笃用习近平总书记视察贵州重要讲话和对贵州对毕节重要指示批示精神作为党组中心组重要学习内容，切实帮助领导干部进一步增强“四个意识”，坚定“四个自信”，坚决做到“两个维护”，牢牢把握好新闻舆论工作正确的政治方向，勇于在推动报社各项工作中担当作为。年初制定出台《毕节日报社党组理论学习中心组学习计划》《党组理论学习中心组学习注意事项》《关于贯彻落实〈党委（党组）理论学习中心组学习规则〉的实施意见》。一年来，党组理论学习中心组开展四个季度的专题学习，利用党组（扩大）会38次对习近平新时代中国特色社会主义思想、“七一”重要讲话精神和中共十九届六中全会精神，习近平总书记在党史学习教育动员大会、习近平总书记视察贵州重要讲话精神和对贵州对毕节工作的重要指示批示精神，以及省委“一二三四”总体思路和市委“11345”工作思路进行及时跟进学、融会贯通学、联系实际学、反复重点学。还结合党史学习教育及干部作风教育大整顿开展9次集中专题学习研讨，班子成员围绕各个专题认真撰写发言提纲并作研讨发言，领导干部的政治判断力、政治领悟力、政治执行力进一步提升。二是抓实理论宣讲凝聚干部群众共识。制订《毕节日报社关于开展党史学习教育宣讲工作方案》，领导班子成员积极带头深入帮扶联系点和分管联系部门，围绕习近平总书记视察贵州重要讲话精神、习近平总书记在党史学习教育动员大会、在庆祝中国共产党成立100周年大会上的重要讲话精神、十九届六中全会精神等进行深入宣讲，开展宣讲辅导17次。三是深入调查研究突破发展瓶颈。领导班子成员结合党史学习教育和推进乡村振兴等，把调查研究作为转变工作作风、密切联系群众和提高科学决策水平的重要抓手，通过“走出去取经”和“沉下去调研”，为解决制约和阻碍报社事业发展的关键问题摸清实情、找准对策。党组成员结合察民情访民意深入了解民情接通地线，围绕媒体融合发展、乡村振兴、薪酬制度改革、产业调整面临的重要课题，制约事业发展的突出障碍、群众反映强烈的热点问题，积极深入基层一线开展调查研究，形成调研报告11篇，为推进报业发展提供决策参考。

【聚焦“网上网下”，意识形态阵地持续巩固】

报社党组高度重视党管意识形态工作，调整充实意识形态工作领导小组，采取主要领导督、分管领导抓、部室平台出措施，将排查更正政治表述差错信息、清理网上历史虚无主义有害信息等作为重点清理整治对象，定期召开专题会分析研判意识形态领域存在的风险隐患，坚决不为错误思想言论提供传播渠道和空间。一是扛牢压实责任。报纸及各网络平台严格落实“三审三校”制度，按照“一岗双责”要求，从主要领导到分管领导，一直到平台监制、编审、编辑，层层压实责任，层层签订意识形态工作目标责任书，定期召开专题会分析研判意识形态领域存在的风险隐患。工作中，制定出台《毕节日报社意识形态工作方案》《意识形态领域风险排查实施方案》《毕节日报社意识形态应急处置预案》《中共毕节日报社党组进一步压实意识形态工作责任制的意见》。二是培训提升本领。报社通过各部室、平台负责人、骨干职工列席党组理论学习中心组（扩大）会议学习形式，帮助干部职工及时领悟中央、省委、市委有关会议或文件精神，确保重要表述、重大提法与中央保持高度一致，增强防范政治表述差错信息、网上历史虚无主义有害信息的政治敏锐性。同时，采取邀请专家开展专题讲座、业务骨干上讲堂、职工在周例会上交流发言等研讨学习形式，全面提升职工队伍素质，不断增强责任感、使命感和鉴别力。三是履职守好阵地。报社编委会在每个出报日通过召开编前会，听取各平台稿件刊发情况报告，对报纸、新媒体当天刊发的稿件进行风险研判。同时注重加强常态跟踪调度，利用每周一例会开展学习培训，并对上周工作总结回顾，对本周工作进行安排部署，继续强化风险防范意识，每季度还定期召开编委会会议，采取社聘专家、各平台骨干交叉审读等形式，及时对各平台刊发内容进行审读、阅评，报纸和新媒体平台联动，发现风险问题及时消化处理。

【突出“凝心聚力”，舆论引导力有效提升】

报社始终围绕中央、省委、市委、市政府的重大部署，各媒体平台忠实履行党媒宣传职责，积极为开启建设贯彻新发展理念示范区新征程提供良好舆论氛围。一是重大时政跟得紧。2021年春节期间，报纸、网络平台及时跟进做好习近平总书记赴贵州看望慰问各族干部群众的新闻通稿的转载，以及新华社侧记、《贵州日报》系列社论等相关报道转载。在“牢记嘱托　感恩奋进”专栏中，采写《迈出奋进步伐 创造美好未来》《〈习爷爷到我家〉：童心稚语感党恩》等重点稿件，推出3篇有强烈反响报道，反映习近平总书记考察贵州在全市干部群众中引起的强烈反响。二是对标对表抓转载。报社编委会始终运用好新华社和《贵州日报》新闻通稿平台，严格对标对表，对中央、省委重要会议、活动、指示批示、重点文稿等进行同步刊发。在做好全国、全省、全市两会报道方面，报纸及各网络平台严格编委会的安排，对相关会议进行及时宣传报道，做到不漏登、不缓登、不错登。三是主题宣传氛围浓。制定《毕节日报社关于落实宣传报道任务 提升宣传工作质效的意见》《毕节日报社规范重要时政新闻报道工作提示》。重点做好习近平总书记视察贵州时提出的“四新”指示要求原创报道策划、采写、全媒体推送工作。“在乡村振兴上开新局”专栏刊发77篇，“在生态文明建设上出新绩”“在数字经济战略上抢先机”系列报道上刊登稿件551篇，在“巩固拓展脱贫攻坚成果”栏目刊载稿件824篇，在“走向乡村振兴”“乡村振兴上开新局”栏目刊载稿件712篇。与此同时，领导班子成员带头蹲点采访，推出一批接地气、有温度的原创报道服务于示范区建设。在“沿着习近平总书记指引的方向奋力前行”专栏刊发稿件194篇，在“大力发展山地特色高效农业”专栏刊载稿件167篇，在“党支部领办合作社”栏目刊载稿件260篇，在“稳就业 保民生”栏目刊载稿件170篇，在“搬出新天地 奋斗新生活”栏目刊载稿件368篇，在“四新”“四化”蹲点采访中，刊登72篇，围绕“四新”主攻“四化”刊登575篇。四是对外宣传效果好。报社一批骨干记者深入示范区一线采访产业结构调整、基础设施建设、稳就业保民生等各领域取得的喜人成绩，先后在《人民日报》、新华社客户端、中国新闻网、贵州日报天眼客户端等媒体刊播《贵州毕节：苗家新年制衣忙》《“十三五”期间，贵州全面完成192万人易地扶贫搬迁》《贵州“城市梯田”春色美如画》《“英雄生机”英雄魂“绝壁天渠”惠万民》等突出展示毕节新形象的图文报道176篇，有效提升毕节知名度和美誉度。五是媒体跨省合作取得积极成效。7月，毕节日报社与泰州日报社达成合作协议，共同深化“讲述好故事、讴歌新时代”为主题的内容与传播合作。《泰州晚报》“坡子街”副刊开设“毕节故事”栏目，以讲好毕节故事的方式帮助宣传推介毕节，毕节日报社报纸副刊和所属新媒体平台开设相关专栏转载“坡子街”的故事文章，积极探索实现两地“故事”采编互动、平台互动宣传模式，开设“讲述”“毕节故事”栏目，刊发《等了半个世纪的婚礼》《厉以宁教授的毕节之行》《七十年前：母亲追求的爱情》等系列稿件，受到社会好评，省委常委、省委宣传部部长卢雍政对毕节日报社与泰州日报社联合创新推进讲好新时代好故事的跨省合作模式给予肯定。

【加快“深度融合”，改革发展迈出实质步伐】

报社党组认真贯彻落实《关于加快推进媒体深度融合发展的意见》，各网络平台坚持导向为魂、移动为先、内容为王、创新为要、管理为本理念，在深入推进媒体深度融合发展上积极寻求突围发展。一是平台建设日趋向好。毕节日报社现有毕节市委机关报《毕节日报》，“毕节发布”“看见毕节”等微信公众平台，毕节试验区网、毕节日报数字报、掌上毕节APP，毕节日报抖音、快手以及代维中共毕节市委宣传部官方微博和文明毕节微博等10余个平台进行内容发布，逐渐实现“纸、网、端、微”一体化发展格局。二是传播影响力不断提升。以“讲好毕节故事、助推示范区建设”为导向，策划一批新媒体栏目报道，推进媒体融合发展步伐。毕节日报抖音号粉丝量达13.1万人，看见毕节快手号粉丝量达4.2万人，各平台累计发布视频273条，播放量或阅读量达50万次以上13条，达100万次以上8条，300万次以上3条，500万次以上1条。毕节试验区网发稿4315条，掌上毕节编发稿件4680余条，推出平台首发稿件750余条，“看见毕节”总阅读量358余万次，毕节发布开设“寻味毕节”视频专题，发布视频稿件30余期，策划推出织金洞、九洞天等旅游资源的专题“这里很毕节”10期，推出有关旅游稿件100余条。三是改革活力初步彰显。成立毕节日报社加快推进媒体融合领导小组，修订完善《毕节日报社加快推进媒体深度融合实施方案》，薪酬绩效改革方案已获市委正式下文通过，已经市委宣传部审批同意，并报市人社部门备案，9月开始执行。引进硕士研究生13名安排到重点岗位，在保留原机构设置不变的前提下，重新组建了17个工作部门。四是借力加速媒体融合发展。10月，由班子成员带队先后到泰州日报社、苏州日报社考察学习媒体融合、内容生产、薪酬分配、经营创收等方面的经验和做法，借力推进媒体融合深度发展。在生产经营上，报社下属企业闻达报业公司注重加强企业党建工作力度，认真抓好落实巡察、审计整改工作，修改完善财务内控制度，不断拓宽经营思路，稳定经营市场。截至12月底，完成各项经营总收入2289万元。

【法治毕节示范创建宣传】 报纸开设“法治毕节创建工作专汇”“法治前沿”“关爱未成年人专汇”“扫黑除恶专项行动”及“以案释法”等栏目，《毕节日报》及所属新媒体平台共发稿349条，“法治毕节创建工作专汇”“平安毕节”成《毕节日报》固定栏目，“报、网、微、端”齐发力，为毕节示范创建工作营造良好的舆论氛围。

（供稿：毕节日报社）

毕节试验区杂志社

【《红色毕节·初心故事》被评为2021年度全省干部教育培训达标教材】 为传承和弘扬毕节的红色文化，2021年，经毕节试验区杂志社策划编辑、由中共贵州省党史学会会长、中共贵州省委党史研究室原主任耿晓红作序的红色文化作品集《红色毕节·初心故事》一书由贵州大学出版社出版。该书于2021年9月经省委组织部党员干部教育省级评审专家、省委党史研究室、省级教材编审机构等有关专家集中评审，被评为全省11种干部教育培训达标教材之一，排名第二，位列《转折与抉择——参加遵义会议的人们》后，也是毕节市唯一入选教材。

2021年2月，为贯彻习近平总书记视察贵州时对挖掘贵州红色文化资源的重要指示精神和迎接中国共产党成立100周年，毕节试验区杂志社启动挖掘、整理毕节红色文化资源并争取作品集公开出版工作。经过四个多月的艰苦努力，精心推出的26万字的毕节红色文化作品集《红色毕节·初心故事》在2021年7月与读者见面，该书包含“追寻光明”“长征记忆”“亲历与传承”3个部分，收录了共23位作者的35篇文章，以独特的方式庆祝中国共产党百年华诞，为正在开展的党史学习教育提供生动鲜活的党史教材和难能可贵的精神食粮。

毕节市老干局、毕节市委党校、毕节市林业局、毕节市体育局、毕节市卫健局、毕节公路管理局、毕节市信访局、毕节市委编办等一批单位组织党员干部研读《红色毕节·初心故事》；贵州工程应用技术学院、毕节幼儿师范高等专科学校、市委党校及七星关区职校等学校也组织教师、学生学习《红色毕节·初心故事》，从中汲取精神养分。

【《毕节试验区》杂志获评“2021年度全国城市党刊联席会十佳党刊”】 作为全国内部党刊界的第一家半月刊，《毕节试验区》视质量为生命，力争在内容和版面设计上年年有新突破。

2021年12月12日，全国城市党刊联席会、全国城市党刊融媒体发展合作联盟严格按照评审条件，由党刊联席会常务理事牵头，相关领导、专家参与，全国城市党刊联席会会长组织以线上线下相结合的方式，评选出2021年度全国城市党刊联席会十佳党刊、优秀党刊。《毕节试验区》获评“2021年度全国城市党刊联席会十佳党刊”，是贵州省唯一获此殊荣的市（州）级党刊。

《毕节试验区》坚持正确政治方向，勇于开拓创新、提升刊物质量，已成为宣传展示毕节试验区良好形象的优质平台。《毕节试验区》与全国150多个城市党刊开展交流，赠阅至中央统战部、各民主党派中央、全国工商联、国家有关部委，北京、上海、广州、深圳、重庆等城市和省四大班子、省直部门。

【专题策划更加富有质量】 围绕“四新”抓“四化”，是贯彻落实习近平总书记赋予贵州“四新”使命的主抓手；建设贯彻新发展理念示范区是习近平总书记为毕节擘画的蓝图。为此，《毕节试验区》杂志策划一期“围绕‘四新’抓‘四化’奋力建设贯彻新发展理念示范区”的专题报道，浓墨重彩地展现了市委、市政府带领全市广大干部群众坚持以高质量发展统揽全局，奋力实现工业大突破、城镇大提升、农业大发展、旅游大提质，巩固拓展脱贫攻坚成果同乡村振兴有效衔接，奋力建设贯彻新发展理念示范区的伟大实践。为毕节市第三次党代会的胜利召开营造了良好的舆论氛围。

【结合党史学习教育和全市干部作风教育大整顿的开展，深入推进“我为群众办实事”实践活动走深走实】 自党史学习教育开展以来，毕节试验区杂志社结合工作实际，强化组织保障，认真开展党史学习教育专题学习，切实做到“学党史、悟思想、办实事、开新局”。截至11月底，完成七次集中专题学习，学习覆盖全社党员干部职工。

扎实抓好党史学习教育专题研究及党史学习教育“我为群众办实事”实践活动，推动党史学习教育取得实效。截至11月底，杂志社结合实际开展“我为群众办实事”实践活动20余次。

在开展党史学习教育和干部作风教育大整顿工作中，杂志社结合疫情防控形势，抓实疫情防控工作，根据国家卫健委要求结合广大读者（市民）特别是部分老年群众不会使用智能手机阅读及青少年健康用眼的实际，印制《新冠肺炎疫情防护指导手册》，深入全市公园、车站、学校、企业、社区等发送《指导手册》，帮助广大群众（读者）提高疫情防控意识。截至目前，杂志社组成多支宣传小分队，发送《新冠肺炎疫情防护指导手册》4000余份，受到广大市民一致好评。这是杂志社切实转变作风、提高服务效能，为筑牢疫情防控防线贡献党刊智慧和力量的生动实践。

【聚焦统一战线与毕节试验区“同心共建”的生动实践，深入研究“统一战线资源”在毕节示范区建设中重要作用的充分发挥】 是年，在毕节市委统战部的大力支持下，杂志社编辑制作一期“同心”特刊——《毕节试验区·“同心共建”专辑》。“同心”特刊一经面世，即受到各级各界和广大读者的好评。

杂志社注重依托内参平台，深入研究“统一战线资源”在建设毕节示范区中作用的发挥。如：在2021年的第2期（总第40期）《毕节试验区·领导参阅》中，推出高质量的调研报告《集聚统一战线优势，创建一所高质量的毕节试验区同心医院》。

【加快媒体融合发展步伐，促进党刊转型发展】

杂志社加快“人才立社”步伐，拥有一支包括高级记者（新闻系列正高职称）及省宣传文化系统“四个一批”人才、市管专家在内的高素质采编队伍，旗下有《毕节试验区》杂志、“毕节试验区杂志”微信公众号、“试验区之窗”网站、“毕节试验区”抖音号等刊、微、网平台。

“毕节试验区杂志”微信公众号运营以来，持续创新，新媒体人员队伍不断壮大。不断加大原创稿件的采写力度，不断加码信息量，读者关注量不断提升，促进党刊转型发展，树立党刊新媒体有责任、有担当的主流形象。入驻腾讯企鹅号，实现多渠道分发，传播毕节好声音。特别是在打赢脱贫攻坚战和疫情防控阻击战中，毕节试验区杂志社新媒体体现日益强大的引导力、影响力和战斗力，如在疫情防控的关键时刻，在“毕节试验区杂志”微信公众平台分上、中、下推出新媒体作品《援鄂医疗队员的“脸”》，对毕节市驰援湖北的57名医疗队员进行精心的摄影报道和文字呈现，以独到的视觉反映中华民族守望相助的精神，展示了抗疫必胜的坚定信心。

【深入推进巩固拓展脱贫攻坚成果同乡村振兴有效衔接，加强驻村帮扶工作】 在驻村帮扶工作中，除按要求做好选派驻村干部驻村帮扶以外，杂志社还实施“助学圆梦计划”，对帮扶村纳雍县羊场乡永合村2021年考取大学的7名贫困学生给予每人2000元的资助，共资助资金14000元（其中协调市妇联支持3名学生）。

（供稿：毕节试验区杂志社）

卫 生

卫生健康管理

【概述】 毕节市有各级各类医疗卫生机构5602个。其中，综合医院301个（其中，公立医院23个，民营医院278个），基层医疗卫生机构5264个［其中，社区服务中心（站）53个，乡镇（街道）卫生院251个，村卫生室4522个，门诊诊所等438个］，专业公共卫生机构34个（其中，疾控中心10个，妇幼保健院10个，急救中心1个，采供血机构4个，卫生监督机构9个）。全市有床位数49259张，卫生专业技术人员45585人，执业（助理）医师16014人，注册护士21411人，注册全科医师944名。2021年，毕节市卫生健康局坚持以习近平新时代中国特色社会主义思想为指导，全面贯彻中共十九届五中全会精神，深入落实习近平总书记视察贵州重要讲话和对卫生健康工作的重要指示精神，聚焦建设贯彻新发展理念示范区目标，按照“2345”总体思路（即：巩固疫情防控和健康扶贫两项成果，强化人才、学科和信息三个支撑，实现公立医院高质量发展、公共卫生优质服务、大健康产业创新发展、社会办医规范发展四大突破，提升病防控、医疗服务、基层防治、中医传承、综合改革等五项能力），加快推进健康毕节建设，助推“十四五”开好局、起好步。

【新冠肺炎疫情防控】 一是压实疫情常态化防控责任。推动出台《毕节市新冠肺炎疫情常态化防控工作“一岗双责”制度》，进一步压实防控主体责任，切实营造群防群控良好氛围。完善平台化办公指挥调度体系，健全疫情防控分析研判、疫情信息快报、网络舆情研判、立体健康宣教、救治能力体系建设等工作机制。二是强化疫情监测分析。坚持日监测、周分析、月分析、季分析制度，适时预警预报，对毕节市密切接触者和定点医院发热门诊就诊人数等信息进行综合分析，共监测全市医疗机构发热病人 19.34 万例。三是全力做好疫情输入和协查处置工作。2021 年以来共处理各级各类疾病预防控制机构和疫情防控指挥机构发来的协查函 1000 余份，每周持续对全市冷链冷冻食品、重点场所物品检测结果进行监测和分析，为“物防”提供信息支撑作用；全面完成省级推送深圳宝安机场重点涉疫人员 826 人的排查工作，完成南京禄口机场人员追踪工作；顺利处置织金县马来西亚入境人员无症状感染者疫情与“12·26”七星关区省外返黔复阳病例等疫情突发事件，高效防范疫情输入风险。四是不断提升防控能力。积极推进核酸检测实验室提质改造，完善全员检测预案，日检测能力提升至 6 万管（60 万人份），累计完成核酸检测 500.77 万人份。高标准建设并启用市级高风险人群集中隔离医学观察场所（七星关区南方卓越酒店），全市储备集中隔离点 121 个，共有隔离房间 14113 个，建立“四个 1”（1 个隔离点、1 名县级领导、1 个工作专班、1 套工作制度）工作机制，规范管理隔离点，累计隔离留观 3.1 万人次；建立医疗机构每日自行排查、每周互相巡查、每月定期督查、随机飞行检查、县区交叉检查的“五位一体”院感防控机制，守住院感事件“零发生”底线。五是大力推进新冠疫苗接种工作。组建毕节市流动接种队，对全市 340 个接种点，5000 余名接种人员开展接种前培训，对各接种单位在功能分区、接种方案制定、规范接种流程、疫苗冷链储存运输、接种信息录入上报和应用、急救器械及药物配备、人员配置、医疗废物回收处置、疑似预防接种异常反应上报调查处置等方面进行督促指导。全市累计接种 6~11 周岁人群第一剂次 80.27 万人、完成比例 101.36%，全程接种 74.36 万人，全程接种率 95.57%；6 周岁以上人群累计接种 550.00 万人、完成比例为 98.21%；累计完成重点人群加强免疫接种 19.20 万人，任务完成率为 78.04%。六是切实抓好预防性消毒保障工作。指导县（区）按照消毒技术规范、标准、方案开展大型接待保障及任务预防性消毒 2 次，消毒面积 1.6 万余平方米；完成市级组织召开的各类会议和大型活动预防性消毒保障任务 26 次，消毒面积 3.5 万平方米，指导学校、单位、宾馆、饭店落实消毒措施 12 次。

【医药卫生体制改革】　深化公立医院综合改革。持续推进公立医院人事薪酬、绩效管理等改革，加强改革监测，巩固药品、耗材零差率销售成果；加快推进现代医院管理制度试点改革，新增省级试点医院 1 家（织金县人民医院）。全面实施公立医院高质量发展综合考核，充分调动公立医院积极性。全市纳入改革监测的公立医院医疗收入同比增长 2.59%，药占比为 24.48%、医务性收入占比为 35.13%。深化公共卫生服务体系改革。在巩固大方县、黔西市医共体建设的基础上，全面推动县域医共体建设，并纳入市县高质量发展考核调度范围。推广七星关区海子街镇卫生院医防融合建设的经验做法，提高基层公共卫生服务能力。

【公共卫生】　疾病预防控制工作。全市疫苗报告接种率达 95%；严重精神障碍患者报告率 5.1‰，较 2020 年 4.9‰上升 0.2 个百分点，肺结核报告发病率为 99.41/10 万，较 2020 年下降 11.90%，艾滋病病毒抗体检测人次数占常住人口的 29.32%，法定传染病报告发病率 422.26/10 万，控制在 500/10 万指标以下。妇幼健康工作。黔西市、金沙县、纳雍县妇幼保健院通过二级甲等复评审，大方县、威宁县妇幼保健院通过二甲评审，赫章县妇幼保健院通过二级评审，全市二甲以上妇幼医疗机构达 8 个，占全市妇幼机构的 88.89%。全市孕产妇死亡率 9.22/10 万，较上年下降 11.9%，5 岁以下儿童死亡率 6.31‰，较上年下降 22.7%，其中七星关区、金沙县未发生孕产妇死亡情况。在全市11个乡镇探索开展毕节试验区农村儿童发展综合示范区0~3岁儿童早期养育项目，促进儿童早期发展取得良好成效。持续优化生育服务，全面推进网上生育服务登记和3岁以下婴幼儿托育机构建设，全市共有3岁以下婴幼儿托育机构124个、托位数6673个，达到每千人0.95个。老年健康工作。大力推进医养结合，申报全国示范性老年友好型社区3家、全省各类医养结合服务试点10家，全省老年友善医疗机构154家，七星关区创建“全省医养结合示范县”。扎实推进老年医学科建设，全市16家二级以上综合医院设置老年医学科（老年病科），占比达45.71%。以开展老年宣传周和“敬老月”活动为契机，组织开展精彩纷呈的老年文化活动，走访慰问老年人1200余名，发放价值24.63万元慰问物资。职业健康工作。对133家煤矿及洗选煤厂开展专项治理，对113家企业开展尘毒危害专项治理“回头看”，有效防范和遏制职业病危害事件发生。推荐12名专家入选全省职业卫生专家库，备案职业健康检查机构23家，职业病诊断机构2家，职业病鉴定机构1家，实现“职业健康检查不出县、职业病诊断不出市”目标。

【乡村振兴】　坚持“四个不摘”。做实做细家庭医生签约服务，为全市建档立卡脱贫人口中高血压患者106126人、糖尿病患者19943人、肺结核患者1374人和严重精神障碍患者19378人提供家庭医生签约服务，专项救治30种大病患者31998人，227946人次享受县域内“先诊疗后付费”政策，政策落实率达100%。监测存在因病返贫风险重点人群288户，全部完成实地核实救治管理。强化乡村两级医务人员的培训。深入开展乡村医疗机构环境卫生综合整治，持续改善基层医疗卫生机构综合形象。积极推进“优质服务基层行”和社区医院创建活动，对全市6000余名村医进行轮训，开展岗位培训2万余人次，不断提高基层医疗机构的医疗服务能力。全市县域内基层医疗卫生机构门急诊占比59.87%。充分发挥对口帮扶作用。广州派驻毕节市专家119人，毕节市医疗机构选派技术骨干195人到广州各支援单位进修学习，新建临床专科5个，开展新项目新技术20项，开展远程医疗64次，全面完成广州市帮扶毕节市273家基层医疗卫生机构远程心电设备升级改造项目。投入帮扶资金700万元，帮助毕节市建成“孕产妇急救培训基地”和“腔镜培训基地及子宫内膜病变研究中心”，开展对口帮扶驻毕专家市域内医疗协同“大讲堂、大巡诊、大教学”活动，最大限度发挥“帮扶一院、全市受益”的作用，开展7场次，覆盖所有县区，指导培训全市2000余名医务工作者，数万名群众受益。

【卫生应急】　建成贵州省山地紧急医学救援基地（毕节），调整充实市级紧急医学救援队伍，现有队员90人。开展卫生应急演练45次，4852人次参加演练，妥善处置突发事件32起，处置率及报告率达100%。派出15人参加“贵州省冬春季疫情防控山地紧急医学救援队伍能力提升暨航空紧急医学救援演练”，派出43名队员参加贵州省山地紧急医学救援体系建设成果展示暨新冠肺炎聚集性疫情处置应急演练活动。

【中医药工作】　出台《毕节市关于促进中医药传承创新发展的实施方案》，建立全市中医药工作联席会议制度，中医药管理、服务体系不断完善。建成省级示范中医馆4家、优质中医馆85家。全市基层中医药服务量占总服务量平均比例27.7%。48名中医专家加入国家中医药应对重大公共卫生事件和疫病防治骨干人才库，贡献了中医抗疫力量。“刘尚义国医大师传承工作室毕节工作站”在市中医院挂牌、“吴光炯全国名中医传承工作室工作站”落户大方，开展263名西医人员学习中医知识培训，完成2000余名乡村医师中医药适宜技术培训，开展“第二届中医养生文化节”。

【药物政策】 强化政策宣传。开展宣传活动30余次，发放宣传资料8000余份，切实增强医务人员和人民群众对国家基本药物的认识，合理、优先使用基本药物。强化药物政策培训。与市市场监管局联合开展全市麻醉药品和精神药品监督管理培训。依托毕节市药事质控中心、毕节市医学会临床药学分会，举办全市药事管理和基层医疗机构合理用药培训。加强短缺药品保供稳价。建立联动机制，统筹解决药品短缺问题。市县两级卫生健康行政部门及时抓好短缺药品网络信息直报工作。处理短缺药品上报信息59条，协调解决28条，报上级卫生健康行政部门解决处理31条，保障医疗卫生机构短缺药品用药需求。

【卫生监督】 大力推行医疗机构不良执业行为记分管理制度，对全市795家医疗机构不良执业行为记分2950分。强化规范执法。深入开展卫生违法案件查办专项行动，累计查办卫生违法案件1617件，罚款406万元，连续三年监督覆盖率达100%。对疫情防控措施落实不到位等行为进行依法查处，停业整顿医疗机构26家。教学和生活环境，行政处罚学校36所，职业卫生监督煤矿138家，行政处罚16家。推进卫生监督“双随机”抽检工作，国家“双随机”抽检任务完结率100%。指导各县（区）9家农村集中式供水单位成功创建“乡镇集中式供水卫生规范单位”

【医政医管】 推进学科（专科）建设。新申报省级重点学科3个，省级重点专科15个，获评立项省级重点专科12个（其中市级3个，县级9个），新增省级重点学科1个、省级重点专科12个。市级评审认定新技术新项目75项，市第一人民医院《基于P450酶与P—糖蛋白的中药—药物相互作用研究及临床合理用药》研究成果，获贵州医学科技奖三等奖，实现了全市卫生健康系统在厅级科技成果中的“零”突破。推进市级临床诊疗质控中心管理。实行市级临床诊疗质控中心统一调度管理，实现年初有计划，年中有指导，年底有总结目标。依托市县两级院感质控中心开展每月1次的飞行检查，筑牢疫情防控院感底线。2021年新增市级质控中心2个，新增市级质控中心技术规范备案5个。推进医疗文化建设。组织开展全市护理技能大赛，通过以评促建、以评促改，增强全市护理队伍的能力素质和职业使命感，全市共评出个人及团体奖项90个。与毕节医专密切配合，举办“5·12”护士节风采展示活动，积极组织开展“8·19”中国医师节系列活动，评选100名突出贡献医务人员，举办医师节大型文艺演出活动，强化全系统文化建设，起到展形象、聚人心、担使命的积极作用。推进医疗机构“一站式”服务大厅建设。各医疗机构全面推进一站式服务中心建设，整合工作职能，提高办事效率，让数据多跑路，争取让群众“最多跑一次”。截至2021年底，全市二级及以上医疗机构共计26家开设“一站式服务中心”，实现所有县市区全覆盖。推进分级诊疗。以省内外30余家三级医院对口支援为依托，开展县级医院结对帮扶工作，通过多种渠道进行人员培训，累计培训医务人员26750人次，培训各类技术人员1470人次。组织开展三轮“万医下基层”大型义诊巡诊活动，累计义诊55208人次。2021年以来，新招录全科医师转岗人员100名，为基层卫生机构培养急需全科医学人才。继续强化县级医院紧缺专科人才的培养及培训，通过送出去、请进来等方式，大力开展人才专项培训计划，累计完成儿科、精神科、麻醉、重症等基层紧缺型人才培训50余人。

【基层卫生】 居民电子健康档案建档97.41%、高血压规范管理82.78%、2型糖尿病规范管理

79.53%、严重精神障碍患者管理90.39%、肺结核管理99.52%、65岁以上老年健康管理达70.02%，预防接种98.80%、0~6岁儿童健康管理、65岁以上老年人中医药健康管理、0~36个月儿童中医药健康管理均达到今年主要目标任务。县域内紧密型医共体建设深入推进。全市组建医共体23个，233个乡镇卫生院、41个社区卫生服务中心全部纳入医共体建设。

【爱国卫生】 深入开展无烟单位创建，加强控烟宣传，市县两级党政机关全部建成无烟单位。2021年1月，国家正式命名并授牌毕节市为“国家卫生城市”。投入资金90.91万元，持续巩固国家卫生城市创建成果。成功申报创建国家卫生县城1个、国家卫生乡镇5个、省级卫生乡镇22个、省级卫生村116个，基本实现市级卫生乡镇全覆盖。

【人口家庭】 全市常住人口出生63580人，死亡26917人。2021年，全市有婴幼儿托育机构124家，婴幼儿托位数6673个，占常住人口的0.95‰。组织婴幼托育机人员培训班，累计培训师资78人。办理网上生育登记并签发电子生育服务证5529份，其中一孩生育登记2673份、二孩生育登记2793份、三孩生育证63份。

【健康促进】 县级以上公立医院全面创建健康促进医院，19家医院达到市级健康促进医院建设标准。与市教育局共同命名创建40所健康促进学校；启动全市卫生健康系统健康促进机关建设工作。启动易地扶贫搬迁安置点“新市民健康新生活”建设工作。成立市级科普专家组，多形式、全方位开展健康科普知识宣传，启动“健康知识进万家”试点行动。利用各类卫生健康主题日开展咨询活动及讲座，180万余人次受益。开展健康素养监测，大方县为全国监测县，七星关区为省级监测县，全面完成监测任务。2021年全市居民健康素养水平从上年的12.41上升到19.23。

【人才队伍建设】 引进高层次人才59人，安置订单定向医学生191名，招录订单定向免费医学本科生46名，完成100名全科医师转岗培训。实施“银龄计划”，引进退休高层次人才29名。5人获评市管专家，卫生健康系统获2个人才团队建设；卫生专业技术正高级职称评审通过67人，副高级职称评审通过165人，执业（助理）医师考试通过1946人，护士资格考试通过1769人，全市卫生健康系统共招聘工作人员2625人；深入开展“爱党爱国爱人民、爱院爱岗爱同仁”“六爱”教育活动，推进广大医务人员厚植家国情怀、增强使命担当、树立良好形象。

【党的建设】 一是有力开展党史学习教育。围绕“五化”抓组织领导、“五学”抓学习研讨、“五个阵地”抓专题宣讲、“五个坚持”抓专题调研、“五种形式”上好专题党课、“五心五度”办好群众实事，扎实推进党史学习教育和“牢记殷切嘱托、忠诚干净担当、喜迎建党百年”专题教育。组织开展庆祝中国共产党成立100周年暨“学党史、跟党走、感党恩——永做红色健康卫士”党史知识竞赛活动，进一步丰富学习载体，提升学习效果。以专题党课、专题调研、专题宣教等形式，不断巩固党史学习教育成果。积极开展“我为群众办实事”活动，全面完成“我为群众办实事”市级任务26件，推进党史学习教育走深走实。我市党史学习教育“我为群众办实事”的做法，获省党史学习教育指导组的充分肯定并转发学习。二是有力推进公立医院党的建设。全市30家公立医院，29家设党委、1家设党支部，26家书记、院长分设，2家一肩挑；有党务干部151人，优化设置党支部116个，68个党支部建在科室上，党支部标准化规范化达标率达100%。健全“双培养”机制，73个临床党支部由业务骨干担任书记。2021年有378人申请入党，新发展党员228人。扎实开展“5·12”国际护士节、“8·19”中国医师节、中国老年节、“首届健康杯篮球联谊赛”等系列活动，丰富业余生活，激发广大干部职工、医护人员干事创业的激情。市中医医院医务管理党支部、织金县医院第六党支部被命名为全省示范党支部。三是有力推进作风建设。全面开展干部作风教育大整顿，在突出问题查找、强化整改上下功夫，与作风积弊“大扫除”暨医疗行业突出问题专项整治等活动相结合，局机关和市直9家医疗卫生单位检视问题159条，个人检视问题8289条，全部整改到位。作风积弊“大扫除”查找整改问题298个。全面开展公立医院医药购销领域专项整治，坚决纠正医药购销和医疗服务中的不正之风，净化医德医风、行业行风。全面开展基层财政监管突出问题专项整治，通过强化警示教育、开展提醒谈话、建立内控制度，推动全市公立医院积极营造廉洁高效的行业风气和风清气正的政治生态。

（撰稿：袁 玮）

医疗保障

【概述】 2021年，全市医疗保障工作深入贯彻习近平总书记视察贵州重要讲话精神和对贵州对毕节重要指示批示精神，按照省委“一二三四”总体工作思路、市委“11345”决策部署，全力推动全市医疗保障事业实现高质量发展。

【巩固拓展医保脱贫成果同乡村振兴有效衔接】 严格落实“四个不摘”要求，始终做到“责任不松、政策不变、力度不减、监管不脱”，截至2021年12月31日，全市城乡居民医保参保759.92万人、城镇职工医保参保37.00万人，建档立卡脱贫人口参保175.03万人，合理化原因未在户籍地参保3.89万人，当期建档立卡脱贫人口实现应保尽保；资助建档立卡脱贫人口参保174.49万人次、资助参保资金25083.66万元，实现应资助尽资助；建档立卡脱贫人口享受待遇56.44万人次，医疗总费用182314.44万元，其中政策范围内费用162749.59万元，基本医保、大病保险、医疗救助分别报销113902.44万元、12651.17万元、12995.61万元，政策范围内补偿比和实补比分别为85.74%、76.54%，实现应报尽报。

【持续深化医疗保障制度改革，不断健全完善医疗保障体系】 8月1日起，61家定点医疗机构启动实际付费，DIP国家试点工作按期推进；积极推进日间手术付费、试点中医药适宜技术付费，统一全市城乡居民医保单病种付费政策，健全多元复合医保支付方式；完成国家组织药品集中带量采购5个批次112种品种，累计节约资金2.33亿元；规范统一182项新增医疗服务项目的备案价格。

【着力优化经办服务，医保服务更加利企便民】 9月1日，市政务服务大厅医保窗口率先在全市实现“一窗通办”；在黔西县化屋村设置首个村级医保经办窗口，开展经办服务，切实打通服务群众“最后一公里”；全市电子医保凭证激活率约为64.3%，激活总量达513.16万人，位居全省第一。

【医保基金监管】 在七星关区试点第三方监管，推行“两定”机构网格化管理，建立社会监督制度，创新基金监管体制机制，切实加强基金监管，守好、用好人民群众的“看病钱”“救命钱”，促进行业规范。

【医保基金监管集中宣传月启动】 4月20日，市医疗保障局召开2021年全市医保基金监管集中宣传月启动会，会议以视频形式召开，设主会场 1 个、分会场 10 个，市公安局、市卫生健康局、中国人寿毕节分公司相关领导应邀参加会议。

【专题听取汇报】 10 月 20 日，省委常委、市委书记吴强在洪山干部交流楼三楼主持召开市委专题会议，听取市医疗保障局工作情况汇报，充分肯定市医疗保障局工作，对下一步工作提出扎实推进 DIP 改革试点工作、持续开展药品和医用耗材集中带量采购、完善特殊人群医疗救助政策、储备医疗保障技术人才、加强医保基金监管、加大医保政策宣传等 13 个方面的具体要求，为全市医疗保障工作高质量发展提供重要遵循。

【召开医疗保险 DIP 试点改革新闻发布会】 12 月 22 日，市医疗保障局在七星关区洪山大酒店召开毕节市医疗保险区域点数法总额预算和按病种分值付费（DIP）试点改革新闻发布会，央广网、《贵州日报》、多彩贵州、《贵州民族报》、贵州都市报、毕节市广播电视台、《毕节日报》、毕节试验区杂志社、云上毕节、七星关区融媒体中心等媒体参会并进行报道。

疾病预防控制

【概述】 2021 年，毕节市疾病预防控制中心在市委、市政府、市卫生健康局的坚强领导下，遵循预防为主的卫生工作方针，坚持以中共十九大精神和习近平新时代中国特色社会主义思想为指导，全面贯彻落实新时代党的建设总要求，深入学习贯彻习近平总书记系列重要论述，学习贯彻中共十九届六中全会和省委十二届十次全会精神，自觉把思想和行动统一到中央、省委、市委和市卫生健康局党组决策部署上来，严格按照各项目标管理责任状，紧密围绕中心任务，始终坚持高标准、严要求，较好地完成了各项工作任务。

【新型冠状病毒感染防控】 坚持“外防输入，内防反弹”，不折不扣持续巩固新冠感染疫情防控成果。中心牢固树立“疫情就是命令，防控就是责任”的理念，充分发挥专业优势和主力军作用，坚决按照上级安排部署，尽锐出战，毫不松懈继续抓好新型新冠疫情常态化防控工作。坚持日监测、周分析、月分析、季分析制度，适时预警预报，对毕节市密切接触者和定点医院发热门诊就诊人数等信息进行综合分析。全力做好疫情输入和协查处置工作，2021 年以来共处理各级各类疾病预防控制机构和疫情防控指挥机构发来的协查函 1200 余份，每周持续开展全市冷链冷冻食品、重点场所物品检测结果进行监测和分析，为“物防”提供了信息支撑作用；全面完成省级推送深圳宝安机场重点涉疫人员 826 人的排查工作，完成南京禄口机场人员追踪工作；成功处置织金县马来西亚入境人员无症状感染者疫情，按规范送到省将军山医院救治，追踪到相关人员均已按照要求进行隔离医学观察；快速成功处置 8 月 3 日金沙化觉疑似阳性事件，及时高效排除了疫情输入风险，制止舆情扩散恢复正常社会秩序；完成 12 月 26 日省外治愈人员返黔后赴阳病例的应急处置。及时督促县（区）级疾控部门响应国家传染病自动预警系统、贵州省传染病辅助决策系统发出的预警。组织成立网络信息安全领导小组，制定网络安全制度，维护本级 42 个用户的网络安全证书与贵州省辅助决策系统，保证疫情信息的传输安全。大力推进新冠疫苗接种工作，统筹推进全市疫苗采购、储运、管理、接种、救治、应急处置、宣传教育和督导评估等工作，坚持“周计划、日通报，动态调度，适时提示”等常态跟踪督促，精准调度疫苗接种情况，并通过强化“提示、通报、督办、约谈、问责”等方式予以落实。牵头与市一医、市二医、市三医、市中医院及市妇幼保健院联合组成毕节市流动接种队，对全市340多个接种点，900多张接种台，5000多名接种人员开展接种前的培训，对各接种单位在功能分区、接种方案制定、规范接种流程、疫苗冷链储存运输、接种信息录入上报和应用、急救器械及药物配备、人员配置、医疗废物回收处置、疑似预防接种异常反应上报调查处置等方面进行督促指导，同时全力强化宣传引导，进一步压紧压实责任，为有效阻断新冠疫情传播，扎实构建人群免疫屏障提供可靠保障。截至2021年12月31日，共接种新冠疫苗1039.58万剂次。其中接种第1剂次疫苗575万人，接种第2剂次疫苗545万人、接种第3剂次疫苗104万人、带领本接种点和单位职工到贵州工程应用技术学院，职业技术学院，幼儿师专、毕节医专、烟厂、毕节监狱、强戒所等单位流动接种新冠疫苗9.6万多人，全市累计接种3~5周岁第一剂次23万人，第二剂次14.7万人，6~11周岁人群第一剂次80.3万人、完成比例101.47%，全程接种76万人，全程接种率97.11%；累计完成重点人群加强免疫接种46.69万人，春节前重点人群加强免疫任务完成率为83.94%。按照“应检尽检”要求，积极开展重点人群新冠核酸标本采集与检测工作，进一步提升实验室能力建设。明确3名专职检测人员，实行三班倒不间断开展检测工作，全面完成重点人群核酸检测任务，为疫情防控工作提供有力支持。指导县（区）按照消毒技术规范、标准、方案开展大型接待保障任务及预防性消毒3次，消毒面积1.6万余平方米，完成市级组织召开的各类会议和大型活动预防性消毒保障任务26次，消毒面积6.5万平方米，指导学校、单位、宾馆、饭店落实消毒措施16次。有序开展疫情防控健康宣传工作，利用现场咨询活动、讲座、互联网、电视、微信公众号、QQ朋友圈等各种宣传方式引导公众主动学习新冠肺炎防治和疫苗接种知识，养成公共场所坚持正确佩戴口罩、保持合理社交距离、勤洗手、常通风等良好习惯，倡导在发热后第一时间进行报告、科学就诊。制作新冠疫苗接种宣传手册10万份，新冠疫苗接种宣传海报1万张。加强应急物资保障管理，严格按照疫情防控物资储备目录实行动态管理，逐步规范建立使用台账，进出库由专人登记管理，分类摆放整理，即用即补，每日进行清理核实与安全隐患排查，记录物资使用情况，杜绝安全事故发生，随时保障库房防护服、N95口罩、医用外科口罩、防护面罩、护目镜等物资储备可满足至少30天用量。

【传染病控制和卫生应急工作】 认真制订2021年全市传染病防控工作计划，积极组织应急业务技术督促指导，强化开展全市传染病和突发公共卫生事件报告管理培训，推进各项防控措施落实落细。坚持日监测、周分析、月分析、季分析制度，适时预警预报，流感、H7N9禽流感、手足口病、布病、狂犬病、流行性出血热、登革热、食源性疾病等重点传染病监测工作稳妥有序开展，每月对疫情信息进行分析汇总后，均通过邮寄的方式报送到相关部门。积极应对和处置突发公共卫生事件，及时处置散发疫情，严防暴发疫情发生，于4月成功处置1起涉及家庭的化学毒物中毒事件，成功防止两人再次中毒，7月和11月分别成功处置1起饮用散装酒导致的多人急性甲醇中毒事件，为医疗机构及相关部门进一步工作提供重要参考。截至2021年12月，全市共报告传染病28352例，报告发病率422.26/10万，持续稳定在较低水平，明显低于全省500/10万的控制指标。

【免疫规划】 2021年全市所有乡镇和街道卫生院均建立数字化预防接种门诊，接种流程规范合理，为适龄儿童提供舒适可靠的接种环境。市、县（区）疾控中心和所有接种门诊均建立疫苗追溯系统，实现了疫苗接种全程可追溯。儿童接种数据及时上传省级平台，实现电子化、信息化，全省互联共通、信息共享。2021 年 1—12 月共分发配送一类疫苗 22 次 193.75 万支、发 175.32 万支，收二类疫苗 16 次 6151 支，全市各县（市、区）共接种一、二类疫苗 265.39 万剂次，扫码接种率 98.25%，各区（县）国家平台报告接种率均达 95%以上。疫苗可预防传染病得到有效控制，继续维持无脊髓灰质炎状态。截至 12 月底，全市累计报告 AEFI 病例 459 例，其中一般反应 396 例、不排除异常反应 17 例、偶合症 36 例、心因性反应 2 例，待定 8 例。共有 2 例风疹确诊病例，无麻疹确诊病例报告，全市 48 小内报告及时率 100%，均及时进行调查处置。接种新冠疫苗（Vero 细胞）引起 268 例，接种新冠疫苗（腺病毒载体）引起 6 例，接种新冠疫苗（CHO 细胞）引起 79 例。

【结核病防治】 进一步加强结核病规范化管理力度，积极开展督查工作，协助县区开展跨区域追踪工作；分县（区）进行耐药筛查对象的统计、推送和录入情况核对，对未纳入的、及时推送和录入的县（区）及时查漏补缺；指导各县加强学校疫情监测，实行一周一上报，做好跨区域结核病学生患者的交接工作，及时处置学校结核病聚集性疫情，联合七星关区、大方县、黔西县卫健局、教育局、疾控中心对水箐中学、坡脚中学、毕节市第二实验高中（黔西）等地结核病疫情开展规范调查处置；按照重大公共卫生结核病防治项目的要求完成一次结核病预防控制工作技术规范培训；全面完成结核病“十三五”规划评估的经济负担调查、县区基本情况调查、现场调查、定点医院对涂阴病人的诊疗质量评估、定点医院对非利福平耐药阳性患者的诊疗质量评估数据库的录入以及各县区数据库的审核。2021 年，全市 DOTS 覆盖率继续维持 100%，新型结核病防治服务体系建设覆盖率继续维持 100%。肺结核报告发病率为 101.05/10 万，较上年同期下降 9.22%，达到 8%指标要求；肺结核患者病原学诊断阳性率为 61.54%，达 60%指标要求；结核患者成功治疗率为 93.34%，达 90%指标要求；病原学阳性患者密切接触者筛查率为 98.43%，达 95%目标；初治病原学阳性耐药筛查率为 97.84%，达 90%指标要求；耐药肺结核高危人群筛查率为 96.23%，达 95%目标；全市应管理肺结核病人 6855 例，实际管理 6813 例，肺结核患者管理率 99.39%，达 90%指标要求；共收治肺结核病人 7714 例，规则服药肺结核患者 7397 例，规则服药率为 95.89%，达到 90%指标要求；总体到位率为 95.7%，达 95%指标要求。

【艾滋病、丙肝防治】 继续加大检测力度，逐步扩大艾滋病抗体检测覆盖面积，综合医院、监管场所、咨询检测点等检测工作均有不同程度增长，形成“住院必检”“逢进必检”等长效工作机制。积极探索病例管理特别是流动病人管理的有效方法，切实加强病例随访管理和抗病毒治疗管理工作，认真完成艾滋病综合防治信息系统中数据审核与汇总通报，及时将国家与省级的工作要求、县级的工作情况进行上传下达，定时对各县（市、区）完成艾滋病综合防治考核工作指标进行计算及通报，完成省级安排的 2021 年丙型病毒性肝炎病例报告数据质量核查工作并上报，协同毕节市医学会举办“消除丙肝防治工和培训班”。

【慢性病管理】 积极推进慢性病综合示范区建设，金沙县慢性病综合防控示范区通过国家级评审，七星关区慢性病综合防控示范区通过省级评审，完成对黔西县慢性病综合防控示范区创建工作的技术指导和市级评审验收工作，织金县申报创建工作正在开展。完成二轮死因监测、肿瘤报告调研及重症精神病管理工作督导，抽派人员协助赫章、威宁两县对乡级管理人员进行死因监测、肿瘤报告及精神病管理工作业务培训，有效提高全市基本公共卫生服务水平。组织开展严重精神障碍患者的可疑线索复核诊断，在管患者的风险性评估、病情分析、用药指导等工作。按要求完成开展学生常见病监测的七星关、黔西、金沙三县相关监测数据上报，配合省级完成学生营养监测重点县金沙县的项目启动工作。完成毕节市2020年学生常见病及影响因素监测技术报告，配合教育部门做好学生营养餐监测相关工作，按时收集上报数据。进一步加强高血压、糖尿病、重性精神病等慢性病的筛查和登记管理，严格落实严重精神障碍患者门诊治疗保障政策，强化实施以奖代补政策积极落实严重精神障碍患者监护责任。截至2021年12月，全市基本公共卫生服务项目健康档案建档6562168人，建档率为97.73%，达90%目标要求，建立电子健康档案6540067人，电子建档率为97.41%，规范化电子健康档案覆盖人数5578005人，规范化电子健康档案覆盖率为83.08%；高血压患者应管理42万人，管理473862人，管理率112.82%，规范管理率82.78%；2型糖尿病人全年应管理111200人，管理115066人，管理率为103.48%，规范管理率79.53%。全市65岁以上老年人接受健康管理498423人，健康管理率为70.02%，达70%指标要求。全市严重精神障碍在册患者34248人，检出率为5.1‰，规范管理率92.9%，规律服药率65.27%；精分服药率86.25%，规律服药率64.1%。

【职业病防治】 按要求统计上半年新发职业病数据、提供尘肺病主动监测县（区）选择的依据报上级部门。抽派人员参加全省职业卫生技术服务机构技术人员岗前培训班，全省放射卫生技术现场培训班、2021年全省加速器输出计量核查与非医疗机构放射防护检测培训班，配合市卫健局完成市级健康企业评估6家企业，认真开展《职业卫生技术服务机构资质认可技术评审准则》和《放射卫生技术服务机构管理办法》等规范培训。对照《职业卫生技术服务机构资质认可技术评审准则》和《放射卫生技术服务机构管理办法》设备要求，整理现有检测设备清单，积极申报职业卫生技术服务机构和放射卫生技术服务机构资质。重点职业病监测、职业性放射性疾病监测与职业健康风险评估、医疗卫生机构医用辐射防护监测等工作均按要求有序开展。

【卫生监测及实验室检测】 新冠核酸检测，2021年，共检测新冠核酸样本120508人份，参加省临检中心每月组织的实间质评均获得满意成绩。遵义市新冠疫情期间，派出8人携带移动P2+微生物检测车支援遵义新冠核酸检测共16天，完成检测56396人份，其中隔离点及管控小区6791人份，全员检测人次49605人份；铜仁新冠疫情期间，派出13人携带移动P2+微生物检测车支援，共完成检测8421人份。食源性疾病监测，2021年1—11月毕节市有监测任务的29家哨点医院中，有14家哨点医院报告食源性疾病病例，通过“食源性疾病病例报告系统”共报告疑似食源性疾病病例782例，3家乡镇卫生院报告12例，共计报告794例。食品中化学污染物及有害因素监测，全年共完成食品中化学污染物及有害因素监测样品492份，得到监测数据2623条任务完成率100%。其中有10份样品中7项污染物14条数据，超过国家标准规定的限值，超标样本信息按照要求上报毕节市食品安全委员会。食品中化学污染物及有害因素监测参加国家、省级盲样考核均取得满意成绩。食品微生物及其致病因子监测，全年共完成食品微生物及其致病因子监测132份。8份样品检出阳性菌株，并经贵州省疾控中心实验室复核确认，超标样本信息已按照要求上报毕节市食品安全委员会。食品微生物及其致病因子监测本年度参加国家、省级盲样考核均取得满意成绩。饮用水卫生监测，按照贵州省《贵州省2021年饮用水卫生监测方案》《贵州省2021年农村小水窖饮用水质监测方案》要求，2021年全市丰水期、枯水期共完成水样检测1204份，其中农村饮水安全供水972份，市政供水和自建供水184份，学校饮水及自备供水48份，任务完成率101.69%。完成农村小水窖水质监测1782份，任务完成率100%。结核病相关检测，共完成毕节市第三人民医院和各县（市、区）结核病定点医院的肺结核患者耐多药药物监测3004份，并将结果上传；完成增菌600人份；完成进结核专网核查病人资料信息4000余人份；完成毕节市第三人民医院和各县（市、区）结核病定点医院的肺结核实验室的第一、第二季度的痰涂片的盲法复检、现场评估和技术指导等工作。病媒微生物监测，按照《2021年病媒生物监测计划》《2021年病媒生物监测方案》，收集、整理、分析、统计每月监测数据并及时上报，并及时撰写工作简报。其他项目检测，完成流感检测980份、禽流感外环境135份、手足口检测797份、重症肺炎及不明原因肺炎检测29份、各县（市、区）CDC麻疹风疹网络实验室送样检测8份、HIV抗体确证样本检测368份、VCT筛查样本检测21人次、完成食物中毒标本56份。县级疾控系统实验室能力建设考核，全市8个县（市、区）疾控中心11月底全部通过省级实验室能力建设评审，通过率100%。市疾控中心检验科组织精兵强将，对县级疾控中心实验室进行指导性调研2轮，派出技术骨干对较弱的金沙县、织金县、威宁县、赫章县疾控中心实验室驻点教学指导。

【健康教育】 持续开展健康促进县（区）项目建设，11月初七星关区、黔西市、金沙县接受省级评审。织金县2022年将接受评审，各项创建工作积极推进中。对创建健康促进医院、无烟政府机关、健康促进学校进行技术指导，评估并命名健康促进医院19家。全市不完全统计147个易地扶贫搬迁安置点全面启动“新市民健康新生活”工作，12月初接受省级考核。组织市、县、乡三级健康教育专业人员参加首届贵州省健康教育技术大赛，获得集体组织奖和1个市级和县级个人岗位能手奖。依据《国家基本公共卫生服务规范（第三版）》《新调整至划入国家基本公共卫生服务相关工作规范》相关规定，通过多种形式、多种渠道有效开展健康教育五项工作。按要求开展居民健康素养水平监测调查、国家青少年烟草监测，认真做好创建国家园林城市宣传，参与对国家卫生乡镇指导与评价（七星关区、赫章县、威宁县）及整改暗访复审（织金县城及茶店乡、大方县竹园乡）工作。围绕新冠肺炎防控知识宣传开展“3·24”结核病、“4·25儿童预防接种日”“4·26”疟疾日、“5·15”碘缺乏病日、世界高血压日、世界精神卫生日、世界睡眠日、爱国卫生月、全民营养周，食品安全宣传周、鼠疫防治、野生菌中毒、基卫项目宣传、家医签约、“5·20”学生营养日活动、“5·31”世界无烟日、“6·14”世界献血日、国际禁毒日、“12·1”世界艾滋病日等线上线下宣传活动20次，组织开展学生营养知识讲座、学生常见传染病知识讲座、结核病防治知识等讲座5期。制作并共发放宣传资料约1.1万份，其中控烟宣传资料1000余份，营养知识宣传资料1000余份，宣传物品约2.7万份；制作横幅标语15幅，展板展架30个；办卫生宣传栏4期34块，接受咨询服务2000余人次。

【地方病防治】 2021年，全市地方性氟中毒病区村监测任务全面完成。监测村3302个，监测户99060户，完成率为100%。通过监测评价，本年度达到燃煤污染型氟中毒消除标准的村2511个，达到控制标准的村791个，累计治疗氟骨症病人4136例。各县8~12岁学生氟斑牙患病率为8.73%，显著低于30%标准。2021年，各县均未报告发现疟疾病例。大方县作为媒介按蚊密度和种群监测点，织金县作为媒介按蚊种群监测点，现场采样和拍照工作完成，样本送省疾控中心鉴定，未发现传疟媒介按蚊。

（供稿：毕节市疾病预防控制中心）

毕节市卫生健康综合行政执法支队

【概况】 2021年，在市卫生健康局的坚强领导和省卫生计生监督局的精心指导下，毕节市卫生健康综合行政执法支队坚持以习近平新时代中国特色社会主义思想为指导，认真贯彻落实中央、省、市有关重要会议精神，着力加强卫生监督执法体系建设，全力以赴持续抓好新冠肺炎疫情防控，依法严厉查处各类卫生违法违规行为，切实保障人民群众生命安全和身体健康。为毕节巩固拓展脱贫攻坚成果同乡村振兴有效衔接，高质量建设贯彻新发展理念示范区提供可靠的卫生监督执法保障。

【新冠肺炎疫情防控】 2021年，全市卫生健康监督执法机构紧紧围绕疫情防控中心任务，认真落实疫情防控“一岗双责”，坚持凡监督必查疫情防控。尤其是在南京禄口机场爆发聚集性疫情后，在多起聚集性疫情期间，根据国家、省、市疫情防控工作安排部署，全市卫生健康监督执法机构勇于担当作为，全面激活疫情防控应急机制，选派精干执法力量，全面深入各级各类医疗机构、医学隔离点、公共场所、学校、饮用水供水单位、用人单位开展疫情防控工作的监督执法。全年全市卫生监督机构出动监督执法人员30867人次，共计检查医疗卫生机构6896家次，其中发热门诊定点医院83家次，公立医疗机构（含村卫生室等）3912家次，民营医疗机构2901家次；集中医学观察点66家次；公共场所3798家次，其中客运站57家次，机场3家次，大型商场、超市252家次，其他类（包含宾馆、酒店等）3486家次；学校779家次；生活饮用水（含二次供水）单位338家次；用人单位46家次，对疫情防控措施落实不到位等行为进行依法查处，共立案处罚467家，停业整顿医疗机构27家。通过多轮次强力监督执法，推动医疗卫生领域“外防输入、内防扩散”疫情防控措施落细落实，为保障全市疫情防控大局做出应有贡献。

【医疗卫生监督执法】 全市各级卫生监督执法机构将疫情防控与经常性医疗卫生监督相结合，持续加大执法检查力度。以“整治医疗行业歪风、维护群众切身利益”为主题开展专项整治，2021年7月以来，共监督检查医疗机构1208家，共计立案查处120家，年内已经结案106家，罚款48.55万元，执法监督取得阶段性成效；开展医疗卫生机构传染病防治分类监督，综合评价1313户，综合评价率为27.99%，经评价打分优秀单位195户，合格单位1067户，重点监督单位51户；指导全市卫生监督执法机构对相关医疗卫生机构进行现场检查指导；全市对795家医疗机构实施不良执业行为记分，共记2950分，其中公立医疗机构254家，记分845份，累计最高记分10分，民营医疗机构541家，记分2105分，累计最高记分27分。对记分达12分至17分的7家医疗机构下达《贵州省医疗机构依法执业管理建议书》，纳入重点监管对象，对记分达18分至27分的10家医疗机构责令停业整顿；先后组织开展“民营医疗机构依法行医监督检查”“村医村卫生室监督检查”“医疗美容行业监督检查”“精神卫生医疗机构专项监督检查”“健康体检机构及职业健康检查机构专项监督检查”“儿童青少年近视矫正机构专项监督检查”“医疗废物监督检查”“中医药服务专项监督执法”“新冠疫苗接种专项检查”“母婴保健技术服务专项监督检查”“以核酸检测实验室生物安全为重点监督检查”等专项检查工作。

【职业卫生监督执法】 积极开展水泥生产企业职业健康专项执法，出动执法车辆18台次，出动卫生执法人员49人次，对全市全部水泥生产企业进行了执法检查。共检查用人单位18家（其中水泥行业11家、非水泥企业7家），出具文书18份，立案查处2起；开展煤矿企业职业病危害专项治理工作，共检查煤矿138家，不合格75家，职业病防治组织措施不合格18家，“三同时”不合格20家，职业危害申报不合格29家，劳动者职业健康监护不合格39家。责令改正98家，警告19家，行政处罚16家，罚款32.1万元；开展金属粉尘和木粉尘企业尘毒危害专项整治，全市共9家企业，全部监督检查完成。其中3家企业因环保问题一直处于停产整改状态，3家企业检查过后也是因环保问题被停产整改，其余3家企业正常生产。

【公共卫生监督执法】 全市卫生监督执法机构对辖区内超市、宾馆酒店、机场、火车站（高铁站）、汽车站等人员密集场所开展冬春季疫情防控卫生监督月督查，共出动卫生执法人员3362人次，执法车辆619台次，监督检查公共场所1963家次，下达《卫生监督意见书》1361份，立案查处81件，罚款1.9万元；市、县（市、区）执法机构对全市空间密闭性高、人群密集度大的公共场所以及使用地下空间的377家公共场所进行通风卫生专项监督检查，发现存在通风卫生安全问题隐患场所48个，完成问题隐患整改场所44个，下达《卫生监督意见书》152份，对4家因通风问题予以立案查处；对全市35家餐饮具集中消毒服务单位开展监督检查，抽样248份，合格248份，合格率为100%，责令整改、给予警告15户，责令停产停业1户，查处案件2件，罚款9000元；监督检查抗（抑）菌制剂使用单位（医疗机构）、经营单位（婴幼儿洗浴中心、超市、药店）184户次，共排查抗（抑）菌制剂373种，未发现销售和使用不合格抗（抑）菌制剂的情况，抽检4种抗（抑）菌制剂产品，2项不合格，立案处罚；开展高考考点及周边宾馆、酒店等住宿场所专项卫生监督检查，全市共检查高考考点学校47所，存在问题39所，责令立即整改39所，通报教育行政部门11所，行政处罚3所，检查考点周边宾馆、酒店等住宿场所234家，存在问题159家，责令整改159家，行政处罚5家；深入推进“乡镇集中式供水卫生规范单位”建设，年内指导各县（区）9家农村集中式供水单位成功创建“乡镇集中式供水卫生规范单位”，并同步启动对原创建“乡镇集中式供水卫生规范单位”开展“回头看”复评，对不达标单位进行挂牌督办。全市卫生监督执法机构对120余家农村集中供水、城镇集中供水点开展水质采样抽检，对检测不合格的6家集中供水单位予以立案查处。对388家生活饮用水单位进行日常监督检查及疫情防控督查，同时利用乡镇卫生监督协管员对全市1765农村简易供水（通过水泵提至蓄水池后供应）及6508个农村分散式供水（水井、水塘、水窖等）开展健康指导巡查；全市卫生监督执法机构对2445所学校开展教学和生活环境、传染病防控、饮用水卫生等的监督检查，责令整改学校1425所，行政处罚学校36所，罚款1.25万元。

【“双随机、一公开”监督抽查】 及时更新抽查事项清单、执法检查对象名录库和执法检查人员名录库，依法公开抽查信息。全面完成了国家卫生健康监督信息报告系统下发2021年度全市双随机监督抽查任务2201单，任务完结率100%，监督完成率100%。对监督抽查中存在的违法违规行为立案查处319件，罚款19.03万元。同时，强化“双随机”监督抽检结果运用，年内提请局对饮用水及学校卫生监督抽检不合格情况分别通报市直教育、水务主管部门及相关县区，提高行业主管部门及辖区政府综合推进整改落实工作力度。

【查办案件】 2021年全市入库各类监督对象共21350户，监督20797户，监督29300户次，监督覆盖率达97.41%（其中市级监督覆盖率达98.31%）。全年累计查办卫生违法案件1823件，累计罚款426万余元，比2020年全年分别增长59%和50%。其中市支队直接立案查处各类卫生违法案件53件，罚款20万余元。

（供稿：毕节市卫生健康综合行政执法支队）

毕节市第一人民医院

【概述】 毕节市第一人民医院位始建于1937年8月，现发展为一所集医疗、教学、科研、急救、健康和公共卫生保障为一体的三级甲等综合医院。是贵州省人民医院毕节分院，遵义医科大学附属毕节人民医院，贵州医科大学、贵州中医药大学教学医院。医院与中南大学湘雅医院、复旦大学附属中山医院、上海交大附属新华医院及广州医科大学附属第一、第二医院等高水平医院建立技术协作指导关系，是第四军医大学西京消化病医院毕节整合医学中心，国家呼吸临床研究中心·中日友好医院呼吸专科医联体单位，美国“幸福微笑”唇腭裂儿童救助项目合作医院，香港儿童医健基金会利铭泽黄瑶碧慈善基金新生儿室息复苏培训中心。医院建有中国工程院“樊代明院士工作室”，广州医科大学成人高等教育函授站，是第二批国家住院医师规范化培训基地。

医院占地面积48180平方米，业务用房64933平方米，实际开放床位1474张，2021年有职工1705人，正高职称62人，副高职称177人，博士研究生5人，硕士研究生127人，省创新型千层次人才2人，市管专家称号5人；开设39个临床科室、11个医技科室，现有5个省级重点学科（含扶持），23个市级重点学科（含扶持），1个市级重点实验室。拥有64排螺旋CT（GE660）、核磁共振（GE3.0MRI）、DSA大C臂、医用直线加速器等大型先进医学装备300多台（件）。

2021年，在毕节市委、市人民政府坚强领导下，在市卫生健康局的指导和支持下，医院坚持以“患者为中心”，牢固树立“人民至上、生命至上”的服务理念，始终坚持城市公立医院公益性，以推动医院卫生事业高质量发展为中心，不断优化医院服务，持续改进医疗质量安全管理，扎实提升护理管理质量，不断完善现代医院管理体系，深入推进公立医院综合改革，努力为人民群众提供全方位的卫生健康服务，全面完成年度各项工作任务。

【医疗服务】 2021年全院扎实提升医疗服务质量，坚持“患者为中心”，树牢“生命至上、生命至上”服务理念，综合统筹、细节落实，以提升服务对象满意度为追求，不断提升医疗服务质量。全年门诊人次713458人次，出院人次51589人次，患者满意度92.29%。

医疗服务质量和安全。一是传染病数据上报率、及时率，公共卫生数据上报率和及时率达100%。全年院内感染发生率为0.54%，I类切口感染病例1例，I类切口感染率为0.09%；导尿管相关泌尿系感染人数11例次，导尿管相关泌尿系千日感染率为1.24‰；中心静脉插管总日数15203日，中心静脉插管相关血液感染人数4例次，中心静脉插管相关血液感染率为0.26‰；使用呼吸机总日数3014日，呼吸机相关肺部感染人数22例次，呼吸机相关肺部感染率为7.30‰，均低于2020年发生率。二是抗菌药物使用强度37.00DDD（≤40DDDs），符合抗菌药物使用强度要求。三是2021年非计划再次手术发生率0.19%。四是每万名出院患者医疗事故发生次数，2021年度内鉴定医疗事故数为零，均为医疗过错鉴定及调解非医疗事故。五是手术患者围手术期住院死亡率0.21%。六是医疗纠纷处理，建立院内医疗纠纷处置机制，并通过专家审查，规范处置程序，畅通投诉渠道。七是临床路径管理的专业和病种数，医院29个专业开展临床路径管理工作，开展临床路径病种313个，覆盖心血管介入、神经血管介入、肿瘤、骨科等专业，临床路径管理占出院患者55.92%。

医疗服务便捷和适宜。一是严格控制护床比，护床比793∶1474=0.54∶1（标准≥0.6∶1）。二是医护比497∶793=1∶1.59（≤1∶1.2）。三是开通多种预约诊疗途径，2021年医院开通微信小程序、“12320”健康平台、电话预约、自助挂号机预约、现场挂号预约5种途径，预约诊疗率33.64%，复诊预约率≥80%。四是优质护理服务，医院全部病房均为优质病房，开展优质服务的病房比例达到100%。五是推进日间手术开展，2021年日间手术439例，择期手术8171例，日间手术占择期手术比例为5.37%。六是急诊平均留观时间为23.4小时（标准≤72小时）。七是强化信息公开，通过新媒体、微平台等途径发布相关诊疗信息，提供自助打印、手机信息、电话告知、网络查询等多种形式的检查检验结果查询服务；门诊费用、执业登记、医疗服务基本情况等应按政府制定的医院信息公开目录向社会公布有关信息。八是落实分级诊疗制度，建立上级医院与下级医院、慢性病长期照护机构及基层医疗卫生机构之间的分工协作和双向转诊机制，有专人负责协调，完成一定数量的上转和下转任务。截至2021年12月，市第一人民医院与51家乡镇卫生院建立合作关系。

【疫情防控】 2021年医院扎实做好新冠肺炎疫情防控常态化工作，认真落实中央、省、市的疫情防控部署，坚持“外防输入、内防反弹”防控原则，牢牢守住院感防控底线，确保实现“零感染”目标。全年接诊发热病人19551人次，累计隔离留观302人次，新冠病毒核酸采集检测215444人次。规范设置预检分诊，加强就诊人员管控，投入30余万元购置疫情防控智能闸机，实现身份信息、体温测量和“贵州健康码”“大数据行程码”一体化智能识别，安排专人负责防控执勤工作，加强就诊人员秩序管控，候诊区、窗口均设置1米线标识，安排人员加强就诊人员有序排队。实施网上预约挂号就诊，推进患者分时段预约就诊，有效避免就诊人群聚集。在这场没有硝烟的战争中，全院上下精诚团结、攻坚克难、众志成城，付出心血和汗水。全院所有职工无怨无悔，坚韧前行，充分发扬白衣天使无私奉献精神，勇于担当最美“逆行者”的初心使命。在大家同舟共济、团结奋进的努力下，医院完成疫情防控的各项工作，取得良好的工作成绩。2021年，市第一人民医院获评“贵州省抗击新冠肺炎疫情三八红旗集体”；2021年1月，重症医学科主任魏成义获评“贵州省抗击新冠肺炎疫情先进个人”；检验科获评“毕节市抗击新冠肺炎疫情先进集体”；付红英、黄霞、尚兰宣三人获评“毕节市抗击新冠肺炎疫情先进个人”。

【社会服务】 承担公共卫生任务、突发事件卫生应急和医疗救治、支农支边、对口支援、援外、医学人才培养等任务。完成政府指令的公共卫生任务、突发事件卫生应急和医疗救治、支农支边等任务完成情况。扎实做好突发事件卫生应急和医疗救治工作，2021年着力加强卫生应急能力建设，规范建设贵州省紧急医学救援基地（毕节），建立健全基地规章制度，优化救援队伍建设和设备物资管理，完满完成2021年全省山地紧急医学救援体系建设展示暨卫生应急演练、全省交通运输系统疫情防控演练等演练任务，处置“4·9”金沙煤矿瓦斯突出事故、“8·16”夏蓉高速交通事故、“9·8”七星关区一氧化碳中毒事故等13起突发事故伤员救治。

扎实做好支农支边、对口支援、援外、医学人才培养等工作。在毕节市卫生健康局的领导下，开展三期“毕节市第一人民医院万医下基层义诊巡诊活动”，主要宣传疾病预防、基础防病及健康知识，宣传科学的保健及疾病诊治方案，义诊总计300余人次，发放宣传材料1000余份，咨询5000余人次。2021年度共完成上级有关部门会议及医疗保障指令性任务238次，派遣医务人员307人次，发放一次性医用外科口罩18187个。2021年组织参与市卫健局安排到其他医院的现场评审11次，派出人员40余人次。

完成派专家下基层对口支援、援外任务。按照《贵州省2020年万名医师支援农村卫生工程项目实施方案》的通知及《关于做好2020年省内三级医院对口帮扶贫困县级医院有关工作的通知》等文件精神，2021年选派王宏立等10名帮扶队员帮扶黔西市人民医院和织金县人民医院。按照专科联盟需求选派心内科副主任医师丁霞、周丕模分别赴大方县人民医院、纳雍县人民医院进行帮扶工作。按照《2020年度毕节市二级以上医院对口支援乡镇卫生院项目实施方案》的通知，2021年度共派出261名人员赴毕节市各乡镇卫生院进行帮扶工作，帮助提升基层卫生院的服务能力和技术水平。

扎实做好医学人才培养工作。2021年，市第一人民医院共接收遵义医科大学等高校各专业实习生419名，接收院外进修人员10人；接收毕节市医学高等专科等院校护理实习生560人，接收毕节市各医院护理进修生43人。

【医改工作】 扎实开展便民惠民服务。一是优先配备使用基药，广泛使用适宜技术；配备基本药物所占比例平均为36.6%，基药销售额所占比例平均为32.02%。二是根据《省卫生健康委关于印发贵州省进一步推进医学检验检查结果互认工作实施方案》及《省卫生健康委关于进一步优化医疗服务的通知》文件精神，加快推进医疗机构医学检验检查结果互认。2021年，影像科获得贵州省医学影像质量控制中心颁发的“医疗机构影像检查互认合格证”，医学检验结果互认例数共25例，影像检查结果互认例数共175例。三是落实疾病应急救助制度，报销应急救助款101463.98元。

严格控制不合理医疗费用。2021年门诊次均费用310元/人，增长率为-4.46%；住院次均费用10338元/人，增长率-7.66%。医疗收入增长率为-6%，增长率与GDP等社会经济发展指标相适应，低于年初下达控费指标。

医疗费用与基本医保范围相适应。2021年医院以DIP支付试点为抓手，规范医院服务行为，扼制不合理费用增长，医保患者受益面扩大，病人就医获得感得到改善，满意度不断提高。2021年住院患者医保目录外费用占比11.02%；门诊患者目录外费用占比11%；异地医保594人次，次均费用11438.92元，涉及跨省异地20余个省市。

病种结构合理。一是病种分布，2021年市第一人民医院门诊和住院病种分布应与其功能定位相符，符合三级甲等综合医院功能定位。二是住院重症病人比例，2021年住院重症病人比例为30.32%，低于2020年同期住院重症病人比例31.12%。三是扎实提升医疗技术水平，2021年出院患者四级手术总手术1979例，占比12.58%。

建立健全现代医院管理制度。修订完善《毕节市第一人民医院院长办公会议议事规则》制度。以通过“三甲”复审为契机，举一反三，进一步学习、梳理、完善医院的各项规章制度，优化流程。严格按照专家组反馈要求，依据《医疗质量管理办法》等文件，进一步完善医疗质量管理组织体系，在医疗技术临床应用管理和分级准入管理、核心制度、病历书写、“三基”人员能力、临床医护人员对药事管理法律法规、抗菌药物临床应用管理、应急预案、人才队伍建设培养和储备等方面持续改进，应用科学管理的方法实施医疗质量持续改进，认真梳理完善制度，对已定制度要与员工充分有效沟通，建立院科两级质量监管、协调、联动机制，达到对重要岗位、关键环节履行督导、监管。

推进城市医疗集团建设。有序推进毕节市第

一人民医院—毕节市妇幼保健院医疗集团建设。积极开展毕节市第一人民医院城市医疗集团建设，55家医疗机构申报成为集团成员单位。

【医院管理】 提升人力效率、床位效率和成本效率。一是人力效率方面，2021年医师日均负担门诊3.93人次；2021年医师日均负担住院床日2.37天。二是床位效率方面，2021年平均住院天数为8.35天，低于2020年同期的8.67天；2021年床位使用率为79.78%，低于2020年的86.09%。三是成本效率方面，2021年百元医疗收入成本103.8%。

规范财务管理。一是提高固定资产使用效率，2021年固定资产平均服务量为32.96%。二是加强预算管理，建立全面预算管理制度，并将全部成本纳入年度预算收入，收入预算完成率95.5%，支出预算完成率95.01%，高于预算执行率95%要求。三是强化财务风险管控，医院成立成本管理综合部门，设立财务科、审计科，建立内部控制制度、全面成本管理和核算制度，有明确的内控和成本控制措施。各科室设兼职成本核算员，协调医院财务、人事、总务、药剂、信息等部门的成本核算工作，落实成本管理与核算工作。四是强化医院经济运行分析，开展人均业务收支结余、财政投入执行情况及资产周转率等相关分析。医院按月度、季度、年度开展运行情况分析，包括预算管理、结余和风险管理、资产运营、成本管理、收支机构和发展能力分析等内容，报送主管部门和财政部门，对医院运营重点问题、重大事项实行单独报告。五是资产负债率，2021年资产负债率为32.53%，高于2020年的21.6%。

促进收支结构合理。一是药品收入占业务收入比例。2021年药品收入占业务收入比为26.63%（标准≤30%）。二是卫生材料收入占业务收入比例，2021年卫生材料收入占业务收入比12.27%。三是检查化验收入占业务收入比例，2021年检查化验收入占业务收入比25.37%。四是人员支出占业务支出比例，2021年人员支出占业务支出比41%。五是万元收入能耗支出，2021年万元收入能耗支出119.43元，折合0.0100吨标煤，较2020年降低0.0002吨标准煤。

【可持续发展】 加强人才队伍建设。一是加强高层次人才队伍引进和培养，获评2个毕节市第五批人才团队。2021年引进高层次人才55名，高层次人才或临床骨干人才数量进一步充实，人才结构符合医院功能定位。二是卫生技术人员占医院工作人员的比例，2021年医院卫生技术人员占医院工作人员1477人，占医院工作人员比例86.6%（标准≥70%）。三是设立总会计师，按规定落实三级公立医院总会计师制度。四是新聘医生参加规范化培训，2021年新进医生55人，均参加住院医师规范化培训，培训率达100%。

加强临床教学工作。每百名卫技人员带教人数（包括实习生、研究生、进修生、规培生），2021年带教人数1299人，卫技人员1477人，每百名卫技人员带教人数88人。

加强临床重点专科建设。2021年度设置老年医学科、临床营养科、肛肠外科（普外科三病区）并正常运转；新增基础性学科2个，增幅达到原开设科室总数5.13%；申报省级重点学科5个，心血管内科、神经内科2个学科获批省级重点专科。

加强科研能力建设。医院与市科技局联合科研项目经费60万元；获省级科研立项3项；非晋升职称医务人员科研立项数达全年总立项数30%以上。

【区域医疗中心建设】 推进毕节市省级区域医疗中心建设。项目2020年评审通过，拟与遵义医科大学附属医院深度合作，依托毕节市第一人民医院金海湖院区，整合市内医疗资源，建设省级区域医疗中心。项目投资4.7亿元，其中中央资金2亿元，地方配套2.7亿元，采取“1+10”建设模式，建成1个区域医疗中心，10个功能医学中心（新生儿医学中心、儿童医学中心、孕产妇医学中心、胸痛中心、卒中中心、康复医学中心、肿瘤医学中心、重症医学中心、中医骨伤医学中心、中医特色医学中心）。年内正按照省卫生健康委工作安排，有序推进项目建设。

积极对接国家级区域医疗中心建设。按照国家发改委《“十四五”优质高效医疗卫生服务体系建设实施方案》《区域医疗中心建设试点工作方案》《关于印发〈新增国家区域医疗中心建设输出医院名单〉的通知》，推动优质医疗资源扩容和均衡布局，毕节市第一人民医院积极对接国家高水平医院，合作共建国家区域医疗中心。引进高水平医院深度参与区域医疗中心管理、运行、临床科室建设、医疗技术服务开展等。强化医疗服务能力建设和重大疾病诊治能力提升，打造国家级区域医疗中心。为全市950余万人民群众提供全方位的医疗卫生服务，推动毕节新发展理念示范区建设。

（撰稿：杨　诚）

毕节市第二人民医院

【概述】 毕节市第二人民医院是毕节市人民政府举办的市级国有非营利性综合医院，是全市城乡居民基本医疗保险定点医院，是市直、七星关区职工基本医疗保障定点医院。医院占地面积约69.35亩，建筑面积79274.10平方米。编制床位520张。年底，有职工689人，其中编内人员141人（20.46%），编外人员548人（79.54%）。管理人员14人，专业技术人员643人（卫生专业技术人员627人，非卫生专业技术人员16人），工勤人员32人。学历情况：博士研究生1人，硕士研究生10人，大学本科405人，大学专科238人，中专及以下35人。专业技术人员中：正高职称5人，副高职称12人，中级职称83人，初级职称543人。设23个临床科室，7个医技科室，16个行政后勤科室。

临床科室有心血管内科、呼吸与危重症医学科、消化内科、神经内科、泌尿外科、骨科、神经外科、普外科、门急诊、妇产科、儿科、新生儿科、皮肤科、中医康复科、发热门诊、综合内科、撒拉溪住院部、血液透析室、口腔科门诊、眼耳鼻喉科门诊、麻醉手术室、ICU。

医技科室有放射科、B超室、胃镜室、检验科、消毒供应室、健康体检科、药剂科。

行政后勤科室有党建办、院办公室、财务科、医务科、院感科、护理部、医保科、信息科、总务科、麻防科、宣传科、审计科、人事科、设备科、纪检监察室、病案室。

2021年，医院在市委、市政府的领导和市卫生健康局的指导下，继续认真贯彻落实习近平新时代中国特色社会主义思想，中共十九大和十九届二中、三中、四中、五中、六中全会精神及省委十二届历次全会、市委二届历次全会、市第三次党代会精神，并结合医院实际，以党建统领各项工作的开展，抓紧抓好党建和党风廉政建设工作的同时，不断加强行业作风建设，进一步深化公立医院改革，持续改进医疗护理质量，重点做好人才队伍建设、临床科室建设，继续统筹深入推进麻风病防治、医院医德医风建设、安全生产和消防安全工作、五城同创等工作，抓实抓细常态化疫情防控各项措施，完成全市新冠病毒疫苗接种工作，精心谋划医院“十四五”规划编制工作，助推医院各项工作在2021年更上一层楼，为开启“十四五”期间创建三级综合医院新征程开好局、起好步。

【坚持不懈做好新冠肺炎疫情防控工作】 根据医院实际，成立新冠肺炎疫情防控工作领导小组，并两次调整领导小组成员，进一步优化就诊流程，坚持全院上下一盘棋，切实抓好医院疫情防控各项工作举措。

一是高度重视，全面安排部署。通过召开党委会、院办公会、中层干部会、周例会等会议形式，及时传达上级关于疫情防控精神，并结合医院实际，全面妥善安排各项工作，扎实做好疫情防控工作，抓实抓细常态化疫情防控各项措施，严格落实院感防控责任制。二是统筹安排，健全完善疫情防控方案及工作制度。根据疫情工作需要，结合医院实际，健全完善疫情防控工作方案，印发《毕节市第二人民医院冬春季疫情防控应急工作方案》，确保冬春季疫情防控工作有序开展。同时，组建疫情防控救治医疗队伍，制定《毕节市第二人民医院组建新冠肺炎防控救治医疗队工作方案》，成立医疗领导小组，以适应实战为目的，加强我院医疗救治、流调及核酸采集、大量本核酸检测、实战演练等培训，历练出一支召之能战、战之能胜的医疗队伍。2021 年度，全院共制订 30 个疫情防控制度及方案，确保我院疫情防控工作规范有序开展。三是加强值班值守。执行领导带班专人 24 小时值班制度，实行零报告、日报告，畅通信息报送渠道，对突发事件或紧急情况按照医院有关规定程序立即请示报告。四是执行外出报备制度，制定出市、出省申报表，各科室人员按照报备流程申报经领导签字后交院办备案方可外出。五是加强预检分诊处值班检查，在医院车行道入口处增设预检分诊点，全院各科室参与值班，全面加强车辆及人员进出医院的管控。六是每日登记干部职工体温等信息，我院在职在编、临聘、借用员工、进修生、见习生、实习生、保安、保洁、后勤服务公司、国药控股、交建集团、第三方驻我院工作人员如实做好每日健康登记，陪护人员由临床科室如实做好每日两次健康监测，疫情防控小组不定期进行督查。七是定期排查上报科室人员疫情防控排查表。下发《毕节市第二人民医院科室人员疫情防控排查表》，各科室排查近期是否有中高风险地区人员，排查人员包括我院住院患者及陪护家属以及我院第三方公司人员，并上报医务科处管理，严格落实“三天两检”、居家健康监测等措施。八是组织医务人员做好高铁站入口值守工作。制订《毕节市第二人民医院高铁站入口值守实施方案》，明确专人负责，加强培训，做好高铁站入口值守工作。2021 年，全院选派轮换值守人员共计 238 人次，共计排查出发热、行程异常人员 522 人次。

强化院感防控能力，落实院感防控责任，一是院领导与各科室签订院感目标责任书，落实科室负责人为院感防控第一责任人，严格落实疫情防控常态化各项工作措施。病人、家属、干部职工进院必须出示贵州健康码、通信行程卡、佩戴口罩，落实体温监测、“一患一陪护”、“一人一诊一室一消”以及物体设备消杀等院感防控等工作措施。重点做好预检分诊、发热门诊、普通门诊和医技科室、普通病区等的院感防控工作。二是做好高频率接触的物体表面新冠病毒采样。加强高频接触的物体表面监测管理，制定《关于高频率接触的物体表面新冠病毒采样方案》，重点科室（发热门诊、预检分诊、门急诊等）及电梯按钮、扶手等重点部位每周采样检测 2 次、每月采样检测 8 次，普通科室每月采样检测 1 次。2021 年，高频率接触物体表面核酸采样检 90 次，共 1232 份检测报告，其中重点科室 78 次，共 685 份检测报告；普通科室 12 次，共 574 份检测报告。检测结果均为阴性。三是强化核酸检测能力。建立制订全院核酸检测应急机制和大规模核酸检测应急方案，优化核酸检测流程，增设核酸检测设备，提升 PCR 实验室核酸检测能力，确保核酸检测工作有序、有力进行。2021 年度，组织医务人员开展全院性核酸检测 3 次，并督导医院重点科室每周完成核酸检测，其中急诊科、呼吸与危重症医学科、检验科等重点科室每周必须完成 1 次核酸检测，发热门诊每周完成 2 次核酸检测，同时根据有关要求，全院住院患者及家属必须采集核酸。

2021年，全院核酸检测标本为61963份，单日最高检测量可达到1440份/天。

强化培训考核及督导检查，一是通过医务科、护理部、院感科对全院医务人员组织开展培训、考核、监督等工作，提升医务人员对新冠肺炎防控重点知识、隔离服穿脱、院感防控知识、应急演练、常态化防控相关培训、转岗培训、核酸演练等的掌握及应用水平，2021年，全院共开展业务培训21余次，考核12次，应急演练共计3次，培训6657余人次，考核3377余人次，培训、考核等覆盖全院医护人员。二是根据上级有关部门到医院监督检查并指出预检分诊、发热门诊建设等存在的问题，立即按照要求整改。三是制订《毕节市第二人民关于新冠肺炎疫情常态化院感自查督导工作方案》，通过开展全院自查督导，促进全院各科室疫情防控各项措施落地落细落实，有效加强院感防控常态化自查及督导工作，督促各科室及时进行整改，提高疫情防控能力，2021年，全院督导检查约300余次。

做好卫生应急工作准备，一是做好临时性扩充收治床位准备。二是加强防疫物资储备。与供应商签署应急供应合同以保证医院防疫物资库存告急时能在48小时内紧急配送一次性外科口罩30000只，N95防护口罩3000只，防护服与隔离衣3000套，隔离面罩1000个，护目镜1000个，免洗外科手消毒液1000瓶，橡胶手套5000双。2021年，医院抗疫物资使用情况为：一次性外科口罩99360只，N95防护口罩8112只，防护服2280套、隔离衣4481套，隔离面罩534个，护目镜116个，免洗外科手消毒液2274瓶，橡胶手套55123双。共计约为463095.30元。三是做好医用耗材的储备。全院配足急救、抢救、重症救治、监护、检测等仪器设备，并保证随时能正常运作。做好医用耗材、药品、康复者恢复期血浆、防护装备、消毒用品等储备工作，建立物资储备清单，实行物资设备动态储备、周报表制度，实时监测防疫物资库存剩余，并满足30天满负荷运转需求。

认真完成全市新冠病毒疫苗接种工作，一是加强组织领导，成立医院新冠疫苗接种工作专班，做好与市卫健局和相关部门的沟通协调，统筹协调医院相关科室参与新冠病毒疫苗接种工作，指导、督导全院疫苗接种工作。专班下设六个工作组，各工作组加强沟通协调，落实工作职责，负责疫苗接种各方面工作对接与调度。二是制订《毕节市第二人民医院新冠疫苗接种医疗保障工作实施方案》，贯彻落实上级关于疫苗接种工作的会议精神，结合医院实际，强化组织保障，成立医院新冠疫苗接种医疗保障工作领导小组，针对疫苗接种不良反应，指导开展医疗救治等工作，同时参与医疗救治和救治人员的培训工作。下设医疗保障值守组和专家组，做好新冠疫苗接种各项工作，并实行信息报告工作机制。三是加强人员培训，提高接种质量。医院按照上级及医院有关规定要求，加强对医院信息录入人员、接种人员的培训力度，严格按照规范的程序开展信息录入、疫苗接种等工作。2021年，医院疫苗接种培训医务人员20次，考核1次，共计培训242人次。四是加大督促检查，做到高质量接种。根据上级有关要求及安排，选派2人参加市级督促检查工作，采取明察、暗访等方式，加强对全市各县区接种工作的督促指导，做到高质量接种。五是加快推进医院职工的疫苗接种，全院职工（除有绝对禁忌证人员外）均完成全程接种，361人完成加强针接种。

2021年，全院共接种65683剂次，全院参与接种，接种人员未发生不良反应。

强化宣传引导，2021年度，我院通过医院微信公众号、网站、宣传栏、LED大屏、宣传单等方式，全方位、多角度地加强对新冠肺炎疫情防控工作的宣传。其中，微信公众号、网站发布典型事迹、感人故事、科普预防知识30篇文章，包括杨苏海参加援遵新冠核酸检测队圆满完成任务的典型事迹宣传；制作科普宣传栏12个、LED

大屏宣传6期、宣传视频4支；印刷发放宣传折页、宣传单2000余份，录制宣传大喇叭语音，循环播放。重点宣传疫苗对保护健康的积极作用，做好新冠疫苗免疫程序调整的宣传解释工作，第一时间动员群众积极接种、主动接种，提高群接种意愿和接种覆盖面，制作宣传展栏7个，发布宣传海报2套，制作宣传视频2部。

【深入推进麻风病防治工作】 一是加强组织领导。按照市卫健局制定印发“2021年度毕节市麻风病监测项目实施方案”等文件要求及统一领导管理，全面落实全市麻风病防治工作与各县（区）卫健局签订目标责任书，切实抓好2021年度全市麻风病防治工作。二是认真收集整理终期评估资料，准备迎接国家检查。三是强化麻风病防治技能培训。举办“2021年全市麻风病防治技术培训会议”，参加培训班的有各县（区）麻风病防治专业人员、各县（区）人民医院、中医院皮肤科和神经科医生、近年新发乡镇公共卫生人员共计160余人，培训达到预期目标。四是认真开展麻风节慰问活动，为麻风病患者家庭送去党和政府对麻风病人的关怀。全市各县（区）有序开展麻风节慰问活动、共慰问麻风受累者390人，全市共发放慰问金86900元以及棉被11床、猪肉220千克等生活慰问物资。

2021年度，医院继续加大对麻风病人的发现、治疗、管理工作力度，切实承担起全市公共卫生服务责任，2021年，医院撒拉溪住院部收治麻风病人患其他疾病442人次，为就医麻风病人提供医保全额报销3397417.86元，补助麻风受累病人来回车费、途中费用及住院治疗期间生活费32452元。

2021年，全市麻风病发现率、患病率目标要求分别要在0.22/10万、054/10万以内，两项数据指标已达到目标要求，全面完成麻风病防治工作任务。

【精心谋划“十四五”规划编制工作】 为确保医院在“十四五”期间创建完成三级综合医院的目标。医院精心谋划“十四五”规划编制工作：一是结合医院实际，根据有关医院评审标准要求，科学谋划医院“十四五”规划，制定更加详细的规划发展计划，并进行任务分解，责任到人，分步实施，确保医院如期顺利完成创建三级综合医院的目标任务。二是于2021年3月1日，在医院召开全院干部职工大会，院主要领导通报医院“十四五”规划目标、发展规划、目标责任、实施完成等情况，确保全院按照医院统一安排部署，高标准、高要求完成“十四五”规划目标，同时，各科室结合实际，制定科室“十四五”规划目标，按时有序推进“十四五”规划工作。三是邀请广州红十字会医院教授专家莅临医院，举办全市医院等级评审培训班，从等级评审准备、临床科室质量等方面全方位、多层次为医院干部职工培训，提高医院等级评审应对能力。

【统筹推进2021年度综合目标管理工作开展】 全面完成二级公立医院绩效考核指标，一是加强组织领导，成立医院高质量发展绩效考核工作专班，全面加强党对绩效评估考核工作的领导，严格执行党委领导下的院长负责制，对绩效考核指标工作全面安排部署并抓好落实。二是根据绩效评价考核指标，结合医院实际，将考核指标进行分解，指标责任落实到科室，并明确专人沟通协调，具体负责绩效评价考核工作。三是医院在上级的统筹指导下，多次开展自查，根据自查自评情况，召开绩效评价考核专题会议，专题研判绩效评价指标完成情况，针对存在的问题，研究提出整改措施，确保全院高质量完成发展绩效评价考核工作。

经自查，全院2021年度高质量发展绩效考核指标自评分数为90.5分，各项绩效考核指标基本完成，相关考核指标完成情况全部录入年度综合考核系统，并上传相关佐证资料核心要件。

【全面深化公立医院改革】 始终坚持党委领导下的院长负责制，全面加强党对医院的领导，严格落实上级有关医改的文件、会议精神，全面深化医院改革：一是建立健全医院各类规章制度。1. 加强组织领导，成立医院管理制度汇编工作领导小组，下设6个工作小组，从行政和党群工作管理、医疗（医保）和药事工作管理、科教、信息和财务工作管理、护理和院感工作管理、人力工作管理、后勤工作管理六个方面对医院制度进行全面的归纳整理和修订完善。2. 制定印发《毕节市第二人民医院党委会议议事规则》《毕节市第二人民医院院长办公会议议事规则》，加强医院管理，推进医院医疗、教学、科研、管理各项工作健康发展。3. 切实加强医院民主政治建设，进一步健全和完善医院职工代表大会（以下简称职代会）制度，保障职工的主人翁地位和民主管理权利，制定《毕节市第二人民医院职工代表大会工作制度》，印发职工代表大会工作方案，组织实施职工代表人员选举，审核通过医院有关规章制度。4. 结合医院实际，做好不断调整完善各委员会成员等工作，共计25个，建立健全医院各类规章制度。二是结合薪酬制度改革要求和医院实际，特请霍尔斯公司制定合理有效的绩效考核方案，并印发绩效考核方案，最大限度提高医院职工积极性。三是深化医保支付方式改革。结合医院实际，制定了DIP工作实施方案，成立工作领导小组，明确专人负责，DIP支付方式于2021年8月正式上线，严格按照有关要求，及时完成病案首页填写、病历按时归档、临床诊疗流程优化、诊疗行为规范、病种费用预测管控等工作。四是深化医疗服务价格改革。医院在持续深化医疗服务价格工作中，取消药品耗材加成后，大力开展药品集中采购，按照医疗价格调整同步调整医疗服务价格，减轻病患的经济负担，同时提升医疗服务能力，增加医院医疗服务收入的比例。五是积极推进城市医疗集团建设。根据市政府及市卫生健康局安排部署，与毕节市中医院探索建立毕节市中医院城市医疗集团，制定医疗集团工作实施方案，在毕节市中医院的帮助下，增设完成血透室，进一步助力医院发展。六是加强医院能力建设。逐步规范科室设置，新增设外三科、外四科、综合内科，老年医学科设置在综合内科，营养科设置在消化内科，着手口腔科、耳鼻喉科和重症医学科的建设，开设口腔科和耳鼻喉科门诊，逐步完善学科建设；同时，申请加入毕节市急救网络医院建设，完成前期的验收。七是根据医院“多专科、小综合”的发展定位，将皮肤科、骨科、呼吸与危重症医学科作为市级重点专科的进行申报。八是加强医院信息化管理。建立健全信息化管理制度，结合医院实际，完善医院信息化建设，实现网上预约挂号、多种方式缴费等功能；充分发挥信息化手段，提高工作效率；强化医院信息化系统安全管理，严格执行管理规定，强化信息化管理人员培训。

2021年度，全院申报省级科研项目4项，通过评审立项4项；申报市级科研项目8项，审批立项结果未出；与遵义医科大学附属医院神经内科建立神经内科专科联盟，与响水卫生院、竹园卫生院、双山卫生院、威宁盐仓卫生院、毕节晚晴养老院建立护理专科联盟；除此，在毕节市中医院的指导下，加快完善医疗集团的建设。

【夯实人才队伍建设】 不断招聘优秀医务人才。根据《毕节市2021年“人才强市”引才计划简章》和《毕节市人民政府办公室关于印发毕节市人才引进与跟踪服务管理办法的通知》精神，结合全院实际，制订《毕节市第二人民医院2021年“人才强市”暨第九届人才博览会高层次急需紧缺人才引进实施方案》《毕节市第二人民医院高层次人才引进和培养工作方案》，2021年引进编制内高层次人才6人，编制外高层次人才6人；通过返聘调入等方式，引进高层次人才3人；通过高校招聘会签订协议人员9人。

2021年，全院新增硕士研究生以上的高学历人才20人，引进4名高级职称的高层次人才，超额完成引进重点人才工作任务，切实不断加强人才队伍建设。

【规范管理全院干部职工】 一是健全完善《毕节市第二人民医院人事调配管理办法》《院科两级人员紧急替代制度》等8个工作制度，加强对全院干部职工的规范化管理。二是制定《毕节市第二人民医院编外聘用人员管理暂行办法》，进一步规范医院编外聘用人员考核管理工作，确保各项工作正常运行；同时，每月按时发放聘用人员工资，并及时缴纳五险一金，解决聘用人员工作的后顾之忧。三是加强岗位设置的管理。根据医院的社会功能、职责任务和工作需要进行岗位设置，按照科学合理、精简高效、动态管理的原则，以市委编办确定的职责任务、机构规格、人员额度、领导职数和各类人员结构比例为基础，制定《毕节市第二人民医院第四个聘期岗位设置方案》和《毕节市第二人民医院第四个聘期岗位设置实施方案》，待通过职代会审议后实施。四是结合我院实际，制定《毕节市第二人民医院专业技术职务聘任管理暂行办法》，进一步完善医院专业技术职务聘任制度，建立健全符合全院特点的专业技术职务聘任评价机制和竞争择优机制，充分调动专业技术人员的积极性和创造性，为医院专业技术人才梯队建设奠定坚实基础。

【开展2021年度医院新进人员岗前培训】 为规范医院新员工岗前培训的有关规定，并使新入职员工尽快适应医院工作环境，了解医院的基本情况，熟悉岗位和医院规章制度，帮助胜任新岗位，开展2021年度医院新进人员岗前培训，开展岗前培训2次，共计培训95人次。

【加强医务人员业务培训学习】 医务方面：根据各阶段情况和临床医技科室的要求，制定阶段性的继教学习计划，并在全年完成了全院的三基考试，组织各科室开展业务培训共24余次，主要涉及急诊急救相关知识培训、新冠肺炎诊疗和防控方案、传染病管理、病历书写规范培训、抗菌药物规范应用、院感相关知识培训等内容，其中针对新冠肺炎相关培训6次，承办市级以上学术活动3次，举办有“医院等级评审培训班”“急性缺血性脑卒中防治培训班”和“2021年毕节市麻风病防治技术培训班”。护理方面：根据2021年各级护理人员培训计划，进行护理培训学习18次，检查48次，反馈追踪48次，综合分析整改追踪12次。除此，还有广州红十字会医院帮扶培训两次，实习生岗前培训两次，操作培训6次（防护服的穿脱、单人徒手心肺复苏+简易呼吸器的使用，留置导尿），参加市内外各种学术活动、学术会议培训6次，组织全院护士“三基”理论考核一次，护理部对全院护士长考核一次。

【选派专人外出进修学习】 根据年初的工作计划，各科室分阶段分批次选派专业技术骨干外出进修学习，共计派出进修学习17人，包括有中医科、呼吸与危重症医学科、神经科、医务科，主要进修单位为贵州医科大学附属医院、贵州省人民医院和遵义航天医院等三甲医院。接受贵州省职业健康学院、毕节职业技术学院、赫章职业技术学院、遵义医科大学与科技学院实习医生医技人员62余人。选派21名护士外出进修学习，安排专科护士进修4人。

【积极开展医疗保障及义诊活动】 完成上级主管部门下达的医疗保障任务共计207次，包括有毕节市第二届人民代表大会医疗保障、毕节市“新市民·追梦桥”群团力量助力脱贫攻坚志愿服务活动，市委、市政府组织的相关会议医疗保障等。参与上级卫生行政部门组织的巡诊义诊和医院自行组织健康巡诊、义诊活动19次，包括广州—毕节东西部医疗协作对口帮扶活动（市二医院)、与广州市红十字会医院、广州市皮肤病防治所、成都市第五人民医院在市二医院联合开展义诊活动、2021年“红十字博爱周”活动，健康扶贫巡回医疗义诊活动等。

【建成老年医学科、营养科】　根据二级综合医院设置老年医学科和营养科的工作要求，医院新增设老年医学科和营养科，其中老年医学科设置在综合内科，营养科设置在消化内科。

【强化医疗质量与安全管理】　一是严格执行首诊责任、三级医师查房、疑难病例讨论、交接班、危重患者抢救等18项核心制度。二是完善各项规章制度，重新制定医疗安全制度、医疗技术管理制度、医疗纠纷管理制度、医疗合作管理制度、医疗保险管理制度、医疗质量控制制度。三是按照《病历书写基本规范》要求，规范病历的书写，提高病历书写质量。四是有计划地组织院长查房、医疗质量管理委员会查房、医务科查房、科室质控小组查房以及医疗质量安全检查，严防医疗事故的发生，保障医疗安全，接诊病人至今医务科和医疗质量管理委员会共组织医疗质量安全检查13次，科室质控小组自查24次，在全院营造重学习、重质量、重安全、重技术、重服务、重实效的良好氛围。五是重视医疗安全教育及相关法律法规学习，依法规范行医，加强医务人员医疗安全教育。

【加强对口帮扶】　一是根据年度对口帮扶工作计划，在广州红十字会医院、广州市皮肤病防治所、广州医科大学附属口腔医院和成都市第五人民医院等医院的帮扶指导下，积极开展回访交流、学术活动、远程指导、查房坐诊等活动。1. 广州市红十字会医院：2021年3月25日—27日，李爱国副院长带领专家组一行到医院开展举办“医院等级评审培训班”和开展对口帮扶工作调研，4月9日，医院副院长步军带领检验、放射科专家到医院开展“5+2”专科建设调研，2021年8月先后选派3名专家到医院开展为期半年的驻点帮扶；2. 广州市皮肤病防治所：2021年4月9日—11日主任医师李润祥带领专家组一行到医院开展手术示教，同时举办常见疑难皮肤病的治疗新进展学习班；2021年4月17日，所长王建琴带领专家组一行到医院开展对口帮扶调研，并签订新一轮的对口帮扶协议。3. 成都市第五人民医院：3月30日，民盟成都市委副处长李星东、民盟成都市委二级调研员徐卫红和成都市第五人民医院院长周政率领专家组一行赴医院对口帮扶调研，举行合作性帮扶启动仪式、帮扶座谈会，签订了新一轮帮扶协议；2021年7月6日，院长助理刁其峰带领专家组一行到医院开展帮扶工作调研座谈会，同时举办DIP和DRGs付费下医院的运营管理培训。

2021年，全院根据帮扶实际到对口帮扶的单位和广州各规培单位回访1次，成都市第五人民医院回访2次，开展义诊活动4次，学术活动3次，在与各家医院的回访交流中拟定新一轮的帮扶实施计划，启动新一轮的对口帮扶工作。

二是为落实市委吴强书记的有关指示精神，医院在市委、市政府的坚强领导及毕节市卫生健康局的指导下积极对接贵州医科大学附属医院，并提出帮扶需求，1. 11月12日，副市长丹彤率队到贵州医科大学附属医院开展医疗帮扶协作交流活动，并就帮扶毕节市医疗卫生工作召开座谈会医院参加座谈；2. 11月19日，贵州医科大学附属医院李伟副院长率队到医院开展调研指导工作，实地考察调研，进一步了解医院实际情况、帮扶需求，医院提出在医院管理、学科建设、人才培养、培训进修等方面的帮扶需求。3. 12月5日，为确保帮扶协作工作落到实处，贵州医科大学附属医院党委书记率队赴医院开展医疗对口帮扶调研工作，进一步深化帮扶合作。

三是积极组织开展医院对口帮扶乡镇卫生院的联系工作，2021年选派医师2名分别到竹园乡卫生院和赫章县可乐乡高枧村开展对口帮扶工作，主动到对口支援5家单位分别调研2次，并与竹园乡卫生院、响水乡卫生院和双山镇卫生院签订对口帮扶协议。同时制定医院对口支援基层医疗机构管理办法，开展着手下一轮的对口帮扶工作准备。

（撰稿：胡金龙）

毕节市第三人民医院

【概述】 毕节市第三人民医院（毕节市传染病医院），位于毕节市七星关区百里杜鹃大道中段（毕节市人民政府旁），原名毕节地区传染病医院，2004年9月由贵州省发展和改革委员会批复立项，2006年11月原毕节地区行署批准毕节地区传染病医院成立，属地区卫生局所属财政全额拨款副县级公共卫生事业单位，由地区中医院管理，负责开展传染病的医疗救治、科研、传染病防治人员的培训及下级医院的业务指导，为人民身体健康提供传染病防治保障。2012年1月，毕节地区撤区设市，更名为毕节市传染病医院；2012年8月，医院独立运转，由市卫生局负责管理；2013年2月，按照数字序列命名为毕节市第三人民医院（保留毕节市传染病医院牌子，为第二名称）。是七星关区肺结核病定点收治医院，毕节市艾滋病诊疗质量控制中心，承担着全市肺结核、艾滋病等传染病救治职能。2017年来，与广州市第一人民医院、广州市第八人民医院、广州市胸科医院、广东圣大医生集团建立“组团式”对口帮扶协作关系，组建心血管专科联盟。2020年1月，新冠肺炎疫情暴发，医院被指定为全省新冠肺炎定点储备医院，毕节市秋冬季疫情防控唯一定点救治医院。2021年有编制床位400张，职工467人，其中博士2人（1人在读），研究生5人，正高职称4人，副高职称30人，设感染病区、内科病区、外科病区及体检科等共30个临床医技及行政后勤科室。2021年4月，《中共毕节市委机构编制委员会关于毕节市第二人民医院（毕节市红十字医院）等五所公立医院机构编制相关事项的批复》，同意毕节市第三人民医院（毕节市传染病医院）相关事项比照正县级公立医院管理。

2021年，在市委、市政府及市卫生健康局的坚强领导下，全院上下提高政治站位，强化担当作为，牢记医院宗旨，始终增强“四个意识”、坚定“四个自信”、做到“两个维护”，牢记传染病医院的职责，统筹推进医院传染病能力建设、新冠肺炎疫情防控、健康扶贫、巩固脱贫攻坚成果与乡村振兴相衔接、安全生产等各项工作。全年门诊150000人次，住院8947人次，医疗收入9128万元，财政补助收入2750万元，医疗支出11769万元。

【传染病防治】 2021年，医院全面推进传染病救治能力建设。加强病区建设，4个感染病区设床位90张（含负压病房床位34张，结核重症ICU床位10张）；开展应急演练，提高诊疗水平；改造完善预检分诊，理顺就诊流程，规范相关诊疗操作，降低院内交叉感染的风险。

2021年医院积极做好市级艾滋病患者定点收治工作及艾滋病患者抗病毒治疗工作，同时做好七星关区结核病定点收治工作。其中：开展市级HIV职业暴露处理工作；在艾滋病门诊提供艾滋病主动监测咨询服务；住院病人艾滋病病毒抗体检测比例达95%；艾滋病病毒抗体检测情况统计报表月报告率100%；对符合治疗标准的艾滋病病毒感染者和病人接受规范抗病毒治疗比例达到90%，治疗持续12个月的比例达到90%；正在接受抗病毒治疗病人完成病毒载量和CD^4检测的比例达到90%；符合治疗标准的病人服用预防机会性感染药物的比例达到90%。2021年9月之前按照《贵州省新农合肺结核实施按病种付费试点工作方案（试行）》要求，按照《贵州省新农合肺结核实施按病种付费试点工作方案（试行）》要求，对门诊治疗病人实行单病种包干免费治疗，9月之后按《省医保局关于进一步规范慢特病门诊保障制度的通知》（黔医保发〔2021〕49号文件要求），将活动肺结核纳入慢病管理；治疗成功率93.69%；新登记涂阳肺结核病人密切接触者筛查（拍片）率达300%；结核病人筛查HIV达100%、可随访艾滋病人筛查结核达100%；咳嗽、咳痰2周查痰率达100%；痰涂片检查无高假阳和高假阴性痰片出现；继续开展所有活动肺结核耐药结核菌培养工作（高危人群91.43%、新病原学阳性达95.51%）；肺结核患者病原学阳性率达到52.92%，病原学阳性住院治疗率27.5%。继续开展耐药结核菌培养工作。

结核病门诊就诊28673人次，复诊8972人次，初诊19701人次，收入院1465人；艾滋病患者总出院94人次，累计治疗286人次，年底在治疗212人；支气管镜检查及相关治疗226例。共计上报传染病3686例，其中肺结核1615例，手足口病780例，乙肝626例，水痘85例，梅毒77例，HIV40例，丙肝21例，艾滋病7例。公卫卫生数据肿瘤上报60例，死因登记18例、心脑血管事件监测报告45例。牵头成立毕节市传染病专科联盟，助力公共卫生体系建设。

【新冠肺炎疫情防控】 2021年，医院坚持传染病防控职责，全力织牢免疫屏障。坚决扛起疫情防控大旗，不等不靠、主动作为，全力开展疫苗接种工作，充分发挥市级传染病医院的龙头作用，把学习贯彻指示批示精神，转化为推动医院高质量发展的具体行动和实际成效。坚持以病人为中心，全力提升服务意识。全院干部职工，始终坚持医院公益性，以病人为中心，把每一位病人的病情治疗放在心上。形成全院人人抓医疗质量、处处抓医疗质量、时时抓医疗质量的良好局面。全年共计核酸检测122413人次（其中应检尽检57747人次，愿检尽检64666人次），疫苗接种110738剂次，医疗保障242场次，接诊发热红码，黄码，行程码为星号、核酸阳性密接及次密接、入境人员等6681人次。

充分发挥预检分诊、发热门诊、高铁站卡口“哨点”作用，筑牢“外防输入”防线。严格落实院感防控工作，持续加大投入，充实防控力量，院感“零”发生；严格按照要求储备防控物资及核酸检测物资储备，动态监管保证30天满负荷运转需求；开展流调、院感知识、核酸检测采样检测、呼吸科人员转岗等培训；不断增强紧急救援转运救护能力，培训医务人员、驾驶员28人次；按照要求，对赫章县、百里杜鹃管理区、金海湖新区医疗机构45岁以下医、护、技人员进行核酸采样能力培139人次；完成市委、市政府会议及活动、四大班子出差、医疗机构医务人员、高铁站等重点人群“应检尽检”任务；按照省卫健委医疗援助遵义的安排部署，选派1名核酸检测实验室人员驰援遵义疫区，圆满完成核酸检测任务；设置两个新冠疫苗临时接种点、参加流动接种队等，设立新冠疫苗异常反应救治专家组，开展疫苗接种禁忌证认证工作。

【医院荣誉】 2021年，医院获评“贵州省抗击新冠肺炎疫情先进集体”，1人获“贵州省抗击新冠肺炎疫情先进个人”称号；四名同志获“毕节市抗击新冠肺炎疫情先进个人”称号，主要领导在毕节市抗击新冠肺炎疫情表彰大会上作先进发言；感染一科获“抗击新冠肺炎疫情贵州省三八红旗集体”称号；2人获市直机关工委“优秀共产党员”“优秀党务工作者”表彰。

【医改工作】 2021年医院持续取消药品耗材加成；认真做好控制医疗费用过快增长和不合理增长；完成综合医院改革检测数据报表，认真落实医改各项决策部署。全面落实国家、省、市公立医院综合改革政策，严格执行城市公立医院改革各项目标任务，加强科研项目建设，省厅级科研项目立项1项，市级科研项目立项3项，建立传染病专科联盟，将艾滋病科建成市级重点专科，力争将结核病科打造成为省级重点专科。

【医院管理】 2021年手术台次2459人次，手术科室出院患者3862人次，手术科室出院患者手术占比63.67%。全院出院患者8385人次，出院患者手术占比29.33%。门诊人均费用0.19万元，住院人均费用0.72万元，医院医疗收入9128万元，医疗服务收入（不含药品、耗材、检查检验收入）3102万元，医疗服务收入占医疗收入比例37.18%。2021年医疗活动支出11769万元，医务人员支出5363万元，医务人员支出占医疗活动支出比例49%。2020年门诊患者平均预约诊疗率为零，2021年门诊预约挂号人数440人，门诊总人数15万余人，预约挂号服务量占门诊服务量比例为0.3%，较上年度有待提高。

2021年医院重新修订各科室的质量控制标准，使之更具有操作性和实效性，严格按照考核标准执行院科考核，对存在的问题进行通报批评，对存在问题整改不到位进行处罚。完善医疗质量管理委员会，重新修订下发十八项医疗核心制度，修订完善探视制度、巡查制度等，按照上级文件要求，每季度进行督导检查，重点检查首诊负责制度、交接班制度、三级医师查房制度、病例讨论制度、手术分级制度等，对存在的问题限期进行整改，持续改进。

【社会效益】 2021年度患者满意度96.01%；职工满意度88.98%。落实各项惠民措施。实施网上预约诊疗；开设便民门诊；落实特殊人群优先服务；提供多种缴费支付方式；开展疾病应急救助等工作。

【学科建设】 医院积极申报骨科、感染科、小儿外科、心内科为省市重点专科，感染科获得省级重点专科立项。增设老年病科、营养科、口腔科、输血科、预防保健科、中医科。谋划筹备打造重点学科——肿瘤专科。坚持人才强院战略，提高救治水平。

【人才队伍建设】 医院坚持人才强院战略，全力提高救治水平。76名规培生返院工作，解决医生紧缺的严重困难；选送22名医疗、医技人员到广州等国内医院进修学习；计划招录150名医务人员外出学习，为新院建设储备人才。

【其他公共卫生服务管理工作】 及时落实急性弛缓性麻痹（AFP）病例。落实肿瘤登记报告工作职责。2021年医院传染病上报3855例，报告率100%。肿瘤上报62例，死亡个案上报18例，心脑血管事件上报45例，报告率100%，及时率100%，无迟报和漏报现象。

【脱贫攻坚及健康扶贫工作】 2021年，医院坚持助力乡村振兴，选派2名责任意识强、思想觉悟高的党员干部任村第一书记驻村帮扶，落实帮扶干部车补、生活补贴等6.3万元，助力乡村振兴。帮助纳雍县玉龙坝镇坝子社区解决产业发展资金15万余元及赫章县罗州镇卫生院手术室和红岩村卫生室及党员活动室改造资金20万元，解决长坪村和红岩村产业发展补助资金30万元。

（撰稿人：徐　菲）

毕节市中医医院

【概述】 毕节市中医医院始建于1961年，是贵州省建院最早的地市级中医院之一，2012年通过三级甲等中医医院评审，2018年通过复核评审。医院占地面积约20亩，业务用房面积1.8万平方米。2021年，开设一级临床科室25个，医技辅助科室12个，职能科室15个。现有干部职工767人（含编外聘用人员）。医院有编制床位800

张，实际开放床位532张。医院重视中医内涵建设，形成国家、省、市重点专科梯队，有国家级重点专科1个（肝病科），省级重点专科6个（针灸科、脾胃科、肝胆外科、骨伤科、肾病科、儿科），省级重点学科1个（针灸科），省级重点专科建设单位3个（儿科、肛肠科、脑病科），市级重点学科3个（肾病科、肺病科、脑病科）。在毕节市委、市政府的关心支持和市卫生健康局的大力指导下，毕节市中医医院将围绕“一体两翼、一院两区”的空间布局进行建设，以打造全国一流的、具有区域特色和中医特色的三级甲等中医院为目标，按照“中医为主”的功能定位进行清毕路老院区改扩建项目（占地面积34.15亩），按照“中西融合”的功能定位新建南部分院（占地126.73亩）。

【业务开展情况】 2021年，诊疗人次376198人，比2020年同期增长24.94%。其中门诊354792人次，出院21406人次。床位使用率102.93%%，出院病人平均住院日8.33天，病床工作日28.9日，病床周转次数3.29次。

【抓好疫情防控】 一是定期召开疫情防控工作部署会和风险研判分析会，党政主要领导亲自安排、部署组织有关科室定期排查疫情防控常态化工作是否到位，确保整改工作全覆盖，防控责任再压实，防控措施再精准。调整新冠肺炎防控和医疗救治工作领导小组，结合实际，将工作专班从7个增加到12个，加强科室间、区域间信息协调，信息共享和联防联控。为工作开展提供强有力的组织保障。二是认真落实国家、省、市对新冠肺炎防控各项工作安排部署，结合医院实际，根据疫情新形势、新要求完善和修订《毕节市中医医院新型冠状病毒感染防控应急预案》，制定《住院病区接诊重点人群及新冠肺炎疑似（确诊）患者处置预案及流程》《毕节市中医医院工作人员新冠疫情健康异常追踪管理机制》等处理方案，进一步优化工作流程，压实责任。三是严格发热门诊管理。在现有条件下，对发热门诊的功能布局、流程等再完善，留观病房由7间增至10间，达到标准要求。在积极培养发热门诊骨干人员同时，动态调整具有工作经验的医护人员到发热门诊工作，以全院之力充实发热门诊诊疗力量，加强基础保障。多次开展应急演练，不断优化，认真落实发热患者核酸检测和闭环管理要求。加强核酸检测能力建设，积极参与室间质评工作，同时强化内部质控，加强个人防护能力培训，严格按照相关流程和技术标准开展检测。日检测量能力提升至1344人份（单检）。完成疫苗接种任务，全院职工全程接种新冠疫苗人数1163人（含住培、进修人员），除24名有接种禁忌人员外，接种率100%。按要求完成疫苗接种点的设置，设置接种台5个，制订《毕节市中医院新冠肺炎疫苗接种点工作方案》，成立疫苗预防接种工作小组和工作专班，每天人均有效接种800人次。四是强化医务人员防护。对《医疗机构内新型冠状病毒感染预防与控制技术指南（第二版）》《新型冠状病毒感染防控方案（第八版）》《新型冠状病毒感染诊疗方案（试行第八版修订版）》等进行多次培训考核。分别对全院医生、护士、保洁、保安、食堂工作人员、行政人员、实习生、规培生等共1000余人开展新冠肺炎院感防控知识、标准预防、手卫生、外科换药、传染病院感防控、医疗废物管理等相关知识及防护用品穿脱技能培训考试共39场次。严格执行“一患一陪护”制度，患者及陪护人员入院前要进行核酸检测后方可入院。严格执行预约住院制度，实行电子陪护证，加强过渡病房的管理，建立急危重症患者救治绿色通道，用于对暂未取得核酸检测结果等情况下急危重症患者进行应急救治。院内定期核酸检测，其中重点科室、卡点人员隔天一检，其余人员一周一次，确保全覆盖。五是加强应急值守。严格执行24小时值班制度，确保万无一失。同时，加强信息沟通和上报，预防保健科、医务科、医院办公室等部门及时收集和汇总相关数据、信息等，按时上报，无迟报、漏报、瞒报现象。加强防护物资储备。科学估算正常开展医疗服务和感染防控所需的防护用品数量，在省要求按照1个月满负荷运转需求的基础上，进一步强化物资储备工作，按照3个月满负荷运转需求提前做好物资调配和储备，全面进入备战状态。六是按照工作要求加强新冠肺炎防控知识宣传。通过宣传栏、大屏幕、宣传资料等方式和医院网站、微信公众号等新媒体和与新闻媒体合作举办科普专栏等方式，大力宣传和普及新冠肺炎防控知识，引导群众科学防控。同时，加强舆情管控，要求全体干部职工要实事求是、科学宣传疫情防护知识，阐明病毒变异特点，及时引导舆论，回应社会关切同时，按照“内紧外松”原则，落实好防控措施，避免引发群众恐慌情绪。

【发挥中医特色】 深入开展持续改进活动，全院开展中医服务项目达种，超过本级医院国家标准。组织制定、优化优势病种诊疗方案和临床路径，鼓励临床科室开展中医特色治疗。强化中医特色护理，中医护理率达100%。为临床医技科室新增配备各类医疗设备100余种；注重发挥中医药特色优势，鼓励科室开展院内中药制剂、膏方等研发工作，年内，院内制剂种，膏方种，广受患者好评，进一步提升综合服务能力，凸显中医特色，更好地为全市群众提供医疗服务。

【提升医疗质量】 坚持“培养名医、打造名科、建设名院”的发展思路，采取有力措施加大人力物力投入，以培养学科带头人为主要抓手加强重点专科建设，在现有基础上巩固国家级、省级重点专科建设成果，不断加强和扩大学科带头人的学术经验成果，打造重点专科团队，夯实科教研和临床实力，突出专科专病特色优势。2021年，脑病科成功通过省中医药管理局评审，成为省级重点专科建设项目单位。

【人才队伍建设】 始终把人才队伍建设放在突出位置，在壮大队伍、优化结构、提升素质方面取得较大进步。赴高校人才专项引聘活动，引进硕士研究生15名，面试工作结束，签订意向协议书26份。面向社会公开招聘卫生专业技术人员122名，其中医生40名，护士57名。

【基础设施建设】 积极争取市委、市政府支持，加快推进老院区改扩建和新院区整体规划建设工作，整体规划设计、土地手续等前期工作完成，配合七星关区将家属区纳入棚户区改造范围，完成第一标段拆迁工作，进入实质性动工阶段。同步启动专科诊室、颗粒药房、导管室、微生物检测中心等项目建设，开展对治未病、康复科、体检中心等科室的新一轮布局规划设置。

【公立医院改革】 多次召开推进会和院长办公会议，对医改工作进行安排部署，确保城市公立医院综合改革各项任务落到实处。继续落实药品加成取消、服务价格调整、先诊疗后付费、农村贫困人口大病救治和异地就医直接结算等政策。以调整医疗服务价格为抓手，逐步理顺医疗技术比价关系，药占比、百元医疗收入（不含药品收入）消耗的卫生材料等重要指标均有下降，医务性收入合理提高。

【中医文化建设】 弘扬中医药文化，推动中医文化进校园，与毕节市民族联合举办中医文化兴趣班。打造文化品牌，以“风尚国医、传承创新”为主题，办好“三节两活动”，2021年，通过举办“5·12”护士节护理文化活动月、护理岗位技能操作大练兵、端午节送香囊普及中医药文化知识活动、医师节、中医养生文化节等方式加强干部职工精气神和凝聚力，传承中医药文化。作为承办单位举办“毕节市中医药学会肛肠专业委员会成立大会暨首届学术交流会议”“毕节市中医药学会换届选举大会”，建立国医大师工作站，加强学术传承创新交流，提高学术和业务水平。

【信息化建设】 结合医院三年信息化建设规划，按照省、市医院信息化“五个全面建成”要求，加强医院信息化建设。诊间支付、预约挂号、财务信息系统（财务管理模块、人力资源管理模块）、云影像等信息化服务手段上线运行，大大提高了工作效率和服务效率。

【公共卫生和对口帮扶工作】 积极落实国家中医药管理局援黔中医医院全覆盖和广州市对口帮扶工作，做好与广东省中医院、广州市中医院对口帮扶工作的对接。根据省、市统一安排部署，开展医疗卫生健康扶贫义诊活动。拟定帮扶计划，继续做好对口帮扶县级中医院工作，组织专家赴赫章县中医院开展义诊及“二甲”创建迎评指导工作，提供“三伏贴”工作所需的药品2000人次量，组织专家赴镇宁、普定县中医院开展义诊活动。抓好基层治未病项目建设、基本公共卫生服务等工作。严格按照“四个不摘”要求，坚持择优选派，尽锐出战的原则，选派2名优秀干部赴七星关区野角乡大麻塘村和元华村开展乡村振兴驻村帮扶工作。同时，医院在人、财、物上给予大力支持，为帮扶点捐赠口罩1万个助力疫情防控，投入3.6万元为帮扶点考取大学的12名学生进行资助，投入3万元帮助大麻塘村修建饮水工程。持续落实医疗帮扶政策，开通原建档立卡贫困户就诊绿色通道，实行先诊疗后付费，以实际行动助力健康毕节建设。

【其他工作】 统筹抓好安全生产、爱国卫生、五城同创等其他工作。全面加强医疗、护理和医技、药品等核心制度的落实的执行，实现医疗安全管理常态化。全年无重大安全事故、重大医疗差错事故发生，有效维护医院稳定和正常医疗秩序。按照市卫健局及相关部门对安全生产、消防安全、维稳、综合治理等工作的要求，统筹做好社会治安综合治理和信访维稳工作。

（供稿：毕节市中医院）

毕节市妇幼保健院

【概述】 毕节市妇幼保健院（毕节市妇幼保健计划生育服务中心、毕节市儿童医院、毕节市妇产医院）隶属毕节市卫生健康局全额拨款副县级事业单位，是一所集妇女儿童医疗、保健、教学、科研为一体的市级公立专科医院。

2021年，全院有工作人员485人，其中，在编人员138人，帮扶专家团队9人，编外聘用人员338人。硕士研究生学历5人，本科学历345人，大专学历及以下135人。卫生专业技术人员415人，其中：护理人员187人，医生176人（其中70人在外参加住院医师规范化培训），其他医技岗位52人。副高级职称及以上28人、中级职称38人。行政后勤及其他岗位人员70人。

【为患儿实施唇裂修补手术】 2021年1月15日，广州市妇女儿童医疗中心口腔科帮扶专家郝建锁主刀为患儿实施唇裂修补手术；3月继续为该患者开展了唇腭裂二期修复手术。新的理论基础和临床经验使得唇腭裂修复效果日益完善，唇腭裂序列治疗理念的应用使得更多的患者获得更好的修复效果。

【成功完成第一例盆腔巨大包块开腹手术切除】 2021年3月3日下午，广州帮扶专家金小龙主治医师、妇科主任郭畅、麻醉、护理等人员组成的医疗团队成功为患者实施手术。术中团队成员密切配合，克服肿瘤体积大、血供丰富、操作空间狭小诸多不利因素，严格执行无瘤原则，最终完整切除肿瘤，该肿瘤来源于右侧卵巢、囊性，大小约20厘米×16厘米×15厘米，手术耗时1小时余，出血仅5毫升，患者生命体征平稳，安返病房。第一时间保障患者生命健康安全。

【通过宫腔镜技术完成子宫瘢痕憩室诊治】 2021年3月25日上午，由范佳颖主任、麻醉、护理等医护人员组成的医疗团队成功在金海湖新院区完成首例宫腔镜治疗子宫瘢痕憩室手术（大小约2.5×1.0×0.5厘米穹窿样憩室）。这是我院妇科乃至全市首例通过宫腔镜技术完成子宫瘢痕憩室的诊治。

【其他手术】 2021年3月26日，广州市妇女儿童医疗中心挂职副院长、妇科专家范佳颖主任和金小龙医生、妇科郭畅主任及医护人员、麻醉科及手术室护理人员组成的医疗团队成功为患者实施了二孔腹腔镜手术。成功地治疗一例围绝经期女性输卵管扭转合并巨大子宫肌瘤的病患。

4月6日，广州市妇女儿童医疗中心挂职副院长、妇科专家范佳颖主任团队召集多学科进行术前讨论，从术前评估、术中处理、术后康复等多个方面入手，最终为患者制定宫腔镜下子宫黏膜下肌瘤切除术的手术方案，成功实施宫腔镜下子宫黏膜下肌瘤电切手术。

4月27日，广州市妇女儿童医疗中心帮扶专家，毕节市妇幼保健院副院长范佳颖主任团队成功实施一例孕9周宫腔镜检查联合清宫术治疗瘢痕妊娠。

6月2日，在广州市妇女儿童医疗中心帮扶专家、毕节市妇幼保健院副院长范佳颖主任团队利用宫腔镜检查联合超声明确瘢痕妊娠诊断，经阴道实施瘢痕妊娠组织物清除术及瘢痕修补术。

【承办长照基金——产科高级生命支持培训班】 2021年4月23日至24日为进一步提升毕节市各级产科医务人员知识技能水平与产科急危重症救治能力，保障母婴安全，由北京长照公益基金会、毕节市卫生健康局主办，广州市妇女儿童医疗中心和毕节市妇幼保健院承办的“长照基金——产科高级生命支持”培训班。为帮助支持毕节市妇幼保健院孕产妇急救培训基地建设，加强设施设备，提升培训能力，开班仪式上，北京长照公益基金会向医院捐赠培训设备：价值2万元的产科模型和新生儿复苏模型各一套。

【成立毕节首家宫腔镜诊治中心及培训中心】 为进一步落实习近平总书记东西部协作精神，接续乡村振兴，在广州市妇女儿童医疗中心帮扶专家、毕节市妇幼保健院副院长范佳颖的牵头及其团队精心筹备下，2021年5月13日，毕节市首家宫腔镜诊治中心及培训中心在毕节市妇幼保健院成立并举办揭牌仪式。该中心的成立是广州毕节东西部扶贫协作医疗帮扶结出的又一硕果。

【开设毕节市首家人流后关爱门诊】 2021年5月，在广州市妇儿中心团队的帮扶下，医院开设毕节市首家人流后关爱门诊，建立全市首家宫腔镜诊治中心及培训中心，举办全市首届宫腔镜技术及“手拉手”实操培训班，吸收全毕节市160名妇科医生参加培训，推动宫腔镜技术的普及和内膜病变的诊治及预防。同期，医院领导班子积极支持，挂职副院长（广妇儿）范佳颖亲自带队策划、组织、精心准备，邀请广州市妇儿中心妇科谢静颖主任、麻醉科黄雅莹医生、手术室副主任护师许翠仪、消毒供应中心护士长潘赛莲护士长一行到市妇幼保健院进行全方位立体化指导，开展妇科新技术，更新诊疗新理念。开展诊疗新技术35项，其中在妇科肿瘤诊治、单孔腹腔镜技术、宫腔镜技术、加速康复外科等方面，填补毕节市多种疾病、多项手术和理念的空白。

【广东省第一扶贫协作工作组毕节组深入基层关爱糖尿病儿童】 2021年1月和4月，毕节市妇幼保健院诊治的2名糖尿病患儿，在与患儿家长沟通时，发现患儿家长对儿童糖尿病重视不够，对糖尿病的危害认识不足，缺乏有效监管，血糖长期徘徊在20毫摩尔每升以上，随时有出现严重并发症，甚至昏迷危及生命的风险。经过多方努力，在2021年6月18日，范佳颖院长与广东省第一扶贫协作工作组毕节组负责人联系并积极行动，在专家们的努力下，经过科学饮食、规律运动和规范胰岛素治疗，1名患儿血糖控制良好，1名患儿在医院接受治疗。专家组将持续作好跟踪回访和科普宣传教育工作，让糖尿病儿童得到更科学更规范的治疗和管护，让更多的糖尿病孩子远离并发症的伤害。

【举办青少年心理生理健康讲座】 9月3日，广州市妇女儿童医疗中心驻毕节妇幼保健院挂职副院长范佳颖，率广妇儿帮扶医疗组秦昊医生、周蓓医生、谭天宝医生，联合纳雍县人民医院郭乾医生，到纳雍六中举办青少年心理生理健康讲座。讲座从生理知识切入，向青少年普及生殖及心理健康知识，鼓励青少年爱护自己，敬畏生命，珍惜当下，不负韶华。

此次活动首次尝试"帮扶组—医院—学校"三方合作的教育模式，经历3个月精心准备，经由项目启动讨论、课前摸底问卷、集体备课及试讲、专题讲座、课后反馈等多个环节，圆满结束，在学生中反响热烈。此次成功经验有望将多方合作的教育模式在青少年生理及心理健康普及教育中推广，为毕节的未成年人生殖健康事业做出贡献。

【开展远程会诊】 为更好践行"学党史、悟思想、办实事、开新局"，多举措推动优质医疗资源下沉，为本区域群众提供高质量的新生儿遗传代谢病筛查诊疗服务。2021年12月1日，广东省新生儿遗传代谢病筛查诊疗中心和毕节市妇幼保健院新筛中心借助诊疗平台实现网络协同、数据智能开展MDT远程会诊，患儿在我院新筛中心遗传代谢病专科门诊就能享受到广东专家优质的诊疗资源，得到更规范的治疗和追踪随访。MDT远程会诊，让患儿家属与专家直接交流，专家通过线上交流详细解患儿病情，对症下药，并为家属答疑解惑，进行随访指导。远程会诊避免外出诊断治疗随访的舟车劳顿，减轻患者和家属的经济负担。

【开展唇腭裂孕前—产前—产后多学科协作诊疗培训】 为全面提高全院医师唇腭裂的诊疗能力，实现唇腭裂孕前—产前—产后多学科协作诊疗，2021年12月10日，全院口腔科广州市妇儿中心帮扶专家刘佳玉医师在医院开展唇腭裂孕前—产前—产后多学科协作诊疗专题培训，全院产前诊断中心、新生儿科、儿童保健部、产科、口腔科等有关人员参与培训。以唇腭裂孕前—产前—产后多学科协作诊疗专家共识为主题，分别从唇腭裂的分类与产前诊断，产前、产后、生育/再生育阶段MDT，MDT资料的管理及患者的随访，其他常见先天性畸形的发现和处理等方面并结合自身诊疗案例详细讲解专题知识，让在场培训人员受益匪浅，为提升全院诊疗水平打下坚实的基础。

【选派骨干驻点帮扶】 2021年广州市妇儿中心共选派28位骨干帮扶专家到医院进行驻点式帮扶，驻点专家涵盖妇科、产科、儿内科、儿外科、手术麻醉科、口腔科、皮肤科、超声科、病理科等，基本实现我院临床专业全覆盖，并通过举办大型学术讲座和培训，较大程度提升我院医疗技术服务能力。

【协调协作资金筹建基地中心】 通过积极协调帮扶组，申请广州市对口帮扶毕节市东西部协作资金490万元，筹建"毕节市孕产妇急救培训基地"和"毕节市腔镜培训基地及子宫内膜病变研究中心”，通过项目建设，将为全市妇幼保健机构专业技术人员提供临床操作实践培训，逐步培养临床及基础科研人才，建立科研团队；对提高全市危重症孕产妇救治能力奠定坚实基础。

广州派驻专家采取“一带二收徒弟”的方式为毕节妇保院打造一支“留得住”的骨干人才队伍，组成小儿心脏团队、重症新生儿团队、小儿急诊团队等专业技术队伍。帮扶专家在院内每周进行病例总结，疑难病例分析，并组织跟班学习人员讲课互动。通过师带徒制，不仅传播先进的学术、技术、医学理念，优质的服务态度，高尚的医德医风，培养出广州毕节医生之间的浓厚情谊，还培养出一批可服务全市的“带不走”的师资力量。通过“师带徒”的技术传授方式，帮助全院打造一支带不走的高技术型人才队伍，为医院高质量发展提供保障。

【免费开展“两癌”筛查】 2021年毕节妇幼保健院整合广州市妇儿中心专家帮扶资源，先后多次到毕节市中医院、纳雍县人民医院、威宁县妇幼保健院、赫章县人民医院、七星关区妇幼保健院、周驿医院、毕节七县（两区）、对接金海湖七家乡镇医联体单位进行巡回义诊、查房、病例讨论、手术示教及指导，帮扶专家为当地广大妇女免费开展“两癌”筛查。据统计，义诊共计接待就诊群众超过15000人次，“两癌”筛查11164人次，发放各类健康宣传资料1500余份。

【加强妇幼健康行政管理】 1. 加强行政管理。2月，对各县区开展基本公共卫生绩效考核，形成考核通报下发各县区。每月下发妇幼健康工作提示，调度各县区工作任务目标完成。对孕前优生健康检查工作进行周调度，督促项目工作任务完成。4月，召开全市基层卫生和妇幼健康工作会议，制定下发妇幼健康工作要点，安排部署全市妇幼健康工作。召开专项工作会议，明确市妇幼保健院承担金海湖妇幼健康业务技术指导工作，进一步加强金海湖新区妇幼健康业务管理。

2. 加强基层培训，提高管理能力和业务水平。5月，举办全市基本公共卫生均等化项目培训，全市农村妇女“两癌”筛查项目培训、全市预防艾滋病梅毒乙肝母婴传播项目培训、全市产前筛查（诊断）培训、全市产科高级生命支持培训、全市宫腔镜临床应用技术培训、全市妇幼保健机构医疗质量管理工具专项培训班，市、县两级项目管理人员及专业技术人员共857人参加培训。充分利用东西部扶贫协作的契机，利用广州市妇女儿童医疗中心对口帮扶毕节市派驻专家优势资源，组织专家赴金海湖新区及百管委共9家乡镇卫生院开展“两癌”筛查及义诊活动，覆盖文阁、双山、梨树、岔河、竹园、响水、小坝7个乡镇，共开展免费宫颈癌筛查6000人次，乳腺癌筛查10011人次，义诊15000人次。

3. 加强妇幼健康项目工作业务指导。根据市卫生健康局责任目标和项目工作有关要求，制定各项目业务指导标准，开展业务指导工作，覆盖所有县区。2月，对各县区开展基本公共卫生绩效考核，形成考核通报下发各县区；9月，对各县区开展妇幼健康综合业务指导，覆盖所有县区，每县覆盖1家县级妇幼保健院、1家县级综合医院、1家民营医疗机构，1~2个乡镇或社区，每乡1个村，内容包括母婴安全、基本公共卫生均等化服务孕产妇及0~6岁儿童健康管理服务项目、妇幼公共卫生项目、儿童公共卫生项目、出生医学证明管理、孕前优生健康检查及计划生育技术服务、托幼机构管理、健康教育等工作，提出整改意见；10—11月，开展市级妇幼卫生监测信息质量控制工作，进一步规范妇幼卫生监测工作。

【妇幼健康主要指标完成情况】 1—12月，全市住院分娩率99.48%，孕产妇死亡率9.22/10万，婴儿死亡率4.43‰，5岁以下儿童死亡率6.31‰。孕产妇早孕建册率91.99%，产后访视率95.25%，新生儿访视率95.52%，0~6岁儿童健康管理率94.37%。

【巩固等级妇幼保健院创建，开展妇幼保健机构绩效考核工作】 1. 全市所有妇幼保健机构均成功创建二级及以上妇幼保健院或通过二甲妇幼保健院复评审。市妇幼保健院成功创建三级乙等妇幼保健院，七星关区妇幼保健院、金沙县妇幼保健院成功创建二甲妇幼保健院，赫章县妇幼保健院成功创建二级妇幼保健院，织金县、纳雍县、黔西县妇幼保健院顺利通过省级二甲复审，大方县、威宁县妇幼保健院通过省级二甲评审。

2. 将妇幼保健机构绩效考核工作纳入重点工作来抓，市、县级9家妇幼保健院分别成立绩效考核领导小组和专家组，组织开展全院绩效考核培训班，对全院干部职工对绩效考核操作手册进行逐条梳理，认真收集数据，组织专家审核，对存在的问题积极整改，每周对绩效考核工作进行调度，及时提交上报数据及报告。市、县两级妇幼保健院对照绩效考核标准抓内涵建设，拓展业务服务范围，持续提升医疗保健质量。全省92家二级及以下妇幼保健机构绩效考核平均分69分，毕节市考核平均分为73分，排名第二，其中：考核结果良好有7家，分别是毕节市妇幼保健院、七星关区妇幼保健院、黔西县妇幼保健院、纳雍县妇幼保健院、金沙县妇幼保健院、大方县妇幼保健院、赫章县妇幼保健院；考核结果合格2有家，即威宁县妇幼保健院、织金县妇幼保健院。

【持续推进母婴安全】 进一步加强组织管理，落实管理职能，市、县级卫健局及各级医疗保健机构明确专人负责母婴安全组织、监管及调度，实行危重症孕产妇追踪管理日调度，通过电话、QQ、微信等形式督促各县区每天将危重孕产妇追踪情况反馈至全市母婴安全工作微信群。重点加强妊娠风险管理工作，落实专案管理，提高对重点人群、关键环节的把握。各县区每周上报红色高危孕产妇管理情况一览表、毕节市高危孕产妇动态追踪管理台账，每月上报妊娠风险管理月报等，对辖区内高危人群、特殊人群建立专案管理，落实专人负责的机制，提高个案信息的关注度，实时调度，及时追踪反馈，督促各县区的工作落到实处。开展孕产妇死亡个案调查及追责问责，落实管理职责。加强市、县两级危重症孕产妇转诊及管理，完善救治网络，畅通转诊绿色通道。

【组织实施妇幼公共卫生项目】 落实基本公共卫生均等化服务项目，完成2020年度基本公共卫生项目绩效评价工作，5月举办全市基本公共卫生服务项目培训，将金海湖7家乡镇卫生院纳入业务指导及管理范围，加强系统数据质控，调度县区推进孕产期健康管理，提高早孕建册率。1—12月，全市农村妇女宫颈癌筛查88287人次，任务完成100.33%，乳腺癌筛查34197人次，任务完成100.58%；全市叶酸补服80817人，任务完成117.98%；新生儿疾病筛查项目县新生儿遗传代谢性疾病筛查数18092，筛查任务完成100.51%，听力筛查数18144，筛查任务完成100.80%；儿童营养包发放数为1306307，发放任务完成率为122.50%。

【开展0~3岁儿童早期综合发展项目】 高度重视0~3岁儿童早期综合发展项目工作，成立领导小组及工作专班，市级制定下发了《毕节市0~3岁儿童综合发展示范项目试点基线摸底调查方案》《毕节0~3岁儿童综合发展试点项目基线调查方案》，各县区选取一个乡镇作为试点开展工作，选取大方县达溪镇、黔西市锦绣街道、金沙县茶园乡、织金县金龙乡、纳雍县玉龙坝、威宁县双龙乡、赫章县平山镇7个乡镇，加七星关4个乡镇共11个乡镇作为试点开展工作。市级组织开展了全市0~3岁儿童综合发展基线摸底调查视频培训，对各县（市）试点乡镇基线调查开展现场指导工作。各县（区）完成试点乡镇摸底及抽样儿童的基线调查工作，撰写全市摸底调查分析报告。10月，组织开展了全市0~3岁儿童综合发展试点示范助力乡村振兴现场观摩会，11月组织市、县、乡相关人员和中国发展研究基金会以视频会议形式开沟通会，12月在基金会的大力支持下完成县级师资和督导员的培训，参加培训人员115人，同时线上有61名试点乡镇的孕婴指导师参加培训，培训手册及家访手册等书籍也发放到各县；除黔西外其他县区均以遴选和招募人员方式组建家访队伍，金沙县完成育婴指导师培训，共培训10人；市级协调东西部协作资金210万，每县区30万，资金划拨到各县区，7个试点乡镇拟建养育中心71个，因经费不足未全面启动建设，2021年底在建设的有40个，部分装修完毕。

【出生缺陷防治】 持续推进婚前保健及孕前优生健康检查工作，1—12月，全市婚检4697人次，婚检率7.67%；孕前优生检查对数34206对，任务完成率为99.17%。全市产前筛查数70531，产前筛查率72.59%，产前诊断数3255，产前诊断率3.35%；地中海贫血筛查惠民项目筛查人数10074，筛查任务完成100.74%，阳性数1317，阳性率13.10%；全市新生儿遗传代谢性疾病筛查数86237，筛查率98.86%，CH确诊49例，PKU确诊5例，G6PD确诊356例，CAH确诊4例；听力筛查数81624，筛查率83.64%。开展儿童先天性心脏病筛查工作，全市筛查儿童925088人次，确诊941例，通过绿色转诊通道转上海新华医院治疗35例，市一医治疗6人（其中3人年龄大于12岁）。

【健康扶贫工作】 开展巩固拓展脱贫攻坚成果专项排查检查督查工作，完成大方县、金海湖新区巩固拓展健康扶贫全查全排工作，覆盖两县区33个乡镇、183个村（含38个易地扶贫安置点医疗机构），累计走访大病、慢病或新住院脱贫户41户。形成长效工作机制，每周下沉1~2次，开展巩固脱贫攻坚全市健康扶贫督查暗访、检查专项行动，对30种大病定点医疗机构（大方县人民医院、大方县中医院）开展巩固拓展健康扶贫成果指导工作，督查暗访覆盖大方县、金海湖新区25个乡镇、74个村卫生室，入户79户，建立督查问题整改台账及环境卫生整治台账，建立村卫生室的一室一档资料，联合督查县区下发工作提示，进行调度，督促限时整改。

（供稿：毕节市妇幼保健院）

采供血工作

【概述】 2021年是“十四五”规划的开局之年，全市采供血工作在市委、市政府及市卫生健康局的正确领导下，坚持以习近平新时代中国特色社会主义思想为指导，严格执行党和国家卫生健康工作方针，加强采供血服务能力建设，切实做好采供血工作及新冠肺炎疫情防控工作，确保临床救治用血供给及血液质量安全，保障人民群众生命健康安全。

【《毕节市献血条例》批准公布】 《毕节市献血条例》由毕节市第二届人民代表大会常务委员会第四次会议于2021年8月23日通过，并报经贵州省第十三届人民代表大会常务委员会第二十九次会议于2021年11月26日批准公布，自2022年1月10日起施行。

【宣传招募工作】 积极采取多种形式大力宣传无偿献血工作，普及无偿献血知识，提高公民无偿献血的自觉性，让更多社会公众了解、支持和参与无偿献血。一是充分利用《毕节日报》《毕节试验区》，毕节市、县（市、区）电视台及七星关区“9·12”等主流媒体开展无偿献血宣传工作。二是组织开展“热血暖冬 挽救生命”无偿献血活动及“5·8”红十字日、“6·14”世界献血者日大型无偿献血宣传活动。三是在各县（市、区）租用商业性LED户外广告显示屏播放无偿献血公益广告；在大中专院校及全市临床用血医院设立宣传专栏，宣传无偿献血科普知识。

【血液采集工作】 全市采集血液35001人次、55120.5单位，分别同比下降5.51%、5.88%。其中：

1. 毕节市中心血站。全年采集血液28074人次、43685.5单位，分别同比下降5.24%、6.00%。其中采集全血27488人次、42798.5单位，机采血小板586人次、887个治疗量。

2. 威宁县中心血站。全年采集全血3346人次、5130单位，同比采血人次下降2.93%、采血量增长0.19%

3. 金沙县中心血库。全年采集全血3581人次、6305单位，分别同比下降9.62%、9.54%。

【临床供血】 全年供给医疗机构临床用血110610.5单位、同比下降3.16%，其中毕节市中心血站88461单位、同比下降4.15%，威宁县中心血站11119单位、同比增长10.12%，金沙县中心血库11030.5单位、同比下降6.79%，全市成分输血率持续保持99.99%。

【血液质量管理】

1. 监控和持续改进。认真贯彻执行《血站管理办法》《血站质量管理规范》《血站实验室质量管理规范》等法律法规，组织开展内部质量审核及质量体系评审工作，查找不符合或潜在不符合项，认真分析原因，制定整改措施，持续改进血液质量管理工作。

2. 血液质量控制工作。切实做好不合格品的管理和控制，按照要求对全血及成分血进行全项抽检，对采供血全过程进行监控，确保血液质量安全。

【血液成分制备】 全年制备各类血液制品121140.5单位、同比下降5.69%，其中毕节市中心血站94823.75单位、同比下降5.60%，威宁县中心血站13228.75单位、同比下降2.81%，金沙县中心血库13088单位、同比下降9.01%。各类血液制品如下：

1. 红细胞类54866.5单位、同比下降5.12%，其中毕节市中心血站43511单位、威宁县5056.5单位、金沙县6299单位。

2. 血浆类53521.5单位、同比下降4.68%，其中毕节市中心血站40226.5单位、威宁县7035单位、金沙县6260单位。

3. 冷沉淀凝血因子12733.5单位、同比下降11.46%，其中毕节市中心血站11067.25单位、威宁县1137.25单位、金沙县529单位。

4. 去白全血4单位，冰冻单采血小板15单位均是毕节市中心血站制备。

【血液检测】

1. 全年酶免检测标本34999份（其中毕节市中心血站28072份、金沙县3581份、威宁县3346份）、不合格783份（其中毕节市中心血站421份、金沙县181份、威宁县56份），不合格率2.24%。

2. 全年核酸检测标本34949份（其中毕节市中心血站28029份、金沙县3574份、威宁县3346份），拆分阳性46份（其中毕节市中心血站35份、金沙县7份、威宁县4份）、核酸检测阳性率1.31‰。

3. HIV反应性标本送检21人份（其中毕节市中心血站7人份，威宁县14人份），确认阳性5人份（均为毕节市中心血站）。

【血型血清学检测工作】 全年检测标本223例，

其中临床疑难交叉配血5例，产前检测26例，新生儿溶血病11例，Rh阴性确认139例，血型鉴定25例，不规则抗体鉴定17例。

【业务培训工作】 一是全市选派采供血业务骨干18人次外出参加各种讲座及输血质量管理体系应用培训班、采供血应急管理研讨班、血站检验科质量控制研讨班等培训班学习，不断提高业务技能。二是认真开展职工在职培训，不断提升综合服务能力，确保培训时间达到75学时，卫生技术人员学分达标率≥90%。

【新冠肺炎疫情防控工作】 严格落实好党中央国务院、省委、省政府和市委、市政府关于新冠肺炎疫情防控各项决策部署，针对国内疫情发展态势，持续抓紧抓实抓细外防输入、内防反弹工作，职工疫苗接种覆盖率达100%，确保常态化疫情防控措施落地见效，确保血液安全供应保障工作。

【获得荣誉】 2021年10月29日，国家卫生健康委办公厅印发通知，对全国血站系统300个一线采血班组予以通报表扬。血站体检采血科受到通报表扬，获“2019—2020年度全国血站系统表现突出采血班组”称号。

（供稿：毕节市中心血站）

社会生活

民　政

【概述】　2021年，全市民政工作在市委、市政府的坚强领导下，在省民政厅的悉心指导下，坚持以习近平新时代中国特色社会主义思想为指导，深入贯彻习近平总书记对贵州对毕节对民政工作的重要指示批示精神，坚持“以人民为中心”的发展思想和“民政爱民、民政为民”工作理念，全面落实党中央、国务院，省委、省政府及市委、市政府关于民政工作的各项决策部署，坚持“常规工作抓完成，重点工作抓创新，难点工作抓突破，一般工作抓提高”，既统筹兼顾，又突出重点，通过抓点带面，推动民政事业全面发展。2021年，有1个基层党组织被市委授予“全市先进基层党组织”称号。

【社会救助兜底保障】　全市保障城市低保对象3.95万户12.11万人、农村低保对象25.25万户61.08万人、特困人员2.03万人，全年累计实施临时救助8.11万人次。全市全年预计发放社会救助资金282508万元，其中城市低保金58959万元、农村低保金186736万元、特困供养金27988万元、临时救助金8825万元。全市享受困难残疾人生活补贴和重度残疾人护理补贴的残疾人数分别为9.64万人和7.73万人，同比增长13.9%和2.3%；2021年以来全市共发放困难残疾人生活补贴7377.4万元，同比增长15%；发放重度残疾人护理补贴5309万元，同比增长9.8%，残疾人两项补贴政策得到有效落实。

【儿童福利保障】　切实履行未成年人保护工作统筹协调职责，深入贯彻落实省未保委“1156”工作体系部署，坚持“1145”工作思路，大力实施强基、铸墙、护苗、利剑“四大工程”，着力压实政府、部门、学校、村居、家庭“五方责任”，未成年人保护工作实现高规格、常态化统筹推进，党政主要领导担任“双主任（双组长）”的工作协调机制得到国务院未保办和省未保委高度肯定，《积极构建覆盖城乡未成年人保护体系》经验获省委改革办刊载推广，协同市检察院开发的“守未联盟”APP获省未保委全省推广运用。制定“蓝、黄、橙、红”四色评估标准，全面开展居住3个月以上未成年人排查和未成年人基础数据汇聚采集工作，逐一进行评估，逐级建立台账档案。共排查出在市内居住3个月以上未成年人192.28万人，评估出蓝色等级169.44万人，黄色等级21.02万人，橙色等级1.8万人，红色等级267人（主要为未办理户籍登记）。建立分级保护制度，对蓝色等级进行随访、关注；对黄色等级按“一对多”结对帮扶，实行月走访；对橙色等级按“一对一”“多对一”结对帮扶，实行周走访；对红色等级未成年人立即采取心理干预、生活救助、司法保护等措施确保动态清零。通过明确管控责任人、发挥“十联户”机制作用，加强侵害未成年人犯罪前科人员、精神障碍患者、闲散无业人员等重点人员日常管控。持续落实留守（困境）未成年人定期风险评估、法治宣传教育、隐患排查整治等措施，突出抓好义务教育阶段女学生法治安全教育培训，努力把风险隐患发现在早、处置在小。认真落实福利和社会救助保障政策，按时足额发放保障资金，未成年人纳入低保23.41万人、特困供养371人、孤儿保障2963人、事实无人抚养未成年人保障7200人，共发放孤儿基本生活费4076.695万元、事实无人抚养未成年人基本生活补贴9052.43万元。

【福利和慈善事业】　市、县慈善总会共接受捐赠资金8015万元（其中物资折款1036万元）。开展了2021年“慈善情暖万家”“抗击疫情·守护家园”系列募捐和疫情防控帮扶、助学等活动，资助贫困学生4717名，发放帮扶款及助学金共计606.59万元；开展脱贫攻坚帮扶项目120个，累计帮扶资金3198.3万元；开展其它帮扶关爱项目8个，项目资金44.3万元。销售福利彩票2.45亿元。

【养老服务业改革】　至2021年底，全市有养老服务机构232个、日间照料中心61个、农村幸福院88个，共有各类养老服务床位16645张。争取到省民政厅投入资金3098万元（含补下达上年度被收回指标），对约70个（含上年度因资金收回后停工54个）农村敬老院进行提质改造；督促各县（市、区）大力实施省政府民生实事护理型床位改造项目，全市18个养老机构共计1100余张护理型床位改造任务纳入省政府民生实事，争取到省级下达护理型床位改造补助资金3219万元，全市护理型床位达3800张以上，养老机构护理型床位占比约为38%；大力推进农村敬老院食堂“互联网+明厨亮灶”改造，加强食品安全“智慧监管”，共计改造农村敬老院食堂192个；同时争取到省民政厅消防安全改造补助资金345万元，对威宁赫章共28个敬老院消防安全改造进行奖补，确保养老机构消防安全。开展居家和社区养老服务改革试点，市政府办印发《毕节市居家和社区养老服务改革试点方案》，将七星关区、金海湖新区纳入中央财政支持的居家和社区养老服务改革试点，下达改革试点补助资金1639万元。加大养老服务业改革力度，省民政厅厅长、分管副厅长带领有关处室负责人，于2020年5月下旬，赴毕节座谈，协商共同推进毕节市养老服务综合改革有关事宜。

【基层民主自治建设】　积极推进城市社区工作者职业体系建设，制定出台《毕节市城市社区专职工作者职业体系建设实施办法（试行）》，为城市社区人员配置、基本职责、职业准入、教育培训等提供政策支撑。持续推进城市社区改革，制定出台《毕节市城市社区党组织领办集体经济实体试点工作的实施方案》，毕节市城市社区党组织领办集体经济实体启动试点工作。推进易搬点后续工作顺利开展，印发《毕节市民政局关于进一步加强易地扶贫搬迁集中安置点社区治理的工作意见》，指导易地扶贫搬迁安置点合理划分自治单元、健全完善自治机制及完善社区综合服务设施建设，2021年在易地扶贫搬迁安置点新增设置社区居民委员会12个。全市443个乡村属性的居民委员会依法恢复为村民委员会。有序推进第十一届村（社区）“两委”换届选举工作。

【社会组织管理】 开展社会组织党建工作，全面加强社会组织综合党委建设，党组织建设和党的工作开展“两个覆盖”质量得到有效提升。全市社会组织登记数988家，其中社会团体553家，民办非企业单位（即社会服务机构）435家，应参加2020年度检查的社会组织866家，实际参加年度检查的社会组织669家，参检率77%。共排查出非法社会组织4家，劝散3家，取缔1家。各县（市、区）民政部门登记备案的社区社会组织4868个，其中城市社区社会组织1632个、农村社区社会组织个3236个。

【社会工作和志愿服务】 制定出台《毕节市推进社会工作改革发展的实施意见》，配套出台《毕节市关于规范政府购买社会工作服务的实施方案》《毕节市关于加强社会工作专业岗位开发与人才激励保障工作的实施方案》《毕节市推进社会工作服务机构建设工作的实施方案》《毕节市推动民办社会工作机构孵化培育工作的实施方案》《毕节市关于加强社会工作机构党的建设工作的实施方案》五个工作方案，建立健全“党委统一领导、政府主导推动、民政局牵头负责、各部门密切协作、社会力量广泛参与”的社会工作运行机制，建立社会工作者职业水平评价制度，健全社会工作人才引进和激励机制，加强社会工作人才教育培训和协作，开发社会工作岗位，推进民办社会工作机构建设，促进社会治理和治理能力现代化，全面提升社会工作在城乡社区治理法治化、科学化、精细化和组织化程度。实施市、县（市、区），乡镇（街道）和社区（村）社会工作和志愿服务机构建设项目，全市184个街道建成新时代社会工作和志愿服务站，3704个城市社区全部建设新时代社会工作和志愿服务办公室；建立健全志愿服务机制，充分发挥民政志愿服务行政职能。

【社会事务管理服务】 全市共有殡仪馆8个，火化场6个、城市经营性公墓6个、农村公益性公墓1177个。火化遗体1.47万具，减免惠民殡葬费用近1300万元。强化依法救助、主动救助，持续开展“寒冬送温暖”“夏季送清凉”“服务质量大提升”等专项行动，全市共救助各类流浪乞讨人员1110人次。婚姻登记工作有序开展，全市共办理结婚登记57056对，办理离婚登记10608对，自2021年10月1日起实施婚姻登记“全省通办”。及时建立完善本辖区婚姻登记失信人员黑名单台账，年底全市累计登记婚姻登记失信人员6人。

【区划地名工作】 将贯彻《行政区划管理条例》等法规作为市委党校培训内容。完成黔西县撤县设市。完成第四轮省内市（州）界线和市内县级界线联合检查工作，开展平安边界创建活动，维护全市13条县级行政区域界线的长期稳定。持续开展清理整治不规范地名工作，推进市县两级地名管理联席会议制度建设，规范地名命名更名程序。完成国家、省地名图书的供稿任务及中国地名大会的出题任务，市级地名图书编辑出版工作稳步推进。完成了国家地名信息数据库的实录更新，参与省地名信息公共服务平台建设。

【财务统计】 2021年收入预算总额为18336.13万元，均为公共财政预算拨款收入。相应安排支出预算18336.13万元，其中社会保障和就业支出16227.37万元，卫生健康支出1745.84万元，住房保障支出312.92万元。加强预算绩效管理，积极配合市财政局委托的第三方评价机构——深圳市中联建工程项目管理有限公司对毕节市农村居民最低生活保障补助资金进行绩效评价，评价结果为“优”。开展资金和财务监管突出问题整治专项“回头看”，抓好民生资金清欠督办工作，加强民政民生资金规范管理使用；持续推进“一卡通”集中统发工作，加快民生资金发放进度，对财政厅反馈2020年度惠农补贴“一卡通”集中统发存在问题的清理整改工作。督促推进民政基础设施提质增效，进一步做好固定资产管理工作；加强民政事业统计管理工作，按时完成年报、月报任务、月报分析报告、季报分析报告、季度通报等相关统计工作。

【信息宣传】 全市民政系统新闻稿件被媒体采用180余篇，被省民政厅网站、中国社会报等有关媒体刊物采用，更新市人民政府门户网站民政频道新闻动态信息95条。政务信息有效，及时编发《民政信息》，把新闻动态信息和政务信息进行区别分类，积极撰写经验型、问题型、措施型及建议型的政务信息、调研信息，累计编发《民政工作信息》97期。印发《毕节市民政局2021年政务公开工作实施方案》，健全完善《毕节市民政局各科室政府信息公开事项登记表》、《毕节市民政局政府信息公开和政务服务系列表册》，推动政务公开标准规范清单编制修订工作，增加完善民政频道信息公开板块，编制民政系统政府信息公开标准清单目录，清理公开事项，认真办理依申请公开事项。强化信息化建设和网络舆情管理，把好回应社会关切出口关，畅通群众互动交流渠道。

【人事法规】 加强干部监督管理，按规定开展选人用人“一报告两评议”工作，年度选人用人报告及有关评议表均报市委组织部备案，组织开展2020年领导干部报告个人有关事项工作。推进重点人才倍增任务落实，2021年省级安排养老服务创新发展工程领域重点人才倍增任务为培养2名，年底前引进3名；实施“人才强市”引才计划，市社会工作服务中心引进2名高层次人才。认真开展权责清单动态调整工作，依据法律法规规章的立、改、废，取消1项行政许可，新增1项行政确认，变更行政权力事项的法律依据，梳理“全省通办”事项清单26项，设置“全省通办”窗口，明确专人负责办理“全省通办”事项，将孤儿救助资格认定、事实无人抚养儿童认定、困难残疾人生活补贴和重度残疾人护理补贴资格认定纳入“跨省通办”事项，按照办事指南和审查要点履行收件、受理职责；将16项事项纳入“一网通办”。深入推进法治政府建设，认真落实党政主要负责人履行推进法治建设第一责任人职责，印发《毕节市民政局2021年依法治市工作计划》《毕节市民政局2021年法治政府建设工作要点》《毕节市民政局2021年度普法依法治理工作计划》和《毕节市民政局关于印发〈深入推进全市民政法治建设实施方案(2021—2025年)〉的通知》并扎实做好相关工作，深入开展创建全国法治政府建设示范市活动。对行政执法决定等执法信息及时进行公示，统一执行省民政厅下发的行政执法文书格式，印发音像记录事项清单、重大执法决定法制审核目录清单，严格落实音像记录，集中保存音像记录资料等相关制度，明确重大执法决定法制审核人员，法制审核人员占执法人数5%以上，重大执法决定合法性审核达100%。2021年以来，共办理行政许可37件，其中社会团体成立登记10件，变更登记13件，注销登记2件；民办非企业单位成立登记1件，变更登记9件，注销登记2件。全面落实普法责任制、国家工作人员学法制度及加强法治文化建设，积极组织学习宣传宪法及法律法规。

【项目建设】　共争取项目94个，争取到项目资金20249.92万元，其中地方政府债券资金支持项目1个，争取资金1300万元；中央预算内投资项目4个，争取资金11958万元；民政基础设施提质增效40个，争取资金3427.92万元；争取到护理型床位改造项目21个（有18个被列为省政府民生实事），获得资金3219万元；争取到敬老院消防改造项目28个，获得资金345万元。所有提质增效项目全部完工，所有护理型床位项目全部改造完成。

【安全稳定】　印发《全市民政系统防范化解重大风险工作实施方案》，细化工作措施，系统深入全面分析研判民政领域安全稳定面临的形势，以过硬的工作作风和务实的工作举措，组织开展好各类风险隐患排查，确保有苗头性、倾向性的每一个细节隐患及时稳定清除，确保全市民政系统安全稳定。按照“管行业必须管安全、管业务必须管安全、管生产经营必须管安全”的原则，紧紧围绕安全生产专项整治三年行动总体要求，全面落实行业责任、属地责任和主体责任，突出抓好安全基础管理，突出抓好民政服务机构火灾防控、自然灾害防治、交通出行安全，细化安全管理措施，深入排查事故隐患并严格落实整改，民政领域未发生安全事故。结合正在开展的党史学习教育“我为群众办实事”活动要求，深入开展民政领域信访问题和矛盾纠纷排查化解，层层落实责任，重点关注村（居）换届、扫黑除恶、兜底保障等重要时段重点环节的源头治理，强化政策落地和工作落实，进一步改进工作作风，及时解决群众合法合规合理诉求，切实维护好群众的切身利益，从源头上预防和减少群体性信访事件，共收到省厅、市信访局、市政府转办及群众来信来访共计73件，已办结69件，4件正在办理中。面对疫情防控形势的严峻性和复杂性，增强抓好疫情防控的紧迫感、责任感、危机感，不折不扣落实好各项疫情防控措施，抓紧抓实各养老机构、儿童福利机构、未成年人救助保护机构、特困供养人员服务机构、精神卫生福利机构、救助管理机构、殡葬服务机构、社会组织和婚姻登记窗口疫情防控工作，持之以恒落实好扫码、测温、消杀、隔离、核酸检测等防控措施，健全应急处置预案，指导城乡社区全面落实联防联控措施，筑牢疫情防控屏障。

（撰稿人：张　宁）

退役军人事务

【概述】　2021年，在市委、市政府的坚强领导下，毕节市退役军人事务局坚持以习近平新时代中国特色社会主义思想为指导，深入学习贯彻习近平总书记关于退役军人工作的重要论述，认真贯彻落实党中央、国务院，省委、省政府，市委、市政府决策部署，全面落实退役军人各项政策措施，积极推进服务体系建设，不断巩固全国双拥模范城创建成果，取得较好成效。

【思想政治建设】　2021年，全局开展“思想政治建设年”活动，组建网评员队伍，引导退役军人退伍不褪色、退役不退志、离军不离党，建功新时代。结合党史学习教育面向退役军人开展“学党史、懂军情”“老兵永远跟党走”等系列活动，广泛征集文学、摄影、书画等文艺作品，在省退役军人事务厅举办的书画摄影作品比赛中，3篇（幅）作品获奖。着眼村级换届，全面推进从优秀退役军人中培养基层组织带头人工作，351名优秀退役军人被选拔担任农村基层党组织书记，组织培训100名“兵支书”。全市组建退役军人“乌蒙战旗”志愿服务队伍3951支，参与疫情防控、突发事件救援、环境保护等公益性活动13413场次。以典型示范带动建功立业，市委宣传部、市退役军人事务局、毕节军分区政治工作处联合发文表扬12名在巩固脱贫攻坚成果、助力乡村振兴中做出突出贡献的退役军人。2021年，毕节市退役军人获评“贵州省最美退役军人”1人、获全国道德模范提名1人。

【拥军优抚】 2021年，全局在春节、“八一”等重要节日期间走访慰问驻毕部队、边海防官兵、优抚对象等活动，全年投入慰问经费1841.3万元。重点优抚对象定期抚恤和生活补助资金全部到位，共计发放28480.83万元。换发新版伤残证件2432个，送达立功受奖喜报1634份，抓好各类优抚对象身份认定、残疾等级评定等各项工作。解决现役军人子女入园、入学168名。市爱国拥军促进会、中石化、中石油、“三大通信”运营商及其他爱心企业广泛参与拥军优属活动，向困难退役军人赠送净水器150台，价值57万余元；办理加油优惠卡18212张，办理通信优惠卡28746张。

【就业创业】 2021年，毕节市接收自主退役士兵，大部分退役军人参加适应性培训，参训率达98.27%；组织退役军人参加职业技能培训、50名创业代表参加就业创业能力提升培训。全市举办退役军人专场招聘会28场，采取线上线下、市内市外相结合方式筹集岗位，精心挑选适合退役军人的安检员、巡检员、海员、消防员、中控员及其他优质岗位1.2万余个，达成就业意向500余人，专项输送30名退役军人到贵阳地铁就业，与新疆生产建设兵团昆玉市达成人才战略合作协议，输送45名具有大专以上学历的退役军人到昆玉市事业单位管理岗位工作。

【移交安置】 2021年，毕节市首次筹集事业单位管理岗位定向招聘安置由政府安排工作退役士兵（退出消防员）。全年接收安置符合政府安排工作条件退役士兵（退出消防员），其中大部分以定向招聘方式安置在市直事业单位管理岗位，大部分以量化评分为主要依据进行选岗安置100名。接收安置转业军官，其中10人通过双向选择方式安置在市、县两级党政机关，1人选择逐月领取退役金方式安置。开展部分退役士兵社会保险接续资金结算。

【军休服务管理】 2021年，毕节市接收安置退休士官，按政策落实好军休干部政治待遇和生活待遇，组织军休干部进行健康体检；重大节日走访慰问军休干部及遗孀，每逢元旦、春节等传统节日，组织军休干部开展文体活动，制作《口述历史》视频1个。毕节市军休干部参加全省离退休军休运动会获门球赛第2名、跳棋第3名、象棋第3名；参加全省军休干部《难忘军旅生涯》征文活动，2篇作品获三等奖。

【褒扬纪念】 2021年，毕节市做好“十四五”时期烈士纪念设施建设和提质改造规划，加强烈士纪念设施保护单位的制度建设。印发《毕节市退役军人事务局关于印发〈毕节市市级烈士纪念设施申报流程及评定标准〉〈毕节市市级烈士纪念设施保护管理服务标准〉的通知》，推进精细化管理。开展部分烈士纪念设施整修提升、零散烈士墓迁葬工作，全市整修10个烈士纪念设施、迁葬218座零散烈士墓、就地整修55座烈士墓。与中华志愿协会、中华英烈褒扬事业促进会及省内外退役军人事务部门协作，为19名烈士寻找到亲人。开展清明祭英烈、“9·30”向英雄烈士敬献花篮等活动，营造崇尚英烈、缅怀英烈、学习英烈、捍卫英烈、关爱烈属的浓厚氛围。

【服务保障】 2021年，全局推进全市3991个退役军人服务中心（站）（市级退役军人服务中心1个，县级退役军人服务中心10个，乡级退役军人服务站280个，村级退役军人服务站3700个）

规范化建设。1个县级退役军人服务中心、21个乡级退役军人服务站、18个服务对象300人以上的村级服务站对照“全国示范型退役军人服务中心（站）”标准完成创建（累计县、乡两级和服务对象300人以上的村级服务中心、站308个完成创建并通过验收）。开展退役军人及其他优抚对象“一人一档”建设，为建立大数据服务平台、优待证发放、精准化服务打好基础。

【队伍建设】 2021年，全局以党史学习教育为总抓手，推进全面从严治党，凝聚奋进力量。将党建和党风廉政建设与业务工作同部署、同检查、同考核、同落实，层层签订党风廉政建设责任书，层层传导压力。突出意识形态教育，每周组织1次干部理论学习和业务学习会，深入学习贯彻中央、省、市决策部署以及各级领导的指示批示精神，提高业务能力。加强法治建设，建立规章制度，驰而不息改进党风、政风。组织开展退役军人保障法专题培训3次、民法典专题培训2次，全市退役军人事务系统300余人参训，组织线上知识竞答9704人次。

（撰稿：张开琳）

民族宗教事务

【概述】 2021年，市民族宗教事务局以铸牢中华民族共同体意识为主线、以坚持我国宗教中国化方向为重点，紧紧围绕市委、市政府中心工作，深入推进民族团结进步示范市创建，积极引导宗教与社会主义社会相适应，不断推动民族宗教各项事业高质量发展。

【深入推进民族地区乡村振兴】 坚决贯彻落实习近平总书记视察贵州重要讲话精神，争取中央、省级发展资金5050万元、实施项目86个，用于基础设施建设、特色种植养殖及发展苗绣刺绣传统手工艺等项目。进一步加大少数民族特色村寨分类扶持，指导织金县官寨乡屯上村等5个村重点打造少数民族特色村寨发展旅游产业，编制完成“一村一策”实施方案，共投入少数民族发展资金1470万元。2021年，经省民宗委审核认定，全市共有9家企业符合贷款贴息优惠政策，获得贴息资金729.34万元。

【推进民族团结进步示范创建】 高位谋划推动示范市创建工作，对全市创建全国（省级）民族团结进步示范市工作加强调度，推进民族团结进步创建“七进”全覆盖，明确“铸牢共同体 建设示范区”民族团结进步示范市创建主题，不断提升创建工作水平。深入推进示范市创建工作，打造市级民族团结进步主题公园、教育培训基地、民族文化体验馆各1个，申报省级铸牢中华民族共同体意识教育、培训、实践基地9处，打造民族团结进步示范线路10条，培育“七进”示范点30个，打造易地扶贫搬迁社区民族团结进步创建点142个，编印铸牢中华民族共同体意识宣传品6.5万份，开展宣讲6场；黔西市新仁乡化屋村获“全国民族团结进步示范单位”命名；大方县、金沙县等8个单位获省级命名为“民族团结进步示范区（单位）”，黔西市铁石小学获省级中小学铸牢中华民族共同体意识改革试点学校进行建设。全市建成“全国民族团结进步教育基地”2处，全国民族团结进步示范单位5个，省级民族团结进步示范单位156个，市级民族团结进步示范单位177个。

【深入推进民族各项事业健康发展】 围绕市委、市政府中心工作，完成《毕节市“十四五”民族团结进步事业规划》编制。做好易地扶贫搬迁社区民族工作，深入推进七星关区柏杨林街道幸福社区等5个省级易地扶贫搬迁社区民族工作示范创建点提质打造。打造史诗剧《磅礴乌蒙》参加全省第七届少数民族文艺汇演，获剧目金奖，先后在毕节大剧院演出6场，现场观众6000余人次，开通“云上毕节”直播活动，群众网上点击观看达59万余次；成功举办“中华民族一家亲、同心共筑中国梦”首届民族团结杯篮球运动会。开展民族传统手工艺传承发展情况调查，对毕节市从事漆器、刺绣、蜡染等传统手工艺品生产经营的企业（作坊）79家、从业人员4469人建立信息台账进行管理，并投入资金603万元对苗绣等手工艺传承发展进行扶持。推进国家通用语言文字普及工作，完成民族语言文字使用情况调研统计，投入省级资金40万元，在黔西、纳雍、赫章开展“双培”6场、培训360人次。

【深入推进依法管理宗教事务进程】 全面贯彻党的宗教工作基本方针，积极引导宗教界坚持中国化方向，有效提升宗教工作“三支队伍”能力水平，全力支持宗教团体加强自身建设，切实提高宗教工作法治化水平，积极引导宗教界与社会主义社会相适应。开展宗教工作“四员”队伍培训18期，覆盖646人，指导市级三个宗教团体组织常委学习中共十九届六中全会精神，覆盖39人。认真落实县乡村宗教活动场所联系服务指导责任，定期排查安全隐患，县乡村共走访4万余点次，市级开展暗访42次。

（供稿：毕节市民族宗教事务局）

人力资源和社会保障

【人社扶贫成果巩固拓展】 坚持把巩固拓展脱贫攻坚成果同乡村振兴有效衔接作为首要责任，严格落实“四个不摘”要求，统筹政策支持、就业帮扶、社保兜底“三个方面”，全力巩固扩大人社扶贫成果。共促进85.24万名脱贫劳动力、13.8万名搬迁劳动力、1.78万名边缘户劳动力就业增收，就业率分别达96.24%、90.93%、92.4%，“三类劳动力”家庭动态保持一户一人以上就业。围绕市场用工需求和“四化”建设需要，培训脱贫劳动力、搬迁劳动力17万人。为30.67万名重点困难群体代缴城乡居民养老保险2363.32万元，实现了“应保尽保、应代尽代”。牢牢守住了规模性失业返贫底线。

【人力资源开发有序推进】 坚持把人力资源开发作为重大政治任务，强化政策集成创新，加大要素保障，优化服务效能，聚焦“三端”人才，全力提升人才资源总量和质量。依托第九届人博会、“人才强市”引才计划等载体，共简化程序全职引进高层次急需紧缺人才298人，落实“优才卡”服务制度，用好“人才服务热线”平台，办理省市级“优才卡”404张，全市人才资源总量突破95.4万人。推进职称制度改革和分类评价，开展职称评审认定9900余人，专业技术岗位聘任1565人。安全有序做好人事服务工作，圆满完成7万余人的人事考试，批复事业单位公开招聘计划1756人，开展事业单位人事管理“一件事”打包办试点，圆满完成抗击新冠肺炎疫情表彰工作和脱贫攻坚总结表彰工作。扎实推进职业技能培训，落实“技能中国”“技能贵州”部署，深入推进职业技能提升行动，开展职业技能培训26.93万人次、职业技能水平考核评价3.6万人次，评选认定“毕节工匠”1.06万人。

【稳就业保就业持续向好】 坚持就业优先战略，坚决扛起稳就业、保就业政治责任，持续夯实“稳”的措施，促进“保”的效果，确保了就业局势总体稳定、稳中向好。全年实现城镇新增就业6.91万人，促进14.91万名农村劳动力转移就业，城镇登记失业率为3.92%，城镇“零就业”家庭保持动态清零。统筹考虑疫情防控和稳就业工作，组织开展“春暖乌蒙”专项行动、“直播带岗”等就业服务活动，强化东西部劳务协作，促进31.65万名农民工返岗就业，有组织输出劳动力就业1.86万人，期末稳定在外务工186.64万人。支持市场主体稳就业岗位，调整优化稳岗返还、稳工代训、就业补贴等政策，为正常参保企业减征养老、失业保险费3.84亿元，返还失业稳岗补贴4026万元，为稳生产扩就业作出积极贡献。分类施策保重点群体就业创业，促进1.86万名2021届高校毕业生、1.84万名失业人员实现就业，城镇公益性岗位安置困难人员就业6143人，引导农民工返乡就业创业2.66万人。

【劳动关系更加和谐稳定】 坚持把保障农民工工资支付作为维护“大安全”的关键一招，紧盯根治欠薪不放松，以落实《保障农民工工资支付条例》为主线，坚持上下合力、部门协同，创新排查清欠、源头治理、信息预警、舆情处置等工作机制，强化改革推动，深入推进根治欠薪专项行动和“回头看”工作，扎实抓好审计反馈问题整改。累计为3.34万名农民工追回工资7.2亿元，提前完成脱贫攻坚领域及政府性工程欠薪清欠，从2018年省政府考核成绩C等跃升至2020年的A等。办结各类欠薪信访舆情案件663件，“6个100%”综合指标完成率达91.75%。强化执法监管，将15家企业列入“黑名单”。全市根治欠薪形势取得了根本性好转。劳动人事争议案件调解仲裁质效大幅提升，办结劳动人事争议案件3542件。稳步推进国有企业工资决定机制和企业负责人薪酬制度改革，全力维护新就业形态劳动者劳动保障权益，为平安毕节建设作出积极贡献。

【社保服务质量优化提升】 坚持把社会保险作为保障和改善民生的“压舱石”，落实“兜底线、织密网、建机制”的要求，制度改革取得突破，全面推动养老保险省级统筹，企业年金覆盖面不断扩大，“三位一体”失业保险制度和工伤预防体系全面构建。覆盖范围持续扩大，城镇职工养老保险、失业保险、工伤保险、城乡居民养老保险参保总人数达535.9万人。待遇水平稳步提高，连续17年上调企业职工退休人员养老金，月平均增加577元，惠及5.8万人。失业、工伤保险待遇水平不断提升。保障能力持续增强，按时足额发放各类社会保险待遇64.71亿元，基金滚存结余55.61亿元。受理工伤认定案件4571件，开展劳动能力鉴定4179人。基金监管整治效果明显，民生保障网进一步织密扎牢。

【系统行风生态底色更靓】 系统行风建设三年行动开展以来，全市人社部门讲政治、为民生、锤党性，围绕“正行风、树新风，打造群众满意的人社服务”总要求，从雷厉风行推进“快办行动”，到驰而不息“清事项、减材料、压时限”；从扑下身子“走流程”，到与时俱进加快“一网通办”，一件一件办、一项一项改，积小胜为大胜；从练兵比武大兴业务技能“全面健身”之风，到“人社服务标兵”一马当先带动万马奔腾，比学赶帮超的氛围日渐浓厚，学政策、钻业务、强技能、优服务蔚然成风。从理念到实践大变革，从作风到体制大变样，从服务到形象大变化，人社系统行风生态发生全方位、深层次转变，人民群众对人社服务获得感的成色更足。在2021年服务对象满意度调查中获得99.88分，为近年来的最高分数。

【基础性综合性工作统筹推进】 坚持以信息化引领人社服务变革创新，以社保卡为载体的“一卡通”工作取得新进展，持卡人数超过627.29万人。劳务就业大数据平台共采集劳动力信息430万条，为精准就业服务提供了坚强支撑。280家在建项目纳入劳动用工大数据服务平台进行监管，“毕安薪”投诉举报平台共受理554件举报案件，创新设立欠薪维权窗口，受理投诉案件125件，维权服务前置作用得以有效发挥。突出重大规划引领，制定实施“十四五”促进城乡就业创业、社会保障、人力资源开发专项规划。人社法治建设扎实推进，营商环境取得新的成效，新闻信息工作再创佳绩，向上争资争项成效明显。

（供稿：毕节市人力资源和社会保障局）

企业概况

贵州中烟工业有限责任公司毕节卷烟厂

【概述】 2021年，在国家烟草专卖局、贵州中烟工业有限责任公司及地方政府的坚强领导下，毕节卷烟厂坚持以习近平新时代中国特色社会主义思想为指导，全面贯彻党的十九大和十九届五中、六中全会精神，以党建为统领，以安全为保障，以质量为核心，以“全面精造工程”为抓手，持续推进工厂高质量发展，“一流优秀规模卷烟工厂”基础不断夯实。圆满完成公司下达的全年生产任务，产量增幅2.9%，产值增幅6.68%，上缴税收增幅15.53%。积极履行社会责任，持续助力脱贫攻坚成果巩固和乡村振兴有机衔接。厂党委获“全省脱贫攻坚先进集体”、省国资委和公司“先进基层党组织”荣誉；1人获“全省脱贫攻坚先进个人”称号。

【安全管理】 以习近平关于安全生产重要论述为指导，增强政治敏锐性和政治责任感，防范化解安全风险。紧紧围绕各级安全生产部署，落实政治、法律、主体和监管责任，夯实安全标准化、安全管理信息化建设等五项基础，深化消防安全、网络安全等九项重点。分解223个二级目标，完成329个法律法规符合性评价，安全生产责任书签订率100%。严格安全管理三级检查，通过扩大重点监控区域和视频监控回放抽查，切实落实安全监管责任，安全生产总体保持平稳。常态化开展疫情防控，筑牢工厂疫情防控防火墙。

【产品质量】 深入认识全员质量意识提升是一项打基础利长远的工作，把意识提升作为党建融入中心的一项重要任务来谋划、部署、落实。持续开展“一枝一叶总关情，我的产品我呵护”全员质量意识提升系列活动，初步实现质量意识和标准化作业水平同步提升。通过制丝工序质量全面督检、工艺质量联合值察、质检队伍岗位互通，工艺质量管控模式持续优化。聚焦八类预防风险，深度识别质量风险，有效监控重度风险点，开展防差错演练，系统提升风险防控能力。系统谋划整体提升方案，开展 9 项基础性研究及 5 项测试验证，35 个质量指标显著提升。

【精益管理】 聚焦公司二级目标，完善各级内控指标体系。合理设置指标绩效考核权重，目标指标导向更加明确。“眼睛向外找差距，眼睛向内求突破”，锁定短板指标开展精益改善。行业卷烟工厂分层分类对标指标提升率 66.67%，厂级目标阶段性达成率 84.62%，部门 KPI 指标达成率 100%。系统梳理成本控制关键点，严控费用进度，单箱可控制造及管理费用均控制在公司目标内，月度预算执行率保持在 98%以上。坚持采购管理周例会制度，开展供应商约谈、周期性内部审计、合同评查等专项工作，促进采购管理更加规范。

【精造管理】 围绕“流程畅通、权责明晰、责任唯一”持续进行流程写实、制度清理，废止制度 106 个，修订 103 个。精造问题立项常态化、过程管控严格化、结题评审及时化，4 个课题获得公司“优秀课题”称号，5 个课题在公司立项并通过初评。科技创新手段融入精造问题改善，7 个科技项目立项，8 个结题项目进入评审，完成项目中 2 个获公司 D 级、1 个获 E 级评价；获专利授权 16 件，发表科技论文 25 篇；2 个 QC 成果分别获公司二、三等奖；2 个课题分别获中国创新方法大赛贵州赛区二、三等奖；1 个课题获第五届贵州省“创新型”成果大赛一等奖。

【设备管理】 以设备故障台账、典型修理分析为依托，深化、细化预检修内容，降低设备故障停机率。定期开展设备问题研讨，形成问题清单，实行销号管理，逐步提高设备管理水平。以激励促进自主维修，委外维修比例大幅下降。持续开展固定资产实物清查，提高固定资产管理质效。以“库存合理”为目标，规范备品配件采购、使用、评价流程，库存资金大幅下降。以责任制、清单制、督办制确保项目管理有序推进，投资预算执行率预计全年可达 100%。就地技术改造项目通过国家局总体竣工验收。

【人力资源管理】 严格落实干部选拔任用规定，建立完善科级干部（含技术、技能）选拔聘任、考核评价、轮岗交流等制度，规范选人用人工作机制。全面调研干部现状，针对性制订短期及中长期培养选拔计划，持续优化干部队伍结构，初步实现干部年轻化、知识化、专业化。明确目标，丰富形式，组织开展各类培训 251 期，32 人通过职业技能鉴定。创新新员工入职培训方法，促进新员工全面了解卷烟加工工艺。分期分批开展委外培训和到兄弟厂跟班学习，加快高速卷包设备技能储备。编制工厂“十四五”人力资源规划，为工厂高质量发展提供人力资源保障。承办公司“贵烟杯”第五届烟机设备机械修理职业技能竞赛，工厂 8 名选手分获一、二、三等奖。

（供稿：毕节卷烟厂）

贵州烟叶复烤有限责任公司毕节复烤厂

【概述】 2021 年，毕节复烤厂在复烤公司党委的坚强领导下，认真贯彻落实中共十九大和十九届二中、三中、四中、五中、六中全会精神，深入学习习近平总书记重要讲话精神，以习近平新时代中国特色社会主义思想为指导，全面落实 2021 年公司工作会议精神，紧紧围绕公司“十四五”总体规划部署，按照“1123”工作思路，以提高产品质量提升均质化控制水平为核心，以规范生产管理为抓手，以确保设备运行稳定提高生产效率为基础，以安全生产为保障，全体人员积极努力、群策群力，认真找差距、抓落实，保持持续稳定、健康发展的良好局面，认真落实和完成各项工作目标任务。

【生产加工完成及设备运行】 2021 年，生产车间全年开机生产 188 天（上半年生产 99 天，下半年生产 89 天），为贵州中烟、湖南中烟、湖北中烟、广东中烟、江苏中烟、山东中烟、贵州进出口公司 7 家客户累计接收烟叶 92.70 万担，其中：挑选烟叶 75.16 万担；复烤加工烟叶 85.04 万担，产出成品片烟 27654.63 吨。年度综合出片率 65.04%，实物产品得率 93.44%，设备故障停机率 1.00%，设备有效作业率 100.36%，时均加工量 238.08 担/小时。

【原烟挑选】 先后为贵州中烟、湖南中烟、湖北中烟、江苏中烟、山东中烟、中国烟草贵州进出口有限责任公司及广东中烟 7 家卷烟工业企业接收烟叶 97.6 万担，其中贵州中烟 35.89 万担、湖南中烟 28.55 万担、湖北中烟 17.71 万担、江苏中烟 6.5 万担、山东中烟 7.05 万担、中国烟草贵州进出口有限责任公司 0.4 万担及广东中烟 1.5 万担。

【合同加工计划执行情况】 按复烤公司合同加工计划，毕节复烤厂共签订网上加工合同 92.72 万担，执行打叶加工合同 71.35 万担。

【推进区域加工中心建设】 一是围绕生产抓技改，提高质量保需求。根据上级批复，毕节复烤厂技改项目总投资概算 29399.49 万元，改扩建建筑物面积 35020 平方米，升级改造 1 条 12000 千克/小时的打叶复烤生产线。截至年底，项目完成工期计划编制、评审及上报省局（公司），标段划分方案公司各级评审确认，工程监理服务、勘察（详勘）服务、工程量清单控制价编制服务三个服务单位采购，一车间结构部分可靠性及抗震鉴定，联合工房设备工艺布局方案评审确认，拆除及土石方工程标段土方平衡图评审确认。二是区域加工中心建设有序推进。区域加工中心建设是发挥复烤加工环节在烟叶供给侧结构性改革中潜力作用、提升重点品牌原料供给保障水平的重要措施。复烤厂在湖南中烟技术指导下完成卷烟评吸室建设并投入使用。下一步，将着力推进区域加工中心建设，坚持工业需求导向，加强与卷烟工业企业深度合作，不断提升装备水平和工艺保障能力。

【财务管理】 全年实现产值收入 19428.62 万元，上缴税费 1612.77 万元，实现税利 5169.07 万元。

【安全生产管理】 筑牢安全基础工作是实现安全生产的夯基之石。构建“党委重视安全、行政主抓安全、技术部门保障安全、生产部门落实安全、安全部门监督安全”的“党政同责、一岗双责、失职追责”的责任管理工作格局和齐抓共管的良好局面，组织学习了新安全生产法，深入推进我厂岗位安全主体责任、监管责任、领导责任的全员安全生产责任制，建立岗位安全责任清单 210 个，加强横到边、竖到底的全员网格化安全责任体系建设，将安全目标分解细化，到岗到人，全员层层签订安全目标责任书 210 份。深入开展安全风险辨识管控及隐患排查治理，全面防范和遏制轻伤以上生产安全事故发生。全年开展隐患排查 380 余次，排查一般安全隐患 34 起，建筑房屋专项整治 1 起，三类场所消防安全治理 3 处，均按要求 100%完成整改，坚决遏制隐患衍生、风险升级，强化安全管理网格化责任落实，狠抓隐患销号治理。持续推进安全生产三年整治，确保取得实效。对生产现场专项整治 4 处，提升交通安全保障能力 2 处，治理消防通道标志标线 21 处，电气火灾隐患 62 处，狠抓综合治理，全面消除各类事故隐患，有效防范各类事故发生。组织安委会成员集中观看专题片“生命重于泰山”6次，完善安全责任制度4个、识别评价控制风险点808个，其中黄色风险394个，蓝色风险414个，编制应急处置卡20个。

【设备及项目管理投资】 设备项目管理稳步提升。设备有效作业率100.76%，设备故障率1.05%。生产能耗135.23千克标准煤/吨；综合能耗139.42千克标准煤/吨。13项资本性投资项目及外委维修项目合同履约率100%；为满足当前工业客户大配方模块均质化加工、叶片结构“降大提中控碎”及其他客户个性化需求，积极协调合肥设计院、工业企业技术人员，会同相关部门对打叶复烤新工艺、均质化加工、智能制造领域等方面进行沟通讨论，技改项目联合工房工艺设备及布局有新的思考。

【企业管理工作】 一是创新增效取得实效。完成的《创建企业人才赋能培训工具化的管理模式》《提高打叶段一至五风分器风分出片率》两个QC课题，分别获复烤公司优秀QC成果二等奖和三等奖。在国内公开发行（有刊号）的刊物上共发表科技论文6篇。预计取得实用新型专利3项。其中，以公司为第一专利权人申请的实用新型专利2项，以公司为第二专利权人申请的实用新型专利1项。年底，《复烤片烟质量检验样品用存放装置》和《无连杆区间摆动型气缸执行装置》获国家知识产权局“授予实用新型专利权”。“开发AB系列PLC教学新模式”课题科研成果被纳入中国管理科学研究院教育科学研究所科教创新研究中心重点教学课题，获科研成果鉴定一等奖。二是法治建设初显实效。组织领导班子参与的全员法律法规培训1次共计150人次，组织法律培训考试场次1场，合格率100%，共组织“6·29”“12·4”及安全日法治宣传活动2次，制定法治宣传展板4块，报送公司法治简报4篇，印发宣传材料10份。参与省局公司组织案卷评查1次。抽查案卷总数3项。全年无合同及法律纠纷案件发生。三是整顿规范不断深化。严格落实“三关三审”要求，尤其将初审关作为评价实施部门履职履责重要指标，各类文件评审效率得到较大提升。四是对采购管理关键流程环节，整顿、法规、审计全程参与监督管理，全年各类采购文件评审20余份、经济合同审核20余份，参与公开招标、竞争性谈判、单一来源现场监督次数20余次。五是对招标代理机构监督管理，严格督促执行“告知书”实质性告知，对招标代理机构服务能力及时评价反馈。六是强化评标委员会行为规范，开标现场监督组组织“业主代表提醒谈话”、评标室宣读“评标注意事项”、视频监控评标过程等，对开标评标全过程实施全面监督。七是严格执行廉政履约制度，积极组织对各类供应商进行警醒教育。组织供应商警示约谈、全面排查行贿行为，未发现异常行为。四是体系运行良好。一是加强标准化综合管理体系文件的宣贯，组织体系类全员相关知识培训1次；二是认真审视体系运行情况，通过对关键业务流程梳理，掌握体系建设运行现状，全面提高流程运行水平和效率，完成复烤厂2021年体系建设中的技术标准和管理标准的相关修订工作，形成一层级体系标准文件226项、统一记录表单518个，废止文件17项，形成我厂二层级体系文件48项、统一记录表单306个，新增3项、修订1项。三是按要求组织体系内审相关工作，根据公司《2021年度内部审核工作方案》要求，开展内部审核工作，通过体系审核，审核项目总数140项，各审核组审核存在问题共计21项，未发现涉及生产管理、产品工艺质量、安全等重大不符合项。

【强素质塑形象，全面提升企业软实力】 深入推进现代企业治理体系和治理能力建设，以制度建设为着力点，完善标准体系，强化物资采购、合同履行全过程管理，构建依法治企、规范管理的新局面；大力宣贯“黔彩，新生态”企业文化核心理念，广泛开展企业文化活动和员工关心关怀活动，注入文化引领的新能量。一是注重用新的形式和内容进一步加大企业文化建设力度。通过推进“黔彩”来构建企业文化，巩固多年获得“安康杯”劳动竞赛优胜单位中取得的成果，全面推进以“两个至上”为主要内容的行业文化建设，切实开展“四好”班子创建，切实加强党员队伍建设，加强党员干部自身修养，员工个人修养，进一步推进思想政治工作建设。二是坚持宣传工作服务于政治建设、当好党的“喉舌”，在省级报刊《劳动时报》和各大行业媒体《东方烟草报》、《中国烟草资讯网》、烟草在线及省局（公司）网站发表各类新闻消息30多篇，在复烤公司美篇发表消息10条，不断提升企业的知名度、美誉度。三是开展丰富多彩企业文化活动。举办各类主题实践和“创优争先”活动，采取表彰与典型示范相结合、物质激励和精神激励相结合的措施，促进理念内化于心、外化于行，调动职工的积极性，激发员工创造力，增强企业凝聚力、培育健康企业精神。举办党史知识竞赛和红歌传唱短视频等主题实践活动，开展慰问走访和“送温暖、献爱心”活动，生产一班荣获2021年“全国工人先锋号”荣誉称号；1人被评为“贵州省最美劳动者”。

（撰稿：黄大有）

黔北电厂

【生产经营】 2021年完成1、2、3号机组等级检修，解决催化剂堵塞、磨损；空预器、蓄热元件磨损严重、堵塞等突出问题，机组带负荷能力显著增强，经济性得到一定提升。全年完成发电量66.42亿千瓦时，同比增加10.25亿千瓦时；机组利用5535小时，同比增加854.9小时，在全省同类型机组中位居第一。特别是在10月份以来，黔北电厂四台机组保持大方式运行，全力完成电力保供任务，体现政治担当和国企责任。

【安全生产】 一是黔北电厂高度重视安全环保投入，建立“四梁八柱”安健环管理体系，安全文化深入人心。总体上，安全持续保持稳定，未发生机组非停及其他环保事件，累计安全长周期运行8245天。完成国家电投集团“三钻一星”的安健环验证，是贵州金元唯一一家通过的火电厂。二是加大疫情管控力度。自疫情发生以来，黔北电厂严格执行各级政府、集团和贵州金元疫情防控要求，强化“防”的意识，严格“防”的举措，落实“防”的责任，抓好新冠疫苗加强针接种，筑牢疫情防控屏障。2021年职工新冠疫苗接种率100%。

【电煤保供】 在煤矿地灾治理项目全面停工带来的影响，以及东风煤矿“4·9”安全事故后，区域煤炭产量下滑严重。黔北电厂作为央企，积极履行社会责任，全力以赴保证电力正常供应，在电煤价格不断攀升的情况下，主动作为，打响电煤攻坚战。成立4个保障组及电煤追缴专班，全厂非生产中层干部放弃节假日休息，深入电煤采购一线追缴电煤。严厉打击电煤掺杂使假行为。大力采购市场煤，有效地缓解电力需求紧张关系。全年综合标煤单价比2020年高，成本增加，导致亏损创建厂新高。在此情况下，黔北电厂坚决扛起政治责任，积极履行电煤采购主体责任，积极主动对接市县两级政府和能源行业主管部门，并按照各县市区分配的供煤量抓好接煤卸煤的服务管理。同时采用融资、贷款等方式筹措资金，及时支付煤企煤款，全年未发生拖欠煤款的问题。

【企业发展】 黔北电厂全面打造“风光火热储一体化”金沙西部清洁高效能源基地，有序、适时、稳步推进电动重卡、综合能源供应、整县开发新能源项目和柳塘“等容量替代”煤电项目建设。按照“一区多园”模式，将基地申报纳入金沙县经开区范畴。柳塘“等容量替代”项目获得省发改委同意开展前期工作批复“小路条”，列入贵州省“十四五”、国家电投“十四五”、国家“十四五”规划。完成江西湾灰场5MWp光伏和金沙义乌城1.387MWp光伏项目的备案，与10余家单位洽谈屋顶光伏合作并签订开发协议。供气方面实现向13家企业供气，完成供气量22.3万吨，同比增加9.6万吨。

（供稿：黔北电厂）

黔西电厂

【概述】 2021年，面对新冠疫情局部反复、电煤供应形势紧张、“今冬明春”电力保供等形势，在贵州金元的坚强领导下，黔西电厂干部职工迎难而上，“只为成功想办法，不为困难找理由”，各项工作有序推动，以实际行动确保“五年再造一个新金元”起好步。

【安全生态环保形势总体平稳】 截至11月30日，未发生人身轻伤及以上事件、未发生设备损坏事件、未发生电力安全事件，未发生新冠肺炎感染事件，实现连续安全运行5963天。一是层层压实责任。以年度安全目标为导向，全员签订安全责任书，明确职责，实行层层安全控制把关，不断提高安全生产的自觉性和责任感。二是推进双重预防机制。完成设备、作业、环境、职业健康风险评估标准修编，进行风险数据库更新；现场作业风险进行分级管控，全厂中高风险作业需提前报备。三是强化隐患排查治理。全年组织安全检查共13次，共查出各类隐患676项，整改完成571项，105项未到期，到期整改率为84.47%。四是提升应急处置能力。邀请地方管理部门到厂进行防汛、消防等演练；邀请外部专家到厂授课，提高应急技能和技术水平；共计开展实战演练29次，桌面演练13次，参与演练人次共计891人次。五是紧盯安全重点。针对5号机超低排放改造等年度重点工作，成立专项监督小组，严格执行“四措两案”审批，对高风险作业实施全程旁站监督，严格落实技术措施。六是持续开展承包商管理提升。制定完善承包商安全管理制度及工作方案，建立不合格承包商合同中断机制，结合VR、视频监控等现代化信息技术强化承包商安全管理。七是高度关注疫情防控。及时了解地方防疫政策，严格落实相关要求，主动联系地方政府，鼓励员工接种疫苗，目前全厂接种率99.05%，完成率99.8%。八是持续推动生态环保工作。严格管控外排水、灰库漏灰、灰场扬尘、废油等；对NOx、粉尘、SO_2环保参数加强管控，机组启停中出现的超标现象得到有效控制；强化环保表计的管理，杜绝因表计问题、传输问题造成超标或数据中断事件。

【设备治理有序推动】 认真梳理机组、设备存在的缺陷，紧盯年度重大技改及检修工作，以重大专项为抓手，成立专项工作组，扎实推动相关工作开展。一是完成5号机组超低排放改造。5月29日提前完成5号机超低排放改造脱硝部分工作，在集团内首家完成改造任务；10月22日，完成脱硫部分改造工作。项目实施后实现二氧化硫减排量300吨、氮氧化物减排量1150吨。二是完成500千伏升压站第三、四串开关增容改造。500千伏第三、四串开关增容改造提前12天完成全部工作，一次性启动投运成功，圆满解决毕节地区电网通道受阻问题。三是利用机组等级检修机会控降指标。2号机A修后，机组带负荷能力得到提升，机组供电标煤耗有效降低，修后锅炉效率90.552%、汽机热耗8041.87千焦/千瓦时；利用3号机组临修机会，开展3号炉空预器暖风器改造工作，改造后机组运行情况良好，解决空预器堵塞问题，提高机组带负荷能力。四是有针对性开展专项行动。

【经营管理成效明显】 面对煤矿安全整改、国内电煤市场持续紧张、现金流紧张等不利因素，主动作为，最大限度巩固经营成果。一是加强沟通协调。争取电煤供应保障最大支持，在多方协调下，黔西市自4月中旬开始实施煤炭管控，百管委区域首次在6月中旬实施煤炭管控。二是调整采购策略。按“长协+市场”采购模式有效联动，保量控价不放松。三是拓宽煤源。促成耳海煤矿打通“陆—水—陆”运输通道，以长协煤单价直供应优质煤源，增量的同时也缓解黔西市内优质煤不足的困境，至11月底耳海煤矿长协29万吨任务基本完成。四是加强内部管理。对配煤掺烧精细化管理，配煤要求从原来误差1MJ改为0.5MJ，2021年采购劣质煤65万吨，已掺配量达73万余吨，有效降低标煤单价；提前谋划，连通一二煤场，增加存煤量同时，加快来煤接卸速度，如期完成省能源局库存量、质的要求。五是落实资金保障。完成上线供应商户数64户，其中51户完成上线手续，13户正在办理上线注册；完成年内供应链金融签发账单2.24亿元，剩余3.76亿元供应链金融签发账单计划12月内完成。六是控降财务成本。落实贵州省煤电企业税费优惠政策，获准免征4季度房土两税合计151.55万元（房产税免征63.42万元，土地使用税免征88.13万元）；积极与税务机关沟通，获准抵减一期以前年度企业所得税2643万元。

【转型发展持续落实】 成立综合智慧能源部，抢抓黔西撤县设市历史机遇，落实企业转型发展工作。一是将企业转型融入地方发展规划。依托贵州金元人力优势和技术优势，推动新能源规模化、基地化、智能化发展，拟在黔西境内建成800兆瓦光伏发电基地；推动黔西市综合智慧能源项目建设，积极探索用户侧与行业外融合新机制。二是继续推进综合能源发展。永鼎顺石膏厂二期开始前期工作，在原厂址扩建，投运后年使用蒸汽12万吨，消纳24万吨石膏；正在洽谈的广州东方雨虹拟建设30万吨脱硫石膏抹灰工厂，项目落成后预计年使用蒸汽15万吨，消纳石膏30万吨。三是探索分布式光伏。与黔西同心商贸置业有限公司签订框架协议，推动分布式光伏；获得国家能源局整县（市）屋顶分布式光伏试点的开发权，同时国家电投集团公司将黔西市列为集团公司项目开发的第三批“样板房”工程，项目正在开展前期工作。四是大力推广绿色交通。抢抓地方发展机遇，做好绿色交通推广，力争将黔西打造成为绿色交通示范点。年底前，在厂内建成换电站1座、双枪充电桩4个；销售电动重卡28台，投入运行的电动重卡32台、电动客车4台。

【内部管控科学有效】 一是完善薪酬绩效管理。完成2021年度经营预算基本目标月度分解工作，充分发挥预算的引领作用，强化过程管理；强化考评体系建设，制定发布《黔西电厂奖励考核管理制度》。二是解决历史问题。通过协商赔偿、业务外包、超龄清退等方式，按时完成贵州金元下达的劳务派遣用工清零任务；完成贵州金元“两金”压降任务，收回历史陈欠228.4万元。三是推进人才选拔和干部队伍建设。全年共向贵州金元各新能源公司推荐中层干部与基层管理人员共计6人；提拔任用中层干部13人，其中提拔正职3人，副职11人，提拔“90后”3人；岗位调整人员57人次。四是推进职称评定与技能竞赛。40人获得中级技术职称，44人获得初级职称；申报高级工程师职称人员5人，等待上级单位评审；获国家电投首次电力营销技能竞赛，“团体三等奖”与“个人三等奖”。五是强化内控管理。开展专项风险管理及内控评价工作3次，对发现的24项问题提出整改建议并督促落实；落实审计问题整改，黔西电厂原负责人离任审计发现问题16项，完成整改11项，完成2013—2019年外部审计整改3项。六是强化日常监督。截至2021年11月30日，燃煤验收累计计扣1978.48吨，其中扣矸1443.28吨、扣水82.70吨、扣杂452.50吨　　（撰稿：刘　恒）

贵州大方发电有限公司

【概述】　贵州大方发电有限公司（以下简称“大方发电公司”）成立于2003年8月13日，由贵州乌江水电开发有限责任公司（中国华电集团有限公司贵州分公司）（以下简称“乌江公司”）（45%）、贵州中水能源股份有限公司（30%）、兖矿贵州能化有限公司（25%）共同出资建设。2017年6月1日，贵州中水能源股份有限公司将其持有大方发电公司的股权全部转让给贵州西电电力股份有限公司，至此，各股东占股比例为乌江公司45%、贵州西电电力股份有限公司30%、兖矿贵州能化有限公司25%。大方发电公司一期4台30万千瓦时工程是贵州省“十五”规划的重点建设项目之一，也是贵州省第二批“西电东送”“黔电送粤”电源建设项目中首家获得核准的项目，项目于2007年11月全部建成投产。2021年，大方发电公司坚持以习近平新时代中国特色社会主义思想为指导，深入学习贯彻中共十九届六中全会精神，学习贯彻习近平总书记关于国资国企改革发展和党的建设等一系列重要论述，紧紧围绕“1126”工作思路，弘扬伟大建党精神，夯实安全生产基础，大幅提升经营业绩，深化三年改革行动，加快新能源建设步伐，全体员工展现新风貌，彰显新作为，各项工作取得积极成效，获得中国华电集团有限公司（以下简称“集团公司”）2021年度本质安全五星级企业、中国电力企业联合会AAA级信用企业、毕节市健康企业、乌江公司2021年度先进单位、2021年度党建考评A级单位等荣誉称号。

【主要指标】　截至12月31日，连续安全运行2695天。完成发电量55.11亿千瓦时，同比增加10.51亿千瓦时，机组利用小时4593小时，同比增加876小时，较全网平均高295小时。综合供电煤耗累计完成345.14克/千瓦时，同比增加0.1克/千瓦时。综合厂用电率完成9.18%，同比上升0.33个百分点。发电耗油512.77吨，同比减少192.53吨，累计发电油耗9.3吨/亿千瓦时，同比减少6.51吨/亿千瓦时。非停6次，同比增加4次；锅炉熄火11次，同比持平。氮氧化物超排1个点，同比减少1个点；二氧化硫无超排，同比减少3个点；烟尘超排3个点，同比减少3个点；各排放因子达标排放率99.9%；环保数据传输有效率为99.83%，同比下降0.16%。2021年完成售热量11.81万吉焦，同比增加4.86万吉焦；销售收入320.12万元，同比增加27.68万元。2021年度累计亏损2.24亿元，同比减亏4.19亿元。

【保电抗疫】　2021年，大方发电公司认真学习贯彻习近平总书记重要讲话和重要指示批示精神，认真落实党中央、国务院的决策部署，切实做好保电抗疫工作，充分履行国有企业社会责任。坚决打赢能源保供攻坚战。召开党委（扩大）会议和干部大会，第一时间专题研究部署能源保供工作，成立今冬明春能源保供工作领导小组，提高政治站位，统筹全面工作，明确工作目标，执行日调度、日跟踪机制；协调政府开展煤矿生产调度，确保最大量供应电煤；紧密联系乌江公司电煤保供领导小组，确保电煤资金支付及时到位；加强燃料部内控管理，确保24小时应急接卸；制定2021年今冬明春能源保供生产管理规定，抓实设备巡检巡查等现场管控工作监督，保障机组“开得出、稳得住、顶得起”。保供期间，大方发电公司存煤量从保供之初的23.47万吨上升至最高40.96万吨；2021年9月23日起，大方发电公司4台火电机组全部并网运行，能源保供期间实现连续运行100天无非停熄火。坚决打赢疫情防控阻击战。深刻认识做好疫情防控工作的极端重要性和复杂多变性，严格执行各级政府和上级公司的防控要求，召开党委会、专题会、周例会与日生产调度会研究部署疫情防控工作，实行公司领导带头抓总，部门分级管控落实责任。组织疫情应急演练，修订印发防控预案，及时发布疫情信息，开展防控工作检查，配合政府将职工生活区内宾馆设置为集中观察隔离点。全年下发疫情防控文件12份，组织疫情排查30余次，管控员工出省416人次；组织全体职工接种2198人次，共接种950人，接种率达100%；联系医务人员到厂开展核酸检测900余人次（含全员核酸）；宾馆全年累计接纳隔离人员147人、累计提供住宿2293天次、就餐3904餐次。在全体职工的共同努力下，凝聚抗击疫情的强大力量，做到守土有责、守土担责、守土尽责，保障大方发电公司生产经营平稳有序。

【转型发展】 大方发电公司贯彻落实国家碳达峰、碳中和重大决策部署，适应能源行业发展方向和电力市场竞争形势，打通减亏脱困到高质量发展的新通道。新能源建设取得新实效。纳雍乌江水电新能源有限公司和大方乌江水电新能源有限公司各20万千瓦农业光伏项目分别于2021年12月27日和12月28日实现首并任务。“上大压小”项目取得新进展。按照集团公司燃煤机组“十四五”能效提升及灵活性改造规划、贵州省煤电机组改造升级高质量发展行动方案的要求，积极谋划推进“上大压小”2×66万千瓦超超临界机组项目，得到地方政府、行业主管部门及上级公司的认同和支持；西南设计院于12月20日编制完成“上大压小”项目与利旧建设对比方案。科技创新取得新佳绩。3项实用新型发明专利通过国家知识产权局审查，获得专利授权；3项实用新型发明专利通过国家知识产权局初步审查，进入实质审查阶段。2021年科技成果《一种燃煤电站锅炉环形二次风箱配风结构开发与应用》通过贵州省电机工程学会科学技术成果鉴定。管理创新取得新突破。继续深化管理创新项目全过程管理，引领管理提升，2021年获得第21届贵州省企业管理现代化创新成果二等奖和三等奖各1项；再次被评定为电力行业信用最高AAA等级，大方发电公司也成为省内唯一获此殊荣的发电企业。

【强基固本】 大方发电公司落实全员安全生产责任制，强化制度的学习和执行力度，抓实教育培训提升实践能力和业务水平，促进管理的标准化、规范化、流程化和系统化。健全制度体系，加强合规管理。高度重视制度建设工作，结合党委巡察、监察审计、专项治理等提出的突出问题，制定或完善相关制度；2021年完成公司126项制度立改废工作；深化推进全面风险管理与内部控制体系的建设与融合工作，完成了内控合规风险一体化体系建设有关工作。建立长效机制，安全形势平稳。不断健全完善七大安全体系，通过应急能力建设评估和安全生产标准化一级企业查评，保持五星级本质安全型企业称号；结合安全生产专项整治三年行动，持续推进隐患排查治理，加大整改闭环力度；建立安全风险管控和隐患排查治理双控系统平台，利用信息化手段强化对各类作业的风险辨识与管控；健全环保三级监督体系，环保管控能力得到有效提升，大方发电公司持续获得环保信用良好企业评级；圆满完成4台机组连续轮换C修安全监督任务、党建一百周年保电任务，黔峰线单回停运特殊工况维稳运行等，全程未发生不安全事件。注重价值创造，狠抓节能降耗。将CO值、主/再热气温低温点纳入绩效指标考核，值班员在调整主再热气温方面意识不断增加；不断摸索系统关键性环节，即燃烧器着火距离、降低一次风压、分离器转速、烟气CO等参数，燃烧经济性稳定、抑制锅炉结焦、入炉煤掺配防堵断、深度调峰稳燃性取得一定成效，实现四季度以来安全连续运行；强化燃煤掺配管理，充分利用煤场储存方式提升掺配均匀性，掺配合格率达90%以上，避免煤质波动影响锅炉燃烧。夯实人才之基，筑牢生产防线。为达到“看得懂、学得快、用得好”的培训效果，制定“实践为主、理论为辅”的培训思路。维护部开展“我来当讲师”活动，鼓励年轻员工结合生产实际“在学中干，在干中学”；运行部结合“四班三倒”模式，认真落实“六定”（定目标、定导师、定计划、定时间、定帮扶、定奖惩）培训，整体业务能力稳步提升；生产技术部发挥安全保障体系指挥棒作用，形成基层抽问奖惩机制。生产部门全年共计组织开展各类培训136期，培训16017人次，培训学时共计39717.5学时。

【经营业绩】 紧盯电煤、电力、固废“三个市场”，积极应对严峻复杂的经营发展形势，以坚持党的领导为统领，以年度经营目标为落脚点，统筹能源保供和保效益，全力实现大方发电公司减亏脱困任务目标。抓职能管理，优经济运行指标。加强燃料采购各环节的职能管理，切实降低热值差带来的对标煤单价差及经营效果的影响；全年热值差完成0.44兆焦/千克，同比减少0.12兆焦/千克，标单差完成12.07元/吨，同比减少12.78元/吨，增加利润2208.64万元；强化四大类指标的统筹协调工作，巩固优势指标，着重针对劣势指标进行改善；2021年，大方发电公司经济运行指标评价在乌江公司下属五家火电企业排名第一，累计总分较五家火电平均分高4.59分。研市场形势，保营销业绩平稳。结合来煤情况科学制定月度发电计划，主动积极与上级管理部门协调沟通，争取电量计划确保完成全年发电目标；紧密跟踪“两个细则”考核情况，1—3月累计两个细则收入85.38万元，获得4—6月两个细则考核减免；统筹策划全年固废综合利用方案，加大市场调研力度，固废销售量完成146.41万吨，同比增加7.58%。优采购策略，控电煤采购成本。紧紧围绕“立足县内，优化两区、收缩区外”的采购思路，全年采购电煤328.37万吨，同比增加36.31万吨；采取长协+市场采购模式，全年采购不含税标准煤单价同区域最优，综合热值同区域排名第二；结合季节性特点，优化各区域采购配比，秉持优质高价、低质低价原则，全年库存煤量超额完成省政府下达39万吨存煤任务；燃料内部管理检质检斤、抽样合格率均为100%。争税收减免，降财务成本支出。根据国家政策和2021年能源保供特殊政策（四季度房土税减半），累计申报取得税收优惠减免989.61万元；对二期临时批复用地税款以国土局文件两年为限进行缴纳，减少缴纳土地税253.51万元、滞纳金58.08万元；积极调整纳税筹划方案，通过协调提前结算煤款方式，减少增值税、城建税及教育费附加资金支出974.43万元，减少税金成本88.58万元。

（撰稿：黄承艳）

国能织金发电有限公司

【概述】 2021年，国能织金发电有限公司全体干部员工以“提质增效、扭亏治困”为中心工作，强化基础管理、严格内部管控，奋勇争先、顽强拼搏，较好完成全年目标任务，取得安全形势平稳、生产经营持续向好、党的建设全面加强的发展局面。

2021年，公司累计完成发电量61.07亿千瓦时，同比增加3.38亿千瓦时，创机组投产以来新高。机组平均利用小时4627小时，比区域集团平均高402小时，区域排名第二。

【能源保供任务圆满完成】 认真贯彻省委、省政府能源保供的决策部署，强化责任担当，全面落实“六保”任务，制订《国能织金发电有限公司能源保供方案》，成立电力保供工作领导小组，设立电煤供应、安全运行、电量保障、政策落实、舆论宣传5个工作专班开展工作。面对织金区域煤价上涨、电煤供应严重不足的困境，公司领导靠前指挥，督导抓好电煤采购，对外全力协调政府促成县内封关减少电煤外流，商洽矿方提高供煤积极性。对内采取加大部门协同、优化接卸流程、协调错峰来煤等有力措施提升接卸能力，4次刷新投产以来的接卸车数与煤量纪录，提升接卸能力150%，确保来煤应收尽收，超额完成省能源局年底存煤目标要求，顺利完成“安全月”“中国共产党成立100周年”“四季度能源保供”等关键节点的保电任务。

【安全环保得到加强】 认真贯彻落实集团、贵州公司安全生产部署与要求，全面推进隐患排查治理与安全文明标准化建设，不断提升企业安全管理水平。通过狠抓现场“三违”管理，加强人员安全培训和应急预案演练活动的开展，全员安全意识得到加强，安全环保基础全面夯实，截至12月31日，公司连续安全生产2161天，圆满完成年度安全环保目标任务。一是健全安全管理体系。重新调整公司安全委员会与生产联系制度，及时更新公司、部门、班组三级安全环境网络，修订《安全文明生产责任制》《高风险作业安全管理规定》等制度64个和应急预案31个，确保制度体系全员、全覆盖的有效性与适宜性。二是强化风险管控能力。严格执行《全面风险管理办法》《高风险作业安全管理规定》，将安全风险预控纳入日常管理。积极推进风险预控体系建设，成立风险预控领导小组，印发公司《安全风险预控体系推进方案》，完成安全风险辨识与评估并建成公司风险数据库，为实现风险预控动态全覆盖管理打下基础，人身风险预控执行良好。三是狠抓隐患排查治理。严格按照集团公司、贵州公司隐患排查认定标准，完成公司安全环保隐患排查与分级，公司无Ⅱ类及以上重大隐患。采取日常检查、安全包保、重点盯防等多种手段，深入开展安全生产专项整治、隐患排查、安全包保检查等活动。四是提升标准化管理水平。以标准化推动提升管理为重要抓手，持续推进标准化验评工作，对照集团《火电厂现场安全文明生产标准化验评细则》，分别于2021年7月、11月开展两次安全文明标准化自查评工作，进一步巩固安全文明标准化复评成果，提升公司安全文明标准化管理水平。

【生产管控水平有效提升】 坚持问题导向，紧盯关键环节，加大设备治理与运行维护力度，提升设备健康水平，提升机组经济运行效益。一是实施设备治理。大力实施水冷壁拉裂治理与防机组非停“四管”泄漏治理。严格机组逢停必检与三级验收制度，有效完成1号机组A修和2号机组C修，完成2台机组脱硝催化剂更换等18项技改项目。二是加大运行维护管理。深入现场开展运行管理，强化机组非停管理，按照贵州公司防非停管控措施，严格执行机组重大操作到场制度和重要节点提级监护制度，对重大设备缺陷和隐患制定监控措施，保证机组运行安全。下半年未发生机组非停，未发生因人员误操作、电气热工保护错误发生的非停事件，刷新机组投产以来连续长周期运行纪录。三是加强技术保障能力。强化技术监督管理，健全技术监督机构组织，明确职责分工，严格按照技术监督方案落实各项措施，做到技术监督有计划，有总结。顺利通过贵州电科院的年度监督巡检，全部完成年度平台告警整改工作，发挥技术监督对安全生产的保障作用。四是深入节能降耗工作。紧盯负荷计划曲线，加大调度沟通，提升机组负荷率。深入开展值际小指标竞赛活动，以大指标带动小指标提升。完善运行优化方案，成立节煤、油、电、水专项工作组，提升运行人员精控水平。

【经营管理有效提升】 一是有效完成电量增发。将抢发电量作为第一抓手，全力做好电量增发工作。紧盯计划负荷曲线，加强与调度部门沟通频次，努力提高机组负荷率。深入隐患排查，科学安排消缺时间。建立抢发电量激励机制，将抢发电量贯穿每日工作，以日电量保月度电量完成，全年累计完成发电量 61.07 亿千瓦时，同比增加 3.38 亿千瓦时，创机组投产以来历史新高，年度市场占有率 109.52%，圆满完成年度发电目标任务。二是全力完成电煤保供。克服电煤产能不足、供需矛盾突出、煤价不断上扬的困难，加强与地方政府沟通，努力提升长协合同履约率，超额完成省能源局下达的存煤目标任务，保证机组发电需求，满足集团公司要求。

【企业内生动力有效加强】 按照贵州公司统一部署，成立三项制度改革工作组，印发三项制度改革实施方案，公司定编、定岗、定员、定责方案按照贵州公司统一部署推进。一是完成经理层责任书签订。按照集团公司国企改革三年行动的重大部署，完成公司经理层成员岗位聘任协议及经营业绩责任书签订，明确经营班子成员在公司党委的领导下，在总经理的组织下，切实扛起责任，凝聚全体干部员工力量，推动企业转型与高质量发展。二是规范干部选拔任用。坚持党管干部原则，健全干部能上能下机制。全年调整中级干部 40 人次，累计提拔中干 4 人，提拔的干部中 35 岁以下年轻干部 1 人，占比 25%。三是完善绩效考核体系。印发《全员绩效管理制度》，突出效益效率导向，打破薪酬分配“大锅饭”，纳入绩效考核的员工数量达到 100%。合理调整薪资结构，收入分配向生产一线、关键岗位和紧急急缺的人才倾斜，浮动工资占比达到 72.12%，生产一线、生产辅助、服务类岗位收入分配比例 1.89 : 1.48 : 1。四是打通人才培养通道。完成青年人才发展培养，首席师、技术技能专家制度的修订。全年推荐培养优秀年轻干部及青年人才 18 人。其中科级优秀年轻干部 5 人，优秀青年人才 13 人。在财务、检修、燃输等部门设置兼职部门主任 8 人，调动员工的积极性与主动性，激发企业发展的内生动力。

【企业可持续发展创新有效推进】 按照贵州公司新能源发展规划，成立光伏新能源开发小组，在周边区域积极寻找资源开发投资项目。与威宁县政府签订光伏开发协议工作积极沟通，争取尽早签订协议。利用织金县加快发展战略，推动政企协同，充分利用现有水、热、汽副产品开展招商引资，合作开发的热水洗涤项目投入运行。

（撰稿：董克明）

纳雍发电总厂

【概述】 纳雍发电总厂是“西电东送”火电项目，位于乌蒙山区的贵州省毕节市纳雍县阳长镇境内，组建于 2000 年 8 月 25 日，总装机容量 240 万千瓦，总投资 81 亿元，属国家电投集团贵州金元股份有限公司旗下全资电厂，简称纳雍电厂。分一厂、二厂，分别位于阳长镇字库村和海座村，两厂相距 9 千米，分别按 4×30 万千瓦装机容量建设，于 2001 年 11 月 25 日正式开工，2003 年 3 月 3 日首台机组并网发电，2006 年 12 月 19 日 8 台 30 万千瓦机组全部建成投产。2021 年，在贵州金元党委的正确领导下，认真贯彻集团公司“2035 一流战略”决策部署，围绕“五新”跑道，按“再造一个新纳电”的发展思路，精心打好“三副牌”，勠力同心争效益，百折不挠谋发展，总厂党委与全厂干部职工上下同心、勇毅前行、攻坚克难，完成年度目标任务。2021 年，发电量 77.63 亿千瓦时，同比增加 6.1 亿，创近 6 年新高，其中：一厂 47.40 亿千瓦时，二厂（泰元公司）30.23 亿千瓦时。采购电煤 525.91 万吨，一厂 351.85 万吨，二厂 174.06

万吨。

【安全工作】 坚持把安全作为头等大事和生产第一要塞，践行企业使命，总厂安全管措成果显著。13个风险区域划分完成，1207块警告标识牌全面扎根现场、65个安全生产管理制度和标准修订按期挂网、78条安全隐患治理，涉及纳雍电厂的88个大项，贵州金元安全生产三年行动项2021年所涉项目全部完成。1241人次疫情防控排查，本年度安健环体系评分63.38%，提升至“二钻”水平，全年未发生轻伤及以上人身伤害、设备类一类障碍、电力安全事件、火灾、交通险情。双重预防机制持续提升、“双锁”隔离落实得当。制度“两张皮”，责任不明晰等历史问题得到显著改善，在全体干部职工的督促下，电厂基本实现安全“三控”，高质量地完成了安全生产工作。

【能源保供】 发电量一厂发电量同比增长8.23亿千瓦时，总厂同比增长6.1亿千瓦时；电煤采购全年同比增加74.91万吨，全年入厂煤不含税的标煤单价、热值差、燃料日常管理在金元6家火电厂中排名第一。一季度趁热打铁，充分发挥扩地储煤优势，举全厂之力，八机共鸣，同比电量增长10亿千瓦时创十年新高，八机共运时长创十年新高。二季度多点布守，分片区安插专人驻煤矿进行催装催运，掌握实时市场动向，确保电煤出关入厂。三季度齐心勠力，攻克线路受限、电煤受阻、机组全停难关，奋战24小时，成功并网三台机组。四季度全力以赴打好能源保供攻坚战，运行人员轮班换班，以6台机组配置人员稳住8台机组正常运行；燃煤人员着力研判，采用北煤引纳，多地抢购，日均进煤量从1.5万吨冲至3.5万吨，库存显著。管理人员冲上前线，疏导交通，开通“温暖”驿站，护煤入厂。检修人员全力以赴，确保设备可靠，机组安全运行。

【转型发展】 坚定不移围绕“五新”要求，共同发力打好纳电“三副牌”，坚持在综合智慧能源、新能源+、绿色交通、固废处置等方面布局产业，助力企业多点破局。县内，50兆瓦杨家箐风电项目获得核准，并储备4个风电项目共计205兆瓦开发权，屯脚光伏电站并网容量跃升，纳雍县清洁高效能源项目投资开发协议促成签订；厂内，全年多措并举促进固废外销117万吨，同比增加17万吨，创历史新高。33台电动重卡落地运营，充换电量达100万千瓦时，绿色交通首战告捷。县外，“上大压小”织金项目落成、1350兆瓦新能源投资开发协议签订，风光火储+综合智慧能源产业园区稳步推进！主动促成新疆生产建设兵团第九师与贵州金元签订投资开发框架协议，总厂转型发展“闯”出新跑道。

【人力资源工作】 贯彻落实贵州金元“大熔炉”、人力资源“再出发”工作理念，践行人能尽其才则百事兴的工作理念，盘活人力资源，锤炼人才。全厂范围内定员定岗，人岗相适，36人承接光伏运维建管，91名专业人才输送到系统兄弟单位、4个部门精简合并，正式完成减员117人。58人次中层干部及以上人员调整、“80后”中层干部人数达到23人，占比46%。开展263余次技能技术培训，12种岗位资格培训166人考证复证，47人获取中、高级职称评定，人才复备得到整体提升，逐步达到了精简整合人力资源、消除体系臃肿的效果。

（撰稿：刘宝星）

贵州华电毕节热电有限公司

【概述】 2021年，面对新冠肺炎疫情、能源供应紧张、粉煤灰市场低迷等严峻形势，公司上下坚持以习近平新时代中国特色社会主义思想为指导，在贵州省委、省政府，毕节市委、市政府的正确领导下，积极应对市场变化，全力打好硬仗，克难求进、勇毅笃行，在全体干部职工的共同努力下，圆满完成全年各项安全生产任务。

【主要指标】 完成发电量 14.05 亿千瓦时，同比减少 0.64 亿千瓦时。完成供热量 20.04 万吉焦，同比增加 2.08 万吉焦。综合供电煤耗 370.01 克/千瓦时，同比增加 6.01 克/千瓦时。完成主营业务收入 41756.26 万元。全年未发生公司责任造成的有社会负面影响的电力生产事件。

【守底线、强生产，安全环保取得新成绩】 一是安全管理进一步提升。深入推进专项整治三年行动，扎实开展整治攻坚年活动。夯实“双控”平台应用成果，在贵州乌江水电开发有限责任公司系统内率先推行“反违章五级管控”。着力推动反违章活动，动态滚动更新“两个清单”，全力消除存量隐患、严防严控新增隐患。完成中国华电集团有限公司挂牌督办重点关注的一般隐患 1 项（游家湾灰场超高堆放）、贵州乌江水电开发有限责任公司挂牌督办的一般隐患 1 项（全厂消防水压力低）整改工作。着力风险管控和隐患排查治理，不断提升安全防范治理能力，全年发现隐患 388 条，整改 333 条，整治攻坚取得实效。常态化开展反违章工作，处理违章 288 次。二是环保管理进一步显效。加强国家、地方及行业的有关法律、法规的宣贯落实，不断完善公司环保管理体系与环保监督体系职责，修编环保监督管理制度，进一步规范环保监督工作，充分发挥环保监督体系作用。成立公司环境监督委员会，强化环保监测设施和监测数据规范管理，加大超排和数据传输故障考核问责力度，确保公司各项环保工作的正常开展。2021 年，完成生态环保突出问题“一本台账”专项整改 51 项，整改完成率为 100%，全年未发生信访、投诉和通报事件。三是设备治理进一步强化。坚持以“调结构、压责任、补短板、促提升”的原则，认真贯彻落实上级公司降非停工作会议精神，进一步完善安全生产监督管理机制，落实安全生产主体责任；以加强反措执行，加强技术监督管理，提高设备检修维护、运行操作质量为主线，强化预防为主和源头治理，狠抓安全生产管理薄弱环节，不断夯实安全生产基础管理。依托公司技术力量成立技术攻关专班，有效消除异常，解决锅炉低负荷燃用低热值、高硫分煤时床温低的问题，提高燃烧效率，锅炉低负荷稳燃能力大大增强。通过摸排解决风机高压变频装置 UPS 故障，更换 UPS 以解决风机变频器周期性跳闸的顽疾，提高主机运行可靠性等疑难问题，为能源保供期间机组长时间可靠运行提供有力支撑。

【强管理、重成效，经营管理迸发新活力】 一是实施有效的财务管理方法。大力实施低成本竞争战略，树立全过程、全员成本管理意识，以综合计划管理为手段，将企业一切活动全部纳入成本管控范畴，以最小的成本投入，获取最大的企业效益，通过置换高利率贷款，在贷款本金较年初上升 1.21 亿元的情况下（2021 年贷款余额 10.48 亿元），综合融资成本率从年初的 4.75% 下降至 4.31%，财务费用节约 472.33 万元。加强“四项费用”预算执行过程管控，提高预算全过程管理水平，全年发生四项费用 6500 万元，较执行预算减少 112.31 万元。组织开展民企清欠工作，清理民营企业 116 家，共计挂账 2840.85 万元，支付民企逾期无分歧供应商 19 家，共计 79.58 万元。二是采取合理的电煤采购方式。公司把能源安全可靠供应作为第一责任、首要任务，提高政治站位，树立大局意识，第一时间自上而下建立保供体系，层层压实保供责任，科学制定电煤价格，每日召开能源保供调度会，实时掌握电煤市场行情，抢购省内电煤。加强与市、区两级政府及各产煤区地方政府沟通协调。通过领导班子分区划片的方式，组成专业小组驻矿，促进电煤量质提升，快速解决燃煤紧缺问题，全年采购电煤 98.5 万吨。根据省能源局关于电煤补贴的有关文件，完成高热值煤采购量 9.3 万吨，应申报电煤奖补贴资金 279 万元，年底前完成申报 144 万元。三是拓展多元化的营销模式。积极与电网和政府部门沟通协调，争取电网支撑需求标杆电量 3.768 亿千瓦时，合理优化电量结构，电价同比提高 1.7 元/千瓦时。完成碳核查及配额申报交易注册工作，实现盈余总碳量 33.2 万吨。10 月 25 日，完成危险废物经营 10 万吨/年许可证变更，处置 10230 吨，增加收入 296.67 万元。积极开拓粉煤灰市场，省外灰渣用户增加 2 户，省内增加 2 户。

【人才队伍建设有力推进】 逐步改善公司人力资源结构现状。全年，取得中级及以上职称人数 3 人，初级职称 13 人，中级工 5 人，人才当量密度提升比例达到年度目标值（1%）。组织开展首届"毕热工匠"评选，营造提升技术技能水平的良好氛围。优化人员结构，调整干部 15 人次，其中 7 人提拔，8 人交流平任，"80 后"部门正职级干部同比提升 25%。推动优秀人才培养，年初优选 5 名中青年优秀人才挂职部门主任助理，通过组织培养及自身勤学苦练相结合的方式，快速提升自身素养和管理能力。

【基础管理不断完善】 为落实国企改革三年行动方案任务要求，组织修订公司《章程》等九项基本管理制度，进一步完善公司法人治理体系，让办事流程更加规范、合理，有力推动企业管理科学化、常态化、规范化和精细化提升，确保企业运营的安全和高效。严格按照"阳光采购"工作要求，完成货物类采购 1110 项，工程服务类采购 106 项；招标项目 4 项。充分平衡利库，加强库存管理，年初库存资金 386.91 万元，年末，物资库存资金 342.81 万元，均低于 405 万元库存控制目标。项目建设有序推进，顺利完成游家湾子灰场闭库项目，保障公司后续生产环保的需求。

【新能源运维稳步推进】 8 月，顺利接管威宁、赫章、七星关区和黔西南州等区域共 11 个光伏电站运维工作。抽调具有丰富经验的人员开展设备状况的摸底排查，10 月 26 日，实现所有光伏电站影响电量的缺陷全部结零。全年共消除缺陷 2279 条，其中处理故障箱变 5 台、故障逆变器 52 台、故障汇流箱 4 台、故障组串 1000 余串，提高光伏设备可靠性和发电能力。

【新能源建设加速前进】 积极克服人员经验欠缺、疫情防控、工期紧迫等不利因素，9 月 29 日，七星关区 3 个光伏项目（杨家湾、水箐、何官屯）顺利开工，截至年底，杨家湾项目临时并网送出线路共计 7 基塔，全部建设完成，对侧改造全部完成；水箐项目升压站到何官屯项目升压站共 79 基塔，于 12 月 20 日全线贯通并完成放线，对侧改造完工；何官屯项目与水箐项目将联合送出至官屯 220 千伏变电站，送出线路 39 基塔组塔及放线工作全部完成。为公司转型发展打下坚实基础。

【集中供热建设逐步落地】 通过反复优化，积极配合同方能源（毕节）热力有限公司，确定厂内供热首站建设用地，签订供热首站建设用地租赁合同、采暖蒸汽趸售合同。有效对接民用采暖趸售工作，完成万晟阳光城二期、贵州工程应用技术学院人才房公租房、明郡悦府项目转让协议签订并梳理完成项目移交相关资料，大力推动毕节市中心城区集中供热建设工作。

（撰稿：郭　烨）

毕节市水务投资集团有限责任公司

【概述】 2021 年，毕节市水投集团公司坚持以习近平新时代中国特色社会主义思想为指导，认真贯彻落实中共十九大和十九届历次全会、习近平总书记在庆祝中国共产党成立100周年大会上的重要讲话、视察贵州重要讲话精神，以及中央、省市相关会议精神，坚持“以水为本、多业支撑、盘活资源、做实做强”的发展思路，不断做大资产体量，做大市场份额，做大营业收入，推动公司高质量发展。实现资产总额45.71亿元，比2020年增加1.85亿元；实现营业收入1.765亿元、增长16.55%，利润总额2956.99万元、增长16.15%，净利润2181.57万元、增长26.50%；完成固定资产投资21.05亿元，融资6.29亿元。

【水库建设快速推进】 赫章河口水库大坝主体工程完工，并通过蓄水阶段验收工作，累计完成投资69341.51万元；黔西凹水河水库两坝肩开挖、两岸下层灌浆平洞开挖完成、导流洞开挖和衬砌工作完成，具备截流阶段验收条件，预计2024年（比原计划提前一年）建成，工程累计完成投资75423.00万元；赖子河水库两坝肩开挖、导流洞开挖和衬砌工作完成，工程截流阶段验收工作完成，工程累计完成投资39809万元；纳雍县金珠水库正在开展工程征地工作和有关施工准备工作，工程累计完成投资28889.87万元。其余8座中型水库前期工作有序推进，其中大方县箐口、赫章县野马川、纳雍县环城3座水库可研阶段所涉专题（专项）全部完成。

【供水业务扩容增效】 组建水投供排水公司挂牌运营。倒天河水厂（2万吨/日改为6万吨/日）改扩建工程2022年8月可建成，水质监测中心检测项目提升工程和毕节水厂制水构筑物安防工程全面完成进入验收阶段，双山组团应急水厂改扩建项目完工并投入使用，金沙县城供水管网改造工程建设部分全部完成；完成松林水厂维修改造工程、职教城—归化街上供水管网安装工程、七星关城区与金海湖新区供水管网搭接，以及金沙县马鞍山水厂、光明水厂供水管道安装工程，鼓场街道太极社区供水工程建设；启动建设金海湖新区松林水厂改扩建工程，加快推进“智慧水务”建设，金沙城区完成硬件安装，毕节城区正在进行方案比选。

【污水项目加快建设】 建成金海湖新区梨树、双山污水处理厂和七星关五龙桥再生水处理厂投入运行；实施威宁北门河再生水处理工程，年底前正在进行基坑土石方开挖和边坡支护锚索施工，累计完成投资3000万元，计划2022年建成投用，污水处理能力可达30000吨/日；金海湖新区文阁、保河污水处理工程完成厂区地质勘察作业，实施进场道路施工工作，响水污水处理工程前期工作有序推进。

【临水地产稳步推进】 同心休闲街项目完成地勘工作、部分边坡支护、基坑土石方开挖作业，停车场施工、监理等单位招标工作完成，预计2023年建成；启动金海湖新区的煜锦湖畔项目建设，进行前期规划设计、手续办理、施工单位招标等工作；代建夹岩水利枢纽工程双山安置点商业B项目，开展项目施工招标工作，边坡支护作业和基坑土石方工程完成。

【涉水产业积极发展】 积极发展水电业务，拟收购赫章县袁家滩一二级水电站，正在开展技术评价，拟与威宁祥瑞水电公司合作林家桥水电站项目，正在开展资产造价评估和工程预算工作；对金沙安底温泉度假中心项目进行盘活，拟对温泉进行改造设计；启动支嘎阿鲁湖“渔光互补”水面光伏发电项目，拟与贵州省乌江水电开发有限责任公司合作推动项目建设；积极发展生态渔业，按省市安排启动湖库生态渔业养殖8.4万亩，目前在洪家渡水库投放24.60万千克鱼苗；积极推进水库运营管理工作，与贵州省水库运营管理公司合作组建贵州水投水库运营管理毕节有限公司。

【驻村帮扶有序开展】 认真做好公司帮扶联系点巩固脱贫攻坚成果同乡村振兴有效衔接工作，按要求选派符合条件党员职工驻村帮扶，划拨工作经费1万元，资助2万元用于村公所道路硬化，对2021年考上大学的5名建档立卡贫困学生发放教育资助金1.2万元。按照市委组织部、市国资委要求做好红色美丽乡村帮扶工作，按照市国资委安排和牵头单位农投公司帮扶工作人员方案划拨10万元帮助赫章县哲庄镇还山村发展茶产业。

【治理能力明显提升】 扎实开展国有企业改革三年行动，对集团公司薪酬管理、绩效考核等制度进行修订完善，实现一岗一薪、以岗定薪；制定《经理层成员任期制和契约化管理暂行办法》等制度，确保企业选人用人与市场接轨，提升人才活力；统筹发展和安全，严格落实安全生产责任，加强隐患排查治理，对各子公司及在建项目开展安全生产检查5次，排查各类隐患123条，按照“责任不落实不放过、整改不到位不放过”的要求全部完成整改，组织开展质量与安全培训110人次，实现安全生产持续稳定。同时，统筹做好疫情防控工作，筑牢外防输入防线。

（供稿：毕节市水务投资集团有限责任公司）

毕节市工业能源投资建设有限公司

【概述】 2021年，工投公司在市委、市政府的坚强领导下，坚持以习近平新时代中国特色社会主义思想为指导，深入贯彻落实习近平总书记关于国企改革发展的重要论述和习近平总书记视察贵州、毕节的重要讲话重要指示精神，全面贯彻落实十九届五中、六中全会精神和省委、市委全会精神，紧紧围绕全市发展的“11345”总体思路，坚持把推进新型工业化作为经济高质量发展的首要任务，全力推动公司晋级发展上台阶。

【经济发展成效显著】 一是完成投资10.59亿元，完成率105.9%，较2020年增长24.88%；二是完成融资8.29亿元，完成率103.63%，较上年增长69.18%；三是实现营收2.97亿元，较上年增长14.28%；四是实现利润299.67万元，在上年扭亏为盈的基础上同比增长10倍以上；五是扎实有序推进国企三年改革行动，提前顺利实现国企三年改革任务70%以上目标，企业活力明显增强，公司已经步入稳定发展新周期。

【项目建设持续发力】 一是能源项目方面。完成电力交易电量5200万千瓦时；完成市政府、市一医20个充电桩建设；完成资源综合利用产业园项目选址、调规；完成光伏风电项目、碳汇项目实施方案编写及合作方尽职调查；完成鸭池综合能源示范站项目施工建设，即将投运。二是环保项目方面。完成赫章医废项目手续办理启动项目施工、并完成主体工程的75%及部分附属工程；完成赫章餐厨项目选址论证、评审、规划审查、设计方案批复及土地征收工作；完成黔西医废项目选址、可研编制、取得发改批复和红线规划批复；完成中心城区建筑垃圾资源化利用项目选址、取得特许经营权；完成电厂固废综合利用项目投资论证工作，与上海每天生态科技公司、市交建集团签订合作框架协议。三是工业项目方面。与四川铁投开展煤贸项目，完成电煤供应36500吨；完成纳雍县后寨煤矿债权包转让；完成织金马家田煤矿露天开采手续办理，启动复工复产；与贵州光影、江西行者物流公司合作开展煤炭运输工作，完成煤炭运输30万吨；与贵州金元智慧能源有限公司开展电动重卡项目合作，通过融资租赁、以租养贷的方式累计为金元智慧公司购置电动重卡车头50个、车挂51个；完成织金县采煤沉陷区综合治理项目实施方案编制；完成瓦斯发电项目合作方尽职调查、项目实施方案编写及合作协议拟定。与多家房开签订分布式集中供热项目合同，预计新增供热面积80000余立方米。

【遗留问题逐步化解】 一是回迁取得阶段成效。2021年完成安置房回迁873套，至此，南部新区建成的2532套安置房回迁2382套，剩余150套陆续回迁中，今后将不再产生高额的超期过渡费，长期困扰公司发展的历史包袱即将告一段落。二是棚改建设稳步推进。完成六合棚改项目1~8号楼810套安置房主体竣工验收，完成9~18号楼石方检测及土石方开挖20万立方米，完成1~8号楼配电工程施工招投标工作及装饰装修工程的70%。三是信访形势平稳可控。通过耐心细致疏导，及时有效回应群众诉求，南部新区长期上访的10余名群众有部分和公司签订息访罢访协议，总体形势平稳可控，信访秩序逐步好转。2021年以来，未发生进京赴省越级上访和集访群访事件。四是同心康体即将开工。由公司自行投资建设的毕节市七星关区同心康体运动中心项目，取得初设批复、工程规划许可证、建设规划许可证，获得项目可研批复，完成地勘审查、人防手续办理、施工图纸送审，正在开展施工单位招投标工作，有望在2020年建成投运。五是完成市行政办公中心消防安全整改，全力配合市机关事务局做好一院三馆重大会议活动服务保障工作。

（供稿：毕节市工业能源投资建设有限公司）

毕节市医疗投资有限责任公司

【概述】 2021年，毕节市医疗投资有限责任公司坚持以习近平新时代中国特色社会主义思想为指导，认真贯彻落实中共十九届历次全会精神及中央、省市相关会议精神及各项决策部署，紧紧围绕市委、市政府、市国资委的工作部署，坚持以“大党建”为统领，紧紧围绕全市“一区三高地、五个新毕节”的重大战略定位，按照公司“盘活资产、做强产业、做大市场”的目标，锐意进取、开拓创新，积极推动公司高质量发展。

【国企改革三年行动】 一是高位推动勤调度。对国企改革三年行动工作形成督办通报制度，领导小组周调度，定期召开专题推进会，对改革任务进展滞后、推进力度弱的部室进行通报，督促改革，做到扎实有效、高效推进，确保落实工作要求方向不偏、力度不减、质量不降，切实推动国企改革三年行动落地落实。二是责任分解促落实。按照市国资委的要求，结合相关文件，根据各部室职能职责，建立工作任务清单，明晰责任分工及完成时限，责任部室之间加强协同、高效联动，聚势突破改革过程中的重难点问题，切实推进改革措施落实落地。三是狠抓督促见成效。公司共涉及8个改革方面，50项目标任务，129项具体任务。通过动态跟踪，对任务量大、工作进度慢的部室重点督导，充分发挥考核指挥棒作用，传导压力，促进落实，务求工作实效，129项任务全部完成。

【疫情防控常态化工作】 一是坚持党建引领，坚决贯彻落实国家、省市关于疫情防控各项决策部署，充分发挥党员先锋模范作用，引导广大党员干部在疫情防控中诠释初心、践行使命。二是从严从实从细，时刻绷紧疫情防控这根弦，自觉压紧压实责任，严格落实疫情防控各项制度规定及工作要求，正确佩戴口罩，不扎堆聚集。三是加强制度建设，科学防控、及时调整，针对疫情新情况及时排查工作人员及家属行程情况，并做好对公司来访人员的个人健康情况登记工作，织密织牢疫情防控防线。四是在疫情防控物资管理方面，公司严格按照相关医疗物资储存的制度规定，对公司现有物资按照批次进行重新划分堆放，清点排查出过期物资后上报进行处置，并进一步明晰、规范物资储备管理工作，为毕节市疫情防控工作提供有力保障。

【狠抓重点项目，全力推动医疗基础设施建设】

2021 年度，市医投公司 2021 年固定资产投资完成 15.13 亿元。建设的项目中，一是毕节市第一人民医院双山分院建设项目。公司围绕市政府对该项目部署的攻坚目标及工作任务要求组建工作专班，派驻工作组全天现场追踪事项的落实，全力加快项目进度。至年底该项目经审计审核累计完成投资 115878 万元，项目主体完工，门诊楼前室外工程完成 97%，外装完成 92%，内装完成 76%，附属工程完成 73%。其中，医疗设备采购工作按照专家论证、询价、挂网招标等流程有序推进。二是市中医院清毕路老院区改扩建项目（一期）。该项目申报的第一批 2000 万元地方专项债放款到市中医院与公司开设的共管账户项目有序开展土石方外运和深基坑、边坡支护施工。同时开展桩头破除、冠梁及桩间板施工。规划区域的建筑完成拆除，并组织各参建单位及相关岩土专家对其中 8 号家属楼一侧边坡支护形式进行优化。截至年底，该项目完成投资约 2500 万元。三是毕节市第三人民医院及市公共卫生中心建设项目。至年底该项目完成投资约 1.6 亿元，占总投资约 9.14%。四是百里杜鹃人民医院建设项目。该项目按前期工作目标有序推进，并申请 5000 万元中央资金及 8800 万专项债券资金。

谋划实施的项目中，一是毕节同心医院项目。公司于 2021 年 3 月获市国资委批复同意投资建设毕节同心医院项目，并同意组建项目管理公司运营管理该项目，同年 4 月，与贵州鑫元达贸易有限公司签订合作协议后次月成立毕节卓驰合创医投有限责任公司。公司依法依规，稳步推进项目建设，与卫健部门对接联系，积极推进设置医疗机构批准书办理工作，多次与重庆第三军医大就后期的团队建设、运营管理等进行座谈，积极与各家金融机构就项目融资工作洽谈，同时开展项目资产评估和装修设计标段招标工作，扎实有力推动项目开展。二是全民健康信息化平台建设项目。为促进全市卫生健康事业与经济社会相协调发展，加快“健康毕节”建设，利用新思路、新模式构建毕节市“互联网+医疗健康”平台，公司在大量调研的基础上，拟采取由公司出资、贵州家有在线网络有限公司提供技术支撑，共同建设和运营该项目。该项目现按程序有序推进中。三是大方县国家储备林（二期）PPP 项目。公司作为潜在社会资本方完成项目投标工作，并成立项目大方县国储林业投资运营有限公司，有关工作正有序开展中。四是毕节市残疾人康复中心和托养中心。截至年底，由市残联组织原施工单位及行业主管部门进行第一次消防验收，并对消防存在问题进行整改，待整改完成验收通过后移交给运营管理公司。

【抓实产业发展，推动乌蒙山医药产业园重整】

公司于 2021 年 1 月与乌蒙山药业破产重整管理人、四川冠虹健康管理有限公司正式签订关于乌蒙山药业破产重整的投资协议，随即组织成立重整工作筹备小组进驻乌蒙山产业园区开展工作。

重整工作启动以来，市医投公司紧紧围绕盘活资产、确保企业重整成功这一目标，以公立医院医药流通业务为重点、以全面盘活医药工业生产板块资产为核心、以其他医疗服务为补充工作思路，产业园重整工作快速推进。一是完成法人治理结构工作。二是资产移交全面完成。三是制药项目第三批试生产取得实质性进展。琥乙红霉素片剂和颗粒剂两个剂型试生产三批成品各项指标均符合规定，质量稳定。四是通过药品质量管理规范（GMP）符合性检查认证。五是医药流通项目经营逐步恢复，已累计搭建药品配送权 392 家、2253 个品规，并累计完成等级医院开户 11

家、基层医疗机构开户48家。六是积极开展以园招商、以产招商、产业链招商等招商合作。医疗器械、制药、中药饮片、医疗服务等项目有序推进，与贵州黔中天和药业有限公司合作的杨氏非遗技艺项目，获得项目备案证明；与成都新津事丰医疗器械有限公司就输液器、注射器等医疗器械耗材产销合作项目签订合作协议；与蜀中药业集团公司就药品委托生产达成合作意向；与国药器械贵州公司就智慧医疗物流园、SPD、专科医院建设等项目达成合作意向并积极推进；与上海绿谷（集团）有限公司合作的项目现阶段双方就项目合作事宜持续洽谈对接。

【立足市场需求，多元化拓展经营业务】 截至2021年，公司开展经营业务累计完成收入7892.84万元，高出目标值1392.84万元，完成率为121%，实现销售利润总额375.87万元。

一是在经营板块新项目的谋划上，参与投标的威宁自治县人民医院整体搬迁建设项目医疗和办公设备采购项目于2021年10月中标，并完成项目合同的签订，项目金额约1.2亿元。毕节市第一人民医院金海湖新院医疗设备采购项目的第一批医疗设备挂网招标完成，项目金额1.3亿元。该项目其他批次的设备招标工作将继续按照市场化原则及有关规定有序推进。除医疗设备的采购工作外，还就毕节市第一人民医院金海湖新院非核心医疗部分与市一医签订框架协议，由市医投公司运营。二是经营性资产的运营方面，为实现国有资产效益最大化，有效盘活公司闲置资产，公司积极对接原资产管理方并采取有效措施开展工作。截至2021年，市残联办公楼共收到租金180万元，合约将于2024年1月到期。市社保大楼一楼门面收到租金约24.13万元，于2024年9月2日到期。市工商局旁临街原百汇超市门面，以评估租金18.53万元的价格挂网招租两次，均因无投标人参与流标，公司将继续按照有关规定继续推动招租工作。

【守住红线和底线，着力防范化解重大风险】 市医投公司始终坚持底线思维，一是积极推进融资工作，全力抓实抓牢债务风险防范化解，全年度未出现债务逾期或违约的情况。二是严格落实安全生产和环境保护责任制等有关工作要求，通过党委会、理论学习中心组等形式学习习近平总书记关于安全生产和生态环保的重要论述，对环境保护的相关知识和内容等经常学、常新学，对安全生产工作进行安排部署，并层层签订安全生产目标责任书。

（供稿：毕节市医疗投资有限责任公司）

毕节市商贸投资有限责任公司

【概述】 2021年，毕节市商贸投资有限责任公司始终坚持以习近平新时代中国特色社会主义思想为指导，深入贯彻中代十九大和十九届历次全会精神，深入贯彻落实习近平总书记对贵州对毕节工作的重要指示批示精神，深入贯彻落实省委十二届历次全会、市委二届历次全会及第三次党代会精神，牢记嘱托、感恩奋进。坚持稳中求进工作总基调，立足新发展阶段，贯彻新发展理念，构建新发展格局，以高质量发展统揽全局，聚焦建设贯彻新发展理念示范区目标，坚持以“大党建”为统领，围绕“四新”主攻“四化”，以全面推进落实《国企改革三年行动实施方案（2020—2022年）》为动力，以做大做优做强国资国企为战略方向，牢牢守住发展和安全两条底线，坚持“强基础、强保障、聚资源、聚人才、强龙头、强品牌”发展基调，全面落实中央、省委、市委各项决策部署，安排部署，坚持新发展理念，千方百计想办法、找思路、谋发展。以改革创新开放为动力，聚焦现代商贸服务业（商贸物流、大宗产品供应）主责主业，迎难而上，奋力拼搏，大力推动各项工作有序开展。截至2021年末，公司资产总额达56121.51万元，实现营业收入 11939.38 万元，利润总额 139.82 万元。完成固定资产投资入统 89440 万元，融资资金到位 32990 万元，招商引资到位 6000 万元。完成国企改革三年行动重点任务总体目标的 70%，完成率 100%。

【聚力抓实国企改革，激发内生发展动力】 深入学习习近平总书记关于国有企业改革发展和党的建设的重要论述，切实把国有企业改革作为公司重大政治责任。紧紧围绕国企改革三年行动九个方面重要内容制定《毕节市商贸投资有限责任公司国企改革三年行动方案》，深化 24 项改革任务，采取挂图作战方式，定期组织召开专题调度会调度各项指标完成情况，全力推动改革工作落实。深化三项制度改革，健全市场化经营体制，加快推进职业经理人管理制度、外部董事管理制度、总法律顾问制度、人力资源管理制度等制度建设，完善改革制度体系，建立健全符合新时代要求的现代国有企业制度。高度重视“十四五”发展规划编制，成立编制小组，认真编制公司“十四五”发展规划并顺利通过外审，结合主责主业有针对性地提出商贸流通、经营拓展、下属公司培育壮大等“十四五”期间重点工作。

【强化落实帮扶力量，助力推动乡村振兴】 坚决扛起助力乡村振兴政治责任，选派驻村干部 1 名，立足公司主责主业，从产销对接上帮助大方县羊场镇拢公村理清发展思路，为结对帮扶贫困户免除借款 7200 元，邀请市水产专家培训水产养殖 1 次。积极参与赫章县哲庄坝镇环山村红色乡村建设，投入资金 10 万元支持环山村茶园建设。深化帮扶责任，扶持壮大村集体经济，根据上级部门安排新增大方县 2 个村作为帮扶点。围绕开展“我为群众办实事”实践活动，发挥公司商贸主业优势，组织下属子公司众城商投公司为纳雍县锅圈岩乡文化村解决南瓜滞销的问题，向村合作社采购销售南瓜 0.6 万千克。深入七星关区鸭池镇调研，用好用活鸭池镇交通便利优势和商投公司市场资源，通过“镇企合作”，搭建起产销一体的农产品贸易平台，畅通销售渠道，以点带面，为七星关区及其他县区城关乡镇、街道探索出一条适合城郊融合发展的新路子，助力乡村振兴。

【全力推动业务开展，促进公司有序发展】 围绕“四新”主攻“四化”，立足公司主责主业，全力推动业务开展。一是凝心聚力抓投资。统筹抓好项目投资，推进公司粮食产业园、加油站等重点项目建设，纳入固定资产投资调度项目 11 个，完成投资入统 89440 万元。二是千方百计促融资。紧扣国家金融政策及金融机构的授信政策，认真谋划、及时部署，加强与市级各金融机构洽谈力度，采取新贷续贷相结合的方式，全力推进融资工作有序开展，累计完成银行融资 22990 万元，获批粮食产业园项目贷款 16000 万元，同时完成地方专项债申报 10000 万元。三是聚焦主业强贸易。2021 年，公司共开展大宗粮油贸易 30 余笔，采购粮油 7996.27 吨，累计销售 7936 吨，实现销售额 2536.187 万元。其中：与贵州聚兴瑞丰公司合作共同开展大米贸易，打开市外粮油贸易市场，做大粮油贸易体量；与赫章县金西生态农业有限公司开展饲料供应合作，开拓县区养殖场饲料供应业务；与赫章县海雀生态养殖有限公司开展蛋鸡养殖合作，推动全市蛋鸡养殖发展，在赫章县平山镇养殖蛋鸡 45 万羽，2022 年底前养殖规模突破 100 万羽。与大方阳光食品有限公司合作开发核桃乳制品，通过推进初深加工，延伸产业链条，着力提高产品加工附加值，推动县区特色优势产业发展。同时取得七星关区蒙牛常温乳制品总代理权，与贵州金盛达商贸有限责任公司达成合作，利用其成熟的销售渠道销售乳制品，累计销售蒙牛常温乳制品 15.5 万件，销售收入 616.06 万元。

【持续抓好“六稳”“六保”，加强社会民生保障】 积极在落实“六稳”“六保”工作中发挥国企作用，聚焦主责主业，紧盯全市商贸物流领域短板建链补链强链。一是以毕节市粮食产业园仓储物流建设项目为载体，强化全市大宗粮油整合，落实好保证粮食安全职责。二是持续推进农产品“七进”工作，累计供应机关、学校85家，完成食材配送约1920吨，实现销售收入2400余万元，完成禽蛋销售5000余件，实现销售收入100余万元，供应大豆油17123件，实现销售收入563.4万元。与纳雍县富民牧业发展有限责任公司合作，完成生猪销售1346.36吨，实现销售收入2554.95万元。与贵州图南实业投资有限公司合作，供应大方县各学校3.5万余人营养餐食材，累计完成销售902.2吨，实现销售收入508.23万元。二是创新经营模式，推进生鲜食材进高校，推动毕节幼专勺园食堂装修运营，满足3000余名师生就餐需求，舒适便捷的就餐体验，受到广大师生的一致好评，树立毕节高校食堂新标杆，自2021年10月营业以来，累计实现销售收入182.22万元。三是做好农特产品销售，精选各县区优质农特产品，通过“一码贵州”“832”消费扶贫工作平台挂网销售，到年底为止提交国家扶贫发布的农特产品12个，省建议的农特产品19个。与新希望集团签订农特产品销售协议，2021年6月在新希望设立“乌蒙山宝·毕节珍好”农特产品专柜，上架产品79种。与毕节盐业公司对接，争取贵盐集团在七星关区建设毕节市农特产品体验店，组织专人对全市农特产品进行梳理和筛选，优选出各县区共计218种优质农特产品，做好“贵州名特优产品”引领“黔货”出山准备工作。四是在面向社会公开招聘高校毕业生9名，为4名应届高校毕业生提供见习机会。

【坚持安全发展理念，扎实做好安全工作】 认真贯彻落实习近平总书记关于安全生产重要论述以及省、市安全生产会议精神，坚决将安全生产放在第一位，坚持人民至上、生命至上，统筹抓好发展和安全两件大事，坚决扛牢政治责任、坚持警钟长鸣、常抓不懈，扎实做好安全生产各项工作。认真贯彻落实安全生产专项整治三年行动相关要求，结合公司实际持续推动消防、交通、建筑施工、食品安全等重点领域安全生产工作走深走实，扛牢安全生产主体责任。制定完善《安全生产管理制度（试行）》《安全生产应急救援预案（试行）》《安全生产检查、隐患整改制度（试行）》等系列安全制度，建立横向到边、纵向到底的安全生产工作责任体系。常态化开展疫情防控，积极配合卫健部门开展疫苗接种，公司及下属子公司疫苗接种覆盖率达100%。

（供稿：毕节市商贸投资有限责任公司）

毕节市建设投资有限公司

【概述】 2021年，市建投公司在市委、市政府的正确领导下，严格按照市国资委要求，紧紧围绕签订的年度目标任务，以习近平新时代中国特色社会主义思想为指导，深入贯彻落实中共十九大及十九届二中、三中、四中、五中、六中全会精神及省委、省政府，市委、市政府有关会议精神，认真学习习近平总书记视察贵州重要讲话和对贵州对毕节重要指示批示精神，以加强党的建设为引领，以项目投融资建设和经营管理为抓手，以实体化转型为突破，牢牢守住债务风险底线，强力推进公司逐步市场化经营、实体化转型发展。

【强管控促融资，有效防范债务风险】 公司按照“管控债务，防范风险，提升偿债能力”的思路，管控债务风险。一是认真理清公司债务。结合公司债务清单，逐条提出可行性措施和方案。二是扎实抓好债务化解。制订《2021年债务情况及化解方案》，结合实际对公司的债务制定了《一债一方案》。成立债务催收专班，分别向县（市、区）及市直有关部门发放催收函并现场催收。三是积极推进融资工作。通过固定资产、流动资金贷款等方式向金融机构融资。拟通过华创证券公司发行公司债，通过湘财证券公司发行借新还旧企业债，年底前按照证券承销人（华创证券公司、湘财证券）要求完成尽调资料。四是抓牢抓实债务置换。按照市委、市政府要求，主动承担作为债务置换的主体积极开展债务置换、融资工作。按照市财政局债务办及第三方审计机构要求，完成公司项目“一债一档案”资料上报工作。

【强主业谋发展，实体转型提档升级】 一是经营指标总体平稳。投转固工作有效推进，积极协调“一院三馆一场”及职教城5所学校的投转固工作。二是项目投资稳步推开。毕节市“513”工程已完成投资3.35亿元、老年人活动中心项目已完成投资0.28亿元、毕节市“智慧交通”一期项目完成投资1.23亿元、花海城市旅游服务项目完成投资0.92亿元。做好绿色产业扶贫投资基金项目的管理和投资服务工作。三是实体化转型稳健推进。组建毕节市建兴产业发展有限责任公司，同时将所属3家子公司股权划转到市建兴公司。乌蒙云大数据公司业务全面展开，完成市级电子政务外网三期项目，实施智慧楼宇和智慧小区项目，投资建设“12345”政务服务中心，推动“智慧交通”项目，与市交通运输局合作推进智慧交通项目建设。人力资源公司工作有序开展，共向43家单位派遣员工474名。承接市、县区招聘会16场，参会企业382家，达成就业意向1209人。积极开展劳务输出，与268家优质企业对接，共与39家企业达成招聘合作意向，并签订合作协议，提供需求岗位25000个。开展职业技能培训业务，开展培训10个班次，培训1720人次。城市运营公司积极开展公司资产清理和业务拓展工作。完成党校路地下仓库租金评估、挂牌招租和正常租赁工作，收取租金17.68万元。完成草海路临时地块清理、合同续签工作，收取租金20.69万元。按期收取毕节宾馆租金35.37万元、麻园地下通道商场租金57.68万元。与市教育局、职教城5所学校协商，收回公司融资建设的5所学校的宿舍、食堂、停车场等有收益部分的经营权。

【强责任促任务，帮扶成效明显】 一是精准选派驻村干部。精选1名责任心强、工作经验丰富的干部到公司乡村振兴联系点开展驻村帮扶。二是扎实抓好调查研究。严格落实“四到工作制”，领导班子成员轮流到党建共创共建帮扶联系点开展调研走访100余人次，结合党史学习教育，由3名班子成员精选助力脱贫攻坚和乡村振兴的调研课题，形成5个方面14条推进有关工作的建议。三是用心帮助解决问题。将帮扶帮建与“我为群众办实事”实践活动结合起来，努力为群众做好事、办实事、解难事。先后出资6万元，为青山村解决办公经费短缺、小广场垃圾设施破损、茶园组张家寨子污水缺乏有效治理等3个问题；出资15万元，为信安社区解决积分超市建设资金短缺、环境卫生治理无资金支持等2个问题；于“七一”前夕，支出7000余元，对青山村和大寨社区部分生活困难党员进行慰问。

（供稿：毕节市建设投资有限公司）

毕节市交通建设集团有限责任公司

【概述】 2021年，市交建集团在市委、市政府的统一领导下，深入学习贯彻习近平新时代中国特色社会主义思想、十九届六中全会、省委十二届十次全会、市委二届十一次全会及第三次党代会精神，以加强党的政治建设为统领，以党史学习教育为契机，以助力企业发展为目标，聚焦主业主责，不断推动公司改革三年行动工作，加快高质量实体化转型发展，为建设新发展理念示范区打头阵、显担当、做贡献。截至2021年底，完成营业收入59900万元；完成利润总额5122.22万元；完成投资29.61亿元；融资到位资金2.63亿元；外出招商引资8次，招商到位资金5100万元。

【畅通多种渠道汇人才】 坚持市场化用工导向，2021年以来，考察聘用引进7人，面向机关事业单位和国有企业选聘5人，面向社会公开招聘47人（正在开展相关招聘工作），为公司发展持续注入源头活水；严格执行选拔任用规定，提拔中层正职4人，提拔中层副职7人，试用期满正式任职7人，平级调整12人，常态化抓好优秀年轻干部队伍建设。

【紧盯目标任务，增强经营发展新活力】 一是加快推进现有项目。国储林项目完成1家全资子公司及6个县（市、区）SPV公司的组建，完成6个县（市、区）作业设计招标工作；物流园项目完成一期规划设计方案、《交通影响评价报告》编制，完成项目可研报告并通过金海湖经发局专家会评审，完成用地规划调整，与西部控股集团签订框架协议。市二医项目完成调概工作，完成医院非核心医疗运营供应链建立，获“国家优质工程奖”。西派·澜岸项目一期综合销售率为89.81%，项目二期获得预售证楼20栋，销售率为70.02%，正在开展一期交房。金澜湾项目完成项目规划设计方案城规委主任会审查，完成项目设计、施工总承包（EPC）等合同签订，完成售楼部基础、主体工程施工。金沙建投大厦项目整体装修工程完成75%；广场部分完成40%，完成主楼地下室渗漏水处理专项检测、勘察设计招标及合同签订；完成渗漏水检测报告、勘察报告、治理施工图纸审查及预算编制。金沙县教育PPP项目完成项目施工总承包合同、委托运营维护协议等合同签订，完成金沙县新城区四所学校建设、验收、移交并投入使用。毕节市老年人活动中心建设项目完成多功能厅、教学楼、活动中心主体施工及二次结构砌筑。毕节智慧交通（一期）项目指挥中心主体装修基本完成，信息化工程基本完成筑大、毕威等10条高速建设内容。二是积极探索拟建项目。碧阳三道项目组建工作专班，完成前期资料收集，与省交勘院商讨项目线路方案优化等内容，制定工作推进方案及项目建设模式初稿上报。大方县土地合作项目与上海乾麟龙公司签订股权转让合作框架协议，完成后续合同拟定及合同谈判相关工作。三是稳步推进国企改革。截至2021年底，对照市国资委国企改革三年行动任务目标，市交建集团全面完成既定目标（总任务的70%），成立工作领导小组，制定印发《改革三年行动实施方案》，细化《国企改革三年行动任务清单》明确责任人和完成时限；建立健全《董事会向经理层授权管理制度》《投资管理办法（2021年修订）》等20余个制度；推行全员绩效考核，实行“一岗一薪、易岗易薪”，形成总体向一线倾斜的激励机制；为下属5家二级子公司配备外部董事20名。四是常抓安全生产工作。按照周抽查、全覆盖要求，督促开展安全检查，其中集团公司层级共检查170人次，发现安全问题180个，下达整改通知书10余份，整改率达100%。子公司按照日检查、全要素要求，共进行安全检查1742人次，共发现安全问题407个，下达整改通知书40余份，整改率达100%，涉建项目施工单位和监理单位共进行安全检查1981次，共发现安全问题892个。建立风险管控台账，重大问题实行挂牌督办、逐项整改销号。

（撰稿：谢黎恒）

毕节市农业投资发展有限责任公司

【概述】 市农投公司坚持以习近平新时代中国

特色社会主义思想为指导，以抓党建、转思想、保发展，强生产为原则，立足新发展阶段、贯彻新发展理念、构建新发展格局，聚焦主责主业，坚持区域化、规模化、标准化、市场化、品牌化、产业化，不断完善毕节现代农业产业体系、生产体系、经营体系建设，围绕“四新”抓“四化”，奋力开创“农业现代化”高质量发展新格局，并扎实抓好巩固拓展脱贫攻坚成果同乡村振兴有效衔接。

【经营指标完成情况】 2021 年，市农投公司实现营业收入 46066.17 万元，净利润 5372.42 万元，融资 23.89 亿元，固定资产投资 31.42 亿元。公司获 2021 年（第五届）中国农业企业 500 强称号、贵州省农业产业化省级重点龙头企业和毕节市诚信示范企业称号。

【突出绿色发展，持续推进国储林（一期）项目】 一期建设规模 145.3 万亩，总投资 130.02 亿元。项目融资模式、组织模式被国家林草局作为“十三五”期间林业工作亮点上报中办、国办；创新做法得到省委副书记蓝绍敏的充分肯定，多项建设指标完成情况走在全省前列，同时，皂荚、刺梨获生态原产地产品称号。截至 12 月 31 日，完成土地流转 143.91 万亩，完成率 99.04%，签订合同 223874 万份，兑现土地流转面积 117.87 万亩，兑现资金 24.60 亿元；签订管护协议 159 份；完成营造林建设 104.83 万亩，其中，集约人工林栽培 42.20 万亩、现有林改培 43.03 万亩、中幼林抚育 80 亩、经济林建设 19.59 万亩；示范点建设 11.64 万亩，完成 7.93 万亩，其中，集约人工林栽培 2.59 万亩、现有林改培 3.03 万亩、经济林建设 2.32 万亩。预计到 2022 年 1 月底，全市营造林建设规模将达到 126.49 万亩。

【突出实体化发展，全力推进项目建设】 1. 育苗项目。为助推全市产业结构调整和国储林项目建设需要，通过订单式育苗招标 15 家合作所方，共同育苗面积达 1.2 万亩，育有茶叶、桦木、刺梨、皂荚、香樟、擦木等各类苗木 1.8 亿余株，为国储林项目（一期）营造林建设提供充足的苗木保障。2. 食用菌项目。按照特色化、规模化、市场化、精细化的发展思路，在大方工业园区投资建设全国首家具有自主知识产权的集菌种研发、集约化生产、技术培训、智慧交易等为一体的珍稀食用菌工厂。于 2021 年 9 月投入试运营，每年利润可达 6000 多万元。2021 年，该项目获得贵州省农业农村现代化基金 1 亿元支持，同时，被市国资委选为抓党建促企业实体化转型发展现场观摩点。3. 中药材项目。依托自有刺梨 10.1 万亩、中药材 0.17 万亩资源，加强与行业优势企业合作，拟建设中药材示范基地、育苗基地、加工提炼厂、仓储物流中心等；积极对接中国中药协会等机构，拟建毕节濒危物种科技繁育中心，开展林下药用濒危物种种植养殖，带动毕节道地中药材科创示范园发展、树立毕节黔药特色品牌。4. 茶叶项目。围绕全面做强“奢香茗茶”公共品牌，持续提升产业品质和产量，以发展“茶叶联盟”模式推动资源整合，带动小、散、弱企业共同发展，打造“生产、加工、销售”一体化产业链，完善全市茶叶产业体系、生产体系、经营体系。拟在金海湖新区建设中国高山古树茶开发及高山生态茶精深加工厂，并同步发展茶叶种植示范基地，集中力量开发奢香翠芽、古树茶、红茶、奶白茶、黑茶、兰花茶、茉莉花茶等系列产品。截至年底，在纳雍县发展 1.3 万余亩茶叶示范基地。

【突出国企担当，增强服务意识】 为切实履行政治责任、展现国企担当，根据还山村帮扶需求，重点发展茶产业，构建以“红色文化+茶”产业体系，让茶叶成为哲庄群众名副其实的“金叶子”，让株株茶树撑起哲庄群众增收、农村富裕、脱贫致富、乡村振兴的一方天地。结合公司实际，通过支持茶叶苗、资金等方式帮扶赫章县哲庄镇还山村发展茶产业，累计金额达 54.9 万元，其中支持茶叶苗 140 万株价值 35 万元、支持资金 19.9 万元。

【突出安全生产工作，强化责任落实】 按照“管业务必须管安全、管行业必须管安全、管生产经营必须管安全”的原则，建立健全安全生产各项规章制度，把安全生产工作列入公司重要议事日程，与公司经营发展统筹部署，做到工作有部署、人员有安排、检查有落实。制订《2021 年安全生产工作方案》，组织签订安全生产责任书，把安全生产责任落实到生产经营各个环节。同时，坚持疫情防控常态化，把抓好疫情防控工作作为一项政治任务，认真贯彻有关疫情防控要求，严格落实“外防输入、内防反弹”常态化防控策略，全面落实疫情防控措施。

【突出人才队伍建设，夯实人力基础】 通过实施国企改革三年行动，制定经理层任期制与契约化管理办法、职业经理人管理制度、管理人员能上能下实施细则、用工市场化管理制度等多个制度。2021 年，公司面向社会公开招聘工作人员 13 名，考察聘用 3 名，正式选拔任用中层干部 1 名。

（撰稿：朱　丽）

市信泰投资有限公司

【概述】 2021 年，在市委、市政府、市国资委坚强领导下，市信泰公司始终坚持以习近平新时代中国特色社会主义思想为指导，以习近平总书记视察贵州、毕节重要讲话、重要指示批示精神为根本遵循，以党史学习教育为重要着力点，深入贯彻中共十九大和十九届历次全会精神，切实引导干部职工坚决拥护“两个确立”，坚决做到“两个维护”，紧紧围绕市委、市政府的决策部署，以防范化解债务风险为中心，以实体化转型发展为目标，强化政治引领，完善制度机制，把党的建设与公司经营发展有机结合，持续加强班子及职工队伍建设，提升公司治理能力和管理效能，推进公司党的建设、融资化债和转型发展各项工作，努力完成全年工作目标任务。

【扎实抓好债务化解】 公司制定《2021 年债务情况及化解方案》，结合实际对公司债务逐一制定《一债一方案》，成立债务化解专班。全年通过“催收、融资、展期、拆借”等多种方式化解到期债务 23.48 亿元。

【持续加强风险防控】 2021 年在区域信用维系不易、金融政策紧缩和监管力度趋严的影响下，融资环境错综复杂。为树立信泰公司投融资企业形象的核心要求，维护 AA 信用评级稳定，持续优化债务结构、全面保障资金需求，公司上下一心，凝心聚力。截至 12 月 31 日，融资到位资金 12.1 万元。

【债券发行提振信心】 2021 年信泰公司与华英证券公司等第三方机构，合作发行“21 信泰 01”非公开发行公司债券 9 亿元，为毕节市直公司与县级公司首次联动化解债务作出一定贡献，也弥补近年来市本级企业未在资本市场融资的空缺，凸显信泰集团在市直国有企业的领先地位，提升毕节市在债券市场开展融资工作的信心。

【全力催收竭力担保】 公司向县（市、区）及市直有关部门发放催收函 33 个，为其他国有企业提供担保 34 笔，合计 65.59 亿元，完成担保备案及化债贡献报市国资委 14 笔。

【扎实做好财务预算决算】 预算编制紧密结合经营计划，深挖集团收入增长点、抓好成本管理，以收入、成本费用、投资、回款、融资等财务指标为抓手，经“三上三下”程序确定年度预算目标值。同时，建立预算标准化管理，使预算工作达到规范化、科学化、程序化，推进预算工作向纵深发展。

【资源资产进一步盘活】 对市机关事务管理局移交经营性资产，积极委托第三方评估机构评估后按程序挂网招租，成功签约近百处，到位租金1200万元。

【群众利益进一步维护】 为公司经营性资产租户延长租期30个日历天，既减轻承租户的负担，又提高租户经营积极性。妥善处理上级要求退回市税务局门面、租金、履约保证金和返还市畜牧兽医科学研究所等差额拨款单位租金等问题，积极配合做好苏州办资产维修、贵阳办事处资产收回等工作。同时，加大经营性资产的巡查、维修、安全宣传和租金催收力度，巡查走访经营性资产200余处，资产维修维护30多处，对2处经营性资产进行危房鉴定，签订《租赁资产安全责任书》150余份，确保资产安全经营。

【各类资产优势进一步发挥】 强化对公司各类资产的管理，为公司开展融资、担保工作提供支持。开展低效无效资产清理和未办理不动产权证资产清理工作；开展土地解押、办理不动产权证、耕地指标催收、应收未收租金催收等工作；为做大做实嘉信公司现金流，更好地发挥子公司作用，开展将总公司管理经营性资产移交子公司进行经营管理工作，最大限度发挥各类资产作用。

【耕地指标维系进一步平衡】 本年度共计流转新增耕地指标5785.02亩（原购买指标20000元/亩），流转指标收入14356.58万元。根据市政府专题会议纪要精神，公司下一步将加强与县区部门沟通，协商采取出资合作等方式参与补充耕地生产工作，千方百计生产新增耕地指标，切实保障全市重大项目建设用地需求。

【强化战略引领】 以国企改革三年行动方案为指引，立足公司的职责使命以及当前发展阶段，编制公司《“十四五”发展规划》。明确公司发展方向主要围绕“新型城镇化”“新型工业化”“乡镇振兴”等多个业务板块。

【细化转型方向】 一是通过梳理拥有实际控制权并开展业务的子公司实际情况，积极谋划新项目。集团公司将位于金海湖杨柳村BJS2014-23号地块划转至腾信公司，与腾信公司名下的BJJHH2019-25号地块连片开发，BJS2014-23号地块调规报告通过专家评审。二是集团公司子公司嘉信公司利用已拆除的原地区民政局闲置土地建设松山路临时停车场，在缓解松山路停车压力的同时盘活资产，使国有资产保值增值，停车场于2021年10月1日开始试运营，公司根据实际情况制定相关管理办法，使停车场运营更加合理化规范化，试运营至今收入约8万元。三是根据2021年12月6日市国资委主持召开的新能源项目座谈会精神，市信泰公司正在和有关央企洽谈新能源光伏发电和风能发电项目。四是市信泰公司围绕自身土地资源，和商投公司共同推进汽车拆解和仓储垃圾处理项目，做可行性研究。

（供稿：毕节市信泰投资有限公司）

中国邮政集团公司毕节市分公司

【概述】 2021年，毕节邮政企业在市场竞争白热化、客户不断理性化、监管日趋严格化的严峻形势下，不等不靠、拼搏奋进，圆满完成年度各项工作任务，保持全市邮政平稳较快发展的良好势头。累计实现业务收入3.02亿元，为年度计划的 103.18%，同比增幅 11.69%，增幅高于全省平均水平 2.89 个百分点，收入增幅列全省第一位，完成进度列全省第一位，两项指标均高于全省平均水平。战略绩效考核连续 4 年排名全省第一，2021 年考评等级为 A 级，是全省唯一达到 A 级的单位，全市 8 个县区分公司全部实现累计收入同比正增长。企业货币资金保持稳定增长，全年累计实现净利润 4822.72 万元，圆满完成省公司下达的利润目标。员工收益保持同步较快增长。

【坚持贯彻新发展理念，经营发展成绩显著】 2021 年，全市邮政企业完成省分公司基本计划 103.18%，同比增长 11.69%，增幅高于全省平均水平 2.89 个百分点，增幅排名全省第一。收入完成基本摘挡计划的 103.18%；完成高档摘挡计划的 101.78%。其中：金融业务（高档）完成进度的 101.5%，同比增幅 11.2%，超目标增幅 1.6 个百分点；寄递特快专递（高档）完成年计划的 103.8%，同比增幅 47.9%，超目标增幅 4.9 个百分点。

全年完成利润考核年计划的 103.11%，利润完成年计划的 113.07%。其中寄递事业部完成年计划的 103.94%；寄递事业部完成年计划的 584.6%。

【金融业务再创新高】 2021 年，全市金融业务累计完成为年计划的 103.37%，超进度 3.37 个百分点，收入占全省比重的 13.7%，占全市总收入的 74.22%，同比增幅 11.2%，年新增金融总资产增幅为 13.65%，新增绝对值排名全省第二。其他考核指标均排名全省前列。

【寄递业务高速发展】 2021 年，全市累计完成全年计划 104.3%，同比增长 24%，收入及增幅均排名全省第四。其中，特快业务收入同比增幅 51.2%；快包业务同比增幅 7.4%。1 月—11 月业务收入市场占有率为 11.7%，高于全省平均水平 0.4 个百分点。

【农村电商生态显现】 2021 年，全市渠道平台专业完成业务收入 368.8 万元。其中：增值业务完成收入 143.1 万元，完成计划的 117.2%，同比增加 15.2 万元，增幅为 11.9%，列全省第一；分销业务完成收入 225.7 万元，完成计划的 102.3%。其他考核指标均排名全省前列。

【邮务业务平稳增长】 2021 年，集邮业务累计完成省公司计划的 96.24%，完成进度和增幅均排名全省第二；报刊业务累计完成省公司计划的 104.3%，完成进度排名全省第四、增幅排名全省第五；函件业务累计完成省公司计划的 92.34%，完成进度排名全省第一、增幅排名全省第六；文创业务累计完成收入 10.61 万元，完成省公司计划的 106.13%。圆满完成 2022 年集传三大攻坚项目：完成新邮预定项目 6420 套（册），完成进度全省排名第二；完成报刊大收订项目流完成进度 100.81%，完成进度排名全省第一。

【普遍服务提质增效】 2021 年，全市建制村通邮率达 100%，建制村周投递频次达标率达 99% 以上，达到集团公司、省分公司管控目标；普服邮件全程时限达标，在全省普遍服务质量提升达标专项活动质量指标板块考评中，毕节市分公司累计积分 866.67 分，位列全省第二。机要通信连续 40 年质量全红。

【保安押运业务开局良好】 通过前期不断市场调查和各种途径走访，实现毕节市守押外包业务零的突破，成功签约金沙县农村信用联社和纳雍富民村镇银行，实现收入 60 余万元。

【“三级”物流体系建设初具规模】 在市分公

司的统一部署下，对解决寄递"最后一公里"的问题创新进行积极尝试，指导各县区分公司积极推进"县、乡、村"三级物流体系建设，有序共计建设2324个村级便民服务站，有效提升老百姓用邮体验，有力助推地方乡村振兴。

【邮路优化调整初显成效】 根据省分公司管控的相关要求，打破行政区划，结合实际先后两次将全市七县一区62条往返县乡邮路再次优化调整为59条，减少全市县乡邮路单日里程700千米，节约年费用约60万元。积极探索市趟邮路优化模式，在七星关城区实施二级邮件集散处理，分别负责城区12个揽投分部进出口邮件的处理、中转，揽投分部直接在集散场地出班，与原串行市趟模式相比，时限水平大力提升，市趟年费用节约约50万元。

【推行邮件处理中心外包，运营成本有效压降】 全市8个邮件处理中心分拣封发及59条县乡邮路全部推行外包，人力资源进一步盘活，处理中心合同用工占比从15.83%降至12.2%。

【着力"三支"队伍建设，网点效能大幅提升】 着力乡邮员、营业员和揽投员"三支队伍"建设，最大限度发挥网点效能。2021年，全市66个揽投部（含自营）累计完成业务收入1687.6万元，同比增幅75.9%，其中月收入3万元以上网点29个，月收入1万—2万元网点18个，占比达到71.12%；全市农村寄递业务完成2496.3万元，增幅42.9%，占寄递总收入的40.7%；全市农村营业网点寄递业务年点均收入达到10.4万元，其中织金猫场支局寄递业务收入111.2万元，农村网点寄递收入规模全省排名第一。

【协同发展有力推进】 全市共组织开展30次协同会议，对落实省公司协同制度、项目协同情况、板块业务资源整合、重点项目推进、金融风险防控等事项分部进行研究，成立相关协同发展工作小组，加强与各县邮储分行沟通联系，较好完成各类协同指标。

【"邮快合作""交邮合作"有序开展】 与"四通一达"、极兔、德邦和京东等8家民营快递公司签订战略合作框架协议，打通与社会快递公司的合作通道，促进全市实际发生寄递业务的建制村1334个，覆盖率达60%，实现单日代投量达600件以上，单日代投收入达568元。与黔西市交通局签订"交邮融合"战略合作协议，对黔西市具备条件的257个村级服务点实现挂牌进驻，并逐步提供邮政业务、代收代投、政务便民、普惠金融、农村电商等综合服务。

【坚持科技赋能，竞争优势显著提升】 一是依据省公司安排部署，市分公司自筹资金289.19万元，分三批计划对老、旧、危的96个营业网点积极实施营业网点形象改造工作；投资233.61万元对全市113个营业网点门头店招进行标准化更新改造；通过另行选址租赁房屋，投资100.99万元对偏僻、老旧的纳雍骔岭支局、黔西中坪支局进行标准化装修。二是配合财务部完成固定资产转资966.17万元，持续对前期历史遗留的130个工程项目进行工程审计结算工作，年底前累计完成123个工程项目审计结算。三是全年累计投入资金707.83万元，批量采购STM、电动三轮车、台式电脑、POS终端、A类点钞机、移动数据终端（网运PDA）、货物安检机、运钞车等技术设备，持续强化科技赋能，提升企业竞争能力，夯实发展基础。

【财务管理更趋精准】 圆满收官，三套账均完成省分公司经营利润考核目标；持续压降寄递翼五大环节件均单价，其中收寄环节从6.04元压降到3.57元，内部处理环节从0.34元压降到0.32元，运输环节从1.08元压降到0.45元，管理环节从 0.52 元压降到 0.26 元，投递从 1.39 元压降到 1.15 元；清理在建工程长期挂账，完成转资项目 30 个，转列资产 1161 万元；强化欠费收缴和委代办费、营销费用管控，至 12 月末，全市综合欠费率 3.44%，低于全省平均水平 6.34 个百分点；流动比率、速动比率等财务管控指标优于全省、西部及全国平均水平，资产负债率优于全省和西部平均水平。

【有效盘活人力资源】 通过梳理后台支撑人员结构不合理、冗员情况，将后台 25 人盘活到生产一线，对 31 人进行后台结构调整。通过 2021 年夏季招聘和秋季招聘工作，共计招收 28 名往届大学生，充实到金融网点任金融柜员，助力推进全市邮政网点系统化转型工作。

【安全管理】 全面开展安全生产专项整治三年行动，坚持边查边改、立查立改，业务库安全风险专项排雷活动中整改 46 项风险隐患；强化邮政金融外防和内控工作机制建设，构建“不敢、不想、不能”的内控合规管控机制，提升邮政金融安全风险管控水平，高度重视“灰犀牛”和“黑天鹅”现象，全年未发生重大、恶性邮政金融资金案件；投入安防经费近 220 万元，进一步提升代理金融网点、业务库、运钞、枪支等金融安全物防、技防能力，在 2021 年第七轮金融安全评估中得分为 98.2 分；助力保障中国共产党成立 100 周年庆祝活动的正常开展，全年未发生安全事故。

【主体责任有效落实】 绿色邮政建设方面：2021 年全市 9 个绿色邮政建设重点指标除“快递包裹一联电子面单使用率达 92%”一个指标欠计划 0.03%外，其他 8 个指标均达到计划。助力乡村振兴方面：投入扶贫资金 8 万元，派出驻村干部 4 人；建设 2324 个村级便民服务站，有效提升老百姓用邮体验；线上线下销售农特产品 523 款 5.25 万单，助力地方农特产品走出深山。防范化解重大风险方面：一是依据省分行“代理县延伸”审计意见，在全市范围内全面开展自查整改工作，“代理县延伸审计”共计发现、整改问题 25 个，问责 62 人次、问责 31 人、问责金额 89505.57 元。二是对金融内控风险重点整治实行“分片包干”，针对整治重点内容开展 100% 自查自纠，对省分公司“内控风险重点整治二阶段交叉督导”发现的 77 个问题全部整改到位，根据相关规定对相关责任人进行问责 31 人 52 人次、问责金额 39296.38 元。三是严格执行岗位轮换 743 人次，扎实开展重点岗位和重点人员风险与合规管理专项排查代理金融从业人员 1360 人次，四是认真开展反洗钱、反假币、“断卡”行动等工作。疫情防控方面：全年投入 22 万元资金购置防疫物资统一发放 8 个县区分公司及生产营业场所，通过市分公司远程监控中心进行不定期抽查、督促，切实做好生产营业场所的疫情防控工作；严格落实外防输入要求，减少人员出行安排，督促新冠疫苗接种，做好日常排查，切实筑牢疫情防控屏障，全年全员“零感染”。

【工会工作有效开展】 完成对全市职工小家 90 多万元小家用品用具的添置更换；七星关分公司鸭池支局、大方县分公司长石支局被评为“贵州邮政先进职工小家”；七星关区洪山路营业所、黔西市分公司城东路营业所被评全国总工会评为“全国最美户外劳动者综合服务站”；完成市分公司职工食堂的经营管理方式改善；完成全市职工健康体检 984 人次；开展劳动竞赛活动中全市 32 人获得集团奖励，29 个网点获得集团表彰，157 人获得省分公司奖励；周璇、王龙模、董晓霖三人获 2021 年度“贵州省最美劳动者”称号；第九届“书香三八”读书征文活动中七星关区分公司刘婧获征文类二等奖，纳雍县邮政分公司张森获征文类三等奖，七星关区分公司许思琳获家书类三等奖；组织员工参加集团工会举办的“迎建

党百年 展邮政风采”全国邮政职工随手拍邮票照片设计大赛中，获主题类三等奖和纪念奖各1人。

【采购管理】 签订集中采购类项目合同20个，涉及合同金额为333.03万元，总体公开采购率达到99.92%，资金节约额为3.23万元，资金节约率为0.08%。

【工作表彰】 按照省公司的总体部署抓好“青年文明号创”建工作，其中织金县分公司新华北路支局8月获得“全国青年文明号”荣誉称号，七星关区清毕路邮政支局获得“全省青年文明号”称号，赫章白果支局通过省直“市级青年文明号”评审；开展先进典型学习宣传，强化先锋模范选树，深化“学习身边榜样”活动，其中金沙县分公司党支部获“全省党支部标准化规范化建设示范点”称号，七星关区分公司万晓莉被中共毕节市直机关工作委员会授予“优秀共产党员”称号，市分公司金延飞被中共毕节市直属机关工作委员会授予“优秀党务工作者”称号，大方县分公司文兴义被中共大方县委授予“全县优秀党务工作者”荣誉称号。

（供稿：中国邮政集团公司毕节市分公司）

毕节乌蒙演艺集团有限责任公司

【概述】 2021年，毕节乌蒙演艺集团有限责任公司以“1341”（“1”以创建“心沐红·艺出彩”党建品牌为引领；“3”实行党员三项积分管理：正向积分、负向扣分、创新加分；“4”通过四抓促党建：抓统一思想、树文化企业之魂，抓工作作风、固文化企业之基，抓宣传攻势、提文化企业之气，抓管理创新、育文化企业之才；“1”树立一个目标：努力实现社会效益和经济效益的“双效统一”）为发展思路，推进集团公司企业改革、党建建设、经济发展等工作大踏步前进；打造一支“心沐红·艺出彩”的文军队伍；呈现一批“斩金获银”的精品文艺作品；提供一系列高质量的会议音响保障服务；展现一场场优质的文化惠民演出；充分体现了集团公司干部职工认真履行职责、改进工作作风、刻苦奋斗的精神风貌。

【队伍建设】 2021年，集团公司有在职员工120人，其中，领导班子成员6人，演职人员114人，其中有市管专家1人、正高级职称1人、副高级职称7人、中级职称36人。是年，集团公司通过劳务派遣方式聘用8名职工，充实到集团公司办公室、党建办、人力资源部、市场营销部等重要部门，充实集团公司干部人才队伍建设，提升集团公司办事效率，增强办事能力，同时，集团公司人力资源部完成集团公司干部职工职称评定工作，推动集团公司人才队伍建设工作更上一个台阶，切实提升集团公司员工干事创业的向心力。

【全力打造精品文艺作品，提升品牌形象影响力】 积极参加省内外各类演艺演出活动，在各种赛事活动中“斩金获银”，展现集团公司魅力十足的创造力、影响力，并通过扩大“朋友圈”、互联网网站宣传报道等方式，不断延伸集团公司影响力。集团公司全年新增作品37个，其中：抗疫歌曲《挺身而出》在中国网、文旅中国等网站登载；大型史诗剧《磅礴乌蒙》获贵州省第七届少数民族文艺汇演剧目金奖（第一名）；《八大水库十大渠》在贵州省第十五届“杜鹃书荟”曲艺大赛中斩获金奖（第一名）；《敬老院》《访医》《生财有道》三个优秀作品分别在毕节市乌蒙文化旅游周·第八届文化艺术系列大赛中非戏曲类与戏曲类赛事中喜获银奖。同时，集团公司创作的快闪视频《没有共产党就没有新中国》在人民网、央广网、天眼新闻、当代先锋网、多彩贵州网、贵阳网、《毕节日报》、毕节试验区网等多家主流媒体报道；集团公司微信公众号发布新闻、推文数量共53篇，粉丝关注量由102人直线上升至1300人，集团公司“朋友圈”不断扩大，品牌影响力正不断提升。

【抓业务发展建设，提升经济创收的凝聚力】

集团公司始终坚持社会效益和经济效益的“双效统一”，既注重为人民服务的社会效益，也注重企业发展的经济效益。截至年底，集团公司共签订项目合同30余个，完成营销业绩400余万元，集团公司年收入860余万元，盈利60余万元。签订合同中包括影响力较大的“庆祝中国共产党成立100周年”系列活动合同14个；大型史诗剧《磅礴乌蒙》剧目合同；中国农民丰收节贵州分会场合作合同；与贵州聚之星文化传媒、贵州省农业银行毕节分行、“中国网（贵州）”等企业签订战略合作协议，全力扩展企业与市场深度融合，成立乌蒙演艺集团影视制作中心与贵州中汇影业有限公司达成合作，成立乌蒙演艺集团广告部与贵州星文创设计院有限责任公司达成合作，拟与毕节幼专，毕节学院合作，建立学生实训基地。与市内国企、金融机构、知名民营企业合作拓展文化服务业务，实现多方共赢目标，不断提升集团公司经济创收的凝聚力。

【抓公益理念建设，提升服务人民的公信力】

集团公司始终坚持以习近平总书记“人民需要文艺、文艺需要人民、文艺要热爱人民”的重要思想为引领，坚持“文艺为人民服务、为社会主义服务”的“二为”方向，牢记文艺来源于人民、服务于人民的初心和信念，积极开展“送文化下乡百场演艺工程”演出活动。截至年底，完成送文化下乡演出100场。为做好演出工作，达到文化惠民的效果，集团公司以习近平新时代中国特色社会主义思想为主线，充分融入乡村振兴、法治社会等题材，创作出20余个文艺作品下乡开展演出，为人民群众献上了一场场喜闻乐见的精品文艺演出。同时，集团公司也着力于音响保障服务工作，为市委、市政府提供优质的会议音响保障服务，完成国务院副总理胡春华出席的“国家乡村振兴重点帮扶县工作会议”和中央统战部部长尤权出席在黔西市化屋基村召开的重要会议以及省委主要领导出席的“全市领导干部会议”“市两会”“党代会”等大中小型会议音响服务22次，全力保障毕节市“送文化下乡百场演艺工程”提供音响保障100场。

（供稿：毕节乌蒙演艺集团有限责任公司）

县区概况

七星关区

【概述】 毕节市七星关区位于贵州省西北部，是川、滇、黔三省结合部和黔西北政治、经济、文化中心及交通枢纽，地处北纬27°03′～27°46′、东经105°36′～106°43′，东与大方县相邻，南与纳雍县接壤，西与赫章县和云南省镇雄县毗邻，北与四川省叙永、古蔺县隔赤水河相望。全区总面积3411平方千米。最高海拔2217米，最低海拔470.1米，平均海拔1511米。全区总面积3411平方千米，耕地面积9.3663万公顷。辖43个乡镇（街道），519个村（社区），人口较多的少数民族有彝族、苗族和白族。

【自然资源】 七星关区主要农作物为玉米、水稻、马铃薯、油菜、烤烟；盛产生漆、大蒜和天麻、杜仲、半夏、党参等名贵中药材。矿产资源主要有煤、煤层气、泥炭、地热、铁、铜、铅锌、铝土矿、硫铁矿、水泥用灰岩、建筑用灰岩、饰面用灰岩、化肥用白云岩、水泥用砂岩和页岩、耐火黏土、高岭土、矿泉水、砖瓦用页岩矿产19种。

【贯彻新发展理念】 推进绿色发展，大力推进国家储备林项目、石漠化综合治理和新一轮退耕还林工程，完成营造林12万亩，其中新一轮退耕还林6万亩，长江防护林三期工程1万亩，中央财政造林补贴项目2万亩，治理石漠化面积3万亩；持续打好污染防治攻坚战，中心城区环境空气质量平均优良天数比率97.5%，千人以上集中式饮用水水质达标率100%。推进人力资源开发，完成原区就业扶贫人力资源服务公司和惠工劳务派遣公司的整合；充分发挥统一战线及广州市天河区帮扶优势，组织开展交流学习108人次、挂职锻炼25人次；组织开展技能培训1382人次、专业技术人员培训6期747人次，开展就业培训53班次2472人。推进体制机制创新，累计召开4次深改委会议，研究部署13个方面40项改革任务；探索实施“会前一刻钟”为民服务述职机制，推动全区上下为群众解决“急难愁盼”问题435件；创新推出“七破七立”作风建设机制，大兴“五学”之风改革典型。

【“三农”工作】 一是巩固拓展脱贫攻坚成果同乡村振兴有效衔接，严格落实“四个不摘”“三落实一巩固”要求，用好5年过渡期政策，常态化开展“3+1”保障问题排查整改，及时消除4955人返贫致贫风险。二是探索“两包一干”（区级总社“包产销”、乡级联社“包服务”、村级分社“领头干”）、“四统”机制（党建引领，统经济实体组建；要素整合，统经济实体支撑；分类推进，统经济实体运营；群众参与，统经济实体收益）等党组织领办集体合作社和城市社区经济实体发展模式，规范组建党组织领办合作社978个，带动30余万名农民增收致富。持续做好劳务输出、扶贫车间等工作，推动8.13万名脱贫劳动力稳定外出务工。三是规划建设市级特色田园乡村·乡村振兴集成示范试点村3个。健全乡村振兴驻村帮扶长效机制，选派驻村第一书记和工作队员819名，组建乡村振兴驻村工作队273支。四是在朱昌镇双堰社区积极探索“民主党派帮扶+东西部协作”共建模式，聚合统一战线和广州市天河区资源优势，打造乡村振兴示范样板，该模式得到全国政协副主席、致公党中央主席、中国科协主席万钢，省委常委、市委书记吴强等领导批示肯定，并在全市推广。

【围绕“四新”主攻“四化”工作】 推进新型工业化。以七星关经济开发区为主阵地，大力发展新型建材、劳动密集型、特色食品加工等产业，新增规模以上工业企业11家，全年规模以上工业增加值完成87.07亿元，增长8.1%。推进新型城镇化。落实七星关—大方同城化战略。新建城区道路7条，完成棚户区改造1300户、老旧小区改造1674户、背街小巷改造25条，建成青年公园二期，新增停车位1000余个。推进农业现代化。坚决扛起粮食安全政治责任，实施高标准基本农田14.1万亩，完成粮食播种面积160.84万亩，产量34.94万吨，农业总产值158.69亿元，增长9.4%。持续发展刺梨、茶叶、生态畜禽等特色优势产业，大力实施农产品加工业提升行动，累计培育农产品加工企业126家，农产品加工转化率提升至46.9%。打造“优选毕货”毕节名优农特产品交易平台，开设实体店，推出微信小程序商城，启动直播基地建设。通过“线上+线下”的方式，对全市名优农特产品进行集中展销，全年销售农特产品28万吨，实现销售额22亿元，农业增加值104.71亿元，增长7.8%。推进旅游产业化。扎实推进旅游大提质，全年累计接待游客968.76万人次，旅游综合收入77.67亿元，成功申报省级全域旅游示范区。

【教育】 全区各级各类学校共计1008所，其中，幼儿园561所，小学345所（含教学点52个），初级中学44所，高级中学6所，完全中学13所，九年一贯制学校33所，十二年一贯制学校3所，职业高中学校1所，特殊教育学校2所。共有学生337023人。其中学前阶段54734人，小学149377人，初中79007人，普通高中49971人，中职3638人，特殊教育296。现有专任教师20042人，其中学前阶段3869人，小学7782人，初中5185人，高中2978人，中职128人，特殊教育100人。学前三年毛入园率92.3%、普惠率95.35%；小学毛入学率108.77%，初中阶段毛入学率101.35%，残疾儿童少年义务教育入学率96.08%，义务教育巩固率96.45%；高中阶段毛入学率为92.69%。截至2021年底，七星关区人均受教育年限9.58年。

【金融工作】 一是强化金融风险防控。加强小贷、担保等机构监督管理，防范和打击非法集资，开展疑似涉嫌非法集资风险隐患排查8起，组织开展各类防范非法集资宣传活动2场。二是强化金融服务。成立普惠金融工作推进专班开展普惠金融工作，截至年底普惠金融领域贷款余额74.29亿元，涉农贷款余额285.46亿元；加大融资担保支持力度，降低企业融资成本，为企业提供融资担保在保余额13.67亿元，涉及企业788家；积极开展政金企融资对接活动，在政金企融资对接活动中，共筛选152个项目拟开展项目融资，项目总投资615.66亿元，拟融资规模448.82亿元。

【疫情防控】 一是加强集中隔离点和发热诊室的建设。全区共启用集中隔离点7个，建成发热诊室22个，通过市级验收合格投入使用7个。二是完成“三个重点”核酸检测。车辆检测1050辆次，场所检测9122个次，发热门诊患者、新住院患者及陪护人员、医疗机构工作人员等“九类重点人群”核酸“应检尽检”。三是抓好新冠疫苗接种。2021年，全区3岁及以上人群新冠疫苗累计接种102.63万人，220.79万剂，完成全程接种98.88万人，辖区常住人口全程接种率83.36%，超额完成6~11岁儿童第一剂接种任务及12周岁以上人群全程接种任务。

【健康养老】 全区完成65岁及以上老年人体检101043人，体检率88.30%；规范体检82634人（应管理人数为80107），任务完成率103.15%。七星关区被省卫生健委命名为2021年全省医养结合示范县。

【市政设施维护】 全区大力实施城区破损路面修复、排污排水管网疏通和市政照明节能改造建设，清理、疏通雨箅井、污水井8600余个次，零星清理排污沟3520米。修复城区人行道、盲道地砖约11000余平方米，沥青路面修复14400平方米。安装道牙2500余米、风水球45个、挡车柱600余个、路名牌180余块。新画斑马线1480余平方米，更换城区路灯电缆6500余米，更换灯杆74棵、路灯灯具1500余个、路灯检查井390套，维修城区路灯8500余盏次。低温凝冻期间城市道路交通保障除冰撒盐45吨；防汛抗涝期间消除各类汛灾隐患67起。

【产品质量监管】 一是对七星关区食品行业进行全覆盖监管，日常监管食品生产经营企业7184家次，开展专项检查工作169次；开展食品安全专项督查，对43个乡镇（街道）的694家学校食堂及994家校园周边食品经营主体进行督导检查4次；加大学校食堂及校园周边食品经营违法行为查处力度。二是狠抓食品加工小作坊排查整治工作，组织全区食品生产加工小作坊召开业务知识培训暨约谈会38场次，培训经营主体1000余人次；排查出食品加工小作坊1606家，取缔不符合办证条件的黑作坊180家。三是坚持以保障人民用药、用械安全为总目标，加强对药品流通环节、药械使用环节的监管，2021年检查药品经营企业656户次，使用单位129户次，美沙酮门诊3次，疫苗接种点158次；根据要求完成药品抽检60批次。

【重大招商活动】 组织参加成都活动、面向广州招商活动、生态文明国际论坛、数博会等活动9次，签约项目49个，签约金额200亿元；引进七星关区高档织物与高端品牌服饰项目、七星关区西南新型建材产业园项目、七星关区铭丰包装制造产业园项目、七星关区光伏发电项目，总投资93.95亿元。

【信息产业】 2021年，全区共建成并开通4G基站237个，5G基站981个，实现30户以上自然村寨4G网络全覆盖，基本实现主城区、重要乡镇和重点单位、景区及工业园区5G网络全覆盖。全区电子信息产业完成产值预计1.2亿元；力争将贵州斯翔科技有限公司培育达到上规入统条件，填补全市软件服务行业上规入统空白。完成实体经济与大数据深度融合标杆项目1个，示范项目11个，带动企业16户，全面完成市级下达目标任务。

【文物保护和非遗传承保护】 完成5处全国重点文物保护单位、9处省级文物保护单位、10处市级文物保护单位、21处区级文物保护单位保护范围及建设控制地带划定；推进长征国家文化公园贵州重点建设区工作，完成周素园故居抢救性修缮工程和陈列布展。加强非遗保护和传承。公布全区非物质文化遗产保护名录4个，并被列入第三批市级非物质文化遗产保护名录，10人被列为第二批市级非物质文化遗产代表性传承人。

【骨干水源工程】 2021年，龙官桥水库、双河口水库、野角水库、普宜水库基本建成。狗跳岩水库、林口水库、邵家水库、中寨水库、大河沟水库有序推进。其中，七星关区狗跳岩水库两岸坝肩开挖并支护完成；七星关区林口水库开展进场道路，导流隧洞放线及移民征地工作；七星关区邵家水库进行导截流施工；七星关区中寨、大河沟水库开展专题编制工作。

（供稿：七星关区史志办）

大方县

【概述】 大方县位于贵州省西北部，毕节市中部，乌江支流六冲河北岸，地处北纬26°50′02″~27°36′04″，东经105°15′47″~106°08′04″之间。东与黔西市毗邻，东北抵金沙县，南以六圭河与织金县为界，西南与纳雍县隔河相望，西部和西北部与七星关区接壤。2021年，全县总面积为2646.38平方千米，耕地面积9.46万公顷。辖16个乡（其中11个民族乡）、9个镇、4个街道、161个建置村、128个社区。

2021年末户籍总人口96.9万人，其中，城镇人口35.26万人，乡村人口61.64万人。人口出生率11.9‰，自然增长率7.57‰。少数民族人口32.17万人，占全县总人口的33.2%，境内居住着汉族、彝族、苗族、白族等24个民族，人口较多的少数民族有彝族、苗族、白族。主要矿藏有无烟煤、硫铁矿、铁矿、硅石、高岭土、大理石、石灰石、黏土等；森林覆盖率60%。

2021年，全县地区生产总值184.54亿元，按可比价格计算，比上年增长6.4%，三次产业结构比为22.4∶25.1∶52.5。完成农林牧渔业总产值71.9亿元，增长9.4%。全年农林牧渔业增加值44.21亿元，同比增长7.9%。工业增加值36.96亿元，比上年增长5.7%。规模以上工业增加值同比增长14.5%。全县财政总收入23.84亿元，同比下降52.1%；一般公共预算收入6.97亿元，同比增长2.2%；全县财政总支出71.39亿元，同比下降21.46%；一般公共财政预算支出56.69亿元，同比下降2.7%。12月末，金融机构各项存款余额207.97亿元，同比增长4.4%。各项贷款余额236.08亿元，同比增长15.2%。全县固定资产投资累计完成98.57亿元，同比下降19.3%。全社会消费品零售额比上年增长13.2%。城镇居民人均可支配收入36051元，增加2904元，同比增长8.8%；农村居民人均可支配收入12528元，增加1195元，同比增长10.6%。

2021年，大方县坚持以高质量发展统揽全局，坚持稳中求进工作总基调，立足新发展阶段、贯彻新发展理念、构建新发展格局的要求，围绕“四新”（在新时代西部大开发上闯新路，在乡村振兴上开新局，在实施数字经济战略上抢新机，在生态文明建设上出新绩），主攻“四化”（新型工业化、新型城镇化、农业产业化、旅游现代化)，扎实做好“六稳”(稳就业、稳金融、稳外贸、稳外资、稳投资、稳预期)工作、全面落实“六保”(保居民就业、保基本民生、保市场主体、保粮食能源安全、保产业链供应链稳定、保基层运转)任务，全县经济社会发展主要目标任务基本完成，经济社会发展呈现稳中向好、提质发展、民生改善、社会和谐的良好态势。

【新时代西部大开发】 编制完成《建设贯彻新发展理念示范区(大方区)规划》，有序推进深毕战略合作和粤港澳大湾区协作帮扶。全年引进3家东部企业落地大方，共建扶贫车间10个，共建农业产业园区1个。加强人才交流协作，广州市天河区共选派3名党政干部、21名专业技术人才到大方县挂职；大方县选派3名党政干部、45名专业技术人才到广州市天河区跟岗学习。广州市天河区11所学校、1家医院与大方县11所学校、1家医院结对并开展协作。

【乡村振兴】 2021年，大方县紧紧围绕贯彻落实习近平总书记视察贵州讲话精神和中央、省委、市委关于实现巩固拓展脱贫攻坚成果同乡村振兴有效衔接发展的工作部署开展工作，2021年6月11日，大方县乡村振兴局挂牌成立。一是强化监测对象风险消除。2021年，全县累计纳入脱贫不稳定户2002户7051人，消除风险1880户6839人；纳入边缘易致贫户1451户5173人，消除风险1392户5016人。二是强化易地搬迁后续扶持。围绕“五个体系”建设，制定印发《大方县关于高质量推进易地扶贫搬迁后续扶持发展实施方案》《大方县关于加强易地扶贫搬迁后续扶持联系帮扶工作方案》《大方县易地扶贫搬迁安置点“最美幸福家园”创建活动实施方案》。持续完善基本公共服务。配齐安置点学校、医院、养老、就业等公共服务机构。加大培训和就业服务力度。依托东西部协作线上线下培训教师1373人次，就近就学3492人，落实城市低保3643人，乡镇安置点落实农村低保1649人。通过排查全县易地扶贫搬迁有劳动力4751户，就业4751户，全部实现“一户一人”就业目标；安置点配套产业项目46个，引进龙头企业和经营主体32个，带动搬迁劳动力就业223人次。提升文化服务水平。开展感恩教育62场次2017人次、普法教育53场次1618人次、市民教育51场次1482人次。深入推进社区治理。开展易地搬迁安置点“最美幸福家园”创建评比专项行动，提升安置点规范化管理水平。持续夯实基层党建方面。成立九驿街道家园社区、同心社区和幸福社区3个“大党委”，并从县直单位选聘32名“兼职委员”，增强社区工作力量。三是抓好各类资金项目建设。财政专项扶贫资金项目建设。2021年度中央财政衔接推进乡村振兴补助资金(中央财政专项扶贫资金)立项安排项目262个，安排资金2.25亿元，资金使用备案率100%、资金拨付率100%，项目启动率100%。东西部协作资金项目建设。2021年，广州市投入项目资金1800万元，实施项目13个，年度完成项目5个，分阶段报账11个，支付项目资金1553.15万元。世行六期项目建设。2021年完成投资2298.7万元，完成支付2933.28万元。四是强化扶贫资产管理。制定印发《大方县扶贫项目资产后续管理实施办法(试行)》，清理党的十八大以来扶贫资金项目8205个，资金总规模90.98亿元，形成资产资金规模、确权资产和扶贫项目资产管理数据，录入全国防返贫监测信息系统资产71.48亿元。五是加强小额信贷监管。全年发放小额贷款4597笔，发放金额2.04亿元。截至2021年12月31日，大方县累计贷款余额12365笔5.25亿元，累计支付贴息资金8737.77万元。六是分类分级推进乡村振兴。2021年，研究制订《大方县分类分级推进乡村振兴实施方案》《大方县乡村振兴示范点建设工作方案》。选择经济发展、农业农村基础较好和巩固拓展脱贫攻坚任务较轻的星宿乡、凤山乡、红旗街道等5个乡（镇、街道）为乡村振兴示范引领乡镇；选择经济社会发展有一定基础、农业农村发展基础较好和巩固拓展脱贫攻坚成果任务相对较重19个乡（镇、街道）为乡村振兴重点推进乡镇；选择位置较边远或农业农村基础差、产业薄弱和巩固拓展脱贫攻坚任务较重的大山乡、果瓦乡、鼎新乡等5个乡镇作为乡村振兴夯实基础乡镇。乡村振兴重点是针对农村户籍人口所在村（社区）打造，全县将279个村（社区）划分为引领示范村7个、重点推进村242个、夯实基础村30个。完成村级示范点规划编制7个，示范点建设工作全部启动，投入专项资金1836.8万元；推动示范点建设，建成省级示范小城镇2个、市级特色小城镇2个，新增“8+X”达标项目647个。建成全国、全省文明乡镇（村）30个，核桃乡木寨村获评“中国特色少数民族村寨”、第一批全国乡村旅游重点村。七是继续推进水库移民及后扶建设。启动建设2020年、2021年大中型水库后期扶持项目20个，涉及资金1200万元，兑现大中型水库移民后期扶持直补资金642.72万元、移民素质提升补助76.61万元，大中型水库后期扶持项目资金350.07万元。八是继续抓好各项社会扶贫工作。活水计划。2021年，申报“大方县童爱成长计划”项目，对全县留守儿童开展陪伴教育服务。推荐出大方县大爱萤火公益联合会为活水计划2021年项目实施社会组织，得到中国扶贫基金会授牌；同中国扶贫基金会签订合伙协议。通过“9·9”公益日平台，共募捐到社会各界人士捐赠资金52.23万元，实施项目4个。顶梁柱健康扶贫项目。大方县顶梁柱健康扶贫公益保险项目完成理赔2156人，获赔金额334.8万元，完成率为97.2%。“民生保”理赔。全县全年申请“民生保”56户203人，符合上报条件的有28户113人。2021年赔付21户，赔付金额45.4万元。九是继续做好“54321”结对帮扶。全面落实“四个不摘”要求，确保结对帮扶工作全面覆盖，2021年，全县5659名干部结对帮扶52458户农户。

【数字经济战略】 服务体系逐步健全。2021年，大方县建成电子商务公共服务中心1个、电子商务物流配送中心1个、农村电商服务站点145个、农特产品线上线下展厅1个。累计开展33期电商技能培训，培训4686人次，培育孵化电商经营主体100余家，打造6条物流配送线路，实现到村快递2天内送达。应用领域不断拓展。贵州阳光食品、雪榕生物等工业企业，九龙天麻、吴记老字号、琼芳食品、贵州众和农业、中禾恒瑞等农业龙头企业开展网上营销；九洞天、油杉河等旅游景区开发网上订票系统，初步实现便民服务、票务的互联互通。营销成效较为明显。全县在抖音、快手、淘宝、京东等电子商务平台注册商户1000多家，累计实现网络零售额5789.11万元，农产品网络零售额1122.53万元，大方天麻、大方皱椒、六龙豆干等10余款农产品成为网络营销品牌。大数据融合不断推进。培育大数据融合标杆企业2家、融合示范企业2家、带动企业数字化转型14家。通信服务实现共建共享。建置村100%通宽带，30户以上自然村寨4G网络全覆盖，建置村光纤网络覆盖率达100%。

【生态文明建设】 全年完成85个中央、省委环保督察及“回头看”反馈问题整改，中央第二轮生态环境保护督察反馈问题和转办信访件办理扎实推进。山水林田湖草综合治理凸显成效。2021年完成新一轮退耕还林8万亩、森林抚育1.4万亩，推动8.78万亩国储林建设，治理石漠化面积20.09平方千米，森林覆盖率达60%，空气质量优良天数比例达98.6%以上。全力推进城乡污水处理、城乡供排水管网改造等水务一体化项目建设，48个农村饮水安全巩固提升工程全部投入使用，建成污水处理厂5个，饮用水水源地水质达标率100%。建成乡镇垃圾中转站11个、地埋式垃圾收运系统18套，城乡生活垃圾无害化处理率达83.5%。全面开展农村人居环境综合整治，农村生活环境明显改善。

【新型工业化】 2021年，全年工业增加值36.96亿元，比上年增长5.7%。煤电产业持续向好。全县累计生产原煤331.71万吨，同比增长21.8%。大方电厂累计发电55.89亿度，同比增长22.9%。工业行业稳中有进。采矿业实现增加值15.46亿元，比上年增长28.5%；制造业实现增加值12.08亿元，比上年下降19%；电力、热力、燃气及水生产和供应业实现增加值9.42亿元，比上年增长18.5%。全县累计生产水泥115.19万吨，同比下降33.4%，生产硫酸9.17万吨，同比增长67.3%。规模以上能源产值逐步提升。全年累计实现能源工业产值29.13亿元，较上年21.2亿元增加7.93亿元，同比增长37.4%；煤炭生产累计完成14.02亿元，较上年10.47亿元增加3.55亿元，同比增长33.9%；电力生产累计完成15.1亿元，较上年10.73亿元增加4.73亿元，同比增长40.72%。基础采矿业增加值累计增速20%；电力生产和供应增加值增速43%；培育新增上规能源企业1户（大营煤矿）。新能源行业稳步发展。开工建设大方乌江新能源公司理化（一期）200兆瓦农业光伏发电项目，新能源发电实现“零”的突破。充电桩建设稳步推进，累计建成65个固定车位落地式智能汽车充电桩。天然气长输管线建设有序落地。由贵州昆仑天然气有限公司建设的遵义至赫章天然气管道项目，途经大方县境内管线总长46千米，建成2个分输站和3个输气阀室。大方经济开发区发展稳中有进。2021年，经济开发区完成工业投资22.35亿元，占全年目标任务21亿元的106.43%；完成工业总产值58.36亿元，占全年目标任务50亿元的116.72%；完成工业增加值22.16亿元；完成招商引资到位资金18.73亿元（含上年存量项目）；用电量3.87亿千瓦时，占全年目标任务3.8亿千瓦时的101.84%；新增上规入统企业8户，占全年目标任务8户的100%。民营经济稳步发展。2021年，全县民营经济市场主体达6.16万余户，在库规模以上工业企业27家，其中民营企业21家，占比高达77.78%。

【新型城镇化】 城镇建设稳步推进。2021年，制定《大方县关于加快推进以人为核心的新型城镇化实施方案》，10条背街小巷完成改造，57个老旧小区1556户改造提升工程全部完工，建成城市污水管网12.96千米，8个问题房开实现复工，完成城镇建设投资36亿元，完成商品房销售面积70.52万平方米。市政项目建设不断加快。完成红旗小区应急管网工程、新城区10千伏强电入地一期项目，持续推进三号路延伸段项目建设7.3千米。推进棚户区改造项目。2021年完成2017年棚改协议补偿款支付228户1.06亿元，2018年棚改协议补偿款支付316户2.04亿元，建成云龙安置点二期安置房116户。村镇建设有序推进。不定期开展新增危房核实、评定工作，19户新增危房改造全部竣工，支付中央危房改造资金2109.39万元；凤山乡、雨冲乡、黄泥塘镇、六龙镇小城镇基础设施、公共服务设施和产业项目得到较大提升。

【农业产业化】 2021年，大方县实现农林牧渔总产值71.89亿元，全年农林牧渔业增加值44.21亿元，同比增长7.9%。现代农业提质发展。完成农业增加值28.57亿元，农产品加工企业销售收入突破83.49亿元、增长19.46%，新型农业经营主体达2199个，农民合作社达1595个。严守耕地红线，确保粮食安全。全年粮食种植面积81.32万亩、增长0.15%，产量18.72万吨、增长1.06%。粮食总产量达19.12万吨，其中，玉米种植31.71万亩、增长6.9%，产量11.91万吨、增长15.12%。以“菜、畜、果、药、菌”重点产业布局，推进农业产业发展。蔬菜（辣椒）产业：重点打造21个500亩以上集中连片种植辣椒示范点，带动蔬菜（辣椒）种植62万亩，蔬菜面积增长11.3%，产量增长17.4%。生态畜牧产业：完成猪牛羊禽肉总产量3.25万吨，增长14.3%。其中，猪肉产量2.3万吨，增长17.4%，牛肉产量4063.32吨，增长18.9%。禽蛋产量2515.7吨，增长10.5%。年末生猪存栏28.67万吨，增长58%。其中，能繁母猪存栏3.36万头，增长26.77%。全年生猪出栏24.32万头，增长11.7%；牛出栏2.93万头，增长13.6%；家禽出栏282.32万羽，下降1.1%。水果产业：引进华麟果业、惠农投资建立猕猴桃种植基地，稳定发展水果20万亩。中药产业：完成中药材种植14.4万亩，产量2.5万吨，产值10.65亿元。食用菌产业：通过经营主体带动、吸纳务工就业方式，发展食用菌6.1万亩。烟叶产业：全年种植烟叶4.81万亩，收购烟叶11.98万担，上缴烟叶税3978万元，烟农总收入（含补贴）达2.04亿元。抓主体培育，加大优强企业的引育。培育农业龙头企业41家、农民专业合作社1595家、家庭农场175个。抓品牌建设。全年认证绿色食品3个，贵州同威生物科技有限公司、大方县羊场镇九里箐种植专业合作社天麻获有机食品认证，“大方魔芋”成功获地理标志认证。新增有机农产品认证2个，续证1个；积极入驻农产品追溯体系平台440家，开具合格证786张；申报“菜篮子”基地3个。强化畜禽废弃物资源化利用。争取大方县2021年重点流域农业面源污染治理项目，畜禽粪污资源化利用率达82%。强化农业废弃物资源化利用。开展农作物秸秆、废旧农膜等综合利用，农作物秸秆综合利用率达81%，废旧农膜回收率达73%。打造高标准农田建设。完成年度任务108%，新增耕地1900亩，新增水田200亩。

【旅游现代化】　旅游经济快速复苏。2021年，全县完成文化旅游项目投资4.3亿元，旅游市场主体达5194家，全年接待游客1534.69万人次，实现旅游总收入154.6亿元，旅游接待游客和综合收入同比增长31.19%和62.41%。大方县获全国县域旅游综合竞争力百强县市称号。九驿书院、五凤书屋等景区社区书屋项目启动建设，长征国家文化公园建设项目全面完工。将凤山店子社区申报为全省乡村旅游重点村寨，慕俄格酒店、维也纳酒店成功申报为省级重点特色酒店，奢香古镇成功申报为省级旅游休闲街区。

【基础设施建设】　重点项目稳步推进。全年累计谋划储备5000万元以上项目193个，总投资860.05亿元。启动实施重点项目59个，总投资281.43亿元，累计完成投资69.88亿元。产业投资、民间投资占固定资产投资比重分别达36.98%、59.91%，分别提升18.33个百分点、2.39个百分点。交通建设项目有序推进。214省道大方县城至木空河公路改扩建项目完成形象进度87%，累计完成投资2.06亿元；完成第二批县乡公路路面改善提升工程，总投资5109万元，实施里程40.47千米。水利建设稳步推进。建成污水处理厂5座，总投资1572.44万元，完成投资1010万元，工程运营。青山水库主体工程完工，通过蓄水安全鉴定；龙井沟水库，总投资2.46亿元，完成投资1.1亿元，民生水库，总投资1.93亿元，完成投资1.2亿元，完成大垭口水库除险加固工程、大岩洞水库除险加固工程、新街水库除险加固工程、云龙山水库除险加固工程4个项目建设。完成大方县城供水二期工程建设，总投资9369万元。大坡水厂、木子坑水厂投入运行。48个农村饮水安全巩固提升工程全部投入使用。信息通信持续优化。完成电网建设投资6815万元，新建改造中压线路61.78千米，新增容量9450千伏安，新建改造低压线路62.42千米。升级改造4G基站30个，累计建成开通5G基站160个。大方县多彩贵州“广电云”户户用工程累计敷设光缆干线 11223 千米，累计开通 272 个建置村有线数字电视和宽带通信号，全县有线数字电视终端数达 12.6 万户。

【教育事业】 2021 年，全县有各级各类学校 368 所（民办 36 所），其中，幼儿园 92 所（民办 24 所）、小学教学点 64 个，完全小学 161 所（民办 2 所），初级中学 27 所（民办 1 所），九年一贯制学校 6 所（民办 3 所），高级中学 4 所，完全中学 7 所（民办 3 所），十二年一贯制学校 2 所（民办），中职学校 1 所，特殊教育学校 1 所，专门学校 1 所，高职院校 1 所。全县有在校学生 17.34 万人，其中，幼儿园 2.73 万人，义务教育阶段 12.24 万人（小学 8.27 万人，初中 3.97 万），普通高中 2.04 万人，特殊教育学校 237 人，中职 3024 人；全县专任教师 10319 人，其中，幼儿园专任教师 2019 人，小学专任教师 4034 人，初中专任教师 2508 人，高中专任教师 1610 人，中职学校专任教师 91 人，特殊教育有专任教师 43 人，专门学校教师 14 人。

学前教育：全县有幼儿园 92 所（其中民办幼儿园 24 所），小学附设幼儿班 126 个（幼儿数 7896 人），在园（班）幼儿数 27285 人（其中公办在园幼儿数 23404 人，普惠性民办幼儿园在园幼儿数 2111 人），全县学前教育三年毛入园（班）率 92.10%，比上年提升 2.98 个百分点，普惠性幼儿园覆盖率 93.50%，公办园在园幼儿占比 85.78%。

义务教育：全县有小学 225 所，其中完全小学 161 所（民办 2 所），教学点 64 个。小学在校生 82672 人，小学教学班级数 2129 个；全县有初中 34 所，其中初级中学 27 所（民办 1 所）、九年一贯制学校 7 所（民办 3 所），在校生 39725 人，教学班级数 812 个，专任教师 6542 人。

普高教育：全县有高中阶段学校 14 所（高中 13 所、中职 1 所），在校生 23469 人，其中普通高中在校生 20445 人、中职在校生 3024 人。高中有专任教师 1610 人，其中，研究生 45 人、本科生 1533 人。中职学校专任教师 91 人，聘请校外教师 70 人。2021 年，全县 8738 人参加高考（理科 5098 人、文科 3640 人）。一本理科上线 729 人，上线率 14.3%。一本文科上线 106 人，上线率 2.91%，二本理科上线 2522 人，上线率 49.47%。二本文科上线 954 人，二本上线率 26.21%。

特殊教育：全县有特殊教育学校 1 所，学生 237 人。有专任教师 43 人，其中，本科学历 36 人，专任教师中级职称以上 16 人。

民族教育：全县少数民族乡 11 个，中小学（幼儿园、中职）少数民族在校生共 69938 人。

民办教育：全县民办学校 36 所（城区 22 所、农村 14 所），其中，幼儿园 24 所（城区 12 所、农村 12 所），小学 2 所（城区 1 所、农村 1 所），初级中学 1 所（农村），九年一贯制学校 3 所（城区），完全中学 4 所（城区），十二年一贯制学校 2 所（城区）。民办学校有在校学生 17697 人，占全县在校学生 10.2%。其中幼儿园 3881 人，义务教育阶段学生 7652 人（小学 3372 人，初中 4280 人），普通高中学生 6164 人。民办学校专任教师 1215 人，其中幼儿园 340 人，小学 174 人，初中 298 人，高中 403 人。2021 年，大方县争取到各类教育项目工程资金 1.61 亿元，投资 153.4 万元为部分学校配置班班通、实验仪器、音体美器材等教学设备，319 所学校 12.4 万名农村学生营养改善计划实现全覆盖。

【卫生健康】 2021 年，全县有各级各类注册医疗卫生机构 551 个，其中县级医疗机构 2 个、注册民营医院 36 个、乡镇卫生院 26 个、社区卫生服务中心 4 个、专业公共卫生机构 5 个、村卫生室 420 个、个体诊所 50 个、医务室 8 个。编制床位 4282 张，实际开放床位 3997 张，每千人常住人口拥有床位数 6.5 张。有综合性二甲医院 1 家，二甲中医医院 1 家。全县有各级各类卫生技术人员4625人。有执业（助理）医师1766人，每千人拥有2.72人；有注册护士3213人，每千人拥有4.9人；有全科医师277人，每万人拥有4.3人。公共卫生人员945人，每千人常住人口拥有7.1人。有村级医疗机构在职村医587名，平均每个村卫生室有村医1.4名。人口出生率11.9‰，自然增长率7.57‰。新冠肺炎疫情防控方面，2021年，大方县无新冠肺炎确诊病例，无疑似病例及无症状感染者。2021年，全年累计收到协查函169封，协查人数485人，完成流行病学个案调查325人，追踪排查密切接触者、密切接触者的密切接触者（次密接者）、重点人员等各类人员1029人；完成核酸检测46897份；针对重点区域、隔离点、公共场所开展预防性及终末消毒面积约29.3万平方米。全县累计接种新冠病毒疫苗1173852剂次，完成全程接种525000人。健康扶贫方面，组建家庭医生签约服务团队285个，实现常住脱贫人口30种大病患者3970人救治或签约服务全覆盖。健康管理方面，老年人规范健康管理46475人，规范健康管理率为68.08%；高血压健康管理50914人，规范管理率82.14%；2型糖尿病患者健康管理11719人，规范管理率79.75%；严重精神障碍患者在册2742人，规范管理率93.40%。2021年，制定出台《大方县加快推进卫生健康事业高质量发展实施意见》，建成省级重点学科3个，全县2021年县域就诊率98.86%，基层首诊率60.17%，县妇幼保健院被贵州省卫健委确认为二级甲等妇幼保健院。

【社会保障】　就业创业工作成效明显。2021年，完成城镇新增就业6365人，占年度目标任务的127.3%；失业人员再就业1272人，占年度目标任务的103.41%；就业困难人员实现就业1005人，占年度目标任务的106.91%；农业劳动力转移就业14783人，占年度目标任务的100.5%；城镇登记失业率2.98%，严格控制在省要求的5%以内；完成职业技能提升行动培训27706人次（其中：脱贫劳动力27107人次，易地搬迁劳动力2064人次），占年度目标任务的104.94%。完成劳务输出就业1066人，帮助贫困劳动力就近就地就业2081人。社会保障体系不断完善。完成养老保险参保6.05万人，占年度目标任务的100.17%；失业保险参保人数2.91万人，占年度目标任务的100.69%；工伤保险参保人数5.38万人，占年度目标任务的101.09%。落实社会保险待遇。完成城乡居民社会养老保险参保人数37.99万人，占年度目标任务的97.46%。对年满60周岁的参保人及时办理养老金领取手续，做到发放率100%；每月享受养老待遇人员9.13万人，制作发放社会保障卡58.1万张，完成任务数的100%。符合参保的建档立卡人员13.47万人全覆盖。63名在县内参加城乡养老保险退捕渔民享受缴费补助25000元/人，共计补助资金157.5万元。

【城乡居民医保】　2021年，大方县参加城乡居民基本医疗保险人数共计78.27万人，其中，城镇职工医保参保33142人，生育保险参保33142人。城乡居民医保住院补偿13.66万人次，补偿资金4.27亿元，城镇职工医保住院补偿7100人次，补偿金额4457.9万元。医疗扶贫方面。全县建档立卡脱贫人口参保19.58万人实现应保尽保。2021年县域内参加城乡居民医保的特殊人群获得民政、计生、人社等部门共资助23.01万人，共资助资金3402.16万元，实现应资尽资。建档立卡脱贫人口住院4.32万人次，产生医疗费用1.55亿元，医保支付1.22亿元，确保应保尽报，实现“三重医疗保障”全覆盖。医疗救助方面。全年资助特困供养、城乡低保、建档立卡贫困人口、困难精神病患者和其他重特大疾病患者等特殊人群23.29万人，落实参保资助金额3442.23万元。发放医疗救助金1244.79万元，救助各类患者25131人次。

【民生保障】 民生保障成效显著。2021年，城市低保标准提高到635元/人·月，农村最低生活保障标准提高到379元/人·月，特困供养标准提高到826元/人·月。全年累计发放城市低保资金7.06万人次2617.67万元、农村低保资金74.9万人次19129.46万元、特困供养资金2.22人次2452.73万元，全面兜牢困难群众网底；发放临时救助金305.39万元，对2040户5077人遭遇突发事件、意外伤害、重大疾病困难群众家庭人员提供应急、过渡性救助保障。社会福利健康发展。全年累计发放困难残疾人生活补贴9.98万人次1009.6万元，重度残疾人护理补贴11.8万人次663万元；发放高龄补贴17.19万人次952.8万元，经济困难高龄老人（80岁以上）4.29万人次428.94万元，经济困难失能老人（60~79岁）7934人次39.67万元。发放事实无人抚养未成年人共计6197人次516.4万元；发放困境未成年人共计1.5万人次606.52万元。助学工程资助634人次，发放资助资金59.75万元，对全县留守未成年人2.64万人，全部落实有效监护。拥军优抚落到实处。完成退役军人和其他优抚对象信息采集，悬挂光荣牌，并建档立卡，烈士英名录编撰258人，发放各类优抚金3828.92万元，接收自主就业退役士兵、伤病残退役士兵，接收符合政府安排工作退役士兵。民生项目建设有序推进。累计完成固定资产投资3.36亿元，完成未成年人员救助保护中心项目建设、大方县中心敬老院和达溪镇敬老院护理床位项目改造工程、云龙殡仪馆建设项目推进完成40%。

【改革创新】 持续深化“放管服”改革，大力推进政务服务事项“跨省联办”机制，进一步压缩项目审批时间，企业设立、登记、刻章时间均缩短至0.5个工作日，简易事项实现即时办理，54项企业注册登记事项当天办结，2204项政务服务事项网上可办率达100%以上，为661家企业成功授信84.17亿元。着力优化营商环境，创新推出粤黔东西部协作项目服务大礼包，累计引进优强企业16家。加快县属国有企业战略性重组，零基预算、医药卫生体制等重大改革扎实推进。

【招商引资】 加大外出招商力度。党政主要领导外出招商21次，新引进产业项目12个，签约资金29.8亿元，到位资金22亿元。其中：县委书记外出招商12次，引进项目6个，总投资18.1亿元，到位资金13.15亿元；县委副书记、县长外出招商9次，引进项目6个，总投资11.7亿元，到位资金8.85亿元。全力做好项目代办服务。2021年，代办项目总数88个，申办事项109项，办结事项109项，跟踪落实率100%，覆盖率100%，办结率为100%；全年未发生1起代办超时和代办纠纷事件，平台项目责任分解率100%，跟踪落实率100%，覆盖率100%。

【文体文艺】 2021年，大方县新增注册文化企业121个。完成2021年长征国家文化公园建设项目8个。组织文化企业参加第十七届深圳文博会。完成中宣部“中华民族音乐传承出版工程”大方县域音乐田野采风录制，组织开展奢香文化艺术节系列赛事，承办系列文艺和“三下乡”活动，组织“彝族文化活动周”活动，完成2021年农村电影公益放映1977场。巩固公共文化成果，开展群众文化活动。持续开展省级示范点（奢香古镇安置点）创建，建成九驿街道奢香古镇4A级景区的九驿书院（三星级景区书房）、西城门城市书房（三星级景区书房）和六龙镇童话五凤康养中心景区书房（一星级景区书房），建成34个村级安置点文化服务中心。完成以“浪漫古镇·春之邀”“浪漫古镇·夏之约”为主题的文艺宣传演出24场次；以“文化科技卫生”为主题的送文化三下乡进村寨巡回演出100余场次。免费场馆开放方面。2021年图书馆服务读者

27.2 万余人次、借阅书刊 20.5 万册次、解答读者咨询 1350 条，开展送书下乡 6 次，向群众赠送书刊 5000 余册。奢香博物馆全年累计接待观众 10.1 万人次，其中未成年人 1.3 万人次，省外观众 3.5 人次，党政机关及其他各社会团体 693 余场次。非物质文化遗产传承和保护方面。完成彝族漆器髹饰技艺省级传承人高光友的漆器产品“四季吉祥鸟”“青针刻纹盘”推荐“中国传统工艺邀请展参展作品”以及“百年工艺——薪火相传”中国传统工艺邀请展线下展品申报工作。组织非遗企业参加“第二届中国丹寨非遗周”展演展示活动、毕节市产业招商暨旅游宣传推介会、中东欧国家博览会暨国际消费品博览会、贵州省 2021 年文化和自然遗传日的宣传展示活动等展示展演活动。完成大方县第五批县级非遗传承人评定和公布工作。将苗族蜡染的传承人陈兰、彝族漆器髹饰技艺的传承人陈会军、万廷福、袁永发、高焱和大方灯谜传承人余春全申报为第二批市级非遗传承人。体育赛事方面。承办 2021 年毕节市老年人钓鱼比赛、2021 年第十一届杜鹃锦苑杯游泳比赛、组队参加毕节市青少年田径锦标赛。2021 年 10 月 24 日，大方籍残疾运动员何圣羔，在参加全国第十一届残疾人运动会暨第八届特殊奥林匹克运动会时，在女子 20 分 4×50 米自由泳接力决赛中，与浙江运动员、广西运动员组成的跨省组合，以 2 分 30 秒 88 的成绩打破世界纪录，夺得该项目金牌。文艺创作方面。完成创作党史学习教育农民画 5 幅；创作农民画作品参加“百年风华铭记党恩”——庆祝中国共产党成立 100 周年贵州省农民画作品展获 1 个三等奖，4 个入选奖；创作农民画作品参加“感恩共产党描绘新生活”贵州省农民画作品展 5 幅作品入展；创作农民画作品参加全国廉政农民画展，1 幅作品入展并被收藏。2021 年 1 月，周秦作品《脱贫之歌》作品入选中国美术家协会主办的“新生活、新风尚、新年画”——我们的小康生活主题美术创作展。2021 年 5 月，大方县在第十三届“赤水河之声”音乐节原创歌曲大赛获原创作品奖 3 个、演唱奖 3 个、组织奖 1 个。

【社会治理】 2021 年，全县上下牢牢守住新冠肺炎疫情防控安全防线，3 周岁以上人群接种新冠肺炎疫苗 53.99 万人，18 岁以上人群完成加强免疫接种 9.32 万人，未发生复阳或输入病例。深入开展安全生产专项整治三年行动，强化安全生产责任落实，在节假日和汛期强化重点行业重点地区安全督查检查，2021 年，全县共发生各类生产安全事故 7 起、死亡 10 人，同比事故起数下降 22.2%、死亡人数上升 11.1%，未发生重大及以上生产安全事故和自然灾害事件。持续开展扫黑除恶专项斗争，打击各类违法犯罪 476 起，“平安大方”建设成效显著。

（撰稿：蒋劲松）

黔西市

【概述】 区域概况：全县（市）总面积 2380.9 平方千米，耕地面积 8.4 万公顷。辖 30 个乡（其中 10 个民族乡）、15 个镇、5 个社区（街道办事处），252 个村民委员会、112 个居民委员会。年末户籍总人口 98.2 万人，城镇人口 44 万人，乡村人口 54 万人。人口出生率 11.5‰，自然增长率 6.9‰，人口较多的少数民族有彝族、苗族。森林覆盖率 57.1%。经济情况：全年地区生产总值 242.24 亿元，农林牧渔业总产值 88.46 亿元，工业增加值 53.38 亿元，财政总收入 31.23 亿元，其中地方财政税收收入 6.39 亿元，财政总支出 71.04 亿元。社会消费品零售总额 91.41 亿元；城镇居民人均可支配收入 36175 元，人均消费支出 22681 元；农村居民人均可支配收入 12717 元。年内固定资产投资：全年 500 万元及以上固定资产投资比上年增长 3.1%。其中：第一产业投资增长 20.2%；第二产业投资增长

1.8%；第三产业投资增长2.3%。截至12月末，固定资产投资在库项目167个，其中房地产项目47个。在建重点项目：建成黔希煤化工年产30万吨煤制乙二醇项目，黔西电厂二期并网发电，洪家渡水光互补农业光伏电站项目加快推进，完成“千企改造”工程40个，累计生产原煤2364万吨、发电433.85亿千瓦时。打造素朴象祠、大关丘林、中建营盘等6个重点乡村旅游项目。全县通车里程：年末公路通车里程3605.46千米。运输能力：年末机动车保有量189079辆，其中：汽车86962辆，摩托车101672辆，挂车445辆。年末县城营运出租车295辆，公交车226辆，城市万人拥有公交车10标台，公交车路线20条。通信能力：电信业务收入37995万元，下降23.5%。年末固定电话用户2.96万户，增长92.2%；移动电话用户62.35万户，下降5.7%；互联网用户14.96万户，下降11.5%。小城镇建设等情况：完成燕山街、恭勤路等道路改造，打通东出口，改造国省道93.2千米，建成县乡道218.4千米，硬化通村路580千米，县乡交通运行能力显著增强。城市形象不断提升。建成同心商贸城、阳光城、万丰商贸城等城市综合体。建成城区公厕36座、公共停车位1500个。完成棚户区改造13075户。乡村面貌不断改善。推进乡村民居改造，大力实施乡村亮化硬化。加快推进农村生活垃圾集中收运处置，建成垃圾转运站30个，深入开展“五子行动”，农村人居环境和精神面貌全面改善。

2021年，全县坚持以高质量发展统揽全局，围绕“四新”主攻“四化”，“十四五”规划实现良好开局。2021年地区生产总值预计增长9%，固定资产投资预计增长2%，一般公共预算收入预计增长3%，社会消费品零售总额预计增长10%，规模以上工业增加值预计增长12.5%，城镇和农村居民人均可支配收入分别预计增长9%和10.2%。

【全力巩固拓展脱贫攻坚成果，高质量发展基础更加牢固】 严格落实“四个不摘”要求，连续开展3轮大走访、大排查、大整改，排查整改问题145个，累计消除风险2921户10872人，牢牢守住返贫致贫防线，有力推进巩固拓展脱贫攻坚成果同乡村振兴有效衔接。整合涉农资金2.08亿元，实施产业项目311个。开展劳动力职业技能培训，脱贫户稳定就业62197人。截至11月底，发放创业补贴683.5万元，“十大员”就业补贴8378.27万元，资助困难学生47万人次6528万元，脱贫人口住院基本医保报销3.3亿元、大病保险报销4522.6万元、医疗救助补偿3163万元，“三落实一巩固”更加有力，脱贫群众生活质量稳步提升。

【全力推进“四化”，高质量发展动力更加强劲】 黔西经济开发区化工园区获得省级第一批化工园区认定，年产5万吨碳酸二甲酯、30万吨甲醇项目开工建设，年产10万吨食品级二氧化碳及5000吨干冰、过氧化氢、抽水蓄能、光伏发电、煤矿技改等项目有序推进。环城西路等5条城市路网启动建设，完成老旧小区改造14个、棚户区改造1000户、背街小巷改造11条，成立房地产协会，成功举办房地产交易展示会，全年累计销售商品房62万平方米。构建了“4+N”农业产业多元化发展格局，肉牛存栏14.2万头，新增种植食用菌1.2万亩、高粱6.12万亩、猕猴桃1万亩，酒用高粱获有机认证，与贵州蔬菜集团合作建设万亩蔬菜基地2个，粮食产量达32.24万吨，农产品加工转化率预计达55%。黔西金街休闲旅游景区获批国家AAA级景区，乌江源百里画廊化屋景区建设加快推进，化屋旅游公路建成通车，全市接待游客1480.9万人次、过夜游客50万人次，旅游综合收入达132.3亿元，创黔西历史新高。新仁乡化屋村入选“2021年中国美丽休闲乡村”，先后获“全国文化和旅游系统先进集体”“2021—2023年度中国民间文化艺术之乡”等荣誉称号。

【全力推进绿色发展，高质量发展底色更加靓丽】

完成国家储备林13.73万亩、退耕还林6万亩，治理石漠化13.4平方千米、水土流失48平方千米。三期污水处理厂主体完工。城区6处黑臭水体得到有效治理。“河（湖）长制”工作获国务院1000万元奖励，是全省唯一获奖励的县（市、区）。全年规范处理生活垃圾12万吨。7个泥炭矿山修复治理基本完成。强化生态环境执法，涉林案件核实率、查结率、移送率和行政处罚执行率均达100%。发展林下经济种植13.49万亩。

【全力防范化解风险，高质量发展环境更加稳定】

严守疫情防控重要关口，截至11月底，累计排查30.72万人、集中留观消除风险1135人，完成疫苗全程接种51.4万人，黔西市集中医学留观中心建成使用，疫情风险可控。扎实开展安全隐患排查，截至11月底，排查企业15294家次，整改安全隐患14123条，全市事故起数、死亡人数分别同比下降25%、50%，安全生产形势总体平稳。扎实推进平安黔西建设，侦破各类犯罪案件599起，处理违法犯罪人员537人，人民群众安全感不断提升。树牢过紧日子思想，压缩公用经费3603万元，牢牢守住“三保”底线，按时完成省下达的化债指标。

【全力增进民生福祉，高质量发展成果更加惠民】

建成幼儿园5所，一中分校、三中分校建设加快推进，启动建设各类学校（园）29所，新增学前教育学位1440个。第二人民医院即将投入使用，妇幼保健院项目建设加快推进，城乡居民基本医保政府补助标准提高到550元，医疗救助2.66万人1426万元，城镇新增就业7541人，城镇登记失业率控制在5%以内，累计发放城乡低保、特困供养、临时救助资金2.28亿元，特殊困难群体基本生活得到有效保障。

【全力加强自身建设，高质量发展保障更加有力】

推进“两学一做”学习教育常态化制度化，巩固深化“不忘初心、牢记使命”主题教育成果，扎实开展党史学习教育和“新城市·新风尚”作风建设大行动，深入开展“我为群众办实事”实践活动，政治判断力、政治领悟力、政治执行力不断增强，行政效能和治理水平显著提升。始终坚持民主集中制，严格按照法定程序进行决策，坚持重大事项向市委汇报、向市人大常委会报告和向市政协通报制度，人大代表建议、政协委员提案办复率均达100%。认真落实中央八项规定精神，驰而不息转作风、纠“四风”，全面加强审计监督，着力防范政府廉政风险。工程建设、政府采购、公共资源交易等制度不断完善，政府运行更加阳光透明。

（撰稿：刘　恒）

金沙县

【概述】　金沙，原名打鼓新场，位于贵州省西北部，毕节市东部，地处贵阳、遵义、毕节、四川泸州四市交会处，昔属黔北四大名镇之首，是贵州省经济强县、中国西部百强县、中国最具投资潜力特色示范县之一。全县总面积2528平方千米，辖21个乡（镇）、5个街道，242个村（社区），有1个省级经济开发区和2个副县级管理区。居住着汉、彝、苗等36个民族，总人口71.22万人，常住人口53.97万人。少数民族人口9.34万人，占总人口比例13.12%。境内有煤、铁、硫、磷、硅等19种矿藏。其中煤炭储量83.1亿吨，是全国50个重点产煤县和“西电东送”工程能源基地之一；有江西会馆、茶马古道、义盛隆商号等6处国家级重点文物保护单位，有钱壮飞烈士陵园、红军南渡乌江三大渡口等红色文化资源；有冷水河国家级森林公园、三丈水省级森林公园、岩孔万亩玉簪花海等自然生态景观，有锦绣西洛·梦幻田园、酱酒文化体验区、千鼓山景区等AAA级旅游景区。森林覆盖率达61.89%。杭瑞、金黔高速途经64千米，国省干线和县乡村组路网互联互通；开工建设的贵金古、金仁桐高速公路等将促进金沙交通提速。金沙是中国贡茶之乡，是“中国酱香酒第二大生产基地”，“金沙贡茶”“金沙回沙酒”“禹谟醋”“湾子辣椒”“金沙黑山羊”先后获国家地理标志保护产品称号。

2021年，完成地区生产总值259.34亿元，同比增长8.3%。财政总收入57.39亿元，增速-4.7%。一般公共预算收入15.12亿元、同比增长4.4%；一般公共预算支出44.08亿元，增速-29.3%。税收收入39.27亿元、同比增长34.4%。城镇居民人均可支配收入39051元，同比增长8.4%；农村居民人均可支配收入13717元，同比增长10.9%。

2021年末全县公路通车里程达4505.436千米。其中，等级公路4356.242千米，高速公路63.32千米，等级外公路149.194千米。当年新增公路里程105千米（含老路改造扩建）。年末实有城市公共交通客运车辆共计657辆，其中公交车85辆，出租车313辆，运营客车259辆。年末登记在册机动车174829辆。其中：大客车414辆，小客车（9座以下）53993辆，大货车4118辆，小货车5303辆，特种车及专用车664辆，轻便车1920辆，摩托车108324辆，低速车93辆，运营客车259辆。

【政治建设加强】 一是坚持用党的科学理论武装头脑指导实践推动工作。坚持把学习习近平总书记的最新讲话、最新文章、最近指示、最新要求等作为首要政治任务、作为第一个议题，召开政府党组会议26次第一时间传达学习。召开党史学习教育会议集中10次，深入开展党史学习教育和“牢记殷切嘱托、忠诚干净担当、喜迎建党百年”主题教育，纵深推进“我为群众办实事”实践活动。二是坚决贯彻落实上级党委政府工作部署。认真贯彻落实中央、省委、市委和县委全会精神、经济工作会议精神和上级各类会议、文件精神，围绕县“12345”发展思路，聚焦产业发展、城乡建设、生态环保、民生改善、安全稳定等重点工作，责任化、清单化、项目化抓好落实。三是坚持把意识形态工作纳入政府工作重要内容。严格落实意识形态工作责任制，将意识形态工作与政府业务工作同安排、同调度、同考核，并作为班子和班子成员述职报告内容，压实意识形态工作责任，牢牢把握意识形态工作主动权。四是持续提升政府治理能力和治理体系现代化水平。坚持有效市场和有为政府相结合，深化“放管服”改革，持续优化营商环境建设。持续加强政府自身建设，全力以赴建设人民满意的法治、效能、节约、廉洁政府。

【全力推动经济社会高质量发展】 扎实做好稳增长、促改革、调结构、惠民生、防风险、保稳定各项工作。完成地区生产总值259.34亿元，同比增长8.3%，总量位列全省88个县（市、区）第20位、全市10个县（市、区）第3位，增速位列全省第42位、全市第1位。完成农林牧渔业总产值80.53亿元、同比增长9.5%，增速排全市第3位；规模以上工业增加值96.4亿元、同比增长20.9%，增速排全市第1位；500万元及以上固定资产投资160.16亿元、同比下降9.1%，增速排全市第6位；社会消费品零售总额同比增长15%，排全市第3位。完成一般公共预算收入15.12亿元、同比增长4.4%，增速排全市第1位；税收收入39.27亿元、同比增长34.4%，增速排全市第1位。金融机构人民币各项存贷款余额417.66亿元、同比增长10.7%，增速排全市第5位（金融机构存款余额196.88亿元、同比增长11.9%，增速排全市第1位；全县金融机构贷款余额220.78亿元，同比增长为9.7%，增速排全市第8位）。实现城镇居民人均可支配收入39051元，同比增长8.4%，增速排全市第8位；农村居民人均可支配收入13717元，同比增长10.9%，增速排全市第3位。

【围绕“四新”主攻“四化”】 坚持把“四化”作为推进经济社会发展的“牛鼻子”，细化项目清单，务实工作举措，各项工作取得长足进步。新型工业化方面：确立以煤电、白酒、新兴产业“三个百亿级”产业集群为主攻方向，推动形成以煤电和白酒产业为支柱，包装包材、新型建材、食品加工等多元发展的工业经济体系。新型工业化综合评价指数得85.13分，在全省88个县（区）中排第24位。规模以上煤炭产量达1723.94万吨，实现增加值51.67亿元，占规模工业增加值的53.6%。发电133.37亿度，实现增加值17.42亿元，占规模工业增加值的18.1%。白酒产业园配套基础设施建设不断完善，金沙窖酒5000吨、金沙古酒1000吨技改扩能项目建成投产；实现规模以上白酒产量17349千升，实现增加值23.65亿元，占规模工业增加值的24.5%。生产水泥207.65万吨，产值5.4亿元。经开区新增入驻酒类包材企业12家，现有规模以上企业42家。粉煤灰、脱硫石膏等工业固废利用率稳步提高到74%左右。新型城镇化方面：抢抓国家县城新型城镇化示范建设机遇，坚持以人为核心的新型城镇化，着力打造“产城景一体、山水林共生、业游居相宜”城市，凝心聚力把金沙建设成为贵阳、毕节、遵义交会处的重要节点城市，建设成为遵义、毕节区域协调发展的战略支点。县人民医院、教育研究院附属三所学校等一批城市公共服务配套设施建成投入使用。累计完成棚户区改造24937户、老旧小区改造29个2268户、背街小巷改造10条。城市建成区面积23.25平方千米，城市道路总长102千米，城区绿化覆盖率33.25%；全县常住人口54.19万人，其中城镇27.53万人，常住人口城镇化率50.81%，较“七普”提高0.42个百分点。农业现代化方面：优化“43328”（40万亩茶叶、30万亩高粱、30万亩蔬菜、20万亩经果林、8万亩水稻）产业布局，完成2020年高标准农田建设任务2.85万亩，实施2021年高标准农田建设任务4万亩，高标准农田灌溉率达到70%以上、道路通达率达到90%以上；粮食种植面积84.84万亩，粮食总产量20.95万吨。完成茶叶管护34.89万亩，种植有机高粱16.5万亩，累计种植商品蔬菜37万亩，累计发展经果林29.7万亩（新增水果种植0.5万亩），完成烤烟种收3.25万亩，完成食用菌种植4869亩（万棒）。生猪生产恢复至常年水平，猪牛羊、鸡鸭鹅养殖业存栏出栏恢复性增长。启动28个农业项目建设，推动形成以茶叶、高粱、蔬菜（辣椒）和生态畜牧业为主，食品加工同步发展的山地高效特色农业格局。旅游产业化方面：围绕“一核一带多点”的全域旅游发展格局，健全金沙县旅游产业化专项组织架构，制定旅游市场主体培育、旅游业态升级、旅游服务质量提升、盘活闲置低效旅游项目攻坚四大行动方案。重点推进玉簪花旅游景区、钱壮飞烈士事迹陈列室改陈布展、木孔镇信安社区红色美丽乡村、安然温泉、化觉镇前顺村滨江旅游等建设项目。全年实现旅游综合收入130.89亿元，同比增长190.87%。

【深化“三大主题”实践】 聚焦绿色发展、人力资源开发和体制机制创新，激活力、增效率。一是扛牢生态保护责任。落实河（湖）长制、林长制，实施生态建设和环境治理工程，坚决打好蓝天、碧水、净土、固废治理、乡村环境整治“五场战役”。实施国家储备林（一期）项目7.6万亩。实施2020年退耕还林项目14万亩，完成石漠化治理面积11平方千米，人工造林5146.65亩。全县森林管护面积达194.18万亩，森林覆盖率达61.89%。实施2021年国家水土保持重点建设工程永丰小流域综合治理项目，完成治理水土流失面积 11.09 平方千米。有序推进城乡污水处理厂建设，完成石场、太平等 8 个乡镇污水处理项目建设，大田乡集镇污水处理项目及县城三期污水处理项目有序推进。生活垃圾清运覆盖率达 90%以上。生活垃圾焚烧发电项目建成投运，城乡生活垃圾无害化处理率达 85%以上，医疗废弃物处置率 100%。深入推进扬尘、柴油货车、工业企业、燃煤及油烟等污染治理，县城空气优良达标率 96.98%。深入开展集中式饮用水源保护、城市黑臭水体治理、城乡生活污水治理，县级以上及千吨万人集中式饮用水源水质达标率 100%。全县国控、省控地表水河流断面水质优良率 100%。全力推进中央环保督察交办问题整改。二是加强人力资源开发。实施“飞地人才”计划、“引才伯乐奖”工程，围绕金融、项目编制、农业科技、项目建设管理、农产品销售等领域，引进和培育各类人才。加强创新型、应用型、技能型人才培养。加强职业教育、成人教育工作，获评“第四批国家级农村职业教育成人教育示范县”。全面加强服务保障，积极从人才安居、落户、就医、子女入学等方面给予贴心服务，营造暖心留人环境。三是持续深化改革。深入推进“全国农村宅基地制度改革试点”“国家增量配电业务改革试点”等国家级试点示范。深化“放管服”改革，行政许可事项优化为 220 项，取消申请材料 495 项，执行容缺事项 917 项；全面推行“双随机、一公开”监管；落实“全省通办、跨省通办、一窗通办、一证通办、一网通办”“五个通办”，推行 30 类政务服务“集成套餐”，零距离惠企便民。以沙土镇为试点，推进经济发达镇行政管理体制改革。深入推进教育体制机制改革，与北师大教师教育研究中心合作共建金沙教育研究院及其附属三所实验学校，引领带动县域各级各类教育高质量发展。推进公立医院综合改革，以县人民医院、县中医院为龙头，着力打造紧密型“医共体”，县域所有乡镇（街道）卫生院和社区卫生服务中心实现医共体全覆盖，县域就诊率达 96.99%。着力优化营商环境，完成重点产业项目到位资金 125.03 亿元，新引进重点产业项目 79 个、优强企业 32 家，入园率 100%，开工率 100%，投产率 92.4%。

【系统推进“五项工程”】 盯牢基础设施建设、教育培优、文化惠民、民生改善、平安金沙建设工程，补短板、强弱项，全力提升群众获得感、幸福感、安全感。一是基础设施建设方面：完成木孔至湾子县乡道改造、石场至清池羊跳段地灾隐患治理、油沙河水库复建公路变更等工程。实施乡道以上行政等级公路安全隐患治理 115 处。树寨沟桥、平坝小桥、安底新桥改造工程、10 条村道生命安全防护工程、胜天隧道改造工程基本完工。油沙河水库工程下闸蓄水，脱贫攻坚城乡供水巩固提升 PPP 项目，老城区段河道治理及基础设施建设 PPP 项目，中小河流治理项目，城乡污水处理项目有序推进。城乡供电、通信等基础设施配套不断完善。二是教育培优方面：教育 PPP 项目有序推进，第五幼儿园、五龙街道鼓楼幼儿园和新城区三所义务教育学校建成投入使用，新增学位 6480 个。学前三年毛入园率达 90.39%，普惠性幼儿园覆盖率达 89.73%，公办在园幼儿占比达 60.82%，九年义务教育巩固率达 97.88%，高中阶段毛入学率达 92.02%。成功创建为“基础教育国家级优秀教学成果推广应用示范区”。三是文化惠民方面：铸牢中华民族共同体意识，培育和践行社会主义核心价值观。建设钱壮飞党性教育基地和爱国主义教育基地。加快发展文化事业和文化产业，县乡村三级新时代文明实践中心（站所）实现全覆盖。加强民族民间文化保护传承，获命名国家级少数民族特色村寨 1 个，省级 10 个，加强民族团结进步创建，获得省级民族团结进步县称号。四是民生改善方面：完成城镇新增就业 4901 人、失业人员再就业1249人、就业困难人员实现就业970人、农村劳动力转移就业12119人，城镇登记失业率控制在5.0%以内。完成就业技能项目制培训4499人。持续开展就业帮扶工作，“三类”劳动力家庭实现1户1人以上稳定就业，全县建档立卡劳动力就业率达96.24%。县人民医院实现整体搬迁，县中医院扩建项目有序推进，千人常住人口拥有执业（助理）医师3.12名、护士5.39名、开放床位数8.01张，卫生健康保障能力持续增强。纳入城乡低保保障对象14632户35505人，发放城乡低保资金1.2亿元；纳入特困供养保障对象1839户1889人，发放特困供养金2365.73万元。发放5105名重度残疾人护理补贴363.41万元，发放181名孤儿基本生活保障补助资金230.065万元，发放307名事实无人抚养未成年人基本生活补贴257.88万元，发放8751名困境未成年人生活救助金295.71万元。五是平安金沙建设方面：统筹发展和安全，突出系统治理、综合治理、源头治理。落实联防联控、群防群控，常态化打好疫情防控阻击战，持续推进新冠疫苗接种工作，常住人口接种率超过90%。深入推进安全生产专项整治三年行动，发生安全生产事故5起、同比下降54.55%，死亡12人、同比上升9.09%。推进平安金沙、法治金沙建设，纵深推进扫黑除恶专项斗争，全面打赢禁毒重点整治攻坚战，全面推行“一中心一张网十联户”基层治理机制。全力做好安全稳定各项工作，未发生规模性赴省进京群访案事件、规模性群体性事件，人民群众安全感、幸福感和获得感持续提升。

【全力推进脱贫攻坚和乡村振兴有效衔接】 落实“四个不摘”要求和“1+5”工作方案，坚持月排查、月调度、月监测，深入开展巩固拓展脱贫攻坚成果“回头看”。摸排核实预警线索19723人21319条，纳入监测对象870户3183人。实施脱贫攻坚补短板项目76个。围绕“五大振兴”，项目化、清单化、责任化一体推进106项重点工作任务，健全“四个一”工作机制，全力抓好35个乡村振兴示范村创建。农村生活垃圾治理建置村（社区）占比保持在90%以上，县级以上文明村占比82.76%，县级以上文明乡镇占比为95.24%，建置村（社区）光纤覆盖率100%，30户以上自然村4G网络全覆盖。

【政府治理能力得到提升】 一是加强党的领导。坚持把党的领导贯穿政府工作各领域、全过程，坚决做到心中有党、心中有民、心中有责、心中有戒。不折不扣执行落实上级党委、政府和县委决策部署。落实全面从严治党主体责任，压实全面从严管党“一岗双责”，严格落实党风廉政建设责任制，坚持把党风廉政建设和反腐败斗争同经济工作、民生工作和安全稳定工作相结合，做到同部署、同推进、同落实。二是加强依法行政。深入学习贯彻习近平法治思想，严格依照法定权限和程序履行职责。印发《金沙县2021年法治政府建设工作要点》，巩固提升“全省法治政府建设示范县”成果。严格“三重一大”民主、科学、依法决策，召开政府常务会议21次。自觉接受人大法律监督、政协民主监督、纪委监委纪律监督，强化审计监督，主动接受社会监督和舆论监督。全年办理人大代表建议199件、政协提案135件，办复率100%。三是加强创新理政。推动治理理念和服务模式创新，盯牢政府投资管理和债务防范化解等重点，聚焦“四新”“四化”、“六稳”、“六保”、生态环保、民生保障、社会治理等重点工作，更加注重以系统理念和市场思维谋划发展、推动工作。强化干部思想淬炼、政治历练、实践锻炼、专业训练，着力提升解决实际问题能力水平。四是加强作风建设。坚决落实中央八项规定及其实施细则精神和省市县有关规定。深入推进干部作风教育大整顿。严控“三公经费”支出。严格工作岗位责任制和责任追究制，推动实现“文件零积压、受理零推读、服务零距离”。严格执行《政府督查工作条例》，规范督查考核工作，切实减轻基层负担。教育引导干部职工明大德、守公德、严私德、知敬畏、存戒惧、守底线。

（供稿：金沙县史志办）

织金县

【概述】 织金县位于贵州省中部偏西，乌江上游支流六冲河、三岔河交汇处的三角地带。县城东距省会贵阳86千米，南距安顺95千米，北距毕节144千米，全县东西长82.5千米，南北宽66千米，最高海拔2262米，最低海拔860米，年降水量1340.6毫米，年日照1162.3小时，年平均气温14.1C，无霜期272天。全县总面积2868平方千米，实有农耕地125.58万亩。全县辖10个乡，16个镇，7个街道，29个社区，224个居民委员会，325个村民委员会，4800个村民组。2021年末，全县总人口126.74万人（男66.64人，女60.1万人）。其中少数民族人口58.65万人（含穿青人，按“六普”推算）。在总人口中，城镇人口52.6万人，乡村人口74.14万人。人口出生率8.15‰，人口自然增长率5.61‰。人口较多的少数民族有苗族、彝族、布依族、水族、回族、白族等。县内资源开发前景广阔，属著名织纳煤田的主体部分，素有“西南煤海”之称，体质无烟煤储量107亿吨；磷矿储量14.91亿吨；重稀氧化钇储量144.6万吨，名列全国第二；其他重要矿产有重晶石、赤铁矿、硫铁矿、铝矾土、硅石、铅锌矿等。

2021年，坚持以高质量发展统揽全局，围绕“四新”主攻“四化”，奋力推动经济社会高质量发展迈出新步伐。创建“国家公共文化服务体系示范区”“国家卫生县城”，2021年入围“中国县域旅游发展潜力百强县市”，创建“省级园林县城”。平远古镇纳入“全省2021年特色小镇培育创建清单”，平远古镇市井织金街区被评为“贵州省休闲旅游街区”和“省级夜间文化旅游消费集聚区”。

【生产总值稳步增长】 根据县（区）生产总值统一核算结果，2021年全县地区生产总值235.6亿元，比上年增长7.9%，两年平均增长5.7%。其中：第一产业增加值50.28亿元，比上年增长7.9%，两年平均增长7.2%；第二产业增加值71.99亿元，比上年增长9.7%，两年平均增长5.9%；第三产业增加值113.33亿元，比上年增长6.8%，两年平均增长4.8%。第一产业增加值占生产总值的比重为21.34%，第二产业增加值占生产总值的比重为30.56%，第三产业增加值占生产总值的比重为48.1%。全年人均生产总值为28993元。

【农业生产扎实推进】 农林牧渔业总产值84.88亿元，同比增长9.6%；实现增加值53.86亿元，同比增长7.9%；粮食种植面积8.25万公顷，同比增长0.06%。粮食总产量29.7万吨，同比增长0.71%。

肉类总产量4.31万吨，同比增长13.35%。其中，猪肉产量28.80万吨，同比增长19.05%。年末大牲畜存栏12.27万头，同比下降9.23%。其中，牛存栏12.24万头，同比下降9.12%。年末大牲畜出栏4.66万头，同比增长7.44%。其中，牛出栏4.65万头，同比增长7.53%。年末农用化肥施用量1.54万吨，同比下降3.41%。

【工业生产持续发展】 规模以上工业增加值增长10.8%，两年平均增长8.7%。分三大门类来看，规模以上采矿业增加值增长19.7%；规模以上制造业增加值增长5.3%；规模以上电力、热力、燃气及水的生产和供应业增加值下降7.7%。工业主要产品产量中：原煤产量1050万吨，同比下降12.65%；水泥产量45.94万吨，同比下降42.51%；自来水生产量1187万立方米，同比增长2.95%。全年火电发电量63.20亿千瓦时，同比增长8.68%；风力发电量2.3亿千瓦时，同比增长21.05%。

【建筑业稳步增长】 完成建筑业增加值13.21亿元，同比增长9.2%。

【固定资产投资稳中有增】 全年固定资产投资增长1.8%。分产业看：第一产业投资增长6.06%；第二产业投资增长14.96%；第三产业投资下降10.29%。

【市场贸易大幅增长】 社会消费品零售总额增长14.1%。分行业看：批发业商品销售额增速18.6%、零售业商品销售额增速15.5%、住宿业营业额增速23.9%、餐饮业营业额增速29.6%。

【交通体系日趋完善】 2021年，全县有铁路4条136.27千米、高速公路3条113.09千米、国道1条79.2千米、省道6条334千米、县道19条520.27千米、乡道70条809.24千米、通村公路562条1486.23千米、农村通组公路1299条1379.8千米。

【邮电事业蓬勃发展】 2021年，完成邮政业务总量5217.25万元，同比增长7.2%。移动主营业务收入3.51亿元，同比增长4.63%；电信主营业务收入0.85亿元，同比增长17.5%；联通主营业务收入6217万元，同比增长6.8%。

【招商引资有新进展】 年初以来，全县认真落实省市产业大招商工作部署，紧紧围绕精心谋划项目夯实招商基础，锁定重点区域重点企业精准对接招商，突出重点项目开展精准服务，强化领导带头招商、专题招商、驻点招商、产业链招商等，用好用足全国工商联、广州、深圳等帮扶优势，在省市有关部门的关心和帮助下，引进一批重点企业和重大项目，全县产业结构得到进一步优化升级，助推决胜脱贫攻坚，为乡村振兴奠定基础。全年围绕竹荪、皂角、蔬菜、旅游康养、十大千亿工业等编制项目120个，精心策划精包织金红托竹荪产业链项目、织金皂角产业链项目等主导产业链项目，对外发布招商推介项目110个。全年共引进产业项目107个，项目总投资416.4亿元，招商引资项目新增到位资金120.37亿元；引进优强企业30家；新型工业化项目实现到位资金65.45亿元。

【财税工作】 全年财政总收入35.61亿元，同比增长18.61%；一般公共预算收入10.31亿元，同比下降11.03%。财政总支出86.66亿元，同比下降7.21%；一般公共预算支出72.79亿元，同比下降5.55%。全年税收收入15.81亿元，同比增长0.84%。

【金融业稳步发展】 全年金融机构人民币存款余额214.91亿元，同比增长3.8%；金融机构人民币贷款余额264.54亿元，同比增长10.5%；金融机构人民币存贷款余额增速7.5%。

【教育】 全县共有各级各类学校524所。其中幼儿园222所、小学253所、初级中学38所、九年一贯制学校1所、高级中学4所、完全中学2所、十二年一贯制学校1所（民办）、中职学校1所、特殊教育学校1所、专门学校1所。共有学生205988人。其中学前教育33806人、小学103242人、初中44941人、普通高中21674人、中职2093人、特殊教育167人、专门学校65人。全县共有教职工14428人。其中幼儿园4127人、小学5334人、初级中学2665人、九年一贯制学校109人、完全中学685人、高级中学969人、十二年一贯制学校362人、中等职业教育134人、特殊教育26人、工读学校17人。投入

11372.31 万元资助贫困学生 169103 人次。2021 年义务教育阶段无新增辍学学生，继续保持义务教育阶段辍学学生动态清零状态，实现义务教育阶段学生“零辍学”目标。

【卫生健康】 全县共有卫生机构 715 家。共有执业（助理）医师 1984 人。其中执业医师 1237 人（全科 85 人）、执业助理 747 人（乡村全科 131 人，执助全科 20 人）。护士 2480 人，现有床位数 5233 张。按年平均常住人口 81.24 万人计算，每万人拥有执业（助理）医师达 24.42 人、护士达 30.53 人，每万人全科医师达 1 人，每万人拥有医疗卫生机构床位数 64.41 张。

【巩固脱贫成果衔接乡村振兴有力推进】 抢抓国家乡村振兴重点帮扶县、省乡村振兴夯实基础县、五年过渡期政策倾斜，以及全国工商联、国家体育总局、广州市增城区帮扶机遇，严格落实“四个不摘”要求，不断健全防止返贫动态监测和帮扶机制，扎实开展“3+1”保障排查整治，认真做好产业就业帮扶，有序推进易地扶贫搬迁后续扶持，及时消除返贫致贫风险，代表全省迎接国家第三方开展后评估。同时，抓好抓实“三个转变”，全面启动实施乡村振兴“五大行动”，因地制宜抓好“一方案两规划”编制，排出巩固拓展脱贫攻坚成果同乡村振兴有效衔接的时间表、路线图。2021 年，累计纳入监测对象 967 户 3990 人，消除返贫致贫风险 949 户 3915 人，涉及因政策口径暂未消除风险的 18 户 75 人全部列入重点监测管理对象。完成上级下拨衔接资金 4.47 亿元，实施项目 876 个，完工项目 828 个，完工率 94.52%，报账资金 4.13 亿元。完成对脱贫攻坚期间形成的各类扶贫项目资产进行分类摸底、清核，共清查项目 9745 个，资金总规模 139 亿元，形成资产总规模 98 亿元，确权资产规模 28.9 亿元。完成种养殖技能培训 21085 人，开发“十大员”就业岗位 13887 个，实现脱贫劳动力就业 14.26 万人，就业率 97.46%。完成资助义务教育家庭经济困难学生 15.87 万人次，实现应助尽助；完成兑现大病保险赔付 55153 人次，医疗救助 20568 人次，实现当期脱贫人口应保尽保、应报尽报。完成农村房屋排查 95465 户，针对 9 户新增自然灾害危房，及时按现行农村危房改造政策纳入改造并竣工入住，确保住房安全有保障。累计排查饮水安全工程 1944 个（其中，集中供水 973 个，分散式供水 971 个），覆盖 103.74 万人。累计纳入城乡低保对象 49514 户 10.52 万人，发放低保金 3.43 亿元，发放临时救助、残疾人、困境未成年人、未成年人等各类补贴 4716.06 万元，实施特困供养 1852 户 1911 人，全面做到应兜尽兜、应助尽助。完成全县易地扶贫搬迁对象中实现就业 6689 户 14579 人，有劳动力家庭一户一人以上就业落实率 100%。

【社会保障体系不断健全】 把“稳就业”摆在突出位置，重点解决好高校毕业生、农民工、退役军人等群体就业，新增城镇就业 10312 人、失业人员再就业 3387 人、农村劳动力转移就业 25725 人。新增创业担保贷款 1890 万元。全社会从业人员 68.15 万人，同比增长 0.06%。其中：第一产业从业人员 22.37 万人，同比下降 0.49%；第二产业从业人员 15.21 万人，同比增长 10.22%；第三产业从业人员 30.57 万人，同比增长 1.19%。

【城镇化水平不断提高】 2021 年全县小城镇开发建设完成投资 15.75 亿元，打造省定市级示范小城镇 2 个、市级示范小城镇 3 个，省定市级示范小城镇镇村联动覆盖率达 92.6%。

【城镇常住居民人均可支配收入稳步增长】 2021 年，城镇常住居民人均可支配收入 35945 元，同比增加 2984 元，增长 9.1%，城镇常住居民人均可支配收入由 2017 年的 26375 元增加到

2021年的35945元，年均增长9.2%。

【城镇常住居民人均消费性支出有所增长】 2021年，城镇常住居民人均消费性支出19998元，同比增长24.8%。

【农村常住居民人均可支配收入有增长】 2021年，农村常住居民人均可支配收入12447元，同比增加1191元，增长10.6%；农村常住居民人均可支配收入由2017年的8458元增加到2021年的12447元，年均增长10.15%。

【农村常住居民人均消费性支出有增长】 2021年，农村常住居民人均消费性支出12206元，同比增长13.5%。

【生态环境总体改善】 严格执行河长制，对主要河湖库开展规范性管护，县、乡、村三级河长巡河形成常态化。深入开展森林保护“六个严禁”执法专项行动，完成营造林20万亩，全县森林覆盖率达63.02%。

【安全生产形势良好】 千方百计抓好道路交通、煤矿和非煤矿山、地质灾害防治、建筑施工、危险化学品和烟花爆竹、消防及旅游、特种设备和其他行业领域安全生产。2021年，发生致人死亡交通事故54起，死亡54人；发生致人死亡火灾事故1起，死亡2人；工伤事故742起。

【扎实有序推进县乡换届】 牢固树立正确用人导向，将干部在疫情防控、“三大”攻坚战、乡村振兴等急难险重任务中的表现情况纳入干部考察的重要内容，并且加大对表现突出干部的选拔任用力度，进一步提升广大基层一线干部干事创业积极性。全年全县共提拔重用优秀基层干部94名，配备“五方面人员”29名，其中，乡镇事业编制人员8名，到村任职过的选调生2名，驻村第一书记10名，驻村工作队员9名。协同县乡换届工作专班，顺利完成市人大代表下选及县级领导班子换届工作，获得较好评价。经过换届，全县配备的乡镇党政正职中，35岁以下的17名；配备的239名领导班子成员中，35岁以下的干部140名，占58.57%，比调整前增加28.61%。县级党政工作部门配备35岁左右班子成员的班子达15个，县级党政工作部门配备35岁左右班子成员的班子达16个，占40.53%，比调整前增加8.1%，其中配备35岁左右正职3名。县级党政工作部门配备女干部的班子达22个，占59.45%，其中配备女正职的班子9个。政府工作部门配备党外干部的领导班子达11个，占40.74%，比调整前增加7.4%，其中配备党外正职3名。

【从严抓好干部监管】 紧紧围绕2021年组织工作总体思路，以强化干部日常监督管理为抓手，以严肃换届纪律加强换届风气监督为重点，依托“干部云—干部监督管理”系统，畅通“五位一体”举报平台，以提醒、函询、诫勉作为主要工作举措，将干部监督贯穿选人用人全过程。一是加强换届风气监督，营造风清气正换届氛围。制定印发《织金县严肃换届纪律加强换届风气监督宣传教育工作方案》等文件，对严肃换届纪律加强换届风气监督工作进行全面安排部署。采取“十个一”举措，切实加强换届“十严禁”纪律要求宣传教育，营造风清气正的换届环境。全年利用短信平台发送提醒短信44次，覆盖5.29万余人次；组织换届纪律集中学习106次；制作发放换届纪律宣传卡片2.2万张，制作印有“十严禁”内容的纸杯13万个、中性笔2.5万支、纸巾盒655个、笔筒340个；制作“十严禁”宣传海报400份、折页1300册；在城区制作“十严禁”宣传广告标语10余幅；织金电视台、织金广播每天滚动播出“十严禁”内容；在城区公共区域滚动播放“十严禁”内容；充分利用微信公众号、抖音等新媒体平台广泛宣传“十严禁”内容，确保换届纪律宣传全方位无死角。《织金县“十个一”强化换届纪律教育》2021年4月被省委办公厅内部信息刊物《工作动态》第7期刊载。县委书记带头，与组织部部长、纪委书记共对980余人次进行谈心谈话，示范带动各单位主要负责同志开展谈心谈话8600余人次，班子成员开展谈心谈话7900余人次，实现换届期间涉及“进退留转”人员谈心谈话全覆盖，引导干部正确对待“进退流转”。组建3个换届风气督导组，开展换届风气督导6轮，电话抽查、现场知识测试1.4万余人次。二是强化工作举措，抓实干部日常监督。扎实开展专项整治工作，经排查未发现领导干部在企业在社团兼职的情况。加强出国（境）证照管理监督，共集中管理证照127本，其中护照48本、港澳通行证70本，大陆居民往来台湾通行证9本，全年无审批出国（境）人员，无领导干部违规出国（境）。扎实开展领导干部配偶、子女及其配偶违规经商办企业问题整治。认真贯彻落实上级关于领导干部报告个人有关事项工作相关要求，明确专人做好领导干部的个人事项集中填报服务工作。2021年1月，组织41名县处级以上领导干部填报《领导干部个人有关事项报告表》。三是用好信息化平台，不断提升监督质效。建立健全干部监督联席会议制度，将县纪委、县委巡察办、县公安局、法院、检察院、民政局等18家单位纳入干部监督联席会议运行机制成员单位，动态更新干部负面清单，坚决把有问题的干部挡在门外。全年共收集各联席成员单位提供的干部负面清单560余条。充分利用“12380”电话、短信、网站、来信、来访“五位一体”举报平台，共受理信访举报56件（其中重复件10件），办结52件。持续抓好提醒函询诫勉工作，全年共追责问责干部43人次，其中诫勉谈话6人次，批评教育14人次，提醒谈话36人次。充分利用“干部云—干部监督管理”系统，及时维护系统相关数据信息，共录入干部提醒、函询、诫勉信息994条，干部违纪信息669条，为建立完善干部监督数据库信息化建设夯实基础。

【扎实开展党史学习教育】　认真按照中央、省、市各项安排部署，成立工作领导小组，组建工作专班，高标准高质量开展好党史学习教育，同步推动“牢记殷切嘱托、忠诚干净担当、喜迎建党百年”专题教育走深走实。一方面，加大“学”的力度，让党的历史“活起来”。聚焦“关键少数”带头学。县委班子成员通过县委常委会、县委理论学习中心组学习、集中学习研讨等，先学一步、学深一层。县委常委对4个阶段历史进行4次专题学习，对“习近平总书记‘七一’重要讲话精神”进行3次专题学习，对“党的十九届六中全会精神”进行1次专题学习。完成红色教育活动2次，召开2次党风廉政警示教育大会。“七一”前完成专题宣讲11次和专题党课11次，围绕“习近平总书记‘七一’重要讲话精神”开展专题宣讲12次和专题党课13次，围绕“十九届六中全会精神”开展专题宣讲1次。聚焦“全面覆盖”广泛学。通过“集中+分散”“线上+线下”“理论+实践”学习模式，共征订8492套学习教辅读本，确保满足每位党员学习需求，充分利用理论学习中心组学习、“三会一课”、警示教育等，多形式高质量开展党史学习教育专题学习。全县各单位共开展专题学习1500余场次；开展警示教育活动258场（共17500余人参加）；召开警示教育大会130场（共10400余人参加）。聚焦“因人施教”精准学。各单位成立“志愿服务送学小分队”，以“送学上门”的形式，为平时学习“漏网”的党员“补课”，对全县1588名流动党员建立台账，转发推送10854条党史知识、邮寄72本辅助教材、为100余名流动党员开展“送学上门”活动，实现辖区党员学习教育全覆盖。聚焦“重点内容”及时跟进学。把学习贯彻习近平总书记“七一”重要讲话精神及党的

“十九届六中全会”精神，同学习贯彻习近平总书记关于学习和总结党的历史的重要论述结合起来，同学习习近平总书记视察贵州重要讲话精神及对贵州对毕节重要指示批示精神结合起来，做到深学细悟、融会贯通。县委成立“七一”重要讲话精神专题宣讲团1个，完成宣讲62场，覆盖人数3400余人；各级各部门组建专题宣讲团119个，完成宣讲1029场，覆盖人数44000余人；各单位开展“七一”专题党课1079场，覆盖人数23000余人。另一方面，丰富“宣”的形式，让党员群众“动起来”。开展系列活动。党史学习教育启动以来，全县举办主题赛事96场，参与人数5600余人，播放红色经典视频50余场、开展感恩教育20场，“诵经典·守初心”献礼建党百年红色经典千人邑诵活动1场、“奋斗百年路　启航新征程”庆祝中国共产党成立100周年文艺晚会1场。开展主题宣讲。共开展专题党课3604场，覆盖人数19万余人次；县级宣讲团开展党史学习教育专题集中宣讲177场，覆盖人数11000余人；128支单位宣讲队伍开展集中宣讲3596场，覆盖21万余人次；16支学校宣讲团开展宣讲156场，覆盖3.2万余人次。用好媒体宣传。县级媒体推送党史学习教育信息3616条，刊载《党史百年·天天读》268期，开设“主播讲党史”专栏9期，积极报送信息简报176条，上级部门采用28条，其中《织金县突出“四聚焦”解决“四难题”助农增收》简报获省委学教办转发，得到市委书记吴强的签批肯定；在中央级媒体刊载稿件147条、省级媒体刊载793条、市级媒体刊载325条。第三，提升“实”的成效，让党群关系“好起来”。围绕民情民意开展专题调研。始终将察民情访民意作为“我为群众办实事”的第一步，县四大班子领导共收集意见建议72条；县直单位广泛征求意见建议380条，推出惠民政策、民生工程和便民举措382项；各乡镇（街道）征集意见442条。聚焦群众所盼化解民生难题。截至年底，“我为群众办实事”台账项目清单430件，办结430件，办结率100%。创新工作模式把方便留给群众。全县共排查矛盾纠纷506件，化解矛盾纠纷487件；受理信访件119件。

【深入开展庆祝中国共产党成立100周年系列活动】　紧扣庆祝中国共产党成立100周年主题主线，按照中央、省委、市委安排部署，举全县宣传战线之力开展建党百年系列活动。印发《织金县庆祝中国共产党成立100周年活动方案》，投入资金100余万元，组织开展庆祝中国共产党成立100周年系列文艺活动，包括举办一场文艺演出、一场音乐会、一场文化周系列文艺展演、一场体育运动会、“百年风华·艺心向党”百幅书画作品展、经典系列朗诵活动和一系列优秀剧目、优秀电影、电视剧展演、展映、展播活动，取得较好效果。其中举办“七一”织梦成金文艺晚会活动，1500余人现场观演；开展优秀电影展播12场；举办党史学习教育知识抢答、演讲比赛各1场；举办全县“两优一先”评选表彰、县级“光荣在党50年”纪念章颁发和走访慰问老党员老干部等活动；推出《织梦成金》《最好的回答》《千渡桥》《苗族喊歌》《悬羊击鼓》《国之宝桢》《织金故事》等一批经典音乐和文艺作品，相关活动得到社会广大干部群众热烈反响。

【切实推动文化旅游融合发展】　认真贯彻落实全省、全市旅游产业化有关会议精神，全面推动文化旅游融合发展。织金苗族蜡染进入国家非物质文化遗产保护名录；织金刺绣、苗族喊歌、织金水八碗、织金宫保鸡丁、织金苗族跳花坡、织金文琴戏、织金石雕工艺分别进入省级非物质文化遗产保护名录；织金竹荪、织金续断、织金头花蓼、织金皂角米分别获“中国国家地理标志产品”称号；阿弓镇、实兴乡、龙场镇分别获“贵州省民族民间文化艺术之乡”称号；平远古镇获“贵州十大旅游新地标”排名第二；织金古城新华路获“贵州省历史文化街区”荣誉称号；平远古镇市井织金街区被评为“贵州省休闲旅游街区”。2021年11月2日《中国县域旅游竞争力报告2021》公布，织金成功入围2021中国县域旅游发展潜力百强县市榜，从2019起，连续三年入选。按照《织金县全域旅游发展总体规划（2019—2035）》精神，全县坚持“龙头引领、多景联动、全域发展、立体经营”的发展思路，着眼大旅游，挖掘大市场，开发大产业，唱响“宝桢故里 · 洞天织金”文化品牌，努力形成“产业围绕旅游转、产品围绕旅游造、结构围绕旅游调、功能围绕旅游配、民生围绕旅游兴”的全域旅游大格局，推动文旅发展深度融合。全县依托文化旅游资源优势，建有1个国家AAAA级景区（织金洞风景名胜区，正争创国家AAAAA级景区），1个准AAAA级旅游景区（平远古镇），1个AAA级旅游景区（凤凰生态公园）。同时在基础配套建设上，建成1家准五星级酒店（织金饭店）、1家四星级酒店（宏洲国际大酒店）、1家准四星酒店（金玉龙城大酒店）、11家旅行社（分社、营业部），1家甲级旅游村寨（溶谷苗寨）、44家标准级以上乡村旅游客栈和三星级以上乡村旅游经营户，1个全国乡村旅游重点村（官寨乡屯上村）、4个全省乡村旅游重点村（板桥镇白果村、大平乡群建村、官寨乡麻窝社区、官寨乡红岩社区），5家旅游商品生产企业从业人员5000余人。2021年纳入省级名录库系统企业共计1024家，与上年相比共增加200家。其中：文化企业共209家，与上年相比增加24家；文化个体工商户共762家，与上年相比增加185家；行政事业单位及社团共53家。

【防范化解风险排查成效显著】 坚决扛起“保一方稳定”的政治责任，树牢底线思维，切实把防风险、保安全、护稳定作为开展一切工作的前置条件和重要方法，全力维护政治、经济、社会、意识形态、网络等方面安全，常态化推进疫情防控、扫黑除恶专项斗争，各类安全生产事故起数和人数持续下降。大力推进“一中心一张网十联户”机制实践，“法治织金”示范创建全面启动，民生事业网底织密织牢，人民群众的获得感、幸福感、安全感更加充分、更可持续。特别是在中央和省、市开展庆祝中国共产党成立100周年系列活动、集中进行换届等重大敏感节点，全县保持和谐稳定的社会环境，为全省、全市作出织金贡献、彰显织金担当。2021年，公安机关共立刑事案件1187起，破案738起，抓获犯罪嫌疑人869人，刑事拘留717人；受理经济案件15起，立案15起，破案12起，抓获犯罪嫌疑人15人；受理治安行政案件2362起，查处违法人员2115人，行政拘留837人。检察机关办理审查逮捕各类刑事案件630件990人，经审查审结627件983人，批准逮捕406件619人，不批准逮捕221件364人；办理审查起诉各类刑事案件597件892人，经审查审结583件815人，向法院提起公诉457件721人，不起诉121件156人。办理民事执行活动监督案件38件，民事审判程序中违法行为监督案件52件，民事生效裁判、调解监督案件15件，公开听证6件。办理行政争议实质性化解案件15件；办理行政非诉执行活动监督案件38件（终结审查8件），其中：向法院发出检察建议30件，向行政机关发出纠正违法检察建议28件；办理行政审判程序中违法行为的监督案件31件，向法院发出检察建议30件；受理当事人申请监督案件1件，已作终结审查处理。受理非法捕捞水产品、非法猎捕野生动物等破坏生态环境刑事案件17件26人，批准逮捕5件6人，公安机关撤回2人，无逮捕必要不批准逮捕建议公安直接移送审查起诉12件20人，不构成犯罪不捕2件4人；受理审查起诉14件21人，提起公诉10件17人，法院判决8件15人。围绕生态环境和资源保护、食品药品安全、公共安全、文物和文化遗产保护、未成年保护等领域受理行政公益诉讼案件线索52件，立案审查50件，提出诉前检察建议53件，终结审查4件，收到采纳检察建议并书面复函45件，针对织金县卫生健康局未依全面履行医疗废水处理监督管理职责提起行政公益诉讼1件；受理刑事附带民事公益诉讼案件线索6件，立案审查6件，发出公告6件，提起刑事附带民事公益诉讼6件，法院判决6件，落实增殖放流33000余尾鱼苗，补种人工培植红豆杉等1915株；拟写经验总结、工作信息、典型案例等11篇，获市院采用3篇。提前介入职务犯罪案件8件，共受理县监察委移送审查起诉案件13件15人，决定采取逮捕的强制措施12件13人，决定采取取保候审的强制措施1件1人，起诉9件10人，适用认罪认罚6件6人，提出量刑建议9件10人，出庭公诉案件8件11人，均使用PPT进行示证。提前介入涉及刑法第三章经济犯罪案件14件，受理涉及刑法第三章经济犯罪审查批捕案件17件21人，批准逮捕6件8人，不批准逮捕11件13人，向公安机关发出纠正违法通知书1件；受理涉及刑法第三章经济犯罪审查起诉案件16年20人，其中起诉13件15人，适用认罪认罚12件15人，提出量刑建议11件13人，法院采纳量刑建议12人；受理立案监督案件5件。重大案件侦查终结前讯问合法性核查案件办理44件，纠正违法案件办理47件，检察建议案件办理25件，控告、举报和申诉案件办理4件，收监执行审查案件办理11件，暂予监外执行审查案件办理10件，其他监督任务案件办理430件。对侵害未成年人合法权益的犯罪分子持续保持高压态势，批准逮捕83件123人，提起公诉85件144人；对未成年人犯罪坚持“教育、感化、挽救”方针和“教育为主、惩罚为辅”原则，作出不起诉决定19件31人，附条件不起诉5件18人。共处理群众来信来访件119件，检察长、副检察长接访共15件，受理民事行政检察监督案件12件，办理控告案件6件，办理刑事申诉案件2件，办理国家赔偿案件2件，办理国家司法救助案件21件29人，发放救助金74万元。审判机关共受理各类案件15158件，结案14240件，同比增长1.6倍和1.57倍。被省委、市委、县委分别授予“先进基层党组织”荣誉称号，2个人民法庭获“全省人民法庭工作先进集体”称号，获评全市“法治毕节”创建先进集体、全县党支部标准化规范化示范点。1人获最高人民法院表彰、5人获省、市、县级表彰。

【党风廉政建设满意度全省排名第一】 2021年，织金县党风廉政建设满意度测评得分95分，与上年度相比提升3.48分，连续四年保持增长，在全省88个县（市、区）中排名第十，全市10个县（市、区）中排名第一，为全县“十四五”规划开好局起好步提供坚强保障。

【大力整治群众身边腐败和不正之风】 一是扭住脱贫成效巩固“责任链”。围绕巩固拓展脱贫攻坚成果同乡村振兴有效衔接强化监督检查，持续压紧压实全县各级各部门巩固拓展脱贫攻坚成果政治责任。扎实开展“访村寨、重监督、助振兴”专项行动，发现问题58个，推动解决问题44个。紧盯农村饮水安全、“四个不摘”政策落实、易地扶贫搬迁后续扶持、城乡居民养老保险、种粮农民一次性补贴资金发放等开展专项监督检查，对“窗口腐败”、惠民惠农财政补贴资金“一卡通”、群众身边腐败和不正之风开展专项整治，对集体“三资”达到一定规模的双堰街道星秀社区、熊家场镇白马村等5个村（社区）党组织书记、主任开展“提级监督”，发现并督促整改问题683个，问题线索30件，立案14件19人，党纪政务处分10人，约谈干部350人，追回资金48.3685万元。二是打好基层监督“组合拳”。制定加强基层监督助力乡村振兴的实施意见，以政策宣传响起来、项目资金明起来、群众有事请进来、干部履职亮出来、投资环境优起来、基层减负实起来、追责问责准起来“七个起来”为抓手推进基层监督。全县民生领域共发现问题1837个，追责问责1310人，立案123件137人，党纪政务处分155件175人，移送司法机关9人，问责领导干部26人，涉及金额2744.8095万元，返还群众63.9495万元，返还财政576.9695万元。探索开展每月7天协同监督，推进协同监督常态化，发现并督促整改问题482个，问题线索7件。在全县探索推广“指尖监督”，将信访服务前置到群众“指尖上”，目前，共接访群众1064人次，收到意见建议965条，推动解决问题928个。该做法得到人民网、学习强国、《贵州日报》《贵州改革》等媒体刊载。三是筑牢基层执政根基“防护网”。着力在优化基层“末梢监督”上下功夫，厚植基层基础。推行村务民生监督试点村主任制度、清单监督制度和片区交叉监督机制，将全县民生监督员由原来1271名精简到649名，全县村务（民生）监督员共发现问题980个，问题线索8件，立案7件9人，涉及资金56.165万元。村务（民生）监督委员会优化改革的初步尝试，进一步盘活村级监督力量，提升了基层治理效能，为推动全县“三员合一”改革、完善基层监督体系打下坚实的基础。常态化推进扫黑除恶监督执纪问责，坚决清除啃噬基层执政根基的“蛀虫”，办结涉黑涉恶“三类”问题案件5件10人，党纪政务处分6人，解聘4人。

【持续保持高压反腐让震慑常在】 坚决对腐败问题零容忍，露头就打，研究制定《织金县纪检监察机关问题线索管理办法》，规范问题线索台账管理及分办、移送、备案、处置等流程，大力开展问题线索“清零”工作，为党员干部卸下“包袱”，轻装上阵。年初以来，处理各类渠道信访反映件424件，接收并分办问题线索538件，办结问题线索690件，立案审查调查240件277人，结案291件，党纪政务处分327人，查处“一把手”违纪违法21人，留置6人，移送检察机关审查起诉15人，挽回经济损失1562.77万元，10名干部主动投案自首。运用“四种形态”处理党员干部1161人次，依次占比70.2%、21.88%、5.6%、2.32%。

【巩固“万企帮万村”帮扶成果】 继续巩固“万企帮万村”精准扶贫行动成果，共联引318家民营企业帮扶织金县332个村，累计投入各类帮扶资金7.86亿元，实施587个帮扶项目；准确把握“万企兴万村”行动基本要求，奋力开创“万企兴万村”行动工作新局面，为实现乡村振兴作出新的更大贡献。县召开“万企兴万村”启动大会，联引10家企业参与兴村行动，并积极引导县工商联商会执常委以上会员参与结对兴村行动。

（撰稿：董克明）

纳雍县

【概述】 纳雍县位于贵州省西北部、毕节市南部、乌蒙山系东南麓，地处东经104度55分40秒~105度38分4秒，北纬26度30分16秒~27度5分54秒。东至东南与织金县相邻、南与六盘水市六枝特区毗邻，西南至西与六盘水市水城县接壤，西北与赫章县毗连，北与七星关区相接，东北至东与大方县相连。全县总面积2448平方千米，辖10个乡、13个镇、6个街道办事处、444个建置村（社区）。2021年年末户籍总人口108.71万人。其中少数民族27.49万人；城镇人口47.58万人，乡村人口61.13万人。人口较多的少数民族有苗族、彝族。主要矿藏有煤、铅锌、大理石等。

2021年，县委、人大、政府、政协四家班子带领全县干部群众，坚持以习近平新时代中国特色社会主义思想为指导，认真学习贯彻党的十九大及十九届历次全会精神，深入学习贯彻习近平总书记“七一”重要讲话、视察贵州重要讲话、对贵州对毕节重要指示批示精神，全面贯彻落实省委、市委决策部署，坚持以高质量发展统揽全局，统筹抓好疫情防控和经济社会发展，各项事业取得新进展，顺利实现“十四五”开好局、乡村振兴起好步。全县地区生产总值增长6.8%，规模以上工业增加值增长11.1%，500万元以上固定资产投资增长0.7%，社会消费品零售总额增长13.7%，一般公共预算收入增长1.6%，城镇和农村居民人均可支配收入分别增长8.7%和10.8%，金融机构存、贷款余额分别增长7%、16%。

【党的建设】 履行县委把方向、管大局、作决策、保落实的主体责任，充分发挥统揽全局、协调各方的作用，始终坚持党对一切工作的领导。强化政治理论武装，及时跟进学习领会习近平总书记最新重要讲话精神和重要指示批示精神，扎实开展党史学习教育。县委共召开常委会会议65次、理论学习中心组学习9次，党史学习教育专题学习8次。扎实开展“我为群众办实事”实践活动，设立党员先锋岗3614个。全面加强基层组织建设，建设标准化规范化党支部162个，发展党员1734人，储备入党积极分子5449人。库东关乡陶营村党总支部荣获“全国先进基层党组织”称号；鬃岭镇小屯村党支部把“七人议事”作为议事机构，通过自我管理，自我发展，形成“村党支部+村七人议事+寨议事小组”三级联动组织。全县32名党员、28个党组织获得省、市表彰。

【乡村振兴】 选优派强第一书记和驻村干部837人，组建驻村工作队279个，落实结对帮扶干部8602名，深入开展大走访大排查大帮扶，坚决消除返贫致贫风险。坚持规划先行，分级分类推进乡村振兴，将全县444个建置村划分为先行示范村117个、重点推进村232个、夯实基础村95个。以点带面推进乡村振兴，加快2个省级、3个市级、36个县级示范点培育打造，“全国乡村振兴重点帮扶县现场推进会”在纳雍县召开。

【围绕“四新”推进“四化”】 按照省委、省政府和市委、市政府关于“四新”“四化”的决策部署，纳雍县围绕“闯新路、开新局、抢新机、出新绩”，着力推进“四化”建设，推动经济社会高质量发展。建设光伏发电、风力发电等清洁能源项目7个，以食用菌、生态鸡等为主的农特产品精深加工全产业链条逐步形成，农产品加工转化率增至55.6%。新增上规入统工业企业6户、市场主体7568户，全年完成规模工业产值53.75亿元，同比增长22.82%。全面推进县城10条背街小巷整治，新增城市公共停车位636个，建设改造城镇燃气管网6千米，建成5G基站187个，改造老旧小区462户，完成中山东路（宏桥公园路段）建设，推进法那路等5条路网建设。县城建成区面积达19.05平方千米，城镇化率达到42.61%。持续壮大优势产业规模，发展食用菌、茶叶等经济作物达90万亩。纳雍高山茶、土鸡等产品影响力不断提升，有机产品申报成功24个，获得国家知识产权局批准注册地理标志证明商标8件。成功申报粤港澳大湾区“菜篮子”生产基地6个。大力传承和弘扬传统文化、红色文化、民族文化，摸排统计10处历史建筑，推进“旅游+”“+旅游”多产业融合发展。接待旅客1683.94万人次，同比增长26%，实现旅游综合收入149.92亿元，同比增长31.8%。

【民生保障】 坚持把教育、卫生、文体等事业摆在优先发展位置，各项民生事业全面进步。新建、改扩建公办幼儿园5所、义务教育学校10所、普通高中学校2所。建成省级优质中医馆8个，县医院整体搬迁完成85%，乡镇卫生院、村卫生室全覆盖，城乡基本医疗全保障。劳动力就业率达94.76%。职工基本养老保险、城乡居民养老保险参保人数分别达4.78万人、41.2万人。常态化做好疫情防控各项工作，疫苗接种实现应接尽接。

【法治建设】 建立《党政主要负责人履行推进法治建设第一责任人职责事项清单》，将落实推进法治建设第一责任人职责作为增强“四个意识”、坚定“四个自信”、做到“两个维护”的具体行动。创新开展“法治山歌”普法宣传教育活动，通过党委政府“领唱”、司法部门“主唱”、人民群众“合唱”的方式，有效激发乡村普法教育新动能，经验做法得到省委办公厅《工作情况交流》采用。按照《纳雍县2021年普法依法治理工作要点》认真地开展法治宣传工作，全县机关、乡村、社区、学校、企业单位进行法治宣讲146场次，制作普法展板26块，制作永久性法治宣传标牌28余块，出法治宣传专栏146期，上法治课116堂次，出动宣传车一辆宣传疫情防控公、检、法、司公告等法律法规宣传，发放宣传资料2万多份，覆盖人数40万人。创建命名国家级民主法治示范村1个，创建省级民主法治示范村6个，创建市级民主法治示范村24个。全县共建成公共法律服务中心1个，乡镇（街道）公共法律服务站29个，挂牌成立村居公共法律服务室444个。办理法律援助案件547件，其中刑事类491件，民事类54件，行政类2件。做强县级综治中心、突出乡级实战平台、筑密村级自治网络，形成“一中心一张网十联户”的基层社会综合治理格局，将防灾减灾、矛盾纠纷排查化解等工作融入其中，确保基层风险第一时间发现和处置。

【邮政通信】 邮政整体收入完成4396.47万元，完成年计划的104.52%，同比增长13.42%。其中：函件完成50.41万元，完成年计划的100.81%；报刊发行完成178.07万元，完成年计划的101.18%；集邮完成47.8万元，完成年计划的95.6%；机要完成1.21万元，完成年计划的303.61%；增值业务完成14.33万元，完成年计划的143.27%；邮政金融业务完成3451.17万元，完成年计划的104.58%；寄递完成556.5万元，完成年计划的101.74%；分销完成58.19万元，完成年计划的105.79%；其他业务完成38.79万元，完成年计划的228.2%。移动通信用户到达40.38万户，通信用户保持正增长，增长率为0.95%。行业普及率到达86.56%（按常住人口68.84万计），其中：移动通信普及率达64.5%；移动通信收入保持正增长，收入同比增幅3.3%；建成5G基站87个，实现5G网络乡乡通；5G用户累计净增3.1万户，同比增幅394.89%。联通有线宽带用户规模达到9200户，业务总量1.27亿元，增长22%；主营业务收入7569万元，增长12.7%；移动电话用户9.85万户，固定电话用户1.82万户，光缆线路长度突破3460千米，互联网宽带接入端口6.3万个。宽带端口新建1.5万个，宽带用户数达到9.2万户。

【管党治党】 严肃换届纪律，开展干部作风教育大整顿，开展作风督查6轮次，问责领导干部73人次。纵深推进党风廉政建设，精准运用“四种形态”批评教育帮助和处理党员干部851人次，立案161件234人，结案153件207人。开展“一案一整改”10件16人，组织276家单位15674名党员干部到县警示教育基地接受教育。

（撰稿：岳　鹏）

威宁彝族回族苗族自治县

【概述】 全县总面积6298.73平方千米，耕地面积23.91万公顷。辖5个乡（其中1个民族乡）、30个镇、6个街道办事处，484个村民委员会、139个居民委员会。2021年末常驻126.99万人。人口出生率5.76‰，自然增长率3.19‰。人口较多的少数民族有彝族、回族、苗族、布依族。主要矿藏有煤、铁、铅、锌、铜、金、银等30余个品种。

2021年，威宁县以习近平新时代中国特色社会主义思想为指导，认真贯彻落实习近平总书记对贵州对毕节重要讲话指示批示精神和视察贵州重要讲话精神，全面落实党中央、国务院、省委省政府、市委市政府决策部署，团结奋进、砥砺前行，坚持稳中求进工作总基调，坚持以高质量发展统揽全局，围绕“四新”主攻“四化”，统筹推进疫情防控和经济社会发展，扎实推进拓展脱贫攻坚成果同乡村振兴有效衔接，实现经济稳中有进、稳中有升的良好开局。全年地区生产总值308.99亿元，同比增长5.9%，其中：第一产业增加值125.55亿元，同比增长8.0%；第二产业增加值51.23亿元，同比增长0.0%；第三产业增加值132.22亿元，同比增长6.3%，三次产业结构比为40.6∶16.6∶42.8。

全年完成农林牧渔业总产值218.93亿元，按可比价比上一年增长9.7%，实现农林牧渔增加值131.48亿元，同比增长8.0%。共有规模以上工业企业55户，规模以上工业增加值同比增长6.3%。分经济类型来看，股份制企业增加值增长4.8%，国有控股企业增长16.2%，私营企业下降0.4%。分行业看，采矿业增长23.7%，制造业增长-10.4%，电力、热力、燃气及水生产和供应业增长27.5%。全年发电量51.70亿度，比上年增长13.4%，其中：风力发电22.75亿度，比上年下降6.7%；光伏发电24.98亿度，比上年增长40.8%。新能源行业共计实现产值29.50亿元。

500万元及以上固定资产投资项目182个，比上年减少9个，全年投资额同比增长-27.7%，两年平均增长-11.6%。从产业投资占比情况看：第一产业5.4%，较上年下降0.6个百分点；第二产业33.3%，较上年提高8.2个百分点；第三产业61.3%，较上年提高8.8个百分点。从产业投资占比情况看：农业、林业、牧业、渔业0.8%，电力、热力、燃气及水的生产和供应业23.7%，交通运输、仓储和邮政业12.2%，房地产业21.2%，水利、环境好人公共设施管理业13.1%，其他29.0%。全社会消费品零售总额比上年增长14.6%；批发业商品销售额比上年增长19.7%，零售业商品销售额比上年增长14.7%，住宿业营业额比上年增长21.3%，餐饮业营业额比上年增长31.7%，乡村销售品零售额增长-25.7%。

全年完成财政总收入40.88亿元，比上年增长22.1%，其中：一般公共预算收入10.89亿元，比上年增长-19.2%；税收收入16.35亿元，比上年增长-12.5%；财政总支出127.25亿元，比上年增长-7.0%，其中一般公共预算支出108.72亿元，比上年增长-3.4%。金融机构各项人民币各项存款余额205.88亿元，比上年同期增长0.3%；金融机构各项人民币各项贷款余额311.30亿元，同比增长16.3%。城镇常住居民人均可支配收入35952元，比上年增长8.9%，增加2925元；城镇居民人均生活消费支出20408元，同比增长20.5%。农村常住居民人均可支配收入12440元，比上年增加1199元，同比增长10.7%；农村居民人均生活消费支出12189元，同比增长9.1%。恩格尔系数为35.3%。

全县公路通车里程11499千米，其中，国道282千米、普通省道265千米、农村公路10791千米，高速公路通车里程161千米。机动车保有量15.14万辆。全县有5G基站数量达663个，移动电话用户70万户，互联网用户7.7万户；联通电话用户13.32万户，互联网用户1.34万户；电信电话用户26.41万户，固定电话用户1.32万户，互联网用户6.23万户。邮政业务总量3598.80万元，比上年增长1.6%；邮政业务收入5186.17万元，比上报增长10.5%。邮政快递业务总量43.42万件，比上年增长11.6%；邮政快递业务收入594.16万元，比上年增长9.3%。

【巩固拓展脱贫攻坚成果　有效衔接乡村振兴】　2021年，威宁县全面扛起政治责任，持续保持工作力度不减、思想不乱、工作不断、队伍不散。深入落实“四个不摘”要求，及时调整明确县领导联系指导全县41个乡镇（街道）巩固拓展脱贫攻坚成果工作，选派362个乡村振兴驻村工作队，1086名第一书记和驻村干部持续帮扶，全年共投入扶贫资金54489万元，持续巩固拓展成果，助力脱贫攻坚成效巩固衔接乡村振兴。全面聚焦“三类人员”，建立完善动态监测帮扶机制，强化定期排查、预警监测、重点帮扶、督查指导。累计排查农户35.6万户，实现所有农村户籍人口排查全覆盖，其中排查建档立卡脱贫户7.2万户、脱贫不稳定户2439户、边缘易致贫户3128户，对全县2439户11326人脱贫不稳定人口、3128户13375人边缘易致贫人口进行常态化监测，通过帮扶措施消除风险脱贫不稳定户2437户11322人、边缘易致贫户3128户13375人。全面夯实“3+1”保障，筑牢脱贫攻坚基础。严格落实“七长”负责制和“双线”责任制，辍学学生动态清零，贫困学生资助应助尽助；乡村卫生院、卫生室全部配齐达标，城乡基本医疗保险应保尽保，应报尽报；确因自然灾害等不可抗力因素造成的新增危房等，及时采取民政的、社会的、公益性的救助方式，及时补救、排忧解难，坚决杜绝因住房问题造成的返贫和致贫；成立威宁县农村饮水安全工程运行管理中心，对全县1306个农村饮水安全工程运行、经营、维护和服务体系进行监督、指导、管理。全面抓实产业就业，有效促进脱贫群众稳定增收。持续推动农业产业提质升级发展，为巩固拓展脱贫攻坚成果和乡村振兴提供坚实支撑，全力深化稳岗就业，全县脱贫劳动力17.3万中，完成就业16.7万（其中县内就业9.6万人，县外就业7.1万人）。全面建强党支部领办集体合作社，推动集体经济发展壮大。依托全县特色产业优势，督促指导全县596个村（农村社区）党支部领办村集体合作社创建“一村一基地”596个，其中以种植“三白”为主的种植基地540个、养殖基地56个，种植面积达12.17万亩，实现村级集体经济积累2.24亿元，村均收入8.6万元，村均经营性收入2.8万元。全面抓好金融支持投入，全力保障资金需求。2021年投入扶贫的财政扶贫资金5.17亿元中有3.75亿元用于实施农业农村发展项目；“防贫保”共投保6.51万人，保费全部由县财政承担，共投入123.69万元；用好全省统一为系统内低收入群体购买的“民生保”保险，有效增强临贫易贫人员抵抗风险能力，进一步筑牢防贫“保护墙”；截至10月，累计发放脱贫人口小额信贷5.353万户，累计发放金额57.73亿元，累计还款44.076亿元，贷款余额13.65亿元。全面抓好东西部协作，为乡村振兴提供人才支持。2021年，广州市番禺区选派3名党政干部和25名专业技术人才帮扶威宁，威宁选派2名医生赴广州市番禺区跟岗学习，共争取番禺区财政帮扶资金5220万元，收到番禺区社会帮扶资金（含捐物折价）249.286万元。全面深化易地扶贫搬迁后续扶持“五个体系”建设。着力抓好搬迁群众就业，不断完善公共服务，对所有搬迁重残、重病及年龄偏大无劳动能力等搬迁家庭4020户16445人全面实施政策托底，同步建设9所中小学（园），解决13652名适龄学生就学，建成社区卫生室8个，新建妇儿医院1个、社区卫生服务中心3个，保障群众就医需求，确保搬迁群众“搬得出、稳得住、有就业、逐步能致富”。

【推进新型工业化】　全年，按照“县级原则上主攻1至2个产业”的指导思想，立足威宁资源禀赋，科学确定主导产业，推动优势产业领域集群发展。

加快传统产业升级改造。大力发展基础能源，全县现有煤炭产业开发建设力度进一步加快，持续推进煤矿淘汰落后产能和转型升级改造，推动煤矿机械化智能化向纵深发展，提高安全生产能力，最大限度释放煤矿产能。在省政府关心下理顺大湾西井管理关系，确保鑫峰煤矿、齐拖煤矿、铁厂煤矿等建成投用，并在煤炭产能上有新突破。马铃薯、蔬菜、食用菌、苦荞、苹果、黄梨、火腿等农特产品精深加工转换利用得到不断升级改造，提升产品附加值，拓宽产品销售渠道。

大力发展生态特色食品加工产业。依托全县种植资源优势，不断推进荞制品系列、苹果、火腿、蔬菜、饮用水、马铃薯等农特产品深加工产业规模化、特色化、多元化发展。以威宁经开区农特产品深加工首位产业为基础，培育上下游企业，规模以上生态特色食品加工企业12家，产值占规模工业总产值的11.5%。

大力发展清洁高效电力产业。依托独特的风光水资源优势，深入推进新能源规模化、基地化、智能化发展，围绕风、光、水资源，大力发展风能、太阳能、水电为主的“三大”绿色能源。入驻威宁县的新能源企业4家（国家电投集团贵州金元威宁能源发展有限公司、龙源贵州风力发电有限公司、华能威宁风力发电有限公司、贵州乌江水电新能源有限公司）。累计建成清洁能源项目62个，装机规模达367.95万千瓦。其中：风电26个128.65万千瓦；光伏35个215.3万千瓦；水电1个24万千瓦。累计发电52亿度、实现产值28亿元、增速17.2%。同时，按照国家能源局综合司关于屋顶分布式光伏开发试点方案，编写试点县申报方案上报，装机规模100万千瓦，投资50亿元。清洁能源的快速发展，为威宁经济注入新鲜活力，清洁能源产业成为推进新型工业化发展的重要支撑。

大力发展煤炭产业。全县原有煤矿45处，经过兼并重组，批复保留矿井15处，替换保留过会1处（未批复），批复产能705万吨/年，煤炭产业逐步发力。

【推进新型城镇化】 2021年，全县按照建设黔滇接合部重要区域性支点城市的发展定位要求，深入实施“大县大城”高质量发展战略。加快县城扩容提质行动，完善城市功能，提升城市品位，彰显城市特点，同步实施南部滨海生态休闲旅游产业区和五里岗工业商贸物流产业园区双线发展战略，坚持以城聚产、以产兴城、产城融合之路，不断提升城市产业发展能级。

城市“三改”。一是老旧小区改造。全年启动实施三个片区30个小区1835户，10月完成改造1000户，年底主体工程全面竣工。二是背街小巷改造。按照“量力而行、尽力而为”的原则，重点对路面破损严重、市政基础设施缺失、消防设施老化、空中线路杂乱、风貌无序问题严重的背街小巷进行全面改造。全年改造背街小巷10条，完工4条，正在实施中6条。三是棚户区改造。积极化解棚户区存量，加快安置房建设进度，逐步消化完成“十三五”期间棚改存量。2021年计划建成的危旧房改造1533户，完成“一户一档”前期摸底、房屋结构评估、改造设计和群众意愿调查等工作，群众改造意愿强烈。

市政基础设施建设。有序推进市政道路建设，县级新增市政道路约2千米，建成江北路、九三路凤山大道延伸段、五小天桥、五里岗大道（共四期）等市政道路；积极推进城市停车场建设，推进立体车库成网布局，新增城市公共停车位2000余个；积极推进城镇供电供气工程，加大城镇电网改造升级力度，中心城区核心区域供电可靠率达到99.8%，乡镇供电可靠率达99.5%；加快推进天然气门站建设，扩大城镇燃气管网建设及燃气使用覆盖面，新增燃气管道4.9千米，逐步实现新旧城区居住片区天然气管网全覆盖，积极推进天然气管网向县城周边乡镇辐射；积极推进大中小型水库及配套水网建设，建成土地山、雪山、小米等水库，新增城镇水源供水能力480万立方米。

基本公共服务建设。一是加快医疗卫生配套建设。建成投用妇幼保健院，正在加快建成投用县人民医院、妇女儿童医院，推进现有公立医疗卫生机构提质扩容，新增医疗卫生机构床位数1965张占全年目标新增1500张的131%。每千常住人口执业（助理）医师数1.6人，达到年度目标任务。二是加快教育配套建设。加快配套建设布局中小学和幼儿园，推进中小学校改造和扩建，同步推进公共服务工程向乡村延伸。全年新建（改扩建）四幼、七幼、九幼、新发乡曹家沟等公办幼儿园15所，学前教育三年毛入园率提高到91%以上；新建（改扩建）威宁六小，雪山镇锅底小学、新街小学食堂等中小学和配套设施93处，九年义务教育巩固率提高到96.1%；实施普通高中示范引领行动计划，在县城扩容建设普通高中学校，推进新威中和七中建设，高中学校高中阶段教育毛入学率提高到91.2%。三是加强养老服务基础设施建设。改造提升云贵乡、金钟镇、黑石头镇、雪山镇4个标准化养老院（养老服务中心），新增护理型床位100余张，养老机构护理型床位超过总床位的10.8%，基本实现每千老年人拥有养老床位数16张，人均预期寿命80岁目标。

城镇环境质量提升。加强城市大气、水、土壤、固体废物等污染防治，完善废旧物品回收体系和垃圾分类处理系统。实现垃圾焚烧发电站并网发电，处理规模达到800吨/日。积极探索城市生活垃圾分类处理，县级以上城市生活垃圾无害化处理率达93%。建设改造污水管网7.8千米，县城生活污水处理率达到94%。工业固体废物综合利用率超过70%。加强环城林带和城市绿地、湿地、城市公园建设，城区绿化覆盖率超过22.93%，城市人均公园绿地面积10.27平方米，湿地面积10万亩。县城空气质量优良天数比例稳定在97%以上，达到省市目标值。

城镇市场主体建设。一是培育壮大市场主体。大力推进招商引资，实施“千企引进”工程，引进科技含量高，成长性好、带动性强的企业。大力实施“千企改造”工程，发展壮大国有企业。全年引进优强企业30余家，推动10户以上工业企业实施技术改造，新增市场主体7607户。二是支持城镇创新创业。积极引进劳动密集型产业项目，发挥易地扶贫搬迁人员劳动力密集优势，开发公益性岗位和社区就业岗位，确保有劳动能力家庭实现每1户1人以上稳定就业。发挥大学生知识技术专长，鼓励高校毕业生到中小企业和基层就业，全年实现4000余名大中专学生创业就业，城镇新增就业人员8300余名。全年城镇调查失业率控制在5.5%以内，零就业家庭就业援助率100%，新增易地扶贫搬迁就业车间10万余平方米，新增安置区农贸市场1万余平方米，实现农村劳动力转移就业2.3万人，其中易地产业基地就业3000人。

【推进农业现代化】 推进主导产业发展，将马铃薯、蔬菜、烤烟作为主导产业推进。马铃薯产业：全年种植马铃薯200.28万亩，占任务200万亩的100.14%，其中早熟马铃薯种植19.28万亩，春种马铃薯种植181万亩。产量约400万吨，产值约70亿元。蔬菜产业：全年规划建设蔬菜基地45万亩，其中标准化基地20万亩，规模化基地25万亩（辣椒20万亩）。全面优化“龙头企业+合作社+农户”的组织模式，引进江楠集团、贵阳农投等一批优强龙头企业带动发展，组织“村社一体”合作社和种植大户进行种植，共培育经营主体300余家。第一茬累计完成种植45.07万亩，第二茬完成种植18.02万亩。蔬菜销售量110万吨，销售额16.2亿元。烤烟产业：全年种植烤烟25万亩，产量53.4万担，产值8.5亿元。

推进特色产业发展。大力发展辣椒产业：全

年规划种植辣椒20万亩，通过引进贵州鲜之源农业开发有限公司、贵州黔辣娇美食品有限公司、贵州省黔沃农业科技有限公司等企业到威宁发展辣椒产业，采用订单种植、订单收购等方式辐射带动全县33个乡镇（街道），完成种植辣椒20.04万亩，累计产量24.3万吨。大力发展特色水果产业：全县苹果种植面积稳定在50万亩，挂果面积35万亩，产量约30万吨、产值约20亿元。初步形成4个万亩以上苹果生产优势区域、10万亩苹果产业带。有海升集团威宁超越农业有限公司、威宁乌蒙绿色产业有限责任公司、威宁县猴场镇印落福地生态农业专业合作社等100多家经营主体从事苹果种植、加工和销售，种植大户400余户。2021年全县计划种植苹果3万亩（主要是查缺补漏、补植补种），实际完成3.05万亩（含农超公司在建面积）。威宁苹果远销北京、上海、广州等城市和港澳地区。大力发展中药材产业：全年完成中药材种植39.2万亩，其中药田种植28.9万亩、野生抚育10.42万亩，共有品种31个，产量约25万吨（鲜品），产值约17亿元。大力发展食用菌产业：全年发展食用菌2.2亿棒，累计产量约8.2万吨，产值约6.4亿元。主要品种有金针菇、香菇、杏鲍菇、羊肚菌、大球盖菇等。大力发展油茶产业。全县短柱油茶面积18.78万亩，有面积7万亩的油茶产业基地1个，其中低效林改造4万亩、新造3万亩。全县平均每年可采收油茶籽约700吨（按每千克160元计算，产值达2500余万元），有油茶种植和初加工企业1家，注册“叠森”茶油商标。大力发展生猪、牛羊和家禽产业。全县生猪存栏94.2万头，出栏64.68万头；肉牛存栏39万头、出栏7.1万头；羊存栏40.29万只，出栏20.23万只；家禽累计存栏234.43万羽，出栏226.43万羽，禽蛋产量3000吨。

【推进旅游产业化】 2021年，威宁县充分利用特殊地理优势，坚持人与自然和谐共生基本原则，重塑草海旅游品牌和民族文化旅游体系。大力发展以避暑养生和高原健身为主的“两身（生）”产业，通过实施山水林田湖草等项目，着力构建草海与威宁县城相生相宜、和谐共存的生态体系。加强与广州奥园集团的深度合作，启动了一批高规格旅游接待设施建设，进一步健全完善中心城区“吃住行游购娱”旅游接待功能。一是全力推进乡村旅游与乡村振兴有效融合。对草海镇民族村、板底乡板底社区、海边街道银龙社区、小海镇三河村、盐仓镇营洞村、草海镇同心村、麻乍镇戛利村、麻乍镇岩格村、雪山镇石林社区、雪山镇灼甫村等30多个乡村旅游亮点村进行包装推介；打造威宁县板底古彝寨、石门坎社区等特色小集镇以及盐仓镇三寨、草海镇卯关、草海镇同心、炉山镇海舍、龙街镇龙河村等一批产业带动性的旅游特色村寨；开展乡村旅游标准建设，共评定乡村旅游标准级以上经营户33家，2021年新评定乡村旅游标准经营户8家（板仓村庆广山庄、村社食堂、乡愁庄园农家乐、少爷农庄、茹吕小居、乡村几道菜、碧云休闲山庄、乌撒生态庄园），申报成功省级乡村旅游重点村3个（板底乡板底社区、龙街镇龙河村、草海镇民族社区）。二是全力推动“旅游+”“+旅游”融合发展。以国家级非物质文化遗产“彝族撮泰吉”，省级非物质文化遗产“彝族酒礼舞”、荞酥传统制作技艺等丰厚的非物质文化遗产打造民族文化品牌融合到旅游产业中；以红色景点和爱国主义教育基地为依托，打造一批红色文化旅游品牌；以板底彝族风情小镇、双龙回族风情小镇、大街苗族风情小镇等特色资源为优势，依托马铃薯文化节、撮泰吉文化节、彝族火把节、回族开斋节、苗族花山节、布依族蚂螂节等文化活动和民族节庆活动，大力发展山地避暑休闲度假游，结合乡村避暑度假供需情况，因地制宜开发建设一批文化特色小镇和避暑度假乡村旅游区（村）。通过健身步道建设、体育运动项目打造、体旅赛事举办等多种方式，串点成线，探索体育基础设施建设、体育赛事与地域特色产业、民俗村寨的融合发展模式，推动体育旅游助推乡村振兴建设。以迤那苹果基地、哈喇河大黄梨基地、龙街樱桃基地、双龙蔬菜种植基地等为代表打造一批集休闲观光、旅游度假、农业观光、农业体验为一体的农业休闲度假旅游区。三是全力加快人才队伍建设。依托威宁中等职业技术学校、毕节彝文双语职业技术学校等职业教育基地，推动校企合作、加快旅游紧缺人才培养，确保服务供给需求；开展乡村旅游产业人员培训4期，培训人员300余人；与中国旅游协会等联合举办旅游技能培训班，培训人员150余人；在大街乡、五里岗街道等开展3期旅游商品设计培训，培训人员300余人；在盐仓镇、板底乡、石门乡举办乡村旅游扶贫技能培训3期，培训人员420余人；举办旅游产业化推进暨公共文化服务体系建设培训班、产业化统计监测培训班，举办“一码游贵州”商户入驻培训班等。

【抓好生态环境保护】 认真贯彻落实习近平生态文明思想，坚持“绿水青山就是金山银山”理念。实行“一问题一台账一方案”的整改机制，落实“三个100%”核查机制，深入整改省委生态环保督察及“回头看”反馈问题、审计反馈问题和“绿盾行动”“六个严禁”、河长（湖长）巡河（湖）等专项行动反馈问题。重点实施草海前进污水处理厂水质提升工程、北门河水环境治理工程，强化生态环保执法，强化河长制、林长制的日常调度，集中力量攻坚克难，打赢“蓝天保卫、碧水保卫、净土保卫、固废治理、乡村环境整治”五场战役；国控省控河流断面优良比例、千人以上集中式饮用水源水质达标率均保持100%；县城垃圾无害化处理率超过93%，农村垃圾收运覆盖率超过90%。全县规模化畜禽养殖污染防治取得一定成效。

【防范化解重大风险】 强化底线思维、增强忧患意识，统筹抓好发展和安全两件大事，化解存量风险、防范增量隐患。一是毫不松懈抓好疫情防控。坚持“外防输入、内防反弹”，压实“四方”责任，落实“科学防控、精准防控、人物同防、闭环管理”的防控策略。对中高风险地区入威人员和物品采取严查严防，严查重点人员、重点场所。创新医防协同机制，加强疫情监测预警处置。引导群众合理出行，减少聚集，做好个人防护。强化应急物资保障，有序推进新冠病毒疫苗接种，坚决守住疫情风险底线。二是坚决防范化解债务风险。严格贯彻落实政府性债务管理“七严禁”，用好债务化解“新十条措施”，认真执行分管领导“周调度”和主要领导“月调度”制度，严格控制增量，妥善处置存量，稳步降低债务率。三是维护社会和谐稳定。依法解决群众合理诉求，做好信访维稳工作，着力构建和谐劳动关系，重点建立欠资欠薪问题处置化解长效机制。强化“平安威宁”建设，健全立体化智能化社会治安防控体系，加大社会矛盾纠纷排查调处机制建设力度。依法打击犯罪活动，常态化开展扫黑除恶。强化食品药品安全监管。开展净网行动，提升网络及大数据安全能力。深入实施安全生产专项整治三年行动，加强应急管理体系和能力建设，强化自然灾害综合防治。

【保障和改善民生】 不断加大民生支出。全县超过70%的财政支出用于改善民生，城乡居民医疗保险参保率100.3%、养老保险参保率超过98.9%，城镇新增就业11019人，登记失业率稳定控制在4.5%以内，失业人员再就业2507人。全面发展社会事业。新威中、七中、四幼、八幼、九幼、十幼等项目稳步推进，完成投资5.31亿元；县人民医院迁建项目一期、妇女儿童医院正在装修。人民群众获得感、幸福感、安全感不断提升。退役军人事务运行体系逐步完善，优抚政策全面落实。疫情防控成效明显，自新冠肺炎疫情暴发以来一直保持“零感染”“零疑似”，新冠疫苗接种工作稳步推进。社会治理不断提升。认真开展平安威宁、法治威宁建设，“七五普法”顺利完成，扫黑除恶专项斗争圆满收官，社会治安环境持续改善。安全生产形势持续稳定，民族团结进步事业不断推进，人民群众生活质量和幸福指数稳步提高。

（供稿：威宁县史志办）

赫章县

【概述】 赫章县行政区域总面积 3242.78 平方千米，耕地面积 90526.67 公顷，森林覆盖率 60.24%。辖 5 个街道办事处、15 个乡（其中少数民族乡 12 个）、10 个镇，311 个村民委员会、170 个社区居民委员会。2021 年年末户籍总人口 892317 人，其中：城镇户籍人口 215302 人，乡村户籍人口 677015 人。人口出生率 13.02‰，自然增长率 7.84‰。人口较多的少数民族有彝族、苗族。境内发现矿产（含亚矿种和伴生矿种）25 种，发现矿床、矿点 70 余处。有铁、铅、锌、煤等。

全年生产总值 162.78 亿元，比上年增长 5.7%。其中，第一产业 54.91 亿元，增长 7.5%，第二产业 27.28 亿元，增长 5.3%，（其中工业增加值 21.75 亿元，增长 6.5%），第三产业 80.6 亿元，增长 4.5%。农林牧渔业总产值 57.88 亿元，可比价增长 7.5%。财政总收入 200010 万元，同比增长 14.09%，其中地方财政收入 138564 万元，同比增长 19.03%；财政总支出 734542 万元，同比下降 10.78%。500 万元以上固定资产投资同比下降 3.1%。规模以上工业增加值同比增长 5.5%。金融机构人民币各项存款余额 1528015.76 万元，同比增长 5.84%；金融机构人民币各项贷款余额 1915236.6 万元，同比增长 18.87%；城镇常住居民人均可支配收入达到 32960 元，同比增长 5.3%；城镇居民人均消费支出 35783 元，同比增长 8.6%；农村常住居民人均可支配收入增长 10.5%达 11703 元。

巩固脱贫攻坚成果，平稳衔接乡村振兴战略。2021 年中央和省共下达赫章县财政衔接资金 43707 万元。

社会消费品零售总额同比增长 11.9%。重招商引资项目到位资金 88.07 亿元，占年度目标任务 67 亿元的 116.10%。实现旅游总收入 82.72 亿元，同比增长 20.06%。

全县公路通车里程达 5921.6 千米，其中，高速公路通车里程 57.6 千米，国道通车里程 80.0 千米，省道通车里程 397.2 千米。全年邮政业务总量收入 4000.2 万元，比上年增长 10.9%；通信业务收入 34564 万元（含移动、联通和电信），比上年增长-19.25%。

扎实抓好农村饮水安全工程运行和维护，确保常态化正常供水。学前三年毛入园率、小学适龄儿童入学率、初中适龄少年毛入学率、义务教育巩固率、高中阶段毛入学率、“三残”儿童少年入学率分别达 91.05%、99%、95%、95.7%、91.8%、95.6%，15 周岁以上人口人均受教育年限达 7.8 年。城乡居民基本养老保险参保 39.03 万人，医疗保险参保率稳定在 95%以上。城镇登记失业率控制在 5%以内。

【坚持稳中求进，实体经济迸发新活力】 面对经济下行压力持续加大和自身结构性矛盾突显、民生领域短板较多等多重压力，全力以赴补短板、强弱项。完成地区生产总值 166.9 亿元，增速 10%；农业总产值、规模以上工业增加值、社会消费品零售总额分别增长 11.91%、5.5%、11.5%；500 万元以上固定资产投资增速为 2%；城镇、农村居民人均可支配收入分别达 36157 元、11814 元，增长 9.7%、11.5%；常住人口城镇化率达 32%；居民消费价格指数、城镇登记失业率、节能减排指标均控制在国家和省下达的计划范围内。

【坚持强基固本，“四化”建设取得新成就】 坚持系统谋划、精准施策，适时召开“四化”工作推进会议，深入研判，全面协调，强力推进。威赫电厂示范项目加快建设，赫章水泥厂成功点火试运营。完成规模工业总产值52.5亿元，工业企业上规入统7户；完成原煤生产90万吨，同比增长5.6%，实现电煤供应40万吨，同比增长18%；完成新能源发电7.5亿千瓦时，同比增长27.1%，新建充电桩40个。完成野马川、滨河运动公园等“七个片区”城市设计和县城路网专项规划修编等工作；6个棚户区改造项目、9个老旧小区、10条背街小巷改造加快推进；建成城区路网100余千米，城区道路成网成环、互通互联；特色小城镇建设完成投资12.8亿元。“四大农业产业”体系持续增效，粮食播种面积和产量稳定在143.5万亩、20.69万吨以上；完成“两品一标”认证2个，认证基地面积650亩，成功申报粤港澳大湾区“菜篮子”基地3家。景区旅游基础设施持续完善，在建旅游景区4个，累计完成投资1520万元；景区服务质量不断提升，阿西里西·二台坡入选“2021年中国新秘境年度榜单”。全年接待游客947.2万人次、同比增长20.57%。

【坚持投资拉动，需求结构实现新优化】 牢固树立“项目为王”“大抓项目”理念，充分发挥投资拉动作用，通过不断扩大有效投资促进消费提振。深入实施“六网会战”，大力推进“两新一重”建设，省市重大项目完成投资130.61亿元。赫纳高速公路加快建设，赫六、赫镇高速公路即将建成通车。完成22.9千米二级公路、110.8千米路面改善提升、133.1千米“四好农村路”、102.6千米安全生命防护及7座危桥改造工程。骨干水源、污水处理等水利基础设施建设加快推进，完成水利工程投资4.3亿元。完成电力投资1.055亿元，供电可靠性显著提高。新增充电桩40个，新能源汽车充电更加便捷。新建4G基站146个、5G基站405个，网络质量明显改善。同时，积极配合做好“促销惠民·乐购毕节”活动，通过同银联通力合作，积极筛选推荐优质商户纳入活动范畴壮大商户体量，举办“乐购赫章”“畅行赫章”“为美好生活加油”“政企合作”“东西部协作消费”等活动，切实增加活动成效，消费活力得到有效释放。

【坚持深化改革，对外开放展现新格局】 持续深化“放管服”改革，全力打造“贵人服务·毕须办”政务服务品牌，积极推进“全省通办”“跨省通办”“零跑腿”事项，实现“一事跑一窗”向“一窗办多事”转变。工程建设项目审批时间压缩至59日，企业开办时间压缩至1日以内。稳步推行注册资本认缴、先照后证、多证合一、电子营业执照等商事制度改革，积极开展全程电子化登记试点工作，进一步降低企业准入门槛，减少办事环节，降低企业开办成本。全年备案项目83个，新引进重点产业项目71个，开工71个、投产项目60个，引进优强企业20家、新增到位资金83亿元。

【坚持铁腕治污，生态环境得到新改善】 坚持生态优先、绿色发展，深入践行“绿水青山就是金山银山”理念，启动建设退耕还林工程9.5万亩，完成国储林项目营造林15万亩，治理石漠化13.67平方千米，改良核桃品种8万亩。建置村垃圾收运覆盖率100%，县城生活垃圾无害化处理率95%、生活污水处理率93%。集中式饮用水水源地和地表水断面水质达标率100%。县城空气质量达标率（优良率）99.7%。

【坚持安全发展，治理能力实现新提升】 始终强化底线思维，统筹抓好发展和安全，社会大局和谐稳定。严格落实疫情防控主体责任，坚持“外防输入、内防反弹”，重点人员管控有力，防疫物资储备充足，疫情防控体制机制不断完善，疫情防控能力不断提升，全年无新增确诊病例；严格执行《贵州省政府投资项目管理办法》，强化源头管控，禁止违规举债筹措政府投资资金。全面落实有关化债措施，对债务期限、资金筹集、风险隐患等情况提前调度，提前部署，稳步推进隐性债务化解；始终把安全生产放在首位，自觉落实习近平总书记关于安全发展理念、红线意识、底线思维方面的重要指示，加强各行业领域监测预警、监管整治，有效防范和遏制较大以上事故。

【坚持改善民生，社会事业收获新成果】 严格落实“四个不摘”政策，牢牢守住不发生规模性返贫底线。完成农民技能提升培训28524人，城镇新增就业6235人，农村劳动力转移就业13510人。51个教育工程项目完成投资5361万元，基本形成学前教育普及普惠、义务教育优质均衡、高中教育提质升级、职业教育扩容提质的教育发展新格局。县级公立医院、乡镇卫生院和行政村卫生室实现机构三建成、人员三合格、能力三达标。脱贫人口30种大病专项救治率100%，“先诊疗、后付费”政策落实率100%。

（撰稿：陶永才）

百里杜鹃管理区

【概述】 百里杜鹃管理区位于贵州省西北部，毕节试验区中部，2007年7月经贵州省委、省政府批准成立，为毕节市委、市政府的正县级派出机构，总面积697.2平方千米，耕地面积1.64万公顷，辖7个民族乡1个街道、1个乡级管理区，63个村民委员会、8个居民委员会。居住着汉族、彝族、苗族、白族、满族、布依族、仡佬族、侗族、蒙古族等22个民族，少数民族中彝族人口占比最高。全区年末户籍总人口15.49万人，少数民族8.12万人，城镇人口2.25万人，乡村人口13.24万人，人口出生率6.98‰，自然增长率2.81‰。平均海拔1580米，森林覆盖率70%，年平均气温14.8℃，夏季平均气温19℃，年降雨1000毫米至1200毫米，年均相对湿度84%，年日照1336小时，紫外线强度弱，冬无严寒，夏无酷暑，空气负氧离子含量每立方厘米超过2万个，是得天独厚的“天然大氧吧”。这里春有百花秋有月，夏有凉风冬有雪，有着“花间阡陌·山水归程”般的诗意画卷，是休闲康养的好去处、避暑度假的好居所、养身养心的绝佳地，有着“养生福地、清凉世界”的美誉。

百里杜鹃旅游资源丰富，山水林洞云集，参天古树辉映，分布着景区景点40余处，至年底有国家AAAAA级旅游景区1个、国家AAAA级旅游景区1个、国家AAA级旅游景区4个，省级旅游度假区2个、省级乡村旅游重点乡2个、重点村2个，甲级乡村旅游村寨2个、乙级乡村旅游村寨18个，标准级乡村旅游村寨4个。境内125.8平方千米的原始杜鹃林带呈新月状分布绵延，查明杜鹃品种6个亚属43个品种，为华夏独有、世界唯一。有围绕6万多亩原生态天然草甸打造的集山地户外休闲运动、高山植物科普、国际露营、拓展体验为一体的跳花坡景区；有以“爱情、亲子”为主题悉心打造的5千多亩花园，集度假、温泉养生、观光、体验为一体的彝山花谷景区；有总落差达40米的三叠瀑布和天生桥、花底岩等千姿百态的岩溶奇观，以观山、戏水、游村、探洞为一体的米底河景区；还有集花卉观光采摘、产品加工、育苗科普、酿酒体验为一体的花田酒肆景区，以千年紫薇树奇观为主题的千年紫薇王景区等景区景点。丰富的旅游资源，星罗棋布的景观景点，狂野古朴、华美灵动、神秘诱人，吸引着世界的眼球，震撼着来访游客的心灵。境内还蕴含无烟煤、石灰岩、高岭土、黏土矿、硫铁矿等丰富矿产资源，拥有国家一、二级保护动物云豹、穿山甲、豹猫、小灵猫、红腹锦鸡，国家一、二级保护植物光叶珙桐、银杏、红豆杉、厚朴、连香树等多样的生物资源。此外，境内红二、六军团英勇“扩红”的黄家坝阻击战遗址，讲述红军与彝胞血浓于水的殷殷深情。一年一度的彝族火把节、苗族跳花节、布依族对歌节、白族团圆节、满族颁金节等传统节日，演绎着百里杜鹃独有的民族风情。

百里杜鹃位于“贵州经济金三角”贵阳、遵义、毕节的腹地，地理区位优越，杭瑞高速、黔大高速、成贵高铁穿境而过，距离毕节高铁站42千米、黔西高铁站32千米，毕节飞雄机场40千米、贵阳龙洞堡机场122千米、遵义新舟机场153千米。近年来，新建、改扩建旅游公路400余千米，新建和改扩建停车场29处，车位1.5万个。2021年，有住宿企业529家，共1.14万个床位，有餐饮企业384家，共2.86万个餐位，配套建设自行车绿道30余千米，优质旅游公路率达99%以上，开通旅游直通车、观光车、客运班车等；建立智慧旅游系统，不断完善旅游调度、公共服务、应急管理、宣传营销等多种功能，建设7个游客服务中心，着力为游客提供优质服务。2021年，全年地区生产总值45.88亿元，增长6.1%；农林牧渔业总产值12.77亿元，增长9.2%；工业增加值12.74亿元，增速13%；财政总收入15.8亿元，减少17.48%，其中地方财政收入13.92亿元，减少21.64%；财政总支出23.77亿元，减少20.34%，社会消费品零售总额同比增长12.1%；城镇居民人均可支配收入35878元；农村居民人均可支配收入12668元。全年累计接待游客591.82万人次，实现旅游综合收入58.41亿元。

作为因花而立、凭旅而兴的毕节试验区体制改革先行区，百里杜鹃始终以习近平新时代中国特色社会主义思想为指引，深入贯彻落实习近平总书记对毕节试验区作出的重要指示批示精神，克难奋进，不辱使命，先后获国家全域旅游示范区、国家AAAAA级旅游景区、国家生态旅游示范区、全国旅游标准化示范单位、最负盛名国际景区、最具影响力国家森林公园、全国休闲农业与乡村旅游示范县（区）等20余项国家级殊荣，用行动实绩践行“百姓富、生态美”的立区初衷。

【管党治党全面从严】 认真贯彻落实新时代党的建设总要求，统筹全面推进党的“六大建设”。坚决扛牢管党治党政治责任，制定实施意见和责任清单，明确主体责任12个方面40项清单。加强政治巡察，完成29个党组织巡察工作。加强干部日常监管，提醒谈话5人、函询1人。

【党风廉政建设扎实推动】 把干部作风教育大整顿和“捉虫”专项行动、深化“三个大兴”结合起来，把警示教育作为树牢政治纪律和政治规矩的有力举措，以曝光案例、以案说纪、以案警示、廉政早提醒等形式，增强全区党员干部拒腐防变意识和能力。召开警示教育大会3场，安排89场3600余人次到市区两级警示教育基地参加警示教育，组织4000余人次观看《“不设防”的公款》警示教育片。

【组织队伍建设全面推进】 不断夯实基层战斗堡垒，推进226个基层党组织标准化规范化建设，严格落实村干部待遇保障“345”政策机制，持续选派驻村第一书记和驻村干部135人，科学有序推进村支书、主任“一肩挑”。整顿软弱涣散村党组织7个。持续加强干部队伍建设，强化面向基层用人导向，提拔干部57人，重用22人，交流干部64人。有针对性选择优秀年轻干部24人次到一线挂职锻炼。储备各级领导干部后备人才178名。培训农业各领域人才1000余人次，开展杜鹃花季旅游从业人员培训2000余人次，认定副高级职称2人。

【强化监督执纪问责】 深入落实中央八项规定及其实施细则精神，紧盯重要时间节点，对公款吃喝、公车私用、党员干部违规操办子女升学庆典等进行集中整治。深入开展信访举报、审计监督和执纪审查中发现的“四风”问题线索、漠视侵害群众利益问题专项处置。查处违反中央八项规定精神问题1起，处理3人。对照干部作风教育大整顿“6个叩问”18个方面开展自查，追责问责8个单位，提醒谈话2人，诫勉谈话3人，责令11人作出书面检查。

【民主政治建设不断深入】 全力抓好统一战线工作，建立完善党工委委员、管委会党员副主任联系党外人士、少数民族知识分子、宗教界等代表人士机制，建成“万企兴万村”示范点5个，建设“中国民主同盟传统教育基地”1个；积极支持民盟、民进百里杜鹃支部工作，完成工商联换届选举，切实加强民主政治建设，人大工委依法履行监督职责、管委会依法行政、政协工委参政议政、法检机关公正司法。

【推进全区法治建设】 充分发挥党委总揽全局、协调各方的作用，人大工委、管委会、政协工委、人民法庭、检察室依法依章程履行职能、开展工作。制定印发《百里杜鹃管理区2021年全面依法治区工作实施方案》《百里杜鹃管理区贯彻落实法治毕节示范创建实施方案工作方案》等系列法治建设文件，全面依法治区和法治示范建设工作有序推进，全区无一起领导干部违规干预司法活动、插手具体案件处理的情形发生。将法治建设纳入《百里杜鹃管理区国民经济和社会发展第十四个五年规划和二〇三五年远景目标纲要》和《百里杜鹃管理区2021年经济工作要点》，推进政府职能转变和简政放权、放管结合、优化服务，激发市场活力和社会创造力，推动经济社会持续健康发展，确保法治建设工作与经济社会发展同部署、同推进，加快法治示范创建工作进程。

【深入推进法治宣传教育】 制定百里杜鹃管理区2021年度普法依法治理工作要点，利用“3·8”“4·15”“6·26”“12·4”等重要时间节点开展法治宣传活动，2021年共开展宣传178场次，张贴、悬挂标语100余条，发放宣传资料28070份，开展未成年人安全保护宣传58场次。各乡（街道、管理区）共接待群众法律咨询128人次，开展法治宣传活动33场次，受理法律援助案件4件。

【积极开展政法队伍教育整顿】 坚决贯彻落实中央、省委、市委决策部署，高标准谋划、高效率推动、高质量落实，全力推进政法队伍教育整顿工作，全区4个政法单位112人参加教育整顿，召开领导小组会议5次，开展谈心谈话14人次，60个单位337人参加“三个规定”宣讲，共签订《百里杜鹃管理区领导干部不干预司法活动、不插手具体案件处理承诺书》339份，印发《百里杜鹃管理区关于严格执行防止干预司法“三个规定”的实施方案》《关于在全区开展“三个规定”“三长”大宣讲和党政领导干部严格执行“三个规定”公开承诺行动工作方案》，政法队伍教育整顿工作扎实有效开展，切实净化了百里杜鹃政法队伍。

【乡村振兴全面起航】 坚持把实施乡村振兴战略作为新时代“三农”工作的总抓手，不断巩固拓展脱贫攻坚成果同乡村振兴有效衔接。严格落实“四个不摘”要求，用好五年过渡期政策，保持主要帮扶政策总体稳定。常态化抓好“3+1”问题排查整改，持续抓好易地搬迁后续扶持“五个体系”建设，认真落实防止返贫监测和帮扶机制，加强产业和就业帮扶，坚决守住不发生规模性返贫的底线。明确普底乡为乡村振兴示范引领乡，鹏程街道、金坡乡、仁和乡、大水乡、沙厂乡、百纳乡为乡村振兴重点推进乡，黄泥乡为乡村振兴夯实基础乡。将71个村（社区）分为示范引领村、重点推进村、夯实基础村三类统筹推进，龙塘、大堰、颖川等乡村振兴示范点建设取得显著成效，“一户一处景、一村一幅画、一乡一风光”的乡村振兴画卷正在百里杜鹃大地徐徐展开。

【疫情防控底线全面筑牢】 根据疫情防控形势变化，推动疫情防控指挥体系快速实现平急转换，紧盯重点人群、重点场所、重点环节，适时优化调整“外防输入、内防反弹”各项措施，牢牢把握疫情防控主动权，同步推进新冠疫苗接种。完成新冠疫苗接种 19.8 万剂，坚决守住“零确诊、零疑似、零无症状感染者”的防控成果。

【旅游品牌持续推进】 “花间阡陌·山水归程”文旅品牌培育持续推进，百里杜鹃获“贵州省体育旅游示范县”称号，百里杜鹃景区成功入选 2020 年度贵州省体育旅游基地和体育旅游黄金线路，汇境花卉科技园成功创建 AAA 级旅游景区。全年累计接待游客 591.82 万人次，实现旅游综合收入 58.41 亿元，旅游人均消费 884 元。

【旅游产业稳步提升】 优化完善“二二四三三”旅游发展思路，大力实施“四大行动”，全力推动温泉民宿、医疗康养、林业花卉“三大主导产业”发展，加快乡村旅游发展，花都商业体系、医疗康养体系雏形已现。成功勘探温泉 6 口，花舍锶锂温泉酒店、初水花源温泉酒店投入运营，濯缨谷温泉民宿即将投运，温泉产业实现“零”的突破。全区床位、餐位、车位、汤位分别达到 1.2 万张、3.4 万个、2 万个、700 个，创新推出一票三日游、旅游年卡等门票政策，新增国家 AAA 级旅游景区 1 个、全省乡村旅游重点乡 2 个、全省乡村旅游重点村 2 个、标准级乡村旅游村寨 4 个、甲级乡村旅游村寨 2 个、乙级乡村旅游村寨 18 个、优品级客栈 10 家、标准级乡村旅游客栈 9 家、三星级以上乡村旅游经营户 38 家，评定“最美小院”7 家、“游客之家”36 家，索玛里旅行社入选全省 100 家优强旅行社名录，花舍锶锂温泉成为网红打卡地，百旅集团成为全市唯一一个营收过亿的旅游企业，中国·百里杜鹃花海康养度假指数向社会正式发布。

【新型城镇化有序推进】 引进阳光大地集团、恒邦天府集团、广州越秀集团等企业参与新型城镇化建设，彝山花谷国际大康养旅游度假区、恒邦天府百里春风森林温泉度假区等项目建设加快推进，毕节产教融合帮扶项目建设加速推进，城市污水、垃圾治理形成新机制。聚焦“花都康养城”目标定位，深入实施“强花都”战略，全面建成锦泰华庭、万景·中央广场等 8 个项目，有序推进云汉花园等 16 个项目建设，累计建成城市停车位 1.27 万个、综合管廊 6.3 千米，城市建成区绿化覆盖率 31%，建成区绿地率 37%，完成城镇基础设施投资 4.79 亿元、房地产投资 6.79 亿元，完成商品房销售 12.31 万平方米，花都城市建成区面积达 3.88 平方千米。加快城市产业培育和商业体系建设，杜鹃花都入选省级夜间文化和旅游消费集聚区名录，花都综合服务、宜居休闲、康养休闲、温泉疗养等 4 个组团建设有序推进。

【农业现代化加快转型】 坚决扛起粮食安全政治责任，全年完成粮食作物种植 13.79 万亩，实现粮食产量 2.79 万吨。坚持“一花两叶”产业布局，大力发展花卉、茶叶产业，稳定发展烤烟 2.38 万亩，巩固茶园 3.2 万亩，发展花卉 2 万亩，同步发展蔬菜 8 万亩、食用菌 0.3 万亩、中药材 1.3 万亩，基本形成特色鲜明、新老接替、长短结合的农业产业发展态势。坚持向林下进军破解耕地总量不足难题，发展林下经济产业 27.12 万亩（其中，包括林下旅游〈森林景观利用〉面积 20.32 万亩，林下经济 6.8 万亩）。杜鹃花商品化迈出坚实步伐，汇境花卉科技园成功创建国家AAA级旅游景区。新增市级农民合作社示范社7家、市级示范家庭农场5个。普底天麻、仁和辣椒、黄泥生态大米、百纳冷凉蔬菜、瑞禾生态茶等一批农特产品市场竞争力逐步提升。

【新型工业化稳步推进】 大力实施工业结构调整、转型提升行动，持续推进煤矿机械化智能化改造，积极引进企业发展工艺石材、建筑石材产业，完成“千企改造”项目4个，新增上规入统工业企业2家，成功引进1家企业发展工艺石材、建筑石材产业。全年完成工业增加值12.5亿元，增速13%。坚决扛起能源保供政治责任，在确保安全的前提下，推动煤炭企业有效释放产能，全年完成原煤生产415万吨，供应电煤315万吨。

【招商引资成效明显】 坚持把招商引资作为深化改革、推动开放的关键一招，紧扣旅游、康养、花卉三大产业编制招商引资项目60个，党政主要领导带队赴长三角、珠三角、成渝等区域开展招商引资26次，“四化”专班开展招商引资44次，成功引进阳光大地、恒邦天府等优强企业投资建设彝山花谷国际康养旅游度假区、百里春风森林温泉度假区等重大招商引资项目，全年完成招商引资重点产业到位资金27.72亿元。同时，聚焦“放管服”改革重点，研究制定《百里杜鹃管理区落实“企业吹哨、部门报到”工作机制打造“百应服务”品牌优化营商环境三年行动计划实施方案（2021—2023年）》等政策文件并深入抓好落实，营商环境进一步优化。

【生态文明建设成效明显】 坚决贯彻习近平生态文明思想，以建设“绿水青山就是金山银山”实践创新基地为牵引，努力打造百姓富、生态美“重要窗口”。加强森林生态资源执法监管，持续推进“河长制”“林长制”，统筹抓好天然林保护、石漠化治理、绿色通道建设、国储林项目建设等工作，完成国储林一期项目造林1.23万亩、石漠化综合治理人工造林0.45万亩、封山育林0.8万亩，森林覆盖率达70%、空气质量优良率98%以上。打好蓝天保卫、碧水保卫、净土保卫、固废治理、乡村环境治理“五大战役”。中央、省、市环保督察反馈问题、环保督察“回头看”反馈问题和环保督察交办信访件有力有序推进整改办理。完成移山湖、污泥河、卷洞门等3个湖库型饮用水源治理和25个集中式饮用水源标准化建设，国控、省控地表水考核监测断面水质达标率100%，2.6万亩土地获得无公害农产品产地认证。统筹“花区之外、花期之外”两个大局，把发展旅游作为践行“绿水青山就是金山银山”的最佳路径，聚焦“旅游+”“+旅游”融合，不断完善生态产品价值实现路径和机制，因地制宜发展气候经济、山上经济、林下经济等，加快推进绿色发展，初步形成农旅融合、文旅融合、绿旅融合和城旅一体、工旅互济深层次融合发展的经济生态化产业发展格局。

【守牢安全发展双底线】 树牢风险意识和底线思维，有效防范化解各类风险挑战，高质量发展与高水平安全实现良性互动。扎实做好“六稳”工作，全面落实“六保”任务，千方百计抓好政府债务和政府隐性债务风险化解，坚决维护经济领域安全，聚焦“守橙”工作目标，着力抓好预算资金偿还、企事业单位利用经营性收入偿还、合规转化为企业债务等四个方面的重点，切实用好“八个一批”和“新十条”化债措施，千方百计筹措资金化解到期本息，牢牢守住不“爆雷”底线。深入推进安全生产专项整治三年行动，常态化抓好煤矿、道路交通等重点领域、关键环节安全隐患排查整治和扫黑除恶、禁毒人民战争等工作，梳理排查安全风险4459条，排查治理隐患问题6230条，有效保障群众生命财产安全。“交所合一”改革获得市政府主要领导批示肯定，市级交办的35个风险点得到及时妥善处理，消防营房即将投入使用，全区社会大局总体和谐稳定。扎实抓好“一中心一张网十联户”机制建设，建成区级综治中心1个、乡级综治中心9个、村级综治中心71个。坚持减存量、控增量、防变量，妥善处理市级交办风险点35个，区级涉稳重大风险58个，网络负面信息78条。持续抓好扫黑除恶，打好禁毒人民战争。

【努力办好人民满意教育】 大力推进学前教育、义务教育和普通高中教育协调发展，有序推进义务教育学校薄弱环节改善和能力提升项目12个，新建和改扩建幼儿园7所，普通高中办学条件改善1所，全区学前三年毛入园率90.51%、普惠率80.02%，九年义务教育巩固率95.1%，残疾儿童入学率96.89%，高中阶段毛入学率90.61%。引进江苏格瑞教育集团落户百里杜鹃，有效补齐普通高中教育资源短板。

【双手互动抓好医疗事业】 加快推进“四位一体八中心”项目建设，新址人民医院、中医院（中草药医养中心）即将投用，人民医院即将结束租用民房运营办公历史，花都民族医药养生堂开门营业并实现产值100余万元。建立完善医疗质量管理与控制体系和医疗安全与风险管理体系，13家定点医疗机构全部落实“先诊疗后付费”“一站式”“一单清”结报等便民惠民政策。城乡居民基本医疗保障参保率100.65%，建档立卡群众四类慢性病家庭医生签约服务工作走在全市前列，“先诊疗后付费”“一站式”“一单清”结报等便民惠民政策全面落实，570名大病专项救治人员实现应治尽治。

【大力实施就业优先战略】 坚持把人民对美好生活的向往作为奋斗目标，统筹抓好就业保障，不断提高群众获得感、幸福感。着力推进旅游创业就业，持续抓好培训就业，完成短平快培训1.03万人、规范化培训0.22万人、创业培训437人，创业培训、大学生就业等工作排名全市第一，落实城镇新增就业310人，帮助农村失业人员再就业、就业困难人员实现就业、农村劳动力转移就业0.46万人，城镇登记失业率3.16%，控制在市下达的5%以内，服务促进2021届高校毕业生就业357人。

【不断织牢民生保障网底】 发放低保、特困供养等救助资金3670.62万元，未成年人福利保障金101.76万元，抚恤及生活补助资金421.03万元，实施临时救助642人次68.2万元，为35名孤儿、80名事实无人抚养未成年人发放福利保障金97.31万元，发放退役军人抚恤金、生活补助金384.62万元。不断完善社会保障体系，基本养老保险、基本医疗保险、工伤保险和失业保险参保人数分别达6.73万人、12.2万人、2.17万人、9271人。

（供稿：百里杜鹃管理区史志办）

金海湖新区（毕节高新区）

【概述】 2021年，毕节高新区（金海湖新区）在市委、市政府和新区党工委的正确领导下，坚持以习近平新时代中国特色社会主义思想为指导，深入贯彻学习习近平总书记“七一”重要讲话和对贵州对毕节重要指示批示精神，按照年初新区党工委会议工作部署和经济工作会议精神，坚持稳中求进工作总基调，以高质量发展统揽全局，聚焦建设西部贯彻新发展理念创新示范中心目标，围绕“四新”主攻“四化”，持续巩固拓展疫情防控和经济社会发展成果，做好“六稳”“六保”各项工作，全区经济社会发展呈现出总体回稳、恢复加快、势头向好的良好态势。

【围绕高和新，全力推进新型工业化】 一是新兴产业格局初步形成。聚焦“高”与“新”两篇文章，依托区位、政策和资源优势，积极承接产业转移，初步形成以储能信息产业为主导、绿色建筑、装备制造、新医药大健康产业为支撑，协同发展现代物流、大数据产业等X赛道的“1+3+X”现代产业结构体系，新兴产业集群雏形初现。储能产业锂电池全链条产业初步形成，产业企业集聚20余家；集聚绿色建筑产业相关企业25家。二是产业创新能力显著提升。围绕产业链部署创新链，积极推进产业创新平台建设，产业创新能力实现较大提升，已打造国家能源大规模物理储能技术研发中心、中国西南先进电池研究中心等34家国家、省市创新平台，高新企业13户，累计获得发明专利80个，实用新型专利215个，引进科技人才150人。三是招商引资力度不断加大。新引进招商引资项目34个，完成全年60个目标任务的56.6%，签约额72.27亿元；招商引资项目到位资金80.2亿元，其中工业项目完成48.22亿元，新引项目中工业项目30个，投产项目16个，投产率47%，开工率100%，入园率100%。四是四至范围调整完善。完善申报资料将园区四至范围面积由7.297万平方千米调整为15.11万平方千米，同时将园区外的23户企业逐步变更注册地入园。

【聚焦同城化，全力推进新型城镇化】 按照省、市推进新型城镇化发展大会精神及毕节中心城区双三百城市建设发展要求，突出“一圈引领、三带协同、全域发展”新型城镇化发展布局，以“一城三区”同城化建设发展为目标导向，全力推进以人为核心的新型城镇化建设。一是修规划建配套。完成城市总体规划和控制性详细规划修订工作，完成“十四五”新型城镇化发展、毕节市中心城区地下空间开发及利用5个专项规划和碧阳二道沿线城市设计、58个村村庄规划等工作。全年重点推进建设项目56个，项目总投资361.98亿元，2021年新增完成城市道路长度约22.694千米，建成停车位408个；建成投运高铁客运枢纽中心（一期）、毕节市中心城区生活垃圾焚烧发电厂等重大项目建设；文化“三馆一中心”项目主体完工，基础配套不断完善，为全市新型城镇化观摩会顺利召开和提质扩容奠定基础。二是抓产业夯基础。累计注册房地产开发资质企业31家，启动建设21家，实现预售19家，三季度商品房完成销售面积52.91万平方米，预计全年完成销售面积60万平方米，完成房屋交易相关事项办理4854件。绿色建筑（新型建材）产业发展集聚态势、产业特色不断凸显，依托房地产市场需求驱动，新型材料产业实现规模工业产值21.8亿元，同比增长12.35%，完成3万吨磷石膏全年推广应用任务，应用率达100%，为推动新型城镇化高质量发展迈上新台阶夯实基础。三是引资源聚人气。为着力聚集城市人气，全力推进新型城镇化招商引资工作。招商引资累计到位资金18.72亿元，完成保利商业广场项目，大旅游综合开发项目，毕节金陵高级中学项目的签约，签约资金共计21.1亿元，其中大旅游综合开发项目、毕节金陵高级中学项目落地建设。东辰国际学校规划通过专家会评审待城规委副主任审查，南开实验中学调规申请送市政府待批复，金陵中学初中部竣工招生，云师大附中及华西医院等项目正在深入洽谈中。四是集要素强保障。为推进新型城镇化高质量发展，新区积极争取资金支持，储备新型城镇化项目167个，总投资约420亿元，积极申请资金支持114亿元。积极申报棚改专项债务资金和新型城镇化建设基金，申请获得棚改专项债务资金1.56亿元，申请上报新型城镇化建设基金8.41亿元。获得省政府批复用地4个批次，面积2986.281亩；编制《毕节金海湖新区土地征收成片开发方案》，片区总面积5077.4340亩；挂牌出让土地17宗，面积976.64亩，价款6.28亿元；划拨供地5宗，面积333.231亩。同时及时梳理同城化碧阳三道、同心大道等项目用地情况上报，为同城化发展提供用地保障。

【抓实巩固衔接，全力推进农业现代化】 坚持把“三农”工作始终摆在重要位置，兼顾当前和长远，持续推进现代农业建设迈上新台阶，努力走出一条符合新区实际的农业农村高质量发展新路，为巩固拓展脱贫攻坚成果、推进乡村振兴战略实施提供有力支撑。一是持续巩固拓展脱贫攻坚成果。严格落实“四个不摘”要求，用好5年过渡期政策，紧盯“两类人群”和“两不愁三保障”以及饮水安全重点，健全完善防贫返贫动态精准监测帮扶机制，做好脱贫不稳定户398户1825人、边缘易致贫户279户1084人动态监测，坚决守住不发生规模性返贫底线，持续巩固拓展脱贫攻坚成果。继续深化易地扶贫搬迁后续扶持“五个体系”建设，建设后续扶持产业项目2个，实现就业8542人，就业率97%。深化“四个留下”工作机制，持续选派驻村第一书记和工作队，确保脱贫基础更加稳固、成效更可持续。二是稳步推进乡村振兴开局起步。紧紧围绕“二十字”方针，突出“三带协同”，统筹推进产业、人才、文化、生态、组织“五个振兴”，在将梨树镇上小河村纳入市级示范试点的基础上，将响水乡青山村、竹园乡歹鸡社区、归化街道常丰社区、小坝镇西冲村纳入区级示范试点，实行县级领导挂帅主抓、乡级领导包村负责、村（居）干部专门推进、部门各履其职的工作机制。加强乡村规划和农村人居环境整治，因地制宜推进农村改厕、生活垃圾处理和污水处理，不断改善村容村貌。着力保护传统村落和乡村风貌，充分挖掘和提升少数民族文化、民间文化、红色文化内涵，不断丰富农村精神文化生活。大力推进公共服务、人文素质、农村思想政治教育全面提升，不断健全乡村治理体系。三是大力培育农业主导产业。围绕“一心四片八线”总体布局，以农业供给侧结构性改革为主线，突出“城郊果蔬”主导产业，完成粮食作物种植24.83万亩，整治全区乱占耕地建房690起，建成土地整治和高标准农田1.4万亩。坚持把发展林下经济作为重要突破口，大力实施林下种植、林下养殖、林产品采集、森林景观利用“四大工程”。全力推进种植大户示范十亩、村级示范百亩、乡镇示范千亩、区级示范万亩“十百千万”示范工程建设，初步建立文阁乡万亩天麻种植示范基地1个，初步建立岔河镇塘丰社区、青龙街道河尾社区等千亩示范基地5个；初步建立甘河廖家、岔河发路、响水飞雄等百亩基地14个，建立十亩林下经济基地52个。四是推动“农业+”产业深度融合。大力培育龙头企业、合作社、家庭农场等新型经营主体，为产业振兴打基础。截至年底，培育农业龙头企业18家，成立合作社582家，建有农业园区10个，500亩以上坝区3个，建成高标准农田6400亩，建成恒大援建大棚1635个，建成智能温室大棚12496平方米。加强农产品市场化产销对接，推动农产品融入黔中经济圈、成渝双城经济圈、粤港澳大湾区、珠三角、长三角等，不断延伸农产品销售链。五是加大农业现代化招商引资力度。农业招商引资签订项目2个，分别是投资2000万元的西峡县丰农果蔬菜种植有限公司食用菌种植项目和投资2.5亿元的石斛林下康养中药种植基地项目。正在加强与珠海水发集团对接，拟投资20亿在新区开发约400兆瓦的光伏+农旅项目。

【紧盯提质增效，全力推进旅游产业化】 聚焦“双核联动三带协同”发展旅游产业，全面践行“绿水青山就是金山银山”理念，把发展乡村旅游同巩固脱贫攻坚成果、保护生态资源、改善人居环境、培育文明乡风等结合起来，谋篇布局发展“一盘棋”，不断推新区旅游产业化发展。成功申创1个国家AAAA级旅游景区（金海湖旅游景区）、2个国家AAA级旅游景区（青山村、上小河村）；响水乡青山村、竹园乡歹鸡社区、梨树镇上小河村申报为全省100个名村名镇建设项目；响水乡青山村被文化和旅游部列入全国乡村旅游重点村寨名录。一是强化宣传推介。2021年成功承办毕节市委全面深化改革委员会第二十三次会议暨全市乡村旅游推进会。参加“中国旅游日”活动和赴成都市开展旅游宣传推介活动，大力宣传推介新区旅游资源，推动新区旅游产业资源提升。二是加大招商引资力度。谋划旅游产业化项目32个，正在积极推进甘河社区乡村振兴旅游集散地建设项目。三是加大国家A级旅游景区和重点乡村旅游村寨的申报，金海神泉景区成功申报为国家AAA级旅游景区，积极推进旅游基础服务设施建设，建设完成旅游厕所1座，正在建设2座，建设停车场1个，停车位50个。四是进一步完善文化基础设施建设。不断完善图书室、舞蹈室、放映室、新时代文明实践站、电子阅览室等文化基础设施，安装健身路径器材10套、建成多功能运动场1个，开展文化活动5场次，组织开展“弘扬戏曲文化·传承民族经典”文化演出活动6场、文化科技卫生“三下乡”集中示范活动暨“送文化下乡百场演艺工程”文化活动3场，极大丰富群众文化娱乐生活。

【织密民生网底，全力推进各项社会事业】 一是强化疫情防控督导。管委会多次召开专题会议研究部署，到乡镇督导检查疫情防控及新冠疫苗接种，动员各部门按照工作职责对重点领域重点人群进行全面排查，力争全区适龄人群疫苗接种全覆盖，截至年底，全区接种新冠病毒疫苗335232剂次。全区累计接种157490人335232剂；完成全程接种人数153904人、完成加强针剂接种665人。二是扎实推进稳就业。坚持就业工作是民生之本，以促就业、促增长、促稳定为目标，把落实为民办实事工作作为实践“创先争优”活动的重要举措，紧紧围绕“以民为本、为民解困、为民服务”的工作宗旨，确保就业服务工作再上新台阶。完成城镇新增就业人次2167人次，完成年度目标任务的114.05%；就业困难人员再就业394人，失业人员再就业478人，农村劳动力转移就业人数4586人，城镇登记失业率控制在5%以内。完成贫困劳动力培训8874人、易地搬迁劳动力培训3278人、企业职工培训完成84人、职业技能提升行动培训2742人、农民全员培训9079人。全区建档立卡贫困劳动力24597人，实现就业22913人，就业率93%；易地搬迁劳动力9035人，就业8654人，就业率96%。贫困和易地搬迁劳动力家庭均实现一户一人就业。三是持续完善公共服务。完成金陵高级中学初中部教育基础设施建设，谢叶山幼儿园、锦绣金海幼儿园等幼儿基础设施加快推进，九年义务教育巩固率从68.85%提高到99.84%。及时发放各类高龄补贴47120人次266.12万元。临时救助2122人，发放临时救助资金157.81万元；医疗救助6897人567.04万元；“救急难”共计救助12人12.1万元。

【聚焦环保督察，全力推进生态环境持续向好】

一是强化生态环境突出问题整改。针对环保督察交办的信访件及反馈问题，制定整改方案不折不扣抓好落实，建立问题交办清单和组建工作专班，主要负责人亲自安排部署，分管负责人具体督导，全力推动问题整改。2021年省生态环境保护督察反馈问题涉及金海湖共33个，整改完成28个，2021年省督信访件8个，整改完成7个；2021年从严排查发现问题40个，整改完成34个，剩余问题正在按时序强力推进整改。二是坚决打好污染防治攻坚战。2021年新区环境空气质量总体保持稳定，空气质量达到二级标准；完成37个千人以上集中式饮用水源点环境综合整治，水质达标率100%；全面推进固体废物治理，将52家企业纳入危险废物清单管理台账，强化危险废物处置监管；全部完成农村环境整治目标任务。三是加大生态环境基础设施建设力度。紧紧围绕白甫河流域治理重点，累计投入资金约3亿元，建设20余个环保项目，全面推进河、湖、库及周边污水清理整治。完成岔河、梨树、双山污水处理厂建设；完成职教城幼专、青龙街道汉屯官坝、梨树高铁等片区临时污水处理设施建设；垃圾收运系统实现建置村全覆盖；完成医疗废物处置中心建设；完成拉鲁河等21个水源保护区整治；强力推进毛栗水库山水林田湖草生态修护工程实施，同步对部分市政路面及污水管网进行维修改造，建立空气自动监测站，完成长江经济带（金海湖新区）水质监测站验收移交等工作。

【扛牢政治责任，全力推进重大风险防范化解】 一是政府债务风险有序化解。细化制定政府债务化解方案，做好政府债务还本付息资金调度，积极争取新增专项债券资金支持。积极对接争取省金控集团获得“四化+大生态”基金支持，牢牢守住政府债务的风险底线。二是社会稳定风险有序化解。时刻绷紧安全生产这根弦，出台《金海湖新区安全生产专项整治三年行动实施方案》，狠抓重点领域安全生产的专项整治，坚决遏制重特大事故发生；狠抓监管执法查处力度，切实抓好监管全覆盖、无死角，全面加强煤矿、地灾、水库、道路等领域安全生产监管。入汛以来面对强降雨偏多的极端气候，抓好抓实防汛救灾工作。严格执行隐患点有险情异动、集中强降雨有风险隐患、险情研判没有把握时“三个紧急撤离”。紧急疏散、安置响水乡地灾隐患点群众66人，有效保障群众生命财产安全。

【突出党建统领，全力推进自身建设】 新区始终把党的政治建设摆在首位，坚决执行党的政治路线，严格遵守政治纪律和政治规矩，在政治立场、政治方向、政治原则、政治道路上始终同党中央、省委、市委保持高度一致，牢固树立“四个意识”，坚定“四个自信”、坚决维护党中央权威、全面贯彻执行党的理论和路线方针政策。一是旗帜鲜明讲政治，始终把深入学习贯彻习近平新时代中国特色社会主义思想和党的十九大精神、习近平总书记对贵州对毕节工作重要指示精神和习近平总书记关于高新区发展重要论述作为首要政治任务，不断增强“四个意识”、坚定“四个自信”、坚决做到“两个维护”。中央、省委和市委召开的重要会议、作出的重要决策，党工委、管委会都第一时间采取管委会主任办公会会议学习、理论中心组集中研讨、组织宣传宣讲等形式传达学习贯彻，确保高新区各项事业沿着正确方向推进。二是深入推进全面从严治党，严格按照《党委（党组）落实全面从严治党主体责任规定》，坚持民主集中制原则，认真贯彻“三重一大”制度，认真落实民主生活会、“三会一课”、主题党日活动等党内制度。切实抓好思想建党、制度治党等工作，“不忘初心、牢记使命”主题教育、“三个大兴”活动、党史学习教育等成果丰硕，党的建设全面加强，意识形态阵地不断筑牢。

（供稿：毕节高新区（金海湖新区）管理委员会）

毕节市 2021 年国民经济和社会发展统计公报

毕节市统计局国家统计局毕节调查队

2022 年 4 月 11 日

2021 年，全市上下坚持以习近平新时代中国特色社会主义思想为指导，全面贯彻落实习近平总书记视察贵州重要讲话和对贵州对毕节工作的重要指示批示精神，统筹疫情防控和经济社会发展，全市经济稳中向好，“十四五”开局良好。

一、综合

根据市（州）生产总值统一核算结果，2021 年全市生产总值 2181.48 亿元，比上年增长 6.8%，比 2019 年增长 11.5%，两年平均增长 5.6%。其中，第一产业增加值 526.49 亿元，增长 7.8%，两年平均增长 7.0%；第二产业增加值 590.92 亿元，增长 8.4%，两年平均增长 5.9%；第三产业增加值 1064.06 亿元，增长 5.4%，两年平均增长 4.7%。第一产业增加值占生产总值的比重为 24.1%，第二产业增加值占生产总值的比重为 27.1%，第三产业增加值占生产总值的比重为 48.8%。

表1 2021年全市生产总值

指标名称	完成值（亿元）	比上年增长（%）	占生产总值比重（%）
地区生产总值	2181.48	6.8	100
第一产业	526.49	7.8	24.1
第二产业	590.92	8.4	27.1
第三产业	1064.06	5.4	48.8

2021年，全市年末常住人口684.48万人，其中男性人口351.58万人，女性人口332.90万人。

2021年，全市国有建设用地供应总量3699.97公顷，比上年增长14%。其中，工矿仓储用地271.95公顷，下降38.1%；房地产用地801.49公顷（其中，商服用地205.33公顷，住宅用地596.16公顷），下降19.6%；其他用地2626.54公顷，增长45.1%。

二、农业和乡村振兴

2021年，全市农林牧渔业总产值880.72亿元，比上年增长9.4%。其中，种植业总产值626.6亿元，增长9.5%；林业总产值36.6亿元，增长8.2%；畜牧业总产值180.4亿元，增长9.2%；渔业总产值2.9亿元，增长12.1%；农林牧渔服务业总产值34.2亿元，增长8.9%。

表2 2021年全市农林牧渔业总产值

指标名称	完成值（亿元）	比上年增长（%）
农林牧渔业总产值	880.72	9.4
种植业	626.6	9.5
林　业	36.6	8.2
畜牧业	180.4	9.2
渔　业	2.9	12.1
农林牧渔服务业	34.2	8.9

2021年，全市粮食播种面积1140.88万亩，比上年增长0.1%；粮食产量243.89万吨，比上年增长1.2%。蔬菜及食用菌种植面积432.67万亩，增长1.4%；蔬菜及食用菌产量501.77万吨，增长11.7%。年末果园面积235.02万亩，增长1.0%；全年园林水果产量88.84万吨，增长25.8%。

2021年，全市年末猪存栏324.15万头，比上年增长17.4%；牛存栏99.08万头，下降5.5%；羊存栏75.84万只，下降0.8%；家禽存栏2245.42万羽，增长2.8%。全年猪出栏363.79万头，增长9.8%；牛出栏37.17万头，增长7.7%；羊出栏52.47万只，下降9.4%；家禽出栏3034.03万羽，下降3.0%。全年猪牛羊禽肉产量44.29万吨，增长9.5%；禽蛋产量7.32万吨，增长7.6%。

2021年，全市共下达中央财政衔接推进乡村振兴（巩固脱贫成果与乡村振兴任务）补助资金23.81亿元，其中下达4个国家乡村振兴重点帮扶县补助资金16.95亿元。

三、工业

2021年，全市规模以上工业增加值比上年增长12.1%，两年平均增长7.6%。分行业看，煤炭开采和洗选业增长14.5%，电力生产和供应业增长14.4%，酒、饮料和精制茶制造业增长120.9%，烟草制品业增长6.9%。

从三大门类看，规模以上采矿业增加值增长14.5%，规模以上制造业增加值增长9.4%，规模以上电力、热力、燃气及水生产和供应业增加值增长13.2%。

表3　2021年全市规模以上工业主要产品产量

指标名称	单位	产量	比上年增长（%）
塑料制品	万吨	7.02	47.6
白酒	千升	17349.06	20.1
水泥	万吨	836.18	-27.9
商品混凝土	万立方米	1025.36	3.1
服装	万件	1275.93	-22.1
钢化玻璃	万平方米	213.02	58.7
铸铁件	万吨	30.75	1.4
发电量	亿千瓦时	514.20	15.6

全市规模以上工业企业实现营业收入658.34元，比上年增长16.1%；每百元营业收入中的成本81.8元，上升0.27元；实现利润总额23.6亿元，增长52.5%；营业收入利润率3.58%，提升0.85个百分点；税金总额40.37亿元，增长25.4%。规模以上工业产销率97.3%。

四、固定资产投资和房地产

2021年，全市固定资产投资比上年下降8.8%。分产业看，第一产业投资下降6.9%，第二产业投资增长12.9%，第三产业投资下降15.5%。从重点领域投资情况看，工业投资增长12.0%，房地产投资增长28.4%，基础设施投资下降24.1%。

2021年，全市房屋施工面积3104.77万平方米，比上年增长8.8%。商品房销售面积727.48万平方米，增长7.1%，其中住宅销售面积652.08万平方米，增长10.3%；商品房销售额323.71亿元，增长6.5%，其中住宅销售额272.96亿元，增长11.1%。

表4　2021年全市房地产开发和销售

指标名称	单位	完成值	比上年增长（%）
房屋施工面积	万平方米	3104.77	8.8
#住宅	万平方米	2325.76	11.2
房屋竣工面积	万平方米	60.16	-26.6
#住宅	万平方米	46.61	-4.7

续表

指标名称	单位	完成值	比上年增长（%）
商品房销售面积	万平方米	727.48	7.1
#住宅	万平方米	652.08	10.3
商品房销售额	亿元	323.71	6.5
#住宅	亿元	272.96	11.1

五、市场、消费和物价

2021 年，全市新设立市场主体 8.32 万户，注册资本 827.61 亿元。其中，企业 1.35 万户，注册资本 739.75 亿元；个体工商户 6.90 万户，注册资本 70.59 亿元；农民专业合作社 671 户，注册资本 17.23 亿元。

2021 年，全市社会消费品零售总额比上年增长 14.3%，两年平均增长 8.9%。按经营地统计，城镇消费品零售额增长 12.9%，乡村消费品零售额增长 19.4%。按行业类型统计，批发业增长 2.3%，零售业增长 14.7%，住宿业增长 5.6%，餐饮业增长 26.5%。按消费类型统计，商品零售额增长 12.7%，餐饮收入额增长 27.3%。

2021 年，全市居民消费价格比上年下降 0.1%。其中，食品烟酒下降 1.7%，衣着下降 1.4%，居住下降 1.0%，生活用品及服务下降 1.0%，其他用品和服务下降 2.2%，交通通信上涨 4.6%，教育文化娱乐上涨 0.3%，医疗保健上涨 1.0%。

表 5　2021 年全市居民消费价格指数

指标名称	上年同期=100
居民消费价格总指数	99.9
一、食品烟酒	98.3
粮食	102
鲜菜	103.6
畜肉	80.7

续表

指标名称	上年同期=100
水产品	111.2
蛋	96.3
鲜果	102.2
二、衣着	98.6
三、居住	99
四、生活用品及服务	99
五、交通和通信	104.6
六、教育文化和娱乐	100.3
七、医疗保健	101
八、其他用品和服务	97.8

六、开放型经济

2021 年，全市新增省外重点产业招商引资到位资金 696.98 亿元，新引进省外重点产业项目 792 个。

2021 年，全市进出口总额 3.9 亿元，比上年下降 33.2%。其中，进口总额 0.1 亿元，增长 3.5%；出口总额 3.8 亿元，下降 33.9%。

七、旅游发展

2021 年，初步测算，全市接待境内外游客 8020.23 万人次，比上年增长 12.8%，其中接待国内游客 8020.2 万人次。实现旅游总收入 793.2 亿元，增长 31.3%。

表6　2017—2021年全市旅游业

指标名称	2017年	2018年	2019年	2020年	2021年
旅游总人数（万人次）	7700.00	10000.00	12100.00	7110.73	8020.23
比上年增长（%）	41.8	31.0	21.0	-41.2	12.8
旅游总收入（亿元）	641.00	833.00	1107.00	603.78	793.2
比上年增长（%）	44.2	32.6	33.0	-45.5	31.3

县域旅游发展竞争力不断增强，大方县上榜2021中国县域旅游综合竞争力百强县市，织金县入围2021中国县域旅游发展潜力百强县市榜。赫章县阿西里西·二台坡景区通过国家4A级景区景观质量评审，全市新增金沙安底温泉旅游景区、赫章千年杜鹃景区、威宁百草坪旅游景区等11个3A级旅游景区。建成11座旅游厕所并投入使用。新增2个全国乡村旅游重点村（镇）和14个省级乡村旅游重点村，新增459个乡村旅游标准化单位和经营户，其中甲级乡村旅游村寨2家，精品级客栈1家。旅游招商引资签约项目79个，到位资金109亿元。

八、交通运输、邮政和通信

2021年，全市年末公路通车里程33994千米。按技术等级划分，高速公路1016千米，一级公路136.69千米，二级公路1700.82千米，三级公路1055.77千米，四级公路26860.88千米，等外级公路3223.86千米。按其在公路路网中的行政等级划分，国道1637.19千米，其中国家高速公路509.57千米；省道2841.04千米，其中省级高速公路506.44千米；县道5565.29千米；乡道7942.48千米；村道16008.02千米。公路密度为126.59千米/百平方千米。境内铁路通车里程538千米，其中高铁125千米。全市水域总面积约400平方千米，水运通航总里程399千米，其中等级航道388千米。全市水运货物周转量91.34万吨。道路运输平安运送旅客1803万人次，公交出行量2.05亿人次。

2021年，全市年末汽车保有量117.68万辆，比上年增长8.2%。个人汽车保有量113.06万辆，增长8.2%。小型载客汽车保有量59.31万辆，增长7.7%。个人载客汽车保有量56.94万辆，增长7.7%。

2021年，全市完成邮政行业业务总量7.81亿元，比上年增长27.3%；邮政行业业务收入8.71亿元，增长22.7%。快递业务量2329.82万件，增长46.8%；快递业务收入4.91亿元，增长38.8%。

2021年，全市实现电信业务总量61.27亿元，比上年增长20.8%。年末全市电话用户673.06万户，增长3.8%。固定互联网宽带接入用户136.55万户，增长24.9%。移动互联网用户563.10万户，增长7.8%。

九、财政、金融和保险

2021年，全市一般公共预算收入123.7亿元，比上年下降6.3%。其中，税收收入73.6亿元，下降7.7%。

表7 2017-2021年全市财政收入

单位：亿元

指标名称	2017年	2018年	2019年	2020年	2021年	2021年比2020年增长（%）
一般公共预算收入	123.8	130.1	130.3	132.0	123.7	-6.3
增值税	26.8	29.9	29.1	25.4	25.4	-0.1
企业所得税	5.2	6.8	7.7	6.5	7.6	16.2
个人所得税	3.6	3.9	2.2	2.2	2.2	0.3
城市维护建设税	5.5	6.5	6.5	6.3	7.1	12.4
契税	7.1	7.9	10.0	8.1	6.2	-23.3
环境保护税	0	1.1	1.6	1.4	1.3	-3.3

2021年，全市一般公共预算支出675.4亿元，比上年下降9.7%。其中，教育支出169.0亿元，下降0.6%；社会保障和就业支出86.6亿元，下降3.9%；卫生健康支出95.1亿元，增长7.1%；农林水支出90.6亿元，下降34.0%。

表8 2017-2021年全市财政支出

单位：亿元

指标名称	2017年	2018年	2019年	2020年	2021年	2021年比2020年增长（%）
一般公共预算支出	527.7	574.8	689	747.5	675.4	-9.7
一般公共服务支出	43.8	47.6	54.6	46.8	44.8	-4.3
教育支出	129.8	149.2	161.2	170.0	169.0	-0.6
科学技术支出	10.7	15.7	18.5	18.2	8.7	-52.1
文化旅游体育与传媒支出	5.3	5.6	6.0	7.4	5.1	-30.4
社会保障和就业支出	63.6	67.1	80.4	90.1	86.6	-3.9
卫生健康支出	67.6	77.1	85.1	88.9	95.1	7.1
节能环保支出	12.7	16.7	30.3	25.6	20.4	-20.3
农林水支出	62.5	54.1	80.4	137.3	90.6	-33.9
交通运输支出	11.8	14.5	9.1	16.2	12.1	-25.1
住房保障支出	43.3	39.2	23.0	34.2	37.7	10.4

2021年，全市年末金融机构人民币存款余额2062.73亿元，比上年增长5.2%，其中住户存款1430.55亿元。金融机构人民币贷款余额2515.05亿元，比上年增长15.2%，其中住户贷款1097.91亿元。

表 9　2021 年年末全市金融机构人民币信贷收支

指标名称	年末数（亿元）	比年初增加额（亿元）
金融机构人民币各项存款	2062.73	102.58
境内存款	2061.96	102.48
1. 住户存款	1430.55	155.31
2. 非金融企业存款	277.36	-31.44
3. 广义政府存款	320.74	-19.64
4. 非银行业金融机构存款	33.31	-1.75
金融机构人民币各项贷款	2515.05	331.18
境内贷款	2515.01	331.18
1. 住户贷款	1097.91	149.95
（1）短期贷款	575.12	98.21
（2）中长期贷款	522.79	51.73
2. 非金融企业及机关团体贷款	1417.10	181.23

2021 年，全市保险公司原保险保费收入 39.91 亿元，比上年增长 3.9%。其中，财产险保费收入 19.68 亿元，减少 0.7%；人身险保费收入 20.22 亿元，增长 8.9%。赔付支出 19.65 亿元，增长 4.2%。其中，财产险保费支出 12.99 亿元，增长 9.4%；人身险保费支出 6.66 亿元，下降 4.6%。

表 10　2021 年全市保险业

指标项目	本年累计（亿元）	比上年增长（%）
一、原保险保费收入	39.91	3.9
1. 财产险	19.68	-0.7
2. 人身险	20.22	8.9
寿险	10.41	20.3
健康险	8.44	-3.7
意外伤害险	1.37	19.7
二、赔付支出	19.65	4.2
1. 财产险	12.99	9.4
2. 人身险	6.66	-4.6
健康险	4.93	-3.6
意外伤害险	0.40	-2.6

十、教育和科技

2021 年，全市学前教育三年毛入园（班）率 91.35%，小学适龄儿童入学率 99.91%，初中阶段毛入学率 114%，高中阶段毛入学率 91.96%，“三残”儿童少年毛入学率 98.06%。小学寄宿生 7.73 万人，寄宿率 9.11%；初中寄宿生 25.76 万人，寄宿率 64.08%。

表 11　2021 年全市教育事业

指标名称	单位	2021 年
中等职业学校	所	15
招生	人	15219
在校生	人	36609
毕业生	人	11780
教职工	人	2175
#教师	人	1850
普通中学	所	472
招生	人	218983
在校生	所	602358
毕业生	人	214008
教职工	人	47247
#教师	人	39668
普通小学	所	1647
招生	人	132585
在校生	人	848092
毕业生	人	149776
教职工	人	45194
#教师	人	43531
幼儿园	所	2420
入园数	人	158758
在园数	人	303250
离园数	人	137821
教职工	人	29964
#教师	人	18153

续表

指标名称	单位	2021 年
特殊教育学校	所	9
招生	人	307
在校生	人	1747
毕业生	人	412
教职工	人	414
#教师	人	359
高等教育学校	所	7
招生	人	18349
本科	人	3151
大专（高职）	人	15198
在校生数	人	57231
本科	人	13615
大专（高职）	人	43616
毕业生	人	13055
本科	人	3302
大专（高职）	人	9753
教职工	人	2662
#教师	人	2095

2021 年，全市省级高新技术产业开发区 1 个，国家级农业科技示范园区 1 个，省级农业科技示范园 21 个，国家级农业星创天地 5 个，省级农业星创天地 8 个，国家级高新技术产业化基地 1 个，省级大学科技园 1 个，省级科技企业孵化器 2 个，省级众创空间 4 个，市级众创空间 7 个，省级工程技术研究中心 3 个，省级重点实验室 1 个，市级工程技术研究中心 12 个，市级重点实验室 5 个。全市有效期内高新技术企业 42 家。

十一、文化和体育

2021 年，全市广播综合覆盖率 92.16%，其中农村广播综合覆盖率 92.12%。电视综合覆盖率 95.24%，其中农村电视综合覆盖率 95.15%。

广播电视宣传工作守正创新，全年被中央台采用新闻类节目86条。全市广电网络经营收入3.56亿元。

体育事业发展取得良好成绩。国际级赛事方面，亚洲赛艇锦标赛中男子轻量级双人双桨比赛金牌1枚、单人双桨铜牌1枚。国家级赛事方面，在第十四届全运会中男子双人双桨2000米比赛银牌1枚，女子双人划艇500米比赛银牌1枚，10米气步枪混合团体比赛铜牌1枚。在全国第十一届残疾人运动会上，毕节籍运动员共取得9金6银3铜。省级赛事方面，在2021年贵州省青少年锦标赛上，共取得81金、103银、91铜。全市体育彩票销量4.35亿元，筹集公益金1.15亿元。

十二、人民生活与社会保障

2021年，全市城镇新增就业6.91万人。失业人员再就业1.84万人。年末城镇登记失业人员2.14万人，城镇登记失业率3.92%。

2021年，全市城镇常住居民人均可支配收入37263元，比上年增长8.7%；农村常住居民人均可支配收12441元，比上年增长10.7%。

表12 2021年全市城乡常住居民人均可支配收入

指标名称	绝对数（元）	占可支配收入的比重（%）	比上年增长（%）
城镇常住居民人均可支配收入	37263		8.7
工资性收入	19538	52.4	13.7
经营净收入	11843	31.8	19.7
财产净收入	2038	5.5	-18.1
转移净收入	3845	10.3	-18.5
农村常住居民人均可支配收入	12441		10.7
工资性收入	6073	48.8	29.3
经营净收入	3952	31.8	5.7
财产净收入	131	1.1	-73.7
转移净收入	2284	18.4	-0.8

全市城镇职工基本养老保险参保63.54万人，比上年增长8.0%。其中，企业职工42.31万人，增长11.5%。城乡居民基本养老保险参保385.73万人，增长1.1%。失业保险参保32.61万人，增长10.8%。工伤保险参保54.02万人，增长18.8%。全市参加基本医疗保险800.51万人，比上年增加11.20万人。其中，参加城镇职工医保37.06万人，参加城乡居民医保763.44万人。

全市享受城市居民最低生活保障12.11万人，比上年增长6.3%；享受农村居民最低生活保障61.07万人，比上年下降0.5%。全市销售社会福利彩票2.91亿元，比上年增长68.7%。

十三、生态环境和应急管理

2021年，全市县城及以上污水处理厂处理能力35.6万吨/日，比上年增长14.5%，污水处理率达到96.07%，比上年提高1.6个百分点；县城以上集中式饮用水源地水质达标率均为100%；全市县级及以上城市环境空气质量优良天数比例97.6%，比上年下降2.0%。

全市共发生各类生产安全事故59起，死亡75人，按可比口径分别下降32.2%和27.8%，未发生重大及以上生产安全事故。生产安全事故亿元GDP死亡率为0.034，按可比口径同比下降33.3%；煤炭百万吨死亡率为0.286。

注释：

[1] 本公报中数据均为初步统计数。

[2] 地区生产总值、规模以上工业增加值及其分类项目增长速度按可比价计算，为实际增长速度；其他指标除特殊说明外，按现价计算，为名义增长速度。

[3] 地区生产总值是指一个地区内所有常住单位在一定时期内生产的全部最终产品和服务的价值总和。

[4] 规模以上工业的统计范围为年主营业务收入2000万元及以上的工业企业。

[5] 固定资产投资（不含农户）是指以货币形式表现的在一定时期内完成的建造和购置固定资产的工作量以及与此有关的费用的总称。固定资产投资（不含农户）的统计范围为计划总投资500万元以上的固定资产项目投资及所有房地产开发项目投资。

[6] 社会消费品零售统计中限额以上单位是指年主营业务收入2000万元及以上的批发业企业（单位）、500万元及以上的零售业企业（单位）、200万元及以上的住宿和餐饮业企业（单位）。

[8] 居民消费价格指数是指反映一定时期内城乡居民所购买的生活消费品价格和服务项目价格变动趋势和程度的相对数。

[9] 部分数据因四舍五入的原因，存在总计与分项合计不等的情况。

资料来源：

本公报中交通数据来源于市交通运输局，通信数据来源于省通信管理局，邮政数据来源于市邮政管理局，财政数据来源于市财政局，金融数据来源于中国人民银行毕节支行，教育数据来源于市教育局，旅游、文化、广播电视数据来源于市文化广电旅游局，就业、社会保险数据来源于市人力资源和社会保障局，安全生产数据来源于市应急管理局，土地使用情况数据来源于市自然资源和规划局，乡村振兴数据来源于市乡村振兴局，汽车保有量数据来源于毕节市公安交通管理局车辆管理所，科技数据来源于市科技局，医疗保险数据来源于市医疗保障局，市场数据来源于市市场监管局，社会保障数据来源于市民政局，环保数据来源于市生态环境局，水资源数据来源于市水务局，外贸数据来源于市商务局，招商引资数据来源于市投资促进局，商业保险数据来源于中国银行保险监督管理委员会毕节银保监分局。

毕节市文明行为促进条例

（2020 年 10 月 28 日毕节市第二届人民代表大会常务委员会第三十二次会议通过
2021 年 3 月 26 日贵州省第十三届人民代表大会常务委员会第二十四次会议批准）

第一章 总 则

第一条 为了培育和践行社会主义核心价值观，引导和促进文明行为，治理不文明行为，提高公民思想觉悟、道德水准和文明素养，促进社会文明进步，根据有关法律、法规的规定，结合本市实际，制定本条例。

第二条 本市行政区域内文明行为促进及其相关工作，适用本条例。

第三条 本条例所称文明行为，是指遵守宪法和法律、法规规定，符合社会主义道德要求，体现社会主义核心价值观，维护公序良俗、引领社会风尚、推动社会文明进步的行为。

第四条 文明行为促进工作应当与建设贯彻新发展理念示范区相符合，坚持法治与德治相结合、以人为本、奖惩并举和全社会共建、共治、共享的基本原则。

第五条 传承中华优秀传统文化，弘扬传统美德，崇尚英雄、尊敬模范、尊重军人、学习先进，增强民族自信心，自觉维护国家利益。

提倡厉行节约，反对铺张浪费。

第六条　市、县（区）人民政府应当将文明行为促进工作纳入国民经济和社会发展规划，并将文明行为促进工作经费纳入年度财政预算。

市、县（区）人民政府工作部门应当在各自职责范围内做好文明行为促进工作。

第七条　市、县（区）精神文明建设委员会负责统筹推进本行政区域内的文明行为促进工作。

市、县（区）精神文明建设委员会办公室具体负责本行政区域内文明行为促进工作的指导、督促、检查和测评等工作。

乡镇人民政府、街道办事处应当按照县（区）精神文明建设委员会的统筹部署，做好本辖区的文明行为促进工作。

村民委员会、居民委员会应当加强文明行为的宣传、教育和引导，协助做好文明行为促进相关工作。

第八条　国家机关应当在文明行为促进工作中发挥示范作用。

公职人员、公众人物、窗口行业人员应当在文明行为促进工作中发挥表率作用。

第九条　对在文明行为促进工作中作出突出贡献的单位和个人，按照国家和省的有关规定给予表彰和奖励。

第二章　文明行为规范

第十条　公民自觉践行下列公共行为规范：

（一）在公共场所着装整洁，举止得体，语言文明，不高声喧哗；

（二）乘坐公共交通工具先下后上，维护驾驶人安全驾驶，主动为老、幼、病、残、孕和怀抱婴儿的乘客让座，不妨碍他人乘坐；

（三）文明用餐，适量点餐，践行光盘行动；

（四）农贸市场、便民网点和流动摊位商户保持摊位摆放有序、周边清洁；

（五）在指定的地点分类投放生活垃圾；

（六）遵循文明旅游规范，景区景点内遵守秩序、尊重宗教信仰、文化传统、风俗习惯；

（七）其他公共行为规范。

第十一条　倡导不食用狗、猫等未列入国家畜禽遗传资源目录的动物。

第十二条　培育、传承和弘扬以敬老爱幼、助残、家庭和睦、邻里互助为主要内容的家庭美德。

关爱空巢老人、留守儿童、困境儿童、残疾人。

第十三条　在公共场所咳嗽、打喷嚏时遮掩口鼻，患有流行性感冒等传染性呼吸道疾病时佩戴口罩。

患有传染病时，配合相关检验、隔离治疗等措施，如实提供有关情况。

在车站、机场、医疗机构、学校、大型商场、娱乐场所等公共场所以及其他人员密集场所自觉佩戴口罩等防护用品。

第十四条　弘扬社会正气，鼓励采取合法适当的方式实施与自身能力相符的见义勇为行为。

第十五条　培育文明乡风，自觉遵守乡村文明行为规范：

（一）保持房前屋后卫生、整洁，及时清理畜禽粪便，不堆放农家肥；

（二）不乱占耕地，违规建造、改造房屋；

（三）做好农村污水和生活垃圾的处理；

（四）不在公共道路上晒粮、堆放柴草等；

（五）遵守乡村文明行为的其他规范。

第十六条　定期开展环境卫生集中整治，村民委员会、居民委员会辖区内的国家机关、企业事业单位、社会团体、其他组织和个人积极参与环境卫生集中整治。

第十七条　餐饮服务业应当配备公筷公勺，有条件的推行分餐制、自助餐，在餐后主动提供打包服务。

餐饮、食品加工业等从业人员在工作时规范着装，佩戴口罩。

第十八条　鼓励餐饮服务业推广点餐计量收费，科学合理设计菜单，标明食材份量，注明消费人数，引导消费者适度消费。

第十九条　鼓励行业协会等社会组织、公共场所经营管理单位及其他企业事业单位根据本行业、本单位的特点，依法制定文明行为公约、守则。

鼓励在村规民约、居民公约、管理规约、社团章程中约定文明行为准则内容。

第三章　不文明行为治理

第二十条　重点治理下列影响公共环境行为：

（一）随地吐痰、大小便；

（二）乱扔果皮、纸屑、烟头、饮料罐、塑料制品等垃圾；

（三）不按照规定排放污水；

（四）在建筑物、设施设备上擅自刻画、喷涂、张贴广告，在居民小区内擅自发放宣传品；

（五）其他影响公共环境的行为。

第二十一条　重点治理下列不文明交通行为：

（一）机动车随意变道、加塞，不礼让行人，行经积水路段未低速通行，向车外抛掷物品，违规停放；

（二）非机动车闯红灯、逆向行驶、越线停车，不在规定地点停放；

（三）行人闯红灯、乱穿马路、翻越交通护栏；

（四）不主动让行消防车、救护车、工程救险车、警车和其他有紧急情况的车辆；

（五）其他不文明交通行为。

第二十二条　重点治理下列不文明养犬行为：

（一）携工作犬、导盲犬之外的犬只乘坐公共交通工具，进入国家机关、学校、幼儿园、医院等设有犬类禁入标识的公共场所；

（二）携犬出户时不束犬链，不由成年人牵领，不主动避让行人；

（三）不及时清除或乱扔犬只排泄物；

（四）驱使或者放任犬只伤害、恐吓他人；

（五）乱扔犬只尸体；

（六）其他不文明养犬行为。

第二十三条　重点治理下列不文明婚丧、祭祀行为：

（一）一方或者双方未到法定婚龄，以夫妻名义共同生活；

（二）借婚姻索取财物；

（三）以办理婚庆、丧葬为由堵塞道路交通；

（四）在城市道路、广场、公园、绿地、居民小区等公共场所搭设灵棚、停放遗体、摆放花圈挽幛、吹奏丧事鼓乐、抛撒纸钱、焚烧祭品；

（五）在林地、风景区焚烧香火纸钱等丧葬、祭祀物品；

（六）其他不文明婚丧、祭祀行为。

第二十四条　重点治理下列产生环境噪声污染行为：

（一）在指定区域外，使用大音量音响、抽打陀螺、甩响鞭等方式进行娱乐、集会、健身等活动；

（二）使用高音喇叭或者通过其他高噪声的方式进行商业促销活动；

（三）工作日12时至14时30分和22时至次日8时期间以及法定休息日，在已竣工交付使用的小区或者住宅楼内进行装饰装修作业产生环境噪声污染，干扰他人正常生活；

（四）其他产生环境噪声污染的行为。

第二十五条　重点治理下列不文明经营行为：

（一）擅自占用城市道路、广场、桥梁、人行天桥、地下通道或者其他公共场所设摊经营、兜售物品；

（二）在中小学校、幼儿园周围直线距离200米范围内开办网吧、电子游戏室、歌舞厅等娱乐场所和成年人性用品商店；

（三）其他不文明经营行为。

第二十六条　重点治理在医疗机构焚烧纸钱、搭设灵堂、摆放花圈挽幛、悬挂横幅、违规停放遗体，以及其他扰乱医疗机构正常诊疗服务的行为。

第四章　保障与监督

第二十七条　市、县（区）人民政府应当建立文明行为记录制度，将文明行为记录作为实施表彰、奖励、优惠的重要参考。

国家机关、企业事业单位、社会团体、其他组织在招聘录用、职位晋升、待遇激励等工作中应当将文明行为记录作为重要参考。

第二十八条　鼓励和支持开展文明城市、文明单位、文明村镇、文明家庭、文明校园等群众性精神文明创建活动。

第二十九条　任何单位和个人应当积极参与文明行为促进工作，有权对文明行为促进工作提出意见和建议，对不文明行为进行劝阻、制止、举报和投诉，对不履行文明行为促进工作职责的情况予以反映。

任何单位和个人不得采取威胁、侮辱、殴打等方式打击、报复劝阻人、举报人。

第三十条　使用大音量音响、抽打陀螺、甩响鞭等方式进行娱乐、集会、健身等活动应当在指定区域进行，具体区域由县（区）、乡镇人民政府指定。

第三十一条　公安机关交通管理部门应当加强文明交通宣传教育，逐步健全实时、全覆盖的道路监控系统，实现道路交通管理执法常态化，依法、及时制止不文明交通行为，查处交通违法行为。

第三十二条　学校和家庭应当加强青少年文明行为习惯养成的教育。

学校应当将文明行为规范纳入学校法治和德育范围，加强师德师风建设，开展文明行为教育和实践活动，提升学生文明素养。

家庭应当注重用良好家教家风涵育道德品行，家长以身作则、言传身教，引导青少年养成文明行为习惯。

第三十三条　公共场所经营管理单位应当配备爱心座椅、轮椅、母婴室等便民设施，设置“一米线”等文明引导标识。

第三十四条　广场、公园、商业经营场所、金融机构、文化娱乐活动场所、体育活动场所、医院、住宅小区等公共场所应当配套建设公共厕所并保持清洁开放。

乡镇人民政府、街道办事处应当建设公共卫生厕所。

鼓励农村居民建设卫生厕所，逐步取消传统旱厕。鼓励沿街单位向社会免费开放厕所。

第三十五条　鼓励和支持村民委员会、居民委员会制定村规民约、居民公约对背街小巷乱停乱放进行自我管理。

第三十六条　支持企业、社会团体和其他组织建立犬尸等动物尸体无害化处理场所。

第三十七条　鼓励和支持志愿服务活动，推动建立各类志愿服务组织，拓宽志愿服务领域。志愿者参加志愿服务活动的，所在单位应当给予支持。

第三十八条　市、县（区）精神文明建设委员会办公室可以通过广播、电视、报刊、网络等公共媒体依法曝光不文明行为。

鼓励支持广播、电视、报刊、网络平台和手机客户端等媒体积极开展文明行为宣传工作，宣传褒扬文明行为，批评不文明行为。

第五章　法律责任

第三十九条　违反本条例第二十条第一项、

第二项规定的，由城市管理行政执法部门责令改正、采取补救措施，可处以 50 元以上 200 元以下罚款。

第四十条　违反本条例第二十二条第三项规定的，由城市管理行政执法部门责令饲养人改正，给予警告；拒不改正的，对个人饲养人处以 100 元以上 500 元以下罚款，对单位饲养人处以 1000 元以上 5000 元以下罚款。

第四十一条　违反本条例第二十四条第一项规定的，由城市管理行政执法部门责令改正；拒不改正的，可处以 200 元以上 500 元以下罚款。

第四十二条　有关单位及其工作人员在文明行为促进工作中有玩忽职守、滥用职权、徇私舞弊等行为尚不构成犯罪的，对直接负责的主管人员和其他直接责任人员依法给予处分。

第四十三条　违反本条例规定的其他行为，法律、法规有处罚规定的，从其规定。

第六章　附　则

第四十四条　本条例自 2021 年 7 月 1 日起施行。

毕节市献血条例

（2021年8月23日毕节市第二届人民代表大会常务委员会第四十三次会议通过
2021年11月26日贵州省第十三届人民代表大会常务委员会第二十九次会议批准）

第一条　为了保证医疗临床用血需要和安全，保障献血者和用血者身体健康，发扬人道主义精神，弘扬社会主义核心价值观，根据《中华人民共和国献血法》《贵州省献血条例》及有关法律、法规的规定，结合本市实际，制定本条例。

第二条　本条例适用于本市行政区域内献血、采血、供血、用血、输血等活动及其管理工作。

第三条　提倡十八周岁至五十五周岁的健康公民自愿无偿献血。既往无献血反应、符合健康检查要求的多次献血者主动要求再次献血的，年龄可以依法适当延长。

第四条　市、县级人民政府负责统筹协调无偿献血工作，下设献血办公室在卫生行政主管部门，负责日常工作。

市级建立中心血站，县级可以依法建立中心血库。市中心血站对县中心血库业务进行工作指导和统筹。

第五条　市、县级人民政府应当根据本辖区人口分布、医疗机构建设发展趋势、中心血站、中心血库采供血实际情况，制定年度献血计划并协调相关职能部门组织实施。制定突发公共安全事件、及时用血动员和组织公民紧急参加无偿献血预案。

第六条　市、县级人民政府应当加强无偿献血工作经费的投入，按照采供血的规定配齐采供血工作人员及设备。

第七条　鼓励引导成立志愿者献血队伍。市、县应当建立稀有血型献血者队伍、成分血献血者队伍。中心血站、中心血库应当加强对献血队伍的指导，保障紧急情况时临床用血。

第八条　市、县级人民政府卫生行政主管部门监督管理本行政区域内的献血工作，确保血液质量及用血安全。

市、县级人民政府的献血办公室具体负责本行政区域内献血计划的实施及献血的组织、动员等日常管理工作。

各级红十字会依法参与、推动献血工作。

第九条　国家机关、军队、社会团体、企业事业单位、村（居）民委员会，应当动员和组织本单位或者本居住区的健康适龄公民无偿献血。

现役军人献血的动员和组织办法，按照军队有关规定执行。

第十条　每年2月为公职人员无偿献血月。

鼓励行业协会、商会选择有行业特色、纪念意义的时间作为本行业的无偿献血月。

第十一条　县级人民政府应当建设不少于1个爱心献血屋，根据需要设置流动采血车停车点。

第十二条　中心血站、中心血库应当免费按照国家规定的标准对献血者进行健康检查，按照国家有关规定进行血液采集、检测、制备及储存发放。中心血站、中心血库应当提供配送血服务。

中心血站、中心血库应当科学制定采供血计

划，根据医疗机构临床用血需要，血液包装规格应当多样化并符合国家规定，避免用血浪费。

第十三条　献血者献全血每次采集血液量一般为200毫升、300毫升，最多不得超过400毫升，两次采集间隔期不少于6个月。

捐献造血干细胞者，一次按捐献全血400毫升计算。

成分血的献血量、献血间隔时间按照国家有关规定执行。

第十四条　公民临床用血时，应当交付用于血液采集、储存、分离、检验等成本费用。具体收费标准按照国家有关规定执行。收费标准、费用支出应当公示。

无偿献血者本人临床用血时，按所献血量免交前款规定的费用，累计献血400毫升以上的可终身无限量免费享用所需血液。

无偿献血者的配偶、子女、父母临床用血时，按所献血量免费用血。

造血干细胞捐献者本人临床用血时，免交前款规定的费用。捐献者本人终生无限量免费享用所需血液，造血干细胞捐献者配偶、子女、父母可以按照造血干细胞捐献者所捐献次数每次累计享受400毫升的免费用血。

第十五条　享受优惠用血者临床用血后，凭无偿献血证、造血干细胞捐献者荣誉证书、献血者和用血者有效身份证件、亲属关系有效证明及医院收费票据、用血清单、居民基本医疗保险住院结算单、住院费用清单等在用血医疗机构或采供血机构办理报销临床用血费用。

第十六条　临床用血费用主要用于血液采集、储存、分离、检验等工作，结余部分可以用于血站建设、采供血设备、耗材购置费用。

第十七条　医疗机构应当加强、规范用血管理，积极推广临床用血新技术，促进临床合理用血，保障用血安全。

第十八条　医疗机构应当制定临床用血计划，制定年度用血计划，建立用血申请、审批、评价和公示制度，定期开展对医务人员的相关培训，加强临床用血管理，不得浪费和滥用血液。

医疗机构应当使用由卫生行政主管部门指定的血站提供的血液，结合临床用血需要自行储存适量血液，做到科学、合理、计划用血，积极推行成分输血，指导择期手术的患者自身储血，不得浪费和滥用血液。

医疗机构之间临床用血可以按照规定在保障安全基础上相互调节余缺，流转情况报市中心血站备案。

第十九条　符合下列情形之一的，县级以上人民政府、红十字会可以按照国家和省的有关规定给予表彰和奖励：

（一）公民无偿献血量累计1000毫升以上或者捐献造血干细胞一次以上的；

（二）在献血宣传、教育、组织动员以及采供血、临床用血工作中成绩显著的单位和个人；

（三）对献血事业捐赠或者作出特殊贡献的单位和个人；

（四）以其他形式为推动无偿献血事业作出突出贡献的。

第二十条　献血者献血后，中心血站、中心血库应当依法颁发《无偿献血证》或建立献血者《电子献血证》，发给献血宣传品。

公民无偿献血、捐献造血干细胞的，每次可以享受3天休假，有关单位可以给予误餐、交通费等补贴，具体标准由市人民政府制定。

第二十一条　在本市获得市级及以上无偿献血奉献奖、无偿捐献造血干细胞奖、无偿献血志愿服务奖的个人，可以凭相关证件在本市辖区内免费游览旅游景区等场所，到公立医疗机构就诊免交挂号费，免费乘坐城市公交。

第二十二条　本市大中专院校学生参加无偿献血或者成功捐献造血干细胞的，由市人民政府制定奖励办法给予奖励。

第二十三条　市卫生行政主管部门应当建立全市统一的无偿献血工作信息平台，连通市、县级卫生行政主管部门、采供血机构和临床用血医疗机构，实现采供血安全监督、医疗临床用血调配、临床用血费用返还及应急用血管理信息化。

第二十四条　使用虚假证明文件骗取无偿献血奖励和优惠待遇的，由原批准机关撤销相关荣誉、收回证书，追回其所获奖励及相关经济利益，并依法追究相关单位和个人的责任。

第二十五条　相关主管部门及其工作人员违反本条例规定，玩忽职守、滥用职权、徇私舞弊，尚不构成犯罪的，对直接负责的主管人员和其他直接责任人员依法给予处分。

第二十六条　本条例自 2022 年 1 月 10 日起施行。

退役军人表彰简介

姓名：陈礼印
出生年月：1990 年 4 月 3 日
入伍时间：2008 年 12 月
职务：代理排长
籍贯：贵州大方
学历：大专
单位：武警四川消防总队成都消防支队双流区大队航鹰路中队

获得奖励名称：二等功

奖励时间：2011 年 11 月 22 日

事迹简介：2011 年参加四川省第二届消防比武竞赛，在个人项目负重登楼项目中获得第二名，多个集体项目表现优异，荣获个人二等功一次，本年度先进个人、优秀标兵。

索引·注释

使用说明

一、本索引采用内容分析索引法，按索引要目汉语拼音字母顺序排列。

二、索引标目后的数字表示内容所在的页码。

A

B

C

D

E

F

G

H

J

K

L

M

N

P

Q

R

S

T

W

X

Z

本书注释

“12个农业特色产业”：蔬菜、水果、辣椒、茶叶、中药材、食用菌、生猪、牛羊、家禽、渔业、刺梨、特色林业。

污染防治攻坚“五场标志性战役”：蓝天保卫战、碧水保卫战、净土保卫战、固废治理战、乡村环境整治战。

“毕节试验区精神”：深化改革、锐意创新、埋头苦干、同心攻坚。

多党合作“六项行动”：统一战线在毕开展产业扶贫、教育扶贫、医卫扶贫、智力扶贫、公益扶贫、消费扶贫“六项行动”。

基层党建“七大工程”：后进村党组织整顿、村级活动阵地提升、“空壳”村清零、基层基础保障、“三范（规范、示范、典范）村”创建、党建责任落实、基层减负。

“四个留下”：留下一支永远不走的工作队、留下一批活力强劲的合作社、留下一份殷实厚重的村集体资产、留下一套高效管用的乡村治理体系。

“两个一百年”：到建党一百年时，全面建成小康社会；到建国一百年时，全面建成社会主义现代化强国。

“两个大局”：中华民族伟大复兴的战略全局和世界百年未有之大变局。

“五位一体”总体布局：经济建设、政治建设、文化建设、社会建设和生态文明建设“五位一体”全面推进。

“四个全面”战略布局：全面建设社会主义现代化国家、全面深化改革、全面依法治国、全面从严治党。

“上大压小”：上大发电机组，关停小发电机组。

“三条控制线”：生态保护红线、永久基本农田、城镇开发边界。

“三生”空间：生产空间、生活

空间和生态空间。

“三改”：棚户区改造、城镇老旧小区改造、背街小巷改造。

“六网会战”：路网、水网、电网、地下管网、油气网、互联网基础设施“六网会战”。

“四好农村路”：把农村公路建好、管好、护好、运营好。

“3+1”保障：义务教育、基本医疗、安全住房和农村饮水安全有保障。

“四个不摘”：摘帽不摘责任、摘帽不摘政策、摘帽不摘帮扶、摘帽不摘监管。

易地扶贫搬迁后续扶持“五个体系”建设：基本公共服务体系建设、培训和就业服务体系建设、文化服务体系建设、社区治理体系建设、基层党建体系建设。

“四园四美”：旺在田园生产美、爽在花园生态美、福在家园生活美、乐在故园精神美“四园四美”愿景目标。

“三医联动”：医保、医疗、医药改革联动。

“两江”：长江、珠江。

“四个有利于”：多推有利于增添经济发展动力的改革，多推有利于促进社会公平正义的改革，多推有利于增强人民群众获得感的改革，多推有利于调动广大干部群众积极性的改革。

“三减一降一便利”：减时间、减环节、减材料、降成本、提升便利度。

“一带一路”：“丝绸之路经济带”和“21世纪海上丝绸之路”的简称。

“双拥”：地方拥军优属，军队拥政爱民。

“枫桥经验”：20世纪60年代初，浙江省诸暨市枫桥镇在社会主义教育运动中创造“发动和依靠群众，坚持矛盾不上交，就地解决，实现捕人少，治安好”的“枫桥经验”。

“--中心一张网十联户”：综治中心作为化解矛盾纠纷的前沿指挥部，协调联动网格化共治体系，通过推进十联户工作机制真正打通基层社会治理的神经末梢。

“四种形态”：经常开展批评和自我批评、约谈函询，让“红红脸、出出汗”成为常态；党纪轻处分、组织调整成为违纪处理的大多数；党纪重处分、重大职务调整的成为少数；严重违纪涉嫌违法立案审查的成为极少数。

“三个区分开来”：把干部在推进改革中因缺乏经验、先行先试出现的失误和错误，同明知故犯的违纪违法行为区分开来；把上级尚无明确限制的探索性试验中的失误和错误，同上级明令禁止后依然我行我素的违纪违法行为区分开来；把为推动发展的无意过失，同为谋取私利的违纪违法行为区分开来。

“四个善于”：善于使党的主张通过法定程序成为国家意志，善于使党组织推荐的人选通过法定程序成为国家政权机关的领导人员，善于通过国家政权机关实施党对国家和社会的领导，善于运用民主集中制原则维护党和国家权威。

7部地方性法规：

《毕节市饮用水水源保护条例》（2017年7月1日起施行）；

《毕节百里杜鹃风景名胜区条例》（2018年12月1日起施行）；

《毕节市城乡规划条例》（2019年7月1日起施行）；

《毕节市织金古城保护条例》（2020年1月1起日施行）；

《毕节市城市园林绿化条例》（2020年10月1日起施行）；

《毕节市文明行为促进条例》（2021年7月1日起施行）；

《毕节市献血条例》（2022年1月10日起施行）。

“三抓三促”立法工作模式：毕节市人大常委会“抓立法机制建设、促立法工作有序推进，抓立法协商制度常态化、促立法广度持续增强，抓代表直接参与立法、促立法基础不断夯实”工作模式。

“六稳”“六保”：“六稳”指的是稳就业、稳金融、稳外贸、稳外资、稳投资、稳预期；“六保”指的是保居民就业、保基本民生、保市场主体、保粮食能源安全、保产业链供应链稳定、保基层运转。”

代表审议发言建议办理“1+2”工作机制：一个工作方案，两个制度，即《毕节市创新代表大会期间代表审议发言建议办理落实机制的工作方案》《毕节市人民代表大会期间代表审议发言建议收集整理制度》《毕节市人民代表大会期间代表审议发言建议交办督办制度》。

代表议案建议办理“1+3”工作机制：一个工作方案，三个制度，即《毕节市人大代表议案建议办理机制改革工作方案》《毕节市人大代表议案建议办理联席会议制度》《毕节市人大代表议案建议联动督办工作制度》《毕节市人大代表议案建议办理情况通报制度》。

“三位一体”督办方式：对代表议案建议实行主任会议成员领衔督办、专门委员会全面督办、市县人大协同督办。

“六有”：代表履职有固定场所、有组织队伍、有工作制度、有履职活动、有档案资料、有必备设备。

“五个毫不动摇”：毫不动摇坚持党的领导、毫不动摇强化创新理论武装、毫不动摇依法履职尽责、毫不动摇坚持人民至上、毫不动摇加强自身建设。

“一区三高地、五个新毕节”：建设贯彻新发展理念示范区，打造绿色发展、人力资源开发、体制机制创新“三大高地”，建设实力强劲、生活富裕、美丽宜居、活力迸发、文明和谐“五个新毕节”。

“书香政协”：全国政协十三届三次会议上，汪洋主席在常委会工作报告中指出，要提高能力善担当，适应推进国家治理体系和治理能力现代化要求，加强理论学习，开展读书活动，建设“书香政协”。“书香政协”不同于一般书友会，“书香政协”强化政治意识、注重实际成效，提升能力建言资政。

“四个认同”：这里指对中国共产党和中国特色社会主义的政治认同、思想认同、理论认同、情感认同。

“两个确立”：确立习近平同志党中央的核心、全党的核心地位；确立习近平新时代中国特色社会主义思想的指导地位。

“两个维护”：坚决维护习近平总书记党中央的核心、全党的核心地位，坚决维护党中央权威和集中统一领导。

“六保”：保居民就业、保基本民生、保市场主体、保粮食能源安全、保产业链供应链稳定、保基层运转。

“两个薄弱”：市县政协基础工作薄弱、人员力量薄弱。

“一室一站”：指市政协建立“界别工作室”和“政协委员工作站”。

“四联四力”：指市政协针对市县（区）政协人少事多、力量薄弱等突出问题，从“联”字破题，积极探索市、县（区）政协联合调研和协商，推动市县区政协更好地履职，初步形成“四联四力”机制。即：议题联结，形成合力；调研联合，集中火力；协商联动，双向发力；成果联用，增强推力。

“七个好”：指市政协要求政协界别工作中要树好意识、组好队伍、选好班子、建好阵地、创好机制、搞好活动、添好活力。

“六个一”：指市政协要求各界别每年召开一次以上界别会议、开展一次有特色的界别活动、提交一篇以上有质量的大会发言材料、提交一件以上的界别提案、反映一批有价值的社情民意信息，建管用好一个微信工作群。

“三个重要”：指人民政协是加强党对各项工作领导的重要阵地，是用党的创新理论武装各界代表人士的重要平台，是化解矛盾、凝聚共识的重要渠道。

“四种能力”：习近平总书记在庆祝人民政协成立65周年大会上的重要讲话中指出：人民政协“要提高政治把握能力、调查研究能力、联系群众能力、合作共事能力”。

“三零一高”：指在市政协机关中推行零失误、零差错、零风险、高效率。

“三致一优”：指市政协机关各项工作要力求做到细致、精致、极致、优服务。

“五项行动”：指实施“四化”突破行动、富民惠民行动、绿色引领行动、改革创新行动、治理增效行动。

“五大工程”：指实施思想领航工程、固本强基工程、先锋示范工程、清风涵养工程、同心筑梦工程。

“四新”：2021年2月，习近平总书记视察贵州，指示贵州要在新时代西部大开发上闯新路、在乡村振兴上开新局、在实施数字经济战略上抢新机、在生态文明建设上出新绩。

“四化”：省委十二届八次全会提出，“十四五”时期我省大力推进新型工业化、新型城镇化、农业现代化、旅游产业化。

图书在版编目(CIP)数据

毕节年鉴 . 2022 / 中共毕节市委党史研究室(毕节市地方志编纂委员会办公室)编 . —北京：方志出版社，2022. 12

ISBN 978-7-5144-5613-4

Ⅰ.①毕…　Ⅱ.①中…　Ⅲ.①毕节—2022—年鉴　Ⅳ.①Z527. 33

中国版本图书馆 CIP 数据核字(2022)第 252602 号

责任编辑：顾　洁
责任校对：刘玉霞
责任印制：梅中英
出 版 者：方志出版社
地　　址：北京市朝阳区潘家园东里 9 号(国家方志馆 4 层)
邮　　编：100021
网　　址：http://www.zgfzcb.cn
发　　行：方志出版社图书营销中心(010-67110500)
印　　刷：成都市标点制版印务有限责任公司
开　　本：889 毫米×1194 毫米　1/16
印　　张：45. 25
字　　数：1150 千字
版　　次：2022 年 12 月第 1 版
印　　次：2022 年 12 月第 1 次印刷
定　　价：180. 00 元

· 版权所有　翻印必究 ·

(如有印装质量问题，请与我社图书营销中心联系)

雨冲白茶产业

大方县雨冲乡位于县境东北部，境内海拔在750—1800米之间，年平均气温20摄氏度，无霜期280天，降水量1800毫米，亚热带湿润季风气候突出。境内山高坡陡，沟壑纵横，林木森森，山水秀丽。

雨冲白茶产业发展始于2016年，鹏银村党支部引进浙江长兴的茶商曾善烁，在多次实地考察调研后，确定承包鹏银村青山组400亩村集体荒山，种下雨冲第一片“白茶”。2018年底，以广州对口帮扶为契机，为做大雨冲“白茶”产业，争取帮扶资金774.88万元，联结贫困户299户996人，在红旗村青木组种植白茶3172亩，其中由盛地油杉农民专业合作社种植2672亩、晏山红果园农民专业合作社种植500亩。同年，乡人民政府招商引资引进浙江商人何建京，在鹏银村木瓦组开发闲置荒山，种植白茶500亩。2021年，返乡致富带头人何胡志，在仓上村后寨组利用荒山种植白茶600亩。随着雨冲“白茶”产业效益日益凸显，经济价值可观，农户自发种植260余亩。2021年雨冲白茶种植面积近5000亩。大方县高度重视雨冲白茶产业发展服务工作，不断加大基础设施建设力度，配套建设茶叶加工房3栋、变压器1台、产业路12公里、高标准农田1012亩，召开白茶产品推介会1次。5000亩茶叶中可初采面积2500亩，2021年采收干茶2500多公斤，茶青在雨冲加工后主要销往浙江安吉，平均售价800元/公斤，产值达200万元，平均测算初产期亩产值800元、盛产期亩产值5000元以上，直接带动350人长期务工，发放工资300余万元，有力促进当地百姓致富发展和脱贫攻坚同乡村振兴的有效衔接。

（蒋劲松）

作者简介：

简兴刚，供职于毕节市文联。

油画——奇山秀水好人家

油画——《乌江源》

油画——孤峰亦成景